ROGELIO BAÓN
HISTORIA DEL PARTIDO POPULAR

Ser intérprete de la historia española reciente siendo, al mismo tiempo, protagonista de la actividad política ha permitido a *Rogelio Baón*, humanista de vocación, ejercer de abogado y de periodista de forma compatible.

Nacido en Quintanar de la Orden (Toledo), este castellano-manchego, educado en Madrid, ha sido testigo directo de la fundación y refundación del PP, primero como Director de Gabinete del Presidente-Fundador del Partido, Manuel Fraga, y después como diputado a lo largo de cuatro legislaturas (desde 1989), y puede ser considerado "la conciencia histórica del PP", o su *disco duro,* al decir de algunos.

Autor de varios libros de historia, de ensayos y artículos periodísticos, *Rogelio Baón* ha escrito una pieza insuperable de referencias históricas ampliamente documentadas que sólo ha podido ser realizada a lo largo de años mediante la observación precisa y objetiva, a través de una prosa desenfadada y ligera que hace más atractiva su lectura.

Historia del Partido Popular

I

Del Franquismo a la Refundación

ROGELIO BAÓN

AUTOR:
Rogelio Baón

CUBIERTA:
Omar Fiaño Moro

COEDICIÓN DE:
Rogelio Baón
Safel® de Ibersaf Editores

2.ª Edición

D. L.: M-51705-2001
I.S.B.N.: 84-95803-04-6

IMPRESIÓN Y FOTOMECÁNICA:
Grupo Industrial Ibersaf

DISTRIBUCIÓN:
Safel Distribución, S. L.
C/ San José, 2
Tel. 914 299 534

ÍNDICE

INTRODUCCIÓN

Ya se puede escribir la *Historia del Partido Popular*, objeto y título de este libro, porque como entidad colectiva ha sido protagonista de muchos acontecimientos en esta etapa democrática de España y, por ende, porque en su recorrido de un cuarto de siglo existe perspectiva para exponerlos y analizarlos. En este sentido importa decir que la obra, de la que se publica el primer volumen (*Del Franquismo a la Refundación*), tiene la ambición de ser un obligado libro de referencia del PP, ya sea para quienes, entre sus militantes, necesiten datos precisos o conocer el contexto histórico, ya para quienes, desde la otra orilla, deseen escrutar los antecedentes del hoy partido gobernante que fundara Fraga, quien en las postrimerías de la Dictadura decidió actuar en la política democrática.

Por lo dicho, esta obra quiere ser un trabajo sereno y prudente en la voluntad de su autor, una pieza bibliográfica de lectura y, a ser posible, de permanente consulta. Y desde luego no aspira a ser *la historia oficial*, sino la versión honesta —modesta, si se quiere— de un militante que no abdica de su ideología, pero que en modo alguno es doctrinario según la vil acepción de este predicado.

No se espere, de otra parte, el juicio de intenciones o la descalificación desabrida de hechos y comportamientos personales que saltan a la vista y que sin ayuda provocan el inmediato veredicto del lector inteligente. Caer en la tentación narrativa de lo anecdótico y accesorio como espina dorsal de la Historia no es difícil, y se ha evitado porque trivializa el curso histórico y la razón de las conductas, deformando los hechos y, en definitiva, el contexto. No obstante, proclamar la exigencia de veracidad y, en lo posible, de exactitud máxima no está reñido con la prosa desenfadada y periodística.

La organización y vida interna de los partidos descansan normalmente en prácticas no escritas pero conocidas, según las cuales se impone la jerarquía piramidal. Los de arriba mandan y los de abajo obedecen con entusiasmo o disciplina, o con ambas condiciones a la vez, en función del poder de persuasión que fluya del liderazgo. Los estatutos y normas son útiles, pero no suelen responder a la realidad en sentido estricto, ya que son envolturas formales, son la cáscara y no la pulpa de las decisiones políticas.

Lo normal es que exista un halo de misterio, de ocultación intencionada frente al gran público, pero asimismo los afiliados padecen, aunque en grado menor, la penumbra informativa. Pretender la transparencia es absurdo de todo punto porque, las más de las veces, la opacidad forma parte de la estrategia para mejor sorprender al adversario, en primer lugar, e impresionar, posteriormente, a la clientela electoral. Por todo ello es normal que exista un código de ritos y comportamientos de los políticos, para consumo interno, que hace que los partidos sean cotarros mal vistos por los ciudadanos. La tan denostada nomenclatura existe, pues, desde el momento que, en mayor o menor grado, el poder es oligárquico; es un coto difícilmente accesible y compartible.

Maurice Duverger dice, en la advertencia de su obra *Los partidos políticos*, que sólo los viejos militantes conocen bien los pliegues de su organización y las sutilezas de las intrigas que se anudan en ella. "Pero raramente —alega— poseen un espíritu científico que les permita conservar la objetividad necesaria". Quizás así ocurra en esta obra, pero hay que desmentir, de todas maneras, la existencia deliberada de propósitos de confusión o de tergiversación, así como toda noticia de propaganda.

Los componentes básicos de todo partido político son programa (ideario en su concepción clásica), organización y liderazgo. Pues bien, a pesar de que el esquema sea claro para narrar el curso de los acontecimientos en lo tocante a esos tres factores, hay que insistir en que la teoría general de los partidos tiene mucho de conjetura y perífrasis.

Que Fraga tiene una vocación política irreprimible no tiene discusión. Pero es algo igualmente indudable que desde sus primeros pasos en la función pública española no aspiraba a ser un animal político vulgar, sino que exteriorizó enseguida su notoriedad, y si sirvió a Franco como ministro, lo hizo con vocacional proyección de sobrevivir al Dictador, y de este modo jugar en el futuro político. Desde que fue destituido como ministro de Información y Turismo en 1969, el villalbés estuvo comprometido con el reformismo, y su devenir vital de los años posteriores giró —podría decirse que con obstinación— en torno a precisar el *programa* reformista inscrito en la teoría del centro político, que es el primero que le da asiento intelectual ante la opinión pública en conferencias, charlas y artículos periodísticos.

No participó en el asociacionismo político de entonces, porque se le antojaba vino aguado, pero no por ello se inhibió de proclamar su militancia ideológica, no ya en asociaciones *fichadas,* sino en sociedades anónimas como GODSA y FEDISA, instrumentos fraudulentos con los que encuadrarse políticamente sin tener naturaleza jurídica para ello. Desde el primer momento, Fraga se propuso crear un partido político, en pelea intrafranquismo por entronizar al Príncipe Juan Carlos de Borbón, y a tal fin creó la bases de un partido político que se llamó Reforma Democrática precisamente. Entre tanto, otros adeptos del centro-derecha español hacían por su parte similares preparativos. La dinámica de los hechos no se para, ni puede soslayarse, y así se exponen los acontecimientos del primer gobierno de la Monarquía y de la pugna dialéctica entre ruptura y reforma del sistema; y entre los reformistas se establecen los matices y diferencias de unos y otros. Era la primera carrera para coronar el pináculo de la cucaña del poder.

Contar todos esos movimientos confluyentes del centro-derecha, inevitablemente alrededor de Fraga, porque a la postre fue el único *fundador* cuyo partido de ámbito estatal ha sobrevivido a lo largo de la historia de nuestra joven democracia, constituye el grueso de la historia a través de siete primeros capítulos, hasta las elecciones democráticas de 1977.

La narración desciende, porque es de justicia precisarlo, a las vicisitudes y personas de los primeros momentos, de los que sólo un puñado de nombres ejercen en política activa y a quienes, en todo caso, hay que brindarles un párrafo de reconocimiento y gratitud. Eran pioneros políticos que acompañaron entonces a Fraga en los penosos desiertos y, en cualquier caso, los recorrieron cuando profesar sus ideas era caro y mal visto, si no peligroso. Las peripecias de Alianza Popular, desde su creación por los llamados *siete magníficos,* hasta llegar a ser un partido fuertemente presidencialista, frente a la pujante y a la vez frágil Unión de Centro Democrático.

Resulta muy interesante, con relación a la fundación y el desarrollo de un partido político de masas, la observación de los primeros pasos (medidas y documentos), para comprender las teorías de los politólogos especialistas, desde Ostrogorski a Weber y desde Michels a Duverger, pasando por los más modernos como Sartori, Panebianco, Von Beyme y otros muchos. La tópica de los partidos fiaba hasta entonces su éxito en el magnetismo de las ideas, en lo que constituía el *grupo ideológico*, pero es curioso que en España ese magnetismo del trabajo idealista ha ido evolucionando al paso mientras transcurría la transición democrática para convertirse en organizaciones y estructuras *organizadas* de poder.

Porque inicialmente el *programa*, en cuanto repertorio de propuestas, era el factor clave de llamada a los militantes, pero eso se ha ido perdiendo —o debilitando— en la medida que se pugnaba por los segmentos sociológicos centristas, menos politizados. Esa evolución se advierte de manera concreta y como trasunto de la narración general.

Hoy los partidos cuidan menos la doctrina que la organización. Es decir, la estructura, según la terminología marxista, prima como motor de la acción política, y quizás por ser un artilugio dinámico denominamos coloquialmente a los núcleos dirigentes *aparato* y *maquinaria*. Los partidos, son casi empresas de la comunicación, también preparadas para crecer, disciplinar a sus afiliados, persuadir a los ciudadanos y conservar el poder, poco o mucho, conseguido frente a sus competidores. Página a página todo eso es descrito paulatinamente en los períodos constituyente y de confrontación con UCD, siendo la etapa de elaboración constitucional un depurativo para Alianza Popular, que sufrió entonces su primera gran crisis al escindirse dos de los siete partidos *nominales* que conformaron en sus orígenes la federación de AP, por oponerse al texto constitucional.

Si el *objeto social* de todo partido político en un sistema democrático es conquistar el poder, y éste sólo se obtiene a través del sufragio libre, directo y secreto, es lógico que la historia del PP reúna la narración e interpretación de todos los comicios en los que ha participado a lo largo de su existencia.

Aprovecha, de otra parte, el estudio de los comportamientos audiovisuales y de comunicación publicitaria de cada campaña electoral en la idea de que la política es cada vez más espectáculo en nuestra sociedad, dominada por el *homo videns*.

Más adelante, mientras Alianza Popular y UCD se disputaban el espacio político, no siempre en corteses maneras (tercera etapa, capítulos del 10 al 13), el Estado de las Autonomías recién configurado en la Carta Magna era implantado con dudas y recelos. Y ahí se aprecia, igualmente, la evolución delicada de un partido político joven sin el acervo doctrinal moderno acerca de las regiones, en contraste con los partidos nacionalistas, igualmente afectados de incontrolado crecimiento.

A lo largo de los capítulos 14 al 16 se contempla la soterrada lucha de los dos partidos cuya clientela de centro-derecha era la misma, y que no supieron —tampoco quisieron— unirse bajo la misma bandera frente al socialismo adversario. Esa falta de convergencia garantizaría al PSOE una cómoda permanencia en el Gobierno durante más de una década.

La transición política no culminó hasta que la democracia superó el golpe de Estado del 23 de febrero y resistió el intento de parón autonómico, no sin dificultades. Pero la verdadera señal de que la democracia era fuerte la proporcionó la victoria socialista de octubre de 1982. *Elecciones del cambio* que permitieron la legitimación de la Monarquía por el PSOE, centenario partido republicano, a la vez que Alianza Popular conseguía, en coalición con el grupo democristiano Partido Demócrata Popular y un puñado de liberales, un triunfo limitado a costa del desmoronamiento sin precedentes en la partitocracia de Unión de Centro Democrático. A partir de ahí AP fue la *leal oposición* —e inocua, además—, y desde la nueva plataforma lanzó la convocatoria de la *mayoría natural* enunciada años antes por Fraga como fórmula de reagrupamiento al estilo de los gaullistas franceses del RPR. La fracasada reunión de Sigüenza, o el intento de unificación del centro-derecha, es relatado igualmente teniendo de observador excepcional al mismo autor, presente en aquella reunión.

La alternativa incompleta que era Coalición Popular se ve durante el período entre 1983 y 1986 (capítulos 17 al 20), en el que se consolida la democracia y España ingresa en las instituciones europeas derivadas del Tratado de Roma. Alianza Popular y sus partidos más o menos satélites (Coalición Popular), no pueden parar el llamado *rodillo socialista,* y durante esos años cristaliza el concepto *techo de Fraga*, en cuanto obstáculo insuperable para ser alternativa auténtica al socialismo. De por medio, en la acción política cotidiana, Alianza Popular ejerce la oposición en términos duros y en todos los frentes, con demostrada ineficacia, siendo el asunto más relevante el de la OTAN, para cuya permanencia el PSOE de Felipe González exigía la celebración de un referéndum con resultado favorable.

Las vicisitudes internas de la postura *popular* (de aliancistas, democristianos y liberales) sobre el sistema de defensa occidental quedó traslúcida delante de un tablero de ajedrez que ofrecía la izquierda, obligando a jugar al centro-derecha una partida que no era la suya. Es cierto que, a modo de desentendimiento, Fraga y sus aliados propugnaron la llamada *abstención activa* frente al inequívoco *sí* de los socialistas, y después del triunfo de la posición gubernamental, ante los aliados europeos y americanos, Felipe González era el amigo y Fraga el desleal por incongruencia.

La temida polarización de los partidos, es decir, la confrontación partidista antaño radical y violenta, se produjo en España en los años ochenta entre Coalición Popular y el PSOE como algo consustancial a la democracia, aunque los medios audiovisuales estatales avivaban el enfrentamiento no pocas veces sin concesión equitativa de oportunidades. La guerra de la televisión ha sido una constante y, derivada obligada, lo era también la negociación entre el poder y la oposición, como prueba de que la bipolaridad que muchos falsos profetas anunciaban como fratricida, a lo más que llegó fue a unas escaramuzas o al pícaro engaño de socialistas hacia sus oponentes para no soltar *el poder mediático*.

Las elecciones generales de 1986 (capítulo 21) fueron el punto de inflexión para el centro-derecha porque, conseguida la segunda mayoría absoluta por el socialismo, se comprobó que la *Operación Reformista* de Miguel Roca —un nuevo intento de partido surgido desde el poder económico— no sólo no era una solución centrista y mayoritaria, sino que era incapaz de hundirle el *techo electoral* a Fraga. De todas maneras, el banderín de enganche que quiso ser la *mayoría natural* fue arriado definitivamente.

A partir de entonces, en tres capítulos (del 22 al 24 ambos inclusive), se produce la ruptura de Coalición Popular en julio de 1986 y el abandono de Fraga del partido en el otoño del mismo año, empujado a ello también desde dentro por movimientos parricidas como por la presión externa de los llamados *poderes fácticos*. Pero su marcha, sin haber sido programada la sucesión, fue interpretada como un reproche del villalbés a la derecha cainita, ya que a continuación se desató la confrontación entre los dos modelos de partido que subyacían, y que personificaban Hernández Mancha y Miguel Herrero, respectivamente. La victoria aplastante del dirigente andaluz, populista a todo trance, no fue la solución, como pudo verse en los dos años de ejercicio de poder, período en el que AP se hundía poco a poco, a partir de una malhadada moción de censura, y durante el cual el centrismo de Adolfo Suárez emergía, por contraste, como solución alternativa del socialismo, a su vez enfrentado a los sindicatos.

El análisis detallado de todos estos hechos, las luchas intestinas y las turbias maniobras consustanciales al tenor competitivo de cada partido político conforman la narración de esta última etapa, durante la cual se reclamó la vuelta de Fraga, que retornó, junto a Marcelino Oreja, dispuesto a *refundar* el partido dando entrada de nuevo en él, no por la vía de una coalición sino de la unificación, a democristianos, liberales e independientes (capítulo 25).

El colofón de este volumen de la Historia del Partido Popular lo constituye precisamente el IX Congreso Nacional de *La Refundación*, que fue el punto de encuentro para una nueva marcha del centro-derecha en torno a un partido que cambió su nombre, adoptando el de Partido Popular, denominación vigente para los partidos democristianos europeos. En verdad, dicho congreso lo que abrió fue la sucesión de Fraga, que esta vez, a diferencia de cuando abandonó dos años antes, se haría en testamento abierto, teniendo serias posibilidades sucesorias sólo dos o tres aspirantes.

Debe ser subrayado, en lo concerniente al apartado de fuentes, que el autor ha examinado todas las que había disponibles en el servicio de Documentación del partido —a cuyo personal agradece su inestimable colaboración—, los papeles de su abundante archivo propio, el amplio repertorio bibliográfico académico y de memorias biográficas, y multitud de ensayos, de todo lo cual se da cuenta en las notas de pie de página. Del mismo modo, han sido utilizados los más de treinta testimonios (grabados en voz) de otras tantas personas y dirigentes del Partido Popular a lo largo de las distintas etapas, sobre los cuales quiero rendir público reconocimiento y gratitud. La gratitud debe alcanzar además a los servicios de Documentación del Partido Popular, así como a los de Distribución y Reprografía del Congreso de los Diputados, facilitando la tarea de búsqueda y reproducción de documentos útiles a los fines de esta obra.

Por último, dedico un párrafo de gratitud a mi mujer, que ha sabido ejercer de consorte de un político —del autor— con generosidad, paciencia y cariño. Su conducta no tiene una correspondencia justa y, si acaso, es pagadera con toda mi lealtad amorosa.

Valdemorillo (Madrid), enero de 2001

PRÓLOGO

En estos tiempos supuestamente posmodernos que vivimos resulta políticamente muy poco correcto referirse a las circunstancias personales de un autor cuando se pretende analizar su obra. No obstante, en el caso de Rogelio Baón y esta *Historia del Partido Popular* que el lector tiene en las manos sería absurdo doblegarse a las modas imperantes, ya que se trata de un texto profundamente impregnado por la personalidad de su autor.

Rogelio Baón es, ante todo, un apasionado de la política, a cuyo embrujo sucumbió por vez primera a principios de los años setenta, y a la cual vive entregado de cuerpo y alma treinta años después, ocupando en la actualidad un escaño por Madrid en el Congreso de los Diputados, institución en la que también ejerce como presidente de la Comisión de Defensa. De su ya larga trayectoria política el dato que él mismo resaltaría es sin duda su proximidad a la figura de Manuel Fraga Iribarne, hasta el punto de ser probablemente el político en activo que mejor le conoce. Como se desprende de la lectura de este libro, nunca fue tarea fácil —aunque sí apasionante— ejercer de escudero de tan notable caballero andante, y algunas de las aventuras vividas por ambos merecerían un libro aparte. Sin embargo, y en lo que a éste se refiere, conviene destacar que, por una vez, la admiración y la confianza conviven aquí con la crítica y el desacuerdo, dando lugar a un ejercicio de "lealtad constructiva" muy poco frecuente en obras de estas características.

La otra faceta de la trayectoria profesional de Baón que debe tenerse en cuenta al iniciar la lectura de su libro es la de su apenas disimulada fascinación por el mundo de la comunicación, y más concretamente, por el campo de la comunicación política. Como periodista, Baón trabajó durante muchos años tanto en la prensa escrita como en la Radio y la Televisión, lo cual explica tanto la atractiva agilidad de su prosa como su interés —cuando no obsesión— por la dimensión mediática del quehacer político, que se plasma sobre todo en sus interesantes observaciones sobre el papel de la propaganda política en las muchas campañas electorales que ha conocido de primera mano. Siguiendo a Giovanni Sartori, Baón entiende que en nuestras democracias contemporáneas el ciudadano está dejando de ser un *homo sapiens* para convertirse en un *homo videns,* con las tentaciones y los peligros políticos que ello puede con llevar.

Como su propio título indica, la obra que nos ocupa pretende ser una Historia del Partido Popular. La alusión a la pretensión no pone en duda la capacidad del autor para llevar a buen termino sus propósitos, sino que apunta más bien al hecho de que el lector encontrará aquí otras muchas cuestiones de interés. En primer lugar, y casi desde la primera página, se tropezará con algunos de los mimbres que algún día servirán al autor para tejer lo que sin duda será una excelente biografía de su "patrón", tarea en la que posiblemente ande ya ocupado. También encontrará aquí un análisis —inédito hasta la fecha— del desarrollo del primer reformismo centrista, elaborado conceptualmente cuando aun vivía Franco, y que dio lugar a iniciativas como las que encarnaron plataformas como GODSA y FEDISA, acrónimos hoy olvidados pero que resultaban muy familiares a cualquier lector de periódicos hace un cuarto de siglo. Baón también nos ofrece en estas páginas un análisis cuidadoso del nacimiento de Alianza Popular, de sus desencuentros con los dirigentes de la Unión de Centro Democrático, tanto en la época de Adolfo Suárez como en la de Leopoldo Calvo-Sotelo, para finalizar con un amplio apartado dedicado a la llamada "travesía en el desierto", que pudo darse por concluida finalmente en el IX Congreso del partido, celebrado en enero de 1989, en el cual se alumbró un nuevo Partido Popular. Por último, el lector podrá satisfacer aquí su curiosidad sobre la evolución electoral de Alianza Popular entre 1977 y 1989, a la vez que accede a una información inédita sobre la organización y el funcionamiento internos de dicho partido. Se trata, en suma, de una historia política de la evolución del centro-derecha español a lo largo de dos décadas (1969-1989), narrada por un "curioso impertinente" que fue testigo privilegiado de buena parte de los acontecimientos que en ella se narran, y que ha tenido la feliz idea de reflexionar sobre algunos de estos fenómenos a la luz de los textos politológicos que pretenden explicarnos el funcionamiento interno de los partidos políticos, propósito que muy raras veces alcanzan. La gran virtud y originalidad de este libro radica precisamente en que permite al lector acceder a los entresijos de la vida interna de un partido político importante, sin rehuir aspectos harto controvertidos pero cruciales de la misma, tales como su financiación o las consecuencias casi siempre perniciosas y poco edificantes del fenómeno del "hiperliderazgo" presidencialista.

Para valorar debidamente la importancia de la obra de Baón no es ocioso recordar que, a pesar de ser ingente la bibliografía generada por el cambio de régimen acaecido en España tras la muerte de Franco, son todavía relativamente escasos los estudios monográficos sobre el centro-derecha español. En lo que a los últimos años del franquismo se refiere, cabe reseñar algún trabajo sobre el grupo *Tácito,* y sobre el fracaso del experimento aperturista protagonizado por el primer gobierno de Carlos Arias Navarro. El partido creado en su día por Adolfo Suárez ha merecido varios estudios notables, entre los que destacan el del politólogo chileno Carlos Huneeus, *La Unión de Centro Democrático y la transición a la democracia en España* (Centro de Investigaciones Sociológicas, 1985); el de Silvia Alonso-Castrillo, *La apuesta del centro: historia de UCD* (Alianza, 1996); y más recientemente, la del politólogo británico Jonathan Hopkin, *Party formation and democratic transition in Spain: The creation and collapse of the Union of the Democratic Centre* (Macmillan, 1999), posiblemente el más atractivo de los tres. A esta lista habría que añadir los artículos monográficos de autores tales como Richard Gunther, coautor de una excelente obra de alcance más general, *Spain after Franco: the making of a competitive party system* (University of California Press, 1988), y que también supuso una notable aportación en su día. En lo que a los partidos de la derecha se refiere, cabe hablar de un verdadero desierto bibliográfico, aunque no exento de un pequeño oasis en el que se alzan dos o tres palmeras dignas de mención: los artículos de José Ramón Monteo; los estudios de Lourdes López Nieto, que siempre ha contado con el aliento intelectual del propio Baón; un estudio reciente del hispanista británico John Gilmour, *Manuel Fraga Iribarne and the rebirth of Spanish conservatism,* 1939-1990 (The Edwin Mellor Press, 1999); y el interesante libro de entrevistas del periodista anglo-español Tom Burns, *Conversaciones sobre la derecha* (Plaza y Janés, 1997). Este panorama no hace sino confirmar la existencia de una importante laguna sobre aspectos decisivos de nuestro pasado más reciente, déficit al que pretende dar respuesta parcial la obra que nos ocupa.

Baón podría haber tomado prestado el subtítulo del libro de Burns citado anteriormente, que dice versar sobre "cómo la derecha devolvió la Democracia a España, entregó el poder a la izquierda, y tardó catorce años en recuperarlo". Dado que todavía hay quien se resiste a reconocer la aportación de la derecha a la transición a la democracia, las páginas que aquí se dedican al proyecto reformista diseñado por Fraga y sus colaboradores a partir de su cese como Ministro de Información y Turismo en 1969 a raíz del *caso Matesa* revisten especial interés. Como es sabido, dicho reformismo partía de la base de que, paradójicamente, bajo el franquismo se había construido el mejor pedestal para esa democracia que el dictador rechazó hasta su muerte, o en palabras del propio Fraga, que Franco había construido una España mucho más ancha que su propio régimen. Expresado de forma típicamente lapidaria por el político gallego, el otro principio rector que inspiró a los reformistas del tardofranquismo que le acompañaron a partir de 1969 fue la constatación de que, "en materia política, la capacidad de testar es siempre muy limitada".

La situación de partida, al menos en teoría, no era del todo desfavorable a las pretensiones de Baón y sus correligionarios. A diferencia de lo ocurrido en Portugal bajo Salazar y luego Caetano, en España los sectores reformistas del régimen y otros grupos ideológicamente afines pudieron prepararse para el posfranquismo con cierta antelación. Gracias en buena medida a la decisión del dictador de nombrar a Don Juan Carlos sucesor a título de rey en 1969, a partir de esa fecha fue posible —y cada vez más necesario— especular en voz alta y aun por escrito sobre la situación política del país una vez muerto Franco. Ya entonces, los sectores más evolucionados del régimen sabían que su futuro político dependería en buena medida de su capacidad para aportar fórmulas que permitieran ahuyentar el fantasma del enfrentamiento civil y encauzar el tránsito a la democracia. Para lograrlo se fijaron un doble objetivo: la elaboración de una estrategia reformista capaz de superar los obstáculos internos y externos que pudieran presentarse, y la organización de una fuerza política que pudiese capitalizar el éxito de dicha operación reformista y representar adecuadamente a lo que un autor de la época definiría en 1974 como "ese amplísimo sector de clases medias trabajadoras y profesional, de gentes moderadas en general que tienen una voz que hay que escuchar, y que por su misma naturaleza están sin organizar y aun sin convocar políticamente". Lo ocurrido en Portugal tras la Revolución de los Claveles no hizo sino confirmar la necesidad de hacerlo cuanto antes, ya que, en palabras del mismo autor, "llegado el momento de crisis, no resulta posible improvisar cuadros y programas para recoger y representar a un electorado lógicamente desorientado y con una gran sensibilidad crítica en relación con el pasado".

El único dirigente reformista que parecía estar en situación de acometer ambos objetivos en 1973-1975 con alguna garantía de éxito era precisamente Fraga. Como subraya Baón, éste contribuyó a desbaratar toda posibilidad real de construir un "franquismo sin Franco" al rechazar el Estatuto de Asociaciones aprobado en diciembre de 1974, ese curioso ratón que tan dificultosamente parió ese elefante de papel que resultó ser el famoso "espíritu del 12 de febrero". Ello le permitió distanciarse del régimen sin romper con él, y desde el exilio dorado que le proporcionó la embajada de España en Londres pudo aglutinar un embrión de partido político (Reforma Democrática) y participar activamente en diversas iniciativas reformistas, y muy especialmente en FEDISA, plataforma que reunió a buena parte de lo que, con el paso de no mucho tiempo, sería la clase política centrista del país.

Fiel a su palabra, el 19 de noviembre de 1975 Fraga abandonó su residencia londinense de Belgrave Square para volar a Madrid, donde le esperaban unos colaboradores entusiastas que veían en él al hombre destinado a protagonizar el inmediato posfranquismo. Sin embargo, y contra todo pronóstico, tras la muerte de Franco, el ilustre gallego dilapidó buena parte de su caudal político reformista en menos de un año. Baón, que fue su jefe de prensa durante aquellos meses, parece sugerir que ello se debió tanto a la complejidad de la cartera ministerial que ocupó durante el primer gobierno de la Monarquía (la de Gobernación, hoy Interior), en una etapa de inusitada conflictividad social, como a su defensa de un proyecto de reforma otorgada que suscitó el rechazo casi unánime de la oposición democrática, de las instituciones políticas europeas y del conjunto de la opinión pública española. Aunque no sin cierta amargura por los difíciles momentos vividos, atribuibles en parte a la acción de grupos que pretendían desestabilizar al gobierno, Baón parece reconocer que Fraga, que había soñado con ser el Cánovas de la segunda restauración, habría de conformarse con representar (a corto plazo al menos) un papel que recordaba más al desempeñado en su día por Maura.

Como es sabido, el fracaso de la llamada reforma Arias-Fraga (que en realidad no fue tal) brindó una oportunidad de oro a otros dirigentes reformistas, tanto "azules" como democristianos, que habrían de aprovecharla a fondo bajo el liderazgo de Adolfo Suárez y el amparo del Rey a partir de julio de 1976. Fueron estos reformistas, pertenecientes en su mayoría a la llamada "generación del Príncipe", quienes impulsaron la Ley para la Reforma, la defendieron ante unas Cortes todavía orgánicas y lograron el respaldo mayoritario de las urnas en el referéndum celebrado en diciembre de 1976, lo cual les permitió negociar con la oposición las condiciones para la celebración de las primeras elecciones democráticas desde una posición de relativa fuerza y legitimidad.

Como demuestra Baón, fue entonces cuando se produjo una fractura en el campo del centro-derecha español que habría de tener gravísimas consecuencias, y que no se superaría plenamente hasta mediados de los años noventa, bajo la actual dirección del Partido Popular. En realidad, los orígenes de esta ruptura se encuentran en la división que se produjo en torno a la operación reformista impulsada por el gobierno de Adolfo Suárez. Esta discrepancia de fondo se manifestó por vez primera durante el debate sobre la Ley para la Reforma celebrado en las Cortes orgánicas en noviembre de 1976. Durante el mismo, los procuradores adscritos a la recién creada Alianza Popular obligaron al gobierno a introducir algunas modificaciones en el texto de la Ley y, sobre todo, a aceptar un sistema electoral de carácter mayoritario para la elección del Senado. Según Baón, ambas partes exageraron intencionadamente la importancia de los cambios introducidos: la incipiente Alianza Popular, para demostrar a sus votantes potenciales que había podido condicionar la actuación del gobierno, y éste, porque no deseaba ser acusado de haber impuesto la Reforma de modo autoritario a unas Cortes indefensas. No obstante, lo que estaba en juego era en realidad el alcance mismo de la Reforma, así como la identidad de quienes habrían de pilotarla.

Sea como fuere, en la primavera de 1977 ya estaban tomadas las grandes decisiones que habrían de determinar el comportamiento de las fuerzas políticas no izquierdistas durante el siguiente quinquenio. Fraga optó muy tempranamente por el papel de civilizador de una derecha agreste que no le había sido especialmente afín durante el tardofranquismo, pero cuya concurrencia era sin duda esencial para el éxito de una reforma sobre cuyo alcance último albergaba no pocas dudas. Suárez, por su parte, supo casi de inmediato que el éxito de la reforma política le permitiría ganar limpiamente las primeras elecciones, pero para ello requería un vehículo electoral adecuado. Según su propio testimonio, en un primer momento pensó apoyarse de forma casi exclusiva en una red de profesionales y técnicos jóvenes sin excesivas ataduras con el pasado, pero conocidos y respetados en el ámbito municipal y provincial. Sin embargo, pronto comprendió que, al carecer de las credenciales democráticas que tan ostentosamente lucían sus principales rivales, era necesario incorporar a su proyecto a los numerosos grupúsculos centristas (liberales, democristianos y socialdemócratas) que habían surgido en los últimos años de vida del régimen y que uno de sus dirigentes habría de tildar de "partidos-taxi", en alusión al hecho de que la totalidad de su militancia podía acomodarse en un solo automóvil. De aquella curiosa amalgama de "independientes" y notables surgió un nuevo partido, Unión de Centro Democrático, que ganó con relativa facilidad las elecciones fundacionales de la nueva democracia española. Como nos recuerda Baón, durante la campaña electoral de 1977 se repitió el espectáculo de aparente hostilidad que ya se había producido con motivo del debate sobre la Ley para la Reforma, y por motivos parecidos: UCD necesitaba subrayar el carácter autoritario y derechista de AP para definir su propia identidad centrista y moderada, mientras que AP se vio obligada a defender una visión catastrofista de la situación política española que no se correspondía con la realidad ante el temor a que algunos sectores de su propio electorado potencial optasen por votar a quienes habían sabido arrebatarle a Fraga la bandera del centrismo.

Es posible que, dadas las circunstancias de la transición política, la división del centro-derecha en dos partidos de características claramente diferenciadas (y con electorados también distintos) cumpliese un papel positivo durante algún tiempo. Aun a riesgo de simplificar, puede afirmarse que durante estos años se produjo una cierta división de trabajo entre ambas formaciones: mientras UCD (y sobre todo Suárez) se dedicaba a sentar las bases del nuevo sistema democrático, pilotando el proceso constituyente y negociando los Estatutos de Autonomía, AP (y muy especialmente Fraga) se esforzaba por incorporar al proceso democrático a importantes sectores conservadores de la sociedad española que lo habían recibido con cierta reticencia. Las dificultades experimentadas por UCD en este terreno, que se saldaron al poco tiempo con la destrucción del partido, son sobradamente conocidas. En cambio, y como sugiere Baón, hasta la fecha quizás no se ha tenido suficientemente en cuenta el desgaste sufrido por Fraga en su labor "civilizadora" de la derecha; no debe olvidarse, por ejemplo, que durante la votación de la Constitución AP había escrito una de las páginas más sorprendentes de la historia parlamentaria española, al decantarse sus diputados por todas las opciones posibles (el voto afirmativo, el negativo y la abstención).

Desde el punto de vista de la historia interna de AP, las páginas más interesantes del libro son sin duda aquellas dedicadas al análisis pormenorizado de la actuación del partido tras el hundimiento de UCD y el triunfo del PSOE en las elecciones legislativas de 1982. Por motivos muy diversos, la Alianza Popular de 1982 no estaba en condiciones de recoger el testigo que UCD había dejado caer al suelo. Ante todo, el partido no fue capaz de unificar a todo el espectro político moderado y conservador bajo la autoridad de Fraga, debido en no poca medida, como reconoce el autor, al rechazo que suscitaba en algunos dirigentes centristas su pasado franquista no obstante su notable contribución al proceso democratizador. A ello habría que añadir la reticencia del partido a la hora de aceptar las consecuencias del proceso autonómico, e incluso a reconocer la legitimidad de las nuevas instituciones y símbolos surgidos del mismo, evidente incluso en cierta resistencia a adaptar las estructuras del partido a la nueva realidad. Por ultimo, también pesó un cierto déficit de homologación internacional, sobre todo en el ámbito europeo, asunto que adquirió una importancia cada vez mayor tras el ingreso de España en la Comunidad Europea. Así pues, tanto el éxito relativo del Centro Democrático y Social de Suárez en las elecciones de 1986 (al obtener 19 diputados), como la existencia misma de la operación reformista liderada por Miquel Roca, que contó con una generosa financiación, reflejan el rechazo que todavía suscitaba AP entre sectores relativamente amplios del electorado centrista. Por otro lado, la sustitución de Fraga por Antonio Hernández Mancha al frente del partido entre 1987 y 1989 demostró que no se trataba solamente de un problema de liderazgo, sino de una falta de sintonía básica entre dicha fuerza política y su electorado potencial.

Como señala el autor en su introducción, el estudio de un partido político contemporáneo debe tener en cuenta tres dimensiones fundamentales: el ideario político, la organización y el liderazgo. Aunque todas ellas se tratan cumplidamente en el libro, destacan sin duda las páginas dedicadas a este último factor. Merece subrayarse, en este contexto, el excelente capítulo dedicado al referéndum sobre la OTAN celebrado en 1986, y más concretamente, a la sorprendente decisión tomada por AP a favor de la abstención activa, en flagrante contradicción con la postura partidaria de la permanencia de España en la Alianza Atlántica tradicionalmente defendida tanto por los dirigentes como por una amplia mayoría de militantes y votantes del partido. Haciendo caso omiso de su ideario, la dirección del mismo estimó que el objetivo de desgastar al gobierno de Felipe González justificaba sobradamente este sorprendente giro táctico, decisión que Baón analiza con especial detenimiento y que no duda en atribuir directamente al fundador del partido, con el resultado de que éste dañó irremisiblemente sus posibilidades de alcanzar alguna vez la presidencia del gobierno de España.

La comparación entre Maura y Fraga a la que antes se hizo mención es sin duda algo injusta, ya que el legado del político gallego fue a todas luces mucho más positivo, tanto para su propia fuerza política como para el sistema democrático en su conjunto. Una vez constatada la imposibilidad de conquistar la presidencia del gobierno, Fraga tuvo el valor y la generosidad de regresar a la dirección del partido que había fundado para reconducir un proceso sucesorio que se había enquistado, y que amenazaba con llevarlo al abismo electoral en muy pocos años. Fraga contribuyó así a hacer posible algo que casi nadie pudo anticipar en 1977, y que muchos se resistieron a creer posible en 1982, e incluso muchos años después: a saber, que en España la unificación de las fuerzas de centro-derecha, divididas en dos bandos aparentemente irreconciliables en los momentos fundacionales del sistema democrático, se realizaría en torno al partido fundado por el ex ministro de Franco en 1976.

No es menos cierto, sin embargo, que ello exigiría una refundación previa del partido creado por Fraga, proceso que se inició en su IX Congreso, celebrado en 1989, y que se afianzó un año después mediante la elección de José María Aznar como presidente nacional. A partir de ese momento, el nuevo Partido Popular experimentaría una profunda transformación, sin la cual, dada las preferencias mayoritariamente moderadas y centristas del electorado español, no hubiese estado jamás en situación de acceder al gobierno en 1996, ni de obtener una mayoría absoluta de escaños en el Congreso de los Diputados cuatro años después. Sin embargo, en opinión de Baón, al menos, ese proceso forma parte de una historia distinta, a la que sin duda habrá de dedicar su atención y su pasión con el paso de no mucho tiempo. Este lector, al menos, sólo puede hacer votos para que así sea.

Charles Powell

TIEMPOS REFORMISTAS

Capítulo 1

MESIANISMO DEMOCRÁTICO
EN EL FRANQUISMO

.

La primera travesía del desierto

La crisis ministerial del *caso Matesa*[1], en octubre de 1969, apeó a Manuel Fraga del coche oficial de ministro y lo convirtió en un peatón, permitiéndole —además de pasear, viajar en autobús o en taxi— tomar contacto con la realidad social en las postrimerías del franquismo. Y si bien pudo pesar en él la frustración de haber sido mal pagado por el Régimen, que desde dentro quiso infructuosamente transformar, es indudable que acrecentó el respeto de muchos, y para no pocos se constituyó en esperanza del medio futuro. Su primera travesía del desierto comenzaba.

En términos políticos, aunque Fraga sintiese que le habían arrancado traumáticamente del poder, la victoria de los ministros tecnócratas (algunos ejercientes políticos del *Opus Dei)* no le supuso más que una eliminación temporal de las candilejas porque resultó vencedor moral, rodeado de una aureola de limpieza. Fue de los pocos que disponían de credibilidad para actuar en el futuro tras el sistema que se agotaba, teniendo como tenía España ya un sucesor a la Jefatura del Estado a título de Rey en la persona de Don Juan Carlos de Borbón, de 31 años.

Al no aceptar prebenda compensatoria por ser ex ministro (un consejo de administración al uso), el regreso a la vida privada le deparó un enorme caudal de reconocimiento, aunque tuviese por causa, según algunos, motivaciones de despecho. En el primer tomo de sus memorias —un apretado dietario con escasa doctrina y abundante velada gastronómica— pone en

---

[1] El conocido escándalo Matesa (Maquinaria Textil del Norte de España, S. A.) estalló en julio de 1969 por denuncia ante el Tribunal de Delitos Monetarios del director general de Aduanas, don Víctor Castro San Martín, como consecuencia de haber detectado ciertas irregularidades en la concesión de créditos oficiales por parte del Banco de Crédito Industrial. Matesa, cuyo máximo accionista era Juan Vilá Reyes, fundamentaba su negocio en la explotación de una patente francesa de telar sin lanzadera y, a tal fin, se benefició fraudulentamente de todos los recursos (créditos, subvenciones y exenciones) para el fomento de la exportación, hasta el punto de que, pese a tener sólo 600 millones de pesetas de capital social, era deudora en julio de 1969 de casi 10.000 millones de pesetas. En total, por todos los conceptos, la financiación bruta oficial en apoyo de la exportación de telares fue de unos 13.000 millones de pesetas, que equivalía a unos 20.000 telares, cuando en realidad sólo se habían exportado —con venta en firme— 2.321, y el resto permanecía sin vender en almacenes en el extranjero. Tal escándalo originó una crisis política en el Gobierno entre los ministros responsables por razón de la materia (los de Hacienda, Comercio e Industria), del entorno de Carrero y López Rodó, y los ministros alentadores de la publicidad del *affaire*, principalmente Fraga y Solís. Estos últimos, sin embargo, fueron los que políticamente arrostraron las consecuencias cesando como ministros en el Gobierno que Franco nombró en octubre de 1969. Posteriormente, el asunto Matesa fue objeto de una comisión parlamentaria de investigación, a los efectos de ventilar responsabilidades políticas, y asimismo se instruyó un sumario en el Tribunal Supremo, por afectar a personas aforadas, ex ministros, para deducir las responsabilidades penales.

La explosión del caso Matesa, *y el hecho de convertirse en oculto denunciante del mismo ante la opinión pública, se saldó con la destitución de Fraga como Ministro de Información y Turismo, siendo sustituido por Alfredo Sánchez Bella. En la ceremonia de relevo, muy emotiva, el villalbés acusó veladamente a quienes le apartaban de la política.*

evidencia el enorme número de encuentros, contactos y salidas del estrecho medio oficial en que desenvolvió su vida hasta entonces. Sin disponibilidades económicas sobrantes, volvió a su piso de la Ciudad Universitaria madrileña —la llamada *casa de fieras* —, se reintegró a la cátedra[2], frecuentó las reuniones ordinarias de la Real Academia de Ciencias Morales y Políticas, y tanteó y titubeó con amargura dedicarse a la empresa mercantil privada para mejor ganarse la vida. No interrumpió, sin embargo, las excursiones semanales —de caza en aquel invierno—, que le oxigenarían la mente y su anatomía aldeana.

La vida de ex ministro se le antojaba dura y, en cierto modo, nostálgica de servicio al Estado. En torno a su comportamiento, a su compromiso activo con el Régimen, los avisados se formulaban estas preguntas: ¿Se hará Fraga, ahora, de izquierdas? ¿Se revolverá contra el Régimen desde la otra orilla como Dionisio Ridruejo? ¿Quedará todo en un enojo pasajero?

Sus apuntes biográficos dan la respuesta. "Martes 25 (diciembre): asisto a una cacería a que está invitado Franco; le encuentro viejo y distante, triste y solo; aun así, me dirige una sonrisa luminosa, como de profunda lamentación"[3].

Al día siguiente (miércoles 26), en una cena de amigos gallegos, coincidió en un restaurante con Don Juan Carlos y Doña Sofía: "Otra sonrisa luminosa de los Príncipes de España", anota gratificado en su diario[4].

Sin embargo, por inducción del pretencioso nuevo Gobierno, o por simple vacío de quien fue y tuvo poder, y ya ni una ni otra, se le empezaron a cerrar puertas y a cancelar influencias; actitudes y circunstancias que le empujaban a la gradual disidencia y a la crítica abierta. Hubiese querido que el silencio siguiese a su discurso de despedida ante su sustituto ("... He dado buena cuenta de los caudales públicos y no he tenido más amigos ni enemigos que los del Estado"), pero el núcleo de sus colaboradores, amigos y adictos fue dispersado, si no apartado.

---

[2] El retorno a su cátedra de Teoría del Estado y Derecho Constitucional, de la Facultad de Ciencias Políticas de la Universidad Complutense, es relatado desde ópticas encontradas por Octavio Cabezas, autor de la biografía *Manuel Fraga, semblanza de un hombre de Estado,* pág. 243 y siguientes (Sala Editorial), y por Eugenio Pordomingo, autor de *Fraga, a la búsqueda del poder,* págs. 49 y 50 (Ediciones Sociedad Cultural Europea, S. A., 1991). Ambos recogen diversos incidentes y provocaciones, destacando Cabezas que asumió estas algarabías estudiantiles con serenidad y objetividad, pese a que un periódico de Madrid tenía destacado en las clases un corresponsal especial que "contaba con minuciosa puntualidad cualquier incidente que perjudicase al profesor". Por su parte, Pordomingo subraya ese período como de crispación y alboroto continuos, hasta el punto de afirmar que por ello Fraga recibió atención médica.

[3] Manuel Fraga, *Memoria breve de una vida pública,* pág. 259, Editorial Planeta, 1980.

[4] *Ibid,* pág. 259.

Le quedaba convencerse de que el Gobierno *tecnocrático* había decidido archivar el proyecto de ampliación de la participación política, impulsado de consuno con Solís, y que como Estatuto jurídico de Asociaciones se iba a discutir el 15 de diciembre en el Consejo Nacional. Dar carpetazo a tan tímido avance representaba, según su concepción evolutiva del Régimen, que al mítico Sísifo se le volvía a resbalar la piedra ladera abajo sin posibilidad de reiniciar la ascensión en la misma montaña. De ahí su dubitación, la víspera del debate, cuando redactó en su casa la pieza oratoria que pronunció en el palacio de la Plaza de la Marina Española.

Los llamados gobernantes tecnócratas habían logrado el desarrollo económico y aspiraban, a continuación, a ser los artífices del desarrollo político. Laureano López Rodó, catedrático de Derecho Administrativo y miembro del Opus Dei, era el principal representante de los tecnócratas en la época de la fotografía (1971) y entonces competidor de Fraga en administrar la sucesión del Régimen, si bien posteriormente sería un relevante aliado.

Porque alegar cuanto pensaba significaría el portazo de salida de la vida pública sin posibilidad de retorno o, en la otra alternativa, callando, supondría el otorgamiento y la complicidad ante la involución en ciernes. No exento de ternura, en su primer tomo de memorias anotó que salió a pasear con sus dos hijos menores y que la niña (Adriana, de cinco años) le levantó el ánimo "hablándome de los romanos que vinieron a España a dar una buena lección. Procuro seguirla", concluye[5].

Descargó ciertamente el preconcebido discurso *anti* y con su tesis, a la que se adhirieron doce votos y cuatro abstenciones[6]. Fraga rompió el compromiso contraído con el Régimen en pos del reformismo endógeno, desde la propia casa, que entrañaba dar cabida a manifestaciones políticas plurales distantes del partido único y de los extremismos revolucionarios. Aquella sesión fue calificada de *alta tensión política,* y en su diatriba contra el texto legal que se ofrecía, el villalbés, un producto intelectual del Régimen, se lamentó de la insensatez de mantener a la Nación en inalterable minoría de edad.

El concepto *centrismo*, como munición de gran efectividad en la estrategia política, apareció entonces en el salón de plenos del añejo Palacio del Senado como incipiente teoría apuntada por el profesor de Derecho Político, decidido, desde ahora, a volcarse sobre la praxis de la acción política. "(...) Hoy es posible en España —afirmó Fraga— una política de centro, abierta y decidida, que nos saque de la vieja dialéctica de los bandazos tradicionales, de la derecha a la extrema izquierda y del orden a la anarquía. Eso es lo que el país quiere y lo que el país espera; lo que estábamos dándole ya, y que ahora no admite frenazos".

---

[5] *Ibid*, pág. 260.
[6] Los doce consejeros nacionales que votaron en contra, además de Fraga, fueron: Labadie Otermín, Nieto Antúnez, Hertogs, Pedrosa Latas, Mateu de Ros, Soler Llorca, Ballarín Marcial, Salgado Torres, Hernández Gil, Rodríguez de Miguel y Rodríguez Acosta. Quienes se abstuvieron fueron: Fueyo Álvarez, Rovira, Palomares y Martínez Esteruelas.

Cualquier otro atisbo interno de liberación fenecía casi al tiempo que agonizaba de un cáncer de pulmón, con el último pitillo en los labios, el capitán general Muñoz Grandes, quien, por enfermo y viejo, mediando su acrisolada honradez y prudencia, empujó la marcha aperturista a pesar del núcleo integrista del Ejército. Que se había iniciado el posfranquismo, con Franco vivo pero decrépito, lo expresaba el humorístico y chusco dicho que pululaba por los mentideros: *¡Estas cosas no ocurrían en los tiempos de Franco!*

En la espuma de la cerveza

Abocado Fraga a rehacer su vida al margen de la España oficial, aunque seguía siendo consejero nacional y procurador en Cortes (puestos de los que fue excluido en 1971[7], al iniciarse la X Legislatura), Alberto Comenge le ofreció por Navidades hacerse cargo de la dirección general de Cervezas *El Águila,* y aceptó incorporarse a ese puesto el 2 de enero de 1970. Posteriormente asumiría la presidencia de *Unión Resinera Española* y otros empleos de consejero de diversas empresas de amigos, entre ellas *Rank Xerox.*

La vida mercantil, no obstante, constituyó un escape transitorio que en modo alguno llenaba el vacío de la política. Ni la malta ni el botellín del espumoso fermento podían sustituir el magnetismo de la cosa pública. Por ello, no contento con extender las alas del águila cervecera y de escribir cartas a todos los camareros recomendándoles la marca patrocinada, diseñó otra nueva etapa —mitad empresarial, mitad política— escribiendo y pronunciando conferencias allí donde se lo solicitaban.

Aquel acervo de disertaciones engrosó, andando el tiempo, los dos libros de su ostracismo primero: *El desarrollo político* y *Legitimidad y representación*[8]. Igualmente, con el patrocinio del Marqués de Bolarque y de Juan Lladó, concertó e inició la obra colectiva *La España de los años 70,* que fue a todo intento el más completo diagnóstico de la situación española en el último tercio del siglo XX[9].

Articular el centro-derecha, constituir un grupo germinal de una potente fuerza política, al margen de las cuadernas del Estado-Movimiento, era ya un obsesivo propósito de Fraga no declarado..., por lo que algunos amigos le recomendaban el silencio táctico y la quietud. "Tú, quieto —le decían—, que todo llegará pronto".

---

[7] Fue Fraga excluido de la llamada lista de "los 40 de Ayete", es decir, de los consejeros que con carácter vitalicio nombraba personalmente el Jefe del Estado según la Ley Orgánica del Estado. Se les asociaba nominalmente a Ayete porque este es el nombre del palacio donde Franco pasaba unos días de veraneo, en San Sebastián, y desde allí emitió la primera lista.

[8] Los dos libros los editó Grijalbo: *El desarrollo político*, en 1971, que recoge los artículos, conferencias y entrevistas del bienio anterior, y *Legitimidad y representación*, en 1973, que reelabora materiales de conferencias y artículos como en la obra anterior, y en la que formula la teoría del centro político y el fenómeno de la representación social y política. Para entender la situación de esa etapa y la concepción que del centro tenía Fraga son dos obras básicas.

[9] Es una trilogía, editada en dos tomos por Editorial Moneda y Crédito en 1974, que compendió el comentario, la doctrina y la estadística de los grandes temas de la década de los setenta, referidos a la política, la economía y la sociología. Estaba dirigido por Manuel Fraga, Juan Velarde y Salustiano del Campo y, aparte del prólogo general de la obra, a cargo de Fraga, reunía artículos de eminentes especialistas.

La conversión monárquica de Fraga

Las declaraciones que el Príncipe don Juan Carlos efectuó el 7 de enero de 1969 al entonces director de la Agencia EFE, Carlos Mendo, fueron el principal testimonio público de la aceptación de la previsión sucesoria —por mentor y pupilo— en la Jefatura del Estado. Efectivamente, seis meses después, el inquilino del Palacio de la Zarzuela sería designado Príncipe de España y "sucesor a título de Rey".

En torno a ese proceso, sembrado de intrigas, desconfianzas y vacilaciones, fue decisiva la iniciativa de Fraga, tan discreta como hábil, luego de vivir él mismo su conversión (intelectual y personal) hacia la Monarquía. Por boca del mismo Rey, según lo recoge Ricardo de la Cierva en su obra *Retratos que entran en la Historia,* la tarea de Elorriaga es ponderada: "Me prestó un gran servicio cuando Fraga era Ministro de Información; Elorriaga le ayudó a inclinarse decididamente a mi favor, y alguna vez pensé en traerme a Elorriaga a mi casa".

¿Cómo se llegó a esa comparecencia pública del Príncipe? ¿Por qué Fraga dio ese paso (irónicamente calificado por López Rodó como *crimen perfecto)* que abría decididamente el futuro de la transición? La autoría de las célebres declaraciones de Don Juan Carlos alentó la especulación, atribuyéndolas a Manuel Aznar, Fernández de la Mora, Emilio Romero. No. El autor fue Gabriel Elorriaga.

En la época en que Fraga accedió al Gobierno, el Príncipe Don Juan Carlos residía ya en el Palacio de la Zarzuela, si bien sin rango oficial establecido. Aunque la Ley de Sucesión franquista proclamaba a España en reino, la ambigüedad de sus cláusulas dejaba abierta la puerta a la regencia o, en todo caso, a fórmulas de monarquía electiva. Como fruto de esa nebulosa confusión circulaban los *pretendientes* hasta de la rama de los Trastamara (incluso don Hugo de Borbón Parma se había instalado en un piso en la casa donde vivía el almirante Carrero Blanco), y se ridiculizaba, como fútil recurso, a Don Juan Carlos.

Apenas llegado Fraga a su nuevo despacho, sin más compañía que la de Elorriaga, se produjo la muerte de su predecesor, Arias Salgado, y a casa de éste fue el Jefe del Gabinete Técnico a ofrecer a la familia cuanto necesitase. De regreso, Elorriaga encontró a su jefe ordenando la mesa del despacho y sorprendido porque en uno de los cajones había un montón de libros de la Editora Nacional encuadernados en piel roja y estampadas las cubiertas con el escudo real tradicional, corona y toisón de oro circundante, en vez del águila desplegada a la oficial usanza.

El príncipe don Juan Carlos, muy tutelado *por el Generalísimo Franco, en esos años de* Dictablanda *empezó a soltarse políticamente, y fueron muy sonadas las declaraciones a la Agencia EFE de 7 de enero de 1969, las cuales provocaron el comentario de Franco;* "me ha llamado la atención lo ajustado de las declaraciones del Príncipe". *Los paseos por las* calles *del campo de golf de la Zapateira también servían de clase para la lección política.*

Aquellos libros —relata Elorriaga[10]—, preparados por un colaborador tan incondicional de Franco, parecían indicar que había algún puente tendido desde la Administración franquista, además de los que se deducían de la instalación del Príncipe en la Zarzuela con un pequeño séquito militar. Y Fraga, con la rapidez de reflejos que le caracteriza, no dudó un instante en decirle a Elorriaga: "Mañana coges un coche del ministerio y te vas a entregar estos libros al Palacio de la Zarzuela".

Al día siguiente, el distinguido emisario fue recibido por Don Juan Carlos en persona, quien le invitó a sentarse y a fumarse un pitillo, iniciándose una conversación de altura sobre la política española en la que el Príncipe mostró interés sobre las intenciones de Fraga en torno a una Ley de Prensa. El diálogo se prolongó hasta el final de la mañana, y de vuelta al ministerio, Elorriaga contó a Fraga la conversación y las favorables impresiones que había obtenido del Príncipe, puntual conoce-

Gabriel Elorriaga, director del Gabinete Técnico de Fraga, contribuyó a acercar a su feje y al Príncipe don Juan Carlos. Expresión de esa buena relación fueron las declaraciones que efectuó el Príncipe a la Agencia EFE el día de Reyes de 1968 y que causaron notable interés en la opinión pública.

dor de las circunstancias políticas y de las personas que se movían en la vida oficial: "Venía altamente convencido —añade Elorriaga— de las condiciones excepcionales del Príncipe y de que era la carta de futuro que había que jugar sin vacilaciones para pasar de la situación presente a un futuro estable y distinto". Tras escuchar atentamente, Fraga sentenció: "Desde este momento quedas encargado de las relaciones de este ministerio con la Zarzuela, y las llevarás directamente conmigo". Y convinieron en referirse al Príncipe entre ambos, de forma discreta, como *nuestro amigo.*

El tratamiento del Príncipe en los medios de comunicación, así como el de la Princesa Sofía, empezó a cambiar con una mayor y estudiada presencia. Se ayudó al equipo militar que asistía en la Zarzuela en la agenda; se programó la asistencia de la Princesa a los conciertos de la orquesta de RTVE, y el Príncipe tomó contacto con periodistas y redacciones, venciendo dudas, recelos, y evitando desaires. "Fue una labor larga y tenaz —recuerda Elorriaga—, que duró varios años. Pero lo definitivo estaba por lograr, y era que el general Franco formalizase el "status" oficial del Príncipe y el teórico reino pasase a tener su titular inequívoco..."

Múltiples fueron las conversaciones de Fraga, en despachos con Franco, para convencerle a que diese el paso de institucionalizar la sucesión. Y si bien Franco siempre tuvo la idea, aunque imprecisa, de que el futuro Rey tendría que actuar de forma diferente a como lo hacía él, sin excesivos compromisos con el pasado aunque conciliador, en su entorno se aprovechaban de cualquier malentendido o supuesto error para aplazar aquella decisión. Como cuando la periodista francesa Françoise Jaut, en una entrevista más imaginativa que testimonial (acompañando textos a un reportaje gráfico), puso en boca de Don Juan Carlos la frase: "Jamás, jamás reinaré en España mientras viva mi padre".

---

[10] Testimonio de Gabriel Elorriaga al autor.

Fraga tuvo que emplearse a fondo para atenuar —y desmentir— los efectos negativos de aquella frase atribuida al Príncipe y, con el saludable inconveniente para esta ocasión de la Ley de Prensa, pudo convencer al *ABC* de que no tomase postura propia. Pero no pudo evitar que el diario *Madrid* hurgase en la tesis de la legitimidad dinástica, frenando la iniciativa de Fraga y avivando los recelos contra el Príncipe. Por aquellos días, se sugirió a Don Juan Carlos la necesidad de que diese a Franco la seguridad de que si éste se decidía a definir el futuro monárquico, el Príncipe correspondería, a su vez, con una decisión irreversible asumiendo todas sus responsabilidades históricas. Contribuyó a ello, asimismo, el Ministro de Información proponiendo a Franco las seguridades que necesitaba con vistas a despejar todas las incógnitas a través de unas declaraciones auténticas.

Fue entonces cuando Fraga propuso a Elorriaga la redacción de unas declaraciones del Príncipe diciéndole: "He tenido una importante conversación con *nuestro amigo,* y está dispuesto a dar un paso adelante que yo considero que romperá todas las suspicacias de Franco y que será correspondido inmediatamente. Ponte a pensar qué declaraciones podría hacer; haz un borrador que no lea absolutamente nadie, para facilitarle el trabajo, y pide una audiencia tuya a la Zarzuela para hablar con él del asunto. Y, por supuesto, esto no lo sabe nadie más que 'nuestro amigo', tú y yo".

Elorriaga preparó su borrador, pidió audiencia al Príncipe, y a primeros de enero le fue concedida. En el curso de la conversación, inicialmente, Don Juan Carlos le explicó al emisario de Fraga la historia de las manipuladas declaraciones a la periodista francesa de *Point de vue* y le mostró, igualmente, una copia de la carta que el Príncipe había enviado a sus padres explicándoles la situación en que se encontraba. Sobre el texto preparado por Elorriaga introdujo el Príncipe varias correcciones. Una vez listo el texto, y habiéndose tomado Fraga unos días de descanso, el Día de Reyes (6 de enero de 1969), el director de la Agencia EFE, Carlos Mendo, se trasladó a la Zarzuela para recoger —y fotografiarse— las declaraciones que el diario *Pueblo* titularía: "Declaraciones a tumba abierta".

El 10 de enero, advertido del gran eco de las declaraciones dentro y fuera, con ocasión del Consejo de Ministros que se iba a celebrar a continuación, en un despacho previo, Franco le dijo a Fraga: "Me llamó la atención lo ajustado de las declaraciones del Príncipe".

A espaldas de todos, por lo tanto, se quebró la cristalizada desconfianza, y como consecuencia, asimismo, se generó una nueva dinámica de más claras expectativas sucesorias. Del mismo modo, en Estoril hubo disgusto contenido —sobre lo que provocó el anuncio telefónico de las declaraciones—, y el mismo Príncipe contó a Elorriaga una conversación de Doña Mercedes con el Conde de Barcelona y que se atreve a resumir, más o menos, en los siguientes términos: "Juan, tienes que comprender que Juanito no ha actuado ni por ambición ni por vanidad. Lo ha hecho porque era su deber ofrecerse a los españoles para hacer posible una transición pacífica y conciliadora, y porque era el único camino seguro para que la restauración de nuestra Monarquía sea un hecho".

La lucha por entronizar al Príncipe

¿Fue el *caso Matesa* la razón última de la salida *violenta* de Fraga del Gobierno? ¿Qué trasfondo podía justificar tan enconada confrontación entre las varias familias del Régimen?

La Ley Orgánica del Estado, aprobada por referéndum en 1965 —en algunas ciudades con más votos que electores, y con algunas papeletas del *no* en el cuartel de la Guardia Civil—, preveía separables las Jefaturas del Estado y del Gobierno. Es desde ese año, por lo tanto, cuando emergió la soterrada lucha por el poder de los albaceas para encauzar la reforma política e *instaurar* o *restaurar* la Monarquía, dentro del progresivo acercamiento a la Europa económica supranacional. Afloraban las discrepancias (*contraste de pareceres*) respecto del fin perseguible, del calendario y del método, tratando de conciliar la fundación y la continuidad, las contradicciones entre el Movimiento-Sindicatos y todo lo demás. Es decir, se quería evitar que del diseño de un caballo saliese un dromedario. Con todo, la figura clave de la sucesión residiría en el Presidente del Gobierno *conectado* al Consejo del Reino —la formal esencia del Régimen— mediante propuesta en terna. Era un mecanismo en el que no cabía *outsider* alguno.

Como divisoria de todos los grupos figuraba la perdurabilidad y la mutabilidad del sistema. Es decir, los que deseaban que Franco viviera muchos años y, tras él, sucediese un continuador también con poderes omnímodos conforme a un testamento jurídico-político que lo tuviese todo *atado y bien atado,* dilatando la administración de la victoria de la guerra civil más allá del agotamiento de sus protagonistas a través de las instituciones. Y quienes, con sentido de la evolución y de la reconciliación nacional, aspiraban al reformismo continuado hasta entronizar a la Monarquía tradicional bajo el control de los resortes del pluralismo representativo.

En torno a esos dos grandes bloques giraban los grupos según adscripciones no necesariamente homogéneas, máxime cuando en España se producen altas dosis de individualismo fulanista.

Dejando a un lado los planteamientos rupturistas y revolucionarios de la izquierda, así como la magmática oposición no izquierdista, sí quedaron configurados varios liderazgos personales en claro enfrentamiento: Carrero Blanco y los *Lópeces,* Fraga con Solís, y Silva Muñoz, éste como adelantado de una dispersa familia democristiana.

El pugilato descollante, sin embargo, se produjo entre Carrero y Fraga, tanto más cuanto que, desaparecido el capitán general Muñoz Grandes, el estamento militar liberal no encontró un interlocutor autónomo. Con indisimulado encono, Fraga y Castiella, frente al inmovilismo de la Administración de Colonias, pugnaron por el proceso descolonizador en los territorios africanos. Y de igual manera cruzaron sus dialécticas en materia de libertad religiosa y libertad sindical, sin posibilidad de acercamiento en punto a la regulación del asociacionismo político. Porque la experiencia de elección directa del llamado tercio representativo de la familia —los procuradores *familiares* —, con una dinámica aperturista creciente, alertó y preocupó a quienes seguían empeñados en prolongar la democracia orgánica.

La antedicha madeja de controversias tenía como núcleo duro, no obstante, la *Operación Príncipe.* No porque Carrero y Fraga —ambos sabían interpretar la inspiración de Franco— discrepasen en lo fundamental: no a la república, no a la regencia, no a la restauración y sí a la instauración de Don Juan Carlos, sino porque los dos requerían para sí ese mérito sucesorio y canovista. Por eso, en los cabildeos gubernamentales se le reprochaban a Fraga actuaciones impulsivas y poco disciplinadas para llevar a cabo mejor y más rápidamente las previsiones sucesorias imparables.

El *caso Matesa,* en consecuencia, resultó un catalizador de la confrontación que desde hacía tiempo venía produciéndose entre dos personalidades contrapuestas: dos ambiciones irreprimibles, dos concepciones dispares del tiempo histórico y dos divergentes del sentido futuro. Aparte de que algunos periódicos, sin excluir a varios del Movimiento Nacional, airearon a caño abierto el entramado de la financiación ilegal de los telares sin lanzadera, no faltó el escarnio y el pitorreo cuando, por ejemplo, el diario *Arriba* publicó comentarios a la obra *El Tartufe* de Moliere, según la versión libre de Enrique Llovet y con la magistral interpretación de Adolfo Marsillach.

La parodia clásica se traía a la actualidad, de manera que se sugería que Carrero Blanco era engañado por el *Tartufo* López Rodó. La magnitud de cuanto esto irritó al almirante lo revela Silva Muñoz en una anécdota[11] a propósito de un envenenado comentario que sobre dicha comedia publicó *Arriba*. "Cuando llego a la presidencia —relata el que fuera Ministro de Obras Públicas—, me encuentro a Carrero con el *Arriba* en las manos. Está encendido y me dice: "¡Esto se ha terminado, o Fraga o yo".

Fraga perdió a todas luces la partida, pero su discrepancia le señaló el buen camino que conducía al centro-derecha democrático que tanto anhelaba. Desde entonces era ya su conducta reformista un faro de referencia y un fondo de prestigio.

---

[11] *Memorias políticas*, Editorial Planeta, 1993, pág. 263.

Capítulo 2

LA TEORÍA DEL CENTRO
DURANTE EL TRIENIO DE *DICTABLANDA*

Desarrollo económico sin desarrollo político

La fragilidad del Régimen franquista al inicio de los años setenta se ponía de manifiesto en la descompensación existente entre el *creciente* desarrollo económico, de un lado, y el *estático* desarrollo político, del otro. Tamaño desajuste, expresión de la crisis del franquismo, generaba conciencia de provisionalidad que más bien era de precaria supervivencia. Aquello era la *Dictablanda*.

Muy pocos creían —en todo caso los *instalados*— en lo perdurable del sistema; los más, en la tendencia evolutiva de ir adaptándose a las nuevas circunstancias del contexto internacional de Occidente, y los menos, en forzar la presión hasta provocar la ruptura revolucionaria o constituyente. Desde entonces, sin embargo, se producirá la tensión entre ruptura y reforma que pervivirá al comienzo de la Transición Democrática.

En la obra *La crisis del Estado franquista* sus autores, Jorge de Esteban y Luis López Guerra[1], analizan retrospectivamente a grandes rasgos el fotograma de aquellos años: "El Estado no ha querido —o mejor, no ha podido— transformarse en un Estado moderno. No ha llevado a cabo más que parcialmente un proceso de racionalización, secularización y reforzamiento de la supremacía del poder civil, características que definen a los sistemas políticos europeos..."

Es el eminente sociólogo Juan Linz quien mejor sitúa los perfiles de análisis de aquella etapa al describir el régimen autoritario (autárquico, para otros) como modelo a medio camino entre los regímenes totalitarios y democráticos. Es decir: "sistemas políticos con un pluralismo político limitado, no responsable; sin una ideología elaborada y directora (pero con mentalidad peculiar); carentes de una movilización política intensa y extensa (excepto en algunos puntos de su evolución), y en los que un líder (o si acaso un grupo reducido) ejerce el poder dentro de límites formalmente mal definidos, pero en realidad bastante predecibles"[2].

El camino hacia una mayor definición evolutiva del Régimen, forzando a un más amplio y controlado pluralismo a través de la movilización política, pese al corsé que representaba el ordenamiento jurídico-constitucional, era por el que quería transitar Manuel Fraga. Él mismo lo calificó como *travesía del desierto*, en tanto que penalidad, mientras que los comentaristas de la época —incluido su biógrafo, Octavio Cabezas— entendieron que ese recorrido, el del trienio 1970-73, fue primaveral (*la primavera de Fraga*, dijeron). Por contraste, para el Gobierno de Carrero, ya

---

[1] Jorge de Esteban y Luis López Guerra, *La crisis del Estado franquista*, Editorial Labor, 1977, Barcelona, pág. 67.

[2] Juan Linz, *Una teoría del régimen autoritario. El caso de España*, de la obra colectiva *La España de los años 70*, tomo III, Editorial Moneda y Crédito, 1974, pág. 1.474.

como Vicepresidente, ya como Presidente, fue un auténtico trienio de penitencia, el cual concitó las mayores desgracias: condena judicial del *caso Matesa*, depresión económica, irresolución desesperante del asociacionismo político, proceso de Burgos, crisis Iglesia-Estado y, como trágico colofón, el espectacular asesinato del mismo Carrero a manos de ETA.

El déficit de reforma política que había, no correspondido con el bienestar económico, quiso Fraga enjugarlo con un planteamiento de desarrollo político teórico, hecho casi puerta a puerta y en no pocos casos con estruendo. Durante el período historiado (1970-73) pronunció —o participó— en 51 conferencias y coloquios universitarios sobre los más variados temas, con su denodado afán de remover los obstáculos que permitiesen el pluralismo político. Aquel maratón discursivo comprendió a 26 ciudades importantes, y con arreglo a este método estajanovista, el ex ministro evitaba que la gente se olvidara de él, que tanto había salido en la televisión inaugurando paradores de turismo y hoteles, dando la razón a quienes le motejaban como *Ministro de Información y de sí mismo*. En términos de popularidad, la actividad efectuada le proporcionó a Fraga lo más valioso en política moderna: alcanzar un alto nivel de conocimiento, como demuestra que en 1972 fuese, después de Franco, el político más conocido (81 por ciento de la población), y por detrás López Rodó, con un 69 por ciento, según una encuesta del Instituto de la Opinión Pública.

El proceso de Burgos a un grupo de terroristas de ETA, jaleado internacionalmente por toda la oposición a la Dictadura, demostró la debilidad del Estado, pues en vez de servir de escarmiento a los terroristas les dio una plataforma inmejorable de propaganda. En la foto Peces Barba, Bandrés (detrás semioculto) y Echevarrieta Ortiz, en rueda de prensa. Para la izquierda parecía que todos los medios son útiles.

Fue, sin duda, un considerable despliegue de presencias, un ejercicio de oposición doméstica que acogía adhesiones, porque, ¿quién no advertía que el Régimen era un dinosaurio sin posibilidad de sobrevivir en el mutante parque jurásico? De ahí que Fraga, aparte de nutrir dos de sus más significativos libros de tesis reformista, implicase poco a poco a diversas personas en la aventura de constituir un embrión de fuerza política.

La impresión dominante era la de que el Gobierno *homogéneo de los Lópeces* carecía de peso político propio y, a la vista de su composición subalterna, difícilmente podía tener capacidad de iniciativa. Estaba a la defensiva.

Nieto Antúnez, según recoge Fraga en sus memorias, le transmitió la queja de Franco de que "al actual Gobierno lo han desacreditado los ex ministros". Por más que esto fuera verdad, la vulnerabilidad del Gobierno era el palpable reflejo del resquebrajamiento del sistema al que contribuía cualquier movimiento crítico interno, que se sumaba a la actitud de la oposición de izquierdas de abandonar las actuaciones en el exilio y presentar batalla en el interior. Tal comportamiento del Partido Socialista se ventiló en el Congreso de Suresnes y, en razón de ello, el *histórico* Rodolfo Llopis hubo de ceder el liderato del PSOE en favor de los jóvenes dirigentes vascos, madrileños y andaluces del interior.

En aquel contexto, a Fraga se le otorgó *in pectore* el papel de jefe de la oposición o, cuando menos, de conciencia crítica de una España que, como su octogenario Jefe de Estado, padecía una parálisis agitante (la enfermedad de Parkinson), que únicamente se atenúa con dopamina. Y la "dopa" que se suministraba al país doliente consistía en dejar las cosas como estaban o en maquillar la realidad —para distraer a los díscolos— mediante superficiales reformas que no modificaban la estructura de poder. Indudablemente, se prefería la dinámica del agotamiento, de la consunción, a cualquier riesgo reformista.

A poco que se lean los testimonios de los memorialistas de la época, dedúcese el vacío político imperante en aquella sociedad que rompía las costuras de las libertades, máxime la de expresión, provocando oleadas de rumores —también de ruidos de sables—, chistes, versos acrósticos, artículos e informaciones crípticas y demás ingenios para el esoterismo.

De otra parte, las embajadas de los países importantes eran focos de presión y mentideros a través de encuentros culturales y de recepciones mundanas, al tiempo que brotaron las *cenas políticas* como pintorescas aulas de reflexión, de exhibición fatua o de simple cotilleo, aunque en la intención de alguno de sus organizadores, como en el caso de Antonio Gavilanes, contase la necesidad de debate para el cambio próximo. Es en este tipo de cenáculos donde se acuñó, lo que sería un lugar común, el concepto dual de la España *real* y *oficial* en cuanto disociación lógica en vísperas de cambio. Porque la falta de confianza en el propio sistema la producía su principal protagonista, el General Franco, y de ahí que cuando recibió a Fraga en enero de 1971 le dijese: "yo le observo" y "usted es un hombre del porvenir"[3].

Que el desconcierto era mayúsculo, ante el cual sólo cabía esperar cansinamente, lo corrobora además la actitud prudente del Príncipe don Juan Carlos quien, ayuno de información, evitó como pudo ser *prisionero* de aquel Gobierno. Las referencias de cuanto se afirma son

---

[3] M. Fraga, *Memoria breve de una vida pública*, pág. 276.

múltiples, si bien vale la pena reseñar el apunte anecdótico, que Fraga deja escrito en sus memorias, correspondiente al domingo 20 de diciembre de 1970, en medio del gratuito estrépito del Proceso de Burgos: "Asisto a una cacería, con el Príncipe y el rey Constantino. El Príncipe me participa sus preocupaciones; las cosas se aplazan; pide ayuda y consejo, con tanta responsabilidad a los 32 años. Yo le hablo de la necesidad de actuar con decisión y energía, y le recuerdo la frase de Fisher sobre Jellicoe, después de la batalla indecisa de Jutlandia: *Tiene el Almirante todas las virtudes de Nelson, excepto la de actuar por su cuenta*".

Un mes después, ya en 1971, el Príncipe recibió a Fraga en la Zarzuela durante hora y media de *buena conversación,* pero en la que se concluyó que Franco se resistía a todo cambio. Andando el tiempo, el Príncipe le hará llegar al ex ministro conferenciante otros recados, como aquel que le transmitió Antonio Carro demandándole prudencia: *Tírale de la chaqueta.*

Aparición de la teoría del centro

Pese a que la cortina de confusión inmovilista se cernía sobre todos los ámbitos, el villalbés no cejaba de configurar su estrategia, de predicar la teoría del centro, atento a captar el asentimiento de las clases medias, de los sectores moderados. El Gobierno, empeñado en situarlo en el olvido, no reparó en la tenacidad de Fraga por inundar de espíritu reformista cualquier foro, ya profesional o académico, y fue incapaz de silenciar o poner sordina a sus intervenciones en los medios de comunicación, aunque en los oficialmente controlados o entre los *afectos* se cuestionase su poder de convocatoria. Se hablaba del fenómeno Fraga con inquietud y no faltaron intentos, desde el radicalismo de algunos comentarios, de empujarle a las tinieblas de la clandestinidad. Por el contrario, el ex ministro controlaba perfectamente el contenido de sus alocuciones y no iba más allá de lo tolerado por la cultura política admitida comúnmente. Era puro funambulismo.

Dos conferencias denunciarían la seriedad y solvencia de Fraga para hacer política: la pronunciada en la Academia de Ciencias Morales y Políticas el 9 de noviembre de 1971 y la dictada en el *Club Mundo* en marzo de 1972. En la primera compendiaba su pensamiento reformista ("Cambio social y reforma política", era su título) en un foro académico exigente. Contrapuso los procesos revolucionarios y las actitudes inmovilistas a las reformas políticas deliberadas, y estableció como líneas básicas: convencer a la mayoría de que el sistema político es un tema serio; la necesidad de que exista una oposición a la vez fuerte y moderada; equilibrio cultural y moral una vez que el sistema social es mínimamente pacífico; aceptación como algo natural del cambio

El verdadero mentor político del Príncipe de España, luego Rey don Juan Carlos I, fue el profesor asturiano de Derecho Político Torcuato Fernández Miranda. Era el hombre adecuado en el tiempo oportuno, a juzgar por lo que dijo el regio pupilo. Él proyectó la Restauración (frente a los que sostenían la Instauración, y demostró que no existe norma alguna que sea inderogable, y si cambia la ley jurada ("la ley derogada por la ley") se destruye la teoría del perjurio. El Rey le premió con un ducado.

social y del conflicto político y, por último, propugnaba lo que él —como un adelantado— estaba haciendo: "El tránsito de los sistemas hegemónicos a los más desarrollados, cuando faltan las tradiciones y las experiencias, ha de ser pausado y prudente; y la forma más eficaz de prepararlo es desde dentro, desde los centros de poder, lo que exige mucha capacidad de visión y de desprendimiento". En el *Club Mundo,* Fraga desarrolló, una vez más, aunque esta vez con mayor resonancia, la teoría del centro en cuanto espacio político con entidad propia, que aplica la tolerancia intelectual y el realismo frente al antagonismo de la derecha y de la izquierda. Es decir, el centro agrupa a los no radicales ante los problemas. "Quiere ser —dijo el conferenciante— una reflexión realista sobre el mundo que 'es ya', y también sobre el que 'podría ser' sin grandes violencias ni sacrificios".

Pero en las postrimerías de la Dictadura, basada en un régimen que se extinguía a la vez que se necrosaba el cuerpo de quien lo sustentaba, faltaron visión y voluntad de iniciativa política, acaso porque no hacía falta ya frente a la inmensa moderación sustentada por la clase media. Nada alteraba, pues, la estabilidad, y por eso salió bien de la trampa que se tendió a sí mismo el régimen franquista, acaso desoyendo la máxima de Talleyran de que es preferible un crimen a un error.

El error fue el del juicio sumarísimo 31/69 de la jurisdicción militar conocido como *El Proceso de Burgos.* El despliegue delictivo de la banda terrorista ETA durante 1969 y la preexistencia de otros crímenes acaecidos con anterioridad y de autoría desconocida, en proceso de instrucción, no se sabe a quién inspiró para llevarlos a la jurisdicción castrense, de forma acumulada (de 16 encartados y dos de ellos cabecillas), mediante la aplicación de un anacrónico decreto *legislativo* de 1960 sobre bandidaje y terrorismo. Lo que fue diseñado como un juicio de escarmiento se tornó en un escaparate de horrores para la alarma interna y, por si no bastara, de campaña internacional sobre el escaso respeto a los derechos humanos.

Con ser graves las antedichas consecuencias, no menores fueron las que derivaron adicionalmente: en desprestigio del Ejército, porque militarizó hechos de orden público; retroalimentando a la organización terrorista, porque se dio aureola de luchadores por la libertad a sus componentes; reavivando el fenómeno nacionalista, porque el Estado centralista sentaba en el banquillo sólo a vascos; en ahondamiento de la crisis Iglesia-Estado, porque se consintió vista pública —con ruptura de los precedentes legales concordatarios— de los dos clérigos que había entre los encartados, y en la unión de hecho de la oposición clandestina a través de las defensas de los encausados bajo la dirección letrada de Gregorio Peces Barba[4].

Si bien en política rige, como en el darvinismo selvático, la útil concepción de que son amigos los enemigos de mis enemigos, en aquella ocasión la concurrencia de nacionalistas, demócratas cristianos, socialistas y comunistas aunados para la defensa de terroristas asesinos que cualquiera que sea el sistema político nunca dejan de matar, resultó una cara factura que no ha dejado de pagar España con una larga nómina de víctimas, incluidos niños y mujeres.

---

[4] Las defensas de los encartados, entre los que destacaban los letrados Peces Barba y Juan María Bandrés, fueron hábiles al informar a los periodistas nacionales y extranjeros en ruedas de prensa que se celebraban por lar tarde, al término de cada sesión del juicio, en uno de los salones del hotel Almirante Bonifaz, de Burgos. Mientras que fueron reuniones no autorizadas, clandestinas, atraían la afluencia de periodistas, pero una vez que el gobernador civil de la provincia, Federico Trillo Figueroa (togado de la Armada), se percató de la picardía de los convocantes y las permitió, el poder de convocatoria se acabó y disminuyó el seguimiento informativo del exterior.

El *annus miserabilis* que fue 1970, donde empezaba el principio del fin del Régimen, por fortuna no terminó ensangrentado, y la Navidad fue celebrada con indultos. Y valga para la anécdota, el hecho hoy jubiloso de que los condenados a muerte entonces, de vuelta de sus errores, han vivido años más tarde reconciliados con la sociedad de su tiempo[5].

Al poder temporal de la Iglesia, por lo demás, tampoco le importaba abdicar de su preeminente complicidad a lo largo de treinta y cinco años, por lo que, con sagrado posibilismo, se tornó crítica y comenzó a preparar la transición eclesial ciertamente sin notables desgarramientos y, si acaso, con un rosario de incidentes e incontables contradicciones que desembocaron en la aconfesionalidad del Estado. Tal vez por eso la multiplicidad de grupos democristianos al estilo europeo, dado el individualismo nada generoso que impedía todo liderato, y la inteligente estrategia de la izquierda de no hacer del laicismo una bandera, impidió la formación de una fuerza política inspirada en el humanismo cristiano, capaz de poner en práctica la doctrina social pontificia. Ese hueco siempre preocupó a Fraga que fuese ocupado, y en el empeño, por cualquier vía de adhesión o coalición, buscó alianzas de todo tipo que completasen lo que denominaba *mayoría natural*.

Como "al perro flaco todo son pulgas", evidente es que en el trienio examinado la *Dictablanda* era cual famélico perro callejero. Independientemente de que el *caso Matesa* encerrase connotaciones de corrupción o de negligentes actuaciones político-administrativas, notorias y firmes desde el momento en que el Tribunal Supremo condenó, entre otros, a los ex ministros de Comercio y de Hacienda, así como al gobernador del Banco de España, el desenlace no podía ser otro en términos químicamente puros. A no ser que se admitiese que el Régimen debía sucumbir inundado en su propia basura, la solución residía en separar del poder a los alentadores del escándalo como huida hacia adelante, indultar a los responsables políticos a fin de soslayar la *autocondena*. En lógica política —otra cosa es la ponderación ética—, Franco actuó con acendrado galleguismo dentro de los márgenes que le permitían las circunstancias. Se cuenta, a este respecto, que el General comentó a Carrero[6] que, demostrado que funcionaba la Justicia, si por razones políticas se había indultado el año anterior a los asesinos de ETA, ¿por qué no iba a hacerlo con colaboradores que simplemente se habían equivocado?

Visto con perspectiva histórica, aquel indulto fue un baldón inevitable reforzado con la celebración, ¡vaya órdago chulesco!, del 1 de octubre (XXXV aniversario de la exaltación del General a la Jefatura del Estado), cuya exteriorización tuvo lugar en una masiva concentración en la Plaza de Oriente mediante un eslogan *(Esta vez porque sí)* que tenía todos los síntomas de la debilidad.

Las semillas del Partido Reformista

Durante un año largo Fraga había madurado su decisión de constituir un grupo político, y a tal propósito, desdeñado el temor a ser tachado de heterodoxo, comenzó en 1971 a concordar voluntades para llevar a cabo desde el *centro* su acariciada idea —quizás pretenciosa— de la Segunda Restauración con los materiales y personas que se prestasen a ello. A diferencia de

---

[5] Entre los condenados a muerte, y posteriormente indultados, se cuenta a Mario Onaindía Nachiondo, quien normalizó su vida dedicándose a la actividad política y hoy es un dirigente regional del Partido Socialista de Euzkadi.

[6] Laureano López Rodó, *Memorias*, volumen III, Editorial Plaza y Janés/Cambio 16, pág. 204.

Cánovas, cuya figura histórica tenía por modelo, la restauración monárquica necesaria no iba a emprenderla desde el poder y, tal vez, tampoco podría ultimarla con un *Pacto del Pardo bis,* porque, aparte de que le regateasen su protagonismo, no estaba en frente el equivalente a Sagasta. Estaría, pues, a lo que mandasen las circunstancias.

Como *flash back* vale rememorar las actuaciones que le impulsaron a constituir un partido político en la sombra. Así, de la mano de un joven ex seminarista de Morella, del Maestrazgo castellonense, llamado Manuel Millian Mestre, y que en el seminario de Tortosa había cursado hasta segundo de Teología, se acercó a Fraga el financiero catalán José Santacreu. Millian, desde 1968, incitó a su mentor a que se acercase a Fraga[7], porque entendía que el futuro pasaba por Fraga y el reformismo que postulaba.

Al producirse el cese del Ministro de Información y Turismo, Santacreu escribió una carta al villalbés de reconocimiento y ánimo que le impresionó. Posteriormente Manuel Millian, durante una asamblea en Tarragona de la Asociación Católica Nacional de Propagandistas, conoció a Alberto Ballarín Marcial, notario y procurador *familiar,* y éste se prestó a organizar en Madrid un encuentro con Fraga.

Efectivamente, el 9 de enero de 1970, a las nueve de la noche, en un reservado del restaurante *Jockey* se celebró el primer encuentro que, según confesión de Millian al autor, fue "determinante y clarificador". En la cena se habló del presente político y de la necesidad de cambio, así como se abordó el análisis de la sociedad catalana, no sin dedicar un diagnóstico pesimista a la acción pública en materia urbanística, tanto más especulativa que arbitraria, seguida en la Ciudad Condal por el equipo del alcalde Porcioles. Sin embargo, el más destacado principio de acuerdo fue el de proseguir los contactos y el de crear un centro de estudios en Barcelona, que al cabo de dos años se instaló en la calle Villarroel, junto a la Gran Vía, y que contaría con restaurante, biblioteca y salón de actos, el *Club Ágora*.

En la pre-Transición, en Cataluña, hay que ponderar el esfuerzo que hicieron los amigos de Fraga por asentar bases de diálogo entre fuerzas políticas del centro-derecha. Importa, a este respecto, reseñar como un hecho histórico anterior, no desdeñable, la reunión vespertina que se celebró el 21 de septiembre de 1972 en la casa *pairal* de Santacreu, en el valle de Lluçanés, organizada por el anfitrión y por Manuel Millian[8].

En la reunión antedicha, en una noche tormentosa de septiembre —lo que provocó un largo apagón—, el mecenas político fraguista Santacreu propició el debate de 29 personas, entre ellas Fraga, Pujol, J. María Arana, Carlos Sentís, Wifredo Espina, Joan Grijalbo, Pedro Penalva, Eduardo Tarragona, Domingo Valls Taberner y otros acerca del futuro de la región bajo el respeto de lo español y lo catalán. El organizador del encuentro, Manuel Millian, ha revelado que en aquella noche fue sublime la confrontación dialéctica entre Fraga y Pujol, que desde entonces iniciaron un trato deferente y sincero en lo personal, pero discrepante en la visión autonómica. En cualquier caso, es lo cierto que este encuentro valió de impulso para el fraguismo en Cataluña, sirviendo al proyecto de reforma política y de reconciliación.

---

[7] Testimonio de Manuel Millian Mestre al autor.

[8] Manuel Fraga alude a esta reunión en el prólogo de su obra *Sociedad-Región-Europa* y, por su parte, Manuel Millian ha escrito un libro titulado *La trobada del Lluçanés,* con ocasión del 25 aniversario de la reunión (Barcelona 1997), el cual ha servido de fuente documental al respecto.

Precisamente, para lugar de encuentro y debate en torno al reformismo, es decir, avanzadilla y cuartel general del fraguismo, el *Club Ágora* se estableció en 1973 en un local de 800 metros cuadrados de la calle Villarroel, propiedad de José María Santacreu, y las obras de adecuación la sufragaron Francisco Rubiralta, Jaime Torras y Dieter Staib. Más adelante se sumarían al proyecto, además, Fabián Estapé, Horacio Sáenz Guerrero, Wifredo Espina, Juan Echevarría Puig, Eduardo Tarragona y otras personas de reconocido prestigio. El mismo Jordi Pujol hizo una aportación de medio millón de pesetas para sufragar los programas culturales.

El grupo germinal de GODSA (Gabinete de Orientación y Documentación, S. A.) surgió en Madrid y partió del ofrecimiento de colaboración que Antonio Cortina, uno de los componentes del seudónimo colectivo *Equipo XXI,* efectuó al ex Ministro en su estudio de la calle Joaquín María López. Antonio Cortina era un disidente del Movimiento, y en torno a la revista *Índice,* reflotada por el empresario periodístico extremeño Juan Fernández Figueroa, venía regularmente publicando artículos de análisis y posicionamiento político de centro-izquierda. Con él compartían inquietudes Giménez Torres, González Seara, Rincón de Arellano, Adán García, Francisco Usmet y algunos militares de formación universitaria[9].

La revista *Criba,* asimismo, reunía a jóvenes profesionales pertenecientes a la Agrupación Nacional de Antiguos Miembros del Frente de Juventudes como Rafael Luna, Nicolás Rodríguez, Carlos Argos y Fernando de la Sota, todos ellos también comprometidos en tener presencia política en una España reconciliada con su pasado y con vocación europea[10].

La coincidencia de ambos grupos se produjo en torno a Fraga en la primavera de 1972, con ocasión de una conferencia que el ex Ministro tenía anunciada en mayo en la Escuela Normal de Guadalajara, organizada por la Agrupación Provincial del Frente de Juventudes, bajo el título "Panorama político de la España actual". La sintonía fue fácil y, por consecuencia, las bases de colaboración brotaron paulatinamente en un compromiso de trabajo en común a medida que se necesitaba de un cascarón organizativo mínimo.

La designación del nombre GODSA (Gabinete de Orientación y Documentación, S. A.) respondía a esa intención doble de ocultar el propósito último y, asimismo, porque se creyó necesario contar con un instrumento de estudios o laboratorio de ideas que preparase el terreno de la actuación política ulterior en la inteligencia de que, según la morfología del poder (fuerza, dinero y conocimiento), la base documental es primera y principal razón. Nunca fue ajeno a este proyecto Javier Calderón, un sobresaliente oficial del Ejército relacionado con el cristianismo militante del Padre Llanos, de la Compañía de Jesús.

La ascensión de Fernández Miranda

Como quiera que Fraga no pudo ser amortizado ni empujado a la clandestinidad, ni aceptó la situación de gratificado por los servicios prestados, ni se avino a los dictados del poder, se le consideró un *valor suelto* al que había que silenciar o hibernar para cuando se le necesi-

---

[9] Testimonio de Antonio Cortina al autor.
[10] Testimonio de Nicolás Rodríguez y Carlos Argos al autor. De la mano de estos jóvenes letrados, asociados en su trabajo profesional, se acercaría a estos grupos el notario de Madrid Félix Pastor Ridruejo.

tase. A ese razonamiento se había llegado después de que Pío Cabanillas, una vez "colado" como secretario del Consejo del Reino, hiciese un hábil y meritorio trabajo de introducirle en segundo lugar dentro de la terna para Presidente del Gobierno. En sus enjutas memorias, el protagonista recoge del 8 de junio de 1973 "el buen trabajo de Cabanillas" y, asimismo, respecto de la semana siguiente, apunta lo que a ambos les dijo el Príncipe: "que lo hemos hecho bien, pero que ahora recomienda silencio"[11].

La tarea que llevó a cabo Pío Cabanillas para introducir en la terna de *presidenciables* del Gobierno a Fraga (junto a Carrero Blanco y Fernández Cuesta) fue sibilina y ardua, pues tuvo que convencer a nueve consejeros para que dieran su voto a quien entonces pasaba por un proscrito del Régimen. Cuando Franco recibió la terna por Rodríguez de Valcárcel, presidente del Consejo del Reino, y por Pío Cabanillas, secretario, comentó "Traen ustedes una buena terna; en ella hay un obligado tributo al pasado, el inevitable presente y han puesto algo de lo que será el porvenir"[12].

La novedad constitucional de separar la Jefatura del Gobierno de la Jefatura del Estado no es que rompiese la simbiosis entre Carrero y Franco, sino que representó un paso más en orden a distinguir al Gobierno como independiente de la Corona. Del mismo modo, como subrayaría el profesor Sánchez Agesta en un artículo de *Ya*, del 19 de julio de 1973, destaca la institución del refrendo, según la cual todos los poderes del Jefe del Estado no se atribuyen simultáneamente al Gobierno, que es el que ha de asumir la responsabilidad. Con ello, el Jefe del Estado no se involucra en la política concreta del día a día, sino que encarna los valores permanentes de la Nación.

A partir de ahí, las críticas y actitudes de oposición al Gobierno no tenían por qué ser identificadas como *antisistema*. Tímido avance que constituía una prueba más de no regreso al pasado, sino que se confiaba en que don Juan Carlos de Borbón pudiera reinar al son de la partitura de la Ley Orgánica del Estado.

Carrero Blanco, que hizo la crisis siguiendo la pauta de Franco, designó titular de Exteriores a Laureano López Rodó para preservarlo del agotamiento de la planificación económica e incorporó a Martínez Esteruelas en Educación y a Barrera de Irimo en Hacienda, así como hizo Vicepresidente y Ministro Secretario General del Movimiento a Torcuato Fernández Miranda, de quien se dijo que había ganado en la combinación ministerial.

López Rodó, la eminencia tecnocrática

A medida que se gana perspectiva histórica, la controvertida figura de López Rodó pierde aristas críticas al considerarse su contribución a la modernidad del Estado. Él fue un ordenador de la maraña jurídico-legal en que se encontraba la Dictadura desde su primera etapa, y de justicia es reconocer, pasados los años, que la Ley por él inspirada y redactada del Régimen Jurídico de la Administración fue el punto de partida de la reforma del Estado en los años cincuenta.

---

[11] Fraga, *op. cit.*, pág. 295.
[12] Octavio Cabezas, *Semblanza de un hombre de Estado*, Sala Editorial, 1976, pág. 305.

COMUNICACIÓN POR EL PRESIDENTE DEL CONSEJO DEL REINO AL JEFE DEL ESTADO, DE LA TERNA PARA EL NOMBRAMIENTO DE PRESIDENTE DEL GOBIERNO (6 DE JUNIO DE 1973)

El Presidente
                        del
Consejo del Reino

E X C E L E N C I A :

El Consejo del Reino, en su reunión del día de hoy y visto lo dispuesto en los artículos 7°d) y 14 I), de la Ley Orgánica del Estado,

HA ACORDADO,

elevar a Su Excelencia, conforme a lo dispuesto en el artículo 19, letra a), de la Ley Orgánica del Consejo del Reino, y para cubrir la Presidencia del Gobierno de la Nación, la propuesta unánime de la preceptiva terna, integrada por los Señores que a continuación y por orden alfabético se citan:

- EXCMO. SR. D. *Luis Carrero Blanco*
- EXCMO. SR. D. *Raimundo Fernández-Cuesta Merelo*
- EXCMO. SR. D. *Manuel Fraga Iribarne*

Lo que tengo el honor de comunicar a Su Excelencia, cuya vida guarde Dios muchos años.

Madrid, seis de junio de mil novecientos setenta y tres.

Alejandro Rodríguez de Valcárcel Nebreda

A SU EXCELENCIA EL JEFE DEL ESTADO Y GENERALISIMO DE LOS EJERCITOS.

Cuando Franco recibió el escrito que le remitía el Consejo del Reino con la terna para presidente del Gobierno comentó: "el presente (por Carrero), el pasado (por Fernández Cuesta) y el futuro (por Fraga)".

Por lo mismo, entre los años 1965 y 1973 este personaje difuso y de buenos modales, siempre parapetado en despachos de estilo inglés, puso razón en el desarrollo económico con tres planes cuatrienales a la manera soviética —aquí con normas vinculantes para el sector público e indicativas para el sector privado— que, junto al turismo y las reservas de los emigrantes, sacaron a España del llamado tercer mundo. De la mano experta de estos "tecnócratas", el país se acercó a Europa a través del Convenio preferencial que se suscribió con el entonces Mercado Común y que un hombre casi olvidado, Alberto Ullastres, negoció cual contable de visera y manguitos.

Exponente típico de la tecnocracia, personaje barcelonés formado en una familia cristiana de la burguesía catalana, López Rodó actuó como eminencia gris de Carrero Blanco, pero sobre todo fue el tren de aterrizaje de la flota del Opus Dei en la política, creando una fuerte corriente de poder entre los variopintos y preconstituidos grupos del Régimen (falangistas, tradicionalistas, monárquicos y democristianos), que también prepararon el tránsito hacia la monarquía democrática.

Se acercó a Carrero porque Amadeo Fuenmayor, compañero de despacho en Santiago de Compostela, en cuya Universidad era catedrático de Derecho Administrativo, arregló la crisis matrimonial del almirante. Como fuere, lo cierto es que peldaño a peldaño llegó a ministro (Comisario del Plan de Desarrollo y de Asuntos Exteriores) e influyó notablemente en los años de la pre-Transición.

Las *Memorias* de este político, que también aportaría materiales para la construcción del centro-derecha, son un dechado de puntualidad y detalles históricos —a veces amenos— un tanto inclinados a la comidilla y a la anécdota, pero en todo caso reveladores del "alma" del tiempo. No por ello, sin embargo, su obra queda empañada por la autojustificación.

Con relación al Príncipe, por ejemplo, López Rodó se atribuye accesos y consejos que importa resaltar siempre como expresivos de su recto proceder[13]. El Príncipe le dijo en 1970 que se fiaba de los que habían sido sus profesores, especialmente de él y de Torcuato Fernández Miranda, quienes le recomendaban que tuviera confianza en sí mismo. Quizás por eso, en otra entrevista (5/9/70) Don Juan Carlos le pidió que le preparara, junto con Torcuato Fernández Miranda, notas o guiones con planteamientos y puntos de vista sobre asuntos de Gobierno o de actualidad para poder comentarlos con Franco. Y le añadió: "Podrías publicar un libro sobre la educación del Príncipe".

En el orden de las confidencias, otro día (10/11/70) Don Juan Carlos le dijo a López Rodó que tenía la convicción de que Franco le coronaría en vida. Y añadió: "Una cosa es continuidad y otra continuismo; no quiero franquismo, sino "juancarlismo"; no quiero, ni puedo, heredar el "carisma" de Franco".

Ahora resulta extraño, lo que en parte prueba su aislamiento, que el Príncipe le pidiese a López Rodó que periódicamente le diera cuenta de lo tratado por el Consejo de Ministros (2/12/70). En cambio, en la entrevista de medio año después, le comentó que Carrero iba a la Zarzuela todos los jueves —víspera del Consejo de Ministros— a darle cuenta de la actuación del Gobierno (3/5/79). Esto parece indicar, sin duda, que López Rodó era un buen transmisor cerca del almirante para ir corrigiendo defectos en la preparación del sucesor.

---

[13] Laureano López Rodó, *Memorias*, volumen III, Plaza y Janés/Cambio 16, págs. 25, 75, 93, 104, 178, 193, 198, 332, 349 y 365.

Es en esta última entrevista cuando Don Juan Carlos expresó su temor de que Franco no nombrara presidente del Gobierno a Carrero por no considerarle suficientemente capacitado para asumir el poder, a lo que López Rodó le contestó que Franco preferiría la lealtad, la serenidad y la sensatez a la brillantez, lo mismo que De Gaulle había escrito de Pompidou: *"valía y lealtad probadas, prudente, reservado, circunspecto, amigo del silencio"*.

El 23 de marzo de 1973 se entrevistaron conjuntamente con el Príncipe, Fernández Miranda y López Rodó, y es éste como memorialista quien relata el contenido de aquella conversación, afirmando que Fernández Miranda refirió allí que después de tres despachos con Franco había conseguido que le diera luz verde al asunto de las asociaciones políticas. Recordó además Fernández Miranda que en el último mes de septiembre, despachando con Franco en el palacio de Ayete, éste se manifestó favorable a las asociaciones como solución realista, no meras elucubraciones, porque el único temor de Fraga estribaba en que fueran a prevalecer grupitos, capillitas, pequeñas minorías, por mucho que presumieran de representar a todo el pueblo. Y concluye López Rodó la referencia de la entrevista con una conclusión un tanto malévola: "Una vez admitidas por Franco las asociaciones políticas, Fernández Miranda dio un giro copernicano a sus anteriores planteamientos didácticos y pasó a defender el asociacionismo".

"Exilio institucional" en Londres

La propuesta de López Rodó de nombrar a Fraga embajador en Londres, lo que satisfizo indisimuladamente su ilusión de tomar contacto con Westminster —la cuna del parlamentarismo democrático—, suscitó no pequeñas opiniones encontradas. La decisión a tomar, sin embargo, la consultó con su mujer y con varios amigos y se pronunció afirmativamente, no sin poner condiciones: dos años de embajada, nombramiento libre de un consejero y agregado de Información (Francisco Mayans y Carlos Mendo) y no imposición de condicionamientos políticos.

López Rodó, por su parte, en el III tomo de sus memorias sólo recoge las dos primeras. Y en el folleto biográfico de Fraga, de Joaquín Bardabío (*Hombres para una crisis*), la tercera condición a que se alude es a la de que antes que nada el profesor villalbés concluiría la obra colectiva *La España de los 70* y que dictaría dos conferencias comprometidas.

Surgida la noticia en el Consejo de Ministros de San Sebastián, de agosto de 1973, se armó un enorme revuelo para todos los gustos, con más interpretaciones favorables que negativas y que, como quiera que descolocó a no pocos, pueden resumirse en la reacción de Pío Cabanillas: "¡Hombre, esas cosas se avisan!". El mismo interesado recoge en sus apuntes el conflicto íntimo: "Los amigos empezaron a reaccionar. Manuel Aznar (abuelo de José María Aznar) opinó que hacía mal en dejar la lucha política; en cambio, a Tamames le pareció bien. Yo opté por la calle de en medio, y dejar organizadas las bases de GODSA, que bajo la acertada dirección de Antonio Cortina empezó muy pronto a funcionar, y marcharme lo antes posible".

¿Acertó Fraga con esa decisión de conceder una tregua a su tarea de *ariete* reformista y abandonar la lucha durante dos años?

Si difícil es escrutar el futuro, no menor arcano es discernir un preterible. No obstante, el embajador en la Corte de San Jaime ha justificado después, en sus memorias, aquella elección

La embajada de España en Londres fue un centro de convocatoria de políticos reformistas que acudían allí para organizar la actuación futura partidista más allá del asociacionismo. Hyde Park —sus avenidas, lagos y bosques— fue un lugar de conspiración y de paseo. En las fotos, Fraga delante de la fachada de la Embajada (en Belgrave Square) y vistiendo el uniforme de diplomático el día de presentación de credenciales.

diciendo que "era evidente que, con Carrero presidente y Fernández-Miranda vicepresidente, no habría cambios políticos. Yo ya había dicho —arguye— todo lo que tenía que decir, y sabía que no podía crear ningún movimiento importante mientras viviera Franco. Seguir dando conferencias, sin más, sería ahora puro desgaste; tampoco quería dar la impresión de criticarlo todo, sin más"[14].

Aquella aceptación, a no dudarlo, desconcertó a muchos seguidores, y a otros les decepcionó sobremanera, al punto de atribuir a este abandono la causa de que en los años posteriores arrebatasen a Fraga la idea y organización del centro político reformista, que tantos adeptos potenciales tenía, pues aprovechando aquel *exilio institucional* en la ciudad del Támesis, sus adversarios o competidores tomaron ventaja cumpliendo el principio político de que el ausente no tiene razón.

---

[14] M. Fraga, *op. cit.* pág. 296.

Capítulo 3

EL FRANQUISMO ERA UN ÁRBOL SECO

La opción esperar y ver

Resignado tal vez a no ejercer el protagonismo individual de instaurador monárquico-demo-crático, en Londres Fraga llegó a admitir —al término del bienio de permanencia como embaja-dor, 1973-75— ser parte solamente del *canovismo colectivo* que espontáneamente se articulaba en España. Relativamente apartado de la política cotidiana, aunque por sí mismo y por el capa-citado equipo de información de la misión pocas cosas de interés escapaban a su conocimiento, se concentró apasionadamente en su trabajo diplomático y de profesor de ciencia política que observa el laboratorio democrático de la *City* londinense. Había dejado en Madrid y Barcelona los peones que guardaban la vigilia reformista para participar, en su caso, en el movimiento plu-ralista asociativo o, simplemente, para esperar y ver la evolución de los acontecimientos.

Nadie confiaba que con Carrero al frente del Gobierno el intrarreformismo pudiera prospe-rar mínimamente, siquiera fuese en las formas. Importaba, antes que nada, conservar estático el complejo patrimonio del Régimen a reserva de acometidas desde dentro (de involucionistas, con-tinuistas y reformistas) y de erosiones externas (rupturistas y revolucionarios), a la espera de que el sucesor dictase o inspirase las disposiciones de la nueva administración. La inacción de Franco a lo largo de la pre-Transición (término que acuñó el profesor Morodo) podría ser decrepitud, pero también podría interpretarse como actitud conservadora y rentista, de no mover pieza algu-na del mosaico para que permaneciese ajustado hasta la llegada del heredero. Según metáfora de Southwarth, el Movimiento como sistema era entonces "como un árbol muerto, pero aún en pie"[1], y añado, a la vista de testimonios posteriores, que no se esperaba sino su abatimiento, y en modo alguno que brotase de sus raíces un retoño monárquico-falangista.

Que el general Franco era consciente de la imposible prórroga de su obra política lo corro-boran muchas pruebas, y la principal era su empeño, gradual y pacienzudo, de diluir el Movimiento-organización en un fantasmagórico Movimiento-comunión[2]. Sí apostaba con efi-ciente militancia —o perseverante diligencia— en el desarrollismo económico, en la elevación de la renta y por ende en la transformación social, de ahí su vocación inaugural de obras públi-cas, generando en opinión del profesor Manuel Pastor una "auténtica revolución burguesa" que actuaría de enlace moral con la España posterior. El general norteamericano Vernon Walters (políglota, hispanista y ex embajador de EE.UU. en la ONU) aporta en su obra *Misiones dis-cretas* el testimonio de algo que dijo Franco: "Mi verdadero monumento no es aquella cruz en

---

[1] Herbert Rutledge Southwarth, *The Falange, an analysis of Spain's fascist heritage*, en la obra de Paul Preston *Spain crisis* se recoge esta metáfora, pág. 22. The Harvester Press, Londres, 1976.

[2] La mayoría de los politólogos, y fundamentalmente Linz, convienen en que el franquismo era un régimen anti-partidos, de ahí que se insista en calificar el Movimiento Nacional, desprovisto de ideología, como "comunión" o "comunidad" de todos los españoles ante la fragmentación de tendencia y grupos heterogéneos.

el Valle (de los Caídos), sino la clase media española. Cuando asumí el gobierno, no existía. La lego a la España de mañana".

La tarea diplomática la emprendió Fraga con ahínco, con ganas de pulsar todos los resortes políticos británicos, en orden a poner sobre la mesa de la negociación el "anacronismo colonial" de Gibraltar. Precedido por su fama de duro contumaz[3], el Foreign Officce —dirigido en la primera etapa por los "tories"— no se dejó impresionar. Alec Douglas-Hume manifestó inicialmente que el Peñón no sería vendido en la oscuridad de la noche (*down the river,* abajo en el río, como eran vendidos los esclavos negros). Pese a ello, el Embajador se entrevistó con todo aquel influyente, hasta llegar a Edward Heath ("Primer ministro, solterón, frío y enigmático, sin más aficiones que la música y la navegación a vela"), tras pasar previamente por el Secretario del Foreign Officce, Douglas-Home ("este escocés, de buena raza, trabajador infatigable, mezcla de gran señor y de zorro de siete suelas, era un prototipo de hombre de Estado válido para todas las estaciones..."), quien tras la derrota electoral de los conservadores, en 1974, sería el árbitro del relevo en el liderazgo de su partido, dando paso a Margaret Thatcher mediante elecciones internas. A la hora de las despedidas, en octubre de 1975, conversará con esta *mistress* del conservadurismo, de quien se decía tenía muchas agallas (*"she has the guts"*), confirmando su favorable impresión.

Con los laboristas en el poder, desde la primavera del mismo año, el "paquete de cuestiones" en torno a Gibraltar es abordado, esta vez de la mano de Callagham ("con aspecto de hombre mayor, que inspiraba respeto y simpatía", anota Fraga en su diario), en un contexto menos dogmático e imperialista, dado su enfoque izquierdista. La dureza y premiosidad de la negociación, en todo caso, no dio frutos, y la "línea contundente" de Castiella fracasaba una vez más, si bien se abría camino para que el problema de Gibraltar tuviera algún día solución en el marco de la Europa comunitaria. Gibraltar era, pues, el cerrojo del ingreso de España en la CEE. "Lo malo del tema Gibraltar —confiesa Fraga humildemente en sus memorias— es que envenena todo lo que toca".

Emular —o hasta superar— la trayectoria de su coterráneo en el cargo, el Conde de Gondomar, no fue fácil para Fraga en los temas de Estado. Esa prueba de machacar en el hierro frío británico, quizás era la prueba a que se sometía al reformista para que, entre tanto, se aplacasen sus impulsos. Sin embargo, en otros aspectos del ámbito cultural y laboral, ejerció con viveza y prontitud conforme a una ofensiva propagandística ciertamente reconocida. En Londres se recuerda a Miguel Primo de Rivera (hermano del fundador de Falange) por su proclividad a las mujeres, pero también por haber popularizado la tortilla de patatas. A Fraga, por su erudición y por la asiduidad al contacto directo —en comidas y cenas—, incluyendo el toque de su popular personalidad en preparar la "queimada", bautizada como *"the ambassadorial punch"*. Supo estar, pues, en todas las salsas del Londres cosmopolita y la sede diplomática, de resultas del número y calidad de quienes la frecuentaron (escritores, artistas, deportistas, financieros, clérigos, aristócratas, sindicalistas, espías, etc.) se constituyó en un sin igual y apreciado club[4].

---

[3] Fraga siempre estuvo alineado con F.M. Castiella, profesor y amigo, y también en la política reivindicativa de dureza respecto de Gibraltar.

[4] Los agregados de prensa sucesivos de la Embajada Carlos Mendo y Juan José Bellod han subrayado al autor que la misión diplomática desplegó en esa etapa tantas relaciones, que se constituyó en centro de moda presente continuamente en los medios de comunicación. Muchos periodistas —han subrayado— pedían su mediación para ser invitados a almorzar con el embajador.

En la cuna del constitucionalismo

Para el profesor de Teoría del Estado, estar en la cuna del parlamentarismo percatándose de cómo funcionaban los mecanismos de poder, en la última fase de un proceso colonial liquidador, los dos años transcurridos fueron verdaderamente sabáticos. ¿Fecundidad? En la incesante observación de la lucha partidista delimitada en reglas democráticas inveteradas, del juego dialéctico parlamentario abierto y medido, del equilibrio de poderes bajo la Corona (síntesis del Estado histórico), de la sustitución convenida de liderazgo tras la derrota electoral, del desmedido uso de la huelga como arma del sindicalismo, del imperio de las formas y de las costumbres no escritas, de la profesionalización del alto funcionariado al margen del contagio partidista y, en suma, de ese sentido utilitarista y pragmático que inspira al servicio público británico con arreglo siempre al primordial interés del Estado.

Fue testigo directo —lo que aprovecha al político y al universitario— de dos elecciones generales y del primer referéndum de la historia del Reino Unido, sobre la ratificación del ingreso de éste en la Comunidad Económica Europea, y comprobó que allí también las cosas se movían a impulsos de los vientos reformistas.

Lo cierto es que al reincorporarse como letrado a las Cortes, luego de no ser renovado consejero nacional entre los "40 de Ayete", Fraga pidió ser destinado al *Boletín de Legislación Extranjera,* y tradujo allí el dificultoso reglamento de los Comunes ("Standing orders"). Traducción que regaló nada más llegar a Londres al "Speaker" Selwin Lloyd, con quien tejió una sincera amistad. Por lo demás, todas las semanas ofrecía una comida, ya a conservadores como a laboristas y liberales, llegando a juntar en el comedor de la Embajada a más de cuarenta comensales.

Con verdadera fruición, asimismo, asistió a la apertura del Parlamento, con hegemonía laborista, y desde la barra de invitados atendió inmóvil al "gracioso discurso" de la Reina. Otras tardes se acercaba a Westminster para presenciar algún debate, como cuando se trató del problema del Ulster, que le pareció "de un nivel más bien flojo". Sucesivamente, pues, la receptividad del profesor empapó la esponja del estudioso de aquel sistema político paradigmático. Esa misma avidez le llevó, en la visita a la Universidad de Londres acompañado por el profesor Schvarzenberger, a contemplar el esqueleto de Jeremy Bentham —el gran profeta utilitarista— y a menudear las visitas a las más destacadas universidades, sobre todo a Oxford y Cambridge, recorriendo sus famosos colegios (como el All Souls o el Christ Church) en franco diálogo con los hispanistas o intelectuales de solvente prestigio (Raymond Carr, Harry Allen, Hugh Thomas, Peter Meyer, Naylon, Ralf Dahrendorf, etc.), y a los encargados respectivos de los departamentos de español, donde estaban adscritos algunos españoles, como Jáuregui o José María Maravall —éste a los pocos años Ministro socialista de Educación—.

Rastreó igualmente la presencia de Ramiro de Maeztu en Londres, aquel vasco hijo de inglesa que trabajó de corresponsal periodístico a primeros de siglo, pateando los lugares que su compatriota frecuentaba. De tal exploración escribiría una magnífica conferencia que pronunció el 14 de febrero de 1975 en el Instituto de Cultura Hispánica, trasunto de aquellas correrías intelectuales que le completaron la comprensión de Maeztu. También preparó en Londres —cual anticipo reflexivo de la emancipación femenina que se venía encima— la conferencia "La mujer y la política", pronunciada en el Ateneo madrileño (abril de 1975), con fuentes y perspectiva anglosajonas[5]. Aquello le alimentó la ambición de incorporar —*fichar*, mejor— a féminas para el ejercicio político en el partido que se disponía a fundar, como Carmen Llorca, que por entonces regentaba aquella antañona institución cultural.

El ausente deseado

El inaudito asesinato de Carrero Blanco descabaló el esquema político de las postrimerías del franquismo de tal manera que, agotado el desarrollismo tecnocrático, volvía a cotizar el reformismo fraguista. Y tanto que si el nuevo Presidente del Gobierno hubiese sido el también almirante Nieto Antúnez en vez de Carlos Arias, y no lo fue por *intrigas familiares* del Palacio de El Pardo —que también arrumbaron la candidatura autopostulada del vicepresidente Fernández Miranda— Fraga se hubiera instalado como inspirador de aquella última etapa. Tal posibilidad se la hacen ver al "exiliado institucional" el mismo presidenciable ("que teme la responsabilidad pero la desea, y cuenta conmigo", anota Fraga en su diario) y sus hombres próximos Carro y Cabanillas. Éste, en la maraña de aquella intriga, prodiga conforme a su estilo

El asesinato del Presidente de Gobierno almirante Carrero Blanco en diciembre de 1973 trastocó los planes de Franco de dar continuidad a su esquema constitucional, pese a que dijera aquello de "no hay mal que por bien no venga". El magnicidio, obra de la organización terrorista vasca ETA, se produjo en la madrileña calle de Claudio Coello, frente al convento de los Jesuitas, a cuya terraza superior fue a parar el automóvil del almirante en el vuelo que produjo la onda expansiva de la carga de goma-2 que explotó.

---

[5] Estas dos conferencias ("Ramiro de Maeztu en Londres" y "La mujer y la política") forman parte del libro *Cánovas, Maeztu y otros discursos de la Segunda Restauración*, publicado por Sala Editorial en julio de 1976. El libro, que incluía la conferencia que pronunció en la Real Academia de Ciencias Morales y Política sobre *Cánovas o el compromiso de la reconciliación*, lo dedicó a sus colaboradores en el Ministerio de la Gobernación: "A los espíritus gentiles que me han acompañado en seis meses de soledad dramática".

las informaciones del curso de los acontecimientos. "Cabanillas me llama desde Orense —refiere el memorialista Fraga—, pero habla tan en clave, que su gallega imprecisión habitual llega a lo indescifrable".

Varios amigos de la misma cuerda, en consecuencia, fueron llamados al nuevo Gobierno, y de buen grado aceptaron (Cabanillas, Carro y otros de segundos y terceros niveles). ¿Reformismo sin Fraga?, se preguntaban malévolamente aquellos avisados que entendían crucial arrebatar al villalbés la bandera del cambio. No faltaron tampoco los que postulaban que ante el magnicidio, Fraga tenía que haber vuelto a Madrid a por todas sin agotar su compromiso de un bienio en Londres. Porque se acepta entonces como irrefutable que los retrasos, tanto más en la articulación del pluralismo político, eran frenos para la moderación de mañana y, a su vez, acelerones para la revolución.

Antes de la *puesta en escena* del nuevo gobierno, el 18 de enero, Fraga volvió a Madrid en "olor de periodistas" para pulsar la situación, en primer lugar, y con vistas también de impulsar la salida de *El País*. Por esos días fueron lanzados dos nuevos libros (*La República* y *Sociedad, Región, Europa"*), los cuales acopiaron —además de ventas— un sinfín de comentarios críticos y de simple glosa informativa. Conforme recoge su biógrafo Octavio Cabezas, "su alejamiento de España ha aumentado en vez de disminuir su popularidad, que él se encarga de mantener a tope, con viajes llenos de expectación y hábilmente programados"[6].

Los equipos fraguistas de Madrid y Barcelona, bajo su dirección, ensanchaban paulatinamente su base y decidieron esperar las nuevas pautas del Gobierno Arias. Aparte estos contactos habituales, el embajador se reunió con Salvador Sánchez Terán y seis subsecretarios más del Ejecutivo, todos proclives a propiciar la reforma inaplazable. Sin embargo, las incógnitas pendían inalterables.

La comparecencia de Arias Navarro en Las Cortes el 12 de febrero de 1974, ya conformado su gobierno, pareció el acto formal de anuncio del aperturismo irreversible. Fue un discurso —con prosa de Gabriel Cisneros— que prometía romper el *statu quo* de un modelo en el que se disociaban las jefaturas del Estado y del Gobierno, en el sentido de asumir ésta el papel de motor de la innovación. Innovación que se cifraba en la promesa de un estatuto jurídico de asociaciones en el que no cabrían "los maximalismos de uno u otro signo" (ni ultras ni comunistas); de una ley sindical de nueva planta que deparase autonomía a cada sindicato en un marco de libertad; de una ley de régimen local que permitiese la elección de alcaldes por sufragio universal y directo, así como el reconocimiento del "hecho regional", y por último el establecimiento de un régimen de incompatibilidades que separase, distinguiéndolos, los poderes legislativo y ejecutivo. En otro orden de cuestiones, como el de las relaciones Iglesia y Estado, se partía de la independencia recíproca basada en la cooperación y respeto de ambas potestades.

El denominado "espíritu del 12 de febrero", concitador de enormes esperanzas para el autoreformismo, a medida que avanzaba la primavera se trocó en fatuidad del fogonazo fulgurante y artificial. Las ejecuciones del estudiante Puig Antich y del polaco Heinz Chez, previo el "enterado" del Gobierno, produjo un serio desgaste e introdujo en el Consejo de Ministros la discrepancia interna de sus componentes entre los favorables al indulto y los halcones. El incidente eclesial con el obispo de Bilbao, monseñor Añoveros, por causa de una homilía no bien

---

[6] O. Cabezas, *Manuel Fraga, semblanza de un hombre de Estado*, Sala Editorial, 1976, pág. 320.

El intento de apertura que intentó Arias Navarro, Presidente del Gobierno tras la muerte de Carrero, fue calificado como "el espíritu del 12 de Febrero", fecha en la que un discurso de buena hechura y fondo anunciaba reformas aperturistas. Al final, aquel propósito quedó en un fiasco más, en un fogonazo aperturista, como el gesto de Pío Cabanillas de ponerse en Cataluña la barretina. El mismo Cabanillas sería víctima de la falsa apertura y dimitiría del Gobierno arrastrando a un significativo grupo de dirigentes jóvenes de la Administración Central.

interpretada en términos pastorales acerca de los derechos de las minorías étnicas, acrecentó el desprestigio gubernamental, no ya por la disparatada reacción —del intento de expulsión de España del prelado—, sino por haber magnificado y soliviantado la palabra evangélica en los cerca de quince mil púlpitos.

Atorado por tanto despropósito y sin capacidad de iniciativa, el Gobierno respondía con igual dureza, sin distinción de colores ni de legitimidades, a cualquier actuación opositora mediante detenciones, procesamientos y toda suerte de represión policial. Primaba en el Ejecutivo el adagio novecentista de Narváez de que *gobernar es resistir,* por lo que cualquier gesto aperturista, como el de Cabanillas, de postular —barretina en mano— la liberalización cultural en Barcelona, el día del libro, era devorado y ridiculizado por otras apelaciones, cual la de José Antonio Girón de volver a las esencias de la "revolución nacional".

Un manifiesto como el de Marx

Dando grandes zancadas, con las manos en los bolsillos, el embajador parecía medir la longitud de su despacho oficial en Redgrave Square ante sus tres interlocutores, en aquella brumosa mañana del sábado 9 de marzo de 1974. Antonio Cortina, Manuel Millian y Luis Santiago de Pablos, como comisionados de los equipos fraguistas, coincidían en el pesimista diagnóstico de la situación política española. E igualmente, de consuno, acuciaban a su interlocutor en dar el paso adelante en la acción de constituir la entidad societaria que como embrión de un futuro partido político fuese, entretanto, el foco de adhesiones y el taller del proyecto.

Aunque asediado por la duda —un cierto pudor a no ser desleal—, Manuel Fraga estaba convencido de que las reformas programadas por el Gobierno Arias eran el último tranvía, si no ya tardío, que conduciría a la normalización democrática. Pese a su última esperanza, recordando la actitud de Karl Marx cuando, un siglo antes, recibía a los socialistas alemanes en la misma ciudad para aleccionarles acerca de la difusión revolucionaria de la lucha de clases, venció al fin sus escrúpulos[7].

---

[7] Testimonios de M. Millian y A. Cortina al autor. Ambos coinciden en subrayar que Fraga titubeaba sobre si lanzar una asociación política, sobre todo porque se entendería que actuaba a contrapelo del Gobierno. Añaden que este tipo de reuniones siempre las citaba Fraga en fines de semana para que no se entendiese que, aparte de prevalerse del puesto, malgastaba su horario oficial en tareas privadas.

—Mis queridos amigos —les dijo enfáticamente—, primero hay que recontar y unir a los distintos grupos que participan del mismo proyecto y, desde esa base, difundir nuestro ideario reformista con un buen documento o manifiesto que sea nuestra biblia en los años próximos.

Les decía bastante, superando la dubitación, a aquellos buenos amigos que invertían a su costa el fin de semana a las orillas del Támesis, poniendo en negro sobre blanco —perge-ñando en definitiva— el documento matriz para el llamamien-to reformista que, después de cinco versiones, saldría a la calle como programa de mínimos.

Además de acordar la elaboración del denominado "libro naranja" (*Llamamiento para una reforma democrática),* los reu-nidos agotaron el fin de semana, no sin dar un paseo por Hyde Park, esbozando un plan de lanzamiento popular, que incluía la elaboración de un libro biográfico a cargo de Manuel Millian (*Retrato en tres tiempos),* la convocatoria de los "Premios Periodísticos Manuel Fraga Iribarne", así como la constitución del Gabinete de Orientación y Documentación, S. A. Esta fór-mula societaria, de carácter mercantil, suponía cierto fraude de ley por cuanto carecía realmente de espíritu de lucro, ya que la suscripción y desembolso de las acciones nominativas encu-brían, de hecho, las cuotas de funcionamiento de un partido político en germinación. Pero, en realidad, no había otro pro-cedimiento válido de operar en la frontera de la legalidad.

Reproducción de la cubierta del manifiesto publicado por GODSA (Gabinete de Orientación y Docu-mentación, S. A.) que actuaba como documento de enganche para los reformistas hacia la democracia. Conocido como "el libro naranja", fue discutido y aprobado en Londres por los seguidores de Fraga, sirvién-doles de pauta para los cambios políticos que se avecinaban después de Franco.

Aquellos mimbres crearían el primer cesto del compro-miso político que Fraga, aunque sin decirlo, deseaba ensan-charle a otros sectores ideológicos, de ahí su empeño en incorporar al ingeniero de Caminos Pedro López Jiménez y a otras personas que se sumaron pasado el tiempo[8].

El chasco de la apertura del 12 de febrero

Dos acontecimientos, de cargada significación y proyectados al futuro, confirmaron a los promotores del centro-derecha reformista que estaban en el buen camino de organizarse dentro o fuera del sistema. El primero fue la Revolución de los Claveles" en la vecina Portugal, que popularmente invitó a pensar en el lugar común del refranero de que "cuan-do veas las barbas de tu vecino afeitar, pon las tuyas a remojar". Y el segundo —concate-nado para la comparación— es la primera enfermedad de Franco, en julio de 1974, que supuso ante la opinión pública el presagio del fatal final o, si se quiere, de un *ensayo* sobre la finitud del Régimen.

---

[8] López Jiménez participó activamente en la redacción del Libro blanco para la reforma democrática, pero a par-tir de constituirse Alianza Popular se fue separando de los equipos fraguistas y en el primer gobierno de UCD se inte-gró en el equipo de Joaquín Garrigues, de base liberal.

Respecto de la crisis lusa, a Fraga le atosigaban a preguntas y él, en su análisis, descartaba el paralelismo con España por tres razones: que a la muerte de Franco no habría guerra colonial desesperada, que España había logrado el desarrollo de una sociedad de clases medias y que España y Portugal "eran diferentes, en medio de sus afinidades profundas, como puede verse en las corridas de toros".

Sobre la enfermedad de Franco y su forzada recuperación, que supuso *un quita y pon* peligroso en los poderes de la Jefatura del Estado a cargo del Príncipe de España, evidenció que el viejo general era víctima de presiones a fin de dilatar su ejercicio en el poder.

Desconcierto e impaciencia, en un caldo de cultivo de brutales atentados terroristas, fueron las notas características de los meses posteriores al comienzo del fin de Franco. En el seno del Gobierno las discrepancias se hacían insuperables, y los *halcones* cobraron los réditos en noviembre, provocando el cese fulminante de Pío Cabanillas y la dimisión del también ministro Barrera de Irimo. Consecuentemente, tales bajas arrastraron al abandono de sus puestos a la mayoría del equipo de Información y Turismo (Marcelino Oreja, Juan José Rosón, Ricardo de la Cierva, Manuel Fraile, José Luis Fernández, Rogelio Díez, Alejandro Royo Villanova, Oscar García Sisó, Ignacio Aguirre y Fernando Castedo), así como la resonante dimisión del Presidente del INI, Fernández Ordóñez, y de sus colaboradores inmediatos (Rafael Pérez Escolar, Miguel Boyer, Carlos Solchaga y Carlos Bustelo), y en el Ministerio de Hacienda, de los dos subsecretarios (Fernández Bugallal y López Muñiz).

En otros casos, antes de dar el portazo, se logró frenar la salida de más altos cargos. Tal ocurrió con algunos de los componentes del democristiano "Grupo Tácito"[9], como Landelino Lavilla, Sánchez Terán y Ortega Díaz-Ambrona, todos ellos subsecretarios.

Si para los reformistas la crisis portuguesa y la enfermedad de Franco espolearon la intención de prepararse para competir en democracia, en el campo de la oposición clandestina ambos hechos constituyeron la urgente llamada a apretar filas y a la presión interior, unificándose —pese a la diversidad y dispersión— en gritar la petición de amnistía para exiliados y presos políticos. En el mes de julio, en París, se constituyó la Junta Democrática, dirigida por Santiago Carrillo y Rafael Calvo Serer, y en Suresnes (Francia) se eligió Secretario General del PSOE a Felipe González Márquez, *Isidoro,* rodeado de un grupo de jóvenes dirigentes que empezaron a actuar en el interior con el patrocinio de la Internacional Socialista[10].

---

[9] El denominado Grupo Tácito, constituido por personas de formación demócrata cristiana, nació como firma colectiva de artículos periodísticos en 1973 y publicó trabajos de análisis y de opinión en el diario *Ya* y en otros periódicos hasta 1976. El conjunto de artículos llegó a publicarse en un libro, en abril de 1975, y fue la manera de salir del anonimato de sus componentes que, en su gran mayoría, fundaron y engrosaron el Partido Popular. Otros, por el contrario, al abandonar el grupo se adhirieron a Unión Democrática Española. A comienzos de 1975, el grupo Tácito estaba muy estructurado y contaba con una junta directiva que formaban José Luis Álvarez, Marcelino Oreja, Juan Antonio Ortega Díaz-Ambrona, Gabriel Cañadas, Fernando Arias Salgado, José Luis Ruiz Navarro y Juan Carlos Guerra Zunzunegui.

[10] Los días 11 al 13 de octubre de 1974 se celebró en Suresnes el XIII Congreso del Partido Socialista Obrero Español en el que, como consecuencia del llamado "pacto del Betis" entre militantes andaluces y vascos, fue elegido primer secretario general del partido Felipe González Márquez, que como nombre supuesto para actuar en la clandestinidad le llamaban *Isidoro.* El PSOE se escindió en esta ocasión en dos: sector renovador, de Felipe González, y sector histórico, encabezado por Rodoldo Llopis.

Nuevamente, con redoblada insistencia por parte de su equipo de GODSA y de aliados ocasionales, Fraga fue punto necesario de referencia, y la Embajada que regentaba era *confesionario, refectorio* y *priorato* para cientos de españoles que iban a Londres —o le escribían o le telefoneaban— en busca de remedios e inspiración. Y es que para muchos de esa larga nómina, el retorno de Charles de Gaulle a París podía resultar un precedente histórico vivo en la memoria.

Los equipos de GODSA trabajaban sin descanso en la organización de la asociación o partido político, según resulte, y en esa tarea Antonio Cortina, gerente de la misma, acudió repetidamente a Londres a dar cuenta de la realización del programa de actividades. En diciembre los días eran decisivos, y la entrega de los *Premios Fraga de Periodismo,* en Barcelona, despertó tanta expectación que alguien le sopló al oído de Fraga (así lo anota en sus memorias), "a usted le ha hecho presidente Cataluña".

La afluencia de personas con peso político —muchas llegadas en un vuelo *chárter*—, el tratamiento de la noticia "al copo" en los medios de comunicación y el agasajo simbólico de las autoridades, todo ello tenía visos de recibimiento a un "salvador". Los artículos periodísticos premiados y sus autores (*Una aldea llamada Cataluña,* de Carlos Sentís, y *La aritmética de la libertad,* del socialdemócrata "ordoñista" Alejandro Muñoz Alonso) fueron apagados por la palabra de Fraga mediante un discurso en el palacio de Montjuich con el que remachó los últimos clavos de su propugnado centrismo, en términos —según comentarios de los columnistas— más políticos que profesorales.

Durante aquel apretado viaje se reunió con Jordi Pujol, a quien había tratado a fondo en Londres, y ambos volverían a entrevistarse o platicar repetidamente antes de cesar como embajador, participándose sus aspiraciones de futuro. Pujol no aspiraba a la hojarasca, sino al *hecho diferencial* bien dotado económicamente.

A punto de finalizar el año, estando como estaba el tema de la regulación de las asociaciones políticas en punto muerto, el Príncipe pasó por Londres —una de tantas veces que se reunía con la familia de la Princesa— y le sugirió que escribese a Arias Navarro presionándole sobre el imprescindible marco legal de aquellas. Ello, como más tarde se comprobaría, porque se confiaba que Fraga las pusiese a andar a través de la suya propia, como un catalizador. "Después de hablar con él —escribe el embajador en su diario—, redacté una cuidadosa carta al Presidente del Gobierno, adjuntando el borrador del programa de una asociación política, e indicándole que era el nivel mínimo para poder actuar dentro del nuevo sistema de asociaciones. Entre otras cuestiones, figuraba un Parlamento, con la Cámara principal elegida por sufragio universal"[11].

A lo que tampoco pudo sustraerse fue a escribir en esos días el texto de una declaración a la muerte del Generalísimo Franco —para no tenerla que improvisar—, y la guardó en el cajón de su despacho en espera de la ocasión.

---

[11] M. Fraga, *Memoria de una vida pública*, Editorial Planeta, 1980, pág. 341.

El último intento de intrarreforma

De los doce viajes efectuados por Fraga a España durante su estancia en el Reino Unido —cada dos meses aproximadamente—, el más preparado y al que se le dio perfiles de "exigencia patriótica" fue el que efectuó el 21 de enero de 1975. Aquel viaje fue motejado periodísticamente como *Operación Fraga,* en un intento gubernamental de endosarle el éxito o fracaso del proceso asociativo según sumase a él la participación de su incipiente organización.

Los "equipos", a través de Antonio Cortina, Manuel Millian y otros, venían calibrando la trascendencia del compromiso, su coste político y el condicionamiento que supondría en el futuro. No cabía admitir, por coherencia y seriedad, otro esquema de entramado democrático que el enunciado en sus propios documentos, por cierto "filtrados" a los medios de comunicación. No valían las "rebajas". En Londres, sobre la mesa de su despacho, Fraga tenía con el marchamo de "reservado" la tercera versión del *Borrador para un programa de acción política en la España de 1975,* al que pondría los últimos retoques de estilo. Era un documento de mínimos —le había dicho su *vieja guardia* —, que no obligaba a un "proceso constituyente absoluto" pero en el que la reforma propugnada actuaba como un bisturí sajante en la mayor parte del ordenamiento jurídico fundamental.

Fraga recibió antes de desplazarse a Madrid consejos y opiniones de muy variada procedencia. Y pareció ver claro que, pese a soportar sobre sus espaldas ese sentido del Estado tantas veces abrumador, la virtualidad de la Ley de Asociaciones que preparaba el Gobierno no dependía de su actitud. Que se trataba más que nada de una añagaza sibilina, como cuando (el 8 de enero) almorzó con Paco Fernández Ordóñez y Matías Cortés, socios de despacho jurídico junto a Rafael Pérez Escolar, que le animaron a participar. "Tu vas, nosotros no firmamos, pero te ayudamos", le dijeron. "Me pareció claro —comenta en sus memorias—que ya mucha gente quería que otros rompieran el frente, y murieran en la brecha, para luego pasar por ella sin peligro; volvería a ocurrir en el primer Gobierno de la Monarquía".

A su llegada a Madrid el ambiente estaba caldeado para crear un frente de derecha moderado. Alfonso Osorio, desde el *ABC,* apeló a la unión Fraga-Areilza-Silva (el proyecto de Coalición Democrática que fracasó en 1979, cambiando a Silva por el firmante del artículo).

Era un despliegue interesado en punto a cortejar a quien era una esperanza "harta de trabajar", desde años atrás, en dar con el verdadero diagnóstico de España y con la terapia no traumática. Pretendíase, en suma, subirse a la cuádriga del virtual Karanmalis hispánico, y que el mérito fuese colectivo y no individual. A Fraga no le faltaba generosidad, pero le sobraba desconfianza en sí mismo y solidaridad meritocrática, tal vez porque era prisionero de su propio invento centrista, en el que cabían todas las ideologías moderadas.

Antes de reunirse con el Gobierno, en la tarde-noche anterior, se vio con los "equipos" de GODSA. Prevaleció en este encuentro el criterio, en el caso de participar, de abrirse a otros grupos y figuras políticas siempre que aceptasen la disciplina fundacional y el liderazgo ya existente.

En el almuerzo, además de Fraga, estaban el Presidente del Gobierno, Arias Navarro, los tres vicepresidentes, García Hernández, Cabello de Alba y Licinio de la Fuente, el Ministro Secretario General del Movimiento, Utrera Molina, y el de la Presidencia, Carro Martínez. Les repartió el texto del *Borrador* en su tercera versión, no sin indicar que era el presupuesto mínimo democrático para un sistema de asociaciones por debajo del cual era inútil dialogar. El núcleo de la conversación, por demás cortés y comprensiva, giró en torno a la necesidad de "podar" el documento de GODSA a fin de que fuese aceptado por Franco y otros grupos "influyentes", en una primera fase, y una vez desaparecido el Jefe del Estado, completarlo. Ambas partes quedaron en meditar y posponer la decisión que correspondiese.

Las opiniones pulsadas no despejaban en modo alguno la vacilación, tanto más cuanto que a nadie venía mal que Fraga actuase primero de *mecanismo rompedor.* Por eso, al término de ese viaje, concluye en su diario: "Estaba claro que mucha gente quería que yo saliera como Don Quijote, pero ellos estaban dispuestos a ver los toros desde la barrera".

Antes de retornar a Londres, sin embargo, volvió a reunirse con el grupo GODSA, al que sometió la posibilidad de formar tándem con Areilza y Silva. Luego de un debate leal y franco, se descartó la conveniencia de ser acompañados por Silva y Fernández de la Mora, acordándose abrirse al centro-izquierda. Pero, sobre todo, se acordó no comentar la decisión a adoptar hasta febrero próximo.

Por el conducto de Nieto Antúnez a Franco le llegó el ejemplar del memorándum asociativo de GODSA, y parece ser que comentó: "¿Para qué país está Fraga escribiendo estos papeles?".

"Que no venga... le va a devorar la fiera"

La negativa al documento de mínimos de GODSA para participar en el proceso asociativo, tan esperada como insensata, llevaba implícito un veto personal a Fraga. El 17 de febrero de 1975 se lo dijo, con gran pesar, el almirante Nieto Antúnez de parte de Franco ("no a Fraga, que pretende alzarse con la herencia").

Si había fracasado la *Operación Fraga* no fue por falta de disposición, sino porque el Régimen era incapaz de romper la tupida red en que estaba atrapado. Para salvar la cara, antes de abandonar Madrid y regresar a Londres, el embajador hizo pública una nota aplazando "el momento para participar con razonables garantías en el proceso asociativo".

Estaba cancelado definitivamente el llamado "espíritu del 12 de febrero" de un año antes, y los intentos que hubo para reconducir el problema asociativo lo registraban entidades nacidas con la tara del oficialismo o carentes de credibilidad. Con enfoque histórico, puede afirmarse que la legitimidad del centrismo reformista ante quienes aspiraban al cambio democrático se adquirió —lo adquirió Fraga— a partir de su invariable postura de no pasar por un simple *maquillaje* del sistema, que era lo que hubiese ocurrido si hubiera aceptado encabezar la Unión del Pueblo Español (UDPE) en cuanto prolongación de la Secretaría General del Movimiento. Ofrecimiento que le fue hecho por Herrero Tejedor, a la sazón Ministro Secretario General, cuya muerte prematura en accidente de tráfico restó realismo al frenesí de aquellos meses.

En un nuevo viaje de Fraga a Madrid, Rafael Pérez Escolar ya estaba concertado para el equipo de GODSA, y con su incorporación se puso en marcha la elaboración del *Libro blanco para la Reforma* —la continuación ampliada del *Manifiesto*— y se comenzó a buscar financiación de lo que sería el partido Reforma Democrática. Abierto oficiosamente este banderín de enganche, muchas serán las personas que se acercarán, no sólo de Madrid y Barcelona, sino de otras ciudades españolas. Desde abril de 1975, pues, ya no será sólo Antonio Cortina el que viaje a Londres a despachar con el embajador, sino que irá también Pérez Escolar, y con menor frecuencia López Jiménez, también incorporado al núcleo de redactores del *Libro blanco*.

Lejos de desvanecerse el proyecto reformista de Fraga, en el verano de 1975 tomó nuevos bríos y, ante la opinión pública, los catapultó la serie de artículos que comenzó a publicar el *ABC,* prolongándose en octubre (sobre la reforma religiosa, militar, de las autonomías, educativa, económica, social, jurídica y política), y los cuales nutren parte del libro *Un objetivo nacional,* traducido más tarde al italiano y al portugués.

Muchos españoles con inquietudes políticas se acercaron a Londres para ver a Fraga, como los atacados por la fe mariana iban a Lourdes. La lista sería prolija y los nombres, en no pocos casos, darían cuenta del oportunismo con que se acercaban a quien se suponía tenía la llave del reformismo, para abandonarle más tarde sin mediar motivo que el de la búsqueda de poder e influencia.

El 28 de junio, Pío Cabanillas se fue a Londres con el vivo propósito de convencer, y recabar su firma, para que formase parte de otra sociedad anónima encubridora de actividad política: Federación de Estudios Independientes, S.A. (FEDISA), promovida por un grupo de personalidades del sistema situadas en la moderación centrista, y cuyo promotor material era el notario de Madrid José Luis Álvarez.

Fraga se resistió a la creación de una nueva entidad, pues con la existencia de GODSA se cubría el hueco y se entendía suficiente. Aceptó, sin embargo, en el sentido de ampliar la base participativa ("no quiero ser obstáculo a uniones más amplias", revela en sus memorias). Es lo cierto que esta adhesión de Fraga —irritante para muchos de sus seguidores de la primera hora— permitió prestigiarla, por un lado, repartiendo *dividendos reformistas* a personas sin mérito que se los llevaron a otras organizaciones y partidos, y, asimismo, diluyó su liderazgo personal en una organización colegial amalgamada con gentes de distinto pensamiento. FEDISA fue, a la postre, la levadura de Unión de Centro Democrático, y en cierto modo la pócima venenosa del originario partido de Fraga.

Nombrado miembro del Consejo de Administración, Fraga incluyó también entre los socios a José Santacreu y a Rafael Pérez Escolar, pero muchos otros de GODSA se negaron a poner en común el reducido acervo de experiencia y cuadros.

Entre los fundadores de FEDISA, además de los ya nombrados, figuraban José María de Areilza, Leopoldo Calvo Sotelo, Francisco Fernández Ordóñez, Marcelino Oreja, Juan José Rosón, Manuel María Escudero Rueda, José Luis Navarro, éstos como administradores. Y además: Ignacio Aguirre, Fernando Arias Salgado, Blas Calzada, Gabriel Cañadas, Ricardo de la Cierva, Manuel Díez Picazo, Jesús Esperabé, Manuel Fraile, Enrique Fuentes Quintana, Gallego Morell, Giménez Torres, González Seara, Goñi Donázar, Guerra Zunzunegui, López Muñiz, Landelino Lavilla, José Lladó, Muñoz Alonso, Manuel Olivencia, Otero Novás, Peña Aranda, Pérez del Bricio, Pérez Escolar, Alejandro Royo Villanova, Sánchez Terán e Ignacio Satrústegui.

Estando de vacaciones en Galicia, Fraga acudiría a la reunión del Consejo de Administración de FEDISA, celebrado en el Hostal de los Reyes Católicos, y con esta reunión se puso a funcionar esa federación, para unos "fantasmal" y para otros un "sindicato de intereses políticos", que sirvió en todo caso para presionar y "para pensar sobre el futuro democrático de España", en palabras de Ricardo de la Cierva.

Ese verano, no obstante, lo que recabó titulares de primera página fue el paseo en barca de José Solís y de Fraga por la Rías Bajas, que cosechó algún que otro pescado y el acuerdo de manifestarse con prudencia en el orden político para que Franco no se echase en los brazos de los inmovilistas más de lo que ya estaba. Advertencia que a Fraga le sonaba desde que, un mes antes, Giménez Torres, de paso por Londres, le había transmitido un comentario del Príncipe: "Que no venga... Le va a devorar la fiera". Y, en verdad, Franco, como pudo comprobar en la última audiencia que le concedió en el Pazo de Meirás, era un hombre en el umbral de la muerte.

Capítulo 4

EL TRÍPODE DE LA REFORMA

El recuerdo de la guerra civil contuvo a unos y otros

Al persistir en la memoria de muchos españoles la guerra civil de 1936-39 —génesis y razón del miedo a repetir la confrontación fratricida—, difícilmente podía prosperar un vuelco radical de régimen para traer nuevamente la República. Quedaba por dilucidar, sin embargo, la conveniencia y posibilidad de transformar el régimen (su entramado jurídico-político) en una democracia mediante un proceso constituyente o mediante la reforma. Y de lo que no cabía duda era de que cuanto *más atado y bien atado* resultase el sistema, mayor carga de innovación o de reforma habría que aplicar, ya que las Leyes Fundamentales eran un no pequeño corsé indistintamente para una u otra opción. En ese forcejeo dialéctico, que daría como resultado la *reforma/ruptura pactada* —meras disputas semánticas—, se consumirían varias etapas que desembocarían con mayores o menores incidencias en la normalización democrática.

La transformación del régimen totalitario hacia la democracia, pues, no encajaba en la tipología clásica del cambio de régimen que, según Juan J. Linz[1], había que situar en un contexto histórico en el que no había experiencia reciente y próxima de transición sin violencia, sin golpe militar como en Portugal, sin derrota militar inminente como en Grecia.

El también sociólogo Víctor Pérez Díaz concluye en esta línea argumental que "en definitiva, el franquismo se vació de legitimidad y erosionó y perdió sus soportes sociales", quedando el régimen, a la muerte de Franco, en manos de una clase política franquista no sólo sin capacidad, sino incluso sin voluntad de dirigir al país[2].

Mientras miles de personas rendían homenaje al cadáver de Franco, en Madrid también se desataba la lucha por el poder, por debajo y en torno al Rey. Los últimos días de noviembre de 1975 se consumieron en la clausura e inauguración litúrgicas de dos regímenes, durante los cuales ningún hecho anómalo de emociones encontradas empañó el clima de respeto y solemnidad. La expectación y la intriga conjuraron otros riesgos. Sin embargo, se ha conocido que los servicios de inteligencia del Ejército detectaron y abortaron la tentativa de algunos significados ultras empeñados en que el Rey Don Juan Carlos jurase las Leyes Fundamentales en el monasterio de El Escorial, en un *revival* de la Jura de Santa Gadea.

---

[1] Juan Linz, *La transición a la democracia en España en perspectiva comparada*, de la obra colectiva *Transición política y consolidación democrática*, Centro de Investigaciones Sociológica, Madrid, 1992, pág. 435. El autor plantea en este trabajo el estudio de los elementos comunes de esos procesos de transformación de regímenes no democráticos a democracias políticas más o menos estables y que, durante los años setenta, han afectado a unos veinte países, iniciándose una nueva fase expansiva con los países del Este europeo.

[2] Víctor Pérez Díaz, *El retorno de la sociedad civil*, Instituto de Estudios Económicos, Madrid, 1987, pág.102.

El 22 de noviembre de 1975 S.A.R. Don Juan Carlos de Borbón asumió la Jefatura del Estado como Rey jurando las Leyes Fundamentales franquistas.

Al final de esta obra, descontado que el mensaje de la Corona, del Rey Don Juan Carlos I, el sábado 22 de noviembre, marcó la dirección democrática de su reinado sin equívocos ni mayores ambigüedades que las que guiaba la prudencia, las incógnitas estribaban en saber quienes "gestionarían" la reforma, con qué alcance inicial y a qué ritmo. Descartados los comienzos extremos, tanto de "inmovilistas" como de "rupturistas", por el derrotero reformista discurrieron los primeros pasos y acciones políticas. A través de ese vector era indiscutible que Fraga se hallaba entre quienes tenían títulos y méritos suficientes para participar, habida cuenta del acervo reformista con que contaban él y su equipo. Dependería, por lo tanto, de quién tomase las riendas del "primer" gobierno en términos de "primer" gobernante. Porque latía entre los aspirantes la preocupación de que si era grave no tener una rebanada del poder, no menos preocupante era desgastarse como pionero, abriendo trocha, del camino que cubrirían otros. En términos de poder, esa era la regla política.

A poco de llegar de Londres, Fraga entregó una nota al todavía Príncipe en defensa de sus principios reformistas y, por qué no, en línea de ofrecimiento legítimo —implícito a todas luces— de ser llamado a formar gobierno. "Yo era partidario —revelaría a Eduardo Chamorro en *El Cañón giratorio*— de conservar al presidente de las Cortes y cambiar al presidente del Gobierno"[3]. Ocurrió al revés.

El mismo y siguiente días (20 y 21 de noviembre), según refiere en sus memorias, sendos encuentros con Pío Cabanillas y Areilza de un lado, y con Antonio Carro del otro, pusieron de manifiesto que el ex embajador contaba con claras posibilidades de alzarse con el poder a dos bandas. En la primera reunión le fue propuesto el pacto de jefaturas intercambiables con Areilza (si el uno jefe, el otro segundo, y viceversa) para dirigir el proceso de transición evitando disputas estériles. Y en la reunión con Carro, colaborador de Arias Navarro, le invitó a ponerse de acuerdo con éste, pues sólo los dos eran los líderes posibles "para combinar la continuidad y la reforma", dijo el vicario.

Inicialmente se pensó que José María de Areilza, Conde de Motrico, que había sido presidente del Consejo privado de Don Juan de Borbón, sería el "segundo Cánovas" que llevara a término la transición a la democracia. Sin embargo, fue designado por Arias Navarro ministro de Asuntos Exteriores y, junto a Fraga, este vizcaíno se encargó de dar credibilidad ante el exterior a la nueva Monarquía.

---

[3] Eduardo Chamorro, *El cañón giratorio*, Argos Vergara, 1982, págs. 61 y 62.

Retrato robot del Presidente del Gobierno

A punto de morir Franco, a la sombra del Príncipe se urdía un plan de sustitución de los presidentes de las Cortes y del Gobierno (Rodríguez de Valcárcel y Arias Navarro, respectivamente) a través de diversos "consejeros", entre los que sobresalían Fernández Miranda y Fernández Sordo. Aunque insertos en el régimen, ambos personajes actuaban cuales ojos y oídos del César y, tapados con el sigilo, se comunicaban con Don Juan Carlos, ya muy acostumbrado a desenvolverse en la oscuridad y en la reserva.

"Las conversaciones de Fernández Sordo con el Príncipe —ha revelado Joaquín Bardavío, competente historiador de esa etapa— tuvieron especial intensidad en los días previos y siguientes a la muerte de Franco, cuando Don Juan Carlos quería hablar por teléfono con Fernández Sordo, éste recibía un recado de la Zarzuela para que estuviera en su casa a una hora determinada. Una vez allí, llegaba un funcionario, quien conectaba el "secráfono" —aparato que distorsiona los sonidos para evitar escuchas— y así la conversación no podía ser interpretada por algún tercero".

Los dos personajes se cuidaron, pues, de no ser vistos en la Zarzuela, pero no por ello dejaban de volcar sus consejos al Príncipe, que incluía la renovación de las cabeceras de los dos órganos claves —Cortes y Gobierno—. Según el citado historiador, el Príncipe contaba con el retrato robot —los perfiles del candidato— del posible presidente del Gobierno, que respondía a las cualidades políticas de José María López de Letona o de Carlos Pérez de Bricio. Al frente de las Cortes y del Consejo del Reino el Príncipe quería colocar a su principal mentor, Fernández Miranda.

No sin presiones de todo signo, el Príncipe estaba determinado, primero, a sustituir a Rodríguez de Valcárcel, cuyo mandato de cinco años expiraba, y para ello hubo de sugerir fuertemente a los consejeros del Reino que confeccionasen la preceptiva terna con Fernández Miranda dentro. Como no estuviese clara esta postulación de nombres, el Príncipe, según cuenta Laureano López Rodó, estaba calibrando si asistir a la reunión del Consejo del Reino. "¿Qué te parece si asisto a la reunión del Consejo del Reino en que se discutirá la terna, ausentándome en el momento de la votación? Alfonso Armada me lo aconseja; en cambio, Mondéjar no es partidario".

Bien aconsejado para que no asistiese, y después de numerosas gestiones, Rodríguez Valcárcel desistió de continuar y Torcuato Fernández Miranda obtuvo catorce votos, por lo que el ya Rey le designó Presidente de las Cortes.

Decidido el Rey a que Arias Navarro siguiese el mismo camino de dejar libre la jefatura del Gobierno, el problema se ofrecía diferente, porque legalmente le faltaban tres años de mandato y no era fácil, a primera vista, forzar una dimisión. Lora Tamayo, a la sazón Presidente en funciones del Consejo del Reino, no era partidario de cambiar a Arias. "Pero el Príncipe —relata López Rodó en sus *Memorias IV*— se mostró inclinado a cambiarlo. Le preocupaba la presión que pudiera ejercer Fraga para que se le nombrara Presidente del Gobierno".

El 3 de diciembre el Rey recibió a Federico Silva Muñoz en la Zarzuela, y a las siete de la tarde, al final de la entrevista, según reproduce Silva en su libro *Memorias políticas,* Don Juan Carlos le dijo: "En este momento se van a reunir en la Presidencia Torcuato Fernández Miranda y el presidente del Gobierno para que éste le dé por escrito la dimisión y así poder abrir el expediente, e inmediatamente convocaré al Consejo del Reino para que formule la terna".

¿Qué sucedió para tan deseado relevo no se produjese? Todo parece indicar, de conformidad con varios testimonios, que Arias Navarro se resistió duramente a marcharse, y que en su favor intercedieron varias personas y, de modo singular, la hija de Franco, cuando fue recibida en la Zarzuela por esos días con el fin de agradecerle al Rey el título nobiliario que le había conferido. Y es conocido de todos que Don Juan Carlos sentía verdadero respeto y afecto a Carmen Franco Polo, mujer dotada de prudencia y ponderación política.

Durante el largo proceso de la enfermedad de Franco, el Príncipe Don Juan Carlos asumió varias veces "interinamente" la Jefatura del Estado y, como así lo revela la fotografía, presidió diversas reuniones del Consejo de Ministros del gobierno Arias Navarro, a quien le renovaría la confianza una vez muerto Franco.

El día 5 de diciembre Arias Navarro fue confirmado en el puesto que venía ostentando de Presidente del Gobierno, lo cual truncó definitivamente las expectativas de otros probables aspirantes. En todo caso, lo acontecido demostraba que el centro director del nuevo régimen pasaba por la Presidencia de las Cortes y las coordenadas estratégicas concebidas por su titular.

Un aspecto históricamente polémico sobre la transmisión de poderes de la Jefatura del Estado lo constituye si Don Juan Carlos de Borbón antes de ser proclamado Rey recabó de su padre, el Conde de Barcelona, el consentimiento. Porque, aunque la transmisión de los derechos históricos no se produjo hasta 1977, en un acto familiar celebrado en el Palacio de la Zarzuela, se ha conocido que en noviembre de 1975 Don Juan envió a su hijo un mensaje verbal garantizándole la renuncia de sus derechos y el apoyo paternal. Ello explica la firmeza y determinación con que actuó el Rey en los primeros días de su reinado, y asimismo la generosidad de su padre, que superó consejos adversos.

El anticipado *traspaso de legitimidad* es corroborado por Antonio Fontán en un artículo titulado *El día en que don Juan renunció a favor de su hijo el Rey* [4], el cual fue escrito con el permiso del Conde de Barcelona. Sin embargo, Luis María Ansón no recoge este hecho en su obra *Don Juan* [5]; antes al contrario lo elude y asegura que se emitió un comunicado de prensa (al que se le adelantó la fecha para no entorpecer la ceremonia de proclamación) según el cual el Conde de Barcelona guardaba silencio hasta una nueva declaración, y se manifestaba "a la disposición de los pueblos que forjaron la nación española...".

Fraga rebajó sus pretensiones

Del mismo modo que es imposible sorber y soplar al mismo tiempo, el dilema sobre estar o no estar en el gobierno se presentaba en términos antitéticos. El equipo de GODSA, en reunión de su consejo del 26 de noviembre, debatió duramente la alternativa más conveniente y sus razones de oportunidad en la inteligencia, según la postura de algunos, de que el primer gobierno de la Monarquía se quemaría rápidamente.

---

[4] "Historia de la Transición" de *Diario 16*, pág. 218.
[5] *Don Juan*, Plaza y Janés, 1994, pág. 404.

Tenía consistencia, no obstante, el argumento de que únicamente participando en el gobierno y en carteras políticas destacadas se podría cumplir y dar sentido a los objetivos reformistas, la razón de ser de GODSA, siempre que no resultasen manchados de continuismo. A pesar de las diferencias que salieron a la luz en esta reunión, y que se agrandarían más adelante en clara confrontación entre Pérez Escolar y Antonio Cortina, se acordó iniciar los preparativos para la creación del partido político Reforma Democrática, así como su desarrollo territorial, para el momento en que se abriese la ventanilla de inscripción legal. Pérez Escolar, por otra parte, quedó encargado de recabar financiación para estos objetivos a fin de dotar de los medios adecuados —humanos y materiales— a las oficinas que GODSA tenía en Madrid, en la calle de Los Artistas, junto a la glorieta de Cuatro Caminos, y que sería la sede oficial del partido.

Con idénticas dudas sobre la conveniencia de participar en el primer gobierno, por convocatoria del presidente rotativo, José Luis Álvarez, se reunió en la tarde del día 27 el consejo de administración de FEDISA en el despacho notarial de aquél en la calle Lista, aunque aquí —anota Fraga en su diario— "con un sentido mayor de apetencias inmediatas".

En efecto, encuadrados en FEDISA había muchos nombres que contaban para formar parte del Gobierno. Esta fue quizás la más notable reunión de esta sociedad, aparte de la de su presentación, pero también fue su acta de defunción como centro de convocatoria de distintas tendencias no marxistas. Para Fraga aquella sociedad "era un símbolo de las ambigüedades e insolidaridades de la derecha democrática", pero Fernández Ordóñez remata mejor el diagnóstico[6]:

> "[...] Y se muere Franco. Y se celebra una reunión muy interesante, en la calle Lista, donde tenía su sede Fedisa, en la que se decide que no se entra en el Gobierno de Arias Navarro. Lo decide todo el grupo, que condiciona esa no-colaboración con el Gobierno a que se convoquen elecciones. Y en esa reunión estaban y participaron, con el propio Fraga, Calvo Sotelo y Areilza..., todos los cuales entraron inmediatamente en ese primer gobierno de Carlos Arias...".

FEDISA, aunque recortada en sus primeras ambiciones, quedaría latente como un "quiosco" más del partidismo minifundista que se barruntaba. En este sentido, la sociedad ejerció también de fermento del Partido Popular, llamado a integrarse en Unión de Centro Democrático de la mano de Cabanillas y de otros relevantes socios.

Si Pío Cabanillas fue apeado de la lista del Gobierno, no fue porque no intercediese Fraga en su favor, sino porque Arias Navarro se negó rotundamente a incorporar a quien destituyó en la crisis que le malbarató el "espíritu del 12 de febrero". Se le ofreció, en cambio, la Embajada cerca del Vaticano, pero declinó aceptarla, como hiciera años antes con la de Buenos Aires.

Mientras Fraga pasaba en Cataluña los primeros días de diciembre, en Madrid se resolvía la crisis ministerial sobre la continuidad de Arias Navarro, con arreglo a una combinación de ministros limitada y en gran parte "predesignada". Aunque se daba por hecho que el ex embajador entraría en el gobierno, no cabía —o se quiso evitar—que participase como jefe del ejecutivo, en un intento por mermar su ascendente protagonismo, de quien había osado determi-

---

[6] José Cavero, *El político*, biografía de Francisco Fernández Ordóñez, Ediciones Ciencias Sociales, Madrid, 1990, pág. 72.

Al término de la ceremonia de juramento el Gobierno Arias, primero de la Monarquía, posa rodeando al Rey en la escalera del Palacio de la Zarzuela.

nar el calendario del cambio: "dos semanas para tomar decisiones, dos meses para preparar un programa y dos años para realizarlo".

El recorrido de Fraga por Cataluña, con ocasión de asistir a una boda y a la concesión de los premios periodísticos de su nombre, fue un ejercicio populista organizado por el flamante y activo Club Ágora, integrado en GODSA, y al que tendría que acostumbrarse para mover voluntades en pos de construir el partido a que aspiraba. Visitó Tarragona, Reus, Salou, El Besós y las barriadas obreras de Barcelona. Se entrevistó con empresarios, obispos, intelectuales y políticos. Presentó su nuevo libro *Un objetivo nacional* y, como remate de su apretada agenda, presidió la entrega de los premios bajo su advocación a Antonio Alemany (por su artículo "El Ejército y la Corona") y a Luis González Seara (por su artículo "En el umbral del cambio").

En Barcelona, Fraga recibió la noticia del nombramiento de Torcuato Fernández Miranda —ex profesor del Rey y consultor áulico permanente— de Presidente de las Cortes y la confirmación de Arias Navarro en la Presidencia del Gobierno, lo que le incomodó y contrarió. Empezó a interpretar, no de forma concluyente entonces, que la falsilla sobre la que se colocaban las piezas no era la suya ni la deseable.

La composición del Gobierno Arias Navarro, analizada años después, denuncia una estrategia concebida para la interinidad y para evitar sobresaltos. Casa cabalmente la interpretación de Fraga —no exenta de frustración y reproche— de que el Gobierno tendría vida corta, hasta desbrozar el camino; que atendía más a los nombres de los "ministrables" que a lo que se necesitaba hacer, y a que se le sometía en particular a un marcaje para irle amortizando en sus pretensiones reformistas. Por eso, inicialmente, le fue ofrecida la cartera de Educación y Ciencia en la primera entrevista con Arias Navarro, a lo que se negó exigiendo un ministerio con implicación en la reforma política, y en caso de crearse vicepresidencias, la que agrupase a las carteras netamente políticas.

Ciertamente se le asignó Gobernación y el rango de vicepresidente, junto a las vicepresidencias militar y económica, pero ocupar la *silla de fuego* del orden público era de por sí una responsabilidad generosa, y al mismo tiempo la mejor "trampa saducea" —según la famosa expresión de Fernández Miranda— para crearse una imagen represora implícita en el cargo. Ello lastraría en buena medida su actuación futura y su credibilidad como centrista, únicamente compensada por el tesón ciclópeo de quien padece la adversidad como un estímulo para crecerse.

La primera disputa en GODSA

Antonio Cortina[7] ha subrayado que GODSA se pronunció al fin por la participación en el gobierno, en la cartera de Gobernación, porque era una forma de designar a los gobernadores civiles y con ello tener una presencia política ulterior en las provincias. Ha insistido, sin embargo, en precisar que el grupo estuvo muy interesado en hacer Ministro de Justicia a Rafael Pérez Escolar, para lo cual él personalmente presionó cuanto pudo a Fraga, pero que éste no lo consiguió, aunque sí influyó en designar Ministro de Educación a su cuñado Carlos Robles Piquer (embajador en Libia) y a Adolfo Martín Gamero (embajador en Marruecos), Ministro de Información y Turismo. El rechazo que se produjo en Pérez Escolar —"que no traición", revela Antonio Cortina—, pudo atribuirse el malentendido que originó el enconado enfrentamiento de los dos dirigentes de GODSA. Coinciden los componentes de aquel equipo, sin embargo, en subrayar el malestar que produjo entonces la solución nepótica de Robles Piquer, porque aparte de desnatularizar la conciencia de grupo, presuponía inclinarse por la "meritocracia" franquista.

En todo caso,, por acuerdo de la élite de GODSA, fueron incluidos en el equipo de Gobernación Gabriel Cisneros Laborda, director general de Beneficencia y Asistencia Social; Juan Echevarría Puig, director general de Correos, y Carlos Argos García, director del Gabinete del Ministro. Igualmente Fraga se llevó consigo a su secretaria particular, María Antonia Ayala, que le acompañaría lealmente durante más de trece años[8].

Fraga se despide de Don Juan Carlos en presencia del almirante Pita da Veiga y Rodolfo Martín Villa, y a la izquierda, detrás, se halla Leopoldo Calvo Sotelo.

[7] Testimonio de Antonio Cortina al autor.

[8] Fraga se llevó a Gobernación, aparte de los mencionados, a José Manuel Romay Beccaría, como subsecretario; a José Manuel Otero Novás, director general de Política Interior; a Juan Alfonso Santamaría, como secretario general técnico; al general Castro Sanmartín —por indicación del Rey—, como director general de Seguridad, y a Juan Ignacio San Martín, como director general de Tráfico, quien venía de los servicios de información de la Presidencia y fue uno de los implicados en el golpe del 23 de febrero de 1980. Continuaban en sus puestos el director general de la Guardia Civil, general Ángel Campano, y asimismo el director general de Sanidad, Bravo Morata.

Evolucionistas antes que reformistas

¿A qué diseño, en qué circunstancias y por quién fue dirigida esta primera etapa crucial en los primeros pasos de la Monarquía?

Aunque en sus memorias del período se trasluce cierta explicación, que destila frustración y un tanto de resentimiento, Fraga desentrañó la clave de aquellos inciertos momentos en la respuesta que sobre el asunto dio a Eduardo Chamorro en el libro *El cañón giratorio*[9]:

> "Yo creo que Torcuato Fernández Miranda tenía la aspiración de ser el hombre clave de la Segunda Restauración. Sabía que el Rey le iba a escuchar, le iba a dar una gran confianza, pero no la Jefatura del Gobierno, porque era un hombre frío, reservado, no muy popular, y entonces yo creo que hizo una combinación que se realiza en varias partes y que al final no sale, pero que estaba muy bien planeada. Primero, aconsejar que Carlos Arias siguiera para que él y otro grupo de personas se gastara... El presidente podía haber gastado a algunos reformistas que teníamos título para aparecer como tales. Y proponer, en ese momento, alguna persona del tipo de la que luego salió: Adolfo Suárez. Y a través de la influencia que él tenía, de la diferencia de edad y de una formación más completa, ejercer una autoridad sin una gran responsabilidad y por un intermediario que sería Suárez...".

Parece fuera de duda que el formato del gobierno compuesto por Arias Navarro se basó, independientemente de la validez de otros análisis, en la combinación de dos factores principales: que lo formaban valores individuales conectados a las grandes familias ideológicas y que, como condición necesaria, creían en la reforma (en la mutabilidad de las Leyes Fundamentales). Así, pues, admitida en términos generales la orientación reformista, en el tapete político quedaba por dilucidarse quiénes jugarían envidando —cuánto y por cuánto tiempo— y quiénes de simples convidados. No contando a los ministros militares y a los ministros tecnocráticos, la pugna se solventaría entre reformistas *azules* del Movimiento (que contaban con el banderín de enganche de la Unión del Pueblo Español), de *reformistas cristianos* (que disponían de la asociación política Unión Democrática Española) y de *reformistas puros* (que tenían a GODSA y a FEDISA). Sobre ese trípode podría descansar la reforma gradual que satisfacía a nuestro principal aliado (los Estados Unidos) conforme a un proceso lento de legitimación democrática civil, que impidiese cualquier sobresalto revolucionario.

El interés de dichos grupos, teniendo todos ellos como propósito compartido el de jugar a medio y largo plazo, residía también en ampliar la participación política hasta el límite tolerado por los militares —que excluía al Partido Comunista, como en la República Federal Alemana—, así como en ganar tiempo para organizarse y captar a los cuadros políticos de las provincias y municipios, lo cual constituía la misma tupida red capilar de poder.

Fortalecida la idea de que fuese el sector evolucionista, y a ser posible con la ventaja añadida de constituir desde el gobierno un partido fuerte y oficialista, podría abrirse una rendija en el sistema por la que penetrasen los partidos democráticos de izquierda y nacionalistas, impidiendo pasar al Partido Comunista —el mejor articulado en la clandestinidad—, por lo menos hasta que el Partido Socialista se robusteciese lo suficiente.

---

[9] Eduardo Chamorro, *op. cit.*, pág. 67.

Capítulo 5

NACIMIENTO DEL PARTIDO REFORMA DEMOCRÁTICA

Siete meses de contención y represión

Para llevar a feliz término la reforma democrática había muchos caminos pero, al final, se escogió el más pedregoso y lento, aunque quizás el más seguro. Y como en los viajes de otras épocas, el primer gobierno de la Monarquía presidido por Arias Navarro fue como un carromato que llegó a la primera posta destartalado después de siete meses de recorrido y cuyos conductores, desde el pescante, desfondados y faltos de iniciativa, hubieron de ser relevados por otros más frescos y con horizonte más claro.

La metáfora es válida para resumir la andadura del Gobierno de Arias Navarro, el cual, pese a contar en las carteras de Gobernación, Asuntos Exteriores y Justicia con los más destacados reformadores —Fraga, Areilza y Garrigues—, es decir, los ministros que disponían de mayores recursos jurídicos, políticos y administrativos para alcanzar la democracia de promisión, se quedó en el mero intento o si se quiere en la preparación de lo que sobrevendría más tarde.

El más grave inconveniente del Gobierno, con independencia de su Presidente, que arrastraba el desprestigio de su irresoluto pasado —el fracaso de lo que se llamó el "espíritu del 12 de febrero"—, fue que no concretó inicialmente las reformas que se habrían de emprender ni tampoco fijó un calendario para cumplirlas. Sin esas premisas, el Gobierno optó por someter la reforma a una negociación con las Cortes y otros centros de poder que, lógicamente por su composición y origen, más que facilitarla, la obstaculizaron. El foco de la iniciativa, pues, durante ese tiempo no residió en el Gobierno, sino en sus interlocutores, a quienes se les pedía el plácet para ser disueltos, por un lado, y en los componentes de la oposición inarticulada, que pugnaban por la iniciación de un proceso constituyente inmediato desde la posición de enfrente, a quienes se les ponía condiciones y se les pedía calma. "El resultado fue el que cabía esperar y el que muchos anticiparon: la reforma Arias resultó inaceptable para la oposición democrática y no llegó a ser mínimamente satisfactoria para el "búnker", concluyen Raymond Carr y Juan Pablo Fusi[1].

Una cosa es ponderable para el elogio de aquel Gobierno, y en especial para Manuel Fraga, y es que supo contener la agitación política violenta y el aluvión de huelgas, no todas laborales, con un bajo coste de crispación y de víctimas. El responsable del orden público antepuso su empuje, dedicación y tiento a contrarrestar aquellas acometidas imprevisibles dirigiendo unas fuerzas y cuerpos de seguridad sin entrenamiento para la libertad y la tolerancia. La política de gestos, de altisonancia en declaraciones y la decisión gubernativa escandalosa suplían

---

[1] Raymond Carr y Juan Pablo Fusi, *España, de la dictadura a la democracia*, Editorial Planeta, Barcelona, 1979, pág. 272.

la escasa dotación de medios organizativos y humanos de un ministerio decimonónico. Estuvo no pocas veces concebida, precavidamente, para desalentar a los provocadores y al mismo tiempo para resarcir a los inmovilistas de su insaciable demanda de orden, cuya falta hubiera sido el más elocuente pretexto para detener la voluntad de cambio.

Visto ahora con enfoque histórico, tal servicio al Estado no fue pagado, y tanto menos si se valora que, para Fraga tener el tricornio puesto todo el día durante siete meses, supuso desprestigio y la pérdida del "copyright" del centrismo reformista. Contando con ello, no obstante, en lo que pudo —y le dejaron hacer— clavó los puntales de la reforma, dialogó con las fuerzas políticas en la penumbra y rompió el silencio en los medios de comunicación internacionales. En sus memorias, cual trasunto inevitable de aquella dura etapa, Fraga lo subraya con severo pesar[2]:

> "Aquel Gobierno iba a durar escasamente siete meses, en los que personalmente me tocó luchar y sufrir bastante más que en los siete años largos (y ciertamente no fáciles) de mi paso por el Ministerio de Información y Turismo, en la década anterior".

El intento de poner de rodillas al Gobierno

1976 fue saludado por los españoles con un "feliz año libre", tan anhelado, que era fácil suponer que el clima socio-laboral fuese agitado como un tambor batiente. La avalancha de huelgas, máxime en la economía recesionista de entonces, no defraudó los temores del gabinete Arias. Bajo formulación reivindicativa de mejoras sociales y económicas, los servicios básicos (transporte urbano, correos, bomberos, etc.) pararon sucesivamente con arreglo a un programa de agitación que más parecía esconder un tanteo de fuerza o de poder de convocatoria de los sindicatos clandestinos que de mejora de las condiciones de los trabajadores.

Según se conoció meses después, a lo largo del primer trimestre de aquel año se produjeron 17.371 huelgas (casi la mitad de todo el año: 36.979), lo que supuso una movilización formidable[3], tanto más cuanto que los paros venían acompañados de asambleas tumultuarias, bajo techo, que desembocaban en manifestaciones no siempre controladas, por lo que el disturbio callejero se convertía en el resonante eco final. El conocido coloquialmente como "informe canela" —compilación diaria de los desórdenes públicos que cada mañana se sometía al Ministro de la Gobernación— era por aquellos días un voluminoso catálogo de incidencias imposible de leer, y menos de analizar, que en el mejor de los casos denotaba la concertada estrategia de la oposición de poner de rodillas al Gobierno para exigir amnistía y un gobierno provisional encargado de dirigir y garantizar un proceso constituyente.

Tradicionalmente, los cambios de régimen liberalizadores traían debajo del brazo el perdón generalizado a los disidentes ideológicos, los presos políticos, en tanto que borrón y cuenta nueva. Así hubiese sucedido con el advenimiento de la Monarquía de Don Juan

---

[2] M. Fraga Iribarne, *En busca del tiempo servido*, Editorial Planeta, Barcelona, 1987, pág. 23.

[3] *La Vanguardia*, reportaje del 4 de diciembre de 1977. Sólo en el mes de enero de 1976 se produjo la pérdida de 21 millones de horas de trabajo, según Rodolfo Martín Villa, quien afirma además: "...la muerte de Franco desencadenó, como se recuerda, un amplio movimiento huelguístico, el más notable que el país padecía, al margen de la guerra civil, fuera de las convulsiones de 1919 y la revolución de 1934". Así planteamos la reforma sindical, dentro de la obra "Historia de la transición" de *Diario 16*, pág. 252. Por su parte, J. M. Maravall, en su obra *La política de la transición*, pág. 28, dice que el número total de horas de trabajo perdidas en 1976 fue de 156 millones.

Carlos, pero el último Gobierno franquista se vio inclinado a conceder un indulto generalizado y, por tanto, selectivo, que incluía a ciertos presos políticos y que excluía al casi medio millar de presos relacionados con el terrorismo. El legendario dirigente obrero de creencias comunistas Marcelino Camacho, entre otros, abandonó la prisión tras aquella medida de gracia, pero la extensión indiscriminada de puertas abiertas se juzgó imprudente y no se llevó a cabo por más que fuese una cantinela de los líderes de la oposición. De igual manera se operó en la expedición de pasaportes o de salvoconductos para el retorno de exiliados por motivos políticos, si bien en este extremo los miembros conocidos del Partido Comunista deberían esperar, como Santiago Carrillo[4], a que remitiese la presión de los sectores reaccionarios.

El movimiento huelguístico se simultaneaba, por lo demás, con masivas manifestaciones como la organizada el 20 de enero de 1976, en el centro de Madrid, en demanda de amnistía, o la celebrada en Barcelona el 1 de febrero, reclamando la autonomía de la región catalana. En todas ellas, al margen de incontables escaramuzas de tono menor, destacaba el primordial objetivo de impresionar y crear una atmósfera de represión inexistente pero que acaso podría contribuir a dar el vuelco a la situación, creando circunstancias prerrevolucionarias que concluyesen en la formación de un gobierno provisional.

Estos envites ofensivos, alentados por los partidos de la Junta Democrática, distrajeron al Gobierno en sus propósitos y, lo que es peor, deterioraron la confianza de los agentes económicos y financieros extranjeros y agudizó la crisis económica, hasta el punto que en febrero el Gobierno tuvo que decretar una devaluación de la peseta a fin de corregir el creciente déficit de la balanza de pagos. A ello, qué duda cabe, hubo que añadir la evasión de capitales en cantidades masivas en vista de la incertidumbre con que se vivían aquellos momentos. El paso del tiempo dramatizaba la situación en sus fundamentos políticos y, en prueba de la falta de iniciativa del Gobierno, la violencia apareció salpicada de desencanto y frustración. No podía ser de otro modo, ya que la falta de una adecuada regulación de los derechos de manifestación y reunión —naturales aliviaderos de las masas enardecidas— suponía un riesgo inconmensurable que produjo muchos incidentes violentos, pero no todos los que eran predecibles. Fraga, que padecía singularmente este peso sobre sus espaldas, lo tuvo claro desde el principio y de ahí, a este respecto, que dejase anotado en su diario la amarga responsabilidad que le correspondía: "España empieza a agitarse; por la prensa; por lo laboral (el trimestre será terrible); por los temas regionales (manifestaciones en Cataluña); por todas partes. Y añade, cual inevitable corolario: "lo primero que tiene que hacer el Ministro de la Gobernación es, obviamente, mantener el orden; sin confundir el orden con la rigidez de unas fórmulas que, por desgracia, habían sobrevivido a su tiempo...".

Quienes formaban parte del equipo de confianza de Fraga en aquella etapa no olvidarán jamás que, además de atender a los asuntos ordinarios de un superministerio anclado en el pasado, sin un sistema moderno de comunicaciones y carente de las más elementales condiciones de habitabilidad, los días en que se anunciaban convulsiones sociales la carga de ten-

---

[4] Santiago Carrillo, se vino a España clandestinamente en 1976, según él cuenta: "El día 7 de febrero pasé la frontera española sin novedad. Me llevaba Lagunero en su Mercedes, que iba conducido por su esposa Rocío. No hay nada como un Mercedes para que los aduaneros te miren con deferencia y te dejen pasar sin pedirte siquiera el pasaporte. En vez de gafas me había puesto lentillas y con una magnífica peluca, preparada por Arias, el peluquero de Picasso, podía pasar perfectamente por el intelectual francés que era según mi pasaporte, confeccionado por Domingo Malagón...", *Memorias*, Editorial Planeta, Barcelona, 1993, pág. 615.

Fraga escribiendo en su despacho del Ministerio de la Gobernación, un caserón entonces inhóspito y destartalado. Aunque la estancia era como un museo, con los cuadros que durante la Guerra Civil fueron incautados a la bilbaína familia Sota (y devueltos posteriormente), el villalbés siempre lo recordará como un cuarto de suplicio por el intenso trabajo allí desplegado en un clima permanente de tensión.

sión se hacía insoportable. Y primero el Ministro, y con él los restantes mandos del caserón de Amador de los Ríos, sufrieron lo indecible para que no hubiese "dejación del principio de autoridad", lugar común que tanto gustaba decir a la derecha egoísta nada dispuesta a ceder en su cómoda estabilidad.

Valga para la historia menor, por ejemplo, que el 20 de enero de 1976, con ocasión de la gran manifestación que se organizó en Madrid en demanda de amnistía, Fraga siguió al minuto la evolución de los miles de manifestantes en los distintos puntos del centro urbano como si de una partida de ajedrez se tratase, y hasta que no avanzó la noche, producida la desarticulación de los grupos revoltosos sin sangre para las páginas de sucesos, no llegó la calma que produjo el último parte: "todo está bajo control".

Un gobierno sin identidad

El Gobierno que presidía Arias Navarro le era a él mismo tan ajeno en su composición y objetivos que carecía de identidad. Contaba con relevantes personalidades "aisladas" pero, en conjunto, adolecía de personalidad corporativa para llevar adelante y con ritmo la reforma constitucional predecible e inevitable. Con este lastre era imposible establecer la democracia por real decreto-ley y, al no poder hacerlo así, se acentuó más la provisionalidad del gabinete y surgió irremediablemente la soterrada lucha por la sucesión de Arias.

Fraga y Areilza, sintonizados, tenían un proyecto político que seguir y con esa seguridad se lanzaron a difundir en el exterior la idea de la reforma en la creencia de que con ello se crearía el compromiso irreversible, siendo ellos mismos por añadidura los artífices de la transición. Inicialmente, Arias se contagió de la causa y así lo declaró a la revista norteamericana *Newsweek* en los primeros días de enero (que en 1977 habría elecciones generales), teniendo como tenían todos los miembros del gabinete un borrador entregado por Fraga con el diseño de la futura Cámara elegida por sufragio universal (*Cámara de los Diputados*) y de una especie de Senado para la representación corporativa de *procuradores sindicales, profesionales y locales.*

El documento de Fraga trataba de *evitar toda idea de ruptura o simplemente de carácter constituyente general* y, consciente de la impaciencia de la oposición, aspiraba a ampliar la base de participación con exclusión de separatistas y comunistas en una primera etapa, porque éstas eran condiciones impuestas por el estamento militar. Tan prudente propuesta, en todo caso corta para el clima de permisividad que se respiraba en la calle, no fue acogida complacientemente por la Secretaría General del Movimiento, regida por Adolfo Suárez, sino con reservas equívocas y continuistas. El *contrainforme* de Suárez, arropado por el Movimiento organización, frenó el proyecto fraguista —¡vaya paradoja!— partiendo de la premisa de que era inoportuno exigir un referéndum de autoliquidación del Régimen, una autoinmolación innecesaria. Porque, según la opinión entonces regresiva de Suárez, "una modificación que altere la filosofía política de las leyes fundamentales puede ser considerada por los grupos políticos que han servido lealmente al Régimen español como una ruptura con el propio Régimen"[5]. Daba al gusto del "búnker", por otro lado, propugnando una compilación de las leyes fundamentales (en una especie de Fuero de España) que respetaba la representación por tercios —familiar, local y sindical— de las Cortes, llevando el sufragio universal únicamente al primer tercio, en el que tendrían cabida los candidatos de las agrupaciones políticas.

A Areilza le satisfizo el documento de trabajo de Fraga, inserto en un programa que tenía calendario y leyes "acompañantes", y con ese bagaje comenzó a predicar en las cancillerías para una venta de la reforma creíble y sólida. "Con el 'papel' que ha hecho Fraga —apostilla en su libro *Diario de un ministro de la Monarquía* —habría bastante por el momento para tirar un año; legitimar democráticamente la Monarquía haciéndola constitucional y abrir las puertas de la negociación con la Comunidad"[6].

La contienda de proyectos escondía, en todo caso, que tanto Fraga como Suárez no estaban dispuestos a romper el Régimen, pletórico de continuistas en todos los centros del poder central y territorial, ni a incomodar más de lo necesario a la pléyade de representantes de la *España oficial.* Pero Suárez, máxime por lo que meses después sucedió, jugó hábilmente para ser visto con buenos ojos por procuradores y consejeros y así conseguir, en primer lugar, un puesto vitalicio en el Consejo Nacional (entre los "40 de Ayete" frente al Marqués de Villaverde), y lo que tenía mejor proyección futura: no repugnar al Consejo del Reino encargado de confeccionar la terna para la sucesión de Arias Navarro. Otra interpretación verosímil pero mendaz era, en aquel contexto, que siendo Suárez el valladar al reformismo nutriría más y mejor la asociación Unión del Pueblo Español con el ingente ejército de los hombres del Movimiento y de los Sindicatos, para lo cual todo retraso serviría de ayuda a la autodefensa.

En vista de la discrepancia en los modelos de reforma, y sin duda por inspiración de Torcuato Fernández Miranda, el Consejo de Ministros decidió la creación de una comisión mixta Gobierno-Consejo Nacional que comenzó sus sesiones el 11 de febrero. "Era la forma que había exigido Adolfo Suárez, y que se habría de revelar dilatoria y negativa", explica Fraga en sus memorias cual claudicación. La transigencia bienintencionada del jabalí villalbés representaría una rebaja en su protagonismo, compartiéndolo con quienes trabajaban al acecho de cara al futuro, y un retraso que contribuiría más que nada a su desgaste.

---

[5] Esta afirmación está contenida en el "contrainforme" que la Secretaría General del Movimiento preparó oponiendo reparos al escrito de reforma de Fraga, que habían preparado en las Navidades 1975-76 Romay Becaría, Otero Novás y Juan Alfonso Santamaría. Alude a él, asimismo, J. A. Ortega y Díaz Ambrona en el artículo "Fraga y Suárez ante la transición", *op. cit. Diario-16*, pág. 234.

[6] J. M. de Areilza, *Diario de un ministro de la Monarquía*, Editorial Planeta, Barcelona, 1977, pág. 39.

Todo parece indicar que Fraga, bien por sentido de la responsabilidad o por desdeñar un tanto los méritos académicos y dialécticos de Suárez —entonces sobrestimaba la meritocracia de las biografías—, fue cediendo paso a paso en el método y calendario aplicables al proceso de reforma hasta consentir que ésta se discutiese en campo adverso.

No se explica por qué prefirió la fórmula de la Comisión mixta a la de la Comisión regia, presidida por Pío Cabanillas e integrada por medio centenar de personalidades y de constitucionalistas. Acerca de esta iniciativa, que contaba con el no pequeño inconveniente de ser una asamblea muy amplia como para concordar un proyecto de ese calado, quizás pesaron más de la cuenta los temores de que le arrebatase al Gobierno su papel promotor y constituyente. De todas maneras, sin ánimo de escrutar las razones profundas, lo cierto es que Fraga devaluó por sí mismo los papeles sobre los que venía trabajando desde Londres dos años antes. Distraído como estaba achicando la oleada de agitación social y laboral, su empeño en ejercer la coordinación de siete ministerios políticos, bajo el área de la Vicepresidencia de Asuntos Internos que ostentaba, perdió gas conforme transcurrían las semanas. La actitud silenciosa, pasiva e inhibida de Adolfo Suárez se fue revelando eficaz paulatinamente en el trato con Fraga, quien así lo denuncia en sus notas diarias, como características de una relación personal antipática nunca superada.

¿Temía tanto el Gobierno la fuerza del "Búnker" para autolimitarse en sus iniciativas de reforma? Fraga, que había señalado el listón por debajo del cual no admitiría rebaja reformista, fue soberanamente engañado por prestarse, con Areilza y otros, a demorar la puesta en práctica del cambio legal necesario bajo la autoridad de un hombre, Carlos Arias, que tal vez por problemas de conciencia carecía de convicción para conducir todo el proceso. Fraga y Areilza venían a ser los mascarones de proa de una nave que no avanzaba ante los golpes de la mar, aunque ellos fuesen la cara y el gesto de lo que no podía avanzar.

A mediados de enero de 1975, los dos meses transcurridos desde la muerte de Franco parecían dos años. La celeridad histórica era el ingrediente de los medios de comunicación de masas para crear lejanía del pasado y acortar el futuro. Pues bien, el paso de los días desesperaba el optimismo y las posibilidades de concretar las promesas del mensaje del Rey. En vez de esgrimir razones de urgencia para hacer la reforma por decreto-ley, y razón de urgencia lo constituía la insurgencia social y laboral que demandaba libertad no sólo en la calle sino también en el Boletín Oficial del Estado, el Gobierno prefirió la espera y pactar con quienes iban a ser sus víctimas: las Cortes y el Consejo Nacional.

La prórroga de la Legislatura por un año más, acordada por el Consejo de Ministros el 15 de enero, so pretexto de que una convocatoria electoral atizaría más el convulso orden social alterado por las huelgas, fue una fácil explicación que desarmó a los reformistas y fortificó a los "recalcitrantes" del extinto Régimen. Con anterioridad, los ministros reformistas se dejaron convencer de la más grave cesión política de aquella etapa: permitir la prórroga "dedocrática" de las corporaciones locales (ayuntamientos y diputaciones) no aplicando el impulso democrático en la red capilar de los ocho mil pueblos y ciudades. La razón esgrimida por quienes postulaban la continuidad del sistema electivo de los ayuntamientos, saneado a efectos democráticos por una reciente Ley de Administración Local preparada desde años antes, era la traslación histórica —inadecuada a todas luces— de que el vuelco del régimen en 1931 (de la Monarquía a la República) se produjo por aquellas elecciones municipales. Ese fantasma, equivocado en su raíz y consecuencias, prevaleció con el primer Gobierno y marcó una trascendental tara en su credibilidad, nota negativa que afectó singularmente a los reformistas, no a quienes actuaban a la retranca.

Es curioso que fuese el propio Presidente de las Cortes, Torcuato Fernández Miranda, quien advirtiese a Fraga, en entrevista protocolaria, de las gangas que la Ley de Administración Local encerraba en sus disposiciones transitorias, que la podían convertir en retardatarias y contraprogresivas. "No dejes de estudiar en seguida —dijo Fernández Miranda al ministro reformista—, porque es uno de los temas claves de los que vas a tener que ocuparte, la Ley de Administración Local. Tiene en su conjunto muchas partes progresivas, pero las disposiciones finales y transitorias anulan cuanto hay en ella de positivo: establece, en definitiva, un sistema electoral provisional que, prácticamente, equivale a mantener todas las corporaciones anteriores"[7].

Descartada la vía rápida de la Reforma y aplazadas las elecciones locales de formato democrático, el obstruccionismo se fortaleció en favor de quienes aspiraban a apartar al tándem Fraga-Areilza de la restauración democrática. El 28 de enero, el Presidente del Gobierno, Carlos Arias, dibujó en las Cortes una reforma "al baño María" que calificó de "democracia a la española" (al parecer el *speech writer* fue Emilio Romero). Con lenguaje del pasado, el mensaje pretendía ser una invitación a las Cortes a que aceptasen la reforma (sufragio universal, partidos políticos, libertades de asociación y reunión, unidad jurisdiccional y otras modificaciones del estatuto regio, etc.), para lo cual se requería la utilización del referéndum.

Fue aquel discurso la formalización del pacto con las Cortes y una pieza poco convincente porque Fraga y Areilza, cada uno desde su púlpito exterior, hubieron de explicarlo inmediatamente a los medios de comunicación extranjeros. El error de los reformistas quedó consumado al dejar su iniciativa en la tela de araña que representaban las estructuras políticas del Régimen. A partir de entonces, el Gobierno tenía hipotecado su prestigio, pagando los intereses —dentro y fuera— quienes tenían crédito para ello, los que soportaban la figura de un Arias Navarro leal con el pasado, desfondado, receloso y vacilante.

Conversación entre el Presidente Arias y su Vicepresidente y Ministro de la Gobernación en el "banco azul" de las Cortes. La relación entre ambos fue siempre cordial aunque no estrecha, y la lealtad de Fraga al jefe del Ejecutivo le llevó a deteriorar seriamente el talante reformista con el que vino de Londres.

Los esfuerzos de Fraga y Areilza por recuperar el prestigio político, a espaldas incluso de Arias, resultaron desde entonces inútiles. Areilza, consciente del error, lo apunta resignadamente en su *Diario de un ministro de la Monarquía:*

"Había otros caminos: hablar al país, directamente, desde la televisión y acudir o no, después, a las Cortes. Gobernar en muchos aspectos por decretos-leyes. Pero Arias y el Rey han querido seguir este camino, aconsejados por Torcuato Fernández Miranda y quizá por el trío de los azules"[8].

[7] Eduardo Chamorro, *El cañón giratorio*, Argos Vergara, Barcelona, 1982, pág. 63.
[8] J. M. de Areilza, *op. cit.*, pág. 71.

El prepartido Reforma Democrática

GODSA y el CLUB ÁGORA, en Madrid y Barcelona respectivamente, eran las sociedades nodriza del partido reformista que, en torno al indiscutido liderazgo de Fraga, venían actuando a la sombra de la tolerancia gubernamental, puesto que la legislación prohibía —y castigaba penalmente— cualquier colegiación política.

Desde el punto de vista formal ambas entidades perseguían objetivos lícitos —GODSA, mercantiles, y ÁGORA, culturales—, pero realmente eran focos de proselitismo y de encuadramiento colectivo eminentemente políticos. La tolerancia de las autoridades sobre tan patente fraude de ley, extensible también a otros colectivos de significación ideológica variopinta, se comprendía porque los tiempos de transición eran tiempos de apelación a la reforma frente a quienes invocaban la insurgencia, por cierto muy duchos en la disciplina de la clandestinidad. Los grupos reformistas, pues, aparecían con el valor de su necesidad y el mérito de la respetabilidad de sus promotores, las más de las veces personalidades cuyas biografías estaban cuajadas de servicios a la Dictadura y que auspiciaban un cámbio "acolchado".

A comienzos de 1976, la nueva situación política reconocía tácitamente estar en vísperas de la libertad de asociación política y por esta razón no cabía represión sobre la constitución fáctica, presentación a la opinión pública de manifiestos y comunicados o, incluso, la celebración de congresos y convenciones de partidos políticos hasta entonces clandestinos —a excepción del comunista—que se disponían a jugar sus bazas. La avidez de los españoles por asociarse y participar era de tal magnitud, en unos casos para capitalizar una ulterior integración en grupos mayores, y en otros, por quijotismo baldío, que en febrero de dicho año la Dirección General de Coordinación Informativa del Ministerio de Información y Turismo tenía clasificadas 244 entidades políticas con repercusión en los medios de comunicación, singularmente en los impresos.

Mientras Fraga fue embajador en Londres la incompatibilidad legal al puesto de administrador le impidió constituir la antedicha sociedad mercantil, aunque ésta se guiase por su inspiración. Pero al llegar a Madrid, en noviembre de 1975, hubo de comprar quince acciones por su valor nominal (15.000 pesetas en total) que precisamente le vendió Antonio Cortina, para desempeñar la presidencia por período muy efímero, porque al ser nombrado Ministro de la Gobernación incurrió nuevamente en incompatibilidad. Este último desalojo en GODSA permitió, por otra parte, que Rafael Pérez Escolar accediese al puesto vacío. El acceso a la presidencia del que fuera secretario del Consejo de Banesto representaba un ostensible cámbio de rumbo del reformismo de Fraga, hasta entonces más inclinado hacia posiciones socialdemócratas.

Primeras Jornadas de Trabajo de Reforma Democrática, que fueron, en la práctica, la presentación del partido fraguista que venía actuando a través de GODSA. La presidencia la formaban componentes de la comisión gestora (de izquierda a derecha): José Manuel González Páramo, Nicolás Rodríguez, Pérez Escolar, López Jiménez, Luis Santiago de Pablo, Carlos Argos y Salustiano del Campo.

Al frente de GODSA, y desde su despacho de la madrileña calle de los Artistas, Rafael Pérez Escolar impulsó con determinación el programa de lanzamiento de Reforma Democrática con arreglo al ideario elaborado y debatido desde años antes y que culminaría con la presentación del *Llamamiento para una reforma democrática*. Indudablemente, su presencia inspiraba confianza en los sectores financieros e industriales, por lo cual, si con anterioridad había sido el cauce conocido de contadas ayudas económicas, desde su nombramiento estas aportaciones prometían ser más abultadas y frecuentes.

La llegada de Pérez Escolar a GODSA, en su más alto puesto ejecutivo, además de notarse como motor engrasado para iniciar la carrera de la participación política, puso en evidencia, igualmente, una serie de contradicciones —personales e ideológicas— sobre el partido político que se deseaba crear. No estaba definido si debería ser un partido de masas o de cuadros, ni sus límites programáticos, ni su estructura territorial, ni sus fuentes de financiación... Y con tales incógnitas de por medio, los pioneros de GODSA —principalmente Antonio Cortina— pusieron serios reparos a Pérez Escolar en cuanto que le consideraban vicario de la gran banca. Pese a barruntarse el conflicto, lo cierto es que bajo la presidencia de Pérez Escolar la modesta organización de la calle de los Artistas empezó a funcionar en su despliegue proselitista a través de viajes realizados por sus directivos y por varios agentes de una incipiente organización territorial con vistas a reunir en Madrid, en febrero, a un centenar de "comprometidos" con el reformismo de Fraga.

¿Qué modelo de partido querían?

Tanto la organización madrileña como la barcelonesa desplegaron una activa campaña de afiliación entre amigos, familiares y colaboradores conforme a una técnica de expansión por círculos. Se nombraron corresponsales en provincias y éstos, mediante la distribución de fichas de adhesión (hasta un total de 74.300) fueron paulatinamente constituyendo comisiones gestoras "provisionales", que a su vez también se encargarían de repartir los 50.000 ejemplares del *Llamamiento* o libro naranja.

Verdaderamente Fraga no estaba convencido de que sus hombres y él mismo acertasen en montar un partido político de masas desde abajo y, como buen conocedor de la Historia, era reticente a emprender ese tipo de fundación sin las asistencias del poder. Pero en GODSA, no sin debate, sus colaboradores se inclinaban por salir a la calle cuanto antes para formar opinión y, de igual modo, para evitar que otros —desde el Gobierno— se apropiasen del proceso reformista. Con esos escrúpulos, no obstante, consintió en que se pusiese fecha para la presentación en las grandes ciudades (Madrid, Barcelona, Valencia y Zaragoza) del *Llamamiento para la Reforma Democrática*, a manera de anuncio de la constitución ulterior del partido centrista y moderado volcado hacia las clases medias[9].

El 25 de febrero, pues, se celebró en Madrid una jornada de estudio convocada por el grupo promotor (la Comisión Gestora Provisional de Reforma Democrática); sesión de trabajo que culminaría por la noche con la presentación del mencionado "libro naranja" y una rueda de prensa. El grupo promotor o comisión gestora nacional la constituían ocho secretarios —todos ellos consejeros de administración de GODSA— y no tenía presidente, sino un

---

[9] Los prolegómenos y primeros trabajos de Reforma Democrática han sido reconstruidos mediante testimonios de los interesados y la documentación que posee el autor y la que obra en los archivos de GODSA.

"moderador" (Rafael Pérez Escolar) como deferencia a Manuel Fraga, a quien correspondería la presidencia *in pectore*, pero que no podía ocupar por razones obvias: hubiese supuesto una infracción legal manifiesta que un miembro del Gobierno, aún no reconocida por ley la libertad de asociación, se hubiese encaramado sobre una asociación propia. No obstante, aquella ficción no dejó de ser chusca y arbitraria.

Los escrúpulos corroían a Fraga en su despacho minutos antes de acercarse al hotel donde se presentaba Reforma Democrática bajo el pretexto de la presentación del folleto *Llamamiento para una Reforma Democrática*. A una hora determinada el Ministro de la Gobernación debía dejarse caer por el hotel *Eurobuilding,* pero llegado ese momento estaba confuso: "Es uno de los pocos actos de mi vida en que he dudado", le dijo al autor. Ya en el hotel, la ovación de bienvenida fue cerrada, a la que contestaba, rehusando encaramarse en la tribuna de oradores, "sólo he venido a saludaros, amigos". En verdad, aquellos amigos eran los primeros afiliados de Reforma Democrática llegados de toda la geografía española.

La primera sesión estuvo dedicada a colaboradores de Madrid, con la asistencia de 98 personas, y la segunda a los corresponsales de provincias (43 en total), todos los cuales conocieron la composición de la Comisión Gestora: Rafael Pérez Escolar, moderador, y los secretarios Carlos Argos García, de Relaciones y Asuntos Internos; Jesús Aparicio Bernal, de Relaciones para las Cámaras; Antonio Cortina Prieto, de Organización; Francisco Jiménez Torres, de Relaciones y Asuntos del Exterior; Manuel Millian Mestre, de Relaciones Públicas y Prensa; Félix Pastor Ridruejo, de Asuntos de Financiación; Luis Santiago de Pablo, de Formación y Estudios, y Nicolás Rodríguez González, de la Comisión Gestora.

El 2 de marzo fue presentada Reforma Democrática en Barcelona, en los salones del CLUB ÁGORA, con la asistencia de los dirigentes nacionales y de Juan Echevarría Puig, director general de Correos y Telecomunicaciones. Quiso subrayarse por los oradores —Alejandro Pedrós y Manuel Millian— que el llamamiento en la Ciudad Condal se hacía como un hecho independiente y no sucursalista, porque "regionalizar es la vertiente geográfica de democratizar". En este sentido, en Cataluña se formó igualmente una comisión gestora integrada por: Manuel Millian, Alejandro Pedrós, Pedro Penalva, Luis Cierco, Jaime Torres, Celedonio Sala, Ramón Pellicer y Francisco Rubiralta. Dentro de un consejo asesor al efecto figuraban también José María Santacreu, Francisco Guillamón, Juan José Folchi y Alfonso Canals.

"El llamamiento color butano", como se llamaba al opúsculo programático, fue presentado a lo largo de los meses siguientes al tiempo que el "prepartido" engrosaba su fichero con adhesiones imprecisas en el número, pero que, según los boletines, eran muy numerosas en León, Madrid, Tenerife, Alicante, Las Palmas, Pontevedra, Barcelona, La Coruña y Baleares.

Como en todo parto, Reforma Democrática nació con el dolor de la madre (GODSA) y, antes que entenderse como un trauma feliz, provocó el conflicto entre Pérez Escolar y Antonio Cortina, porque ambos concebían el proceso asociativo desde realidades muy diferentes[10].

---

[10] Los medios de comunicación apenas registraron esta controversia interna, aunque un boletín de información restringida, titulado *Actualidad política nacional y extranjera*, año IV número 193, editado y dirigido por Enrique Vázquez, se hizo eco de ella. En dicho número de esta publicación se afirmaba que "en el caso de que se escoja la opción grupo de masas, los dirigentes del partido tendrían que modificar sus actuales posiciones y llevarlas más a la izquierda, dentro del centro que quiere representar Reforma Democrática. De momento, la extracción ideológica y social de los miembros del partido es diversa, dependiendo de la región en que residan".

Cortina, y con él varios más, reprochaban a Pérez Escolar el deseo oculto de hacer un partido "doméstico" de la gran banca que se desviaba de su inspiración fundacional a través de GODSA. Temían que Reforma Democrática abdicase de ser un partido interclasista y de masas, derechizándose paulatinamente, y con este primordial reproche Cortina quiso representar la ortodoxia e impidió que el Gabinete de Orientación y Documentación dejase de existir. Por su parte, Pérez Escolar acusaba a Cortina de inoperancia organizativa y de traer a GODSA a personas de dudosa categoría, corriendo el peligro de convertir aquélla en un nido de nazis y de gánsters de corte justicialista a lo López Rega.

Por lo demás, en el conflicto latía una lucha de protagonismo que no se resolvió hasta que Juan Arespacochaga, nombrado alcalde de Madrid, se llevó a una delegación del Ayuntamiento a Antonio Cortina, luego de recibir éste una carta de Manuel Fraga, de fecha 14 de abril, en los siguientes términos conminatorios:

"Querido Antonio:
He meditado mucho antes de escribirte esta carta, pero no tengo más remedio que enviártela con todas sus consecuencias.
Exijo, sin duda ninguna, que hasta nueva orden se considere que es Presidente ejecutivo de GODSA, y de todos sus organismos, Rafael Pérez Escolar.
Si esto no se acepta, con plena delegación por mi parte, se entiende que me retiro de GODSA y de Reforma Democrática, y que pasaré a formar una nueva organización.
Espero una respuesta urgente, por escrito, y con eficacia inmediata.
Un cordial abrazo. M. Fraga Iribarne".

Llamamiento para una reforma democrática

El conocido como "libro naranja" de los reformistas de Fraga era un opúsculo de 95 páginas en el que se abordaba con ambición exhaustiva el compendio de propuestas necesarias para conducir a España a un sistema democrático, monárquico-parlamentario. Con una prosa llana, limpia y sin apenas concesiones a la retórica, este enjuto libro fue redactado —con premiosos debates de por medio— por muchas plumas. "Este documento —se dice en la presentación— ha sido redactado colectivamente, con el concurso de muchos esfuerzos, en el intento de que, ya desde su primera elaboración, recogiera las opiniones de personas de distintas procedencias...".

La idea de su redacción nació en marzo de 1974 por encargo de Fraga a sus amigos de GODSA, a las orillas del Támesis, como si el profesor de Teoría del Estado y a la sazón embajador en Londres quisiese emular el modo en que nació el Manifiesto comunista. Su hechura, en todo caso, daba por bien nacido al Gabinete de Orientación y Documentación en cuanto propósito de reconciliación de los españoles. "Nuestra intención se cifra en la firme voluntad de proponer al país una solución basada, a la vez, en una continuidad —que soslaye los riesgos y costes políticos de la ruptura— y en un plan de inexorables y apremiantes reformas...", se decía también como tarjeta de visita del centro-derecha emergente.

Según la memoria de la sociedad GODSA, presentada a su junta general de 1976, la tirada del *Llamamiento* fue de 80.000 ejemplares y del tríptico-síntesis, 300.000; se guardó silencio sobre los costes de su edición y distribución. En cualquier caso, en un país como España, donde es endémica la pobreza de ideas —acaso por la baja tasa de lectores—, aquella obra puede considerarse maciza, innovadora y progresista. Sus propuestas han sido y todavía son manantial de proyectos y enunciaciones políticas.

Constaba el *Llamamiento* de una presentación, tres capítulos de propuestas (para la reforma política, social y económica) y de una convocatoria. Inicialmente exponía un análisis de la situación en la España de 1976, cual diagnóstico preciso de los sectores sociales y de los factores culturales y religiosos, y enumeraba los pronósticos razonados de los cambios hacia la democracia. "Aunque no de derecho —se decía en un párrafo—, es, de hecho, una sociedad plural, que no sólo requiere nuevos modos de vida, sino que exige que tales modos, siendo diversos, puedan ser todos legítimos...".

En definitiva, fue un documento que abominaba de la derecha egoísta y caciquil, de los viejos resabios políticos, y que tendía la vista hacia la modernidad abogando por la reforma del Estado, con un poder ejecutivo fuerte deslindado y equilibrado por los otros dos poderes; postulando un Estado unitario con autonomías regionales y locales; proclamando los derechos humanos, sociales y económicos; defendiendo la reforma social en el ámbito sindical, laboral y de la seguridad social; comprometiéndose con las nuevas exigencias de la calidad de vida del mundo moderno, y ofreciendo soluciones para la reforma económica, de economía mixta y planificación democrática.

No podía sorprender, tras la lectura de este folleto, que Fraga tuviese en el Gobierno de Arias y posteriormente en el debate constitucional una formidable partitura. Porque en su redacción, nunca añeja, se desgranaban excelentes postulados políticos de hoy y de mañana.

La larga mano del Ejército

Las contemplaciones que Fraga tenía con el "Búnker" civil eran ínfimas comparadas con el respeto-temor que profesó a la estructura de mando de las Fuerzas Armadas, a las que siempre consideró, en mi opinión, albaceas de la sucesión de Franco en la línea de sentar en el trono a un rey también de formación castrense. Al santo por la peana, el Ministro de la Gobernación cuidó especialmente las relaciones militares como imprescindibles para que prosperase la reforma y, al propio tiempo, convertirse en su más idóneo postulante para llevarla a cabo. Antes de regresar de Londres, en la *tercera* de *ABC,* había publicado en octubre un artículo sobre la reforma militar —gratamente acogido—, lo que presagiaba una buena disposición hacia ese mundo. Por lo mismo, el Ejército estimaba que sus "condiciones mínimas" para el proceso democrático tendrían en Fraga un serio valedor (paz y orden, por encima de todo, así como el veto al Partido Comunista).

Tales garantías, por lo demás, constituían un inconveniente para el diálogo con la oposición al que Fraga estaba dispuesto y que, en los primeros compases, desarrollaron sus colaboradores con vistas a ensancharlos una vez que existiese el marco legal adecuado y que, sin él quererlo, se ralentizaba en la Comisión Mixta. Cogido por esa tenaza, atrapado por tanta ambigüedad, los riesgos crecieron en todos los frentes, con especial incidencia en la seguridad.

Y estaba atrapado porque como reformista debía inclinarse hacia la legitimidad legal, en el cámbio gradual y controlado de la legislación fundamental, sin posibilidad de apoyarse —o no lo suficientemente— en la legitimidad del deseo mayoritario del pueblo español reflejado con precisión en las encuestas o en el mismo aire que se respiraba en la calle. Se apostó, como analiza el profesor Rafael del Águila en la obra colectiva *Transición política y consolidación democrática*, por una "estrategia de cámbio restringido cuyo primer y más importante peldaño fue, posiblemente, la negativa frontal al reconocimiento y legalización de la oposición y, en consecuencia, al diálogo y al pacto con ella..."[11]. Y, dentro de esa estrategia, al prevalecer el componente orden y seguridad antes y por encima que diálogo y cambio, el factor represión descollaba como un coste inevitable que pagaba quien lo ejercía, y ese papel de "duro" lo desempeñó Fraga.

Convencido de la reforma, quince días después de comenzar sus trabajos la Comisión Mixta (el 25 de febrero) Fraga remitió a la Presidencia el anteproyecto de Ley de Asociación, preparado diligentemente por José Manuel Romay, José Manuel Otero Novás y Juan Alfonso Santamaría. Por contraste con el Estatuto de Asociaciones de 1974 todavía vigente, la nueva regulación constituía un marco similar al que regía en países democráticos, arrebatando la autorización y el registro al Consejo Nacional del Movimiento y estableciendo la "ventanilla" en el Ministerio de la Gobernación. Los jurisperitos de Secretaría General contraponían, no obstante, proyectos de regulación asociativa retardatarios al gusto de la Cámara oligárquica, que dificultaba el avance.

A falta de la regulación del derecho de reunión, que también se estudiaba a todo vapor, él había cumplido sobradamente sus deberes con arreglo a la falsilla de "su" proyecto de cambio. La previsible y necesaria reforma del Código Penal y el retoque de las Leyes Fundamentales no residían en su obrador legislativo. Sólo le restaba, pues, empujar desde dentro para acelerar los trabajos de otros y, sobremanera, sujetar los empellones de fuera, que no dejaron de arreciar.

El "miércoles negro" (de Ceniza)

Los sucesos de Vitoria, en los que resultaron muertos cinco trabajadores en un choque con la policía el 3 de marzo luego de varios días de escaramuzas prerrevolucionarias, no previstas ni atajadas convenientemente en el ámbito sindical (con un rosario de huelgas y paros en Forjas Alavesas), como tampoco en su alivio de orden público por las autoridades provinciales, fue el mayor golpe de decepción. Aunque Fraga estaba de viaje en la República Federal de Alemania, adonde había ido a explicar la Reforma, ocupando en su ausencia las responsabilidades de Gobernación el Ministro Secretario General, Adolfo Suárez, se

Fraga y Martín Villa al desembarcar del helicóptero que les trasladó a Vitoria pra visitar a los heridos en los incidentes policiales del mes de marzo de 1976. La esposa de uno de los obreros heridos les preguntó a los ministros en la habitación del hospital: "¿Qué, vienen a rematarlo?".

---

[11] Rafael del Águila, "La dinámica de la legitimidad en el discurso político de la transición", de la obra colectiva *Transición política y consolidación democrática*, CIS, Madrid, 1992, pág. 56.

le desaconsejó anticipar el regreso. A su vuelta, tras un cámbio de impresiones con sus colaboradores del Ministerio, decidió viajar a la llanura de Foronda a bordo de un helicóptero de Tráfico, acompañado de su colega el Ministro de Sindicatos, Rodolfo Martín Villa.

No contento con asumir las responsabilidades de la actuación policial en aquel trágico episodio, Fraga no se arredró y quiso visitar a los heridos repartidos en los hospitales de aquella ciudad atenazada por el estupor y el miedo. Hubieron de oír los dos ministros, en aquel viaje que no sólo era de encuesta, sino también de interesada solidaridad, toda clase de reproches, como aquel de una mujer —la esposa de un herido grave— que les dijera: "¿Han venido para rematarle..?".

Los sucesos de Vitoria fueron un aviso en doble dirección: hacia la oposición que pugnaba por alentar la ruptura diseminando conflictos, en cuanto que todos ellos tendrían respuesta represora (con anterioridad en Elda y en Sabadell) en evitación de su extensión, y hacia el mismo Gobierno, que tuvo que plantearse proseguir a distinto ritmo la desacreditada reforma. Fraga memorialista (*En busca del tiempo servido*) se resiste a pechar con la responsabilidad, antes al contrario entiende los sucesos como el resultado abortado de una inteligencia revolucionaria —distante del caso fortuito—, y tal vez por ello afirma: "...El resultado fue un caldo de cultivo muy apropiado para un grupo de agitadores oscuros y empecinados. Eran los tiempos en que el profesor Tamames decía públicamente que para frenar la iniciativa reformista del Gobierno había que presionarle sin tregua en la calle".

La imagen del adalid reformista quedó seriamente dañada desde entonces y, sobre todo, porque lo ocurrido en Vitoria no contuvo la campaña de la oposición de izquierdas que, desde aquellos días, se propuso presentarse unida. Así, el 26 de marzo se fusionaron la Junta Democrática y la Plataforma de Convergencia —coloquialmente conocida como "Platajunta— como respuesta o reacción a la intransigencia gubernamental a dar salidas dialogantes en torno a una apertura más veloz, concluyente y clara. Fraga, impelido a preservar el orden en la calle, extendió su diligencia política más allá de donde le correspondía —los huecos de un Gobierno inerte— frente a comunistas, socialistas, demócrata-cristianos, socialdemócratas, carlistas y sindicalistas. Rememorando a Maura, en la traslación histórica de la "Semana trágica" de Barcelona, de 1909, tras de la cual se desató una campaña nacional de desprestigio del político balear, Fraga se vio acosado y desasistido, por lo menos ese sentimiento prendió en su ánimo durante varias semanas.

La detención de García Trevijano, Marcelino Camacho, Nazario Aguado y Javier Dorronsoro[12] se produjo el 29 de marzo mientras Fraga, como Ministro de jornada, acompañaba a los Reyes en el viaje a Sevilla (la segunda salida triunfal de la pareja regia). La noticia del apresamiento, llegada por teléfono vía Subsecretario, se la dio el autor al Ministro en el palacio de Los Alcázares entretanto departía con el Rey. Informados ambos de los detalles del despacho noticioso y de las líneas básicas del manifiesto de la "Platajunta", Don Juan Carlos, con exquisita prudencia, no quiso enjuiciar la decisión pero sí inquirió algunos extremos de identificación del señor García Trevijano, con antecedentes turbios en el proceso de independencia de Guinea Ecuatorial. Y como el autor,

---

[12] Aquel día también se detuvo, en el despacho de García Trevijano, a Javier Solana y Raúl Morodo, quienes fueron puestos en libertad el mismo día, hecho que es reprochado por aquél como trato de favor del Gobierno hacia los socialistas en un artículo publicado por el diario *El Mundo* el 12 de septiembre de 1994, a propósito de desmentir García Trevijano una supuesta conjura republicana. El articulista llega a afirmar: "Aunque Fraga me encarcela, quien de verdad me retiene en prisión (cuatro meses de encarcelamiento) es Felipe González". Y explica que Felipe González paralizó las medidas de presión que para su puesta en libertad se emprendieron desde la Comisión Europea, en Bruselas.

participante de la conversación, comentase desenfadadamente que más aprovecharía al Estado que le fuese retirado el coche por la grúa municipal antes que meterle en la cárcel, el Rey comentó con fina ironía: "Nada, a ése habría que inspeccionarle sobre la renta"[13].

¿Pactó Fraga con las Fuerzas Armadas?

El distanciamiento entre el Gobierno y la Oposición era patente y muy pocos, de uno y otro lado, querían tensionar la cuerda hasta romperla. No obstante, el Gobierno seguía inactivo, dividido y ambiguo, permitiendo —en alardes de fortaleza— contentar más y más a un "Búnker" insaciable, castigando y poniendo límites a la Oposición, que ya no hablaba de "ruptura" a secas, sino de "ruptura pactada", a modo de intento de templar la situación. Era un clamor, de otra parte, que la voluntad de Arias Navarro estaba secuestrada por los componentes retardatarios, quienes, ante cualquier iniciativa innovadora, se echaban encima con sus críticas, creando un clima irreal y falso sobre el disgusto militar. En este sentido, José María de Areilza cuenta (*Diario de un ministro de la Monarquía*) que la excitabilidad de Arias brotaba en las reuniones, como cuando el 10 de marzo, comentando la iniciativa de López Rodó de pedir cuentas al Gobierno, el Presidente dijo: "...Si el Consejo Nacional se pone tonto y pide, como en tiempos de Carrero, que el Ejército se haga cargo del poder, pues que lo tome de una vez", y que él se iría a su casa tan tranquilo. Presente el general De Santiago, excusó tal preocupación diciendo que jamás las Fuerzas Armadas se harían cargo del poder.

La duda de esas semanas, sin embargo, se posaba sobre el estado de ánimo de las Fuerzas Armadas. Las anotaciones de Areilza de su diario evidencian no poca desazón acerca del estancamiento —para él, portavoz reformista exterior, puro retroceso— de las iniciativas de cambio. Y trasluce incontenido mal humor sobre aquel contexto en el que se inclina a afirmar, abiertamente, que el principal obstáculo es el propio Arias. ¡Y tanto! El Presidente censuró y vetó un programa de TVE con declaraciones de su Ministro de Asuntos Exteriores por entenderlas que no eran de su agrado.

El desasosiego y mal humor, en términos generales, maniataba a los ministros y se aceptaba que Arias Navarro estaba amortizado, y tal vez por ello había que aguantar ese "tiempo interino" —el tiempo "muerto" del baloncesto— en espera de que reventase la crisis. Aquella desabrida primavera acentuó la división del Ejecutivo dando pábulo a sospechas y rumores no comprobados objetivamente. Es cierto que Fraga, en reunión previa al Consejo de Ministros presidido por el Rey, en los Alcázares de Sevilla, mantuvo y sostuvo la necesidad de tener en la cárcel a los comunistas de la "Platajunta" sin conceder, ante los argumentos de varios de sus compañeros, un atisbo de flexibilidad. "No los suelto —reproduce Areilza las palabras de su compañero—. Los tendré en la cárcel hasta primeros de mayo".

La pregunta que cabía hacerse —y que no está resuelta—: ¿la represión al Partido Comunista de aquellos días fue un precio exigido por las Fuerzas Armadas para aceptar la Reforma? O, alternativamente: ¿tamaña decisión era un gesto de Fraga —también hipoteca gravosa— para que las Fuerzas Armadas secundasen su candidatura a la sucesión de Arias? Para la respuesta a dichas interrogantes, más que la disquisición gratuita del historiador intérprete es útil contraponer los testimonios de los dos memorialistas y, sin embargo, protagonistas aliados para el tránsito democratizador, aunque también competidores.

---

[13] Versión directa del autor, que recoge también esta anécdota en su obra *Fraga, genio y figura*, Editorial El Burgo, Madrid, 1983, pág. 79.

Fraga, en sus memorias, incluye en sus anotaciones las siguientes referencias:

> "El lunes, 8 de marzo (mientras comenzaba un Consejo de Guerra contra militares de la UMD), tuve un almuerzo importantísimo con los cuatro miembros militares del Gobierno. El Vicepresidente Primero, general De Santiago; el Ministro del Ejército, Álvarez Arenas; el Ministro de Marina, almirante Pita da Veiga (que había promovido el encuentro), y el Ministro del Aire (pariente del general Franco y gran amigo del Rey). En una conversación seria y cordial, me pidieron que les explicara, de buena fe, el alcance de la reforma política y las garantías que podían dar al respecto a sus colaboradores y subordinados.
>
> Fue una reunión muy importante, como no es necesario explicar. Ellos se sentían responsables de un cambio de la importancia que se preparaba; muchos de sus colegas (retirados) eran miembros del Consejo Nacional y de las Cortes Españolas; querían una explicación de cómo podía garantizarse la unidad de España, una básica continuidad nacional, el mantenimiento del orden y del desarrollo económico y social. Su buena fe era indudable; me impresionó especialmente Pita da Veiga, de una vieja familia de militares (a uno de los cuales se rindió Francisco I de Francia en Pavía), por la claridad de sus ideas y la sencillez de sus planteamientos. Es indudable que sin la colaboración del estamento militar en aquel momento no se hubiera podido avanzar. Es claro que al Rey le corresponde el mérito principal de incorporar las Fuerzas Armadas al proceso democrático; pero aquella conversación, extensa y clara, tuvo su importancia. Y debo añadir, con toda franqueza, que yo hubiera cumplido cuanto les dije, cosa que no estoy seguro de que haya ocurrido en otras conversaciones posteriores, con otros políticos".

Por su parte, Areilza, a quien su colega reformista había informado de forma parcial y diversa de tales contactos, el 3 de abril recoge en su diario la conversación de postre habida con Fraga, en un almuerzo en la casa de aquél:

> "...Venimos al tema de la 'coordinación democrática' y de las detenciones. Me explica que él aludió a las 'fuerzas de orden público' en el Consejo de Sevilla, pero en realidad se trataba de las 'fuerzas armadas'. Insinúa que el Ejército no se moverá ni intentará nada en tanto que se le garantice orden público, antiterrorismo y exclusión del partido comunista. Necesito, por consiguiente —viene a decir—, sacudir de vez en cuando al partido y meter en la cárcel a sus dirigentes. Ayer a Montero; hoy a Camacho. Mientras ese tono se mantenga, el Ejército no se opondrá a la reforma. Es un planteamiento realista y brutal. ¿Pero es verdadero? ¿Se puede deducir que existe un pacto entre él y las Fuerzas Armadas en esa dirección? Lo malo es que en ese posible acuerdo no parece haberse negociado el conjunto entero de la reforma; su alcance final; la rapidez de su realización; la negociación política, todo lo que está todavía en el alero. Tengo la impresión de que lo que Fraga ha pactado a su manera es, en realidad, el apoyo militar a su candidatura en el caso probable de que Arias renuncie. Y que las detenciones son otras tantas 'buenas notas' de conducta que trata de obtener con objeto de reforzar su posición para esa eventualidad...".

ETA no dejaba de golpear

A punto de finalizar la Comisión Mixta los trabajos para la reforma política, en la primera semana de abril de 1976, un rosario de actuaciones terroristas de ETA ensombrecieron cualquier otra preocupación. La fuga de treinta etarras de la cárcel de Segovia, la desaparición de dos policías jóvenes en Francia —aparecerían más tarde sus cadáveres mutilados por la tortura— y el asesinato de

Berazadi pusieron a prueba la fortaleza del Gobierno, más en detalle la de Fraga y su equipo. En estos episodios se comprende la desesperación mitológica del hombre contada por la tragedia griega, aunque el hombre sea un político tocado por la prudencia y la templanza. Los etarras fugados fueron de nuevo apresados, los franceses se apiadaron y recluyeron en la isla de Yeu a once integrantes de la banda terrorista y, ¡ordalía intensa!, Fraga hizo asumir el criterio de no pagar el precio que exigía ETA por el secuestro de Berazadi. Así se acabarían los secuestros, como ocurría en otros países de Europa; negativa de pago que tuvo que sostenerla con la familia e, incluso, con el banquero Aguirre Gonzalo, quien preguntó al Ministro de la Gobernación: "¿Qué habría hecho usted si pagase el rescate?". A lo que contestó sin dudarlo: "Meterle en la cárcel". (Berazadi apareció muerto y pudo ser el último, pero posteriores gobiernos consintieron el pago de rescates y la extorsión se convirtió en fuente financiera de ETA). Por fortuna, asimismo, se pudo persuadir a los nacionalistas vascos de que la celebración del "Aberri Eguna" unos días después era una temeridad.

El desafío del XXX Congreso de UGT

Si el período cuaresmal se había iniciado con el miércoles de ceniza de la tragedia de Vitoria, la Semana Santa que se afrontaba no estaba exenta de riesgos ante la celebración, en Madrid, del XXX Congreso de la Unión General de Trabajadores, coincidiendo, por si fuera poco, con el aniversario de la proclamación de la República. El prometido desmantelamiento sindical no acababa de llegar, porque si la reforma política en sentido estricto se llevaba a cabo a ritmo de minué frente a los temores del "Búnker", el cortejo de intereses y prebendas de la organización sindical era más espeso y hacía temer una resistencia todavía mayor. Aun siendo cierto que el Secretario General del mastodonte burocrático sindical, José María Socías Humbert, de inequívoco talante reformista, mantenía ciertos contactos con dirigentes de UGT y de Comisiones Obreras, la decisión de autorizar la asamblea ugetista recayó con su mayor peso en el Ministerio de la Gobernación, con arreglo a un pacto verbal al que llegaron Enrique Múgica y Carlos Argos bajo las condiciones —requeridas por Fraga— de que no se cuestionase la forma de Estado, no se reivindicase el espíritu revolucionario de octubre de 1934 (no se asumiese la irresponsabilidad política de Largo Caballero) y que no se exaltasen los gestos anacrónicos.

Aunque autorizado el XXX Congreso como "reunión de estudios", el exceso verbal de algunos participantes y la euforia emocional de la puesta en escena, sobre todo en el acto de clausura, en un local próximo a la glorieta madrileña de Cuatro Caminos, suscitó no poco escándalo en medios del Movimiento y del Ejército, que Fraga quitó importancia alegando la conveniencia de aceptar "estos desfogues aliviadores de tensión". Comentando la actuación imprudente de algunos dirigentes socialistas, Fraga refleja en su diario cierto sarcasmo cuando comenta el desarrollo imprudente del acto: "...pude observar que en España, donde el pimiento se convierte en guindilla, levantan el puño personas que hace mucho tiempo no lo hacen en el resto de Europa"[14].

De cualquier manera, lo destacable del congreso ordinario de la UGT, de los que los doce últimos se habían celebrado en el exilio, era que reanudaba una actividad sindical libre y

---

[14] M. Fraga, *op. cit.*, pág. 43. Rodolfo Martín Villa recoge igualmente el exceso litúrgico de la reunión sindical (*Al servicio del Estado*, pág. 34): "El espectáculo, perfectamente explicable, de seiscientos delegados cantando la Internacional puño en alto era todavía muy impactante, a pesar de que hubo que repartir profusamente una octavilla con la letra para evitar que la mayoría del congreso se limitara a tararear la primera estrofa".

moderada —no marxista en su esencia— que compensase el imponente encuadramiento de la sindical comunista CCOO. La debilidad de hecho de la sindical socialista era tan palpable que, desde un principio, hubo que proporcionar "ventajas" a los dirigentes de tan veterana —en el tiempo— y a la vez tan bisoña —por su afiliación raquítica— entidad organizativa. El lema de aquel histórico congreso (*A la unidad sindical por la libertad*) confirmaba la desnudez de fuerza y, del mismo modo, ese no tan oculto deseo de heredar el aparato burocrático de la Organización Sindical franquista. Ese apetito era indudablemente desmedido, máxime cuando había socialmente que admitir que las reivindicaciones sindicales para muchos todavía implicaban por sí mismas tentativas subversivas, algo en lo que de forma didáctica negaban los periodistas especializados en el sector laboral, como José Manuel Arija (desde *Cambio 16*), quien en el caso de la legalización de UGT actuó cual pimpinela de concordia. El debate acerca de la unidad o la diversidad sindical, que condicionaba a la postre el principio de libertad, se planteó entonces sin solución salomónica, y cuatro lustros después seguía en pie como sustancial tema dialéctico.

El despliegue policial en torno al XXX Congreso de UGT fue exhaustivo, ciertamente, mas no se llevó a cabo para preservar el orden de dentro afuera, sino para blindar e impedir cualquier inmisión provocadora externa que desatase el desorden y, de este modo, crear una dinámica acción-reacción-acción que diese al traste con este calculado paso de aperturismo. Los viejos resabios, no obstante, llegaron a traducir injustamente la presión policial para darle visos de semiclandestinidad a la reunión, cuando realmente lo que se pretendía era que el centenar largo de representantes internacionales viesen por sí mismos que la reforma avanzaba seriamente en una atmósfera de permisividad.

Rodolfo Martín Villa reconoce modesta y paladinamente (tanto en sus memorias políticas *Al servicio del Estado* como en el artículo titulado "Así planteamos la reforma sindical", en *Diario 16*) que la reforma del aparato que él dirigía fue la gran *Cenicienta* de la compleja transición política, y sostiene que "...sólo conseguimos mantener encendida, en el campo sindical, la antorcha del cambio. Y en otro orden de cosas, obtener un ensanchamiento "fáctico" de las posibilidades de actuación de las organizaciones que estaban a las puertas de la legalidad...". El aparcamiento que se hizo de la reforma sindical, para emprenderla más adelante en vista del bloqueo que la Declaración XIII del Fuero del Trabajo suponía para la premisa de libertad sindical, en opinión de algunos comentaristas y memorialistas, vino bien a Martín Villa para no abrasarse en el intento de la liberalización y, además, ganar tiempo para, eventualmente, propiciar un sindicalismo "blanco", que no llegó a surgir. Se consiguió, no obstante, merced al apoyo de algunos ministros, que el principio de libertad sindical se incluyese en el proyecto de ley de Reforma conforme a las cláusulas generales de los convenios de la Organización Internacional del Trabajo, no sin desechar antes la creación de un Consejo Económico-Social, como lugar de encuentro de obreros y patronos que venía funcionando eficazmente en Francia y al que la Constitución de 1978 daría rango institucional.

"Arias, un absoluto desastre"

El miércoles 21 de marzo finalizó sus sesiones la Comisión Mixta en la que Fraga, Fernández Miranda y Suárez, que han polarizado lo más granado de las iniciativas, se apuntaban como virtuales "ejecutores" de su puesta en práctica. Culminada, pues, la etapa de diseño reformista —el tránsito de la ley a la ley— el desencadenamiento de la lucha por la sucesión a Arias se puso en carne viva. José María de Areilza se sabe descolgado o, cuando menos, al margen de "hipotéticas" conspiraciones entre los posibles sucesores. Su nerviosismo —toda una pared de recelos— lo exteriorizan sus memorias y cortejó cuanto pudo al Presidente de las Cortes en su doble afán de llevarle al ánimo, en cuanto inspirador áulico del monarca, que el Gobierno Arias estaba agotado y que el recambio podría pasar por un militar del corte de Gutiérrez Mellado porque, según ha dicho Torcuato, "el Consejo del Reino no se tragaría hoy ni mi nombre ni el de Fraga". Con ese pesimismo, el jefe de la diplomacia destilaba también desesperanza y enojo, que más bien parece traslucir su mala colocación a la hora de la sucesión, por lo que magnificó la gravedad del diagnóstico.

En cambio, Fraga empezó a respirar y columbrar su imprescindible participación futura porque, habiendo tranquilizado al Ejército con su mano de hierro e impulsado la Reforma hasta los límites permitidos, podía desde ahora calzarse el guante de seda para hablar con la Oposición, ya por entonces más articulada. El 21 de abril, al fin, emergió de la incertidumbre e invitó a cenar a los mandos del Ministerio de la Gobernación y a sus esposas respectivas como queriendo indicarles que salía de la trinchera hacia la carrera en campo abierto. Y en verdad, como el tiempo vendría a demostrar, los costurones de tantas heridas frente a tirios y troyanos hacían de su imagen la de un gladiador maltrecho, avejentado y malgastador del ideario centrista. No podía sospechar —o no podía evitarlo— que el respeto a instituciones como el Consejo del Reino, más que ventajas, le arrostraría inconvenientes no estando, como no estaba, en los oídos y ojos del César, del que no era coetáneo ni servil confidente.

Que Arias no era el hombre de la primera parte de la transición se admitió por todos desde que el Rey le renovara la confianza, acaso —con un imprevisible riesgo de por medio— de que era una buena prenda frente al "búnker" para demoler el Régimen. Que tampoco existía entre el Jefe del Ejecutivo y el Rey un marco de entendimiento y simpatía antecedente, no menos verdadero. Que Arias estuvo falto de ductilidad ante los apremios del monarca en ser él, desde la Zarzuela, el motor del cambio en muchos aspectos accesorios (sus viajes por Andalucía y Cataluña; relaciones con la prensa; tolerancia con grupos y partidos ávidos de participar, liturgia de la Corona, etc.) era, asimismo, no pequeño obstáculo. En vez de abrazarse a la voluntad del Jefe del Estado, interpretándole, barruntándole, Arias Navarro pretendía jugar sus cartas —de lealtad hombruna a lo anterior— como si fuese un ducho jugador de mus que sin bazas envidase de farol.

En medio de tan nebulosa relación, don Juan Carlos hizo publicar en la revista norteamericana *Newsweek* un artículo de impresiones —sin diálogo ni comillas que le atasen a lo declarado— que descalificaba al Presidente del Gobierno considerándole "un absoluto desastre"[15]. El prestigioso columnista Bochgrave fue el oráculo para la ocasión que puso en letra impresa lo que dominaba en la opinión política, lo que saltaba a la vista, y sin embargo Arias Navarro no sólo no acusó el varapalo, sino que dos días después —el 28 de abril— se dirigió a la nación por radio y televisión con un mensaje sobre la Reforma en ciernes no circulado, previamente, ni al Rey ni a los ministros. Fraga estaba con el señor Hech, presidente de la Fundación Adenauer, cuando le llegó la transcripción minutos antes. Tenía todos los visos de un contra-envite a las declaraciones regias, en el que se ensalzaba la figura de Franco y de su herencia, la obligada continuidad del sucesor y, provocación gratuita, se denostaba a la oposición con los arcaicos clichés antisubversivos.

---

[15] El semanario *Newsweek* publicó el artículo el 26 de abril de 1976 y fue la prueba palpable de la pérdida de confianza del Rey en Arias Navarro, quien, según se afirmó, pidió al monarca que se desmintiese so pena de presentar la dimisión. Acaso por esa razón el ministro de Información y Turismo, Martín Gamero, circuló un tímido desmentido a esa afirmación tan contundente de que Arias era un "absoluto desastre" (*"an unmitigated disaster"*).

Este discurso pudo quizás retrasar la operación relevo en la Presidencia del Gobierno, pero lo que sí es seguro es que su formato y contenido revelaban las muy estrechas costuras de la Reforma. Los recelos, los temores, las vacilaciones habían triunfado sobre la determinación y el buen augurio, arrastrando el fracaso a Fraga, Areilza y Garrigues, que derrocharon, con la hipoteca de su prestigio, altas dosis de posibilismo.

La primera entrevista de Fraga y Felipe González

No es disparatado pensar que en el ánimo de Fraga pesara el recuerdo histórico de la primera Restauración, entre Cánovas y Sagasta, cuando se reunió con Felipe González en abril de 1976, en la casa de Boyer ("Pues yo, que no soy socialista, nunca tendría una casa como ésta", dijo el villalbés sobre el marco de la reunión). La verdad es que, con la exclusión de los comunistas y una primera ronda de gobierno presidido por él, nunca sería posible una nueva versión del Pacto del Pardo. Entre otras razones porque, a diferencia del compromiso turnista de un siglo antes, aquí en la primavera de 1976 no había un rey muerto, sino muy vivo y Borbón.

"Dije a mis íntimos —cuenta Fraga en sus memorias, *En busca del tiempo servido"*— que había llegado la hora de quitarme el tricornio y los manguitos, para intentar desde aquellas bases (se refiere a estar ya el orden público dominado y redactados los proyectos de reforma política) rematar la jugada política. Y aquella noche, del 31 al 1 de mayo, empezó un diálogo hasta entonces imposible. Felipe González (convencido que de seguir en su actitud reticente trataríamos con los socialistas minoritarios) aceptó por fin una primera conversación. Entonces no tenía el control que luego habría de lograr de su partido, y pidió estar acompañado...".

Medio a hurtadillas del Presidente del Gobierno, desde el Ministerio de la Gobernación se tendían *puentes* con la oposición. La entrevista Fraga-Felipe, en cualquier caso, se hacía imprescindible desde un planteamiento político pese a que Fraga también la desease por satisfacer su humana y profesoral curiosidad acerca de *Isidoro,* ese muchacho sevillano, abogado laboralista, y a quienes los socialistas históricos repudiaban y temían.

Los contactos Fraga-PSOE los mantenían Carlos Argos y Enrique Múgica, desde que se autorizó la celebración del primer Congreso de UGT tras la muerte de Franco; reunión —¡quién lo diría!— que nos proporcionó no pocos quebraderos de cabeza, sobre todo a Fraga con el estamento militar. Porque no se cumplió cabalmente lo pactado (profusión de puños en alto, reivindicación de la revuelta asturiana de octubre de 1934, etc.), si bien se debió, sin control de los líderes, a que a ciertos oradores de base se les calentó la boca. Con la ayuda de Otero Novás, pues, Argos y Múgica propiciaron y prepararon el encuentro con la vaselina que proporciona un buen entendimiento —congenial— de dos seres paralelos: gordos, castizos, malhablados.

Se previó la reunión para el sábado 24 de abril en el estudio privado de Fraga (en la calle Joaquín María López), a las cinco de la tarde. Y la concreción del encuentro resultaba laboriosa y llena de suspicacias (el lugar, el día, la hora, si almuerzo o cena...). Las elecciones legislativas portuguesas, a las que acudió Felipe González para echar una mano a Mario Soares, provocó un aplazamiento. Tras ese viaje se reanudaron los contactos a lo largo de una procesión de gestiones entre los mismos interlocutores.

"Di toda clase de facilidades, para evitar desconfianzas, e incluso acepté ir a su terreno", añade Fraga en su enjuto relato. Inicialmente se propuso como fecha para la reunión el 1 de mayo, sábado, a las cinco de la tarde, pero se convino que era mejor la víspera (viernes 30) y en casa de Miguel Boyer, en la colonia de El Viso, a quien Fraga conocía desde que aquél fuera jefe del Gabinete de Estudios del INI en vida de Franco. También acompañaría a Felipe González el miembro de la ejecutiva del PSOE Gómez Llorente. "Iba así el primer secretario general del PSOE con un hombre del ala izquierda (hoy separado del partido) y otro del ala socialdemócrata (hoy predominante)". Por parte de Gobernación, a Fraga le acompañaban Otero Novás y Argos.

A la hora cabal del *rendez vous* —las nueve y media de la noche— se produjo el encuentro y, tras servirse unas copas, se sentaron a la mesa que atendió una empleada de hogar (cóctel de mariscos, cinta de carne con salsa y guarnición, tarta de fresa y vino tinto).

Del temario abordado en la cena las opiniones cruzadas fueron, en términos sumarios, los excesos verbales en el ya mencionado Congreso de UGT, la ley de Reforma Política y el referéndum para su aprobación, libertad de expresión, conveniencia de unificación de grupos y partidos socialistas, legalización del Partido Comunista después de dos años y negativa de Fraga a negociar con la Coordinadora Democrática como entidad —la llamada "Platajunta"—, aunque admitía, como venía haciendo, el diálogo con todas las personas y fuerzas que la componían.

Volviendo al diario de Fraga, la reseña de la célebre reunión es de esta guisa: "La cena fue contada de varias maneras, casi todas negativas para mí. Tales versiones son falsas. El ambiente fue difícil pero correcto. Se ha dicho que yo invité descortésmente a Gómez Llorente a dejar su pipa; el hecho es falsísimo, y si es cierto que procuro desanimar a los fumadores, siempre lo hago dentro de una confianza que, obviamente, ese día no se daba. Se ha dicho que yo le dije a Felipe González que primero yo, y luego él; al contrario, le dije que mi éxito consistiría en crear un sistema político en el cual pudiera llegar a Presidente del Gobierno, "tal vez dentro de unos cinco años" (de hecho, tardó seis, y el cálculo no era malo ni mal intencionado). No hubo tensión cuando, a fuerza de repetir que yo representaba a los capitalistas, le hice notar que yo nunca llegaría a tener una casa como la del compañero que nos invitaba a cenar (lo que, por desgracia, es totalmente cierto). Sólo hubo un momento en que las voces se elevaron (sin exceso), cuando yo declaré que uno de los puntos intangibles de mi propuesta era la forma monárquica del Estado; pienso que hoy mis interlocutores de entonces no me negarán la razón".

Respecto del incidente de la pipa, en un contexto coloquial, los asistentes a la cena han subrayado que más que severidad hubo sentido del humor. Fraga, según estos testimonios, argüía que la pena de muerte era aplicable a los terroristas y en general para quienes asesinan a sangre fría. Y Gómez Llorente, que fumaba su humeante cachimba, manifestó que aquella tesis era impropia de un profesor universitario. Y fue entonces, en su argumentación académica sobre la pena capital, cuando dijo que estaba convencido de lo que defendía y que para ello, entre risas, "era capaz de romperle a usted la pipa". Porque, en realidad, en el caso de una actitud violenta es mejor romperle a uno la cabeza que la pipa.

Los asistentes sí recuerdan el exceso explicativo de Fraga cuando se refirió a los terroristas, no porque mancillara los oídos de alguno de los asistentes, sino por la vehemencia con que lo dijo en una casa en la que estaba invitado: "Yo cogería una cuerda, se la ataría a los cojones de los terroristas y los colgaría hasta que murieran".

"Se habló mucho —termina Fraga su relato—, y sólo se acordó una cosa: yo autoricé, allí mismo, un acto conmemorativo al día siguiente, en la tumba de Pablo Iglesias. Pienso que a muchos tampoco les gustó esta decisión; debo decir que yo ya lo había intentado en mi paso anterior por el Gobierno diez años antes. Pienso que eso les sirvió también de coartada para no forzar demasiado las cosas en el intento de enredar en la calle, como pretendían los comunistas, en aquel 1 de mayo".

El día primero de mayo de 1976, cuando Fraga ocupó muy de mañana su despacho, tras haber conocido y pulsado a Felipe González —*Isidoro*— la noche anterior en un encuentro confidencial minuciosamente preparado, el político más voluntarista de la Reforma se sentía henchido de sentido del Estado y convencido, y así confesado al autor, que la izquierda ni podría ni intentaría ya "volcar el carro" de la restauración monárquica.

Con todo, Fraga ya había perdido el liderazgo reformista.

GODSA, una sociedad mercantil para la política[16]

A falta de asociaciones o partidos políticos, algunas sociedades mercantiles —la primera GODSA— fueron sucedáneas para el proselitismo y el debate durante los últimos tiempos de Franco. El Gabinete de Orientación y Documentación, S. A., era el invento societario de los amigos reformistas de Fraga y durante más de un año, entre tanto permanecía de embajador en Londres y se decidía a romper con la continuidad, fue sólo un ente de razón. O sea, era una intención asociativa y, si se quiere, un santo y seña.

Para Fraga no dejó de ser un arma con la que amenazar, caso de no regularse el asociacionismo participativo, y constituir un clima de sociedades secretas como en el siglo XIX. Únicamente cuando se percató de que, en vida de Franco, sería imposible un proceso evolutivo razonable, autorizó a sus amigos a crear legalmente GODSA.

Era intención de los socios pioneros, de Antonio Cortina sobre todo, hacer rentable la entidad utilizando la información y documentación como mercancías, al igual que en otras naciones desarrolladas —y también en España, años después— se hacía con este tipo de empresas de servicios. Pero, en realidad, aquella finalidad no dio resultados sustanciales, aunque fuese una eficaz tapadera para el quehacer político.

Hasta que GODSA afloró a la publicidad registral, Fraga sopesó las garantías legales de la aventura y seguramente que antes de constituirla recabó cierto plácet institucional, que muy bien pudo venir del entonces Jefe del Estado Mayor, teniente general Diez Alegría. Por ello, desde el primer momento, tres destacados jefes militares de Estado Mayor: Javier Calderón Fernández, José Luis Cortina Prieto y Florentino Ruiz Platero (y como técnico de información no accionista, Juan Ortuño) se incorporaron al proyecto y desarrollaron un destacado trabajo de organización y planificación.

---

[16] La información en que se sustenta este testimonio es el archivo documental de la sociedad y principalmente su libro de actas, que todavía custodia el letrado Nicolás Rodríguez. GODSA fue declarada sin actividad, aunque cuenta como activo con una parte de los fondos del archivo del Partido Popular, si bien por la reciente legislación sobre entidades mercantiles puede incurrir en caducidad.

Previéndose que la transición comportaba riesgos insospechados, cualquier filtro informativo respecto del previsible aluvión de adhesiones era una medida sensata, tanto más si ese fielato lo ejercían militares fidedignos y serios. En GODSA, los mencionados militares llevaron a cabo una tarea encomiable de crear una estructura de funcionamiento y, asimismo, dirigieron las primeras publicaciones de la entidad nodriza de Reforma Democrática.

Constituida legalmente la sociedad en mayo de 1974, la primera reunión de su Consejo de Administración se celebró el 10 de julio en la sede social de la compañía, en la madrileña calle de los Artistas número 39. Formaban el Consejo, presidido por Rafael Luna Gijón, los vocales: José Luis Cortina Prieto (militar), Luis Santiago de Pablos, Javier Calderón Fernández (militar), Gabriel Cisneros Laborda, Florentino Ruiz Platero (militar) y Juan José Rodríguez Navarro, así como Nicolás Rodríguez González, que era cabal secretario y quien dejó testimonios escritos a través de las actas oficiales y de otras complementarias.

Con los más amplios poderes de disposición y gestión, aquel Consejo nombró director-gerente a Antonio Cortina, a quien se encargó la elaboración de un proyecto de actividades y las previsiones financieras, que presentaría en la siguiente reunión de noviembre de 1974. En esta segunda reunión los consejeros militares presentaron su dimisión —que les fue aceptada— "por deberes profesionales inaplazables". Era, sin duda alguna, un pretexto formal porque los militares siguieron trabajando como técnicos en la incipiente organización. El presupuesto que se confeccionó (de octubre de 1974 a septiembre de 1975) ascendía a dos millones y medio de pesetas, y como presupuesto de actividades extrasociales, un millón y medio de pesetas, aportadas por varios amigos particulares y empresas. El presupuesto mensual era entonces de 306.580 pesetas, de las que 157.000 eran gastos de personal (ocho técnicos y cuatro secretarias) y 57.500 del alquiler y gastos comunitarios del local.

Antonio Cortina sostenía desde el comienzo que, además de la rentabilidad política intrínseca a los fines ocultos de la sociedad, cabía la explotación mercantil en cuanto empresa de consultoría si contaba con un fichero de la clase política y sus relaciones; un modelo dinámico de la estructura de poder real; informes de análisis sobre los acontecimientos más significativos y los temas más controvertidos; análisis sobre vulnerabilidad del sistema, y estudios sobre los estados de opinión.

La influencia del equipo militar en GODSA se hizo notar en seguida, imprimiendo método a una peliaguda tarea sin precedentes —impresos y recopilados— de crear las bases de un partido político. Durante 1974 y primeros meses de 1975 los trabajos de la sociedad se hicieron entre cuatro paredes, sin proyección externa. Fundamentalmente fueron tareas de rearme ideológico, preparatorios del excelente manifiesto de Reforma Democrática —"libro naranja"— y del completo panorama programático que se publicaría posteriormente como "libro blanco" de la Reforma Democrática. Pero a partir de junio de 1975, desde la primera junta general ordinaria de la sociedad, se advierte un optimismo expansivo del que son expresión el acuerdo de ampliación de capital (de 500.000 a 7.000.000 pesetas) y la decisión de preparar el regreso de Fraga saliendo a la calle.

La junta general, según el boletín de asistencia a la reunión, la formaban 26 accionistas cuya relación se incluye con expresión, entre paréntesis, de los títulos que poseían. Estos pueden considerarse los pioneros del reformismo fraguista: José María Abando Bengoa (15), Emilio Adán García (15), José Manuel Alperi Álvarez (15), Carlos Argos García (20), Javier Calderón Fernández (20), Gabriel Cisneros Laborda (20), Antonio Cortina Prieto (35), José Luis Cortina

Prieto (35), José Fernández Rodríguez (15), Luis González Seara (20), Francisco Jiménez Torres (15), Clemente López-Cano Trincado (20), José Luis Lorenz Gil (20), Manuel Millian Mestre (15), Francisco Martí Jusmet (15), Vicente Pérez Sábada (20), Fernando Píris Rodríguez (15), Adolfo Rincón de Arellano (15), Manuel Robledo Núñez (20), Nicolás Rodríguez Navarro (20) y Florentino Ruiz Platero (20).

Por otra parte, el Consejo se completó nombrando vocales, para cubrir la salida del grupo de militares y ampliando el cupo, a Carlos Argos García, Rafael Pérez Escolar, Francisco Jiménez Torres, José María Santacreu Margenet, Manuel Robledo Núñez y Luis Alfaro González.

La incorporación de empresarios y profesionales de las finanzas al núcleo de decisión ponía de manifiesto la preocupación de GODSA, del equipo directivo, de prepararse para una eventual y precipitada convocatoria electoral, de manera que los nuevos vocales inspirasen confianza y pudiesen ellos mismos arribar ayudas en los círculos económicos. Se habla ya, en los documentos internos, de adquirir en propiedad unas oficinas más amplias que las actuales y de editar un boletín informativo cuyo precio fuese, de hecho, la cuota de adscripción partidista.

La cuarta reunión del Consejo, el 9 de septiembre de 1975, fue decisiva en cuanto al futuro de la sociedad. El presidente, Rafael Luna, anunció en la reunión que tenía el propósito de renunciar al cargo, quedando de consejero, cuando regresase a España, don Manuel Fraga; lo que ya sabían los "amigos" de GODSA porque así les informó el Embajador. A este ofrecimiento de puesto de consejero se sumó también Carlos Argos, originándose una cortés pugna por ver quién facilitaba el regreso de Fraga.

En el orden territorial, GODSA poseía por entonces una red organizativa ("plataforma partidista" se dice en alguno de los escritos consultados) con 39 grupos en provincias, especialmente organizados y nutridos en Madrid, Barcelona, Alicante,

Tarragona, Valencia y Palma de Mallorca, y se disponía de un fichero con mil adhesiones. Antonio Cortina y Javier Calderón, gerente y director técnico, respectivamente, hacían los preparativos para la vuelta de Fraga y en este sentido se apresuraban a mover la organización para que GODSA no fuese un cascarón vacío. Las limitaciones de un presupuesto que ya casi alcanzaba los ocho millones les constreñía en este sentido y, quizás por ello, insistiesen en editar el boletín como instrumento recaudatorio. Pero en el Ministerio de Información y Turismo no autorizaban la salida de esta publicación, entre otras razones —alegaban las autoridades— porque si se diese vía libre, la sociedad FEDISA querría editar otro, y así sucesivamente.

El 20 de octubre de 1975 el Consejo de Administración celebró su quinta reunión, en puertas del regreso de Fraga. Se acordó proseguir las gestiones para obtener permiso oficial de edición del boletín y, por lo demás, se encargó al director técnico la preparación de otras publicaciones unitarias.

Como la ampliación de capital acordada no pudo ser cubierta por los socios preexistentes, se decidió también ofrecerla a otras personas de ideología afín. Esta exogamia necesaria fue secundada, de otra parte, por el propósito de Antonio Cortina de elaborar unos puntos de discusión política, de cara a una negociación, y a este respecto anunció haber entrado en contacto con el PSOE, USDE, ANNUE, Revista Plataforma, Partido Independiente de Cataluña, Partido Socialista Unificado de Cataluña, Convergencia Democrática de Cataluña, Alianza Nacional de Trabajadores y los señores Chueca Goitia, Luis Capilla y Abello.

El deslizamiento hacia la izquierda de la organización preocupaba seriamente a diversos consejeros y por ello, desde esta reunión, afloró una enfrentamiento entre Cortina y Pérez Escolar que resultaría insuperable. Sin haber pronunciamiento expreso al respecto, Cortina, con la ventaja que le deparaba la dirección, se inclinaba por hacer un prepartido de masas, populista y de corte reformista pero socialdemocrático, mientras que Pérez Escolar y otros consejeros propugnaban concertar compromisos con dirigentes sociales y económicos, sin descender al último escalón social, hasta crear una organización de cuadros enraizados con la ideología liberal conservadora.

Rafael Luna, presidente de GODSA, remitió, con fecha 12 de noviembre, sendas cartas al secretario del Consejo y al director-gerente poniendo su cargo a disposición por motivos personales y profesionales y solicitó se confeccionase el balance de situación al 31 de noviembre, a fin de que con ello el Consejo pudiera reunirse y adoptar los acuerdos pertinentes. Es un anuncio de dimisión que pudo inscribirse entre los actos de generosidad de aquellos hombres y, en este caso, con la finalidad de facilitar la llegada a la sociedad de Manuel Fraga.

Ciertamente, el 27 de noviembre, cumplido el trámite de renuncia del derecho preferente de los accionistas, Fraga adquirió quince acciones (las número 21 al 35) a la par, por quince mil pesetas, de las que era propietario Antonio Cortina. Y se celebró Consejo el primero de diciembre, designando por unanimidad presidente a Manuel Fraga y adoptando el acuerdo de poner a disposición el cargo a fin de que fuese el nuevo presidente quien decidiese quién debía cesar.

Apenas pudo Fraga ejercer de presidente, ya que al aceptar formar parte del Gobierno de Arias Navarro hubo de renunciar por incompatibilidad legal, como también dimitió como consejero Gabriel Cisneros, nombrado director general de Beneficencia en el equipo de Gobernación. Éste, desde entonces, se distanciaría de GODSA a medida que, pergeñado el proyecto político de Suárez, se aproximaba a la corriente azul de UCD.

La entrada y salida de Fraga en GODSA permitió el nombramiento de Rafael Pérez Escolar al frente de la sociedad, ya claramente dirigida a transformarse en partido político. El anagrama de Reforma Democrática fue aprobado en la reunión del Consejo de 22 de enero, para su inscripción en el registro de la Propiedad Industrial —¡vaya paradoja!— y se estudió el plan operativo para el lanzamiento del partido reformista. ¿En qué consistía?

Los fundadores de GODSA, ya con casi un centenar de accionistas, constituirían el Grupo Promotor de Reforma Democrática y el Equipo Político —de carácter ejecutivo— compuesto por entre 10 y 15 personas y dirigido por un coordinador, y del que participaban como miembros natos el presidente de GODSA y su director-gerente. Todo ello hasta la celebración del congreso constituyente, que se previó celebrar antes del 30 de junio de 1976. El plan preveía, además, la figura del corresponsal, especie de compromisario territorial. Se trataba, pues, de establecer cierta ósmosis entre GODSA y Reforma Democrática, éste como parasitario de la empresa matriz o nodriza, la cual se debilitaba a medida que se afirmaba el aperturismo democrático.

El conflicto entre Pérez Escolar y Antonio Cortina se suscitó desde el primer momento y respondía, aparte las divergencias de carácter, a cuestiones de fondo, no resueltas hasta que en mayo de 1976 el director-gerente presentó la dimisión. En sustitución de Cortina fue nombrado Javier Calderón, quien sacó adelante el boletín informativo e impulsó otras actividades preparatorias —o para su traspaso— del partido político en ciernes.

Desde que se presentó en sociedad Reforma Democrática, GODSA perdía su razón de existir y tal debilitamiento, su consunción gradual, se advierte en los documentos legales. La segunda junta general de accionistas, que tuvo lugar el 25 de junio, vino a ser el reconocimiento tácito de que había cumplido un gran servicio pero que ya no era necesaria, máxime si emergía a la legalidad el partido político al que suplantó tácticamente. En cuanto organización, la plantilla de 25 personas (técnicos y oficinistas) era claramente insuficiente para gestionar y dirigir eficientemente el despliegue territorial de una organización política que partía de cero en todos los órdenes. Aquella reducía plantilla, con escasas variaciones, formaría el núcleo de personal con que echaría a andar Reforma Democrática-Alianza Popular.

Nombrado nuevamente Fraga presidente de GODSA, el 28 de septiembre de 1976, cuando ya se había decidido aportar la organización, el acervo documental y la imagen a la Alianza de los "siete magníficos", muchos reformistas de la primera hora se apartaron silenciosamente y otros siguieron al líder con grande generosidad.

Capítulo 6

EL TRÉBOL DE CUATRO HOJAS

La opinión de los españoles

La conflictividad social y política del primer trimestre de 1976 apenas había mordido la buena opinión que los españoles tenían del Gobierno, según la encuesta que realizó Metra-Seis en los primeros días de abril, entre dos mil encuestados de noventa municipios peninsulares y de Baleares[1]. El grado de satisfacción con respecto al primer Gabinete del Rey (un 54,1 por ciento consideraba la gestión "excelente", "buena" o "pasable") demostraba una elevada confianza en la marcha de las cosas frente a los insatisfechos (30,3 por ciento).

En el orden de las preocupaciones, los españoles las tenían jerarquizadas del siguiente tenor: paro obrero (26,1 por ciento), nivel de vida (24,5 por ciento), incierto futuro político (15,8 por ciento), inflación (12,8 por ciento), huelgas (10,4 por ciento) y un disperso elenco de inquietudes menores. Con relación a muestreos anteriores, se apreciaba una caída gradual de la incertidumbre política-seguridad y la paralela ascensión de la intranquilidad económica, con la apremiante amenaza del descenso del nivel de bienestar general.

Las reformas políticas anunciadas no se manifestaban apremiantes, si bien el ritmo deseado crecía paulatinamente, tal vez, al aumentar el grado de información política. De igual modo, el deseo de participación en la política activa estaba muy bajo (un 5,8 por ciento) con tendencia descendente. Ya es expresivo que el 51,6 por ciento expresase su deseo de no participar en política, y, en el caso de hacerlo, les gustaría que fuese entre 3 y 5 partidos políticos (un 24,2 por ciento) y en un partido único (el 14,4 por ciento).

La popularidad —grado de conocimiento— de los ministros se repartía en dos bloques: a la cabeza Manuel Fraga (55,7 por ciento), seguido de Solís Ruiz (40,3 por ciento) y de Areilza (28,3 por ciento), y el resto de los ministros oscilando en cotas bajas. Los políticos restantes acaparaban también el conocimiento de los españoles en dos grandes categorías: una primera formada por López Bravo (65,4 por ciento) y Gil Robles, López Rodó, Girón de Velasco y Pío Cabanillas (éstos todos superando el 50 por ciento), y una segunda integrada por una larga nómina con predominio de Marcelino Camacho (41,8 por ciento), Silva Muñoz (41,6 por ciento) y Santiago Carrillo (37,7 por ciento).

En cualquier caso, de aquel estudio demoscópico podía deducirse la línea de continuidad política, con un reducido desgaste de los gobernantes, y la ausencia de peligro a que se impusiese la "ruptura", tal vez porque poseía un mayor peso el aceptable nivel de vida sobre los factores ideológicos no considerados imprescindibles.

---

[1] Encuesta publicada en exclusiva por el diario *ABC* el 25 de abril de 1976, realizada por Metra-Seis entre el 3 y el 7 de abril, con un margen de confianza del 95,5 por ciento.

Ni Areilza ni Fraga traerían la democracia

Ante este panorama de temor social al cambio brusco y al progresivo deterioro de la economía, es claro que los ministros reformistas podían acaparar la aceptación mayoritaria de ser ellos quienes trajesen la democracia paso a paso, sin precipitaciones ni sobresaltos, oscureciendo el papel dirigente de la Corona. Porque es evidente, a juzgar por los principales datos de la antedicha encuesta, que el Gobierno de Arias había retomado en la primavera la iniciativa, conjurando cualquier posibilidad de revuelta popular.

En realidad, los monárquicos no deseaban que la segunda restauración la llevase a cabo nadie de fuera, de ahí que subrayaran el *motu proprio* de la Corona, dueña de su propia legitimidad. Es decir, no querían protectores. Dando por cierta la cena de catorce comensales celebrada el 14 de abril en Lausana (Suiza), de homenaje a la monarquía en la persona de don Juan de Borbón al conmemorarse el séptimo aniversario de la muerte de la reina Victoria Eugenia —también aniversario de la proclamación de la II República—, varios asistentes manifestaron su honda preocupación por el rumbo del Gobierno. Pero en verdad, la inquietud residía en que Fraga o Areilza se apuntasen el tanto de traer la democracia en vez de que lo hiciese la Corona, según reveló en su turno Luis María Ansón, asistente a dicha cena junto a Ramón Serrano Súñer, Antonio Fontán, Jordi Pujol, José Mario Armero y otros[2].

Precisamente, durante el mes de mayo, a punto de tramitarse en las Cortes las leyes de asociación y reunión, Fraga y Areilza se concertaron en lanzar una ofensiva aperturista dentro y fuera. Para el extranjero, el Ministro de Asuntos Exteriores tenía en preparación el viaje del Rey a los Estados Unidos cual presentación en la sociedad internacional del nuevo régimen en la persona del joven monarca, decidido a democratizar su viejo país, aliado incondicional de la primera potencia mundial. Por su parte, Fraga se disponía a jugar en el damero de la oposición y dio las primeras directrices para la organización de un referéndum, a cuyo fin se constituyó una ponencia en el Ministerio de la Gobernación.

Estos brotes de optimismo se enturbiaron, seguidamente, con los sucesos de Montejurra, coincidiendo una vez más con un viaje de Fraga al extranjero, en este caso a Venezuela. Los carlistas, divididos en las facciones adictas a don Carlos Hugo y a don Sixto, lejos de fraternizar, se liaron a tiros en el *vía crucis* que produjo dos muertos y varios heridos, con independencia de que aquellos sucesos oscuros —sin culpables— llevaron a la práctica extinción a una anacrónica corriente monárquica.

Lo cierto es que lo que se denominaba "operación reconquista", alentada por tradicionalistas ultras contra el carlismo *socializante*, acabó con las posibilidades escasas de un pleito dinástico que a nadie conmovía. Acerca de la permisividad o connivencia que este oscuro asunto encontró en medios oficiales poco ha sido aclarado, aunque todo parece indicar que ciertos servicios de inteligencia de la Presidencia del Gobierno, y también la Guardia Civil, estaban al corriente de la previsible confrontación armada. Con todo, dicho sea desde la perspectiva histórica, aquellos sucesos cancelaron para siempre cualquier atisbo de legitimidad y la Monarquía de Don Juan Carlos de Borbón y Borbón salió reforzada.

---

[2] Afirmaciones contenidas en el reportaje que, escrito por los periodistas José Comas y José Luis Gutiérrez, fue publicado por la revista *Cámbio-16* el 26 de abril de 1976. La cena se celebró en el hotel Royal de Lausana.

Voladura calculada del Movimiento

El éxito suele asociarse a la última piedra y al toque genial del último minuto con olvido y postración —las más de las veces— de los esfuerzos primeros. La cultura de los pioneros es poco lucida y también pobre en política. La espesa desconfianza entre Arias Navarro y el Rey hacía por sí misma inviable el proyecto de Reforma que patrocinaban singularmente Areilza y Fraga. Las mieles del éxito no les endulzaría a ellos. Por el contrario, sus iniciativas resultarían gregarias para otros modelos y diseñadores, aunque el esfuerzo conjunto no fue baldío.

El diario *El País* inauguró precisamente su andadura —en el número de su aparición, 4 de mayo de 1976— con un editorial demoledor: *Ante la "reforma"* era su título, y éstas, algunas de sus invectivas:

> "La pérdida de credibilidad de la política gubernamental es, nos tememos, definitiva (...) El reformismo del poder ha naufragado porque no ha sido sincero. (...) La reforma que el Gobierno quiere vender hoy a la opinión viene sólo a defender privilegios e intereses de grupo que nos hablan de la continuidad de un pasado sin horizontes. (...) Quizá todavía sería posible una estrategia de reforma, a condición de que fuera otro gobierno el que la emprendiera y tuviera credibilidad entre los ciudadanos".

Se precisaba de nuevos artífices con quienes continuar los cambios, más creíbles hacia unos e inspiradores de confianza hacia otros. Que el sustituto de Arias Navarro en la presidencia del Gobierno procediese del Movimiento entraba en la lógica de "romper desde dentro" calculadamente. El mejor sucesor podría haber sido Torcuato Fernández Miranda, pero esa eventualidad la rechazaba personalmente alegando que podría dar sensación de venganza (a la muerte de Carrero, Arias prescindió del mentor del Rey pese a haber ejercido la presidencia en funciones). En realidad, también contaba el no desdeñable inconveniente de no ser bien visto el profesor asturiano por muchos ultras, que le reputaban un tanto altivo, reservado y mandón.

Torcuato Fernández Miranda había asumido el sacrificio, a la muerte de Franco, de aceptar el puesto de mayor utilidad (la presidencia de las Cortes y del Consejo del Reino) antes que el de notoria vistosidad (la presidencia del Gobierno), lo cual ha sido calificado por el Rey como "un hermoso gesto"[3]. Ciertamente, Torcuato fue la "mente tejedora" del tapiz de la restauración, importándole más el resultado conjunto que su personal ambición como gobernante, ejecutando la reforma sin vacío legal: la ley que modifica o deroga la ley.

No falta quien sostiene, Fraga entre otros, que, no siendo incompatibles los papeles de inspirador y ejecutor, Fernández Miranda pudo inclinarse por la solución menos peligrosa para las dos suertes de intereses: nombrar Presidente del Gobierno a quien se dejase manejar, viniéndole así todo a la misma mano.

---

[3] José Luis de Vilallonga, *El Rey (conversaciones con D. Juan Carlos I de España)*, pág. 97. Plaza y Janés, 1993.

Nada es casual en política y, por lo mismo, la promoción y maduración de Adolfo Suárez en el primer gobierno de la Monarquía respondía a un diseño flexible, más basado en el grupo que en el líder individual, y por ende más rentable y seguro. Rodolfo Martín Villa lo concreta cuando señala que la acción llevada a cabo por Fraga y la de los jóvenes aperturistas [evolucionistas del Régimen] fueron siempre por caminos diferentes a pesar de la identidad de los objetivos. Y precisa: "Los jóvenes aperturistas optaron por una vía propia e independiente, inclinándose por fórmulas colegiadas de decisión antes que por el liderazgo de una persona"[4].

Es el paladino reconocimiento a que los cachorros del Movimiento tenían "sindicado" el protagonismo futuro en actuaciones mancomunadas, contando con estructura de apoyo territorial y, en definitiva, con evidente profesionalidad frente Fraga o Areilza en particular, aunque después sí aceptaron sucesivos liderazgos personales.

El ala democristiana del Gobierno, o al menos su más significativo valor, Alfonso Osorio, se percató del futuro de la operación en la persona de Adolfo Suárez y pactó la asistencia recíproca y compartir la responsabilidad de gobierno, sumando así dos familias notables que duplicaban las defensas, la capacidad de intriga y las posibilidades últimas de conservar el poder o de aumentarlo. En todo caso, la virtud principal de este plan subsiguiente a la sustitución de Arias Navarro estribaba en la discreción y, por tanto, en la sorpresa. Entre tanto, los nombres que se barajaban con insistencia eran los de Fraga y Areilza; una vez producida la renuncia de Arias Navarro, Adolfo Suárez pretendió sonsacar por teléfono al Presidente del Consejo del Reino si su nombre contaba y, por toda respuesta, Fernández Miranda le proporcionó la siguiente clave enigmática: "Hay tréboles de cuatro hojas".

Ni mínimo común denominador

El viaje que realizaron los Reyes el primero de junio a los Estados Unidos, pasando previamente por una plaza neta de la cultura colonizadora de España, como Santo Domingo, fue preparado con profesionalidad excelente por Areilza, a fin de que los jóvenes monarcas de la incipiente democracia recibiesen el espaldarazo internacional. Era la gran baza del Conde de Motrico, maduro, experimentado, mundano y moderado.

La curiosidad del Congreso —Senado y Cámara de representantes— fue saciada con creces al oír el mensaje de Don Juan Carlos en perfecto inglés en el que apostaba por el acceso a la democracia de su pueblo mediante el régimen de partidos y de elecciones libres. Aunque los políticos estadounidenses se hallaban en campaña electoral, ninguno de los partidos contendientes restaron atención al joven monarca, que en expresión feliz del mismo Areilza era el "motor del cambio". Al margen de la nutrida agenda oficial, el Secretario de Estado, Henri Kissinger, tuvo una reunión con Areilza de análisis de la situación europea, siendo España, como era, una "pieza segura" en el dispositivo de Occidente. ¿Cómo y cuándo de la reforma española?, se preguntaba el Nobel de la Paz. La ansiedad de las preguntas no debía encerrar riesgos adicionales, de ahí el consejo que recibió Areilza de su homólogo: "No vayan a las elecciones hasta que el Gobierno tenga un partido propio que logre la seguridad de ganarlas. Mientras eso no se haga, ganen tiempo"[5].

[4] Rodolfo Martín Villa, *Al servicio del Estado*, pág. 48. Editorial Planeta, 1984.
[5] J. M. De Areilza, *Diario de un ministro de la Monarquía*, Editorial Planeta, 1977, pág. 194.

De poco iban a servir las recomendaciones de Kissinger a Areilza, a su iniciativa personal, puesto que el mecanismo de sustitución de Arias Navarro estaba activado sin él, que ni siquiera era un mínimo común denominador en el sistema, pues el Consejo del Reino le era hostil de la cabeza a los pies. El indiscutible éxito del político guipuzcoano se vio ensombrecido, el 9 de junio, por la intervención de Adolfo Suárez ante las Cortes, en la defensa de la Ley de Asociaciones, discurso que rompía las esclusas para la participación política a través de los partidos. Fue aquel un discurso del abulense que le consagraría, quizás no escrito por él pero sí asumido[6] en todos sus pronunciamientos: abrir los ojos a la realidad pluralista de la sociedad en un medio de libertad, responsabilizar al Gobierno para que propiciase los mecanismos de participación de los grupos sinceramente democráticos y consagrar la neutralidad del Estado ante los partidos. La votación nominal arrojó un afirmativo respaldo a aquella norma (339 a favor y 91 en contra, entre éstos los militares-procuradores) y dio paso a los partidos, pero su eficacia quedó contrarrestada paradójicamente al no aprobarse la despenalización de pertenencia a un partido. Cuando se discutía el correspondiente proyecto había caído asesinado, en Basauri (Vizcaya), el jefe local del Movimiento, y este luctuoso hecho insufló el cabreo matinal de los perdedores y dudosos, saldándose todo por la tarde con una nueva vejación al Gobierno, irresoluto y varado ante las acometidas del "Búnker". Aquel Gobierno, y desde luego Arias, era incapaz de bajar del Sinaí y proclamar los mandamientos democráticos ante el aparentemente inexpugnable franquismo.

¿Un partido reformista de masas?

Desde la presentación pública el 25 de febrero del *Llamamiento,* la Comisión Gestora Provisional de Reforma Democrática celebró cinco reuniones entre los meses de febrero y marzo para desarrollar el calendario y programa de organización del partido[7]. Era propósito inicial de sus promotores convocar en junio el congreso constituyente, previa formación de grupos provinciales, concreción del programa electoral, elaboración de los estatutos y, en su caso, configuración de pactos con otras fuerzas políticas afines.

Se había fijado el mes de junio porque se creyó que, a las puertas del verano, la reforma legislativa necesaria permitiría abrir la ventanilla del Registro de Asociaciones Políticas en el Ministerio del Interior. Pero el retraso en la aplicación del calendario de reforma desbarató estos planes. Igualmente influyó la propia posición de Fraga dentro del Gobierno, que no descartaba sustituir a Arias Navarro y, desde esa posición de poder, vertebrar el partido reformista. La soterrada disputa entre Secretaría del Movimiento (Adolfo Suárez) y Gobernación (Manuel Fraga) por designar a los gobernadores civiles de una u otra obediencia política escondía el propósito de hacer partidos *desde el poder* o, en otro caso, acudir a las elecciones con esa ventaja de la *autoridad provincial.*

Porque el armazón de un partido de masas, la construcción de sus paredes maestras, podía variar en función de muchos factores. Fraga y sus amigos albergaban la esperanza de crear una

---

[6] Los distintos cronistas atribuyen la elaboración de aquel texto, de brillante y clara hechura, a Eduardo Navarro, Manuel Ortiz, Rafael Ansón y Carmen Díaz de Rivera. En todo caso, con independencia de esa autoría de la prosa, no debe dudarse de la paternidad política del discurso. Y Manuel Fraga, al referirse a ello en sus memorias, *En busca del tiempo servido,* pág. 48, lo hace con desdén diciendo de Suárez: "... había entrado en el tema con reluctancia, pero acaba aceptando nuestras tesis y lee un buen discurso".

[7] Las actas y notas adjuntas, en poder del secretario de la Comisión, Nicolás Rodríguez, han sido consultadas a los efectos de conocer las primeras actuaciones organizadoras del partido fraguista en su fase preliminar.

estructura partidista desde el poder, de carácter indirecto según la morfología definida por Maurice Duverger[8], en el sentido que fuese más fácil la adhesión de personas y grupos de base. El proceso de creación del partido de masas, así concebido, sería más rápido para comparecer a una convocatoria electoral en principio prevista para el otoño, superando las incontables siglas de grupos políticos meramente nominalistas sin capacidad representativa ni de movilización.

En el plano teórico, la Comisión Gestora debatió buenos "papeles" estratégicos, seguramente pensados por el equipo de militares adscritos a GODSA, mas sus objetivos distaban de la realidad por carecer de tiempo, medios económicos y profesionales. Cada secretaría poseía su plan de actuaciones y, en la idea de convocatoria electoral, ya circulaban hipotéticas listas de candidatos. Existía, por lo demás, un programa de relaciones con otros grupos políticos (Fedisa, grupo Tácito y varios de la socialdemocracia) en el intento de presentar un núcleo centrista inequívoco. La ingenuidad, sostenida por un voluntarismo ilusionante, estaba presente en estos preliminares confusos y desordenados, aunque poco a poco se fue consiguiendo un encuadramiento selectivo de ciertas personas notables en provincias. En verdad, por la fuerza de los hechos, lo que emergía era una deficitaria organización de cuadros más ambiciosos que expertos, que ya disputaban parcelas de poder en un mercado de futuros. Las primeras escaramuzas surgidas se produjeron como consecuencia de la misma composición de la Comisión Gestora que, a juicio del valenciano Antonio Colomer Viadel, pecaba de excesivamente centralista, por lo que pidió razonablemente mayor presencia de los representantes provinciales en el órgano promotor[9].

Al mes de difundirse el manifiesto, según el acta de la Comisión Gestora del 22 de marzo, se habían recibido 1.423 fichas de afiliados, las cuales pertenecían principalmente a Madrid (700), Las Palmas (112), Tenerife (102), Barcelona (53), La Coruña (47) y en cantidades menores a Alicante, Zaragoza, Valencia, León y Ávila, aunque es preciso señalar que existían otras 2.300 fichas de GODSA pendientes de reconversión. Con estos datos, pues, se demostraba el lento proceso de movilización, justificado singularmente por la reluctancia de muchos ciudadanos a apuntarse a un partido político pese a que había constituidas quince comisiones gestoras provinciales del partido fraguista. Tan escasa aceptación provocó un plan de viajes de personas con influencia local para estimular el encuadramiento partidista.

La nota redactada por Jesús Aparicio Bernal sobre la organización del partido puso, en la antedicha reunión, un punto de realismo clarificador en el que subrayaba la imposibilidad de crear un partido de masas. "Los partidos modernos —decía el coordinador por Alicante— no cuentan en general con gran número de miembros, que no podrían tampoco reclutar ante el fenómeno cada vez más generalizado del desentendimiento de los ciudadanos por la política". Desentendimiento que en España era aún mayor por las consecuencias trágicas que la afiliación partidista tuvo para muchos ciudadanos en la II República.

Se optó, a raíz de este debate, por abandonar el objetivo del proselitismo indiscriminado y masivo, y en su lugar por la creación y el reclutamiento de grupos electorales selectos, profesionalizados y con imagen reformista moderada en una red capilar que abarcase todo el territorio. El elitismo que encerraba la propuesta de Aparicio Bernal por la ley del pragmatismo fue

---

[8] Maurice Duverger, *Los partidos políticos*, Fondo de Cultura Económica, México, 1957, pág. 35.
[9] Antonio Colomer Viadel, carta de 20 de febrero a Rafael Pérez Escolar que fue debatida en la Comisión Gestora Provisional del 12 de marzo de 1976.

combatido, no obstante, por algunos miembros de la Comisión Gestora, que pretendían ver en ella la revitalización del caciquismo o de la oligarquía sempiterna.

El congreso constituyente programado en junio no se celebró y los impulsos ambiciosos de la primera hora menguaron resignadamente a la vista de que Fraga perdía empuje, comprometido como estaba con la reforma tan denostada de Arias Navarro, aunque todavía cotizase popularmente su figura como un político "puente" entre el pasado y la Monarquía reinante. En su lugar, el 23 de junio, en el hotel Meliá Castilla de Madrid, 253 delegados de la incipiente Reforma Democrática de todas las provincias participaron en unas jornadas de trabajo articuladas en nueve ponencias que adoptaron, en otras, las conclusiones de constituirse en partido político en el otoño próximo; reconocer como líder al profesor Manuel Fraga; adoptar como programa el *Llamamiento para una Reforma Democrática*; delegar en la Comisión Gestora Nacional el cumplimiento de los trámites legales para constituirse en partido con los estatutos que habían quedado perfilados; completar la estructura del partido en todos los niveles territoriales; considerar el problema regional como una cuestión de urgente solución, y llamar a los demás grupos de centro a una integración ante la próxima apertura del proceso electoral.

De la generación del Rey y por sorpresa

En medio de las aguas frías del río Órbigo, Cyrus Sulzberger, columnista y uno de los propietarios del *New York Times*, que sólo comía lo que pescaba, capturó la respuesta de Fraga tan intensamente formulada por los gobiernos occidentales, y en especial por el de los Estados Unidos. "¿Qué van a hacer ustedes con el Partido Comunista?", inquirió el judío neoyorquino. "Habrá que reconocerlo algún día (Alemania aún no lo ha hecho); no será posible antes de las próximas elecciones"[10], contestó Fraga con idéntico impulso, con el que al lanzar el sedal de su caña se arponeó la cara con su propio anzuelo.

Aquel anticipo de intenciones sentó como una bofetada en el rostro de quienes ya preparaban el relevo de Arias en los alrededores del "Búnker", y por eso jalearon las declaraciones para restar posibilidades o arrumbar al Ministro reformista. Eran los mismos que habían telefoneado a la Zarzuela escandalizados porque *Cambio 16* publicara dos semanas antes en su portada al Rey saltando sobre Nueva York, en las vísperas del viaje a Estados Unidos[11].

---

[10] M. Fraga, *En busca del tiempo servido*, Editorial Planeta, 1987, pág. 50. El artículo de Sulzberger fue publicado el 19 de junio de 1974 simultáneamente en el *New York Times* y en el *Herald Tribune*. Fue ciertamente acogido con división de opiniones, favorables en el campo de la oposición. Emilio Menéndez del Valle, en la obra colectiva *La transición democrática española* (Política exterior y transición democrática en España), Editorial Sistema, 1993, pág. 728, afirma que "sería de todas maneras el Ministro del Interior [Gobernación] de la época, Manuel Fraga, quien rompería claramente una lanza internacional a favor de la incorporación del PCE a la vida democrática". Fraga, por otra parte, cuenta a Eduardo Chamorro (*El cañón giratorio*, pág. 68) que Arias Navarro le pidió que retirara las declaraciones, a lo que se negó. Y asimismo que el general Vallespín, que como Jefe del Alto Estado Mayor era consejero del Reino, comentó en las discusiones sobre la preparación de la terna para presidente del Gobierno "que el señor Fraga a mí no me la da con queso, lo va a legalizar antes".

[11] Tanto Fraga como Areilza se refieren a este incidente en sus testimonios memorísticos (*En busca del tiempo servido*, pág. 48, y *Diario de un ministro de la Monarquía*, pág. 195, respectivamente). "...dos ministros (uno de ellos Suárez) telefonean a S. M. escandalizados de la portada, y para criticar a sus compañeros de Gobierno", deja escrito Fraga. Por su parte, Areilza recoge que quieren cargarse a *Cambio 16* durante cuatro meses y dice: "Envío una nota manuscrita al Rey a su cuarto, donde se está vistiendo para la comida (en el hotel Waldorf de Nueva York), diciéndole lo ocurrido y previniendo sobre los hipersensitivos monárquicos apresurados y pelotilleros que desean hacer méritos —y carambolas— con la supuesta 'ofensa' al Rey...".

El favor regio se buscaba incluso con niñerías de este tenor que, en situaciones normales, antes que desprestigiar a la víctima descalifica al profiriente. Pero las rivalidades por la conquista del poder muchas veces se hunden en esos miserables detalles cuando otro tipo de armas fracasa en una lucha que debiera ser más noble y objetiva.

La tramitación de la crisis, por lo demás, contó con la reserva que correspondía a la personalidad de su principal factor: Torcuato Fernández Miranda, hombre discreto y proclive a las frases enigmáticas. Con ingenio, consistencia y claridad de objetivos preparó el relevo como consultor áulico del Rey desde la sala de máquinas del Consejo del Reino, un colegio de notables que tenía fuerza, pero que era manejable.

En abril de 1976, según el manuscrito de Torcuato Fernández Miranda[12], el Rey recibió una nota de su *maestro político* sobre quién podría sustituir a Carlos Arias, aportándole una lista de posibles candidatos y por el mismo orden: Areilza, Fraga, Letona, Pérez Bricio, Federico Silva, López Bravo y Adolfo Suárez. A continuación, el mentor regio puntualizaba: "Este último (Suárez), a consecuencia de mi tesis: un presidente disponible es mejor que un presidente *cerrado* desde su posición inicial. El Rey encuentra a este último muy verde. 'Y sabes que le quiero mucho', añade".

Para sustituir a Arias, la exigencia de Fernández- Miranda que aprobó el Rey era la de que el sustituto debía ser una persona *disponible* y *abierto a las ideas directivas.* ¿En qué consistía esa exigencia y como se concretaba? Esta teoría de la disponibilidad presuponía un pacto —tácito, desde luego— en el que el Rey dudaba si contraerlo él personalmente con el designable. El manuscrito de Fernández Miranda es muy explícito sobre el asunto:

> "(Hay que) buscar persona *dirigible,* realmente abierta, dice el Rey, y hacerlo (el desarrollo del proyecto) sin pacto previo. "El pacto lo acabamos de hacer tú y yo y basta. Por cierto —añadió el Rey—, se me ocurre que, sin precisar tanto, esa idea del pacto ante el Rey debes usarla para probar a nuestros candidatos. Sí, para eso es colosal. Pero con cuidado, con habilidad, sin decir nada de su contenido o poco".

El factor generacional, y por supuesto la ductilidad del designable, que por otra parte debía contar con la legitimidad de origen del Régimen, eran condiciones atribuibles a los candidatos, y la selección de uno de ellos por el Rey era cuestión menor. La figura de Fernández Miranda en este trámite se ennoblece —y cobra la fuerza de autoridad moral ante el Monarca— porque no sin desear el puesto para sí, supo auto descalificarse corriendo el riesgo de quedar para siempre fuera de la carrera.

Se considera acertado por la mayoría de los historiadores que la designación de un político antes que un tecnócrata respondía, lógicamente, a que precedía la reforma política a cualquier otra tarea de índole económica[13]. El nombramiento de Adolfo Suárez, políticamente for-

---

[12] *Lo que el Rey me ha pedido,* de Pilar y Alfonso Fernández-Miranda, Editorial Plaza y Janés (1995), págs. 191 y ss.
[13] Gregorio Marañón y Bertrán de Lis, en la obra colectiva *Diez años en la vida de los españoles* (en el trabajo *Una economía para la democracia*), Plaza y Janés, 1986, págs. 257 y ss., explican que la actuaciones políticas prevalecieron sobre las medidas gubernamentales de tipo económico, llegando a afirmar que fue con "menosprecio de la economía y alabanza de la política".

mado en las bodegas del Régimen[14], reunía esas cualidades, pero no otras académicas —no siempre imprescindibles—, y de ahí la sorpresa de la noticia, que fue considerada poco menos que una "pirueta borbónica", es decir, un trébol de cuatro hojas.

Una votación al estilo Goncourt[15]

El Presidente del Consejo del Reino, Torcuato Fernández Miranda, tuvo que ingeniárselas para que el órgano proponente de la terna a Presidente del Gobierno incluyese el nombre de Adolfo Suárez, y así ofrecérselo al Rey como deseaba. El método seguido esa mañana del 3 de julio era sencillo, al estilo de las votaciones del premio literario francés Goncourt.

Se estableció, en primer lugar, que cada consejero aportase dos nombres de candidatos para agrupar en tres familias (del Movimiento, democristiana y tecnócratas o independientes). Con los treinta y dos nombres aportados se votaba, y el candidato que no obtenía cinco papeletas era eliminado. Como quiera que Fernández Miranda tenía convenido con cinco consejeros —incluido él mismo— votar siempre a Adolfo Suárez, éste superó todas las rondas.

Al final, las posiciones quedaron emparejadas en tres grupos: el del Movimiento (Rodríguez de Valcarcel y Adolfo Suárez), el democristiano (Federico Silva y Álvarez de Miranda) y el tecnocrático (López Bravo y Fernández de la Mora).

Desde este tramo la votación se efectuó para resolver cada pareja, eliminando a uno. Y como los consejeros sabían que Rodríguez de Valcárcel estaba seriamente enfermo (al poco tiempo moriría), por el sector del Movimiento se quedó Adolfo Suárez. En los desempates de las otras dos parejas, asimismo fueron eliminados Fernández de la Mora y Álvarez de Miranda. La terna definitiva, pues, la integraron López Bravo, Federico Silva y Adolfo Suárez, creyendo algunos conseje-

Fraga se encontraba en Zaragoza cuando el Consejo del Reino propuso en la terna correspondiente el nombre de Adolfo Suárez. El Presidente de las Cortes, Torcuato Fernández Miranda, diría sobre esa propuesta tan inesperada: "Estoy en condiciones de ofrecer lo que me ha pedido el Rey". Aunque el huracán de las intrigas se hallaba en Madrid, Fraga no quiso suspender su viaje. En la foto, firmando en el libro de honor de la Diputación de Zaragoza que presidía Hipólito Gómez de las Roces, que fundaría a su vez el Partido Aragonés Regionalista.

---

[14] Adolfo Suárez derrotó rotundamente al Marqués de Villaverde, yerno de Franco, contra todo pronóstico en la elección para la vacante de consejero nacional (entre los "40 de Ayete", por fallecimiento de José Antonio Elola Olaso) celebrada el 30 de mayo de 1976.

[15] Joaquín Bardavío, *El dilema*, Strips Editores, 1978, págs. 152 y ss. También hay referencias sobre este particular de la reunión del Consejo del Reino en "Historia de la Transición", primera parte, *Diario 16*, octubre 1983, pág. 295.

ros que el nombre del abulense era un "relleno". En realidad, la frase que pronunció Fernández Miranda, Presidente del Consejo del Reino, ante los periodistas fue: "Estoy en condiciones de ofrecer lo que me ha pedido el Rey"; era el resultado de su magistral gestión de ofrecer lo increíble.

Por la tarde, al filo de las seis, sonó el teléfono en la casa de Adolfo Suárez, y a continuación la voz del Rey que le preguntaba: "¿Vas a hacer algo esta tarde?"[16]. Era sábado, 3 de julio, y el joven Ministro estaba en casa matando el tiempo puesto que su mujer, Amparo Illana, se encontraba en Ibiza. Como le contestase a Don Juan Carlos que no tenía un plan concreto, éste le dijo: "¿Entonces, por qué no te vienes un rato a la Zarzuela a tomar una copa y charlamos?

A bordo de un *Seat 127* azul claro, Adolfo Suárez se encaminó a la Zarzuela, muy cerca de su vivienda en Puerta de Hierro. Cuando llegó se iba de palacio Torcuato Fernández Miranda.

—Adolfo, quiero que me hagas un favor.
—Señor...
—Quiero que seas Presidente del Gobierno.
—Pondré, de todos modos, algunas condiciones...

Aceptado el encargo, antes de seguir adelante con la conversación, el Rey llamó a un ayudante y le encargó la difusión de la noticia.

Seguidamente repasaron la situación política y, según diversos testimonios, Suárez insistió ante el Rey en la necesidad de que Don Juan Carlos no debería implicarse en el uso de los poderes que tenía para evitarse el menor desgaste.

Llegado de vuelta a su casa, Suárez se vio desbordado por la masiva presencia de informadores ante los que formuló unas declaraciones de compromiso. Llamó por teléfono a Osorio, y tras intercambiar unas primeras opiniones quedaron para verse el lunes.

Amparo Illana, entretanto, interrumpió su viaje y regresó a Madrid por Valencia, donde quiso llevar a la Virgen de los Desamparados un ramo de flores.

"También es Borbón de segundo apellido" [17]

Por pundonor y cierta apostura de cumplir con el deber hasta el final, Fraga realizó el viaje programado a Zaragoza el 3 de julio de1976, cuando ya se sabía que el Consejo del Reino estaba convocado para ofrecer al Rey la terna de posibles sustitutos de Arias Navarro.

"Como un día normal, trabajemos como un día más...", dijo Fraga al emprender el vuelo desde Barajas en el Mystere del Gobierno entre tanto troceaba los periódicos con informaciones de su interés. Barruntaba que no estaba predestinado para suceder a Arias, pues de lo contrario sabría algo, alguien le habría sugerido suspender el viaje. Aun así, la curiosidad no la podía esconder, y sus ojos y oídos estaban muy despiertos. Parecía un desdichado.

---

[16] *Op. cit.,* pág. 295.

[17] Versión propia del autor, en cuanto que como jefe de los Servicios de Información del Ministerio de la Gobernación acompañó a Fraga en aquel viaje y, como colaborador estrecho de éste, compartió aquellos momentos.

En la clínica traumatológica de Zaragoza visitó a los heridos del accidente de Utebo y compartió solidaridad enfundado en la tristeza. Estaba triste porque suavizaba la aspereza. También rezó más tarde en El Pilar, y visitó una guardería y recibió a varias asociaciones de vecinos.

Pero donde había un teléfono, allí Baón se colgaba de él para comunicar con Romay, Otero Novás, Argos y Mendo demandando información. A mediodía, ya reunido el Consejo del Reino, el rumor apostaba por Suárez como sucesor. "La terna es perfectible", le había dicho Viola Sauret (Consejero del Reino) a Romay, pero nadie cercioraba datos.

Adolfo Suárez jura ante el Rey el cargo de Presidente del Gobierno.

Después de comer, en la sede del Gobierno Civil, Fraga se mojó la cabeza como un pollo para refrescarse mientras tendía cables informativos con Madrid. Mendo, en contacto con Areilza, que almorzaba en su casa de Aravaca con Oreja, Cabanillas, Valcárcel y Senillosa, transmitió a Baón la terna —errónea— que Fernández Miranda iba a presentar al Rey a las cinco de la tarde, tras pronunciar la famosa y enigmática frase. Era errónea porque incluía a Areilza, a Silva y a Suárez, resultando no veraz el primer nombre, que en realidad era el de López Bravo.

Fraga se percató del lío que se había armado y reímos, él con un rictus de frustración. "Me alegraría que estuviese en ella Areilza —le dijo a Baón—, pero me temo que José María no sabe calibrar e interpretar la información". En efecto, sobre las seis de la tarde, antes de trasladarnos al ayuntamiento de la ciudad del Ebro, Romay confirmó —vía Sentís— que el nuevo presidente era Adolfo Suárez. "El Rey ha optado por la juventud", comentó Fraga escuetamente, ocultando su decepción y tristeza.

Enrique de la Mata insistía en hablar con Fraga, y lo mismo Areilza. Con éste al fin habló y Baón oyó que le decía: "... por eso me he venido, no quería intrigas ni rumores". Cuando hubo cortado la comunicación, un tanto decepcionado, Fraga dijo a su colaborador: "¡Qué cosas tiene Areilza! Me ha dicho que lo ocurrido es propio de un Rey que también es Borbón de segundo apellido".

La determinación de no seguir en el Gobierno la adoptó allí, en Zaragoza. Antes de regresar a Madrid, el domingo comentó a Baón que Torcuato se había salido con la suya. Con cierto abatimiento regresó a Madrid, tras almorzar en "El Cachirulo", no sin antes renunciar a visitar Pedrola, localidad donde Cervantes parecía haber situado la "Ínsula Barataria" de Sancho Panza. ¡Para reinos imaginarios estaba!

Durante el vuelo de vuelta, Fraga ya tenía determinado escribir dos cartas: una al Rey y otra al Presidente designado, así como llamar por teléfono al General de Santiago, anunciándoles a todos ellos su renuncia a continuar.

El lunes, sin embargo, ya en el ministerio, informó a sus íntimos de la decisión de irse del Gobierno pese a las presiones en contrario que había recibido, como el requerimiento del mismo Rey. "A él le he hablado como se hacía a los reyes en la Edad Media, con respeto pero con energía", a fin de explicarle que no concebía el Estado ni la reforma que necesitaba la nación en los términos que apuntaba la presente solución de la crisis ministerial.

Compacto y conjuntado Gobierno de "penenes"

La sorpresa y la decepción ante el nombramiento de Suárez descargaron sobre los círculos políticos como una tormenta de verano, con una potencia de riesgo desconocida y que propició serias dificultades para formar gobierno. A la renuncia de Areilza y Fraga a proseguir en sus mismos puestos[18] siguieron, en los primeros sondeos de la crisis, la negativa de Fernando Álvarez de Miranda, Eduardo García de Enterría y Enrique Fuentes Quintana a incorporarse en cuanto personalidades de prestigio social y universitario. Conocidos estos hechos, la ingeniosa maldad de que lo que se iba a constituir era un gobierno de "penenes" (profesores no numerarios, sin catedráticos) circuló profusamente, dando pábulo, asimismo, a que volvía el "neocarrerismo".

Lejos de esos primeros presentimientos, Suárez y Osorio concertaron un equipo que, respetando a los ministros militares y dos carteras más (de Industria y Vivienda, que también continuaron), no hubiera tenido protagonismo en la guerra civil ni pudiera ser motejado de "tecnócrata". La combinación resultante fue, en términos generales, la misma fórmula que funcionó en otras etapas: "Santa Casa" (democristianos del área de la Editorial Católica) y "Movimiento Aperturista". La hostilidad frontal de los primeros momentos se trocó en numantinismo eficiente para hacer bien y rápidas las cosas, de suerte que lo que se creyó un equipo improvisado, descohesionado y provisional, resultó, en palabras de Rodolfo Martín Villa[19]: "con mucho, el más compacto y conjuntado, el de más conciencia del papel que le tocaba representar y el más eficaz de todos los gabinetes de los que he formado parte".

Torcuato Fernández Miranda, actuando de Presidente de las Cortes, comenta con Adolfo Suárez, de pie en la cabecera del "banco azul", alguno de los intrincados asuntos de los primeros días de julio de 1976.

Las dificultades que se encontró Adolfo Suárez para formar su primer Gobierno, en los primeros días de julio de 1976, fueron aprovechas por Alfonso Osorio para "colocar" a varios correligionarios de la democracia cristiana pertenecientes a Unión Democrática Española (UDE) cuales Andrés Reguera, Eduardo Carriles y Enrique de la Mata. Tan mollar debió de ver la situación Osorio para construir de una vez el gran partido democristiano español que citó a Federico Silva en su casa el 10 de julio, después de la siesta.

Frente a frente los dos amigos, según cuenta Federico Silva[20], hablaron largo rato para que al final Osorio dijera: "Bueno, Federico, ha llegado la hora de entregar la

---

[18] También renunciaron a continuar en el Gobierno Antonio Garrigues, Carlos Robles y Adolfo Martín Gamero.
[19] R. Martín Villa, *Al servicio del Estado*, Editorial Planeta, Barcelona, 1984, pág. 108.
[20] Federico Silva Muñoz, *Memorias políticas*, Editorial Planeta, 1993, pág. 336.

jefatura de la democracia cristiana a Adolfo Suárez. Él tiene el poder y puede hacer un partido gobernante para 30 años". Y para reforzar el consejo, apurando el argumento hasta el límite de lo increíble, añadió el santanderino: "Además, convéncete, Adolfo es un demócrata cristiano como tú y como yo, pues no debes olvidar que ha sido Presidente de la Juventud de Acción Católica de Ávila".

Aparte la antedicha anécdota, la declaración de intenciones que publicó el Gobierno el 16 de julio de 1976, una vez se dieron garantías a los sectores financiero y militar que la reforma institucional prevista no arrostraría peligros, fue realista y esperanzada sobre las siguientes bases: solicitud de colaboración a las instituciones y grupos políticos, sociales, sindicales y culturales; convicción de que la soberanía residía en el pueblo; respeto a la ley; reconocimiento de la diversidad regional en la unidad indisoluble de España, y otorgamiento de la amnistía por motivos políticos no extensible a delitos de sangre.

Las dudas y reticencias se fueron disolviendo con esta declaración, más en el lado de la oposición que en el del "Búnker", y así ha sido puesto de manifiesto por los comentaristas de izquierda como José María Maravall y Julián Santamaría[21] al precisar: "... la declaración de Suárez fijó los *objetivos* del Gobierno y el *procedimiento* para su consecución. Este procedimiento 'legal' respetaba las exigencias y condiciones establecidas por las instituciones existentes y por los *poderes de hecho*, en claro enfrentamiento a la *ruptura pactada* que exigía la oposición". El profesor Raúl Morodo, no obstante, es más preciso y original en su análisis de aquella situación cuando afirma que se abre una nueva estrategia que se fijaba en la *reforma pactada*[22], y ello porque no se destruían las instituciones existentes, sino que se autorreformaban. Con todo, se originó una polémica semántica —que todavía continúa en varios autores— de contenido estéril.

El Partido Popular, primero en la ventanilla

Días antes de formarse el primer Gobierno de Suárez, el 6 de julio de 1976, el partido político que inauguró el registro correspondiente en el Ministerio del Interior fue el Partido Popular, síntesis de otros grupos ("Tácito", "Fedisa", liberales e independientes) en torno a los "presidenciables" Pío Cabanillas y José María de Areilza, interesados en contar con una organización centrista y moderada.

El PP fue el embrión fructificador de Unión de Centro Democrático, y andando el tiempo, en la Refundación de Alianza Popular quince años después, dio nombre y apellido al ancho y consolidado partido de centro-derecha que derrotó al socialismo.

La creación notarial de aquel Partido Popular se llevó a cabo, no obstante, el 8 de junio —un mes antes de que abriesen la ventanilla—, y el secretariado provisional lo formaban Óscar Alzaga, Manuel Fraile, Juan Antonio Ortega Díaz-Ambrona y José Pedro Pérez Llorca.

En el inminente Gobierno de Suárez dos hombres de este proyecto, Landelino Lavilla y Marcelino Oreja, ocuparían dos importantes carteras: Justicia y Exteriores, respectivamente, y otros

---

[21] José María Maravall y Julián Santamaría, "Transición política y consolidación de la democracia en España", dentro de la obra colectiva *La transición democrática española*, Editorial Sistema, Madrid, 1993, pág. 200.

[22] R. Morodo, *La transición política*, Tecnos, Madrid, 1984, pág. 95.

nutrirían los puestos claves de la Administración, como Miguel Herrero Rodríguez de Miñón, también asistente a las reuniones preparatorias en calidad de liberal que se celebraban en el despacho de Pérez Llorca. Igualmente asistían a estas reuniones, en la que predominaban los demócratas cristianos, los socialdemócratas como Luis Gámir y Fernández Ordoñez, además del anfitrión.

"Las deliberaciones —dice Miguel Herrero[23]— se ceñían a un punto único. La insistencia de los democristianos en general y de Juan Antonio Ortega en particular de que adoptásemos su etiqueta. Y la negativa de todos los demás a hacer tal cosa. Los 'tácitos' hacían, una vez más, honor a su nombre".

El Conde de Motrico, pese a ser junto a Cabanillas el fundador del Partido Popular, fue vetado por Adolfo Suárez y no pudo presentarse a las primeras elecciones generales democráticas.

El último intento de GODSA hacia el centro-izquierda

El estado de reflexión de Fraga, tras su salida del Gobierno, se parecía a un volcán inactivo pero no apagado. La combustión interna no le estorbó en preparar a conciencia el viaje de los Reyes a *Terra Cha* (y Villalba, su pueblo natal), que se cumplió perfectamente. Después, como recoge en sus memorias, "mucho mar y mucho pensar".

Los miembros del viejo equipo de GODSA también pensaron mucho antes de decidirse a escribir pidiéndo verle en Perbes, localidad pesquera donde tiene su cuartel de descanso, a finales de agosto. Lo hicieron con una carta que, en nombre de todos, remitió Nicolás Rodríguez, y a la que acompañaban dos documentos. "La actitud del equipo —se decía en la epístola— ha sido inequívoca desde el principio, en intentar la creación de un gran partido de base popular que propugnara no sólo la reforma política, sino la transformación de las estructuras socioeconómicas". Más adelante, en otro párrafo le indicaban a Fraga que la adhesión incondicional a su persona les había hecho renunciar a actitudes más coherentes con íntimas aspiraciones. "Nos hemos sentido incómodos —argüían además— en un grupo que por algunos se quería inclinar por la derecha...".

Los documentos que acompañaban la carta eran: uno primero sobre los aspectos negativos durante la gestión gubernamental de Fraga y el segundo, un análisis de la situación política tras el nombramiento de Suárez. Con leal criticismo, el equipo de GODSA le reprochaba no haber tenido buena información durante su mandato, ni haberla sabido interpretar por no haber contado con personas de absoluta lealtad en puestos claves[24]; haber consentido la deformación de su imagen enérgica con gestos y frases de excesivo autoritarismo; haber efectuado demasiadas

---

[23] Miguel Herrero de Miñón, *Memorias de estío*, Ediciones Temas de Hoy, 1993, pág. 70.

[24] Los remitentes del escrito aludían implícitamente al abandono que sufrió Fraga a la hora de cesar en el Ministerio de la Gobernación, por parte de Gabriel Cisneros, miembro activo de GODSA, y de José Manuel Otero Novás, miembro del grupo Tácito; ambos se unieron inmediatamente al proyecto de Suárez. Otero lo justifica diciendo que: "Suárez me ofertó la Subsecretaría Técnica del Presidente del Gobierno, con singular dedicación a la integración en la política legal de la oposición de izquierdas. Me consideraba muy próximo y bien relacionado con la izquierda", *Nuestra democracia puede morir*, Plaza y Janés/Época, 1987, pág. 27.

concesiones a la derecha autoritaria (Comisión Mixta, etc.) minusvalorando su capacidad de intriga; aparentar desprecio hacia la oposición democrática, cuando no se respondía con la realidad, para crear una falsa intransigencia; tener excesivo pudor en la potenciación de la opción centrista por estar en el Gobierno, y desconocer el papel testamentario que las Fuerzas Armadas tenían en el proceso, con referencias desafortunadas al proceso de la UMD.

Igualmente, en el segundo documento el viejo equipo de GODSA analizaba con acierto el abanico de fuerzas en el teatro político y, refiriéndose a las posibilidades individuales de Fraga, agotaba las posibles opciones, invitándole a "tratar de formar un partido potente de centro izquierda", porque —aseguraban— la base sociológica del país está por una solución de esta tendencia. Como valor histórico-documental —y su curiosidad reside en que se hizo lo contrario— destacan las razones por las que los colaboradores de Fraga rechazaban de plano un posible alineamiento con el franquismo. A saber:

> "A pesar de haber sido el líder del reformismo, estamos seguros de que el conjunto de fuerzas que constituyen el franquismo estarían muy interesadas en recuperar a Manuel Fraga, pues carentes de una personalidad de primera fila por la edad de Girón y Fernández Cuesta, sólo Cruz Martínez Esteruelas o Silva —si se decide a abandonar una asociación como UDE, que no está controlada por él— tendrán categoría de líderes y ninguno de los dos puede compararse en arraigo popular y capacidad de mando con Fraga.
>
> El interés sería mayor si fracasara la gestión del actual Gobierno, y se planteara una alteración de la paz social, que forzara la intervención directa o soterrada del Ejército. En tal circunstancia, la figura de Fraga sería sin duda ideal como alternativa para garantizar el orden y tal vez el franquismo deseara integrarla, e hiciera para ellos llamadas a su patriotismo.
>
> Evidentemente creemos —afirmaban categóricamente— que esto sería la muerte política de Fraga, pues una solución de involución no puede mantenerse mucho tiempo y terminaría siendo arrollada por otras fuerzas más progresistas".

A finales de agosto, ciertamente Fraga recibió en su casa de Perbes (en "La Dorna") a Cortina, Argos, Nicolás Rodríguez y Manuel Millián y les invitó a comer una paella y comentaron los documentos sin profundidad, eludiendo el anfitrión un compromiso o el establecimiento de condiciones por parte del llamado *Equipo*. Sobre este encuentro, Nicolás Rodríguez ha señalado que Fraga no quiso abordar de lleno el asunto y, tal vez por eso, llegada una hora los dejó en casa en compañía de su mujer y de su hija y se fue a jugar la acostumbrada partida de dominó. "Nos fuimos con la sensación —concluye Nicolás Rodríguez— que en modo alguno quería comprometerse en nuestro proyecto, aunque pedía nuestra colaboración, porque ya estaba inclinado a constituir una fuerza de base sociológica franquista"[25].

---

[25] Testimonio de Nicolás Rodríguez al autor.

Capítulo 7

ALIANZA POPULAR, CON LA TARA DE SU ORIGEN FRANQUISTA

La Reforma: pautas de credibilidad

El primer Gobierno de Suárez nació con el complejo del pasado, del franquismo, y tal vez por ello inicialmente administró la Reforma en la tesitura de hacer concesiones a la izquierda sin contrapartidas sustanciales. La mala conciencia histórica de sus principales componentes y el deseo de agradar —ganar credibilidad— planteó la lucha política en términos de imagen gestual, de nominalismo, de ocupar espacios meramente convencionales sin exhibición ideológica ni tampoco programática. El goteo reformista del Gobierno Arias es cierto que se restó a sí mismo crédito por el exceso de consideraciones sentimentales al pasado, por falta de iniciativa y ritmo, por sobredimensionar el peso del "Búnker" pero, sobre todo, por perder la cara ante ciertos medios de propaganda y de comunicación que consiguieron identificar a la derecha razonable y democrática con la opresión, con la caverna y con el despiadado capitalismo... mientras que todo lo de la izquierda *(gauche divine)* era exaltado como progresista, intelectualmente de moda y futurista, sin pararse nadie a pensar qué decían —y qué querían—; sin pararse nadie a comparar textos, programas y promesas; sin pararse nadie a examinar los riesgos de la estabilidad.

La confusión y el desconcierto eran palpables en un clima de símbolos y de individualidades sin base organizativa alguna, en el que proliferaban los grupos y partidos-taxi[1] como auténtica "sopa de letras" sin posibilidad de futuro a no ser como plataforma de poder por minúsculos que fuesen.

Ha de convenirse con el profesor Rafael del Águila[2], que la estrategia gubernamental de cambio restringido era la del anterior gobierno y que no alteró grandemente las pretensiones de los partidarios de la ruptura. Refiriéndose a la etapa de julio de 1976 a diciembre del mismo año, el antedicho catedrático de Ciencia Política establece que "en este período los distintos actos del Gobierno Suárez, demasiado preocupado por lograr el *quantum* de legitimidad continuista que le era necesario, no obtiene credibilidad o, al menos, no la obtiene en grado suficiente, entre las fuerzas de oposición".

Pero los gestos claves, como la amnistía[3], la suscripción del Pacto Internacional de Derechos Civiles y Políticos, la apertura de conversaciones con líderes de la izquierda en tanto que adver-

---

[1] Lo que coloquialmente era llamado "sopa de letras", conjunto de siglas de los grupos aspirantes a constituirse en partidos políticos desde los ultras de derechas hasta los ultras de izquierdas, superaban los ciento veinte, según un catálogo que publicó *Diario 16* en esos meses. Los grupúsculos eran conocidos asimismo como "partidos-taxi" porque en cierto momento preguntado Joaquín Garrigues por las bases de su partido, éste, con vivo sentido del humor, dijo que las bases de su partido cabían en un taxi.

[2] Rafael del Águila, "La dinámica de la legitimidad en el discurso político de la transición", dentro de la obra colectiva *Transición política y consolidación democrática* ya citada, pág. 61.

[3] La amnistía adoptó carta de naturaleza legal por real decreto-ley de 30 de julio aprobado por el Consejo de Ministros que, bajo la presidencia del Rey, se celebró ese mismo día en La Coruña. Publicado por el BOE el 4 de agosto y con alcance a delitos de intencionalidad política y de opinión, introducía un proceso lento por su judiciali-

sarios pero no enemigos, la permisividad ante la celebración de la *Díada* catalana[4] y la renuncia por parte del Rey al privilegio de presentación de obispos, supusieron un muestrario de buenas intenciones y sólo como tregua fue aceptada. Eso sí, la insistente demanda de reconocimiento y de legitimidad de Suárez —acaso porque era inevitable— escoró la reforma hacia la mesa de la negociación incluso después de aprobarse por referéndum la Ley de la Reforma Política, pese a que, por ejemplo, el PSOE había pedido sin resultado aparente la abstención, y eso lo tradujeron algunos en debilidad de Suárez.

Uno de los que así opinaba era Fraga: "Sigo convencido de que se hubiera podido llegar a las primeras elecciones con menos concesiones de las que se hicieron, con grave deterioro del principio de legalidad; del prestigio de las instituciones; del respeto a la justicia; de facilidades a los violentos"[5], atribuyendo este retablo de debilidades al predominio de las ambiciones personales —acusación implícita a Suárez— sobre los intereses permanentes del Estado y a la falta de entendimiento entre los reformistas de dentro y fuera del antiguo régimen.

Mediante un acerado análisis de esta etapa, Juan Ramón Calero denuncia el aspecto inconfesable y acomplejado de la derecha: "Durante los primeros meses de la transición los que podían haber sido los dirigentes políticos de la derecha no sólo negaban abiertamente que eran de derechas, no sólo pretendían obsesivamente hacer olvidar su pasado, sino que también aparecían divididos, fragmentados, enfrentados, marcándose distancias unos a otros desde sus minúsculos e insignificantes reinos de taifas"[6]. Ante este panorama es lógico, por otra parte, admitir que la izquierda se envalentonase con el principio de legitimidad negándolo de raíz a los evolucionistas y reformistas, y que en esta suerte fuese quien repartiese el marchamo de demócrata. Y era así, ciertamente, como se comprueba que durante muchos años el voto oculto —la intención de voto por medio de encuestas— residiese en el electorado de derechas.

El sarcasmo de los "Siete magníficos"

Desde la base y cuesta arriba, sin una brizna de poder, Fraga entendió que había que crear una fuerza política a partir de entonces. Así se lo transmitió a Cabanillas y a Areilza en Galicia, durante aquel incierto mes de agosto de 1976, consciente de que Suárez y su gobierno opondrían todo tipo de obstáculos a que fuera de su influencia se crease una organización *factótum*. Pero el villalbés inició el mes de septiembre imbuido por ese propósito de consolidar el grupo que ya tenía formado, con todas las precariedades conocidas, y que no tendría por qué derrotar hacia el centro-izquierda ni actuar en solitario como le pedían los pioneros de GODSA.

---

zación. Es decir, cada juzgado y tribunal que había entendido de cada delito debía revisar la causa, y estaban radicalmente excluidos los delitos de terrorismo. Sobre el número de afectados por el real decreto-ley no hay estadística definitiva, aunque Raymond Carr y Juan Pablo Fusi (*España, de la dictadura a la democracia, op. cit.*, pág. 281) aseguran que permitió la liberación carcelaria de unos cuatrocientos detenidos.

[4] Después de cuarenta años de prohibición, la Diada se celebró el 11 de septiembre de 1976 en Sant Boi de Llobregat, con un mitin en el que intervino como orador principal Miguel Roca Junyent, en representación del Consejo de las Fuerzas Políticas de Cataluña. En aquel acto fue excluido Reforma Democrática y el Club Ágora, lo que provocó uno de los primeros roces serios con las gentes de Fraga, algunos de los cuales pese a no haber sido convocados asistieron.

[5] M. Fraga, *En busca del tiempo servido*, pág. 55.

[6] Juan Ramón Calero, *La construcción de la derecha española*, Editorial Prócer, Murcia, 1985, pág. 167.

El secreto de su decisión la explica y justifica Fraga en sus memorias con cierta grandilocuencia, no sin escrutar el espacio donde tendría cabida —al encuentro de una sociedad de clases medias— y el ideario reformista (los estudios y programas) en torno al cual venían trabajando sus amigos desde hacía años en pro de una derecha moderada, moderna y democrática. Ese espacio sociológico —franquista por inercia— existía para quien se acercase a él y contaba con enormes potenciales electorales. Porque —alega— "era necesario salvar a innumerables personas, que sin esta opción podían tener la tentación de refugiarse en la nostalgia; de huir de la participación; o bien de caer en las manos de ofertas inmovilistas y autoritarias"[7].

El 8 de septiembre, con ocasión de la entrevista *tete à tete* con Suárez, se percató de que éste iba a jugar a fondo con la reforma y que no se contaba con él, de lo contrario no le hubiese propuesto que aceptase como "retiro" el Tribunal de la Competencia. Este ofrecimiento le espoleó de tal manera, hozó en su herido orgullo, que Fraga siempre lo tendría presente sin posibilidad de redención[8]. No era en modo alguno imprescindible sentarles en la silla del psiquiatra para convencerse que desde aquel momento la incompatibilidad les llevaría por rutas diferentes aunque, en sustancia, no divergieran del modelo político apetecido por ambos. Precisamente por eso: porque los dos perseguían lo mismo con idéntico impulso y con protagonismo excluyente. En todo caso, las posiciones y papeles quedaron invertidos.

Perfilada la situación, se iniciaron los contactos para una convergencia más de nombres que de fuerzas —de políticos experimentados en el anciano régimen—; más de sensibilidades y talantes que de diversidad ideológica; más de personas dolidas por la sensación de injusto apartamiento de la política que por un reenganche egoísta. Así, Fraga, el 15 de septiembre, cenó en Madrid con Federico Silva (líder discutido en la democristiana Unión Democrática Española), Gonzalo Fernández de la Mora (que agrupaba a gentes tradicionalistas) y Cruz Martínez Esteruelas (sucesor de Adolfo Suárez en Unión del Pueblo Español), y todo parece indicar que convinieron en coaligarse en secreto para no desatar las iras del Gobierno.

El 8 de septiembre de 1976 se reunieron en Madrid Adolfo Suárez, a la sazón Presidente del Gobierno, y Manuel Fraga; reunión en la que el abulense intentó "retirar" —si no humillar— al villalbés ofreciéndole la presidencia del entonces inocuo Tribunal de la Competencia. A la poca simpatía que se profesaban recíprocamente, sólo faltó añadirle lo que Fraga consideró un agravio imperdonable.

La idea había partido de Martínez Esteruelas mediante carta que dirigió a Fraga durante el verano, ante la eventualidad, cada vez más próxima, de convocatoria electoral. Y no estaba claro —ni lo estuvo nunca— que fuese una organización unitaria, antes al contrario Silva se inclinaba por una federación de grupos o

[7] M. Fraga, *op. cit.*, pág. 57.

[8] Esa hostilidad no había remitido cuando Miguel Platón, en 1991, le preguntaba a Fraga por aquel incidente, a lo que contestó el Presidente de la Xunta: "Prefiero no hablar, pero desde luego mi opinión sobre él (Suárez) no es positiva". *Manuel Fraga, la divertida biografía de un gallego incombustible*, Ediciones Temas de Hoy, Madrid, 1992, pág. 162.

partidos. Evidentemente la desconfianza en torno al liderazgo apareció desde el principio, si bien existía una opinión predominante de que Fraga era el organizador, dado que era quien contaba con el grupo más completo, en tanto que Silva era víctima por aquellos días de un proceso de autodestrucción de UDE[9] instigado por sus correligionarios ministros del Gobierno Suárez. Según parece, Fraga y Silva salvaron los últimos escollos para su alianza en un almuerzo que tuvo lugar en casa de éste el 25 de septiembre, que recogió así el político democristiano: "La negociación en la otra banda había culminado en un almuerzo en mi casa con Manuel Fraga, en el que llegamos a las bases de un posible acuerdo, pero sin llegar a nada concreto"[10].

La confidencialidad del acuerdo que se iba "fraguando" no pudo mantenerse por mucho tiempo y en la última semana de septiembre los seis ex ministros del franquismo, más Enrique Thomas de Carranza, por parte de ANEPA, eran ya una amenaza por la resonancia que cobró como *gran alianza*, capaz de arrastrar tras de sí al invisible ejército de burócratas del sindicalismo, de las corporaciones locales y de las entidades del feneciente Movimiento[11].

A punto de ser cesado López Rodó como embajador en Austria, mediando previamente vejaciones personales a cargo de Suárez conforme cuenta en sus dilatadas y puntillosas memorias, también se reunió con Fraga para sumarse al nuevo grupo político —no una simple federación ni una mera alianza electoral—, advirtiéndole éste que "conviene que el Gobierno sepa que esto no va contra él y que no debe, por tanto, mostrarse beligerante"[12].

La beligerancia del Gobierno no se hizo esperar, con una panoplia de jugadas que han dejado un rastro imborrable de testimonios en memorias y en toda una pila de recortes periodísticos siguiendo la consignas oficiales y cumpliendo la máxima del revolucionario ruso Nechayev: antes de matar a un adversario hay que despojarle de su honra. Y como se resistían a morir en política, de aquella acción gubernamental surgió —con encono especial contra Fraga— un proceso de asesinato del carácter.

Ante el Rey se vistió la operación aliancista como un intento de vuelta al pasado (el monarca reveló a López Rodó que era "una mezcla explosiva"[13]) y los ministros y el propio Presidente desplegaron su presión para dividir el proyecto, provocando la escisión de UDE y de ANEPA (ésta creada por Alejandro Rodríguez de Valcárcel como círculo de estudios). El Grupo Parlamentario Regionalista, que presidía durante la Legislatura prorrogada López Rodó, también fue diezmado con la defección de muchos presidentes de Diputación y alcaldes tan pronto se apuntó la iniciativa de transformarse en partido político con el nombre de Acción Regional dispuesto a coaligarse en Alianza Popular. El más remiso de los integrantes era Licinio de la Fuente, encargado de crear un grupo de inspiración social (Reforma Social), y contra viento y marea también se adhirió.

---

[9] Ante la alternativa de coalición de UDE, o con el denominado Equipo de la Democracia Cristiana o con la naciente Alianza Popular, Federico Silva fue atacado por los ministros democristianos (singularmente por Osorio) en un proceso de destrucción de aquel partido hasta llegarse a la escisión en octubre de 1976, según cuenta el interesado en sus *Memorias Políticas*, Editorial Planeta, 1993, pág. 345.

[10] F. Silva, *op. cit.*, pág. 345.

[11] Tanto *ABC* como *Pueblo* estaban al tanto del proyecto con un nivel de conocimiento incompleto e impreciso, si bien uno el 24 de septiembre y el otro el 25, respectivamente, difundieron informaciones sobre la "alianza" que se estaba formando incluyendo también entre los promotores a Fernández Sordo y a López Bravo, ambos también ex ministros de gobiernos de Franco.

[12] L. López Rodó, *Claves de la Transición*, Memorias IV, Plaza y Janés, Barcelona, 1993, pág. 275.

[13] L. López Rodó, *op. cit.*, pág. 276.

Cuéntase, con relación a la Unión del Pueblo Español, que Suárez comentó al saber que también convergía en el proyecto esta organización antes tributaria de él: "La organicé por teléfono, y por teléfono la desharé". La razón de detener la fundación del proyecto estribaba, según Alfonso Osorio, en que suponía una grave disgregación para el partido político que desde el Gobierno se pensaba crear más adelante —como así fue—, a lo que Fraga replicó: "Voy a hacer el partido político que yo considero adecuado, no el que vosotros queréis que haga"[14].

El domicilio particular del jurídico militar Julio Iranzo, profesor ayudante de Derecho Político y ex gobernador civil de Cuenca y Guipúzcoa, en la calle Concha Espina, de Madrid, fue en la práctica la primera sede de la coalición, donde los siete mandatarios discutieron hasta la saciedad la declaración-manifiesto y los perfiles de la organización futura Alianza Popular, llegando a firmarse el 9 de octubre, así como un acta secreta sobre la que Federico Silva declara que "no era ni podía ser otra cosa que una coalición política y electoral, que nos comprometíamos a una unidad de propaganda y a una unidad de organización electoral"[15].

En todo caso, teniendo por secretario al propio Iranzo, se llegó al acta fundacional de ese bulbo extraño de partido político que se fortalecería a partir de ser blanco de las críticas, de aprender perdiendo y de sufrir depuraciones personales y abandonos a lo largo de los años dentro de un marco de pensamiento liberal-conservador intachable.

La coalición fue saludada de la peor manera posible: con el desprestigio de las formas, sin análisis de lo que encerraba su definición fundacional. Tan así fue que la fórmula recibió críticas acerbas desde el Gobierno y desde la izquierda, pero sobre todo desde los medios de comunicación de la que fue pasto de la sorna y socarronería celtibéricas. La denominación *Siete magníficos,* acuñada por el periodista de *Diario 16* Cuco Cerecedo (título traído de un *western* de John Sturges de los años sesenta), fue la mortífera andanada que recibió —y que caló en la opinión pública— en cuanto evocaba a un grupo de siete pistoleros dispuestos a abrirse camino a tiros. Nada pudo neutralizar tan mordaz comparación, ni siquiera el comentario de José María Ruiz-Gallardón en el *ABC* del 10 de octubre, en el que asentaba que el manifiesto "era un documento serio, elaborado y con poder de convocatoria" para planteamientos, postulados y soluciones que correspondían a un partido conservador en línea con otros europeos[16].

¿Fue un error político tan singular fundación? Su planteamiento formal fue un desastre en términos de oportunidad, pero su anuncio tuvo las características de un revulsivo para acabar con la irrisoria "sopa de letras" y para aceptar que en cuestión de meses había que acudir a las urnas de forma organizada. Mas de todos los inconvenientes, quizás el peor fue el de que Fraga malgastó su ganado espacio centrista y moderado dejándolo libre para ulteriores iniciativas. Y aunque no lo pretendía, se dirigió más al franquismo político que al sociológico vaciando de adhesiones, para encarrilarlas por el sendero constitucional, a cientos de miles de nostálgicos que hubiesen acabado apoyando a las opciones ultras. Pasado el tiempo, con la perspectiva de

---

[14] Miguel Platón, *op. cit.*, pág. 163.

[15] F. Silva, *op. cit.*, pág. 347.

[16] En el comentario de J. M. Ruiz-Gallardón afirmaba que Alianza Popular sería más que una yuxtaposición de firmantes, una síntesis para multiplicar las adhesiones; de pocas y fuertes agrupaciones políticas, sin exclusiones, que defenderá la institución monárquica y la unidad de España en un Estado de Derecho en el que la libertad, con un Gobierno fuerte, será el valor de la legitimidad.

los años noventa, de aquellos fundadores el que lamentó expresamente aquel paso fue López Rodó: "Creo que mi incorporación a Alianza Popular fue uno de los mayores errores políticos que he cometido"[17].

La octava Ley Fundamental

La pugna por apropiarse del *laboratorio* de la Reforma —el obrador constitucional— siguió durante el Gobierno Suárez. Desaparecido Fraga del ejecutivo, a Fernández Miranda le surgió un círculo pensante en el Ministerio de Justicia, competente y competidor, sobre cómo articular la transición legal. Por iniciativa de Landelino Lavilla y del secretario general técnico del departamento, Miguel Herrero, casi prosperó la revisión constitucional —de las siete Leyes Fundamentales— a través de un referéndum previo y prospectivo que, sin violentar el marco legal y siguiendo el principio de la ley que reforma la ley, evitase la ruptura, de un lado, y la auto inmolación de las Cortes franquistas, por el otro.

El diseño de Miguel Herrero, fuente de varios dictámenes y notas derivadas de su tesis sobre la legitimidad del *Principio Monárquico*[18], suponía que después del referéndum prospectivo una Comisión Regia con representantes de todas las fuerzas políticas[19] ejercería un poder vicario y constituyente para redactar la nueva constitución. Pero no. Aunque Suárez pudo acogerla con simpatía, el proyecto que salió adelante era el de Fernández Miranda e igualmente el mecanismo procesal para su debate y aprobación. La voluntad de Fernández Miranda —su taimado plan— persistía en que se llegase a la octava Ley Fundamental. Al cabo de los años Miguel Herrero mantiene la consistencia de aquel punto estratégico:

> "Hoy creo que con la fórmula que entonces proponía, la transición se hubiera cerrado antes, el coste político hubiera sido menor, puesto que fue preciso hacer concesiones primero a los inmovilistas y después a la izquierda en aras de sacar adelante tan complicados trámites y, sin esperar a 1979, hubiera sido posible entrar en las apremiantes cuestiones de fondo tales como el desajuste económico o la crisis de orden público"[20].

---

[17] L. López Rodó, *op. cit.*, pág. 277, quien añade: "La aparición de Alianza Popular cayó muy mal en las altas esferas y se hizo todo lo posible para segarle la hierba y nos vimos acosados tanto o más por los centristas de Adolfo Suárez que por la extrema izquierda. Se nos tachó de "continuistas", de "derecha pura y dura", siendo así que nuestra intención no era otra que constituir una fuerza moderada que sirviera de contrapeso al envalentonamiento revanchista de la izquierda y al entreguismo de los que sentían un complejo de inferioridad por haber desempeñado cargos políticos durante la época de Franco".

[18] Con este título Miguel Herrero publicó en 1972 un breve ensayo, editado por Edicusa (de *Cuadernos para el diálogo*), Madrid, en el que, además de sostener que el Rey era el órgano único de soberanía del Estado de las Leyes Fundamentales, el monarca poseía legitimidad y capacidad de acudir al pueblo a través del referéndum para la reforma de dichas Leyes Fundamentales a la vista de ese corsé de inalterabilidad que pretendían tener los Principios Fundamentales del Movimiento Nacional.

[19] La Comisión Regia por la que se inclinaba Miguel Herrero, previendo un proceso parecido al que funcionó en Francia al intaurarse la V República, sería la encargada de redactar el texto constitucional de consenso y libre de cargas dogmáticas y a ella pertenecerían representantes del Gobierno (de sus secretaría técnicas) y de todas las fuerzas políticas. En concreto entendía que, bajo la dirección del Presidente del Gobierno, deberían integrarla los ministros de Justicia y de Presidencia; los profesores Fueyo Álvarez (falangismo), Fraga Iribarne (neofranquismo), Sánchez Agesta (Asociación de Propagandistas de derechas), Gil Robles y Ruiz Giménez (demócrata-cristianos), Peces-Barba (PSOE), Tierno Galván (PSP), García Pelayo, Ollero, Jiménez de Parga, Castiella Maíz y García de Enterría (independientes), y de secretario, con voz y sin voto, el secretario general técnico del Ministerio de Justicia (el mismo Herrero).

[20] M. Herrero de Miñón, *Memorias de estío,* Temas de Hoy, Madrid, 1993, pág. 84.

La Reforma Política fue obra de un "Cánovas colectivo" en el que participaron como promotores Torcuato Fernández Miranda y Adolfo Suárez, con la función de estratega uno y el otro como ejecutor. De la buena y compenetrada actuación, pasado el Referéndum del 15 de diciembre de 1976, las relaciones se enfriaron hasta el distanciamiento y el odio. Los dos personajes fueron premiados por el Rey con el título de duque.

Éstos son los ponentes de la Ley de Reforma Política que se sometió a referéndum: Fernando Suárez, Miguel Primo de Rivera, Lorenzo Olarte, Belén Landáburu y Noel Zapico. La actuación más brillante en la sesión plenaria, desde el punto de vista dialéctico y de la oratoria, fue la del leonés Fernando Suárez, que se consagró como orador. No menos eficaz, de otra parte, fue la intervención del Duque Primo de Rivera recomendando a las Cortes de Franco la autoinmolación.

El 24 de agosto Suárez llevó al Consejo de Ministros el proyecto de Ley de la Reforma Política en un folio mecanografiado. Era un producto más de Fernández Miranda, que ya contaba también con el mecanismo procesal-parlamentario para el debate urgente en la Cámara por él presidida. Con esa base, una comisión ministerial y el equipo de juristas de Justicia introdujeron ligeras alteraciones: en lugar de la preposición "de" (la Reforma Política) la de "para"; eliminación del preámbulo, supresión de la distinción entre referéndum y plebiscito, marginación del Consejo del Reino —llevado a las disposiciones transitorias—; desaparición de las disposiciones derogatorias, y la de igualar en cuatro años el mandato de Diputados y Senadores. Se mantenía el nombramiento por el Rey del Presidente de las Cortes, lo que provocó el comentario de que Fernández Miranda quería la democracia para todos menos para él[21]. Todas estas modificaciones daban un talante subrepticio a la Reforma, restándole aristas que encrespasen a quienes las iban a debatir y aprobar.

Como quiera que el informe preceptivo del Consejo Nacional se había quedado en un mero trámite no vinculante, Fernández Miranda eligió una ponencia diversificada[22] a partir de que

---

[21] R. Martín Villa, en sus memorias *Al servicio del Estado,* Editorial Planeta, Barcelona, 1984, pág. 53, recoge este comentario anecdótico.

[22] La ponencia estaba presidida por el ex ministro Gregorio López Bravo (del sector tecnócrata), el ex ministro Fernando Suárez (reformista desde que fuera procurador de representación familiar y ahora de libre designación), Belén Landáburu (evolucionista de la Sección Femenina), Noel Zapico (representante sindical evolucionista), Lorenzo Olarte Cullén (reformista representante de las administraciones locales) y Miguel Primo de Rivera (procurador de libre designación, evolucionista y declarado monárquico). Además de su aportación técnica, todos ellos desempeñaron una notable labor muñidora en favor del proyecto dentro de los sectores de donde procedían.

aceptara estar en ella Fernando Suárez, alumno universitario de aquél en Oviedo y parlamentario arrollador de fondo y forma. Una vez más encajaba el reparto de papeles de aquel proceso de reforma en palabras de Fernández Miranda: "La Reforma había tenido un empresario, el Rey; un autor, él mismo, y un actor, Adolfo Suárez"[23].

La reserva legal que el proyecto de ley establecía para que el Gobierno regulara y organizara las elecciones a Cortes, pero a más, la adopción para el Congreso del criterio de representación proporcional pura inquietó casi con alarma de los promotores de Alianza Popular, quienes en noviembre tuvieron un encuentro con el profesor Kemper, enemigo declarado de aquel sistema de representación que, además de atomizar los grupos electorales, facilitaba la perpetuación de los constituyentes electos.

Por parte de Alianza Popular, con el respaldo de un grupo significativo de procuradores, se insistió en rechazar el sistema proporcional a través de Cruz Martínez Esteruelas, enmendante y orador efectivo en aquella ocasión. Y como el Gobierno estaba muy interesado en superar el escollo parlamentario resueltamente, sin otros obstáculos que los conocidos del "Búnker", la fórmula de compromiso se consiguió finalmente suavizando el sistema. Las elecciones al Congreso de los Diputados, bajo criterios proporcionales que desarrollaría el Gobierno, se llevarían a cabo en distrito provincial, fijando un número mínimo para cada provincia. A ese acuerdo se llegó durante una interrupción del debate en el palacio de la Carrera de San Jerónimo oficiando de árbitro Torcuato Fernández Miranda, durante el tercer día del debate (18 de noviembre), salvado el cual la democracia podría transitar por un camino expedito.

Fraga, que se encontraba el los Estados Unidos, no resignaba su criterio de pugnar por el sistema mayoritario que tan bien funcionaba en Inglaterra (con los *constituencies*), pero los restantes promotores aliancistas hubieron de ceder por "razones patrióticas" y porque recibieron información debajo de la mesa de los criterios que inspirarían la normativa electoral. La proporcionalidad electoral como sistema en el cual el eje es la lista, cerrada y patrocinada por cada partido, retrata mejor el espectro político pero, en cambio, traslada la acción política a los llamados aparatos de los partidos que confeccionan las listas en detrimento del mérito individual. Tal vez por eso la izquierda hizo cuestión vital de este punto y quizás porque temía peores resultados que los obtenidos después.

Quienes tenían vocación de ganar se inclinaban por el sistema mayoritario, que prima la estabilidad de los partidos grandes, y por tal razón es inexplicable que Suárez transigiese en este punto, puesto que la proporcionalidad lograría con los años expulsarle de la política —como a otros—; cosa más difícil si se hubiese optado por el sistema mayoritario. Este problema ha estado siempre presente en nuestro modelo político y, durante la Legislatura constituyente se replanteó. La dificultad de ayer y hoy para establecer el sistema mayoritario —de distrito unipersonal— ha sido la de cómo trocear electoralmente el mapa español en función de territorios naturales y de población, irregularmente repartida en más de ocho mil pueblos[24].

---

[23] R. Martín Villa, *op.* cit., pág. 50. Respecto de esta afirmación, el ex ministro del Interior la considera de veracidad parcial, por cuanto que entiende que Suárez no fue un mero actor, sino que su "papel" tuvo actuaciones de iniciativa propia, de notable improvisación.

[24] Aunque varios expertos constitucionalistas trabajaron para conseguir un mapa de distritos unipersonales necesario en el sistema electoral mayoritario, ciertamente en el ámbito académico, el proyecto de normativa idóneo apenas avanzó, si es que no fue descartado desde el principio.

El acierto de Suárez fue el de, sin alterar los mismos objetivos del anterior gobierno, cambiar de estrategia, más atenta a las fuerzas de la oposición que al "Búnker", al que logró aislar con sus artes seductoras ante las Fuerzas Armadas, la jerarquía eclesiástica y los sindicatos unitarios. "No se trataba únicamente de gestos simbólicos", subrayan Raymond Carr y Juan Pablo Fusi[25]. "Suárez había comprendido que la reforma no sería posible sin la oposición y, mucho menos, contra ella. Su política de atracción le dio resultados: acabó por dividir a la oposición y terminó por hacer posible la negociación y la *ruptura pactada* a la que parecía inclinada la oposición ya al final del Gobierno Arias".

Así la cosas, desde estos episodios estratégicos, Suárez fue situándose en el centro político equidistante como un árbitro razonable entre la catacumba franquista y el abismo izquierdista —en ambos casos con mayor apariencia que *factibilidad*— y con esa posición, desde el poder, pudo concertar voluntades moderadas para un proyecto como el de UCD que era sólo coyuntural dada la amalgama ideológica que encerraba.

La Reforma Política, texto legal que disolvía las dudas de posible perjurio del joven Rey, fue el último eslabón del entramado constitucional franquista y asimismo la piedra sillar de un futuro democrático sustentado en el pacto de las reglas de comportamiento. El resultado de la votación de la Ley para la Reforma Política tiene la elocuencia de la moderación, del deseo de hablar con los adversarios: la apoyaron 425 procuradores, 59 votaron en contra y 13 se abstuvieron. Esta votación, no glosada suficientemente por ningún comentarista, fue el mejor y primer indicio de que la violencia no sería la atmósfera de los cambios venideros.

A un año de la muerte de Franco el pueblo español se sentía interesado por la política con un grado de actividad inusual y el referéndum que siguió al debate parlamentario en las Cortes es, en opinión de los expertos, el principal acto inaugural de la legítima lucha democrática. Dada la celeridad histórica de los acontecimientos y la desmemoria de la clase política, parecía que la Dictadura hubiese perdido sus raíces.

"Habla, pueblo"

La desconfianza interna, de grupos pequeños frente a los organizados, de partidos estatales frente a los regionales, de marxistas frente a los demás y un sinfín de contradicciones hicieron inviable la acción conjunta de la oposición, pese a haber constituido el 23 de octubre una Plataforma de Organismos Democráticos, engendro más amplio e inútil que la llamada "Platajunta". Aquello no era agregación, era apelotonamiento que demandaba un gobierno provisional que empezase el proceso constituyente; la legalización de todos los partidos y la derogación absoluta de la legislación franquista[26].

---

[25] Raymond Carr y Juan Pablo Fusi, *España, de la dictadura a la democracia*, Editorial Planeta, Barcelona, 1979, pág. 286.

[26] La Plataforma de Organismos Democráticos emitió un documento cual programa de la oposición el mismo día de su constitución que, además de las reivindicaciones enumeradas, contenía un punto de reconocimiento a las aspiraciones de las "nacionalidades y regiones", para dotarse de su propio proceso autonómico y, con carácter provisional, para Cataluña, Euzkadi y Galicia de acuerdo con sus respectivos Estatutos "aprobados o plebiscitados" en cada una de ellas. El hecho más significativo de este programa era, sin duda, que no cuestionaba la forma de Estado entendiéndose ello como una tácita aceptación de la Monarquía. En la prosa de este documento, según varios testimonios, estuvo la pluma del profesor Carlos Ollero que no escatimó esfuerzos por aglutinar a todas las fuerzas de la oposición.

El Gobierno Suárez conocía las debilidades de la oposición y con esa premisa, a través de negociaciones con grupos moderados, ganó tiempo hasta soslayar aquellas condiciones maximalistas. Gil Robles sugería por aquellos días la constitución de un grupo negociador de notables y, a su vez, Ruiz Jiménez admitía la ampliación del Gobierno dando entrada a varios ministros comisionados de la oposición. La idea gilroblista al final fue aceptada en una nueva filosofía del "consenso" de formar un grupo negociador con los grupos grandes, pero Suárez, aun aceptando la posibilidad de negociar con el conjunto, desplegó su habilidad para concertar cuestiones parciales grupo a grupo: ya con los democristianos de izquierda como con los socialistas y comunistas. El resultado fue que el planteamiento de "ruptura" —que implicaba el republicanismo y un nuevo sistema económico-social— se disolvió como un azucarillo, empezando a oírse lo de "ruptura pactada". "La polémica reforma/ruptura, que constituirá la base ideológica más constante de estos años —dice el profesor Raúl Morodo[27]—, se irá flexibilizando conforme las relaciones Gobierno-Oposición analizan objetivamente una situación que exige el escalonamiento gradualista de la transición. Es decir, ruptura encubierta y reforma pactada irán entrelazándose".

En la búsqueda de la clave, de la razón íntima por la que la oposición aflojó en su ofensiva se dan diversas interpretaciones. Una primera era la prudente espera a que el Gobierno, desde dentro de las entrañas del régimen evolucionado, suprimiese los mecanismos dictatoriales que les facilitaría la entrada en el nuevo sistema político. Pero la más realista, visto ahora con perspectiva, es que la fuerza rupturista y radical era muy relativa, puesto que la sociedad mayoritariamente valoraba la moderación. La huelga general convocada por las centrales sindicales de oposición para el 12 de noviembre se quedó en un intento —un serio aviso— de que los desplantes a la fuerza no tenían simpatías. Raymond Carr y Juan Pablo Fusi sintetizan acertadamente el análisis de tan difusa situación cuando aseguran[28]: "Verbalmente, las fuerzas moderadas rechazaban la reforma de Suárez. En la práctica, la aceptaban".

Los sociólogos coinciden en señalar, a la luz de las primeras encuestas oficiales y privadas, que fue el debate de la Ley para la Reforma Política el que avivó el interés popular por la política en sentido concreto y, al hilo de ello, el papel desempeñado por Suárez tuvo un eco de simpatía enorme, con su actitud juvenil, afable, moderada y decidida, sobre todo en la sociedad urbana, en la zona rural tradicional y entre el electorado de clase media. El eslogan institucional sobre el referéndum *Habla, pueblo. Para que calle la violencia* fue una auténtica sacudida a la responsabilidad como bien demuestra el resultado de aquel largo y tortuoso proceso.

La campaña institucional sobre el referéndum de la Reforma Política fue persuasivo y serio sobre dos ejes fundamentales: devolver la voz al pueblo y preservar la paz.

---

[27] Raúl Morodo, 'La marcha de la oposición hacia el consenso' ("Historia de la Transición", Primera parte, *Diario 16),* pág. 387.

[28] Raymond Carr/Juan Pablo Fusi, *op. cit.,* pág. 288.

El refrendo popular de la nueva norma constitucional el 15 de diciembre fue masivo —el 94,2 por ciento, con una participación del 77,4 por ciento del censo—, ridiculizando la abstención "activa" que había recomendado la Plataforma de Organismos Democráticos. Porque si se descuenta la abstención técnica normal en todo llamamiento a las urnas, la Oposición apenas sumó adhesiones. Fue éste un error de categoría que armó de autoridad al Gobierno Suárez para negociar el proceso que se abría a partir del año 1977 y en el que, sin duda, la palabra democrática del pueblo pondría a cada uno en su sitio.

Pintada expresiva, como recoge esta simbólica fotografía, de la discrepancia en torno a la Reforma Política, cuya postulación del "no" fue exigua y poco convencional.

Con esa fortaleza, y reducido el "Búnker" a la mínima expresión —un 2,6 por ciento a lo más, que fue el voto "no" en el referéndum—, Suárez pudo proponerse legalizar al Partido Comunista y la presencia de su líder histórico, Santiago Carrillo, sin otros riesgos adicionales que los calculados siempre que, como así resultó, se "españolizara" y no cuestionase la Monarquía (de hecho Carrillo era ya un convencido eurocomunista cada vez más distante de los dictados de Pomanoriov[29] desde Moscú). "Nuestra táctica —revela Carrillo en sus *Memorias*— consistía en no ceder y al mismo tiempo en no cerrar, al contrario, en abrir los caminos de la negociación con la mayor flexibilidad", y en verdad que dio resultado en aquel período a lo largo del cual, descartado el obstáculo de las "camisas viejas" en las Cortes, se erigía la legalización del PCE en un escollo franqueable que, además de normalizar el régimen de partidos, era una pieza útil a la Monarquía democrática en todo un proceso de legitimación.

A Carrillo, al viejo miliciano de la Guerra Civil, el tiempo le rinde reconocimiento por su valentía al volver a empezar en el mismo escenario —una forma de patriotismo comunista— y por su predisposición a compartir modelo de Estado. El doble reto de dar una rueda de prensa en Madrid, sin perder la clandestinidad, y cuando es detenido, el hecho de elegir la cárcel antes que el extrañamiento que le facilitaba el Gobierno, enviándolo a Francia, fue el envite inteligente de un jugador de póquer que va a por el resto del rival sin volcar la mesa. La llamada "matanza de Atocha", en enero de 1977, en la que varios pistoleros ultras asesinaron a abogados laboralistas de Comisiones Obreras marcó el clímax de involución y convirtió al PCE en víctima con un crédito de tolerancia que los líderes comunistas cobraron razonablemente. En la España trágica, en torno a los muertos, siempre se ha impuesto la sensatez de la supervivencia.

---

[29] Santiago Carrillo revela en sus *Memorias*, Editorial Planeta, Barcelona, 1993, pág. 633, que en conversación con Pere Duram Farell sostenida en 1976, por aquellos días en que se debatía la legalización del PCE, que Calvo Sotelo le había transmitido confidencialmente que Brezhnev había hecho llegar al Rey el mensaje de que "sería absurdo legalizar al PC ahora, porque se iría a tierra todo el proceso de democratización". El dirigente comunista se pregunta sobre la verosimilitud de tal mensaje: "¿Podía llegar tan lejos la maldición que me lanzó Brezhnev en 1969?". Y añade: "pensándolo mejor terminé considerándolo verosímil... La dirección brezhneviana necesitaba también un fracaso de los heréticos comunistas españoles; así no cundiría el mal ejemplo y se demostraría que a ningún PC le interesaba ser independiente de la casa materna".

Santiago Carrillo contribuyó de manera notable a la legitimación de la Monarquía frente a la ruptura, arrastrando a ello al socialismo tradicionalmente republicano. Quizás por esta razón el Rey, que suele tutear a todo el mundo, al líder comunista le ha llamado siempre "Don Santiago". En diciembre de 1976, Carrillo entró en España disfrazado con una peluca (la foto exclusiva la publicó Interviu *en 1980) dispuesto a jugar pacífica y legalmente.*

Pero la verdadera credibilidad al proceso la dio el PSOE que, pese a su no comentado error de la "abstención activa" en la campaña del referéndum, entre otras razones por la antinomia del término, decidió salir a la luz pública con su XXVII Congreso concurrido por la *creme de la creme* de la Internacional Socialista (Willy Brandt, presidente de la misma, y Pietro Nenni, Olof Palme, Michael Foot, François Miterrand y otros) dando el liderazgo incondicional —la nueva cara juvenil— a Felipe González, en el partido, y a Nicolás Redondo en la central sindical. Entre los cientos de puños en alto que celebraban la salida "ilegal" a la calle del socialismo, Felipe González edulcoró el discurso aludiendo a la "ruptura negociada" con arreglo a una apuesta estratégica en la que el socialismo era ayudado desde todas las instancias porque su crecimiento era la medicina prescrita para el raquitismo comunista.

Crecido Felipe en el liderazgo que le proporcionó desde Suresnes el *Pacto del Betis,* en aquella asamblea renovadora pese a los arcaísmos litúrgicos nació una organización potente y secretarial, al estilo oligárquico latino, que con medios económicos y apoyo exterior inició la tarea de asimilar, absorber o eliminar a los numerosos grupos socialistas y socialdemócratas que pululaban por la piel de toro. Fue la quiebra, con el enterramiento de modos románticos y viejos, del PSOE de 1879. Pablo Castellano, que no asistió al congreso por entenderlo más espectáculo que círculo de reflexión, ha descrito aquel congreso con el pincel de la objetividad:

"Allí empezó a nacer una nueva concepción de la acción política del PSOE, mirando mucho más a las instituciones, a la lucha política institucional que a la ideológica en el seno de la sociedad civil y a su dinamización, y para ello se configuró un modelo de partido bien distinto del tradicional, en el que la lógica incorporación y profundo peso de otros pensamientos traería consigo que se ratificara el marxismo precisamente de forma acrítica y dogmática por quienes no podían ocultar que lo estaban arrinconando porque el guión así lo exigía"[30].

Uno de los promotores de la denominada *Platajunta,* José Vidal-Beneyto, sostenía[31] que la creación de este organismo de la oposición suponía el final de la ruptura, porque tanto el PSOE como los democristianos exigieron que para cualquier movilización popular hiciera falta la unanimidad de todos los componentes. "Se dejó así la calle en manos del Gobierno, lo que equi-

[30] Pablo Castellano, artículo titulado *El congreso de la gran paradoja,* incurso en la *Historia de la Transición,* Primera Parte, de *Diario 16,* Madrid, 1984, pág. 363.
[31] José Vidal-Beneyto así lo sostiene en un artículo que, con el título *Volver a empezar o la ruptura ciudadana,* publicó *El País* el 8 de abril de 1995.

valía a dejar inermes a las fuerzas democráticas al despojarlas de toda capacidad negociadora. Por eso los herederos del franquismo pudieron imponer su negociación y la transición se pactó en sus propios términos y desde su propio campo".

La falsificación de un proyecto

El convulso mes de septiembre de 1976 lo fue también en el seno de Reforma Democrática, donde Fraga hubo de emplearse a fondo para explicar el proceso aglutinador que le devoraba desde el verano. Como referencia de un creciente núcleo de reformistas, y porque la confianza que le habían depositado era compacta, su propósito de llevar a cabo un "macro partido" con la derecha —y su aportación centrista— no repugnó profundamente a los socios de GODSA aunque sintieron que se producía una falsificación del proyecto originario. Los que se apartaron, y el más significativo fue Francisco Jiménez Torres, lo hicieron silenciosamente sin dar pábulo a la discrepancia en los medios de comunicación. Quizás entendían las prisas electorales y su debilidad ante un previsible partido gubernamental, pero sentían que la apariencia tardofranquista de la coalición en ciernes pesaría más que el núcleo verdadero de intenciones.

Pudo pesar como catalizador de la gran coalición, y en ello coinciden varios historiadores de esta etapa, la presión ejercida por determinados sectores financieros e industriales bajo la promesa de ayuda económica para el desarrollo de la operación y, consiguientemente, para la comparecencia electoral inminente. Y aunque en materia de dinero y santidad, la mitad de la mitad, no vale desdeñar la condición económica impuesta por ciertos mecenas políticos. En este caso referirse con certidumbre a los hechos es arriesgado, pero aun así alguien como Ricardo de la Cierva asegura que "(...) buena parte de la constelación bancaria ha puesto a disposición del señor Fraga una generosa financiación de dos mil millones de pesetas"[32]. Fraga, con relación a este punto, ha asegurado que es totalmente falso, amén de que se trata de una declaración irresponsable.

La Comisión Gestora Nacional de Reforma Democrática se reunió en la tarde del martes 28 de septiembre y, aparte de acordar solicitar la inscripción formal y oficial del partido en el Ministerio de la Gobernación —lo que coloquialmente se llamaba *pasar por la ventanilla*— se decidió conceder un voto de confianza a Manuel Fraga, no sin antes celebrar un amplio debate en el que se plantearon, en la luz y en la sombra, la consecuencia del paso que se daba[33]. Los reunidos escucharon de Fraga que su familia, una vez más, estaba en contra de este tercer intento[34] y que tenía la duda de conciencia de si pasar el relevo a otros más capa-

---

[32] Ricardo de la Cierva, *La derecha sin remedio*, Plaza y Janés, Barcelona, 1987, pág. 349.

[33] La Comisión Gestora de promotores de R.D. emitieron ese mismo día (28 de septiembre) un escueto comunicado que, además de recoger varios periódicos, fue publicado en el número 3 del *Boletín de Información y Documentación de GODSA*. En el acta correspondiente de la Comisión Gestora, cuyo libro conserva su secretario don Nicolás Rodríguez, la referencia del debate es breve y no refleja con amplitud la exposición que hicieron unos y otros. No obstante, varios de los asistentes a la misma recuerdan que hubo momentos de emoción y tensión sólo superados por la lealtad personal que provocaba Manuel Fraga.

[34] En sus memorias alude también a esa tentación abandonista que suele recrudecerse cuando está en contacto pleno con la familia, su esposa e hijos, que en tiempo de vacaciones es más intensa. Su familia, en este sentido, le ha reivindicado para hacer vida familiar privada en multitud de ocasiones con ese vivo interés de tenerle cerca; intento vano porque su vocación política es irreprimible desde la primera hora en que accedió al servicio público, ostentando poder. Habló en aquella reunión de un "tercer intento" y, no aclarado este término, parece referirse en los dos

ces. Pero, realmente, a Fraga le tentaba constituir un partido fuerte y serio que sortease los inconvenientes de los partidos de salón que se ofrecían ahora, recordando las experiencias constitucionales de los siglos XIX y XX. Y su campo político era el centro-derecha y, pese a quiméricas pretensiones, eran esas gentes de clase media las que necesitaban ser aglutinadas y lanzadas a la acción política.

Lo reiteró en la carta que dirigió a los socios de GODSA en ese mismo mes:

"Estas fuerzas sociales y políticas no pueden estar, obviamente, en la izquierda. Ellas ya no nos necesitan, pues ya les hemos dado paso. Pero tampoco en el centro-izquierda, donde, además de no necesitarnos tampoco, presentamos para ellos una alta competitividad. La fragmentación de este sector, en todo caso, hace poco interesante la operación, y su aportación electoral a corto plazo no se presenta como muy interesante".

Si no fuese porque en la misma carta se refería también al móvil de las convicciones, en verdad que el párrafo transcrito rezumaba oportunismo o el afán de estar en el escenario del poder.

Reforma Democrática pasó por la ventanilla del Ministerio de la Gobernación el 2 de octubre teniendo como mandatario, a estos efectos, al miembro de la Comisión Gestora Carlos Argos García, quien presentó en el Registro la solicitud, el acta constitutiva notarial[35], los estatutos, la declaración programática (ya publicada en el conocido "libro naranja") y declaración de acatamiento al ordenamiento constitucional. Para subsanación y aclaración de errores la dirección general de Política Interior requirió a los presentadores varias rectificaciones, a fin de ajustar los estatutos estrictamente a la Ley 21/1976, de 14 de junio, sobre Derecho de Asociación Política, y cumplimentados aquellos en diciembre recayó resolución administrativa favorable. Firmaban el acta constitutiva de Reforma Democrática Manuel Fraga, Rafael Pérez Escolar, Juan de Arespacochaga, Carlos Argos, Luis Santiago de Pablo, Félix Pastor Ridruejo, Nicolás Rodríguez González, Jesús Aparicio-Bernal, Manuel Jiménez Quílez, José Luis Lorenz Gil, Rafael Martos Martínez, Antonio Cortina Prieto, Luis Alfaro González, Antonia Ángeles Quiroga López, Gabriel Elorriaga Fernández, José Manuel González Páramo y Pedro José López Jiménez.

Siete mimbres para un cesto

La mayoría de los líderes que se agregaron a Alianza Popular plantearon originariamente el carácter paritario coalicional de la formación, pero la desigualdad de aportaciones (organización, estructura territorial, cuadros y financiación) situaba en lo imposible la igualdad *par in paribus*. Ante la opinión pública se trataba del partido de Fraga acompañado de otros líderes —el más destacado Federico Silva, que dos veces fue presidenciable— como *extraños compañeros de cama*[36].

---

primeros al del asociacionismo del primer Gobierno Arias, que resultó fallido, y al no haber conseguido la normalidad partitocrática estando él en el segundo Gobierno Arias, como segundo intento.

[35] La escritura de constitución fue otorgada ante el notario de Madrid don José María de Prada en un acta que llevaba el número de protocolo 3.255, de fecha 1 de octubre de 1976.

[36] En la tarde del 21 de octubre de 1976 Alianza Popular fue presentada a los medios de comunicación en un acto informativo celebrado en el hotel Mindanao, con la asistencia de sus siete fundadores. Ante la pregunta de un corresponsal extranjero sobre cómo podía entenderse la unión entonces de quienes habían sido adversarios políticos, como Fraga y López Rodó, Fraga, que actuaba de portavoz en la rueda de prensa, hizo suya la máxima de la jerga inglesa de que *la política hace extraños compañeros de cama*.

De la coalición se hubo de pasar a los efectos prácticos y dialécticos, a configurar una federación[37] cual estadio intermedio entre la simple coalición y el partido unido, pero aun así los integrantes eran conscientes de la desproporcionada disparidad de *paquetes* de participación. Reforma Democrática (de Fraga) y Unión del Pueblo Español (de Martínez Esteruelas) disponían de efectivos organizativos frente a los demás; Acción Democrática Española (de Silva Muñoz), Acción Regional (de López Rodó), ANEPA (de Thomas de Carranza), Unión Nacional Española (de Fernández de la Mora) y Reforma Social (de Licinio de la Fuente) eran grupos nominales en proyecto, voluntaristas o inexistentes, que prometían adhesiones en torno a amigos y ex colaboradores de cuando sus fundadores ejercieron puestos en la Administración[38].

Los grupos pequeños, según ha corroborado al autor el que fue primer Secretario de la federación, el jurídico militar Julio Iranzo, eran partidarios de llegar a la unificación porque así, en esa unidad solidaria diluían su reducida participación; en cambio, los que se suponían con peso personal y arrastre popular propendían a la mancomunidad, a fin de no ser engullidos perdiendo sus señas de identidad. Y aunque latía esa desconfianza inicial en las discusiones preparatorias de la formación, todos han coincidido en sostener que la altura del proyecto político-ideológico les unía más que les separaba ungidos, igualmente, porque las posibilidades de ayuda económica que se ofrecieron y que, por presiones gubernamentales llegaron a debilitarse hasta extremos impensables, les obligaba a ello. Las deserciones de ayuda financiera fueron notorias —respecto de donantes y cantidades— y ello provocó, por ejemplo, que entre los siete promotores se discutiese crudamente la necesidad de prestar avales personales a las operaciones de crédito necesarios para concurrir a elecciones, a lo que se negó radicalmente Licinio de la Fuente, alegando que en conciencia no podía someter a riesgo el presente y futuro de su reducido patrimonio familiar. No así los demás, que en su momento estamparon la firma en las correspondientes pólizas de préstamo. Los trabajos de la federación, independientemente que cada grupo federado actuase por sí en su propio campo, fueron modestos y escasos. Si al comienzo se sirvieron de la vivienda de Julio Iranzo para reunirse y actuar conjuntamente, gracias a que el joven empresario José Ignacio Iglesias prestó su oficina, situada en el número 61 de la madrileña calle de Velázquez, Alianza Popular tuvo oportunidad de contar con una modesta sede para dar sus primeros pasos como organización de la derecha española.

Los profesores de ciencia política Jorge de Esteban y Luis López Guerra, que han analizado los partidos políticos de nuestro sistema democrático, interpretaron con realismo dosimétrico aquella alianza:

---

[37] Todos los grupos, a excepción de ADE (de Silva Muñoz) y de UNE (de Fernández de la Mora), aceptaron la vía de la fusión en un solo partido, algunos de ellos con gran generosidad porque la fusión representaba la cancelación de la inscripción del partido originario en favor de Alianza Popular. El camino emprendido fue, no obstante, el de constituirse todos por separado y luego, en congreso, acordar la fusión en Alianza Popular. Como dos no siguieron ese camino, Alianza Popular no dejó de ser federación (con cinco unidos y federados a otros dos).

[38] La adhesión a Alianza Popular, desde la primera hora, fue muy numerosa a través de los distintos partidos integrantes por parte de personas relevantes de la vida política como Alfonso Álvarez de Miranda, Tomás Allende, Juan de Arespacochaga, Luis Emilio Calvo-Sotelo, Paco Camino, Javier Carvajal, José Luis Cerón, Agustín Cotorruelo, Ricardo Díez Hochleitner, Víctor d'Ors, Vintilia Oria, Ramón Hermosilla, Álvaro Domecq, Félix Pastor Ridruejo, Álvaro Lapuerta, Emilio Romero, Jorge Verstrynge y su esposa María Vidaurreta, Juan Velarde, José Solís, Manuel Jiménez Quílez, Abel Matutes, Carlos Falcó, Enrique García Ramal, Rafael Pérez Escolar (todos ellos están recogidos por Ricardo de la Cierva en su libro *La derecha sin remedio*, Editorial Planeta, 1987, pág. 350, que añade, maliciosamente, que entre tantas personas relevantes "no estaba el cuñado de Fraga, Carlos Robles Piquer").

La lista sería muy larga, pero a la anterior relación hay que añadir, porque tuvieron protagonismo activo en la constitución de los grupos integrantes de Alianza Popular, los siguientes: por Unión del Pueblo Español, José Cholbi,

"El carácter pivotal que asumía Fraga Iribarne en la recién nacida federación derivaba de disponer, efectivamente, de la única organización partidista digna de tal nombre. Desde antes de la muerte del general Franco, Manuel Fraga se había preocupado de ir reuniendo un núcleo de seguidores y de extender su ámbito de organización. Primeramente mediante el "grupo de estudios" GODSA, establecido como sociedad anónima; después, mediante un partido político, Reforma Democrática, en que ya figuraban los futuros protagonistas de la vida política de Alianza Popular. El resto de las organizaciones incluidas en la federación eran en gran medida fantasmales, con exclusión, quizá, de la Unión del Pueblo Español, asociación política a la que había pertenecido el presidente entonces del Gobierno, Adolfo Suárez"[39].

Lograr la aceptación interna y externa fue empeño de los siete fundadores de AP durante el cuarto trimestre de 1976 con incomprensiones manifiestas que poco menos les hacía culpables de un salto atrás, en un alarde de utilización de medios de comunicación que les señalaba como enemigo común con ataques desde el Gobierno y desde la izquierda.

Esta contrariedad, debido sin duda a intoxicaciones interesadas, alcanzó también al Rey a quien los líderes de la federación se habían dirigido por carta proclamando su lealtad, en primer lugar, y también manifestándole determinadas reflexiones sobre el rumbo que había tomado la reforma. Don Juan Carlos únicamente acusó recibo de la carta y, posteriormente, en encuentros individuales con tres de los firmantes puso en evidencia que la iniciativa de Alianza Popular no le placía.

El proyecto de Fraga contrariaba al Rey

De la animadversión del Rey por el proyecto de Alianza Popular se han dejado escritos algunos testimonios de memorialistas, pero ninguno —quizás debido al compromiso tácito de no publicar las conversaciones con el monarca— tan descarnado y directo, a contrapelo, sin paliativos, como el que narra Gonzalo Fernández de la Mora en sus memorias[40]. A saber:

"Poco después de la constitución de Alianza Popular me llamó el rey y me recibió a principios de octubre. López Bravo, que le había visitado con anterioridad, me había prevenido: *Me consta que está en contra.* Y lo confirmé plenamente. Me acogió con esta exclamación:
—Pero, hombre, ¡cómo te has aliado con Fraga, que ni en Londres le han quitado el pelo de la dehesa!
Pasó revista a los fundadores y sólo Licinio de la Fuente se salvó del calificativo adverso. Recordé que en otra ocasión me había dicho:
—Perdona el retraso en recibirte; pero el pelmazo de Silva no sólo me ha soltado

Margarita Retuerto, Juan Antonio Samaranch, Roque Arámbarri, Fernando Díez Moreno, Rita Barberá, Enrique Villoria, Tomás Pelayo Ros y José Martínez Emperador. Por Unión Nacional Española, la familia Oriol, Macarena Chávarri, Ana y Loyola de Palacio y Enrique Navarrete. Por ANEPA, Salvador Serrats Urquiza, Miguel Ramírez y el notario Stampa Braun. Por Reforma Social, Vicente Bosque Hita. Por Acción Regional, Torcuato Luca de Tena, José María Ruiz-Gallardón, Juan Luis de la Vallina, Luis María Huete y Leopoldo Matos.

[39] Jorge de Esteban/Luis López Guerra, *Los partidos políticos en la España actual*, Planeta-Instituto de Estudios Económicos, 1982, Barcelona, págs. 161-162.
[40] *Río arriba*, Premio Espejo de España de 1995, Planeta, pág. 272.

un rollo de no te menees, sino que, además, ahí me lo ha dejado por escrito. ¡Imagínate!

En vez de imaginarme el contenido de la carpetilla que reposaba sobre la mesa, pensé en el adagio *Cuando las barbas de tu vecino veas afeitar, pon las tuyas a remojar.*

Después del general vapuleo entre carcajadas, le pregunté:

—Pero ¿qué deberíamos haber hecho?

—Pues apoyar a Suárez.

—Creo que no le conveníamos.

—Bueno, apoyarle desde la segunda línea.

Pensé que eso sería algo así como la proscripción consentida. Y la posterior experiencia me ha confirmado que a los que adoptaron tal posición, por lo menos, no se les persiguió. Pero abjurar francamente fue lo políticamente rentable. Un precio leonino —concluye Fernández de la Mora— para el decoro personal".

En el extranjero, donde se perseguía esa especie de certificado de homologación con partidos políticos de igual corte ideológico, la influencia del Gobierno se hizo sentir y López Rodó, que había cesado como embajador en Austria, sufrió varias vejaciones en sus viajes internacionales. Del mismo modo aquella larga mano de Suárez se extendió para evitar hacia Alianza Popular patrocinios próximos, como las ejercidas cerca del Gobierno francés o el alemán.

El único que cuidó a la naciente Alianza Popular, desde sus comienzos y a través de Silva Muñoz y Fraga, fue el Partido Social Cristiano de Baviera, que lideraba Frank Joseph Strauss, cuya fundación *Hanns Seidel* efectuó notables y regulares ayudas económicas: primero de forma directa y, posteriormente, con programas de formación de cuadros a fundaciones españolas adscritas a Alianza Popular.

Fraga, no obstante, desplegó su diligente perseverancia —que para muchos era obstinación— y recorrió durante el cuarto trimestre de 1976 varias comarcas de Cataluña, Valencia, Galicia, Canarias, País Vasco, Madrid, Murcia, Valladolid, Asturias, Andalucía y Extremadura. A estas regiones acudió, bajo el pretexto de presentar un libro (su biografía *Semblanza de un hombre de Estado,* de Octavio Cabezas, o el libro suyo último *Cánovas, Maeztu y otros discursos de la segunda Restauración),* o dar una conferencia o un pregón de fiestas, aprovechaba para visitar los mercados, reunirse con los comprometidos en Reforma Democrática y dar una rueda de prensa conforme al estilo populista que introdujo como propio.

Del examen de los periódicos de cada lugar que visitó, lo que demuestra que era blanco de acometidas desde el poder, se advierte que estaba siempre a la defensiva de bulos e insidias que se hacían circular ora aquí mañana allí. Ante *ABC,* el 8 de octubre, afirmó "Para mí, la Monarquía es irreversible" y el día 21 del mismo mes (en la presentación de Alianza Popular, en Madrid): "No somos un partido de oposición al Gobierno". Tuvo igualmente que desmentir que hubiese poseído intereses madereros en Guinea Ecuatorial de cuando fue Ministro de Información y Turismo y que no era abandonista de Ceuta y Melilla, sobre un error de una publicación bajo su influencia.

El más grave de los intentos, no obstante, era el de algunos miembros del Gobierno de enfrentarle a la Corona y que, saliendo al paso de ello, Cruz Martínez Esteruelas desbarató el 15 de noviembre: "Frente a todo comentario insidioso, Fraga defiende la Monarquía, sabe de la dureza de la crítica y es uno de los hombres cuyo servicio España necesita". No sólo no lograron ponerle de rodillas, sino que alzado Fraga ayudó al Gobierno en su campaña para la Reforma Política desde que el 24 de noviembre, por decisión de la Presidencia colegiada de

Alianza Popular, fue designado secretario general[41], y en calidad de tal fue de los pocos que afeó la conducta de la izquierda pactista de abstenerse activamente ante el referéndum constitucional de diciembre.

Durante este período Fraga estuvo también en los Estados Unidos, donde participó en Sea Island (Georgia) en la reunión anual de la Conferencia Atlántica, mientras en las Cortes se discutía la Ley para la Reforma Política, y en diciembre visitó Londres, donde en rueda de prensa declaró —matizadamente para no molestar a sus coaligados—: "Nos seguimos oponiendo al Partido Comunista, pero, como somos leales al país y a la Constitución, aceptaremos lo que se haga legalmente con respecto a este tema, nos guste o no nos guste".

El congreso constitutivo de Reforma Democrática

El reagrupamiento de la derecha era factible a finales de 1976 en el proyecto de Alianza Popular, pese al hostigamiento a que se la sometía, y en el partido oficial que se preparaba con el Gobierno revestido de iniciativa desde el referéndum del l5 de diciembre. No se había sintonizado, desde luego, con la derecha nacionalista que, por puro oportunismo, jugaba al equívoco de aliarse con la izquierda para mejor desenvolver sus imprecisos objetivos autonómicos. Ese hueco despertaría el síndrome nacionalista, en gran medida con postizos históricos, en regiones aquietadas en sus confines geográficos y culturales. Con todo, el panorama político partidista semejaba un calidoscopio difícil de convertir no ya en un cuadro figurativo, sino en un lienzo impresionista.

El I Congreso de Reforma Democrática, la principal pieza del mosaico de Alianza Popular, se celebró el 29 de diciembre[42] sin renunciar a ser moderado, centrista y de alcance estatal a la espera de las elecciones a Cortes indefectiblemente próximas. Hasta su celebración —para consuelo del Fraga los militantes reformistas habían dado sobradas pruebas de lealtad al líder, secundándole casi a ciegas en aparecer ante la sociedad como no eran ni querían ser (ni tardofranquistas, ni ultras, ni conservadores). Con ese espíritu resignado dio comienzo el concreso constitutivo del partido reformista, en el hotel Eurobuilding de Madrid, con la asistencia de unos doscientos compromisarios que representaban a la mayor parte de las provincias. Unos 75 compromisarios de las provincias norteñas no pudieron asistir por hallarse incomunicados, con carreteras y puertos de montaña cerrados, debido al temporal de nieve que azotaba al tercio superior de la Península.

Ante los medios de comunicación que quisieron estar —una nutrida representación de la prensa nacional y extranjera, de la radio y de la televisión—, y con la asistencia como invitados excepcionales de Silva Muñoz, López Rodó, Martínez Esteruelas y Licinio de la Fuente— el presidente de la Comisión Gestora, Rafael Pérez Escolar, dio la bienvenida a los

---

[41] La presidencia colegiada de Alianza Popular designó a Fraga secretario general de la misma por un año, sustituyendo a Julio Iranzo en este puesto, si bien éste siguió trabajando en la federación, en su modesta organización hasta el primer congreso del partido. Según testimonio de Iranzo al autor su cese como secretario general de Alianza Popular se produjo por su incompatibilidad como militar (era entonces comandante jurídico del Ejército de Tierra) y después que el Ministro de Defensa, general Gutiérrez Mellado, le anunciase personalmente que se preparaba un real decreto en tal sentido y que afectaba incluso a los que se encontraban en situación de supernumerario, como era el caso de Iranzo.

[42] La información del I Congreso de Reforma Democrática ha sido recogida en gran medida de los boletines números 8 y 9 de GODSA que, en enero de 1977, fueron publicados con un dossier especial.

congresistas remarcando el papel que en aquel proceso histórico quería desempeñar el partido reformista: *integrador, cooperador, comunitario y al servicio de los demás.* Disuelta la Comisión Gestora y formada la "mesa", que presidió Gabriel Elorriaga, a lo largo de doce horas intensas los congresistas solventaron preceptivamente el programa político, los estatutos y régimen económico, la elección del comité ejecutivo y, como decisión final, el acuerdo de integración del partido en Alianza Popular. No hay que pasar por alto, de otra parte, que el Congreso acordó remitir dos telegramas: uno al Gobierno, de condena al terrorismo que había secuestrado al Presidente del Consejo de Estado, Antonio María de Oriol y Urquijo, y el segundo al Rey de inequívoca adhesión, reproduciendo uno de los postulados programáticos que se aprobaron y que decía: *La asunción de la Jefatura del Estado por S. M. don Juan Carlos de Borbón y Borbón se entronca con nuestra tradición histórica, corresponde a las necesidades del presente y cimenta la continuidad del futuro;* con la firma, en nombre del Congreso, de Manuel Fraga Iribarne.

El programa discutido y aprobado, y del que fue ponente Pedro López Jiménez, era la síntesis avanzada del *Libro blanco para la Reforma* con una hechura impecable en lo concerniente a los objetivos —y su jerarquización para conseguirlos—. De su lectura no podía deducirse que se trataba de tardofranquismo, ni mucho menos, sino de un ambicioso instrumento para operar la reconciliación entre los españoles, modernizar sus estructuras, fomentar la solidaridad social y educativa, liberalizar la cultura y los medios de comunicación, implantar el modelo de economía social de mercado y la institucionalización de las regiones. Si se observa este programa con los ulteriores de la todavía no nacida UCD —es más y con la Constitución de 1978— podrá observarse que la documentación

GODSA, en cuanto gabinete de reflexión política, se pronunció desde el primer momento por la Reforma política emprendida por el Gobierno Suárez, como prueba este número 6 monográfico del boletín informativo de la entidad.

de GODSA es un verdadero manantial de ideas y conceptos de progreso en la vertiente del centro-derecha. De la discusión del repertorio de objetivos descolló entre los más debatidos el reconocimiento del *derecho al divorcio en el matrimonio civil,* que por vía de enmienda fue aprobado por 84 votos a favor y 78 en contra. En conjunto, el programa fue aprobado por 217 votos a favor, 9 abstenciones y ninguno en contra.

Los estatutos y normas de organización fueron defendidos por Félix Pastor Ridruejo casi en los mismos términos con que se acompañaron a la solicitud de inscripción en el Registro del Ministerio de la Gobernación, si bien fueron admitidas cuatro enmiendas.

Sobre el régimen económico y patrimonial del partido actuó de ponente José Joaquín de Navascués configurando un modelo claro, ágil y controlado de financiación del partido basado en principios que se asientan en una estructura de costes fijos mínimos, dotada de flexibilidad para adaptarse a la financiación de campañas electorales y entendida como independiente, a los efectos técnicos, para impedir actuaciones dispersas e irregulares de los órganos administrativos del partido en el ámbito nacional y regional. Las comisiones de financiación en sus niveles nacional, regional y provincial, dependientes de la Tesorería en cada ámbito, se entendían como órganos de captación de fondos y de fiscalización en orden a vigilar los presupuestos, la contabilidad y la actuación del personal administrativo que desde entonces se concibió como "liberado" y objeto de retribución. La tesorería se basaba en la cuota de afiliados, por prescripción legal, pero en verdad este defectuoso planteamiento legal —por irreal y perverso— ha sido el motivo no pequeño de problemas durante la transición. Esta ponencia fue aprobada por unanimidad.

Se encargó de la ponencia sobre la integración de Reforma Democrática en Alianza Popular Carlos Argos García, quien relató el largo camino recorrido por los reformistas que desde el primer momento acompañaron a Fraga para, finalmente, postular la integración del partido, que se constituía en una federación política mayor (Alianza Popular). Esta fórmula de federación —según explicó Argos— encajaba bien jurídicamente como proceso inicial susceptible de mayor integración y ello no representaba la pérdida de los planteamientos reformistas y de centro hartamente defendidos. Era la respuesta, sin duda, a unas elecciones inmediatas a las que había que concurrir con una gran fuerza reformista y democrática potenciada desde la unión con otros grupos. Sin embargo, Argos no pudo omitir la clarificación de que la palabra *conservador,* cuyo significado profundo provenía del mundo anglosajón, no implica ni actitudes reaccionarias ni inmovilistas ni mucho menos derechistas. Al presentar aquella propuesta, implícitamente, Argos reconocía que en la federación de Alianza Popular los reformistas de Fraga empezaban a perder —para ser arrebatado por otros— el marchamo centrista que trabajosamente habían adoptado. Quizás por ello, consciente de tamaño sacrificio, el ponente pidió a los congresistas generosidad que fue concedida aprobando aquella propuesta de integración.

A propuesta de los compromisarios de Madrid, respecto de la elección del presidente del partido de los restantes miembros del Comité Ejecutivo, se acordó unánimemente ratificar en la cabeza a Manuel Fraga y confiarle la composición del órgano que compartiría sus decisiones, que quedaría integrado así:

Presidente:	Manuel Fraga Iribarne.
Vicepresidente:	Rafael Pérez Escolar.
Secretario General:	Carlos Argos García.
Vicesecretario:	Jorge Verstrynge Rojas.
Tesorero:	Joaquín de Navascués.

Vocales Regionales:

Andalucía Occidental:	Antonio Navarro Velasco
Andalucía Oriental:	Francisco de la Torre Prados.
Aragón:	Félix Pastor Ridruejo.
Asturias:	José Orejas Canseco.
Baleares:	Abel Matutes.
Canarias:	Imeldo Bello Alonso.
Castilla la Nueva:	Felipe Solano Rodríguez.
Madrid (capital):	Gabriel Elorriaga.
Castilla la Vieja:	Mateo de Miguel.
Cataluña:	Francisco Guillamón Vidal.
Barcelona (capital):	Ángel Sánchez García.
Extremadura:	Manuel Gasset Dorado.

Galicia:	José M. González Murcia.
	Nicolás Ortega Sánchez.
Valencia:	Alberto Jarabo Payá.
León:	Carlos Valladares de la Cuesta.

El congreso primero y único de RD fue un sacrificio en muchos aspectos para salir al encuentro de quienes no debían quedar marginados del proceso político —era una salida y no una huida— y en esos términos ha de interpretarse históricamente. "Nuestro perentorio deber en el horizonte socio-político que se divisa —dijo Fraga en el discurso de clausura— no es otro que superar el batiburrillo de siglas. A ese honesto fin tendimos conjugando el verbo sumar". En ese gigantesco empeño, machacón de picapedrero, invertiría Fraga su actuación política futura como una obsesión que no le ha abandonado nunca (hacia la mayoría sociológica natural) y, aunque en ello latía asimismo el proyecto personal, prevalecía como doctrina el afán de superar las dos Españas, representadas en el trágico cuadro de Goya de los hermanos que, maniatados, se enfrentan a garrotazos.

Analizado aquel discurso ahora se advierte además la pasión del villalbés por participar en la construcción de un Estado del que se siente partícipe activo para mejorarlo, y se advierte, igualmente, la razón de querer encauzar a la derecha cerril, foramontana y egoísta.

"Alianza Popular —añadió Fraga— no es un recurso de fortaleza, ni es un 'fuente ovejuna' oportunista, ni es tampoco una rabieta. Simplemente es un molde necesario, aglutinador de gentes laboriosas y moderadas, empeñadas en avanzar sin perder de vista el retrovisor. Ha nacido justamente cuando es ya una decisión nacional ir a un sistema democrático para constituir una de esas fuerzas que el país necesita. La integran grupos y personalidades que aceptan, como nosotros, la reforma, y rechazan a la vez el inmovilismo y la ruptura".

EL PROCESO CONSTITUYENTE

Capítulo 8

LA LECCIÓN DE LA PRIMERA DERROTA

De la negociación a las elecciones

El conflicto interno que padecía la oposición de centro-izquierda, especialmente debido a su vasta fragmentación, y por ende a su dispersión ideológica, debilitó la política de unidad. El objetivo común de llegar a un gobierno provisional, a fin de que condujese el proceso constituyente, era percibido como una quimera a comienzos de 1977, posiblemente debido a la habilidad de Suárez de negociar a la parte, ora con socialistas ora con comunistas, teniendo como norte las elecciones. Coordinación Democrática —la *Platajunta* —, que dentro de sí contaba con el arco iris de partidos grandes y pequeños, sucumbió en la práctica al oponerse a la Ley para la Reforma Política, cuando en su seno los grupos moderados (liberales, socialdemócratas y democristianos) y el Partido Socialista Popular, de Enrique Tierno, manifestaron sus reservas a aquella actitud tan drástica.

De todas las exigencias planteadas por Coordinación Democrática[1], únicamente dos cobraron entidad en la agenda de negociación de la "Comisión de los nueve" con el Gobierno: una mayor amnistía (que alcanzase a políticos *abertzales* del País Vasco) y la legalización de todos los partidos políticos, implícitamente referida al PCE. Estas reivindicaciones eran previas y básicas, y sólo a partir de su aceptación cabría negociar la ley electoral.

De acuerdo con las afirmaciones de Carlos Huneeus[2], con la primera exigencia el PNV buscaba dar el primer paso para conseguir una amplia autonomía para Euzkadi, sobre lo que el Gobierno no estaba dispuesto a pasar constreñido a ello por las Fuerzas Armadas. Acerca de la segunda reivindicación tampoco había avenencia en el mando militar, pero el cúmulo de circunstancias presentes, máxime la inteligente actitud de Santiago Carrillo, hacía más factible la normalización democrática con la autorización del PCE desde el momento en que no cuestionaría la forma de Estado monárquica, y se pronunciaba abiertamente por la reconciliación nacional.

---

[1] Antes del referéndum para la Reforma Política, Coordinación Democrática tenía planteadas siete grandes cuestiones susceptibles de negociación con el Gobierno: reconocimiento de todos los partidos políticos y sindicatos; reconocimiento de las libertades políticas y sindicales; disolución de la organización del Movimiento y neutralidad de la Administración; amnistía más amplia para los presos políticos; igualdad de oportunidades para el acceso a los medios de comunicación; ley electoral negociada; reconocimiento a las regiones, e institucionalización de esa diversidad.

La llamada "Comisión de los nueve" estaba integrada por Joaquín Satrústegui (por los liberales), Felipe González (por el PSOE), Simón Sánchez Montero (por el PCE), Enrique Tierno Galván (por el PSP), Francisco Fernández Ordóñez (por los socialdemócratas), Jordi Pujol (por los nacionalistas catalanes), Antón Canyellas (por los democristianos), Paz Andrade (por los nacionalistas gallegos) y Julio Jáuregui (por los nacionalistas vascos). Y aunque los mediadores con Adolfo Suárez fueron realmente Tierno y Pujol, quienes primero solicitaron audiencia y por lo que fueron coloquialmente llamados "los carteros de la oposición", el presidente del Gobierno sólo recibió en la Moncloa, en enero de 1977, a los comisionados Felipe González, Antón Canyellas, Julio Jáuregui y Joaquín Satrústegui.

[2] Carlos Huneeus, *La Unión de Centro Democrático y la transición a la democracia en España,* Centro de Investigaciones Sociológicas, Madrid, 1985, pág: 123.

Aparcados, pues, los problemas peliagudos, y con un PCE-Comisiones Obreras que puso freno a la turbulencia laboral, social y universitaria, el Gobierno Suárez pudo gestionar los momentos más graves de la Transición, concentrados en el mes de enero, ciertamente sin perder la iniciativa. Quizás fue en estas semanas cuando cuajó o se canalizó la idea del consenso, que tanto juego daría en los años posteriores.

Ya por entonces, cruzado el Rubicón de la Reforma Política, Adolfo Suárez se alzaba seguro y templado para conducir el tramo de la transición más crucial, sobre una base social pacífica y resistente a las provocaciones. La respuesta de los ciudadanos en el referéndum, y el resignado silencio a los secuestros (del presidente del Consejo de Estado y el del Consejo Supremo de Justicia Militar), a los muertos en revueltas varias de la extrema izquierda, y sobre todo a la llamada "matanza de Atocha" (el asesinato por la extrema derecha de tres abogados laboralistas de Comisiones Obreras), era un canto a la moderación que obligó a decir a *Diario 16*, en un editorial del 26 de enero, que "[...] a veces uno sospecha que nos han cambiado de país, que la furibunda España, capaz de todos los errores y todas las grandezas, ha sido sustituida ahora por una Atenas implacable que exige e impone su libertad sin levantar la voz siquiera".

Porque, vista años después, la semana comprendida entre el 24 y 29 de enero, también llamada "semana trágica", fue un ensayo de resistencia a provocaciones extremas que se saldó con sensatez y en la que, una vez más, el Rey supo actuar discreta e inteligentemente. El Gobierno, nada más ser asesinados los abogados laboralistas, suspendió las garantías constitucionales de entrada en domicilio y *habeas corpus* de 72 horas (artículos 15 y 18 del Fuero de los Españoles, entonces vigentes) y puso custodia personal a los principales líderes políticos, al tiempo que pidió calma y moderación a los dirigentes comunistas en un ejercicio de funambulismo muy delicado.

Por su parte, el Rey llamó reservadamente a varios líderes políticos para pedirles colaboración y así reaccionar por si la situación se corrompía hacia una crisis de Estado en un clima de guerra civil. Fraga también fue llamado, y anotó en sus memorias que el 2 de febrero fue recibido por don Juan Carlos: "Por la tarde, una de las entrevistas más serias e importantes que he tenido con el Rey; creo que, una vez más, mi consejo, leal y sincero, no fue inútil. Le prometí cuanta ayuda pudiéramos dar a la Corona"[3].

La ayuda la prestó Fraga cuando, al día siguiente, tuvo que convencer a sus socios de Alianza Popular (a casi todos, menos a Silva y Fernández de la Mora) de no ser intransigentes respecto de la tolerancia hacia el PCE; postura que se sometió a votación y ganó por escaso margen. Pero el mejor testimonio de prudencia y colaboración fue proporcionado el 5 de febrero, sábado, cuando Alianza Popular celebró en Oviedo su primer acto masivo —más de 5.000 personas en el polideportivo— en un tono seráfico de moderación. Aquello empezaba a ser un alivio.

La condición de letrado de tres de las cinco víctimas de la *Matanza de Atocha*, permitió reconducir los funerales por el Colegio de Abogados de Madrid merced a la sutil actuación del menudito Pedrol Rius, decano de aquél y Presidente del Consejo General de la Abogacía, frente a la pretensión del PCE de pasear por todo Madrid a los muertos en un funeral callejero y la del Gobierno de hacer un duelo semiclandestino. Hasta la "Comisión de los nueve"

---

[3] Manuel Fraga, *En busca del tiempo servido*, Editorial Planeta, Barcelona, 1987, pág. 67.

HISTORIA DEL PARTIDO POPULAR

147

El entierro manifestación del 26 de enero de 1977 de los abogados comunistas asesinados por la extrema derecha permanecerá siempre en la memoria por el hecho en sí, pero asimismo porque el PCE supo controlar el dolor de ser víctima. En la foto de Gustavo Catalán se contempla la panorámica de la Villa de París por donde discurre el sepelio, precedido por el Decano del Colegio de Abogados, Pedrol Rius, vestido con la toga forense.

se reunió para plantear estas cuestiones litúrgico-necrológicas por presiones de los comunistas, conscientes de que salir así a la calle, en tanto que víctimas, les valía la vida democrática futura. Consintiose un entierro público limitado (capilla ardiente en el Palacio de Justicia y comitiva fúnebre hasta Cibeles) con tal de que el PCE, organizador de los actos, garantizase el orden público. Y bien que lo hizo, en una magnífica demostración multitudinaria emotiva, ordenada y sin tensiones —muchos claveles rojos, silencio y puños en alto—, en la que Carrillo, rodeado de los demás líderes de la oposición en un corto tramo del recorrido, hizo saber claramente que se tenía que contar con él. Con esta batalla del luto, en un país de culto funerario, el PCE se ganó la guerra del reconocimiento popular a falta, únicamente, del refrendo gubernamental y legal.

El memorialista Carrillo, en punto a este hecho, extrae la misma conclusión: "Los comunistas confirmábamos con este acto nuestra fuerza y, al mismo tiempo, nuestro sentido de la responsabilidad, con lo que hacíamos prácticamente inviable nuestra exclusión de la transición democrática"[4]. Por lo demás, la trágica oportunidad puso de manifiesto que la *calle era de todos.*

Estratégicamente, el PCE venía anticipando su legalización desde años atrás con arreglo a un plan de integración, en el interior, que preveía una normalización democrática lo menos violenta posible. El movimiento obrero, que encarnaban Comisiones Obreras y las organizaciones paracomunistas de la Universidad, de la Intelectualidad, etc., constituía una élite disciplinada y eficaz, con capacidad para la movilización y para la lucha incesante de masas. Desde la muerte de Franco, el PCE sufrió la mayor crisis de crecimiento de su historia, con miles de adhesiones, razón por la que el Comité Central de junio de 1976, celebrado en Roma, adoptó una organización territorial mediante agrupaciones de barrio, distrito, municipio y provincia, preparada para la actuación electoral abierta, así como por asociaciones sectoriales, abandonando el ya innecesario modelo de células clandestinas. Con todo, era la más compacta y preparada organización partidista.

Los líderes no comunistas de la *Platajunta* tenían que prestar su apoyo a la legalización del PCE a fin de no santificarle, y sobre todo porque fuera del sistema no cabía la estabilidad de la Corona. El mismo Rey se percataba de que el PCE era un factor de legitimación democrática, y con su favor hacia la legalización emprendió discretamente, a través de diversos comisio-

[4] Santiago Carrillo, *Memorias,* Editorial Planeta, Barcelona, 1993, pág. 648.

nados, acciones mediadoras como la que planteó en Rumania, cerca de Ceaucescu, para solicitar que el PCE rebajara su presión en la calle[5] en el primer período de su reinado.

También mediante comisionados —honestos intermediarios como José Mario Armero— el Presidente del Gobierno establecía puentes de comunicación con el PCE. Sabía que la legalización llegaría inevitablemente, mas el problema se presentaba con perfiles insospechados y por ello, dada la gravedad del asunto, la dificultad primera era una cuestión de táctica. La oposición a la legalización del PCE no era tan extendida popularmente como se creía (así lo confirmaba una encuesta del Instituto de Opinión Pública[6]), aunque la resistencia era intransigente en la clase política franquista y, con no menor radicalismo, hacia la persona de Santiago Carrillo y La Pasionaria, dirigentes simbólicos e históricos que participaron personalmente en la contienda civil.

"Todos, en fin, comprendimos —dice Martín Villa en sus memorias[7]— cómo el hecho de tal legalización se convirtió para Adolfo Suárez en grande y grave problema a raíz de la demostración realizada por el PCE con motivo del entierro de los abogados laboralistas asesinados en su despacho de la calle Atocha de Madrid".

Con el beneplácito del Rey, y puesto en conocimiento del Presidente de las Cortes y del Vicepresidente Alfonso Osorio, Adolfo Suárez decidió entrevistarse con el dirigente comunista en la tarde de un domingo, el 29 de enero; encuentro secreto que se celebró en la casa de Armero (en Pozuelo) en un clima distendido y comprensivo, en el que se obtuvo el acuerdo de palabra de reconocimiento legal del PCE antes de las elecciones si, previa y expresamente, la organización comunista aceptaba la Monarquía. Carrillo resumió esta condición en palabras claras[8]: "Si nos legalizan, nosotros no vamos a permitir que la reforma fracase. Para nosotros el problema no es monarquía o república, sino democracia o dictadura, y si el Rey apoya el proceso democrático, nosotros no tendremos nada contra él".

Un partido para el liderazgo de Suárez

El Partido Popular, cuya inscripción oficial en el Registro de Asociaciones Políticas e efectuó en junio de 1976, sólo formalizó su compromiso ante la opinión pública el 10 de noviembre, a través de un acto público al que asistieron casi un centenar de integrantes. Formado alre-

---

[5] El Rey revela a José Luis de Vilallonga, autor del libro *El Rey,* Plaza y Janés, Barcelona, 1993, pág. 106 y ss., que contactó con Ceaucescu, Presidente de Rumania, en Irán, y que con este motivo pudo enviar un emisario secreto a Bucarest a fin de que el dirigente rumano recibiese un mensaje para trasladárselo a Santiago Carrillo, que solía ir a dicho país a pasar sus vacaciones invitado por el dirigente rumano. El mensaje consistía en comunicar a Carrillo que cuando Don Juan Carlos accediera al trono reconocería al Partido Comunista, si esta organización así lo permitía no lanzando la gente a la calle, no provocando la agitación y la revuelta. Esta iniciativa del entonces Príncipe de España es recogida asimismo por Joaquín Bardavío, con toda suerte de detalles novelescos, en su obra *Los silencios del Rey,* Strips Editores, Madrid, 1979, pág. 150 y ss.

[6] R, Martín Villa, *Al servicio del Estado,* Editorial Planeta, Barcelona, 1984, pág. 62.

[7] R. Martín Villa, *op. cit.,* pág. 62.

[8] "Historia de la Transición", de *Diario 16,* primera parte, donde se recogen notas de las memorias de Santiago Carrillo llevada al texto por Justino Sinova, pág. 431. Por sí mismo, en sus *Memorias,* de Editorial Planeta, Carrillo dice sobre el particular, pág. 653: "Suárez había insistido mucho en la posición del rey, dispuesto a ir a una democracia sin discriminaciones. Yo le insistí en que desde 1942 habíamos dicho que la alternativa no era monarquía o república, sino dictadura o democracia. Teníamos una visión real de la correlación de fuerzas e íbamos a actuar responsablemente".

SÍ A LA MONARQUÍA
SÍ A LA BANDERA
SÍ A LA IGLESIA
SÍ A LAS BASES
SÍ A LA UNIDAD DE
LA PATRIA

¡MACHO, DEJA
ALGO PARA
FRAGA!

Chiste de Quesada en la revista
Blanco y Negro *del 4 de mayo de*
1977.

dedor de Areilza y Cabanillas, también personalidades experimentadas en el régimen anterior pero con un final crítico, quería llenar el hueco centrista que había abandonado Fraga, atrayendo hacia sí a una larga nómina de jóvenes y brillantes funcionarios y profesionales de procedencia diversa.

Quería ser una organización autónoma del Gobierno y diferenciado de las líneas continuista y marxista, con vocación de partido mayoritario[9], y tal vez por eso acentuaba más la agregación de personalidades que la definición ideológica, buscando la concordancia práctica de la moderación en que se situaba la mayoría social. Como más tarde se veía, el PP sería la verdadera levadura de Unión de Centro Democrático, dado su carácter fundacional de "unión" o "federación", para integrar a demócratas cristianos, liberales, socialdemócratas e independientes, tal como dijo en su primera declaración pública.

A estas alturas, el viejo proyecto de configurar un gran partido democristiano a la manera italiana y alemana se vislumbraba imposible por la división que acusaba, por el individualismo en Madrid y demás regiones de sus más destacados representantes y, asimismo, porque muchos no estaban decididos a separarse de los dictados del Gobierno, por más que el profesor Linz sostuviese que se daban las condiciones sociológicas para la construcción de ese gran partido. En verdad que el PP de la inscripción de junio tenía visos de ser cristiano demócrata, pero lo que salió al final era la típica organización conjuntiva con miembros de todos los sectores[10].

No paró ahí el proceso coalicional del PP. A mediados de enero de 1977, aun antes de constituirse en partido, Cabanillas y Areilza aspiraban a ampliar su base con grupos liberales a partir de agrupar a pequeñas organizaciones de debate y estudio como *Libra,* promovida por el yerno de Areilza, Joaquín Garrigues Walker, y *Nueva Generación,* fundada por Ignacio Camuñas en torno a la editorial *Guadiana*[11]. Igualmente, decidieron invitar a otros grupos en

[9] El Partido Popular publicó una declaración, a poco de su presentación el 10 de noviembre en Madrid, en la que dice querer integrar, mediante la unión o federación, a democristianos, liberales, socialdemócratas e independientes "conscientes de que sólo un partido mayoritario es capaz de emprender la tarea que hoy exige la sociedad española". Era, sin duda, una "macedonia de frutas" (lo que el politógo Otto Kirchlheimer llamaba el partido de partidos, el *catch all party*, interclasista e interideológico) que, aunque tuvo su origen y principal apoyo en el grupo Tácito, hubo de abrirse a otros grupos y personalidades. Respecto a la incorporación de Areilza y Cabanillas, Emilio Attard (*Vida y muerte de UCD,* Editorial Planeta, 1983, pág. 35 y ss.) explica que provocaron algunas protestas por el temor a que el proyecto terminara siendo "el de Pío" o "el de Areilza", perdiendo así su singularidad como colectivo plural, aunque reconoce el autor que la incorporación de aquellos dio realce a la presentación el 1 de diciembre de 1976, en el Hotel Meliá Castilla, "debido en buena parte a que estos apellidos eran noticia por sí mismos, y razón de más si presentaban un partido de respaldo".

[10] El acto de presentación del PP a los medios de comunicación se efectuó el 1 de diciembre en un acto en el que ocuparon el estrado presidencial José Luis Álvarez, José Luis Ruiz Navarro, José Pedro Pérez Llorca, José Enrique de la Mata, Fernando Castedo, Juan Carlos Guerra Zunzunegui, Alejandro Royo Villanova, Ricardo de la Cierva y Manuel María Fraile.

[11] El panorama liberal, como adscripción ideológica, mostraba también hiperdisgregación. Los proyectos de organización partidista eran diseños en el papel: sin bases, sin sedes, sin organización y, si acaso, tenían ascendencia para aparecer en los medios de comunicación. Joaquín Garrigues fundaría la Federación de Partidos Demócratas Liberales,

ciernes, organizativos del lado democristiano moderado, regido por Fernando Álvarez de Miranda, y del lado socialdemócrata que capitaneaba Francisco Fernández Ordóñez. Todos ellos, en definitiva, se inclinaban por el realismo de aceptar la Reforma Democrática y alejarse, cual pragmática salida, de los juegos rupturistas de la *Platajunta* en un mes que, si se caracterizó por algo, fue por la incertidumbre de convulsión militar. En sus memorias, Fraga recibió la noticia fríamente, como sintiendo que copiasen su anhelado y frustrado proyecto, "es la primera piedra de UCD que pronto se les irá de las manos"[12].

Los días 5 y 6 de febrero de 1977 se celebró el congreso constituyente del Partido Popular en el Palacio de Congresos y Exposiciones de Madrid, con la asistencia de cerca de un millar de compromisarios provenientes de las provincias. Al margen de las ceremonias estatutarias, como la aprobación de ponencias y estatutos en un clima de creciente euforia, lo más destacado de aquella reunión, en opinión de algunos presentes en el mismo, fue el sentimiento existente de que esta formación prometía ser la nave que llevaría a puerto la Reforma Política por mares calmos, conforme a los dictados gubernamentales.

Entonces sorprendió —no ahora, después de lo conocido— que José María de Areilza fuese descabalgado de la Presidencia del Partido y en su lugar se erigiese como máximo líder Pío Cabanillas. El Conde de Motrico hubo de conformase en compartir una de las dos vicepresidencias con el valenciano Emilio Attard. Se eligió también el Comité Político en lista única de 21 personas procedentes de las distintas corrientes ideológicas y regiones. En realidad, la reunión fundacional del PP fue el acto de presentación de la gran coalición, instigada desde la Presidencia del Gobierno, al menos así lo entendió con perspicacia Emilio Attard: "(...) Lo más notable de aquellas sesiones fue el acto de clausura, en el que, por primera vez, concurren como invitados premonitorios de lo que sería UCD [y relaciona los dirigentes de otras formaciones la integrarían]; acto que, de hecho, era no sólo la consagración del Partido Popular, sino la presentación del Centro Democrático"[13].

El eclipse inicial de Areilza, y su posterior apartamiento, pudo responder a que se le convenció de que estuviese en un segundo escalón para no irritar a Adolfo Suárez. Tarea disuasoria que pudo ejecutarle, con sutileza característica, Pío Cabanillas, en la idea de cumplir esta condición impuesta. Pero, a todas luces, no cabe pensar, como sostiene el politólogo Carlos Huneeus[14], que la exclusión de Areilza fue hecha con el propósito de permitirle una mayor acción política como candidato a la Presidencia del Gobierno. La verdadera y profunda razón

---

junto a Antonio Fontán, monárquico de Don Juan de Borbón y notable accionista de la cadena radiofónica Sociedad Española de Radiodifusión; el proyecto era tan minoritario que, no sin sentido del humor, Garrigues lo denominó partido-taxi, al afirmar un día que "sus bases cabían en un taxi". El partido creado por Ignacio Camuñas se denominaba Partido Demócrata Independiente, que se transformaría en Partido Demócrata Popular, que llegó a estar homologado a la Internacional Liberal pese a carecer de las mínimas condiciones de encuadramiento colectivo. Tanto a Garrigues como a Camuñas, según varios testimonios y principalmente los de Fernando Jáuregui y Manuel Soriano (*La otra historia de UCD*, Emiliano Escolar Editor, Madrid, 1980, pág. 56 y ss.), se atribuye la idea original de crear una coalición moderada bajo el nombre de Unión del Centro, para cuya formación también invitaron a Fernando Álvarez de Miranda, dirigente del Partido Popular Demócrata Cristiano (que se fusionaría con Unión Demócrata Española, de Alfonso Osorio, dando por resultado el Partido Demócrata Cristiano), y Francisco Fernández Ordóñez, fundador con José Ramón Lasuen de la Federación Socialdemócrata.

[12] Manuel Fraga, *op. cit.*, pág. 64.
[13] Emilio Attard, *op. cit.*, págs. 41 y 42.
[14] Carlos Huneeus, *La Unión de Centro Democrático y la transición a la democracia española*, Centro de Investigaciones Sociológicas, Madrid, 1985, pág. 155.

estribaba en la incompatibilidad absoluta —en el veto rotundo— que Adolfo Suárez impuso como director de la operación, para lanzarse él al ruedo electoral sin sombras ni competidores en el liderazgo de la Reforma Política como premisa de la Transición. Del mismo modo, Gregorio López Bravo sería candidato al Congreso por Alianza Popular porque Suárez no lo quería en sus filas, y por inspiración regia fue admitido cerca de Fraga[15].

Sí parece probable que Areilza respondiese al desafío de aquel veto, con vistas a hacerse imprescindible ante el electorado, con una actuación mitinera impresionante en varios lugares con la máxima acogida. Porque era —y sabía hacerlo— un maduro político con facilidad expresiva, suaves ademanes y talante paternal, inspirador de confianza. Actuó así, pero en dos meses escasos no pudo levantar entusiasmos y, si acaso, provocó más rechazo. "Areilza significaba, pues, una alternativa de poder en toda regla, y su planteamiento estaba destinado a chocar con las intenciones del Presidente Suárez, si es que por fin se decidía a concurrir a las urnas", decía también Pedro J. Ramírez[16].

Las crónicas y memorias abundan coincidentemente en subrayar que Adolfo Suárez tenía pensado concurrir a las elecciones sin nadie que le hiciese sombra. La separación de Areilza, a la fuerza, del Partido Popular se debe inscribir en esa clave. De igual manera, cabe decir que no quería competidores entre sus ministros, y salvo Leopoldo Calvo Sotelo, que dimitió de ministro para organizar la campaña electoral del partido que gestaba, a los más significativos los dejó fuera por disposición legal (artículo cuatro del Real Decreto-Ley 20/1977, de 18 de marzo) declarándolos inelegibles —no así él, presidente del Gobierno— para recogerlos más tarde entre los senadores de designación real[17]. Con ello, por lo demás, contentaba la reivindicación de la oposición de ofrecer neutralidad desde el Ejecutivo.

La opción excluyente Areilza o Suárez se produjo el 19 de marzo de 1977, en la casa del letrado de las Cortes José Luis Ruiz Navarro, quien en el día de su santo invitó a cenar a diversos amigos. Allí estaban Pío Cabanillas, Alfonso Osorio, Landelino Lavilla, Leopoldo Calvo Sotelo, Iñigo Cavero, José Luis Álvarez, Fernando Álvarez de Miranda, Juan Antonio Ortega, Juan Carlos Guerra Zunzunegui, así como los marqueses de Urquijo —que serían asesinados en circunstancias extrañas tres años después en su domicilio de Somosaguas— y Celso García, la mayor parte de ellos acompañados de sus respectivas esposas. Los periodistas Fernando Jáuregui y Manuel Soriano[18] lograron reconstruir aquella velada no desmentida en su descripción general y que pone de manifiesto cómo la política es de mortales, de seres humanos que ceden o resisten a las pretensiones del poder frío y ambicioso:

---

[15] Aunque Manuel Fraga en sus memorias es sumamente discreto en sus relaciones con el Rey, y por la misma razón no revela por qué incluyó en el puesto tercero de la lista de AP por Madrid a Gregorio López Bravo, Laureano López Rodó (*Claves de la Transición, Memorias IV,* Plaza y Janés, Barcelona, 1993, pág. 316) cuando se refiere al infierno que supone confeccionar listas electorales dice, respecto de López Bravo : "En medio de esa refriega en torno a las candidaturas, se produce un hecho que estimo muy significativo. Gregorio López Bravo pensó incorporarse a la lista de UCD pero, al parecer, Adolfo Suárez maniobró para que no le hiciese sombra y consiguió que López Bravo recibiera la indicación de la Zarzuela de presentarse por Alianza Popular *para reforzar la derecha".*

[16] Pedro J. Ramírez, *Así se ganaron las elecciones,* Editorial Planeta, Barcelona, 1977, pág. 29. El autor, al referirse a esta incidencia, añade que causó asombro esta preterición de Areilza, hasta el punto de provocar en *ABC,* dos días después, un editorial en el que se preguntaba "¿Es que a José María de Areilza se le reservan las máximas responsabilidades del Partido Popular para otra coyuntura política que ésta en la que estamos?".

[17] Entre los 41 Senadores de designación regia, con arreglo a lo previsto en la Ley para la Reforma Política (número no superior a la quinta parte de los escaños) figuraron los Ministros: Fernando Abril Martorell, Landelino Lavilla, Rodolfo Martín Villa, Marcelino Oreja y Alfonso Osorio.

[18] Fernando Jáuregui/Manuel Soriano, *op. cit.,* pág. 59 y ss.

"[...] La presencia de Pío como elemento extraño a la reunión, ya casi tradicional, hizo que más de uno sospechara que algo excepcional iba a ocurrir. El fino instinto de Juanita García Valdecasas, la mujer de Landelino, hizo que comentara algo de esto con otro comensal. Todos sabían, era un secreto a voces, que Pío aspiraba calladamente a presidir la naciente coalición. Aquella noche, sus aspiraciones iban a recibir un golpe de muerte. A la hora del café, retrepado en su sillón, Osorio dejó caer, como de paso, que Suárez estaba dispuesto a bajar a presidir el centro democrático, siempre y cuando fuera eso: presidente. Los reunidos en casa de Ruiz Navarro captaron de inmediato el mensaje y percibieron el sello oficial en él estampado. No muy delicadamente, el vicepresidente del Gobierno y factótum del Gabinete de Suárez, dejó caer la alternativa: había que optar entre la presidencia de Adolfo Suárez o la de José María de Areilza (...) Los planteamientos de Osorio dejaron helada a la concurrencia. De acuerdo con un testigo presencial, Cabanillas se había quedado pálido. Alguien preguntó al vicepresidente del Gobierno si sus afirmaciones se realizaban a título personal o tenía un mandato específico de la Moncloa, y Osorio, tras darle vueltas al asunto, terminó dando a entender que él actuaba como simple recadero de Suárez.

—Pues yo no estoy de acuerdo —dijo Álvarez de Miranda.

Juan Carlos Guerra y José Luis Álvarez apoyaron este planteamiento. Por aquel entonces, los centristas habían llegado a negarse a entablar conversaciones con el eterno Ministro del Interior, Rodolfo Martín Villa, quien, a través de un invento particular al que llamó Federación Socialdemócrata Independiente, pretendía entrar en Centro Democrático, aportando su 'red' (...)

En aquel momento, los hombres provenientes de la oposición moderada o de sus aledaños temían más que a cualquier otra cosa cualquier contagio 'azul' en sus filas. Y, al fin y al cabo, ¿qué era Adolfo Suárez, sino un *alter ego* de Rodolfo venido a más?

Obviamente, los planteamientos de Álvarez de Miranda no eran los de todos los concurrentes a la cena de Ruiz Navarro. Leopoldo Calvo Sotelo, el hombre que había sido capaz de llorar ante Osorio para ser incluido en el Gabinete, se reveló como un hombre fiel al presidente: *yo creo que si queremos ganar las elecciones, no quedará otro camino que el que dice Alfonso*. La discusión duró hasta bien entrada la madrugada, y en ella intervino activamente Juanita, la mujer del único hombre que aquella noche no llegó a pronunciarse en sentido afirmativo ni negativo, Landelino Lavilla. (...) José Luis Álvarez, Ruiz Navarro y Pío quedaron en comunicarle la noticia al irascible y terrorífico conde al día siguiente. La cosa no era, en absoluto, agradable: ¿cómo iba a reaccionar el personaje. Así que los tres se encaminaron, no sin cierta aprensión, al restaurante Ondarreta, donde iba a tener lugar el difícil almuerzo-revelación. Para sorpresa general, Areilza reaccionaría espléndidamente: *Comprendo. Es necesario mi sacrificio, y yo gustoso me sacrificaré siempre por el bien de la Patria*, vino a decir, mostrándose como lo que siempre ha sido: un gran señor y un perfecto jugador de póquer".

Uno de los comensales de aquella cena, Juan Carlos Guerra Zunzunegui, que estimaba demasiado cruel la exclusión de Areilza, trasladó hasta su domicilio en Madrid al vicepresidente del Gobierno, Alfonso Osorio, y hablando durante el trayecto en su automóvil privado intentó convencer al emisario de Suárez a fin de que Areilza no fuese defenestrado políticamente. Proponía que el conde de Motrico fuese de candidato al Senado por Madrid, y en su día poder presidir la cámara alta. Osorio le confesó sinceramente a Guerra que el veto a Areilza era absoluto, sin paliativo[19].

---

[19] Testimonio de Juan Carlos Guerra Zunzunegui al autor.

Si Adolfo Suárez fue designado Presidente del Gobierno en una operación hábil de carambola, para ejecutar los designios estratégicos de Fernández Miranda, es lo cierto que superado el trámite legislativo de la Reforma Política, quería volar por sus propios medios. Y así lo hizo como protagonista autónomo e improvisador. Centro Democrático quiso que fuese su obra, y a eso apostó duramente, como si se tratara de una nave de la que era único capitán y el resto la tripulación.

El prepotente I Congreso de AP

Marcado por la prepotencia y la escenificación ostentosa, el I Congreso de Alianza popular se celebró en Madrid los días 5 y 6 de marzo, sábado y domingo, en el doble auditorio del Palacio de Exposiciones y Congresos con la asistencia, entre compromisarios e invitados, de unas cuatro mil personas. Los siete partidos hasta entonces "federados" vivieron en este congreso el primer proceso de integración, porque cinco de aquéllos constituyeron el Partido Unido de Alianza Popular, como principal bloque, que seguía federado a dos partidos claramente conservadores, Acción Democrática Española, dirigido por Federico Silva Muñoz, y Unión Nacional Española, cuyo líder era Gonzalo Fernández de la Mora.

Como federación de partidos se constituyó Alianza Popular, en cuyo acto de presentación, en el hotel Mindanao de Madrid, comparecieron los dirigentes fundadores, que fueron motejados como "los siete magníficos", en alusión a una película del oeste americano del mismo título. Como un periodista preguntara en dicho acto por qué se unían personas y grupos antaño enfrentados, Fraga contestó la máxima británica de que "la política hace extraños compañeros de cama".
Cartel anunciador del I Congreso Nacional de AP, en el que se sobrescribe una pintada insultante.

El sentido hegemónico de Reforma Democrática, en cuanto organización, pudo fagocitar o absorber a los partidos menores unidos, pero el fenómeno de asimilación de los dos restantes partidos federados fue más complicado y lento por la resistencia de sus líderes —que no de los afiliados de base—, si bien ninguno de ellos disponía de potencial proselitista como para actuar aislado. En cambio, Reforma Democrática fue conducida a parecer lo que no quiso ser nunca: a tener una imagen —una percepción desde fuera— de carácter neofranquista no redimible por mucho tiempo, lo que desembocó en la separación de muchos de sus militantes hacia la vida privada o, en algunos casos, hacia el banderín de enganche del partido suarecista en fase de formación.

La lealtad a Fraga, siempre trufada de tensiones, críticas y reconvenciones, fue el principal factor para que permaneciese un equipo mínimo depositario del ideario reformista, el cual actuó de testigo en el relevo de la larga marcha hacia la integración del centro-derecha. A muchos de ellos no se les han reconocido sus valores y trabajos, nunca retribuidos, y si acaso —como es costumbre en Fraga— únicamente se les recuerda como *los viejos amigos*. No obstante, aquel lastre continuista, Jorge de Esteban y Luis López Guerra convienen en señalar que "Esta temprana diferenciación (a los cinco meses de constituida la Federación) puede considerarse el primer paso de una evolución que iba a convertir a Alianza Popular de un partido de imagen claramente franquista en un partido confesadamente democrático y constitucional"[20].

---

[20] Jorge de Esteban/Luis López Guerra, *Los partidos políticos en la España actual*, Planeta/Instituto de Estudios Económicos, Barcelona, 1982, pág. 162.

Sobre la presentación de Alianza Popular, lista para emprender la carrera electoral, Federico Silva diagnostica como erróneo aquel acto multitudinario. "Y nos equivocamos —dice el que fue llamado *Ministro eficacia* —, porque a causa de la sensación de fuerza que dimos, nuestros adversarios políticos de todos los colores se lanzaron contra nosotros, lo que pagamos a alto precio"[21]. Él cuenta también que, a mediados del mes anterior, los dirigentes aliancistas fueron recibidos por Adolfo Suárez en la Moncloa (sobre lo que guardan silencio tanto Fraga como López Rodó en sus respectivas memorias), y que después de tres horas de entrevista en la que el presidente del Gobierno hizo todo tipo de divagaciones, salieron de allí sin conocer el contenido de la ley electoral, más o menos pactada con otras fuerzas de la oposición. En cualquier caso, todos los aliancistas coinciden en que el Gobierno fue implacablemente beligerante, y en ese sentido López Rodó no se para en denunciar las intrigas gubernamentales para impedir que René Poch, enviado del neogaullismo francés, viniese a Madrid al congreso después de haberlo prometido Poniatowski; o que el ex Ministro André Betancourt —que sí asistió— no fuese recibido por el Rey.

No obstante, el I Congreso de AP tuvo una nutrida representación extranjera para observar su fundación: además de Betancourt, estuvieron varios dirigentes del partido Social Cristiano alemán de Strauss; Otto de Habsburgo, de la Unión Paneuropea, y el ex Ministro británico Lord Saint-Oswald, dirigente *tory,* gran amante y conocedor de España. Aun admitiendo que no era uno de los principales desafíos el del respaldo internacional, Fraga reconoce que fue muy superior el apoyo exterior que se dio a democristianos, comunistas y socialistas.

Aparte la puesta en escena discursiva y mitinera de la reunión, las ponencias no ofrecieron aportaciones ideológicas singulares durante su debate a lo largo del sábado; ponencias que fueron defendidas por Gabriel Elorriaga, Luis Bonhome, Juan Velarde, Ángel González Álvarez, María Vidaurreta y Loyola de Palacio.

Al margen de otras consideraciones ya apuntadas, lo cierto es que el I Congreso de Alianza Popular fue el acto motriz de un proceso dilatado de conformación de la derecha variopinta que abdicaba de sus negativos antecedentes, pero sobre todo supuso la personalización de su liderazgo en Fraga. Desde entonces Fraga volvía a ser Fraga en pos de reconducir por el sendero democrático a una franja de la sociedad que clamaba por la reforma como negociación, pero en modo alguno como imposición o concesión.

Sábado Santo y "rojo"

Desde la entrevista "secreta" de Suárez y Carrillo, a finales de enero, el calendario corría raudo en favor de dar como normal la presencia del Partido Comunista en la realidad política. Otra cosa era su legalización, si *antes* o *después* de las elecciones inaugurales de la democracia. El momento y la forma, por consiguiente, constituían el problema. Dentro de la estrategia internacional, ni americanos ni alemanes, por ejemplo, eran partidarios de la legalización previa, porque entendían —y también varios miembros del Gobierno— que el PCE con un buen resultado electoral dejaría raquítico al resto de la izquierda, llevando a España al modelo italiano[22]. Por parte de la opo-

[21] Federico Silva Muñoz, *Memorias Políticas*, Editorial Planeta, 1993, pág. 355.
[22] Alfonso Osorio, en *Trayectoria política de un ministro de la Corona,* Editorial Planeta, Barcelona, 1980, pág. 280, refiere que en su visita a los Estados Unidos el secretario de Estado, por entonces Cyrus Vance, le recomendó que la

sición se quería la legalización de los comunistas, no porque no temiesen su engrasada y eficaz maquinaria, sino porque querían soslayar una posible deslegitimación electoral. Para algunos coaligados de Alianza Popular, y en modo alguno para el núcleo duro procedente de Reforma Democrática, este problema se presentaba crítico, de suerte que una declaraciones favorables a la legalización del PCE de Rafael Pérez Escolar pusieron en crisis de ruptura a los "siete magníficos"[23].

Decidido el Gobierno a dar ese paso, no se le ocurrió otra habilidad que modificar por un Real Decreto-Ley, la Ley de Asociaciones Políticas, según el cual se regulaba el trámite de presentación e inscripción del registro de los partidos en el Ministerio de Gobernación, dejando al arbitrio del Tribunal Supremo la última decisión. Al propio tiempo, por torpe inspiración de Landelino Lavilla en connivencia con Rodolfo Martín Villa, el Gobierno nombró presidente de la Sala Cuarta al magistrado don Juan Becerril para así asegurar la legalización —según recuento apriorístico de la actitud ideológica de los magistrados que constituían sala—. Pero el alto tribunal desbarató la operación negando el plácet al magistrado designado —oportuno desaire también a la carta— y se pronunció el 1 de abril (el mismo día que se disolvió legalmente el Movimiento Nacional y su Secretaría General) mediante un auto por el que devolvía al Gobierno la decisión de legalizar al PCE, entendiéndola, en esencia, una decisión administrativa[24]. Empeñado el Gobierno en buscarse un respaldo externo, que justificara que el PCE como grupo no era subversivo y, por lo tanto, incurso en el Código Penal, acudió a pedir informe al Fiscal del Tribunal Supremo y Junta de Fiscales. Cuando éste lo evacuó, en reunión urgente el Miércoles Santo, fue desde entonces el momento de proceder de Suárez: por sorpresa y en tiempo de vacaciones: el Sábado Santo. Sorprendió incluso al mismo Carrillo, que se encontraba en Cannes (Francia), de vacaciones, quien había sido

El Vicepresidente del Gobierno, el general Gutiérrez Mellado, ordena guardar silencio en un funeral al capitán de navío Camilo Menéndez por lanzar gritos contra el Gobierno (29 de enero de 1977).

legalización del PCE se efectuase después de las elecciones generales. Por otra parte, los alemanes eran partidarios de extender su receta constitucional de prohibir a los comunistas participar en el juego democrático, y en tal sentido se manifestaban los consejeros de las fundaciones germánicas que operaban en Madrid.

[23] Manuel Fraga, *op. cit.*, pág. 71, reconoce que una declaraciones de Pérez Escolar en favor del reconocimiento "pleno e incondicional del Partido Comunista" crearon una grave crisis dentro de la federación de Alianza Popular: "Aquí empezaron serias discrepancias sobre los modos de actuar (no existió ninguna consulta previa a la declaración), que habrían de agravarse en los criterios para las listas electorales". Personalmente Fraga era partidario de la legalización, y con él su equipo próximo, pero este criterio estaba en frontal contradicción con sus socios y coaligados, y hubo de ceder calificando aquel hecho incluso como "un verdadero golpe de Estado", sin duda para preservar la unidad interna. Tan insincera actitud la iría corrigiendo gradualmente culminándola, dentro del mismo año, con la presentación de la conferencia de Santiago Carrillo en el Club Siglo XXI.

[24] La sentencia de la Sala Cuarta del Tribunal Supremo, de lo Contencioso-Administrativo, y que presidía accidentalmente don Enrique Medina Valmaseda, fue dictada el 1 de abril de 1977 y constaba de cuatro "resultando" de hechos, un "visto" de toma de decisión y nueve "considerando" o fundamentos jurídicos, de los cuales el tercero es contundente. Partiendo de la afirmación de que la inscripción en el Registro es una decisión típicamente administrativa, establece que "La Justicia, a su vez, no puede competir, participar, suplir ni aun complementar a la Administración en el ejercicio de sus peculiares actividades administrativas".

advertido que cuando se legalizase habría que controlar la explosión de alegría de sus partidarios en la celebración.

La conmoción que supuso la legalización del PCE (el 9 de abril) se manifestó con rechazo en el estamento militar, tanto más localizado en la Marina, cuyo Ministro, almirante Pita da Veiga, la expresó dimitiendo irrevocablemente dentro de una dinámica de protesta muy extendida entre la oficialidad y mandos de las tres armas. Y pese a que por la intercesión regia pudo controlarse el problema, el Consejo Superior del Ejército, convocado al efecto, exteriorizó su disgusto en una reunión tormentosa presidida por el Jefe del Estado Mayor Central, teniente general Vega, por hallarse enfermo el Ministro[25]. El comunicado que dio cuenta de lo tratado por el Consejo Superior del Ejército, dos días después de la reunión y luego de intervenir el Rey para calmar el sofoco, afirmaba que "la legalización del Partido Comunista ha producido una repulsa general en todas las unidades del Ejército. No obstante, en consideraciones a intereses nacionales de orden superior, admite disciplinadamente el hecho consumado...".

Es claro que aquel hecho ocasionó un enfrentamiento entre los mandos de las Fuerzas Armadas y el Gobierno —personalizado en Suárez—, pero el factor disciplina se impuso gradualmente, y la cuestión de conciencia de muchos jefes y generales (protagonistas en la guerra civil) remitió, no sin registrar diversas dimisiones. El almirante Pita da Veiga, muy dolido porque la decisión de legalización no fue tratada en Consejo de Ministros, tuvo sin embargo un comportamiento correcto en su conducta formal —coherente y honrada— quizás por el escaso seguidismo que concitó, salvo que para su sustitución al frente del Ministerio de Marina hubo que buscar al almirante Pery, que estaba en la reserva.

Fue en todo caso una crisis dura, de efectos insospechables, que provocó la concertada publicación de un editorial conjunto de los periódicos bajo el título *No frustrar una esperanza*[26] para sujetar cualquier desbordamiento de la opinión pública o de grupos reaccionarios necesitados de pretextos para incitar al cuartelazo.

Lista de candidatos en la olla a presión

Si desagradable y enconado es en un partido disciplinado y estructurado confeccionar las listas electorales, máxime en un país como España, donde prevalece la vocación individual por encima del sentido colectivo. El cierre de las candidaturas al Congreso y al Senado de las elecciones generales de junio de 1977 fue para Alianza Popular —con una dirección colegiada, implantación heterogénea y falta de experiencia— una gallera. La competencia larvada, las

---

[25] Carlos Fernández, *Los militares en la transición política,* Argos Vergara, Barcelona, 1982, pág. 157, asegura que la reunión del día 12 de abril de 1977 del Consejo Superior del Ejército duró cinco horas y media, incluida la cena, y que en la misma hubo un ambiente muy tenso y que las palabras de algunos tenientes generales fueron en tonos muy altos. "Se dijo que el mismo que en la reunión del 8 de septiembre del año pasado [reunión de altos mandos militares con el presidente Adolfo Suárez] había dado un castizo 'viva' a la madre del presidente, cambió la frase por otra, también referente a la madre, pero de signo contrario". Añade el mismo autor que en la reunión hubo que hacer valer la virtud castrense de la disciplina para dominar el rapto emocional de los reunidos.

[26] El editorial conjunto fue inspirado desde el Gobierno y tuvo muy buena acogida entre los directores de los periódicos, conscientes de la gravedad del momento. Por su interés, por el efecto calmante que ejerció en la opinión pública, se reproduce en la antología de textos del capítulo.

intrigas ocultas y el ejercicio de influencias y amenazas afloraron en esta ocasión con irreprimible saña. El banderazo de salida, la apertura de la campaña, la dio el mismo Presidente del Gobierno al declararse candidato el 2 de mayo en una intervención a través de TVE. Ese mismo día, por consiguiente, los cuarteles generales de las formaciones políticas se pusieron en pie de guerra.

Fraga, que ya era el líder más visible de la coalición, no puede pasar por alto lo engorroso y dramático de la tarea, y anota en su diario[27]:

> "Lunes, 2 de mayo: empiezan los días cruciales de las candidaturas. Hablando en términos generales, con nuestro peculiar sistema electoral, que obliga a hacer listas provinciales, es decir, no sólo a escoger personas, sino a ordenarlas; es un trabajo frustrador e incluso sobrehumano. Este es país por excelencia del amor propio y de la envidia; hacer una lista, en la que Fulano va detrás de Mengano, es un problema muy serio. Pero en aquellos días todo era aún más difícil; a las dificultades de personas se sumaban las de pertenecer a diferentes partidos. No supe verdaderamente lo que era la virtud de la paciencia hasta aquellos momentos.
> En todas las provincias hubo problemas; se sentía uno carnicero, sin querer. La inclusión de algunas personas en puestos de salida se reveló muy pronto dificilísima; las provincias defendían su autonomía, olvidando a veces que un grupo parlamentario bueno no puede hacerse simplemente por la suma de representaciones locales".

"Torbellino" o "Huracán Fraga", tal como se le motejaba burlonamente por entonces, había conseguido desde septiembre de 1976 consolidar o fundar —siempre con precariedad— una organización básica en las cincuenta provincias, y también en Ceuta y Melilla. Metodológicamente había visitado las principales ciudades y siempre, con un deficiente servicio de acción territorial, se había reunido con los responsables más destacados a fin de concitar la preparación de las elecciones.

En el ámbito central, independientemente de haber cedido áreas como Acción Territorial (que regentaba José Cholbi, inspector de enseñanza primaria propuesto por Martínez Esteruelas) o Nuevas Generaciones (que dirigía Loyola de Palacio, a instancias de Gonzalo Fernández de la Mora), se había reservado para su gente de Reforma Democrática: la línea ejecutiva de la organización a través de Carlos Argos, ex jefe de su gabinete en Gobernación, en calidad de adjunto al Secretario General; la línea informativa, que la dirigía Carlos Mendo; la línea financiero-contable, que conducía Joaquín de Navasqüés, y la documental, que llevaban un grupo de militares jóvenes y universitarios de Estado Mayor que, al decretarse la incompatibilidad del oficio con la actividad política, hubieron de apartarse y trabajar en la sombra.

Por lo demás, Fraga contaba externamente con otras personas dedicadas a responsabilidades sin dependencia orgánica para trabajos y áreas específicas. De hecho, Fraga siempre tuvo a su lado a un compacto equipo, ágil y preparado, tanto en Madrid como en las grandes capitales, una veces en primer plano y otras oculto. No obstante, la organización tenía perfiles elitistas, porque la acción de base, nutrida e intersectorial, sólo se consiguió pasado mucho tiempo, a partir del II Congreso. No es por ello exagerado sostener que el soporte partidista interprovincial lo consiguió Fraga a

---

[27] M. Fraga, *op. cit.*, pág. 76.

partir de viajes (entre 125.000 y 150.000 kilómetros recorridos desde que abandonó el Gobierno) y de comparecencias ante los medios de comunicación en cada visita. Ese modo artesanal de hacer proselitismo era el único camino, por otra parte, para hacerse presente frente al más efectivo, rápido y confortable de servirse de la radio, la televisión y los gobiernos civiles.

Ahora bien, pese al impulso organizador, AP adoleció desde los primeros momentos de un ideario unívoco, aglutinador y claro, denotando un estilo tardofranquista impropio —el resultado de la presencia de hombres ligados a lo anterior—, porque no hubo tiempo para que se decantasen las posiciones ideológicas[28]. De ahí que la profesora Lourdes López Nieto, que obtuvo el doctorado con la primera tesis sobre Alianza Popular[29], aluda a esa peculiaridad:

> "(...) La relativa indefinición ideológica que puede manifestarse a veces en llamativas contradicciones, y por último, el papel relevante que en todo momento ha jugado M. Fraga hasta el extremo de que el partido en muchas fases se confunde con su propia personalidad".

Inicialmente, descontado el compromiso de que cada uno de los "siete magníficos" compareciese por la provincia por la que tuviese más arraigo y ascendencia (Fraga por Lugo; Martínez Esteruelas, por Teruel; Silva, por Zamora; López Rodó, por Barcelona; Fernández de la Mora, por Pontevedra; Licinio de la Fuente, por Toledo, y Thomas de Carranza, sin encaje concreto), se pidió finalmente a Fraga que encabezara Madrid y se difundió una circular, la número 3/77, con las reglas de actuación para la confección de las candidaturas. A tal efecto se creó, y se daba cuenta de ello en la circular, la Comisión Nacional de Elecciones como instancia última para cerrar las listas.

En el ámbito provincial se creaba, al mismo tiempo, un órgano con igual estructura en su composición: dos representantes por cada uno de los partidos y uno en representación del llamado "grupo cero", es decir, en representación de los afiliados directos de AP. En aquella circular también se exigía la presencia de mujeres —al menos una— y un sistema objetivo de encuesta para determinar las figuras con más "tirón" popular. Todo aquello fue desbordado y degenerado en términos tales que, al final, la Comisión Nacional de Elecciones acabó siendo un órgano inútil —al dictado de los compromisos de los líderes— y en muy pocos casos pudo influir en las provincias para hacer huecos e introducir a ciertas figuras, y mucho menos donde se presentaban los "seis magníficos" (uno menos, porque Thomas de Carranza se quedó sin distrito).

En cualquier caso, el criterio de que cada distrito confeccionara las listas en función de la implantación (número de militantes) de cada uno de los siete grupos, quedó inaplicado desde el primer momento, suscitando conflictos entre los seguidores de Reforma Democrática, la más y mejor implantada, y los seguidores de las otras formaciones. Este fue el caso de Almería, Barcelona, Lugo, Badajoz, Valladolid, Salamanca y Segovia, provincias en las que se desataron enfrentamientos de diferente cariz.

---

[28] Las contradicciones ideológicas latían ocultas muchas veces, y en otras ocasiones se soslayaban. Siendo el autor de esta obra el director del periódico de la campaña electoral *(Especial elecciones)* publicó un artículo en defensa del divorcio que provocó protestas ante Fraga. Como éste le trasladase estas críticas, el director de aquella publicación —el autor— únicamente alegó que el divorcio civil figuraba en el programa de Reforma Democrática, a lo que Fraga, paternalmente contestó: "Hijo, haga usted lo que pueda por no irritar a nuestros socios, que más adelante veremos asumidas nuestras posturas programáticas".

[29] Lourdes López Nieto, *Alianza Popular: estructura y evolución electoral de un partido conservador (1976-1982),* Centro de Investigaciones Sociológicas, Madrid, 1988, pág. 11.

En pura lógica, aquel criterio, aunque atento a la realidad, se separaba de lo que era una formación unitaria: la existencia legal del Partido Unido de Alianza Popular (PUAP), al que se adherirían finalmente Unión Nacional Española (UNE, de Fernández de la Mora) y Acción Democrática Española (ADE, de Federico Silva). Pero donde se planteó la crisis de forma virulenta, con antagonismos personales e ideológicos, fue en Cataluña.

López Rodó firmó el 21 de abril de 1977 un pacto electoral —una pseudo coalición— llamada Convivencia Catalana en la que, además de AP, representada por el ex Ministro, figuraban Unió Catalana, de Santiago Udina Martorell, y el Partit Democratic de Catalunya, de Linati Bosch. Como quiera que los miembros de Reforma Democrática y del Club Ágora se viesen preteridos ante aquella presencia de ex colaboradores de López Rodó y otros miembros del Opus Dei, los viejos fraguistas resolvieron no comparecer en las listas, habida cuenta que se les ofrecía figurar en puestos sin posibilidad — ni siquiera remota— de obtener representación. Abiertas las heridas, constante el conflicto incluso después de los comicios, López Rodó pagó políticamente en las elecciones de 1979 esta pretendida patrimonialización, emergiendo nuevamente la raíz reformista que llegó a apartarle.

Otras variantes singulares de aquellos comicios, por lo común pactadas en su propio ámbito, fueron las de Alianza Foral Navarra, Unió Lleidetana, Guipúzcoa Unida y Acción por Ceuta.

Según reconoce Pedro J. Ramírez en su libro *Así se ganaron las elecciones*[30], al final las candidaturas de AP resultaron una relación de nombres —de 350 para el Congreso, 156 para el Senado y 27 suplentes— muy poco conocidos a nivel nacional. Así, en el Congreso, con antecedentes políticos conocidos figuraban, además de los líderes nacionales, Juan Luis de la Vallina y Noel Zapico (Asturias), Antonio del Valle (León), Alvaro Lapuerta (Logroño), Rafael Arteaga (Tenerife), Antonio Carro (Lugo), Carlos Pinilla (Zamora) y Joaquín Gias Jové (Lérida), en su mayor parte por haber sido procuradores en Cortes por el tercio familiar o por haber sido consejeros nacionales.

En cambio, la concentración de hombres del pasado sí se dio en las candidaturas del Senado. Aparte Carlos Arias, candidato por Madrid, comparecían Gonzalo Botija (Albacete), Francisco Abella (Ávila), José García Hernández y Tomás Allende (Guadalajara), José Luis González Álvarez (León), José Utrera Molina (Málaga), Mónica Plaza (Palencia), José Naranjo Hermosilla (Las Palmas) y José Luis Zamanillo (Santander). Bien es cierto, no obstante, que el resto de los "desconocidos" en puestos de no salir elegidos se habían significado notablemente con el régimen anterior en sus respectivos ámbitos.

En cuanto al perfil sociológico de los candidatos, importa resumir el estudio exhaustivo que al respecto realizó la profesora Lourdes López Nieto[31]. En las listas de AP figuraban 47 mujeres (el 9,50 por ciento del total), existiendo 16 distritos en los que no concurría ninguna, y 28 en los que participaba sólo una. Para el Senado únicamente eran 3 las candidatas, lo que coincidía con la media nacional.

---

[30] Pedro J. Ramírez, *Así se ganaron las elecciones*, Editorial Planeta, Barcelona, 1977, pág. 101 y ss. Añade este autor, por otra parte, que "la impresión dominante al cierre de las candidaturas era pues la de que las listas podían haber sido mucho peores, que se habían sacrificado algunas vacas sagradas y que se había dado entrada a una serie de hombres nuevos. El desarrollo de la campaña y las reacciones provincia por provincia indicarían en cambio que tal visión optimista no estaba en absoluto justificada".

[31] Lourdes López Nieto, *op. cit.*, pág. 85 y ss.

Finalmente, en relación con la experiencia pública de los candidatos, en AP se combinó la estabilidad y la renovación, al igual que en UCD, habida cuenta que ambas formaciones recogieron bajo sus siglas a la mayor parte de la clase política del régimen anterior.

Las finanzas de la primera campaña

La financiación de aquella primera campaña de AP corrió fluida y abundante, sobre todo por la buena disposición bancaria en formalizar pólizas de créditos que, en conjunto, suponía una amenazante hipoteca material —nunca ejecutada— y otra mental, que ha marcado para siempre a Fraga. La necesidad de recabar fondos y cómo pagarlos después ha sido la obsesión constante del villalbés, en contraposición a su voluntarismo inversor en persuasión electoral a través de los modernos medios de comunicación, escasos y caros, ha declarado al autor Joaquín de Navasqüés, el que fuera tesorero de Reforma Democrática, y posteriormente el primero de Alianza Popular.

Graduado en Ciencias Empresariales, e hijo del veterano embajador del mismo nombre, Navasqüés fue cedido por Juan Lladó y Sánchez Blanco para que gratuitamente se ocupase de la captación, gestión y control de las finanzas del partido político de Fraga, y con esa carga de ilusión abandonó el Banco Urquijo a fin de ayudar a la creación de esa atípica y novedosa empresa que es un partido. Su presentación pública ante los principales dirigentes de la coalición fue gloriosa, pues como cifrara su previsión electoral de AP en torno al 7 por ciento (luego el resultado fue de un 8,83 por ciento), a Fraga, que presidía el acto, aquello no le gustó. Y para desautorizar al tesorero no participante de la euforia colectiva dijo: "A Navasqüés no hay que escucharle porque, aunque es un brillante bancario (ni siquiera le llamó banquero), no sabe nada de política".

Cuando se configuró la organización de Alianza Popular, Fraga transfirió de los equipos de Godsa y Reforma Democrática cuanto pudo y, entre otros, el que consideró básico fue la tesorería, como indudable resorte de poder que le daba ventaja sobre los otros líderes. Si además de ostentar la secretaría general era el principal limosnero de la coalición, lógico era pensar que ese órgano lo tuviera cerca. No obstante, hubo forcejeo por copar la tesorería, principalmente por parte de Unión del Pueblo Español, pero la pugna se resolvió ante la "muralla china", recuerda Navasqüés. "Pretendían hacerse con el dinero y lo único que traían eran las deudas que les había dejado Adolfo Suárez al desprenderse de UPE, entre ellas once millones de pesetas en letras protestadas que desgraciadamente hubo que pagar".

A comienzos de 1977, los líderes de Alianza Popular consideraron necesario y urgente disponer de una sede lo suficientemente espaciosa y céntrica en Madrid, que permitiera el impulso de la organización territorial, y a tal fin, llegado por casualidad a los oídos del promotor inmobiliario José Hernández Carretero, éste lo ofreció a buen precio.

La operación se efectuó el 3 de marzo por algo más de 28 millones de pesetas a través de una operación de "papel pelota", es decir, a través de varias letras que libró la Caja de Ahorros de Segovia (por mediación de Pedro Hernández Escorial), cuyo dinero lo adelantó la Caja de Ahorros de Madrid, y que avalaron personalmente Ramón Hermosilla, Félix Pastor y Rafael Pérez Escolar, así como mediante un pequeño préstamo hipotecario. "Fue la teoría de lo que no debe ser una *cambial*", declara Navasqüés. Algunas de aquellas letras no se pagaron y algún avalista, como por ejemplo Pérez Escolar, enojado por no haber figurado en las listas electorales, se presentó en la Calle Silva, número 23, en el edificio que había sido adquirido con su aval en un destemplado intento de apartar su responsabilidad patrimonial de avalista.

El edificio de la calle Silva 23, junto a la Gran vía, era un edificio inapropiado: situado en una estrecha calle y todo un laberinto de pasillos y escaleras, sin apenas salas para reuniones numerosas, de ahí que los sótanos —el garaje— sirviera de sala de asambleas. La falta de ascensores, de calefacción y de servicios sanitarios y eléctricos completaban el aspecto sombrío de aquel inmueble, en el que trabajaban muchos con el abrigo puesto —Fraga el primero— y una enorme esperanza. "El edificio era malo, inadecuado, destartalado, pero lleno de sabor que incitaba a comer chocolate, consumo masivo, tal vez por aquello de que endulzaba y daba calorías", recuerda el tesorero.

La captación de fondos, tanto para el día a día como para la primera campaña, procedía de tres fuentes: las líneas de crédito bancario, prorrateado mancomunadamente por los bancos en función de su categoría y de las peticiones de los partidos, los donativos de todo orden, los cuales ascendieron en Alianza Popular a unos 600 millones de pesetas, y la ayuda exterior que, según asegura Joaquín de Navasqües, en el caso de los "siete magníficos" consistió en 80.000 marcos alemanes mensuales (procedentes de la fundación Hanns Seidel, patrocinada por el bávaro Strauss) y el donativo, por una sola vez, de 300.000 dólares que le fueron entregados personalmente a él en el jardín botánico por un desconocido ("como en las novelas de capa y espada", declara) y sobre cuya cantidad pidió recibo el periodista Ismael Medina como justificante de haber llegado a destino.

Primeros asientos contables de las finanzas de Alianza Popular donde figuran modestas aportaciones de algunos de sus fundadores. Primera página de Diario 16 sobre el comportamiento financiero de los bancos hacia los partidos.

Fraga, por lo que se refería a la petición de aportaciones significativas, las gestionaba personalmente cerca de los banqueros o en las reuniones de grupos sectoriales, adelantando su prestigio personal de honradez, llegando a recibir multitud de donativos entre cien mil y dos millones de pesetas de personas de gran calidad humana, y sin esperar nada a cambio. Navasqües, recordando aquellas reuniones, dice que el villalbés era ejemplar: "Nunca hizo nada inconveniente, sólo actuaba en pro de las finanzas del partido con humildad y disciplina: *Don Manuel, esta noche hay cena con cuarenta o cincuenta personas; y llegaba el líder alianciista y soltaba el rollo pasando yo a continuación el sombrero, que a lo mejor reunía tres o cuatro millones.* Y Nadie nunca hablaba de contraprestaciones de ningún tipo".

Apostilla el que fue tesorero de AP, que al igual que la conducta generosa de donantes anónimos posibilitó la comparecencia electoral, muchas veces con la obstaculización del Gobierno, si no con una asunción de riesgos personales desmedidos, ciertos grupos económicos potentes, como Rumasa, tuvieron un comportamiento desconsiderado. "Cuando fui a pedir ayuda económica a las torres de Colón —dice Navasqües— salí de allí sin un duro tras un encuentro furibundo con la abeja".

La campaña de las generales de junio del 77 se hizo en la televisión, y a no dudarlo, fue Adolfo Suárez el principal valor mediático. En esta foto los cabeceras provinciales de cartel de UCD posan juntos en un estudio de televisión, dando la sensación de fortaleza colectiva.

La campaña de las novatadas

En la persuasión colectiva para la *venta de ideas* tres factores, convenientemente entrelazados, proporcionan resultados óptimos: la seducción, la repetición y la prueba. Por tratarse de ideas —mercado ideológico—, tal actividad se denomina propaganda, a diferencia de la publicidad, que lo que anuncia son productos y servicios. Los partidos políticos, desde siempre, han afinado sus estrategias para mejor conectar con los votante, y esa preocupación, muy presente en las elecciones de junio de 1977, se cobró un alto precio en la mayor parte de las formaciones políticas. Las novatadas salieron muy caras en dinero, en esfuerzo y en resultados, aunque al final, la conocida *sopa de letras* quedó clareada, con un mapa político de media docena de opciones, que fueron las que completaron la transición como agentes principales del consenso constitucional.

En términos generales, estas elecciones inaugurales de la democracia se inclinaron —salvo UCD, que optó más por la televisión y demás medios de difusión propagandística— por hacer una campaña mixta, de actos públicos y medios de comunicación, pero poniendo el acento en los recorridos mitineros al viejo estilo. Ciertamente que con ello, además de propagar las ideas, se contribuía a implantar el partido —o perfeccionarlo— allí donde los candidatos exponían su compromiso, lo que no era predicable para UCD, porque las elecciones las realizaba desde el poder efectivo. La campaña tuvo asimismo un carácter personalista, se votaban líderes de cuatro generaciones distintas[32] (Felipe González, Adolfo Suárez, Manuel Fraga y Santiago Carrillo); se esgrimió el factor credibilidad-seguridad con relación a la moderación de los planteamientos programáticos; se utilizó el miedo y la razón de utilidad, y se ensayaron casi todas las técnicas electorales modernas, con desigual fortuna, tanto de propaganda como de publicidad, sin excluir las tretas y actuaciones de la denominada *propaganda negra*, concebidas no para ganar adeptos, sino para desgastar al adversario. La denuncia que Joe MacGinnis, autor del libro *Cómo se vende un Presidente*[33], hace de la mercadotecnia política como instrumento de persuasión tam-

---

[32] Los cuatro principales líderes de la transición, como muy bien recoge el informe sociológico sobre el cambio político en España de la Fundación Foessa, pág. 459, pertenecían a cuatro generaciones. Santiago Carrillo, nacido en 1915, había participado en la guerra civil; Manuel Fraga, nacido en 1922, había desarrollado cierto liderazgo durante el franquismo; Adolfo Suárez, nacido en 1932, inició su actividad política en la dictadura, sin culminarla, y Felipe González, nacido en 1942, tuvo tiempo en la dictadura franquista de jugar un papel de opositor. Todos ellos tendrían un protagonismo activo, pero sólo gobernarían los más equidistantes en edad al Rey (Suárez y González), nacido en 1938. El factor edad, pues, ha cumplido un significativo papel a la hora de entender la gobernación de la época.

[33] Joe MacGinnis, *Cómo se vende un Presidente*, Editorial Península, Barcelona, 1972. En este obra el experto publicitario narra diversas actuaciones del candidato Richard Nixon a las presidenciales norteamericanas, sobre todo a través de la televisión, acentuando las características del espectáculo y del actor en actuaciones frente al público. La cita que se reproduce, por lo demás, está contenida en la pág. 25.

bién se produjo incipientemente en España, en el sentido de la afirmación "la política, en cierto sentido, ha sido siempre un fraude. La publicidad, en muchos sentidos, es asimismo un fraude. No debiera sorprendernos, pues, que políticos y publicitarios se descubrieran mutuamente".

Alianza Popular, para esta campaña, constituyó un *comité logístico* como lugar de encuentro y de discusión entre políticos, publicitarios y expertos de la comunicación, y, como coordinador del mismo, figuraba José Luis Fernández Longoria, empleado de la dirección de marketing de la compañía aérea Iberia. En dicho comité figuraban los directivos de la prestigiosa agencia ARGE, José Manuel Pardo y Rafael Menéndez de Luarca, quienes lograron diseñar una aceptable campaña desde el punto de vista técnico para cuñas de radio, vallas exteriores fijas y rodantes en vehículos, cartelería, inserciones en prensa, octavillas y trípticos, etc., bajo los ejes comunicativos —eslóganes diversos— basados en la justicia, la seguridad y el futuro, porque se dirigían, lógicamente, a mover la voluntad de los votantes temerosos (voto del miedo) por el porvenir. Del mismo modo, se editó un disco con la canción *La verdadera libertad*, grabada por el cantante Jaime Morey, que fue presentada en Madrid en el *Club 25*, en el curso de un homenaje a Cruz Martínez Esteruelas; asimismo, se realizó un documental sobre lo que era y significaba la coalición y, para el distrito de Madrid, se editó un periódico de campaña que dirigía el autor de esta obra[34] y del que era gerente Jorge Verstrynge, y en el que colaboraron Indro Montanelli, Emilio Romero —bajo seudónimo—, Nicolás Rodríguez y otros miembros de GODSA, así como diversos estudiantes de periodismo hoy acreditados profesionales.

Técnicamente, la campaña de Alianza Popular, realizada por ARGE Publicidad, fue sugerente y moderna, aunque universal (lo abarcaba todo) y cuyos mensajes no se correspondían con los líderes provenientes del pasado.

Dividida en varias fases, según un proceso lógico —presentación, repetición y recta final apelando al voto—, el último tramo se centró en la personificación, en la exaltación de la figura de Fraga (*Vota a Fraga, Fraga futuro y Vota a Fraga, Fraga conviene*) en vallas y pasquines, sonriente y tranquilo. Era el modo, por otra parte, de atemperar la ruda imagen —unas veces real y otras creada o potenciada por los adversarios— que el villalbés había dejado impresa en muchos españoles a lo largo del camino.

---

[34] Editado por GODSA, y bajo la dirección de Rogelio Baón Ramírez, a la sazón Subdirector de Radio Nacional de España y colaborador en la sombra de Fraga, Alianza Popular sacó a la calle un periódico electoral titulado *Alianza Popular, especial elecciones*. Se imprimieron once números, de cincuenta mil ejemplares cada uno (desde el 2 al 13 de junio) en la imprenta de Rivadeneira, actuó de gerente el mismo Jorge Verstrynge Rojas, y su difusión fue gratuita. Desde su primer número tuvo un planteamiento ideológico e informativo de carácter defensivo frente a las agresiones de todo orden que sufrieron AP y sus componentes, y en su salida publicó un editorial del director en el que se afirmaba: "Alianza Popular ha optado por la moderación, porque es respetuosa con el pasado y no le gusta el vacío; Alianza Popular asume mucho pasado, porque es conservadora, pero, al mismo tiempo, es reformista. Alianza Popular no es un recurso de fortaleza, ni un 'fuenteovejuna' oportunista, ni es tampoco una rabieta. Pretende atraer a gentes amantes del orden y de la vida tranquila, y del mismo modo se muestra intransigente con posturas de fuerza, 'reventadores' y personas que quieren volar lo construido".

Como conjunto, el trabajo de ARGE fue correcto en su presentación y despliegue audiovisual y gráfico, pues era ágil y optimista (atletas en fugaz marcha), y en otro orden de consideraciones, con contenidos democráticos, progresistas y de futuro. Los símbolos corporativos (la imagen corporativa) tenían ambición para continuar, y de hecho han permanecido inalterados por varios años como resultado de aquella campaña. Pero parecía una campaña para otra formación política, para otro tiempo y para otro lugar, ya que su planteamiento distaba de lo que AP era y se había forzado que pareciese en la realidad. Como los de UCD, los líderes de AP contaban con la no desdeñable ventaja de su popularidad (un índice de conocimiento elevado), pero al mismo tiempo tenían tantos detractores (opinión de rechazo) como seguidores, y en este sentido la campaña de AP no supo —o no pudo— desenvolverse. Igualmente, la campaña de los aliancistas fue demasiado universal: dirigida lo mismo a niños que ancianos, al pueblo rural que al urbano, a obreros que a mujeres, cuando las encuestas venían dando un perfil de votantes de derechas y conservadores. Por lo demás, fue una campaña que predicaba futuro en el papel, pero que en la práctica sus líderes reclamaban demasiado respeto al pasado cuando el pueblo, desde el referéndum de la Reforma Política, se hallaba cómodo y esperanzado con las nuevas instituciones que se venían anunciando.

La opinión adversa, por lo tanto, no supo contrarrestarse con eficacia, porque los estrategas de campaña se entretuvieron demasiado en dar contenidos —no apreciados por el electorado— y no en diseñar actuaciones de contrapropaganda, como exigían las circunstancias. Así por ejemplo, el PCE supo salir del gueto de la clandestinidad y de una imagen de los *viejos verdugos de la guerra civil,* centrándose solamente en predicar la democracia, en llevar a la opinión pública a pensar que la contienda fraticida de 1936 era un recuerdo histórico irrepetible. En definitiva, el PCE, envuelto en la bandera nacional, efectuó una campaña para el electorado no comunista y logró, además de acreditar su marca, normalizar su aceptación en la sociedad.

En la medida que una campaña es una guerra incruenta, la batalla crucial se libró en la televisión. La ventaja de partida de UCD-Gobierno se notó sensiblemente, habida cuenta de que la actividad oficial de iniciativas electoralistas venía de atrás, antes del estricto período de campaña, como por ejemplo la decisión del Gobierno de revalorizar las pensiones de los jubilados el mismo día que Suárez anunció su candidatura por Madrid. La actividad de los Ministros, y del mismo Presidente, era un arma de persuasión. Pero aun así, en las elecciones de junio de 1977 UCD aprovechó convenientemente la potencia televisiva, con conocimiento del medio; el PSOE y el PCE fueron alumnos aventajados, y el resto de las fuerzas políticas y sus líderes desperdiciaron —si no se electrocutaron— la virtualidad de ese instrumento iconográfico.

La Junta Electoral Central, asistida de un Comité Técnico de Radio y Televisión[35], dictó unas normas para la utilización de la propaganda política en la televisión, radio y prensa estatales, según las cuales, por lo referido a la pequeña pantalla, se concedían espacios gratuitos a los partidos. El derecho de antena establecía tres grupos: en uno primero se concedían tres espa-

---

[35] El Real decreto-ley 20/1977, de 18 de marzo, contenía los principios y criterios generales a los que había que ajustar el acceso a los medios de comunicación de titularidad pública y la distribución de espacios gratuitos. Asimismo se preveía la creación de un comité compuesto por representantes de la Administración y de los partidos que controló la programación en RTVE en relación con las elecciones.

cios, de diez minutos cada uno, en la primera cadena, a las fuerzas políticas que presentaban candidaturas en 25 o más circunscripciones; un segundo grupo, con dos espacios de diez minutos, en las emisiones regionales donde comparecían cuando se presentaban en menos de 25 distritos, y un tercer grupo —diseñado para los nacionalistas—, con diez minutos en la Primera Cadena, cuando se presentaban en 4 o más circunscripciones que sumaban el 20 por ciento o más del electorado. Esta clasificación a la carta, para expurgar la *sopa de letras*, fue sin embargo aprovechada hábilmente por algunos partidos para presentar candidaturas ficticias en muchas circunscripciones y aprovecharse del derecho de antena.

A pesar de la improvisación que supuso este dispositivo, que inauguraba la llamada *democracia electrónica,* la igualdad de oportunidades tuvo un desarrollo bastante equitativo. Pero no fue en absoluto acertado, sobre todo por la desconfianza de la izquierda, que se acordase sustituir los espacios informativos electorales por espacios propagandísticos. Desde el momento que los telediarios habilitaron un tiempo en el que cada fuerza política redactaba sus propios comunicados (de 306 palabras como máximo) y que leían locutores —*bustos parlantes*— desdeñando la imagen y, lo que es más grave, desconfiando de la ética profesional de los informadores de RTVE, se subvirtió el deber de información.

Para el *Comité Logístico* de AP[36] era imprescindible que Fraga, figura visible de la coalición, fuese el único interlocutor televisivo ante el electorado, de manera que sus tres apariciones atendiesen a la defensa de su actitud como gobernante en los casos de Vitoria y Montejurra; a la explicación clara del programa de AP, en el segundo espacio, y el tercero — de seducción y apelación al miedo— con un mensaje razonado de la necesidad de AP en el Parlamento. Tal estrategia fracasó por haber prometido a Carlos Arias Navarro su presencia televisiva, sin duda desde la perspectiva emocional de mover el voto franquista, y por querer diversificar —fue más una dispersión— hacia el voto social a través del mensaje de Licinio de la Fuente. El conjunto fue desolador, con un pie en el pasado por ser los tres ex ministros de Franco, y porque ninguno de los tres ofrecieron el optimismo desenfadado que exigía el fervor democrático de una sociedad despierta y con bienestar.

José Manuel Contreras, doctor en Ciencias de la Información por la Complutense, con su sobresaliente tesis[37] sobre *Información electoral en televisión,* ha analizado con toda suerte de razonamientos el entramado del fracaso televisivo de AP.

Respecto del primer programa, dedicado a Licinio de la Fuente, critica desde la escenografía (sofá de caña, transversal a la cámara, utilización inapropiada del *chroma-key,* técnica colorista para las variedades, y el abuso de eslóganes con la biografía populista del compareciente), hasta la personificación modesta y sincera del ex Ministro quien, con su estrabismo, apenas podía seguir el ritmo y cambio de cámaras.

El segundo programa fue el resultado menos malo que pudieron conseguir José Luis Longoria y Valerio Lazarov, y pese a lo esfuerzos de enmendar una primera grabación en la que Arias casi releía el testamento de Franco, la aparición del candidato al Senado por Madrid sintetizaba el mayúsculo error de toda la campaña mirando hacia el pasado. Arias

---

[36] Testimonio de José Luis Longoria al autor, corroborado por otros miembros de aquel *Comité logístico.*

[37] José Manuel Contreras, *Información electoral en televisión,* tesis doctoral en la Facultad de Ciencias de la Información de la Universidad Complutense, Madrid, curso 1978-79, pág. 317 y ss.

fue presentado en una escenografía presidencial (con las mismas transparencias de fondo en un despacho sobrio), y se utilizaron trucos de juego sucio, como ofrecer imágenes de Arias con el Rey y aludir a la amistad personal con el Monarca. El profesor Contreras, respecto del contenido de aquel mensaje, repasa las múltiples alusiones a Franco para concluir: "Arias llegó a afirmar que *España se encuentra en uno de los más peligrosos trances que puede atravesar un país* y calificó la situación social como *un clima prerrevolucionario de imprevisible salida*"[38].

Los últimos diez minutos del cupo aliancista en TVE no los aprovechó adecuadamente Fraga. La *careta* del programa fue más dinámica y desenfadada (música y letra abriendo: *Hay que buscar la verdadera libertad)* y una rápida sucesión de imágenes (*ojo de pez* para pueblos, paisajes y gentes desde un vuelo veloz), pero Fraga, ante una mesa de despacho y con un sillón muy bajo, no estaba cómodo. Si fue didáctico al inicio de su mensaje, pausado y claro, de pronto perdió el comedimiento y se lanzó en una peroración acelerada, acentuando el timbre en una concentración de ideas imposible de seguir. En cuanto al contenido, salvo varios pasajes no válidos para un electorado no culto, quiso situarse en su tesis centrista (no al inmovilismo y no al rupturismo) y al mismo tiempo atacó el caciquismo, se desentendió de los intereses creados, apostó por una España autónoma en el concierto internacional y formuló la promesa de llegar a un sistema democrático... Lo malo de todo es que desbarató, más en la forma que en el fondo, aquella oportunidad al negarse en rotundo a repetir la grabación y así depurar varios errores. Pero se dio por contento con la primera toma y, diciendo *ha quedado bien y yo sé de esto,* abandonó los estudios Roma urgido por atender, seguramente, un compromiso nimio de su agenda. El profesor Contreras[39] es concluyente cuando pondera esta intervención: "Fraga, quizá por desconocimiento o quizá por simple desaire, no valoró el poder destructor de la televisión. Ésta se tomó su venganza. Aquella fue, sin duda, su peor aparición en las pantallas durante su carrera política".

El repertorio de valoraciones acerca de esta primera campaña electoral de Alianza Popular desde el punto de vista de la comunicación política, disciplina que ya tenía entonces un ejército de expertos para presentar a los políticos como mercancías y al electorado como mercado, es de todo punto clarificador. Mientras González Martín[40] afirma que "el error más grande que cometió AP fue de tipo estratégico: le faltó conocimiento de sus potenciales electores y de la estructura general de la sociedad española, que no se dejaba intimidar con miedos infundados, con soluciones milagrosas ni con reconversiones aceleradas a la democracia...", el publicista Pedro Sempere conviene igualmente que el error de AP estribó en su estrategia[41]: "Trató de enfocar su línea de comunicación sobre un objetivo demasiado ambicioso: todo el posible electorado, todas las profesiones, todos los sexos, todas las situaciones de conflicto. En términos publicitarios, le falló el posicionamiento".

[38] José Manuel Contreras, *op. cit.* pág. 322.
[39] José Manuel Contreras, *op. cit.* pág. 328.
[40] José Antonio González Martín, *1976-1986: Diez años de Publicidad Política,* Ayuntamiento de Madrid, Madrid, 1986, pág. 52.
[41] Pedro Sempere, *El poder del Eslogan,* Fernando Torres Editor, Valencia, 1978, pág. 26.

Logotipos de UCD y de AP y carteles varios de las elecciones generales del 15 de junio de 1977.

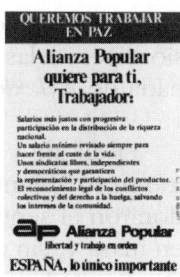

Los resultados: se aprendió perdiendo

Veintidós mil mítines y actos públicos (unas cuatrocientas horas al día)[42], en teatros, cines, escuelas, plazas de toros, estadios deportivos y en lugares abiertos; las paredes de las ciudades empapeladas de *pósters* políticos o manchadas de *grafitti*; vallas y convoyes publicitarios en recorridos y sitios estratégicos a la mirada del hombre; la radio y los periódicos inundando de eslóganes las mentes; la televisión —menos intensa, pero más extensa y sutil— penetrando en los hogares, y toda suerte de soluciones de la mercadotecnia electoral se aplicaron y ensayaron en las elecciones de junio de 1977 (avionetas, globos aerostáticos, *buzoneo*, rayos láser, pirámides de llamadas telefónicas, etc.). Todo el mundo tuvo su oportunidad hasta la saturación, provocando una factura desmedida por el derroche y falta de eficacia en la inversión, como si por mucho gritar, publicitar y jalear mensajes el éxito estuviese asegurado.

El falso planteamiento de esta campaña en varios de sus aspectos, pero singularmente en los de desdeñar las encuestas sociológicas y no limitar la financiación por parte de ninguno de los partidos participantes en los comicios, con arreglo a una escalada de financiación oscura, fue quizás la causa capital para clarear el mapa político. Los partidos que salvaron la prueba, obteniendo representación significativa, pudieron continuar cargados de deudas. Los que no merecieron la atención del electorado, y no pudieron pagar las facturas, desaparecieron o fueron devorados por los fuertes. Eso así en la izquierda y en la derecha. Y en ambos lados, no existiendo una financiación estatal completa, regular, objetiva y diáfana, se permitió la ayuda no controlada de mecenas extranjeros (no es exagerado sostener que tanto la Internacional Socialista como el Partido Comunista de la URSS, pasando por la Democracia Social o Cristiana de la República Federal Alemana y otros *espónsores* occidentales, libraron una batalla pecuniaria para mejorar la presencia de sus socios hispanos).

Con todo, los alumnos más aventajados fueron los de UCD-Gobierno, quienes moderando el entusiasmo de los actos públicos, se centraron en la televisión y en la red capilar de poderes territoriales. Silva Muñoz dice en sus memorias que, andando el tiempo, Suárez le reconoció en una entrevista que "a los mítines iba solo el 14 por ciento, y el 86 por ciento lo manejaban los gobernadores, los secretarios de las hermandades, los delegados de sindicatos y la televisión"[43]. Desde el Gobierno, aparte de estos dispositivos de poder, se contaba con

---

[42] Estos datos estadísticos los proporcionan R. Martín Villa, *op. cit.*, pág. 81, y Raymond Carr/Juan Pablo Fusi, *España, de la dictadura a la democracia,* Editorial Planeta, Barcelona, 1978, pág. 289.

[43] Federico Silva, *op. cit.* pág. 362.

instrumentos demoscópicos que pudieron medir las intenciones de votos con suficiente precisión, pese a las encuestas de encargo que los medios de comunicación publicaron hasta la jornada de *reflexión*[44].

El día de votación transcurrió pacífico y con gran afluencia de votantes, que así demostraron su voluntad participativa, registrándose innumerables pequeñas anomalías que no desdoraron el sentido democrático de la jornada. La moderación del electorado se abrió camino en masa y, sin duda por eso, las formaciones intermedias (UCD y PSOE) obtuvieron los mejores resultados, flanqueadas exteriormente por PCE y AP en cuanto formaciones más radicalizadas a izquierda y derecha respectivamente. Los grandes castigados no obstante —si se descarta AP, que sensiblemente rebajó sus pretensiones— fueron la Democracia Cristiana de Ruiz Giménez y Gil Robles y diversos grupos de los extremos ideológicos. La exposición a la opinión pública de esos resultados, en la noche y madrugada del 15-16 de junio, no estuvo a la altura de las circunstancias ni de la técnica porque, además de que falló el cómputo informático de los comicios, las autoridades de Gobernación[45] se vieron rebasadas en tiempo por la información propia de los partidos. Retraso, sin duda alguna, que no encerró nada inconfesable, sino la impericia y falta de previsión.

Los resultados de las primeras elecciones libres a Cortes tras cuarenta años de *democracia orgánica* dibujaron el mapa ideológico básico, con asentamiento de las principales corrientes sobre las que giraría, a continuación, el verdadero pacto de la primera transición. Como datos generales importa reseñar que, sobre un censo total de habitantes de 36.072.457, pudieron emitir sufragio 23.616.421 electores. Y sobre esta cifra ejercieron realmente su derecho al voto el 77,1 por ciento (1,1 por ciento de votos nulos y 0,2 de votos en blanco) y se registró una abstención del 21,6 por ciento[46].

---

[44] El Real decreto-ley 20/1977, de 18 de marzo, no reguló el uso de los sondeos y encuestas de opinión ni limitó el plazo de su publicación, de manera que en las elecciones de junio de 1877, se publicaron encuestas en los días inmediatos a la elección y, por parte del *Ya* (una encuesta de Icsa Gallup) el mismo día de reflexión.

[45] Martín Villa reconoce en sus memorias, *op. cit.* pág. 81, que la información se retrasó por razones meramente técnicas. Y aunque —dice el ex ministro de la Gobernación— se conocían los datos por los partidos políticos y los candidatos con toda exactitud, "reprimí la tentación de hacerlos públicos, porque creía que el Estado sólo podía suministrar los datos obtenidos por los procedimientos más fehacientes".

[46] No existe unanimidad exacta en los porcentajes de estos comicios, porque los datos oficiales se publicaron varios meses después del día de la votación, a través de la Junta Electoral Central, sin logística suficiente (un armario y dos secretarias por entonces), y tal vez por ello muchos autores se valen de los datos provisionales de los días inmediatos al 15 de junio, aunque la alteración es inapreciable, por afectar a décimas que no alteraron el reparto de escaños.

CONGRESO DE LOS DIPUTADOS

Partido o coalición (Cómputo nacional)	Votos	Porcentaje	Escaños	Votos por diputado
Unión de Centro Democrático	6.220.899	34,74	165	37.702
Partido Socialista Obrero Español-PSC	5.229.460	29,21	118	44.317
Partido Comunista de España-PSUC	1.665.704	9,24	20	82.785
Federación de Alianza Popular	1.469.870	8,21	16	91.867
Unidad Socialista: PSP-FPS	799.376	4,46	6	133.229
Pacte Democrátic per Catalunya[47]	498.744	2,78	11	45.340
Partido Nacionalista Vasco	286.540	1,60	8	35.817
Equipo de la Democracia Cristiana	200.613	1,12	0	
Unió del Centre y la DC de Cataluña[48]	167.654	0,93	2	83.827
Esquerra de Catalunya[49]	134.953	0,75	1	167.654
Frente Democrático de Izquierdas[50]	124.261	0,69	0	
Alianza Socialista Democrática[51]	111.661	0,62	0	
Agrupación Electoral de Trabajadores (ORT)	74.995	0,41	0	
Alianza Nacional 18 de Julio[52]	64.558	0,36	0	
Reforma Social Española	63.371	0,35	0	
Euskadiko Ezkerra	58.377	0,32	1	58.377
Falange Española Auténtica	47.152	0,26	0	
Frente Unidad de Trabajadores[53]	38.660	0,21	0	
Candidatura Aragonesa Independiente	37.641	0,21	1	37.641
Candidatura Independiente de Centro-Castellón	30.107	0,16	1	30.107
Otros[54]	588.014	3,28	0	
Totales	**17.912.610**	**99,91**	**350**	

Fuente: J. de Esteban /L. López Guerra (*De la Dictadura a la Democracia*, Madrid, 1978) y elaboración propia.

---

[47] Coalición formada por Convergencia Democrática de Cataluña e Izquierda Democrática de Cataluña.
[48] Coalición de Centro Catalán y Unión Democrática de Cataluña.
[49] Coalición integrada por Izquierda Republicana de Catalunya y otras formaciones independentistas catalanas.
[50] Coalición formada por PTE y UCE.
[51] Coalición integrada por el PSOE histórico y el PSDE.
[52] Coalición formada por Frente Nacional, FE de las JONS, Comunión Tradicionalista, Confederación de Combatientes y Partido de Acción Nacional.
[53] Coalición formada por LCR, OIC y AC, marxistas de extrema izquierda.
[54] En este apartado se integran los resultados de trece formaciones minoritarias de ámbito nacional, doce de partidos uniprovinciales y más de treinta candidaturas independientes de distinto alcance.

Según una clasificación de estos resultados por áreas ideológicas, siguiendo la opinión del profesor Montero, la derecha (con 43,9 por ciento de los votos) superó a la izquierda ligeramente (43,7 por ciento) en el ámbito nacional, siempre que los partidos regionalistas y nacionalistas (con el 6,2 por ciento) mereciesen una categoría aparte[55]. Eran prácticamente dos mitades, dos porciones simétricas con tensiones internas de dimensión y competitividad que se prolongaría en el tiempo. Algunos autores estimaron la victoria de UCD pírrica, por no haber sacado mejor provecho de la normativa electoral y haber optimizado el planteamiento reformista moderado, y sobre todo porque sus competidores no estaban tan implantados como la red de poderes fácticos gubernamentales.

Los diputados electos por Alianza Popular fueron los siguientes:

Barcelona, Laureano López Rodó.
La Coruña, María Victoria Fernández España.
León, Antonio del Valle Menéndez.
Logroño, Álvaro de Lapuerta Quintero.
Lugo, Antonio Carro Martínez.
Madrid, Manuel Fraga Iribarne, José Martínez Emperador y Gregorio López Bravo.
Orense, Miguel Riestra Paris.
Oviedo, Juan Luis de la Vallina Velarde.
Pontevedra, Gonzalo Fernández de la Mora.
Santander, Modesto Piñeiro Ceballos.
Toledo, Licinio de la Fuente de la Fuente.
Valencia, Alberto Jarabo Payá.
Vizcaya, Pedro de Mendizábal Uriarte.
Zamora, Federico Silva Muñoz.

[55] José Ramón Montero, autor del trabajo "Las elecciones legislativas", dentro del trabajo colectivo *Transición política y consolidación democrática. España (1975-1986)*, compilada por Ramón Cotarelo, Centro de Investigaciones Sociológicas, Madrid, 1992, pág. 252.

SENADO

Partido o coalición	Votos[56]	Escaños
Unión de Centro Democrático	9.530.363	106
Partido Socialista Obrero Español	4.649.153	35
Socialistas de Cataluña PSC-PSOE	4.696.586	12
Alianza Popular	47.880	2
Unión Socialista-PSP	844.054	2
Candidatura Aragonesa Independiente	107.082	1
Euskadiko Ezquerra	67.978	1
Agrupación Electoral Frente Autonómico	1.539.403	7
Senadores para la Democracia[57]	6.033.291	28
Asamblea Majorera	3.182	1
Candidatos independientes	1.564.703	12
Totales (votos útiles)	**29.083.675[58]**	**207**

Fuente: Junta Electoral Central.

Los senadores electos por Alianza Popular fueron:

Baleares (Ibiza-Formenterra), Abel Matutes Juan.
Lugo, Francisco Cacharro Pardo.

Los resultados habidos, evaluados previamente por el Gobierno en cada distrito por aplicación de los sistemas electorales empleados —proporcional con reglas d'Hondt en el Congreso y mayoritario en el Senado—, resaltaron el acierto del Decreto-Ley 20/1977, marco jurídico que estuvo vigente hasta junio de 1985. No sólo separó el polvo de la paja multipartidista, sino que acabó con la tentación (derogando la Ley Electoral de 1907) de que cada gobierno adaptase la ley a su antojo, deparando estabilidad a tan elementales reglas del juego democrático. En este sentido, se puede afirmar que incorporó los elementos imprescindibles de la modernidad, técnica y sociológica, pese a registrar defectos que posteriormente se fueron corrigiendo.

---

[56] Únicamente se reproducen los datos (votos útiles) de las formaciones que obtuvieron escaño en las distintas provincias, despreciándose los resultados de las provincias en las que resultaron derrotadas, por tratarse de un sistema electoral mayoritario.

[57] Coalición formada por diversas personalidades de la oposición democrática, mayoritariamente de izquierda, que resultó la fuerza más votada en dieciséis provincias.

[58] Este cómputo total de votos no es que resulte superior al de participación, sino que incluye el hecho de que cada elector podía votar en la misma papeleta a tres candidatos.

El sistema d'Hondt, por lo que respecta al Congreso, cogió desprevenidas a distintas fuerzas políticas, al no calibrar sus impactos —de mejor cociente y pérdida de restos—, de quienes extendieron y dispersaron sus candidaturas por muchos distritos, resultando a la postre penalizados. En cambio, las fuerzas políticas que concentraron sus ofertas programáticas y candidaturas en pocos distritos, sus resultados, aunque sin la "prima ventajosa" de los partidos grandes, ofrecieron una alta competitividad. Este es el caso de las opciones nacionalistas y regionalistas. De todas maneras, con excepción de UCD, PSOE y los partidos nacionalistas, los demás comparecientes no supieron aplicar el presupuesto de campaña al principio de eficiencia, en función de lo que costaba un escaño como inversión y lo que predecían las encuestas.

Precisamente, al margen de los previsibles derroteros matemáticos de las reglas d'Hondt, el gran derrotado de las elecciones de junio de 1977 fue el Equipo o Federación Demócrata Cristiana. Derrota asimilable al pecado de soberbia de monopolizar la patente cristiana y no corregir, que sí se pudo, la terrible dispersión en la oferta política de entonces, con nada menos que nueve facciones o grupos[59]. Tanto Juan José Linz como el politólogo alemán Klaus von Beyme habían predicho, indistintamente, que a la vista de las condiciones estructurales de España, nuestro sistema de partidos se configuraría como en la Italia posterior a Mussolini, con dos tendencias o corrientes dominantes, el socialismo y la democracia cristiana. El derrumbamiento de tales augurios, amen de que la Iglesia tenía colocadas velas en muchos altares a izquierda y derecha del ábside estatal, marcaría para siempre a innumerables políticos cristianos errantes, sin encontrar el verdadero camino para predicar la doctrina social pontificia.

El cardenal Tarancón, que tanto contribuyó a la transición pacífica desde su cátedra de la Presidencia de la Conferencia Episcopal, explicó a posteriori de la debacle demócrata cristiana (conferencia en el Club Siglo XXI, 28 de junio de 1978, justo un año después) que la Iglesia española estaba decidida a ser independiente de los partidos políticos: "La Iglesia no patrocina, dirige o apoya a ningún grupo político, sea el que sea, lleve los apellidos que lleve, se coloque donde se coloque dentro del arco parlamentario".

Persuadido como estaba de tener que acostumbrarse a nadar contracorriente, la derrota de Fraga (aspirar a un 28 o 30 por ciento del electorado y sólo recibir el enjuto 8,21 por ciento) fue mejor celebrada fuera que asumida dentro. Quizás su salida a la contienda tuvo algún planteamiento de indomable amor propio, pero en las vísperas electorales —el autor es testigo— hubiese pasado por un pacto honroso con UCD si, por parte de su dirigente máximo, hubiese existido un atisbo de diálogo[60]. Pero debido al acoso a que fue sometido durante la campaña, la descarnada derrota del 15-J fue admitida por Fraga con altivez *churchiliana*. Altivez, trufada de sorna gallega, que la vierte en sus memorias[61] diciendo: "Joaquín Garrigues Jr.

---

[59] La dispersión y fragmentación de la Democracia Cristiana española (con nueve facciones conocidas: cinco en UCD, una en AP, dos nacionalistas y una con identidad propia) provocó la eliminación del panorama político de la Federación de la Democracia Cristina, que no consiguió presentar candidatos en cuatro provincias de Castilla y León, en tres de Castilla-La Mancha, en una de Galicia, ni tampoco en Teruel y Cáceres.

[60] Manuel Fraga, según reveló al autor antes de la convocatoria de elecciones, permitió que se hiciesen gestiones para unificar candidaturas de AP y UCD, y a tal fin uno de los comisionados fue Francisco Abella, candidato de AP por Ávila, pero Suárez siempre desatendió esas exploraciones. Federico Silva Muñoz, en este sentido, cuenta en sus *Memorias políticas, op. cit.*, pág. 357, que hizo gestiones en el mismo sentido de formar candidaturas únicas o concertadas de UCD y AP, tanto cerca de Torcuato Fernández Miranda como de Manuel Prado y Colon de Carvajal, pero que no surtieron efecto, que se *había pinchado en hueso*.

[61] M. Fraga, *op. cit.* pág. 82.

Manifiesta que *UCD no gobernará con Alianza Popular*, fue una de las pocas promesas de UCD que se habrían de cumplir".

Del escrutinio de motivos analizados por los sociólogos y politólogos, el de Alianza Popular, como *víctima* de los ataques dialécticos *de los otros*, es considerado particularmente ínfimo a la hora de calibrar la derrota. No caben mediciones al respecto, por más que los ataques físicos y verbales hiciesen mella en cierto electorado. Dentro de AP, sin embargo, ese sentimiento victimista prendió más, con mayor encono y afán de revancha, por el sustrato injusto en que se produjeron los ataques.

Fraga ha señalado varias veces que se le *asesinó el carácter* en aquella campaña, y lo suele rememorar sin resentimiento y con perdón, pero eso no obsta para que le brote el recuerdo numantino. Cuando en mayo de 1985 el autor acompañaba en su coche a Fraga, camino de presentar en el Congreso de los Diputados el libro de Juan Ramón Calero *La construcción de la derecha española,* elogió generosamente la figura política del diputado murciano en el habitáculo del coche, pero también dijo: "Para la construcción de la derecha quizás este libro no se debiera haber escrito". En términos de objetividad histórica, sin embargo, cabe revelar que en el enjuiciamiento que Calero hace de las elecciones generales de Junio de 1977, salvados los años, muchos viejos aliancistas convienen con Calero en recordar este reproche:

> "...Alianza Popular fue objeto de una sistemática y persistente persecución. Se le combatió desde el poder con mucho más ahínco que si hubiese sido un partido de izquierdas, como si el verdadero adversario fuese Fraga y no el socialismo. Lo cierto es que la maquinaria del poder fue tremendamente eficaz. En las campañas electorales funcionaban a tope los teléfonos de los gobiernos civiles. Los alcaldes y pedáneos recibían y transmitían instrucciones a sus fieles y seguidores, y todos trabajaban por la UCD con el mismo entusiasmo, entrega y fidelidad que si se tratase de hacerlo por el anterior régimen. Hubo, es cierto, ejemplos de fidelidad inquebrantable a los viejos ideales, que, por consiguiente, se negaron a colaborar con quienes ya no les inspiraba confianza. Pero también hubo muchos otros que cambiaron de las solapas de sus chaquetas, sin empacho ni rubor alguno, la insignia del yugo y las flechas por el logotipo de UCD..."[62].

Ya se considere la imagen percibida por los electores respecto de los líderes como de las formaciones políticas que encabezaban, es incuestionable —también de acuerdo con el IV Informe de la Fundación Foessa— que Alianza Popular dio una apariencia distinta de lo que realmente era y a dónde quería ir. "En la campaña electoral de 1977, todos los partidos, incluido UCD, se centraron en esta identificación con el pasado [con el franquismo] para atacar al partido. Esta estrategia permitió a la izquierda evitar una polarización con la UCD y hasta cierto punto facilitó a este partido adquirir la legitimidad democrática a pesar de la presencia en sus listas de hombres que había servido al régimen pasado en puestos destacados"[63]. Del mismo modo, el perfil de imagen de Fraga, a quien se le reconocía mayor experiencia y honradez que sus competidores, fue impregnado de notas negativas como autoritarismo, excitabilidad y demagogia, que nutrieron por siempre un insuperable fondo de rechazo a su persona.

---

[62] Juan Ramón Calero, *La construcción de la derecha española,* Editorial Prócer, Murcia, 1985, pág. 185.
[63] Fundación Foessa, *Informe sociológico sobre el cambio político en España 1975-1981,* pág. 472.

El carácter de subordinación que Alianza Popular pudo tener cerca de su partido más próximo (UCD) tanto en la sociedad como en el Parlamento, se disipó precisamente por ese torpe e injusto proceso de deslegitimación continua a AP (la fabricación de un maniqueo para combatirle). Eso resultó ser como la ascensión de la cucaña —del poste engrasado— a costa de pisar a los de abajo en vez de impulsarse por su propia habilidad y fuerza.

Porque si Alianza Popular tenía nexos con el régimen anterior, ya que de los 18 parlamentarios elegidos —16 diputados y 2 senadores— 13 pertenecieron a las Cortes franquistas (el 72,2 por ciento), en el conjunto de UCD la presencia de ex procuradores fue de 49 (6 consejeros nacionales, 5 sindicales, 5 por las diputaciones, 3 rectores de universidad, 2 designados directamente por Franco, 16 procuradores familiares y el resto por otras fuentes inorgánicas). Para justificar, sin embargo, las diferencias de *renovación* en uno u otro partido algunos politólogos, como hace Carlos Huneeus, se refieren no sólo a valoraciones cuantitativas, sino a la muy superficial y subjetiva caracterización cualitativa ("entre los miembros de UCD había personas que habían ocupado posiciones de autoridad en el régimen anterior, pero ellas fueron subalternas"[64], incurriendo en el ridículo de pretender borrar el celtibérico refrán de que *unos llevan la fama y otros cardan la lana*.

Miscelánea electoral

La lipotimia que Fraga sufrió en el tren de Zaragoza a Huesca el 18 de abril, con gran susto de Cruz Martínez Esteruelas, no fue una prueba de debilidad, sino el presagio de que en las elecciones generales hacía tres días convocadas se dejaría la piel por *permanecer.*

Ya había dado una vuelta a España, casi completa, y sus cuerdas vocales acusaban la irritación de archiproclamar la bondad patriótica de futuro de Alianza Popular y de adherir, creando partido, a unos puñados de hombres y mujeres. Esclavo de la agenda —de los horarios— no faltaba a una cita, por inocua que fuese, y si para cumplirla con precisión germánica tenía que subir a bordo de un carguero desde Las Palmas a Tenerife, a falta de transporte regular por aire y mar, allí subía, aunque Pepe Cholbi, responsable entonces de acción territorial de AP, tuviese que echar su primera papilla. Tal vez no ganó la guerra de la credibilidad —para ser mayoritario en las cámaras— pero tejió la mínima urdimbre de un próximo partido de bases populares.

El peor trago, de todas maneras, fue el de cerrar las listas de candidatos. Las dificultades venían de atrás cuando, por más empeño que pusieron los *fundadores,* no encontraron sitio a Thomas de Carranza en ninguna provincia donde pudiera tener arraigo. Los demás *magníficos* tenían su provincia donde batir el tambor electoral. Al final, dada la concentración de figuras en Madrid (Adolfo Suárez el primero), Fraga encabezó la lista que, como en otros distritos, no tuvo una confección objetiva y realista.

El número dos por Madrid tenía que haber sido José María Ruiz Gallardón, pero se coló el ex presidente de la Diputación madrileña José Martínez Emperador como hombre *providencia* que atraería todos los votos de la provincia, y de lo cual alardeaba por doquier. El equipo de Fraga bautizó con sorna al *outsider* llamándole *Pepe Khan* (el competidor de Sandokhan, un

---

[64] Carlos Huneeus, *op. cit.* pág. 169.

superhéroe de la televisión). El número tres por Madrid fue Gregorio López Bravo, que, dada la inspiración regia de su nominación, no provocó discusiones. Pero éstas sí se produjeron cuando Rafael Pérez Escolar optó por abandonar la lista —el puesto once que se le reservaba— pese a haber sido Presidente de Reforma Democrática y un buen impulsor reformista, pero sus manifestaciones en favor de la legalización plena del PCE le reportaron ocultas antipatías.

Las demás listas, obviado el procedimiento objetivo de la aprobación última por la Comisión Nacional de Elecciones, donde se encontraban los cancerberos para limpiar de *pasado* la nómina de candidatos, fueron resultado de camarillas y compromisos de los partidos federados. La influencia de los equipos *reformistas* de Fraga se hacía notar en Madrid, en la oficina central, pero la pugna no se dio allí, sino en las sedes provinciales, y no en todas, porque en Barcelona López Rodó marginó a los fraguistas y otro tanto, con su cuota respectiva de autoridad, ocurrió en Pontevedra (encabezada por Fernández de la Mora) y en Toledo (encabezada por Licinio de la Fuente) y en Zamora (encabezada por Federico Silva) y en Teruel (encabezada por Martínez Esteruelas). El fracaso de éste, a manos del compañero de Massiel, Carlos Zayas, sí fue sentido por los aliancistas de cualquier color en razón de su entrega entusiasta por el proyecto.

Mediante la estrategia de llevar la iniciativa —adelante, a por todas, hasta el fondo—como en la legendaria batalla de Verdum, los equipos reformistas de Fraga, el *Comité logístico* sobre todo, no sólo no pudieron mantenerla, sino que apenas pudieron contrarrestar la ofensiva adversaria. Existía el empeño, desde el principio, de marginar a AP hasta hacer de él un *partido antisistema*, de ahí que se contrarrestase tan malévolo propósito programando una audiencia ante el Rey, de un lado, y la visita de Fraga a Estoril, completando así el reconocimiento a la línea dinástica, que al final convergería en la cesión de derechos del Conde de Barcelona en su hijo Don Juan Carlos.

El plato fuerte de la campaña, teniendo en cuenta que se estrenaban técnicas, positivas y negativas, es decir para favorecer la imagen por los propios o para destruirla por iniciativa del adversario, lo constituyó el mitin del 6 de mayo de 1977, viernes, en el polideportivo de Lugo, y en el que Fraga perdió la templanza.

Ante unos reventadores que no le dejaban celebrar el mitin, y para despejar el recinto de aquellos energúmenos, Fraga, al tiempo que se quitaba la chaqueta, dijo: "¡A por ellos!". Y salieron despavoridos.

Días después, cuando el autor le preguntó a Fraga por qué utilizó tan extrema solución, lo justificó con dos interpretaciones de ámbito espacial: en Galicia era necesario y no tanto en el resto de España. "No podía pasar por cobarde en Galicia ante tantos reventadores; había que espantarlos si queríamos que nos votasen e impedir, como hicieron con Gil Robles y Calvo Sotelo durante la Segunda República, que nos tapasen la boca".

Detalladamente descriptivo es el relato que sobre el incidente publicó Pedro J. Ramírez en su obra *Así se ganaron las elecciones*[65].

> "El panorama en el palacio de los Deportes de Lugo era desde luego muy poco alentador... [Acerca de la ocupación del local] ...cubriendo la casi totalidad del graderío de la izquierda, hasta setecientos cincuenta reventadores. La mayoría de ellos no ten-

---

[65] Pedro J. Ramírez, *op. cit.*, pág. 127 y ss.

drían más de dieciséis o diecisiete años, pero actuaban coordinadamente como quien sigue unas consignas concretas.

Ninguno de los tres oradores que precedieron a Fraga habían conseguido hacerse oír... Era un espectáculo penoso que se prolongó durante casi media hora.

Y llegó el turno de Fraga. '¡Mon-te-ju-rra!'. '¡Vi-to-ria!', '¡Fraga, Galicia no te traga!' [machaconamente repetidos]. Los gritos arreciaron cuando el secretario general de AP se acercó a los micrófonos. Había dos, uno de mano y otro de pie. Tranquilamente aflojó el soporte del de pie y empuñó ambos hasta acercarlos lo más posible a los labios. *Esta es una democracia y debo advertirles que cada grito que dan es un voto más para Alianza Popular.* La voz de Fraga tronó por unos instantes sobre los gritos hostiles. Pronto fue ahogada de nuevo, esta vez a fuerza de aporrear los paneles publicitarios de metal que rodeaban la pista. En la mesa destinada a la prensa, a la derecha del estrado, los tres enviados especiales llegados de Madrid —Pilar Cernuda de *Colpisa,* Manuel Soriano de *Diario 16* y Federico Abascal de *Cuadernos para el Diálogo*— se miraban desconcertados...

...El Caudillo le había confesado —después del referéndum del 66 el Jefe del Estado se mostraba especialmente locuaz con su Ministro de Información— que era consciente de que durante el paso del Estrecho podía concluir la aventura del Alzamiento... Las unidades de la flota [republicana] constituían un serio peligro, especialmente por su número y potencia. Sin embargo Franco pensó que la moral de su marinería no era la más adecuada para la lucha. Habían matado a sus oficiales y tenían los barcos llenos de putas; bueno, de mujeres —según Fraga, Franco decía siempre 'mujeres'— y de alcohol. 'Me di cuenta de que el enemigo contaba con la superioridad numérica, pero no tenía ganas de combatir', había sido la frase exacta de Franco.

No tenían ganas de combatir. Eso mismo pensó Fraga de los reventadores: estaban allí para chillar, no para combatir... Fraga advirtió [ante la insistencia de los reventadores]: *Tendremos que ir a por ellos... Tendremos que despejar.*

Fraga tenía ya tomada su decisión. De forma enérgica pero un tanto meticulosa, primero el brazo izquierdo, después el derecho, se despojó de su chaqueta gris y la colocó en el respaldo de la silla que había ocupado previamente. Entonces gritó de nuevo: *¡A por ellos!...".*

Importa, a propósito de los matices, contemplar la versión personal de Fraga memorialista[66]:

"(...) no hubo manera [de hacerse oír]; la bronca renació aún más fuerte, mientras se quemaba un inmenso cartelón. Entonces, con toda naturalidad y frialdad, me saqué, lentamente, la chaqueta; la puse bien doblada, sobre la mesa; y salté, con gesto decidido, de la tribuna, gritando: *¡A por ellos!* Fue un minuto electrizante..." (que contrasta, siquiera humorísticamente, con la versión anterior sobre cómo se quitó la chaqueta y cómo la colocó).

...Como por arte de magia —prosigue su relato Pedro J. Ramírez—, los setecientos reventadores habían desaparecido engullidos por las dos ventanas y la puerta de doble hoja de la parte superior de la grada... Aunque él dice que no llegó a tocar a nadie, algunos testigos recuerdan como dio algunos puñetazos y, en concreto, cómo empujó a una muchacha rubia, una de las últimas personas en escapar, agarrándola por el cabello.

En cambio, Fraga niega en sus memorias este matiz de fuerza agresiva diciendo: 'No se llegó al contacto físico; aquellos centenares de energúmenos salieron corriendo, sin que uno solo se volviera, y se tiraron por los amplios ventanales, muy bajos, afortunadamente...)'.

---

[66] M. Fraga, *op. cit.* pág. 76.

Con gesto tranquilo, Fraga volvió enseguida al estrado. Abascal, el enviado especial de *Cuadernos para el Diálogo,* le abordó y estrechándole la mano le dijo muy expresivamente: *¡Dos cojones!* Fraga ya no necesitó más que un micrófono para seguir hablando...".

La noticia recorrió todo el país como la pólvora y, dados sus efectos, preocupó seriamente al comité de estrategia electoral, que en lo que pudo reconvino a Fraga para que no volviese a entrar al trapo de la provocación, alentada por el Gobierno, no protegiendo los actos electorales de AP, conociendo —como sabían— que la izquierda se empeñaba en silenciar al más activo de los adversarios.

Concluye Fraga la narración de este episodio, visto ahora como anecdótico, señalando: "Debo decir que después del mitin de Lugo siguió habiendo algunos reventadores, pero ya nadie intentó silenciarnos; asustar al público, para que no asistiera, sí". Ya no era necesario, cabe apostillar. Proyectada a la opinión pública aquella imagen, el propósito de la provocación se había cumplido con creces.

Acerca de este incidente, Jorge Verstrynge ha revelado[67] algunos detalles de esta provocación promovida por personas que, al tiempo de los hechos eran *adversarios de Fraga* y que, más tarde, fueron estrechos aliados:

> "(...) Años más tarde conocí al hombre que le había tendido la trampa y que se vanaglorió de su 'hazaña': era un oscuro y mezquino funcionario del Ministerio del Interior, militante de UCD, próximo a aquel Ministro de Sanidad, que se haría célebre confundiendo la colza con 'un bichito', llamado Sancho Rof y, para más *inri,* gallego, como éste y Fraga ".

Los sobresaltos no cesarían, como el morrocotudo surgido una mañana, el 15 de mayo, en los titulares de *El País:* Alianza Popular pedirá al Ejército que se oponga a una nueva Constitución. Se atribuía tal afirmación a Torcuato Luca de Tena, en un mitin en San Lorenzo de El Escorial, precisamente el mismo día que apareció Carlos Arias Navarro, también candidato al Senado por Madrid. Era una atribución falsa que se paseó por todo el territorio, y que los líderes de las demás fuerzas políticas replicaron. Invitado el periódico a comprobar, ante notario, que la grabación del discurso no contenía tamaño disparate, hubo de reconocer su error ante la opinión pública, poniendo en evidencia que ciertos medios de comunicación forzaban la mano en hacer todavía más de derecha de lo que era la federación aliancista. Sobre este lance, el propio Luca de Tena, en esa misma semana, reclamó "el derecho a definir nuestra propia forma de ser".

Pedro J. Ramírez se preguntaba en su libro[68] por qué López Bravo tuvo tan escasa participación en la campaña —apenas dos apariciones en pueblos madrileños y una conferencia en el Club Siglo XXI—cuando, si se le hubiese utilizado, habría dado la imagen de un estilo civilizado, conservador, dialogante. No hay respuestas convincentes, salvo la ya apuntada que el ex Ministro de Asuntos Exteriores hubiese querido estar en UCD y no en AP. ¿Inhibición? ¿Incomodidad?

---

[67] *Memorias de un Maldito,* Grijalbo, 1999, pág. 53
[68] Pedro J, Ramírez, *op. cit.* pág. 231 y ss.

La verdad es que el 6 de junio, nueve días antes de la votación, Fraga recoge en sus memorias: "Primera intervención de López Bravo, en la campaña de Madrid" (Tan roñoso apunte suena a algo por el estilo: ¡Hombre, ya es hora!).

Desde luego, el *Comité Logístico* bastante tuvo con achicar la ofensiva de todos contra AP como para meterse en dibujos de orfebrería política. Por ese motivo, reconducir la campaña, acompasarla al programa moderado y a las artes finales modernas, era una misión imposible. Porque la inmoderación de algunos, claramente reivindicando el pasado, y el fuerte peso de varios candidatos —con personalidad propia como para someterse al tiralíneas de los publicitarios y asesores— convertía la campaña de los reformistas de AP en el suplicio de Tántalo. Y las bazas de la televisión, desperdiciadas olímpicamente, no se ajustaron a la angustiosa necesidad de alterar o contener la marea que se venía encima, por mucho que Licinio de la Fuente (*Daktari*, el gorila bizco de una serie de televisión por entonces exhibida, como con despiadado humor se le denominaba en la sede central de AP) dulcificara los mensajes sociales de la coalición con su ejemplo personal: el yuntero y linotipista que, imbuido del afán de superación, llegó a abogado del Estado y a Ministro de Trabajo.

Todas las técnicas —todas las tretas de persuasión— aparecieron en el tramo de la campaña, incluso el primer reto de debate en televisión (de Fraga a Suárez, el 4 de mayo). A lo más que se llegó fue a los coloquios de redacción del *ABC,* con Fraga, Morodo, Guerra, Fernández Cuesta, Ollero y Pedro de Vega; monólogos tan cultos como intrascendentes en elecciones.

Todos los partidos habían elaborado un programa, menos UCD que lo sustituyó por un sucinto manifiesto. Luego, deprisa y corriendo, presentarían un elenco de generalidades y propuestas.

El *amateurismo* se apreciaba en cualquier hecho, a veces aderezado de estupidez, como cuando UCD difundió que se había dado un caso de espionaje político en su sede de la calle de Cedaceros, un *Watergate a la española,* y para su denuncia convocaron a los periodistas. Dijeron que las informaciones telefónicas grabadas subrepticiamente se pasaban a Fraga.

Y hubo también golpes bajos, antidemocráticos o usuales en países bananeros, como aquel de los partidos catalanes consistente en suscribir un pacto de no-agresión marginando a AP y UCD. ¿Eran de verdad los políticos catalanes más civilizados y europeos? En materia de contrapropaganda, descontando varias iniciativas chabacanas y burdas, surgió una de carambola en el momento que (el 31 de mayo) el Presidente del Partido Liberal Independiente afirmó en rueda de prensa que Fraga y Suárez se habían entrevistado en secreto. En seguida los desmentidos, no fuera a influir en el voto útil, mermando las expectativas de UCD.

Profusión de encuestas y sondeos, mas..., ¿para qué? Fraga, que había traído la investigación sociológica a España al crear el Instituto de la Opinión Pública, nada quería saber de ellas porque no le convenían ("Yo fui quien traje la gallina a este país", decía para declararse experto y así rechazarlas). Ciertamente que en esta materia también se improvisaba. Pero no tanto, y eso lo sabía el Gobierno cuando mandó realizar el macrosondeo dirigido por Juan Diez Nicolás, y sus resultados no trascendieron de La Moncloa, no los dieron a conocer a las fuerzas políticas. El PSOE necesitó —se sirvió— de aquel pecado para repetirlo incansablemente cuando llegó al poder.

¿Eran necesarios tantos mítines y concentraciones electorales? En Europa y en Estados Unidos, desde que la televisión es un convidado de todos los hogares, apenas se dan mítines. Si acaso, para que los periodistas recojan la referencia, porque su utilidad huelga ante quienes hay que convencer, los indecisos, que no van a estos actos.

El público de los mítines es partidario y necesita ser calentado con arengas, soflamas y música por el líder de turno, quien se exalta y grita, y luego es "trasladado" en imágenes a la sociedad hecho un basilisco. Alianza Popular celebró muchos mítines multitudinarios: en Oviedo el 5 de febrero; en Barcelona el 25 de abril; en Palma de Mallorca el 21 de mayo; en San Sebastián el 30 de mayo; en Madrid (plaza de toros de Vista Alegre), el 2 de junio; en Huelva, Cádiz y Sevilla el 9 de junio; en Bilbao el 10 de junio, y el 13 de junio el acto de cierre en Madrid (plaza de toros de Las Ventas).

Este último lleno hasta la bandera y fue apoteósico, fue un gran mitin para los convencidos, pero asustante para los indecisos, porque dio la marca del patriotismo trasnochado y retador, con oradores que tendían la vista atrás, dando a entender que *cualquier tiempo pasado era mejor,* y a este respecto Arias Navarro —que fue aleccionado por Fraga para que reprimiese sus emociones pasadas— se lanzó en el recuerdo de Franco (con media de docena de alusiones).

En cambio, el Presidente del Gobierno y candidato número uno de UCD por Madrid, Adolfo Suárez, no se dejó raptar por la emoción, y desde la televisión, sereno, escarbando en el miedo, participó en el más grande mitin con aquello de *puedo prometer y prometo,* penetrando en los hogares como un cañón.

Para la desdramatización, rebajando su severa imagen, Fraga introdujo en aquella campaña elementos festivos que explotaría desde entonces con cuño propio: los paseos por plazas y mercados (estrechando manos y que en argot aliancista se llama *maning*), los tirantes con los colores de la bandera nacional (distintivo de un club londinense), las *queimadas* de orujo gallego y las paellas de Cuart de Poblet, en Valencia, que periódicamente le ofrecían sus amigos los hermanos de Andrés, de las cuales la primera (el 27 de mayo de 1977) fue tomada por las televisiones extranjeras y dieron la vuelta al mundo.

Cerradas las urnas e iniciado el escrutinio, Fraga, que había almorzado con el historiador Hugh Thomas y Cyrus Sulzberger, periodista del *New York Times*, se dio una vuelta por la sede central de AP, en la calle Silva. Vistas las tendencias que confirmaban los datos de las encuestas, regresó a casa a recibir a la familia, esposa e hijos, de vuelta de trabajar como interventores en mesas electorales.

El mitin de cierre de campaña de Alianza Popular en la plaza de toros de Las Ventas produjo temor en muchas gentes, por si se retornaba al pasado. En la foto, Fraga ante la vociferante masa se palpa las cachas en un gesto de autoafirmación.

Al filo de la medianoche, con un gran desencanto, se metió en la cama. En la calle Silva 23 quedaron los hombres de la nueva Alianza Popular, y con ellos José María Ruiz Gallardón. A la mañana siguiente, jueves 16 de junio, confirmados los resultados, en la sede aliancista había mucha soledad y suciedad —ceniceros, papeleras sin vaciar— y también, por parte de unos pocos, muchas ganas de recomenzar.

Fraga suele refugiar el sinsabor y la tristeza en el trabajo y aquella mañana, como mínima autosatisfacción, recibió ejemplares de su último libro (*Los fundamentos de la diplomacia*), cuyos primeros ejemplares empezó a dedicar. Los datos —sin atenuar el fiasco— eran todo un presagio: 4 diputados y 1 senador en Galicia y 3 diputados por Madrid.

Y por la tarde, Fraga se fue a pescar.

Mientras la chica del "donut" UCD celebraba la victoria en un hotel madrileño, imagen que marcó un estilo desenfadado y americano de hacer campañas electorales, Fraga contempla desde el quicio de una puerta los datos defraudantes para AP que transmitía la televisión.

Estos son los candidatos al Senado y al Congreso de Alianza Popular en la provincia de Madrid.

Capítulo 9

ALIANZA POPULAR EN EL PACTO
DE LA RECONCILIACIÓN

Un balandro de dos velas

Todo era difícil y áspero, en medio de la caterva de problemas, durante las semanas siguientes a las elecciones generales de junio de 1977. El carácter *faccional* —un pastel con muchas fracciones— de Unión de Centro Democrático, triunfante, condujo a Adolfo Suárez a formar un gobierno mosaico entre los líderes de las familias que le ayudaron a conseguir la victoria. La lucha por las cuotas entre democristianos, liberales y socialdemócratas cuartearía el liderazgo y el programa, como ya algunos preveían desde el principio, y ante esa levadura de heterogeneidad ideológica inició su andadura el proceso constituyente.

Como el deterioro económico no debería avanzar, y estando distraída la clase dirigente en arreglar el marco institucional democrático, Suárez designó Vicepresidente para Asuntos Económicos al prestigioso teórico Enrique Fuentes Quintana para que hiciese efectivas las recetas que reclamaba la situación de crisis: una inflación del 19,77 por ciento, pérdida de competitividad (con un déficit comercial superior a los 600.000 millones de pesetas), reducción de reservas en divisas, la conflictividad laboral (con 54 millones de horas perdidas entre diciembre de 1976 y enero y febrero de 1977) y un paro superior al 5 por ciento. En ese empeño, en atajar la crisis, se empleó el profesor Fuentes Quintana hasta presentar, en julio de 1977, un plan de estabilización que comenzó devaluando la peseta un 25 por ciento.

Afrontar prioritariamente la situación depresiva era, en todo caso, un buen método no fuera que el descontento social devorase el optimismo político y, a estos efectos, el programa del gobierno estaba fundado en el realismo y la solvencia. No obstante, según algunos testimonios[1], la personalidad más persuasiva que ejecutiva del vicepresidente económico provocó no pocas dificultades en su realización. La consecución de los *Pactos de la Moncloa*, debidos a su propuesta y consejo, fue un buen resultado de la efímera gestión de Fuentes Quintana.

Las heridas que el proceso electoral infligió a Alianza Popular, mediante la inconsecuente agresión gubernamental de hacer de UCD algo diferente, fueron muchas y difíciles de cicatrizar. Se pensaba por muchos que las ingentes deudas electorales, las diferencias entre los líderes y el escaso peso parlamentario de un grupo de políticos trasnochados acabaría por hundir a Fraga como valor reformista e, incluso, en cuanto político respetable. Al contrario de lo que hizo el PSOE, atrayendo a los grupos socialistas afines, la UCD quiso tener el referente de ser

---

[1] Rodolfo Martín Villa (*Al servicio del Estado*, Planeta, pág. 110) manifiesta que Fuentes Quintana "es un gran economista, principalmente para el consejo, no tanto para la decisión". Coincide también con el diagnóstico Manuel Fraga, quien, también (*En busca del tiempo servido*, Planeta, pág. 86) dice: "Es vicepresidente mi ilustre colega, el profesor Fuentes Quintana; algún malévolo habrá de decir que sus ideas económicas han inspirado a todos los gobiernos españoles de una generación, menos el tiempo que él fue vicepresidente".

ella el *centro político* y, antes que unirse a AP que con sus 16 diputados le daría en el Congreso la mayoría absoluta, prefirió desenvolverse en la precariedad y desdeñar a Fraga como representante de la *derecha pura y dura.*

El villalbés, al comentar en sus memorias[2] el absurdo que supuso —por *razones de Estado* según dijo el propio Suárez— la negativa a pactar la Legislatura, lo atribuye a que pensaban [los de UCD] llevarlos a ser permanente *voto cautivo.* Y pudo ser así en no pocas ocasiones, pero, al mismo tiempo, en la perspectiva del medio plazo, Suárez no ponderó que la barquilla en la que navegaba Fraga y que se abría camino entre el oleaje, sin pretensiones de ganar la regata, serviría de tabla de salvación y refugio a los náufragos del multisedicente suarecismo. Ciertamente, el consejo maquiavélico tendría fatal veracidad: si no pactas con tu enemigo mátalo, pero no le hieras.

Junto a la desolación del fracaso, en los días siguientes al 15 de junio, se produjo en Alianza Popular —tanto en la organización central como en la periférica— la deserción. Huyeron muchos porque estimaban sin futuro las siglas AP y, no pocos también, porque no estaban dispuestos a soportar el pesado fardo de las deudas. Quienes habían quedado marginados, o sin sitio en los puestos que apetecían de las listas electorales, constituían también el *sindicato de cabreados.* Un tanto retórico, Fraga dedica en sus memorias varios párrafos descriptivos acerca de ese bajo fondo de tristeza, y lo hace para remarcar que merecía la pena seguir en frase de Séneca: "Así como el fuego es la prueba del oro, la desgracia lo es para los hombres".

A la restauración del diálogo —a la evaluación de daños y efectivos disponibles— se dedicó Fraga seguidamente, persuadido de que en el proceso constituyente cabía salir del pozo si el grupo parlamentario emprendía un trabajo serio. La puesta en funcionamiento del grupo parlamentario —16 diputados y 2 senadores—, aunque fue tarea ardua en lo concerniente al reparto de papeles, se logró finalmente no sin vivir escaramuzas de todo tipo. Pese a ello, Fraga siempre confió en multiplicar exponencialmente su valor, máxime ante el proceso constituyente que se avecinaba, y con tamaña tarea, una vez estuvo seguro que formaba parte de la ponencia constitucional, podría dar prueba del reformismo que había postulado y que revalidaría ante la opinión pública. Era igualmente consciente que, por sí solo o acompañado de los demás *magníficos supervivientes*, revalidaría el deteriorado liderazgo social ante la opinión pública de centro-derecha y frente a Adolfo Suárez, un dirigente sin oratoria —miedoso en la confrontación dialéctica— cuyo discurso era el de la televisión o el de la componenda burocrática.

En el artículo que en *la tercera* de *ABC,* del jueves 30 de junio, bajo el título "Después de las elecciones", Fraga aceptó los resultados, pero los interpretó en versión diferente al más ilustre (científicamente) de sus discípulos, el profesor Juan Linz, quien en una conferencia pronunciada en el Club Siglo XXI días antes había dado por consolidada para lo que quedaba de siglo la composición de fuerzas políticas. El articulista analizaba seis hechos: el ejercicio masivo del derecho al sufragio; la ventaja del Gobierno en toda elección, tanto más porque determinó las reglas del juego, dispuso de resortes importantes y de la televisión; el Gobierno también utilizó intencionadamente los sondeos de opinión; la sociedad de clases medias rechazó los extremos; el escaso voto de la Democracia Cristiana, y las tendencias clasistas del voto en general y, en Cataluña y País Vasco, el factor regionalista por encima de otras consideraciones.

---

[2] Manuel Fraga, *op. cit.*, pág. 84.

Partiendo de estas premisas, Fraga extraía cuatro conclusiones que le animaban a proseguir: el fracaso de la ruptura (que en conjunto no había rebasado el 40 por ciento del voto útil); se abría un período de dificultades económicas, sociales y administrativas que requería el concurso de todos, al margen del apasionamiento político; un original sistema de fuerzas políticas (cuatro estatales y dos regionalistas), y sin un mandato claro de nadie para gobernar. "Todos hemos aprendido mucho y tenemos que aprender más en los próximo meses", adelantaba cual propósito de perseverancia.

La moral de liquidación, por entonces, no residió tanto en los acreedores financieros que, en términos generales, poseerían la llave para cerrar la casa y volcarse hacia UCD, sino en las mismas entrañas de Alianza Popular. El estado de bancarrota —sin un duro y muchas deudas— echó para atrás a muchos que advertían ser parte de la solidaridad en los débitos, y con esa sombra de temor se celebró el 1 de julio la Junta Directiva de AP. Los rumores apuntaban, entre los reticentes, a Licinio de la Fuente, que aunque resultó elegido por Toledo el voto que obtuvo fue más empresarial que de los trabajadores, pese haber sido el rostro social del cartel publicitario de AP. Aireadas por la prensa estas dudas en el seno de la dirección colegiada, el órgano directivo de la federación celebró dicha reunión con grandes reproches por el fracaso electoral cosechado. Llegó a pedirse, incluso, la dimisión de todos los directivos con vistas a volver a empezar o, como así cristalizó en otra corriente, con el fin de integrarse en UCD. En todo caso, es lo cierto que se operó entonces una primera autodepuración que reforzó el liderazgo de Fraga entre quienes optaban por continuar.

Las andanadas liquidadoras y revisionistas contra el equipo directivo de Alianza Popular, tácitamente personalizado en Fraga, vinieron de Rafael Pérez Escolar, abogado y juez excedente, secretario del consejo de administración de Banesto y cofundador de Reforma Democrática. En efecto, el 29 de agosto de 1977 el diario *Informaciones* publicó una larga entrevista[3] en la que, además de romper públicamente con la estructura directiva de AP, se inclinaba por "recrear" un centro-derecha nuevo. "Creo —decía el abogado madrileño— que Alianza Popular debe afrontar sin demora su disolución para dar paso a dos fuerzas políticas que, sin ser incompatibles, sí son claramente distintas..."

Cifraba la primera de esas fuerzas en lo que llamaba "nueva derecha", opción superadora del marxismo, reformista y progresista, y la otra fuerza política debía conectar más con lo tradicional, heredera de los intereses del pasado. Porque, también para Pérez Escolar como para otros, no se podía entender cabalmente que el gobierno de UCD realizase una política de izquierdas con votos de la derecha.."En la UCD no hay, a mi modo de ver —decía también Pérez Escolar—, y es una lástima que no exista, una cohesión doctrinal e ideológica definida que tampoco resplandeció durante la campaña electoral". El disidente aliancista, no obstante, respiraba por la herida de no haber sido situado en puesto relevante, y de ahí que arremetiese al mismo tiempo contra la presidencia colegiada y franquista que adoptó decisiones oligárquicas y arbitrarias al margen de otros órganos idóneos, como la Junta Directiva Nacional, encargada de preparar las elecciones y de seleccionar a los candidatos por mandato estatutario.

A través de un portavoz anónimo, Alianza Popular eludió entrar en polémicas con Pérez Escolar, quien —añadía la organización— había dimitido hacía meses de la Junta Directiva y

---

[3] Entrevista de Julián Romaguera publicada por *Informaciones*, el 29 de agosto de 1977, cuyo titular evidenciaba el propósito refundador del entrevistado ("Pérez Escolar: Una alternativa no marxista y de derecha progresiva").

tenía un concepto personal de la disciplina partidaria, con enfrentamientos internos que hicieron muy difícil que figurase en las candidaturas. De todas maneras, siendo fiel al contexto histórico, aquella disidencia fue la primera —y más ostentosa— de una corriente de deserciones entre los antiguos reformistas.

No se amilanó Fraga ni con la derrota electoral, por el diluvio de críticas subsiguientes, ni con la hipoteca económica de los créditos impagados a los bancos. Tampoco le hizo mella la masiva deserción de cuadros. Puesto que, con ser muchos y graves estos inconvenientes, el porvenir parlamentario le insufló tal ilusión —de participar en las constituyentes— que compensó cualquier otro déficit anímico. A poco que se lea con detenimiento sus memorias se puede advertir el tono dinámico y pletórico de iniciativa para un largo recorrido, estableciendo una estrategia seria y definida en dos vertientes: continuar la organización básica territorial del partido, mermado en gastos y en dirigentes con respeto social, y potenciar el papel ante la sociedad española de un grupo parlamentario pequeño pero muy cualificado que tenía cosas que decir en la ordenación de la convivencia futura a través del debate constitucional.

Esas dos misiones, ariscas pero apasionantes, Fraga —según recuerdan algunos veteranos parlamentarios de AP— las sintetizó en una metáfora marinera: navegar por alta mar en un balandro de dos velas. A esa travesía se empleó con juvenil empeño, como si fuese un mozo universitario de cincuenta y cuatro años.

La ponencia constitucional, como un púlpito

La espesa emoción de la solemne sesión de apertura de las Cortes democráticas, el 22 de julio de 1977, era la nota más destacada entre quienes abarrotaban el viejo hemiciclo del palacio de la Carrera de San Jerónimo. La entrada de los Reyes en el salón de sesiones resumía el mejor encuentro de reconciliación, o la síntesis de tolerancia, entre quienes durante medio siglo no supieron dialogar desde posiciones ideológicas enfrentadas. Todos los representantes del pueblo español —diputados y senadores— se alzaron a recibir a Don Juan Carlos y Doña Sofía con aplausos, salvo los socialistas que no estuvieron a la altura ni siquiera de la cortesía[4].

En el mensaje de la Corona, el Rey resolvió en un breve párrafo toda la artificiosa dialéctica de *reforma o ruptura*, que como antecedente sólo sirvió para delimitar los confines ideológicos, al deslizar con sinceridad medida uno de los temas controvertidos de la campaña electoral: "... La Corona desea —y cree interpretar las aspiraciones de las Cortes— una Constitución que dé cabida a todas las peculiaridades de nuestro pueblo y que garantice sus derechos históricos..."

La vieja polémica de si continuar con la suma de Leyes Fundamentales, amalgamadas por la Ley para la Reforma Política, o elaborar una Constitución de nuevo cuño acabó por enveje-

---

[4] En su libro *La elaboración de la Constitución de 1978* (Centro de Estudios Constitucionales, Madrid, 1988, pág. 16), Gregorio Peces Barba comenta este incidente con la siguiente apreciación: "Aunque defendí que debíamos dedicar a los Reyes, al entrar en el hemiciclo, un aplauso de cortesía, no se siguió mi opinión, y los socialistas sólo nos levantamos con respeto, pero sin seguir a los restantes grupos de la Cámara en sus aplausos iniciales. Creo que al final sí aplaudimos, con alguna excepción. Era significativo el interés del Rey y de la Reina, que se plasmaba en continuas miradas a los escaños de la izquierda, en las que me parecía atisbar una mezcla de curiosidad y de preocupación".

cer hasta la consunción[5]. Fue este arranque del proceso constituyente lo que arrumbó, de una vez por todas, las ambigüedades y los estériles radicalismos fundacionales sobre cómo ordenar la convivencia futura. Instituciones del viejo régimen, como el Consejo del Reino, siguieron hasta su extinción, teniendo su renovación oportuna en las Cortes como un signo natural de evolución y no de quiebra[6].

Junto a otras normas de funcionamiento parlamentario, a falta de un reglamento aceptado por todas las fuerzas políticas, la formación de los grupos en el Congreso suscitó las mayores tensiones a lo largo de las semanas posteriores al 15 de junio; tensiones que tenían su origen en quienes y con qué prerrogativas podían constituirse grupo parlamentario, independientemente de que en el seno de cada uno de ellos se cuestionase también el reparto de cometidos.

El PSOE tenía empeño —y lo consiguió— de meter en el grupo mixto al Partido Socialista Popular de Enrique Tierno estableciendo como número mínimo el de 10 diputados para constituirlo, pero la UCD no consiguió lo mismo con Alianza Popular, que con sus 16 diputados tuvo voz propia —la de Fraga— y a partir de ahí *sentirse vivo* en el proceso constituyente. Porque, como lo definiera Enrique Tierno Galván, el grupo mixto era "una especie de olla podrida, en donde caían pedazos de muy diversas viandas, cuyo único condimento común era hervir en compañía".

De aquellos trances improvisadores surgió, sin embargo, un órgano que se ha valorado utilísimo: la Junta de Portavoces, que delibera y aprueba el orden del día de las reuniones plenarias.

En sesión ordinaria del 27 de julio el Congreso, presidido por Fernando Álvarez de Miranda, de los siete grupos parlamentarios constituidos[7], los cinco no *nacionalistas* apostaron, en mayor o menor grado, por emprender como tarea inmediata la elaboración de una nueva Constitución superadora de las viejas rencillas y de los sectarismos irreductibles. Todos querían la estabilidad de las reglas del juego político, con el *consenso* de mínimo común denominador, y así se pronunciaron los portavoces Felipe González, Santiago Carrillo, Tierno

---

[5] Ciertamente, Landelino Lavilla, a la sazón Ministro de Justicia desde el acceso a la jefatura del Gobierno de Suárez, venía sosteniendo con anterioridad a desempeñar dicha cartera la conveniencia de emprender un proceso constituyente. Así, en conferencia pronunciada en el Club Siglo XXI el 13 de enero de 1976, antes de ser ministro ya se inclinó por "una ordenación constitucional que exprese los supuestos comunes de la convivencia española y no el contenido ideológico de una concreta opción de poder". No obstante, la ambigüedad —si no la reticencia— fue a lo largo del tiempo una táctica de Suárez, no desvelada hasta que el Rey pronunció el mensaje ante las Cortes democráticas de julio de 1977.

[6] El 26 de julio de 1976 se discutió en el Congreso la renovación del Consejo del Reino, en la Disposición Transitoria Segunda de la Ley para la Reforma Política. Los grupos de izquierda, secundados por los nacionalistas, pugnaron por no revocar dicho alto órgano consultivo en orden a que caducase. Frente a todos, en su primera y eficaz intervención parlamentaria, ganó el debate el centrista Miguel Herrero Rodríguez de Miñón, que desde entonces se reveló un brillante parlamentario. La caducidad del Consejo del Reino, incumpliendo lo previsto en la Ley para la Reforma Política, hubiese supuesto un quebranto para el reformismo frente a quienes, desde la izquierda, abogaban por la ruptura. La UCD, para sacar adelante dicha renovación, hubo de acudir a los votos de Alianza Popular, desmintiéndose desde entonces la innecesidad de pacto, obteniendo la agrupación alrancista como contrapartida la designación de consejeros del Reino de Álvaro Lapuerta y de Pedro de Mendizábal.

[7] Los Grupos Parlamentarios constituidos y sus portavoces eran: Comunista, con 20 diputados y Santiago Carrillo de portavoz; Alianza Popular, con 16 diputados y Manuel Fraga de portavoz; Unión de Centro Democrático, con 166 diputados y Leopoldo Calvo Sotelo de portavoz; Socialistas del PSOE, con 103 diputados y Felipe González de portavoz; Socialistas de Cataluña, con 15 diputados y Francisco Ramos de portavoz; Minorías Vasca y Catalana, con 21 diputados y Miguel Roca (y Xavier Arzallus) de portavoz, y el Mixto, con 9 diputados y Raúl Morodo de portavoz.

Galván, Manuel Fraga y Leopoldo Calvo Sotelo. En el ánimo de todos ellos estaba no volver a las andadas del revisionismo permanente y decimonónico, sino de construir un marco lo suficientemente elástico, ambiguo y realista que diese entrada a todos (el *pacto de la semántica*, en la opinión de algunos autores), consintiendo y cediendo en parte de los postulados propios. Maurice Duverger había dicho en Madrid, casi un año antes, que "la mejor Constitución para un país es aquella que no satisface plenamente a todos los grupos políticos, pero que tampoco les disgusta del todo".

Bajo esa concepción de no buscar la concordia absoluta, por lo tanto, el Gobierno de Suárez renunció a enviar a las Cortes un proyecto elaborado por él, y se avino a que el texto naciese de la misma base parlamentaria mediante los trabajos previos de una ponencia surgida de la Comisión Constitucional, la primera de las comisiones creadas, cuya composición respondía a tener en ella un representante por cada diez diputados o fracción igual o superior a cinco, así como —en orden a dar entrada a los partidos nacionalistas— las agrupaciones electorales que hubiesen obtenido el 20 por ciento de los escaños allí donde presentaron candidaturas[8]. Se quería tener a todos, mediante una lógica y alambicada cláusula reglamentaria, para que jamás la copla popular pudiese repetir aquello de *"trágala, servilón; traga la Constitución"*, de infausto recuerdo decimonónico.

El primero de agosto de 1977, constituida la Comisión Constitucional y elegida la mesa y su presidente, el centrista Emilio Attard, se acordó encomendar la redacción del anteproyecto de Constitución a una ponencia, que se prefirió primero bipartita (del PSOE y UCD) y más tarde ampliada sin un criterio objetivo. Pero la actitud socialista de dar entrada a todos los grupos —menos al Grupo Mixto, para impedir el paso a Tierno Galván[9]—, así como la presión contundente que ejerció Fraga por pertenecer a ella.

Según revelaciones de Manuel Fraga al autor discutió su pertenencia a la ponencia constitucional con Leopoldo Calvo-Sotelo, entonces presidente y portavoz del Grupo de UCD, en un encuentro bronco habido en el mismo Congreso de los Diputados. "En modo alguno hubiese tolerado una afrenta de esas características como era intención de UCD", apostilló al respecto. En sus memorias[10], Fraga alude a este encuentro en los siguientes términos:

---

[8] La Comisión Constitucional y de Libertades Públicas quedó integrada por los siguientes diputados: de Alianza Popular, Manuel Fraga Iribarne y Federico Silva Muñoz; del Partido Comunista de España, Santiago Carrillo Solares y Jordi Solé Tura; del Partido Socialista Popular (Grupo Mixto), Enrique Tierno Galván; de Convergencia Democrática de Cataluña (Minorías nacionalistas), Miguel Roca Junyent; del PSOE, Enrique Múgica Herzog, Juan Raventós Carmer (PSC), Pablo Castellanos Cardalliaguet, Luis Gómez Llorente, Felipe González Márquez, Alfonso Guerra González, Gregorio Peces-Barba Martínez, Joaquín Ruiz Mendoza, Jerónimo Saavedra Acevedo, José María Triginer Fernández, Luis Yáñez Barnuevo García y Antonio Sotillo Martí; de Unión de Centro Democrático, Rafael Arias Salgado Montalvo, Emilio Attard Alonso, Juan Antonio Boleo Foradada, Gabriel Cisneros Laborda, Jesús Esperabé de Arteaga, Luis de Grandes Pascual, Miguel Herrero Rodríguez de Miñón, César Llorens Barges, José María Martín Oviedo, José Luis Meilán Gil, José Pedro Pérez Llorca, José Manuel Paredes Grosso, María Teresa Revilla López, Salvador Sánchez Terán (sustituido más tarde por Oscar Alzaga Villaamil), Jesús Sancho Rof, Antonio Vázquez Guillén y Luis Vega Escandón; del Partido Nacionalista Vasco (minorías nacionalistas), Javier Arzallus Antia.
[9] Hasta el último momento, en la reunión de la Comisión Constitucional, Enrique Tierno batalló por integrar la ponencia, proponiendo que la constituyesen once miembros (seis de UCD, dos por el PSOE y tres para los restantes grupos). "Otra cosa —dijo Tierno— supondría la marginación de las minorías...". En verdad, el PSOE tenía interés en absorber al PSP de Enrique Tierno, formación que traía una deuda de 80 millones de pesetas de las elecciones generales, y a tal fin se negaba a dar un respiro político al denominado *Viejo Profesor,* al tiempo que varios correligionarios (José Bono, Donato Fuejo y otros) negociaban la integración, que se produciría en la Legislatura siguiente.
[10] *En busca del tiempo servido*, pág. 89.

"Hay un intento de integrarla sólo con representantes de UCD y socialistas. En medio de un serio incidente con Calvo-Sotelo (entonces portavoz de UCD), advierto que precisamente en las normas constitucionales es donde todos tenemos que estar presentes si no se quiere volver al famoso 'trágala'. Los socialistas me dan la razón y están dispuestos (como lo hicieron) a quedarse con un solo ponente, Peces-Barba. Mi energía hizo ceder a UCD en aquella ocasión".

Imperó finalmente la base de formarla con siete miembros. En verdad, el número de componentes y los grupos representados constituyó un debate oscuro y sin sentido que destruyó la proporcionalidad y, lo más grave, se marginó gratuitamente al Partido Nacionalista Vasco. ¿Por qué fue una ponencia de siete y no de más miembros impares o que respetase el voto ponderado que exige la proporcionalidad representativa? En suma, después de turbias componendas, la Ponencia la integraron: por UCD, José Pedro Pérez Llorca, Miguel Herrero Rodríguez de Miñón y Gabriel Cisneros Laborda; por el PSOE, Gregorio Peces-Barba; por el PCE, Jordi Solé Tura; por los *nacionalistas,* Miguel Roca Junyent, y por Alianza Popular, Manuel Fraga Iribarne.

Miguel Herrero, en sus *Memorias de estío*[11] revela en torno a este problema de cómo hacer la constitución, que Suárez le contó, después del terrible susto que pasó el Gobierno por el hecho de que las decisiones constituyentes se le escapasen de las manos debido a carecer el Grupo UCD de la mayoría suficiente, hasta que la fórmula de la ponencia fue plenamente asumida, como ocurriera al elaborarse la Constitución republicana de 1931.

En la tarde calurosa del primero de agosto, pues, los siete *superlegisladores* celebraron su primer encuentro, presididos por Emilio Attard, que amablemente conminó a que se llegase a un texto en un plazo de ocho meses. Todos, por lo demás, esgrimieron sus razones metodológicas y al fin quedaron por volver a reunirse el 22 de agosto.

Con una inmensa carga de responsabilidad, acompañada de igual ilusión y confianza, Fraga —como los demás ponentes— se cobró unas cortas vacaciones de estudio y preparación en su casa de Perbes (La Coruña). Al profesor de ciencia política le llegaba la oportunidad de dar íntima satisfacción a su preparación académica, pero también al hecho de que su misma designación representaba la concesión de un púlpito desde donde predicar la palabra de su ideario reformista (liberal-conservador). Provisto de mucho volumen documental, en cuya preparación colaboró desde el primer momento el aliancista y también profesor universitario de derecho constitucional Hermann Oehling Ruiz, el villalbés trabajó a destajo en la preparación de "unos textos que habrían de ser reelaborados constantemente y que creo sinceramente que fueron los más completos y sensatos que se pusieron sobre la mesa de la ponencia".

Efectivamente, en la tórrida tarde del 22 de agosto, en el viejo palacio del Congreso de los Diputados, en sesión presidida por Emilio Attard y con asistencia de los letrados Fernando Garrido Falla y Ramón Entrena, los ponentes, henchidos de afán, oxígeno y sol, expusieron sus respectivos planes de trabajo. Antes de avanzar, sin embargo, debatieron si las deliberaciones debían ser públicas o confidenciales. Se llegó a un pacto de silencio a fin de que los trabajos no se vieran mediatizados frente a la presión —de comentarios y campañas— de los medios de comunicación. Confidencialidad que sólo se rompería, conforme sostuvo Peces-Barba, ante la *información obligada* que se proporcionase a los dirigentes de los partidos.

---

[11] Miguel Herrero, *Memorias de estío,* Temas de Hoy, Madrid, 1993, pág. 115.

Vasos de agua, tazas de café, platos y ceniceros se entremezclan sobre la mesa, con la profusa documentación constitucional de los superlegisladores (de izquierda a derecha, de pie y sentados): Cisneros (UCD), Herrero de Rodríguez de Miñón (UCD), Roca i Junyent (Minoría Catalana), Fraga Iribarne (Alianza Popular), Peces-Barba (PSOE) y Solé Tura (PCE).

Quería evitarse la *guerra de borradores* que desatase en el exterior un debate paralelo —reflejo de intereses— y perturbador para el espíritu de acuerdo. El presidente de la Comisión, el centrista Attard, manifestó sus recelos ante el carácter secreto de los trabajos y también, posteriormente, lo dejó dicho por escrito[12]:

> "Mis recelos se vieron pronto confirmados: con la confidencialidad, lo que se acababa de abrir era la escotilla a la intoxicación, porque son muchas y grandes las deudas que algunos políticos tienen con los medios de comunicación y suelen pagarla con filtraciones. Así sucedió".

¿Es que no se pensaba informar a los periodistas de la marcha de los trabajos? Claro que sí, pero para ello, y también en el orden procesal interno, los ponentes acordaron una presidencia rotatoria semanal, de manera que quien ejerciera esa misión daría testimonio a los medios de comunicación del desarrollo de los trabajos. Y así se acordó, no sin antes, en medio de un silencio cómplice por parte de la mayoría, el representante del PSOE, Gregorio Peces-Barba, planteara como cuestión de orden que la presencia del presidente de la Comisión, señor Attard, en sucesivas reuniones sería inoportuna por no pertenecer a la ponencia[13].

Por lo demás, con independencia de que tres de los ponentes, profesores universitarios —Fraga, Solé Tura y Peces-Barba—, llevaban bajo el brazo "su" borrador de Constitución, el consumo de la primera sesión fue de pronunciamiento acerca de qué tipo de Constitución: si larga o corta, si rígida o flexible, si abierta o cerrada, si en unidad o compleja, etc. Por el Gobierno, Miguel Herrero (colaborador desde muchos meses atrás del Ministro de Justicia) disponía asimismo de un *borrador y formato* de temas básicos relacionados con las altas instituciones. El desacuerdo, en todo caso, ya estaba presente para comenzar a andar hacia el concurso de voluntades, juntando el repertorio de cuestiones en una especie de *código constitucional* sobre el cual actuar por eliminación, por adición o por modificación.

---

[12] Emilio Attard, *La Constitución por dentro,* Argos Vergara, Barcelona, 1983, pág. 22.

[13] La exclusión de Emilio Attard de la presidencia de la ponencia la considera el interesado (*op. cit.*, pág. 18 y ss.) injustificada desde el punto de vista del reglamento provisional de la Cámara, así como de sus antecedentes históricos. Pero, como se allanase a la propuesta del representante del PSOE, lo justifica diciendo que el compromiso de mantener la confidencialidad de las deliberaciones influyó en aceptar sin discusión tal iniciativa. Es decir, según se deduce de sus palabras, el interés de su presidencia radicaba en ser *mensajero* o *protagonista* ante los medios de comunicación.

Los Pactos de la Moncloa

Si la Historia se repite, y gracias al Pacto de El Pardo —moribundo Alfonso XII— Cánovas y Sagasta concordaron tácitamente las bases políticas de la Primera Restauración[14], los Pactos de la Moncloa representaron el mejor exponente de concordia entre los líderes de los partidos políticos para conducir el proceso constituyente, en orden a impedir un deterioro económico y social irreversible que imposibilitase la democratización prometida. Aunque los pactos comprendían también actuaciones de carácter jurídico y político (concernientes a la libertad de expresión, al derecho de reunión y al de asociación política), éstas no se estimaban tan importantes ni por su contenido, porque ya se estaba preparando la nueva Constitución, ni por su perdurabilidad, que también sería breve, sólo durante el período preconstitucional.

Alianza Popular se descolgó de aprobar y ratificar el pacto político, sin duda por falta de sintonización intra partido y como prueba de disidencias constitucionales que resurgirían más tarde entre sus líderes, y el Partido Comunista se sumó abiertamente —arrastrando a ello a los reticentes socialistas— porque entendían que los pactos eran los particulares previos a un gobierno de concentración nacional.

El 25 de octubre, en cualquier caso, se firmó el *Acuerdo sobre el Programa de Saneamiento y Reforma de la Economía* (ratificado dos días después por Las Cortes), debido a la inspiración del vicepresidente del

Los firmantes del Pacto de la Moncloa: Tierno, Carrillo, Triginer, Raventós, González, Ajuriaguerra, Suárez, Fraga, Calvo-Sotelo y Roca.

Gobierno para Asuntos Económicos, Enrique Fuentes Quintana. Porque quienes lo suscribieron conocían que la crisis económica y la instauración democrática, unidas en la misma ecuación, podían dar por resultado el conflicto como sucediera en la II República, en la que coincidió la marea de la depresión del año 29 con el cambio y democratización del régimen.

"Una crisis económica —decía Fuentes Quintana[15]— no es un problema técnico o secundario que pueda posponerse por la política. La crisis económica reclama su comprensión y su prioritario tratamiento por los actores políticos (Partidos, Parlamento, Gobierno), porque de lo contrario terminará por hacer imposible la vida del régimen que así se comporte, como por desgracia atestiguaban los hechos vividos por España de 1931 a 1936".

---

[14] Aunque se le denomina Pacto de El Pardo, acordado en los días previos al 25 de noviembre de 1885, fecha en que murió Alfonso XII, es lo cierto que todavía se discute si los líderes de los dos partidos más importantes y compromisarios, Cánovas y Sagasta, se reunieron en el palacio de El Pardo —al pie del lecho de muerte del monarca— o fue en el palacete de la Moncloa, o en un tercer escenario: en la Presidencia del Consejo de Ministros. Sea como fuere, el Pacto supuso un compromiso constitucional de estabilidad, de turnismo en el poder, entretanto transcurría la Regencia de Doña María Cristina hasta la mayoría de edad de Alfonso XIII, salvando así el régimen monárquico al amparo de la Constitución de 1885.

[15] Enrique Fuentes Quintana desentraña el proceso preparatorio, contenido y efectos de *Los pactos de la Moncloa*, en su vertiente económica, en un artículo dentro de la "Historia de la transición", de *Diario 16*, segunda parte, pág. 490 y ss., bajo el título "Todas las preguntas y todas las respuestas sobre los Pactos de la Moncloa".

Desde la muerte de Franco la OCDE analizaba la situación económica benignamente, no porque no tuviesen calado los problemas que económicamente aquejaban a España, sino porque la transición política, por sí misma, dificultaba la gestión de la economía. Era una crisis diferencial, atípica, que no se bastaba con remedios de impulsión de las grandes magnitudes económicas si simultáneamente no se emprendían reformas estructurales en una toma de responsabilidades de todos —cada uno en su parcela— a fin de distribuir los sacrificios proporcionalmente.

En puridad, fue un acuerdo de Estado que catalizó la corresponsabilidad de todos y, en suma, el gran experimento hacia el consenso, teniendo por artífices al Gobierno y a la oposición. Este no pequeño efecto, al margen de que los números macroeconómicos se transformasen hacia una situación mejor, es el que descuella: el clima humano, el trato directo y personal, entre personas que estaban llamadas a entenderse[16].

Mal que bien la política de concertación disgustaba a los líderes aliancistas por entenderla, desde un principio, como una prótesis que daba estabilidad al Gobierno dado que extendía su propia responsabilidad a los grupos integrantes de la oposición sobre la grave situación y de sus remedios. Santiago Carrillo[17], de la mano de Adolfo Suárez, era consciente de la fragilidad de los avances democráticos y por ello —con mayor ambición— se interesó en acudir a la Moncloa en pos del señuelo que le tendieron sobre un posible *Gobierno de concentración democrática*. Y su actitud, convenida con Suárez debajo de la mesa, no seducía en modo alguno al PSOE, que, en palabras de Carrillo, "(...) tenía una visión poco responsable de la realidad". El veterano dirigente comunista iba más allá en sus deseos que lo pretendido por otros dirigentes y por el mismo Suárez al lamentar que aquellos pactos no tuviesen prolongación en el tiempo y en los argumentos políticos. Es más, basó el hundimiento posterior de UCD en la soledad del Gobierno al tener que desmontar el sistema anterior con concesiones a la izquierda, entrando en conflicto al mismo tiempo con sectores económicos, religiosos y militares dentro de un proceso de desclasamiento que avivó la luchas intestinas por el poder. La anécdota que cuenta Carrillo en sus memorias[18] revela hasta qué punto su actitud colaboracionista facilitó el éxito de aquellos pactos:

> "Suárez solía repetirme [en una de las *discretas* entrevistas que mantuvieron], refiriéndose a la actitud de algunos dirigentes políticos, que éstos jugaban a lanzarse un frágil jarrón —la transición— y que él tenía que hacer increíbles saltos para cogerlo en el aire y que no se rompiese contra el suelo. Cada vez que me lo decía yo pensaba para mí que algunos de esos saltos los estaba haciendo yo con sólo veinte diputados porque me importaba tanto por lo menos que al que más, que el jarrón no se hiciese pedazos".

---

[16] Los testimonios sobre el clima de concordia que envolvió la preparación, negociación y acuerdo de los llamados *Pactos de la Moncloa* se suceden por doquier, incesantemente, cobrando un valor histórico singular. El que fue ministro de tres Gobiernos de UCD, Alberto Oliart, por ejemplo, se refería a ello en un artículo del 20 de diciembre de 1994 publicado en *El País* (*¿Tendrá que ser así?* Era su título) al decir: "...Y en aquel clima de concordia, de deseo de entendimiento, de querer sacar adelante a un pueblo español todavía sumido en la incertidumbre, en la crisis económica, en el miedo y el recuerdo de la guerra civil, de la violencia y la intolerancia que habían presidido su vida pública y ciudadana, se fraguó el consenso que permitió la prodigiosa transición que este país vivió de un régimen dictatorial a otro de libertad y democracia".

[17] Carrillo cuenta en sus *Memorias* (Editorial Planeta, Barcelona, 1993, pág. 677) que un día le convocó Suárez en la Moncloa para plantearle un gran pacto político-social, porque "...sin un acuerdo básico todo lo que estábamos intentando hacer podía venirse a tierra". Y aunque el líder comunista quiso llegar más allá, a un gobierno de concentración democrática, se optó por la solución pensada por el Presidente del Gobierno.

[18] Santiago Carrillo, *op. cit.*, pág. 678.

Orquestada la opinión publica por los medios informativos a lo largo del mes de septiembre al llamamiento del consenso, el Grupo Parlamentario de Alianza Popular no tuvo más remedio, máxime estando Fraga en la ponencia constitucional, que acudir pese a que Federico Silva, desde el primer momento, fue contrario al procedimiento y objetivos *consensistas*. Sus razones de peso, entre otras, giraban sobre el escamoteo que suponía a las Cortes discutir y elaborar acuerdos, a mesa y mantel, sin la obligada publicidad. Y, por si fuera poco, tal procedimiento discursivo y aprobatorio se efectuaba no con el respaldo proporcional de los votos todos, sino por la simple *mayoría mecánica*. En verdad, aunque las Cortes luego ratificaron dichos pactos, los documentos llegaron a los líderes políticos un tanto *prejuzgados y revisados* por el PCE y Comisiones Obreras, pero aún así se sumaron a la ceremonia. Por parte de AP, según votación llevada a cabo en el grupo parlamentarios, asistieron Manuel Fraga y Federico Silva —a la reunión de máximos líderes—, así como Laureano López Rodó y Antonio del Valle fueron elegidos para la comisión económica. No obstante, este último fue sustituido por Guillermo Piera, recién nombrado tesorero de AP y voz independiente del empresariado que por aquellos días se estaba organizando como asociación patronal[19]. Pues realmente, para un acuerdo económico y social, que no estuviesen allí las organizaciones sindicales y la patronal era un enorme vacío sobre el cual no cabía presuponer —por ser falso y no existir el mandato imperativo en tal sentido— que los partidos de izquierda representaban a la clase obrera, y los de centro y derecha al sector económico y empresarial.

A medida que pasa el tiempo, pese a los *apriorismos y apaños concertados*, se contempla de gran utilidad histórica el hecho mismo de que durante los días lluviosos del 7 y 8 de octubre de 1977 los líderes máximos de los partidos, desconocidos entre sí y teóricamente algunos adversarios incompatibles —o casi enemigos—, compartiesen horas de conversación informal mientras se redactaban los acuerdos.

Estos lances de cordialidad, seguramente, permitieron rebajar la crispación y apostura de algunos políticos en un palacio que antaño fuera taller de Diego Velázquez y tal vez, también ocasional, de Francisco de Goya; pintores que supieron plasmar precisamente la intransigente realidad española.

No corrieron la misma suerte del consenso los acuerdos políticos de la Moncloa, los cuales, por parte de Alianza Popular, no fueron suscritos. Mediante una nota oficial, después que así lo anunciase Fraga, la organización aliancista desestimó el acuerdo oficial pese a inclinarse favorable a que se cree un órgano neutral para el control y la reforma de los medios de comunicación estatales (la radio, prensa y televisión oficiales, que representaba el 80 por ciento de la audiencia). El disenso, a este respecto, se producía porque los líderes aliancistas rechazaban en materia de orden público que las fuerzas de seguridad del Estado, desde antiguo militarizadas, fuesen llevadas al fuero común de la función policial perdiendo su carácter. Asimismo, —según la referida nota— Alianza Popular exigía una más enérgica y eficaz respuesta a las actuaciones terroristas, que precisamente por aquellos días se había cobrado un asesinato más en la persona de Unceta, Presidente de la Diputación de Vizcaya.

---

[19] Varias incipientes organizaciones empresariales estaban organizando por entonces (la Agrupación Empresarial Independiente, de la mano de Max Mazim; la Confederación General Española de Empresarios, heredera de las patronales del sindicalismo vertical, de la mano de Félix Mansilla, Vicente Castellanos, Luis Alberto Salazar Simpson y otros, y la Confederación Empresarial Española, de la mano de Agustín Rodríguez Sahagún) el reagrupamiento patronal, que fue conseguido por Carlos Ferrer Salat, procedente de Fomento de Cataluña, siendo éste el primer presidente de la CEOE (Confederación Española de Organizaciones Empresariales) en cuanto organismo patronal que se consolidó de forma rápida.

En las filas aliancistas existía una sensibilidad especial con relación a la campaña de terror de ETA, debido sobre todo al hecho mismo de que por esos días uno de sus diputados, el vizcaíno Pedro de Mendizábal Uriarte, hubo de abandonar Bilbao por la amenazas de aquella organización asesina. Tras alojarse provisionalmente en la casa de Álvaro Lapuerta, Mendizábal se trasladó a Madrid con toda la familia y le fue procurado un nuevo destino en la asesoría jurídica del Banco Santander donde trabajaba.

Salvo contar algún episodio anecdótico, Fraga minimiza en sus memorias el contacto con Santiago Carrillo habido en la reunión de líderes de los *Pactos de la Moncloa,* acaso porque teniéndole como parte de una ceremonia de consenso pro-gubernamental que no interesaba a sus propósitos no le encajaba que fuese su *par extremo.* Subraya escuetamente que en el primer almuerzo del salón de las columnas de los líderes se encuentran personas que antes no se habían visto. Es más explícito, sin embargo, Federico Silva, quien en sus memorias[20] dedica una larga crónica a la sustancia de los debates salpicándola de misceláneas anecdóticas.

Anécdotas entre gente normal

De todas maneras, los Pactos de la Moncloa permitieron que se conociesen en persona —y se tratasen de cerca— quienes hacía unos meses habían sido furibundos adversarios electorales. Estando en esas, durante octubre de 1977, cuenta Fraga que había por la noche una cena de gala en honor del Presidente de México, López Portillo, para la que se pedía acudir vestido de frac. Fraga, ante esta exigencia protocolaria, le preguntó a su amigo Tierno Galván si se lo va a poner.

—Sí —contesta el Viejo Profesor—. Encarnita (la esposa) ya le ha quitado la naftalina y lo tiene oreándose sobre una silla.

Por la tarde, Carrillo pidió a Tierno Galván que no le dejase solo, que fuese vestido de chaqueta. "Mis camaradas —dijo Carrillo—soportarán que vaya a palacio, pero con chaqueta". Tierno, molesto porque le gustan las buenas formas, le dice:

—Pero, Santiago, tú tienes un Mercedes...

—Sí, pero resulta que algunos camaradas tienen Mercedes, pero ninguno usa frac.

En conclusión —remata Fraga—, que todos los políticos invitados fueron con traje oscuro. "Las cosas siguieron así hasta el Gobierno socialista, que desde el primer día aceptó la etiqueta que había rechazado en la oposición".

Federico Silva, en torno a esas jornadas de encuentro mientras una ponencia redactaba el documento correspondiente, aprovechando la tarde otoñal alrededor de dos veladores con café, relata lo que le contó Adolfo Suárez sobre la cena antes aludida:

"Estaba yo (Suárez) hablando con Felipe y me preguntó: *Y tu jefe ¿cómo está?* (naturalmente el jefe era el Rey). Le contesté: *Bueno, jefe tuyo y mío.* Me aparté, cogí del brazo al Rey

---

[20] Federico Silva Muñoz, *Memorias políticas*, Editorial Planeta, 1993, pág. 367 y ss.

—me explicó Suárez— y le dije: *Señor, ¿verdad que usted también es el jefe de Felipe?* Y el Rey respondió: *Naturalmente*. Entonces Felipe asintió y dijo: *Sí, también es mi jefe*".

No terminó ahí la cosa, sino que aquella tertulia produjo otro hecho anecdótico que igualmente refiere Silva Muñoz. Como Carrillo estuviere perorando sobre eurocomunismo en el jardín —atardecer otoñal—, Fraga le interrumpió y le dijo: "Mire, Carrillo, la única margarita que hay en la Moncloa ha nacido a sus pies". Y era verdad —prosigue Silva—; sobre el césped lucía una margarita extraña, anacrónica en otoño. Era todo un símbolo. "También he visto muchas setas...", se precipitó Fraga a comentar (y Silva aprovecha esta anecdótica observación para añadir que "quizás fuera una premonición de lo que después había de suceder en las relaciones de ambos...").

En concreto, Santiago Carrillo detalla que en el curso de uno de los debates de aquellos días monclovitas había habido una intervención bastante dura del villalbés contra los comunistas y que después, mientras comían, le espetó: "Entonces, ¿qué vamos a hacer, señor Fraga, volver al monte?". Concluye el memorialista del PCE que en aquel momento tuvo la impresión de que sus consideraciones habían producido en Fraga una reacción humana.

La derecha llevó a Carrillo al Siglo XXI

El Club Siglo XXI, en y por los salones del hotel Eurobuilding, tenía la bien ganada fama de ser una tribuna burguesa para el diálogo desde las postrimerías del franquismo. Por la iniciativa del jurídico militar Antonio Guerrero Burgos, aristócrata consorte en segundas nupcias, aquel lugar de encuentro quiso ser —y a fe que lo consiguió en varias etapas— la réplica intelectual y oral a la revista de centro izquierda *Cuadernos para el diálogo*. Aunque fuese un foro civilizado de la derecha, los lunes de conferencia y cena coloquial o los almuerzos de tertulia multitudinaria eran lugar de encuentro apreciado, prestigioso y con eco informativo para los invitados: de la izquierda, del centro o de la derecha; para personas punteras en cualquier actividad, y sobre los temas mas dispares que formasen parte del debate en la sociedad. Ha sido y es, más allá de sus altibajos, una convocatoria del Madrid cosmopolita y culto.

Por una inspiración superior, cual símbolo de la reconciliación, el líder de Alianza Popular, Manuel Fraga, presentó a su colega conferenciante comunista Santiago Carrillo en el Club Siglo XXI, el más popular foro de la derecha española.

Por inspiración de Carlos Argos, que siempre ha estado en la *cocina directiva* del Club[21], muchos aliancistas reformistas —el autor entre ellos— suscribieron el ingreso para cobrar algún peso en sus órganos de gobierno a fin de que nuestras posturas también contasen en los programas de los cursos de conferencias, so pena de que, por el contrario, se convirtie-

---

[21] Carlos Argos García era entonces secretario de la presidencia del Club Siglo XXI, que ostentaba Antonio Guerrero Burgos, Duque de Cardona, al tiempo que era el director del gabinete técnico de la Secretaría General de Alianza Popular, a la órdenes de Manuel Fraga.

ra en el exclusivo arengario de los ministros de UCD. Tan lógica estrategia era una respuesta a buscar lugares donde poder hablar, por cuanto que muchos aliancistas temían —Fraga con mayor presentimiento— que la UCD monopolizaría la expresión del quehacer político no marxista.

El primero de agosto de 1977 el presidente del Congreso de los Diputados, Fernando Álvarez de Miranda, invitó a un almuerzo a los líderes de los grupos parlamentarios y Fraga, por primera vez, saludó a Santiago Carrillo[22]. Nada significativo pudieron intercambiar en la conversación salvo los comentarios superficiales de una reunión de este tipo, pero la química de los dos personajes no fue una mezcla ácida. A Fraga, por extensión de caracteres similares, la personalidad de Carrillo no le repugnaba. La sorna dosificada, la apostilla zumbona y el chascarrillo de los viejos aldeanos suelen hacer fortuna en el villalbés, y Carrillo era un maestro para entreverar su pensamiento con aquellos adornos. Fraga ponderó importante el encuentro para la convivencia, y así lo manifestó a sus estrechos colaboradores (Argos y Verstrynge). Y tomaron nota.

Con anterioridad a este segundo contacto, un día de septiembre Fraga le comunicó al jefe de su gabinete, Carlos Argos, que en octubre iba a presentar en el Club Siglo XXI al conferenciante Santiago Carrillo. A Argos, según ha revelado al autor, aquella iniciativa le parecía formidable por lo que representaba de cerrar el abismo entre las dos Españas, y Fraga se congratuló de ello y rogó a su colaborador que se encargase de los detalles, también por su condición de ser el secretario de la Presidencia del Club Siglo XXI. Detalles[23] que fueron concertados entre Argos y Belén Piniés, secretaria de Carrillo y sobrina del embajador de Franco ante la ONU, Jaime de Piniés.

Por esos días apareció esta pintada hecha o en clave de humor o por un grafitista bien educado incapaz de insultar al líder comunista con complitud.

¿Quién propuso a Fraga tan arriesgada iniciativa? Los memorialistas interesados guardan silencio —un silencio *prudente y profesional*— y Guerrero Burgos, de quien arrancó la iniciativa material, está muerto. El hecho de que Carrillo diese una conferencia en el Club Siglo XXI suponía en 1977 adelantarse al siglo veintiuno en punto a borrar de la memoria los sangrientos y viejos recuerdos de los españoles enfrentados. Era audaz para Carrillo como también lo era para Fraga, pero al tiempo se legitimaban recíprocamente y legitimaban la incipiente democracia. Otra cosa, nada desdeñable, es que a Fraga le viniese además bien para que *diesen la espantada* muchos aliancistas de extrema derecha que se hallaban emboscados —o mal acomodados— en Alianza Popular. Mas si se apura la indagación, ni Guerrero Burgos ni Fraga, ambos viejos amigos cazadores, contaban con la dosis de atrevimiento suficiente para tomar una iniciativa así sin contar con cierto arropamiento superior. ¿Inspiración regia? Cabe de todo punto, máxime cuando en una de las reuniones de la junta directiva del Club su presidente, Guerrero Burgos, se justificó ante alguna protesta diciendo: "Lo sabe quien lo tiene que saber".

---

[22] Santiago Carrillo, según cuenta en sus *Memorias,* pág. 681, una mañana en las Cortes le pidió a Tierno Galván que le presentase a Fraga, al parecer antes del almuerzo al que acudieron los líderes del Congreso, Fernando Álvarez de Miranda. "Fraga había elogiado mi libro *Eurocomunismo y Estado* y habíamos cambiado algunas palabras corteses", refiere el dirigente comunista como justificación.

[23] Según testimonio de Carlos Argos al autor, el arreglo de los detalles con el PCE consistió en ponerse de acuerdo sobre el número de invitaciones que se pondrían a disposición de militantes comunistas (que solicitaban un millar, para quedar en unas ciento cincuenta) y sobre el intercambio cortés de textos.

Verdaderamente, ante la nueva realidad política, aquello supuso de hecho quitarle aristas históricas a las consecuencias del *Sábado Santo rojo*, puesto que, en palabras de Carrillo, "la invitación equivalía a una especie de reconocimiento del Partido Comunista por sectores sociales sólidamente instalados"[24].

La noticia, respecto de los preparativos, no trascendió singularmente porque los datos destacables eran el conferenciante y el sitio. Tal vez por eso cogió desprevenidos a quienes hubiesen jaleado la protesta sobre el hecho de quién presentaba al conferenciante. Lo cierto es que, acompañado de Joaquín de Navasqüés, Fraga se trasladó al hotel Eurobuilding y, según el acompañante, hablaron de lo único que preocupaba a Fraga: las finanzas del partido, y de eso platicó con el tesorero de AP durante el trayecto callejero, pronto a abandonar el puesto para volver a su actividad privada.

La expectación del Club, por el hecho social mismo de que se viesen en aquel coto burgués los dos veteranos políticos, era el que correspondía a un acontecimiento social mayúsculo. El salón *Turquesa*— con un aforo de casi un millar de plazas— y los pasillos próximos estaban abarrotados. Sin embargo, cuando Fraga ocupó la tribuna oratoria el silencio fue casi abisal.

Con cierto desenfado, quitando hierro al asunto, Fraga comenzó su presentación remarcando que, sin necesidad de poner a Dios por testigo, las distancias entre AP y el PCE eran las mismas. Abundó seguidamente en dar explicaciones del porqué del encuentro dentro de las reglas constitucionales por todos aceptadas en el ámbito de la reconciliación. Y con suma comprensión estableció un paralelismo político personal partiendo del padre respectivo de ambos, con gracia, para determinar que era inútil mirar al pasado cuando lo trascendente y serio era superar las viejas divisorias para fijarse en los propósitos y conductas actuales. Las palabras de Fraga —"sumamente corteses", según las recibió el presentado— suprimieron el veto a Carrillo de la derecha civilizada, sin que por ello dejara de ser "un comunista de pura cepa y de mucho cuidado".

La conferencia del 27 de octubre fue, por lo demás, la chispa de otra tormenta más en la presidencia colegiada del Alianza Popular, muy dolida por parte de Federico Silva y Gonzalo Fernández de la Mora. Disgusto que fue objeto también de debate en la Junta Directiva Nacional de AP, convocada con carácter extraordinario los siguientes días y, tal vez, en vistas de que un grupo de socios del Club Siglo XXI lo abandonaron como señal de protesta (algún conspicuo militar y los Oriol, entre otros). Abandonos que fueron contrarrestados por el ingreso *incentivado* de fraguistas y responsables de Alianza Popular.

Requerido a dar explicaciones por Silva y Ramón Hermosilla, Fraga les contó el proceso de designación de conferenciante y presentador en el seno mismo de la directiva del club. Silva se pregunta en sus memorias[25] ¿por qué aceptó Fraga sin encomendarse a Dios ni al diablo? Al parecer, en el edificio del *ABC,* con ocasión de asistir los dos a la entrega de los *Premios Mariano de Cavia,* Fraga lo contó sin tapujos con arreglo al siguiente relato de Federico Silva:

> "En primer lugar —si así me lo manifestó—, porque creía que éste era un acto que con el escándalo y la polvareda que levantaría haría que la extrema derecha se fuera

---

[24] Santiago Carrillo, *op. cit.*, pág. 683.
[25] Federico Silva, *op. cit.*, pág. 385.

de Alianza Popular, cosa que él estaba buscando desde después de la elecciones. Y en segundo término, porque de este modo él daba una figura centrista, que era beneficiosa tanto para Alianza como para él. Le anuncié que, según mis indicios, mi partido, Acción Democrática Española, iba a desautorizarle. Me dijo que él no haría lo mismo conmigo. A lo que yo respondí: "Ni yo contigo, porque para tomar una decisión tan importante como la de presentar a Carrillo te la hubiese consultado siempre".

A raíz de esta conversación, Acción Democrática Española examinó el hecho y emitió una tibia nota informativa en la que, además de reiterar su definición política dentro del humanismo cristiano, aceptaba a todos los sectores políticos nacionales actuantes bajo la legalidad. Se zanjaba así un incidente que avivó todavía más los recelos entre quienes competían por arrogarse el liderazgo de Alianza Popular.

Un partido desde abajo, de base territorial

Muy pocos en los cuadros directivos de Alianza Popular participaban de la idea de que el partido tuviese futuro después del fiasco del 15 de junio. Y quienes se empeñaban por continuar, entre los *reformistas genuinos de la primera hora*, calculaban el retorno a los postulados centristas para entregarse —por absorción pactada— a la floreciente UCD. El conflicto de identidad propio, *derechizado*, lastraba el entusiasmo por crear un partido desde abajo, de bases territoriales, a quienes sabían lo que había costado montar una frágil red territorial.

El realineamiento en el espacio que quedaba libre costaría mucho esfuerzo y perseverancia a partir de un grupo de devotos al liderazgo de Fraga, acrecentado por muchos que llegaron a través de los partidos federados y que, acaso por inercia, persistieron en sus puestos en las juntas locales. Pero desde el primer momento se vio que el Gobierno de Adolfo Suárez era un *gabinete de personalidades* difícil de permanecer cohesionado en el Parlamento con su vocación centro-izquierda. De hecho, los componentes ideológicos del Grupo de UCD (con once partidos y un buen elenco de divos) comportaban un gobierno de concentración muy capaz de llevar a cabo la transición en un plazo de varios años. Pero ¿después qué? Porque Suárez, en quien convergía el liderazgo del equipo de gobierno y el teórico del partido, bastante tenía con atender la línea de iniciativa gubernamental y parlamentaria. En la práctica, el Consejo de Ministros desdoblaba su personalidad para ser al mismo tiempo Comité Ejecutivo de UCD, y el conflicto en cualesquiera de los dos planos interaccionaba los modelos de conducta.

De las cuadernas constitutivas de un partido político: liderazgo, ideología y organización e implantación, únicamente se aceptaba bien instalada la del liderazgo, y eso dentro de un complejo entramado de equilibrios. Faltaba ideología común, al margen del racimo de principios elementales acerca del sistema democrático, y estaba ausente también la urdimbre territorial de afiliados bajo la misma disciplina. De tales insuficiencias los *barones entusiastas* de UCD estaban percatados, y desde el primer momento se aprestaron a defender la unificación previa exigencia de la autodisolución de los partidos coaligados y la suscripción general de la bóveda partidista de UCD, inscrito oficialmente como partido el 12 de agosto de 1977. La alternativa que se ofrecía (coalición permanente o fusión) derrotó finalmente por la fusión artificial —el matrimonio impuesto— que prometía felicidad perentoria, frente a la unión fáctica de intereses que podría haber tenido una previsible mayor perdurabilidad. La crisis larvada entre las *familias* estuvo siempre latente, y en especial, la tensión entre los socialdemócratas de Fernández Ordóñez y los democristianos nunca remitió, basculando Suárez sobre unos u otros con arreglo a las necesidades de estabilidad de cada momento. El abandono centrista, del Grupo de UCD en el Senado, de Torcuato Fernández Miranda y Alfonso Osorio García (ambos senadores de designación regia) señaló el precedente de la deserción continuada y que, más adelante, debilitaría todavía más la cohesión del partido de Suárez. Aun respondiendo a claves o motivos personales diferenciados[26], la separación de estas dos personalidades *samaritanas* de la Reforma política vino a denunciar la contradicción entre lo que se quería para la transición y lo que realmente salió de ella. La amalgama ideológica, por los demás, convertía a la UCD en la manta corta del indio, que si se tapaba la cabeza se descubría los pies, y viceversa.

La definición de la UCD que se pactó durante su congreso constituyente, celebrado en Madrid el 19 de octubre de1978, de ser un partido *democrático, progresista, interclasista e integrador,* ponía de manifiesto, al margen de que pusiese también el acento en la libertad y en el humanismo, que no renunciaba a ser un *partido orquesta* para todos los públicos. Por lógica, la política de consenso que pilotaba el gobierno de Suárez impedía una polarización partidista nítida, puesto que la atribución de los éxitos y los errores era dispar: los éxitos los compartían todos, y los errores sólo eran endosables al Ejecutivo. El fuerte desgaste que esto producía, es decir, *la situación asimétrica* a que conducía la política de consenso, según advierte acertadamente Carlos Huneeus[27], debilitaría la construcción del partido de UCD bajo un liderazgo fuerte. De otra parte, por el mero hecho de haber nacido UCD desde el poder, sin estructuras organizadas en los distritos, devenía en ser un partido de *funcionarios* tan inestable y volátil como lo fuese la fortaleza del gobierno, sin bases de afiliados convencidos.

Actuar a la retranca de UCD, posibilitando el trasvase de sus descontentos, fue, pues, un objetivo claro para Fraga desde el primer momento, desatendiendo, por carecer entonces de sitio, la posición ideológica centrista que él propugnó años antes. Más le preocupaba, por el contrario, construir el tejido partidista aunque se escorase a la derecha y, con relación al proceso constituyente, conducirla hacia la aceptación de la convivencia olvidando los viejos rencores. A ese objetivo, acuciado asimismo por el renglón de deudas, dirigió su actuación ante los acreedores bancarios que, en términos generales, le animaron a seguir con su proyecto y de modo particular Emilio Botín, el fundador del Banco Santander, que no resquebrajó la confianza depositada en el villalbés.

Lo primero que se llevó a cabo después de las elecciones fue reajustar el presupuesto de funcionamiento del partido mediante la reducción de los gastos generales y de la nómina de personal. De los 66 empleados existentes en junio se pasó, al mes siguiente, a 24, con resci-

---

[26] Alfonso Osorio reveló a Juan Van-Halen (*Objetivo: ganar el futuro*, Plaza y Janés, Barcelona, 1986, pág. 190) que su separación del Grupo centrista del Senado respondió al motivo de ser senador de designación real y que, por lo tanto, debía actuar con independencia. No elude, sin embargo, que la razón profunda de su distanciamiento se debía al sesgo centro-izquierda de Suárez, arrastrando en ello a UCD, de la que Osorio dice no haber pertenecido nunca. Con idéntica explicación formal, Torcuato Fernández Miranda no perteneció al Grupo de UCD del Senado, aunque todo indica que el Duque de Fernández-Miranda (distinción que le concedió el Rey, junto con el Toisón de Oro, al dimitir de presidente de las Cortes, antes de las elecciones del 15 de junio de 1977) sufrió el corte de amistad y de consideración por parte de Adolfo Suárez, "quien, inmediatamente, a poco de la dimisión, tuvo un trato desconcertante, por lo duro y tengo para mí injusto, con quien le había propiciado la subida a la cumbre del Ejecutivo", asegura Joaquín Bardabío en "Historia de la Transición", *Diario 16*, Madrid, 1984, pág. 471.

[27] Carlos Huneeus, *La Unión de Centro Democrático y la transición a la democracia en España*, Centro de Investigaciones Sociológicas, Madrid, 1985, pág. 193.

siones de contrato que, en conjunto, no llevaron aparejada indemnización. Los colaboradores retribuidos que habían aportado los *siete magníficos* —asesores, secretarias y periodistas[28]— fueron despedidos amistosamente y con ello el presupuesto se recortó al mes en casi cuatro millones de pesetas. Igualmente se operó una sustitución de cuadros, en especial en el área de territorial, que con la dimisión por asuntos particulares de José Cholbi dio paso a Jorge Verstrynge, quien no fue fácilmente aceptado —al estimársele demasiado joven— por la totalidad de los miembros de la presidencia colegiada. El joven profesor de sociología, y por lo tanto ex alumno de Fraga en la Facultad de Ciencias Políticas, se había acercado a Godsa dos años antes a través de un anuncio, y en cuanto técnico estaba vinculado a Carlos Argos, jefe del gabinete técnico de Fraga.

A fin de organizar rígidamente el departamento de Acción Territorial, que desde entonces fue el corazón de la casa aliancista, Verstrynge se rodeó de dos colaboradores: Javier Carabias del Arco, licenciado en biología con dotes para el análisis, y Carlos López Collado, licenciado en ciencias políticas volcado desde el primer momento al estudio de la política municipal. Se pretendía, según el testimonio de éstos, evaluar primeramente el estado de la red territorial cuantitativa y cualitativamente, poniendo al día los ficheros de afiliados y las juntas locales que permanecían. Un mapa de España con banderitas allí donde existían órganos colegiados, un directorio de teléfonos y una secretaria fueron las herramientas utilizadas para recomponer los cuadros territoriales con la misión, primordialmente, de renovarlos y *fraguizarlos* ante el anunciado congreso nacional de enero de 1978.

En cuatro meses, a razón de dos o tres viajes semanales, el departamento de territorial dinamizó la implantación, y desde octubre hasta la segunda quincena de enero se sucedieron los congresos provinciales con desigual resultado en cuanto a su desarrollo, pero en cualquier caso con vivo sentido democrático. Fraga, que estaba intensamente atento al desarrollo de la ponencia constitucional, invertía sus fines de semana en presidir congresos provinciales o en restaurar las juntas locales disueltas o divididas, en estos casos instituyendo comisiones gestoras con capacidad de convocatoria congresual. Y otro tanto hicieron algunos de los demás *magníficos*.

El modo de construir el partido fue silencioso, a la chita callando, en medio de los grandes problemas que pendían de la sociedad. La agenda de actos de Fraga, en estos periplos ininterrumpidos, comprendía siempre lo mismo: rueda de prensa, reunión restringida con los responsables de la organización para revestirla de autoridad e impulsarla y, finalmente, almuerzo o cena multitudinaria que permitía con el sobreprecio del menú costear el funcionamiento y, si cabía, con el producto de simpáticas subastas de los tirantes bicolores del líder. Ese modo populista de proselitismo, a cuenta gotas, dedujo efectos muy favorables en la captación de afiliados.

Particularmente tormentoso fue el congreso provincial de Madrid, por su tamaño en cuanto a socios y por el apetito de poder que despertaba estando cerca del aparato central. Fraga nunca ha perdido la cara en Madrid, sino todo lo contrario. Con Galicia, los distritos de Madrid han sido los cuarteles de invierno de AP y dado que era su distrito electoral, Fraga estableció en la capital y su cinturón un verdadero santuario de seguidores. Dadas estas características, el

---

[28] A 42 personas afectó la rescisión de contratos de colaboración en Alianza Popular, en su oficina central, en distintas áreas de actividad. Entre ellas se encontraban Ramón Casanova Gayoso, Elena Juanes Muñoz, José María Martínez de Haro, Ismael Medina Cruz, Filiberto Monreal Romero, María Jesús Negrete Ortiz, Victorio Peinado Criado, Elena Sánchez Álvarez y Luis Santiago de Pablo.

pintoresco Queipo de Llano, primer presidente de AP-Madrid, fue desbordado por las ambiciones de quienes aspiraban a ocupar su sillón por parte de distintas facciones. El arquitecto Carvajal, procedente de UDPE, fue uno de quienes intentó hacerse con el poder desde una posición demasiado derechista y que culminó, a primeros de octubre de 1977, con un serio enfrentamiento en una junta regional que rayó en la violencia, sólo apaciguado por la presencia de Fraga que tuvo que bajar desde su despacho, en la sede de la calle Silva, al salón donde se celebraba la reunión. La lucha por hacerse con la organización madrileña aliancista desembocó el 10 y 11 de diciembre en un congreso de confrontación entre el arandino Fernando Redondo Verdugo, auspiciado por Silva Muñoz, y por el fraguista del distrito de Chamberí Carlos Martín Cinto, psiquiatra dedicado a la informatización de la medicina en el Hospital Clínico. Ganó éste de forma abrumadora en términos de tener una acusada personalidad, criterio propio y capacidad organizativa.

Otro frente abierto para la renovación fue el de Nuevas Generaciones, que dirigía Loyola de Palacio. Por encargo de Fraga, Javier Carabias —en su primer trabajo— realizó un amplio informe sobre el estado de esta sección en todas las provincias. Según el testimonio de Carabias, Fraga estaba interesado en conocer con precisión el pulso de la juventud en la actuación política, en cuanto semillero para el compromiso militante, y porque recelaba de que una joven de la cuerda de Gonzalo Fernández de la Mora imprimiese un sesgo demasiado conservador al núcleo juvenil, a muchos de los cuales por ser adultos se les invitó a que pasasen al partido para ocupar otras responsabilidades.

Jorge Verstrynge supo bien captarse la confianza de Fraga por la línea de asumir sin discusión al jefe y de ejecutar sus deseos. Con esa fibra mental, de acuerdo con las confesiones al respecto de Carabias, el estudioso del nacionalsocialismo que era Verstrynge, el en otro tiempo admirador empedernido de Hitler (descartado el antisemitismo) y muy mirado con el dinero ajeno, empezó a cultivar a su jefe, al guía, realizando con innegable eficacia sus cometidos de hacer entonces un partido cóncavo, duro y redondeado hacia la cúpula como la media cáscara de una nuez. El trinomio austeridad, eficacia y honradez de su nuevo colaborador funcionó ante el hiperactivo Fraga, más volcado en sus incontables compromisos fuera del despacho (viajes y ponencia constitucional), sigue revelando Carabias hasta despuntar esta observación:

> "Jorge Verstrynge necesitaba un jefe y lo tuvo en Fraga. Le llamaba *señor*, como los militares, y cuando entraba a despachar, de una manera envarada, se cuadraba prácticamente resultando un tanto ridículo. Fraga, metido en sus problemas, no se daba cuenta de la actitud de aquel chaval. No era un halagador, ni mucho menos, pero era una actitud prusiana y cuando menos discordante que contrastaba con la naturalidad con que otros tratábamos al secretario general (Fraga)".

A contrapelo recibió el tesorero de AP, Joaquín de Navasqüés, al también joven responsable del área territorial y cuya áspera relación, acaso enconada por alguna disputa privada ajena a la política, desembocó en conflicto. Navasqüés incluso propuso a Carlos Argos, de quien dependía Verstrynge, que lo despidiese ("¿de qué va a vivir este chico si le despido?", contestaba una y otra vez Argos). Se contraponían, de todas maneras, dos enfoques diferentes acerca del futuro de AP. Verstrynge daba más al gusto del *Patrón* de ser incrédulo ante el proyecto partidista de Suárez, sin futuro definido, y por consecuencia había que esperar y ver desde una organización férrea. Navasqüés, por el contrario, ofrecía sus dudas con planteamientos críticos ante el mismo Fraga, en la idea de que había que unirse tarde o temprano al sector templado de UCD.

Una unidad de análisis, como ya hacía en GODSA, se reunía todas las semanas en el despacho de Carlos Argos (con Verstrynge, Bebé Barroso y los tres militares de siempre) y pergeñaba la estrategia que, como un elemento más de asesoramiento y consejo, se le pasaba a Fraga en orden a sopesar la acción política de cada momento y de los congresos. La razón de utilidad de ese órgano oficioso se demostró muchas veces ante las incertidumbres de la etapa constituyente que vivía España.

El éxito de la confidencialidad

Fiar las virtudes del borrador de Constitución que elaboraron los siete superlegisladores en el pacto de *confidencialidad* a que se llegó es exagerado. Pero basar el espíritu de concordia y encuentro de aquella ambiciosa tarea en ese simple factor es muy razonable. Ello porque, pese a que los ponentes tenían mandantes que les orientaban —u ordenaban— sobre las cuestiones planteadas, les permitía debatir con lo mejor de sus conocimientos y experiencia sin atenerse a la presión de la opinión pública. Fue un logro, como se vio más tarde, que en su primera fase el discurso constitucional quedase confinado a una torre de marfil de expertos, sin dar cuartos al pregonero. No significaba en modo alguno opacidad absoluta al derecho a la información, ya que de la marcha general de los trabajos el presidente-portavoz de la ponencia (rotatorio semanalmente por orden alfabético) difundía o goteaba datos generales ausentes de la confrontación particular y personal.

Desechados los prototipos de Constitución breve —el núcleo dogmático y algo de orgánica básica— y el de leyes constitucionales separables —de abanico constitucional a la manera de la Tercera República Francesa—, se abrió camino la fórmula de Peces-Barba, Solé Tura y Roca Junyent de un texto completo y detallista que contemplase el marco de libertades y derechos fundamentales, la estructura de poderes y sus límites, y la organización del Estado en sus aspectos orgánicos, espaciales y funcionales. Al 17 de noviembre de 1977, tres meses después del inicio efectivo de las deliberaciones, los ponentes concluían un texto de *primera lectura,* sólo reflejado en 22 actas o pro-memorias redactadas por los letrados asesores. Detrás de este texto, con reservas individuales por parte de unos y otros, pendían muchos problemas irresolutos, mas también se había desplegado —se conocía— el haz de coincidencias que atisbaba la capacidad de acuerdo de los principales partidos políticos allí representados.

Rota la *confidencialidad* por una filtración periodística el 26 de noviembre por primicia de la revista *Cuadernos para el diálogo* de los 39 primeros artículos del borrador, seguida días después por la publicación íntegra desde otros periódicos diarios, se desató todo un diluvio de críticas y comentarios difíciles de compulsa o de síntesis. El problema del reconocimiento del término *nacionalidades,* conectado a la proyectada división territorial del Estado en autonomías —más allá de la desconcentración administrativa estatal— reclamó el mayor punto de atención, con ser no menos trascendentales otros aspectos del texto constitucional susceptibles de disenso: el aborto, el divorcio, la pena de muerte, el modelo económico, el marco educativo, el papel de la Corona, las competencias del Senado, etc. La voz de la calle, pues, pudo cobrar entidad, percibirlo con grande o pequeña indiferencia, acerca del formato geopolítico, pero la publicidad del texto trasladó al estado mayor aliancista el debate constitucional entre suspicacias y desconfianzas. La disconformidad de Fraga en el seno de la ponencia (sobre el artículo 2 y título VIII, fundamentalmente) tenía enjundia y podía respaldar una *cruzada* ideológica ante quienes no querían alterar el Estado vertebrado desde la unidad de los Reyes Católicos y del centralismo napoleónico moderno. Por eso, teniendo en cuenta que el electorado de la

España tradicional y profunda votaba a AP, Fraga actuó con su más probada habilidad —y hasta con sutileza, si cabe— para desvelar su oposición sonora a aquellos extremos sin llegar a romper la baraja, sin dar el portazo. Su actitud era continuamente la de aceptar el trabajo constitucional de conjunto, oponiendo reparos a cuestiones fundamentales, en un juego malabar de *sí pero* a fin de que ninguno de los suyos, de sus coaligados, le rebasasen por la derecha ante los descontentos. En esa labor de autodefensa partidista, con esa actitud contradictoria y equívoca de participar en el consenso que representaba la ponencia, se agrandó —distante de la interpretación retórica— el papel del ponente villalbés, porque fue como el del arriero que llevó a la derecha cerril española por el sendero constitucional, en vez de tirar al monte del pronunciamiento antisistema.

Las posturas maximalistas, por lo tanto, cedieron a la negociación y a la búsqueda de fórmulas de común aceptación por imperfectas que fuesen. Por vez primera, además, la izquierda resignaba varios postulados intransigentes hasta entonces: el antiestatismo, el antimilitarismo, el anticlericalismo y, al fin también, el republicanismo. Sobre la forma de Estado, sin embargo, el ponente socialista Peces Barba manifestó una reserva radical de no aceptación de la Monarquía —lo que no hizo el PCE con mayores motivos—, pero fue salvada tras la consulta al más alto nivel del PSOE. Parece ser que estando Felipe González de viaje por la URSS, en concreto en Leningrado, tuvo que ser requerido telefónicamente para que su mandatario en la ponencia declinase seguir postulando la forma de Estado republicana como si se tratase de una cláusula resolutoria. Podía inscribirse tal actitud, sin embargo, en una artimaña táctica para encarecer, a los efectos de importancia y legitimidad, la posición de los socialistas.

A los diez años de la Constitución, el ponente socialista Peces-Barba ha explicado en precisos términos al acuerdo a que se llegó en la reunión que durante el mes de agosto de 1977 los dirigentes del PSOE celebraron en el parador nacional de Sigüenza, en orden a la armonización de posturas constitucionales, con la siguiente confesión:

> "Se decidió mantener la tesis de la forma republicana de gobierno, aunque apunté lo difícilmente creíble que sería nuestra postura. Finalmente se llegó al acuerdo, comprendiendo que era un tema delicado, que sólo se mantendría hasta que fuera derrotada por primera vez en una sesión pública, lo que sin duda acaecería en el debate en Comisión constitucional. Este tema siempre me producía un cierto desasosiego, aunque me pareció razonable y prudente el argumento que se adujo para mantenerlo hasta entonces. Si no se planteaba, nunca habría una votación sobre el tema de la Corona en las Cortes democráticas, y se carecería de argumentos para superar la idea de la Monarquía designada por Franco".

Posteriormente, superado aquel escollo insincero, los socialistas presentaron reparos sobre el marco de la enseñanza y de la libertad religiosa que se configuraban cuales causas, igualmente, de insuperable discrepancia. Los obstáculos que se ofrecían, no obstante, hubiesen podido ser conciliados en el ámbito de la ponencia si no fuera porque existía cierto interés —no desmentido— de llevar a niveles más elevados el plano de la negociación. Así surgió en definitiva el *superconsenso* a mantel puesto entre Alfonso Guerra y Fernando Abril Martorell, llevado a cabo en restaurantes y como embajadores del líder de la oposición mayoría y del presidente del Gobierno, respectivamente.

El anteproyecto de Constitución fue publicado, luego de tres lecturas completas y sistemáticas de la ponencia, el 5 de enero de 1978 por el *Boletín Oficial de las Cortes.* Y lo acompañaban, como parte del informe, un total de 168 votos particulares: 58 de los socialistas, 45 de los comunistas, 31 de los nacionalistas, 18 de los aliancistas y 16 de los centristas. Reservas que, junta a otras que surgirían después, nutrieron los escritos de enmiendas de los respectivos grupos parlamentarios hasta un total de 769 escritos que contenían 3.200 propuestas de enmienda.

Puede convenirse con lo manifestado por la mayoría de los ponentes que en el proceso de trabajos constitucionales con la publicación del anteproyecto se había culminado una primera etapa de aproximación de los grupos parlamentarios, sin pérdida ni merma de los planteamientos propios. Pero conociendo como conocían las cartas que cada ponente guardaba para la discusión pública, la partida sería reñida aunque limpia. Era no poco avance que conociesen recíprocamente que ningún jugador volcaría la mesa y que tampoco los envites llevarían a nadie a la ruina.

El II Congreso Nacional

Persistía Fraga tan empeñado en que el optimismo de UCD era vacuidad (*fácil facilidad* del optimismo, subraya) que celebraba muy satisfecho que su querido discípulo, el eminente sociólogo Linz, empezase a dudar de sus análisis primeros en el sentido de que el partido centrista era una solución definitiva para el centro-derecha español[29]. Así, pues, Fraga perseveraba en que UCD no era el polo representativo futuro de sus seis millones de votantes y que, pasado el tiempo consensual, sería requerida su organización, mejor articulada y con activos ideológicos compactos.

Los preparativos del II Congreso Nacional de Alianza Popular discurrieron tensos e inciertos, dado que Gonzalo Fernández de la Mora y Federico Silva mantenían su negativa a integrarse en el partido unido. Por separado, con la mediación de influyentes amigos, Fraga intentó en vano convencer a su colega diplomático y a Federico Silva, con quien se reunió ante la junta directiva de Acción Democrática Española el 18 de enero. Tampoco le ablandaron los argumentos de que permanecía libre el espacio liberal-conservador en el espectro político partidista. Quizás la facción democristiana de Silva no abdicaba de hacer real el viejo sueño de don Ángel Herrera, pero es muy probable que los reparos implícitos campasen más por el resquemor al liderazgo de Fraga, hecho a empujones, pateando pueblos y ciudades, ocupando espacios en los medios de comunicación y presentando, si se terciaba, a Carrillo en el Club Siglo XXI.

El memorialista Silva no se detiene en referir nada de esos días.

El fin de semana último de enero (días 28 y 29) de 1978 tuvo lugar el II Congreso Nacional de AP, según su doble configuración de partido unido y de federación. Aunque el proceso de absoluta integración estaba condenado al fracaso, el partido unido de Alianza Popular (PUAP) había celebrado 48 congresos provinciales de conformidad con la circular 10/1977, que representó un índice medio de renovación del 80 por ciento; renovación de cuadros efectuada con escrupulosos modos democráticos en la totalidad de las juntas provinciales y en la inmensa mayoría de las juntas comarcales y locales.

---

[29] *En busca del tiempo servido*, pág. 106.

Si el I Congreso fue, más que otra cosa, una convención electoral, éste se quiso deliberante y arriesgado según un discurso de búsqueda de las señas de identidad del partido, cuyas bases urgían a la unidad.

El congreso se celebró en el hotel Eurobuilding y asistieron 915 compromisarios entre natos y electos, de ellos 28 en representación de Acción Democrática Española y 22 de Unión Nacional Española. Desde el punto de vista organizativo, a diferencia del primero, fue un congreso ordenado de acuerdo a las prescripciones reglamentarias preestablecidas, en cuanto a la composición y cometidos de la mesa, detalles de funcionamiento del pleno y las ponencias, así como sobre el modo de votación (a *tarjeta alzada*, en votación pública y mediante papeleta, en votación secreta). Visto aquel congreso con la perspectiva del tiempo, a modo de corolario, puede decirse que fue el comienzo auténtico de la implantación territorial sobre bases provinciales sólidas. De tal manera fue así, que en años posteriores, a raíz de la regionalización de España (del establecimiento de las comunidades autónomas), resultó muy difícil disciplinar a las juntas provinciales en derredor de los órganos partidistas regionales.

A la sombra del congreso, fuera de las candilejas, se libró la oculta lucha por el poder. En primer lugar, la representación catalana llegó a Madrid con un acuerdo bajo el brazo, aprobado días antes en su congreso regional (del 14 de enero), según el cual *Aliança Popular de Catalunya* se estructuraba como entidad territorial autónoma según el modelo —o muy parecido— de los socialistas catalanes. Era un blindaje de Laureano López Rodó, presidente reelegido, acompañado por Jordi Carreras Llansana y Herminia Villamil Claramunt, ambos en la secretaría general regional, sólo cuarteado por la delegación de Lérida, dirigida por Marta Roig, y por la de Tarragona, en la que aparecía Juan Manuel Fabra, en posiciones moderadas. Después de muchos tiras y aflojas, la presión catalana consiguió aupar a una de las vicepresidencias de AP-Federación a Laureano López Rodó.

Por parte de los reformistas de GODSA, impelidos a frenar el sesgo tardofranquista del partido, se ejerció una fuerte presión que dio réditos. A través de Félix Pastor, Carlos Argos, Bebé Barroso y Guillermo Piera se pretendía volver a centrar al partido violentando la postura pactista y prudente de Fraga de unirlos a todos. Con anterioridad al congreso, Félix Pastor había publicado un artículo titulado *Franquismo*[30] en el que se declaraba antifranquista por si podía surtir el efecto de una provocación que resultase depuradora frente a los *magníficos*. Con ese propósito, igualmente, en representación de Soria, adelantó su planteamiento de fondo y no meramente táctico, lo que provocó algún choque dialéctico con López Rodó. Al final, la intransigencia del grupo reformista sería premiada con la presidencia para Félix Pastor, dos vicepresidencias (Argos y Bebé Barroso) y la Tesorería para Guillermo Piera, luego de una complicada negociación que dirigió como árbitro Abel Matutes[31].

---

[30] En el periódico *Informaciones*, del 14 de enero de 1978, Félix Pastor publicó un artículo en el que señalaba que "entiendo que no cabe definirse como democrático sin definirse, al menos de algún modo, contra el franquismo". Y añadía el notario soriano, como invitación a la contrición, que "la actual derecha española tiene que pasar, como lo ha hecho una parte de la izquierda, por la autocrítica de su conducta anterior y la depuración de sus principios. Renunciar de corazón a su particular dictadura y a su peculiar centralismo democrático".

[31] Para el caso de que no prosperase la negociación con los reformistas, en la víspera del congreso, se tenía concertada la presidencia del PUAP con Araceli López-Torrijos, esposa de Vicente Bosque Hita, quien junto a Thomas de Carranza y Juan Díaz-Ambrona hubiesen figurado en una lista como vicepresidentes.

Hubo nueve ponencias: política, económica, agraria, medios de comunicación, condición femenina, sindicalismo y relaciones laborales, educación y cultura, nuevas generaciones y, como trasunto de éstas y del manifiesto primigenio de Alianza Popular, un programa de gobierno que contenía como objetivos, en términos generales, los que contemplaba el borrador de la Constitución y del que había sido parte Fraga en su calidad de ponente. Como quiera que en el debate constitucional el punto de mayor conflicto dialéctico estaba en el reconocimiento del término *nacionalidades*, asunto que estaba en la calle por la filtración del anteproyecto de Constitución, en su informe como secretario general Fraga expresó la radical oposición a dicha expresión y lo que significaba:

> "Rechazamos la palabra 'nacionalidades' por equívoca y llena de peligros de futuro. Nos oponemos igualmente a una regulación del procedimiento para el establecimiento de los Estatutos y a una regulación de la competencia de las regiones autónomas que no sea congruente con el principio de un Estado nacional plenamente descentralizado, pero sin fisuras federalizantes que rompan la solidaridad entre las regiones y, menos, que abran puertas a los nacionalismos o a los separatismos".

A la complejidad jurídica de conservar dos entidades partidistas superpuestas: —el Partido Unido (PUAP) y la Federación (FAP)— se sumaba, desde el prisma de la articulación orgánica, lo dificultoso de contar con órganos directivos duales que estaban facultados para decidir. Aunque, en verdad, para ambas entidades esa complicada duplicidad convergía en la Secretaría General, de un lado, y en la Junta Directiva Nacional, órgano soberano entre congresos, del otro. Muchas veces Fraga ha señalado que el poder de una organización se concentra en el secretario y en su tampón, y en Alianza Popular toda decisión pasaba por ese modelo de partido secretarial, donde residía la tesorería, la organización territorial, la formación, las relaciones sectoriales e internacionales y, lo que es más importante, la oficina electoral. Si a ello se suma, como así fue, que el sistema electivo de la Junta Directiva Nacional (o su comisión permanente) y Comité Ejecutivo era el de lista cerrada, y dentro de ellas con los nombres dados y concertados por el secretario general, no cabían resquicios de contestación en la estructura dirigente.

La ponencia de Estatutos había sido elaborada, siguiendo las instrucciones que de parte de Fraga traía Jorge Verstrynge, por José María Ruiz-Gallardón. Eran unas normas pactadas sin lugar a dudas, pero encerraban además resortes de poder incuestionables en lo que se llamaba Oficina Central del Partido (OCP), y que surgió en este congreso y se potenció hasta el máximo como clave de poder —por su dependencia orgánica— de la Secretaría General. Se crearon diversas vicesecretarías nacionales y la ocupación de sus responsables obedeció, asimismo, al pacto de contentar a los díscolos siempre que los designables contasen con la confianza de Fraga. Así quedaron distribuidas las competencias de cada vicesecretaría:

— Acción política, relaciones políticas nacionales y con el Grupo Parlamentario, Tomás Capote (procedente de Reforma Democrática de Canarias).
— Organización Territorial —la única con retribución a su titular—, Jorge Verstrynge (procedente de Reforma Democrática).
— Organización sectorial y agrupaciones, Miguel Ramírez (procedente del equipo de Martín Cinto, de Madrid).
— Programas y Estudios, José Manuel González Páramo (procedente de Reforma Democrática).

— Relaciones Internacionales, Guillermo Kirpatrick (un diplomático sin militancia política anterior).

— Formación de cuadros y candidatos, Mateo Masbover (ejecutivo de una compañía de seguros, de la confianza de Federico Silva).

— Organización de Campañas electorales, Fernando Redondo (procedente de ADE de Silva Muñoz).

— Información, medios de comunicación y publicaciones, Alejandro Arroyo (un periodista de la confianza de Carlos Mendo porque éste había cesado para ir a Londres de corresponsal por *El País*).

Caballo de batalla fue, pues, por primera vez y ya para siempre, el de las listas abiertas. Tras una viva discusión del problema, a fin de modificar los Estatutos con su introducción, se saldó con el siguiente resultado: 428 votos a favor de las listas cerradas, 154 en contra y 45 abstenciones.

La representación de Madrid, y a la cabeza de ella el doctor Martín Cinto, pugnó por ello como en su deseo de ampliar la participación territorial permeabilizando el equipo de mando. No lo consiguió en realidad, pero la mera tentativa y la labor de pasillos buscando adeptos a sus planteamientos dio calor al ambiente. Desde luego lo que sí evitó el doctor Cinto, a fuerza de no ceder en sus planteamientos y que obligó a pactar las listas con sensible retrasos en el horario, fue que Fraga sufriese un atentado terrorista, como así informó confidencialmente el Gobierno días después.

El Comité Ejecutivo del Partido Unido quedó así configurado:

Presidente	Félix Pastor Ridruejo.
Vicepresidentes	Carlos Argos, Isabel Barroso y Laureano López Rodó.
Secretario general	Manuel Fraga Iribarne.
Secretario general adjunto	José María Ruiz-Gallardón.
Tesorero	Guillermo Piera,

Y catorce representantes de catorce regiones conforme a la división regional tradicional (las dos Castilla, Madrid incluida en La Nueva, y con Murcia y Albacete incluidas en una de Levante).

El Comité Ejecutivo de la Federación de AP lo integraban:

Presidente	Federico Silva.
Vicepresidentes	Gonzalo Fernández de la Mora, Félix Pastor Ridruejo y Enrique Thomas de Carranza.
Secretario general	Manuel Fraga Iribarne.
Secretario general adjunto	José María Ruiz-Gallardón.
Tesorero	Guillermo Piera.

Cinco vocales más en representación del PUAP; uno por cada uno de los partidos federados (UNE y ADE); un representante del Grupo Parlamentario en el Congreso, Álvaro Lapuerta, y un representante del Grupo Parlamentario en el Senado, Francisco Cacharro Pardo.

Por respeto al espíritu fundacional existía también, si cabe *ad honorem*, una Junta de Fundadores —la anterior presidencia colegiada—, pero el paso del tiempo desgastó su influencia hasta su desaparición. En cambio, este ensombrecimiento se compensó paulatinamente con el realce del Comité Ejecutivo, que al celebrar sus reuniones semanales de forma conjunta (el del Partido unido y el de la Federación) cobró una influencia creciente en cuanto órgano deliberante y decisorio, tanto más cuanto que la Junta Directiva Nacional carecía de agilidad por su abultada composición.

¡Unidad, unidad, unidad! fueron los gritos con que se clausuró el II Congreso porque, en realidad, las grietas que se percibían en el conjunto no se habían restañado. Todo lo contrario. El proceso de renovación —que comportaba fusión— era efectivo y rápido en las provincias, no en la cúspide directiva, y tal contradicción se apreció enseguida.

Federico Silva, en su discurso último, lejos de mirar hacia dentro ante los gritos de unidad, lo resolvió con habilidad dialéctica diciendo que trascendía a AP; que debía ser una apelación a la unidad dirigida a Unión de Centro Democrático, puesto que era más lo que unía que lo que separaba. Con este mensaje salvó la cara de su resistencia a fusionarse en Alianza Popular y así lo transmitió a la opinión pública.

Capítulo 10

LA PRIMERA ESCISIÓN DE ALIANZA POPULAR

El problema nacionalista

Josep Tarradellas pudo ser la solución moderada y realista de los nacionalismos si en vez de retornar a España después de las elecciones de junio de 1977 hubiese venido, desde su exilio francés de Saint Martin-le-Beau, medio año antes, con tiempo para inspirar o inducir una fuerza política con la que contender en el proceso electoral. El mapa político de Cataluña hubiese cambiado significativamente dado que aquella presencia, que representaba la legitimidad de la *Generalitat,* habría bastado para concentrar el nacionalismo catalán sobre el Estatuto de 1932. Hubiese sido un marco razonable, histórico y cerrado que colmara apetencias ciertas y que, al reponer derechos arrebatados, habría desincentivado a otras regiones en emular al caso catalán.

Tras la muerte de Franco se produjeron, sin fortuna, varios intentos de contacto con Tarradellas desde distintos ámbitos. Ninguno de ellos poseía la necesaria garantía —exigible por el exiliado— que representase una iniciativa institucional, lejos de limitarlos a gestos de buena voluntad. Manuel Millian, por ejemplo, por iniciativa propia, con el conocimiento de Fraga, había sostenido diversos encuentros con Tarradellas, primero ambiciosos y luego limitados a escribir una biografía sobre el personaje[1]. En realidad, quien abrió los ojos de Alfonso Osorio sobre lo que representaba Tarradellas y el restablecimiento de la *Generalitat* antes incluso de las elecciones generales había sido Manuel Ortínez, ex director general de Moneda Extranjera. Porque, según el testimonio de Osorio[2], Tarradellas estaba dispuesto a volver a España y hacer una declaración explícita de reconocimiento de la Monarquía, de respeto al Ejército y de aceptación de la unidad de España en términos de concordia y colaboración para contribuir a una pacífica transición. Aunque Osorio reconoce que el Presidente Suárez no se negó a la operación retorno de Tarradellas, sí admite que por diciembre de 1976 "(...) Adolfo Suárez, influido probablemente por otros miembros del Gobierno, creo que por Rodolfo Martín Villa, me indicó que lo sentía, que no acababa de ver qué podía hacer Tarradellas en Cataluña,

---

[1] Según se lo ha manifestado al autor, Manuel Millian visitó varias veces al ex President en su modesta casa del Rosellón francés con vistas a tomar datos para escribir una biografía, en el curso de las cuales le recomendó que regresara a España incluso antes de que fuese aprobada la Ley para la Reforma Política, participando activamente en la organización del nacionalismo catalán desde una perspectiva de aceptar la Corona. En su libro *La trobada de Lluçanés* (Nostrum, 1997, pág. 43), revela Millian que en 1973 y posteriormente en 1976, con instrucciones de Fraga, Millian y Félix Pastor hicieron un informe sobre la conveniencia del regreso de Tarradellas. El periodista catalán, por otra parte, continuó los contactos con el insigne exiliado para facilitar su vuelta, tal como reconoce el mismo Tarradellas en sus memorias *Ja soc aquí.*
[2] Juan Van-Halen, *Objetivo: Ganar el futuro,* Plaza y Janés, Barcelona, 1986, pág. 185 y ss., recoge el relato de Alfonso Osorio de las gestiones que efectuó para el regreso de Tarradellas, convencido de que era el hombre clave para restaurar la Generalidad y llegar a un arreglo jurídico-administrativo válido que enlazase, sin traumas ni deslealtades, el Estatuto de 1932 y la situación actual.

que todo eso —recuerdo— de los *mozos de escuadra* como símbolo de la Generalidad le sonaba a opereta. Y la cosa quedó prácticamente muerta[3]".

Por falta de sensibilidad, de supina desconfianza, el retraso de la llegada de Tarradellas facilitó la actuación de otras fuerzas políticas nacionalistas sin legitimidad de origen y con una insaciable legitimidad de ejercicio en la oposición, que regateaba al Gobierno incluso la Reforma política. Sin embargo, Suárez quiso comprobar la seriedad del planteamiento y envió al coronel Casinello, quien, junto con Ortínez, se entrevistó con Tarradellas en noviembre de 1976. Celebrado el encuentro, el militar jefe del Servicio de Información de la Presidencia emitió un extenso informe donde resumía las pretensiones del veterano catalanista. Pretensiones que, por hacer hincapié en aspectos simbólicos (los mozos de escuadra y otras liturgias), suponían actos de reposición nada arriesgados: derogación del decreto que anuló en 1938 el régimen autonómico catalán, constitución de cuatro mancomunidades (las de las Diputaciones de las cuatro provincias) y de entre ellas nombrar al Presidente de la Generalidad, con un cuadro de competencia que no desbordara el Estatuto de 1932.

Aunque el informe de Casinello fue el de un simple observador, realmente elogioso sobre el medio familiar, la personalidad y la visión templada de Tarradellas del problema catalán se asegura por varios estudiosos de la transición[4] que el experto en información cargó la pluma negativamente sobre la senectud del líder catalán constituyendo, pues, la personificación de un líder-mito pronto a la caducidad. Tal vez estas consideraciones, así como las reticencias de algunos militares como la del capitán general de Cataluña, general Coloma, pesaron más a la hora de estimar las favorables condiciones patriarcales de Tarradellas pese a ser impaciente y un tanto emocional. Pertenece al ámbito de los juicios de intenciones que Suárez quisiera haber apadrinado a Tarradellas entre los candidatos de UCD, como independiente o en coalición, y que no admitida esa solución por aquél, ya que se consideraba *padre de los catalanes de cualquier credo*, desechase la otra fórmula. De ahí el retraso a decidirse pese a las advertencias reiteradas de Osorio de abordar el regreso de Tarradellas. Según la antedicha argumentación, cuando Suárez comprobó el parco resultado electoral de UCD en las generales del 15-J, entonces quiso recuperar la figura de Tarradellas (aconsejado por Sentís y otros diputados centristas). Sin embargo, ya por entonces, la Coordinadora de Fuerzas Políticas y la Asamblea de Cataluña, como fuerzas políticas de oposición al Gobierno, ya habían cortejado y asumido al viejo líder en vísperas de las elecciones (el 27 de mayo).

Aun así, Josep Tarradellas persistió en su papel de ser el *President* que regresaba del exilio. Cuando llegó a Madrid el 27 de junio de 1977, antes de ir a Barcelona, quiso ver al Rey, al Presidente del Gobierno y a los restantes líderes de los otros partidos de proyección estatal. Se revestía de autoridad, cierto; retomaba la legitimidad rota por la guerra civil, también verdad, y entablaba un diálogo institucional acaso hiperbólico, pero lo hacía con sentido del Estado y sin rencores él que había sido derrotado y permanecido en el exilio treinta y ocho años. No menos cierto es que los partidos nacionalistas se habían organizado e implantado en el proceso electoral y, desde su fuerza conquistada en la urnas, Tarradellas era una especie de *reina madre* amortizable y un símbolo instrumental poco perdurable que serviría como insospecha-

---

[3] Juan Van-Halen, *op. cit.,* pág. 186.

[4] Joaquín Bardavío es quien sostiene firmemente que en el informe de Casinello hay párrafos muy duros y negativos respecto de la operación retorno de Tarradellas, no revelados por Osorio ni por Suárez, según asegura en un artículo titulado 'La ocasión perdida', publicado en "Historia de la Transición", segunda parte, de *Diario 16,* pág. 484.

ble punto de partida, no como meta. Pese al retraso de su presencia, el veterano Tarradellas aportó serenidad, prudencia y un ápice de claridad.

Muchos han sido las valoraciones hechas en torno a Tarradellas. Importa, no obstante, traer a mención la obtenida por el derrotado líder de Alianza Popular, Fraga[5], cuando en la sede aliancista fue visitado por Tarradellas el 1 de julio de 1977:

> "En aquella entrevista, nada fácil, me doy cuenta de que este hombre, inmenso en la rotunda presencia, es también un carácter y un pozo de experiencia y de buen sentido; procedente de Esquerra Republicana, tiene sentido del Estado, va a entender el nuevo juego constitucional (comenzando por la Corona) y va más a mirar a la solidez de los cimientos que a andarse por las ramas. Su servicio a la transición es indudable; y desde aquel día mismo nació una buena relación personal entre dos hombres, no poco distantes en orígenes y en formación".

De manos de Adolfo Suárez, Josep Tarradellas toma posesión como Presidente de la Generalitat de Cataluña el 24 de octubre de 1977.

Defectuosamente diseñado el problema nacionalista en la etapa predemocrática, el discurso constitucional versaría sobre su planteamiento y solución conforme a una disyuntiva equivocada —peligrosa cuando menos—: generalización autonómica para todas las regiones o, aceptadas las singularidades y diferencias históricas, autonomismo limitado (coloquialmente se decía *café para todos* o *tabla de quesos*). Como fenómeno nuevo, recrudecido en términos de intransigencia en algunos casos, es lo cierto que ha sido y es el asunto nodal más grave, todavía no resuelto pese al espíritu de consenso que se abrió camino en 1977 desde la ponencia constitucional. En Alianza Popular fue la causa raíz de una importante escisión y, pese a que se aceptó afirmativamente la Constitución incluido el diseño del modelo autonómico, hay que reconocer que el problema nacionalista pervive como preocupación latente no siempre pacífica.

Porque, según cristalizaba conceptualmente el texto constitucional basándose en orfebrería jurídico-política, el problema estaba en cómo encajar el principio de unidad nacional y territorial con el principio de autonomía. Si la unidad nacional se daba como un hecho irrenunciable, parecía un apriorismo extra constituyente, a partir del cual surgiría *ex novo* el derecho positivo de organización territorial para *nacionalidades* (para territorios con singularidades histórica propias) *y regiones*. De otra parte, esta arquitectura geopolítica ofrecía un sinfín de huecos para la interpretación y desarrollo insospechados —todavía pendientes por el máximo intérprete constitucional— en orden a, bajo el respeto de un ordenamiento nacional y unitario superior, configurar las autonomías singulares tanto más elásticas según quienes las desarrollaran, en qué circunstancias, con qué objetivos y con qué limites en cuanto a lo que es el interés general y el interés de cada Comunidad Autónoma.

---

[5] Manuel Fraga, *En busca del tiempo servido*, Editorial Planeta, Barcelona, pág. 86.

En la UCD había multiplicidad de tesis sobre el modelo autonómico adoptable sin una partitura clara: por un lado, la de reconocer a Cataluña, País Vasco y Galicia *hechos diferenciales,* y de otra parte, la actitud centralista y jacobina de equiparar a todas las regiones en el plano de la homogeneidad. En medio, igualmente, existían voces federales no muy definidas. Con todo, esta implícita división cuarteó el consenso apócrifo de la ponencia, conseguido fundamentalmente en la parte dogmática, y dio señal del batiburrillo ideológico del partido mayoritario en las Cámaras.

La marginación de AP en el *superconsenso*

A lo largo de 24 sesiones entre marzo y junio de 1978, el proyecto parlamentario de Constitución fue discutido en la correspondiente Comisión del Congreso, presidida con soltura, agilidad y buen talante por Emilio Attard. Los debates se desarrollaron en dos etapas claramente diferenciadas: antes y después del *superconsenso* entre UCD-PSOE, una vez que la influencia de Landelino Lavilla y Miguel Herrero —equipo que dirigió sustancialmente el proceso— declinó en favor de Fernando Abril Martorell, elevado a la vicepresidencia económica del Gobierno en sustitución de Fuentes Quintana, y a la de intérprete de Suárez. El hasta entonces pacto axial de UCD y AP en el seno de la ponencia quedó sustituido por otra estrategia en la que los nuevos *gestores del consenso* se abrieron al PSOE y a los demás grupos, excluyendo a Fraga.

Entre los factores que obligaron a aquel cambio de estrategia, según el testimonio de Miguel Herrero[6], unos eran de índole personal:

> "(…) La audacia de Fernando Abril y la timidez de Landelino Lavilla favorecerían los instintos del primero a dirigir el proceso constituyente. Las aspiraciones al protagonismo de Arias Salgado y Pérez Llorca, entre otros, sirvieron de instrumento a la hora de las sustituciones".

Otros factores, según el mismo testimonio, lo eran de carácter objetivo:

> "(…) La ejemplar habilidad del PSOE para recuperar en el proceso constituyente un protagonismo que se le escapaba desde los últimos meses, y el temor reverencial que hacia el PSOE y sus dirigentes tenían Suárez, sus ministros y los acólitos de éstos. El motivo tantas veces alegado, el voto particular del PSOE en favor de la República, no fue más que una excusa, puesto que todo el mundo debía haber sabido que se trataba de una posición meramente testimonial destinada a retirarse antes del debate en Pleno".

Sin embargo, Herrero al final se inclina por creer determinantes los factores estratégicos en cuanto al cambio de orientación del consenso, y dice que se debió a:

> "(…) La falta de liderazgo en UCD y el deterioro de las relaciones con los nacionalistas. Lo primero fue cada vez más evidente. Mientras Felipe González, Santiago Carrillo o Manuel Fraga protagonizaron el debate constitucional, Adolfo Suárez ni siquiera compareció en él…".

---

[6] Miguel Herrero, *Memorias de estío,* Ediciones Temas de Hoy, Madrid, 1993, pág. 173 y ss. Es más, al aludir a las motivaciones de carácter personal, señala explícitamente que "las aspiraciones al protagonismo de Arias Salgado y Pérez llorca, entre otros, sirvieron de instrumento a la hora de las sustituciones".

El mismo día que Manuel Fraga salía para Estados Unidos (22 de mayo de 1978), la Comisión Constitucional del Congreso celebraba sus debates entrecortados, con pérdidas de tiempo deliberadas, porque el ritmo de trabajo de aquel lunes no lo marcaban los mismos jugadores ni el mismo árbitro ni en la misma cancha. Desde el fin de semana anterior, como posteriormente se supo, Abril Martorell era el encargado de dirigir al equipo constitucional centrista y de este modo se había acordado —de conformidad con Alfonso Guerra— que en una reunión extraparlamentaria, en el restaurante *José Luis,* siete comensales[7] (tres centristas y cuatro socialistas) alcanzarían un acuerdo global para veinticinco artículos, basamento de un *superconsenso* que se apoyaba en un nuevo eje UCD-PSOE, con marginación de Alianza Popular y del Grupo Vasco. A lo largo de cinco horas, teniendo por pretexto el modelo constitucional de educación, el tapiz bordado primorosamente durante meses en la ponencia había sido sustituido por el burdo mantel de un comedor. En el orden personal, el forzado pacto marginó a Miguel Herrero en cuanto coordinador de los ponentes centristas y en cierto modo sensible enlace con el nacionalismo vasco y, además, a Manuel Fraga, a quien le dieron *carta formal de adversario* para competir con UCD en el mismo campo del centro-derecha, aunque con este lance lo que se quería era arrumbarle —o provocarle— hacia posiciones extremas de las que él pugnaba por salir. Ambos, Fraga y Herrero, pasado el tiempo, serían aliados en el mismo partido siquiera por reintegración coherente de posiciones ideológicas auténticas no condicionadas por el dictado de la estrategia.

El martes 23 la Comisión retrasó su reanudación durante toda la mañana, tiempo que se invirtió en extender el *superconsenso* a nacionalistas catalanes y comunistas, quienes se adhirieron al pacto y reconocieron que, por esta vía estratégica, se había condescendido demasiado con los socialistas. La difusión de los acuerdos, en un alarde de improvisación y barullo, se extendió incluso a los mismos diputados de UCD ajenos a esa ceremonia pactista, oligárquica, extraparlamentaria y apresurada. Estaba de más, en otro orden de consideraciones, que los agentes contractuales no tenían la altura debida para dictar fórmulas generales por convicción, sino que respondían a desplantes oscuros cuales tratantes oportunistas. En definitiva, los grupos minoritarios (AP, grupo vasco y grupo mixto) habían sido marginados y aislados del denominado por entonces *banquete constitucional.*

Durante una de las reanudaciones de aquella mañana, el representante del PNV, Marcos Vizcaya, protestó por el modo de proceder y anunció que se retiraba de la Comisión. De igual modo, Federico Silva, miembro de la Comisión y portavoz en ausencia de Fraga, consumió un breve turno para decir que, aunque AP no se retiraba, sí protestaba también por el procedimiento seguido, por estimarlo no democrático ni parlamentario y que se entendía como un acto de fuerza. El representante socialista quiso lavarse la cara de la responsabilidad en este atropello alegando que ellos eran ajenos al hecho de que AP no hubiese sido invitado a las conversaciones del consenso.

Se disparó desde entonces la alarma y varios diputados aliancistas fueron convenidos (*cazados a lazo*, en expresión de Antonio Carro) para ser llevados al consenso, en reuniones que tenían lugar en salas del Congreso. Antes de reanudarse la sesión vespertina en la Comisión constitucional, Federico Silva, acompañado de Carro y de López Rodó, participó en la reunión del con-

---

[7] Los comensales de aquella cena, según se ha podido recoger en los periódicos de entonces, fueron Fernando Abril, Pérez Llorca y Arias Salgado, por parte de UCD, y Alfonso Guerra, Enrique Múgica, Peces-Barba y Gómez Llorente, por el PSOE.

senso, donde expresó los reproches y protestas oportunas a sus interlocutores y, de otra parte, dijo que AP se abstenía de asumir compromiso alguno. Posteriormente formularía parecidas consideraciones en el curso de los debates en la Comisión, que abrió sus puertas en torno a las cinco de la tarde. Con enorme celeridad los artículos *consensuados* eran aprobados sin apenas debate, con excepción de las argumentaciones aliancistas en defensa de sus enmiendas. El mismo Silva participó sobre el artículo 26, y otro tanto hicieron López Bravo, López Rodó y Licinio de la Fuente.

Pero como parte del consenso era la de imprimir velocidad al debate —comprometido hasta que se aprobase el artículo 50— se quiso prorrogar la sesión por la noche, pese a haber sesión plenaria del Congreso al día siguiente. Previa consulta del presidente, señor Attard, se estimó oportuno dilatar el debate hasta alcanzar el artículo 34 ó 35. No contentos con ello, los *consensuados*, que aspiraban cumplir a su compromiso interno de llegar hasta el precepto 50, los cinco diputados aliancistas que allí estaban decidieron retirarse de la Comisión y dejar para el día siguiente la adopción de las medidas que procediese.

En efecto, a mediodía del día 24 estaba convocado el grupo parlamentario de Alianza Popular, pero Silva y Fraga ya habían hablado en conferencia telefónica (Madrid-Washington). Tras ser informado Fraga de lo sucedido, éste dijo a su interlocutor, según lo expresa el memorialista Silva[8]:

> "[...] Me respondió Manuel Fraga que aprobaba por entero nuestra conducta, que él entendía que la retirada, como muy bien habíamos dicho, debía ser por una sesión, porque, a su juicio, el acto de protesta que ello representaba era necesario e inevitable, pero no debía prolongarse por aquello de que sólo los ausentes no tienen razón y debíamos seguir luchando por nuestros principios y objetivos constitucionales, sin prejuzgar por ello cuál sería la posición final de Alianza Popular ante el proyecto de Constitución que en definitiva resultase, concluyendo que él se sumaría por entero al resultado de la reunión que íbamos a celebrar y aceptaría plenamente los acuerdos que se adoptasen".

Estando ausentes Fraga y Piñero, los restantes catorce diputados de AP celebraron su reunión y todos los presentes, conocedores de los particulares del incidente, dijeron lo que pensaban y como síntesis del parecer común aprobaron y emitieron la siguiente nota:

> "A la vista del pacto extraparlamentario a que han llegado la UCD y el PSOE, y al cual se han adherido otros grupos del Congreso, sobre numerosas y trascendentes materias del proyecto constitucional, Alianza Popular rechaza este consenso ucedista-marxista y este proceder antidemocrático, precipitado, inadmisible en cuestiones esenciales, sin publicidad y con menosprecio de minorías y de la propia Cámara. Ante la indefensión y la inutilidad de la presencia de Alianza Popular en debate tan irregular, el grupo parlamentario ha acordado ratificar la decisión de sus representantes de retirarse de la comisión, como lo hicieron el día de ayer, y seguir la evolución de los acontecimientos al servicio de sus principios programáticos y del pueblo español".

Al contraponer los testimonios se perfilan los matices, por ello en aras de la objetividad vale reproducir la impresiones recordatorias del incidente por parte de Fraga[9]:

---

[8] Federico Silva Muñoz, *Memorias políticas,* Editorial Planeta, Barcelona, 1993, pág. 392.
[9] Manuel Fraga, *op. cit.,* pág. 120.

"Mientras me muevo por Norteamérica, crisis en la Comisión Constitucional. Abril Martorell y Alfonso Guerra *puentean* a la Comisión y los trabajos oficiales de la misma, en busca del famoso *consenso,* en las famosas reuniones de *cinco tenedores.* El PNV (marginado por los catalanes y que estima recibir demasiados *consejos* de Tarradellas) y mis compañeros de AP, muy influidos (sobre todo Silva y Fernández de la Mora) por el recuerdo de la retirada de Gil Robles de los trabajos de la Constituyente, en 1931, amenazan con retirarse de la Comisión. Yo estaba en América, donde recibí una llamada perentoria invocando la unanimidad del grupo. Personalmente no era partidario de la retirada; Gil Robles nunca se recuperó de haberlo hecho en la ocasión mencionada. Por otra parte, la actitud de UCD y PSOE no era de recibo; pactados fuera de la Comisión, docenas de artículos se aprobaron sin discusión. AP formalizó su retirada el día 24, no sin crear alguna preocupación dentro y fuera; pero es bien sabido que los ausentes nunca tienen razón".

Desde la formalización de la retirada, mediando un largo fin de semana por celebrarse de entrada la festividad del *Corpus Cristi,* Federico Silva fue blanco de las presiones de un lado y del otro azuzadas por ciertos medios de comunicación (de *puñalada a Fraga por la espalda, jugada nazi y actitud fascista,* fueron expresiones de algunos de éstos) se magnificó y ahondó una actitud formalmente razonable con causa en una trapacería del peor estilo político-parlamentario. En este sentido, Silva ha dejado escrito en sus memorias las visitas o llamadas telefónicas que recibió: de Attard, deplorando los motivos de la decisión y requiriendo las condiciones para la vuelta (mantenimiento de enmiendas y votos particulares hasta el artículo 50, así como la no repetición de los pactos extraparlamentarios); de Pérez Llorca, dando conformidad a las condiciones antedichas para el regreso a la Comisión; del Presidente del Congreso, Álvarez de Miranda, compartiendo las razones y anunciando una nota oficial, y de Peces-Barba, protestando por el hecho de que el comunicado del grupo parlamentario de AP hablase del *consenso ucedista-marxista.*

Reunido nuevamente el grupo parlamentario aliancista, también contactado Fraga por Peces-Barba sobre lo acontecido y reprochado éste por las malas artes de la presión política utilizada, el lunes 29, a las once de la mañana, se discutió la solución de volver a la Comisión desde una solidaridad inmensa a Silva, quien, por encima de todo, debía de salvar la cara. La casualidad —quizás propiciada— de que el Rey celebraba esa mañana una ronda de consultas con los líderes de los partidos con representación parlamentaria acerca del desarrollo constitucional vino al encuentro de la solución. Aunque Fraga se guarda siempre de revelar las conversaciones con el Rey, sana costumbre británica para garantía de la deseable irresponsabilidad política del monarca, Federico Silva se hace eco de que el Rey pidió a los diputados aliancistas que regresaran a los trabajos constitucionales[10].

A las cuatro de la tarde, nueva reunión del grupo parlamentario de AP; entre tanto la naturaleza descargaba, con truenos y electricidad, una tormenta que sin duda fue anuncio de la que se armaría meses después en Alianza Popular: más grande, definitiva y rompedora. Un último comunicado, que denunciaba y reprobaba la actitud de los *consensuadores* en la malhadada técnica de imponer sus arreglos a los demás, también restablecía la normalidad diciendo:

"(...) Por otra parte, el grupo de AP, para mejor defender hasta el límite de sus posibilidades éstos y otros aspectos de su programa, ha decidido reincorporarse a los trabajos de la Comisión".

---

[10] Federico Silva, *op. cit.,* pág. 396.

La calma no se restableció como tampoco abdicaron del procedimiento de *consensuar* UCD-PSOE, atrayendo hacia ellos a los demás grupos, y el último, el PNV, entró en este juego estratégico el 5 de junio, sucediéndose no ya los restaurantes de cinco tenedores, sino los bufetes de abogado de Peces-Barba y Óscar Alzaga, consagrando así una práctica extraparlamentaria que contribuyó a devaluar el papel de cámara de resonancia que debían ser las Cortes Generales.

Fraga no cejó en momento alguno su actitud *anticonsensual,* sino todo lo contrario. Cuantas veces pudo, por activa y por pasiva, en privado y en público, descargó sus críticas sobre estos métodos, y él, que había sido un orgulloso ponente constitucional propiciador del consenso surgido de la lucha dialéctica, mantuvo alto el prestigio de toda la ponencia, habiendo pasado a un tercer o cuarto planos la labor pactista —irregular y sin calidad técnica— llevada a cabo por Abril Martorell y Alfonso Guerra, ingeniero agrónomo y perito industrial respectivamente, aunque asesorados por adláteres juristas más o menos con autoridad no incorporados a la historia del proceso constituyente.

Desde luego lo que no hizo Fraga, lo cual es plausible tanto más si se ve con el tiempo transcurrido desde entonces, es apoyarse en aquel desafortunado *superconsenso* para salir a campo abierto y erigirse otra vez, como sucediera tanto en el siglo XIX, en el dirigente de la derecha foramontana e intransigente. Aguantó y contuvo su orgullo académico en el conocimiento —ya sin resquicios de duda— de que UCD se avergonzaba de ser de centro-derecha y de representar legítimamente a muchas gentes conservadoras y civilizadas.

El *superconsenso,* por ejemplo, barrió del texto de la ponencia las instituciones de democracia semidirecta por la que tanto luchó Fraga en la ponencia hasta convencer a sus colegas de introducir las fórmulas útiles en otros países del referéndum sancionador, del derogatorio y del meramente consultivo[11].

Porque mediante estos sistemas de consulta popular, según ha dejado escrito Fraga en su libro *La Constitución y otras cuestiones fundamentales,* se limitaba la *partiditis* y la *partitocracia.* "La partiditis consiste en un exceso de partidos; en que no tengan un contenido programático real, sino de meros personalismos oportunistas... La partitocracia consiste en la detención del poder real por los partidos y por los estados mayores que los dominan, suplantando la opinión pública y la voluntad popular, de la que deberían ser meros canales de transmisión".

Tiempos de vigilia

Los debates de la Constitución no raptaron a Fraga de su objetivo de construir simultáneamente el partido de masas a que aspiraba, sino que desde el II Congreso Nacional alternó tan apasionante ocupación constituyente con notable dominio —no en balde concernía a su espe-

---

[11] Los referendos celebrados en Italia en junio de 1978, uno de los cuales derogó una ley, alertó a los constituyentes de los partidos mayoritarios del *superconsenso* sobre estas formas de participación popular incluso en contra del poder legislativo. De ahí que acordasen cláusula restrictiva, manteniendo sólo la consulta plebiscitaria y por iniciativa del parlamento. Fraga denunció con buen sentido que si se daba voz a los ciudadanos, tenía que ser con todas las consecuencias y con efectos vinculantes, sin desconfianzas. Mediante una enmienda *in voce* de Solé Tura (de acuerdo con centristas y socialistas) en la Comisión Constitucional se suprimieron las fórmulas de los referenda de tipo veto y el derogatorio o abrogativo. No deja de ser curioso que fuese el líder de la derecha el más favorable a la intervención política de los ciudadanos para reducir los efectos de la partitocracia.

cialidad académica— con la actividad parlamentaria ordinaria y, en plan de escapada semanal, con viajes interiores para asentar las precarias bases aliancistas. Quienes algún día escruten la biografía profunda del villalbés se harán cruces —de conjura a la maldición— sobre cómo era posible la diversificación de tan numerosas obligaciones distintas, que no dispares, con mentalidad exhaustiva: de estar con todos, de ir a todos los sitios y de enterarse de todo sin dar una puntada en el aire. Volcarse tan rotundamente por la política, a costa de sacrificar la vida familiar, fue en este período de 1978 la prueba dimensional del *animal político* que llevaba dentro.

La obstinada obsesión de indagar qué es la derecha en España y cómo se agrupa y articula pesaba en Fraga como una losa, y para aligerarse de ello, con la ayuda de la flamante Oficina Central del Partido, desplegó su agenda en asentar la organización aliancista en Madrid y su provincia con voluntad de un picapedrero. Durante 1978, pues, emprendió entre semana una carrera de inauguraciones de sedes aliancistas, como la de Alcorcón (el 20 de febrero) o la de Vallecas (el 16 de marzo), y de cenas populares en la mayor parte de los distritos de la capital *con mortadela y demás fiambres baratos*. Eran reuniones de afirmación del credo, entre lo festivo y el mitin, con asistencia de los afiliados y simpatizantes acompañados de mujeres muy encopetadas, donde como un rito Fraga hacía una *queimada* y al final se subastaba algo (las cuestaciones son *un alivio económico*, porque en esa etapa era más fácil recibir de los financieros consejos gratuitos que ayudas dinerarias) antes de oír el discurso de cierre del líder al filo de la medianoche. Porque a esa hora Fraga, si Dios no lo remedia, dice a sus comensales próximos que ha llegado la hora de recogerse, *yo me voy pero ustedes disfruten de tan grata compañía*.

Fuera de Madrid también aprovechaba los huecos de sus obligaciones parlamentarias, máxime de viernes a domingo. A lo largo de 1978 prodigó sus salidas de Madrid por toda la geografía hispana, a veces solo y otras acompañado del presidente del Partido Unido, Félix Pastor, a quien *paseó* por diversas regiones para que fuese conocido. Era frecuente que Fraga hiciera coincidir sus desplazamientos políticos con el asueto pesquero y cinegético, dado que él es un voraz consumidor de oxígeno natural, pues tan saludable esparcimiento le ha permitido siempre edulcorar y atenuar la fatiga de tanto viaje.

Por entonces se puso en práctica, de modo gradual y con escasez económica, la preparación de esos recorridos de comparecencia pública por el departamento de Acción Territorial del partido, que adelantaba a una especie de *pontoneros* para supervisar los actos y explotar sus efectos proselitistas en las ciudades importantes o allí donde apenas había afiliación. No obstante, por ajustarse a la realidad, la implantación reducida de Alianza Popular en provincias únicamente fue sostenida o enaltecida por obra y virtud del líder villalbés. De todos modos, se apreciaba en muchas juntas provinciales el conflicto sobre el modelo de partido y su trasfondo ideológico en cuanto fiel reflejo de la división larvada —del disenso tácito— que se producía en el liderazgo de AP entre las tendencias centrista y constitucional de Fraga y la que encarnaban otros líderes más a la derecha, como Silva y Fernández de la Mora.

En la primavera de 1978 Adolfo Suárez se decidió a crear la organización del partido UCD en espera de que la hipoteca que representaba la política de consenso fuese levantada, una vez se aprobase la Constitución. El duro desgaste que suponía resistir la crítica parlamentaria por las acciones cotidianas de gobierno, no suscritas al consenso, se entendía como una hemorragia de descrédito continuo, sobre todo en materias de orden público y de economía. El desplazamiento de Landelino Lavilla del tema constitucional significó, en otro orden de cosas, que

el sustituto de aquél, Fernando Abril Martorell, pivotase al mismo tiempo la creación del partido. Y eso lo hizo mediante el socialdemócrata Rafael Arias Salgado, designado para aquel fin
coordinador general y más tarde elegido en el I Congreso de UCD secretario general. Huneeus[12]
asegura que la delegación de facultades en Arias Salgado fue un indicador del escaso entusiasmo que tuvo Suárez sobre la verdadera necesidad de organizar un partido moderno y fuerte, de suerte que aquel retraimiento implicó debilitar de manera determinante la construcción
del partido. Los hechos, sin embargo, acreditan que la anterior apreciación no se ajusta enteramente a la realidad.

Si bien la política de aquella etapa tenía un carácter personalista (Suárez era líder por asentimiento popular, al igual que, en menor grado, lo eran González, Carrillo y Fraga), el liderazgo de
Suárez estaba un tanto *institucionalizado* por ser Presidente del Gobierno, pero sin bajar a la arena
de la lucha política: no viajaba a provincias a hacer populismo partidista, no debatía con los órganos colegiados de UCD y, lo que es más decepcionante, no se fajaba en el debate parlamentario
de los problemas que estaban en la calle. Era sencillamente un líder iconográfico de la televisión.
Por eso convertir un partido asociativo de quince grupos políticos —de hecho era una federación
inarticulada— en un partido unido en torno a un único líder personal, coexistiendo los fundadores
barones que aportaron prestigio y disparidad ideológica, estaba siempre condenado al conflicto de
ruptura. El error radicaba, pues, es desnaturalizar el origen de la federación y quererla transformar
en un engendro unitario pero parcelado. Es decir, en vez de continuar con la federación manco-
munada se trató de confeccionar un *aparato partidista* fraccionado por cuotas para cada familia
ideológica o corriente; secretariado centralizado que acusaba en sí mismo las discrepancias si no las
proyectaba, con perjuicio mayor, a las escasas bases provinciales. La afiliación masiva con este cuar-
teamiento era misión imposible, porque no existía afiliación de *grupo cero* (sólo de Suárez), sino
que la clientela electoral de UCD en provincias era también la suma de las *baronías*.

UCD contaba, por lo tanto, con un líder rodeado —como también condicionado—por sus
ministros y colíderes en un *partido del Gobierno*. La transformación del conjunto, elitista y oficial, en un partido de masas exigía contar con una base militante ancha, sólida en pos del líder
y no la disgregación que existía por ideologías y adhesiones personales. Carentes de ideología
común —de un programa de identificación mayoritaria—, el secretariado de UCD desde 1978
hasta 1981 se lanzó a organizar la implantación territorial que, en términos jurídicos asociati-
vos, era fantasmal. Íñigo Cavero ha declarado[13] que "los quince partidos de la coalición electoral, en su conjunto, no aportaban más de dos mil militantes, incluidos los del Partido Popular
(PP) que era el de mayor bagaje de fichas", de lo cual puede deducirse que la leva para el control administrativo-electoral de 39.647 mesas electorales en las elecciones de 1977 fue funcionarial o, en gran parte, mercenaria.

Parece ser que con la actuación permanente del secretariado, merced a la actuación organizativa de Sánchez Terán, se llegó al I Congreso de UCD (octubre de 1978) con unos 75.000
afiliados, pero se esgrime que aquel inventario de fichas de inscripción no fue real, sino que
estaba abultado por familiares (esposas, hijos y demás parientes) y supuestos simpatizantes del
aparato de poder.

---

[12] Carlos Huneeus, *La Unión de Centro Democrático y la transición a la democracia en España,* Centro de
Investigaciones Sociológicas, Madrid, 1985, pág. 211.
[13] Íñigo Cavero, "Historia de la transición" de *Diario 16,* Madrid, 1984, pág. 506, del artículo inserto bajo el título 'La militancia de UCD'.

Aquella tendencia centrípeta, desde arriba, se puso de manifiesto en el I Congreso, conforme concluyen Jorge de Esteban y Luis López Guerra[14] diciendo que "(...) supuso una reafirmación de la tendencia unificadora 'desde arriba'. En el papel, los 1.792 delegados representaban a ochenta mil militantes de un partido 'unificado', aunque las cifras no dejaban de ser dudosas". Sin embargo, en el período que media entre el I y II Congresos necesariamente se multiplicó la militancia, partiendo de las primeras elecciones democráticas a los ayuntamientos, con arreglo a compromisos funcionales —un tanto automáticos— por el mero hecho de que UCD poseía 3.966 alcaldes y 30.241 concejales, en función de ser partícipes del poder y con implantación más rural que urbana.

Por todo ello, UCD no fue en ningún momento un partido de masas como tampoco un partido populista, y el partido de cuadros que era no tuvo el modo de proceder auténtico que correspondía a las élites, sino que se movió tarde y confusamente para dotarse de la organización mínima que los demás partidos se aprestaban a crear. Cuando pudo coger raigambre, consolidarse en la base de la pirámide, es cuando la cúspide dirigente empezó a resquebrajarse por impedir, al resistirse, a que la fórmula "asociacional" de liderazgo se transformase en presidencialista. La inestabilidad ministerial que dimanaba de la formación de cuatro gobiernos presididos por Suárez contribuyó, además, a debilitar la necesaria cohesión que requiere un partido unido.

Aunque no lo persiguió de forma deliberada, la existencia en Alianza Popular de una dualidad organizativa (el Partido Unido y la Federación) como fórmula flexible de integración permitió a Fraga el desempeño de un doble papel. Primero, disponía de una organización imprescindible y básica en el Partido Unido que se encargó de expanderla contando con una oficina central adicta, leal y gradualmente profesional. En segundo lugar, la fórmula federal era para socios menos comprometidos —o competidores—, fácilmente separable sin afectar por ello a la organización principal. Por el hecho de ser casi espacios estancos, cuando la federación (ADE y UNE) entró en conflicto apenas se resintió el Partido Unido, y sus bases provinciales la soportaron con un alto grado de fortaleza siguiendo leales al líder principal, por más que el modelo ideológico padeció de tensiones transitorias. Los trasvases de militantes entre una organización fuerte y otra débil es normal que se registre en una sola dirección: de lo más perentorio a lo más seguro. Este fenómeno profusamente repetido en Alianza Popular ha acuñado la llamada *teoría del morral*, según la cual *pieza que entra* —sea dirigente o grupo— en la organización de Fraga *no vuelve a salir*, porque nadie se sentirá subestimado, pero tampoco exaltado. De ahí, consecuentemente, que los órganos colegiados de dirección del partido siempre hayan estado superpoblados (múltiples vicepresidencias, comités ejecutivos enormes, etc.).

La pugna largamente sostenida entre Silva y Fraga sobre cómo instruir al grupo parlamentario y a las bases del partido en el voto sobre la Constitución sería determinante. De aquella disyuntiva, a favor o en contra de la Constitución, dependerían las posibilidades del futuro. Fraga, desde el momento que participó en la ponencia constitucional, era evidente que se inclinaba por jugar dentro del sistema. No sólo eso: estaba persuadido que podía disputar el voto moderado a Suárez, por ser el creador teórico del *centro político,* y regresar a su anterior vocación de apelar a la *mayoría natural.*

---

[14] Jorge de Esteban y Luis López Guerra, *Los partidos políticos en la España actual,* Planeta-Instituto de Estudios Económicos, Madrid, 1982, pág. 94.

La discrepancia constitucional en AP, casi dos mitades

Estar en la cuerda floja —cierto funambulismo estratégico— era obligado en Fraga a medida que se acercaba el debate constitucional en el pleno del Congreso. Porque mantener unido al grupo parlamentario de AP resultaba peliagudo en cuestión tan dudosa como el artículo 2, que incluía el reconocimiento a las *nacionalidades,* y por extensión el título VIII.

De buen grado, personalmente, el villalbés hubiese dado su conformidad plena al texto definitivo del Congreso, pero ello hubiese supuesto una ruptura anticipada de Alianza Popular. Su intención era ganar tiempo posponiendo la decisión última a ulteriores trámites parlamentarios (debate en el Senado y Comisión Mixta). Los diputados aliancistas, tanto más Silva y Fernández de la Mora, entendían que era llegada la hora de marcar la posición en la Cámara por razón de que en el Senado, teniendo sólo dos representantes, la postura de AP quedaría diluida entre las muy variadas del grupo mixto.

No fueron fáciles las reuniones del grupo parlamentario aliancista anteriores al inicio del debate constitucional por el pleno, que perseguían una formulación unánime a la hora de votar. Ya se sabía que Fernández de la Mora, según carta remitida a Fraga (también a la vicepresidenta del Congreso, Victoria Fernández España) el 17 de julio, recomendaba una votación negativa provisional, que "no prejuzga —decía— la posición final de Alianza Popular, que sólo podrá adoptarse después que haya dictaminado el Senado". Fernández de la Mora estaría ausente por convalecer —por fractura de tibia y peroné— tras haber sido atropellado por un automóvil en Lisboa. Su ausencia, sin embargo, mermó el frente contrario al texto constitucional que, a lo que se vio, sostuvo con ahínco y rigidez Federico Silva, y que lo máximo que consiguió fue separarse de la decisión mayoritaria del grupo consistente en la abstención.

Efectivamente, el día 23 de julio, en un ambiente cargado por la tensión (dos días antes habían muerto un general y su ayudante por la acción ciega y desestabilizadora de ETA) se había de celebrar el pleno del Congreso con votación por llamamiento nominal. Del grupo aliancista sólo estaban en el hemiciclo catorce diputados (además de la ausencia de Fernández de la Mora, se había excusado, para asistir a un consejo a Jerez, López Bravo) y todos manifestaron su voto neutral —la abstención acordada— hasta que llegó el turno a Silva Muñoz, cuya votación la narra él mismo como sigue[15]:

> "(...) Yo mantuve mi actitud, y mientras diputados, periodistas y el abigarrado público de las tribunas se deleitaban ya con aquel momento histórico en que se daba a España el segundo texto constitucional formal del siglo xx y el enésimo de su historia, me llegó la hora de votar según el orden alfabético. Me puse en pie y con toda firmeza dije: NO. En aquel momento hubo una enorme marea de gritos y susurros...".

En su calidad de portavoz, en el momento de la explicación del voto, Fraga justificó la abstención suya y de sus compañeros diciendo que lamentaba no poder dar un sí incondicional como hubiese sido su deseo, ya que, aunque considerando la Constitución aceptable en su conjunto, unos cuantos puntos eran inaceptables en conciencia. Confiaba, a este respecto, que en posteriores trámites esas condiciones mínimas insuperables fuesen subsanadas. Silva, por su parte, impedido de hablar a título individual en la Cámara, se fue en busca de los medios de

---

[15] Federico Silva, *op. cit.,* pág. 406

comunicación. Mientras que los memorialistas Fraga y López Rodó pasan por alto este incidente, salvándolo con el silencio quizás por respeto a la conciencia del disidente, Silva respira por la herida de su infructuosa discrepancia cuando afirma: "...Naturalmente, Fraga dijo lo que le pareció y a mí se me impuso el silencio, debiendo acudir a la prensa para exponer las razones que tenía frente a la Constitución. Como la prensa estaba completamente con el consenso, fueron muy pocos los periódicos que la publicaron. Mi voz fue sofocada en nombre de la democracia y empezó mi calvario político".

Los diputados de Alianza Popular que aparecen de pie en la fotografía se abstenían en la votación en el Congreso del proyecto de Ley de Constitución después de una enconada pugna interna frente a Federico Silva y Gonzalo Fernández de la Mora, que defendían el voto negativo. Esta votación fue la causa de la primera grave escisión en Alianza Popular.

De hecho, Silva, separándose de la actitud mayoritaria del grupo parlamentario, se había salido de la disciplina. Era, por lo tanto, un anuncio precoz de su ruptura definitiva en función de que la abstención anunciada tampoco comprometía a nada definitivamente. Pero, con todo, la bandera integrista, tradicional y emocionalmente patriótica con la que se había envuelto Silva traería de cabeza durante largos meses al electorado tardofranquista que había depositado su confianza en los *siete magníficos* y, de paso, se lo puso harto difícil a Fraga. En esta esquizofrenia dialéctica entre el Presidente de la Federación de AP, Federico Silva, y el secretario general, Manuel Fraga, ambos se lanzaron amablemente a la predicación y a levantar la voz no tanto para hacerse oír, respectivamente, como para disputarse la audiencia predominando el uno sobre el otro. Fue una competición reñida limpiamente en la que Fraga se dejó llevar, a veces, por los fueros trasnochados luego que había demostrado en la ponencia su espíritu constructivo para la convivencia. En frase gráfica de Fernández Miranda, en conversación con López Rodó[16], "da una patada al cubo de la leche que él ha ordeñado".

Verdaderamente los dos líderes aliancistas hasta el 31 de octubre en que se produjo la votación conjunta de las Cortes comparecieron en parejas, y en algunos casos por separado, en todos los foros disponibles, sobre todo —como ha quedado dicho— por los distritos de Madrid, así como en Santander y Zamora, contabilizando Silva a este respecto un total de 22 discursos. "Recuerdo estas semanas —dice Silva— con patetismo y emoción. Miles de personas nos seguían con una increíble devoción. En las cenas-mitin les explicábamos lo que ocurría en el Congreso y la gente vibraba. A todos les dijimos que no aceptábamos la Constitución y que votaríamos en contra de ella".

Que Fraga estaba entre Scila y Caribdis, en esa zona difusa de pretender la unidad de la derecha y no ir adonde solía, lo demuestran las reseñas de sus memorias concernientes al período historiado. Su cabeza se enfrenta a su corazón, y a través de esa dramática escenificación de la conciencia sitúa el problema cuando manifiesta[17]:

---

[16] Laureano López Rodó, *Claves de la transición* (Memorias IV), Plaza y Janés, Barcelona, 1993, pág. 424.
[17] Manuel Fraga, *op. cit.*, pág. 131

"AP está cada vez más dividido en dos tendencias: la que desea rechazar la Constitución del consenso y la que quiere integrarse en el nuevo sistema, soltando lastre a la derecha. Una vez más, me esfuerzo por lograr un compromiso; veo claro que no podemos entendernos con Fuerza Nueva, y que carece también de sentido y de honestidad jugar al centro izquierda. Lo nuestro es la herencia de una gran tradición; la de una derecha democrática y reformista; la del mejor Jovellanos, la del último Balmes, la del gran Cánovas, la del traicionado Maura. A esa difícil tarea dedicaré lo mejor de mi esfuerzo, casi descuartizado entre dos tendencias".

UCD vivía momentos de euforia con su anunciado I Congreso, prácticamente constitutivo y al que asistirían para dar el marchamo de legitimidad numerosos líderes europeos, incluida Margaret Thatcher. A Fraga, el *impasse* de AP le atormentaba y temía volverse a quedar solo, abandonado a su suerte, y por eso siempre propendía a las coaliciones. Con independencia de que el escoramiento hacia la derecha no lo quería, el refugio de Areilza —que le quedaban ganas de participar— y de Osorio —desengañado de la UCD— era más que la posibilidad para un nuevo proyecto de centro derecha el síntoma de su debilidad y de la subestimación de sus virtualidades políticas.

¿Por qué otra vez ha de buscar la compañía y el apoyo externo para así motivar la prosecución de su empeño? La clave, acaso, hay que indagarla en motivos psicológicos, en la hiperresponsabilidad de un primogénito de doce hermanos, con un sentido profundo de la duda a fin de no equivocarse. Como fuere, Fraga ya no tenía confianza en la AP de las *personalidades franquistas* y coqueteaba con sus ex colegas del Gobierno Arias en repetidos encuentros gastronómicos y alentado a ello por su viejo equipo de GODSA, singularmente por Félix Pastor.

Los mítines de Santander y Zamora, junto a Silva Muñoz, hay que inscribirlos en esa encrucijada íntimamente violenta y que, por fin, se resolvería renunciando definitivamente a la *apertura a la derecha* que le proponían. En la plaza de toros de Santander, en aquel enclave siempre conservador, AP celebró el 28 de julio un mitin multitudinario en la plaza de toros ante más de veinte mil personas enardecidas por el nacionalismo patriótico, seguida de una pletórica cena popular, también de cuestación, en la que se subastaron los tirantes de Fraga, una corbata de Silva y, lo más significativo, la llave de votación electrónica de éste. Esa llave que Silva había exhibido durante su discurso vespertino para señalar hábilmente que con ella votaría no a la Constitución mientras el público que lo abarrotaba todo, incluido el redondel, estallaba en aplausos y vítores.

Muy parco se manifiesta Fraga al reseñar aquel mitin cántabro, y lo hace anotando únicamente en su diario que "no hay duda de que el cálido debate constitucional nos ha levantado de la postración postelectoral"[18]. En cambio, Silva subraya que los dos oradores se comprometieron a votar en contra de la Constitución, pero, no contento con este aserto, barrunta que en Fraga hay algo más. Lo describe con un hecho anecdótico sobre el viaje a Madrid de los dos líderes, a saber:

"(...) Yo que había ido en mi coche, pensaba regresar solo muy de madrugada para estar en Madrid a media mañana. Fraga se dirigió a mí en aquel momento final de la

---

[18] Manuel Fraga, *op. cit.*, pág. 128.

cena-mitin y me dijo que podíamos regresar en coches separados, a lo que respondí que siempre había sido esa mi idea. Supuse que quería dormir en el coche, como yo iba a hacerlo, pero al cabo del tiempo comprendí que lo que no quería era enfrentarse conmigo en el tema fundamental que nos iba a dividir"[19].

Otra muestra de contradicción se dio entre Fraga y Silva en el distrito de éste, en la misma capital zamorana, en un mitin después del verano; esta vez más clara por parte del villalbés y como preludio de la sesión desgarradora del 30 de octubre de 1978, fecha clave para la primera escisión de Alianza Popular. En el Grupo parlamentario aliancista, previamente, se había ahondado la división de forma dramática (ocho diputados a favor de la Constitución, cinco en contra y tres abstenciones) por lo que se invocó, cual instancia superior, que era necesaria la actuación del máximo órgano colegiado entre congresos: la Junta Directiva Nacional.

En la víspera de la sesión conjunta Congreso-Senado se reunió el órgano soberano aliancista en la sede de la calle Silva, 23, que era un hervidero, como días antes había sido una central telefónica saturada de conversaciones interurbanas en muñir por parte de Jorge Verstrynge y los liberados del área territorial, el voto favorable en la magna reunión convocada. Lo dice despectivamente Silva al recordar aquella convocatoria: "Fraga tenía completamente sujeta a la Junta nacional del partido a través de su edecán Verstrynge".

Pues bien, presidida por Federico Silva —en mangas de camisa arremangadas— se produjo en aquella reunión uno de los más vivos debates y una votación apretada: 48 a favor del *sí* y 43 del *no;* debate largo y emocionante en el curso del cual muchos intervinientes condenaban el proyecto de Constitución y, sin embargo, anunciaban su voto favorable. Hubo algún presidente provincial, como el de León, que incluso presentó la dimisión. Fernández de la Mora, sin embargo, sostiene que fue una sesión pintoresca en la que apenas se controlaron las credenciales, se votó a mano alzada y se hizo un recuento a ojo de buen cubero, y afirma: "Si el presidente Federico Silva hubiera exigido una nueva votación con cierto orden, estoy seguro de que el resultado habría sido diferente..."[20].

Cuando al día siguiente, en el plenario de las Cortes (sesión conjunta de Congreso y Senado) el grupo popular votó con libertad de conciencia de sus miembros, la federación de AP ya estaba escindida desde el día anterior, después que Silva y Fernández de la Mora declararan que abandonaban la federación de AP. Sin embargo, la votación nominal que se efectuó en el palacio de la Carrera de San Jerónimo levantó acta de aquella ruptura, de las dos concepciones de la derecha española. Lo cierto es que, al explicar el voto del grupo aliancista, Fraga anunció el voto favorable de ocho diputados y dos senadores, pero también expresó que ojalá fuese la Constitución de la dos Españas y que, por otra parte, hacía reserva de serios reparos para convertirlos en puntos prioritarios para postular más adelante la reforma constitucional.

Votaron a favor: por el Congreso, los diputados Antonio Carro, María Victoria Fernández-España, Manuel Fraga, Gregorio López Bravo, Laureano López Rodó, Miguel Riestra, Antonio del Valle y Juan Luis de la Vallina. Por el Senado, los senadores Francisco Cacharro y Abel Matutes.

---

[19] Federico Silva, *op. cit.,* pág. 410.
[20] Gonzalo Fernández de la Mora, *Río arriba. Memorias,* Premio Espejo de España, Planeta, 1995, pág. 282.

Se abstuvieron: los diputados Licinio de la Fuente, Álvaro de la Puerta y Modesto Piñeiro.

Votaron en contra: los diputados Gonzalo Fernández de la Mora, Alberto Jarabo Payá, José Martínez Emperador, Pedro de Mendizábal y Federico Silva.

Consecuencia de la referida confrontación, los dos líderes más significativos de la actitud anticonstitución y a la vez presidentes de ADE y UNE, Silva Muñoz y Fernández de la Mora, respectivamente, decidieron desgajarse de la Federación de Alianza Popular y campar aparte, en busca de una derecha radical.

Cortes
El Diputado

Madrid, 17 de julio de 1978

Excmo. Sr. D. Manuel Fraga Iribarne
C/ Silva Nº-23
MADRID -13-

Querido Manolo:
    Supongo que uno de éstos días debatireis en el seno
del Grupo Parlamentario nuestra actitud global ante la //
Constitución; y ya que no puedo asistir a causa de mi obli
gada inmovilización quisiera que, por lo menos, conocierais
mi opinión y mi voto.
    He seguido los trabajos del Congreso a través de los
medios informativos y del Diario de Sesiones y mi voto al
proyecto de Constitución es negativo puesto que incluye ar
tículos que expresamente contradicen puntos esenciales de
nuestro programa, entre los que citaré las nacionalidades,
la familia, la educación y la economía de mercado.
    Entiendo que la actitud del Grupo no prejuzga la po-
sición final de Alianza Popular que sólo podrá adoptarse -
después de que haya dictaminado el Senado.
    Con el ruego de que dés cuenta a los compañeros de mi
punto de vista, te envía un gran abrazo tu viejo amigo,

GONZALO FERNANDEZ DE LA MORA

Carta de Gonzalo Fernández de la Mora a Manuel Fraga en la que le anuncia su voto negativo a la Constitución.

Poco después, aprobada por referéndum la Constitución, aquellos dos, junto a Thomas de Carranza, constituyeron un nuevo partido denominado Junta Democrática Española, que no llegó a comparecer electoralmente. Y muchos militantes que habían llegado a Alianza Popular por la vía de ADE y UNE, producida la escisión, no siguieron a sus líderes primigenios, sino que permanecieron en el partido aliancista.

Aunque penoso en lo personal, aquel proceso encarriló por fin la posibilidad de aglutinar bajo el principio básico de la conciliación nacional a una derecha civilizada y europea muy mal acostumbrada en tiempos pretéritos en la conducción de la clase media según los deseos, si no la imposición, de las doscientas familias más importantes.

AP salió del pozo

Muchos observadores habían pronosticado que AP, tras la contundente derrota de junio de 1977, se había hundido en un profundo pozo del que nunca saldría. La estadística parlamentaria desmintió aquella predicción con arreglo a la estadística de intervenciones que el 21 de octubre de 1978 publicó el semanario *La actualidad española,* y según la cual desde que se constituyeron las Cortes y hasta dicha fecha Alianza Popular intervino en 661 debates (con la media más alta del Congreso: 41 intervenciones orales por cada uno de sus 16 diputados) y muy por encima de otros grupos.

Entre los oradores más abundantes Manuel Fraga intervino en 231 ocasiones, sólo superado por Peces-Barba, que habló 249 veces. Del grupo aliancista también se prodigó en los debates Laureano López Rodó, con 101 discursos de distinta duración. Es significativo, por otro lado, que 102 diputados no intervinieron ni una sola vez como si fuesen mudos (66 de UCD, 32 del PSOE, 3 del PCE y 1 de Socialistas de Cataluña).

En las actividades de control, según estadísticas recogidas por el Instituto de Estudios Políticos en una publicación conmemorativa del décimo aniversario de la Constitución, Alianza Popular formuló un total de 112 preguntas orales (sólo contestadas 87), mientras que el Partido Socialista —casi ocho veces superior— presentó 187 preguntas (121 contestadas). En cuanto a interpelaciones, el grupo aliancista presentó 8 (de las que debatieron 2), así como sus correspondientes mociones; asimismo presentó siete proposiciones no de ley en pleno (sólo 4 debatidas) y 3 en comisión (ninguna de ellas debatida).

Las intervenciones del secretario general de Alianza Popular durante la legislatura constituyente, con un enorme reflejo en los medios de comunicación, se recogen en su obra *Razón de Estado, pasión de Estado* de forma sistematizada, y, en general, los discursos del villalbés adoptan una forma al tiempo seria y desenfadada, o como el mismo Fraga reseña en sus memorias: *La mejor receta es siempre la del* steak au poivre, *es decir, buena carne y mucha pimienta.*

Propuesta constitucional de AP

Valga el testimonio de Manuel Fraga cual balance de los trabajos de la ponencia sobre el texto de la Constitución en la idea de que, como resumen publicado en sus memorias, en 1987, es una versión directa, abierta al juicio de los demás coponentes, incorporando comentarios personales, que revela el sentido auténtico y general de su posición doctrinal y, por ende, del partido Alianza Popular resultante de su escisión[21]. Como las cuestiones aquí expuestas fueron motivo principal de la disidencia, puede afirmarse que la opinión salida de la pluma de Fraga era, en consecuencia, postura oficial de AP.

"En mi opinión, aquel texto, con todos sus inevitables defectos, fue el menos malo de los que conoció la reforma constitucional. Esto no supone desconocer determinadas mejoras concretas que luego se aportarían, en particular en el trabajo del Senado; pero, en general, los tiras y aflojas posteriores, y los *consensos* logrados fuera de los órganos oficiales de trabajo, más bien complicaron, alargaron y en definitiva debilitaron el trabajo de la ponencia. En todo caso, la estructura básica del texto constitucional quedó determinada a partir de la primera lectura de la ponencia, que había dedicado a la cuestión algo menos de cuatro meses.

No nos ocupamos del preámbulo, que quedó lógicamente para una fase más definitiva. El título preliminar, quizá demasiado recargado de principios doctrinales, había planteado como especial dificultad la redacción del artículo 2, que quiere hacer una síntesis del principio de unidad de España, con una concesión muy seria de aceptar el concepto lleno de riesgos de las *nacionalidades*. Sigo creyendo que fue un error importante de concepto y de decisión política. La misma ambigüedad afectó a ciertos aspectos de la redacción de los artículos 3 (lenguas oficiales) y 4 (banderas). En todos estos casos, mi criterio (reflejado en las minutas) fue de que no se podía jugar con los vocablos en la cuestión capital de la unidad nacional.

Hubo también polémica en la redacción del artículo 8, relativo a las Fuerzas Armadas, donde yo quería que se especificara el carácter militar de la Guardia Civil, con gran oposición (entonces) de la izquierda.

El título I (derechos y deberes fundamentales) es uno de los más extensos y completos de la Constitución. Sigo creyendo que las largas listas de derechos y garantías no son, necesariamente, el mejor camino para hacerlos arraigar en la práctica, como lo revela la experiencia anglosajona. En todo caso, ahí ha quedado un gran esfuerzo para definirlos y para garantizarlos. Con instrumentos nuevos, como el Defensor del Pueblo (expresión que procede de mi anteproyecto) y el recurso de amparo ante el Tribunal Constitucional. Este último, a mi juicio, recarga innecesariamente la ya de por sí fuerte carga de trabajo del Tribunal Constitucional, y algún día debería llevarse a una sala especial del Tribunal Supremo.

Fueron artículos polémicos los relativos a extranjería y derecho de asilo (artículo 13), donde la izquierda quería redacciones tan amplias que hubieran permitido la llegada de cien millones de chinos; el artículo 16, sobre relaciones de la Iglesia y el Estado, en el que mi propuesta contribuyó a una redacción equilibrada, al reconocerse el componente histórico y sociológico del catolicismo de España; el artículo 20, en el que no quedó bien resuelto el tema capital de la televisión (para mí, el tema más grave que tiene planteado la autenticidad de la democracia en España), y, por supuesto, el artículo 27, sobre educación, al que el socialismo y su ponente Peces-Barba dieron tal importancia que en su momento (al que luego aludiremos) por aquí estuvo a punto de romperse la baraja.

Debe subrayarse la introducción en nuestro texto del derecho de fundación (artículo 34), capital para la estructuración de la sociedad y la defensa permanente de las ideas, a mi propuesta; la constitucionalización (mal respetada en la práctica) de los colegios pro-

---

[21] M. Fraga, *op. cit.*, pág. 98 y ss.

fesionales (artículo 36); la expresa mención de la libertad de empresa (artículo 38); un gran desarrollo en los principios rectores de la política social y económica (no muy bien coordinados, por cierto, con el título VII, *Economía y Hacienda,* más socializante), y la excesiva preocupación que dominó el capítulo 5 sobre suspensión de los derechos y libertades, en los que algunos quisimos dejar más expeditas las vías para la lucha antiterrorista.

El título II, de la Corona, fue uno de los más difíciles. Las izquierdas continuaban con sus prejuicios antimonárquicos, que habrían de mantenerse, de un modo u otro, hasta la definitoria crisis del 23 de febrero de 1981. Debo decir que la actitud menos realista y más agresiva fue la de los socialistas, que mantuvieron hasta el final de la elaboración constitucional un voto particular republicano, aunque vistas las cosas con la perspectiva de estos diez años [cuando Fraga publica sus memorias es 1987, casi un decenio después de elaborarse la Constitución] cabe suponer que el objetivo era mantener una presión negociadora, con notorio mal gusto en cuanto al punto elegido.

Dentro de la nueva mayoría de la ponencia, prevaleció el criterio de regular la Monarquía parlamentaria dentro del mayor respeto a los antecedentes, en particular los de la primera restauración. Prejuicios históricos (de etapas más recientes) impidieron la implantación de un Consejo de la Corona que, como en el Consejo Privado británico, supusiera una reserva de prerrogativa para situaciones excepcionales; el propio 23 de febrero iba a recordar que pueden plantearse cuando menos se espera. En ese momento, una combinación adecuada de las tradiciones británicas con los poderes de emergencia de la Presidencia francesa sin duda hubiera sido una idea importante. Quedó claro (artículo 62) el mando supremo del Rey sobre las Fuerzas Armadas y la autonomía plena (artículo 65) de la familia y Casa reales.

El título III, de las Cortes Generales, no planteó graves problemas, salvo en dos puntos: la errónea inclusión de aspectos capitales de la ley electoral y la regulación del Senado y sus funciones. El primer punto me parece uno de los errores más graves de la Constitución; se pudo eludir en la primera versión del texto, mas la presión de la izquierda logró introducirla posteriormente. Error ya cometido en las Cortes de Cádiz (una de las causas del fracaso de la Constitución de 1812) se ha vuelto a repetir ahora al hacer constitucionales la representación proporcional y la circunscripción provincial (artículo 68 y concordantes). Soy partidario convencido del sistema mayoritario y de todo lo que favorezca la existencia de partidos políticos fuertes, duraderos y responsables. Si entonces no era posible establecerlo, por lo menos debió dejarse la posibilidad abierta para el futuro, sin necesidad de tener que recurrir a una reforma constitucional.

El tema del Senado (que también quedó en nuestro primer borrador menos mal que en el texto definitivo) es igualmente importante. Ni el artículo 69, ni menos el 90, figuran entre los mejores de nuestra Constitución. El error más grave reside en haber impedido que los proyectos y proposiciones de ley puedan iniciar su tramitación en el Senado. La consecuencia es doblemente negativa: por una parte, el Senado se ve obligado poco y de prisa; y por otra, se sobrecarga al Congreso en una serie de proyectos técnicos que se podrían ver mucho mejor en el Senado y pasar a simple revisión política en el Congreso.

El concepto de *leyes orgánicas* (artículo 81), nacido en parte de mi idea de descargar la Constitución de detalles rígidos y engorrosos, se logró sólo en parte, y ha quedado más bien ambigua en la práctica. Son partes originales de la Constitución (en las que tuve mucha intervención) la acertada regulación de las delegaciones legislativas (artículos 82 a 85) y la regulación restrictiva de los decretos-leyes (artículo 86). Desgraciadamente, se ha hecho muy poco uso de los decretos legislativos; y en cambio se ha abusado de los decretos-leyes, con una increíble tolerancia al respecto (como en el caso de la confiscación de Rumasa) por parte del Tribunal Constitucional.

Lo cierto es que las Cortes Generales no han logrado el peso dentro del sistema político que les correspondería con arreglo al texto escrito de la Constitución; y, sobre todo, con los gobiernos socialistas ha habido poco de *luz y taquígrafos*. El largo desuso, el escaso número de días hábiles, la pereza de los viajes y otras causas han sido más que rebasados por la decidida voluntad socialista de que las Cámaras (y la de RTVE) sean verdaderos lugares de debate.

Un buen trozo de la Constitución es el capítulo 3 de este título, relativo a los tratados internacionales.

El título IV, relativo al Gobierno y a la Administración, refleja un consenso básico sobre la necesidad de gobiernos fuertes y estables y de no volver al débil parlamentarismo de primeros de siglo. Lo mismo cabe decir del título V, que se ocupa de las relaciones entre el Gobierno y las Cortes Generales. Siguiendo una tendencia general en la Europa de la posguerra, se estableció un sistema de primer ministro, con garantías de poder gobernar; precisamente por ello resulta inadmisible que no se dé juego a la Cámaras para debatir, a fondo y a tiempo, los problemas políticos, para orientar a la opinión y que ésta pueda cambiar, si lo desea, la mayoría en otras elecciones. Toda la regulación de la investidura, del voto de confianza, de la moción de censura y de la prerrogativa de disolución de las Cámaras favorece la mencionada estabilidad y los amplios poderes para gobernar y administrar. Un gobierno que fracase bajo la actual Constitución es porque no sabe o no quiere gobernar.

El título VI, del Poder Judicial, ha sido, por desgracia, uno de los peor cumplidos y más tergiversados de la Constitución. La ponencia estuvo de acuerdo (con especial entusiasmo socialista) en configurar la justicia como un verdadero poder independiente, gobernado por un Consejo General del Poder Judicial, cuya mayoría sería elegida por los propios miembros de las profesiones que contribuyen al ejercicio de la función jurisdiccional (artículo 122). Debo testimoniar, con toda claridad, que eso fue lo que los socialistas dijeron, dentro y fuera de la ponencia, y que, por lo mismo, la modificación posterior de la ley orgánica para llevar la elección totalmente a las Cortes (es decir, a la mayoría de turno) sólo puede ser definida como un verdadero golpe de Estado, dado de mala fe, para el control de los Tribunales y del Tribunal Constitucional.

Los artículos más debatidos en la ponencia (que no tuvo dudas sobre lo anterior) fueron los relativos al jurado (que quedó entreabierto en el artículo 125); a los tribunales consuetudinarios y tradicionales (que la mayoría de la ponencia rechazó, pero que luego, por enmienda de Attard y mía, se aceptaron en Comisión), y sobre todo lo relativo a la incompatibilidad política de jueces y fiscales. La redacción definitiva del artículo 127 abrió, por desgracia, la puerta a la politización de los miembros del poder judicial y de sus asociaciones.

El título VII, Economía y Hacienda, contiene excesivas concesiones a la ideología socialista y, en general, al intervencionismo estatal; menos mal que en este punto los socialistas han evolucionado hacia rectificaciones importantes, más próximas a la socialdemocracia sueca que a su viejo *Programa máximo*; pero es lo cierto que, con este título en la mano, en España se podría llegar a niveles elevadísimos de intervención y burocratización de todo el sistema económico y social. Un buen artículo es, en cambio, el 136, en cuya redacción, bien asesorado, intervine especialmente; pero que, por desgracia, los gobiernos sucesivos, temerosos de un fuerte e independiente Tribunal de Cuentas, han ido retrasando en su pleno desarrollo legislativo y en la adecuada dotación de medios al Tribunal.

El título VIII, de la Organización Territorial del Estado, es, con mucha diferencia, el más defectuoso y fue también el más polémico de los trabajos de la ponencia constitucional. Sometido a *segundas* y *terceras* lecturas; a LOAPAS y a *loapillas*; forzado claramente en la redacción de algunos estatutos y en la tramitación de otros, es uno de los temas que la historia habrá de juzgar con mayor preocupación. La presión nacionalista fue muy fuerte y estuvo muy apoyada por la izquierda; las *platajuntas* habían sido el equivalente de un nuevo Pacto de San Sebastián. Lo cierto es que el título VIII nació lleno de presiones y de resquemores, y se movió desde el primer momento en zonas de escasa racionalidad, en las que era muy difícil el consenso y se propendía inevitablemente a soluciones verbalistas, sin ritmo y sin armonía, bajo las cuales subyacía la desconfianza y el desacuerdo.

Los *principios generales,* capítulo 1 del título VIII, son razonables, aunque insuficientes. La regulación del municipio, y sobre todo de la provincia (muy combatida por los catalanes), manifiestamente raquítica y ambigua. En cuanto al capítulo 3, sobre las autonomías (regionales), quedó como cabía imaginar después de lo dicho.

En primer lugar, discriminatorio. Aparentemente, se prevén dos tipos o dos velocidades para las comunidades autónomas; muy pronto, a partir de la fuerte reacción andaluza, la diferencia habría de desaparecer en gran parte. Pero lo cierto es que, en el texto de la Constitución, el casuismo diferencial es formidable, sobre todo por las últimas concesiones que forzaron el texto de la ponencia.

Hay comunidades (como la vasca y la navarra) a las que se les reconocen *derechos históricos* (cuya titularidad, en el caso vasco, corresponde a los *territorios históricos*). Hay comunidades (País Vasco, Cataluña y Galicia) a las que se libera de una parte de la tramitación por haber tenido ya plebiscitos estatutarios en los años 30. Hay comunidades, como Navarra, a las que injustamente se intentó someter a otras (disposición transitoria 4ª). Está el caso de Ceuta y Melilla, que aún no han logrado su proceso estatutario. Están luego los dos modelos básicos, el del artículo 148 y el del artículo 151.

La aparentemente exhaustiva enumeración de las competencias exclusivas del Estado (artículo 149) ha sido forzada por varios Estatutos y debilitado por el artículo 150.2, así como por la ausencia de utilización de los números 1 y 3 del propio artículo 150 y también del artículo 155. No se ha resuelto el tema de la financiación autonómica, y aún menos el esencial Fondo de Compensación creado por el artículo 158.2 para *corregir desequilibrios económicos interterritoriales,* con lo que está aumentando la diferencia entre regiones ricas y pobres en España.

El título IX se ocupa de la justicia constitucional. Es en conjunto razonable, aunque ya hemos mencionado la fuerte sobrecarga de trabajo que pesa sobre el mismo, sobre todo por el recurso de amparo, por violación de derechos y libertades (artículos 53 y 161).

El título X, de la reforma constitucional, fue redactado con un exceso de desconfianza. Las constituciones flexibles duran más que las rígidas; pero la izquierda y los nacionalistas estaban tan satisfechos con sus conquistas que la mera palabra de reforma les molestaba".

El referéndum constitucional

Dieciséis largos meses duró el proceso de elaboración y discusión de la Constitución (diez meses más que el empleado para la Constitución de la II República) hasta ser aprobada por las Cortes y ratificada, mediante referéndum consultivo, el 6 de diciembre de 1978. El método constituyente comprendió distintas fases a lo largo de las cuales se decantó entre la inmensa mayoría de los partidos políticos con representación parlamentaria una clara voluntad de acuerdo. Que fue un proceso atípico, largo, a ratos irregular, no le resta efectividad por mucho que se discutiese si era el colofón de un recorrido de reforma o de ruptura.

Miguel Roca, tal vez en frase feliz, invirtiendo los términos de aquella disputa bizantina sobre si reforma o ruptura, resumió cabalmente lo que aconteció: "No hemos ido desde la ruptura a la Constitución, sino que por la vía de la Constitución se simultaneó un proceso de reforma con una meta de ruptura".

Por vez primera, sin embargo, surgía del acuerdo un compendio de reglas para la convivencia válido para los españoles de todos los credos políticos democráticos, debido, muy probablemente, al deseo preeminente de vivir en paz y no repetir las antepasadas querellas. Acaso sea verdad que, como señaló el primer presidente del Tribunal Constitucional, señor García Pelayo, se trataba de una Constitución que propendía más a corregir el pasado que a diseñar el futuro, pero es incuestionable que tuvo —y las posee todavía— características de mínimo común denominador, aunque con planteamientos inacabados y otros susceptibles de mejora. La madurez política que adquieran los españoles determinará, con el paso de los años, si conviene —con su mecanismo de rigidez actual— adaptar la superley a los cambios que llegan con los nuevos tiempos con arreglo a otra elasticidad social.

Convocado el referéndum, el 20 de noviembre de 1978 se inició la campaña en su primera parte didáctica y en la fase final persuasiva, a cargo del gobierno y de aquellas fuerzas políticas —los partidos mayoritarios, sobre todo— que se movilizaron electoralmente. La campaña, como consecuencia del consenso previo para su elaboración, tuvo componentes de ritual político en medio de una progresiva disociación entre los políticos y los ciudadanos, es decir, la aparición del desencanto.

Dado que el porcentaje de españoles que conocían qué era la Constitución no llegaba al 50 por ciento[22], la campaña institucional se encargó a doce agencias de publicidad con el doble cometido de dar a conocer su contenido y, además, persuadir la participación con

el eslogan básico: *tu derecho es votar. Vota libremente*, acompañado de mensajes responsabilizando al votante con argumentos del tenor *España decide su futuro, Tu voto es tu fuerza, Un voto vale más que mil gritos, Para 36 millones de españoles, Depende de ti,* etc., bajo el titular general de la palabra Constitución, y todo el cartel sellado con un tampón sobre la fecha del referéndum. El profesor A. González Martín la calificó[23] como "una campaña monolítica, poco motivante... y con una pobreza comunicativa enorme para una sociedad con muy bajo hábito de lectura y distraída en otras mil preocupaciones".

Alianza Popular se sumó a la campaña favorable aunque, según manifestaciones del

---

[22] Según el estudio elaborado por Navarrete y R. Adell, 1986, sobre el *Referéndum de la Constitución de 1978.*
[23] A. González Martín, *Telos*, número 10, 1997, informe titulado *Pervivencia de una década. Diez años de comunicación política en España.*

entonces su presidente Félix Pastor, se limitaría a hacer uso de los espacios gratuitos en los medios de comunicación de titularidad pública (fundamentalmente en los espacios gratuitos de RTVE) y a contados mítines y reuniones electorales. En cambio, los dos partidos escindidos de la federación de AP y encabezados por Silva Muñoz y Fernández de la Mora (ADE y UNE) pidieron el voto negativo en compañía de Fuerza Nueva, FE de las JONS, Comunión Tradicionalista, Herri Batasuna y Liga Comunista revolucionaria, por motivos dispares. Los argumentos de la derecha contraria a la Constitución respondían a la inclusión del término *nacionalidades*, por la concepción laica de la enseñanza, la regulación permisiva de la familia y el carácter socializante del modelo económico y de la propiedad. Por parte de la izquierda radical, el voto negativo lo recomendaba por quedar corta la Constitución respecto del derecho de los pueblos a la *autodeterminación*.

Inicialmente el Gobierno fue reacio a facilitar la campaña de abstención, cuyo principal peso lo soportó el PNV, Esquerra Republicana de Cataluña y Euskadiko Ezquerra, que se movilizaron en la difusión de sus respectivas posturas sin gran alarde de medios. Igualmente, varios partidos extraparlamentarios, como Izquierda Comunista, Bandera Roja, Partido Comunista de Líster, ARDE y otros insignificantes añadieron sus argumentos republicanos. Lo más destacado fue, sin embargo, la actitud abstencionista del PNV basada en la insatisfacción por la falta de reconocimiento de unos discutibles *derechos históricos*.

La beligerancia del Gobierno en la campaña electoral no evitó el apreciable índice de abstención, de casi el 33 por ciento, pero sí contribuyó a ello el mal tiempo reinante en el tercio superior de la península. Galicia, con su sempiterna fragmentación poblacional, y el País Vasco, donde el PNV proclamó la abstención sin excluir las coacciones y otro tipo de irregularidades, fueron las regiones donde la abstención fue mayor. La inhibición del pueblo vasco estaba descontada durante el proceso constituyente, pero eso no obsta para registrar, en definitiva, que allí habría siempre un déficit de legitimidad estatal que se superó en gran medida con la aprobación del Estatuto de Autonomía.

Al término del recuento de votos, esta vez más ágil y completo que en el referéndum de la Reforma Política, el Ministro del Interior proclamó en la madrugada del 7 de diciembre los resultados favorables con disimulada insatisfacción, atribuyendo la causa principal de aquella atonía a que no hubo lucha entre partidos. De todas maneras, vistas las series europeas de participación en los referendos, la abstención de casi el 33 por ciento es una cuota no excesiva en países democráticos, quizás porque, salvo en los regímenes autoritarios, el voto activo es perezoso en este tipo de consultas.

Algunos partidos, y singularmente UCD, hicieron propaganda partidista a favor del texto constitucional sometido a referéndum.

RESULTADOS DEL REFERÉNDUM CONSTITUCIONAL

Electores censados:	26.632.180	%
Votos emitidos:	17.873.301	67,11
Abstenciones:	8.758.879	32,89

	Votantes	% sobre votos	% sobre censo
Votos afirmativos:	15.706.078	87,87	58,97
Votos negativos:	1.400.505	7,83	5,25
Votos nulos:	133.786	0,75	0,50
Votos en blanco:	632.902	3,55	2,37

La abstención en el País Vasco, siendo la media nacional de casi el 33 por ciento, fue en el conjunto de las tres provincias del 55,4 por ciento, cuyo desglose fue: Álava, con el 40,7 por ciento; Vizcaya, con el 57,6 por ciento, y Guipúzcoa, con el 66,6 por ciento. Navarra, por el contrario, tuvo un comportamiento referendario normal, de un 33,4 por ciento.

El Rey, una vez proclamados los resultados, acudió al Congreso de los Diputados y ante las Cortes Generales sancionó la Constitución el 27 de diciembre, y en el curso del acto pronunció un discurso que marcó la nueva etapa que se abría para todos los españoles.

Dos días después, el 29 de diciembre, pronunciándose el Presidente del Gobierno por el llamamiento a elecciones generales y locales frente a quienes propugnaban la continuidad de la legislatura, disolvió las Cámaras a través de un mensaje en televisión. La transición democrática había culminado su más delicada etapa.

Ante la mirada atenta de la Reina y del Príncipe Felipe, el Rey Don Juan Carlos sanciona la Constitución.

DECADENCIA DE UCD Y DESARROLLO DE AP

Capítulo 11

EL DESASTRE ELECTORAL DE 1979

El Pacto de Aravaca

A la pregunta ¿quién promovió el denominado *Pacto de Aravaca*?, el que era presidente de Alianza Popular en 1979, Félix Pastor Ridruejo, contesta sin titubear[1]: "El inicial promotor del pacto fue Federico Silva por el hecho de haber roto su disciplina y abandonar AP, no renunciando a su propósito de unir a la derecha de entonces incluidos los grupos contrarios a la Constitución".

Efectivamente, la separación de Silva y de Fernández de la Mora al frente de sus respectivos y exiguos partidos, Acción Democrática Española y Unión Nacional Española, de la Federación de Alianza Popular no fue resignada. Antes al contrario, perseveraron en aglutinar las dispersas fuerzas de derecha, incluidas las franquistas (los falangistas de Raimundo Fernández-Cuesta y Fuerza Nueva), en una coalición electoral que pretendía ser suave de formas —un movimiento *misino* civilizado con caras nuevas— y amoldable a la realidad política de entonces, poniendo el énfasis en no consentir la desmembración de la unidad nacional y la desaparición de los valores tradicionales sobre la religión, la familia y la enseñanza.

Entendían que la Constitución aprobada, en cuanto a la regulación de las autonomías, señalaba la divisoria de lo intolerable sobre la noción centralista de la continuidad del Estado, dando una vez más valor de axioma a aquello de *antes una España roja que rota*. Muy probablemente presumían que el voto negativo y parte de la abstención en el referéndum constitucional, junto al núcleo de votantes defraudados de AP, les permitiría constituir grupo parlamentario en la primera legislatura constitucional donde pugnar por la reforma de la *supernorma*. Los ejemplos ultraderechistas de Francia e Italia pensaban que eran en teoría asimilables a la concepción sociológica de España.

La coalición en ciernes se quería articular bajo el nombre *Derecha Democrática Española* y, desde la primera hora, incluía grupos *carcasa* —un acta notarial y el grupo constituyente de amigos por toda militancia— como el Partido Conservador tutelado por José Martínez Emperador, el grupo españolista bilbaíno de Pedro de Mendizábal, la Unión Regional Andaluza de Luis Jáudenes, la Unión Demócrata Cristiana de Jesús Barros de Lis, el Partido Agrario de Castellón y otras personas, como Manuel Funes Robert. En sus memorias, Fraga denomina sin piedad a tan dispar reclutamiento como *la segunda división de la derecha española*[2].

---

[1] Testimonio de Félix Pastor al autor, que lo ha completado añadiendo que fue un encuentro gratísimo, muy de señores y gastronómicamente bien servido según la categoría del anfitrión. Para nada, alega Pastor, se planteó como estrategia configurarse como fuerza política de centro, sino como de derecha civilizada, aunque tenía también por norte atraer votos prestados a UCD.

[2] M. Fraga, *op. cit.,* pág. 139.

Los periódicos madrileños *El Alcázar* y *El Imparcial,* en tanto que animadores de un macro-acuerdo de esa envergadura, durante el otoño-invierno de 1978 no cesaron en urgirlo a veces de forma provocadora llamando al conjunto —cual atávico saludo— *fuerzas nacionales.* Algunos banqueros, no pocos industriales, sectores influyentes de la Iglesia y cierta alta oficialidad de las Fuerzas Armadas alentaban el proyecto con promesas de ayuda y de financiación, porque en el espectro político se necesitaba contraponer *algo consistente* al pujante Partido Comunista y al marxismo variopinto. En esa idea no es descabellado suponer que, en opinión de algunos de la UCD, se pensase útil una formación política de similares características que respetase al Gobierno la equidistancia centrista sobre lo que hacía y programaba realizar compitiendo al PSOE.

No llegaron a ponerse de acuerdo las facciones concertantes no ya en los nombres de candidatos hábiles para esta operación (Blas Piñar estuvo tajante en encabezar Madrid y, si no él, debería ser el teniente general De Santiago), ni siquiera en acudir a provincias exclusivas para evitar el fraccionamiento del voto. Por eso, en la presentación de Derecha Democrática Española en un hotel madrileño, Silva Muñoz, acuciado por el comienzo de la campaña, debió sentirse un *enano infiltrado* —tal como era motejado por sus socios coyunturales— al ser desvirtuado el acto por jóvenes de Fuerza Nueva desbordantes en gritos y ademanes ofensivos. Aquello pudo echarle para atrás.

Pedro J. Ramírez, que en su libro *Así se ganaron las elecciones 1979* se refiere a la abortada coalición, es categórico: "La *Derecha Democrática Española* pasará a la historia como la más efímera de las coaliciones electorales. El lunes 15 de enero hizo su presentación pública en un curioso acto celebrado en el hotel Meliá-Castilla, y el miércoles 17 decidió arrojar la toalla, tras una prolongada reunión en el despacho de Federico Silva"[3].

Al día siguiente de la presentación de la formación ultraconservadora, Fraga firmaba un artículo en el *ABC* con el título *La derecha posible* (16/1/79) que conjuraba categóricamente ese intento ilusorio de sumar personalidades y movimientos anclados en la nostalgia, "que rechazan la Constitución y cuanto ella supone; y siguen con la vieja obsesión de soluciones totales, de cirugías de hierro, que son incompatibles con la sociedad actual". Como un aldabonazo de alerta fue recibido este artículo y se asegura que pudo sacudir la conciencia de Silva para dar marcha atrás en el último momento.

José María de Areilza también emprendió la tarea, tal vez aconsejado por los *poderes fácticos* concernidos, de buscar una aproximación a los grupos de extrema derecha con vistas a llevarlos al redil de la democracia. Pedro J. Ramírez, en la obra citada, proporciona suficientes datos sobre tales contactos, que resultaron finalmente infructuosos pero que no fueron desmentidos, cifrando su verosimilitud en las condiciones que entonces imponían quienes podían financiar la acción política. El hecho de que Fraga consintiese pactar con él luego de innumerables encuentros (más de seis desde la primavera de 1978) y en compañía de Osorio, es otra prueba que confirma que la conjunción de los tres (Areilza, Fraga y Osorio) era el *revival* del pacto de Aravaca emprendido en 1974 —intento frustrado del asociacionismo de entonces— que gozaba de altos y poderosos mecenas. Sin restarle bondad intrínseca a las razones de supervivencia política de Areilza —expulsado de la política por Suárez— y de Osorio —preterido también por Suárez en el centrismo victorioso—, la verdad es que Fraga había demostra-

---

[3] *Así se ganaron las elecciones 1979,* Editorial Prensa Española, pág. 139.

do su capacidad para comparecer en comicios él solo si no hubiese mediado una superior recomendación —de tipo financiero— de unirse a aquéllos. Las arcas de Alianza Popular en aquellas fechas arrastraban un enorme déficit que cerraba el paso a la ampliación del pasivo con nuevas ayudas económicas externas.

Mientras el debate en los últimos meses de 1978 giraba sobre la disyuntiva de la continuación de la legislatura mediando la investidura conforme a lo previsto en la Constitución o la convocatoria de nuevas elecciones, Adolfo Suárez no se lo pensó dos veces y optó por la segunda solución. Entrañaba esa decisión dos beneficios limpios: capitalizaba el proceso constituyente (como hiciera tras el referéndum de la Reforma Política) y cogía desprevenidos a sus competidores de la gestante formación neocentrista de Areilza, Fraga y Osorio. La jugada implicaba al propio tiempo un reto no desdeñable: la convocatoria de elecciones municipales, un mes después de las generales a Cortes (el 3 de abril), suponía la acumulación de esfuerzos de tal envergadura que acentuaría el bipartidismo al que aspiraban la UCD y el PSOE. De hecho, como se verá más adelante, las campañas electorales fueron una competición dual entre Adolfo Suárez y Felipe González.

José María de Areilza había fundado el grupo político Acción Ciudadana Liberal, que agrupaba a un conjunto de amigos notables seducidos por la figura liberal del veterano diplomático, pero su implantación territorial era enteramente fatua. Osorio, por su parte, carecía de organización alguna salvo que se tuviese en cuenta a un minigrupo vinculado al Club de Opinión e inserto —o derivado— en la fundación *Justicia y Libertad*. Ambos, a diferencia de Fraga, no tenían lastrada la imagen por el desgaste de haber contendido electoralmente en el tardofranquismo, sino en tareas reformistas netas no controvertidas.

Inicialmente era propósito de Areilza que el nuevo partido naciese de la autodisolución de las organizaciones preexistentes, pero con muy buen criterio Fraga no consintió y se estimó como solución viable la de constituir una coalición electoral que llevó en un primer momento el nombre de Confederación Democrática Española con la que circuló correspondencia y cartelería, quedándose al final con la denominación de *Coalición Democrática*. Ello obligó a que también Osorio constituyese un partido fantasmal denominado *Partido Demócrata Progresista*, del que además formaban parte Gabriel Camuñas, Mauricio Fernández[4] y una docena más de profesionales, ejecutivos de empresas y funcionarios de élite.

El lanzamiento de esta operación se produjo el 14 de noviembre en la casa de Areilza, de Aravaca (barrio de las afueras de Madrid), en el curso de un almuerzo al que asistieron Fraga, Osorio y Félix Pastor, además del anfitrión. Todos ellos eran conocedores de la importancia del encuentro en pos de un pacto. "Allí —ha declarado Félix Pastor al autor— hablamos de constituir un grupo para la derecha moderna y teníamos conciencia de que era un pacto no escrito, sin reglas expresas, y que se llegaba a él en demérito de Alianza Popular porque el bloque que nacía se lograba por terceras partes cuando las aportaciones eran desproporcionadas". Y como quiera que se quiso sujetar el compromiso, presentarlo como inamovible, inopinadamente apareció un fotógrafo, sin ninguna duda por inspiración de Osorio. La fotografía de los cuatro compromisarios *intencionales* la publicaría el *ABC* en portada dando carácter de compromiso firme —a propósito de una primicia periodística—a lo que pasó a la historia como el *Pacto de Aravaca*.

---

[4] Mauricio Fernández era dirigente del Partido Demócrata Progresista y en una votación interna, debido a un malentendido, fue elegido presidente del partido en vez de su principal promotor, Alfonso Osorio.

Foto única que testimonia el llamado Pacto de Aravaca, *celebrado en la casa de José María de Areilza el 14 de noviembre de 1978 a instancias de Félix Pastor Ridruejo, inspirador del mismo. Tanto Fraga como Areilza y Osorio creían que la solución política para derrotar a Suárez pasaba por disputarle votos en el centro.*

Alianza Popular, otra vez mediante la ingenua buena fe de Fraga, se asociaba a *grupos políticos adoptivos* que avalaban económicamente otra comparecencia electoral del villalbés. A propósito de asociación tan desigual, que hubiese sido irreparable para Fraga si hubiese comportado la disolución de AP, Pedro J. Ramírez acierta en el diagnóstico sobre aquella conversación:

> "Fraga es un hombre de esquemas mentales mucho menos complicados de lo que se piensa, y llegó a plantearles a sus compañeros, con toda la ingenuidad del mundo, que si disolvía Alianza Popular los bancos podían hacerle responsable personal de lo prestado [los débitos de AP y, tal vez, le embargaran su reducido patrimonio familiar"[5].

De Napoleón se ha dicho que en el orden de batalla siempre prefería para la dirección bélica a un mediocre general que a tres de Estado Mayor. En el caso de Coalición Democrática se daba el segundo supuesto: tres líderes adornados de sobresalientes cualidades se habían concertado —el impulso, la volatilidad y la pereza— a fin de contender, de disputarle el discurso centrista al mismo Adolfo Suárez. Tenía todos los visos de una aventura inconsciente no pulsada sociológicamente, más atenta a la conjetura y corazonada que al método objetivo.

En el orden ideológico, por lo demás, apenas una semana después de la reunión de Aravaca, Félix Pastor pronunció una conferencia en el club Siglo XXI que describía meridianamente los perfiles diferenciadores de la derecha moderna que incesantemente se buscaba. Disertación en la que el notario madrileño sostenía que la reforma social debía ser compartida entre la derecha y la izquierda dentro de un modelo de propiedad, libertad y empresa. "La derecha progresista —establecía idealmente el presidente de AP— es la derecha de la libertad, de la democracia, y siente el orgullo de levantar esas banderas".

Refiriéndose a esta extraña convergencia el memorialista Fraga no puede sustraerse a retratar con pluma de ganso a sus dos socios paritarios[6]:

> "José María de Areilza es un fenómeno singular y lujoso de la política española contemporánea, en la que ha permanecido durante medio siglo. Conozco muy pocas personas en el mundo en quien concurran tantas dotes para la política: gran prestancia

---

[5] Pedro J. Ramírez, *op. cit.,* pág. 44.
[6] M. Fraga, *op. cit.,* pág. 143.

personal, importante independencia económica, relaciones sociales de excepción (dentro y fuera de España), capacidad de comunicación oral y escrita excelsas, cultura y viajes, experiencia. Al lado de eso, un defecto capital: la inconstancia. En política no se puede, en el mundo de hoy, improvisar cada día una operación. Cuesta años fomentar la confianza y asentar una organización. Areilza se deja desbordar por sus propias dotes y capacidad imaginativa, y nunca hay manera de saber dónde estará al día siguiente. Ello le hace difícil la continuidad de una línea, la tenacidad de un empeño y la confianza esencial en toda acción pública.

Alfonso Osorio es uno de los miembros más destacados de mi generación; inteligente, preparado, culto, buena persona; quizá difícil de contentar con el ímprobo trabajo diario de la vida política; quizá demasiado preocupado por la estrategia, que sólo es válida si se conecta cada hora con la praxis".

Porque se creyó más operativo y eficaz como banderín de enganche, el triunvirato de Aravaca pensó en una *confederación* pluralista que facilitase la asociación con los disidentes de UCD, incluso los que se proclamaban socialdemócratas. José Ramón Lassuen, que terminó la legislatura constituyente en el Grupo Mixto, era el *puente personal* para los tránsfugas solitarios del partido gobernante por el ala izquierda. Con él y con Cantarero del Castillo negoció la trinidad neocentrista un esbozo de programa común, pero los puntos relacionados con el aborto y el divorcio actuaron de espoleta para que tan peculiar sociedad saltase por los aires antes de cumplirse las formalidades oficiales de presentación de las candidaturas.

Fernández Miranda quiso encabezar AP

Fracasó igualmente, de otra parte, la incorporación postulada personalmente por el también senador de designación regia —como Osorio— Torcuato Fernández Miranda, quien desencantado del desapego de Suárez, ¡él que había sido su mentor!, y del sesgo que había tomado su mimada reforma (de la ley a la ley) aspiró a reingresar en la política activa. Todo indica que Fraga quiso acogerlo y que efectuó exploraciones para situarlo a la cabeza de la candidatura por Oviedo, pero las aspiraciones del tutor del Rey discurrían por ser el primero de la lista por Madrid: en definitiva, el *primus inter pares*.

Era el día de la Epifanía cuando Fraga acudió a visitar a Fernández Miranda; lo deja reseñado en su diario[7] con elocuente pesadumbre:

"(...) Me recibe en su domicilio particular; nos sentamos al pie de una impresionante fotografía del Rey al timón de un barco, con la bandera nacional ondeando detrás, con no menos imponente dedicatoria. Fernández Miranda va directamente al grano: está en desacuerdo con Suárez y la UCD; nuestra operación le interesa, pero sólo está dispuesto a participar si él mismo la encabeza. Es terminante: o el número uno o *seguir en la reserva*. Le hago notar la inmensa dificultad de la operación y de que las bases le acepten. Me replica que ese es asunto mío y que espera *generosidad*. ¿Cuántas veces se me ha pedido y cuántas se me ha otorgado? Pienso que ofrezco un balance favorable. Doy cuenta a mis aliados y principales colaboradores: nadie cree en la viabilidad de la operación. En todo caso, lo ocurrido aclara muchas cosas de las que antes se habían producido".

---

[7] M. Fraga, *op. cit.*, pág. 142.

Compréndese que la servidumbre del liderazgo personalista convierte a quien la sufre en el punto de reunión de la mayor parte de las decisiones, unas veces con el ropaje reglamentario y otras por el valor que en la confianza tienen las razones superiores. Fraga, durante estos meses preelectorales, exigió de sus colaboradores y seguidores un gran caudal de lealtad, y en esa dirección quiso atraer al equipo directivo de AP de la provincia de Madrid. No lo consiguió.

El doctor Martín Cinto, presidente de AP de Madrid, previendo lo que representaba el *Pacto de Aravaca,* se anticipó pergeñando una candidatura para la capital que desbarataba el compromiso tripartito sin conciliar tal propósito con la junta electoral nacional. La crisis no se hizo esperar y saltó a los medios de comunicación, y Martín Cinto dimitió con acusaciones de falta de democracia interna, declarando además que "Fraga se ha equivocado al no romper con los oportunistas que sólo buscan su propio beneficio"[8].

El sedimento histórico depara perspectiva y serenidad bastante para establecer conclusiones veraces y, en este sentido, la improvisada y novedosa coalición aravaqueña dio autenticidad al reproche de Félix Pastor: "Fraga se define por su generosidad, pero sacrificando a los amigos"[9]. Porque, como en el hecho comentado, el villalbés sobreestimó el humo que le vendían los últimos en llegar.

La operación política de Areilza secundada por Fraga

La campaña electoral de las generales de 1979, cuyo desarrollo fue durante el duro invierno peninsular, se desenvolvió como un duelo personal entre Adolfo Suárez y Felipe González, y no tanto en la contraposición de programas de sus respectivos partidos (UCD y PSOE). El bipartidismo que comportaba ese enfrentamiento arrumbaba al papel de meros *comparsas* a los líderes de las fuerzas políticas de los flancos. El propio Santiago Carrillo se dolía por entonces, y así lo acusó en los periódicos, de que los comicios se hubieran planteado "como un plebiscito entre dos niños bonitos".

De los estudios demoscópicos[10] se deducía el virtual empate entre aquellas formaciones y, por tal motivo, la lucha fue muy cerrada y cruda acerca de la seducción de potenciales electores de la indecisión. El sistema clásico de la campaña de mítines de persuasión ideológica cedió significativamente —algo menos en el PSOE— en favor de concentraciones de masas de carácter festivo. La televisión, complementada asimismo por la cartelería y el influjo informativo y propagandístico de los demás medios, se convirtió en estos comicios en la principal arma del *marketing político*. Hasta tal punto fue decisiva la *iconografía televisiva* que la victoria de UCD se basó, según comprobaciones científicas posteriores, en la última intervención de Suárez a través de RTVE la antevíspera de la votación.

---

[8] Declaraciones del doctor Martín Cinto al semanario *Interviú,* número 137, de diciembre de 1978.

[9] Testimonio de Félix Pastor al autor en febrero de 1995.

[10] Todas las encuestas encargadas por los medios de comunicación (*ABC, Ya, El País* y *Cambio 16)* venían dando desde primeros de febrero una ligera ventaja en intención de voto al PSOE; diferencias que se fueron reduciendo a medida que avanzaba la campaña, pero siempre por delante los socialistas. La agencia *Europa Press* pasó a sus abonados una encuesta el 27 de febrero, realizada por la sociedad francesa SFGPP, que fue la que mejor acertó los resultados para los cuatro principales partidos, y en la que aparecía ganadora UCD (predijo 166 escaños para UCD y obtuvo 168; predijo 132 para el PSOE y obtuvo 121; acertó exactamente los 23 del PCE, y pronosticó 7 para CD y consiguió 9).

Adolfo Suárez, que envió a provincias a sus consocios los *barones,* aparecía ante la opinión con su mejor argumento político: la serenidad del compromiso, y en razón de ese sentimiento —con grafismos correctos de fotos y mensajes— se concibió el eficaz eslogan: *UCD cumple.* A su vez, el PSOE precedió a la campaña estricta con un *bombardeo* publicitario solvente y serio, cincelando en las mentes su capacidad de gestión con el eslogan: *Cien años de honradez y firmeza,* para después fijar la atención sólo en Felipe González, con una imagen seria y distinta de la del *muchacho sin corbata, camisa a cuadros y traje de pana.* Aunque resultase una presentación átona, consiguió introducir la sensación de hombre de Estado a la espera de gobernar[11].

En 1979 el PSOE cumplía su primer centenario de vida y la campaña conmemorativa la realizó para proyectar a su líder Felipe González, comparándole a Pablo Iglesias. Y como si fuera un mal presagio, el eslogan elegido invocaba la honradez y la firmeza, de ahí que hiciera fortuna la frase: "100 años de honradez y ...ni un minuto más".

Las facultades para pactar formalmente con sus nuevos socios las recibió Fraga de la Junta Directiva Nacional de AP el 10 de enero de 1979, según el cual se autorizaba al Comité Ejecutivo Nacional a "realizar al efecto todas las negociaciones...". Al propio tiempo, como Alianza Popular era una federación se dejaba libertad a los partidos minúsculos a concurrir separadamente a las elecciones en las coaliciones que tuviesen por conveniente. La verdad es que nadie se separó, sino que, por el contrario, en aquella misma reunión se adhirieron a la Federación de Alianza Popular *Acción por Ceuta* y *Unión de Ibiza.*

Coalición Democrática fue fruto del apresuramiento y como una especie de contrato de préstamo usurario, en el que los prestamistas —Areilza y Osorio— dieron la imagen *moderada* al prestatario Fraga en un negocio político estrambótico, si no aventurero. El sacrificio de tan desigual trato, a cargo de Alianza Popular que era la que ponía el acervo de militancia y organización, podía haberse compensado por pruebas de generosidad de los promotores redactando un buen programa ideológico (¿ha dejado alguna huella para la historia de la transición las propuestas de CD?) o desatando una movilización multiprovincial sin igual en la transición.

Fue un compromiso leonino. Por lo pronto, la falta de desprendimiento de los recién llegados se vio en la renuncia —de Areilza y Osorio— a salir a provincias a encabezar las candidaturas (a Guipúzcoa y a Santander) prefiriendo concentrarse en la lista de Madrid, que quedó concertada por este orden: Fraga, Areilza y Osorio.

Antes que diese al traste el pacto con los socialdemócratas, Lasuen quiso quedarse en Madrid con los puestos 3 y 5, posponiendo a Osorio con el quimérico argumento de que el

---

[11] Julio Feo, refiriéndose en su libro *Aquellos años* (Ediciones B-Grupo Z, Barcelona, 1993, pág. 85) al trasfondo de esa campaña y en su calidad de acompañante electoral de Felipe González, describe el estado de ánimo del líder socialista con estas palabras: "(...) Todo rezumaba una cierta frialdad. Queríamos ganar, pero creo que al mismo tiempo, en el fondo, teníamos pánico a que realmente pudiera ocurrir y tener que asumir la responsabilidad de gobernar. Supongo que, en parte, era por ello por lo que Felipe no estaba bien anímicamente, no tenía ninguna gana de hacer campaña, se quejaba con frecuencia y protestaba del ritmo de la campaña. Además era una campaña de invierno, por tanto había que apechugar con las inclemencias del tiempo...".

eventual grupo parlamentario no debía inclinarse hacia la democracia cristiana. Quien realmente resultó perjudicado fue el presidente de AP, Félix Pastor, que el día que se cerró el acuerdo de la candidatura madrileña se encontraba en Cáceres, enviado por Fraga para pacificar el cierre de la lista de aquella provincia[12]. Cuando regresó se le ofreció Zaragoza y como alegase incompatibilidad de carácter ético-familiar, hubo de conformarse con Soria. Tanto Félix Pastor como Carlos Argos e Isabel Barroso decidieron retirarse discretamente de la competición, facilitando el acceso de los *outsiders*. Sin embargo, el puesto número 4 por la lista de Madrid se adjudicó por sorteo y le tocó a José María Ruiz Gallardón (también fue con este número en las elecciones de 1977). A continuación se incrustó el secretario general del nominalista PDP Gabriel Camuñas, hermano menor del que fuera ministro de los de más corto mandato de UCD (ministro de Relaciones con las Cortes durante dos meses y veinte días), Ignacio Camuñas.

Además figuraron en la lista por Madrid: Ramón País Ferrín (que no fue admitido en ninguna de las provincias gallegas), Carmen Llorca, Eduardo Manzano, Fulgencia Durán y Luis Prados de la Plaza (que también había figurado en las generales de 1977).

No quedó en tan alta exigencia el acuerdo. Siendo como era un pacto parcelario de tres, el cierre de las listas en otros distritos ocasionó múltiples problemas en muchas provincias donde la acción política aliancista venía seleccionando a los líderes. La consigna electoral *caras nuevas* se entendía fundamental y fue tan intransigente por parte del Conde de Motrico —la de colocar a sus amigos— que provocó serios incidentes en Barcelona y Sevilla como también en otros distritos, y en todos los casos con silente disciplina por parte de las juntas provinciales de Alianza Popular cuando el candidato propuesto reunía indiscutibles cualidades.

Pero cuando primó la arbitrariedad y el seguidismo oportunista, los cuadros aliancistas se encresparon en multitud de crisis —o *incendios*— que se extinguirían en medio de un disgusto generalizado. Barcelona fue el caso más representativo —a la vez que escandaloso— en la porfía de Areilza de situar a su amigo Antonio de Senillosa Cros en vez de Laureano López Rodó. No era ajeno a este desplazamiento Osorio, que también se sumó a través de Magín Pont a la intriga injusta de apartar al ex ministro tecnócrata con la ayuda de veteranos aliancistas que así ajustaban cuentas remotas.

Para frenar la maniobra, López Rodó urdió crear una réplica catalana al Pacto de Aravaca (*Catalunya Democràtica*) integrando a reducidos grupos liberales, cristianos e independientes; pero el escaso apoyo que le prestó la organización central madrileña —si es que no alentó la táctica— consumó la marginación. López Rodó había hecho serios esfuerzos de acomodación disciplinada a los nuevos tiempos prestando su lealtad a Fraga en los momentos cruciales en el grupo parlamentario aliancista, pero tal actitud no le fue reconocida. Fraga, no obstante, parece ser que le ofreció encabezar la lista de Tarragona, a sabiendas de que no aceptaría.

La paradoja del coyunturalismo político (el aserto británico *la política hace extraños compañeros de cama*) nunca tendría una representación más extravagante: que los votos de la derecha profunda y de toda la vida de Barcelona eligiese como representante propio a Senillosa, atípico personaje liberal, frívolo y culto, que pasado el tiempo, estuvo a cargo de una direc-

---

[12] Siguiendo el testimonio de Félix Pastor al autor, el encargo que le hizo Fraga de viajar a Cáceres respondía al propósito de que no asistiese a la reunión en que se cerró la lista al Congreso por Madrid. De manera que Pastor emprendió el viaje sabiéndose candidato número 2 y al regresar se había quedado sin sitio.

ción general de Asuntos Exteriores en un gobierno socialista[13]. Consumada la defenestración, López Rodó remitió el 15 de enero al presidente de AP, Félix Pastor, una carta[14] dándose de baja del partido y en la que añadía:

> [...] "Desgraciadamente no podían faltar las intrigas. El propio día 7 de enero se reunían en una finca de un ex procurador en Cortes (se refería a Eduardo Tarragona Corbellá) cinco o seis personas, ninguna de las cuales pertenece a Alianza Popular, y acordaron desplazarse el día siguiente a Madrid para torpedear la coalición (se refiere a Catalunya Democrática, la versión regional *non nata* de CD).
>
> Fraga prestó oídos a esas personas ajenas al partido y con manifiesta infracción de los Estatutos se ha permitido desautorizarme declarando a la prensa que yo no represento a Alianza Popular en Cataluña, siendo así que en tanto no se celebre un nuevo Congreso Regional que renueve los cargos directivos yo he seguido siendo hasta el presente presidente de Alianza Popular de Cataluña. Como comprenderás, no puedo aceptar semejante atropello de la autonomía de Alianza Popular de Cataluña ni contemplar impasible cómo se destruye la unidad de la derecha catalana en unos momentos tan delicados".

Senillosa se situó el primero de la lista de AP en Barcelona con no pequeño asombro, después de imponerse a aliancistas de gran solera y mérito procedentes de Reforma Democrática, como Pedro Arderiú. El mismo *President* Tarradellas pasó un recado a los directivos próximos a Fraga significando el mayúsculo error. Concretamente, en conversación celebrada en Barcelona y que había arreglado Manuel Millian, le dijo a Carlos Argos que "López Rodó había demostrado ser un gran catalán, un gran español y que le estaba muy agradecido por haber ayudado a sacar adelante el Estatuto de Sau".

Senillosa, implacable.

Todo parece indicar, no obstante, que la plaza de Senillosa en Barcelona fue el precio que pagó Fraga para él encabezar Madrid precediendo al Conde de Motrico desde la posición de debilidad inicial —la no explicitación de acuerdos— de que el *cabecera de cartel* era el villalbés. En cualquier caso, el sentido de enajenación que respiraba Fraga con relación a Coalición Democrática se le escapa en sus memorias[15]: "La tarde la pasé —apunta el memorialista el día 9 de enero— con Areilza y Osorio. Largos tira y afloja en torno a las listas; problemas de financiación porque Areilza y varios amigos se han endeudado a título personal para su operación política".

Antonio Senillosa desplazó en las listas electorales de Coalición Popular por Barcelona a Laureano López Rodó, para lo cual se prevalió este personaje frívolo de su amistad con el Conde de Motrico. Aparte no aportar nada, difícilmente Senillosa podía representar a la burguesía catalana.

---

[13] El mismo Fraga, en sus memorias, no se manifiesta indulgente con este candidato *impuesto* por Areilza, diciendo de él que "... es mucho más inteligente, mucho más culto y más trabajador de lo que parece; pero es también mucho más irresponsable que todo lo otro junto". *Op. cit.*, pág. 143.

[14] La carta, cuyos principales párrafos se reproducen, es recogida por Pedro J. Ramírez (*op. cit.*, pág. 132) y, en cambio, no se alude para nada a ella el interesado en cuanto memorialista. La desautorización de la formación creada por el ex ministro tecnócrata se produjo por el mismo Fraga, único mandatario legal de AP cuando aquel presentó ante la Junta Electoral Central la documentación que acreditaba la coalición en el ámbito de Cataluña.

[15] Manuel Fraga, *op. cit.*, pág. 143.

Igualmente memorable fue la aparición por Sevilla, por imposición de Areilza, de un pintoresco periodista llamado Víctor Gutiérrez Salmador, afiliado a Acción Ciudadana Liberal, y seguramente entresacado de esa nómina de *juanistas* que le siguieron en el destierro centrista a que fue condenado el Conde de Motrico por Adolfo Suárez. De este candidato, que alardeaba de su estado civil divorciado cuando esa situación no estaba reconocida legalmente, se cuentan muchas cosas para espanto de la derecha bética, tradicional y pacata. La raíz del rechazo, sin embargo, no estaba en el curriculum académico del candidato, sino en su origen: no era sevillano ni tenía aparente arraigo en las riveras del Guadalquivir. Soberbia, en cambio, sí tenía, y mucha.

Como el periodista Antonio Burgos desde las páginas del *ABC* escribiera un artículo contra los *cuneros* (candidatos de fuera del distrito), Salmador se sintió aludido ante la afirmación del articulista, que decía que los partidos enviaban candidatos que no conocían ni el color de la túnica de San Benito. Y el candidato contestó —*entró al trapo*, valga el símil taurino— refiriéndose a San Benito, patrón de Europa, dando detalles de la túnica del santo allende los Pirineos. La réplica de Antonio Burgos no tardó y con el título *La túnica de San Benito* desarboló al pretencioso candidato en un mar de ironías y rechiflas sobre la vestimenta del santo que reunía a una antiquísima cofradía de la Semana Santa sevillana. Aquel artículo fue el precoz epitafio del candidato liberal.

Luis Olarra poseía una ganada aureola de hombre hecho a sí mismo, trabajador y audaz, que en los círculos industriales se ponderaba elogiosamente por su influencia y capacidad económica. Vasco entre los españolistas irreductibles, había sido senador por designación regia, y en cuanto parlamentario constituyente de la Cámara alta había participado en el logro de fórmulas de consenso para *constitucionalizar* soluciones al problema vasco. Su arriscado carácter le empujó a hablar claro y protagonizar un incidente verbal violento con Abril Martorell en los pasillos del Senado sobre la reintegración foral en las disposiciones transitorias de la supernorma. Quiso acudir a las elecciones y, al socaire de aportar líneas de financiación para su propia campaña, encabezó la lista al Congreso por Vizcaya llevado de la mano de José María de Areilza, desplazando al organizador de AP en Bilbao Miguel Ángel Planas.

El triunvirato de CD aceptó el ofrecimiento y, cómo no, se sirvió de su ascendencia en la naciente Confederación Española de Organizaciones Empresariales y en los bancos para posibilitar circuitos de financiación por la vía de créditos, pese a que Alianza Popular, por estar en números rojos, tenía los grifos del dinero cerrados.

El entreguismo de Alianza Popular a la hora de cerrar las listas de candidatos redujo significativamente los conflictos internos en las provincias con dominio de UCD, pero el principal factor de apaciguamiento residió en que por las series de encuestas publicadas se conocían los distritos donde cabía la posibilidad de elección de algún diputado y senador, y allí sí hubo problemas. Si en muchas provincias comparecieron en las listas únicamente afiliados de Alianza Popular fue por la simple razón de que ni Areilza ni Osorio disponían de seguidores en aquellos distritos, como por ejemplo en Jaén.

Formalmente Coalición Democrática, según obra en el registro de la Junta Electoral Central, la constituían los partidos Acción Ciudadana Liberal (de obediencia a Areilza), Partido Demócrata Progresista (dirigido por Osorio), Renovación Española[16], Alianza Popular y Partido Popular de

---

[16] Renovación Española era sólo una *marca* de partido inscrita oficialmente en el Registro y que, con escasos adeptos, regentaban José Antonio Trillo y López Mancisidor, uno de los candidatos fracasados al Senado por Madrid en 1979. Este minúsculo grupo se integraría en Alianza Popular en 1980 y su principal dirigente, desde 1982, fue dipu-

Cataluña. Pero en Álava, Vizcaya y Guipúzcoa se presentó como Unión Foral del País Vasco, y en Navarra se cedió la exclusiva, a fin de no dividir el voto, al partido Unión del Pueblo Navarro del siempre leal Jesús Aizpún Tuero. En la provincia de Santander, por influjo de Osorio, se constituyó la Agrupación Independiente de Derechas (AID) para el Congreso y, en cambio, para el Senado la candidatura era de Coalición Democrática. Estas variantes, como otras muchas en diversas provincias más, posibilitaron la inclusión de personas independientes dentro de aquel afán de renovar la imagen conjunta. En el caso de Guipúzcoa hubo negociaciones alentadas por el gobernador civil y ex colaborador de Fraga, el diplomático Antonio de Oyarzábal, para que el centro y la derecha concentrasen su voto en una sola lista de UCD (con Marcelino Oreja y Jaime Mayor en los dos primeros puestos), dejando la candidatura del Senado para CD; pero Manuel María Escudero Rueda no quiso integrarse como independiente en la candidatura centrista y, a su vez, el Gobierno no quiso apadrinar la etiqueta *Españoles por Guipúzcoa*.

Aunque Lasuen decidió apartarse del pseudo proyecto neocentrista no le siguieron en su marcha algunos candidatos ya aceptados por el triunvirato aravaqueño. Tal fue el caso, sobre todo, de los dos primeros puestos de la lista de Granada, atribuida formalmente a los socialdemócratas Manuel Prieto López y Manuel Cantarero del Castillo, ambos figurando como *independientes*. El general Prieto había cobrado notoriedad por el discurso que había pronunciado el 14 de diciembre de 1977, en su calidad de jefe de la VI Zona de la Guardia Civil, en un acto celebrado en Salamanca para la entrega de un donativo a la viuda de un guardia muerto en acto de servicio a manos de un delincuente común. "La Guardia Civil tiene un límite a su sacrificio —había dicho entonces y se difundió por todo el país—, tiene que saber por qué mueren sus hombres; por eso pedimos a las más altas instancias de la Nación que tomen las medidas adecuadas para evitar más víctimas...". Las palabras de Prieto fueron la espoleta para que los medios de comunicación montaran un debate, un tanto exagerado, sobre el espíritu de resignación que vivían las fuerzas de orden público y, por extensión, las fuerzas armadas. Ante ese enorme coro el Consejo de Ministros del 16 de diciembre cesó al general Prieto, a propuesta del ministro del que dependía, Martín Villa (que se asegura llevó al Consejo la cinta grabada), y lo dejó en situación de *disponible*. Y como el deterioro del orden público prosiguió, la rebeldía del general Prieto —con todo su olor a pólvora— le confirió el papel de líder víctima. Conocido de los periodistas y de los sectores políticos, se pensó —y él el primero— que cabría capitalizar aquella actitud desde el punto de vista electoral. Se había pensado que compareciese a las elecciones de León, en confrontación abierta con Martín Villa, el ministro leonés que le había cesado; pero la aparición de Fernando Suárez en CD por su provincia natal desplazó al general a Granada, ciudad en la que en un anterior destino habían nacido sus hijos.

Fernando Suárez González, *alma* de la ponencia de la Ley para la Reforma Política, no tuvo encaje en las proximidades de Adolfo Suárez en las elecciones de 1977 ni, pese a sus sobrados méritos, en la lista de los 41 senadores designados por el Rey. Después del referéndum constitucional el brillante parlamentario quiso acercarse a Adolfo Suárez y proponerle la iniciativa de agrupar a las personalidades reformistas del anterior régimen, muchos de los cuales habían pertenecido al tercio de procuradores de representación familiar (*los procuradores familiares*). Su coterráneo Martín Villa había intentado inútilmente atraérselo a la causa cen-

---

tado por La Coruña, desarrollando una meritoria labor parlamentaria en el Grupo Parlamentario Popular hasta 1989 en que fue elegido miembro del Consejo de Administración de RTVE cuando ya padecía una enfermedad que le llevó a la tumba.

trista ofreciéndole encabezar la lista por León en 1977, pero esos propósitos no eran bien acogidos por el Presidente del Gobierno tal vez por una íntima celotipia. Por parte de Areilza y de Fraga, por separado y de consuno, habían pensado en llevarlo a la órbita de Coalición Popular. Cuando al fin aceptó acudir a las elecciones, según el testimonio de Pedro J. Ramírez, condicionó su participación a que no figurasen en las listas de CD ni Enrique de la Mata ni Gregorio López Bravo. Veto que se cumplió por otras causas concurrentes ajenas a los contratantes, sino por la inhibición de los vetados (López Bravo o iba por Madrid o no comparecía, y De la Mata se quedó en UCD y no siguió en esta aventura a su amigo Osorio).

En el caso de Cruz Martínez Esteruelas, a quien en Alianza Popular se quería resarcir del fracaso electoral de 1977 en la provincia de Teruel, Fraga le ofreció su mejor disposición y le invitó a que fuese por Toledo, un distrito con posibilidades dada su configuración social de centro-derecha (Blas Piñar, de Fuerza Nueva, aunque candidato por Madrid, cultivaría este distrito haciéndose llamar *El Caudillo del Tajo*). Prefirió no obstante asegurarse erróneamente el escaño en una provincia populosa, con mejores posibilidades de dividendo electoral, y por esa consideración fue presentado primero en la lista de Valencia. Sucumbiría arrastrado por el fracaso total de la coalición. El periodista Antonio Alemany Dezcallar, en tiempos pasados acerada opinión a favor del reformismo, igualmente prestó su prestigio para figurar como independiente en la lista al Congreso por Baleares, para ser igualmente pasto de la derrota.

Otros candidatos presentados en estos comicios y cuya trayectoria política se iniciaba con prometedoras perspectivas, dentro de la legión de jóvenes profesionales provistos de clara ambición, eran Rodrigo Rato Figaredo (candidato primero al Congreso por Ciudad Real), Antonio Hernández Mancha (candidato primero al Congreso por Córdoba), Gabino Puche (candidato tercero al Congreso por Jaén), Mario Amilibia (candidato quinto al Congreso por León), Juan Ramón Calero (candidato primero al Congreso por Murcia y seguidor del Conde de Motrico), Francisco Álvarez-Cascos (candidato segundo al Congreso por Oviedo), Juan Manuel Fabra (candidato primero al Congreso por Tarragona), Ángel Isidro Guimerá (candidato primero al Congreso por Tenerife), Leocadio Bueso (candidato primero al Congreso por Teruel), Fernando Díez Moreno (candidato primero al Congreso por Toledo), Arturo García Tizón (candidato al Senado por Toledo) y Carlos Manglano (candidato tercero al Congreso por Valencia).

El ingreso de Aznar en AP

Precisamente, a propósito de esa leva juvenil, una tarde del mes de enero de 1979 un joven funcionario interrumpió una de las múltiples reuniones en las que se perfilaba la campaña de las generales del 1 de marzo en La Rioja, en la sede de Alianza Popular.

—Ahí fuera hay un chico que viene a afiliarse y a colaborar en la campaña —dijo la administrativa Charo García.

Y le hicieron pasar, y Neftalí Isasi, que era el responsable de la campaña, comprobó que aquel *chico* (de 26 años) se llamaba José María Aznar y trabajaba como inspector tributario en la Delegación de Hacienda. Aznar había llegado a La Rioja pocos meses antes y, por lo que sabían, estaba casado con una funcionaria del Gobierno Civil (Ana Botella, afiliada a AP) y en este su primer destino, en Logroño, había nacido el primer hijo del matrimonio. Desconocían que era nieto de don Manuel Aznar Zubigaray e hijo de Manuel Aznar Acedo, ambos ilustres periodistas, pero venía de perlas en medio de las grandes discordias que se habían producido al cierre de las candidaturas. Precisamente hacía unos días había dado el portazo —había dimitido— el secretario general regional, José Antonio Ortigosa, porque pretendía encabezar la lista de candidatos al Congreso en lugar de Álvaro Lapuerta.

No siendo por entonces candidato a nada, Aznar se metió en harina a llevar las cuentas de las dos campañas electorales (legislativas y municipales) y por las noches, mandado por el *Nefta*, recorría los pueblos pequeños, como Cenicero, a explicar el programa de Coalición Democrática.

Fue como una convulsión que CD perdiese el escaño que en las elecciones de 1977 se había conseguido para Álvaro Lapuerta, quien desde hacía años, desde el franquismo, representaba ininterrumpidamente a La Rioja en las Cortes. Tras el batacazo, nuevas convulsiones que terminaron en abandonos y el planteamiento de si merecía la pena ir a las elecciones municipales. "Finalmente prevaleció mi postura de presentarnos y realizar la campaña con un dinerillo que habíamos ahorrado de las generales, puesto que de Madrid no podíamos esperar ni un duro. E hicimos la campaña por nuestra cuenta", recuerda Isasi, entonces vicesecretario general de la riojana AP.

Consiguieron ciertamente un total de 180 concejales, 25 alcaldes y 5 diputados provinciales (el mismo Isasi resultó elegido concejal por Logroño y diputado provincial) y, desde esa posición, CD fue llamada a participar en la redacción del Estatuto de Autonomía; ponencia a la que pertenecía Neftalí Isasi y que se acompañaba, como asesor, de José María Aznar. Cuando fue culminada esta etapa, dentro del proceso constituyente previsto en el artículo 146 de la Constitución, Aznar ya era un experto en estos temas y ello le permitiría configurar la postura de Alianza Popular en materia de comunidades autónomas.

Después de las elecciones, por otra parte, el joven Aznar fue elegido secretario general de AP en La Rioja (y reelegido presidente Benedicto Bericoechea) y bajo su dirección, con el impulso de su juventud, fueron constituidas representaciones de Alianza Popular en los 174 pueblos riojanos. "Nadie puede decir —concluye Neftalí Isasi— que José María Aznar no sabe lo que es empezar en política desde abajo, desde la base más auténtica. Él recorrió casi la totalidad de los pueblos de La Rioja y ya entonces supo ganarse el respeto de todos".

¡Qué disparatada campaña la de CD!

Falta de tiempo para abrirse al centro y que fuese percibido por el electorado, Coalición Democrática llevó a cabo una campaña disparatada. Confusión, indefinición programática, dispersión del liderazgo, movilización escasa y una organización caótica fueron las notas con que se puede encuadrar aquella campaña electoral de una coalición de centro-derecha que, por desviarse de su primigenia orientación, permitió en el Parlamento la presencia de la extrema derecha cuyo paso quería precisamente detener. La campaña sirvió más para la supervivencia, o la entrada en política, de ciertos líderes sin méritos electorales propios que para establecer la reclamada orientación de un sector conservador de la sociedad española. Por esa elemental razón en la campaña electoral de Coalición Democrática prevalecieron, de forma absurda, los factores estratégicos por encima del fondo sustancial ideológico.

La fluyente y fácil financiación que prometieron y que como adalides de ella eran Areilza y Osorio, a la postre se escatimó y redujo alarmantemente, hasta el punto que Fraga anotó el día 11 de enero de 1979: "Gran susto; algunos se vuelven atrás en la financiación; nuevas y angustiosas visitas"[17]. El camino al Gólgota de la financiación tuvo no obstante que ser recorrido por Fraga —seguramente sus colegas también lo hicieron—con resultados sorprendentes y caricaturescos. Un financiador importante, sirva de anécdota, se negaba a última hora a ayudar económicamente si Ramón País (hombre de Areilza) figuraba en la lista de Madrid rebotado de La Coruña, porque como abogado había puesto una *querella catalana* contra el financiador (acción legal que consiste en poner una querella criminal para forzar la solución de un pleito civil). Y así varias otras cuitas que se resolvieron con un acuerdo de la banca, que ha tenido continuación en el tiempo, consistente en sindicar los créditos y préstamos a los partidos políticos concediéndolos en cuantía proporcional a sus expectativas electorales. Y como quiera que las previsiones de CP la entendieron los banqueros muy limitadas por el *voto útil* que absorbía UCD, la financiación final que obtuvo la coalición tripartita fue la mitad de la mitad: aproximadamente la décima parte de la que concedieron al partido gobernante, y apenas nada para las elecciones municipales de un mes después.

Preconizado Félix Pastor para ser el primer secretario general de Coalición Democrática, en el improbable caso de que los resultados aconsejasen la formación de un partido unido bajo la nueva marca, los tres líderes convinieron que el convocante del *Pacto de Aravaca* fuese el coordinador de la campaña. O sea, se acordó que hubiese una dirección política por encima de la dirección técnica y el centro logístico estaría en unos lujosos locales de la calle Lagasca, no lejos donde Areilza tenía la sede de su partido Acción Ciudadana Liberal. Quienes venían de la modesta sede aliancista, de la austeridad *fraguiana*, alucinaban al ver en el cuartel general de Coalición Democrática derroche al detalle: "Aquello era Hollywood: pululaban unas señoras despampanantes, una maquinaria electoral casi americana... y había hasta bocadillos de butifarra...", recuerda humorísticamente Javier Carabias, uno de los componentes de los tres equipos —por cada uno de los líderes— que intentó poner orden en aquel caos simpático con un *personigrama* tipo empresa multinacional.

De hecho, Félix Pastor fue expulsado de la mastodóntica organización que mandaba Javier Santamaría, secretario general de Petromed, S. A., y por lo tanto persona de confianza del consejero de la misma empresa Alfonso Osorio. Aunque era hombre de buen trato y moderado, en materia electoral Santamaría ni conocía la política ni mucho menos el plan de batalla de unas elecciones y que, no precisamente por casualidad, se llama *campaña*. José Armengou, por lo demás, era un cancerbero de aquel por su intransigente carácter, encargado de que funcionase a voz en grito la logística de todo orden (cartelería, propaganda manual, etc.).

Los sondeos y encuestas los llevaba el experto profesional César Baquian, y la atención a los candidatos —el provisor de argumentos y redactor del manual de campaña— estuvo a cargo de un profesor republicano llegado del exilio.

Fraga, aunque en aquella ocasión no controló la oficina electoral, sí llegó a imponerse en el área económica por el hecho de que, al final, fue el principal tributario de las ayudas económicas provenientes de la banca. En este orden de cosas, el tesorero de AP Guillermo Piera controló cuanto pudo con arreglo a un repertorio de compromisos desbordado para los aprovechados y que, mal que bien, hubo de cumplir rígidamente y sin que protestasen los líderes

---

ante el entonces disminuido Fraga. Ciertos cualificados colaboradores[18] llegaron a acreditarse salarios y remuneraciones muy elevados con carácter retroactivo, llevando cuenta desde que se formalizó el *Pacto de Aravaca*.

El ambiente de puerto arrebatacapas debió de ser tan real que Fraga, a propósito de aquellos lances costosos, no pudo reprimir en su diario (correspondiente al día 19 de enero de 1979) el siguiente lamento: "Siento cada vez más asco de lo que está pasando; sobre todo porque mientras uno se está literalmente matando por una causa, alrededor andan personas buscando publicidad, comisiones, socalinas de todo tipo, que envenenan la sangre y el ánimo de cualquier persona seria"[19].

El éxito virtual de la campaña de Coalición Democrática se fió inútilmente, por inexperta osadía e ingenuidad, en la certeza de una campaña electoral de contenidos técnicos —incluso sofisticados— conforme a la curtida tradición mercadotécnica de los Estados Unidos, de la Quinta Avenida de Nueva York. José Ramón Lasuen pudo transmitir a sus potenciales socios (en mayor grado quizás a Osorio, devoto de la estrategia) que con una buena campaña, diseñada y dirigida por técnicos especializados, el triunfo rozaría la yema de los dedos, cuando menos para obtener unos cuarenta diputados[20]. El triunvirato aravaqueño ya había intentado contratar a David Garth, experto electoral que dirigió la campaña en Venezuela del democristiano Herrera Campins hasta elevarlo a la presidencia de aquella república, según parece por indicación de Alfonso Osorio. Pero Garth, como los consultores electorales de fama mundial Napolitan o Seguela, cobraba de honorarios un millón de dólares y, por si fuera poco, diseñaría y dirigiría la campaña desde su oficina allende el Atlántico.

Fracasada, pues, esta negociación en la que Osorio puso no poco empeño, apareció de la mano de Lasuen otro experto norteamericano: Deardourff, en cuya cartera de clientes había estado el aspirante a la presidencia estadounidense Goldwater. Caló tanto esta recomendación que el mismísimo Fraga almorzó con él, llegado expresamente a Madrid para conocer a sus posibles clientes, el 16 de enero. Antes de abandonar Madrid, Deardourff estudió las encuestas disponibles entonces y emitió un memorándum, según Pedro J. Ramírez[21], a la medida y coincidente con el fantástico plan de Lasuen. La aproximación de Deardourff, a través de una empresa de servicios de Lasuen, terminó mal, entre otras cosas porque, por orden expresa de Fraga, el tesorero de AP se negó a pagar una factura de 400.000 pesetas por el trabajo de diagnóstico del experto norteamericano.

Habida cuenta que las ideas de Lasuen habían calado, la agencia Tándem, bajo su influjo, concibió las primeras imágenes de Coalición Democrática y las adelantó en la concepción cor-

---

[18] Eugenio Pordomingo Pérez, *Fraga a la búsqueda del poder,* Sociedad Cultural Europea Ediciones, Madrid, 1991, pág. 221. Este autor, refiriéndose a esta situación de descontrol general en la sede de CP, añade que "entraba y salía dinero [de la sede electoral] sin apenas verificación alguna. No se practicaron auditorías. Según testigos de aquella época, se pensó que *algunos de los nuevos colaboradores nos iban a dejar en calzoncillos...*"

[19] M. Fraga, *op. cit.,* pág. 145.

[20] Pedro J. Ramírez (*Así se ganaron las elecciones 1979,* pág. 49) afirma que el cambio de la denominación Confederación Democrática por Coalición Democrática se efectuó por indicación de José Ramón Lasuen, dentro de un informe en el que pretendía elaborar un programa electoral —"Puente sobre el Centro"— asentado en dos pilares: seguridad ciudadana frente a terrorismo y seguridad económica frente a la crisis, en torno al cual se aseguraba un 12,5 por ciento del voto popular, es decir, cerca de 40 escaños en el Congreso.

[21] También Pedro J. Ramírez alude en su obra antes citada que el informe de John D. Deardourff elaborado en Madrid para Coalición Democrática (*Así se ganaron las elecciones 1979,* pág. 51 y ss.) aconsejaba una estrategia proclive a potenciar a Lasuen en cuanto eventual socio del trío de Aravaca.

porativa y publicitaria de la que partía: un logotipo con la iniciales *CD* (en clara mimesis con la marca de cosmética y moda Christian Dior) y un anagrama de identificación de dos muñecos silueteados tendiéndose las manos ("haciendo manitas como dos mariconcillos", ha comentado al autor Félix Pastor, director político no ejerciente de aquella campaña).

La realización de la campaña, al margen de lo ya dicho, la llevó a cabo una coalición de agencias: *Arge* (que había realizado la de Alianza Popular en 1977), *Dardo, Rasgo y Arilla*, patrocinadas por los otros líderes, según un haz de compromisos inexplicables o por razón de la desconfianza, con exclusión de Tándem. Esta empresa, sin embargo, pretendió resarcirse de las ideas y artes finales aportadas y amenazó con demandar a la Coalición en defensa de daños y perjuicios y de lucro cesante. Se arreglaron las cosas, mediando una peseta como pago simbólico de la reparación de perjuicios, y no hubo contienda legal, pero fue el botón de muestra de los males de la improvisación y de la falta de seriedad.

Partiendo de que había que hacer tabla rasa de los signos de identificación de Alianza Popular, se puso demasiado empeño en borrar imágenes antecedentes: los colores rojo y gualda de la cartelería de AP fue sustituida por el verde; se creo un *jingle* musical un tanto roquero, y se tendió a publicitar mensajes centristas ya quemados (se pensó en un primer momento en el eslogan *Para centrar bien las cosas*), pero para distinguirse de UCD se incurrió en error mayor al ser adoptado el mensaje *Para ordenar bien la cosas*.

Cuando en los carteles del Metro de Madrid se publicitó el eslogan pasó lo previsible: que algunos agentes de la propaganda adversaria redondeó el argumento hasta lo ridículo poniendo la tilde al verbo ordenar (*Para ordeñar bien las cosas*).

El 3 de octubre de 1978, es decir, cuatro meses antes de los comicios generales, el Comité Ejecutivo de AP acordó crear un comité logístico electoral encargado de marcar las pautas de actuación en todos los órdenes y de montar la infraestructura electoral imprescindible con la vista puesta, sobre todo, en las inminentes elecciones municipales. La firma del *Pacto de Aravaca*, lejos de paralizar esta maquinaria, la revolucionó, toda vez que el trabajo básico de logística en el ámbito central (de Madrid) y en el territorial lo desempeñó por completo AP, único partido organizado.

Del estudio de las circulares emanadas por la Secretaría General de AP[22] se desprende que la intendencia política de CD era enteramente aliancista, y fue a través de aquellas comunicaciones como dio a conocer, a los efectos de relación funcional, el esquema directivo de la *campaña técnica*. La figura del gerente provincial de campaña, cargo ensayado en las elecciones de 1977, se implantó definitivamente en cuanto coordinador de las acciones políticas e institucionales y de las netamente publicitarias. Fue el órgano de enlace con los candidatos, el que reclutó e instruyó a los interventores y apoderados mediante manuales *ad hoc* y, asimismo, el gestor o representante ante la junta electoral, oficina del censo y agencias de publicidad, asesorado jurídicamente por un letrado determinado. Igualmente, desde entonces hasta el presente, el gerente tenía como misión difundir y gestionar el proceso de votación por correo, así

---

[22] Lourdes López Nieto ha estudiado con rigor los documentos electorales para el funcionamiento interno de Alianza Popular en su tesis doctoral *Alianza Popular: estructura y evolución electoral de un partido conservador (1976-1982)* y de su consulta han sido asumidas diversas conclusiones no recogidas literalmente por cuanto que complementan la visión propia del autor.

como otros cometidos que, en conjunto, formaban parte de las distintas fases de la campaña desarrollada en tres grandes campos: 1) logística, seguridad y formación; 2) estudios, medios de comunicación, propaganda y actos, y 3) presupuesto y recursos.

Con la firma conjunta del director de campaña, Javier Santamaría, y del Vicesecretario de Acción Territorial, Jorge Verstrynge, el 13 de febrero se emitió una circular dando inicio a la segunda fase de la campaña —la recta final—, en la que además de animar a la militancia para la captación del voto se informó que la infraestructura del partido había funcionado frente a los resortes de poder abusivamente utilizados por UCD. Posteriores directivas recogían las variaciones del organigrama de la oficina electoral central —muestra del nivel de improvisación de la dirección titubeante— y se ofrecían argumentos y tácticas en la lucha contra el *voto útil* totalmente del lado de UCD. Por otro lado, respecto de la orientación a candidatos, es en estas elecciones en las que se inauguraron los *argumentarios* o textos que, al pie de la actualidad o de vigencia perenne, informaban de los contenidos dialécticos con los que persuadir al electorado con criterio común y unívoco por medio de 20 puntos del programa de gobierno, complementados con cuadros numéricos y diagramas de fácil comprensión. Se acompañaban, por lo demás, de recomendaciones sobre cómo hablar en público (esquema del discurso, tono de voz, disciplina del gesto, etc.).

En realidad, conforme han ponderado varios estudiosos, Alianza Popular puso a funcionar y tensó su reducida maquinaria con altos niveles de eficacia pese a tres factores en su contra: una campaña mal concebida y ejecutada; la doble convocatoria —con campañas casi superpuestas— de comicios generales y municipales, y la continúa obstaculización de los centros periféricos del poder gubernamental.

La sombra del empate entre UCD y PSOE planeó a lo largo de toda la campaña como un nubarrón flotante que podía descargar los votos a un lado u otro. La campaña sobre la indecisión implicó a todos, pero en particular a Adolfo Suárez, que en esta ocasión hizo mítines recorriendo distintos lugares, incluido el País Vasco, en su estrenado populismo, y como los líderes de Alianza Popular en 1977 fue blanco de las broncas de los reventadores de izquierda (singularmente en Badajoz y en Atarfe, Granada). Felipe González, a su vez, por vía aérea llevó a cabo una campaña itinerante de movilización un tanto preparada y exhaustiva que le llevó hasta Villalba de Lugo, reducto impenetrable de Fraga. Sus baños de multitud continuos en foros de gran cabida —no siempre al aire libre por ser invierno— actuarían de multiplicador hasta sobrepasar ligeramente en intención de voto a Suárez. La batalla última se daría, sin embargo, en la televisión, y dado que los muestreos de opinión suministraron cierta euforia a los socialistas, mal administrada en la fase final se coligió —por la prensa, sobre todo— que el PSOE perdió las elecciones ("El de Sevilla perdió la silla", titularía *Cambio 16*), si bien Felipe González caló en la sociedad y dentro del partido que había absorbido a la mayor parte de las fuerzas socialistas venideras. Cuajó como líder con la aureola de la izquierda aconsejable, aunque todavía condicionado por la hipoteca marxista del socialismo tradicional.

Los veintiún días de campaña eran el período estricto en el que los partidos solicitaban el voto de modo directo, pero la perversión consistía en que semanas antes —desde el mismo día de la convocatoria— se iniciaron los actos públicos y la propaganda de persuasión partidista con una intensidad variable. El mismo día de la convocatoria, el 29 de diciembre de 1978, Fraga se lanzó a difundir la nueva coalición precisamente en Galicia, en una cena multitudinaria en La Coruña. Aunque recorrió la mayor parte de las regiones, según una distribución de visitas programada para Areilza, Osorio y él mismo, ayudados por otros candidatos, el villalbés desplegó su actividad mitinera y populista en Galicia y en Madrid, dando por seguro que en tales áreas el mal resultado se paliaría. Como los preparativos de la campaña le retuvieron en Madrid hasta la segunda quincena de enero —después de firmarse formalmente el *Pacto de Aravaca*— no se programaron los viajes en función de las necesidades de apoyo para reforzar el voto decantado o atraer al indeciso.

Las islas Canarias, Cataluña, Andalucía, Ceuta, Castilla y León, Asturias, Murcia, Valencia y La Rioja fueron las regiones donde Fraga acudió en saltos rápidos a pregonar en sus principales ciudades el nuevo proyecto y, conforme al estudio hemerográfico de aquellos días, el volumen de información generado en los desplazamientos fue sensiblemente inferior al movilizado en 1977. En punto a incidentes, salvo el del cierre de campaña en Vallecas, Madrid, donde los líderes de CD se sintieron cercados a la salida del cine por una turba resultando herido por arma blanca un simpatizante, apenas tuvo relieve la campaña negativa. Porque la moderación del elenco de CD, coincidiendo con el incipiente pasotismo popular, la desplazó de la atención pública conforme al vaticinio de las encuestas de ser una fuerza segundona desdeñada abiertamente por quienes creaban opinión (*coalición fragocrática* la llamaba el pujante diario nacional *El País*).

La utilidad de las encuestas, tras aprender la lección en los comicios anteriores, se reveló como técnica imprescindible en estas elecciones con *fuerza inductora* para el resultado. Fraga se enfureció un tanto porque tres días antes de los comicios la agencia *Europa Press* distribuyó en su servicio un sondeo que le rebajaba el resultado a siete diputados (luego serían nueve), entendiendo que tan mala predicción subrayó el voto útil en perjuicio de CD respecto de los indecisos. De todas maneras, aunque fuese dudoso el método que se siguió en aquel sondeo, es incuestionable que se acercó a los resultados, aunque su publicación dio motivos para regular este hecho posteriormente limitando la publicidad de los mismos hasta una semana antes del día de la votación.

El Instituto de la Opinión Pública, sin embargo, fotografió minuciosamente el comportamiento electoral a través de tres encuestas exclusivas para el Gobierno de 25.000 entrevistas cada una, llevadas a cabo desde enero hasta el día de los comicios, dando la fotografía sociológica casi exacta de la imagen de los líderes y de las fuerzas contendientes. Los pronósticos de resultados fueron muy aproximados a los reales y, según los expertos que los llevaron a cabo, el único fallo grosero que tuvieron fue que no previeron rigurosamente el crecimiento del Partido Socialista Andaluz ni el de Herri Batasuna. Mas tan importante como la apreciación cuantitativa del voto proyectado a escaños, la utilidad de aquellas encuestas permitió conocer al Gobierno las opiniones cualitativas de los españoles acerca del divorcio, aborto, terrorismo, amnistía política, etc.

La manipulación operada en las encuestas, sin embargo, suscitó un debate generalizado en la clase política sobre el cual los más eminentes sociólogos se manifestaron, coincidiendo en la idea de que estas catas sociológicas no deben oscurecer más que iluminar el panorama político. Si bien los sociólogos Amando de Miguel y Salustiano del Campo criticaron estas malas prácticas profesionales que propiciaban la abstención y la desconfianza, el profesor Juan José Linz fue más categórico aseverando (*Informaciones*, 14 de febrero de 1979) que "profesionalmente es inadmisible que se engañe así a la opinión pública por quienes demuestran ese grado de incompetencia profesional".

La decisiva batalla de la televisión

La experiencia de las elecciones generales de 1977, en las que la televisión ejerció un papel decisivo, sugirió a los estrategas de los partidos concebir el eje principal de cada campaña sobre la presencia en ese medio. No sólo los partidos extraparlamentarios hicieron el esfuerzo para presentar listas en el número suficiente de distritos que garantizase su acceso a la pequeña pantalla, sino que, subvirtiendo los fines específicos de este servicio público, hubo una agrupación ajena a la política (La Unión para la Libertad de Expresión) formada por trabajadores de los periódicos de Prensa del Movimiento, que lo que quería era difundir sus problemas laborales. El Comité de Radio y Televisión prohibiría la emisión de siete espacios gratuitos y, entre ellos, los correspondientes a dicha agrupación.

El bloque de mayor audiencia en RTVE fue repartido, sin embargo, entre los cuatro grandes partidos: UCD, PSOE, PCE y CD, con independencia del tratamiento preferente que CiU y PNV tuvieron en los circuitos regionales respectivos. RTVE, ante la presión que se le venía encima, declinó esta vez elaborar en su redacción la información electoral y, como en 1977, habilitó el tiempo proporcional necesario para que cada partido ofreciese sus comunicados acerca de sus actividades electorales. Sin embargo, el mayor problema —algo no resuelto todavía— estuvo en que siendo el Gobierno un contendiente electoral más, la actividad oficial de los ministros y del presidente mostrada en los telediarios se reputaba electoral por los adversarios. En verdad, la desagregación en los aspectos noticiosos de lo que requiere mención informativa pura de lo que es meramente electoral nadie, en ningún otro país, lo ha conseguido.

Todos contra UCD resultó, lógicamente, en la campaña televisiva. Pero Adolfo Suárez, muy familiarizado con este medio, sacó ventaja a todos porque en él, y sólo en él, se concentró el argumento de la personificación política: del liderazgo carismático. Dice José Miguel Contreras, especialista en estas lides, que "el argumento básico de la misma [la campaña] era el *dicho y hecho*. La prueba tangible de esas realidades era la propia figura de Suárez. Sus promesas cumplidas eran el principal valor del partido. La idea era sencilla: frente a los ataques verbales procedentes de todos lados, UCD exponía no palabras, sino realidades"[23].

De los tres espacios que protagonizó Suárez, en el primero se efectuó un remedo de entrevista a cargo de Federico Isart —una charla no suscrita a los cánones de la entrevista inquisitiva—, pero que acercó al Presidente del Gobierno de manera informal al público.

Felipe González allanó el triunfo de su oponente principal, Adolfo Suárez, en dos aspectos singulares que los expertos, pasado el tiempo, han ponderado como claves en aquella campaña. En primer lugar, su brusco cambio de imagen de ser un político juvenil y dinámico, con ademanes y vestimenta acordes, a presentarse como exponente de la madurez y veteranía, con un rigor y seriedad de los grabados —y en la misma televisión— que rompía el modelo con el que había sido percibido. El grabado *naïf* creado por José Ramón Sánchez para los carteles —la representación de un bucólico parque urbano— pudo enderezar la campaña dándole perfiles de más desenfado; pero si bien dulcificó el efecto de que a los socialistas no había que temerles, restó la legítima agresividad de una campaña.

En segundo lugar, contribuyeron a magnificar la imagen de Suárez los mismos retos que le hizo González para que celebrase un debate cara a cara en televisión ofreciendo para ello el tiempo de emisión que RTVE había concedido al PSOE. Como tales desafíos los hiciese en la *recta final* de la campaña y a través de RTVE, el medio actuaba de mensaje para ver qué es

---

[23] De la tesis doctoral *Información electoral en televisión*, Facultad de la Ciencias de la Información de la Universidad Complutense, pág. 362.

lo que contestaba Suárez. Prevaliéndose de su aureola de presidente, el cierre de campaña de la UCD lo tuvo en el tercer espacio gratuito de diez minutos: la apelación al miedo.

Del centro-derecha UCD, por virtud del voto útil, había sumido casi en la marginalidad a CD, y le quedaba, pues, hacer inclinar en el último momento de su lado a la masa basculante de votantes moderados de centro-izquierda. Lo hizo escarbando en el voto temeroso del vacío al futuro, de la desconfianza y a tal fin no se cuidó su presencia física: apareció en la pequeña pantalla ojeroso y trascendente para decir, entre otras cosas:

> [...] "En una democracia consolidada las elecciones se plantean sólo en torno a problemas concretos, mientras lo que los españoles nos jugamos pasado mañana, además de la solución de los problemas, es nada más y nada menos que la propia definición del modo de sociedad en que aspiramos a vivir... El gran equívoco en que se mueven estas elecciones es, a mi juicio, que so pretexto de un lenguaje moderado y apelando al centro sociológico sepáis se quieren introducir, o bien posiciones ideológicas que contradicen el sistema de vida occidental, o bien, por otra parte situaciones anacrónicas".
>
> [...] "No podemos creer en la moderación centrista de que hace gala [el PSOE] en la propaganda electoral, porque el programa del XXVII Congreso, por ejemplo, defiende el aborto libre y, además, subvencionado por los contribuyentes; la desaparición de la enseñanza religiosa y propugna un camino que nos conduce hacia una economía colectivista y autogestionaria...".

Como un torpedo en la línea de flotación esta plática actuó contra el PSOE sobre esa masa de votantes (cerca del millón) que a última hora todavía dudaban y que ante este aldabonazo se decidió al *más vale lo malo conocido que lo bueno por conocer.* En puridad, el golpe era estratégico en la encrucijada de contradicciones que padecía el PSOE y que, pasados los meses, hubo de dilucidar en un Congreso que hizo emerger las dos principales corrientes del socialismo histórico que debía dominar: socialdemocracia o socialismo marxista.

Las comparecencias televisivas de CD en los tres espacios de emisión gratuita supusieron, con un planteamiento de publicidad negativa, inmisiones en el campo de UCD, abundantes, poco originales y disgregadores respecto a la personalización única que anteriormente había conseguido Fraga. Con un diseño sencillo, con predominio de los colores verdiblancos, huyendo de la espectacularidad electrónica, en los dos primeros programas se simuló la mesa de trabajo moderada —o presidida— por Fraga. Le acompañaban en el primero de los programas, Fernando Suárez, Cruz Martínez Esteruelas, Antonio Alemany y Rodrigo Rato (todos ellos candidatos al Congreso y ninguno de ellos salió elegido), y tuvo un desarrollo temático de la opción definida como reformista y moderada.

En el segundo espacio, también con la técnica de mesa redonda, Fraga y Areilza estaban flanqueados por Luis Olarra, Gabriel Camuñas y A. Gómez (que tampoco ganaron escaño), y en tono conversacional criticaron la situación presente con afirmaciones rotundas que, inevitablemente, iban seguidas de propuestas de solución.

La tercera comparecencia televisiva la escenificaron en un *set* decorado con los distintivos de la campaña, parapetados detrás de una mesa los tres líderes punteros de CD. Osorio, como primer interviniente, explicó lo que representaba el centro en la política y la causa de su abandono de la UCD "[...] porque consideré que los votos que le llevaron al poder [a Suárez y a UCD] eran fundamentalmente los que procedían de una derecha moderada y progresista...") pretendiendo atraerse el voto de los defraudados. Areilza, por su parte, tendió una base de confianza para las soluciones que necesitaba el país en el orden económico y social, sin fuerza ni seducción. Fraga, el último en dirigirse al público, intentó destruir el voto útil que se dirigía hacia UCD y arrimarlo a CD con el argumento de que, como ni PSOE ni UCD iban a obtener mayoría absoluta, los diputados de la coalición que encabezaba podían decantarse para ayudar al Gobierno y evitar su tendencia a la izquierda ("porque el voto debe ser útil a quien lo da, no a quien lo recibe...").

Tan razonables argumentos, aunque sin fortuna en el planteamiento de arrebatar votos centristas ya copados, contrastaban con el acompañamiento musical del *jingle* festivalero que no se correspondía con la seriedad —ni edad— de los participantes. De todas maneras, con parecernos discreto y adecuado el contenido de estos mensajes, el desfile de líderes según una escala de apariciones (tres veces Fraga, dos Areilza y un Osorio) denotó una dispersión inoportuna cuando entre los partidos mayoritarios se enfrentaban dos jóvenes en una confrontación personalizada.

El precio de una derrota prevista: la dimisión de Fraga

Durante la noche del 1 de marzo (jueves) de 1979, a medida que se conocían los votos escrutados en los colegios de los distintos distritos electorales, se pudo apreciar que las elecciones generales las había perdido el PSOE y que, sin desgaste en su acción de Gobierno, la UCD repetía resultados mejorando el número de escaños en el Congreso (tres más) que en junio de 1977. El optimismo adelantado por los socialistas tras fusionarse al PSP de Tierno Galván, puesto en evidencia en las instrucciones dictadas para celebrar la victoria y saborear los brindis del triunfo, se trocó en silencio y amarga resignación.

Los partidos menores de implantación nacional (PCE y CD) sufrieron la decepción. El PCE, porque sólo aumentó tres escaños de los que se prometía como seguros, y CD, conforme se barruntaba, porque se había distanciado en pérdidas —casi la mitad— de su mal resultado de 1977 a través de un proceso falsificado de asaltar al centrismo de Suárez. Y por desgracia, de añadidura, la ultraderecha había conseguido un escaño entre electores huérfanos de una dirección conservadora clara.

Nacionalistas catalanes y vascos, respectivamente, vieron mermadas asimismo su representación (CiU pasó de 11 escaños a 8 y el PNV perdió 1), pero brotaron los regionalismos a través de minúsculos partidos (el Partido Socialista de Andalucía, Unión del Pueblo Canario, Partido Aragonés Regionalista y Unión del Pueblo Navarro) en paralelo al desarrollo autonómico que se perfilaba. Logró también representación Herri Batasuna, en el ámbito de la extrema izquierda separatista con nexos terroristas, y repitieron escaño Euskadiko Ezquerra y Esquerra Republicana de Cataluña.

Las elecciones, con relación a las grandes opciones, no había variado sustancialmente el arco parlamentario, por lo que cabe colegir que la política de consenso constitucional desgastó a todos por igual y, en todo caso, premió a la UCD como impulsora paciente de la actitud de diálogo. A primera vista, por lo demás, las opciones centristas sin apellidos sumaban la mayoría absoluta.

De 26.838.500 electores (tres millones doscientos mil más por haberse rebajado la edad del derecho al sufragio de 21 a 18 años de edad) acudieron a votar 17.932.890 ciudadanos, computándose votos en blanco: 58.267, y votos nulos: 268.277. La abstención fue, por lo tanto, de un 33,19 por ciento, cifra aceptable en países de solera democrática pero elevada para un país que estrenaba reglas democráticas constitucionales.

CONGRESO DE LOS DIPUTADOS

Partido o coalición	Nº votos	Porcentaje	Escaños	Votos por diputado
UCD	6.268.593	34,95	168	37.313
PSOE-PSC	5.460.813	30,45	121	45.131
PCE-PSUC	1.911.217	10,65	23	83.096
CD	1.067.732	5,95	9	118.637
CiU	483.353	2,69	8	60.419
Unión Nacional	370.740	2,06	1	370.740
PSA	325.842	1,81	5	65.168
PNV	275.292	1,53	7	39.327
Herri Batasuna	172.110	0,96	1	57.370
ERC	123.452	0,69	1	123.452
EE	85.677	0,48	1	85.677
AIC	58.953	0,32	1	58.953
PAR	38.042	0,21	1	38.042
UPN	28.248	0,15	1	28.248

Fuente: Junta Electoral Central y elaboración propia.

La continuidad en la distribución de apoyos entre los partidos mayoritarios respecto de las elecciones de 1977 es la principal consecuencia de estos comicios, pues los trasvases de votos no alteraron el equilibrio demostrando cierta cristalización del electorado. Es decir, el centro-derecha siguió siendo hegemónico, contando incluso con la incorporación censal de los nuevos electores, y raramente se produjeron —en números apreciables— trasvases entre bloques distintos. En cambio, CD perdió más de cuatrocientos mil votos (aparte de no incorporar a nuevos votante) que emprendieron distintos caminos: a la propia UCD, a los partidos regionalistas y, asimismo, a la extrema derecha.

SENADO

Partido o coalición	Escaños
UCD	119
PSOE.PSC	70
PNV	8
CD	3
Agrup. Indep. Soria	3
Herri Batasuna	1
CiU	1
Entesa dels Catalans	1

Fuente: Junta Electoral Central.

Los diputados electos de Coalición Democrática fueron los siguientes:

Madrid: Manuel Fraga Iribarne, José María de Areilza y Martínez de Rodas y Alfonso Osorio García.
Barcelona: Antonio de Senillosa Cros.
La Coruña: María Victoria Fernández España y Fernández Latorre.
Lugo: Antonio Carro Martínez.
Orense: Jaime Tejada Lorenzo.
Pontevedra: Rafael J. Portanet Suárez.
Oviedo: Juan Luis de la Vallina Velarde.

Pasaron a engrosar el Grupo Coalición Democrática en febrero de 1982 los siguientes diputados de UCD: Ricardo de la Cierva y Hoces (elegido por Murcia), Manuel Díaz-Piniés (elegido por Ciudad Real), Miguel Herrero Rodríguez de Miñón (elegido por Madrid) y Francisco Soler Valero (elegido por Madrid).

Los senadores electos por Coalición Democrática fueron los siguientes:

Ibiza-Formentera: Abel Matutes Juan.
Lugo: Francisco Cacharro Pardo.
Zamora: Carlos Pinilla Turiño.

En estos comicios se perdieron siete de los escaños logrados en 1977 por AP: uno por cada uno de las provincias de León, Logroño, Santander, Toledo, Valencia, Vizcaya y Zamora; escaños que en el reparto se atribuyeron cuatro UCD por trasvase de votos, y los tres restantes (dos el PSOE y uno HB) por el juego matemático de aplicar las reglas D'Hondt.

Para el Senado, frente a los dos escaños conseguidos en 1977, repitieron acta Abel Matutes por Ibiza y Francisco Cacharro por Lugo, y logró escaño en Zamora Carlos Pinilla Turiño.

Como independiente, asimismo, obtuvo acta de senador por Ávila Vicente Bosque Hita, separado transitoriamente de AP de la que era afiliado desde la primera hora, aunque en estos comicios corrió él mismo su campaña.

Es lo cierto, en todo caso, que AP-CD o la expresión del conservadurismo español en su versión más rancia se había convertido en extraparlamentaria en 42 de las 52 circunscripciones. "El panorama del conservadurismo español —analizaba el profesor Montero[24]— parecía cristalizarse así alrededor de dos fuerzas políticas: UCD y AP, aparentemente destinada la primera a continuar disfrutando de la posición preeminente debido a su carácter centrista y a su naturaleza moderada, y condenada la segunda a seguir ocupando un lugar subordinado respecto a UCD y marginal en el sistema de partidos a causa de su excesivo conservadurismo".

Sustraerse a la opinión del propio Fraga, durante los momentos en que se recibían los datos electorales del desastre de Coalición Democrática, desdibujaría el contexto histórico de lo que sería su primer abandono de la política —y segunda travesía del desierto—. Entretanto los

---

[24] José Ramón Montero, "Los fracasos políticos y electorales de la derecha española: Alianza Popular", 1976-1986 , en la *Revista Española de Investigaciones Sociológicas*, julio-septiembre de 1987.

miembros de su familia acudían el día de la votación a los colegios electorales para actuar como interventores o apoderados, Fraga se quedó en su casa junto a la pequeña de sus hijos. Durante el día pasó por su despacho, en la calle de Silva, y también acudió a la sede de la oficina electoral comprobando —según dice en sus memorias— "un realismo pesimista". De vuelta a casa, al cierre de los colegios, el villalbés confiesa que durmió poco y mal.

El viernes 2, desde primera hora según su costumbre, se encerró en la oficina y recibió —y analizó— los datos oficiales: "Una docena de parlamentarios, entre voces de réquiem por todas partes". La consternación —dos veces en la misma piedra— eliminaba cualquier atisbo de perseverancia para volver a empezar. Por la sede central de AP se sucedieron las visitas y asomando las lágrimas, todavía muchos hombres y mujeres, increpaban afectuosamente a Fraga: ¡adelante! Su secretaria, María Antonia Ayala, había dado la voz de alarma de que se quería ir y que había que detenerle, por lo que en las sucesivas horas desfilaron muchos amigos a reconfortarle. Era inútil.

Se reunió con Areilza, Osorio y Pastor y, tras analizar lo absurdo que fue pretender desbordar a UCD por el centro, habló a los reunidos del rumor de su dimisión:

"El rumor tenía fundamento. Examiné cuidadosamente mi deber: pensé que los restos de nuestro naufragio electoral podrían tal vez salvarse buscando un entendimiento con UCD, para el cual yo era indudablemente un obstáculo. Debo decir que mis aliados no estuvieron de acuerdo, contra lo que yo esperaba. Me convencieron de que no renunciara al escaño parlamentario (que yo había ofrecido ya a Ruiz Gallardón, que era el primero de la lista). Pero quedé, desde luego, decidido a renunciar a la secretaría general de AP. Redacté, en este sentido, una carta a Félix Pastor, presidente de AP. Me llevé mis libros del despacho de AP y empecé a redactar las páginas de lo que se publicaría, meses después, como *Memoria breve de una vida pública...*"[25].

En verdad que su retirada fue a medias, en el sentido de separarse de la tareas partidistas y dedicarse por completo, con notable efectividad, al grupo parlamentario. Aparte del consejo recibido por sus aliados, es lo cierto que este semiapartamiento vino porque muchas personas —y también los financieros— le presionaron para permanecer. Aunque esta soluciones nunca son aconsejables, máxime porque Fraga no es docto en lo híbrido, hay que reconocer que fue un paréntesis sabático fructífero a pesar de que se suscitaron algunos incidentes entre quienes buscaban el pacto con UCD y quienes, Verstrynge y el mismo Fraga, nunca dieron crédito al partido gobernante como partido estable y duradero.

El pacto de las izquierdas dominó los ayuntamientos

Porque eran como un espantajo de la memoria histórica, el Presidente del Gobierno y de UCD, Adolfo Suárez, evitó que las elecciones municipales, convocadas al mismo tiempo que las generales nada más que promulgarse la Constitución, se celebraran con anterioridad a éstas. Porque aunque las circunstancias sociales fuesen muy diferentes, el recuerdo de cómo en abril de 1931 la victoria de las izquierdas en los ayuntamientos cambió el régimen —y el rumbo de la historia de España— influyó un tanto en la fijación del calendario electoral postconstitucional.

---

[25] M. Fraga, *op. cit.*, pág. 149.

Las tan aplazadas elecciones municipales, a buen seguro habrían actuado como imprevisible banco de pruebas democrático constitucional de todo el sistema si Suárez, en vez de convocar elecciones generales, hubiese optado por continuar la Legislatura constituyente pasando por una simple votación de investidura. Obró prudentemente y respetó las reglas políticas, pero, al propio tiempo, para sus intereses de partido fue una actuación arriesgada —meritoria en su significado—, aunque hay también que decir que se lucró de los todavía ayuntamientos *autocráticos* para afianzar su triunfo en las Cortes Generales.

De hecho, las elecciones municipales del 3 de abril de 1979 fueron como la segunda vuelta de un sistema de *ballotage*[26] en lo formal. Y vale suponerlo así porque en la práctica las campañas electorales se solaparon, con predominio en los mensajes de las legislativas, al superponerse el comienzo oficial de la campaña a Cortes (el 7 de febrero) con la formación de coaliciones (antes del 12 de febrero) y presentación de candidaturas (antes del 22 de febrero) de las listas a los ayuntamientos. El único espacio de tiempo que hubo libre y hábil para la campaña municipal (desde el 10 de marzo hasta el 1 de abril) era el menos trascendente, habida cuenta que era un período de *resaca política* —de saturación del electorado— durante el cual, además de acrecentarse la abstención (pasó del 33,19 al 40 por ciento de unos comicios a otros), el magnetismo del vencedor atraía al mayor triunfo.

Redoblado tuvo que ser, pues, el esfuerzo de los partidos políticos —no así para el partido del Gobierno, un tanto *funcionarial* — a la hora de desarrollar la captación de votos para las legislativas y componer las listas locales allí donde acudían a *mitinear*. Los dirigentes de UCD, dormidos en la confianza de la ventaja gubernamental, bajaron la guardia y perdieron muchas fechas distraídos en su optimismo por las legislativas y, debido al ensimismamiento, probablemente descendieron posiciones en ciudades de población media. Martín Villa[27], así como Manuel Núñez, secretario electoral de UCD, participaban de cierto pesimismo y por ello alertaron a sus colegas centristas; es más, el entonces Ministro del Interior admite paladinamente la espuria intervención de su departamento:

> "...La secretaría de acción electoral del partido llamó a todos al orden en la reunión que el comité ejecutivo celebró para analizar los resultados electorales [de las elecciones legislativas] y el partido, con el trabajo realizado durante el otoño y la ayuda que *in extremis* tuvieron que prestar a algunos responsables de provincias los gobernadores, pudo presentar unas ocho mil listas con un total de ochenta mil candidatos".

Refiriéndose precisamente a tal actuación arbitraria del gobierno de UCD, Fraga no se para en barras al denunciar aquella actitud: "...Llevó ventaja el Gobierno, que contaba con los gobiernos civiles; la usó especialmente en contra nuestra, deshaciendo literalmente muchas de nuestras listas por presiones descaradas de los gobernadores"[28]. Y es que con la difusión democrática a los ayuntamientos, hasta entonces componentes de la línea de mando en alcaldías y

---

[26] El *ABC* decía precisamente en un editorial del 8 de marzo de 1979 que "la vecindad de las elecciones municipales con relación a las generales va a permitir que funcione de hecho en nuestro país una especie de singular *ballotage*" (sistema francés de segunda vuelta según el cual el acceso al poder se consigue en la segunda votación entre quienes no obtuvieron en la primera vuelta la mayoría absoluta).

[27] Rodolfo Martín Villa, *Al servicio del Estado,* Planeta, Barcelona, 1984, pág. 88. Recuerda también que le hizo llegar al presidente Suárez una simulación electoral referida a todas las ciudades de más de veinte mil habitantes "que no era nada halagüeña".

[28] M. Fraga, *op. cit.,* pág. 147.

pedanías por extensión del gobierno civil, se perdía una inmensa red organizativa *fiel a las consignas superiores.*

Suplir las carencias de no ser UCD un partido de masas, con ramificaciones capilares en todo el territorio, fue lo que hizo a la aún subyacente organización del Movimiento Nacional y a los gobernadores el procedimiento eficaz de conquistar o mantenerse en el poder —a la manera del instinto de conservación—, ajenos a la búsqueda de convicciones movilizadoras de los ciudadanos.

Es incuestionable que las vacilaciones de convocar elecciones municipales antes de aprobarse la Constitución (en enero de 1978 se había pensado crear comisiones gestoras) hicieron más vulnerable al Gobierno. Los retrasos, por lo demás, condujeron en momentos de consenso del Gobierno Suárez a pactar una Ley de Elecciones Municipales que todavía hoy contiene graves y serios defectos difícilmente rectificables. Se introdujo una representación más que proporcional en los municipios, un tanto desviada de la vigente para las legislativas, facilitando la fragmentación representativa y, por lo tanto, introduciendo la inestabilidad en los entes de gobierno.

El número de ediles a elegir en cada municipio se fijó en función del número de residentes con arreglo a la siguiente escala:

Hasta 250 residentes		5	concejales
De 251	a 2.000...................	7	concejales
De 2.001	a 5.000...................	9	concejales
De 5.001	a 10.000................	11	concejales
De 10.001	a 20.000................	13	concejales
De 20.001	a 50.000................	17	concejales
De 50.001	a 100.000................	21	concejales

De 100.000 en adelante, un concejal más por cada 100.000 residentes o fracción, añadiendo uno más cuando el resultado sea un número par de concejales.

La representación resulta relativamente justa desde diez o más concejales, pero en la escala inferior se producen muchos desajustes. De todos los defectos percibidos en la norma electoral de ayuntamientos descuella, con mucho, la cesión que hizo UCD, por enmienda del Grupo Comunista en el Congreso, de admitir que la elección de alcalde la efectuasen los concejales, en vez de resultar elegido automáticamente el cabeza de lista más votado. Esta regla, contenida en el artículo 28 de la referida Ley, fue la llave que abrió la puerta del pacto social-comunista y que, como se verá más adelante, dio la victoria a la izquierda. Enlazaba este sistema con el establecido en la Ley de 1935 y la Ley de 1870, pero se separaba de los plenamente democráticos de la Constitución de 1812 y del Estatuto Real de 1924, muy acreditados en el derecho histórico del sufragio universal frente al voto censitario.

La pseudodimisión de Fraga, al abandonar la sede central de AP y recluirse en el Grupo Parlamentario y en su casa, para escribir el primer tomo de sus memorias, no paralizó la actividad electoral de las municipales, aunque, como reconocen todos los testimonios, la tesorería central del partido aliancista no pudo enviar ni un duro a las juntas provinciales y locales. Muchas de las cuales tenían *ahorros* de las elecciones generales, por lo que con la adición de pequeñas aportaciones de los mismos afiliados, candidatos y simpatizantes realizaron una campaña a medio gas —si no testimonial—, sin duda debido al pesimismo existente como consecuencia de la derrota monumental de CD en las generales.

Guillermo Piera —coinciden al respecto varios testimonios—realizó una aséptica gestión económica y enjugó todas las déudas de la *aventura aravaqueña,* pero fue incapaz de actuar de nodriza presupuestaria en términos normales, pese a los treinta millones de pesetas que AP recibió de UCD en pago —o en reconocimiento— a que el candidato aliancista por Madrid (Gregorio Marañón Moya) renunciase a presentarse en favor del candidato centrista José Luis Álvarez, según negociación llevada a cabo por Félix Pastor, presidente de AP, y su colega notario. Negociación que llevaron subrepticiamente y cuyas comunicaciones telefónicas se efectuaban con nombres convenidos femeninos (*Juanita y Paquita,* respectivamente)[29].

José Luis Álvarez ostentaba la alcaldía madrileña desde que, por designación del Gobierno, sustituyó a Juan de Arespacochaga a regañadientes de éste, luego de incumplirse la promesa de que le designarían embajador en México. No obstante esto, Álvarez convenció a los dirigentes de Alianza Popular de que, por economía de esfuerzos y para concentrar el voto, era conveniente que el centro-derecha presentase una sola candidatura. La sintonía con el candidato centrista marcó unas buenas relaciones entre Pastor y la UCD y, dentro de esta corta etapa, hasta el grupo de militares que bajo la dirección de Javier Calderón (ex gerente de GODSA) venía colaborando con Fraga se sumó a llevar la planificación de la campaña de José Luis Álvarez en un piso franco.

UCD, como los demás partidos contendientes, llevaron a cabo en Madrid una campaña muy activa que, en votos populares, le dio la victoria sin conseguir la mayoría absoluta, pero imposibilitado para gobernar por el pacto social-comunista (que eligió a Enrique Tierno, del PSOE, alcalde y a Ramón Tamames, del PCE, primer teniente de alcalde). Los votantes de Alianza Popular en su mayor parte de abstuvieron, salvo unos puñados de votos que fueron a parar al candidato de Unión Nacional (Antonio Izquierdo); error de bulto que Félix Pastor reconoció después, no sin alegar que "la contraprestación económica percibida nos habilitó una vía para poder hacer una mínima campaña electoral en otras ciudades"[30].

En cifras, la movilización humana de aquellas primeras elecciones democráticas de carácter municipal fue enorme; un dispositivo jamás conocido que sólo pudieron controlar los partidos grandes y de forma incompleta como pone de manifiesto el cuadro estadístico siguiente[31]:

Número de municipios	8.041
Concejales a elegir el 3 de abril	69.613
Candidatos	209.527
Candidaturas en toda España	19.540
Municipios sin candidaturas	184
Municipios con una sola candidatura	2.134
UCD presentó candidaturas en	6.150
PSOE presentaba candidaturas en	3.368
PCE presentaba candidaturas en	1.525
Independientes	2.849
Total de mesas electorales	39.613

---

[29] Testimonio de Javier Carabias al autor, quien añade que un día, estando en la sede central de AP en calle Silva, 23, cogió un teléfono e identificó la voz de José Luis Álvarez (*¿Está Paquita, por favor?),* que lo que quería era hablar con Félix Pastor (*Oye, te llama un señor que dice que es Paquita).* "A esos juegos se dedicaban tan ilustres próceres estando el país como estaba", concluye Carabias.

[30] Testimonio de Félix Pastor al autor.

[31] *El País,* 30 de marzo de 1979.

La desmotivación y el desaliento, así como la falta de medios, fueron de tal manera acusados que se temió que para CD-AP las elecciones municipales acabarían siendo la tumba. Como corriente ideológica, a diferencia de las otras fuerzas políticas, lo poco que se mantuvo —poco como para que los medios de comunicación despreciasen su anotación— tuvo más tarde el valor de raíces vivificadoras para la reconstrucción de AP. En la oficina central del partido no existen datos fidedignos sobre las candidaturas de estas elecciones, salvo informaciones aisladas, y según el IV Informe FOESSA[32] en 26 provincias CD no cubrió la mayoría de los municipios con sus candidaturas, ocurriéndole lo mismo al PCE en 15. Únicamente en una provincia, en Orense, CD presentó candidatos en más del 80 por ciento de los municipios, debido sin duda al ingente y no reconocido esfuerzo de Luis Ortiz Muñoz, presidente de la junta de aquella provincia y un *agiprop* inestimable en toda Galicia.

En cuanto a la campaña aliancista ha sido la única vez que no hubo dirección publicitaria común, a excepción de que circularon unas cuantas normas de actuación corporativa, por lo que las juntas provinciales y locales actuaron libremente donde pudieron realizar exiguas campañas, más basadas en la persuasión puerta a puerta y en los procedimientos clásicos de mítines, reparto de octavillas y, en casos contados, a través de inserciones publicitarias en periódicos y emisoras de radio que se pagaban los mismos candidatos. Fue la única vez en la que Fraga no hizo campaña, a no ser que se tome como participación los actos simbólicos de ir a Villalba y a 21 de sus 30 parroquias, así como a Perbes (La Coruña).

Celebrados los comicios el 3 de abril en una jornada tranquila, los premiosos recuentos impidieron la presentación informativa global durante la misma noche de los comicios. Los resultados arrojaron una clara victoria en votos absolutos de UCD —como la lista más votada en la gran mayoría de los municipios—, pero al ser el alcalde elegido entre los concejales y previsto el pacto de la izquierda (como ocurrió en Madrid y otras capitales de provincia) aquellos resultados produjeron el efecto de la derrota de UCD. Ciertamente, en una tarde posterior a la proclamación de resultados, en la sede central del PSOE de la madrileña calle de Santa Engracia se alcanzó definitivamente el acuerdo socialista-comunista de pactar con la izquierda toda para acceder al máximo de alcaldías posibles en función de apoyar en cada ayuntamiento al primer candidato de izquierdas mejor colocado en el escrutinio.

Número de concejales obtenidos por los partidos políticos

Unión de Centro Democrático	29.614
Partido Socialista Obrero Español	12.220
Partido Comunista de España	3.608
Coalición Democrática	2.412
Convergencia i Unió	1.771
Partido Nacionalista Vasco	1.084
Partido Aragonés Regionalista	275
Partido Socialista de Andalucía	260
Herri Batasuna	260
Bloque Nacional Popular Galego	253
Euskadiko Esquerra	85
Unión del Pueblo Canario	32
Independientes	14.817
TOTAL ELEGIDOS	68.291

[32] *IV Informe sociológico sobre el cambio político en España 1975-1981,* volumen I, pág. 461.

EL PODER LOCAL DE LOS GRANDES PARTIDOS

Partido	Concejales en capitales de provincia	Concejales en ciudades de más de 50.000 habit.	Concejales en ciudades de menos de 50.000 habit.	Totales
UCD	495	307	28.812	29.614
PSOE-PSC	426	480	11.314	12.614
PCE	142	280	3.186	3.608
CD	47	27	2.338	2.414

En votos populares UCD obtuvo en el conjunto nacional 5.052.447, siendo la lista más votada en 36 de las cincuenta capitales de provincia, aunque sólo consiguió la alcaldía en 20 y en Melilla. El PSOE, con un total de 4.598.023 votos (800.000 menos que en las generales del 1 de marzo), venció únicamente en diez capitales de provincia y sin embargo ganó la alcaldía, con el apoyo de concejales de izquierda, en 23, sin contar otras poblaciones importantes donde también consiguió el poder. El PCE obtuvo la alcaldía de Córdoba, el PSA la de Sevilla y Unión del Pueblo Canario la de Las Palmas.

Coalición Democrática no obtuvo alcaldía alguna de capital de provincia ni de ciudad de más de cincuenta mil habitantes, aunque sí tuvo alguna significación su triunfo en ayuntamientos pequeños. En cuanto partido minoritario, por lo demás, fue muy escasa su facultad de arbitrar —de bisagra—, cosa que sí ejerció profusamente el PCE. La incongruencia de los resultados de estas elecciones, en función del comentado artículo 28 de la Ley de Elecciones Locales, permitió por lo demás que accediesen a alcaldías partidos de la extrema izquierda (extraparlamentarios) como la ORT y el PTE, así como en inapreciable medida el independentista y filoterrorista Herri Batasuna.

La relación entre votos populares y posiciones de poder sí tuvo ajuste proporcional en las Diputaciones Provinciales y Cabildos insulares, donde UCD ganó la presidencia en 35 provincias frente a 8 ganadas por el PSOE, 3 por el PNV, 2 por CiU y 1 por Unión Mallorquina (no teniéndose en cuenta Barcelona por estar regentada por Tarradellas mediante el pacto de Sau suscrito por todas las fuerzas políticas). Respecto del papel desempeñado por CD en estas corporaciones, en razón de su mermada presencia, fue colocada en posiciones de subordinación, aunque en términos generales actuó con gran efectividad en las cuatro provincias gallegas, así como en León, Salamanca, Valladolid, Zamora y Toledo; se hizo notar para la ulterior campaña de implantación territorial recobrando Alianza Popular su propia identidad, perdida o desnaturalizada en los anteriores procesos electorales.

Miscelánea electoral

Cuando un dirigente provincial de AP, una mañana de enero y una pizca asustado, llamó por teléfono a la sede central de la calle Silva, 23, y pidió hablar con Jorge Verstrynge o con Carabias, éstos despachaban juntos. Desde fuera de Madrid, como muchos otros experimentados aliancistas, eso de Coalición Democrática lo veían un invento sin posibilidades ni futuro, y en este caso el comunicante volcó sus razonables dudas al vicesecretario general de acción territorial.

—No creas en lo que se dice por ahí. Aunque aquí no llevemos la campaña, no sabes la maquinaria que se está montando. ¡Esto es acojonante! —dijo Verstrynge para tranquilizar a aquel dirigente inquieto[33].

A nadie extrañaba, al menos así se barruntaba, que la *reconquista del centro político* era una tarea planteada con remotas perspectivas de éxito y que en la operación Fraga-Areilza-Osorio (*operación Trillizas,* conforme se la denominaba coloquialmente en la casa aliancista) arriesgaba infinitamente más AP que los quiméricos partidos Acción Ciudadana Liberal y Partido Demócrata Progresista, a todas luces parasitarios de la organización partidista de Fraga. No se comprendía que tras *mojarse* el villalbés en elaborar —y aceptar— la Constitución necesitase bañarse en el río Jordán de Coalición Democrática con dos acompañantes que *electoralmente no sabían nadar.*

Más allá de entender que Suárez y la UCD eran vulnerables por su apertura programática a la izquierda, pronóstico infeliz por el acopio de buena opinión que la sociedad tenía de ellos, el despropósito se consumaba al basar el eventual éxito de CD en un elenco de tácticas y estrategias publicitarias planteadas sin tiempo, sin dinero y sin originalidad... frente al duelo de dos colosos: uno, un maestro de la comunicación televisiva, y el otro una figura emergente de la izquierda que se pateó todo el país.

Se asegura que Fraga era consciente del engaño sufrido en el *Pacto de Aravaca* y de la falta de mordiente de la campaña, haciendo hincapié únicamente en los aspectos formales, y que por eso se le oyó tamaña maldad: *Areilza sólo pone los cuadros [pictóricos, se entiende].*

Los cuadros directivos para la campaña, sin embargo, sí los aportó Osorio y principalmente a un prestigioso ejecutivo del sector del petróleo, Javier Santamaría, bisoño en las lides político-electorales. Ha contado Félix Pastor al autor que una mañana le llamó este *manager* para pedirle que enviase a la oficina electoral cinco militantes con sus motocicletas para hacer un reparto de propaganda electoral. Pastor, claro está, contestó: *¿Pero... es que crees que nuestros afiliados son azzurras?*

La improvisación, el sinsentido político y la programación fantasiosa —con derroche de gastos en lo accesorio— transmutó una organización de empresa en un caos pretencioso en el cuartel general electoral que difícilmente difundía eficacia a provincias. De ahí que los candidatos de provincias, como el general Prieto en Granada, se quejasen de la falta de medios y amenazasen con tirar la toalla a media campaña. Candidato que puso tanta voluntad en el empeño, acompañado del romántico perdedor Manuel Cantarero del Castillo, cuán contradictoria era su imagen populista, como así lo puso de manifiesto el periodista local Antonio Ramos Espejo:

> "La imagen de un general que se rompió una costilla toreando, que es amigo de maletillas y toreros, que propició el abrazo entre jugadores enemistados, como los del Granada y Valencia, promotor deportivo, puede formar tal cóctel de votos que después no sepa qué hacer con ellos en el Parlamento...".

Entre los candidatos debutantes, y para expresar la idea de la falta de previsión en la organización de actos públicos, Rodrigo Rato recuerda al autor una expresiva anécdota no tanto

---

[33] Testimonio de Javier Carabias al autor en tanto que testigo excepcional por ser uno de los componentes del equipo electoral instalado en la calle Lagasca de Madrid.

con amargura como con sentido del humor. Siendo candidato al Congreso por Ciudad Real se fue una tarde a Almadén a dar un mitin en un cine local, y con toda la ilusión del mundo esperó a que llegase la gente, que no entró en el local, salvo cuatro o cinco hombres que ocuparon la última fila del patio de butacas. Iniciado el acto con retraso, Rato *soltó su discurso* con los planteamientos económicos programáticos de la nueva coalición y, al final, se acercó a charlar con los escasos asistentes y les preguntó quiénes eran. Eran los dirigentes locales de UGT.

La improvisación, en otro orden de consideraciones, tuvo su chusco reflejo en la confección de candidaturas con nombres llegados a algunas provincias por la influencia —la presión— de sus patrocinadores. En las provincias, las gentes de AP los llamaban *los paracaidistas*, porque habían caído del cielo sin saber nada de los distritos adonde iban a disputar los votos. El mismo Fraga alude descarnadamente a ese desbarajuste en la selección de nombres para los puestos cuando dice en sus memorias: "Un candidato de Areilza preguntó muy serio que por dónde se iba a Salamanca...". En otros casos, como en el de Fernando Díez Moreno, candidato al Congreso por Toledo, por tener buena presencia y mejor preparación ideológica, tuvo que hacer campaña en otras provincias, reforzando a candidatos flojos y abandonar su distrito, donde perdió y podía haber *sacado tajada electoral.*

Los símbolos de la campaña, la ideografía en carteles, propaganda y publicidad fueron muy mal planteados en CD, con ruptura total de los signos de identificación de Alianza Popular: se partió de nuevos colores —verdiblancos— y se utilizó lo subliminal de la moderación y el diálogo (dos muñecos que parecían bailar una sardana y las iniciales *CD de Cristian Dior*) imitando descaradamente a la UCD, e introduciendo asimismo la *V* de victoria y de invitación al voto. Como si en tal sutiles técnicas se fundase el quid del éxito.

El PSOE, que afrontaba en su duelo con UCD la adversidad de tener difícil acceso a los medios audiovisuales públicos, realizó una campaña maratoniana y populista por todo el país. Felipe González estuvo en aquellos lugares, preferentemente, donde podía tener dividendo electoral, mezclándose con las gentes hasta el punto que de tanto estrechar manos tuvo que ponerse en la derecha una prótesis de plástico a fin de no dislocársela. Eran recorridos convenidos, en nada sujetos a la improvisación, y cuando era llevado a un lugar no previsto, como cuando fue a Villalba desde Lugo, se efectuó la inútil comparecencia con gran disgusto de su *manager* de campaña, Julio Feo, que anota en sus memorias[34]:

El mensaje de Coalición Democrática aspiraba a situarse pronto en el centro político y, en verdad, lo que ocurrió fue desnaturalizar y alejar la oferta conocida de Fraga a cambio de un préstamo de moderación.

[...] "El agua rebasó el vaso cuando dijeron a Felipe que había que ir a Villalba. El argumento era sólido: es el pueblo de Fraga y tienes que hablar allí. Estábamos reventados, recurrí a todos los tonos y argumentos, pero les dio igual. Presionaron a Felipe y hubo que ir a Villalba. Dos horas de carretera, pues hay unos cincuenta kilómetros [se trasladaban desde Lugo] de carretera gallega, y lluvia sin parar. Cuando llegamos, no había más de diez personas. Total, que a la par que insolidarios, ineficaces y estúpidos...".

---

[34] Julio Feo, *Aquellos años*, Ediciones B-Grupo Z, Barcelona, 1993, pág. 88.

La campaña socialista fue el resultado de una evolución estudiada de los mensajes, sin improvisaciones y curándose en salud del perfil agresivo que se quería atribuir a esta formación. Coalición Democrática no supo desasirse de la corriente de *voto útil* a que le llevó UCD, pero el PSOE sí supo desprenderse a lo largo de casi toda la campaña de la tela de araña del *voto del miedo*. De ahí que, aunque duros en los planteamientos programáticos socialistas, supo contrarrestarlos con cartelería bucólica, del estilo *naif*, que concibió inteligentemente el dibujante José Ramón Sánchez. Aquellos carteles ingenuos, sobre un parque como el del Buen Retiro, de Madrid, tenían colores alegres, cálidos, en una estampa en la que jugaban los niños, paseaban los ancianitos, hablaban los obreros, se cogían de la mano lo enamorados y volaban a su antojo pajarillos y palomas. Nada estridente, nada discordante, nada pobre, nada manchado. Así contrarrestaban sus mensajes cargados de marxismo e introducían, como la fuerza tranquila, a un sólo líder..., no a tres como CD. Y si en la televisión exhibieron a Tierno Galván (del que Rubial decía que únicamente tenía de tierno el apellido) fue para reforzar la idea de unidad del socialismo, no porque se le percibiese como un *paterfamilias* bondadoso.

Dándose cuenta Fraga de cómo se insistió demasiado en que edulcorase su fuerte carácter (para convertir al tigre en gato de angorina), recoge en su diario, con relativa sorna, el consejo que Javier Santamaría le dio antes de grabar un espacio gratuito de televisión: "Santamaría me reitera: *sonriente, paternal, etc.*". Claro que por esos días también alude a que un grupo de militantes le ha mandado un poema macarrónico:

> *No queremos un Fraga de peluche,*
> *un león disfrazado de ternero.*
> *Preferimos al líder verdadero*
> *que por España vibre, grite y luche...*
> *Pensarán que no es el de Villalba,*
> *sino otro muy distinto, como el de Cebreros.*

Areilza, con su talante cosmopolita, hizo esfuerzos por bajar a la arena electoral y se empapó de populismo como pudo, a veces con acierto. Pedro J. Ramírez, en su comentada obra *Así se ganaron las elecciones 1979*, refiere varios pasajes mitineros del Conde de Motrico y deduce que lo hace con fortuna, como cuando en Granada, junto al general Prieto, enardeció al público que asistía a un mitin y provocó que un campesino le interrumpiera con vehemencia para aprobar su mensaje. A la salida del local —añade el periodista— Jorge Leguina, experto en organización política del equipo de Motrico, exclamó: "Eso es lo que le venimos diciendo hace meses que tiene que hacer: mezclarse con la gente". Poseído del arte de la declamación y, por ende, del discurso político, Areilza asistió en esa campaña en compañía de sus consocios al mitin que CD celebró en Madrid, en el cine Carlos III, abarrotado de seguidores ultraconsevadores de la coalición y se adaptó perfectamente a lo que le demandaba el auditorio y habló —conforme dijeron asistentes al acto— como hubiese hablado José Antonio Primo de Rivera, con un discurso patriótico contra ETA y los separatismos, de su mejor época de alcalde de Bilbao.

Pero una campaña no se hace en corto, y menos en frío como ésta de 1979 en pleno invierno, lo que desalentaba a los espectadores de los actos públicos y que, como poco, provocó afecciones de garganta en los mitineros —como aconteció con Felipe González y Fraga— hasta enmudecer de afonía varios días. La campaña la tuvieron que pelear unos en los cines de pueblo y Suárez, a fin de cuentas, supo hacer lo que sabía: una excelente intervención en RTVE, la antevíspera de los comicios, que se atrajo varios cientos de miles de votantes *sin tener miedo al miedo*. Después de la intervención en la televisión de Adolfo Suárez, seguida por Felipe

González mientras estaba en Sevilla para dar el mitin de cierre de campaña, Julio Feo ha comentado que el líder socialista sólo dijo: "Nos ha jodido un millón de votos"[35].

Pero no quedó ahí la cosa, sino que antes de medianoche, justo antes que llegase el día de reflexión, Adolfo Suárez sorprendió a todos participando en un programa abierto, en contacto con los electores, desde la cadena SER. Aquello fue una novedad al estilo americano, pero también la puntilla para su principal adversario. En aquella campaña el ambiente de violencia que presidió las generales de 1977 apenas si se reprodujo; en todo caso se dirigió contra la UCD en contados incidentes. Coalición Democrática, sin embargo, sólo fue inexplicable víctima de provocaciones y agresiones reseñables durante el acto de cierre de campaña, en un cine de Vallecas, en Madrid, al que alude con desparpajo y de forma sumaria Fraga en su diario[36]:

"Cierre de la campaña en Vallecas, con serios incidentes; nos vemos sitiados en un cine (Camuñas me pregunta: *Y ahora, ¿cómo saldremos? Saldremos,* le repuse). A la entrada, pedradas serias, dos coches quemados, una puñalada grave".

Indudablemente Fraga ya estaba curtido, por eso añade a su corto relato que *más cornás da el hambre.* Pero lo sorprendente, en cualquier caso, es que eso ocurriese en Madrid por desconocimiento o incompetencia de las autoridades de orden público. El apuñalado, por si fuera poco, era un pobre hombre en sentido literal.

Los apuntes anecdóticos de aquellas legendarias elecciones —para nunca olvidar en Alianza Popular— no podían tener más broche que con este último episodio. Durante el escrutinio Fraga se dio una vuelta por la oficina electoral de la coalición, en la calle Lagasca, donde dice que hay más bien despiste. "Allí pasé la primera parte de la noche; rompí (con mi peso) una mesita de cristal (todo era frágil allí) y me fui temprano a esperar a los miembros de la familia [de regreso de los colegios electorales]".

Al siguiente día (2 de marzo), a las ocho de la mañana, Fraga ya estaba en su despacho dispuesto a recibir a sus colaboradores Carlos Argos y Jorge Verstrynge. Estaba determinado a abandonar. Fraga le dijo a Carlos Argos, vicepresidente y responsable operativo de la sede central: "Puedes disponer de mi despacho y de mi escolta". Argos no se lo quiso creer y le encarecería a la secretaria del *Patrón* que no se tocara nada de aquel despacho, que quedase como estaba, que su usuario habría de volver.

A su vez, Jorge Verstrynge había insistido ante su ex profesor que pensara tan drástica decisión, invitándole —devolviéndole el consejo de 1977—a que lo intentara de nuevo. El relato que Verstrynge hace en sus memorias de esta conversación ilustra sobre la tensión del momento[37]:

"(...) Éste (Fraga) estaba aseado, duchado y afeitado, no como nosotros...
—Siéntense, señores. Bueno, esto es lo que hay: yo me voy, los españoles no me quieren.
Argos intentó balbucear algo: yo, recuperado, le dije:
—No se vaya, aún se puede remontar.

[35] Julio Feo, *op. cit.,* pág. 91.
[36] M. Fraga, *op. cit.,* pág. 148.
[37] Jorge Verstrynge, *Memorias de un maldito,* Grijalbo, 1999, pág. 80.

—¿Cómo?

—Pues volviendo a empezar y trabajando aún más.

—A usted —me contestó— el pueblo español no le ha dicho dos veces que se vaya. A mí, sí, y debo irme—concluyó mientras se le saltaban las lágrimas.

—Pues nos iremos con usted. *On n'a rien à faire sans vous ici* (no tenemos nada que hacer aquí sin usted)[38].

—No, ustedes deben seguir; ayuden a Félix Pastor a sustituirme: él le necesitará a usted —añadió mirándome—; ya he hablado con él; yo me voy y ustedes no deben inmolarse como la viuda de un rajá.

(...)".

---

[38] Por tener Fraga y Verstrynge el francés por segunda lengua (ambos tenían un progenitor de habla francesa), a veces se dirigían frases con esta complicidad, enfatizando o desdeñando cualquier tema de la conversación.

Capítulo 12

III CONGRESO DE AP, LA PRIMERA REFUNDACIÓN

La escandalosa sesión de investidura

Mientras la campaña electoral crecía en los pueblos y ciudades a medida que el mes de marzo de 1979 desgranaba los días, el Congreso de los Diputados se organizaba dando cumplimiento a las previsiones constitucionales para la formación del Gobierno en la *sesión de investidura*. Efectuadas las consultas regias a todos los representantes designados por los grupos políticos con representación parlamentaria (se estrenaba este procedimiento exhaustivo de audiencia del Rey) para proponer candidato a la Presidencia del Gobierno[1], la cuestión se encrespó sobre si la votación de investidura implicaba un debate previo en torno al programa del postulante; votación prevista para el 30 de marzo, tres días antes de los comicios municipales.

Aunque se asumía que el líder de UCD, Adolfo Suárez, sería el candidato a Presidente del Gobierno, los partidos de la izquierda se oponían, en una primera fase, a que la votación en la Cámara baja tuviese lugar antes del 3 de abril, día de los comicios municipales, a fin de evitar que esa *ceremonia parlamentaria* tuviese efectos persuasivos en los votantes. La queja le llegó al Rey en el proceso de consultas por el mismo Felipe González, quien junto con Carrillo, al percatarse de que la convocatoria no iba a variar el calendario, trasladó su crítica sobre la necesidad de celebrar debate acerca del programa de Gobierno antes que votar, rechazando la fórmula inflexible propuesta por el presidente del Congreso, Landelino Lavilla, de limitar el acto a la lectura de un discurso por el candidato y a la explicación del voto de sus oponentes. Porque conocida la reluctancia de Suárez a trabarse en la bronca dialéctica, tanto González como Carrillo deseaban pelear en el barro y manchar con pelladas a quien un mes antes les había derrotado lucidamente en los distantes y mediáticos discursos de la radio y de la televisión.

Sorprendía, no obstante, que Suárez adoptase una actitud en solitario, un tanto *presidencialista,* desde un gobierno debilitado en su configuración por el apartamiento que de los barones había efectuado (habían salido del Gobierno Martín Villa, Fernández Ordóñez y Pío Cabanillas, así como Fernández Miranda cesó en la presidencia del Congreso). Por otra parte,

---

[1] El artículo 99 de la Constitución establece un procedimiento de designación del Presidente del Gobierno que descansa en la confianza del Parlamento, independientemente de que sea el Jefe del Estado —el Rey— el que lo nombre, según un acto condicionado desde el punto de vista político. Se rompe, pues, el pacto histórico de designar jefe del Ejecutivo de acuerdo con la influencia personal del Monarca y, dado que ha de merecer la confianza del Parlamento, es en esta sede donde el aspirante debe sufrir el examen de su programa y la votación de investidura al efecto antes de la designación formal. Las consultas previas del Rey entre los líderes políticos deben ser a todos las fuerzas políticas —por pequeñas que sean— con representación parlamentaria, por lo que se reduce así el ámbito de discrecionalidad del Jefe del Estado. Discrecionalidad que es en la práctica nula cuando un partido ha conseguido en el Congreso mayoría absoluta, por lo que las consultas previas se convierten en una obviedad litúrgica. Siempre, en cualquier caso, la investidura debe acompañarse de un debate importante, de inicio de mandato, y no de un mero trámite, por más que en la campaña electoral se haya conocido el programa de gobierno de cada partido compareciente.

El poder aísla, y esta fotografía de Marisa Flores (premio nacional de Periodismo Gráfico) es una expresiva imagen del significado que tuvo la primera legislatura constitucional para Suárez, quien comenzó su mandato rehuyendo el debate en su propia sesión de investidura.

el alejamiento de Fernández Ordóñez tuvo desenlaces conspirativos, si no disgregadores, toda vez que nada más salir del Gobierno promovió una *Sociedad de Estudios* con vistas a reagrupar y sindicar a los ucedistas socialdemócratas, aunque tuvo la habilidad de acaparar *buena prensa* en la presentación de sus diferencias con Suárez.

El día 6 de marzo, en uno de los escritorios del palacio de la carrera de San Jerónimo, celebró su primera reunión el grupo parlamentario de Coalición Democrática (los 9 diputados y la jefa de la asesoría, Margarita Retuerto) y acordó, además de distribuir las tareas por áreas y comisiones, entre ellas la de que Fraga sería el portavoz y María Victoria Fernández España iría a la mesa, apoyar sin condiciones la investidura de Suárez ("gesto de buena voluntad que pronto se revelaría inútil..."), dice Fraga en sus memorias[2]. Este tipo de reuniones, de al menos una por semana, se produjo siempre con dificultad en las cuestiones de fondo (protagonismo, dirección del grupo y empleo de las subvenciones para el propio funcionamiento), decantándose en dos claras facciones: de tres diputados (Areilza, Osorio y Senillosa), por un lado, y el otro grupo, más genuino de AP, con los restantes seis diputados. Aunque el grupo permaneció formalmente unido casi toda la legislatura, según el testimonio de sus integrantes, la desconfianza y la conducta errática e independiente de Areilza planeó siempre como el pájaro teru-teru de la pampa, que grazna en lugar distinto donde anida.

Ciertamente, desde el fiasco electoral de CD, más que ningún otro Félix Pastor se aproximó a Adolfo Suárez, a quien fue a verle a la Moncloa para ofrecerle un acuerdo básico de reparto en dos bloques del centro-derecha que comportaba[3]: prestar apoyos al Gobierno hasta completar la *mayoría absoluta* que necesitaba en el Parlamento y retirar la candidatura de Gregorio Marañón Moya a la alcaldía de Madrid. Suárez, según testimonio de Pastor al autor, dijo que se lo pensaría, pero aún así le pidió al presidente aliancista que fuese a ver a Abril Martorell para explicitar los términos del acuerdo, ya que no era fácil estando Fraga *semiactivo*.

La contraprestación (a lo que los detractores de Félix Pastor llamaban *opción de venta* de Alianza Popular en favor de UCD y otros *un sucursalismo clandestino* de Suárez si a aquel lo hacían Ministro de Justicia) consistía en una aportación económica para enjugar las deudas y hacer una mínima campaña en las municipales (se habló inicialmente de cien millones y a la postre se quedó en treinta) y, sobre todo, la posibilidad de que con sólo nueve diputados Fraga pudiese formar grupo independiente (uno menos de los necesarios) para evitarle el bochornoso papel de actuar desde el grupo mixto; vejación por la que ya había pasado Tierno Galván en la legislatura constituyente como estadio previo a su absorción en las filas socialistas.

Por las mismas fechas, sin embargo, Pérez Llorca, uno de los hombres fuertes de Suárez, se reunió a cenar con Fraga y éste le pidió facilidades para poder constituir grupo parlamen-

---

[2] M. Fraga, *op. cit.,* pág. 150.
[3] Testimonio de Félix Pastor al autor.

tario so pena, refiere el interesado, de irse a casa antes que acabar en el grupo mixto[4]. Añade el memorialista:

> "... Debo decir que Peces-Barba me había hecho llegar un mensaje de que su partido era favorable, en principio, a una solución; aunque para ellos era difícil aceptar el número cinco, porque en él entraba el PSA (lo que en cambio sí interesaba a la UCD, que según todos los indicios había financiado la campaña andalucista). El tema se resolvió favorablemente".

A cara de perro se produjo el falso debate de investidura con arreglo a las normas, nunca más repetidas, de una comunicación por parte del presidente aspirante de 78 folios que como discurso programático leyó Suárez ante los focos de la televisión para merecer la investidura como Presidente del Gobierno constitucional. Las invocaciones éticas efectuadas ante el presidente de la Cámara por Felipe González no ablandaron a la presidencia, como tampoco los abucheos y pateos de los diputados de la oposición, la cual tuvo su más recordada expresión en lo que dijo Santiago Carrillo protestando porque no hubiese debate con réplica —frase para los anales de la gloriosa oratoria parlamentaria—: "(La UCD) restringe la soberanía del Parlamento y se cisca en la autoridad del pleno...".

El discurso leído de Suárez tenía una buena hechura, pero restado de espontaneidad no produjo mayores elogios que los que merece un ensayo anónimo. Esta debilidad de encarar la improvisación discursiva ha sido la bestia negra del líder centrista y sobre lo cual la oposición debilitaría penosamente su autoridad a lo largo de los dos años que estuvo al frente del Gobierno en este nuevo ciclo. Con todo, el núcleo de aquel mensaje fue el de que *el consenso había terminado*, por lo que desde ese momento cada fuerza política asumía la responsabilidad que le correspondía, disponiéndose Suárez a gobernar con el programa centrista de UCD que habían legitimado las urnas. La desazón y rabia que suscitó en los bancos centristas la falta de respuesta de su líder aquel día mermaría en los meses siguientes la soldadura parlamentaria que un gobierno precisa para tomar —y no perder— la iniciativa. Suárez, a lo que empezó a verse, era un buen político para armar *consensos* extraparlamentarios en despachos y pasillos, pero finalizado este período aparecía inane ante la táctica de la palabra hiriente o defensiva de toda dialéctica.

La investidura, puesta a votación, se produjo con mayoría absoluta (168 votos de UCD, 9 de CD, 4 de PSA y 2 de los regionalistas Jesús Aizpún e Hipólito Gómez de las Roces).

El préstamo de votos de Coalición Democrática a UCD —a Suárez, en definitiva— no estaba claro si era gratuito u oneroso. Y no porque las partes estimaran prudente silenciar los pactos materiales a que se contraían, sino en razón de discrepancias en su presentación. Fraga insiste varias veces en sus memorias —y así también lo expuso ante el Rey en la consulta preceptiva para la investidura— que los nueve votos de CD estaban a disposición a UCD en función del interés nacional para que el Gobierno no se viese en la necesidad de pactar con los nacionalismos o con la izquierda. Para Fraga, en principio, el apoyo era gratuito —que no lo

---

[4] Manuel Fraga, *op. cit.*, pág. 150, que no aclara que se solucionó el problema permitiendo la constitución de grupo parlamentario con sólo cinco diputados, por lo que la Cámara contó con diez grupos (dos más que en la legislatura constituyente): Centrista, Socialista del Congreso, Comunista, Socialistes de Catalunya, Coalición Democrática, Minoría Catalana, Mixto, Vasco, Socialista Vasco y Andalucista. El PSOE, pues, aprovechó la medida para *descomponerse* en tres grupos.

era y acaso él no lo sabía— y por ello la referencia de la cena que sostuvo el 23 de marzo con Abril Martorell, Pérez Llorca y Félix Pastor tiene todos los aspectos de un acertijo[5]:

> "Lo que más recuerdo de la misma son los silencios, a pesar de los esfuerzos de Pérez Llorca y Félix Pastor; un humorista hubiera podido escribir un buen ensayo sobre los silencios en las conversaciones difíciles. Es verdad que los silencios son mejores que las malas palabras, y los contactos a medias que la ausencia de contactos".

Para Félix Pastor y para los ministros centristas, por el contrario, existía algo más tal vez sobre-entendido. Hubo atisbos de profundizar en los contactos y lo prueba el hecho de que Pastor facilitase el diálogo más que Fraga, por razones de carácter, como cuando recibió la llamada de Pérez Llorca creyendo que el villalbés estaba de viaje en Estados Unidos (del 6 al 22 de abril) para concertar la solución a algún problema y el presidente de AP le dijo que Fraga ya estaba en Madrid, de vuelta. "Pues si Fraga ya ha vuelto, la hemos *cagado* (sic)...", contestó el *Zorro* plateado[6].

Contactos de acercamiento que se extendieron por espacio de dos meses y dentro de los cuales hubo más que gestos. Carlos Robles, por ejemplo, con la anuencia de Fraga, vino de la Embajada de Roma para ocupar una secretaría de Estado en Asuntos Exteriores, regido por Marcelino Oreja. Suárez, por otro lado, en los primeros días de mayo se reunió a almorzar en la Moncloa con Fraga, quien había contribuido a hacer un buen borrador de Reglamento del Congreso —en socorro de la mayoría gobernante—, en lo que parecía una reconciliación ahora que el villalbés estaba más sereno. Fracaso. Del encuentro, la referencia del memorialista no puede ser más penosa: "...estoy dos horas con él. No consigo entrar en ninguno de los temas importantes; ahora se dedica a vigilar a la URSS y a desconfiar del PCE"[7].

Deteriorado como nunca había estado el orden público, apareciendo los primeros síntomas serios de descontento militar en los cuartos de bandera y fuera de ellos, y golpeando fieramente la crisis económica al tiempo que se abría el proceso autonómico..., todo ello junto no propició un pacto estable entre Suárez y Fraga. Seguían detestándose mutuamente, por lo que las recíprocas desconfianzas malograron la mejor ocasión de sujetar —no ya detener— la marea de la izquierda hacia todos los poderes tras el *asalto democrático* a los ayuntamientos.

Todos los partidos vivían en crisis, incluidos los de izquierdas, pero esa crisis era más profunda, por afectar a su razón de ser, en el centro-derecha. El sesgo de la política del gabinete hacia la izquierda, acuciado por la disidencia de Fernández Ordóñez, ponía todavía más de relieve que el voto *conservador* se quedaba huérfano de defensas.

La difícil puja del nacionalismo vasco

Porque el nacionalismo vasco es un *sentimiento* —que viene de lejos— y no una actitud política circunstancial, la negociación del Estatuto de autonomía (el *Estatuto de Guernica*) tuvo

---

[5] M. Fraga, *op. cit.,* pág. 152.

[6] Declaraciones al autor de Félix Pastor, quien en todo momento niega que en aquella negociación le animase interés alguno personal, sino el vivo deseo de que Fraga no fuese llevado al ostracismo político. Considera insidiosas otras interpretaciones y como principal responsable de ellas señala a Jorge Verstrynge, a la sazón vicesecretario general de AP.

[7] Manuel Fraga, *op., cit.,* pág. 160, en la que da cuenta también que el mismo día del encuentro con Suárez se reunió a cenar con Areilza, Osorio y Pastor para contarles el desarrollo de la conversación de por la mañana en la Moncloa.

en vilo a todo el Estado hasta el verano de 1979. La marginación a que había sido sometido el PNV en la ponencia constitucional, con tardías invitaciones para sumarse al *consenso*, facilitó la actitud abstencionista del partido de Sabino Arana ante la Constitución. Por más que, a diferencia del caso catalán, no se encontró en el País Vasco a un Tarradellas que aplacase las impaciencias de los nacionalistas, ni la izquierda supo evolucionar a tiempo para frenar *el apoyo incondicional al derecho de autodeterminación de las nacionalidades oprimidas*[8].

Para los sucesivos gobiernos de UCD, la circunstancia de que el nacionalismo vasco estuviese de hecho a espaldas del sistema constitucional parecía un solvente motivo para negociar el Estatuto vasco en cuanto fórmula de reincorporación del PNV (y sus influyentes focos sociales) a las tareas del desarrollo democrático y de esta forma sumarlo a la unanimidad constitucional. Otros dos factores, de sentido contradictorio, condicionaban urgiendo y retardando la negociación: la escalada terrorista de ETA[9], con un turbio trasfondo de apoyo social, y la pretensión nacionalista de incorporar en su proyecto autonomista a Navarra, que la mayoría de los navarros repudiaban a juzgar por los resultados electorales y las encuestas[10].

Sobre la base de un borrador de Estatuto, elaborado antes de ser convocadas las elecciones legislativas de marzo de 1979, el cuarto Gobierno de Suárez emprendió en junio del mismo año la negociación en tres *ventanillas*. Primeramente, en la Comisión Constitucional del Congreso se trabajaba en el proyecto de estatuto, *sembrado de reservas;* en un segundo ámbito, miembros del Gobierno y parlamentarios vascos acercaban posiciones como expertos, y en tercer lugar, Adolfo Suárez y Carlos Garaicoichea (nuevo presidente del Consejo General Vasco en sustitución del inocuo socialista Ramón Rubial, desde las elecciones generales) respaldaban los acuerdos que ascendían de los niveles inferiores en larguísimas sesiones nocturnas en el palacio de la Moncloa. Al fin, el 18 de julio se alcanzó el acuerdo extraparlamentario y, tres días después, la Comisión parlamentaria aprobó el texto con plácemes y ovaciones de los presentes. Un largo camino de confusión, alfombrado con mucha sangre, finalizaba un proceso difícil; pero la puja del nacionalismo vasco no se paraba porque el texto del Estatuto era difuso y ambiguo para todos. Inicialmente se entendió que el *techo de autogobierno* superaba al alcanzado en 1936, durante la II República, pero quienes eso reconocían no se recataban más tarde en decir que el Estatuto era de *mínimo* y, asimismo, que había que utilizarlo más como un medio que como un fin.

---

[8] Tras las primeras elecciones democráticas el Gobierno propuso una fórmula similar a la de Cataluña: nombrar presidente del Consejo General vasco (órgano provisional formado por los parlamentarios vascos y representantes de las Juntas Generales) al *lendakari* Leizaola, pero el viejo Ajuriaguerra rechazó esta oferta al socaire de que previamente se cumpliesen otras condiciones.

[9] En 1978 la banda terrorista, sin contar extorsiones ni otros delitos, había cometido 65 asesinatos, cifra que se vio superada en 1979 con 78 a través de atentados salvajemente indiscriminados. Este año, por lo demás, ETA desencadenó su oleada de terror en estaciones de ferrocarril y en centros turísticos, reduciendo en más de un millón la cifra de visitantes extranjeros según estimaciones fidedignas. Entre las actuaciones terroristas cabe señalar, además de las de altos jefes militares, el intento de asesinato del diputado de UCD Gabriel Cisneros Laborda y, asimismo, el prolongado secuestro que sufrió Javier Rupérez, también diputado de UCD, después felizmente liberado.

[10] Los diputados y senadores de UCD por Navarra propusieron reiteradamente al Gobierno que el problema navarro, en lo tocante a su eventual integración en el País Vasco, se resolviese por referéndum en la seguridad que ganaría la opción separada. No accedió a ello Suárez, tal vez para no enconar más las relaciones con el PNV, pero el resultado de las generales de 1979 confirmaba que estaban en lo cierto, como prueba que el PSOE —que sostenía una postura pro vasca— perdiese dos escaños a las elecciones precedentes. El Instituto de la Opinión Pública, de otra parte, efectuó en el otoño de 1978 una encuesta, en la que sólo el 20 por ciento estaba a favor de la integración en Euzkadi y el 47 por ciento en contra, quedando el resto en la indecisión. Estos datos tendrían confirmación en otra encuesta efectuada por el diario *El País* en noviembre del mismo año, según la cual el 58 por ciento de los navarros no deseaba hacer causa común con el País Vasco.

El problema nacional-regional —la construcción del Estado de las Autonomías— fue abordado irregularmente y sin frenos por parte del centro-derecha, aquejado en general por una mala conciencia centralista del Régimen anterior y por un irresponsable *hiperregionalismo* de la izquierda, con tonos emocionales. Hay que convenir con Huneeus, a este respecto, que la UCD en vez de filtrar todo el tema autonómico actuó de *acelerador*[11], y menos mal que con relación a Navarra los dirigentes centristas Jaime del Burgo y Jesús Aizpún efectuaron una política de resistencia, en nombre del centro-derecha, y evitaron que la causa foral de aquel Reino, más histórica y acendrada que la de otros territorios, quedase absorbida por la intransigencia nacionalista vasca. Aun así, *en la guerra lexicográfica* de los medios de comunicación la posición navarrista se tachaba de *reaccionaria,* mientras que la vasquista se ensalzaba como *progresista.*

Al menos con Cataluña, la elaboración del Estatuto de Sau se realizó mediante negociación directa entre todos los partidos con implantación en la región y, en cierto modo, el *manto del consenso constitucional* arropaba tan delicada iniciativa, amén del espíritu flexible y fenicio del catalán. En cierto modo, el concierto autonómico con Cataluña se llevó en paralelo al debate constitucional, y Miguel Roca se ocupó de ello; anticipación que limó las aristas posteriores, cosa que no aconteció en el caso vasco ni en el resto de las autonomías, que estallaron sus demandas de acuerdo (la de Galicia y de Andalucía, así como todas las demás del artículo 143 de la Constitución) pese a que en ellas dominaba mayoritariamente la opinión centralista. El celo autonomista, pues, fue excitado por el

La llamada "Comisión de los Veinte" que discutieron y elaboraron el Estatuto de Cataluña a lo largo de 1978, encerrados en el parador de Sau. Entre los comisionados se encontraba López Rodó (el primero de la primera fila, por la izquierda), que tuvo una eficaz participación.

mismo Gobierno careciendo de cuadros dirigentes de UCD en las regiones con prudente sentido moderador, por lo que el *café para todos* se propagó como el reguero de pólvora.

El profesor Andrés de Blas[12], en un estudio retrospectivo acerca del proceso autonomista, luego de reconocer la escasa influencia que ejerció Alianza Popular, insiste en que los comportamientos de UCD en aquella etapa no serían fáciles de entender "sin las comprensibles, pero poco justificadas, actitudes de una izquierda estatal...". En cualquier caso, los supuestos teóricos del derecho a la autodeterminación de los pueblos —cantinela táctica para la oposición antifranquista— espoleó los nacionalismos con tanta velocidad, con arreglo a un calendario irreflexivo, que el freno de la racionalidad no pudo imponerse posteriormente ni establecerse un marco diferencial aceptable. Un proceso de *instauración geopolítica* que necesita consumir en su decantación decenios, si no siglos, se quiso fundar a la velocidad de la luz y en competencia política interpartidista e interregional.

[11] Carlos Huneeus, *La Unión de Centro Democrático y la transición a la democracia en España*, CIS, 1985, pág. 263 y ss., sostiene que los rápidos acuerdos de UCD con nacionalistas catalanes y vascos provocaron una *estampida* en las demás regiones en demanda de autonomía, sin disponer de mecanismos deliberantes y decisorios internos capaces de encauzar este proceso.

[12] Estado de las autonomías y transición política, estudio dentro de la obra colectiva *Transición política y consolidación democrática. España 1975-1986*, compilada por Ramón Cotarelo y editada por el Centro de Estudios Sociológicos, Madrid, 1992.

Areilza y Fraga, en lo concerniente al papel actuado por el grupo parlamentario de Coalición Democrática en los estatutos vasco y catalán, se repartieron el trabajo actuando uno y otro en las ponencias respectivas. El Conde de Motrico pidió estar en la del País Vasco y, según todos los testimonios, actuó tan libremente que quizás fue este comportamiento el que marcó definitivamente la ruptura de la coalición aravaqueña. El 4 de julio, ante el cariz que tomaban los acontecimientos, los cuatro de Aravaca celebraron una cena y, con independencia de que comentaron otros asuntos de la moribunda coalición, Félix Pastor y Fraga trataron de disuadir a Areilza a fin de que no apoyase —como pretendía— un Estatuto vasco avanzado. "Le hacemos notar —recuerda Fraga[13]— que existe el peligro de que se tome como una entrega a cuenta, para inmediatamente pedir más (como ocurrió)". Reconvención que no surtió efectos en el Conde de Motrico por cuanto que en la reunión del grupo parlamentario, en la víspera de debatirse y aprobarse en la Comisión Mixta, pugnó por no seguir el acuerdo de abstenerse en una reunión ciertamente tensa en la que actuó de mediador Antonio Carro.

En este primer debate, a través de un discurso muy matizado, Fraga expuso las razones de la abstención del grupo CD, no sin antes alabar el trabajo de Areilza, que se fundamentaba en que no se podía hablar de *soberanía residual* ni de *autodeterminación*, conceptos jurídico-políticos rechazados en el debate constitucional, y que toda articulación autonómica debía inscribirse en la variedad —no en la uniformidad— de una España unida. Aunque Fraga salvó la cara, en su propósito de preservar la unidad del grupo parlamentario, aquella actuación del 21 de julio fue el *paño caliente* a una disidencia más honda e irreparable.

Careciendo de la ley orgánica sobre el referéndum (y de otras leyes de desarrollo constitucional imprescindibles para acometer la implantación de las Autonomías), el Gobierno convocó por sendos reales decretos-ley los referendos de Estatutos de Autonomía del País Vasco y de Cataluña, que se celebraron el 25 de octubre de 1979 con los siguientes resultados:

DATOS ELECTORALES DEL REFERÉNDUM SOBRE EL PROYECTO DE ESTATUTO DE AUTONOMÍA PARA EL PAÍS VASCO

Electores:	1.541.775					
Votantes:	921.560	(59,77% sobre electores)				
Abstenciones:	620.215	(40,23% sobre electores)				
Juntas prov.	**Electores**	**Votantes**	**A favor**	**En contra**	**En blanco y nulos**	**Abstenciones**
Álava	174.930	110.604	92.536	10.017	8.051	64.326
Guipúzcoa	507.002	303.469	279.215	12.289	12.165	203.533
Vizcaya	859.843	507.487	460.554	25.072	21.861	352.356
Totales	1.541.775	921.560	832.305	47.378	42.077	620.215

Fuentes: *Atlas electoral del País Vasco y Navarra* (Centro de Investigaciones Sociológicas), *Euzkadi Sur Electoral* (Ediciones Vascas), *Euzkadi 1977-1982* (Ediciones Egin) y elaboración propia.

---

[13] M. Fraga, *op. cit.*, pág. 166.

DATOS ELECTORALES DEL REFERÉNDUM SOBRE EL PROYECTO
DE ESTATUTO DE AUTONOMÍA PARA CATALUÑA

Electores: 4.421.965

Votantes: 2.639.951   (59,70% sobre electores)

Abstenciones: 1.782.014   (40,30% sobre electores)

Juntas prov.	Electores	Votantes	A favor	En contra	En blanco y nulos	Abstenciones
Barcelona	3.433.304	2.061.022	1.813.657	164.864	80.905	1.372.282
Gerona	337.629	213.936	191.223	13.322	9.391	123.693
Lérida	265.083	154.360	139.308	8.658	6.394	110.723
Tarragona	385.949	210.633	182.850	18.113	9.670	175.316
Totales	4.421.965	2.639.951	2.323.038	204.957	106.360	1.782.014

Fuente: Junta Electoral Central y elaboración propia.

Con ocasión de ser ratificados en el Congreso de los Diputados los dos Estatutos (el 29 de noviembre de 1979), Fraga, en su turno de explicación de voto, anunció que los señores Areilza y Senillosa votarían favorablemente ambos textos; Osorio se abstendría en ambos, y los seis diputados restantes de CD —todos ellos de Alianza Popular— votarían en contra sobre el Estatuto vasco y a favor sobre el catalán. Aunque justificada la libertad de voto por cuestiones de conciencia, al igual que aconteció en la votación sobre la Constitución (pena de muerte y voto global sobre la carta magna), era patente que los principios de unidad y coherencia ante los electores se habían fracturado. Y como entonces en la votación de la Constitución, ahora se constataba que Coalición Democrática era un ente superado a punto de extinción.

El primer viaje de ida y vuelta

Dar un portazo al salir tiene el inconveniente, no pocas veces, de que por la misma puerta se volverá a entrar. Cuando Fraga, conocidos los resultados de las generales de marzo de 1979 decidió abandonar la dirección del partido y dedicarse, entre su casa y el Congreso de los Diputados, a escribir la primera parte de sus memorias y a *cumplir* como parlamentario no tenía claro si su viaje era de ida y vuelta.

Quienes le conocían, como Carlos Argos, sostuvieron siempre que se trataba de una excursión con regreso a la base cuando llegasen las tinieblas. Diferenciada de Coalición Democrática, formación con personalidad meramente electoral, Alianza Popular y lo que quedaba de su mermada organización atravesó una de las etapas más inciertas de su historia, en la que, al margen de posturas discutibles, el presidente del partido, Félix Pastor; los vicepresidentes, Isabel Barroso y Carlos Argos, y el Tesorero, Guillermo Piera, hicieron cuanto pudieron por mantener la identidad de las siglas. Rechazan como insidia que la razón última de sus conductas —individuales o colectivas— fuese la de una *venta del partido en la oscuridad de la noche*. Reconocen, sin embargo, que no escatimaron esfuerzo alguno por acercarse a UCD —estricto motivo de conservación— y que en tal dirección hubo no pocos intentos de pacto. "Entre abril de 1979 y julio de 1980 —aporta Fernando Jáuregui[14]— las conversaciones y proyectos de pacto entre aliancistas y ucedistas son casi constantes y la negociación llegaría a alcanzar cotas pintorescas de chalaneo".

La Junta Nacional del partido, reunida el 20 de marzo, confirmó con sus acuerdos que se pretendía continuar: primero, a la sombra de Fraga, a quien expresó su adhesión y rechazó que fuesen ciertos los rumores de la renuncia al escaño; y después, lo más importante, es que se avino a organizar el III Congreso Nacional para celebrarlo en el mes de octubre. En declaraciones a la prensa (*Informaciones,* 21 de marzo), Félix Pastor admitiría la posibilidad de reincorporar a Manuel Fraga en la dirección del partido en el anunciado Congreso.

Los resultados de las elecciones municipales fueron, pese a la escasez de campaña, una grata sorpresa para AP. Casi tres mil concejales y más de doscientos alcaldes eran cifras indicativas de que las mujeres y los hombres de Alianza Popular habían obtenido la confianza de sus conciudadanos y que, por aptitud y ejecutoria, podrían ser los mejores agentes del encuadramiento político venidero. En este terreno, pues, la idea de Jorge Verstrynge de crear, bajo la dirección de Carlos López Collado, el *Gabinete de Asesoramiento Municipal* fue muy bien acogida por la dirección colegiada para potenciar el testimonio vivo del partido.

El anclaje de Fraga en el partido, ahora que él había roto con el día a día, era Jorge Verstrynge, cuyo mayor mérito residía en mantener activas las sedes provinciales todavía en pie y en la mayor parte de las cuales no había medios ni para pagar el recibo la luz. El villalbés se había refugiado en las oficinas del financiero valenciano Ángel Sanchís, en la denominada *Corporación* de empresas, y a quien se había acercado por mediación de Carlos Robles Piquer, uno de los consejeros del *Nuevo Banco* hasta su venta. Sanchís ofreció a Fraga medios materiales para rehacer su vida, pero éste rehusó en términos de amistad y sólo accedió a servirse de un despacho y a ir a Argentina (provincias de Salta y Jujuy) a cazar a la finca, en el mes de junio, que el empresario valenciano se había comprado con el producto de la venta del banco.

En consecuencia, Verstrynge no sólo no perdió el contacto con el fundador del partido, sino que le rendía periódicas informaciones sobre la marcha de los acontecimientos, amén de programar viajes a provincias entreverando la actividad política con el esparcimiento cinegético o pesquero. En efecto, Versrtrynge dedica en sus memorias un conjunto de datos de esa relación secreta con Fraga, pero lo más revelador es la conversación que sostuvo un día en que el villalbés se sinceró[15]:

"—Debe usted cuidar la estructura territorial lo más que pueda (dijo Fraga a Verstrynge), y mantenerla lista para pelear. Van a pasar cosas y, aunque hay que esperar, esta situación no puede ser eterna. ¿Es posible?

—Sí, claro que es posible —contesta el joven mandatario.

—Yo le delego mi poder en todo lo que usted necesite. Cuenta usted con mi absoluto respaldo y me informa usted de cuanto yo le pida, ¿entendido?

---

[14] Fernando Jáuregui, *La derecha después de Fraga*, Ediciones El País, 1987, pág. 70.

[15] Vale la pena transcribir esta conversación recogida en las memorias de Verstrynge (*Memorias de un maldito*, Grijalbo, pág. 82) porque, al margen de no entrar en la exactitud de todos sus términos, se sabía que se había producido en su contenido fundamental, que es lo relevante. Es decir, Verstrynge y Fraga constituían el núcleo *de choque* —si no anti— frente a UCD; estrategia de la que evidentemente no participaban ni Pastor ni Argos.

—Agradezco la confianza.

(Era evidente que Fraga no se fiaba de sus sustitutos: Pastor como presidente del partido y Argos como secretario general).

—En cuanto a la UCD, usted y yo sabemos que no tiene remedio, que terminará estallando por su lado derecho.

—Estoy de acuerdo —contesté—. Y pienso —añadí— que los socialistas son más de fiar. Actúan como dicen y piensan. UCD nos tira la piedra, nos quita los votos, mete miedo a nuestro electorado, pero se "acoquina" con el PSOE. No tiene ante él capacidad de resistencia porque en el fondo no cree en sí misma, no tiene ideas ni valores, salvo el mantenimiento del tinglado.

—Está claro que se podría aplicar otra política para este país —contestó.

Y se explayó en una visión gaullista-populista de un país grande, respetado y europeo, pero preocupado —y no sólo por el lado izquierdo— por la gente de a pie… Le dije que eso era volver a Reforma Democrática, a los valores y al programa que habíamos propuesto en 1977.

—Eso tenemos que tenerlo preparado, ¿de acuerdo?

—Muy bien, así se hará, se hará lo preciso— le contesté".

Mientras el distanciamiento de Fraga, en todo caso una maraña de suspicacias envolvió las relaciones entre Verstrynge y su equipo con Félix Pastor a la cabeza del conjunto directivo. Independientemente de lo episódico de aquellas difíciles relaciones, como trasfondo latía el destino futuro de Alianza Popular y su papel estratégico respecto de UCD. Las sospechas y los malentendidos cuajaron en cierto modo y, siendo la política tan susceptible de azuzar los juicios de intenciones, los primeros desataron una batalla de resistencia para impedir que la denominada por ellos *Banda de los Cuatro*[16] pudiera llevar a cabo cualquier tipo de operación asociativa, disolutoria o de absorción con el partido gubernamental. Estando en poder de Verstrynge la oficina de prensa, lo que no debería haber traspasado los confines de una intriga de café, se transformó en una conspiración que trascendió a los medios de comunicación.

La fidelidad incondicional de Verstrynge hacia Fraga, sustentada razonablemente en la creencia común de que ni UCD ni Suárez eran soluciones políticas de futuro frente a la postura opuesta de Pastor y compañía, creó el maniqueo de la infidelidad de éstos por esa intolerancia, tan celtibérica como perversa, de quien no está conmigo está contra mí. Lamentablemente, se llegó al reduccionismo de *buenos* — los antiucedistas— *y malos*, los restantes otros, en el carrusel de estrategias de un sistema de partidos en crisis. La coherencia ideológica en los cabezas visibles de los dos bandos y, por ende, los términos de lealtad personal se ha visto en cuál de ellas ha resistido mejor la prueba del tiempo.

Reajuste ideológico de los partidos tras la Constitución

En la *resaca* postconstituyente todos los partidos sin excepción padecían problemas de identidad ideológica. Y en los vaivenes por la redefinición unos y otros líderes, en la izquier-

---

[16] Hizo fortuna esta denominación, como expresión reduccionista, porque por entonces todos los medios de comunicación la podían asociar al grupo chino que, encabezado por la esposa de Mao Tse Tung, llevó a cabo con acopio de violencia y todo tipo de excesos la llamada "revolución cultural" en la República Popular China y que era expresión de la disidencia máxima.

da y en la derecha, perdieron plumas en la lucha con sus competidores. Asimilar dentro del PSOE a Enrique Tierno Galván, en opinión de varios historiadores[17], fue como deglutir el veneno de la autodestrucción porque, al propio tiempo de dar acogida al *viejo profesor* y a sus intelectuales marxistas, se adoptaba el formato socialista radical que estaba claramente en declive en Europa. Para evitarlo, el XXVIII Congreso del PSOE actuó como escenario para el desarme ideológico de las veleidades nostálgico-revolucionarias y la actuación de Felipe González, con su *órdago* de dimisión, so pretexto de renunciar al marxismo y convertirlo en "un simple método de análisis", le catapultó al liderazgo cesarista de ser único e imprescindible y de paso dio al gusto con lo que querían sus mentores alemanes (el abuelo Willy Brandt y demás parientes).

En Suresnes, en 1974, Felipe González diseñó un retablo socialista nuevo y distinto, derribando las viejas figuras, y en el XXVIII Congreso (junio de 1979) y en el extraordinario subsiguiente (septiembre del mismo año) montó la definitiva imaginería socialdemócrata. Pablo Castellano[18], mediante su castiza y descarnada sinceridad, ha retratado lo que de allí salió con la siguiente receta descriptiva:

> "(...) Era el nacimiento, ya sin ninguna clase de disimulos, de una organización política, ideológica y orgánicamente nueva que se ha de llamar rigurosamente, por su personalismo y la impronta de su líder, el felipismo, auténtica máquina perfectamente dispuesta para la toma del poder en el Estado como un fin en sí mismo, que había sabido ensayar la obra en la toma sin contemplaciones del poder en el partido. Tiene derecho su ejecutor a decir bien alto que él no es un *amateur* de la política, sino un profesional de tomo y lomo, y que aquí radica su imparable carrera frente a enemigos sentimentalizados o sensibles al compañerismo, la amistad y la propia coherencia".

Percatado Fraga en su acción parlamentaria de aquel conjunto de debilidades, en el verano de 1979 —siempre en el sosiego estival— decidió reintegrarse a Alianza Popular para coger las riendas de su organización, invitado a ello por Verstrynge, desde la modesta organización del partido, y por incontables amigos. El joven vicesecretario de AP venía sosteniendo para quien quisiera escucharle que UCD era como un portaaviones en llamas, destinado fatalmente a hundirse, y que en el inminente naufragio cualquier otra embarcación que navegase en los alrededores —un destructor o una simple chalupa— sería la mejor tabla de salvación para recoger los restos de la catástrofe.

Carácter de *refundación* tuvo la vuelta de Fraga a Alianza Popular en el otoño de 1979, y con este planteamiento inició minuciosamente los preparativos para retomar la dirección del partido durante la celebración del III Congreso. En sus memorias, más allá de las conjeturas periodísticas de aquel período, prodiga las alusiones sobre la presión que se le ejercía para el retorno. Significativa es a este respecto la carta que en junio le remitió el reconocido maestro de juristas, profesor de Derecho Mercantil, don Joaquín Garrigues, "que fue —dice Fraga— de las que me convencieron que la labor emprendida no podía ser abandonada". Las bases también le reclamaban, aunque esto lo entienda hiperbólico o prueba preconstituida Eugenio

---

[17] El historiador Javier Tusell, entre otros, escribió diversos artículos en *Informaciones* y en *Ya* sobre la crisis del socialismo español, pero es en el primero de los diarios, del 27 de mayo de 1979, donde bajo el título *El peligro es Tierno* advirtió que el líder del extinto partido PSP, ya absorbido en el PSOE, podía ser el germen de la destrucción del socialismo que dirigía Felipe González.

[18] Pablo Castellano, *Yo sí me acuerdo*, Ediciones Temas de hoy, Madrid, 1994, pág. 329.

Pordomingo en su libro *Fraga, a la búsqueda del poder*, porque ya tenía decidido volver y no podía permitir "que algo quedara fuera de la férrea disciplina que quiso imponer"[19].

Amigos varios le incitaron al regreso y le garantizaron ayudas materiales a fin de mantener el coste doméstico de la oficina central sin necesidad de acudir al crédito bancario. Longinos Sánchez, inmobiliario extremeño que había financiado la edición de la biografía de Fraga redactada por Octavio Cabezas en 1976, fue de los más generosos, aunque la nómina de empleados del partido entonces era soportable y, merced a la escrupulosa gestión de Guillermo Piera, no había renglones rojos en la contabilidad, excepción hecha de la *deuda histórica* de las generales de 1977. Soslayado el dolor de muelas financiero, Fraga se centró en confeccionar el equipo que le acompañaría, y a casi todos les comunicó —a los futuros miembros del comité ejecutivo— ese deseo. Por ejemplo, Rodrigo Rato fue *avisado* en noviembre de que contaba con él en la nueva andadura, "y yo acepté porque no podía quedarme con mi primera experiencia política frustrada [el fracaso de las generales de marzo] y porque, a nueve meses del triunfo de UCD, se veía que era una opción claramente insatisfactoria y de una debilidad congénita"[20].

Con los restantes miembros del ejecutivo hizo llamamientos de lealtad inequívoca para que no le dificultase, el regreso al sitio de máximo poder.

Pero ¿quién iba a ser el secretario general?, sabido ya que Fraga volvía como presidente (porque paradójicamente así lo había sugerido Félix Pastor en un mitin en Madrid). En un primer momento Fraga se fijó en Fernando Suárez, y con la idea de convencerle el 21 de septiembre almorzaron juntos para, seguidamente, trasladarse Fraga a León a clausurar el congreso provincial reglamentario previo al Congreso Nacional. Fernando Suárez rechazó el ofrecimiento como, más tarde, declinaría siquiera ir al ejecutivo. Es desde entonces cuando Fraga pensó *secretario general* más que en un *general secretario*, y bajo esa condición *exploró* a varios candidatos jóvenes. Parece ser que uno de los miembros del *Club del Sable*, Javier Saavedra, pudo ser considerado candidato inicial, pero su inclinación extremosa hacia la derecha debió de pesar como un inconveniente insuperable. Al final, por exclusión y determinado por el consejo familiar a que eligiera a una persona joven con plena dedicación, disciplinado, extrovertido y dinámico, Fraga se inclinó por su ex alumno pelirrojo y de apellido flamenco: Jorge Verstrynge Rojas, si bien hubo recelos en el grupo parlamentario por lo desconocido del personaje. Esta solución, sin embargo, la mantendría oculta Fraga hasta finales de noviembre.

En las vísperas del III Congreso lo que en principio, durante la primavera, afloró como diferencia estratégica respecto de la actitud de AP y el Gobierno entre Félix Pastor y el equipo burócrata de la oficina central, con clara ventaja de éste por la artera utilización de las *intoxi-*

---

[19] Eugenio Pordomingo (*Fraga, a la búsqueda del poder*, SCE Ediciones, Madrid, 1991, pág. 240 y ss.) aporta muchos datos —declaraciones a la prensa, sobre todo— que apriorísticamente, según una preconcebida línea argumental, se fija sólo en subrayar esa tesis de Fraga, concretándolo en el apetito de poder, y desde una visión se diría que hasta psiquiátrica del personaje.

[20] Testimonio de Rodrigo Rato al autor.

[21] Pasados los años, conforme con el testimonio de Félix Pastor al autor, los componentes de la denominada *Banda de los Cuatro* conocieron por revelaciones del que fuera jefe de prensa de Alianza Popular, Felipe López Núñez, que la polémica y el enfrentamiento de éstos con Fraga fue provocada y calentada por intoxicaciones noticiosas de Jorge Verstrynge a fin de lograr una mayor proximidad y confianza con el fundador del partido y, por consecuencia, arrumbar a los discrepantes en la heterodoxia.

caciones periodísticas[21] y por ser enlace natural con las juntas provinciales, se transformó en fruto de discordia sustancial: si Fraga retomaría el poder de la presidencia de AP como *reina madre*, según una distribución equilibrada de poderes lo menos oligárquica posible, y si cabría introducir, de paso, la democratización interna en el arbolado aliancista.

Llevada a ese terreno la confrontación, con visos personales, se interpretó de forma perversa a la luz pública hasta desembocar en la dimisión, el 31 de octubre, de la denominada *Banda de los Cuatro* mediante una carta que Félix Pastor dirigió —paradójico procedimiento— a la secretaria de Jorge Verstrynge (Magdalena Saredo) para que lo comunicase a los distintos órganos del partido. Pudo ser la forma de expresión del desprecio —o la negativa a la mera comunicación— de Pastor hacia el *cancerbero* del aparato aliancista.

La dimisión de Félix Pastor fue seguida de la de los vicepresidentes, Isabel Barroso y Carlos Argos, pero no se produjo la de Guillermo Piera —concausado a los anteriores— porque así se lo pidió Fraga, en la idea de que no hubiese vacío en la gestión y tesorería del partido, manteniéndose en el cargo de tesorero hasta la celebración del congreso. La Junta Directiva Nacional se reunió el 13 de noviembre y, entre sus principales acuerdos, adoptó el de designar presidente *interino* a Manuel Fraga por unanimidad[22], después de aceptar las dimisiones antedichas "agradeciéndoles los servicios prestados y lamentando que hayan elegido como cauce para sus discrepancias una polémica fuera de los órganos naturales de decisión de Alianza Popular". Y es que, desde el mismo momento de la dimisión colectiva de la dirección, la prensa fue un deformante espejo de aquellas discrepancias de tono molesto y reticente.

El mismo día de celebrarse la Junta Directiva Nacional el diario *ABC* publicó una entrevista conjunta a los tres dimisionarios, efectuada por Pilar Urbano, donde Pastor, Barroso y Argos vertieron sus críticas —nada denigradoras— posando el núcleo de la discrepancia en la definición político-estratégica de que a UCD había que reservarle el *centro político* y que el espacio de AP no podía ser otro que el de la *derecha democrática*.

En respuestas a la periodista que indagaba —*escarbando con toda agudeza*— los motivos de la disidencia, los dimisionarios declararon a su turno:

> **Pastor.** "En mi dimisión no hay causas personales [...] Hemos fijado unas posturas sustancialmente divergentes... Personalmente sigo teniendo a Manuel Fraga un profundo respeto y afecto. [...] Pero si AP pretende construirse como 'centro-bis', recuperaré mi libertad política".
>
> **Barroso.** "No ha habido el menor intento de quedarnos con el aparato del partido ni de privar a Fraga de facultades directivas. Se le ha consultado todo, aun siendo un *militante* raso. [...] Admiro y respeto a Fraga exactamente como antes. [...] Si nuestro electorado es 'de derechas', ¿por qué empeñarnos en ser el "centro?".
>
> **Argos.** "... un montón de años de fidelidad personal no se cambia por una crisis... [...] Una cosa es dotar al partido de un líder indiscutible, que no es otro que Fraga, y

---

[22] Para regresar como presidente *interino* del Partido Unido y de la Federación de Alianza Popular, planteada en la referida reunión de la Junta Directiva Nacional, Fraga exigió un acuerdo unánime, pero antes hubo de ser presionado el representante asturiano José Orejas para que cambiase su postura contraria so pena de que todo se viniese abajo.

otra, hacer un partido en torno a Fraga. [...] Nunca pretendimos sentar a Fraga en el sillón de *reina madre*. Al contrario: potenciar la Presidencia. Pero eso sí, con un reparto equilibrado de poderes, garantía de la democracia interna del partido...".

Sin conexión con los dimisionarios, Fernando Suárez pretendió hacer trocha, por vez primera, en abrir las candidaturas al comité ejecutivo aliancista, pero ni el momento ni las circunstancias propiciaban lo que sería una aspiración tópica para *permeabilizar* las líneas democráticas. Enfrentado al muro de los poderes concentrados de Fraga, Suárez renunció sin alharacas a integrarse en el comité ejecutivo como también, por motivos diferentes, hicieron otros.

III Congreso Nacional de Alianza Popular

En la mayor de las penurias, con pobreza franciscana, los días 14, 15 y 16 de diciembre de 1979 se celebró en Madrid, en las instalaciones universitarias del colegio mayor *Pío XII* y del *Instituto Social León XIII* el III Congreso Nacional de Alianza Popular, al que asistieron 1.291 delegados de todas las provincias españolas, en las que hasta el 15 de noviembre anterior se habían renovado las juntas provinciales. Visto años después con la pátina histórica, fue un encuentro sincero de reflexión y que, por su misma modestia, resultó fecundo en cuanto a definir lo que representaba el partido entonces y su capacidad para ser una *tercera opción* en el flanco de UCD y frente al PSOE.

Los estatutos surgidos en el III Congreso Nacional configuraron un liderazgo presidencialista a la medida de Fraga, que había estado separado del partido varios meses. El villalbés iniciaba, pues, un nuevo período personalista más volcado a la calle que a los despachos. En la foto (no correspondiente a esta época) Fraga, que está siendo maquillado para salir en la pequeña pantalla, conversa con Fernando Suárez, quien decía que cuando hablaba con Fraga "estaba hablando con su electorado".

Como cura de humildad, en comparación a manifestaciones entusiastamente jaleadas, el III Congreso supuso una dieta de confirmación y fortaleza en los delegados que asistieron a aquellas jornadas —un *retiro conventual* para algunos— que, a juzgar por sus resultados, tuvo los perfiles de la primera refundación de AP. El hecho de que el Congreso viniese precedido del conflicto sostenido públicamente acerca del modelo presidencial que se quería adoptar en la reasunción de poderes por Fraga[23] acaso oscureció los factores claves para el futuro: el plan de reconstrucción de un partido de masas en una envoltura ideológica nueva bajo la noción de ser un partido conservador y reformista, democrático y progresista, teniendo por método el populismo.

En medio de un país asaeteado por la crisis (de orden público, económica y social), la nueva orientación de Alianza Popular suponía el intento definitivo

---

[23] En la misma mañana en que comenzó el Congreso, el dimisionario Félix Pastor hacía públicas en *El País,* en un artículo titulado *Unos estatutos para un partido,* las razones por las que se oponía a que AP pasase a ser una estructura fuertemente centralizada en la figura de un presidente ejecutivo. Concluía su alegato el articulista afirmando: "Cuando las funciones de los partidos son tan trascendentales que significan la casi única posibilidad práctica que tienen los ciudadanos de participar activamente en la vida política; cuando el margen de acción concedida a la mayoría de las iniciativas no partidistas es prácticamente insignificante; cuando el Estado democrático y el Parlamento democrático son a la vez un Estado de partidos y un Parlamento de partidos, vale la pena apostar por la profundización de la democracia, y no limitarse a una fórmula tolerable, pero mediocre, de organización".

de *romper* la UCD y arrastrar a su ala derecha hacia la *Mayoría Natural*, concepto que se acuñó en la ponencia política en cuanto empeño de atraer a la gran derecha situada incómodamente en el partido gobernante o dispersa en las incontables siglas de partidos artificiales y de grupos regionales. La cancelación definitiva de UNE (de Fernández de la Mora) y de ADE (de Silva Muñoz) de la Federación de AP dejaba sin sentido la entidad asociativa —el practicado *banderín de enganche*—, razón por la que en el Congreso se acordó mantenerla en su estructura incorporando a la misma a dos minúsculos grupos (Acción por Ceuta y Unión liberal, popular y democrática de Ibiza y Formentera).

La ponencia política fue elaborada y defendida por Fraga como plato fuerte del menú el sábado 15 a través de una disertación-discurso prolijo, atento a la historia, crítico con la realidad política y en el que las ideas fuerza basculaban sobre los conceptos *reconstrucción, renacimiento y refundación.*

Fueron obviadas en la definición las expresiones *derecha* y *centro* por haber sido blanco de escritos de enmienda, y muy gustoso el ponente se refugió en el concepto *conservador*, que era útil descriptivamente para campar por los modelos europeos, muy en boga a partir del resurgimiento del conservadurismo británico, tan caro a él. La noción reformista la volcó no tanto con carácter general —como premisa constante— sobre el diseño autonomista contenido en la Constitución que, aunque aceptada globalmente, se hacía reserva del título VIII con rechazo expreso del término *nacionalidades.*

Dialécticamente, sin embargo, los encontronazos se produjeron con enmiendas terminológicas acerca de incorporar la expresión *derecha* sin complejos, con el acervo ideológico que ello representaba, a lo que Fraga se resistía por muchas razones. Una primera, porque la noción estaba denigrada por el sentimiento social común —era vergonzante en la visión intelectual— por asimilación al franquismo; otro motivo era porque el centrismo como teoría lo había introducido estratégicamente él, y a la postre le fue arrebatado en su aplicación práctica, queriéndolo reconquistarlo; no menor fundamento tenía la certeza de que AP tenía que ser la reposición de UCD, la cual hacía política de izquierdas con votos de la derecha, y llevando el apellido *centrista* se facilitaría el trasvase de adhesiones electorales en una amplia franja social, y finalmente porque Fraga no creía en las ideologías cerradas. Lo explicó en su ponencia paladinamente cuando narró el encuentro entre el joven Donoso Cortés y Metternich, refiriendo que el estadista austriaco estimaba que la ideología era como un cañón fijo y que por su emplazamiento únicamente podía disparar en una sola dirección, mientras que si fuese un cañón giratorio podría variar su campo de acción.

La ponencia política de la mayoría natural contra UCD

En forma de discurso Manuel Fraga, diputado de AP por Madrid, defendió la ponencia política del III Congreso de AP y se reintegró en la dirección del partido (fue elegido presidente) desde una posición refundadora y de expansión, marcando los límites ideológicos de la formación desde el acatamiento a la Constitución.

Independientemente de ser una pieza ideológica relevante en la historia de AP, sobresalía en ella la ambición de articular de nuevo a la gran derecha democrática y reformista cuando ya se vislumbraba que UCD era un proyecto político invertebrado, sin futuro cierto. En este sentido se advirtió, tal como hicieron ver algunos observadores, una estrategia demoledora del adversario antes que constructiva propia.

El ponente se refirió primeramente, bajo el epígrafe del Análisis de la situación, a la conciencia general de preocupación y de confusión que existía en el país —y también en el mundo— debido a la suma de muchas crisis: económica, social, cultural, de las relaciones exteriores, etc., todo lo cual concluye en una crisis de la unidad e identidad nacional (crisis del Estado-Nación) y a que la opinión pública, desorientada y acobardada, propenda a la abstención. Frente a todo esto había que relanzar la confianza:

> "[...] Porque (recogiendo los mismos temas de la crisis nacional) frente a la desilusión y la frustración hemos de promover el afán de futuro, la decisión de supervivencia nacional y de convivencia ciudadana, un gran objetivo nacional para España".

Para salir de esa crisis general, Fraga propuso las acciones que había de emprender por caminos que no sean de negación o de enfado.

> "[...] No pretendemos ponerle al mundo y a la vida un corsé ideológico; no creemos, como los marxistas, que se puede reducir la sociedad de los hombres, seres libres, a una sola clave ni a un dogma estancado. Lo que pretendemos es basar nuestra acción en un *conjunto de principios*, de verdades sólidas, de juicios realistas, con los que se pueda fijar un criterio ante cada nueva situación".

Abogó por la reconstrucción de muchos valores, supuesto que la política es arquitectura, en primer lugar del lenguaje y después analizar la situación con realismo para establecer unos buenos cimientos donde levantar el edificio con una buena distribución, con futuro.

> "(...) Tampoco estamos por una España *como ya fue...* Concebimos una España en perpetua y vital renovación; en la que la tradición sea un compromiso y un estímulo, no una lápida o un sudario. Pero queremos *que sea España*; y si nos dan a escoger entre España, con unidad, con identidad y con honra, y cualquier otra cosa, diremos que lo nuestro es España y que lo otro no nos sirve, porque será bueno para otros, pero a costa de España".

Luego de referirse a los modelos constitucionales vigentes en el mundo, en torno a la Constitución británica y a la francesa, el ponente afirmó que nuestra larga historia constitucional es la de los fracasos por razón de los muchos textos fundamentales que han existido y lo poco que han durado.

> "(...) Aun así, estimamos (mayoritariamente) que era mejor hacer lo que hicimos: votar favorablemente el conjunto de la Constitución (gran parte de cuyos artículos eran aceptables) y mantener *reservas con el propósito de la enmienda*, en unas cuantas materias, respecto de las cuales anunciamos, en la explicación de voto, que en su día plantearíamos las correspondientes propuestas de reforma constitucional.
>
> Estos puntos de desacuerdo no eran muchos, pero sí importantes. Se referían al artículo 2º (la funesta mención de las *nacionalidades*) y diversas disposiciones del ambiguo título VIII, que desarrolla las autonomías; al sistema electoral, equivocadamente ratificado por la Constitución, que hace obligatorio el sistema proporcional en vez de dejar esta cuestión a la Ley Electoral; a algunos artículos que afectan a instituciones fundamentales y a la moral cristiana (familia y educación, principalmente), y, en fin, a la antidemocrática restricción que los partidos han impuesto (reduciendo a muy poco la *democracia semidirecta* a través del referéndum y la iniciativa popular) al control popular del proceso político".

"[...] Nuestra actitud no es, pues, ni de ruptura constitucional ni de aceptación resignada de las partes que rechazamos; es de *reforma...*".

Propuso Fraga una remodelación de partidos, donde incrustar a Alianza Popular sustituyendo a UCD, y tal sistema presuponía:

"a) Creación de fuerzas nacionales sólidas y responsables con proyección y responsabilidad regional, pero evitando la proliferación de los grupos localistas y acabando con el falso mito del *sucursalismo* que no ha perjudicado a la izquierda, pero sí ha confundido y dividido a los grupos antimarxistas, como se ha visto en Cataluña.

b) Eliminación, en cumplimiento de la Constitución y de la Ley, de las fuerzas *revolucionarias y separatistas* que usan la violencia para sus objetivos".

El ponente, partiendo de las condiciones dadas para la remodelación del sistema de partidos, expuso la situación presente en España entre los partidos políticos de izquierda y de derecha, así como se refirió a las diferencias entre sí y respecto de lo que rige en Europa, y pasó a delimitar los perfiles de Alianza Popular:

"[...] Es claro que nosotros, siendo como somos, partidarios del progreso y de la justicia social, *no somos la izquierda*; rechazamos el materialismo marxista, la indefinición en política exterior y de defensa, el confundir el progresismo con la permisividad, la falta de respeto a la tradición religiosa y moral de nuestro pueblo.

Es igualmente claro que siendo *profunda y auténticamente regionalistas*, entusiastas de nuestras patrias chicas y de una España en su auténtica variedad, nosotros rechazamos los planteamientos *nacionalistas* por falsos y contrarios a la verdadera historia de España; las tesis *racistas*, por ridículas y anticristianas; los *federalismos*, por divisores y debilitadores del Estado que ha de defendernos a todos y encarecedores de la administración y los servicios; y no hace falta decir que los *separatismos*, por traidores y suicidas. Respetamos el foralismo, de buena solera hispánica, y aceptamos los Estatutos en la medida en que sirvan para una mejor integración de España".

La definición descriptiva de Alianza Popular la concretó Fraga en este párrafo de políticas concretas al responder las siguientes preguntas en torno al eje *patria, ley y orden*:

"¿Qué es y qué quiere ser Alianza Popular? Yo creo que somos la fuerza política que intenta (y lo logrará si luchamos con tenacidad y organización) unir a los muchos españoles que queremos la unidad de España sin discusión; que rechazamos el marxismo con plena convicción de que el materialismo es lo más contrario a la esencia de nuestra Patria; que queremos una moral pública bien defendida; que defendemos las grandes instituciones sociales, como la familia, la Iglesia, las Fuerzas Armadas y del Orden Público, las escuelas públicas y privadas, etc.; que queremos progreso en todos los frentes de la vida nacional, pero dentro del orden y el respeto a la ley; y que, en fin, queremos todo eso por vías pacíficas, ciudadanas y democráticas".

El ponente invocó por vez primera el concepto *mayoría natural*, que deseaba fuese el banderín de enganche del conjunto de ciudadanos que, en torno al ochenta por ciento del electorado, apoyaron la Reforma política de 1976.

"(…) Podemos dirigirnos a la *mayoría natural* del país, a la parte mayor y más sana de la sociedad, como decían los antiguos. Hoy desunida, desorientada, desencantada; que estuvo ahí…".

Esto suponía una declaración de guerra a UCD, puesto que la nueva concepción de la *mayoría natural* comportaba su sustitución —por aniquilamiento— con este claro objetivo:

"[...] En primer lugar, nosotros aceptamos el *humanismo cristiano* como base de nuestros juicios morales y de legitimidad social. Esto quiere decir que, sin ser un partido confesional, nuestros valores son los cristianos, sin ninguna suerte de integrismo o de clericalismo; pero también sin dudas ni vacilaciones.

En segundo lugar, respecto del cambio social, somos a la vez *conservadores y reformistas*. Conservadores, en el sentido de que los pueblos tienen una tradición, no dogmática ni cerrada, que debe enriquecerse en cada generación, a la cual no pueden renunciar sin perder su identidad. Reformistas, porque pensamos que esa tradición y sus realizaciones institucionales ha de estar en permanente y flexible adaptación a los tiempos nuevos, lejos de toda reacción y de toda idea revolucionaria.

En tercer lugar, aceptamos claramente y sin reservas la *legitimidad liberal y democrática*. Liberal, en el sentido de reconocer el derecho de pensar, investigar, crear y difundir doctrinas nuevas. Democrática, en el sentido de respetar la regla de decisión por mayoría, dondequiera que sea aplicable...

Finalmente, estamos decididamente por la *justicia social*. A todos los niveles y con todas las consecuencias. La entendemos como la obligación de las sociedades de dar a todos un mínimo justo y una real igualdad de oportunidades".

Sometida a votación, la ponencia política fue aprobada con 24 votos en contra entre los más de novecientos votantes, atribuyéndose la ínfima contestación a los delegados de Soria, Burgos y Santander, sobre quienes influía Félix Pastor, ausente de la reunión. El espaldarazo recibido por el nuevo orden ideológico que se presentaba, ciertamente tenía el significado de un *manifiesto* de guerra contra el partido gobernante.

Un partido presidencialista a la medida del líder

Ante el desafío ideológico y estratégico que se quería afrontar, el cuerpo normativo virtualmente hábil, según el modo de pensar de Fraga, debería pasar por la ley del hierro, con poderes concentrados en un amplio marco de discrecionalidad, y de ahí que José María Ruiz Gallardón le preparase un borrador de Estatutos mucho más restrictivo que los ofrecidos por Jorge Verstrynge, aunque en ambos se adoptaba un *formato presidencialista* muy reforzado. Una diferencia indicativa entre los dos borradores consistía en que en el texto cuya paternidad era de Ruiz Gallardón se incluía, para el cumplimiento de los fines esenciales del partido, el perseguirlos "dentro de la filosofía del humanismo cristiano", mientras que Verstrynge optaba por su supresión (por el laicismo completo). Otras variantes significativas giraban en torno a la potenciación —querida por Verstrynge— de la Oficina Central en línea de dependencia del secretario general, en función del objetivo de profesionalizarla, pero sin reconocer cauces decisorios propios fuera del control unipersonal de aquel.

Noblemente pugnaz fue la participación del enmendante a la totalidad de los Estatutos, Guillermo Piera Jiménez, tesorero del partido hasta el Congreso y que actuó como portavoz de la anterior dirección saliente y disidente "bajo la obligación moral de sinceridad que su conciencia le imponía...". Presentó unos Estatutos alternativos, con la fórmula *secretarial atenuada* por los poderes de los órganos decisorios junto al presidente, a contrapelo del aluvión de quienes rodeaban a Fraga, no todos bienpensantes. Por la crítica que administró el enmendante contra la propuesta oficial se advertían las intenciones restrictivas del poder de Fraga. A saber: calificaba el proyecto de antidemocrático, con relación a los Estatutos entonces vigentes, por muchas razones. Por la introducción de 50 personas nombradas a dedo; porque la fijación de los compromisarios a los congresos se sustraía al principio de proporcionalidad; porque se hacía depender de la facultad discrecional del presidente la designación de los vicesecretarios nacionales y la configuración de la oficina central, etc., debilitando la independencia del Congreso Nacional. Igualmente, entre los fundamentos de rechazo del proyecto oficial, Guillermo Piera reconvino la facultad de que el presidente pudiese incorporar al comité ejecutivo a "personalida-

Fraga y Verstrynge (profesor y alumno), en los primeros tiempos de colaboración política.

des relevantes" que "interesen" (sin distinguirse la condición de "miembro" y de "afiliado") y, por último, denunció que el formato *presidencialista* sólo fuese en los órganos centrales y no en los territoriales. En definitiva, la propuesta del enmendante venía a robustecer la figura del presidente, pero respetando el equilibrio e independencia de poderes. Otros delegados que tomaron también parte en el rifirrafe dialéctico sobre los estatutos, en posiciones alineadas con el enmendante principal, fueron José Luis Caso, Pablo Satrústegui y Lucas Oriol.

La enmienda de Guillermo Piera fue ampliamente rechazada, aunque obtuvo 32 votos a favor y 19 abstenciones.

La candidatura única que se presentó para el comité ejecutivo fue la encabezada en la presidencia por Manuel Fraga, que de los 947 votantes, 875 dieron su respaldo y 71 votaron en blanco. En consecuencia, el Comité ejecutivo (conjunto del partido unido y de la federación) quedó así constituido:

Presidente:	Manuel Fraga Iribarne.
Vicepresidentes (PUAP):	José María Ruiz Gallardón, Luis Ortiz Álvarez y Manuel García Amigo.
Vicepresidentes (FAP):	Álvaro Lapuerta Quinteros, Abel Matutes de Juan y Juan Antonio Montesinos García.
Secretario general:	Jorge Verstrynge Rojas.
Tesorero nacional:	Begoña Urquijo y Eulate.
Secretarios generales adjuntos:	Guillermo Kirkpatrick Mendaro, Jesús Pérez Bilbao y Miguel Ramírez González.
Vocales nacionales:	José Manuel González Páramo, Carmen Llorca Villaplana, Antonio Hernández Mancha, Rodrigo Rato Figaredo y Manuel Gasset Dorado.
Representante nacional de Nuevas Generaciones:	Alejandro Martín Carrero.
Representante de los Senadores:	Carlos Pinilla Turiño.
Representante de los Diputados:	Juan Luis de la Vallina Velarde.

Con ánimo conciliador, un mes después del Congreso, en el semanario *Blanco* y *Negro,* Félix Pastor sellaba la paz entre la tendencia crítica y la oficial aludiendo a la capacidad de Alianza Popular de asimilar la libre discusión. Pero sobre todo se felicitaba de la eliminación a toda referencia centrista en la definición del partido, y como prueba de tal tendencia argüía Pastor que la visita de Fraga a Suárez por esos días indicaba una nueva línea de actuación en las relaciones de AP y UCD. Al mismo tiempo, anunciaba el propósito de agruparse los *críticos* del III Congreso en una fundación "para desarrollar un pensamiento político diferenciado".

Capítulo 13

EL DESMORONAMIENTO DEL CENTRISMO
Y LA DIMISIÓN DE SUÁREZ

Abertzalismo en Andalucía

El centrifuguismo autonómico generado en Andalucía al pretendido modo del País Vasco y de Cataluña, no templado ni encauzado finamente por el cuarto Gobierno de Suárez frente a sí mismo ni tampoco frente a la izquierda *estatal*, marcó indefectiblemente el comienzo del declive de UCD en el invierno de 1980. La prueba de fuego sobre la credibilidad decreciente de UCD la proporcionaría el referéndum procesal (consulta sobre qué vía de acceso a la autonomía se elegía: si la del artículo 151 de la Constitución o la del 143) celebrado en la región andaluza el 28 de febrero, tras un proceso confuso y torpe de marcha y parada.

La absurda y simple reducción nominalista de que autonomía equivalía a *democracia* y centralismo a *franquismo* llegó a calar socialmente por machacona persuasión partidista y actuó de acelerador en regiones donde ni por tradición ni por sentimiento existía conciencia nacionalista. Ante esta marea imparable, desde el Gobierno se quiso frenar el proceso con planteamientos moderadores para *normalizar* y *racionalizar* las incontroladas tendencias disgregadoras de la unidad del Estado, alentadas en el caso andaluz por la misma presidencia de la Junta preautonómica, encarnada por el socialista Rafael Escuredo, con actitudes tan agresivas como imprudentes que le llevaron incluso a mantener una infantil huelga de hambre. Un pacto político entre UCD y PSOE obligaba al procedimiento de someter a referéndum en Andalucía el tipo de vía —si lenta o rápida— sobre la que recorrer el proceso de autonomía. Bajo este acuerdo se convocaría la consulta al pueblo andaluz en los términos regulados por la Ley orgánica sobre distintas modalidades del referéndum, discutida y aprobada precipitadamente a fin de aplicarla cuanto antes en la región penibética, de suerte que se requería el voto afirmativo de la mayoría absoluta de los electores de cada provincia y, caso de no conseguirse, la iniciativa no podría reiterarse hasta transcurridos cinco años.

Voces de alarma en los órganos directivos de UCD[1] aconsejaron, respecto de la autonomía andaluza, un viraje rotundo y emprender la *racionalización* autonómica cambiando el procedimiento del artículo 151 de la Constitución por el más lento y controlable del artículo 143, por lo que el Comité Ejecutivo de UCD acordó recomendar la abstención en el ya convocado refe-

---

[1] El Comité Ejecutivo de UCD se reunió el 15 de enero de 1980 y analizó el proceso autonómico general y decidió, bajo el eufemismo *racionalizar*, frenar la marcha nacionalista de algunas regiones, donde artificialmente se creaban partidos falsamente nacionalistas. En esta reunión se aprobó, asimismo, que Andalucía debía acceder al autogobierno por la vía del artículo 143 de la Constitución y a tal fin, como en algunas provincias andaluzas lo más probable es que no se cumpliría el requisito de mayoría absoluta, la postura de abstención, se dijo, era la adecuada, dejando a la suerte del electorado la decisión que sobrevendría. Este viraje, como ya se sabía, provocó la dimisión de Clavero, pero la dirección de UCD no calibró adecuadamente sus efectos (el de romper la disciplina partidista y pedir el sí en el referéndum) ni el malestar que ocasionó en las bases centristas de Andalucía.

réndum previsto para el 28 de febrero. Esta decisión provocó, primero, el conflicto interno con el abandono del Gobierno y de UCD del ministro de Cultura Manuel Clavero, que dio pie a un reajuste para reconducir el proceso autonómico general; pero en segundo término permitió que el PSOE izase la bandera del andalucismo —vacío de cimientos históricos— disputándoselo al Partido Socialista Andaluz, que desde entonces quedó ensombrecido por su *complicidad* durante toda la Legislatura con el partido gobernante.

La campaña del referéndum fue de las más enconadas y la competencia entre partidos, con el trasfondo demagógico de la discriminación a que se sometía a una tierra económicamente deprimida, alineó a toda la izquierda frente al Gobierno. El grave error inicial radicaba en la postura abstencionista del Gobierno y de su partido; posición que no encaja en la práctica —por más que sea legalmente correcta— la de inhibirse, dentro de la conducta de iniciativa y de guía que corresponde a todo gobierno. Los partidos no gobernantes pueden lavarse las manos endosando la libertad de voto a sus seguidores, pero el que dirige la gobernación, si se desentiende de orientar a los ciudadanos, se sume en la incuria, corriendo el peligro —como así se interpretó— de que la postura abstencionista de UCD se entendiera el disfraz de negarle a Andalucía lo que se le había dado a Cataluña, al País Vasco y se estudiaba conceder próximamente también a Galicia.

Antonio Hernández Mancha, joven abogado del Estado nacido en Extremadura y que, por destino, se había instalado en Córdoba, pertenecía a Alianza Popular desde la primera hora y organizó paulatinamente, al estilo celular comunista, la base militante del partido para después ampliarla a toda Andalucía. "Andalucía parecía tierra de misiones —recuerda al autor—, porque allí el dominio era de la izquierda y había que pedir permiso no ya para discrepar, sino incluso para tomar la palabra". En las elecciones generales de 1979 encabezó la lista al Congreso, pero le fue imposible hacer listas para alguna de las ocho capitales de provincia en las municipales de un mes después porque la gente estaba asustada (intelectuales, profesores, abogados, obreros..., todos declinaron). Ayudado por un brigada retirado de la Guardia Civil, José Ruiz, y por el jesuita Julio Osorio Navarrete, y con el asesoramiento de Antonio de la Riba, el joven aliancista amplió su radio de acción y tras él otros abogados del Estado andaluces hicieron lo mismo. Durante el III Congreso el columnista Pedro Rodríguez, que había visto y oído al menudo dirigente andaluz en una de sus fluidas intervenciones, ya había dicho que *había nacido una estrella y que hasta Fraga le vitoreó*... Siendo centralista Alianza Popular, máxime desde el III Congreso, Hernández Mancha no cejaba en regionalizar el partido a contrapelo del criterio de Fraga, a quien le sugería visitar, cuantas más veces mejor, Andalucía. "Y llegó a dejarme hacer lo que me diese la gana hasta celebrar el 9 y 10 de febrero de 1980, en Fuengirola, el primer Congreso regional de Andalucía", que fue el acto de despegue de Alianza Popular en aquella región.

El mencionado Congreso andaluz, en vísperas del referéndum, registró un considerable eco, y la mayor dificultad estribó en la fijación del voto para la consulta que dividía a todos. Al final, tras vivos debates, prevaleció la postura de abstención —la misma que UCD—, pero sin terciar en una lucha planteada entre los partidos de izquierda y el irresoluto Gobierno de Suárez.

Aunque ni el Gobierno ni los *barones* de UCD hicieron campaña, conscientes de que la vara de la mayoría absoluta en todas y cada una de la provincias era muy alta como para que ganase el *sí*, no se permitió que entrasen en juego los medios de comunicación de titularidad pública para habilitar propaganda institucional gratuita ni por pago de la tarifa publicitaria, y eso, como agravio comparativo respecto de las facilidades dadas en Cataluña y el País Vasco, enardeció las pasiones, convirtiendo en *cruzada* lo que tenía que haberse resuelto en otro foro. Y si la contienda electoral era lo apropiado, no se concebía que el partido gubernamental se maniatase en espera de un salvador espontáneo que le librara del alud de críticas que recibía y que, entre las principales, se referían a la falta de garantías democráticas sobre la celebración y recuento de la consulta.

El resultado del referéndum fue a favor del *sí*, con clara mayoría absoluta, en seis provincias (Cádiz, Córdoba, Granada, Huelva, Málaga y Sevilla) y, a primera vista, no se alcanzó aquel porcentaje ni en Jaén ni en Almería. Las fuerzas de izquierda interpusieron recurso contencioso-electoral sobre los escrutinios de las dos provincias electoralmente sedicentes, cambiando *judicialmente* la decisión concerniente a Jaén; sin embargo, en Almería no cupo rectificación y, por tanto, Andalucía tenía que acogerse a ir a su autonomía por el artículo 143 de la Constitución o replantear el caso cinco años después.

De 4.430.356 electores habían votado 2.843.820 (el 64,18 por ciento), lo que representaba una abstención del 35,82 por ciento, dos puntos menor que la abstención producida en las elecciones municipales de abril de 1979, lo que lógicamente se descontó como un rotundo fracaso de la UCD, pues lejos de *persuadir* a los ciudadanos para que no acudiesen a las urnas les incitó —tuvo el efecto contrario— a ejercer su derecho sufragista. El distanciamiento de la tesis gubernamental ya no era un síntoma, sino una realidad que precipitaría un rosario de derrotas. La cascada de reproches internos en UCD no se hizo esperar[2], recayendo sobre su secretario general, Rafael Arias Salgado, quien postuló con mayor fervor la abstención y no supo medir las consecuencias del apartamiento de Clavero Arévalo. A las pocas semanas renunció a la Secretaría General, siendo sustituido por Rafael Calvo Ortega.

Meses más tarde la contradicción *ucedista* alcanzaría su máxima expresión al consentir —si no propiciar— el replanteamiento de la autonomía andaluza mediante un método todavía más audaz y arbitrario, muy distante de aceptar las reglas de juego aunque resultasen perjudiciales. Sin esperar a que transcurriesen los cinco años de mora para reiterar el acceso a la autonomía por la vía rápida del artículo 151 de la Constitución, se convino en modificar la Ley orgánica del referéndum en el sentido de exigir mayoría absoluta no en todas y cada una de las provincias, sino en el cómputo global de la región sometida a consulta. Se dejaba, además, otra puerta abierta que consistía en que los diputados y senadores de la provincia o provincias en las que no se hubiese ratificado la iniciativa podrían sustituir un resultado adverso por una simple solicitud[3].

Ciertamente prosperó la reforma legal referida en diciembre de 1980, pero con la complicidad de todas las fuerzas políticas se halla una solución de parcheo jurídico-consticional que

---

[2] A la intempestiva hora de las diez de la noche del 3 de marzo, lunes, Adolfo Suárez convocó de nuevo al Comité Ejecutivo de UCD, reunión en la que, según recoge profusamente Carlos Huneeus (*La Unión de Centro Democrático y la transición a la democracia en España*, CIS, pág. 275), "por primera vez Suárez tuvo que encarar una crítica generalizada..." Críticas que, como arabesco lateral, algunos dirigieron abiertamente al secretario general de UCD, Rafael Arias Salgado.

[3] La reforma de la Ley orgánica sobre distintas modalidades del referéndum fue postulada mediante proposición de ley suscrita por los grupos parlamentarios centrista, socialista, comunista y andalucista para modificar únicamente el párrafo 4 del artículo 8 de aquella norma, cuya redacción quedaría así: "Esto, no obstante, la iniciativa autonómica prevista en el artículo 151 se entenderá ratificada en las provincias en las que se hubiera obtenido la mayoría de votos afirmativos previstos en el párrafo anterior, siempre y cuando los votos afirmativos hayan alcanzado la mayoría absoluta del censo de electores en el conjunto del ámbito territorial que pretenda acceder al autogobierno. (Siguiente párrafo.) Previa solicitud de la mayoría de los diputados y senadores de la provincia o provincias en las que no se hubiera obtenido la ratificación de la iniciativa, las Cortes Generales mediante Ley Orgánica podrá sustituir la iniciativa autonómica prevista en el artículo 151, siempre que concurran los requisitos previstos en el párrafo anterior".

mayormente perjudicó al Gobierno de UCD, con una conducta inmadura de aceleración, frenazo y marcha atrás sobre algo tan trascendente como el desarrollo del Estado de las Autonomías. Emilio Attard, como historiador y coprotagonista en UCD de aquellas aciagas componendas, ha resumido su testimonio de forma inmisericorde[4]:

> "La trampa no había servido nada más para que cayéramos en la misma con grave lesión de nuestra credibilidad política, de nuestro respeto a las leyes orgánicas y de nuestra conculcación de la letra y el espíritu constitucional, en lo que fuimos cómplices de todos los que iban a recoger la cosecha de nuestro descrédito...".

Comparecencia testimonial en el País Vasco

La apelación ideológica liberal-conservadora que el III Congreso hizo para coordinar a todas las fuerzas políticas democráticas no colectivistas ni nacionalistas, objetivo tan pretencioso como voluntarista, necesariamente impulsó al partido a organizarse para el encuadramiento de masas. Existía liderazgo y programa, pero en punto a organización la expansión necesaria venía frenada por la escasez de medios económicos. Ello no obstante, los dirigentes regionales y provinciales, sobre todo los más jóvenes, hicieron un inmenso esfuerzo por abrir el partido a la sociedad en ciudades y pueblos pese a no contar con el refrendo —ni siquiera el reconocimiento— de los medios de comunicación.

El nuevo rostro de AP rompía los trasnochados clichés de la derecha tradicional cuando se dispuso a trabajar, en algunas regiones y provincias con acierto, imitando los métodos de trabajo de los partidos de izquierda.

Ya en 1980 la Oficina Central del Partido se estructuró funcionalmente con tres secretarías generales adjuntas (anteriormente enunciadas) de componente político, pero el verdadero acierto lo constituyó la creación de cinco fuertes vicesecretarías nacionales[5], tres de las cuales: Acción Política, Acción Territorial y Acción Electoral desplegaron una gran actividad con sentido profesional de forma *liberada*, es decir, retribuyendo a sus titulares para que se dedicasen a sus tareas a tiempo completo.

El germen de lo que más tarde sería el equipo de *secretarios técnicos* nació por entonces entre jóvenes estudiantes y profesionales reclutados, las más de las veces, por Nuevas Generaciones, cuyo presidente era Alejandro Martín Carrero, un estudiante del último curso de Medicina dotado de cualidades prácticas para el ejercicio de la política.

Todo un reto para Alianza Popular era la comparecencia a las elecciones primeras del Parlamento Vasco, máxime por el hecho de que en las tres provincias vascongadas se carecía de implantación y la pertenencia al partido, en sí misma, era un sonoro reclamo para ser víctima del terrorismo. Inicialmente, habida cuenta de que el partido había recomendado el voto negativo en el referéndum del Estatuto, se barajó la posibilidad de no ir a estas elecciones en espera de mejoras oportunidades. Pero planteada la cuestión en una reunión del Comité

---

[4] Emilio Attard, *Vida y muerte de UCD*, Editorial Planeta, Barcelona, 1983, pág. 112.
[5] Además de la vicesecretarías generales citadas, se crearon la de Acción Municipal, a cargo de Carlos López Collado, y la de Nuevas Generaciones, cuyo presidente tenía rango de vicesecretario.

Ejecutivo anterior al III Congreso, prevaleció la opinión de Alejandro Martín Carrero de que no se podía estar ausente y que, caso de así decidirse, Nuevas Generaciones participaría con sus candidatos.

Efectivamente se acordó formar candidaturas en las tres provincias, y dos miembros de Nuevas Generaciones, Florencio Aróstegui por Vizcaya y José Eugenio Azpíroz por Guipúzcoa, encabezaron las listas en dichas provincias. Por Álava participaría en el primer puesto de la candidatura Santiago de Griñón.

Para el desarrollo de la campaña publicitaria se encargó la agencia Interalas y como directores operativos se comisionó al vicesecretario general Jesús Pérez Bilbao en la provincia de Vizcaya; al secretario de organización territorial Fernando Gozalo en Álava, y el mismo Alejandro Martín Carrero fue destacado a Guipúzcoa. Frente a la adversidad de todo tipo, el testimonio de valentía y entrega personales de todos ellos merece ser destacado porque eran días de gran presión y arrostraron muchos riesgos con generosidad en un ambiente en el que era frecuente susurrar *no sabemos si vivirá mañana*.

Fraga, que había presentado las candidaturas el 22 de febrero en Bilbao admirándose de lo que era una "valerosa empresa juvenil", participó en la campaña en las tres provincias con diversos actos, entre ellos un mitin en el palacio de los deportes de la capital vizcaína al que asistieron más de tres mil personas. En Vitoria, durante otro mitin celebrado en el teatro Florida, hubo una amenaza de bomba que resultó falsa, por lo que se celebró el acto, y a San Sebastián también acudió el líder aliancista a un encuentro con afiliados y simpatizantes, con asistencia de muchas más mujeres que hombres, justificándolo como que "las valientes vascas representan a sus maridos amenazados"[6].

Celebrados los comicios el 9 de marzo, tras una campaña áspera en la que participaron 16 formaciones políticas, Alianza Popular puso un pie en la Comunidad vasca al lograr dos escaños: uno por Vizcaya y otro por Álava, y en Guipúzcoa, con casi ocho mil votos, puso la *levadura* de una meritoria y perseverante militancia.

De un censo de electores (de las tres provincias) de 1.584.577, votó el 58,6 por ciento, es decir, 929.051, cuya distribución fue la siguiente:

VOTOS Y ESCAÑOS OBTENIDOS POR CADA CANDIDATURA

Provincia	PNV Votos. E.	PSOE Votos. E.	HB Votos. E.	AP Votos. E.	EE Votos. E.	UCD Votos. E.	PC Votos. E.
Álava	31.640 (7)	14.694 (3)	14.804 (3)	6.029 (1)	9.658 (2)	20.716 (4)	
Guipúzcoa	111.411 (9)	41.148 (3)	52.599 (4)		40.210 (3)	22.598 (1)	
Vizcaya	206.051 (9)	74.397 (3)	84.275 (4)	29.747 (1)	40.035 (1)	34.781 (1)	24.660 (1)
Totales	349.102 (25)	130.221 (9)	151.778 (11)	35.776 (2)	89.903 (6)	78.095 (6)	24.660 (1)

Fuente: Junta Electoral Central.

---

[6] Manuel Fraga, *En busca del tiempo servido*, Planeta, 1987, pág. 195.

A falta de referencia en un proceso electoral equivalente, hay que decir que el desgaste de UCD, traducido en la pérdida de 91.000 votos en comparación con las generales de 1979, fue la primera consecuencia de estos comicios, lo que corroboraba el deslizamiento del Gobierno hacia el desprestigio. Pérdidas que, por la vía del traslado, fueron a parar principalmente al incremento del PNV. También sufrió deterioro en favor de las opciones abertzales, el PSOE, que cayó un 5 por ciento (más de 60.000 votos). Alianza Popular, sin embargo, triplicó su apoyo en Guipúzcoa, pese a no obtener escaño; aumentó sensiblemente en Vizcaya, con parte del voto que desertó de UCD (más de 6.000 votos), y registró un leve descenso en Álava (algo más de 1.000 votos).

La marca Solidaridad Catalana nació fracasada

Solidaridad Catalana quería ser, cuando fue presentada a los medios de comunicación a primeros de 1980, la nueva derecha catalana al modo francés que proclamaban los *nuevos filósofos* (Henry Levy y Alain de Benois). Bajo la inspiración y ayuda de la patronal catalana, Fomento del Trabajo, y dado que Alianza Popular estaba falta de reconocimiento social, Solidaridad Catalana —denominación *non nata* cuya titularidad estaba en manos de Juan Antonio Samaranch— sus promotores intentaban parar el avance socialista y comunista con un proyecto agresivo, de centro-derecha y genuinamente catalán. Era la equivalencia catalana de Alianza Popular sin parecerlo y sus promotores: Juan Echevarría Puig, Manuel Millian Mestre, Juan Rosell Lastortras y Celedonio Sala así lo proclamaron en el acto de presentación celebrado en el hotel Princesa Sofía.

Primeramente se efectuó una campaña publicitaria de concienciación, concebida por Antonio Alemany y Manuel Millian —ambos asesores de Fomento— y ejecutada por Santiago Belloch (hermano del que años después sería ministro socialista de Felipe González) antes que sus promotores, mecidos en la euforia, comparecieran a las elecciones autonómicas con el consentimiento de Fraga y con 80 millones de pesetas de aportaciones empresariales, además de otros 20 millones de pesetas obtenidos con avales bancarios.

A fin de impedir que los militantes de Alianza Popular obstaculizaran la operación o que restasen apoyos logísticos y de otro orden, se trasladó a Barcelona el vicesecretario de acción política Javier Carabias, quien ha declarado que "después de Laureano López Rodó y del *vendaval* Senillosa, en cada caso con crisis serias de identidad, Alianza Popular era allí un desierto. Y reconstruir de aquellas cenizas un partido nuevo y presentarlo a las elecciones era una misión imposible".

La entonces presidenta regional de AP Mercedes Muñoz Ramonet colaboró para dejar la pista libre a Solidaridad Catalana y convenció a los dirigentes del partido de Tarragona y Lérida de que no obstaculizaran esta operación que tenía las bendiciones de Fraga. No obstante, la formación de listas supuso una no pequeña dificultad, no en Barcelona, sino en las demás provincias. Así, en Tarragona la lista al *Parlament* se formó con aliancistas que figuraban como independientes: con Juan Manuel Fabra a la cabeza, seguido de José María Punsoda Rimbau, Ramón Vergé Barberá, Florencio Mateu Morello y José Curto Casado, así como 18 candidatos más. Por el contrario, en Lérida la presidenta provincial Marta Roig Rovise no pudo confeccionar lista alguna, por lo que Solidaridad Catalana no compareció en esta circunscripción.

La candidatura de Barcelona, compuesta de 104 nombres, fue presentada completa con afiliados de la nueva marca y la encabezaba Juan Echevarría Puig[7], seguido de Celedonio Sala Vidal, Manuel Millian Mestre, Fernando Giménez Artigues y Ramón Mulleras Cascante, todos ellos vinculados anteriormente a Reforma Democrática y al club Ágora. Asimismo iban en la lista Alejo Vidal-Quadras (en el puesto 8), Pedro Arderiú Viñas (en el puesto 10) y José María Azorín Ortiz (en el puesto 11).

Inexistente el partido en Gerona, la tarea de confeccionar una lista resultó peliaguda tanto más donde se situaba el corazón de CiU. En una reunión celebrada en Palamós se acordó comparecer en las elecciones y sólo con los nombres disponibles: los de los empleados de Radio Liberty y del ampurdanés Pedro Arará (número 2 de la lista). Radio Liberty era la estación radiofónica de onda corta que por virtud de los acuerdos entre España y Estados Unidos servía de plataforma propagandística hacia los países del Este europeo durante la guerra fría. Podía presumirse, de otra parte, que aquellas personas que trabajaban en dichas instalaciones, coherentes con la función que cumplían, fuesen fervientes antimarxistas y seguidores de Alianza Popular. No es descartable que las buenas relaciones de Manuel Millian con la representación norteamericana en España tuviera alguna influencia para la confección de esta peregrina candidatura.

La campaña, aunque bien dirigida y provista de medios, se hundió en la inoperancia con dos o tres eslóganes romos: *Catalunya ya tem un líder* y *La terra dereta al Parlament*. Salvo Fraga, que fue invitado al mitin final en el hotel Reina Sofía de Barcelona, tras superar no pocas reticencias, ningún otro líder de la formación aliancista estuvo presente en el casi centenar de actos públicos que celebró Solidaridad Catalana en las tres capitales donde concurría y en los principales pueblos, sobre todo en los industriales de Barcelona.

Desde el punto de vista de la comunicación la campaña fue inocua, si bien Juan Echevarría desempeñó un efectivo papel en la radio y en los espacios gratuitos de la televisión estatal, aunque el principal esfuerzo de propaganda lo llevó a cabo el diario *La Solidaridad* de Barcelona, periódico propiedad de José Santacreu que actuó como prensa de partido y que tenía una deuda próxima a los cien millones de pesetas que hubo de enjugar personalmente, en gran parte, Juan Echevarría.

Estratégicamente, con esta operación de nacionalismo catalán moderado se pretendía atraer al sector sociológico de la antigua *Lliga*, industrial y burguesa, pero suponía penetrar en el terreno de CiU abandonando al electorado españolista y castellanohablante, por cierto muy cortejado por las formaciones de izquierda y por la misma UCD.

El margen de incidencia fue, pues, mínimo porque el electorado no suele analizar distingos sutiles, y Solidaridad Catalana se presentó como un proyecto híbrido —insípido e incoloro— sobre el cual proyectaba su luz Alianza Popular aunque se insistiese en ocultarlo.

La falta de interventores y apoderados en los colegios electorales el día de la votación, que Alianza Popular podía haber evitado aportando su organización provincial, cuyo gerente era

---

[7] Nacido en Barcelona en 1926, Juan Echevarría era doctor en Derecho y profesor de sociología en la Universidad de Barcelona y se incorporó desde el primer momento a Reforma Democrática, siendo a la sazón presidente del Club Ágora. En el primer gobierno de la Monarquía, Fraga le designó Director General de Correos y Telecomunicaciones. Vinculado al mundo de la empresa ha desempeñado diversos puestos de administrador, pero singularmente en Motor Ibérica, de la que fue presidente antes y después de que la adquiriese la japonesa Nissan.

Arturo Martínez Lázaro, contribuyó al fracaso. Manuel Millian ha declarado que en la medianoche del 20 de marzo, mediado el escrutinio electoral, Tarradellas y destacados dirigentes del
PSUC le felicitaron anticipadamente por haber obtenido Solidaridad Catalana tres escaños en
Barcelona. Pero, sorprendentemente, después de una supuesta avería en el ordenador, los tres
escaños que se atribuían en principio a Solidaridad Catalana ya a la una de la madrugada
habían ido a parar dos escaños al Partido Socialista Andaluz, que apenas había realizado campaña, y uno a CiU.

Con todo, el error básico residía en que algunos creyeron que una fuerza política es en
gran medida un producto publicitario, cuando en realidad la adhesión electoral no se efectúa
en campaña, sino en el quehacer perseverante de mucho tiempo antes.

VOTOS Y ESCAÑOS OBTENIDOS POR CADA CANDIDATURA

	Barcelona. Votos	Esc.	Tarragona Votos	Esc.	Lérida Votos	Esc.	Gerona Votos	Esc.
CiU	572.465	(26)	52.660	(5)	5.162	(5)	84.501	(7)
PSC	487.396	(22)	45.892	(4)	30.812	(3)	44.691	(4)
PSUC	437.627	(20)	33.650	(3)	16.968	(1)	21.253	(1)
CC-UCD	171.816	(7)	43.913	(4)	37.405	(4)	34.482	(3)
ERC	174.604	(8)	28.923	(2)	19.565	(2)	24.201	(2)
PSA	63.705	(2)	4.342		1.062		2.992	
SC	54.088		6.749				3.282	

Fuente: Junta Electoral Central y elaboración propia.

Sin contar la provincia de Lérida, Solidaridad Catalana (Alianza Popular) fue abandonada
por 38.000 electores que participaban del mismo ideario y que habían dado su apoyo en las
generales de 1979. Era en cierto modo un segmento de electores que se sentía huérfano o traicionado. UCD asimismo sufrió una severa derrota al perder más de 280.000 votos, de los cuales el principal beneficiario fue CiU, fuerza política que se consolidó —liderada por Jordi
Pujol— para gobernar en solitario ocupando teóricamente el espacio de centro-derecha.

El mal resultado de Solidaridad Catalana comportaría, en el fondo, un agravamiento de la
crisis crónica de Alianza Popular en Cataluña en su afán de encuadrar al electorado españolista en el proyecto de un Estado *uninacional* frente a los *hechos diferenciales,* que nutrían al
nacionalismo catalán.

El brazo juvenil de AP

El armazón básico de Alianza Popular contemplaba desde su origen una sección juvenil,
organización para el encuadramiento y adiestramiento de vocaciones políticas tempranas.

No contando con grupos de base *indirectos*, según la terminología de Maurice Duverger[8], la adhesión de jóvenes fue efectuada de modo espontáneo y rudimentario en lo que era un compromiso individual de escala vertical, desde el municipio hasta el escalón nacional.

Inicialmente, en la Alianza Popular de los *Siete magníficos* de 1977, se encargó la tarea de montar la organización juvenil a Loyola de Palacio[9], siempre acompañada de su hermana Ana, pertenecientes ambas a la ultra conservadora Unión Nacional Española de Gonzalo Fernández de la Mora, que recogía a los seguidores integristas de la Comunión Tradicionalista y del carlismo ortodoxo.

Verstrynge se ha referido al corto tránsito de Loyola de Palacio al frente de la sección juvenil aliancista en uno de los pasajes de sus memorias circunscritos a cómo fueron depurados los *anti Constitución* durante el período de rescate de la identidad centrista de AP[10].

> "Sólo cometí dos errores —recuerda el memorialista— en esta depuración de altas esferas: el primero, colocar en mi despacho un segundo mapa en el que iba señalando, con colores, en qué provincias iba ganando —por instrucciones directas de Fraga— un Sí a la Constitución, lo cual ponía en evidencia las provincias que los otros seis 'magníficos' estaban irremisiblemente perdiendo. Loyola de Palacio, presidente de NNGG, lo vio y, a pesar de una buena relación de amistad, se chivó a su señorito De la Mora. Ante la bronca que Fernández de la Mora le montó a Fraga (este último me pidió que siguiera con la operación pero que metiera 'el puñetero mapa en un cajón, y de una vez', pues De la Mora insistió mucho en que me pusieran de patitas en la calle, decidí, segundo error, que en vista de que De Palacio no era ya fiable, había que apartarla y nombrar a otro dirigente juvenil, y así se lo expuse a Fraga en un informe... Informe que, casualmente, apareció en todas las mesas del partido debidamente fotocopiado. Fernández de la Mora volvió a tener un berrinche, con nueva visita a Fraga, pidiendo otra vez mi destitución fulminante. Me salvó, sin duda, que Fraga se negó. De Palacio agarró tal cabreo que dimitió *ipso facto*, alegando que la convivencia política conmigo ya no era posible y que, además, la había ofendido gravemente, dado que el informe la llamaba 'chica' y que así eran llamadas las 'chachas' (...)".

En Reforma Democrática no hubo articulación ni proyecto alguno concreto, al menos así se deduce de la abundante documentación consultada, para establecer una organización juvenil. Dada la vertiginosa sucesión de acontecimientos del comienzo de la transición, más que nada importaba generalizar la captación de voluntades entre los adultos con derecho al voto (la mayoría de edad política se adquiría a los 21 años) en cuanto objetivo perentorio, y dejar

---

[8] En la obra ya clásica *Los partidos políticos* (Fondo de Cultura Económica, México, edición de 1957, pág. 35 y ss.), Duverger analiza la estructura de los partidos en dos modalidades: la directa o de enlace vertical desde la base a los órganos nacionales, por la simple e intencional adhesión, y la indirecta, que representa una vinculación horizontal al partido a través de grupos sociales (profesionales o de otro tipo) interpuestos entre la base y la cúpula.

[9] Hija del Marqués de Palacio y de Villarreal de Álava, Loyola de Palacio y Valle-Lersundi se hizo cargo de la incipiente organización juvenil aliancista a los veintisiete años, contando a tal fin con un rico mundo de relaciones en la alta sociedad, muy distante de lo popular. Las hermanas Palacio, protegidas de Macarena Chávarri y Martín González del Valle, Barón de Grado, desplegaron un meritorio esfuerzo en la fundación de la rama juvenil de AP, no compensado sin embargo por los resultados. Ana por entonces regentaba una galería de arte en Madrid (*Old Home*) y al dimitir su hermana menor de Nuevas Generaciones abandonó la política.

[10] *Memorias de un maldito*, pág. 73.

para mas adelante la creación de una unidad específica de proselitismo universitario. Quizás por ello Fraga confió esa rama del partido a Fernández de la Mora, que incorporó a varios grupos de jóvenes como células germinales de la sección juvenil aliancista, muy escorados a la derecha por lógica influencia de sus promotores.

De todas maneras, la proyectada sección juvenil recayó en el área de Jorge Verstrynge, para cuya constitución se valió de las aportaciones de los socios aliancistas, empeñados en rememorar el *gilroblista* anagrama de JAP (Juventudes de Alianza Popular), pero se abrió camino la denominación *Nuevas Generaciones*, que copiaba la red de captación juvenil del centrista galo Giscard d'Estaing (clubes juveniles *Nouvelle Generation*).

Formalmente, la puesta en marcha de Nuevas Generaciones, no obstante, se sitúa en los meses anteriores a las elecciones generales de 1977 con la celebración en Madrid de lo que se denominó I Asamblea Nacional de NNGG, durante los días 17 y 18 de abril[11]. Las sesiones fueron a puerta cerrada y como documento básico, posteriormente asumido en el programa electoral de las generales de junio, se dio lectura y aprobó por asentimiento a una proclama titulada *Carta a la Nuevas Generaciones*, documento que en ocho puntos recogía reivindicaciones indiscutiblemente ya asumidas por la sociedad (reducción y unificación de la mayoría de edad a los efectos políticos, civiles, laborales y sindicales; la apertura de cauces de representación democrática juvenil y, además de otras reclamaciones retóricas, se pedía que el servicio militar se completase con prestaciones sociales a la comunidad).

El acto de clausura fue presidido por Gonzalo Fernández de la Mora, que pronunció un alegato anticomunista en el que dijo que el 15 de junio próximo, en los comicios legislativos, no se ventilaba la renovación de instituciones, "sino dos concepciones del mundo y de la vida: o el humanismo o el marxismo"[12].

Las hermanas de Palacio, pues, colaboraron con su influyente presencia en la incipiente federación, pero sin conseguir peso en la toma de decisiones, por más que las unidades juveniles de los partidos suelen ser grupos sensibles y muy operativos en la agitación propagandística y en la realización de tareas electorales externas de carácter logístico. Desde el otoño de 1977, Jorge Verstrynge, ya adscrito al Gabinete Técnico de la Secretaría General, se ocupó de tutelar a Loyola de Palacio y vigilar el desarrollo de la organización juvenil[13]. La relación personal de Verstrynge y las hermanas de Palacio fue satisfactoria, habida cuenta que compartían

---

[11] A estas jornadas de trabajo, en el hotel Sideral y bajo el lema *Democracia en libertad,* asistieron unos cuatrocientos jóvenes procedentes de las distintas provincias, aunque sin ostentar representación reglada, puesto que se carecía de organización territorial. La apertura la presidió Jorge Verstrynge, vicesecretario general (de Reforma Democrática), y Cruz Martínez Esteruelas mantuvo un coloquio con los asistentes sobre el momento político, y en el curso de las sesiones fueron leídas una ponencia política por Juan Sarmiento (Reforma Democrática), una ponencia sobre economía por José Luis Beotas (Acción Democrática Española), otra ponencia sobre política social por José Luis Ruiz Gallardón (Acción Regional) y una última sobre cultura por Loyola de Palacio (Unión Nacional Española).

[12] Véase el diario *Ya* de 19 de abril de 1977.

[13] Durante la breve etapa de Loyola de Palacio al frente de NNGG fue desplegada una actividad cultural significativa en materia de publicaciones de contenido doctrinal e informativo. Hay constancia, a este respecto, de la edición de boletines en varias regiones y provincias con destino a la juventud: *Mañana* (4 números) se editaba en el País Vasco; *Hoja Informativa* en Murcia; *Objetivo* (2 números); *La Verdad* (3 números) en Cáceres; *Unidad* en Asturias; *Nosotros* en Andalucía; *Ariete* en Zaragoza, y *Anduriña* en La Coruña. La penetración de NNGG en la universidad fue, sin embargo, muy escasa tal vez porque cuando apareció la organización juvenil ya se habían celebrado las elecciones estudiantiles en los distintos distritos.

cultura francesa por su instrucción en liceos; pero tal afinidad ni impidió que naciera la desconfianza a raíz del alejamiento político que se produjo, a lo largo de 1978, entre los seguidores de Fraga —constitucionalistas— y los de Silva y Fernández de la Mora, dispuestos a mantener una postura *antisistema*.

Producida de hecho la escisión de Alianza Popular por la disidencia de Silva y de Fernández de la Mora —por la simple separación de dos componente de una federación poco cohesionada—, ciertos grupos integristas provenientes de los escindidos pululaban por la sede central del partido sin jefe de filas, y algunos, como el caso de Loyola de Palacio, se aproximaron a Ramón Hermosilla en espera de acontecimientos según acreditan diversos testimonios. Y en la medida que el poder de Verstrynge aumentaba, siendo ya vicesecretario de acción territorial tras el II Congreso Nacional, la influencia de las hermanas de Palacio declinó, llegando a presentar Loyola la dimisión en abril de 1978. Por no dar un portazo al cesar en la vicesecretaría de Nuevas Generaciones, fue despedida con un almuerzo de homenaje, lo que le valía la posibilidad de retornar al partido cuando finalizara sus estudios universitarios.

Sucedió a Loyola de Palacio en la organización juvenil, sin refrendo congresual, Marta Pastor, de la confianza de Verstrynge, que durante varios meses se empleó en mantener los menguados cuadros juveniles y la estancada militancia, y por cierto con una imagen que no se correspondía con el talante centrista y renovador que vaticinaba el *Pacto de Aravaca*; y eso que había aumentado considerablemente el segmento juvenil por la rebaja constitucional de la mayoría de edad de los 21 a 18 años. Fue ésta, en todo caso, una etapa gris de las que no existen referencias historiográficas dignas de mención, durante la cual predominó la burocracia centralizada.

II Congreso Nacional de Nuevas Generaciones

Los días 5 y 6 de noviembre de 1978, en medio de una creciente incertidumbre sobre lo que representaría el pacto neocentrista con Areilza y Osorio, se celebró el II Congreso Nacional de Nuevas Generaciones en Madrid. Se quiso que esta reunión tuviera como ejes el diálogo y el trabajo y, bajo la dirección formal de Tomás Capote, varias decenas de jóvenes debatieron algunas ponencias de escasa significación ideológica, si bien lo más resaltable fue que los asambleístas se negaron a dedicar una ponencia al tema de la mujer porque ello, en sí mismo, representaba una discriminación para la condición femenina.

Las dos jornadas fueron consumidas sin repercusión informativa alguna, más que nada porque el encuentro se presumía con fines estratégicos[14] para esta unidad que no acababa de remontar en su implantación. Marta Pastor fue elegida coordinadora general, reafirmándose en la actuación que venía desempeñando desde la marcha de Loyola de Palacio.

El primer impulso serio que recibió Nuevas Generaciones procedió de un joven estudiante de Medicina, Alejandro Martín Carrero, hijo de un ingeniero agrónomo con raíces familiares en Ávila, y con una clara vocación política como demuestra que fuese delegado de un curso

---

[14] En cuanto vicesecretario de Acción Territorial, Jorge Verstrynge se ocupó en estas jornadas de acentuar su influencia en esta rama juvenil, de ahí que patrocinara a Marta Pastor y a otros jóvenes que, andando el tiempo, constituirían los cuadros técnicos provinciales —los funcionarios del partido— con dedicación exclusiva.

clínico en la Facultad de Medicina de la Complutense. Había llegado al partido de la mano del ginecólogo Luis Lorite, amigo de Carmen Fraga, quien había contribuido a la redacción del *Libro blanco para la reforma democrática* entre los equipos de GODSA. En una reunión celebrada en Guadalajara, en representación de los grupos de montaña de los Hermanos Maristas, Martín Carrero fue un activo animador para trazar los ejes de actuación de la organización juvenil y sus bases tácticas, en punto a desarrollar la implantación en todo el Estado. Y desde entonces se fue ganando la confianza de los dirigentes de Alianza Popular.

Desde esa mínima realidad voluntarista el tesorero del partido, Guillermo Piera, accedió a financiar las primeras actuaciones proselitistas de Nuevas Generaciones, llevando la organización a las provincias a base de responsabilizar en su implantación a líderes estudiantiles. En cortos viajes de fin de semana Martín Carrero atrajo hacia Alianza Popular a muchos jóvenes que hoy ejercen relevantes puestos representativos. En esta recluta se logró, por ejemplo, implantar exiguos y valientes grupos en el País Vasco, de suerte que fueron militantes de Nuevas Generaciones quienes concurrieron a las elecciones locales cuando se negaban a ello los adultos. Lo mismo puede decirse de otras provincias donde la ruptura de la los *Siete magníficos* dispersó a muchos militantes[15].

La nómina de jóvenes valores procedentes de Nuevas Generaciones es amplia, de suerte que más adelante constituirían los llamados "equipos de apoyo operativo" y nutrirían el cuerpo de secretarios técnicos y gerentes de Alianza Popular, refundada en el III Congreso, con nombres como los de Florencio Aróstegui, Gregorio Ordóñez, José Eugenio Aspíroz, José Manuel Peñalosa, Gonzalo Robles, Martín Bono, Ana Mato, Elena Utrilla, Jesús Sepúlveda, Ramón García Cañán, Rafael Luna, Francisco Ricomá, Arturo Martínez Lázaro, y un largo etcétera de hombres y mujeres hoy en la política activa en relevantes puestos.

El empuje que tomó Nuevas Generaciones durante 1979, bajo el mandato secretarial de Félix Pastor, se debió a esa brincante actividad de Martín Carrero, quien en el regreso de Fraga supo utilizar el peso de la incipiente organización juvenil, en vísperas del III Congreso Nacional, para reformar los Estatutos del partido sobre cuya ponencia figuraba José María Ruiz Gallardón. En una disposición adicional (única) se estableció la estructura, composición y cuotas de presencia de esta entidad subordinada —aunque formalmente autónoma— en los órganos colegiados nacionales y territoriales del partido. Tan incisiva fue la acometida que algunos enmendantes a los estatutos hablaron de que se creaba "un partido dentro del gran partido" y, por su parte, Martín Carrero ha reconocido[16] que con el respaldo de Verstrynge tuvo varios encontronazos con el ponente estatutario Ruiz Gallardón (padre) hasta conseguir una reserva de participación a los jóvenes superior al 20 por ciento en los órganos colegiados, acaso porque el debate discurría por los derroteros de afianzar el liderazgo de Fraga, subestimando "las pretensiones de los chicos y chicas". De aquellas altas cotas, sin embargo, no se ha descendido y NNGG ha podido ser desde entonces un vivero de *aparatchiks* y de políticos curtidos en la brega.

---

[15] En noviembre de 1978, según el número 2 del *Boletín Informativo de Nuevas Generaciones*, el balance provisional de la campaña "Presidencia de AP" para la afiliación y apertura de sedes daba como constituidas 580 juntas locales, de las cuales tenían sede propia 239. Del mismo modo, se informaba que en 28 provincias existía un boletín informativo. Se desconoce, sin embargo, el daño que produjo en Alianza Popular la disolución de la presidencia colegiada de los *Siete magníficos*.

[16] Testimonio al autor, al que añade que hubiese podido ganar la enmienda según la cual el presidente de NNGG era automáticamente nombrado secretario general adjunto, pero que pactó que no prosperase, dándose por satisfecho con lo ya conseguido.

Designado Martín Carrero vocal del Comité Ejecutivo Nacional en el III Congreso del partido, a finales de 1979, desde entonces imprimió un dinamismo singular a NNGG, en la vanguardia política que suponía, por ejemplo, presentar candidaturas donde nadie se atrevía a comparecer: el País Vasco. Alentado por los resultados obtenidos en el Parlamento de Vitoria (dos escaños pese a sostener una campaña contra el Estatuto de Guernica), Manuel Fraga le permitió al estudiante de medicina que organizara el III Congreso de NNGG y presentar su candidatura a la presidencia de la sección juvenil.

El III Congreso Nacional de Nuevas Generaciones se celebró el primer fin de semana de mayo de 1980, en las dependencias del Colegio Mayor Shiao Shing, en los aledaños de la Casa de Campo madrileña, y la elección de Martín Carrero como presidente y de Luis Felipe Franco como secretario general fue fácil en términos electorales, aunque en dura confrontación con la candidatura que presentó Marta Pastor. Dureza que se advirtió, según los diversos testimonios, en casi peleas físicas entre los grupos adversarios.

No obstante, superadas las diferencias personales, es lo cierto que NNGG empezó a ser tomada en serio dentro y fuera del partido, en cuanto entidad expansiva, y tomó asiento en el recién creado Consejo de la Juventud, del mismo modo que fue homologada en el campo internacional hasta ser admitida en el Consejo de Europa. Durante esta etapa, de otra parte, fueron puestas en funcionamiento las universidades de verano (como la de Huelva, la pionera) como focos de formación de dirigentes territoriales. Tal participación en la vida política arrastraba el inconveniente de que muchos jóvenes universitarios *profesionalizaron* su actividad política y abandonaron los estudios emprendidos, y de ahí que sean experimentados dirigentes sin currículo académico y profesional, equiparable a la élite de sus coetáneos.

A Martín Carrero, una vez finalizó sus estudios de Medicina y contrajo matrimonio, le fue pedido el relevo al frente de NNGG, pero la urdimbre creada en las juventudes del partido le permitió emprender con eficacia otros cometidos. Primeramente se hizo cargo de la vicesecretaría de Formación de Cuadros y Candidatos y, con posterioridad, pasó a acción Territorial, con evidentes resultados positivos sobre el desarrollo de Alianza Popular en puertas del derrumbe de Unión de Centro Democrático.

La economía labró el fracaso de UCD

La asintonía entre la gestión política de la transición y el ajuste económico que reclamaba la crisis general (energética, de rentas, fiscal y monetaria) barrenó el prestigio del Gobierno Suárez hasta el punto de caer a las más bajas cotas de popularidad apenas iniciada la década de los ochenta. Deberían haber sido procesos paralelos, por difícil que resultara estar a la vez *repicando y en la procesión*, aunque, al final, el modelo económico quedó desvaído y arrastrado por las prioridades políticas. El descreimiento acerca de las recetas económicas, orientadas a seguir tirando día a día más que en reformar las estructuras, indujo a ahondar la crisis del partido gobernante entre los responsables del área económica.

Bajo el signo del consenso los *Pactos de la Moncloa* hicieron de los temas económicos cuestión de Estado, causa extrapolítica que permitió al gobierno y a la oposición emplearse en el modelo constitucional sin distracciones. Al margen de sus resultados materiales, enjuiciados de distinta manera según la óptica ideológica de quien los analiza (es pacífico aceptar que la inflación se detuvo en su escalada tercermundista y que el déficit de la balanza de pagos se redujo a la mitad[17], aunque el nivel de paro siguió aumentando), la concordia del pacto actuó de sedante ante el dolor que un programa de estabilización de estas características suele ocasionar.

Después de las elecciones generales de marzo de 1979 el Gobierno de UCD se desprendió precipitadamente del espíritu de consenso económico, quedando a su sola suerte y responsabilidad, y no le fue posible dilatar la aplicación del principio de solidaridad, no tanto en la gestión —propia del gobierno— como en la puesta en práctica de las reformas estructurales. El programa económico de UCD era el presentado en las elecciones de marzo de 1979, pero a la oposición no le bastaba y exigió por vía parlamentaria los programas de detalle, a corto y medio plazo, en forma de proposiciones y proyectos de ley.

Finalmente, por exigencias parlamentarias el Gobierno del postconsenso elaboró el Programa Económico del Gobierno (el PEG) con la vista puesta más en evitar la confrontación que en la aplicación de las medidas terapéuticas adecuadas. Pues bien, ni siquiera en términos de diagnóstico la UCD debatió internamente —sin duda porque sus ideologías contradictorias se lo impedían— esa elemental tabla de recetas económicas. "Precisamente esta falta de democracia interna dentro del partido —determina Ulbaldo Nieto, presidente del Tribunal de Cuentas— era la que impedía generar esa dialéctica tan necesaria para, después, tener el correspondiente éxito en los debates externos frente a la oposición"[18].

La orientación económica de aquel Gobierno fue, a juzgar por muchos testimonios, la raíz del debilitamiento del *todoterreno* vicepresidente Abril Martorell ante el presidente —y leal amigo— en la crisis de la primavera de 1980, a la que empujaron los ministros socialdemócratas (Bustelo y García Díez). Se saldó con la permanencia de Abril en el mismo puesto, pero el espejo de las relaciones recíprocas se había cuarteado y el vicepresidente descontó la remodelación ministerial a sus expensas: para el fortalecimiento del equipo económico[19].

Otros *barones* aprovecharon la ocasión para recomponer su presencia e influencia en el gabinete ante un debilitado Adolfo Suárez que no transigía en su marcha solitaria. Seguía empeñado en monopolizar el liderazgo, a espaldas del carácter mancomunado de UCD, y ello le obligó a retrasar la crisis máxime cuando los *fundadores* objetaban que en la recomposición de fuerzas si Pérez Llorca era elevado a la categoría de vicepresidente para Administración Territorial se interpretaría como la dinamitación del pacto fundacional de UCD.

Las escaramuzas en el seno de la Comisión Permanente de UCD, órgano adonde Suárez quiso trasladar el debate sobre la composición de su gobierno, trascendieron y fueron recibi-

[17] La balanza de pagos en 1978 y 1979 se saldó con superávit, pasando de unas reservas de divisas de cinco mil millones de dólares a diez mil a finales de 1978. En el orden estructural, por el contrario, las reformas fueron más lentas y no se apreciaron significativamente en los ámbitos financiero, fiscal y laboral.

[18] *De la dictadura al socialismo democrático*, Unión Editorial, Madrid, 1984, pág. 162.

[19] En un alarde de sinceridad crítica, Abril Martorell se refiere a esta etapa, surgida en la primavera de 1980 y resuelta en el verano del mismo año con su dimisión, en la entrevista que concedió a Justino Sinova para "Historia de la transición" (*Diario 16*, segunda parte, pág. 622 y ss.). Reveló que ya por entonces estaba cansado y que en un largo proceso de tiempo las relaciones personales (con el presidente) se resintieron y deterioraron y, como responsable de la coordinación económica, había algo que le ponía enfermo: "(...) Es algo que nunca he confesado públicamente. Cada quince días me llegaba el dato del paro registrado. No lo soportaba, porque detrás del número veía a miles de personas o de familias y no adivinaba salida a corto plazo... Cuando entré (en el Gobierno) había novecientos mil parados, y cuando me fui, un millón cuatrocientos noventa mil".

das por la opinión pública como un reflejo de la autoridad evanescente. La crisis ministerial duró tres semanas, hasta la declinación de Pérez Llorca a ser vicepresidente tercero[20], período suficiente para que se esparciesen las especulaciones y conjeturas, las manipulaciones informativas y los rumores. Aquella crisis de gobierno fue elevada por los socialistas a la categoría de crisis de Estado, con arreglo a una táctica nueva —canceladora de la reserva republicana tradicional del socialismo español— de acusar al Presidente del Gobierno de aislar al Rey, con grave perjuicio para la Corona, creando además inseguridad en las instituciones democráticas. Demasiado fuerte era el diagnóstico o, de otro modo, fueron enfatizadas las disputas *ucedeas* para hacer de la censura virtud democrática[21].

Ciertamente el espectáculo dado por los líderes centristas para el reparto de la tarta del poder fue excesivo, pero era una servidumbre natural y lógica en un abanico de ideologías como la de UCD, donde convivían democristianos y socialdemócratas con proyecciones legislativas antagónicas en la práctica: ora en el estatuto de centros escolares, ora en la ley del divorcio. El quid del problema siempre residió en la contradicción doctrinal y, como en la mayonesa, Adolfo Suárez era el punto de emulsión para conservar el equilibrio entre todas las familias, pero esa estabilidad empezó a quebrarse cuando exteriorizó su sentimiento verdadero —no fue la formulación de una táctica electoral— de encarnar el centro-izquierda. Cuando el Consejo político, efectuada la redomedalación ministerial, se reunió para elegir nuevo secretario general del partido (que lo fue Rafael Calvo Ortega en sustitución de Rafael Arias Salgado) no sonó a disparate que varios oradores apelasen a la unidad del partido pidiendo la *desideologización* —y suprimir las familias y corrientes— y convertir el partido en una maquinaria de poder de un solo metal.

El Grupo Parlamentario de UCD se parecía al Grupo Mixto

Desmoralización, grandes dosis de indisciplina, incoherencia y un mucho de pasotismo fueron notas del comportamiento parlamentario del Grupo Centrista en el Congreso de los Diputados a lo largo, sobre todo, de la etapa declinante de UCD. Estas negativas características se ponían al descubierto por muchos motivos: una mayoría en precario, la actitud huidiza del Presidente del Gobierno, las contradicciones ideológicas internas..., y solían desembocar en pérdidas inexplicables de votaciones harto denunciadas en los medios de comunicación.

El *diputado objeto*, el *diputado mecánico* y el *diputado de llave* eran como se autodefinían resignadamente los componentes del Grupo Centrista, significando con ello que eran sólo un guarismo matemático que no contaba a la hora de hacer política. Esa infravaloración era irritada cuando, además, perdían votaciones no por culpa de ellos, sino de los dirigentes. Según Emilio Attard[22], que llevaba el recuento de votaciones del Grupo Centrista del que era portavoz adjunto, entre mayo de 1979 y mayo de 1980 se habían producido 2.046 votaciones,

---

[20] Véase en *El País* de 2 de mayo de 1980 el comentario titulado "Veintiún días para resolver el reajuste ministerial".

[21] Felipe González agrandó la gravedad de las circunstancias y pasó a la ofensiva (clara carga contra Suárez) en medio de intensos rumores de presentar una moción de censura. El Rey, ante tan incierto panorama, llamó a consultas a Felipe González y a Fraga. Entre los líderes sólo llamó a los dos porque en ellos, entre las dos fuerzas políticas que representaban, había capacidad para tumbar al Gobierno. Antes de acudir a la Zarzuela, el dirigente socialista destacó con alarma (*Cambio 16*, 23 de marzo de 1980): "Existe una auténtica crisis política de Estado, un grave problema económico y una situación no menos grave en los ámbitos autonómicos".

[22] *Vida y muerte de UCD*, pág. 179.

habiendo faltado el vicepresidente (Abril Martorell, que también era diputado) a 1.017, incurriendo en 42 desviaciones (votaciones equivocadas); Juan Antonio García Díez estuvo ausente en 1.425 votaciones, desviando el voto 16 veces; Marcelino Oreja, 1.379 ausencias y 16 desviaciones; Pérez Llorca, 1.054 ausencias y 64 desviaciones, y el propio presidente Suárez faltó a 1.555 votaciones. Y añade:

> "En la etapa que yo ejercí como presidente ejecutivo del grupo desde la dimisión de Antonio (Jiménez Blanco) hasta que fue elegido Miguel Herrero y Rodríguez de Miñón perdíamos votaciones por un solo voto, con la ausencia de catorce ministros del partido que estaban en el gobierno, que lo eran por pertenecer al partido, y le dejaban en la estacada impunemente, propiciando que la prensa dijera 'el gobierno pierde una votación', cuando lo cierto era que el gobierno perdía porque el gobierno no votaba o equivocaba el voto".

El súmmum del descontrol, indicativo de la falta de congruencia entre el Gobierno y el grupo que los sustentaba, se produjo cuando los parlamentarios centristas se opusieron —por boca de Emilio Attard— a una proposición de ley de Minoría Catalana según la cual se autorizaba a que cualquier abogado, donde quiera estuviese colegiado, pudiera actuar profesionalmente sin necesidad de colegiarse en ciudades distintas a la de su origen. Implícitamente suponía una andanada a la colegiación obligatoria. He aquí que después de anunciar que UCD se oponía a tal iniciativa, el teléfono del Gobierno funcionó en sentido contrario y el portavoz centrista, abogado veterano por más señas, pasó por el murmullo del ridículo.

Así decía *Interviú*, días después, recogiendo la peripecia con descarnado humor:

> "¿Por nueve escaños me vendes? Don Emilio Attard se nos quedó más corrido que una mona...
> Attard se opuso, pero a última hora una mano misteriosa hizo cambiar de estrategia y los centristas dieron la razón al señor Roca. ¿Por qué? Muy fácil: los de Suárez optaron por lo más rentable. La minoría Catalana puede aportar a UCD nueve escaños como nueve soles y Pedrol Rius, lo más, un par de puros habanos"[23].

El grupo *Los jóvenes turcos* no era otra cosa que un *antigrupo* sin ánimo de molestar y, mucho menos, de secesión. Lo que querían era llamar la atención a sus líderes ensimismados en batallas por ejercer más poder o impedir que se lo arrebatasen. Empezaron como fórmula celtibérica de protesta, con humor y buena compañía en el restaurante Jai Alai, y al final tenían razón y se les consideró con voz propia. Por cierto, que en un debate con uno de estos jóvenes el socialista Pablo Castellano bromeaba al preguntarse cómo se diría en turco "excelencia" y "señoría", y ante el silencio Fraga terció en el debate con su saber erudito más tarde, y aclaró que se decía Pachá y Effendi, respectivamente.

Jiménez Blanco, el presidente del Grupo Centrista y portavoz, liberal tolerante y familiarmente conocido por "JB", salvaba las anómalas circunstancias como podía; y sin perder ese gracejo granadino, cuando alguno de los diputados bajo su disciplina amenazaba con irse al Grupo Mixto, espetaba con humorística facundia: "Pero... ¡hombre!, qué mejor grupo mixto que el nuestro, donde no tienes que compartir el pan y la voz con Sagaseta".

---

[23] Esta anécdota también la recoge profusamente Emilio Attard, *op. cit.*, pág. 178.

Baldío intento de concertación UCD-AP

En el contexto descrito, en medio de lo que se llamó *desencanto* entre los españoles que desesperaban porque la democracia aparentaba ser la disputa de un patio de vecindad, mientras se depauperaba el bienestar y arreciaba el terrorismo, se produjo una nueva entrevista Suárez-Fraga.

Con ese indisimulado halo patriótico que tantas veces ha animado al villalbés —y acaso no del todo vacío de rencor—, el 23 de abril se produjo un nuevo intento de conjunción parlamentaria entre UCD y AP, y de cuyo encuentro sólo Fraga ha dejado escrito algo[24]. Fue un repaso general de la situación política ("le expuse que la situación era seria") en una conversación muy estudiada y preparatoria —como se deduce de la referencia memorística— de que se había iniciado una nueva etapa desde las elecciones municipales. Parece que Fraga estaba dispuesto a enterrar el hacha de guerra como demuestra el paisaje que, con tonos muy oscuros, describía la España del momento. Su versión, no obstante, le descargaba la conciencia. No cabe admitir el apriorismo de que le exponía a Suárez tan delicada situación del país cual coartada para actuar con las manos libres si, como era previsible, se rechazaba una vez más su ofrecimiento de pacto. La oferta de colaboración era honrada aunque no gratuita:

"Volví a recordar la necesidad de mayores contactos entre fuerzas políticas análogas; la urgencia de un debate nacional sobre los grandes temas que preocupaban al país; la necesidad de racionalizar el sistema de fuerzas políticas, y de los peligros que plantearían las elecciones siguientes si no se emprendía una seria acción de gobierno.

En particular, le dije que había que cerrar de una vez el período constituyente, lo que no estaba ocurriendo por la presión conjunta de la izquierda y de los nacionalismos, dando lugar a nuevas (y a veces inauditas) concesiones en cada nueva ley orgánica. Para ello había que dejar el modelo italiano de fuerzas políticas e ir, como en la mayoría de Europa, a un fuerte centro-derecha bien integrado; de lo contrario se haría inevitable la victoria electoral de la izquierda; había que lograr un 40 por ciento mínimo de los votos, único modo a la vez de poner coto a los excesos de la extrema derecha. Le insistí que el tiempo iba rápido; que no podía tomarse a broma las actitudes de la izquierda; que no teníamos una posición rígida; que cabrían fórmulas diversas, pero que la forma en que nos estaban tratando las gentes de UCD en el Parlamento y en los ayuntamientos no era de recibo. Tiempo perdido, pero mi conciencia quedó descargada, y no hace falta recordar a quién dio la razón el tiempo".

En términos históricos, el contacto entre los dos líderes del centro-derecha de aquellos días fue un intento serio de concertación pero baldío, independientemente de que muchos centristas, en su mayor parte democristianos, participasen de la visión apremiante de Fraga. La desconfianza y el menosprecio recíproco de los personajes, en todo caso, siempre predominó a las consideraciones objetivas.

Días después de verse en la Moncloa con Suárez, Fraga fue recibido por el Rey, al igual que Felipe González, en razón a que Don Juan Carlos era el poder moderador del sistema. Estos contactos, normales y habituales en otras democracia coronadas, se inscribían en el proceso informativo de tener al corriente al Jefe del Estado, y así lo explicó Fraga a los medios informativos lejos de crear un problema institucional sobre el pretendido aislamiento a que se sometía al Monarca (la exagerada imputación de los socialistas). Imbuido por esa razón extrema de los dos encuen-

---

[24] *En busca del tiempo servido*, págs. 200 y 201.

tros, el presidente de AP informó cumplidamente (el 28 de abril) a la Comisión Permanente del partido con apuntes y notas de frustración. Porque le acariciaba la idea de lanzar la mayoría natural topó otra vez contra la cerrazón de Adolfo Suárez, todavía obstinado en dirigir a su partido por la izquierda. Ya entonces Fernández Ordóñez era un sospechoso submarino del PSOE entre las filas de UCD en función de ostentar la cabecera socialdemócrata en esta formación.

El nuevo gobierno —con irrelevantes cambios de carteras y la entrada de Rosón en el ministerio de Interior— nació a la defensiva el 2 de mayo entretanto su presidente emprendía un viaje a Oriente Medio. El empuje creativo y retador de todo nuevo gobierno se transformó en fuerza negativa, y en vez de pedir el aval de la confianza se atuvo a someter a debate parlamentario la comunicación conteniendo las líneas del programa que el nuevo ejecutivo quería encarar, poniendo foco en tres planos: el imperio de la Ley, la crisis económica y la construcción del Estado de la autonomías.

Retablo fotográfico de Juan Santiso sobre la actuación de Fraga en el Congreso, efectiva y persistente. Las reiteradas negativas de Suárez a concertarse con AP fueron correspondidas por la crítica y denuncia del villalbés, que vivió su período parlamentario más brillante.

La misma víspera del debate, el lunes 19 de mayo, Suárez y Fraga volvieron a reunirse continuando el contacto de tres semanas antes. Estando Suárez a la desesperada, no se explica cómo no cedió a la propuestas de Fraga: compromiso público y otros acuerdos de acompañamiento (aprobación de iniciativas parlamentarias propuestas por el Grupo de Coalición Democrática, nombramientos de varios gobernadores civiles y aceptación de la propuesta aliancista en el estatuto de Galicia). A lo que se vio, Suárez prefirió la contienda dejándose llevar por la mala química que combinaba entre ellos. "Suárez puso cara de póquer, y es claro que aceptó el pulso; pienso que no tardaría en arrepentirse", ha dejado escrito Fraga en sus memorias como colofón a aquel inaudito desencuentro[25].

Las reglas del juego habían cambiado y Suárez, disminuido dialécticamente por su incapacidad oratoria, desestimó el riesgo que corría. Fue el principio de su final ante el mismo instrumento que le proporcionó el carisma: la televisión, pero esta vez sin *atrezzo* ni ensayos, a lo vivo.

De la moción de censura a la cuestión de confianza

El debate de presentación del quinto gobierno de Suárez —en torno a la declaración de intenciones de su comunicado— tuvo lugar los días 20 y 21 de mayo y fue seguido por la mitad de la población en transmisiones audiovisuales con los mayores índices de audiencia. Fue una

---

[25] Manuel Fraga, *op. cit.*, pág. 205.

especie de ensayo general del gran debate que una semana después comenzaría suscitando una expectación popular todavía mayor[26].

El Gobierno presionó cuanto pudo para que no se celebrase el debate y, en segundo término, para que no fuese televisado. Tales presiones también se dirigieron hacia Fraga por parte de Pérez Llorca y Jiménez Blanco, tendentes en ambos casos —los dos eran cabezas bienpensantes— a evitar que Suárez acudiese a un lance parlamentario con todas las de perder en medio de la tenaza que suponía estar entre González y Fraga. Cabe suponer que buscaban un pacto —el apoyo de los aliancistas— bajo el signo de la gratuidad al no contar con poder para conceder contrapartidas.

El 23 de mayo Rafael Calvo Ortega invitó a cenar a Fraga para conocer los puntos básicos de un posible acuerdo, pero desatendió las demandas del villalbés por inasumibles, si es que no se quería que UCD perdiese su orientación centrista, cuenta el biógrafo de Suárez Carlos Abella[27]. "Suárez —añade el biógrafo— no estaba dispuesto a hipotecar su espacio electoral y a dar la razón a quienes reclamaban la creación de una gran mayoría de centro-derecha...".

Alianza Popular —y su desnaturalizado grupo parlamentario de Coalición Popular, todavía en pie— fue a la moción de censura libre de ataduras para criticar al gobierno. No significaba eso compromiso alguno de apoyo a la propuesta alternativa del socialismo interpelante; ni mucho menos. Fraga y los demás dirigentes aliancistas, sin embargo, se sintieron molestos porque Areilza y Senillosa se insinuaban a los socialistas en su afán de resistirse a la amortización definitiva. Buscaban inútilmente el protagonismo perdido lanzando señales —señales indias de humo— que no condicionaban el respaldo inequívoco dado por el partido a su presidente.

También Felipe González tanteó al dirigente aliancista —muy en conexión con su tardío amigo Gregorio Peces-Barba— en el desayuno del 22 de mayo, al que asistió además Alfonso Guerra. Fraga les anunció la abstención de los suyos en la votación de censura, aunque también les afirmó de su actitud aguerrida para el debate. Todo parece indicar, sin embargo, que cuando interpusieron los socialistas la moción de censura confiaban en que prosperara si Fernández Ordóñez —y su ejército en la sombra— se les sumaba en el caso de que la votación del presidente aspirante se realizara secreta. Pero la agilidad del Grupo Centrista pidiendo el voto nominal por llamamiento, a poco de presentarse el escrito solicitando la censura, malbarató aquella turbia traición.

A pesar de que varios constitucionalistas de izquierda habían combatido esta institución por entender que destruía la lógica democrática de sustraer al pueblo su participación directa a cambio del cabildeo de los pasillos, la moción de censura fue anunciada correctamente: a viva voz por el aspirante y en sesión plenaria de la Cámara. Fue formalizada, no obstante, en un documento motivado que presentaron 36 diputados socialistas, a la cabeza de ellos como fir-

---

[26] Manuel Gonzalo, en su magnífica crónica parlamentaria publicada por la revista del Departamento de Derecho Público de la Universidad Complutense (número 7, otoño de 1980), calificó este debate como inacabado porque no se pudieron rematar las deliberaciones con propuestas de resolución sobre la comunicación del Gobierno, ya que antes que finalizase la sesión el Grupo Socialista presentó la moción de censura, previamente anunciada por Felipe González durante su intervención (el 21 de mayo) con las siguientes palabras: "El único elemento que tiene nuestro partido para demostrar que somos responsables es utilizar la Constitución, y por ello pido el voto de censura para el Gobierno; es una fuerza moral que los socialistas tienen que demostrar..."
[27] *Adolfo Suárez*, Espasa-biografías, 1997, pág. 356.

mante Alfonso Guerra[28]. Por esta razón correspondió al socialista sevillano abrir el fuego del debate el día 28 de mayo, fundamentando la censura en diversos frentes —estrategia acompañada de argumentos *ad hominem*, a veces impropios—: incumplimientos reiterados de la legislación; desprecio gubernamental a las instituciones democráticas; falta de garantías de seguridad para los ciudadanos; mediatización gubernamental de la libertad de expresión; crecimiento de la violencia de la extrema derecha; falta de neutralidad en la Administración, amparando, tolerando y protegiendo la corrupción y la desorganización (como los casos de RTVE y del Deporte); mala gestión fiscal; fracaso de la política económica (inexistente en los sectores industrial y agrario); ineficiencia en la Seguridad Social; urbanismo fomentador de la especulación; falta de plazas escolares en todos los niveles educativos; inadecuada política medioambiental; irresponsabilidad e ignorancia en la política autonómica, e inexistencia de una política exterior.

Fue un retablo tremendista que resaltaba el reparto de papeles entre Guerra y González —el duro y el prudente— a través de un juego de pareja muy frecuente y útil en política aunque de escasa catadura moral, con un claro propósito de sembrar la indisciplina en el campo adversario como al decir —Guerra, el perverso— que "la mitad de UCD aplaude a Fraga y la otra mitad a Felipe González".

Por el Gobierno se opuso lúcidamente a la moción el Ministro de la Presidencia, Rafael Arias Salgado, cuyo turno en contra del candidato lo basó en negar la posibilidad de alternativa del socialismo —incluso en el caso de que ganase la censura, por resultar un *gobierno minoritario* —, y más tarde desmontó el elenco de críticas con argumentos sólidos. Especialmente irrespetuoso fue el encontronazo a propósito de la televisión, porque Guerra aludió con mal gusto a que la corrupción de RTVE no podía exculparla quien era hermano del director general[29]. Resultaría fatídica para Alfonso Guerra, andando los años, la grosera alusión a la corrupción fraternal. El ataque personal de Guerra a Suárez en aquel debate —otra caña convertida ulteriormente en lanza— produjo forzosamente dolor en el timonel de la reforma: "Ni Suárez aguanta la democracia ni la democracia aguanta más tiempo a Suárez", dijo el áspid del PSOE.

En el estreno de la moción de censura en cuanto institución parlamentaria-constitucional, el candidato socialista a la Presidencia del Gobierno, Felipe González, expuso el programa de gobierno llenando el hueco que, a este respecto, encuentra la regulación constitucional. Desde la óptica socialista, González formuló un cuadro objetivo en contraposición a la política centrista, cuyas principales particularidades las sintetiza Manuel Gonzalo[30]:

> "La reforma de la Administración que está condicionando la solución de todos los problemas; reducir la inflación de departamentos ministeriales y de secretarías de

---

[28] Para Manuel Gonzalo (*op. cit.*) el escrito motivado era, en forma de memorando, "exponente de la simplificación maniquea a que a veces conduce la dialéctica política en reclamo del apoyo de la opinión pública, pues el discurso de Felipe González haciendo la crítica de la comunicación del gobierno era mucho más sólido y medido que el escrito de la moción de censura".

[29] Fernando Arias Salgado, hermano del entonces Ministro de la Presidencia, fue objeto por parte de los líderes socialistas de una irresponsable política de acoso (constituyendo comités anticorrupción irresolutos y difamadores e incluso, organizando la primera huelga en RTVE) que vino a demostrar el acuciante interés por apropiarse a cualquier precio de aquel medio de comunicación. Esta política ofensiva quedó reflejada en una querella al director general de RTVE (por apropiación indebida) que al cabo de los años fue sobreseída por inacción de las partes. Fue uno de los ejemplos de incoherencia de los líderes socialistas.

[30] *Op. cit.*, pág. 202.

Estado; reconoce la Constitución un sistema de economía mixta en cuya base está siempre la regla de funcionamiento de mercado; fortalecer el papel que desempeñan las instituciones de crédito e inserción de las cajas de ahorro en la estructura autonómica del Estado; nacionalización de la red eléctrica de alta tensión; desempeñar un papel institucional de país no integrado, no siendo la OTAN expresamente mencionada; las libertades de reunión, expresión y asociación no necesitan ulterior desarrollo legislativo, y finalmente, una ley de divorcio que establezca el divorcio causal, contemplando entre las causas de divorcio el mutuo acuerdo entre los cónyuges".

Los días 29 y 30 de mayo se celebró el debate de conjunto, en comentario y respuesta al programa expuesto por el candidato aspirante y al texto mismo de la moción. Los ministros concernidos por la crítica del aspirante dieron la réplica cubriendo el silencio temeroso de Adolfo Suárez, quien para justificar su actitud alegaba que la moción era a todo el gobierno, órgano colegiado del que cualesquiera de sus miembros estaba legitimado para intervenir.

A las reclamaciones de confrontación oral apenas contestó Suárez, clavado en su escaño, y sólo en un turno de alusiones intervino para asegurar que no había alternativa al gobierno y que UCD continuaría ganando las elecciones situada entre la derecha y la izquierda. En treinta horas de debate Suárez sólo intervino en tres ocasiones (dos menguadas improvisaciones y un discurso leído), cuando los demás líderes se fajaron repetidamente a varias bandas en el uso de la oratoria —con forma y fondo estimables— aportando la inequívoca visión de cómo son y lo que piensan. González y Fraga, de su respectivo lado, aparecieron como polemistas contundentes y, máxime el andaluz que intervino diez veces, fueron los ganadores de la batalla parlamentaria aunque no ganaran la votación final.

La intervención de Fraga, una de las más demoledoras y efectivas por su desenfado y veracidad de los argumentos que empleó[31], fue seguida por la gran mayoría de la audiencia al producirse en *hora punta*, independientemente de que fue elogiada por los cronistas políticos como ejercicio hábil a través del cual, sin llegar a apoyar al postulante socialista, se diferenció de la postura gubernamental, constituyéndose en una de las dos patas de la tenaza en la que fue atrapado Adolfo Suárez, más errático y huidizo que nunca. Los extremos ideológicos en los que Fraga apoyó su pieza oratoria fueron ortodoxos, dentro del campo doctrinal liberal-conservador, exposición que tuvo por medio de la pequeña pantalla un mayor y mejor eco que la campaña electoral última del correcaminos villalbés.

En el curso del debate, cuyos resultados fueron analizados por el Centro de Estudios Sociales[32], emergió una pareja de adversarios (en la confrontación futura gobierno y oposición) de buen diálogo —aunque desigual—, con un buen estilo personal perfilado por la serenidad y la tolerancia, y cuya mejor foto fija la proporcionó el siguiente cruce de elogios:

---

[31] El diario *El País*, entre los profusos comentarios que celebraron la intervención del líder aliancista, no se paró en afirmar en su editorial del 31 de mayo: "Fraga pronunció ayer y anteayer dos magníficos discursos. Confirmó sus grandes dotes para los debates parlamentarios, colocando sobre las cuerdas a Suárez al pronunciarse en favor de la abstención y al requerir al gobierno para que se arme de valor, recuente sus fuerzas y plantee la cuestión de confianza".

[32] Una encuesta efectuada a raíz del debate por el CIS dio como ganador del mismo a Felipe González frente a un Suárez oscurecido entre los diez portavoces del Gobierno y de la UCD que intervinieron. Manuel Fraga, según el mismo estudio, emergió como un valor aceptado y reconocido —*la alternativa de la alternativa*— dentro del cambio de opinión que suscitaron él mismo y AP. En intención directa de voto, de mayo a junio de 1980, Alianza Popular pasó de un 6,6 a un 8,4 por ciento, marcando una tendencia imparable de mejor aceptación que en el pasado mientras se hundía UCD.

Fraga.— (...) Yo no le he dado el consejo, señor González, de ser más moderado. He celebrado que se modere el Partido Socialista. Agradezco su consejo y lo voy a recibir en todo su valor, y le voy a dar uno a cambio, el que dio el famoso político laborista, Mr. Bevan, con mucha diferencia el más importante, el más ético y el más brillante (y estaba muy a la izquierda) de los líderes socialistas ingleses después de la guerra. Dijo: "Me gustaría tener su edad, como desearía que usted, cuando tenga la mía, pueda alegar tanta coherencia y tanta experiencia al servicio de la Patria. Tiene usted todas las condiciones para ser un día primer ministro, pero para ser un buen primer ministro, le falta una, que es hacerse conservador".

González.— (...) El señor Fraga, con buen sentido del humor, me pide que me convierta, lógicamente, en conservador para ser un buen primer ministro, si algún día el país decidiera que lo fuera. Naturalmente, el señor Fraga tiene que opinar así. Lógicamente, para mí un buen primer ministro es siempre un hombre de izquierda, es evidente; pero no se lo digo en el sentido personal del término, sino que, probablemente, con estructura mental, con esa cabeza en la que le cabe el Estado, si el señor Fraga fuera de izquierda, probablemente este país tendría un gran líder en la izquierda.

La moción no prosperó como era de esperar porque recibió 152 votos a favor (socialistas, comunistas, andalucistas y cuatro votos del Grupo Mixto), 166 en contra (todos del Grupo Centrista) y 21 abstenciones (AP-CP, Minoría Catalana y cuatro votos del Grupo Mixto). Estuvieron ausentes: los diputados del PNV, uno de Minoría Catalana y los tres diputados de Herri Batasuna.

El liderazgo *tolerado* de Suárez

Siendo la moción de censura una iniciativa para la alternancia en el poder de carácter constructivo, que se lleva a cabo en el Congreso vigente la legislatura —y no por el efecto directo de unas elecciones generales—, lo lógico es que resulte perdedor quien no alcance el objetivo que persigue: el de sustituir al Presidente del Gobierno. Con ser cierto esto, ante la opinión pública resultó ganador el que perdió, el promotor de la censura, que acreditó capacidades para dirigir en otro momento la gobernación. Visto del lado contrario, Suárez ganó la moción perdiendo segmentos de confianza entre sus electores primigenios.

Tamaña paradoja no podía desembocar nada más que en un bloqueo del proceso político, de ahí que Fraga —durante el mismo debate— invitase a Suárez a presentar la cuestión de confianza, encargada de averiguar si contaba con respaldo en el Congreso para seguir gobernando, consciente como era ya la Cámara de que los socialistas no tenían capacidad aritmética para acceder al gobierno. La iniciativa legislativa del Gobierno y de su Grupo Centrista sustentante no se ponía en peligro (porque podía presentar leyes ordinarias y aprobarlas, como así ocurrió), pero sí se dudaba de la capacidad de liderazgo moral y político en torno a quien ostentaba su máxima dirección.

Es posible que la propuesta de Fraga sugiriendo la oportunidad de la cuestión de confianza fuese una secuencia lógica, de discernimiento político-constitucional, pero no hay que echar en saco roto que el villalbés lo que buscaba era el cuerpo a cuerpo en el podio de oradores con Suárez, en un desafío sin ministros intermediarios, para desacreditar al gobernante esclerótico en un segundo asalto televisado y, en el mejor de los casos, forzar la negociación para un pacto de legislatura entre UCD y AP.

Suárez era un ágil pez para las aguas del consenso, en cuya turbulencia cabía el deslizamiento suave, penetrante y táctil dentro de la bahía de la transición. Pero en mar abierta, ante los escualos de su propio espacio y de otros confines, prevalecía la fortaleza a la habilidad. El abulense, ante tamaños tiburones, carecía de la musculatura para sortear las corrientes de una travesía de fondo. En un río el salmón hace del cauce su olimpo, arriba y abajo de la corriente, pero en el ancho mar cambian las dimensiones y el liderazgo ágil es nimiedad.

¿Por qué Suárez llegó, en el espacio de meses, a la precipitada ruina de su liderazgo?

Nunca se impuso el liderazgo de Suárez en el interior de UCD con la fuerza moral que encierra el concepto *auctoritas*, aunque en los momentos estelares de la reforma del sistema —al acometer esa tarea como mandatario del Rey— concentró el asentimiento general de la élite moderada. Dos elecciones generales le proporcionaron legitimidad democrática más fuera que dentro. Pues en la macedonia de frutas que era UCD, entre los llamados *barones* Suárez fue un adalid del proyecto común como primero —meramente coyuntural— entre los iguales. El liderazgo de UCD, quiérase o no, estaba fragmentado y el poder del abulense sobre los otros líderes fue en todo momento limitado y precario. "Desde una perspectiva analítica —subraya acertadamente Carlos Huneeus[33]—, se puede decir que Suárez nunca consiguió que UCD tuviera autonomía de los grupos y líderes que le dieron origen. Los dirigentes que crearon UCD nunca aceptaron claramente el liderazgo de Suárez; fue un liderazgo tolerado, pero no fue admitido...".

Hay que convenir, por lo demás, que el itinerario político de Suárez lo transitó, pese a su seductora personalidad en el buen trato, dejando a demasiados seguidores en la cuneta o distanciados por los acelerones de una carrera propiciada por los preteridos. Se separó de Fernández Miranda (¿por qué un repudio tan rudo?), que contribuyó a encumbrarlo; apartó desabridamente a Alfonso Osorio, que le confeccionó el primer gobierno; prescindió de Ordóñez, Martín Villa y Cabanillas después de las generales de 1979; marcó distancias ideológicas con los democristianos (sobre todo con Lavilla, Oreja y Álvarez de Miranda); murió Joaquín Garrigues Walker, provocando una mayor desunión de los liberales, y, en la última travesía, arrumbó a su leal colaborador y amigo Fernando Abril. El tejido de resentimientos personales era del más alto nivel, con proyección en el plano político regional, y ello dificultaba todo para ulteriores batallas, sobre todo porque no habían sido retirados los muertos ni los heridos de la anterior. En estas condiciones surgió la rebelión para sustituirle.

Delicado es el análisis de las relaciones de Suárez con el Rey, pero no por ello hay que eludirlo. Don Juan Carlos I tuvo, durante el proceso de la transición, una autoridad oculta por debajo de su autoridad institucional, que si no fue totalmente cegada fue en ocasiones estorbada. Esto enfrió las relaciones —o las distorsionó— y probablemente tuvo su origen en la interpretación dispar sobre el papel arbitral que de la Corona tenía Adolfo Suárez, contrario a que el Monarca *borbonease*. Pero aun siendo cierto que Suárez estrenó un método de aséptica neutralidad regia, hubo asuntos como el de la defectuosa dirección emprendida para el desarrollo del Estado de las autonomías que inquietaba —más aún, desasosegaba— al entorno del Rey hasta provocar el cortocircuito de la dimisión de Suárez.

Desconfiado y solitario durante el verano de 1980, mientras que sus aliados se desairaban, Suárez vio que la cuestión sucesoria del liderazgo posaba sobre la mesa de UCD entretanto

---

[33] *La Unión de Centro Democrático y la transición a la democracia en España,* CIS, 1985, pág. 308.

Felipe González era un valor emergente al que las encuestas le auguraban la victoria segura en las elecciones generales venideras. Landelino Lavilla, presidente del Congreso, fue el primero que se apuntó a la sucesión en el curso de una conferencia pronunciada en el Club Siglo XXI, en la que apelaba a la reasunción del liderazgo mediante un programa de regeneración e integración del reformismo moderado[34].

La obligada cuestión de confianza

La grey ucedista coincidía en la terapia que había que aplicar a su gobierno para recobrar la fortaleza, pero, como en todo quehacer colectivo, discrepaba en el análisis y en el método.

La sucesión de Suárez, suscitada por los democristianos, dividiría a la élite dirigente en dos grandes frentes equidistantes del líder. La reunión el 7 de julio en una finca del Canal de Isabel II, en Manzanares el Real —en la sierra madrileña— de la Comisión Permanente de UCD sirvió de escenario para dilucidar si poder individual concentrado o poder colectivo disperso. El hecho mismo de que a aquella reunión en un medio apartado y bucólico se la bautizase *reunión en la casa de la pradera*, era la expresión elocuente —con simbología del *western*— de que los chicos de las distintas bandas andaban a tiro limpio. El *suarecismo* salió fortalecido de la reunión merced a la defensa cerrada de sus incondicionales (Abril, Arias y Calvo Ortega), según una composición o reparto de poderes del que todos ganaron a excepción de los promotores de la duda: los democristianos[35].

Fruto de la reunión fue la crisis ministerial del 8 de septiembre. Quería ser un gabinete que rescatase el liderazgo social con una composición plural de socios, integrada en torno a Suárez y con dos brazos: Calvo-Sotelo, que fue elevado a vicepresidente, y Fernández Ordóñez, Ministro de Justicia encargado del desarrollo constitucional. El resto de los *barones* fueron conformados con carteras de importancia desigual que pronto se vio que no colmaban los apetitos de poder y, a no dudarlo, los perdedores fueron los democristianos y los liberales, éstos acéfalos desde la muerte, semanas antes, de Joaquín Garrigues Walker.

Corolario inmediato fue también la convocatoria del II Congreso de UCD con el fin de cristalizar el liderazgo de Suárez y unificar el partido por decreto, aparte de que se intentara la apertura centrista a otras fuerzas políticas, principalmente los nacionalistas, en un desfasado intento de prolongar el espíritu de consenso.

Reagrupados los apoyos, con la justa causa de resolver la crisis económica y ajustar el Estado de las Autonomías, el Gobierno solicitó el 15 de septiembre la cuestión de confianza, resultando a la postre una trampa a la infradotación oratoria de Adolfo Suárez.

---

[34] Conferencia del 16 de junio de 1980, dentro del ciclo "Convivencia y respeto social". Miguel Herrero (*Memorias de estío*, pág. 210) afirma que hubo un consenso de los más relevantes líderes de UCD en favor de Lavilla para cambiar de rumbo y de estilo; y en este orden revela que la conferencia —fecha y materiales— se la cedió él mismo para tan prestigioso foro para que centrase la doctrina del partido. Parece lamentar que el conferenciante, en vez de ejercer ese papel, puso el énfasis en el aspecto personal al repetir los versos de Alberti: *Déjame marchar, Señor/que quiero bajar al río,/volver/a ser pescador/que es lo mío.*

[35] Fue singularmente molesto que Suárez abandonase la reunión para así facilitar a sus consocios que reclamaban poder hablar más libremente sobre su autoridad y liderazgo. Este gesto, lejos de ser una facilidad para la deliberación, reprimió a varios de los reunidos (democristianos que deseaban reflexionar en voz alta ante Suárez de la necesidad de cambiar de rumbo).

Con la cuestión de confianza, mecanismo regulado en el artículo 112 de la Constitución, el Gobierno pretendía reforzar su posición para mejor recobrar la iniciativa político parlamentaria con una mayoría suficiente, basada en el programa de UCD ya adaptado a sus nuevos ejecutores. Se pretendía alcanzar una nueva mayoría, por lo que durante julio y primeros días de septiembre se tanteó a Fraga para formar coalición de acuerdo a diversas fórmulas (desde un pacto electoral, con participación en el gobierno, hasta el simple pacto de legislatura). Antes de la crisis ministerial de septiembre todo presumía, con el beneplácito de la CEOE, que podría haber un arreglo, tal como preconizaban ciertos nuncios.

La negociación formal, con papeles de por medio, fue efectuada el sábado 8 de septiembre entre Fraga, de un lado, y Pérez Llorca, Calvo Ortega y Jiménez Blanco, del otro. "La propuesta es claramente insuficiente —dice Fraga en sus memorias[36]—; prácticamente se nos ofrecen consultas. Está visto que, una vez más, los dioses ciegan a los que desean perder".

La inconcreción de la respuesta de los negociadores de UCD no consoló a Fraga —ni al grupo parlamentario ni al Comité ejecutivo de Alianza Popular—, por lo que se apalancó en su oferta de ir a un acuerdo sólido de participación en el Gobierno, introduciendo un ministro que incluso no fuese él, sino una persona independiente propuesta por AP. Pero UCD no quería tener en el Gobierno a un hombre de Fraga que le pasara información —un hombre en La Habana—, y a lo más que consentía era a garantizarle en unas elecciones generales veinticinco diputados y algún arreglo municipal.

A todas estas ofertas Fraga no le vio ningún atisbo serio de pacto político, sino una forma de marear la perdiz en repetidos recados que, según él, eran dilatorios y para dividir[37]. A los efectos históricos partidistas conviene dejar expresada la postura contractual a que quería llegar Alianza Popular, tal como lo hace Fraga en sus memorias:

"Primero. Un compromiso claro de no ir a la disolución sin un acuerdo previo (UCD-AP).
Segundo. Un pacto de reequilibrio entre las dos fuerzas de centro-derecha sobre la base (altamente probable) de que AP llegase a dos millones de votos; unos acuerdos bien hechos nos hubieran dado entonces alrededor de treinta diputados y quince senadores.
Tercero. Aceptar el principio de una ley electoral mejor.
Cuarto. Un estudio de buena fe de las 'zonas especiales', sobre todo Galicia".

Tales puntos tenían desarrollo específico que presuponía, respecto del segundo punto, un mejor trato en los medios públicos de comunicación; mejor trato en ayuntamientos y diputaciones donde era mayoritaria AP, y, en su caso, formación de nuevas mayorías en los órganos locales en los que predominara el centro-derecha. Con relación a la coparticipación —y asimismo al control del ejecutivo—, AP aspiraba a un pacto de legislatura en el que se jerarquizarían los puntos sobre los que legislar (incluyendo los puntos de desacuerdo, en previsión del distanciamiento) y la inclusión de un independiente (*nuestro*, decía Fraga) en el Gobierno[38],

---

[36] Manuel Fraga, *op. cit.*, pág. 214.

[37] La propuesta era la misma que la formulada en el mes de julio, aunque en este caso más desarrollada y precisa. El villalbés, al referirse con toda suerte de detalles a este pasaje de sus memorias, concluye que las diversas reuniones fueron inútiles e inoperantes: "No avanzamos nada; Suárez sigue queriendo apoyo a cambio de palabras amables".

[38] El posesivo nuestro era, por lo demás, una incongruencia porque un independiente suele ser de sí mismo, aunque en este caso la contradicción parecía dar salida a la negativa de Suárez de dar entrada en el Gabinete a cualquiera menos a Fraga.

así como algún gobernador civil. Aunque no se menciona en testimonio alguno nada sobre contraprestación económica, todo indica que también figuraba una cláusula de financiación, negociada por debajo de la mesa, entre las ayudas que gestionaba a manos llenas (sobre todo para los sindicatos) el vicepresidente Abril Martorell.

La respuesta de UCD fue la de formar grupos de trabajo para delimitar el pacto, pero así planteado —con muchas prisas— parecía encubrir una negativa en la idea de mitigar el perfil crítico que tenía el debate de confianza. Fraga no se privó de calificar como fiasco el resultado de estos encuentros, planteados para que ganase tiempo Suárez, y de ahí que las expectativas del pacto se llevaran a las elecciones generales de 1983.

Resulta decepcionante el juicio del memorialista[39]:

> "Al final, UCD siguió su camino hacia el desastre. Volvió a jugar con los cambios monocolores de ministros y gobernadores; a consultar con Fuentes y su equipo ciertas medidas económicas, y a pretender que, a cambio de promesas vagas, diéramos la confianza todos, y sin crédito. Nuestra decisión fue renunciar a las migajas, seguir luchando desde una honesta pobreza y no participar en la catástrofe que se aproximaba al centro-derecha".

Bajo el rótulo de una declaración general del Gobierno, formalizado reglamentariamente el planteamiento de la cuestión de confianza, el Presidente del Gobierno debía intervenir sin limitación de tiempo. Suárez pronunció —leyó al detalle— un discurso largo y poco convincente el 17 de septiembre. En el turno de la oposición los grupos parlamentarios desataron las críticas, con gran acogida en los medios de comunicación.

Si efectivo fue el discurso de Fraga en la moción de censura, esta nueva catilinaria también le deparó reconocimientos dentro de la marcha expansiva del partido, al que se adherían cada vez más personas, incluso procedentes de UCD, que reclamaban una nueva fórmula para el centro-derecha. Si hasta aquel momento el interés de AP de pactar con UCD era predominante, el nuevo desgaste sufrido por el Gobierno de Suárez invirtió los términos en el sentido de encarecer las contraprestaciones. Ello a pesar de que el Gobierno atrajo hacia sí, en su apoyo, a los andalucistas de Rojas Marcos y a Minoría Catalana (CiU), superando la prueba de confianza con 180 votos, más que la mayoría absoluta.

Nuevamente el dirigente socialista Felipe González fue, en términos generales, quien destacó en el debate con una intervención bien acogida por la opinión pública mayoritaria, a juzgar por la encuesta que llevó a cabo el Centro de Investigaciones Sociológicas[40]. Claramente el socialismo se acercaba al poder a grandes zancadas, sin equiparable reacción por impedirlo en el centro-derecha.

Rebelión en la flota de UCD

La cuestión de confianza no amalgamó los ánimos del Grupo parlamentario de UCD en modo alguno, y el artículo de Miguel Herrero en *El País*, bajo el título "Sí..., pero", supuso leer

---

[39] Manuel Fraga, *op. cit.,* pág. 215.

[40] Según esta encuesta, el debate fue seguido por el 60 por ciento de los entrevistados, quienes dieron su aprobación al discurso de González el 34 por ciento, al de Suárez el 20 por ciento y al de Fraga el 12 por ciento, en valores absolutos.

la cartilla a un líder en franca regresión y al que había que sustituir[41]. Fue ciertamente un toque de clarín en torno a la divergencia entre élite dirigente y parlamentarios, entre los que el disgusto y la rebeldía iban juntos.

Las discrepancias con los llamados *barones* habían brotado en grupos de parlamentarios jóvenes, capitaneados por el democristiano José Manuel García Margallo, a través del grupo *Los jóvenes turcos*, que la renovación controlada de UCD a la manera que Mendes France en 1934 constituyó el Partido Radical para regenerar la República en Francia, emulando a Kemal Ataturk y su pléyade de oficiales jóvenes que acabó, de forma incruenta, con la aristocrática y anquilosada sociedad otomana[42]. Por mucho que dicho grupo encerrase un espíritu burlón de tertulia, representaba todo un síntoma de protesta contra la élite que, dividida y oligárquica, no abría a debate los problemas nacionales en el foro de la participación partidista.

La presentación de la candidatura de Miguel Herrero a presidente y portavoz del Grupo Centrista en el Congreso, una vez dimitido el granadino liberal Antonio Jiménez Blanco, destinado a la presidencia del Consejo de Estado[43], la realizó el interesado uniendo voluntades entre sus compañeros y a contrapelo del Gobierno y del partido, que apoyaban para este puesto al mallorquín Santiago Rodríguez Miranda. Las dos candidaturas —la crítica y la oficialista— sintetizaban la bipolaridad en que se encontraba la cepa representativa de la UCD. Para evitar el encontronazo hubo intentos de todo orden, desde que el secretario general del partido, Calvo Ortega, asumiera el cargo, lo cual decayó, hasta la prolongación de la interinidad del portavoz adjunto. Pero la presión parlamentaria pudo más que las llamadas a la disciplina del aparato partidista.

A golpe de teléfono, con el razonamiento directo y personal, Miguel Herrero hizo su campaña en los primeros días de octubre cerca de los diputados individuales y agrupados en familias que le darían el triunfo[44]. Su actitud salió al encuentro de la predisposición psicológica de

---

[41] Véase *El País* del 19 de septiembre de 1980. Era un artículo, en opinión de algunos comentaristas, parecido al que Giscard d'Estaing, aspirante a la presidencia de la República, escribiera contra De Gaulle y el presidencialismo redentor que encarnaba, y de ahí su oportunidad simbólica en la arremetida contra Suárez.

[42] En el número 172 del dominical de *El País*, del 27 de julio de 1980, Lola Galán les dedicó un artículo con el título *Los (jóvenes) turcos del Presidente*. La articulista decía que los formaban una treintena ("treinta defensores de la democracia interna en el partido") y se negaban a ser un grupo, sino un "conjunto de personas" o "un equipo de reflexión" de diversas tendencias. Lo que empezó en un encuentro gastronómico de cuatro amigos, es lo cierto que fue potenciado —con avidez por la prensa— como una corriente crítica de la falta de discusión y participación dentro de la UCD y de sus grupos parlamentarios, frente al restrictivo foro constituido por los *barones*. Entre sus miembros, los más destacados, además de José Manuel García Margallo, figuraban Antonio Faura, Juan Quintás, Juana Arce, José Ramón Pin, José Miguel Bravo de Laguna, León Buil, Alberto Estella, Francisco de la Torre, Ignacio Huelín, Juan Sabater, Ricardo León, Julio Ulloa, María Josefa de la Fuente, José Nasarre, Francisco Olivencia, José Antonio Trillo Torres, José Luis del Valle, Antonio Orpez, Antonio Díaz Fuentes y José Manuel Piñeiro Amigo.

[43] Había sido durante la Legislatura constituyente el presidente y portavoz del Grupo Centrista en el Senado. El fracaso del referéndum de Andalucía para el acceso a la autonomía hizo mella en él, como en otros dirigentes andaluces del centrismo, y por su bonhomía acusaba mal la jauría en que se había convertido el grupo parlamentario, que dirigió sin embargo con buen talante.

[44] En sus memorias (*Memorias de estío*, págs. 216-217), Miguel Herrero recuenta sus gestiones electorales y alega que las importantes familias ("tácitos", democristianos y liberales, así como los independientes de Martín Villa, los "jóvenes turcos" y muy pocos socialdemócratas, los que pudo arañar Arturo Moya) le prometieron apoyo. "Día a día estaba cada vez más seguro de la victoria y sólo el muñidor de la candidatura oficial, Rafael Arias Salgado, se empeñó en propugnar el enfrentamiento hasta el final", concluye el memorialista, no sin añadir, a renglón seguido, que se encerró el domingo 12 de octubre para redactar un discurso que habría de ser capital para su vida política.

hastío de los diputados sobre la dicotomía latente (socialdemócratas y los otros) y con un discurso mineado, en el cálculo de que un grupo parlamentario es el verdadero corazón de un partido político, contraponiendo así la persistente sensación de que el diputado es una mera máquina de voto, cuando realmente el gobierno en toda democracia descansa en la confianza de los diputados. Ofreciendo, pues, democratización interna, corresponsabilidad y participación tendió la alfombra de su aceptación por la mayoría destinataria de estas palabras:

> "(...) No soy el candidato oculto de nadie ni milito ocultamente contra nadie. No soy candidato oficial ni oficioso. Ni ataco al poder ni me precio de su apoyo y por eso puedo asumir no sólo con la boca y la palabra, sino con obras y de verdad, un compromiso democrático".

Computados los votos de la urna (con 150 diputados presentes y, entre los ausentes, Adolfo Suárez, para aparentar una idea de neutralidad), 103 fueron en apoyo de Miguel Herrero, 45 en favor de su adversario Rodríguez Miranda y dos en blanco. La votación, pues, fue pulsada como una protesta iracunda al presidencialismo ejerciente de Suárez, pero, más que eso, fue interpretada como la muestra del desigual reparto ideológico del partido y cuyo mayor pero no era, en modo alguno, el socialdemócrata. Por lo demás, la votación representó una hendidura insoldable manifestada en la cruda secesión del II Congreso, entonces en preparación[45].

Reconoce Miguel Herrero que nada más ser proclamados los resultados, después de los agradecimientos, llamó a Adolfo Suárez, con quien quedó citado para el día siguiente, y a Manuel Fraga, "al que invité a almorzar días después y cuya ayuda recabé ya aquella tarde para superar cualquier votación adversa en el Pleno de la Cámara. Tales llamadas son muy representativas de la línea política que desde el comienzo seguí"[46].

El gesto de Herrero de contactar con Fraga, tan escamado de anteriores interlocutores, fue bien valorado y recibido en el Comité Ejecutivo de Alianza Popular, al que el villalbés daba cuenta de todo este tipo de pasos de aproximación, cumpliéndose la ya típica previsión de Jorge Verstrynge de que UCD era un portaaviones sin rumbo sólo asistido por tripulaciones dispares y que, condenado a hundirse, había que salvar desde la pequeña embarcación que era AP.

Desde el primer momento Herrero quiso propiciar un gobierno de coalición o un pacto de legislatura con AP, que deseaba definitivo, pero que al no ratificárselo Suárez se convirtió en un pacto transitorio y casi por cuenta propia. Y desde este momento comenzó el itinerario de integración subrepticia de Herrero en el partido de Fraga, de vuelta de la pretensión centrista.

---

[45] En la galería de interpretaciones, Emilio Atart, que presidió la votación en cuanto portavoz adjunto que era, va más allá cuando dice: "Desde aquel instante se abría el proceso de remoción de la presidencia a Adolfo Suárez, que culminaría, tras el manifiesto de los críticos y otras circunstancias no acreditadas, en la noche triste de la Moncloa del 26 de enero de 1981".

[46] Dentro del pasaje de sus memorias dedicado a las consecuencias de su elección como portavoz centrista (*op. cit.*, pág. 218), Miguel Herrero hace justificadas protestas de su lealtad al centrismo por el tiempo que ocupó dicho puesto. "Y es claro —añade resueltamente— que entiendo por lealtad el respeto estricto de unas instituciones y vías para hacer prosperar una tesis plenamente de acuerdo con los propios programas del partido, porque la afección a las ideas y a las normas es lo que distingue la lealtad institucional de la fidelidad personal...". Herrero viene a decir también, con relación a su trato con Suárez, que los contactos fueron pocos, que no hubo hostilidad hacia su gestión y que a sus numerosas sugerencias, consultas y peticiones sólo hubo por respuesta un extraño silencio.

Por el orden cronológico de aparición de las memorias de Fraga, Calvo-Sotelo y Herrero, y a fin de evitar los juicios de intenciones importa reproducir la versión triangular de todos estos hechos, aunque las versiones posteriores tienen la ventaja de la puntualización y la réplica al testimonio precedente.

Fraga anota en su diario lo correspondiente al 20 de octubre:

"Almuerzo con Miguel Herrero, a su invitación, en el Nuevo Club. Es nuestra primera conversación a fondo. Tuve la honra de ser gran amigo de su padre, el ilustre erudito y bibliófilo. Quedan abiertas las conversaciones para el futuro".

Para Calvo-Sotelo, que narra exclusivamente el cambio de chaqueta de Miguel Herrero precisamente a través de las anotaciones puntuales de Fraga ("La prueba —dice don Leopoldo— está desparramada en el libro de título proustiano y texto notarial..."), "la conspiración está servida".

Mientras Fraga en su referencia del 5 de noviembre dice parcamente "almuerzo con Calvo Sotelo y Miguel Herrero; asisto a un importante diálogo interno de UCD, más que a propuestas nuevas", el vicepresidente del gobierno recoge el encuentro de tal guisa:

"Miguel Herrero se preocupa de su incipiente ambigüedad y me invita a comer con Manuel Fraga; cedo a la presión de Miguel —siempre mi debilidad ante la inteligencia—, pero soy yo quien los invita a comer en mi despacho de Economía. La comida no tiene éxito. Miguel intenta un celestineo imposible y acabamos discutiendo él y yo. Cuando se marcha Fraga —de improviso, como acostumbra— despido a Miguel citando intencionadamente a las brujas de Macbeth y animándole a la lealtad"[47].

La calificación conspiradora la aporta finalmente Calvo-Sotelo al apostillar los contactos de Fraga y Herrero tras la dimisión de Suárez y, en fechas siguientes, ante la propuesta e investidura —interrumpida por el golpe de Estado— de él mismo como presidente del Gobierno. Cuando Fraga refiere (anotación del 9 de febrero de 1981) que "el presidente del Congreso, Lavilla, cree que habrá candidato (a la Presidencia del Gobierno) al día siguiente, Miguel Herrero espera que no".

Calvo-Sotelo interpreta la parva reseña afirmando: "Miguel Herrero espera que no. ¿Confía en que fracase mi candidatura?" Días después, siguiendo esta glosa de memorias comparadas, en la víspera de la investidura de Calvo-Sotelo, Herrero le cuenta a Fraga, por teléfono, "que se le confirma como portavoz del Grupo Parlamentario de UCD".

La réplica acusatoria de Calvo-Sotelo, llegado este punto, es abierta y con inquina:

"Continúa el juego. Yo no he tenido más remedio que confirmar a Herrero para evitar, o retrasar al menos, la ruptura del Grupo. A veces la política obliga a cuernos consentidos. En aquel momento ya sé, aunque no con el detalle que amablemente dará luego Fraga en su libro, las coqueterías de Herrero; pero estoy convencido de que su

---

[47] Calvo-Sotelo (*Memoria viva de la transición*, Plaza y Janés/Cambio 16, pág. 210) dedica lo que llama un "estrambote" a la nominilla de tránsfugas, con especial mención a Fernández Ordóñez y a Miguel Herrero. A este último, junto a José Luis Álvarez, los llama "eminentes tránsfugas *non stop*".

separación le confirmaría como jefe de los críticos inquietos. Y me parece menos malo que siga de portavoz infiel. El Grupo Parlamentario empieza a ser una base de submarinos: el buque insignia se llama Miguel Herrero".

Siendo las memorias de Miguel Herrero posteriores a las de sus colegas, la interpretación que da al acercamiento con Fraga, sin pararse en referencias de lugar y tiempo ni en la anécdota, la fundamenta en cuestiones de fondo agavilladas con argumentos solventes desprovistos de rencor:

"La llamada de Fraga fue el primer paso de una relación larga cuyos avatares estaba lejos de prever.

A mi juicio, el gobierno minoritario era la peor de las opciones posibles (...). La única manera de superar tal situación era un gobierno de coalición o un pacto de legislatura porque, claro está, cualesquiera que fueran sus costes y riesgos, eran mucho mayores los de hacer cada tarde ocasionales pactos, no de legislatura, pero sí para legislar, con frecuencia contradictorios entre sí.

Una tesis tan evidente había que reiterarla ante Suárez, Calvo-Sotelo y las ejecutivas de UCD anteriores y posteriores al Congreso de Palma de Mallorca, en las que, por ser portavoz parlamentario, me integré como miembro nato. Y así lo expuse en una conferencia sobre la necesidad de construir una nueva mayoría que, lógicamente, fue mal interpretada y peor recibida. Pero entre tanto comprobaba cómo no me hacían caso, celebré desde el primer momento con Fraga un pacto parlamentario que yo pretendía transitorio. Coalición Democrática nos apoyaría frente a terceros, y UCD apoyaría las proposiciones que la coalición conservadora presentase, previa consulta con el grupo centrista y el Gobierno.

Aquel pacto inició un entendimiento que si llevó a mi integración en Coalición Democrática varios meses después, a punto estuvo, como contaré, de integrar a Coalición Democrática en el Centro, bajo el liderazgo de Calvo-Sotelo..."[48].

La revuelta en el grupo parlamentario estaba latente y provocó que tuviese un desarrollo vertical —el descontento desde abajo—, avivando la corriente crítica que se cruzaba con la tensión crónica de los *barones* en el plano horizontal. La crisis, pues, traspasaba ya los cuatro costados de UCD y en esta circunstancias se encaró el II Congreso Nacional.

La crisis del autonomismo ante el referéndum en Galicia

Las elecciones parciales al Senado en las provincias de Sevilla y Almería del 27 de noviembre de 1980, convocadas para cubrir tres escaños en la Cámara alta[49], fueron los mejores exámenes para calibrar, en voto real, el proceso de caída libre que sufría UCD después de los dos grandes debates de política general —de censura y de confianza— habidos en los últimos meses. Aunque las vacantes que había que proveer por elecciones, en los tres casos (dos por Almería y uno por Sevilla) eran de dominio socialista, los comicios no cambiaron la titularidad ni la sigla. Sin embargo, lo expresivo era que el proceso de deterioro del partido gobernante resultaba imparable.

---

[48] Miguel Herrero, *op. cit.,* pág. 220-221.

[49] Para la provisión de las vacantes de los senadores Plácido Fernández Viagas por Sevilla, y de Ramón Ponce García y José Manuel Torres Rollón por Almería, los tres del Grupo Socialista.

Al mismo tiempo el PSOE alcanzó una cota de votación superior al 40 por ciento, extensible teóricamente a las seis restantes provincias y de difícil reducción durante los tres lustros siguientes. Lo más novedoso fue el despegue de Alianza Popular, que dobló prácticamente sus resultados de las generales de marzo de 1979. Los medios de comunicación calificaron esta cata democrática como un descalabro electoral de UCD y una victoria del PSOE y de AP[50].

El bandazo hacia la izquierda de Andalucía era previsible y por eso el PSOE, según la interpretación más bondadosa de Alfonso Guerra, se proclamó "la única alternativa válida". Es de destacar, por otra parte, que los partidos castigados (UCD Y PSA) eran aliados circunstanciales y recibieron la repulsa electoral por la titubeante política autonómica en general y, en suelo bético, porque no tenía salida el tipo de estatuto que se quería para Andalucía, equiparándola a las comunidades históricas. La abstención (de cerca del 60 por ciento), finalmente, prosiguió su línea ascendente, bien como causa principal porque era un cabal reflejo del desencanto ciudadano dominante en la opinión pública, bien porque los comicios se consideraron rutinarios a través de una campaña de puro trámite.

El desarrollo de las autonomías trazado por la Constitución estaba parado en su doble vertiente de llenar de contenido los estatutos catalán y vasco, por el traspaso de competencias a sus órganos de autogobierno y, asimismo, en el aspecto de proseguir extendiendo a otras regiones la desconcentración del Estado. Los nacionalismos catalán, vasco y gallego —éste en menor grado—, por razones históricas y culturales, reclamaban su peculiaridad, el denominado *hecho diferencial*, frente a Madrid, *centralista* y *opresora*, con premura y exigentes maneras en torno a una conquista de libertad. La alocada carrera de poner en práctica el autonomismo se planteaba como algo que había que arrancar a los centralistas napoleónicos del gobierno central, aunque en cada caso difería el método, como distintas eran las respectivas idiosincrasias[51].

La ambigüedad del título VIII de la Constitución, aplicado y administrado sin sosiego ni fortaleza gubernamentales en los casos catalán y vasco, generó el parón del proceso e hizo crisis con Andalucía. Repercusión directa de ello fue, asimismo, el retraso *sine die* de la elaboración y aprobación del Estatuto de Galicia, tercera región a la que sin discusión se le daba acceso a la autonomía por la vía del artículo 151 de la Constitución. Los errores cometidos en Cataluña y País Vasco se intentó enmendarlos en cabeza ajena, en la sufrida Galicia, donde, por otra parte, el sentimiento nacionalista era menos pronunciado.

Reconoce Martín Villa que desde el Gobierno de la Nación las relaciones con los partidos nacionalistas catalán y vasco eran siempre difíciles. Y sin concesiones a lo facilón, sino con argumentos y anécdotas, traslada al lector lo que eran *contribuciones a la gobernabilidad de España:*

---

[50] Véanse el *Diario 16* y *El País* de 28 de noviembre de 1980.

[51] El testimonio de Martín Villa sobre sus vivencias políticas con relación a las autonomías (expuesto en sus memorias *Al servicio del Estado*, Planeta, 1984, págs. 172 y ss.) es una reflexión sincera y ajustada al examen de la cuestión que el ex ministro pespuntea, mediando argumentos de fondo, con varias anécdotas. "Desde el Gobierno de la Nación —aseveraba Martín Villa— las relaciones con los partidos nacionalistas, catalán y vasco, son siempre difíciles. Los primeros..., transformando con facilidad la política en un mercadeo y el Parlamento en un zoco. Los segundos tienen la rara habilidad de la afrenta intolerable a la España de todos, también de ellos, y a sus instituciones y bandera. Diríase que para los nacionalistas catalanes España es un mercado en el que toda transacción es posible, y para el PNV algo que le es ajeno y que se puede ofender a diario".

"En ocasión de la investidura de Leopoldo Calvo-Sotelo como presidente del Gobierno, el apoyo de los nacionalistas catalanes no fue posible porque me opuse a que el Gobierno no impugnase la Ley de Diputaciones que el Parlamento catalán había aprobado y que el Tribunal Constitucional anularía casi en su totalidad.

La lista de las restantes peticiones que Miguel Roca me entregó para que fueran estudiadas por el Gobierno —prosigue el memorialista—, cuya actitud condicionaría la posición de la Minoría Catalana en la votación de investidura, era la propia de un alcalde de aldea. Lo más importante que recuerdo de ella era la entrega de un edificio que había sido la sede de la Jefatura Provincial del Movimiento y que hoy lo es de la Delegación del Gobierno en Cataluña. Me avergonzó tanto el planteamiento que di por terminada, en ese caso educadamente, la reunión".

El sentimiento fenicio —de concebir la política como una lonja— que poseen los nacionalistas catalanes se transforma, según la mentalidad vasca, en el órdago *conmigo* o *contra mí*.

Refiere Martín Villa, sobre la actitud afrentosa y de malos tratos de los nacionalistas vascos, cómo a finales de 1980, cuando Suárez visitó el País Vasco en un esfuerzo de entendimiento y ya se habían anunciado ciertas transferencias (policía vasca y el concierto económico), los ayuntamientos gobernados por el PNV declararon al Presidente del Gobierno *persona non grata*. Sobre este paquete de competencias Martín Villa recuerda otra anécdota:

"Algunos meses después firmé, en nombre del Gobierno, en la sede de la presidencia del Gobierno vasco, las primeras transferencias que suponían un volumen grande de competencias. Carlos Garaicoechea *deslizó* la palabra España en dos o tres ocasiones en el discurso que pronunció en dicho acto. Por supuesto, los servicios informativos del Gobierno vasco cambiaron la palabra 'España' por la de 'Estado' ".

Había una razón añadida y no pequeña para no detener el proceso autonómico gallego. Dado que Clavero Arévalo fue designado Ministro de Administraciones Públicas (posteriormente se haría cargo de la cartera de Cultura) y desde su despacho favoreció a la parroquia andaluza, colocando inmerecidamente la autonomía de aquella región en el camino sin retorno del artículo 151 de la Constitución, cualquier rebaja material o formal de la proyectada autonomía gallega sería un mal agravio que Fraga no toleraría[52]. No es que el líder aliancista comulgase con el principio de UCD *café para todos* —tan rígido como erróneo—, pero su ascendencia personal y política en Galicia, todo un reducto electoral, le impedía aceptar el café puro para Cataluña y País Vasco y el recuelo para Galicia. Durante el verano de 1980, había definido en Cambados y La Toja, en sendas reuniones partidistas, la postura de AP sobre el estatuto, acusando al Gobierno de querer "un estatuto de complacencias no justificadas y de engaños mutuos" y rechazaba que el caso gallego se convirtiese en el conejillo de indias del autonomismo restrictivo de la nueva etapa. Idéntico tono de insatisfacción se advertía en los parlamentarios gallegos de UCD y, por supuesto, la izquierda parlamentaria seguía insensible a las nefastas y previsibles consecuencias que a buen seguro produciría un incontrolado mosaico autonomista.

---

[52] Martín Villa (*op. cit.*, pág. 172 y ss.) reconoce paladinamente que el Gobierno no prestó la atención debida al problema autonómico y que los diversos titulares del ministerio de Administración Territorial (o Administraciones Públicas) fueron puenteados sistemática y reiteradamente por la Presidencia del Gobierno (por Suárez mismo o por los sucesivos ministros adjuntos: Pérez Llorca y Arias Salgado) hasta que llegó él a partir de septiembre de 1980 a dicho departamento. "Y ahora que las autonomías estaban entre mis competencias —manifiesta—, me prepararé para ocuparme de ellas y para no ser cortocircuitado".

La cuestión estaba encallada —y en cierto modo envilecida— porque se quería evitar que cada autonomía legislase libre y caprichosamente sobre materias no reguladas previamente por el Estado en cuanto derecho positivo básico. Es decir, se aspiraba a supeditar la soberanía popular de los parlamentos regionales a la superior soberanía del Parlamento estatal, evitando que en última instancia los conflictos de competencias los resolviera el Tribunal Constitucional.

Verdaderamente, tanto en el debate previo a la moción de censura como en el correspondiente a la cuestión de confianza fue sustantiva y restrictiva la nueva oferta autonómica del cuarto Gobierno de Suárez, según la cual el procedimiento autonomista del artículo 151 de la Constitución se establecía como singular y excepcional para la restitución de derechos históricos, dejando la vía del artículo 143 para todos los demás casos, de modo generalizado, con arreglo a una implantación gradualista que se ultimaría en el plazo de dos años.

La batalla por la autonomía gallega, no obstante, tuvo su más alta cota de lucha en el verano de 1980 por los grupos radicales extraparlamentarios. El 25 de julio más de diez mil personas se congregaron en Santiago para celebrar el *Día de la Patria Gallega*, que se saldó con fuertes cargas de la policía contra los manifestantes por no preservar de alborotos el casco antiguo de la ciudad y, en otro orden de cosas, por la apología de la violencia que hacían ciertos grupos[53]. Tan extremoso comportamiento no se correspondía, en cualquier caso, con la falta de conciencia nacionalista, que fue expresada sucesiva y moderadamente por un colectivo de intelectuales, al margen de los partidos políticos, denominado *Realidade Galega*, que presidía el respetado García Sabell, presidente a su vez de la Real Academia Gallega[54].

Las negociaciones formales para mejorar el Estatuto gallego se iniciaron en la segunda semana de septiembre de 1980 —todos contra UCD, y parte de ésta también— en medio de la confusión. El portavoz de los centristas gallegos, José Luis Meilán, confesó que en el texto legal propuesto por el gobierno de su misma cuerda existían aspectos discriminatorios para Galicia que había que salvar si se quería soslayar una situación de bloqueo. Y al fin, después de mucha controversia, el Gobierno cedió a las presiones y convocó el referéndum para el domingo 21 de diciembre, sometiendo a consulta popular un texto substancialmente equiparable a los estatutos de Sau y Guernica.

Un estudio comparativo pormenorizado del Estatuto de Galicia respecto de los de Cataluña y País Vasco nos lleva a sostener la equivalencia material de los mismos, con matices diferenciales que, en sus grandes rúbricas, son los siguientes: Sede e instituciones: en el Estatuto gallego —como en el vasco— se fijan por el Parlamento autonómico; el número de diputados se establece entre 60 y 80 (País Vasco, 60, y Cataluña, 135); Galicia cuenta con Defensor del Pueblo, como también Cataluña; para tener representación parlamentaria en Galicia hay que obtener un mínimo del 3 por ciento de los votos,

---

[53] El grueso de las manifestaciones la dirigían seguidores del BNPG (Bloque Nacionalista Popular Gallego) y PSG, pero otros grupos radicales utilizaron la convocatoria para vitorear a ETA y proclamar la independencia, siendo invitado para este acto el dirigente independentista vasco Telesforo Monzón, que asistió en compañía de representantes de movimientos de liberación de distintos países.

[54] Constituido en los primeros meses de 1980, este colectivo de intelectuales moderó el conflicto en todo momento y, sobre todo, lo apartó de la contienda partidista. Su salida a la calle lo hizo con un manifiesto realista cuyo comienzo decía: "La perspectiva de una Galicia autónoma representa la apertura de una experiencia nueva para los gallegos. Una experiencia que será fructífera en la medida que refleje nuestra responsabilidad colectiva de pueblo que asume activamente sus derechos".

limitación que no existe ni en Cataluña ni el País Vasco. Administración de Justicia: ligeras diferencias en cuanto al nombramiento del Tribunal Superior de Justicia —procedimiento igual en Galicia y Cataluña— y en cuanto al sistema de provisión de magistrados, jueces y secretarios; en Cataluña y País Vasco es mérito para el acceso a dichas plazas la especialización en el derecho propio. Competencias exclusivas: iguales o muy parecidas, con la singularidad de que en Galicia, a diferencia de Cataluña y el País Vasco, se conceden las competencias para el régimen jurídico de los montes, pero no así en materia de protección de menores, ordenación farmacéutica, colegios profesionales, cooperativas, etc. Ordenación Territorial y Régimen Local: el Estatuto gallego difiere en esto del catalán y vasco porque la organización y régimen jurídico en esta materia ha de hacerse "al amparo" de la legislación del Estado, mientras que Cataluña y País Vasco tienen libertad legisladora siempre que no invadan las competencias de Estado. Policía autónoma: es reconocida para Cataluña y País Vasco, y en el Estatuto gallego se admite condicionada a la Ley Orgánica de FF y CC de la Seguridad del Estado. Diputaciones: los tres estatutos difieren entre sí, con rebaja de competencias en Cataluña y País Vasco; y en cuanto a Galicia, la Xunta puede coordinar su actividad y ejecutar acuerdos, pero aun así existen lagunas e interpretaciones varias porque nada se dice sobre la gestión presupuestaria de estas corporaciones. Lengua: la oficialidad de la lengua se formula junto al castellano, pero en Cataluña y en el País Vasco la fórmula del texto es diferente en prelación redaccional. RTV y medios de comunicación: igual para los tres estatutos en cuanto a poder establecer un tercer canal autonómico en lengua vernácula, si bien el Estatuto vasco posee la capacidad de obtener otro más. Hacienda y patrimonio: son iguales los casos gallego y catalán con ligeras especialidades, pero el vasco difiere de los otros dos por razón de sus peculiares derechos históricos de conciertos con el Estado central. No obstante, en cuanto a competencias económicas, Galicia tiene de nombre "competencias exclusivas" que lo son sólo de denominación, porque son competencias que han de ser acordes con la legislación ordinaria del Estado en su desarrollo y ejecución.

La campaña del referéndum autonómico gallego, que culminaba un tormentoso proceso de meses de vacilación y disputas partidistas, no logró interesar al pueblo gallego para darse la norma de su propio destino dentro de la configuración del Estado. El desinterés congénito del gallego por los asuntos políticos fue el excipiente, además, de una convocatoria en pleno invierno (con un censo irreal y, por si fuera poco, con la inmensa dispersión de núcleos rurales) y con un gobierno reticente en seguir el desarrollo autonomista con arreglo a las anteriores pautas.

Carteles de la campaña institucional para el referéndum de autonomía de Galicia, celebrado el 21 de diciembre de 1980, que arrojó una abstención escandalosa (71,74 por ciento).

Los quince días de mítines y manifestaciones públicas en medios de comunicación y en recintos cerrados no lograron levantar la voluntad de participación, resultando inexplicable que el Gobierno no participase activamente en la campaña. Por el contrario, tanto Felipe González como Carrillo y Fraga comparecieron en diversos actos. En uno de los mítines más importantes, el celebrado en Lugo, Fraga afirmó en el Gran Teatro:

"La autonomía no va en sí misma contra la unidad de España, sino que debe contribuir a establecerla sobre bases más profundas, como en su día la sirvió con eficacia el antiguo Reino de Galicia. Su único peligro estribaría en que nos desentendiéramos del fenómeno autonómico, dejándolo en manos de extremistas o de incapaces. La mejor prueba de ello es que en Galicia los escasos revolucionarios e independentistas no quieren el Estatuto y propugnan el 'no' en el referéndum".

El temor a una escandalosa abstención era generalizado. Pesaba en todos como una losa y, si acaso, en el Gobierno no se esperaba de la misma forma porque así se desmarcaba del afán e intransigencia autonomistas de los partidos estatales a fin de reconducirles a un proceso de ordenación con el vivo argumento de que la autonomía no interesaba a los ciudadanos implicados. El eminente periodista gallego Augusto Assía ya había denunciado con sorna la desmotivación de sus paisanos[55]: "(...) La verdad monda y lironda es que ni al 39 por ciento ni al 15 ni a nadie, y si le interesa a alguien es con la preocupación sobre lo que pueda costarnos en impuestos..."

DATOS ELECTORALES DEL REFERÉNDUM SOBRE EL PROYECTO DE ESTATUTO DE AUTONOMÍA DE GALICIA CELEBRADO EL 21 DE DICIEMBRE DE 1980

Electores:	2.172.898		
Votantes:	614.218	(28,26% sobre electores)	
Abstenciones:	1.558.680	(71,74% sobre electores)	

Provincias	A favor	En contra	En blanco y nulos	Abstenciones
La Coruña	196.736	56.102	17.998	573.441
Lugo	46.981	13.558	5.147	268.696
Orense	58.265	12.056	4.875	280.171
Pontevedra	143.574	39.702	14.173	436.372
Totales	450.556	121.448	29.764	1.558.680

Fuente: Junta Electoral Central y elaboración propia.

Galicia accedió a su autonomía con algo más del 20 por ciento de sus ciudadanos convocados diciendo "sí", es decir, la quinta parte. Las dos provincias del interior —también las más atrasadas— registraron una abstención de alrededor del 80 por ciento, algo jamás visto, lo cual es paradigma del desentendimiento ciudadano por los asuntos públicos concernientes a su futuro[56]. El escritor Álvaro Cunqueiro calificó los resultados de la manera que sólo podía hacerse:

---

[55] Véase *La Vanguardia* del 7 de noviembre de 1980.
[56] La prensa gallega reflejó profusamente el desentendimiento electoral con toda suerte de detalles y anécdotas, algunas de las cuales son elocuentes: en diez municipios del interior de Lugo y Orense los porcentajes de abstencion superaron el 90 por ciento. En La Coruña, el voto negativo superó el 34 por ciento, y en cinco colegios orensanos los ciudadanos ni siquiera acudieron a constituir las mesas electorales.

"La dimisión del pueblo gallego", por contraste con declaraciones exculpatorias y paliativas —de sentido práctico, sin embargo— que no querían ver la pérdida de fe del pueblo gallego en el sistema político.

Desde el referéndum de la Reforma Política (30,99 por ciento de abstención en toda Galicia), sucesivamente había aumentado esta atonía hasta situarse la media de abstención en torno al 43,89 por ciento en todas las apelaciones electorales. Pero la abstención del referéndum autonómico casi doblaba esa media y suponía una seria advertencia de la pendiente por la que se deslizaba España como sociedad articulada.

Los efectos de la Primera Refundación

Desde los triunfos parlamentarios de Fraga en los debates de censura y de confianza (los *manólogos* según Campmany porque nadie salía a la palestra a contestarle) Alianza Popular se constituyó en la casa generalicia del centro-derecha. Eran muchos los que se acercaban en cortejo al partido porque, aunque no existían demostraciones reales de su alza, por instinto se palpaba que sería el motor de una nueva mayoría[57]. Los medios de comunicación, a través de esa inconcreta e inspirada avanzadilla de los columnistas políticos, barruntaban lo que se le venía encima a UCD y quizás por ello algunos propugnaban la unión de aliancistas y centristas como dique de contención del socialismo que ya olía a poder. Porque a muy pocos se les escapaba que UCD era insalvable por sí misma, con la carcoma mortal en sus entrañas.

Las invocaciones a la unión y al pacto entre UCD y AP persistían por parte de esa vanguardia periodística, dócil a los designios del gobierno, y también desde ciertos *poderes fácticos* que ejercían no poca influencia en las élites aliancistas. Es lo cierto, no obstante, que Fraga había dado muchas y buenas pruebas de su voluntad de concordia desde el partido y el grupo parlamentario de CD —entidad parlamentaria ficticia por su heterogeneidad[58]—. Pero la negativa, la reserva excluyente —lo esperado entre cuñas de la misma madera—, era más intransigente en Suárez que en el villalbés, que durante ese tiempo se dedicó a levantar el partido y a consolidar lo que los *Verstrynge boys* iban estructurando paulatinamente en contacto con los bisoños cuadros regionales y provinciales, no conocidos entonces pero motivados a curtirse en la brega democrática sin sopa boba que tomar. La adversidad que AP se encontró en su recorrido estructural y de encuadramiento por parte de las esferas de poder, por parte del partido funcionarial que era UCD, fue al final una dura y eficaz escuela para los escasos cuadros aliancistas.

---

[57] Son muchos los que ingresaron en AP durante ese período, y muchos de ellos encareciendo su aportación. Así, a finales de junio, causaron alta Gabriel Camuñas (perteneciente al fantasmal partido de Alfonso Osorio) y José Antonio Trillo López Mancisidor, ex gobernador civil de UCD y titular de un partido de raíces históricas, pero ahora puro nominalismo, como Renovación Española, que se integraría en AP-Federación en el IV Congreso Nacional.

[58] El grupo parlamentario Coalición Democrática arrastraba tensiones desde su nacimiento, por parte sobre todo de José María de Areilza y de su afiliado Antonio de Senillosa, todo un anarquista de derechas. Ambos difícilmente acataban el liderazgo de Fraga y, por la cuestión más nimia, se descolgaban con declaraciones discordantes a los medios de comunicación. Senillosa, por su cuenta y riesgo (y después de atraerse con éxito votos de la izquierda), consiguió ser el primer presidente de la Comisión de Control de RTVE. A su vez, Areilza, que en algún momento quiso negociar con UCD un pacto de coalición, también aplacó sus impulsos tras ser designado presidente de la asamblea parlamentaria del Consejo de Europa. En cualquier caso, a finales de 1980 eran dos políticos en vías de amortización.

A poco que se analizan las memorias de Fraga a través de esa fugaz estela de breves menciones a los viajes de fin de semana del otoño de 1980, se advierte una frenética movilidad combinando oxígeno, pesca o caza y política (Galicia frecuentemente, Cataluña, Canarias, Castilla y León, Castilla-La Mancha, País Vasco, pueblos y distritos de Madrid, donde por lo general asistía a congresos partidistas y, tras la clausura, se adentraba en el coto). En diciembre de 1980, al término del periplo preparatorio del IV Congreso Nacional, una gripe cogida en tierras leonesas le tumbó y reconocía así la claudicación física: "La gripe me mete en cama (*rara avis*)"[59].

Fraga ya no viajaba solo, a la buena de Dios, sino que unos equipos logísticos del aparato partidista central le preparaban la agenda y batían la zona con propaganda a fin de celebrar los actos programados con el mayor eco posible —incluyendo ruedas de prensa, coloquios en radio, paseos por mercados y mítines—, y a veces propiciando alguna entrevista de persona a la que incorporar bajo las siglas de AP. Difícilmente son evaluables los resultados de estas actuaciones, pero el trabajo de estos equipos imprimió a la actividad política aliancista un estilo propio y formó escuela, de tal manera que en elecciones constituían una maquinaria potente de movilización. Desde el punto de vista financiero, por lo demás, fue una etapa tranquila y cuya ventanilla llevaba con mano experta, ayuno de dispendios, el tesorero Isidoro Jiménez, prestado para este menester por el Banco Santander.

La ofensiva parlamentaria y los viajes de Fraga constituían entonces la primera pata del trípode sobre el que se asentaba el partido. La segunda pata, el tejido territorial que formaban las juntas locales y provinciales dirigidas y controladas por una cadena de secretarios técnicos —profesionales para la política, no de la política— retribuidos y dirigidos desde Madrid, por lo que se fomentaba el partido *sucursalista*, disuasor de los cacicatos locales (figura muy frecuente en España en otras épocas). Y la tercera era la ofensiva cultural a través de la Fundación Cánovas, para cuya puesta en marcha se formó un patronato y una pequeña oficina que regentaba como secretario general Jaime Suárez, en cuanto entidad receptora de las ayudas económicas que proporcionaba la fundación alemana Hanns Seidel, del líder socialcristiano Josef Strauss, y que se encargó desde su origen en la formación de cuadros y agentes electorales.

El desarrollo pausado y lento del partido apenas se percibía. Pero, en realidad, las estructuras de esa ingente organización humana se iba poco a poco ahormando en un país como España, no inclinado a militar en política, dentro de una dinámica de actividades moderna y solvente. Rodrigo Rato, que por edad y talante tenía una buena relación con Verstrynge, desde el desastre electoral aliancista de 1979 emprendió, junto a Abel Matutes, la puesta en marcha de la Comisión de Economía, que se hizo notar ante la opinión especializada a través de ruedas de prensa y comunicados. El joven político, por lo demás, patrocinó un informe demoscópico que marcó la pauta del progresivo ascenso de AP frente al deslizamiento de UCD[60].

Encargado el antedicho estudio a la prestigiosa empresa Metraseis, el ejecutivo de esta firma Rafael Díaz Fuentes confeccionó el cuestionario y el trabajo de campo durante varios meses, al término del cual, en diciembre de 1980, le fueron presentadas a Fraga las conclusiones[61]:

---

[59] Manuel Fraga, *op. cit.,* pág. 225 (la referencia es la del 9-11-80).
[60] Testimonio de Rodrigo Rato al autor.
[61] El presidente de Metraseis S A, Jorge Martorell, ha revelado al autor que este estudio se efectuó reservadamente y que al final le fue sometido a Fraga, exigiendo éste que sólo estuviese presente en la reunión, además de los técnicos, Rodrigo Rato. La encuesta se realizó con los votantes del centro-derecha y abstencionistas en una muestra de 1.695 entrevistas efectuadas aleatoriamente en diecinueve provincias.

"Entre marzo del 79 y el momento actual —decía en sus conclusiones el estudio sociológico— la imagen de AP-Fraga ha evolucionado muy favorablemente entre su potencial electorado. El reflejo más claro de esa evolución positiva es que las intenciones de voto de AP (sus expectativas electorales) se han duplicado en este período".

Entre los factores agentes de la nueva situación se apuntaba: el paulatino y fuerte deterioro de UCD, el desencanto del votante "de derechas" que culpabiliza al Gobierno de UCD y, en tercer lugar, las intervenciones de Fraga en el debate de censura a Suárez.

"AP recupera credibilidad —proseguía el informe— como opción consistente y responsable (...) y ha dejado de percibirse, por una parte importante de su potencial electorado, como partido minoritario al que no interesa votar por su escasa fuerza en el Parlamento".

Calificada AP, pues, como "alternativa inédita", el argumento del voto útil hacia UCD ahora se debilitaba y, por contra, se apreciaban los trasvases. Como quiera que se daba la identificación Fraga-AP, con un claro predominio del líder sobre la organización, el estudio llamaba la atención del peligro que suponía que los fallos personales de Fraga podían afectar mucho a la imagen corporativa de AP, de ahí que recomendara el tratamiento cuidadoso de las declaraciones del villalbés como parte de una estrategia de imagen. Los aspectos negativos de la personalidad de Fraga, que conformaban su imagen, decía el estudio "que había que limar en la medida de los posible" eran:

"Su carácter impetuoso —falta de tacto político— no cuida su imagen ante la opinión pública y su carácter acaparador, individualista".

Aparte de referirse al líder, el estudio aconsejaba potenciar a otras figuras como contrapesos de Fraga y, del mismo modo, recomendaba disolver Coalición Democrática y que AP se presentase a la sociedad como un partido inequívocamente de derechas, democrático y reformista. Por último, los técnicos de Metraseis abogaban porque AP fuese sola a las elecciones y sólo después de éstas, en su caso, procurar una coalición postelectoral con UCD.

Del II Congreso de UCD y del IV de AP

El movimiento crítico de UCD perseguía que el II Congreso de la formación centrista no fuera un plebiscito aclamatorio sobre Adolfo Suárez y, muy al contrario, luchaba por hacer de la colegialidad el medio natural para el debate y la adopción de decisiones. Este tipo de ataques al sistema presidencialista de Suárez se consideraba un objetivo táctico saludable si, al mismo tiempo, se le contraponía un contrincante de prestigio capaz de presentarle cara; eso sí, asumiendo el ideario y sistema de poder participativo.

Primeramente los críticos centristas redactaron un documento que reunía las ideas y opiniones con las que hacer el llamamiento a los compromisarios provinciales y, a tal fin, lo dieron a la publicidad con la adhesión de 203 firmantes (entre ellos 47 diputados y 47 senadores). Posteriormente, a mediados de enero habían conseguido la firma de unos 503 compromisarios[62]. Con vistas a detener la marea, el aparato del partido asumió algunas de las pretensiones,

---

[62] C. Huneeus, *op. cit.,* pág. 326.

si bien el rechazo fue en el fondo rotundo por parte del Ministro de la Presidencia, Rafael Arias Salgado, quien llevó la polémica a su máxima radicalización acusando a los críticos de poner en peligro la estabilidad democrática[63].

De nuevo, como inmediatamente después de la moción de censura, Landelino Lavilla aceptó desafiar a Suárez y suscribió el documento de los críticos. Representaba a las claras que la fórmula de partido presidencialista era abiertamente cuestionada por la bipolaridad de dos candidaturas, si bien en dicha competición los barones que en junio habían alentado al dirigente democristiano ahora estaban quietos tras ser aplacados con cuotas de gobierno. No obstante, el asalto al aparato del partido se presentaba improbable porque para la presidencia regía el sistema electoral mayoritario, mientras que regían las listas abiertas para el resto de los miembros del Comité Ejecutivo.

El 27 de enero de 1981 Suárez comunicó a sus colaboradores y amigos su inaplazable decisión de dimitir de Presidente del Gobierno y de presidente de UCD; doble renuncia que durante un almuerzo con los Reyes dio a conocer en el habitual encuentro de los martes en el palacio de la Zarzuela. Todo parecía la secuencia de un proceso tácticamente medido ante el inminente Congreso de UCD; parecía un órdago con cierta dosis de teatralidad que desembocaría en la reasunción de todos los poderes del partido, y

Las intrigas dentro y fuera del partido en medio de una situación económica recesiva provocó intensas presiones que acabaron con la dimisión de Suárez al frente del Gobierno. Las palabras que pronunció ante la televisión el 26 de enero de 1981 parecen sugerir que abandonaba la Presidencia del Gobierno por una presión grave, fuerte y extraordinaria: "Me voy sin que nadie me lo haya pedido..." "No quiero que el sistema democrático de convivencia sea, una vez más, un paréntesis en la historia de España".

desde esta plataforma, nombrado un *sucesor*, se potenciaría la política centrista. Era el *todo o nada* parecido al que hiciera Felipe González para desprenderse del marxismo, pero una huelga de controladores aéreos obligó a retrasar la celebración del II Congreso de UCD en Mallorca, y con ello el gesto de Suárez —si acaso escondía una jugada de farol— se malbarató.

Mucho se ha especulado sobre la íntimas razones de aquella renuncia y por más que incluso los colaboradores de Suárez han querido indagarlas, permanecerá como un arcano psicológico aunque, tal como se expone en el capítulo siguiente, algunos atribuyen la dimisión de Suárez a una coacción militar y a un guiño regio, todo lo cual ha suscitado airados desmentidos por los mismos protagonistas. Dando por sinceras las palabras que Suárez dirigió a los españoles el 29 de enero a través de la radiotelevisión, el mensaje es clarificador, aunque la malpensante picaresca celtibérica es propensa a subrayar que el mensaje auténtico es lo contrario de lo que afirma:

"(...) No me voy por cansancio. No me voy porque haya sufrido un revés superior a mi capacidad de encaje. No me voy por temor al futuro. Me voy porque ya las pala-

[63] *El País*, 7 de enero 1980 (*La razón de ser de UCD*).

bras parecen no ser suficientes y es preciso demostrar con hechos lo que somos y lo que queremos... Nada más lejos de la realidad que la imagen que se ha querido dar de mí, como la de una persona aferrada al cargo (...) He sufrido un importante desgaste durante mis casi cinco años de Presidente. Ninguna otra persona a lo largo de los ciento cincuenta años ha permanecido tanto tiempo gobernando democráticamente en España (...) Creo que tengo fuerza moral para pedir que, en el futuro, no se recurra a la inútil descalificación global, a la visceralidad o al ataque personal, porque creo que se perjudica el normal y estable funcionamiento de la instituciones democráticas".

La dimisión de Suárez no aplacó el conflicto interno de UCD porque, llegado a ese estadio de disenso, la descarnada lucha por el poder tenía perfiles personales, qué duda cabe, pero su fundamento era de bases ideológicas y de modelos de sociedad antitéticamente reunidos en un mismo y variopinto partido[64]. De hecho, según se comprobó en el desarrollo de las sesiones y en sus votaciones, subyacían en UCD al menos tres partidos configurados para organizarse y competir, aunque los compromisarios se alinearon en torno a los dos candidatos presidenciales: Agustín Rodríguez Sahagún y Landelino Lavilla, rodeados respectivamente por los grupos oficialistas (suarecistas) y los críticos. El sistema mayoritario empleado, lejos de facilitar el pacto, aumentó las distancias entre los dos bloques, y ello en sí mismo no podía pacificar el futuro (los críticos fueron los derrotados y consiguieron siete puestos en el Comité ejecutivo, grupo que actuó de caballo de Troya para impedir la continuidad armónica)[65].

La cuestión de confianza ganada por Suárez no unió a su partido, antes al contrario supuso el comienzo de la intriga disgregadora. Miguel Herrero, a este respecto, fue uno de los principales disidentes y críticos con el liderazgo de Suárez durante 1981. En la foto, hablando con el presidente de la UCD, Agustín Rodríguez Sahagún, en el Congreso de los Diputados.

Producida la sucesión en la Presidencia del Gobierno en la persona de Leopoldo Calvo-Sotelo, la cual fue ratificada por la asamblea del Congreso a propuesta del Comité ejecutivo, se daba la indeseable disociación entre las jefaturas del partido y del gobierno, lo que ahondaría precipitadamente la crisis.

El IV Congreso Nacional de Alianza Popular se celebró durante los días 13 al 15 de febrero de 1981 en Madrid, en una

---

[64] Jonathan Hopkin, de la European University Institute (Florencia), estudia el II Congreso de UCD en su trabajo titulado "Factionalism in the Spanich transition to democracy", y concluye que "el veloz declive de Suárez después de 1979 y el consecuente colapso de su estrategia de *catch-all* es un aviso a los líderes de la transición que esperaban superar los sustantivos dilemas ideológicos y políticos a través de la rutina de un carisma coyuntural adquirido durante el proceso democrático". Por su parte, Michael Buse *(Revista de Occidente,* noviembre de 1985) atribuye el fracaso de UCD al hecho de que Suárez cayó en la trampa de imponer su propia ideología en un partido asociacional, y afirma: "Trató de transformar la coalición electoral de cristianodemócratas, socialdemócratas y liberales no sólo en un único partido de tipo popular, sino también personalista, bajo su control, y con una tendencia ideológica que recordaba más el populismo argentino de Perón que el tipo ideal de partido popular dentro de una democracia pluralista".

[65] La lista oficialista de 30 vocales para el comité ejecutivo encabezada por Adolfo Suárez obtuvo 1.139 votos (y con votos adicionales del mismo Suárez y los candidatos más conciliadores, y otros tuvieron votaciones de castigo: Arias Salgado, Jerónimo Alberti y, el que más, Fernández Ordóñez). La lista de los críticos consiguió 737 votos, y por esa cuota de respeto a las minoría consiguieron plaza en el comité ejecutivo siete vocales: Soledad Becerril, Gabriel Cisneros, Emilio Attard, Jaime Mayor Oreja, Landelino Lavilla, Álvarez Pedreira y Joaquín Satrústegui.

inmejorable coyuntura para consolidarse como partido populista —en el camino de ser un partido de masas—, en su ofensiva por ser el núcleo de gravedad de la *mayoría natural* que ambicionaba Fraga. Justo una semana antes, el II Congreso de UCD había certificado la retirada de Suárez a un oscuro segundo plano y, consecuentemente, al avivar la lucha por la sucesión del *santo y la limosna* centrista se estimulaba la sustitución del liderazgo personal desde Alianza Popular. El diario *El País* dedicó el día del inicio de los trabajos congresuales[66] un editorial crítico sobre el recorrido de Alianza Popular, centrado en la peripecia oportunista de su fundador:

> "(...) Pero la tenacidad de Manuel Fraga para sobrevivir a los naufragios en las urnas y su aguante para recorrer las travesías del desierto le permitieron seguir sentado a la mesa de juego a la espera de que la suerte dejara de darle la espalda y le llegaran buenas bazas".

Al congreso aliancista se llegó una vez superadas las enfermedades infantiles de todo partido hasta institucionalizarse que, por inoculación o contagio, sumía ahora en la postración a la UCD y al PCE. El centenario PSOE había sorteado toda clase de enfermedades y desde que Felipe González se desprendió del marxismo residente en sus glándulas programáticas quedó fortalecido, en espera de alcanzar el poder.

Con el pretencioso objetivo de la *mayoría natural*, en el trance de ser única alternativa no socialista, Fraga acudió al IV Congreso para evaluar y recomponer efectivos humanos, dispuesto además a abrir los brazos a cualquiera que apoyara su proyecto. Se adoptó el lema *Soluciones para una década*, eslogan que daba título a un compendio programático a los que tan dado es Fraga en su inquietud intelectual de fijar el pensamiento en memorias, balances, monografías y programas.

Soluciones para una crisis era el programa para un decenio que exponía en dos volúmenes, a lo largo de 1211 páginas, el análisis de las grandes cuestiones de la España de los ochenta, así como las soluciones que se aportaban desde el punto de vista jurídico, político, social y económico. En realidad era la segunda versión —aumentada y actualizada—del *Libro blanco para la Reforma Democrática*, que cuatro años antes había editado el Gabinete de Orientación y Documentación, S. A. (GODSA), como ideología determinante del nacimiento de Alianza Popular.

Ateniéndonos a los puntos de mayor fricción en la sociedad española, por entonces sometidos a debate, importa destacar algunas soluciones entre las propuestas de AP: Bases para la reforma electoral.— Postulaba aumentar el número de escaños en el Congreso de los Diputados hasta 400 (350 en listas provinciales, como hasta ahora, y 50 para aplicación en distrito nacional de los restos provinciales de cada partido; se establecía la guillotina —de no tener representación parlamentaria— a los partidos que no obtuvieran el 5 por ciento de los votos en todo el territorio nacional, a no ser que obtuviesen el 20 por ciento de los votos en una comunidad autónoma. Alianza Atlántica.— Defendía la integración de España en la OTAN "si esa es la opción que apoya el pueblo español", no a cualquier precio sino negociando bien los intereses nacionales porque la situación actual, de pacto bilateral con USA, además de no ser popular no permitirá acceder como miembro a la organización defensiva multilateral. Desarrollo y reforma constitucional.— Debe suprimirse del artículo 2 de la Constitución la pala-

---

[66] Véase *El País* del 13 de febrero de 1981.

bra "nacionalidades"; en el artículo 15 es necesario suprimir la frase "queda abolida la pena de muerte" (que quedará a lo que digan las leyes penales); en el artículo 27 es preciso introducir al menos el derecho a dirigir los centros docentes creados por las personas físicas y jurídicas; en el artículo 28 se debe precisar que las huelgas legales son las laborales; en el artículo 33 las indemnizaciones por expropiación de bienes y derechos deben ser previas al acto administrativo; en el artículo 68 hay que suprimir la constitucionalización del criterio proporcional en el sistema de escrutinio electoral y acabar con la provincia como distrito; y en el título VIII se critican las ambigüedades, silencios y contradicciones y se ofrece como opción un texto alternativo para los artículos 143 a 158 que definen la división territorial (regiones, provincias y municipios como entidades autónomas) y los ámbitos competenciales y funcionales de actuación, así como su incardinación en la estructura del Estado y las relaciones con la Administración central a través de los órganos autonómicos (asamblea regional, consejo administrativo y presidente) y los delegados del Gobierno. **Divorcio.—** Conservación del sistema tradicional — doble matrimonio canónico y civil— y divorcio restrictivo respecto de sus causas, oponiéndose radicalmente al divorcio por "mutuo acuerdo" de los cónyuges.

Alrededor de 1.500 compromisarios se concentraron en el hotel Meliá Castilla elegidos sobre una base de 40.000 militantes al corriente de cuotas y a través de un proceso selectivo no muy escrupuloso[67]. El ambiente era de abierto optimismo y su importancia venía registrada por las casi doscientas acreditaciones de periodistas contabilizadas al comienzo de la reunión, lo que demostraba la atención despertada en la opinión pública como *partido en alza*.

En primer lugar el Congreso oyó el informe de gestión de la secretaría general, referido al plan de reorganización emprendido en el Congreso anterior y basado en tres ejes: implantación, formación e información, a fin de "contrarrestar —en palabras de Jorge Verstrynge— el que pudieran utilizar contra nosotros, en las campañas electorales, determinados medios institucionales de poder sobre los que naturalmente no teníamos ningún control..."

Darse a conocer y formar cuadros —agentes electorales— completaba la acción de la oficina central del Partido durante los catorce meses precedentes. En este sentido, Verstrynge elogió la actuación de los vicesecretarios nacionales: Carlos López Collado en acción municipal; Guillermo Kirpatrick en relaciones internacionales; Fernando Lozano en acción territorial; Javier Carabias en acción política; Margarita Retuerto en asesoramiento parlamentario; Felipe López Núñez en medios de comunicación; Alejandro Martín, José Felipe Franco y Antonio Martín Beaumont, sucesivamente, en Nuevas Generaciones; Miguel Ramírez y Miguel Spottorno, sucesivamente, en organizaciones sectoriales; Francisco Tomey y Pablo Paños en acción electoral; Asunción de la Peña en comisiones de estudio; y en documentación, Fernando Vilches, Juan Naranjo e Isabel Quijada.

En una intervención medio doctrinal y medio estadística, Verstrynge explicó ciertos detalles de la expansión territorial, nacional y extranjera (Argentina, Venezuela y México), y como demostración del quehacer inherente dijo que la comunicación interna de documentos y circulares alcanzaba a 14.000 cuadros regionales, provinciales y locales. Se asesoraba y ayudaba a 2.700 concejales y alcaldes y se procedía al reclutamiento (25 hasta entonces) de técnicos pro-

---

[67] Según datos aportados a la prensa por el secretario general Jorge Verstrynge, la crecida de afiliados se había producido —todavía no detenida— desde la intervención de Fraga en el debate de censura a Suárez. Por esta razón de crecimiento se pensaba aumentar el comité ejecutivo, pasando de 16 a 35 vocales.

vinciales entre las filas de Nuevas Generaciones ("Nunca un partido ha debido tanto a sus jóvenes", dijo). Se había iniciado el saneamiento económico en 36 provincias, mediante la normalización del cobro de cuotas y con la expedición de carné único, válido para participar; y como resultado de esa optimista situación financiera funcionaban 800 juntas locales y desde el anterior Congreso se había pasado de 162 a 194 sedes abiertas, sin contar los locales de cada provincia. Por lo demás, se había establecido la Universidad de verano de Nuevas Generaciones y se habían impartido 15 cursos de formación, aparte de que un equipo volante de formación en temas electorales y municipales recorriese numerosas provincias.

Es de destacar, en el orden programático, la regulación de las Comisiones Nacionales de Estudio como instrumentos de pensamiento y de puesta al día en lo ideológico. Comisiones que se abrían no sólo a los afiliados, sino a todo aquel que quisiera aportar sus conocimientos y experiencia sin compromiso político formal, con el triple cometido de seguir la política del Gobierno, actuar como órgano consultivo y preparar el programa del partido[68].

Ausente la discusión estatutaria, el Congreso centró su actividad en el debate de las ponencias, lo cual resultaba superfluo ya que, cristalizadas en un libro blanco *(Soluciones para una década)*, los trabajos venían precedidos del asentimiento de expertos y técnicos, siendo los ponentes meros narradores del trabajo colectivo. Sin embargo, la ponencia política, a cargo de Abel Matutes, fue esperada con curiosidad por si revelaba —o se colegía de ella— el sentido del voto en la sesión de investidura como Presidente del Gobierno de Leopoldo Calvo-Sotelo.

La postura de los aliancistas no fue conocida antes del debate parlamentario, pero sí se anunció que AP tendía la mano al partido gobernante no incondicionalmente, sino para hacer realidad el concepto *mayoría natural*, proyecto para la integración de aquellas fuerzas políticas inspiradas en el humanismo cristiano y la tradición europea, de los conservadores reformistas y de los sectores liberales defensores de la economía de mercado.

A José María Aznar, joven inspector financiero y tributario trasladado de Logroño a Madrid, le correspondió defender la reforma fiscal que obraba como alternativa a la de UCD, aplicada desde 1977 con efectos perversos sobre el ahorro y la inversión y que, antes que a nadie, castigaba a las clases medias. La ponencia fue aprobada por unanimidad tras aceptarse una enmienda de adición, cuyos autores eran Juan Ramón Calero y Francisco Tomey, tendente a propugnar la supresión del impuesto sobre el patrimonio[69].

---

[68] Al tiempo de celebrarse el congreso, bajo la dirección de un coordinador general, Pablo Paños Martí, estaban en funcionamiento las siguientes catorce comisiones: Desarrollo Constitucional, presidida por Antonio Hernández Mancha; Justicia, por José María Ruiz Gallardón; Asuntos Exteriores, por Guillermo Kirpatrick; Defensa, por Herman Oheling Ruiz; Asuntos Económicos, por Abel Matutes; Educación y Cultura, por José Manuel González Páramo; Universidad y Ciencia, por Manuel García Amigo; Trabajo y Relaciones Laborales, por Fernando Suárez González; Agricultura y Alimentación, por Pablo Paños Martí; Industria, Energía y Transportes, por José Miguel González López; Administración y Función Pública, por Arturo García Tizón; Sanidad, por Antonio Lacleta Pablos, y Asuntos Sociales, por Jesús Villar Marrón.

[69] Las conclusiones más importantes de la ponencia, además de la ya dicha de supresión del impuesto de patrimonio en su carácter recaudatorio —que no censal—, apuntaban a la desaparición en el delito fiscal de la doble sanción administrativa y penal; y respecto de ésta se postulaba la supresión del automatismo de la privación de libertad. Con relación al Impuesto sobre la Renta de las Personas Físicas, se acordó establecer en 500.000 pesetas el mínimo exento y que los tipos impositivos fueran aprobados por la Ley de Presupuestos de cada año, teniendo en cuenta los efectos de la inflación, y que se publicasen las listas de los contribuyentes defraudadores.

Aunque de vuelta al redil de la ortodoxia, Félix Pastor y varios reformistas no abdicaban de su idea de unir al centro-derecha pasando por un pacto honorable. Sin embargo, un amplio sector del partido se resistía a ello por doble motivo —uno emocional y otro estratégico—: el de no olvidar las ofensas del partido gobernante, muchas y continuas, y, en otro orden de cosas, porque se iniciaba el camino de los prófugos centristas y sólo se quería recibir a quienes aportaran algo significativo. Es decir, se proclamaba el derecho de veto.

La solución llegó de la mano del concepto *mayoría natural* que Fraga imponía abriendo los brazos a todos, engrosando el Comité al pasar de 17 miembros a 35, conforme esa dualidad jurídica —de pura ficción—entre el Partido Unidos de Alianza Popular (PUAP) y la federación de Alianza Popular (FAP), esta última como banderín de enganche de minúsculos partidos que no querían perder su identidad, aunque en realidad eran sólo carcasas huecas.

A la Federación, en ese trance de nutrir la mayoría natural, se incorporaron por acuerdo del Congreso los siguientes partidos fantasmales (ya estaban en la Federación Acción por Ceuta y S'Unió de Ibiza y Formentera): Renovación Española (rescatado por José Antonio Trillo López Mancisidor), Partido Demócrata Progresista (creado por Alfonso Osorio y Gabriel Camuñas), Partido Conservador Español (recreado por Carlos Ruiz Soto), Cambio Ecologista y Social (creado por Fernando Enebral Casares), Reforma Social Española (creado por Manuel Cantarero del Castillo) y la Confederación de Partidos Conservadores (recreado a la manera de la Confederación de Derechas Autónomas, CEDA, por el que fuera jefe de sus juventudes José María Valiente Soriano).

Consiguientemente, la mayoría de los dirigentes de esta geometría ideológica —más aparente que euclidiana— eran premiados con su incorporación a los órganos de dirección de AP por el mero hecho de haber inscrito en el Registro de Partidos del Ministerio del Interior un nombre para incorporarlo al voluntarista proyecto universal que quería disputarle el espacio a la feneciente UCD[70]. Si la ensalada de frutas que era UCD le impedía tener una estructura de partido unido, la AP surgida de su IV Congreso no corría ese peligro pese a ser también una asociación de partidos, por la sencilla razón de la inconsistencia y escaso arrastre popular de sus componentes. Más bien eras vehículos para transportar a sus fracasados líderes a un proyecto ambicioso, si bien ante la opinión pública se trasladaba una falsa impresión de magnitud. ¿Qué hacía en Alianza Popular Cantarero del Castillo, un bien intencionado socialdemócrata, con un cascarón partidista fracasado en dos elecciones generales?

En verdad que el IV Congreso discurrió por la rutina de los previsto, sin sobresaltos ni disputas resaltables, acaso ello lo destacó la actitud obediente de los afiliados sobre la circular que envió la Secretaría General: "(Hay que) dar una imagen de seriedad y responsabilidad" para distanciarse de la jaula de grillos que había sido el II Congreso de UCD, pero no fue óbice para que diecisiete provincias protestaran porque la lista única al Comité Ejecutivo incluyera a los socialdemócratas Eurico de la Peña y Cantarero del Castillo[71].

---

[70] Interpelado Fraga por el periodista Fernando Jáuregui sobre la irrelevancia de estas incorporaciones, replicó: "Puede que algunos digan que son pasos pequeños, pero son pasos, y otros no han hecho ni eso" (*La derecha después de Fraga*, pág. 75).

[71] El semanario *Sábado Gráfico* (25-2-81) publicó un reportaje firmado por Jesús Martínez sobre este débil movimiento crítico. Entre los que protestaron estaba el presidente de AP de Madrid, José Manuel González Páramo, que consideró una desconsideración a Madrid que no tuviera representación en el comité ejecutivo.

La lista única para el Comité Ejecutivo fue elegida por 1.240 votos favorables, ninguno en contra, 101 en blanco y 16 nulos, y la componían:

Presidente: Manuel Fraga Iribarne.
Vicepresidentes (PUAP): Félix Pastor Ridruejo, José María Ruiz Gallardón, Luis Ortiz, Manuel García Amigo, Juan Antonio Montesinos y Antonio Hernández Mancha.
Vicepresidentes (FAP): Fernando Suárez González, Álvaro Lapuerta, Abel Matutes, Manuel Cantarero del Castillo, José Antonio Trillo López Mancisidor y Gabriel Camuñas.
Secretario general: Jorge Verstrynge.
Secretarios generales adjuntos: Guillermo Kirpatrick, Jesús Pérez Bilbao, Rodrigo Rato, Gabriel Elorriaga y Javier Carabias del Arco.
Tesorera: Begoña Urquijo y Eulate.
Tesorero adjunto: José María Merino Luengo.
Vocales nacionales: José María Valiente, Pablo Beltrán de Heredia, Carmen Llorca Villaplana, Manuel Gasset Dorado, Carlos Ruiz Soto, Eurico de la Peña, Pablo Paños Martí, Fernando Redondo Verdugo, María A. Suárez Cuesta, Fernando Garrido Valenzuela, Asunción de la Peña y Antonio Martín Beaumont (presidente de Nuevas Generaciones), Jaime Tejada Lorenzo (representante de los diputados) y Carlos Pinilla Touriño (representante de los senadores).

La jornada de clausura fue pletórica de entusiasmo, conforme a la concordia que inspira saberse alternativa real a UCD o, en el peor de la casos, socio forzoso de un pacto ventajoso. Había un partido en crecimiento, con expectativas de poder, y por tal razón los movimientos eran calculados y dirigidos por el mismo Fraga, que contentó a todos para que estuviesen en su rededor: auspició el retorno de Félix Pastor, incorporó a Fernando Suárez y exhibió los nuevos *fichajes*. Se reservaba, sin embargo, la última palabra sobre un eventual pacto con Calvo Sotelo, al mismo tiempo que apelaba a la unión de todas las fuerzas políticas no socialistas siendo personalmente el eje. Como si lo previese irremediable, al modo de incitaciones a la rebelión, lanzó invitaciones al sector crítico de UCD ("El sector crítico de UCD puede formar una base electoral muy seria con nosotros", declaró Fraga al día siguiente del Congreso[72]).

El II Congreso de UCD, celebrado en Mallorca los días 6 al 9 de febrero de 1981, supuso el punto de salida de la descomposición del partido centrista. El eslogan de la reunión era adecuado en cuanto que eran muchos luchando entre sí por el futuro propio, por el reparto de poder. En la foto, Adolfo Suárez se dirige a los compromisarios.

Precisamente *El País*, ese mismo día, saldría al encuentro de un eventual pacto UCD-AP con un editorial titulado *¿Encuentros en la tercera fase?* Capaz de disuadir —o dinamitar— la ansiada coalición a la portuguesa que postulaban muchos:

"El IV Congreso de Alianza Popular ha concluido igual que empezó: en un enfervorizado ambiente de unanimidades aclamatorias en favor de Fraga y con una carretada de

---

[72] *El País*, 17 de febrero de 1981.

lugares comunes sobre los males que aquejan a la vida Española, todo ellos presuntamente producido por la torpeza, indolencia, pecaminosidad o codicia de nuestros gobernantes...

Los dos tomos y las mil páginas con que amenaza a la afición Manuel Fraga son presentados así como una farmacopea política colmada de medicamentos de alto espectro, que lo mismo valen para un barrido que para un fregado.

(...) El encuentro en la tercera fase de UCD y AP, esto es, en los pactos electorales, las mayorías parlamentarias y el Gobierno, sería la culminación de la estrategia de Manuel Fraga, resumida en la metáfora zoológica de la mayoría natural...

Sus propuestas de restablecer la pena de muerte, declaraciones sobre la necesidad de intervenir en el País Vasco y sus tomas de posición sobre cuestiones relacionadas con el orden público o la delincuencia común hacen pensar a veces que el único Estado que le cabe a Fraga en la cabeza es, en realidad, cierto 'estado de excepción' ".

Ante un inmediato horizonte electoral, sin embargo, Alianza Popular se preparaba sin vacilaciones, y con esta disposición de ánimo fortaleció la oficina central a las órdenes del secretario general. Bajo el principio de la especialidad, a través de una estructura territorial muy profesionalizada, se creó un aparato rector centralista, fuerte y competente. La oficina central, en consecuencia, se montó con la siguiente composición de áreas y responsables políticos: Acción Territorial, dirigido por Alejandro Martín Carrero; Acción Municipal, por Carlos López Collado; Asuntos Políticos, por Alfredo Navarro Velasco; Acción Electoral, por Ramón Aguirre; Formación de Cuadros, por Fernando Sánchez; Asuntos Económicos, por Rodrigo Rato; Asuntos Sociales, por Miguel Spottorno; Relaciones Internacionales, por Guillermo Kirpatrick; Prensa y Medios de Comunicación, por Felipe López Núñez; Ecología y Medio Ambiente, por Fernando Enebral Casares; Agricultura y Alimentación, por Fernando Garrido Valenzuela; Promoción Femenina, por María Antonia Suárez; Coordinación de las Comisiones de Estudio, por Pablo Paños Martí; Educación y Cultura, por Virgilio Velasco; Relaciones Públicas y Publicidad, por Enrique Martín Alonso Martínez; Nuevas Generaciones, por Antonio Martín Beaumont; Familia y Consumo, por Gabriel Elorriaga, y Autonomía y Regiones, por José María Aznar[73].

---

[73] Aunque alguno de los nombramientos de vicesecretario de área respondía a satisfacer ciertos compromisos (por ejemplo de quien no había tenido entrada en el comité ejecutivo, como en el caso de Enebral) o por influencia de dirigentes que así querían tener "ojos y oídos" en el aparato aliancista, lo cierto es que fue el primer equipo coherente y profesional cuyos titulares, salvo unos cuantos con dedicación exclusiva, no tenían contraprestación económica significativa.

EL MAPA POLÍTICO DEL FINAL DE LA TRANSICIÓN

Capítulo 14

DEL 23 DE FEBRERO AL PACTO AUTONÓMICO

Calvo-Sotelo, un candidato *hipotecado*

La designación de Leopoldo Calvo-Sotelo para suceder a Adolfo Suárez la aceptó el nominado con una doble hipoteca, mediada la Legislatura, que tocaba a su legitimidad de origen. En primer lugar, de carácter personal, porque había sido cooptado a propuesta de Suárez; en segundo t´rrmino, su liderazgo se establecía desprendido de autoridad sobre el partido UCD.

Desde el impulso de la acción política gubernamental Calvo-Sotelo tendría, por consecuencia, que fortalecer el quebradizo partido y eso lo tenía que hacer en la continuidad de lo que, tanto él mismo como Martín Villa, han llamado "el mejor gobierno posible". No podía ser, por lo tanto, ni desleal a Suárez ni desleal a los *barones*. El desafío, pues, se situaba en el meollo de un dilema.

La investidura la planteó Calvo-Sotelo correctamente el 18 de febrero en un debate —el primero de investidura que se daba— que contenía para el candidato los tres ejes esenciales sobre los que el Gobierno quería desplegar preferentemente su acción: impulso económico, definición de la política exterior y reordenación de las autonomías. Pretendía el candidato inaugurar una nueva etapa y, quizás por ello, afirmó irrealmente que con la retirada de Suárez *terminaba la transición*. Era tal vez un halago a su patrocinador y un incipiente desmarque pero, los hechos, cinco días más tarde, se le vinieron encima y ridiculizaron aquella expresión licenciosa.

Contemplado el diseño de Calvo-Sotelo tras el paso del tiempo, el de un personaje no dotado del *carisma popular* que se quiere imprescindible para el gobernante, adviértese que tenía mimbres y tanto que fueron defendidos por él mismo. Por toda crítica que le dedicó Santiago Carrillo a su intervención, al margen de decir que significaba una inflexión a la derecha respecto de lo anterior, fue un juicio de carácter subjetivo y formal:

> "Calvo-Sotelo era un hombre inteligente y un parlamentario de los mejores. Pero tenía un porte altivo, un aire aristocrático y miraba alrededor de sí con una condescendiente superioridad como si despreciase al resto del género humano, lo que no le hacía especialmente simpático..."[1].

No se comprende bien la actitud de Fraga que, habiendo salido victorioso del IV Congreso de AP, confirmado en su robusto liderazgo y vocacionado a hacer realidad la *mayoría natural,* escatimase la aproximación a Calvo-Sotelo o le exigiese perentoriamente un pacto que por entonces —con la sombra encima de Suárez— al candidato le era imposible propiciar. Fraga

[1] Santiago Carrillo, *Memorias,* Planeta, 1993, pág. 711.

aludía, en su impaciente exigencia de pacto, a que "Calvo-Sotelo se le escurre igual que Suárez"[2]. Debió de resistir muchas presiones de sectores financieros y, en el seno del grupo Coalición Democrática, la reunión previa al debate fue dura a fin de que imperase el voto de abstención, del que sensatamente se separaron Areilza, Osorio y Senillosa.

De aquel debate, Fraga hace una reseña formal también *ad hominem* ("Discurso programático de Calvo-Sotelo: frío, altanero, fuera de la realidad") y para la contestación el villalbés extralimitó la diatriba sin conceder el mínimo margen —de tiempo y ejecutoria— a un recién llegado al frente del Ejecutivo. No llevado a efecto el quiebro que Fraga hubiese deseado de entrada en el candidato, se despachó dialécticamente con torpeza y ello provocó críticas muy esparcidas en los mismos patios liberal-conservadores de donde ambos procedían. Calvo-Sotelo acusó la requisitoria con desdén y bien entendida ("tuvo la claridad, la torrencialidad que lucía Fraga en el Congreso") y, por toda respuesta, optó el candidato por el desesperante silencio. Calvo-Sotelo contestó a todos los portavoces menos a Fraga.

Areilza, percatado del desliz de Fraga, publicó en la *tercera* de *ABC*[3] un artículo comentando el debate de investidura del que Calvo-Sotelo había salido airoso y que, como había escrito Azorín, reunía las condiciones esenciales del buen político: una energía que se contiene; un hombre que no se cansa, y un fabricante de densidad. Y, dando por supuesto que no gobernaría en la inercia de la continuidad, sino dando a la política un nuevo rumbo, Areilza se desmarcaba de Fraga diciendo:

> "Yo he votado, con otros dos compañeros de mi grupo, en favor de la investidura de Leopoldo Calvo-Sotelo, aun a sabiendas de la inutilidad de la aritmética de mi sufragio. Hemos querido manifestar así, públicamente, nuestro deseo de que ese Gobierno se materialice cuanto antes y que gobierne el mayor tiempo posible".

En primera vuelta la investidura no fue posible (no se alcanzó la mayoría absoluta) pero los seis votos de abstención de los diputados de AP alejaron, por el momento, toda posibilidad mediata de un pacto AP-UCD. Los votos encarecidos inicialmente por Fraga, producido el lunes siguiente el *golpe de Estado,* se devaluaron yendo a parar en la segunda votación a Calvo-Sotelo. Y si con este apoyo se subrayaba el sentido de estabilidad, en cambio distaba del gesto de buena voluntad que podría haber sido el inicio de la reintegración del centro-derecha. Con estos antecentes, Calvo-Sotelo sin dudarlo propuso un gobierno *monocolor*.

Del simple golpe de timón al *golpe de Estado*

La moción de censura a Suárez no contribuyó a solucionar los graves problemas de ineficacia del gobierno (ascendente deterioro económico, imparable ofensiva terrorista e incontro-

---

[2] Manuel Fraga, *op. cit.,* pág. 233. Félix Pastor ha comentado con el autor el contexto de aquellas jornadas, significando que Calvo-Sotelo estaba muy interesado en llegar a un acuerdo con Fraga y que, no por el mismo presidenciable, sino por otras personas de inferior rango proponía al líder aliancista como ministro de Defensa. En opinión de Pastor, que le fue trasladada a Fraga como una nota que "seguramente fue al cesto de los papeles", no pactar con Calvo-Sotelo iba a permitir que los socialistas estuviesen en el poder más de un decenio y que, por su edad, cuando volviese a triunfar electoralmente el centro-derecha él ya estaría jubilado. Sin embargo, Fraga no atendía a estas razones —alega Pastor— y sólo actuaba en la línea de quebrar Unión de Centro Democrático, generando estas diferencias, entre los dos, grandes tiranteces.

[3] *ABC,* 22 de febrero de 1981.

lado desarrollo de las Autonomías, entre los principales), sino que vino a resaltarlos a la vista de la opinión pública engrosando el desencanto. Los meses siguientes —especialmente durante el verano de 1980— empezó a crecer esa especie de la necesidad de un gobierno de *gestión* o de *salvación nacional* que supliese —o complementase— las carencias del Gobierno de Suárez, superponiéndose a la multidividida UCD.

Es habitual en política, siempre que el rumor se consolide en estado cristalizado de opinión, que una extraña hidra inunde de noticias falsas, conjeturas y medias verdades los círculos influyentes y que los lance hasta crear el fatalismo a plazo fijo. La gente acaba por aceptar las soluciones impensables como necesarias y urgentes. Pues bien, en el otoño de 1980 múltiples referencias noticiosas daban cuenta no sólo de la preocupación de formar ese ansiado gobierno de coalición, sino de inquietudes militares de porte extremo.

Lo que se ha llamado acoso a Suárez era perceptible en el ámbito político, de suerte que las invocaciones del gobierno de *gestión* eran notorias incluso en la izquierda. Fraga, quien en sus memorias-agenda no olvida deliberadamente nada más que ciertos detalles, antes de que Suárez formara su sexto gobierno (primera quincena de septiembre) y solicitara del Congreso la *confianza,* ya anotó por entonces: "El PSOE, entretanto, continuaba jugando las cartas que me había apuntado Peces-Barba: presionar donde pudieran (incluso, en la Zarzuela) sobre la idea de un *gobierno de gestión*"[4]. Las noticias sobre distintas *operaciones* estaban, pues, alimentadas por la clase política en su desmedido afán de provocar la expulsión de Suárez del Gobierno[5]. La presentación de un libro de memorias de Alfonso Osorio *(Trayectoria política de un ministro de la Corona)* en Barcelona, el 20 de noviembre, sirvió para que el presentador excepcional de la obra, Josep Tarradellas, alertase a los navegantes políticos —por consejo genérico o porque conocía lo que se guisaba en la cocina— sugiriendo la necesidad de dar un golpe de timón que acabase con la atmósfera de decepción y de crispación en la sociedad, pero que no suponía cambiar de nave.

La enigmática advertencia de Tarradellas se convirtió en un globo sonda que pincharon los informadores días después, sobre todo *El País*[6], que situaba en el epicentro de ese anómalo movimiento a Alfonso Osorio. ¿Fue autopostulación? ¿Simple y frívola promoción de un libro de memorias? ¿Era el anuncio, al tiempo que un catalizador, de un plan reservado entre militares y políticos? Sea como fuere, venía a reflejar el orden de impunes tentativas preparadas en los estamentos militares con el conocimiento, consentimiento y colaboración de un grupo de civiles, capaces de articular acciones extra-constitucionales, cualesquiera fuera su inspiración e intencionalidad.

---

[4] Manuel Fraga, *op., cit.,* pág. 216.

[5] Carmelo Cabellos, en *Diario 16* del 28-10-80, publicaba un comentario que resumía certeramente ese síndrome de ineficacia colectiva de las múltiples operaciones como divertimento de la clase política en aquel otoño. Lo que el articulista denominaba la *amenaza fáctica* se traducía de diversas formas: "...está la versión lisa y llana de los ultras clamantes de la plaza de Oriente; está la versión *civilizada* a la turca y... el gobierno de *gestión* que, mire usted, es una reedición del que se inventó para Jose María de Areilza, sólo que ahora traspasado a Osorio en versión decimonónica y con bendiciones episcopales. Porque no es sólo la *operación gobierno de gestión*. Estos y otros personajes también eran ingredientes de la *operación Quirinal* —democristianos con Suárez— y lo seguirán estando en otras *operaciones* de mejores o peores campanillas".

[6] Miguel Ángel Aguilar firmaba en dicho diario, el 27 de noviembre, una extensa información cuyo titular era: *Sectores financieros, eclesiásticos y militares propugan un "Gobierno de gestión" con Osorio.* Decía el periodista que se trataría de un gobierno concertado previamente con las fuerzas políticas y que Osorio, como figura, se ajustaba al esquema de los patrocinadores. Aludía también el informador que en favor de esa fórmula podrían reconducirse otras presiones a la turca.

Una pistola sobre la mesa

La dimisión de Suárez el 29 de enero ("quiero evitar que el sistema democrático de convivencia sea, una vez más, un paréntesis en la historia de España...") suprimía el señuelo —el objetivo inmediato— de los golpistas, por lo que los conspiradores militares se apresuraron a cumplir su plan, no fuese que Calvo Sotelo vaciara de justificación el golpe. El colectivo *Almendros*, el 1 de febrero anunció en el periódico *El Alcázar* la cuenta atrás en un mensaje implacable y fatalista, como en la vecina Portugal los militares que se sublevaron en la *Revolución de los Claveles* lo habían anunciado en la radio por medio de la canción *Grandola Villa Morena*.

Acerca de los motivos concretos que determinaron la dimisión de Adolfo Suárez han circulado muchos rumores y especulaciones. Fue el comentarista político Abel Hernández —suarecista inequívoco, además— muy atento al proceso de la Transición quien, en su libro *El quinto poder (la Iglesia de Franco a Felipe),* incluye una anécdota cuya veracidad ha sido controvertida pese a que, no pocas veces, la anécdota hace categoría histórica.

Por respeto a la lucida narrativa del periodista se reproduce el pasaje clave del motivo que indujo a Suárez a dimitir, una historia que rompe las imagen de gallardía de aguantar la irrupción de Tejero en el hemiciclo[7]:

> "Lo contó el cardenal Tarancón muy en privado, para demostrar la gran confianza que había entre él y el Presidente del Gobierno. Un día Adolfo Suárez le llamó para pedirle consejo como en otras ocasiones. Quería verle inmediatamente. El cardenal le dijo que cuando quisiera, y Suárez salió de la Moncloa sin pérdida de tiempo hacia el palacio arzobispal, en la calle de La Pasa. No era la primera vez que ocurría. El cardenal era un consejero fiable en momentos difíciles. Pero esta vez el asunto debía de ser muy grave a juzgar por la urgencia con que Adolfo Suárez había solicitado la entrevista y por el tono de su voz.
>
> El cardenal Tarancón confirmó sus sospechas nada más ver la cara del presidente cuando entró en el aposento. '¿Qué te pasa? Tienes muy mala cara', le dijo a modo de saludo. Adolfo Suárez le contó detenidamente el motivo de su sinsabor y le pidió consejo. La preocupación del Presidente del Gobierno estaba justificada.
>
> Había acudido a la Zarzuela a despachar con el Rey. La audiencia con el Monarca se prolongó más de lo acostumbrado. Eran tiempos difíciles. En un momento dado Don Juan Juan Carlos le preguntó a Suárez: '¿Por qué no te quedas a almorzar conmigo? Tengo invitados a comer a altos mandos militares. Sería conveniente que tú asistieras a la comida'. El Presidente aceptó. Fue una reunión cargada de tensión. En los postres, al Rey le llamaron por teléfono y salió del comedor. Suárez se quedó solo con los generales. Es posible que Don Juan Carlos abandonara la sala para que hablaran con más libertad. Lo hicieron. Inmediatamente, nada más ausentarse el Rey, le exigieron al presidente Suárez que dimitiera por el bien de España. Suárez replicó con firmeza: 'Yo he recibido el poder del pueblo'. En ese momento uno de los jefes militares echó mano a la pistola y la puso sobre la mesa mientras declaraba: "Esto vale más que los votos del pueblo". Volvió el Rey y todos disimularon como si nada hubiera pasado. Pero aquello fue como 'la cena del Rey Baltasar', con la misteriosa inscripción en la pared: Mane, Thecel, Phares...".

---

[7] Abel Hernández, *op., cit.,* pág. 125.

Adolfo Suárez, nada más aparecer el mentado libro y, posteriormente, con ocasión de publicarse el capítulo diez, en fascículo, de la "Historia de la Democracia" ofrecida semanalmente por *El Mundo,* desmintió firmemente la anécdota. El narrador de segunda mano de esta historia, el solvente Abel Hernández publicó asimismo en el diario *El Mundo* un artículo titulado *La patraña de la pistola sobre la mesa*[8]. La palinodia del periodista fue cantada, según revela él mismo, luego de algunas presiones: del mismo Suárez (de quien se confiesa leal: "soy uno de los pocos que permanecía a su lado cuando los demás le abandonaron..."), de Martín Villa ("me echó una bronca en el antedespacho de Adolfo Suárez") y de Gutiérrez Mellado ("A los ultras les gustaba decir que a Suárez le echaron los militares. Ni hablar. ¡A Suárez le echan los de UCD!"). Pero el periodista reveló sus fuentes —las personas que oyeron contar la anécdota al cardenal— y, salvo en un caso, un sacerdote que prefirió que su identidad permaneciese oculta y que fue el anfitrión del almuerzo, dio a conocer a dos testigos más: el periodista Luis Fermín Moreno y el director de la revista *MÁS,* José Lorenzo. Éste, mediante una carta, le decía a Abel Hernández: "(...) Yo también estaba presente aquel día en que se produjo esa importante confidencia que reseñas en tu libro...".

No obstante, cogido entre la espada y la pared, el articulista y propalador de la anécdota terminaba su artículo diciendo:

> "(...) El cardenal Tarancón contó con toda seguridad esta historia, de la que yo me hago eco en *El Quinto Poder.* Adolfo Suárez asegura que es falsa de arriba a abajo. No tengo más remedio que creer a Suárez, sin que decaiga por ello mi admiración por Tarancón. Ignoro donde nació el lamentable equívoco, que dio verosimilitud a semejate patraña".

La contundencia del mentís de Suárez no quita visos de veracidad a lo sucedido, máxime si el biógrafo del abulense, Carlos Abella, tercia en la controversia afirmando que "años después un ministro del último gobierno Suárez me confirmó que el incidente tuvo lugar y que su fuente era un testigo que esperaba ser recibido en audiencia por el Rey y que por error presenció la escena"[9].

El profesor Josep M. Colomer, de la Universidad Autónoma de Barcelona, ha pergeñado cabalmente, en identidad de interpretación con el autor de esta obra, el trasfondo del *improvisado* golpe material ejecutado por Tejero como detonante del *cuartelazo* que seguiría en cuatro regiones militares (contagiable a otras más por el *efecto dominó*) y cuya culminación sería que el general Armada se ofrecería al Rey y al Congreso para hallar una solución política al conflicto[10], al vacío de poder que se había generado. Ocurre que Tejero, del lado de los militares recalcitrantes, únicamente aceptaba el *golpe duro* sin componendas con los partidos políticos, y el Rey prefería ser derrocado por los contrarios a la Constitución y al sistema democrático antes que merecer su reconocimiento. Se mantuvo firme, resitió y ganó: Don Juan Carlos de Borbón paró el golpe, pero lo más importante es que truncó la celtibérica tradición golpista por muchos años. Eso sí, parece indiscutible que algunas personas bienintencionadas o poco

---

[8] Véase el diario *El Mundo* del 2 de enero de 1996.

[9] *Adolfo Suárez,* pág. 402.

[10] Josep M. Colomer, *El arte de la manipulación política* (premio de ensayo de la Editorial Anagrama, Barcelona, 1990), dedica un capítulo titulado: "¡En nombre del Rey!" al *golpe de Estado* del 23 de febrero que es un alarde de síntesis e interpretación lógica sobre los datos obrantes de aquel suceso desgraciado.

precavidas, mediante un seguidismo equivocado de lealtad indirecta o de segunda mano, quedaron manchadas en el ejercicio obsoleto del principio *sub lege, rex,* máxime cuando en todo sistema democrático el único imperio es el principio de legalidad al que, en primer lugar, queda sujeto el mismo Jefe del Estado que ya no reina *por la gracia de Dios.*

Un esperpéntico *golpe de Estado* radiado y televisado[11]

Al estilo del conocido *Golpe de Pavía* de enero de 1874, aunque sin entrar en el hemiciclo del Congreso a la grupa de un caballo, el teniente coronel Antonio Tejero penetró igualmente en el salón de plenos a las 6 y 23 minutos de la tarde del 23 de febrero de 1981, lunes, pistola en mano y gritando: ¡Todo el mundo al suelo! ¡Al suelo! ¡Quieto todo el mundo!, puso el sistema democrático al borde del abismo.

Con el secuestro del Gobierno y de los representantes del pueblo, al tiempo que se votaba nominalmente por llamamiento (el secretario que recitaba los nombres de los votantes era don Víctor Carrascal y la irrupción se produjo al reclamar el voto al diputado socialista por Soria señor Núñez Encabo) la investidura, en segunda vuelta, del nuevo Presidente del Gobierno, se perpetraba el más esperpéntico *putch* de los sucedidos en España, esta vez ante las cámaras de la televisión y los micrófonos de la radio. El jefe golpista tenía unos vistosos mostachos y se acompañaba de dos centenares largos de guardia civiles con tricornio, entre oficiales, suboficiales y tropa. Resultaba tan chocante, tan fuera del momento histórico de la edad tecnológica, que un periódico norteamericano al día siguiente tuvo que titular la noticia: *Militares vestidos de época asaltan el Parlamento español.*

Nada más Tejero escalar el estrado presidencial, los diputados, sorprendidos, se pusieron en pie inquiriendo lo que pasaba: unos —los menos— habían identificado al teniente coronel de los mostachos, pero la mayoría creyó, en medio de la confusión, que se trataba de terroristas disfrazados de guardias civiles o de éstos que venían a protegerles de un comando etarra. Sólo asimilaron que era un pronunciamiento —una *asonada*, una *militarada,* un *cuartelazo*— cuando se hizo fuego intimidatorio contra la techumbre y los focos que iluminaban para la televisión tan señalado acto.

Entre los que identificaron inmediatamente al personaje asaltante, el presidente del Gobierno en funciones, Adolfo Suárez, dirigió una mirada interrogante e iracunda al ministro de Defensa y pariente, Agustín Rodríguez Sahagún. *¿A qué viene esto? ¿Cómo es posible que este personaje ande suelto? ¿Cómo no se detectaron los preparativos de este espectáculo?,* podían ser las preguntas que con la mirada Suárez le formulaba al responsable político del ramo. Cuenta Miguel Platón que en abril de 1979, recien nombrado Rodríguez Sahagún ministro de Defensa visitó la sede del CESID (Centro Superior de Información de la Defensa) y que le hicieron una

---

[11] Sobre las casi dieciocho horas que duró el *golpe de Estado* del 23 de febrero se ha escrito a mares, pero cuenta narrar en este apartado los perfiles humano-anecdóticos —tanto más dramáticos a veces— del secuestro que padecieron el Gobierno en funciones y los diputados según la versión de ellos mismos: bien aportadas en sus propias memorias y recuerdos, bien trasladadas a periodistas y escritores como testimonio auténtico. En este sentido, para la redacción extractada de la versión que se ofrece han sido utilizadas las memorias de Santiago Carrillo, Manuel Fraga, Jose María de Areilza, Miguel Herrero y, de otro lado, los libros de Pilar Urbano (*Con la venia... yo indagué el 23 de febrero*), de José Oneto (*La noche de Tejero*) y de Miguel Platón (*¡Qué políticos tan divertidos!*), así como una parva de recortes de prensa.

demostración sobre caracterización en su propia persona. Maquillado y disfrazado adecuadamente, se miró al espejo y quedó admirado de no conocerse a sí mismo. Así, varias veces, el ministro cambió su personalidad, como seguramente también cambió la opinión que hacia el ministro tenían los jefes y oficiales presentes en la demostración.

A la orden *todos al suelo*, tras los primeros disparos, la totalidad de diputados y ministros obedecieron, menos tres: Adolfo Suárez, Gutiérrez Mellado y Santiago Carrillo, que permanecieron sentados pero enhiestos. Carrillo, que había comentado a su compañero de escaño, Solé Tura, que "Pavía ha llegado antes de lo que pensaba", se resistió a tumbarse o a acurrucarse tras el pupitre. Y recuerda: "... en un momento del tiroteo observé que Rosón me miraba como queriéndome decir: *Lo siento mucho, pero yo no sabía nada de esto*". A su lado, desde el suelo, su compañera Eulalia Vintró le requería para que también se tumbase, a lo que contestó: "No me sale de los c..." Y siguió fumando un cigarrillo pensando que, si acababa su vida, sería con dignidad y perdiendo de vista a los correligionarios que le acosaban por esos días.

Del lado del banco azul, el general Gutiérrez Mellado se levantó y avalanzó hacia Tejero y varios oficiales, increpándoles para que depusieran su actitud. Las cámaras de televisión ilustraron convenientemente el forcejeo: de un veterano militar que no se resignaba y al que querían doblar con zancadillas sin conseguirlo. Suárez logró atraer hacia el escaño al gallardo militar todavía indignado, que repuso la compostura junto a Suárez y, al ya levantado, Calvo-Sotelo, a quien Suárez casi le quemó al comienzo de todo con la colilla del cigarrillo que tiró para ir en socorro del general Gutiérrez Mellado. En las bancadas, por lo demás, fueron abundantes los casos cómico-dramáticos del hecho de que *Sus Señorías* estuviesen por los suelos. Antonio Fontán, por ejemplo, estuvo encima de su colega Carmela García Moreno entre tanto el catedrático de latín rezaba el Padrenuestro y aquella protestaba por el peso pesado que tenía encima (luego comentaría que "Antonio se había portado como un caballero").

Carrillo casi se recrea al rememorar estos instantes:

> "... Cuando comenzó el tiroteo lo primero que se me ocurrió fue mirar hacia los escaños de Fraga y Blas Piñar, a ver qué hacían; estaban en el suelo como los demás. De paso miré al escaño de Sagaseta que tantos reproches de falta de revolucionarismo nos había hecho desde la tribuna parlamentaria: tampoco se le veía. Recorrí con la vista la Cámara y observé que la presidencia había desaparecido también. Sentí una tristeza enorme. Recordaba los grabados del siglo anterior en los que se dibujaba la escena de la entrada de Pavía en el hemiciclo con los diputados en pie protestando airados contra el atropello. Lo que estaba viendo era muy diferente".

El capitán Muñecas, el de más labia según lo prescrito por los golpistas, tenía que dirigirse a los reunidos y aprehendidos. Antes de hacerlo, sin embargo, el oficial pidió al presidente que hablase a los diputados para que se tranquilizasen. "Como usted comprenderá —replicó Landelino Lavilla—, en las circunstancias en que me encuentro yo no puedo ejercer la presidencia". Habló el capitán y lo hizo para anunciar que en unos minutos, no más de media hora a lo sumo, vendría a hacerse cargo de la situación una autoridad, *por supuesto militar*.

Aunque Blas Piñar no tuvo dudas, desde el primer momento, que la intentona fracasaría ("Cuando vi que el que entraba era Tejero me dije: *Esto no puede salir bien"),* para Areilza el "secuestro... fue realizado con una indiscutible perfección técnica".

Del hemiciclo fueron expulsados y llevados a otras dependencias el Presidente del Gobierno, al que situaron en el cuarto de los ujieres, y Gutiérrez Mellado, Rodríguez Sahagún, Santiago Carrillo, Felipe González y Alfonso Guerra fueron asimismo conducidos aparte: a la sala de los relojes. A éstos les dieron asiento a uno por esquina y en el centro, Sahagún. A todos les diría Tejero: "¡Y aquí no se habla!, ¿eh?". Cuando se los llevaron Fraga apunta que Areilza le dijo: "Los llevan a la Moncloa a firmar".

Pasados los primeros intensos minutos de crispación y ansiedad los ánimos se recompusieron y se produjeron las reacciones lógicas, por otro lado, previstas por los asaltantes como dejó dicho el Conde de Motrico:

> "...en menos de diez minutos el protagonista de la operación, con unos cientos de individuos de su Cuerpo, sembraba el terror en el salón de sesiones, se llevaba detenido al Presidente del Gobierno en funciones y a varios líderes de la oposición y comenzaba un refinado ejercicio de intimidación psíquica, compuesto de humillaciones deliberadas, insolencias calculadas, silencio y quietud carcelarios, dieta hídrica y, eso sí, un científico programa de organización mingitoria en filas de a uno, con turno controlado, que hubiese hecho palidecer de envidia al emperador Vespasiano, glorioso fundador de los urinarios públicos...".

No controlaron los vigilantes del hemiciclo que había tres receptores de radio (los microtransistores) en posesión de Abril Martorell, Julen Guimón y Francisco de la Torre, a través de los cuales el exterior —y la evolución favorable del contragolpe— se filtró como un hilo de esperanza, circulando con las buenas noticias de boca a oreja por todo el salón de sesiones. Fraga, refiriéndose a que la *autoridad militar* no llegaba, apostilla:

> "...No vino, y poco a poco empezaron a llegar noticias de afuera, sobre todo a través de un par de radios de bolsillo (una de ellas en poder de Abril Martorell), cuyas confusas e insuficientes informaciones pasaban (deformadas) por el boca a oreja; pero lo suficiente para saber del llamamiento del Rey y de la ausencia de otras incorporaciones...".

Entre los que se movieron por los escaños, previa petición de permiso, fue Miguel Herrero, portavoz del Grupo de UCD. Juan Mari Bandrés, de Euskadiko Eskerra, le pidió al diputado centrista que le diese un recado al socialista Gabriel Urralburu: "Dile que me quiero confesar". El ex clérigo navarro le devolvió el mensaje de que estaba suspendido *a divinis* y no podía administrar los sacramentos. Y con estas idas y venidas de Herrero, ante la insistencia de Bandrés, Urralburu le dio la respuesta definitiva: "Que haga un acto de contrición y que se vaya a la m...". A Bandrés también lo sacaron del salón y lo llevaron fuera, mas al cabo de una hora larga regresó; al final de todo Fraga le diría: "Bien sabe usted que no le tengo ninguna simpatía; ni creo que se la llegue a tener nunca. Pero por nada del mundo hubiese permitido que aquí le pusieran a usted una mano encima".

La comunicación del interior a la calle, ni tampoco dentro del palacio, fue enteramente impermeable. Por el contrario, hubo contactos telefónicos y de *correveydile* por doquier. Sánchez Terán, sea por caso, como presidente de Telefónica pudo hablar con su despacho para dar la orden de proceder a cortar las varias decenas de líneas telefónicas que enlazaban el palacio con el exterior y, de este modo y de acuerdo con las autoridades, ir gradualmente cortando los enlaces. A su vez, Landelino Lavilla llamó a su casa por teléfono y, llorando de rabia, tranquilizó a la familia. Del mismo modo, el ministro del Interior hizo llegar varios mensajes a las autoridades policiales que se hallaban en el Hotel Palace.

Como transcurrieran las horas de la noche y madrugada sin noticias de los que habían sido apartados, éstos rogaban a sus guardianes que hicieran de mensajeros ante sus compañeros. González así pidió abrigos dando el recado de que tenían frío, y se supo que estaban con los sentidos despiertos ("Pasamos allí todo el frío del mundo", declararía). Otro tanto, por su parte, hizo Rodríguez Sahagún solicitando unos cafés. Íñigo Cavero, que desde el hemiciclo pidió a un guardia su abrigo, se lo trajeron sin registrar pues en uno de los bolsillos llevaba un revólver, que conservó hasta la salida. Resulta que la moral de derrota, del risible fracaso, fue invadiendo a los asaltantes a medida que transcurría la noche y, difundido el mensaje regio, se advertía que aquello devenía en farsa mayor. Los episodios de reversión de los golpistas se tornaron en excusas por ignorancia y en complacientes tolerancias y permisos, como cuando a Fernando Abril se le escapó el volumen de la radio y empezó a oírse en alto, el guardia de al lado se alarmó y rogó: "Don Fernando, haga el favor de no ponerla tan alta, que me está usted comprometiendo".

La noche fue abordada por los diputados de diversos modos: unos leyendo, otros hablando con sus colegas inmediatos, y no pocos durmiendo —o intentando dormir— como Tierno Galván, plácidamente, o como Blas Piñar, que dobló su abrigo y lo utilizó como almohada, lo que le da pie a Fraga para comentar: "... era evidente que no se contaba con él".

Por gestiones varias de algunos diputados y miembros del Gobierno se pidió que dejasen en libertad a las mujeres. Los asaltantes desoyeron la recomendación y únicamente en la mañana del día 24, conscientes del fiasco, permitieron que las mujeres pudieran desalojar el hemiciclo. Las diputadas María Izquierdo, socialista, y Pilar Bravo, comunista, se negarían a salir "si no salen todos nuestros compañeros parlamentarios", por lo que esta concesión sólo alcanzó a la socialista Ana Balletbó, embarazada de gemelos. La solidaridad tupida que el asalto provocó entre los de dentro, de quienes pudieron escapar y no lo hicieron (Fraga, cuando se encontraba apartado en el despacho del presidente de la Cámara pudo salir por una ventana, pero prefirió "seguir con sus compañeros"), fue encomiable. Lo honroso, por lo demás, fue la solidaridad externa y en especial la de quienes sin tener obligación de estar dentro del hemiciclo, se recluyeron para compartir generosamente la misma desgracia. Miguel Herrero, aludiendo a las conductas inesperadas, dedica un párrafo de admiración:

> "...Y, además, quiero dejar testimonio de la voluntaria y ejemplar reclusión en el Congreso de Antonio Jiménez Blanco y José Vida Soria; de las verdaderamente heroicas actitudes de Ignacio Camuñas, Pin Arboledas y, entre los no parlamentarios, Carmen Echave. Si todos los diputados hubiéramos seguido el ejemplo de los dos primeros, la intentona golpista no hubiera durado más de dos minutos...".

Jiménez Blanco, Presidente del Consejo de Estado, al conocer por la radio la noticia del asalto se fue al palacio de la Carrera de San Jerónimo y ocupó plaza, en las escaleras del pasillo de su ex grupo (del que había sido portavoz), junto al banco azul. Cuando se llevaron del hemiciclo a Felipe González, su mano tendida de saludo al adversario fue como una bendición. Igualmente era bálsamo la atención profesional de Carmen Echave, del servicio médico de la Cámara, yendo y viniendo de un sitio a otro para suministrar un analgésico, un tranquilizante, un vaso de agua o simplemente unas palabras de apoyo.

Especialmente dramáticos fueron los momentos en que los asaltantes temieron que les podían cortar el suministro de electricidad. Con pluma maestra José María de Areilza lo describió así:

"... Parpadeó la luz de los focos del techo y corrió el rumor de que se iban a sabotear las líneas de suministro. Era la una de la madrugada. La sala cobraba un aire alucinante, equidistante entre Poe y Hitchcock. En esto entraron unos hombres con cazadora, sin insignias, y arremetieron con las bellas sillas isabelinas que enmarcan la ovalada mesa de los taquígrafos. Fueron colocadas unas encima de otras, como en los almacenes, pero dos de ellas fueron sometidas a una operación de destripe inexplicable. Provistos de enormes navajas cabriteras, rasgaron los damascos ante la estupefacción general, para extraer unos montones de borra, que se acumularon sobre la mesa. Luego llegaron unos hachones de los que antes se llevaban en los entierros. Alguien pensó que iban a quemar la Constitución, acompañando el ritual sacrificio con velas simbólicas. Fue lástima que no prosperara la función, pues la quema de libros, juntamente con la rotura a culatazos de los aparatos tomavistas de la televisión, anunciaba un programa de extensión cultural de alto interés...".

Al alba, conocido de todos que el pretendido auto sacramental golpista había degenerado en un sainete de difícil terminación, los nervios se avivaron y los seguidores del espectáculo —pacientes intérpretes de comparsa— se empezaron a cansar exigiendo el final de la representación. Fraga ha perfilado las circunstancias del incidente que él mismo protagonizó:

"... Por la mañana, me di cuenta de que vivíamos el momento más delicado; aquello había fracasado, pero el problema era poner fin a aquello, porque éramos sus rehenes. Areilza me animó a intentar algo; por algo había sido ministro de la Gobernación y siempre defensor de la Guardia Civil. Medité fríamente y, al ver entrar a Tejero (que estaba casi siempre al teléfono), bajé rápidamente a interpelarle...".

Efectivamente, enfundado en su abrigo y llevando en la mano su cartera, bajó las escaleras dando voces, siendo testigo directo del incidente el micrófono abierto de la SER, que lo difundió, así como el Diario de sesiones:

Fraga.—¡Me voy! ¡Nos vamos todos!
Diputados.— (Siseos). ¡Silencio! ¡Silencio, por favor!
Fraga.—No nos puede tener la Guardia Civil como a una cuadrilla de forajidos, o tontos, o indecentes; con la cantidad de hombres decentes como estamos aquí.
Diputados.—Muy bien, muy bien. ¡Viva España! ¡Viva la democracia!
Tejero.—¡Que se calle! ¡Quietos! ¡Cállese y siéntese!
Diputados.—(Nuevos vivas, voces, murmullos)
Fraga.—No me siento ni me callo. Si quieren, disparen contra mí. ¡No paso por esto! Hay que hacer algo por España en estos momentos. Sin duda ustedes quieren hacerlo, pero están haciendo un flaco servicio a España y a la democracia.
Guardias Civiles.—Haga el favor...
Fraga.—No hago ningún favor, lo siento, ¡quiero salir de aquí! ¡Salimos todos!
Diputados.—(Murmullos) Muy bien, venga.
Fraga.—No pueden continuar, se lo digo yo que soy el mejor amigo de la Guardia Civil (gritos y siseos). Están violando la ley y perjudicando a estos pobres guardias.

Un Diputado.—Tranquilícese.

Fraga.—No soy un niño, no hago tonterías. Estoy muy tranquilo. ¡Nos vamos de aquí!

Tejero.—¡Siéntese! ¡Siéntese! (murmullos).

Guardias Civiles.—¡Silencio, por favor!

Presidente (Sr. Lavilla).—Por favor, manténganse serenos en sus escaños.

Fraga.—¡No tienen autoridad! Soy un hombre que no tiene miedo a morir por España.

Tejero.—¡Fuera! ¡Fuera!

(Fraga, a zarandones, es conducido fuera y las armas de los guardias civiles son montadas)

Presidente (Sr. Lavilla).—Por favor, tranquilidad, serenidad.

Fraga.—Prefiero morir con honor que vivir con vilipendio. Desde este momento sólo haré aquello a lo que se me obligue por la fuerza.

(Es sacado del hemiciclo)

Conducido al despacho del presidente, escoltado por dos capitanes, Fraga oyó de uno de estos el juicio definitivo del final: "Una vez más a la Guardia Civil se le asigna una misión que cumple, y luego la dejan en la estacada".

Pasadas dos horas, al filo del mediodía, Fraga fue reintegrado al salón de sesiones, "donde —dice— fui recibido con una ovación".

Santiago Carrillo también comenta las horas finales de los recluidos en el salón de los relojes. Y dice:

"... Sólo pasadas las once de la mañana del día 24 nos dimos cuenta de que la situación había cambiado. Los guardias civiles que entraban de turno comenzaron a dirigirnos la palabra. Uno dijo que mi mujer había pasado la noche delante del Congreso y que ahora estaba en el Palace. Otro, dirigiéndose a Felipe, contó que era de un pueblo próximo a Sevilla. Y añadió que estaban arreglando todo, que había negociaciones para que los diputados saliéramos en libertad.

En torno a las doce nos dijeron que volviéramos al hemiciclo. Ya en éste, nuestros compañeros aliviados al vernos sanos y salvos nos contaron el número montado por Fraga cuando estaba claro que la sublevación había fracasado, así como el episodio de las sillas destripadas para hacerlas arder si se apagaban las luces...".

Advertido por Fraga el Presidente levantó la sesión y por filas, ordenadamente y flanqueados por los asaltantes, el Gobierno y los Diputados recobraron el aire libre y la libertad, dando término a la primera intentona golpista casi enteramente televisada y radiada.

El *golpe de Estado* lo había salvado la determinación del Rey pero, de su lado, la más eficaz fuerza represora la constituyeron los medios de comunicación y sus profesionales que hicieron añicos, durante casi dieciocho horas, la teoría del rumor y de la zozobra acompañantes indispensables para el éxito de un desafuero de esta naturaleza.

La oscura trama civil

Al historiador no le compete investigar la gestación y desarrollo del *golpe de Estado* del 23 de febrero de 1981 por ser sólo tangencial al propósito primordial de esta obra, temas sobre los que se ha escrito hasta la saciedad sin perspectiva histórica suficiente, así como sobre ciertas conductas que han sido juzgadas por los tribunales. Pero, por lo que respecta a la denominada *trama civil* para reconducir el proceso político de un determinado momento a través de un *golpe blando* o de un *golpe de timón,* importa decir que había muchos políticos comprometidos de todos los colores (incluso del PCE), que al derivar la acción hacia un ataque frontal a la Constitución se desentendieron. De ahí que esta trama, por el grado de implicaciones y la categoría de las personas afectadas, deba ser abordada desde la óptica de admitir que convergieron en un mismo objetivo diversos grupos estancos, que se separaban en el método aplicable y en la finalidad última que perseguían. Pero como en muchas otras empresas humanas, al final los más osados y radicales impusieron su acción y sobre ellos exclusivamente recayó el peso de la ley.

La estrategia convulsiva que desembocó en el *golpe* del 23 de febrero de 1981 tuvo varios puntos de partida —unos militares y otros civiles— que confluyeron sin estar conectados salvo en la cúspide, por una personalidad que reunía los requisitos de común aceptación por los dos sectores. Al principio se pensaba que esa reconducción del proceso político la ejerciese un civil, de ahí la aparición del nombre de Osorio en los cenáculos conspirativos. Se superó esa fase poniendo en juego de rumores y comentarios los nombres de González del Yerro, capitán general de Canarias, y más adelante el del general Armada, quien desde la Secretaría General de la Casa Real había sido destinado al gobierno militar de Lérida. En cualquier caso, de primeras intenciones, prevalecía el propósito de no alterar el principio constitucional de supeditación del poder militar al civil y ello sería soslayable si a la cabeza del gobierno figuraba precisamente un militar.

Alfonso Armada, general de brigada organizador del golpe de Estado del 23 de febrero de 1981. Miembro de una estirpe militar y monárquica siempre fue leal con la Monarquía, a la que prestó grandes servicios y en concreto con el Rey don Juan Carlos desde cuando éste era príncipe. Por su participación en el golpe fue condenado a 30 años de prisión. En la trama civil del 23 de febrero había muchos políticos implicados de izquierda, centro y derecha, pero se optó por no indagar judicialmente las responsabilidades.

Tomando por modelo el *golpe blando* contra la IV República francesa que dió el general De Gaulle en 1958, para acabar con la guerra descolonizadora de Argelia, el general Armada asumió el liderazgo de la conspiración y trató de concertar a civiles y militares en el plan de un gobierno de *gestión,* expresión más suave que la de *salvación nacional.* A ese propósito entabló contactos con políticos de CD, PSOE, UCD, CiU y PCE, así como con otras relevantes personalidades como Josep Tarradellas y con instituciones de dentro y fuera (Fomento del Trabajo, la patronal catalana; la embajada de EEUU y la Secretaría de Estado del Vaticano) insinuando —o sugiriendo— *sus* intenciones que por enunciarlas quien lo hacía daba por supuesto que tenían el respaldo del mismo Rey. Es irrebatible que la *solución Armada* participaba de la teoría del mal menor, en el sentido de tener caracter abortista ante eventuales sublevaciones violentas y antimonárquicas, las cuales se venían gestando desde hacía tiempo.

Parece claro que Armada, con su autoridad, pudo abrirse camino entre el sector civil persuadiendo a los contactados que se trataba de un *autogolpe* proconstitucional. Pero, en el mundo militar, Armada carecía de legitimidad y de entorchados en la bocamanga para alzarse y ser reconocido como líder de los Ejércitos. En las Fuerzas Armadas, de otra parte, se venían detectando hasta dos corrientes que pedían la sublevación: los generales que se creyeron engañados por Suárez en el establecimiento de una democracia limitada (de exclusión al PCE y negación del Estado de las Autonomías), con acompañamiento político civil ultra, y la de los coroneles también interesados en variar el rumbo de la democracia como hicieron sus homólogos en Grecia, en 1967. Las diferencias entre ambos eran de planteamiento y de causa motivante, pero avanzaban juntas en el trazado de una política de orden público dura que conjurase el avance terrorista y, llegado el caso, dando el protagonismo al Ejército en la lucha represora al igual que el Reino Unido había hecho en el Ulster.

Precisamente por la carencia de liderazgo castrense se elevó a Armada a la vicejefatura del Estado Mayor del Ejército, un puesto de observación clave, en fechas del mes de enero, pese a la oposición de Suárez y Gutiérrez Mellado. Con ello se elevaba su categoría, pero como la autoridad no se adquiere en días, es muy explicable que la sublevación se articulara entonces con un *mando bicéfalo*. De manera que no otro que Milans del Bosch, sería quien aportase ese déficit de carisma y poder.

La conexión de la conspiración civil y militar: la conjunción de propósitos, la armonización operativa, la composición y programa de gobierno, la lista de titulares de ciertas instituciones, etc., son aspectos desconocidos que ha engullido la infra historia y que, al no aclararse en el proceso penal correspondiente, difícilmente podrán aclararse nunca. De ahí que uno de los puntos oscuros de la causa 2/81 (compuesta por más de 13.000 folios en *cuerda floja*) estribe únicamente en minutos *muertos*. Es decir, en si Armada y Tejero se vieron en un piso de la madrileña calle del Pintor Juan Gris, qué pactaron y en qué términos, y si esa reunión la preparó y concertó el comandante José Luis Cortina Prieto. Y del mismo modo, si en la noche del 20 al 21 de febrero Tejero y Cortina se vieron en el piso de éste (de sus padres), situado en el Parque de las Avenidas, para ultimar los detalles del asalto al Congreso del lunes siguiente.

La denominada *trama civil* de la *Operación Armada* ha quedado ignota. No obstante, existen testimonios de que afectó a políticos de la casi totalidad de partidos del arco parlamentario en mayor o menor medida; relación que tuvo que ser individualizada y personal, fuera de los órganos colegiados por razones de confidencialidad.

Por aquella época Félix Pastor, por ejemplo, por sugerencia de quien lo podía hacer recorría las guarniciones militares[12]. Visitó Ceuta, Valencia, Valladolid, La Coruña... donde se informaba del estado de ánimo de los mandos, oficiales y tropa para, cumplido ese objetivo, remitir sus conclusiones a un intermediario. La forma de acudir a los acuartelamientos se vestía de la casualidad cuando, en realidad, todo era deliberado y planeado. "Para visitar Ceuta —refiere Pastor— se buscó la justificación de invitar a mi hijo Félix a una misa legionaria, y allí le regalaron un uniforme. En Valencia, por ejemplo, estaba en un acto de partido cuando un señor desconocido me pidió que le acompañase y me llevó a una fortaleza del Medioevo donde había una reunión de la oficialidad para hablar de la situación política general. Como trascendiera esto, un día Felipe González les dijo a Fraga y a Ignacio Sotelo que yo estaba metido en un golpe militar; algo que los dos rechazaban. Pero es lo cierto que esto me distanciaba de Manolo. Ante esta situación incómoda, ¿cómo le digo yo al Rey que no quería cumplir su encargo?".

Testimonio revelador —por su sincera y honrada exposición— es el que aporta sobre su implicación en la *Solución Armada* el tantos años dirigente de AP y ex alcalde de Madrid, Juan

---

[12] Testimonio al autor.

de Arespacochaga[13]. Relata de principio el cuadro de circunstancias de todo tipo que apuntaban la necesidad de un *Gobierno de Salvación* y, en otro orden de consideraciones, perfila el origen de su trato y amistad con el general Alfonso Armada. Y manifiesta:

"Durante los últimos meses del 80, la *solución Armada* debió de irse desarrollando conforme al plan. En un libro del que es autor el propio Armada recuerda el general que antes de las Navidades del 80 recibió un trabajo de Madrid 'bastante bien hecho' que se le hizo llegar al general Fernández Campo para elevarlo a Su Majestad. Aparecieron por entonces las declaraciones del honorable Tarradellas, en las que manifestaba la necesidad del 'golpe de timón' y, sobre la triste UCD se había ya pronosticado que no quedaría de ella piedra sobre piedra. Múgica se reunía en Lérida con Alfonso Armada en presencia del alcalde socialista Ciurana, y otras muchas personas a las que conozco, admiro y quiero, fueron con certeza contactadas por el propio general o por alguno de sus colaboradores como lo fui yo mismo (en nota al pie se niega a citar personas involucradas porque no tuvo constancia de su definitiva postura).

Lo que acaeció más tarde parecía seguir el hilo argumental de que las cosas al fin 'iban a cambiar': llegaría la confirmación del nombramiento de Armada como segundo JEME y la esperada dimisión de Suárez en los términos a que aludía uno de los documentos que fueron enviados a Zarzuela...

La dimisión de Suárez abrió un período excepcionalmente largo de consultas en la Zarzuela, nadie podía negar que el contacto del Rey con los partidos se hizo entonces más insistente y completo que nunca.

Cuando la *operación Armada* estaba más madura circuló una posible lista de Gobierno cuyos componentes, yo incluido, respondían a la imagen de personas serias, integradas en la democracia, defensoras de la legalidad vigente y comprometidas con el orden constitucional, pero también exponentes personales de un servicio a España por encima de partidos y banderías. Tanto la lista del posible Gobierno, como el programa de actuación y la organización de los contactos pudo ser quizá solamente el sueño o añagaza de algunos activistas. No lo creo en absoluto. Pero aunque personalmente no lo crea, tampoco puedo asegurar que los nombres que componían aquella lista, entre ellos los de más de un destacado socialista, respondían a una realidad pactada porque nunca la comenté con ninguno de los que aparecieron en ella. De lo que sí puedo dar fe es de que, previamente, se había contactado con mi persona ofreciéndome la cartera que se hizo pública luego y que yo accedí a ocuparla cuando aquel proyectado Gobierno pudiera constituirse, pero es sólo mera suposición la de que el resto de los nombres de aquella lista estuvieran en la misma situación en que yo me encontraba. Sí recuerdo bien, como concreta vivencia, que a finales de enero de 1981 tuve un encuentro fortuito con el general Armada, al llegar éste de inspección a un centro sanitario militar de la capital del que yo salía tras visitar a un pariente, y, al despedirnos, en presencia de varias personas que lo recordarán, me dijo: *A partir de ahora, Juan, creo que vamos a vernos a menudo*".

Arespacochaga, por otra parte, declara que desconoce si Armada se entrevistó con Tejero y, si se produjo la reunión—afirma—, tiene por seguro que era para disuadirle de la extemporánea

---

[13] Juan de Arespacochaga, *Cartas a unos capitanes,* Incipit Editores, Madrid, 1994. Son las memorias que, en forma de epístolas a sus nietos (a los que denomina *mis capitanes*) recogen la larga trayectoria política de su autor, coronel del cuerpo de Ingenieros del Ejército. Y la carta número 39 la dedica por entero a su vinculación personal en la denominada *trama civil* de la *operación Armada*.

irrupción en la Cámara. Asegura, igualmente, que del comportamiento del general no podía deducirse el menor signo de rebeldía, para aclarar después:

> "... Cuando según las órdenes recibidas llegó al Congreso, propuso a Tejero el inmediato desestimiento de su actitud dándole seguridad de que el futuro Gobierno estaría presidido por el general. Al parecer, Tejero, tras la lectura de la lista del Gobierno en la que figuraba como ministro de Trabajo el propio Felipe González, se negó a aceptar la intimidación de Armada y la propia de Milans, cuya autoridad no había discutido nunca y que le conminó por teléfono a acatar la propuesta del primero. Parece, pues, que Tejero tomó el Parlamento y no hizo caso alguno ni de Armada ni de Milans. Esto es, para el que se haya asomado al desarrollo de la operación del 23 F, su mayor enigma".

Arespacochaga, como hizo por la tarde del día anterior, en la mañana del 24 se acercó con su coche a la Carrera de San Jerónimo, "para recoger a Manuel Fraga del Congreso y llevarle a su casa. Durante el trayecto hablamos bien poco del tema: no era posible comentario alguno".

Lealtad constitucional de AP

Como la mayor parte de los lunes, el 23 de febrero había sido convocado el Comité Ejecutivo de Alianza Popular, en su sede central, a la seis de la tarde, contando que sobre esa hora, nada más finalizar la votación de investidura en el Congreso, se reintegrarían a la reunión Fraga y los demás diputados pertenecientes al órgano decisorio[14]. Presidía Fernando Suárez, primero en rango de los vicepresidentes, y estaban también Félix Pastor, José María Ruiz Gallardón, Gabriel Camuñas, Antonio Hernández Mancha, Luis Ortiz, Manuel García Amigo, Abel Matutes, Manuel Cantarero, José Antonio Trillo. Igualmente se hallaban presentes el secretario general, Jorge Verstringe; los cuatro adjuntos a la secretaría general, y la mayoría de los vocales. La composición extensa de este órgano, la segunda vez que se reunía después del IV Congreso, había obligado a celebrarla en la sala primera de Silva, 23, junto al garaje.

Procedía Javier Carabias a leer el acta de la sesión anterior, con su parsimonioso castellano, cuando el responsable del almacén de distribución de propaganda, Samuel García Salas, entró en la sala con un transistor en la mano gritando: "La ETA ha entrado en el Congreso y allí está la Guardia Civil". Una fría sacudida recorrió el espinazo de todos, agolpados en torno al barato receptor de radio que seguía emitiendo *en directo* el desarrollo del asalto. La confusión del primer momento —al ruido de los disparos—, en medio de un sobrecogimiento primario, desató la lengua de Eurico de la Peña: "Esto es el fin del fin, la guerra civil". Hecha la claridad con las palabras llegadas por el éter del oficial que dijo, desde el estrado de oradores, que los asaltantes esperaban a la *autoridad, por supuesto militar,* nadie ya albergaba duda alguna de que se trataba de un *golpe de Estado.* El marasmo de comentarios hacía ingobernable la deliberación, por lo que Fernando Suárez —de quien unánimemente dicen que estuvo a la altura de las circunstancias— se impuso en el gobierno del griterío diciendo: "desde ahora el que aquí dice *mi querido amigo* soy yo"[15].

---

[14] El relato, por más que existe en un acta a la que no ha tenido acceso el autor, ha sido construido con el testimonio del secretario y redactor de aquella, Javier Carabias del Arco, y de Alejandro Martín Carrero que, aunque por entonces no era miembro del Ejecutivo, se sumó a la reunión han aportado informaciones que le suministraba, desde la asesoría del Grupo parlamentario de CD, Margarita Retuerto. Igualmente ha aportado testimonios Rodrigo Rato y Félix Pastor.

[15] Es fórmula habitual de Manuel Fraga, tanto para una bronca como para un elogio, preceder la conversación con el "Mi querido amigo...".

Para mejor seguir el curso de los incidentes el Comité Ejecutivo ocupó el despacho de Jorge Verstrynge —y habitaciones contiguas— porque así, a través de la radio y la televisión, podían conocer mejor los hechos sin interrumpir las deliberaciones. Fernándo Suárez, y con él fervorosamente Verstrynge y los más jóvenes, se inclinaban por emitir una nota de condena a la toma del Parlamento y un telegrama de adhesión al Rey. Pero había opiniones reticentes, unas que enmascaraban un apoyo implícito a la acción y otras de pragmatismo táctico, que preferían la pasividad para ver cómo evolucionaban los acontecimientos. Félix Pastor estaba por la inacción absoluta ("¡Cuidado! —recuerdan que dijo para disuadir a sus compañeros—, porque a lo mejor, al que se oponga mañana lo juzga un tribunal militar") y, por su parte, Ruiz-Gallardón, Ruiz Soto y pocos más se inclinaban por esperar y ver con espíritu de comprensión lo que ocurría. La incongruencia y la falta de cohesión del Comité Ejecutivo era, por otra parte, la versión a escala del partido: dos discursos políticos diferentes que se fundían en la fuerte personalidad de Fraga. Si antes no se conocía su opinión, la mayoría solía guarecerse en el silencio porque era lo más práctico para no meter la pata. En el trasfondo oculto, por lo demás, muchos afiliados y simpatizantes de AP —los que la votaban tapándose la nariz— vieron con satisfacción que el 23 F era un día de reivindicación histórica de que el *tiempo pasado fue mejor.*

Rodrigo Rato y Gabriel Camuñas fueron al Congreso para ver de cerca lo que acontecía e interesarse por los secuestrados, pero en las inmediaciones las fuerzas del orden les impidieron el paso y hubieron de volver a la sede central. Allí, por fin, Fernando Suárez se pronunció abiertamente en contra del *golpe,* antes incluso que el Rey apareciese por TVE condenando la acción y encareciendo a los sublevados a regresar a la normalidad constitucional[16]. Verstrynge, por su parte, se acercó al ministerio del Interior para expresar a Francisco Laína, presidente de la Comisión de Secretarios de Estado y Subsecretarios, la inequívoca postura de AP en favor de la legalidad constitucional.

El Comité Ejecutivo estuvo en vela toda la noche y la madrugada, con la especial vigilia de Fernando Suárez, que no desfalleció en mantener una postura inequívoca en defensa del orden democrático. Y, asimismo, al servicio de la información interna, colgados de los teléfonos, permaneció en la sede de Silva, 23 el personal administrativo y técnico.

Al día siguiente, liberados el Gobierno y los Diputados, Fraga se fue a la oficina donde conoció los hechos, de detrás del mostrador partidista, y desde allí se trasladó al palacio de la Zarzuela, a la reunión del Rey con los líderes políticos. Independientemente de la comunicación, Don Juan Carlos departió distendidamente, quedando reflejada en dos testimonios: el de Fraga y el de Carrillo. El primero dice:

"La conversación que siguió a la comunicación formal del Rey fue altamente interesante. Carrillo estuvo especialmente agradecido, incluso por su vida; Felipe González,

---

[16] El telegrama que el Comité Ejecutivo de AP envió a la Zarzuela, al filo de la medianoche del dia 23, fue debatido ampliamente y se puso en conocimiento de los medios de comunicación antes que el Rey se dirigiese a la nación a traves de TVE. Eugenio Pordomingo (*Fraga, a la búsqueda del poder,* Editorial SCE, pág. 276) asegura a su albur que el telegrama lo envió el Ejecutivo cuando ya sabía que el *golpe* había fracasado, lo que se separa realmente de lo ocurrido en la reunión, donde prevaleció la opinión que sustentaron con mayor énfasis Fernando Suárez y Jorge Verstrynge. El texto del telegrama decía: "El Comite Ejecutivo Nacional de Alianza Popular reunido hoy, tuvo noticia de los graves sucesos ocurridos en el Congreso de los Diputados. Por este motivo, el Comité, con la forzada ausencia de los miembros de su representación parlamentaria, acuerda hacer llegar al Rey su apoyo a cuantas medidas adopte para mantener la normalidad constitucional y convivencia democrática de los españoles".

más frío. Las intervenciones del Presidente del Gobierno y del ministro de Defensa en funciones me parecieron desafortunadas, prejuzgando responsabilidades concretas; y al fin y al cabo, a ellos y al ministro de Interior, les había metido un gol máximo. Una cosa quedó clara: la Corona había confirmado su legitimidad y su utilidad para todos; y de todos debería esperarse, en adelante, el aprender de la experiencia"[17].

Carrillo se explaya más, con perfiles anecdóticos muy expresivos, de aquel encuentro en el que Don Juan Carlos les exhortó a la moderación a fin de que la correspondiente depuración de responsabilidades no se convirtiese en una caza de brujas. Recuerda lo que Fraga calla:

"Suárez nos contó una anécdota. Al salir del Congreso se enteró de que quien había negociado la rendición de Tejero había sido el general Armada. Éste era considerado por Suárez como un conspirador y un adversario de la democracia y por eso siempre se había negado a colocarle en un puesto militar importante. Pero lo del 'pacto del capó' le confundió y al ir a ver al Rey se excusó por haber tenido una opinión equivocada del general: *No te equivocaste* —le contestó el Rey—, *Armada era el jefe de la conjura*. Al relatarnos la anécdota, Suárez tuvo palabras de reproche para Rodríguez Sahagún, que sin consultarle, ya ministro de Defensa saliente, le había nombrado segundo jefe del Estado Mayor al general Armada. Rodríguez Sahagún, muy molesto y poco interesado en entrar en detalles sobre la razón del nombramiento, salió del paso diciendo secamente que estaba en su derecho de hacerlo. Todos —creo— comprendimos que la decisión no había sido precisamente suya"[18].

Votada afirmativamente la investidura de Leopoldo Calvo-Sotelo el miércoles 25, esta vez también con los votos de AP-CD, se inició el rearme constitucional principalmente desde los medios de comunicación iniciando una etapa que algunos denominaron de *democracia vigilada*. Aquel fortalecimiento adoptaría la forma de manifestación pública en las principales ciudades[19], y en Madrid se organizó para el viernes 27. La comparecencia de AP a la misma suscitó igualmente discrepancias. El responsable de la organización madrileña del partido, Carlos Ruiz Soto, era contrario a asistir; pero tampoco eran proclives ni Félix Pastor ni José María Ruiz Gallardón. Es más, planteado esto en el Comité Ejecutivo se expusieron las dos versiones y hubo que registrar un bronco enfrentamiento entre Ruiz Gallardón, reacio a que se caminase por las calles junto a Carrillo, y Jorge Verstrynge, decididamente volcado a compartir la calle con la izquierda. Como en la discusión se faltasen al respecto (con acusaciones graves por ambos lados y exigencias recíprocas de dimisión), Fraga tuvo que servirse de Javier Carabias para reconciliarles y, por otra parte, alterar la redacción del acta registrando el altercado con la enjuta e indeterminada expresión *tensiones verbales*.

Ganó el criterio de Verstrynge y, acompañando a Fraga, acudieron a la manifestación el joven secretario general, Eurico de la Peña, Gabriel Camuñas, Margarita Retuerto y Carabias. A la manifestación organizada en Barcelona fue, en representación del *aparato* aliancista, Alejandro Martín Carrero.

---

[17] M Fraga, *op. cit.,* pág. 235.

[18] Santiago Carrillo, *Memorias,* pág. 717.

[19] En todas las capitales de provincia y en otras grandes ciudades se celebraron manifestaciones de apoyo a la Constitución, siendo las más concurridas, según los medios de comunicación, la de Madrid que congregó a más de un millón de personas; la de Barcelona, con más de 200.000; Sevilla y Zaragoza, con más de 50.000; Granada, Santander y Alicante, con más de 40.000, y muchas otras entre 10.000 y 20.000 manifestantes.

En llamada efectuada a Carrillo, Fraga pactó su presencia en la cabeza de la manifestación desde Legazpi hasta la Carrera de San Jerónimo, junto a los demás líderes (no fueron ni Suárez ni Calvo-Sotelo), en un recorrido multitudinario que fue toda una explosión de vítores a la libertad y a la democracia. Contraponer las referencias memorísticas de Fraga y Carrillo (en este caso los matices humorísticos son del primero) sobre aquel desfile de fervor resulta elocuente:

> "Era la primera vez —y fue la última— que se celebraba una manifestación ciudadana con la izquierda, el centro y la derecha parlamentaria juntos", explica Carrillo en sus memorias[20]. "Yo estaba preocupado por la acogida que podía tener Fraga al llegar a la cabeza y ocupar su puesto; preparamos con tiempo a nuestra gente para que le aplaudiera, aun haciendo de tripas corazón, en honor a las circunstancias. Y así sucedió, no hubo ninguna provocación. También les aconsejamos que si grupos *izquierdistas* armaban jaleo no vacilaran en dar gritos al Rey".

Un tanto más descriptivo Fraga proporciona su crónica así[21]:

> "Hubo algunas dudas sobre la participación de AP por temor al desbordamiento demagógico e incidentes; decidí de modo terminante la participación, encabezada por mí; pedí garantías a Carrillo, indicándole que al primer incidente o frase gravemente ofensiva para las instituciones nos retiraríamos; las obtuve y fueron respetadas. El desfile fue realmente impresionante, sobre todo al pasar por la plaza de Atocha, con el "scalextric" abarrotado de público. Suárez y Calvo-Sotelo cometieron el error de no asistir. A mí me tocó entre Camacho, que a veces pedía *Gobierno popular* y otras me decía: *Fraga, saluda al pueblo* (como si fuera suyo), y Rodríguez Sahagún, que en cuanto oía a algún espontáneo gritar algo equívoco, gritaba: *libertad, libertad*. Se oyeron hasta los gritos de *Vivan los diputados,* lo cual fue comentado con gracejo por Carrillo, diciendo que *nunca tal se oyó*. Lo cierto es que todo terminó sin provocaciones; con algunos cabreos de protagonismo personal y con un parlamento pactado en la plaza de las Cortes".

La operación taiwanesa *Tormentas azules*

El fallido *golpe de Estado* no incidió en la investidura de Calvo-Sotelo a no ser para reforzar sus posibilidades innovadoras, si hubiese emprendido ese camino, desde el punto de partida de las circunstancias excepcionales que se habían producido. El nuevo escenario resultante concitaba un enorme caudal de aprobación hacia un ejecutivo fuerte compelido a ello por el estado de opinión favorable[22] y, sobre todo, porque la oposición estaba amansada en bloque, sin ánimo de tensar las relaciones parlamentarias a fin de no enrarecer el ambiente.

Frente a su antecesor, Calvo-Sotelo contaba con una *sobriedad* política adecuada para el momento —seriedad, cultura, coherencia intelectual y habilidad dialéctica— que le hubiese dado solvencia ante el método revolucionario de disciplinar a su propio partido. No es hiper-

---

[20] Santiago Carrillo, *op., cit.,* pág. 721.
[21] Manuel Fraga, *op., cit.,* pág. 236.
[22] *Cambio 16,* número 497 del 16 de marzo de 1981, publicó una encuesta de Gallup, referida a los meses de marzo y abril, que asignaba a Calvo-Sotelo una popularidad del 41 por ciento, con un rechazo mínimo del 4 por ciento. Esto representaba estar situado en las cotas más altas alcanzadas por UCD, equiparable a la mejor situación con que contó Adolfo Suárez antes de las generales de 1979.

Miguel Herrrero y Adolfo Suárez nunca se entendieron.

Calvo-Sotelo siempre estuvo hipotecado por la amistad y lealtad a Suárez mientras que éste permaneció en UCD.

bólico asegurar que hasta las elecciones autonómicas gallegas la oposición fue en términos generales más deferente hacia el pacto —tácito o expreso— que sus propios correligionarios en el ámbito ucedista. Afirmar que Calvo-Sotelo era un extraño a UCD se compadece, ciertamente, con el hecho de que era respetado como *barón* atípico, pero en todo caso el partido le resultaba un campo vedado al ejercicio de su poder. Por eso las cosas siguieron igual de revueltas y confusas en el cotarro de la coalición, bajo la sombra dominante de Suárez, y únicamente Calvo-Sotelo intentó estérilmente diluir la influencia del abulense, incorporando a dirigentes y personalidades independientes[23]. Todo parecía indicar que en la diarquía Partido y Gobierno estaba invertida perversamente la dirección política, siendo el gobierno sirviente del partido y no al revés.

Muy diferenciado de Suárez en el modo de gobernar y contando con una agenda política con importantes iniciativas (la armonización autonómica, el alineamiento de España con la Alianza Atlántica y el Acuerdo Nacional de Empleo), Calvo-Sotelo, en cambio, se enredó en cuestiones menores —como la ley del divorcio— que avivaron las contradicciones ideológicas en su propio *huerto*[24] o el desgraciado accidente del *síndrome tóxico,* que le estalló aviesa y torpemente en la cara al Gobierno —con un enorme desgaste— como si él fuese su causante doloso directo, azuzado en ello por la oposición, cuando no era otra cosa que el doliente resultado de una atávica y deficiente política sanitaria estatal sobre la que se aprovechaban desaprensivos empresarios del sector de los alimentos, dentro de los torticeros vericuetos de un obsoleto Código Penal.

---

[23] El columnista Abel Hernández *(Ya,* 11-4-81) aludía en un artículo a un "gran frente electoral" que se estaba formando en derredor de Calvo-Sotelo con una UCD reagrupada nuevamente o, asimismo, con una nueva etiqueta electoral que incluyese a Antonio Garrigues, Alfonso Osorio, Areilza y Senillosa (que resucitarían Acción Ciudadana Liberal), no descartando tampoco a Fernández Ordóñez. En todo caso, argumentaba el articulista, se trataba de aislar a Suárez y de dirigir la operación administrando la financiación electoral.

[24] Fernández Ordóñez, jefe de filas de los socialdemócratas, que había sido preterido en el II Congreso de UCD en el reparto de influencias intrapartidistas, tuvo con la ley del divorcio la ocasión de desmarcarse ante la opinión pública como progresista —aumentando la estima popular— no respetando el pacto que sobre dicha ley había llevado a cabo con la Iglesia su predecesor en el ministerio de Justicia, Íñigo Cavero. La transición que, en punto a la relaciones Iglesia-Estado, había sido modélicas tuvo en la primavera de 1981 su punto crítico porque Fernández Ordóñez, y tres decenas de parlamentarios en el Congreso, se alinearon con la izquierda, en votación secreta, en la aceptación de varias enmiendas que dejaban el camino expedito para el divorcio *consensual.* La división latente en UCD se hizo pública, con alarde de publicidad, y eso ahondó la división entre demócratas cristianos y los demás. El escándalo, independientemente de los efectos sociológicos que podrían derivarse de la ley, alertó al poder de la Iglesia —defensor a ultranza de la estabilidad matrimonial— que UCD se convertía en el antimodelo de sociedad. La pasividad del Presidente del Gobierno en el incidente, no imponiendo su autoridad arbitral en el conflicto, intepretan algunos como la causa externa que los críticos necesitaban para organizarse en plataforma políticamente articulada ante la imposbilidad real de reconstrucción de la UCD.

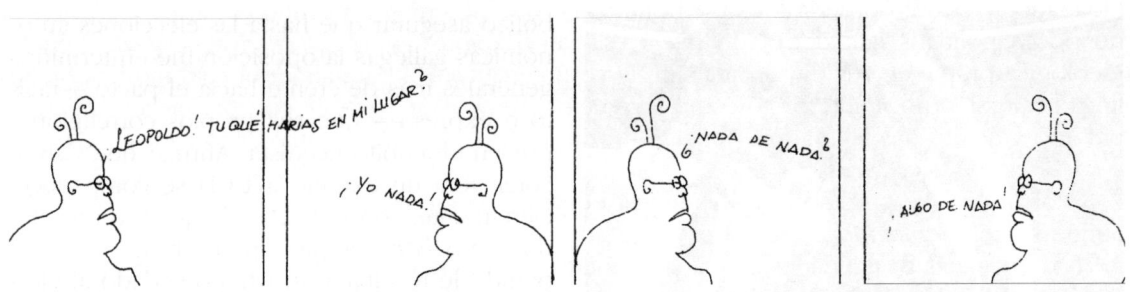

Tira cómica de Peridis que define la personalidad política de Leopoldo Calvo-Sotelo.

En definitiva, Calvo-Sotelo probablemente se sacudió el *complejo de la Moncloa* pero, en modo alguno, pudo desprenderse del *complejo Suárez,* reverencial consideración hacia el mentor que le había aupado en su proclamación y de la que no supo —o no pudo— alejarse[25]. Por lo demás, el *aparato* de UCD era suarecista (con Rodríguez Sahagún y Calvo Ortega en la presidencia y secretaría general, respectivamente) y estaba más preocupado por tomar o afianzar su posición como *familia* específica que por saldar las diferencias internas generales, por lo que la renovación de las asambleas provinciales fue una auténtica guerra de facciones. Sólo en Madrid, en julio de 1981, Calvo-Sotelo quiso dejarse sentir en el partido presentando la candidatura de su cuñado Migue Doménech —que ganó— frente al suarecista Abel Cádiz. Pero, a buen seguro, ya era tarde para impedir que fructificase la simiente de la autodestrucción.

Debido a su entronque familiar y a su ejecutoria durante y después del franquismo, Leopoldo Calvo-Sotelo era un claro exponente de la élite reformista dentro del gran sector social conservador. Por talante y formación, fundamentalmente en el mundo de la empresa, estaba etiquetado dentro del cuadrante liberal, aunque en la estructuración de UCD figuraba entre los independientes de Suárez. Su vocación política era innegable y fue de los pocos que realizaron todo el trayecto de la transición desde el Gobierno, del que se apeó unos meses en 1977 para organizar la campaña y comparecer él mismo en las primeras elecciones generales. Su bagaje era la mejor hoja de servicios para llevar acabo —en misión colectiva— la reintegración de la derecha ideológica, aparte de que, independientemente de ser ingeniero, era un

---

[25] Leopoldo Calvo-Sotelo ha dejado elocuentemente escrito en sus memorias *(Memoria viva de la transición,* capítulo titulado "El libro del mal amor", págs. 55 y ss.) el cortejo de encuentros y distanciamientos entre él y su antecesor, Adolfo Suárez, según una interpretación a veces psicopolítica que, en todo caso, le impedía al Presidente del Gobierno independizarse en el ejercicio de su función. Al inclinarse Calvo-Sotelo por la continuidad del Gobierno que había designado en septiembre Suárez, por ejemplo, entiende el memorialista que pudo ser descontado negativamente por su predecesor, porque fueron los ministros en cuanto *barones* "los que le hicieron el juicio de residencia" (en la celebre *Casa de la Pradera)* y los que ya no llamaban al antiguo líder. Se queja también Calvo-Sotelo de que nada más ser investido Presidente del Gobierno, Suárez se fue un mes de vacaciones hurtándole el necesario consejo. Pero la suceptibilidad del abulense, según relata el memorialista, llegó incluso a molestarle un recurso de humor que Calvo-Sotelo utilizó ante el grupo parlamentario de UCD. Como a Calvo-Sotelo se le reprochase la continuidad del Gobierno y de la política suarecista, se sirvió de la historieta del convento en el que la nueva abadesa quería seguir su criterio sin contravenir ni manchar la memoria de su antecesora y para ello decía siempre: "Como hubiera sin duda hecho nuestra llorada predecesora, he decidido..." (y al año no conocía el convento ni el santo fundador). Ciertamente, interpreta el memorialista, sus amigos incondicionales le apuntaban estas cosas a Suárez como síntoma de deslealtad. Del mismo modo, refiere, a Suárez le hirió que nada más llegar a la Moncloa comentase ante los periodistas respecto de la residencia presidencial que "Aquí no se vive bien. Hay muchos teléfonos y pocos libros". Al margen de estas nimiedades, que para el cesante del poder suelen quedar agrandadas, lo que Calvo-Sotelo reitera como reproche de fondo que le atribuía el suarecismo era que UCD se derechizaba, previendo que el Gobierno pudiera secundar la idea fraguista de la *mayoría natural.*

indagador y estudioso de la filosofía política. Porque no era tan ingenuo como para creer —y no pocos políticos han derrotado hacia esa falsificación— que el *centrismo* poseía esencia ideológica propia en vez de ser una simple vestimenta táctica para atraer el voto moderado. Su llegada al gobierno se interpretó como la inmejorable ocasión para, en concordancia con Fraga, paisano y amigo desde la adolescencia[26], trazar la pasarela segura entre UCD y AP.

¿Por qué no se produjo la coincidencia de propósitos políticos entre Calvo-Sotelo y Fraga? Surgido el *renacimiento* conservador en Estados Unidos y Reino Unido y, por ende, en numerosas democracia occidentales, ¿España —dotada de un gran acervo doctrinal en este campo— podía ser la excepción?

Que Fraga temiese de Calvo-Sotelo un corrimiento político hacia la derecha que le dejase sin espacio para su *mayoría natural* era una posibilidad que le atenazaba, porque la invención del *centrismo suarecista* en 1976 era su amarga experiencia —el mayor ultraje recibido entonces— de cómo a él, predicador del reformismo moderado (de la teoría del centro político), se le había empujado a la derecha marginal de los *siete magníficos* como alternativa de su temprana jubilación política. Ahora no se prestaba a ello y, desde su principal victoria acreedora del apartamiento de Suárez, quería el pacto con UCD —si se entiende profundamente sincero su objetivo— en todo caso de igual a igual, o que AP se constituyese en refugio de algunas *familias* del partido coalicional, claro está que esa última posibilidad pasaba por la previa destrucción formal del invento centrista. A ese fin, su estrategia político-parlamentaria aceradamente crítica no fue alterada ni un ápice, aún estando en el Gobierno Calvo-Sotelo.

Sin embargo, aunque con las dos fórmulas se acreciese el centro-derecha fraguista, no menos cierto es que la segunda opción representaba un trayecto largo, doloroso, depurativo que podía alentar el que los socialistas conquistasen el poder sin fecha de caducidad. La mejor disquisición probatoria de que Fraga estaba interesado en reintegrar el centro-derecha la hace en sus memorias a lo largo del tiempo que mediaba entre 1979 y 1982, con múltiples testimonios —y sería absurdo pensar en pruebas preconstituidas— de ofrecimiento pródigo de pactos. Durante la etapa de Calvo-Sotelo volvió a repetirlo (y se llegó a crear una comisón nego-

---

[26] Calvo-Sotelo, *ibid,* pág. 95 y ss, niega la proclamada *mayoría natural* de Fraga destilando grandes dósis de resentimiento en un capítulo ("La mal llamada mayoría natural") escrito para replicar la trayectoria, actitud política y modos rudos de su paisano y amigo, respirando sin duda por el áspero discurso que le dedicó, quizás precipitada e injustamente, en el debate de investidura. Ello no obstante, con vistas a situar el marco de afinidad/aversión de uno y otro, Calvo-Sotelo sitúa la amistad de Fraga con estas palabras: "Conocí a Manuel Fraga en el verano de 1943, recién terminado mi bachillerato; me quiso entonces convencer, amable y halagadoramente, de que no estudiara Caminos, sino Derecho, para mejor servir a la vocación política que el había adivinado en mí. Ya entonces no acepté su consejo. Desde hace más de 40 años tengo una verdadera estimación personal por Manuel Fraga, llena de matices, distingos y salvedades, pero nunca rectificada; me atrevo a creer que también Manuel Fraga conserva hacia mí la estimación personal de 1943, con tantas salvedades por lo menos y algunas cicatrices más. A veces este antiguo afecto que supongo en él se le escapa entre las palabras desdeñosas con las que políticamente me solía condecorar. Y es que Manuel Fraga valora con exceso la historia académica y profesional de las personas, entre ellas la mía, y acaso esa debilidad (que le había impedido medir en 1976 la gran dimensión política del mediano estudiante Adolfo Suárez) le hizo temer en 1981 que yo fuera a estorbar su avance hacia la tierra de promisión, resucitando la ya entonces maltrecha UCD; sin duda infravaloraba la crisis de UCD, o sobrevaloraba hasta la taumaturgia mis capacidades refundadoras. Por eso aquella durísima intervención suya en el debate de Investidura que precedió al 23 F, a la que yo no contesté por no aumentar sus heridas...".

[27] Durante la primavera de 1981 hubo reuniones por parte de aliancistas y centristas de segundo nivel en orden a explorar la posibilidad de pacto en elecciones generales. Una comisión en concreto, formada por Álvaro Lapuerta, María Victoria Fernández España y Gabriel Camuñas, del lado de AP, y José Ramón Caso y Juan Manuel Reol Tejada, por UCD, cambiaron impresiones sobre la eventualidad de llegar a un pacto, que los primeros querían *a la portu-*

ciadora entre representantes de AP y de UCD, que tampoco llegó a parte alguna[27]) cuando dice: "Cada vez que dimos un avance (de AP, en procesos electorales), volvimos a ofrecer, no obstante, el pacto a UCD; pero todo fue inútil, y así se llegará al desastre final de 1982"[28].

Nadie lo quería decir, aunque todos lo pensaran, pero el obstáculo era el mismo Fraga. Su vehemente doctrinarismo, sus zafias maneras, su incombustible fortaleza —el trabajador *percherón*— todo lo cual le granjeaba más temor que admiración; pero esa actitud no disminuye su predisposición a unir en el voto a los españoles al otro lado de la barrera socialista, visto con insorbonable objetividad. El 7 de marzo de 1981 daba los últimos retoques a una conferencia de Maura (la conferencia que completaba el libro *El pensamiento conservador español)* y se muestra una vez más al hombre solitario, más temido que querido, al que le brota del interior el resquemor a lo que él cree inmerecido rechazo y usurpación de su ambición:

"En casa, trabajando en una conferencia sobre don Antonio Maura. En un breve paseo me asaltan las niñas de un colegio para que les firme autógrafos (¿cuántos habré firmado en estos once años?) Meditando sobre el *Maura no,* me encuentro con que, una vez más, otros quieren administrar mis ideas e iniciativas, sin darme parte: los últimos gobiernos de Franco, la *apertura*; Adolfo Suárez, el *centro*; ahora, Calvo-Sotelo, la fórmula *liberal-conservadora* (es curioso, en todos estos asuntos me encuentro con mi viejo amigo y colaborador Pío Cabanillas). Se olvidaron, los unos, que la *apertura* era una verdadera *reforma*; otros, que el *centro* no es un lugar político, sino una orientación a la moración de los extremos; en fin, que la derecha democrática liberal-conservadora exige convicciones y firmezas"[29].

Incrédulo de la *mayoría natural* era a todas luces Calvo-Sotelo, que sostenía la tesis de la existencia de una diversidad electoral que imposibilitaba la unión de la derecha. Diversidad que es mucho mayor en la derecha que en la izquierda, alimentada por la ambición personal de los líderes, aparte de que existe una derecha nacionalista no comprometida con los intereses estatales. Argumentaba, de añadidura, que si era ingobernable la diversidad en UCD, "¿qué estabilidad, o qué consistencia cabría atribuir a un conglomerado que añadiese al mosaico de UCD el azulejo, también variopinto, de AP?"[30]. Acorde con esta teoría, Calvo-Sotelo se inclinaba por extender el pacto coalicional a los nacionalistas y, en esa dirección, encaminó sus intenciones durante el verano de 1981 tratando de persuadir a Miguel Roca y a Ramón Trías Fargas, así como para incorporar también a Garrigues Walker[31].

El viaje que Fraga realizó a Japón entre el 8 y el 22 de abril de 1981 le proporcionó el sosiego de espíritu, el contrapunto oriental al bullicioso proceder latino. Impresionado por el sincretismo nipón que hacen de la ceremonia, del respeto a la autoridad y de la tradición, el líder aliancista tomó contacto con la Dieta o Parlamento y, en el curso de la visita a éste, tomó nota de la existencia de *corrientes articuladas* dentro de los grupos parlamentarios. En concreto, del que bajo la poética denominación *Tormentas Azules* actuaba en el seno del Partido Liberal

---

guesa —como coalición electoral—, frente a la postura de los centristas que hablaban de un pacto postelectoral y de reparto de distritos en la formación de listas.
[28] Manuel Fraga, *op., cit.,* pág. 238.
[29] Manuel Fraga, *op., cit.,* pág. 239.
[30] Calvo-Sotelo, *op., cit.,* pág. 100.
[31] Así lo sostiene Fernando Jáuregui en su libro *La derecha después de Fraga,* Ediciones El País, Madrid, 1987, pág. 85.

Demócrata, uno de sus anfitriones del viaje al viejo imperio del Sol Naciente. Por el hecho de ser una tendencia influyente, anota en su diario[32], no se rompía la unidad al igual que ocurre en el Partido Conservador británico.

Con esta imagen en las retinas, Fraga le contó a Miguel Herrero en Taipei (Taiwán), con el que coincidió los días 15 al 20 de abril, invitados ambos a la isla Formosa por la fundación *Sun Yat-Sen* (institución cultural dominada por el partido Kuo Min-Tang, único entonces en la república nacionalista china) su grato descubrimiento y convinieron —por ingeniosa sugerencia de Herrero— en bautizar a la operación de patrocinio conjunto con dicha denominación simbólica. La operación *Tormentas Azules* se concretó en el Gran Hotel de Taipei, esa lujosa pagoda para visitantes ilustres, entre brindis de aguardiente de sorgo (sucesivos *campeis* hasta la euforia etílica) mientras se producía en el firmamento chino "un poco frecuente fenómeno (un "parhelio" prolongado) meteorólogico que rubricó nuestros consensos", apostilla irónico el memorialista Fraga en la referencia histórica del encuentro.

¿En qué consistía la operación *Tormentas azules?*

Para Fraga y Herrero era un intento lícito de reagrupamiento de fuerzas políticas liberal-conservadoras —de centro-derecha—en pos de frenar el previsible triunfo de la izquierda y, de modo preferente, para conjurar la repetición de otro *golpe de Estado*. Acerca de quien la *liderase* no está claro, o al menos hay matices y contradicciones respecto del papel a desempeñar por Fraga, y lo mismo puede decirse de los aspectos formales de su articulación.

Para Calvo-Sotelo, la operación contenía todos los elementos de la traición en la conducta de Herrero y, en cuanto a sus fundamentos programáticos, asegura que se trataba de un plagio.

Cabe, por todo ello, antes que deducir por el historiador la auténtica versión, trasladar al lector, a su independiente juicio, la exposición trilateral según la cronológica aparición de las respectivas memorias.

Durante el mandato de Calvo-Sotelo fue cuando Miguel Herrero contactó con Fraga para pasarse del grupo de UCD al de AP, no sólo él, sino en compañía de "otros" (al principio muchos y después menos). El partido centrista ya estaba en abierta crisis y nada la pararía. En la foto, mientras el Presidente del Gobierno lee la prensa en el "banco azul", Fraga, Lavilla y Herrero intercambian puntos de vista sobre algún asunto del orden del día.

En la fecha 6 de mayo (1981), Fraga explicita el contenido del pacto condicionado con los siguientes grandes trazos:

> "Almuerzo con Miguel Herrero que me entrega un documento con ideas para una operación política, que simpáticamente denomina *Tormentas Azules*. Objetivo: crear una fuerza política capaz, a corto plazo, de cortar todo intento de un nuevo golpe involucionista; a medio plazo, de ofrecer apoyo parlamentario suficiente a un Gobierno con una política clara de centro-derecha; a largo plazo, de constituir una oferta electoral de amplia base. Tal fuerza debería cubrir todo el espacio de la derecha democrática al centro; apoyaría, con

---

[32] Manuel Fraga, *op. cit.*, pág. 243.

condiciones, al vacilante Calvo-Sotelo, entonces incapaz ya de gobernar, por haber perdido rápidamente la confianza de la derecha y carecer de toda autoridad frente a la izquierda. Para la oferta electoral se consideraba inevitable el sistema de coalición a la portuguesa.

Para llegar a ello, Herrero se proponía intentar la creación de un subgrupo parlamentario en UCD, que pensaba podría llegar a los cincuenta diputados independientes y democristianos; pero éstos últimos no dieron el paso; y que éste pudiera lanzar una especie de 'libro blanco' basado en estos puntos: ingreso inmediato en la OTAN; enérgica actitud ante el terrorismo y la delincuencia organizada; ordenación del proceso autonómico; lanzamiento de un programa eficaz de inversiones, restaurando el protagonismo de las Diputaciones; especial atención a Canarias; apoyo a la empresa privada y lucha contra el paro; financiación de 'toda' la enseñanza obligatoria (documento que se preveía para mayo). La idea era buena; tuvo mucho que ver con lo que se hizo en 1982; pero muchos de los miembros de UCD retrasaron mucho su decisión, y sólo se decidieron tras las elecciones gallegas y andaluzas, lo que nos hizo perder un año decisivo y ese año lo ganó el PSOE"[33].

No puede sustraerse el memorialista Calvo-Sotelo al comentario desabrido sobre el precedente párrafo, destilando el disgusto del traicionado[34]:

"Lo que se deduce de este párrafo de Fraga, mal escrito y mal puntuado, tendría que calificarse con dureza si no fuese tan grotesco. Ya no se trata de Miguel Herrero solo, sino de un grupo que puede llegar a 50: el inciso según el cual los democristianos no se decidieron parece ser una interpolación tardía. El nombre de la operación, que el subconsciente de Fraga juzga simpático, es nada menos que *Tormentas Azules*. Miguel Herrero ha tomado ya, internamente, una distancia definitiva respecto del Gobierno al que sirve y de su Presidente. El *libro blanco* es una macedonia de frutas variadas que, reducida a coherencia, reproduciría mi programa de gobierno; cuando lo propuse en la Sesión de Investidura, le pareció a Manuel Fraga 'frío, altanero, fuera de la realidad; ahora, cuando se lo refríe Miguel Herrero para su liderazgo, le parece bueno'. 'Tuvo mucho que ver con lo que se hizo en 1982', comenta graciosamente Fraga 'claro, Manolo, como que era *mi* programa' ".

El tercero en discordia, Miguel Herrero[35], se defiende de las acusaciones de su otrora jefe de filas centrista y lo hace aportando información de las tentativas de otros por llevar a cabo "el centro ampliado" (alude sobre los particulares a los proyectos de Pérez Llorca, Ignacio Camuñas y Merigó, del lado liberal), Sin embargo, del lado democristiano e independiente, tanto Herrero como otros postulaban una "gran derecha", que dejara fuera a los socialdemócratas. Y negocia así sus argumentos quiméricos jugados en todas las bandas:

"... Ambas opciones coincidían en dar por supuesto el liderazgo de Calvo-Sotelo y la preeminencia del centro-derecha en la nueva fuerza política que se propugnaba.

[33] Manuel Fraga, *op., cit.,* pág. 250.
[34] Calvo Sotelo, *op., cit.,* pág. 213.
[35] Miguel Herrero, *Memorias de estío,* pág. 244 y ss, es el último de los testimonios, ya que es de 1993, cuando el de Fraga es de 1987 y el de Calvo-Sotelo, de 1990. Sin embargo, aunque la versión de Herrero es posterior y justificativa de su actuación, es de mayor contenido informativo y en ese sentido más clarificadora en la *trinca* que resume el autor.

Cualquiera de las dos podía haber sido fecunda si se hubiera optado a tiempo por ella. Quienes preferíamos la 'mayoría natural' estábamos, también, dispuestos a participar en la 'mayoría liberal', si de verdad se optaba por el centro ampliado. Calvo Sotelo no lo hizo.

Por mi parte incrementé mis contactos con Manuel Fraga, tanto para mantener vivo nuestro pacto parlamentario como para preparar, si cuajaba el proyecto de gran derecha, la fusión de su grupo y partido con el centrista. Este es el proyecto irónicamente denominado 'Tormentas azules', del que hablamos largamente a raíz de un viaje a Taiwán en abril de 1981, en el que ambos coincidimos.

Aquellas conversaciones eran simultáneas a las que tuvimos Óscar Alzaga, Osorio y yo mismo; y después Osorio y yo, cuando Alzaga decidió potenciar en soledad la Democracia Cristiana. En largos almuerzos mano a mano en el Nuevo Club, el antiguo vicepresidente del Gobierno y yo mismo diseñamos una compleja operación que suponía la disolución de Coalición Democrática en el grupo centrista y la incorporación de los militantes de Alianza Popular a UCD, en posición suficientemente ventajosa como para ser atractiva y, sin embargo, cuantitativamente insuficiente como para alterar el talante del centrismo. Manuel Fraga, cuya generosidad en aquella ocasión debe ser reconocida, dio pleno asentimiento a aquel proyecto, contempló la posibilidad de ir de embajador a las Naciones Unidas o, mejor aún, de asumir la presidencia del Congreso de los Diputados. Hay que tener en cuenta que de haberse llevado a buen fin aquel proyecto, UCD hubiera obtenido la mayoría absoluta en el Congreso, e incluso los efectivos de Coalición Democrática hubieran superado la posible secesión de socialdemócratas y suaristas. La nueva mayoría podía haber sido conseguida mediante los correspondientes pactos con los nacionalistas y, en todo caso, la UCD así renovada no hubiera tenido a su derecha una alternativa capaz de atraer primero a sus cuadros y después a sus votos, como ocurrió más tarde.

A la vez, simultáneamente, insistí ante Calvo Sotelo en la necesidad de que, liberándome de hipotecas, asumiese el liderazgo de aquella operación. Todavía, el 11 de julio de 1981, le envié un informe que, entre bromas y veras, comenzaba con el famoso saludo de las brujas de Macbeth al final de Acto I: 'Salve, Macbeth, que con tiempo será rey' ".

El afán por reconstruir una gran fuerza política de centro-derecha era la fiebre de los meses siguientes al 23 F, que delataba la subyacente enfermedad de una democracia incipiente. No bastaba el remedio partitocrático porque eran las organizaciones políticas las que realmente estaban enfermas, sobre todo UCD y PCE, que fueron las que más esfuerzo efectuaron en el compromiso de la reconciliación. La renovación democrática debía pasar por la actualización de las élites dirigentes y ello, por traumático que sea, se produjo lenta y resistentemente[36].

---

[36] La renovación de UCD ha sido ya apuntada en términos de liderazgo y de ideología, pero en el PCE la crisis partitocrática abrió la mayor hendidura de su historia también como contestación a Santiago Carrillo y a los "históricos" que le acompañaban (Sánchez Montero, Marín y Ballesteros). Pero sobre todo, la crisis ideológica se daba en tres corrientes (leninistas prosovieticos, eurocomunistas y comunistas renovadores) que no supieron amoldarse a la nuevas circunstancias y que provocó, entre otras escaramuzas, el enfrentamiento con los intelectuales. Las principales bajas de esta lucha, por incapacidad de asumir el liderazgo, fueron Tamames, Mohedano, Mario Trinidad, Manuel López, Manuela Carmena, Eduardo Leira. Permanecieron con espíritu crítico, en su afán de renovar, Pilar Bravo, Nicolás Sartorius, Alonso Zaldívar, Antoni Gutiérrez y Lerchundi. Cuando abandonó Ramón Tamames el PCE precisamente basó sus críticas en cinco puntos: fomento del culto a la personalidad, pérdida del papel arbitral de Carrillo, creación de una facción carrillista, carencia de una dinámica creadora y política personalista del Secretario General (*La Vanguardia*, 12-V-81); todas estas críticas, como se ve, incidían singularmente en cómo se ejercía el liderazgo.

La filosofía del pionerismo político se basa en que los más adelantados abren el camino de los equipos posteriores, de las subsiguientes oleadas que lo asentarán, tras el homenaje y reconocimiento de aquellos que, en la nueva fase, sólo serán los fundadores e inspiradores. La renovación que no se había dado en el centrismo y en el comunismo, permitiendo la permeabilidad en el liderazgo, se produjo durante 1981 en guerras fraticidas, precisamente en los momentos de mayor debilidad. Esta crisis no era el efecto de la intentona golpista, sino su etiología, en un clima social de desconfianza hacia los partidos políticos que realmente no representaban al ciudadano ni articulaban la sociedad para la participación política, sino que eran el puerto de arrebatacapas.

La *partiditis,* la facilidad para crear partidos huecos bajo siglas sonoras y el sistema electoral proporcional, había fragmentado de tal manera las opciones ideológicas (con once grupos parlamentarios en el Congreso de los Diputados) que la política se hacía conservadora de sí misma, de contar con un dispósitivo propio para fines interesados. De ahí que las voces de alarma brotasen en todos los campos en medio de la precariedad del sistema en orden a buscar entidades mayores, sólidas y perdurables capaces de generar gobiernos fuertes.

Pero la situación era tan difusa e incierta, trasunto de la ignorancia sobre el rumbo que se debía tomar, que la anécdota clásica que narró Jenofonte sobre la batalla naval de la flota ateniense, era lo más expresivo. Como los jefes navales de Atenas pidieran ayuda a los dioses entretanto, diezmados por sus adversarios, los navíos se encontraban en medio de una tormenta, uno de ellos —inspirado por el sentido común— exclamó: "¡Pero cómo nos van a dar los dioses vientos de fortuna, si no sabemos a dónde queremos ir!".

La LOAPA, otra lectura de las Autonomías

El proceso de transición política fue un proceso de *transacción* para la configuración de las instituciones del Estado democrático. Ese sustrato de pacto no fue claro en lo concerniente al Título VIII de la Constitución, el cual, por omisión o negligencia de los constituyentes, configuraba una *soberanía difusa* entre el Estado y las demarcaciones regionales que se creaban. La reconducción del panorama jurídico del llamado Estado de las Autonomías fue una valiente y acaso tardía iniciativa del Gobierno Calvo-Sotelo inspirada y sostenida por el ministro de Administración Territorial, Rodolfo Martín Villa. En definitiva, por un ingeniero de Caminos y otro Industrial, con mayores inclinaciones a sostener el reino de lo empírico que el paraíso de los principios.

La exarcebación autonómica a que se llegó entre 1979 y 1981 necesitaba de un freno en cantidad y calidad, porque la profusión autonomista equitativa más allá de la reposición de los derechos históricos de Cataluña, País Vasco y Galicia, desmantelaba el mapa de España y veladamente hacía de él un Estado federalista. La dislocación territorial —ya *tabla de quesos,* ya el distributivo *café para todos*— llevaba pareja una plantación de champiñón partidista, que alentaba al fulanismo de fundar ilimitadamente grupos políticos provinciales y regionales[37], porque el poder autonómico era más apetecido que el poder estatal.

---

[37] De las 232 entidades inscritas en el Registro de Partidos Políticos sólo 21 tenían representación parlamentaria. Además de una pléyade de partidos provinciales (por ejemplo, 2 en Albacete, 2 en Badajoz, 3 en Cádiz, 9 en La Coruña, 2 en Logroño, 2 en Lérida, 70 en Madrid, 2 en Murcia, 5 en Oviedo, 1 en Palencia, 7 en Las Palmas, 8 en

Así las cosas, con vistas a trazar el mapa de las autonomías y limitar el insuflante recorrido del acordeón de las competencias y transferencias, para los acordes estatales exclusivos y los de autogobierno de cada comunidad, se concibió la Ley de Ordenación y Armonización del Proceso Autonómico (LOAPA). Cierto es que en política las nociones indeterminadas *ordenación, armonización, coordinación, planificación...* suelen enmascarar propósitos restrictivos y, en el caso contemplado, escondía la firme voluntad de señalar barreras técnico-jurídicas dejándolo en manos expertas. La comisión de expertos, bajo la dirección del eminente jurista Eduardo García de Enterría[38], concedía al Gobierno el beneficio de la duda de que lo que dedujesen los jurisperitos en su informe final, gozaba de solvencia e independencia. Y con este marchamo, Calvo-Sotelo inició consultas con los principales líderes políticos, encontrando sintonía con el líder socialista Felipe González, lo que condujo más tarde a la celebración de los *Pactos Autonómicos* a las puertas de las vacaciones veraniegas (el 31 de julio de 1981).

Recelo y beligerancia suscitó la iniciativa misma en los partidos nacionalistas catalán y vasco, por entender la LOAPA una ley contra ellos siendo en realidad lo contrario[39]. Era la desconfianza a priori, al por si acaso, porque con el establecimiento de unas reglas interpretativas fijas establecidas por juristas independientes la elasticidad de la negociación política —la lonja para el diálogo o el campo de tiro—, se estrechaba inexorablemente. Desde la óptica de partidos estatales la LOAPA debiera resultar un valladar para su protección y un seguro, que les guarecía del incontinente nacimiento de partidos minúsculos regionales. ¿Por qué entonces Alianza Popular y el mismo Partido Comunista se automarginaron o *minimizaron* su participación?

Desde el principio Fraga devaluó la virtualidad del intento de pacto con el Gobierno sobre el tema autonómico no acudiendo él mismo a las reuniones restringidas que convocara Calvo-Sotelo en la Moncloa y, además, prejuzgando inconstitucional el proyecto en conjunto. Las referencias

---

Tenerife, etc.) la distribución de partidos regionales, autonomistas o nacionalistas eran: 17 en Andalucía, 8 en Aragón, 15 en Asturias, 13 en Baleares, 20 en Canarias, 27 en Castilla y León, 70 en Cataluña, 7 en Extremadura, 24 en Galicia, 7 en Navarra, 24 en el País Vasco y 20 en Valencia.

[38] Además de García de Enterría, presidente, componía la comisión de expertos: Santiago Muñoz Machado, secretario; y los vocales Miguel Sánchez Morón, Luis Cosculluela Montaner, Tomás Ramón Fernández Rodríguez, Tomás de la Quadra-Salcedo y Francisco Sosa Wagner. Composición ideológicamente plural, con independencia de que les unía el saber jurídico-administrativo.

[39] Los expertos proponían en su informe, respecto del proceso de elaboración, concentrar los esfuerzos de interpretación en un texto único —con rango de ley orgánica— que contuviese los mandatos en desarrollo de la Constitución, así como la previsión del Estado sobre sí mismo en esta materia. Igualmente contemplaba los casos de colisión entre el derecho estatal y autonómico señalando cuál debía predominar y, en torno a estos conflictos de aplicación preferente, se establecían los mecanismos de coordinación y comunicación entre el Estado y aquellas entidades. Aunque no se ponía en cuestión la existencia de un ordenamiento jurídico territorial de cada comunidad autónoma, se establecían unos principios de interpretación y comunicación en casos de regulación concurrente: que los delegados del Gobierno puedan recabar información sobre todo tipo de regulaciones autonómicas; reconocimiento a la Administración Central para vigilar la observancia de la legislación que se aplica en cada comunidad; ordenación de los procesos de transferencias; reserva del Estado para establecer la programación financiera a corto y medio plazo en relación a las CCAA, y el establecimiento de reglas y técnicas de cooperación en orden a conciertos y convenios, de administración mixta, constitución de entes corporativos e institucionalización de conferencias de ministros o consejeros de distintos ramos, etc. Aspectos fundamentales también abordados por la comisión de expertos fueron la glosa jurídica de las "competencias exclusivas" y, asimismo, la interpretación estricta del artículo 149 de la Constitución, por virtud de la cual se ordenaban las categorías de autonomía. Dentro del análisis de la tipología de CCAA (modelo catalán, vasco, comunidades uniprovinciales, insulares y de las ciudades de Ceuta, Melilla y, en su

en sus memorias se circunscriben a verse para el tema con Pujol, subrayando de paso la unidad de España y la dudosa constitucionalidad del proyecto, y a parcas alusiones de que el asunto lo llevó varias veces al Comité ejecutivo de AP para dilucidar qué se hacía. Por delegación del partido fueron a negociar al ministerio de Administración Territorial, hasta última hora, José María Aznar, Álvaro Lapuerta, Abel Matutes y Jorge Verstrynge[40], y se retiraron de la mesa para no firmar el pacto alegando objeciones intrascendentes (el debilitamiento de las Diputaciones provinciales, entre las principales).

En verdad, con el respaldo de los órganos colegiados de AP, Fraga y demás dirigentes aliancistas albergaban el temor, ante las inmejorables perspectivas que se advertían en las elecciones autonómicas gallegas, que un *abrazo* de este tipo con el Gobierno mermase posibilidades en Galicia. Como fuere, los factores estratégicos de la política cotidiana parece que prevalecieron entonces por encima de la mirada larga sobre el horizonte, y, no lograda la unanimidad de los partidos estatales, muchos aspectos de la LOAPA nacieron frágiles. Calvo-Sotelo, al escrutar los motivos de por qué el líder aliancista se inhibió en los diálogos, se pronuncia implacable en la crítica:

"... A Fraga lo han descolocado siempre las acciones prudentes del Gobierno: tenía que estar conmigo en los Pactos Autonómicos, y con González en la OTAN o en el 14 D: y no estuvo. Suele predominar en él la *oposición* sobre la *posición* y, a veces, el temperamento sobre la inteligencia"[41].

La "plataforma moderada" frente a los socialdemócratas

La ley del divorcio actuó como la espoleta explosiva del Grupo parlamentario centrista y Óscar Alzaga, que había adquirido en el II Congreso de UCD protagonismo de líder, supo reunir el descontento de muchos diputados frente a sus desaprensivos compañeros socialdemócratas para, sacudiéndose a la vez la etiqueta de *críticos,* configurar la *Plataforma moderada* ante el silencio o el cansancio de Landelino Lavilla.

La inspiración del subgrupo —corriente o tendencia en aquel momento— era democristiana y su vocación de pervivencia contemplaba el desgajamiento de UCD y la creación de "una nueva mayoría" ante las elecciones generales próximas. Se esgrimía, en todo caso, el apelativo de la *moderación* como antídoto al *progresismo* de los socialdemócratas de Fernández Ordóñez, los liberales y los suarecistas nada interesados en revisar y recrear los postulados programáticos del partido coalicional.

---

día, Gibraltar) se analizaba el papel que en cada caso deberían jugar las Diputaciones Provinciales como entidades gestoras, con carácter general o por delegación de las comunidades autónomas, de distintas funciones y servicios, pudiendo también estas corporaciones asumir funciones transferidas o delegadas por la Administración del Estado.
Y respecto de las comunidades uniprovinciales se recomendaba la integración con la diputación preexistente. Por último, se introducían correcciones y reglas para cortar —o reconducir— la tendencia de las comunidades a la ampulosidad representativa, a la reproducción del aparato estatal y a la densificación burocrática.
[40] La delegación aliancista la encabezaba formalmente Álvaro Lapuerta, pero el que conocía realmente la legislación autonómica era José María Aznar, habida cuenta de que fue uno de los redactores del estatuto de la Rioja y que, dentro de la Oficina Central del Partido, era el vicesecretario responsable de temas autonómicos desde el IV Congreso Nacional.
[41] Calvo-Sotelo, *op., cit.,* pág. 115.

Persuadido Alzaga de la apertura izquierdista de Fernández Ordóñez y del crecimiento de Alianza Popular por el otro flanco, postulaba un reajuste de las fronteras partidistas y con esa idea trató de convencer a Calvo-Sotelo para que desarrollara el partido UCD con visión propia, pero fue anatematizado poco menos. Se le invitó a ser ministro y declinó aceptarlo en aquel contexto, porque se olfateaba ya que el electorado moderado ansiaba mayor concreción de centro-derecha. No obstante, Herrero de Miñón y Alzaga, que compartían análisis y paisaje, pretendieron inicialmente que Calvo-Sotelo se hiciese cargo del partido, pero el Consejo Político era inexpugnable. La carta de los 39 diputados con que nació la *Plataforma moderada*[42] fue rechazada por el órgano decisorio centrista, coincidiendo suarecistas, socialdemócratas y liberales, en reunión del 28 de julio, en una condena sin paliativos mediante un comunicado difundido a los cuatro vientos. Era una pieza más de la disidencia interna, irreconciliable y duradera, que al no tener vuelta atrás —salvo la oportunidad milagrosa de las elecciones gallegas— presagiaba indefectiblemente el desmoronamiento total.

Pero la crisis se desencadenó a final de agosto por la banda socialdemócrata al presentar la dimisión de ministro Francisco Fernández Ordóñez[43], cuyas conversaciones con el PSOE eran un secreto a voces en las reseñas informativas. Bajo el pretexto de que Calvo-Sotelo quería ensanchar la base de gobierno incorporando personalidades *conservadoras,* Ordóñez aprovechó el portillo para salir en socorro del socialismo (mediante carrera ininterrumpida de dos eta-

---

[42] La carta dirigida el 23 de julio al presidente de UCD, Agustín Rodríguez Sahagún, estaba firmada por 39 diputados (en agosto se adhirieron 31 senadores) y constaba de cuatro puntos o bases, según las cuales los firmantes estimaban imprecisndible "el establecimiento de firmes valores éticos en la actividad política y, además, es necesaria la estricta fidelidad a todos aquellos compromisos que hemos contraído con motivo de las campañas electorales...". El segundo punto repasaba los compromisos electorales de 1979: garantía, fortaleza y funcionalidad del Estado sin perjuicio del reconocimiento del hecho autonómico; mejora del orden público con el decidido respaldo a los Cuerpos de Seguridad del Estado; estimular la solidaridad nacional en la lucha contra el paro, pero fortaleciendo el sector privado con apoyo fiscal al ahorro y a la inversión, así como una política de contención del gasto público; superar la consideración de los sectores pesquero y agrario como mercados electorales e impulsar su desarrollo; defensa de la institución familiar haciendo efectiva la libertad de enseñanza y la gratuidad de ésta en los niveles obligatorios; modernización de la administración; garantizar la pluralidad de RTV permitiendo la libre iniciativa, así como lograr la efectiva objetividad de las emisoras de titularidad pública, y considerar prioritaria la integración en la defensa occidental. Propugnaban para la consecución de estos objetivos (punto tercero) la apertura del diálogo social, y el cuarto punto anunciaban la promoción de una corriente "que garantice su confianza y apoye al actual Presidente del Gobierno y a su gestión política". Hacían finalmente un llamamiento de adhesión, pedían la articulación como subgrupo o corriente y expresaban su confianza de ampliar la oferta ante las próximas elecciones.

[43] La dimisión de Fernández Ordóñez se produjo el 31 de agosto de 1981 por carta dirigida al presidente Calvo-Sotelo, cuyo texto de la misiva, en gran parte, circulaba en los medios de comunicación al tiempo de recibirla el destinatario, cuando toda carta es propiedad de quien la recibe. El jefe del Ejecutivo, ante tan anómalo procedimiento y sin mediar comunicación personal —justa respuesta—, publicó en el *BOE* su cese al día siguiente, acompañando el nombre de su sustituto en Justicia, Pío Cabanillas, y cubriendo la cartera de Presidencia con Matías Rodríguez Inciarte. La carta de dimisión, respetuosa en el tono, era fiel reflejo del estilo políticamente inmoral de un transfuga y oportunista nato pero siempre de trato cordial: "A esta altura de mi vida tengo la convicción de haber defendido hasta el límite de mis fuerzas los valores en los que creo, y de haber tratado de cumplir siempre con mi deber. He ocupado en dos ocasiones la cartera ministerial con una dedicación absoluta. En este momento, sin embargo, creo que ha llegado la hora poner fin a mi propia presencia en el Gobierno. La decisión que adopto, largamente madurada, es el resultado de una voluntad de recuperación de mi propia identidad en un instante en que pienso que no podría continuar en mi puesto para llevar a cabo mi proyecto sin una lucha enormemente costosa y desestabilizadora dentro del propio partido. Necesito ahora reflexionar con cierta distancia moral, libre de cualquier ambición concreta sobre mi circunstancia política y mi vocación personal. No hay nada detrás de esta decisión, sino la voluntad de reencontrarme a mí mismo y de reconquistar mi propia libertad. Estaré, sin embargo, siempre al lado de quienes luchan por la justicia y la libertad de España. En esa lucha nunca seremos demasiados".

pas: del Gobierno primero y, tras un período de respeto, del grupo parlamentario) en ruptura con otros socialdemócratas creyentes todavía en la fortaleza medio derruida de UCD. En este sentido, Rafael Arias Salgado y Luis Gámir, aunque rechazaban la fórmula planteada de llegar a una alianza democrática a la portuguesa, intentaron fortalecer el partido y desde aquí, condicionando a Calvo-Sotelo, impedir la derechización de UCD.

Igual alineamiento sostuvo Adolfo Suárez, cuyos colaboradores querían retener a toda costa a los socialdemócratas dentro del partido, empeinado en mantener a UCD en los confines originarios del reformismo progresista. Como reconoce Carlos Huneeus[44], a estas alturas UCD estaba fragmentada a lo menos en diez tendencias diferentes y la autoridad de Rodríguez Sahagún era incapaz, amén de que quizás no existían mecanismos partidistas de revitalización centrípeta.

Lo que se quiso en favor de Suárez, resolver la diarquía partido-gobierno en una autoridad unívoca, en el verano de 1981 se le negaba abiertamente a Calvo-Sotelo de forma terminante, y no sólo eso, sino que se postulaba que el Gobierno y su presidente eran dependientes del partido[45]. En puridad, Calvo-Sotelo se convertía en un pelele inerte y, por si fuera mucho su dinamismo, se le ataban las manos a la espalda durante un período tan excepcional como el posterior a un *golpe de Estado.*

---

[44] *La Unión de Centro Democrático y la transición a la democracia en España,* pág. 365.
[45] En el II Congreso de UCD el sector *crítico* defendió la separación de poderes, con autoridades diferenciadas, entre el Gobierno y el Partido, oponiendo a ello gran resistencia los suarecistas. En esta fase, lograda inconvenientemente aquella separación, algunos dirigentes (era el caso de Rafael Arias Salgado) sostenían que no sólo Calvo-Sotelo no tenía autoridad inmediata sobre el partido, sino que se pretendía la supeditación total del Gobierno a las decisiones de áquel. La situación era en agraz insólita, al pretender esta condición que Arias Salgado publicó en *El País* (9-9-81, "Las reglas democráticas de Garrigues Walker" diciendo: "La libertad de un Presidente de Gobierno a la hora de constituir su gabinete llega hasta el límite en que puede enajenarse el apoyo total o parcial de su propio partido, es decir, del partido que le ha hecho presidente..."

Capítulo 15

ELECCIONES EN GALICIA Y ANDALUCÍA, COMIENZO DEL FIN DE UCD

El reto de las elecciones gallegas de 1981

Invertir el significado del adagio popular *nadie es profeta en su tierra* fue la tarea ímproba y arriesgada que se propuso Fraga en las primeras elecciones autonómicas de Galicia, su patria chica, para trascender a la categoría nacional el ansiado proyecto de *mayoría natural*. Para jugárselo todo en la apuesta, él, con alma de opositor consciente de que además de saber había que tener suerte, preparó concienzudamente desde la primavera de 1981 las elecciones que se celebraron en octubre.

Porque de estos comicios dependían la continuidad de Alianza Popular, la organización de los mismos estuvo siempre bajo su dirección, aunque en la tarea descansó —por delegación de funciones— en un gallego, José Luis Barreiro Rivas; en un cordobés instalado en Galicia, Luis Ortiz Álvarez, y en el castellano Javier Carabias del Arco. Al mismo tiempo, la cita y su importancia activaron todas la estructuras del renovado partido desde la primera hasta la última, porque los adversarios próximos (UCD) pondrían en el empeño de supervivencia todos los resortes a su alcance, ya oficiales como particulares.

A finales de marzo, con siete meses por delante, Fraga solicitó del Comité financiero surgido del Congreso Nacional proseguir el plan de austeridad iniciado anteriormente, pero, sobre todo, urgió en reunir 25 millones de pesetas para iniciar los preparativos electorales. Conseguidos éstos, así como la promesa de nuevas aportaciones, un mes después (el 27 de abril) celebraría una reunión —la gran presentación, en términos anglosajones— con los siete principales de la Banca en un almuerzo memorable para el villalbés, ya que, después del fracasado *golpe de Estado,* se veía perentoria cualquier solución unionista del centro-derecha. Como si de un tribunal de oposiciones se tratara, Fraga estuvo persuasivo y convincente en su arrancada coloquial. "Aunque todos me conocían —recuerda en la reseña de la conversación[1]—, al verlos formando cuerpo, me pareció que debía recordarles brevemente mi biografía...". Así entretejió, con el aval de su cuajada trayectoria de servicios públicos, el *petitum* que le había llevado a ellos y sin cuyo concurso, con un deficiente sistema legal de financiación de los partidos políticos, era imposible hacer política seria. Despejadas la iniciales desconfianzas, se metió en harina y explicó las bases de su proyecto para no seguir viviendo de milagritos frente a la izquierda. Descartó como solución la *recreación* de UCD, a pesar de la respetable personalidad de Calvo-Sotelo y de que todavía quedaban posibilidades de concertación; desdeñó la imposible asimilación de la extrema derecha, y finalmente lanzó su mensaje de nueva mayoría:

---

[1] Manuel Fraga, *En busca del tiempo servido,* Planeta, 1987, pág. 247.

"Alianza Popular, a pesar de su reducido tamaño, era, a mi juicio, el núcleo en torno al cual podía articularse una alternativa. Era un partido no improvisado desde el oficialismo, sino consolidado desde la calle, sin ningún tipo de demagogia ultra, rebasando en todo momento el 'primer millón' de votos; todos los sondeos nos acercaban ya al doble. Aspirábamos (por todos los medios posibles y con la máxima generosidad) a integrar una fuerza nacional (frente a las tentaciones particularistas), democrática y homologable (frente a las tentaciones involucionistas o aislacionistas); conservadora-liberal, en la línea de las que estaban triunfando en todo el mundo; si Reagan y Thatcher habían podido ganar, el primero tras medio siglo de hegemonía demócrata, la segunda tras una generación de influencia laborista, ¿por qué no habría de intentarse en España?"[2].

La gran banca escuchó el requerimiento y, en la persona de sus máximos representantes —tan informados como el solicitante—, concedió el plácet y abrió la ventanilla para el intento gallego. Es a partir de ahí cuando Fraga decide poner en marcha el *Centro Logístico Regional* (la *task force* electoral antes mencionada). Las puertas le son abiertas nuevamente y, con ese respaldo, Fraga se multiplica en viajar, en opinar y en convencer en mítines, en círculos privados y ante los medios de comunicación, con los que mensualmente se reunía en comparecencia gastronómica, en el restaurante La Criolla (con un buen menú de caza), según un ritual desenfadado de dar ruedas de prensa y celebrar la *queimada* de orujo que él mismo preparaba.

Alianza Popular, tras la estela de su principal fundador, era una organización institucionalizada pese a su todavía exigua implantación. Distaba ciertamente de ser un partido de masas (contando escasamente con unos 50.000 afiliados) pero su perfil era conocido y, habida cuenta del proceso de desmoronamiento progresivo de UCD, la sociedad necesitaba de ese asidero —la nueva alternativa— con la que encarar los tiempos difíciles que corrían. De otra parte, el comportamiento de sus cuadros directivos saliendo a la calle en defensa de la Constitución, tras el *golpe de Estado,* había restado la repulsa consustancial que cual daguerrotipo había prendida en la opinión pública. En punto a la permeabilidad informativa internacional, la era del conservatismo estaba de moda en las grandes potencias del mundo y favorecía el nuevo rostro aliancista. Esos eran los *poderes* de AP entonces, una promesa con el viento de los tiempos a favor.

La concienzuda preparación de las elecciones gallegas por parte del *Centro Logístico* de AP no excluía, en todo caso, que Fraga insistiera machaconamente en llegar a un gobierno de coalición con UCD. La encuesta sobre la que actuaba Carabias retrataba fielmente que ninguna fuerza política por sí misma podría conseguir mayoría absoluta (sí en alianza UCD y AP)[3]. Aceptada tal premisa, se actuó bajo la doble hipótesis de comparecer separadamente y, como remota posibilidad, la de acudir juntos en coalición pre-electoral. Andando el tiempo, en puertas del verano, ya se previó la dificultad de alcanzarse la avenencia aliancista y centrista. Incluso

---

[2] M. Fraga, *op. cit.,* Observáse en el memorialista, en este sintético párrafo de su exposición, el esfuerzo clarificador de sus ideas que adorna con argumentos muy del mundo de los negocios, como cuando alude a que AP tenía ya "el primer millón", punto de partida para ser rico en votos. La versión, de otra parte, aunque enjuta debe de ser exacta como para publicarlas en un libro de accesible lectura, de ahí que el autor no dude en darla por enteramente ajustada y veraz en sus términos.

[3] Carabias ha revelado al autor que la intención de voto hacia AP, antes de la campaña, era de un 14 por ciento, llegándose al final a casi un 26 por ciento como resultado y, por lo tanto, pasando del tercer puesto al primero entre todas las fuerzas políticas. La encuesta la había elaborado Gallup y su presidente, el señor Miquel, amigo de Fraga, se la había pasado a éste subrepticiamente.

durante el mismo verano, en el corto espacio tiempo que Fraga estuvo quieto en *La Dorna,* su casa de Perbes, convaleciente de una lesión en la pierna por caída en uno de sus atropellados recorridos por los villorrios, clamaba a todo pulmón por concertar la coalición ("A Calvo-Sotelo no le perdonaremos que no haga la *mayoría natural"*, había aseverado en entrevista concedida al periodista Antxon Sarasqueta)[4].

No puede pasarse por alto el intento que la patronal (CEOE) hizo para que AP y UCD concurriesen juntos a las elecciones y a lo que se prestaba Fraga como ha corroborado uno de los asistentes a una reunión en el mes de mayo, en la sede de aquella[5]. Allí, delante de los presidentes de la confederación empresarial en las cuatro provincias gallegas y de José María Cuevas, Fraga declinaba la comparecencia separada para apoyar, exclusivamente, a José Luis Meilán o a José Manuel Otero como candidatos a la presidencia de la Xunta. Desechada por el centrismo esta candidatura unitaria, Fraga se armó de moral para contender a su aire, eso sí con el apoyo capilar de los empresarios (taxistas, comerciantes, pequeños industriales) del tupido tejido económico multifragmentado pero utilísimo en poblaciones grandes y medianas.

El control político de AP en Galicia, siempre en contacto con el villalbés, lo ejercía Luis Ortiz, vicepresidente del partido, con la especial misión de coordinar toda la operación pero, asimismo, concentrándose en la provincia de Orense, donde inexorablemente había que neutralizar la influencia caciquil de Eulogio Gómez Franqueira (de Centristas de Galicia)[6]. Por la sutil actuación de la Caja de Ahorros provincial y de las cooperativas agropecuarias, Franqueira era un poder onnímodo capaz de *inducir el voto* en gran parte de aquella provincia. Frente a este *tótem* caciquil, Ortiz[7], un comerciante andaluz de vinos, pudo abrirse camino en lo más profundo de la región céltica en compañía de Jaime Tejada, y cuartear el control del inexpugnable cacique. Pontevedra, a su vez, contaba con un joven ex seminarista de convicciones galleguistas e inocultables ambiciones, José Luis Barreiro, que de secretario técnico del partido (un empleado de la organización territorial) había adquirido notoriedad y respeto en la comisión redactora del Estatuto de autonomía, y por consecuencia, con sus planteamientos galleguistas tolerables, se constituyó en lo más avanzado y progresista del partido y pudo arrumbar a las élites pontevedresas —con mayor dificultad a las de Vigo— hasta imponer su estilo. En Lugo la organización aliancista estaba formalmente en manos de un primo de Fraga, Aniceto Codesal, pero el que manejaba los hilos del poder era el senador por la provincia Francisco Cacharro, andaluz de naci-

[4] *Cambio 16,* 17-8-1981. El periodista advirtió en Fraga una postura conciliadora hacia Calvo-Sotelo, de quien decía que sus palabras eran correctas, no así sus hechos, para añadir: "Nosotros hemos mantenido una cierta espera, pero creemos que su obligación, él que tiene más medios que nadie (Calvo-Sotelo), es contribuir a esa mayoría natural".

[5] Miguel Herrero *(Memorias de estío,* pág. 245) estuvo en la reunión a que se hace referencia.

[6] Bajo la influencia de Pío Cabanillas, Eulogio Gómez Franqueira había ingresado en UCD con su grupo, siendo diputado por Orense en las legislaturas constituyente y primera. Incluso para la UCD, la provincia de Orense era territorio impenetrable porque este gerente de empresa, que había creado varias cooperativas agropecuarias, gozaba de la plena confianza de los cooperativistas. Considerado sarcásticamente el hombre de "mas huevos" de Galicia, pues introducía en el mercado diariamente dos millones de huevos procedentes de las granjas cooperativas, siempre tuvo la idea de crear un partido político galleguista como también, hasta su desaparición, se negó a asociarse con Fraga. Vivía en Cenlle y en su misma residencia fue secuestrado por ETA, pero con valor y astucia se frustó el intento y los terroristas tuvieron que salir huyendo.

[7] Luis Ortiz era cordobés y, como representante de los vinos andaluces, pudo integrarse cómodamente en la sutil y espaciosa manera de ser de la Galicia interior con relativa prosperidad. Al servicio de AP perdió oportunidades económicas y hasta la misma salud, precisamente por su entrega al partido en estrecha relación con Fraga. Pese a no contar con activos culturales su sentido de la realidad era proverbial, razón ésta tal vez por la que Fraga le concedió su confianza y afecto, llegando a ser la máxima autoridad aliancista en Galicia.

miento y acendrado gallego por familia y adopción, quien, siendo inspector de enseñanza, desde los primeros comienzos del partido, articuló con maestría —y no poca audacia y riesgo— la bases aliancistas en la mismísima provincia de Fraga. La Coruña era otra cosa, con Santiago en su provincia. Más cosmopolita, mejor comunicada y más volcada hacia sí, Alianza Popular tenía en ella su mejor asentamiento por volumen de población, pero por eso mismo generaba mayor número de dirigentes e influencias. Siempre la confección de listas en La Coruña entrañaba un nudo complejo para el desenredo, y en esta ocasión, no se podía discutir su liderazgo entre las demás provincias. Pero, ¿con quién? ¿Qué candidato habría de ser para que, figurando el primero en la lista, acopiase autoridad suficiente para ser Presidente de la Xunta?

Dentro del entramado competitivo interprovincial no existía —y no se reconocía— liderazgo alguno que no contase con las complacencias y beneplácitos de Fraga, de ahí que, no sólo como hipótesis, se registró la intención de que el mismo fundador de AP encabezase las listas para dar el *tirón* electoral. Como la ambición de Fraga era más profunda, extensiva a España, se adoptaría una solución intermedia de patrocinio total para que *estuviese* —en los carteles— *sin estar,* en apoyo de todas las listas y del que fuese efectivo *presidenciable*. Carlos Pardo, amigo y contertulio de *Don Manuel* en los lances del dominó y de la caza *(El Jefe* para los íntimos), le había recomendado a su amigo, en clave de humor, la fórmula para ganar: "Quien domina los mares, controla los oceanos"[8]. Y con esa apodíctica idea de estrategia naval inglesa Fraga tenía decidido hacer una campaña electoral incluso a cargo de la total enajenación de sus vacaciones, sin dejar de patearse ni siquiera la última parroquia del más recóndito paraje. Era por otra parte uno de los pocos políticos a los que sus paisanos no le reprochaban que iba sólo a los pueblos y aldeas a pedir el voto, porque él tenía a gala transitar por las *corredoras* en todo tiempo *(moito talonar)* fuera o dentro de elecciones para dar cumplido gusto, en cualquier feria o fiesta, de la empanada y del orujo que hubiera menester.

La candidatura por La Coruña no estaba decidida y, por ende, quien la encabezara frente al de UCD[9]. La familia Fernández Armesto (Felipe y Totora), entre las influyentes de la sociedad dirigente coruñesa, mediado el mes de agosto invitó a Fraga a almorzar en la Xanceda con un médico desconocido para el villalbés que daba el perfil del candidato que buscaban: Gerardo Fernández Albor, cirujano santiagués director de la clínica *La Rosaleda,* que gozaba de prestigio entre la intelectualidad galleguista moderada y no estaba decidido a irrumpir en la política. Al parecer costó convencerle, pero al fin aceptó aun conscientes todos —el interesado en primer lugar— de que en poco tiempo tenía que aprender las prácticas políticas más elementales. Javier Carabias, que durante todo el mes de agosto, había estado preparando el correteo pre-electoral de Fraga, en seguida recibió el encargo de éste para que asesorase y tutelase al nuevo *fichaje,* de lo que no se dio publicidad hasta varios días después.

---

[8] Lo anota como recomendación pintoresca, pero muy expresiva, el mismo Fraga en sus memorias *(Ibd.,* pág. 255) con ocasión del viaje que realizó a Lugo y Santiago en junio de 1981, para dilucidar con el Comité Electoral Regional la composición de las listas. Candidaturas que se confeccionaron —y cerraron casi del todo— mucho antes de la pre-campaña, a fin de soslayar las presiones y conflictos que ello arrastraba consigo.

[9] En la UCD gallega, a lo largo de los dos meses previos a la campaña electoral el orensano Gómez Franqueira y Meilán Gil, de una parte, y el sector de los Rosón (en esta ocasión incluido tambien Pío Cabanillas), de la otra, sostuvieron duros enfrentamientos respecto del candidato que, primero por La Coruña, podía aspirar a la Presidencia de la Xunta. Los primeros apoyaban para tal puesto al senador José Quiroga y los segundos, al rector de la Universidad de Santiago José María Suárez. Éste quedaría apartado por su declarada enemistad con Meilán Gil y, resultado del enfrentamiento, el prestigioso catedrático santiagués no compareció (era, sin suda, el trasunto de la rivalidad entre La Coruña y Santiago).

La campaña gallega, un buen ensayo de las generales

Para ponerse en orden de batalla electoral, antes que desplegar los factores de persuasión ante los ciudadanos, es primordial contar con un programa y candidaturas aceptables interna y externamente. La redacción del programa fue obra personal de José Luis Barreiro en connivencia —el privilegio de retocar y aceptarlo— con Manuel Fraga. El joven secretario técnico de AP, decidido a *mojarse* por Pontevedra, incluso efectuó la traducción de la oferta electoral a la lengua gallega y estiró sutilmente los postulados autonómicos hasta el dintel del progresismo radical. Ese tinte galleguista moderado se abrió camino en la brecha que, sin pretenderlo, la LOAPA parecía taponar.

La prueba diabólica siempre reside en la confección de las candidaturas donde quiera que sea y para cualquier elección, pero en el caso de la Galicia atomizada, con una dispersión poblacional de bajo nivel cultural, el cacicato dificulta la tarea. Resorte no pequeño en las provincias interiores y menos graves en los núcleos y ciudades industriales, que en 1981 Alianza Popular superó en gran medida anticipadamente y con determinación.

Apalabrada la candidatura del doctor Fernández Albor, primero en la lista por La Coruña, la designación de José Luis Barreiro por Pontevedra requería de un puñetazo sobre la mesa de alguien con autoridad, capaz de allanar los obstáculos que oponían los círculos económicos e industriales de Vigo (*¿Un ex seminarista, hijo de un cartero y galleguista ultra nos va a representar?*). Fraga adoptó la decisión final apadrinando la ruptura que ello representaba[10]. La rivalidad de La Coruña frente a Santiago, toda vez que Albor era santiagués, se solventó llevando de número dos al extrovertido José González Dopeso (suegro del tenista Manuel Santana). En Pontevedra, a su vez, la nominación de Barreiro fue compensada con los dos siguientes de la lista: Julián Martínez Larrán y Mariano Rajoy, éste un joven letrado de 26 años, hijo del respetado presidente de la Audiencia Provincial, que preparaba la oposición de Registros[11].

En Orense, igualmente, se buscaron candidatos con prestigio personal no sujetos a la órbita de Franqueira y sus amigos: el primero Manuel Ángel Villanueva Cendón, industrial muy conocido y de la confianza de Ortiz, y María del Carmen Lovelle Alen, postulada para la candidatura por Jaime Tejada. Encabezaba la lista de Lugo el que era hombre de partido Adolfo Abel Vilela y le seguía el respetado periodista-escritor Pablo Moure Mariño, de la confianza de Fraga.

Desde los primeros días de septiembre la maquinaria electoral de AP se puso en movimiento cuando los incendios y hogueras del disgusto por la confección de listas todavía crepitaban. Mas, sofocados éstos, la unidad de actuación se hizo efectiva en los itinerarios programados para Fraga en una precampaña larga y detallista, en la que Galicia era el centro de atención sin olvidar los problemas nacionales (la retahíla de noticias sobre los estragos en muchas familias consumidoras del aceite adulterado de colza) que sumía en la incuria al Gobierno y su partido. Los días 5 y 6 de septiembre el villalbés visitó prácticamente toda la provincia de Orense, en cuyo maratón se incorporó por vez primera el doctor Fernández Albor.

---

[10] Es conocido que en varios miembros de la dirección aliancista la designación de Barreiros causó extrañeza y en otros contrariedad, pero nadie se atrevió a plantear objeción alguna en el Comité Ejecutivo a juzgar por las actas de dicho órgano durante el período contemplado.

[11] Javier Carabias ha contado al autor que a Mariano Rajoy le convencieron para que fuese de candidato entre él y Alejandro López Lamelas en una conversación sostenida en una gasolinera de Vigo. Allí mismo, en la cafetería de la estación de servicio, aceptó ir de número tres por Pontevedra e iniciar su brillante carrera política.

Tan circunspecto y sereno, el cirujano aluci-
naba de ver el modo fraguista de *hacer política:* hablando con todos (en gallego o castellano), pronunciando cortos discursos subido
en una caja de cerveza, chaqueta al hombro,
y enguyendo grandes rebanadas de empanada regada con el vino de la tierra (en la patria
del Ribeiro). Entonces comprendió el significado del populismo y desde aquella inmersión, sin estridencias y con naturalidad, Albor
se dejó captar para la causa aliancista según
un modo de actuar sencillo, de plática paternal a sus paisanos, que siempre ha seguido
sin atenerse a las recomendaciones de los
técnicos, acuñando un estilo anárquico y coloquial de persuasión política sin haber leído
previamente programas y argumentos de contenido sustantivo.

El 14 de septiembre AP celebró en La Toja
su convención de candidatos (74 y los suplentes) y la presentación de la campaña y del candidato *sotto voce* a la Presidencia de la Xunta,
Albor, quien humildemente confesó en el acto
que tenía que empezar a leerse la Constitución.
Ante Fraga y la plana mayor aliancista tuvo
lugar una de las reuniones más efectivas y des-
mitificadoras de la política con gente joven y
nueva en la pelea por el voto. Allí también se
presentó a Barreiro, que pronunció el discurso
de su revelación —entre emotivo y doctrinal—
para ser aceptado por su galleguismo. En la

*A medida que UCD se descomponía Alianza Popular se
afianzaba tanto en el electorado como en los medios de
comunicación, para lo cual se estableció un sistema habitual de contacto con los periodistas en los que predominaba el ambiente distendido y coloquial aunque, en realidad,
eran ruedas de prensa encubiertas. Se cenaba copiosamen-
te y al término de los postres Fraga, aportando orujo gallego que trasegaba él mismo durante el verano, hacía una
queimada mientras hacía bromas o constestaba preguntas.
Casi nunca se utilizó el* off the record.

mente de todos, sin embargo, quedó dibujado el tándem Albor-Barreiros como vehículo apto
para dominar la política de aquella región conservadora.

Afrontar la campaña gallega, para una movilización total de 964 candidatos de 18 fuerzas
políticas (de ellas 3 testimoniales), suponía tener la iniciativa o acapararla ante todos y ante los
círculos oficiales (gobernadores civiles, ayuntamientos, instituciones, etc.), truncando la ventaja con que cuenta quien ostenta el poder. Este fenómeno se produjo y, tal vez por eso, el conjunto de actuaciones fue el mejor *banco de pruebas* para AP. Mediante concurso y con un presupuesto máximo de 149 millones de pesetas[12], la campaña le fue adjudicada por consejo de
Javier Carabias al consorcio *Interalas/DAMM* de Barcelona y, en sus aspectos técnicos, fue dirigida por Antonio Aguilar.

---

[12] El autor desconoce el coste final de la campaña y se atiene a la propuesta máxima que se hizo antes del verano,
que comprendía como partidas importantes: publicidad directa (48 millones), publicidad exterior (25,3 millones), prensa y radio (19,9 millones) y, entre otros, sólo 3,5 millones para mítines y actos. Al final de las elecciones hubo ciertos
reproches sobre lo cara que resultó, pero es lo cierto que, en función de sus resultados, fue barata si se comparaba con
los más de mil millones que supuso de gasto en las generales de 1979 la campaña de Coalición Democrática.

Fue una campaña que, abandonando la tópica de mítines y concentraciones humanas (a lo que es tan poco proclive el dubitativo y reservado carácter gallego), concentró sus mensajes en el mejor activo de AP precisamente en su tierra: Fraga. Galicia nunca le había abandonado y precisamente por eso, consciente de que era una ciudadela electoral, puso su faz por delante con el eslogan veraz *galego coma ti (gallego como tú)* en respaldo a todos los candidatos y a todos los argumentos *(Galicia, Á gana!, la pesca gana, mujer tienes que ganar, joven tienes que ganar,* y el mismo *leit motiv* para la presencia sectorial) como un cuño emblemático[13]. En realidad, dividida como toda campaña en tres fases (presentación del programa e imagen corporativa, campaña individualizada de candidatos y apelación final al voto), aquella campaña gallega encerraba 16 o 17 campañas diferenciadas y confluyentes en imágenes y mensajes. El fuerte de todo el despliegue lo constituyó la publicidad directa, las vallas (en los principales cruces de caminos) y la radio. Importa decir, a los efectos novedosos, que fue la primera vez que se proyectaron en los cines *cortos* argumentados de gran impacto publicitario. Y dado el bajo nivel cultural de varias comarcas se publicitaron hasta las papeletas (con distintivo y lista) para evitar errores, a la vez que, el día de la votación, un dispositivo de transporte rural permitió a los paisanos del interior acudir a los colegios sin quedar atrapados por el barro en las *correidoras.*

El *Centro logístico* se estableció en Pontevedra, lejos de las principales ciudades y capitales, y en todo momento Carabias, Alejandro Martín, Antonio Gestoso, Ramón Aguirre, Antonio Cámara y otros más, llegados expresamente para misiones concretas (todos técnicos de AP) multiplicaron su gestión para que funcionasen las estructuras partidistas evitando choques y dando la mejor impresión democrática que, aun sin disminuir la agresividad persuasiva de todo comicio, debía de impregnar de serena actitud a la sociedad gallega.

UCD basó su campaña en argumentos defensivos —de perdedor a priori— con el eslogan *Defende o teu* (defiende lo tuyo), también en presentación bilingüe. Pero el doble error, además del apuntado, fue su magnificación llevando a Galicia a 17 ministros (y presidentes de compañías públicas, como Telefónica) y celebrando actos públicos masivos según un innecesario apuntalamiento —dadas las luchas intestinas de UCD en Galicia— que exteriorizaba la debilidad, porque el Gobierno de la nación era el blanco de las críticas de todos y, en particular, por el escándalo del aceite de colza. De las presencias significativas destacaron la de Suárez y Calvo-Sotelo juntos, en un mítin en Lugo[14], paliativo de la sensación de divergencia que de ellos se tenía, y en el que el presidente del Gobierno, tambien lucense, le dirigió a su paisano Fraga —a propósito de las invocaciones de gobierno de coalición— el refrán galáico: "Estate por ahí que xa te chamerei". Pero esa negativa abierta y clara a la *mayoría natural* de boca del jefe del Ejecutivo centrista no empañó la ridícula manifestación, sin punto de originalidad, pronunciada por el presidente de UCD, Agustín Rodríguez Sahagún, de invocar a voz en grito, en la cepa del fraguismo lucense: *¡Á Meigas fora!* Los días que restaban para la votación, exacerbando la mala ocurrencia, el ex-ministro de Defensa que no había advertido el *golpe del 23-F* fue objeto de la insalvable bufa y befa galaicas.

---

[13] Antonio Aguilar, en declaraciones a la revista *Anuncios,* 2-11-81, explicaba la utilización de Fraga y su figura, que no era candidato, preguntándose simplemente: "¿Quién tiene un líder y no lo usa?".

[14] Fue la última comparecencia conjunta de Suárez y Calvo-Sotelo (el 17 de octubre), distanciados inevitablemente y más desde la derrota en Galicia. Calvo-Sotelo reconoce sin embargo *(Memoria viva de la transición,* pág. 72) que fue aquel un grito imprudente, y ello porque después de los resultados el que tenía capacidad para llamarle a gobernar juntos en Galicia era Fraga y no él.

La campaña del PSOE fue discreta y proautonomista con el eslogan *Fai Galicia viva,* según una concepción optimista y de esperanza, que enlazaba con la campaña del referéndum gallego de un año antes. Aunque no prodigaron la visita de los líderes nacionales, Felipe González tuvo una presencia activa y crítica frente al Gobierno central y preautonómico, aunque no interfirió en el duelo que se libraba entre UCD y AP, que según las encuentas sumaban con creces la mayoría absoluta. Al igual que Fraga, Felipe González fue *paseado* por las zonas industriales y por el interior, en aquel atoño frío y húmedo, para únicamente asistir a un mitin multitudinario en La Coruña la semana anterior al día de los comicios.

Sin arraigo comunista ortodoxo, la izquierda radical hizo una campaña muy dinámica y ofensiva en sus dominios nacionalistas limitados (Ezquerda Galega y el Bloque PSG) y no consiguió en momento alguno sobresalir con sus iniciativas por encima o a la par del diálogo UCD-AP, aunque compitió con los socialistas en la captación del voto cultural o intelectual del sector juvenil.

En términos generales la campaña se desarrolló con enorme moderación en el nivel máximo de líderes, y sólo los dirigentes nacionales de segundo nivel y los locales protagonizaron escaramuzas dialécticas y algunas acciones de *propaganda negra* presentes en mayor o menor medida en toda campaña.

Los resultados: AP desbancó a UCD

El valor ejemplar de los resultados de las elecciones autonómicas del 20 de octubre de 1981 se establecía no tanto por el triunfo indiscutible de Alianza Popular, sino por la patente vulnerabilidad de UCD en los primeros comicios —verdadera medición— después del 23 de Febrero y de su miserable lucha interna. Fraga, hasta el último momento, pensó en la escalada próxima a la victoria —para que se contase con él—, pero no que desbancaría a UCD en el conjunto de su región, secularmente ceñida al dictado del Gobierno y de sus tentáculos en los *burgos podridos,* frente a los medios de comunicación y, más aún, teniendo en contra a la radio y televisión públicas.

Los datos que llegaban al *Centro Logístico* de Pontevedra confirmaban increíblemente —recuerda Carabias— lo que parecía imposible, y cuando se decidió a llamar a Fraga para darle la enhorabuena, que esperaba en la discoteca de su pueblo *A Ventoira* (propiedad del candidato electo Jesús Gayoso) la victoria se había decantado ya en favor de AP en las grandes ciudades, a falta de conocer los resultados de los núcleos interiores de la Galicia emigrante. Y empezó a creerse que *el buen paño en el arca no se vende* y que la política —Fraga era su ejemplo— consistía en fe, trabajo y tenacidad hasta ser percibido en el último rincón.

La elección del Parlamento de Galicia comprendía, por el sistema proporcional, la votación de 71 diputados regionales de las cuatro provincias (22 por La Coruña, 19 por Pontevedra, 15 por Lugo y 15 por Orense) para las que habían contendido 15 fuerzas políticas. En el conjunto regional, de 2.174.245 electores censados habían participado 1.008.902 ciudadanos (el 44,90 por ciento), por lo que la abstención era superior al 55 por ciento (algo endémico en Galicia), pero 17 puntos porcentuales menor que la registrada en el referéndum autonómico de un año antes[15]. Entendida la abstención como desencanto del pueblo con la política y, deducido también que la inhibición es un voto de castigo virtual de quien gobierna, la derrota de UCD podía descontarse de mayor volumen. Estos fueron los resultados:

VOTOS Y ESCAÑOS OBTENIDOS POR CADA CANDIDATURA

Provincia	AP		UCD		PSOE		PCG		BNPG		EG	
	Votos	Esc.	Votos	Esc.	Votos	Esc.	Votos	Esc.	Votos	Esc.	Votos	Esc.
Pontevedra	89.228	7	87.643	6	53.559	4	10.572	-	17.045	1	18.252	1
La Coruña	128.901	9	76.880	5	95.148	6	13.519	1	26.398	1	13.176	
Lugo	43.599	5	48.1	6	22.431	3	2.046	-	11.182	1	1.271	
Orense	40.869	5	62.565	7	23.612	3	2.901		7.485			
TOTALES	302.597	26	275.231	24	194.750	16	29.038	1	62.110	3	32.699	1

Fuente: Junta Electoral Central.

Conforme a los resultados Alianza Popular había pasado, desde la tercera posición, a ser la primera fuerza política de la región doblando su número de votos con relación a comicios anteriores, con capacidad —sólo por ser la fuerza más votada— de formar gobierno en minoría parlamentaria.

Los diputados electos de Alianza Popular[16], por cada circunscripción, fueron los siguientes:

La Coruña: Gerardo Fernández Albor, José González Dopeso, Ramón de Vicente Vázquez, Ramón Evaristo Castromil Ventureira, Juan Carreira Gómez, Ricardo Pérez Queiruga, Juan Luis Pía Martínez, Manuel Eiris Cabeza y Manuel Morán Morán.
Pontevedra: José Luis Barreiro Rivas, Julian Martínez Larrán, Mariano Rajoy Brey, Ramón Taboada Soto, Benito Iglesias Cacicedo, José Luis Alonso Riego y Antonio Santiago Pumar.
Orense: Manuel Ángel Villanueva Cendón, María del Carmen Lovelle Alén, José Carlos Rodríguez González, José Luis García Casasnovas, y Tomás Pérez Vidal.
Lugo: Adolfo Abel Vilela, Pablo Moure Mariño, Jesús Gayoso Rey, José Ramón Cociña García y Antonio Varela Álvarez.

Los medios de comunicación subrayaron en general sus informaciones con el triunfo de AP, a costa de UCD, y los más moderados valoraron la victoria conjunta del centro-derecha sobre la izquierda[17]. En particular, casi todos los periódicos significaron la victoria aliancista en todas las grandes ciudades, incluso en aquellas cuyos municipios industriales estaban bajo administración socialista (Vigo y El Ferrol), pero no en las zonas oscurantistas y atrasadas (los *burgos podridos* del caciquismo). Así, AP fue clara vencedora en La Coruña y Pontevedra, y quedó en segunda posición en Lugo y Orense por detrás de UCD. Por ganar AP, además de hacerlo siempre en la Villalba natal de Fraga, también se impuso holgadamente en Ribadeo, el reducto familiar de Calvo-Sotelo.

---

[15] El diferencial de abstención entre Galicia y el resto del Estado podría explicarse por muchas causas concurrentes, sobre las que abunda exahustivamente J. Vilas Nogueira ('Las elecciones autonómicas de Galicia", *Revista de Estudios Políticos*, número 75, enero-marzo 1992): abstención *técnica* (defectuosa confección del censo); extrema dispersión de la población rural (inconveniente material para ir a votar a los colegios) y cultura *aldeana* (resulta oneroso para un paisano identificarse, elegir la papeleta, ver en el colegio a los que mandan, etc.).

[16] Destaca el dato de que entre los 26 diputados electos de AP sólo había obtenido representación una mujer (María del Carmen Lovelle, maestra nacional), lo que demuestra el bajo desarrollo político-cultural de Galicia. En un Parlamento de 71 diputados, únicamente tres eras mujeres (1 por AP y 2 por UCD), ninguna de ellas en representación de la izquierda.

De las interpretaciones publicadas en los medios de comunicación, cabe registrar un sesgo favorable a la objetividad a veces a regañadientes, según la línea editorial respectiva, pero en todo caso resumible en la afirmación humorística de Luis Carandell: "Fraga sigue siendo políticamente un difunto, pero debe reconocerse que es un difunto saludable"[18]. En este mismo sentido, *El País* brindó ámplios espacios de análisis de los resultados y no se sustrajo a dedicar a Fraga y a su victoria un editorial expresivo sobre la personalidad y entrega del líder aliancista de cuyo texto resalta el pasaje[19]:

> "La brillante victoria de Manuel Fraga no sólo demuestra que es profeta en su tierra, sino que constituye también un premio a su tenacidad política y a su indudable capacidad para descender al ruedo y asumir riesgos. Fraga supo encajar las tremendas derrotas de 1977 y 1979 y no ha arrojado nunca la toalla ante la adversidad. Su campaña en Galicia ha tenido mordiente y se ha construido sobre su esfuerzo personal, con independencia de las ayudas empresariales que le hayan permitido financiarla. Esa extraña mezcla de rigidez ideológica y pragmatismo político, de temperamento autoritario y mente calculadora, de descontroles coléricos y rasgos de humor que caracteriza a Manuel Fraga tiene como soporte una voluntad inhabitual en el panorama de nuestra vida pública".

La configuración del voto en Galicia en estos comicios mostró suficientes indicadores de que el mapa político se estaba transformando lentamente, independientemente de que no se fuese una cabal copia de todo el territorio nacional. Era, sin embargo, indiscutible que UCD se hundía aceleradamente traspasando su *clientela* política a AP, que salía del pozo en el que cayó en 1979, y ambos juntos más que doblaban —en voto popular y escaños— a toda la izquierda y al insignificante voto nacionalista[20]. Pende de la conjetura esotérica del preterible si ambas fuerzas unidas en la *mayoría natural* de Fraga hubiesen tenido efectos saludables en el resto de las regiones, conociendo que sí las tuvo en Galicia.

---

[17] El día 21, siguiente al de los comicios, el diario *El País* tituló con gran despliegue en su primera página. "Espectacular triunfo de Alianza Popular en Galicia, a costa de UCD", señalando asimismo que el partido del Gobierno se había convertido en una formación política ruralista. Por contraste, los diarios *ABC* y *Ya* coincidían en asociar a AP y UCD para decir en sus cabeceras que habían barrido a la izquierda, con la doble finalidad de atenuar la derrota del partido centrista e incentivar un eventual gobierno de coalición. Sin embargo, el diario *Ya* publicó una "carta al director" de Augusto Assía que reivindicaba los méritos de la victoria aliancista diciendo: "...El sarcarmo, el desprecio... que una parte de la UCD ha estado esgrimiendo contra la Alianza abatida y contra Fraga todos estos tiempos y todos estos años es una de las más, además de injustas y especiosas, una de las más repulsivas y mezquinas de la historia de España, una campaña a la que se sumó con más entusiasmo la prensa, la radio y la televisión". En los días posteriores inmediatos, la mayoría de los columnistas atribuían el éxito a la lucha de Fraga contra la adversidad y, de otra parte, extrapolaban y proyectaban los resultados a otras regiones. Así, Emilio Romero decía en *ABC* que "Fraga, implacablemente perseguido, dificultado, obstruido por el Duque de Suárez, ha triunfado en Galicia y sobre el mismo duque y sin ostentar el Poder —la gran arma electoral— porque si hubiera tenido eso se queda con todo...". Por su parte, Jaime Capmany sostenía respecto de la proyección de resultados al resto de España: "...algo de esto que ha ocurrido en Galicia puede ocurrir en Castilla, en Extremadura, en Murcia, en Baleares, en Canarias. Lo del 'voto útil', lo del 'voto del miedo' es un invento que ha quedado descuajeringado. Habrá que inventar otro invento. Yo no sé si habrá llegado 'la hora de Fraga'. Esto debe ser una exageración electoral. Pero sí sé que el puesto de Fraga en la política estaba desnaturalizado. Primero, le quitaron el centro. Después le echaron de la derecha. Más tarde, le quitaron los votos de la derecha para llevarlos al centro. Y, por fin, dejaron la derecha española reducida a nueve escaños en un Parlamento de 350 señorías. Pues mire, no me lo creo. Con razón dice la izquierda que el centro no es el centro, sino la derecha. Nuestro mapa político actual está equivocado...".

[18] *Diario 16*, 23-10-81.

[19] *El País*, 22-10-81.

[20] Los partidos del centro-derecha (AP, UCD y Partido Galleguista) obtuvieron un 61,6 por ciento frente a los partidos de izquierda (PSOE, BNPG, PSG, EG y PC) que alcanzaron el 32,2 por ciento.

En todo caso, también en el voto de izquierdas tuvo repercusión destacable la influencia centrífuga por el hecho mismo de que desaparecía el Partido Comunista, muy convulso y conflicitivo en sus élites centrales y, por contra, el PSOE aumentaba su apoyo. El cuadro siguiente, a este respecto, da idea de esa evolución en las cuatro formaciones políticas mejor asentadas electoralmente:

EVOLUCIÓN ELECTORAL DE LAS FUERZAS POLÍTICAS EN GALICIA

Partido	Generales 1977		Generales 1979		Locales 1979		Autonóm. 1981	
AP	148.130	(12,9%)	148.476	(13,6%)	134.631	(12,4%)	302.597	(30%)
UCD	608.811	(53,2%)	515.565	(47,4%)	389.879	(36%)	275.231	(27,3%)
PSOE	178.172	(15,6%)	184.271	(16,9%)	152.863	(14,1%)	194.750	(19,3%)
BNPG	23.089	(2%)	63.747	(5,7%)	70.335	(6,4%)	62.110	(6,1%)

Orientación ideológica aparte, la distribución territorial del voto según el tamaño de la población revela el mapa que se configuró en Galicia según áreas de influencia de los tres principales partidos:

Partido	Municipios hasta 10.000 habitantes		Municipios entre 10.000 y 25.000 h.		Municipios con más de 25.000 h.	
AP	69	(27,8%)	22	(43,1%)	10	(76,9%)
UCD	165	(66,5%)	18	(35,6%)	2	(15,4%)
PSOE	9	(3,6%)	11	(21,6%)	1	(7,7%)

Fuente: Alfredo Vara y Xosé Luis Vilela (1990).

Las consecuencias de las elecciones gallegas —el *efecto Galicia* como así lo llamó Fraga— insufló de optimismo a Alianza Popular, a sus bases y cuadros, y los escépticos de la soledad entre los dirigentes de la formación empezaron a admitir las posibilidades reales del desmoronamiento de UCD sin otro recambio que el aliancista. Fue entonces que la CEOE se decantó, a la vista de su inversión en Galicia, de participar de modo más directo en política en defensa de sus postulados e introduciendo en las candidaturas, en puestos de salida, a empresarios "ejemplo" —que no siempre ejemplares— y apostando por el proyecto de Fraga[21]. Aunque las implícitas preferencias de la CEOE en Galicia estaban con AP, formalmente la campaña que realizaron los empresarios se dirigió contra la abstención sirviéndose del lema *Nosotros no engañamos*. El buen resultado obtenido —la pluripaternidad de la victoria— invitó a la CEOE a actuar desde entonces en las luchas políticas a cara descubierta en parangón a como lo

---

[21] De los 26 diputados electos 11 eran empresarios (el 42 por ciento) que contaban con la plena confianza de la patronal española. La Confederación de Empresarios participó en esta campaña sobre las ideas y postulados que indujo a la patronal catalana (Fomento del Trabajo) a actuar en las elecciones autonómicas al Parlament de Cataluña (marzo de 1980). Dividida la campaña en dos fases: una de promoción del voto y otra de apoyo a las opciones de centro-derecha, los empresarios terciaron en la contienda a través de un manifiesto *(Nosotros no engañamos)* en el que defendían la libertad de empresa, y con diversos eslóganes de orientación al voto *(Como gallegos y empresarios algo tenemos que decir, Callar no nos cuesta nada* y *No presentamos candidatos).* Carlos Ferrer Salat, acompañado del secretario general de la Confederación, José María Cuevas, visitó las cuatro provincias gallegas, en un alarde de apoyo al diseño patronal de participar en política, que en esta ocasión supuso una factura de unos cien millones de pesetas.

venían haciendo los sindicatos laborales de la izquierda. Así las cosas, las elecciones autonómicas de Andalucía serían el próximo escenario.

¿Cómo acusó la derrota el Gobierno? Fuera de las interpretaciones harto interesadas de los primeros momentos ante los medios informativos, en orden a limitar la derrota centrista negando su extrapolación y reduciéndola a un tropiezo local, no existen muchos testimonios sobre el proceso de meditación que siguió en UCD. Si acaso, como el de más autoridad, está el aportado por el jefe del Ejecutivo, Calvo-Sotelo, publicado en sus memorias[22]:

> "Al día siguiente de las elecciones reuní de mañana en mi despacho al sanedrín, para apurar la derrota de la víspera. Tengo anotado por extenso y, excepcionalmente, con buena letra aquella reunión; y voy a reproducir algunas intervenciones, sin ánimo de dibujar la posición de cada Ministro, aunque sí de darle color.
> Alberto Oliart cedió un tanto a la deformación profesional de ministro de Defensa y a nuestra preocupación por la normalidad.
> *Hemos perdido, pero las Instituciones han funcionado bien después del 23-F.*
> Para Juan José Rosón hay:
> *Un riesgo de que UCD se disgregue. Nunca ha estado consolidada. El cisma gallego ha sido responsable del descalabro: la UCD nacional debió poner orden a tiempo en el batiburrillo regional.*
> Pérez Llorca:
> *A la personalidad de Fraga no hemos sido capaces de oponer simplemente una persona.*
> Martín Villa fue claro y crítico:
> *No me siento responsable de esto; el partido está desvencijado; la diarquía es mala; tenemos un Presidente del partido sin autoridad bastante.*
> Pío Cabanillas exhibió excepcionalmente una precisión casi castellana:
> *Hay que desembarcar en el partido ya. Si no conquistamos el partido antes de un mes, no tenemos nada que hacer.*
> Y luego hizo una frase de las suyas:
> *Manolo ha pasado de ser un hombre espectáculo a ser un hombre posible.*
> El más pesimista fue García Díez:
> *No somos capaces de ganar elecciones; no tenemos cartas que jugar; el tiempo está contra nosotros.*
> Al salir, me aconsejó reservada y vehementemente:
> *No desembarques en el partido; disuelve ya y convoca elecciones".*

El definitivo referéndum andaluz de 1981

Eclipsada la campaña del referéndum andaluz por la que se libraba en Galicia, superpuesta en el tiempo incluso el día de la votación (20 de octubre), el Estatuto de Carmona —pactado por la casi totalidad de las fuerzas políticas— recibió el espaldarazo electoral de los andaluces sin pena ni euforia. De hecho, era una consulta popular rectificadora del fracaso de un año antes y para lo cual se reformó la legislación en orden a que el estatus autonómico fuese equiparable (por la vía del artículo 151 de la Constitución) al de las comunidades históricas.

---

[22] Leopoldo Calvo-Sotelo, *Memoria viva de la transición*, pág. 72.

La inexistencia de pugna electoral entre posiciones encontradas suprimió el entusiasmo, aparte de que el electorado no comprendía el contenido de esta consulta de ratificación. Perplejidad que sin duda contribuyó a un bajo índice de participación en una región peculiarmente activa en elecciones. Así, pues, a través de una campaña apática a cargo principalmente de los medios de comunicación de titularidad estatal, transcurrió el proceso alentado

Carteles de la propaganda institucional para el referéndum del Estatuto Autonómico de Andalucía (El Estatuto de Carmona) celebrado el 28 de febrero de 1981.

por los órganos preautonómicos de la Junta de Andalucía y de su presidente, el socialista Rafael Escuredo. En este sentido, aunque apenas se celebraron mítines y los que se organizaron estuvieron casi desiertos de ciudadanos, funcionó razonablemente la emisión del voto emigrante andaluz en otras regiones como Cataluña, organizado por el PSA y los partidos de izquierda.

Así que los partidos nacionalistas vasco y catalán rechazaban el principio de igualdad de las autonomías y, en especial, que Andalucía fuese incluida en el paquete de comunidades diferenciadas del artículo 151 de la Constitución, por parte de Alianza Popular se apoyó el Estatuto de Carmona con reticencias y reservas. Los dirigentes aliancistas procuraron no levantar su voz en el coloquio autonómico, si bien el presidente de Sevilla, Francisco Sanabria, fue quien reveló el sentir del partido, declarando ambiguamente que valoraban el acceso a la autonomía de Andalucía, pero que no les gustaba un *estatuto catalanizado*. Realmente los aliancistas, que en diciembre de 1978 habían tomado parte en el llamado *Pacto de Antequera* para impulsar la autonomía, se sentían molestos de no haber participado en la redacción última de la carta legal autonómica. Exclusión que justificaba la recomendación de "no pedir el sí fervoroso y rotundo para un Estatuto que (AP) no ha redactado"[23].

Las ocho provincias andaluzas ratificaron el Estatuto el día 20 de octubre, jornada otoñal apacible, luego de ser resuelto el único recurso relevante que Fuerza Nueva de Málaga presentó ante la Audiencia Territorial de Granada y que fue desestimado.

La convocatoria de elecciones al Parlamento andaluz, una vez entrado en vigor el Estatuto, fue objeto de negociación entre UCD y PSOE (Rafael Arias Salgado, ministro de Administración Territorial y el Presidente de la Junta de Andalucía). Se barajó la posibilidad de hacerlas coincidir con la elecciones generales —y ello podía interesar a los socialistas a fin de que aquel feudo marcase pauta en el *tirón* conjunto—, aunque la verdadera razón residía en los defectos detectados en el censo de población. Se convino que si estos errores censales podían corregirse, ambos procesos electorales serían separados, señalándose las autonómicas en el curso de la primavera de 1982.

---

[23] Declaraciones de Francisco Sanabria a *ABC* del 14-10-81.

DATOS ELECTORALES DEL REFERÉNDUM SOBRE EL PROYECTO
DE ESTATUTO DE AUTONOMÍA PARA ANDALUCÍA

Electores: 4.543.836

Votantes: 2.430.603   (45,43%)

Abstenciones: 2.113.233   (54,57%)

Provincia	Electores	Votantes	A favor	En contra	En blanco y nulos
Almería	285.699	126.775	109.426	12.228	5.121
Cádiz	689.367	344.537	314.679	9.957	13.016
Córdoba	531.456	329.055	294.850	9.437	11.104
Granada	547.285	280.213	243.890	25.809	10.514
Huelva	299.136	155.959	142.072	7.891	5.996
Jaén	481.521	277.282	239.077	7.618	9.450
Málaga	684.299	354.375	316.210	9.880	13.005
Sevilla	1.025.080	562.402	512.373	15.670	19.630
TOTALES	4.543.836	2.430.603	2.172.577	170.190	97.836

Fuentes: Junta Electoral Central y elaboración propia.

IV Congreso de Nuevas Generaciones

La sección juvenil aliancista Nuevas Generaciones era casi un cantón dentro del partido de adultos nada fácil de apaciguar, dadas las corrientes que registraba: no tanto en el orden de la reflexión ideológica como en el de la lucha por el poder. Como trampolín de lanzamiento a la política ya había dado resultados, colocando a muchos de sus componentes en puestos representativos territoriales, así como en los órganos colegiados de AP. Aceptada su potencialidad, Jorge Verstrynge cuidaba la organización como base de su poder, consciente, no obstante, de que "los jóvenes tienen la misma ambición que sus padres, conocen los mismos resortes de la vida política heredados de sus progenitores pero estando peor educados que ellos"[24].

Durante 1981 fueron tantos los conflictos que Fraga a punto estuvo de disolver NNGG, si bien no llegó a esta decisión por respeto a muchas de sus actuaciones como *ariete electoral* y, más que nada, porque la tenía controlada por la financiación del goteo. Era, por lo demás, el fecundo seminario de donde extraer los secretarios técnicos y gerentes de las red burocrática del partido de masas que AP aspiraba ser. A Alejandro Martín Carrero, ya volcado en la acción territorial del partido, se le invitó a abandonar la dirección de NNGG y Jorge Verstrynge seleccionó a Antonio Martín Beaumont, por afinidades ideológicas y sociales[25]. El nuevo diri-

---

[24] El autor refleja el contexto histórico de esta rama partidista de AP valiéndose de los testimonios de Alejandro Martín Carrero, Javier Carabias y Gonzalo Robles Orozco por carecer, en todo caso, de otras versiones —ya hemerográficas ya de orden documental— que conduzcan a una descripción más objetiva.

[25] Martín Beaumont y Verstrynge sostenían estrecha amistad con las hermanas Revuelta, con quienes se casaron (Verstrynge, una vez se hubo divorciado de María Vidaurreta, al comienzo de los años noventa).

gente juvenil, hombre bien parecido y listo, carecía de la fortaleza de ánimo suficiente y de ahí que se preparase un congreso donde revestirle de autoridad, rodeado de un equipo de la confianza del secretario general aliancista.

Se convocó el IV Congreso Nacional de Nuevas Generaciones para celebrarlo en Fuengirola (Málaga), lo más distante de Madrid para quitarle foco informativo y durante las fechas vacacionales: los días 28 y 29 de diciembre. Los arreglos materiales y la tutela política del encuentro le fue encomendada a Javier Carabias (que a tal fin se llevó a Málaga al equipo gallego de Alejandro López Lamelas) y sólo faltaba designar la persona que lo presidiría en vista de que, siendo NNGG un coto de Verstrynge muy problemático, ningún dirigente de AP se prestaba a tan arriesgada labor de pastoreo juvenil. La habilidad de Fraga encontró la solución al proponer que José María Valiente, un anciano de más de ochenta años, fuese el presidente del congreso. Cuando lo propuso, Verstrynge preguntó:

—Pero, *Patrón...*, ¿se refiere al que fue jefe de las JAP, las juventudes de Gil Robles durante la República?
—Sí, claro. Digo que sea él porque es honorable, habla muy bien y los jóvenes no se atreverán a faltar al respeto a un anciano como Valiente, de cuyo apellido hizo por España una norma de conducta.

Al Congreso juvenil acudían dos bandos enfrentados a través de otras tantas candidaturas: la *oficial* de Martín Beaumont, patrocinada por el *aparato central*, y la que encabezaba Fernando Sánchez, director del Colegio Mayor madrileño Alfonso X El Sabio, muy dotado intelectualmente y formado en la Universidad de Deusto, sustentada por varias provincias y con raigambre en círculos universitarios de Madrid. Pero lo que se esperaba fuese una batalla campal, derivó en una confrontación dialéctica seria y avanzada, muy reñida en el orden conceptual pero muy ordenada. La presencia patriarcal de Valiente en el estrado funcionó como un factor arbitral en lo intelectual y cual sedante físico entre los impetuosos delegados.

Ante unos cuatrocientos compromisarios llegados de todas las provincias se puso a debate —anticipo de la confrontación que sucedería en todo el partido— la apertura y democratización internas de NNGG a través de listas abiertas, democratizando las ideas y los métodos, dando entrada a los jóvenes de todas las clases sociales. Fernando Sánchez, que pugnaba por estas reformas, se enfrentó no a Martín Beaumont —su candidato homólogo y ausente[26]—, sino al que iba de secretario general en su candidatura, Gonzalo Robles Orozco[27], que fue la auténtica revelación en las dos jornadas. Un letrado de excelente preparación frente a un ayudante técnico sanitario que, pese a su pobre currículum universitario, demostró capacidades políticas y evitó que la candidatura *oficial* resultase derrotada.

---

[26] Martín Beaumont, patrocinado de Verstrynge, no acudió al congreso por haber alegado una fractura en la pierna. En realidad, según el testimonio de Gonzalo Robles, Martín Beaumont estaba literalmente asustado porque barruntaba que todas las críticas iban a ser dirigidas contra él por parte de los antiguos y de los renovadores. "Durante seis horas, sabido que Martín Beaumont no me ayudaría, tuve que contender con la candidatura aspirante en un ejercicio dialéctico intenso. Fue tan efectivo que, a mi vuelta a Madrid, Fraga me empezó a llamar para que asistiese a todas las reuniones".

[27] Gonzalo Robles Orozco había ingresado en NNGG en el invierno de 1979, y en ese tiempo asistió a un seminario celebrado en el lago de Sanabria (Zamora) donde conoció a Jorge Verstrynge y se vinculó a su equipo juvenil, junto a Elena Utrilla, formando parte de la secretaría administrativa juvenil durante el mandato de Alejandro Martín Carrero y José Felipe Franco.

La hora de la *refundación* en NNGG llegó en aquella reunión por una vía intermedia entre los jóvenes tradicionales de clases sociales altas y los renovadores progresistas, y en este quehacer, la solución de Robles Orozco se consideró templada y posibilista, abierta también a los universitarios y a los jóvenes trabajadores. Los documentos emanados de aquel congreso, aparte la ponencia estatutaria muy continuista, no tuvieron eco en los medios de comunicación, si bien en la ponencia política los jóvenes aliancistas se pronunciaron por un no rotundo al aborto.

El V Congreso Nacional de AP, en la estela de la victoria

El 2 de noviembre de 1981 Francisco Fernández Ordóñez traspasaba la puerta de las deserciones de UCD yendo al Grupo Mixto de las dos Cámaras, junto a diez diputados más y a cinco senadores. Semanas más tarde, en enero de 1982, se decidía a fundar el Partido de Acción Democrática (PAD), nombre que ya utilizara durante la dictadura franquista Dionisio Ridruejo. De confesión socialdemócrata, con exigencias reformistas, parecía una pantalla de *partido bisagra* en el nuevo mapa político, pero no tuvo atractivos bastantes para merecerlo y se quedó en el timón de un barco de velas sin viento.

La disensión, estando ya Calvo-Sotelo al frente de UCD, podía haber aclarado el ámbito de la formación centrista para un nuevo reagrupamiento electoral. Todo lo contrario, fue el precipitante para la desmembración imparable del maltrecho partido gobernante. Miguel Herrero, ante esta fractura primera, continuaba con el proyecto *Tormentas Azules* —cada vez con menor aparato eléctrico— sin decidirse a dar el salto a la formación aliancista. La cifra de cuarenta diputados que se sometía en puertas del verano al liderazgo de Fraga, se raquitizaba por días ante las vacilaciones de la *Plataforma moderada* de Óscar Alzaga[28], frenado para la gran coalición por el mismo *aparato* partidista de UCD que estaba en manos democristianas. En diciembre, sin embargo, Herrero tenía el propósito de llegar a AP, a su organización federal, a través de un partido nuevo (el *Partido Moderado)* y en tal sentido dio los primeros pasos que, finalmente, no cuajaron a la vista de que únicamente se habían comprometido a seguirle Francisco Soler Valero (diputado de UCD por Almería) y Ricardo de la Cierva (diputado centrista por Murcia). Pasada la vacación parlamentaria de enero, engrosarían (el 2 de febrero) las filas de AP y de su Grupo parlamentario.

En el Senado el goteo de parlamentarios centristas hacia Alianza Popular venía de atrás. Había comenzado con José García Laguna (senador por Soria) en marzo de 1981 y le siguió, durante el mes de enero de 1982, Luis Ramallo García, quien se entrevistó con Fraga a tal efecto el día 17, en Sevilla, adonde había ido Fraga a clausurar el II Congreso Regional de AP en Andalucía, a los pocos días de un viaje a China continental. Ambos, automáticamente, con su ingreso en AP pasaron a formar parte del Comité Ejecutivo aliancista por pres-

---

[28] Calvo-Sotelo ha revelado en sus memorias *(Memoria viva de la transición,* pág 213) que el aislamiento de Herrero y su separación de Alzaga se debió a una táctica deliberada que duró varios meses. "Mi única salida —dice el memorialista apostillando *ex post* los comentarios de Fraga sobre la aproximación de Herrero y Alzaga— es mantener a Herrero (se entiende que de Portavoz del Grupo parlamentario centrista), quitarle excusas y aislarlo. Pero no me será posible seguir mucho tiempo en esa incomodísima ambigüedad. Después del verano habrá que sustituirlo en la Presidencia del Grupo Parlamentario". Efectivamente el 2 de diciembre de 1981 Jaime Lamo de Espinosa sustituyó a Herrero en la portavocía del Grupo Parlamentario y el 28 de enero de 1982 presentó la carta anunciando su pase a AP.

cripción estatutaria. Como también ingresó en dicho órgano en 1981, tras abandonar UCD el día siguiente de las elecciones gallegas, el diputado por Ciudad Real y ponente centrista de la Ley del Divorcio, Manuel Díaz-Piniés, formalmente dolido por el desairado papel que hubo de desempeñar en aquella norma. "La reuniones del Comité Ejecutivo —apunta irónicamente Rodrigo Rato[29]— eran en ese período muy divertidas por las sorpresas de las incorporaciones, como la de Díaz-Piniés que había sido un adversario mío muy duro en Ciudad Real... Todos, sin embargo eran bien recibidos, constituyendo la prueba de que UCD había entrado en barrena".

El V Congreso Nacional de AP se convocó auspiciado por el reclutamiento de los tránfugas de UCD, en una atmósfera de saludable aventura para encarar los comicios andaluces y, seguidamente, las elecciones legislativas. Realmente la crisis de crecimiento de AP, con las antedichas incorporaciones, no suscitaba recelos en las élites aliancistas más allá de contados roces personales en quienes padecían el temor a que se les disputara el acta parlamentaria, porque el sentimiento de *mayoría natural* era un artículo de fe asumido sin objeciones por la persistente invocación del líder. En este sentido la asamblea aliancista venía precedida por ese síndrome de pacto de buena vecindad que defendía en solitario Félix Pastor, lo que sin duda constituía un contrapunto paradógico al acatamiento general.

La Junta Directiva Nacional acordó el 23 y 30 de noviembre de 1981 los criterios organizativos de la reunión del órgano soberano del partido (circular 22/81 de la secretaría general) en Madrid, los días 19, 20 y 21 de febrero de 1982, y la constitución de la comisión organizadora. En la antedicha circular, con independencia de informar sobre los requisitos de ponencias y elección de compromisarios, se enfatizaba en torno a la necesidad de dar una imagen cohesionada superadora del cliché retrógrado y reticente a las instituciones democráticas. Pero, por encima de todo, se hacía hincapié en la aportación de soluciones realistas de aplicación inmediata por un equipo competente. La estrategia informativa, pues, se concibió sobre esta idea y de ahí el lema congresual que se publicitó: *Trabajamos en las soluciones que quieren los españoles. ¡Por la mayoría natural!*

El quid de la magna reunión permanecía oculto y lo replanteó Félix Pastor no en el mismo congreso, del que era portavoz de la ponencia política (ideología, análisis de situación y estrategia), sino en el Comité Ejecutivo anterior oreándolo convenientemente aunque pesaba un acuerdo de confidencialidad. ¿Buscaba Fraga realmente la *mayoría natural* tan proclamada a través de la moderación y el pacto con UCD o, bajo aquel pretexto, el villalbés lo único que buscaba era la destrucción del partido gobernante y sobre sus ruinas cumplir su propósito? A esta pregunta trataba dar respuesta el notario madrileño diciendo: "Si Fraga quiere un noviazgo con UCD, lo normal sería que le enviase flores, no cañonazos"[30]. Irresuelto el conflicto, estando Pastor en minoría, optó por remitir a Fraga una carta comunicándole su intención de

---

[29] Testimonio al autor.

[30] Véase la entrevista que Juan G. Ibáñez efectuó a Pastor en *Diario 16* (17-2-82) en la que sostenía que había que tender la mano a UCD y prestar un apoyo decidido y claro a Calvo-Sotelo. Y añadía, tras declararse liberal reformista: "La entrada en Coalición Democrática de diputados provenientes de UCD no es un avance hacia 'la mayoría natural'. Es más bien un obstáculo muy serio para la formación de la 'mayoría liberal'. Creo que la correcta relación entre los partidos hubiera exigido de Alianza Popular y, en su caso, de Coalición Democrática una actitud de prudencia y abstención ante los problemas interiores de UCD. Yo respeto profundamente la razones de Herrero de Miñón y de los demás diputados que han abandonado Unión de Centro Democrático, pero creo que el pacto con la fracción escindida dificulta seriamente, si no hace imposible, el pacto con UCD como conjunto".

no formar parte en la ejecutiva del partido aunque cumpliría el compromiso de defender la ponencia política que le había sido encargada[31].

Con la presencia de Miguel Herrero entre los invitados, el congreso discutió las ponencias (en plenario, la de Estatutos)[32], en el abarrotado Palacio de Exposiciones y Congresos, viviendo los más de dos mil compromisarios dos jornadas de incontenido optimismo, si bien hubo especial empeño en transmitir la sensación de tranquilidad, no alterada salvo en dos ocasiones: cuando el ponente Félix Pastor fue contestado —y abucheado— en la defensa de sus tesis y que reprimió el mismo Fraga, y cuando por una enmienda se pretendía que no figurase la prohibición de pactos con fuerzas políticas que rechazan la Constitución (en este último caso el presidente nacional amenazó con no presentar su candidatura a la reelección si prosperaba tal enmienda). Por lo demás, el éxito alcanzado en Galicia revertió en entusiastas felicitaciones al mismo Fraga, a Fernández Albor y a su equipo de gobierno —la normal y expectacular exhibición del vencedor— en cuanto reconocimiento al mérito individual y de las estructuras partidistas.

En cuanto a los postulados ideológicos, la ponencia política no ofreció modificaciones resaltables que no hubiesen sido contempladas en los congresos III y IV, reiterando la definición de AP como una formación política *reformista, liberal y conservadora*. Las enmiendas a esta ponencia (clasificadas por el ponente en cinco bloques) proponían la eliminación de toda referencia al carácter liberal, evitar la identificación del electorado de AP con el centro-derecha, supresión de las referencias laicas, abrir el portillo para eventuales pactos con la extrema derecha y exclusión de los pactos prelectorales. Latía, pues, en el trasfondo de tales propuestas una línea reaccionaria y de nostálgicos del pasado cuyo desgaste —o reciclaje— se advertía en función de que no prosperaron. El texto de Félix Pastor recogía, sin embargo, lo que era una preocupación sensible en el órgano ejecutivo de AP sobre la democratización interna (también sustentada por Fernando Suárez)[33]:

[31] Lorenzo Contreras (*5 Días*, 17-2-82) firmó un comentario al respecto bajo el expresivo título "Félix Pastor o la fuga a la inversa", donde explicaba el fenómeno de la discrepancia del notario madrileño a contracorriente de la situación: la eventualidad de irse de AP cuando la tendencia era la contraria. Se hacía eco el articulista, por añadidura, del disgusto de Pastor por "la política de actas", según la cual en los escritos estatutarios Alianza Popular veía con satisfacción el proceso de "desenganches centristas" considerando el hundimiento de UCD como una realidad gratificante.

[32] Como quiera que en el congreso IV se publicó el compendio programático *Soluciones para una década*, las ponencias discutidas se mantenían sobre los mismos ejes, si acaso con actualizaciones en cada una de las áreas y que se incorporaron a la segunda edición de dicho libro. No obstante, ponencias de Estatutos y de Política aparte, los portavoces-ponentes de las restantes disciplinas fueron: Programa económico, Abel Matutes; Política Energética, José Miguel González López; Diseño del Estado de las Autonomías, José María Aznar; Política Municipal y Urbanismo, José Rodríguez; Función Pública y Reforma de la Administración, Juan Ramón Calero; Sanidad, Carlos Ruiz Soto; Cultura y Educación, José Manuel González Páramo; Deportes, José Antonio Trillo; Agricultura, Antonio Navarro, y Alimentación y Consumo, Pablo Paños Martí. En general las ponencias estaban impregnadas del neoliberalismo procedente de los Estados Unidos y Reino Unido (Reagan y Thatcher), primando a la iniciativa privada sobre el papel hasta entonces desempeñado por el Estado. Dentro de esa tendencia de menos Estado, la ponencia económica, por ejemplo, postuló la progresiva incorporación de la iniciativa privada incluso en materia de seguridad social (porque la Seguridad Social se había convertido en "un monstruo ineficaz y excesivamente costoso que, a un plazo máximo de cinco años, amenaza con deglutir todo el sistema productivo").

[33] La semana anterior al congreso, el ejecutivo aliancista celebró un debate vivo sobre si se introducía en los Estatutos la posibilidad de "listas abiertas", tesis de la que era principal adelantado Fernando Suárez (también perteneciente a la comisión y ponencia de Estatutos) pero Fraga y otros miembros de aquel órgano se opusieron a ello frontalmente. De otra parte, la ponencia de Estatuto se discutía normalmente en sesión plenaria, no cabiendo en ello resquicio de que pudiera prosperar. Sí permitió Fraga que las razones esgrimidas por Suárez se incorporasen a la ponencia política como voto particular.

"Nuestro partido —se decía en la ponencia— ha dado a lo largo del año ejemplo de disciplina y cohesión. Este espíritu debe mantenerse siempre, pero siempre que no sea la consecuencia de la desaparición del debate interno, y a costa del menosprecio de la vida constitucional y democrática de nuestro partido".

El debate estatutario, que había sido obviado en el anterior congreso, atrajo también motivos de interés como exponente de la tensión constante entre aperturistas, defensores del debate libre y de la competitividad internas a todo evento, y los convencidos de que la espina dorsal de un partido unido gira en torno a la dirección personalista, estricta, cerrada y hegemónica sobre los órganos de control y deliberación. Este acentuado factor oligárquico-personalista, vistas las experiencias de UCD y del Partido Comunista, se admitía como salvaguardia de la unidad y uniformidad, máxime existiendo expectativas de alcanzar mayores cotas de poder y de que había sido un eficaz equipaje para superar la travesía del desierto desde 1979[34].

A pesar del excesivo peso de la Oficina Central del Partido, del excesivo sentido carismático del liderazgo, de que las normas estatutarias generales tenían su desarrollo ulterior en reglamentos de interpretación y aplicación internas (dudosamente legales a veces), del exceso de miembros *natos* en el Congreso nacional y en la Junta Directiva Nacional (lo que condicionaba la formación de mayorías discrepantes); a pesar de todo ello, los Estatutos aprobados en el V Congreso, de cuya exposición y defensa se encargó José María Ruiz Gallardón, supusieron un razonable avance en la democratización aliancista[35].

Novedades importantes aprobadas en la modificación de los Estatutos fueron, entre otras, la de dar a los congresos nacionales una periodicidad bianual (en vez de la anual, hasta entonces), regulación electiva de los compromisarios a todos los congresos (nacional y territoriales), creación de un Consejo Político de carácter asesor, creación del Comité de Disciplina[36] encargado de la tramitación de los expedientes disciplinarios con garantías procesales para los encausados, y creación de Comités Electorales en los cuatro estadios territoriales (local, provincial, regional y nacional).

La única candidatura al Comité Ejecutivo fue la encabezada por Manuel Fraga que, sometida a votación, obtuvo a su favor 1.256 papeletas, registrándose 108 en blanco y 76 nulos (más de 900 compromisarios, hasta 2.375 acreditados, no votaron por razones de diversa índole funcional y presumiblemente no por discrepancias). No obstante, lo que suscitó protestas fue la integración del fantasmal partido nacionalista castellano PANCAL en la federación de AP y la designación de su líder, Francisco José Alonso Rodríguez, como vocal del Comité Ejecutivo[37].

---

[34] El informe de gestión presentado al congreso por el secretario general, Jorge Verstrynge, corroboraba el buen resultado de la gestión. De suerte que, al 30 de enero último, el partido había más que doblado su militancia (pasando de 18.475 afiliados en 1981 a 41.902 en 1992) y contaba con 2.087 juntas locales y comarcales. Dando por ciertas estas cifras, se pone de manifiesto que las suministradas en el IV congreso de un año antes estaban abultadas.

[35] Convienen en admitir tal aserto tanto Jorge de Esteban/Luis López Guerra (*Los partidos políticos en la España actual*, pág. 169) como Lourdes López Nieto (*Alianza Popular: estructura y evolución electoral de un partido conservador (1976-1982)*, pág. 35 y ss.

[36] Durante el mismo congreso se acordó la expulsión de cinco militantes, tramitada por la Junta Directiva Nacional, lo que ponía en evidente necesidad la creación de un órgano *ad hoc* reducido y ágil.

[37] Como los compromisarios de Castilla y León protestaran por esta incorporación al grito de *Voz a Castilla* (la inclusión de Alonso no había sido consultada, alegaban los descontentos) Fraga rogó un comportamiento correcto diciendo: "Confío en que podamos oír la candidatura y que lo que ocurra de ahora en adelante en el Congreso sea por votos. Ese derecho no se ejerce ni con los pies ni con las voces, sino con las papeletas. Quien no apruebe esto es que no ha entendido el espíritu de Alianza Popular".

La composición del Comité Ejecutivo elegido era la siguiente:

Presidente: Manuel Fraga Iribarne.

Vicepresidentes (PUAP): Fernando Suárez González, José María Ruiz Gallardón, Luis Ortiz Álvarez, Juan A. Montesinos García, Antonio Hernández Mancha y Begoña Urquijo y Eulate.

Vicepresidentes (FAP): Álvaro Lapuerta Quintero, Abel Matutes de Juan, Manuel Cantarero del Castillo, José A. Trillo López Macillidor, Gabriel Camuñas Solís y José María Valiente Soriano.

Secretario General: Jorge Verstrynge Rojas.

Secretarios Generales Adjuntos: Guillermo Kirkpatrick Mendaro, Javier Carabias del Arco, Gabriel Elorriaga Fernández, Rodrigo Rato Figaredo y Carlos López Collado.

Tesorero: Ángel Sanchís Perales.

Vocales Nacionales: Pablo Beltrán de Heredia, Carmen Llorca Villaplana, Manuel Gasset Dorado, Carlos Ruiz Soto, Eurico de la Peña Díaz, Pablo Paños Martí, Fernando Redondo Verdugo, María Antonia Suárez Cuesta, Fernando Garrido Valenzuela, Asunción de la Peña González, Florencio Aróstegui Zubiaurre, Juan Ramón Calero Rodríguez, Francisco J. Alonso Rodríguez y José M. González Páramo.

Representante de NNGG: Antonio Martín Beaumont.

Parlamentarios: María Victoria Fernández España, Antonio Carro Martínez, Francisco Cacharro Pardo, Jaime Tejada Lorenzo, Juan Luis de la Vallina Velarde, José García Laguna, Luis J. Ramallo García, Manuel Díez-Piniés Muñoz y Carlos Pinilla Turiño.

Presidente del Consejo Político: Manuel García Amigo.

Secretario del Consejo Político: Antonio Navarro Velasco.

Excesivo número (46, once miembros más que el anterior, amplitud que favorecía contentar a todos teniéndolos dentro y cerca), era la sobresaliente característica del Ejecutivo aliancista surgido del V Congreso. Las variaciones registradas, de otra parte, concernían al puesto de vicepresidente preferente en orden (Fernando Suárez en sustitución de Félix Pastor) y a la incorporación, en el estadio de vicepresidentes, de José María Valiente y de Begoña Urquijo (ex tesorera). Asimismo Carlos López Collado ascendió a secretario general adjunto (en sustitución de Jesús Pérez Bilbao), y como tesorero fue designado Ángel Sanchís Perales[38]. Como vocales fueron altas el vasco Florencio Aróstegui, el murciano Juan Ramón Calero y José M. González Páramo, así como el ya comentado dirigente del PANCAL Francisco José Alonso. Por el grupo de parlamentarios (era un buen atractivo para los que venían de otras formaciones), pertenecían al ejecutivo la totalidad, incluidos García Laguna, Díaz-Piniés y Ramallo, recién llegados de UCD, como también formarían parte un mes después Herrero, Soler y De la Cierva. Y tanto el presidente del Consejo Político[39], Manuel García Amigo (vicepresidente en el anterior), como el secretario, Antonio Navarro, completaban el equipo.

---

[38] Fundador y propietario de *Nuevo Banco* estaba unido a Fraga por amistad, a través de Carlos Robles Piquer, y cuando el villalbés estaba en sus momentos más bajos le había ayudado material y moralmente. Ha revelado al autor Javier Carabias que la designación de Tesorero de AP lo fue a propuesta de Jorge Verstrynge, un mes antes del congreso, a lo que accedió Fraga no sin albergar dudas de que Sanchís aceptase. El nombramiento de tesorero, que comportó llevar a la calle Silva a hombres de su equipo bancario y de otros negocios, no supuso, en cambio, la revocación de poderes económicos que poseía Begoña Urquijo.

[39] Para este puesto de nueva creación Fraga contaba con Carlos Argos, y a tal efecto así se lo propuso (revelaciones de éste al autor), pero como en los días anteriores al congreso una errónea información relacionase al abogado madrileño y viejo amigo de Fraga con el despacho de la calle Pintor Juan Gris, donde presumiblemente celebraron una reunión el general Armada y Tejero, el presidente de AP lo descolgó de la lista. Por el hecho mismo de

Del marasmo de intervenciones producidas en las dos apretadas jornadas congresuales puede inferirse que el V Congreso de AP era el banco de pruebas para la ascensión vertiginosa ante los procesos electorales —el regional de Andalucía y el de las legislativas—, en un mar de euforia, y ello porque el referente dialéctico fue en mayor cuantía frente al PSOE (desistimando el valor de UCD). Igualmente se pudo apreciar una razonable institucionalización ideológica sobre un equilibrio frágil de las élites dirigentes, sólo controlable por la personalidad de Fraga y el férreo aparato burocrático montado en todos los niveles y funcionando en sincronía con la dirección política.

El ingreso en la OTAN, causa común del centro-derecha

Sucedíanse de continuo las apelaciones al pacto global del centro-derecha pero nadie daba los pasos medidos para el acercamiento. Fraga, por las razones expuestas, había subido el precio de la dote contractual y Calvo-Sotelo, centrado por la fuerza, se veía a sí mismo la encarnación de la derecha y como materia de la misma madera malamente amoldable a su paisano lucense. Pero si en lo no fundamental refulgió la discrepancia, en los temas de Estado los dos personajes tuvieron que coincidir. El tema de la OTAN, promovido por Calvo-Sotelo, tiró de la lealtad de Fraga y juntos mantuvieron (se sumarían también los partidos nacionalistas vasco y catalán) el pulso frente a toda la izquierda *(OTAN, de entrada NO).*

La *polémica atlántica* la planteó Calvo-Sotelo con resolución y revestido de la autoridad que le daba culminar la transición política en su vertiente exterior. El ingreso de España en la organización defensiva occidental —anteclub de la CEE— truncaba el aislamiento y la neutralidad inocua de decenios, teniendo como tiene nuestro país un considerable perímetro atlántico y una vocación marinera y cultural también atlánticas. Alianza Popular (y el grupo parlamentario Coalición Democrática) no debieron de titubear en apoyar al Gobierno, ciertamente acuciado por el PCE y —lo más sorprendente— por el PSOE, que no tuvo la suficiente madurez de anteponer el interés del Estado a tácticas izquierdistas electorales (o al mantenimiento de un neutralismo en todo caso *romántico).*

Según todos los testimonios obrantes Fraga, atlantista de pura cepa, encarecía el proceso de adhesión hasta hacerlo inviable condicionándolo a nuestra reivindicación sobre Gibraltar y exigiendo cobertura de la organización para Ceuta y Melilla. Por ser inatendibles tales reservas patrióticas, y dado que el debate del Tratado en comisión se celebró durante la campaña electoral en Galicia, la ausencia de Fraga fue suplida por la delegación de Antonio Carro, más dispuesto a que el Gobierno no estuviera maniatado. La estratagema urdida para superar las condiciones de Fraga la refiere Miguel Herrero[40]:

"... Le convencí (a Fraga) de que delegara en su segundo parlamentario, Antonio Carro, la negociación de una fórmula en que concurrieran la autorización solicitada por

---

tan injusta asociación, Argos se vio aislado y abandonado de todos en el Congreso y, en la noche de la clausura, sufrió un infarto que casi acaba con su vida. Años después ha lamentado que se pudiese creer entonces su implicación en el *golpe de Estado* pero, sobre todo, que no le visitasen en el hospital donde estaba internado nada más que políticos de la izquierda. Semanas después de esta afección se pudo demostrar la falsedad de la información con todos los pronunciamientos de reparación noticiosa, que no moral ni física.

[40] Véanse los testimonios de Miguel Herrero *(Memorias de estío,* pág. 265) y de Leopoldo Calvo-Sotelo *(Memoria viva de la transición,* pág. 137).

el Gobierno y sus agudos criterios políticos. La delegación fue, claro está, una orden tajante a Carro para que se pusiera de acuerdo conmigo y "sacar adelante un papel en común". Éste consistió en una autorización incondicionada para la adhesión, seguida de unos criterios que debían inspirar la política gubernamental a la hora de negociar, ya en el seno de la Alianza, las formas concretas de nuestra integración militar. Aún guardo el texto del acuerdo firmado por Antonio Carro y que bastaba para garantizar la mayoría absoluta del Congreso de los Diputados a la propuesta gubernamental".

El itinerario de la adhesión comenzó desde el debate de Investidura de Calvo-Sotelo, con arreglo a un calendario inexorable que culminó en mayo de 1982, tras el depósito de los protocolos ratificados por los quince países miembros de la organización en Washington. Entre agosto de 1981 y junio de 1982, la izquierda desató en la calle la campaña anti-OTAN más obstinada e irresponsable de toda la transición, soslayando el método ordinario de las instituciones democráticas. Ciertamente el PSOE escudaba su postura en la necesidad de un referéndum, consulta popular de revisión que mantendría —aseveró Felipe González— caso de que se ingresase y una vez el socialismo estuviese en el poder. Mediante actuaciones de filibusterismo parlamentario, para ganar tiempo infundadamente, tiempo que se invirtió en accciones callejeras de presión y desprestigio ante el Gobierno (concentraciones multitudinarias y recogida de firmas)[41].

Con Calvo-Sotelo siempre tuvo Fraga diálogo, por paisanaje y vieja amistad, y de ahí que el villalbés consiguiera plaza de ponente constitucional. Pero el Duque de Suárez pesaba demasiado para impedir cualquier acercamiento a Alianza Popular, salvo admitir la fusión por absorción. Los dos lucenses hablan mientras cruzan el salón de los pasos perdidos del Congreso.

En términos políticos el dirigente centrista logró polarizar la opinión de la sociedad y restituir gran parte del liderazgo perdido, enarbolando una bandera a la que no tenían otro remedio que seguir los no marxistas. Era propiamente una causa clave para el futuro y, considerada en aquel contexto, hubiese sido una pieza inicial —un contrato de arras— de concordancia hacia la *mayoría natural*. Como aglutinante —si acaso lo fue dentro de UCD— no surtió los efectos deseables si es que se explotaron las virtualidades del momento. Como fuere, el año 1981 finalizó con el Tratado de Adhesión aprobado por mayoría absoluta en las dos Cámaras y, por ello mismo, se puso en marcha el mecanismo de ratificación e ingreso. Ingreso que sólo fue efectivo semanas antes de disolver Calvo-Sotelo las Cortes, cuando el Gobierno se manifestaba incapaz de garantizar una mayoría suficiente que le diese estabilidad. Indudablemente era verdad el diagnóstico de Antonio Garrigues Walker: "En España tenemos un buen gobierno, pero éste tiene un mal partido".

Elecciones al Parlamento de Andalucía

Las elecciones al Parlamento andaluz fueron preparadas en los estados mayores partidistas como un ensayo de las generales —unas *primarias*— en el matraz de la región más extensa y poblada. El experimento, vaticinado por la sociología electoral, atendía a la

---

[41] El 5 de julio de 1981 se celebró un mitin-fiesta en la Casa de Campo de Madrid, así como decenas de otros actos y marchas callejeras, culminando las medidas de presión extraparlamentarias en diciembre con la presentación, en el palacio de la Moncloa, de seiscientas mil firmas recogidas por el PSOE.

doble dialéctica de comprobar el mayor influjo de la izquierda sobre la derecha en un área geográfica subdesarrollada y, secundariamente, para evitar que naciese un nacionalismo andaluz en la disyuntiva poder central o poder autonómico.

Desde esa perspectiva, en enero de 1982 los partidos de implantación estatal: PSOE, en Granada; AP, en Sevilla, y UCD en Málaga celebraron sus congresos regionales para poner a punto las organizaciones y estrategias ante la convocatoria de mayo, en la iniciación de una marcha demasiado larga.

Pendían, no obstante, varias incógnitas. Si la crisis del Partido Comunista haría mella en la disciplina ideológica y electoral de sus seguidores andaluces, fragmentándola en beneficio del PSOE, y si éste podría disputar el nacionalismo de izquierdas que blandía el Partido Socialista Andaluz. Al PSOE estos comicios le condicionaban la credibilidad de ser alternativa mayoritaria en todo el Estado, según un pronóstico de triunfo que necesitaba confirmación con mayoría de escaños, mientras que la desdibujada UCD limitaba sus afanes a permanecer siendo segunda fuerza política de la región. La polarización electoral izquierda-derecha estaba desde el principio desvaída por lo que, anunciada de antemano la victoria socialista, el interés se trasladó hacia la averiguación de quién era el mejor de los perdedores: UCD o AP. En aplicación de un *futurible* histórico, ni siquiera unidas las dos formaciones políticas del centro-derecha habrían podido amenazar la mayoría emergente socialista, aunque hubieran menguado su escandalosa diferencia, transformada en barrera inexpugnable durante más de un decenio. La patronal andaluza, que contaba con encuestas elocuentes de lo que se venía encima, repitió la experiencia gallega y medió en la campaña como un contendiente electoral ilegítimo con enorme agresividad, en un vano intento de llenar el hueco que no ocupaba el centro-derecha. Aunque logró cierta polarización —una movilización relativa—, no pudo evitar que el PSOE hiciese de Andalucía un campo de entrenamiento afortunado asfaltando el camino hacia la Moncloa.

Así, pues, la duda sobre el voto no estaba en quién gobernaría —en la neutralización del avance socialista—, sino en que la victoria se rebajara y obligase a un frentepopulismo que desacreditase al socialismo drenando apoyos electorales moderados en el resto de España, en la inminente convocatoria general. El voto del riesgo, de otra parte, residía en el pugilato que AP debía resolver a su favor frente a UCD, a fin de dar continuidad a su triunfo en Galicia en el mantenimiento de ser alternativa única al socialismo.

Sin tiempo para recrearse en la victoria gallega, Fraga enfocó su interés en las elecciones andaluzas en la última semana de noviembre de 1981 acudiendo al congreso provincial de Cádiz, última etapa de un apretado viaje de fin de semana a Málaga, Melilla y el Campo de Gibraltar. Al mismo tiempo se celebró en Córdoba otro congreso, resaltando la figura de Antonio Hernández Mancha, que acudiría a Sevilla en enero siguiente como candidato único de la organización aliancista regional. No obstante, Fraga no estaba convencido de que Hernández Mancha, el joven abogado del Estado condiscípulo de su hijo José Manuel, fuese el maduro candidato a la presidencia de la Junta de Andalucía, por lo que en su mente no quedó cerrado el cartel de elecciones tan cruciales a la espera de que apareciese un postulante independiente y de prestigio como ocurriera en Galicia con Fernández Albor. El rector de Granada, Gallego Morell, que mantuvo contactos con UCD para encabezar sus listas también fue explorado por Fraga durante su estancia en Sevilla el 17 de enero, pero por razones desconocidas al autor aquella tentativa no siguió adelante.

El II Congreso regional de AP en Andalucía, el 17 de enero de 1982, tuvo la utilidad de concentrar en Sevilla a los exiguos cuadros directivos de la región proclamando ante la opinión pública la apertura de la carrera con enorme ambición.

La presencia de Manuel Clavero Arévalo entre los invitados, promotor del artificial partido nacionalista Unidad Andaluza, si bien no levantó entusiasmos entre los compromisarios suscitó, en cambio, expectativas de coalición. Se estaba preparando un *souflé* con levadura nacionalista de difícil cocción, tan impracticable que Fraga en el discurso de clausura afirmó "...os ofendería si os dijera que sois una nación, porque lo que sois es una gran región"[42].

Aplicar la estrategia seguida en Galicia, pues, no era acertado en cuanto al discurso y por eso, finalmente, prevaleció copiar el método a través incluso de los mismos equipos humanos pero apartando la tentación nacionalista de la *patria andaluza verdiazul* de Blas Infante en versión centro-derecha, sobre la que no pocos empujaban. Al final, se optó por llevar a cabo un urgente programa de implantación territorial a la vista de que de los 883 municipios andaluces, sólo en 128 existían juntas locales reconocidas (un 14,49 por ciento). Programa que ejecutaron unos *equipos de apoyo operativo* constituidos por la vicesecretaría nacional de Acción Territorial entre la última semana de enero y la primera de mayo[43]. Del mismo modo, en Sevilla fue montado el *centro logístico regional* que, a las órdenes de Javier Carabias, funcionó de febrero a mayo como casa generalicia para montar a todo correr una estructura partidista en un tercio de España, de la misma forma que en los pueblos se monta un parque ferial en las fiestas del santo patrón. Porque la presencia aliancista en Andalucía era residual, puro testimonio: cinco alcaldes y 146 concejales.

De los acuerdos alcanzados en el II Congreso regional los más destacados a estos efectos fueron la constitución de un comité electoral y la designación de ocho gerentes provinciales y uno regional. Este era Julio Osorio, que estaba arropado por hombres como Antonio de la Riva Boch, un inteligente ex jesuita muy delicado de salud; Fernando Cruz Conde, secretario técnico regional, y el alcalde de La Carolina y presidente de AP de Jaén, José Rodríguez.

Poner en marcha desde la improvisación una precaria organización fue tarea de gigantes en aquella vasta región, pero pudo lograrse en muy poco tiempo con mano férrea y una gran carga de ilusión. En Granada, tras el derrumbamiento de Coalición Democrática, tuvo que removerse todo el partido para arrumbar a varios grupos ultras y situar en la cabeza de la provincia al representante de la casa *Peugeot*, Gabriel Díaz Berbel, hombre que desbordaba simpatía y dedicación, capaz de sacar a AP de las catacumbas; descubrimiento debido a Javier Carabias a quien se unió en sus primeros pasos políticos —como un *botijilla*— hasta alcanzar con los años las más altas cotas representativas en aquella histórica provincia. En Málaga, con el asesoramiento de Antonio Navarro, se pudo también crear una gestora de la mano del arquitecto Antonio Valero y comparecer a las elecciones. En Huelva, a su vez, Luis Martínez formó un compacto equipo tras desmontar del poder a la familia Fernández Jurado, numerosa e influyente como para que al partido se le denominase coloquialmente *Alianza Familiar*. En Sevilla, dominada por Francisco Sanabria, se completó la organización con la activa participación de José Ángel Mancha, imprimiendo un dinamismo desconocido anteriormente, y, en Cádiz, persistieron las fisuras en todas las orillas (Campo de Gibraltar, Jerez y la capital) cual endémica

[42] Véase *El País*, 19 de enero de 1982.

[43] De acuerdo con un documento interno de AP, la acción de estos *equipos de apoyo operativo* tenían por cometido preferente la búsqueda de interventores y apoderados en pueblos, con quienes se constituían gestoras locales aliancistas, en cuanto punto de partida para abrir sedes en lugares nunca visitados. Se nombraron coordinadores de zona, conectados con los gerentes provinciales y secretarios técnicos, en función del número de electores y de la importancia del voto, y al final se logró establecer un elemental tejido partidista duradero y estable en lo que hasta entonces era un desierto de compromiso político articulado.

pelea, pero se incorporó a varios jóvenes valiosos como Miguel Arias Cañete. Sin embargo, de ninguna manera Alianza Popular podía penetrar las capas populares y sacudirse la imagen de ser casa-cuna de los señoritos.

AP confirmó ser la alternativa al PSOE

A Javier Carabias, a la altura de marzo, le reprochaban que la pre-campaña aliancista en Andalucía resultaba triste y que había que animarla con tácticas ofensivas. Discrepaba del planteamiento porque, según argüía, cuando pelean dos mocetones el tercero en la liza, si es pequeño, debe hacer notar su presencia sólo al final. Por oportunista que fuese el argumento, el estratega aliancista logró de ese modo que primase su criterio alejado de cargar toda su ofensiva contra UCD.

Elegida Soledad Becerril presidenta regional de la formación centrista en Andalucía, mas sin abandonar el Ministerio de Cultura, el equipo dirigente de la calle de Arlabán (copado por democristianos y liberales) echó los restos y empleó de cuantos resortes de poder disponía en apoyo del candidato malagueño Luis Merino. Para ello bajó Despeñaperros todo el *aparato* consciente del desafío de frenar el socialismo, con un dispositivo electoral que apuntaba más al PSOE —el verdadero adversario— que a Alianza Popular, eventual aliada para una flamante mayoría necesaria[44] en el Parlamento nacional. Por el contrario, del lado aliancista la ponderación selectiva del adversario no fue equivalente, habida cuenta que AP se jugaba —primero en Galicia y ahora en Andalucía— ser la alternativa de la alternativa centrista.

Las candidaturas de UCD aparecieron débiles, sin el revulsivo de lo desconocido y renovador. El candidato centrista a la Junta, el malagueño Luis Merino carecía de empuje y predicamento, de ahí que en la madrileña calle Génova se dijese: "Con este rival, nuestro Antoñito (Hernández Mancha) sube muchos puntos". Ciertamente Alianza Popular no había designado formalmente un candidato a presidente del gobierno andaluz, porque los comicios eran al parlamento regional y las posibilidades de dominar el ejecutivo resultante no eran contempladas. En teoría, sin embargo, un partido que comparece a elecciones aspira a ganarlo todo —por remotas que sean sus posibilidades—, pero en este caso, cuando en una reunión con los responsables de las elecciones andaluzas (Luis Ortiz, el mismo Mancha y Javier Carabias) se planteó a Fraga la designación de candidato formal a la Junta andaluza del dirigente aliancista cordobés, que era vicepresidente del partido, el villalbés contestó: "No, el que más chifle, capador; es mejor que en cada provincia haya un equipo", y cortó toda insistencia de los reunidos ante el semblante impasible del concernido[45]. Oficiosamente, sin embargo, a Hernández Mancha se le atribuía ese papel, aunque en verdad no dejaba de insistir que si el partido encontraba un candidato con mayor carisma él se retiraría discretamente a un segundo puesto[46].

---

[44] El Vicepresidente del Gobierno Rodolfo Martín Villa, sin Departamento ministerial del que ocuparse perentoriamente, estuvo atento a todo el proceso electoral andaluz y fue uno de los que sostuvo el pacto con Alianza Popular, razón por lo que, a diferencia de otros comicios, no extendió la lucha electoral contra Fraga. Igualmente el secretario general de UCD, Íñigo Cavero, ni los demás dirigentes centristas (Pedro López Jiménez, vicesecretario de Organización; Jaime Mayor Oreja, vicesecretario del área electoral, y otros responsables) se dejaron llevar esta vez por la fácil contienda de atacar a los afines.

[45] Testimonio de Javier Carabias al autor.

[46] Declaraciones a varios periódicos y, en concreto, a *El País* del 14 de febrero de 1982. Debe hacerse notar que Fraga hubiese cedido la candidatura a presidente de Andalucía a Manuel Clavero Arévalo, para encabezar la lista por

La confección de las listas provinciales aliancistas, tanto más cuanto que se preveía el ascenso fulgurante de AP y a diferencia de cuando había que buscar candidatos con un candil, fue problemática por el número de aspirantes y las presiones ejercidas. El presidente del Comité Electoral Nacional, Luis Ortiz, muy experimentado en el damero gallego, ejerció de seleccionador revestido, además, de la legitimidad andaluza por haber nacido en Córdoba. Precisamente en esta provincia no se registraron tensiones con Hernández Mancha de primer candidato, seguido de Gabino Puche; como tampoco fue dificultosa la cabecera de Sevilla, con el doctor Ricardo Mena, ni la de Granada (Díaz Berbel), pero en las demás provincias se desataron las peleas internas con desmedida virulencia. Sobre todo, en Huelva, donde la presión de Miguel Herrero en favor de Luis Narváez descompuso los equilibrios partidistas pactados antes de la injerencia madrileña, que se saldó con un pobre resultado. La adquisición de Miguel Arias Cañete, entroncado con la alta sociedad jerezana, provocó también rechazo en Cádiz y el Campo de Gibraltar, pero a la postre consintió ir de número dos, a continuación del también abogado del Estado José Ramón del Río, en una de sus muchas pruebas de ductilidad y seguridad en sí mismo. El programa de gobierno fue la primera aportación de Arias Cañete y, de este modo, fue presentado en rueda de prensa por Fraga en la convención de candidatos que AP celebró en Torremolinos (Málaga) el 18 de abril[47].

Las listas aliancistas fueron confeccionadas una vez fracasó el intento de coalición con el partido de Clavero, al que se urgía desde la CEOE como condición inexcusable para aportar ayudas económicas a ambas formaciones. La intransigencia recíproca, no obstante, provocó la ruptura con mal estilo por parte del ex ministro centrista[48]. A la postre, el pretencioso partido Unidad Andaluza no comparecería siendo este gesto el broche de la carrera política del discutido catedrático sevillano de Derecho Administrativo.

El temor a las nacionalizaciones según un modelo económico socialista no aclarado producía desconcierto en la CEOE. Este pretexto, unido al resultado conseguido en Galicia, inclinó a los dirigentes de la confederación patronal a dar un paso cualitativo y hacer campaña directa —no contra la abstención, como formalmente acontenció en Galicia—, sino a la contra

---

Sevilla, pero se le exigía la previa disolución de Unidad Andaluza, lo que no consentía. De otra parte, imitando el efecto electoral de Galicia, algunos apuntan que la selección del doctor Mena, traumatólogo sevillano, como primero de la lista hispalense, seguía los mismos pasos de la jugada Fernández Albor como fichaje estrella. Ricardo Mena era hijo de obrero y acreditado traumatólogo en cuyo ejercicio profesional desplegaba una gran humanidad y popularidad, siendo como era también hermano mayor de una cofradía sevillana.

[47] Con el título *Soluciones de verdad para Andalucía,* se hizo público el programa en la referida convención en su versión íntegra y reducida. A sabiendas de que los programas de gobierno en las elecciones no es lectura de consumo masivo, acaso ni por minorías —salvo cuando destaca algo negativo—, el programa de aquellas elecciones era claro, medido y ambicioso en el pronóstico de lo que necesitaba Andalucía en su andadura como comunidad autónoma. Por la selección de sus enunciados y promesas, puede decirse sin desmesura que sirvió de inspiración doctrinal y práctica para el grupo parlamentario aliancista andaluz con notable aprovechamiento. Compuesto de siete capítulos (Modelo político, Programas sectoriales, Desempleo y Emigración, Familia, Juventud y Tercera Edad), abordaba con ponderación y realismo las necesidades auténticas de la región más extensa y subdesarrollada de España, destacando toda suerte de soluciones en pos de reducir el desempleo.

[48] El intento de concertación entre Alianza Popular y Unidad Andaluza se efectuó en una cena celebrada en la sede madrileña de la CEOE, por invitación de Ferrer Salat, y a la que asistieron Fraga y Clavero Arévalo. El encuentro es recogido por Fraga memorialista el 11 de marzo con esta anotación: "Cena con Manuel Clavero, en CEOE, a propuesta de él; yo lo gestioné, pero manfiesta que no quiere pactar, sino aclarar que él, yendo solo, es como más ayuda. No convence a nadie, y todo el mundo queda malhumorado" *(En busca del tiempo servido,* pág. 278). Lo sorprendente, sin embargo, fue la interpretación tergiversada que Clavero hizo del encuentro en una polemica de pren-

de las opciones marxistas[49]. Fue la primera demostración que se hacía en España de acciones electorales negativas (publicidad negativa) en confrontación abierta contra el PSOE, llamando a votar a los ciudadanos pero de paso, y esto no era humo de pajas, movilizando al empresariado para el encuadramiento colectivo de la propia confederación. La etapa de fortalecimiento de la patronal arranca de esta etapa por mucho que los politólogos y sociólogos electorales denigren aquella campaña concebida por Gabriel Castro y Luis Ángel Sáez de la Tajada, aprobada y supervisada en la CEOE por Pedro Arriola.

El principio constitucional de libertad de expresión habilita para la crítica, incluso en procesos electorales, pero los carletes de la patronal andaluza exhibidos en la campaña escandalizaron a las formaciones de izquierda. *Se fingen moderados,* rezaba uno de los carteles de la CEA en el que un puño cerrado y una manzana horadada por un gusano invitaba a fijarse en la leyenda textual a dos columnas:

"La economía española no está para nacionalizaciones". Lo dice Felipe González y lo dice para que la gente se lo crea. Los que no se los creen, son los propios socialistas. Porque el socialismo de verdad, no es el de Escuredo. Ni siquiera es el de Felipe González, con cara de coyuntural moderación. Y al final, detrás de los maquillajes, el socialismo es un solo bloque, una misma cosa, una misma intención y un mismo proyecto de sociedad. Ahora se presentan como si fueran moderados. Son falsos moderados. Si hubiera que creerles a ellos, serían los mejores defensores de la libre empresa, de la economía de mercado y de la libertad. No hay que fiarse, no hay que dejarse engañar. Lo hacen por razones electoralistas. Lo hacen para conquistar los votos moderados, que son la mayoría de los votos de Andalucía. No caigamos en la trampa. Ya hemos visto en los Ayuntamientos lo que ocurre después de las elecciones. La moderación se olvida por completo y se gobierna con aquellos que son más afines. Con los comunistas; como en Asturias, por ejemplo. Piénsatelo. Y mide bien las consecuencias de tu voto. Para tí y para los tuyos.
(Sobre la silueta geográfica de Andalucía firmaba CEA y, a continuación, la apelación electoral)
Vota seriamente y que nadie te equivoque".

En un segundo cartel, entre las siluetas de Felipe González y Alfonso Guerra, se enmarcaba otro eslogan: *¿A quién hay que creer?,* que era glosado con explicaciones del doble y equívoco juego que desempeñaban ambos, el duro y el moderado.

La reacción de los partidos de izquierda (PCE y PSOE) fue rápida y contundente. Los comunistas, por considerarla injuriosa, acudieron al juzgado; el PSOE planteó reclamación ante la Junta Electoral Central, que le dio la razón en términos definitivos: "La Confederación de Empresarios Andaluces no es una organización legítima para hacer cam-

---

sa con el propio Ferrer Salat, refiriendo —para salvar la cara— que la iniciativa no había partido de él. La generosidad aliancista fue clara al ofrecerle la cabecera por Sevilla y ser candidato, pues, a la presidencia de la Junta andaluza, pero en coalición *ex ante* y no postelectoral, poniendo dificultades de este modo a poner a flote con la ayuda de los demás su invento nacionalista. Véanse al respecto, entre otros, *El País* del 17 de marzo y *Nueva Andalucía* del 24 del mismo mes.
[49] La patronal tenía previsto llevar a cabo alrededor de 150 actuaciones propagandísticas como la efectuada por Alfredo Molinas, presidente de Fomento del Trabajo Nacional y vicepresidente de la CEOE, en Sevilla ante unos tres-

paña electoral, pidiendo el voto a favor o en contra de ninguna opción política en la presente campaña"[50].

Silenciados los empresarios andaluces, que retiraron la propaganda, se entabló una agria polémica pòr el atentado que se infligía a la Constitución, llegando a intervenir los ponentes constitucionales Miguel Herrero (que lo calificó "un atropello desconocido en toda democracia") y Manuel Fraga. En opinión de éste, las elecciones se planteaban decisivas para el modelo de sociedad, modelo de Estado y mapa político.

La campaña mostraba bruscamente que la moderación del centro político fue un método —una vía táctica y coyuntural— para el compromiso de la reconciliación nacional. Así pues, inexistente el centro como fuerza política específica, cabía separar las opciones políticas según sus fundamentos ideológicos entre quienes eran colectivistas o no. Ello porque ya no producía miedo la imagen de *las dos Españas* en una sociedad moderada en general. Quizás porque la patronal exigía no poner frenos a la dialéctica electoral, la polémica benefició a Alianza Popular en cuanto opción partidista sin tantos complejos con el pasado histórico que UCD. Carlos Hunneus colige, probablemente con perspicacia, que si la campaña no fue la causa del desplome de UCD, sí fue un acelerador de su crisis y descomposición[51].

1.216 candidatos para 109 escaños

La movilización electoral de estas elecciones excedió, como ha quedado dicho, el marco de Andalucía. Seis partidos disputaron en las ocho provincias y en las más populosas (Sevilla, Málaga y Cádiz) el choque electoral lo fue entre más de diez listas. En total 1.216 candidatos aspiraban a ocupar 109 escaños del Parlamento regional.

Los tres partidos mayoritarios en intención de voto (PSOE, UCD y AP) realizaron una campaña de ocupación general en medios de comunicación y convocatoria popular. Por el PSOE, Felipe González universalizó la campaña por todo el territorio obligado a ello para defender los pronósticos de favorito, según las predicciones, y limitó la ofensiva de todos contra el socialismo. Su preocupación estaba en negar una eventual coalición con los comunistas y, para

cientos empresarios andaluces, el 7 de mayo. El tono de aquel mitin, acerca de la importancia de las elecciones andaluzas como pauta trasladable a toda España, incidía en las ocultas intenciones que se atribuían al PSOE de aparentar lo contrario de lo que querían, y las palabras de Molina en aquel acto tenían esta elocuencia: "En España se está haciendo una revolución tranquila y cambiando nuestra sociedad sin que hayan tenido el valor de aclararnos hacia dónde vamos" (véase *El País* del 8 de mayo de 1982).

[50] La resolución de la Junta Electoral Central, de 13 de mayo de 1982, se amparaba en el Decreto-ley de 18 de marzo de 1977, resultando anulada por sentencia de la Audiencia Nacional que establecía lícita la recomendación crítica —a favor o en contra— de criterios que se encuentran en programas de más de un partido y, asimismo, se decía que la captación de sufragios no se producía de manera inequívoca en favor de una opción partidista en bloque. Se aducía, además, "que, si bien los partidos políticos son instrumento fundamental de participación política, no son el único, ni impide el derecho a la libertad de expresión, y menos en relación con organizaciones sociales a quienes el artículo 7 de la Constitución otorga responsabilidades públicas en defensa de los intereses económicos y sociales que le son propios". Esta interpretación fue confirmada por el Tribunal Supremo (SS. de 14 de julio y 9 de diciembre de 1982). Sin embargo, la Ley Electoral de 1985 impidió aquella interpretación prohibiendo la realización de campaña electoral por persona jurídica distinta no compareciente en los comicios, cercenando expresamente —de forma discutible— la habilitación que proporciona el derecho constitucional de libertad de expresión.

[51] Carlos Hunneus, *op. cit.*, pág. 373.

hacerla innecesaria, se empleó a fondo en patear los grandes núcleos urbanos y repetir la plegaria de Blas Infante: *Andalucía para sí, para España y para la Humanidad.* Durante las dos etapas de viajes, la pre-campaña (marzo y abril) y las tres semanas de mayo de campaña propiamente dicha, Felipe González estuvo en no menos de sesenta lugares distintos profiriendo discursos en mítines multitudinarios, los más de ellos como final o preludio de una fiesta popular que enaltecían artistas de la órbita socialista (Juan Manuel Serrat, Paco Ibáñez, El Lebrijano, María Jiménez, Paco Gandía y Josele, Lole y Manuel...) y organizaban Jesús Quintero —*El loco de la Colina*— y Francisco Cervantes, ambos empleados de Radio Nacional de España[52].

El halo de Felipe González —una especie de providencia— se patentizaba en todos sus recorridos, de manera que la entrada que hizo en las minas Presur de Cala, con el fin de compartir unas horas con los mineros encerrados en huelga de hambre, como protesta por el inminente cierre de la explotación por improductiva, cobró tonos de exaltación demagógico electoral. Las escenas dantescas de la minería entorno a la explotación decimonónica del hombre por el hombre pusieron los pelos de punta a los españoles y, sobre todo, alimentaron la esperanza de que el socialismo traía soluciones mágicas para sacar a Andalucía de la postración económica. Al día siguiente de la visita, los mineros abandonaron la actitud de protesta y el pueblo volvió a la normalidad en la idea de que podía prolongarse el régimen de subvenciones si acudían a Madrid. Inviable el reflotamiento de la explotación, el Gobierno se negó a soluciones imposibles y las promesas socialistas quedaron flotando para ser aplicadas, pero nunca lo fueron ni incluso cuando llegaron al poder. Pero ante la opinión pública andaluza Felipe González parecía un apostol redentor capaz de bajar al centro de la tierra.

Con exceso de optimismo, superponiendo el ilusionado voluntarismo a los pronósticos agoreros del Centro de Investigaciones Sociológicas, el Gobierno y su partido se volcaron en una febril campaña —atenuada en mensajes— que era un intento de resurrección centrista. Todas las provincias fueron cortejadas electoralmente por ministros y demás dirigentes, incluido el Presidente del Gobierno, Leopoldo Calvo-Sotelo. Pero la negativa de Suárez, quizás no explícita, de acudir a Andalucía en ayuda de las candidaturas centristas brilló poniendo de relieve el permanente conflicto de la frágil UCD.

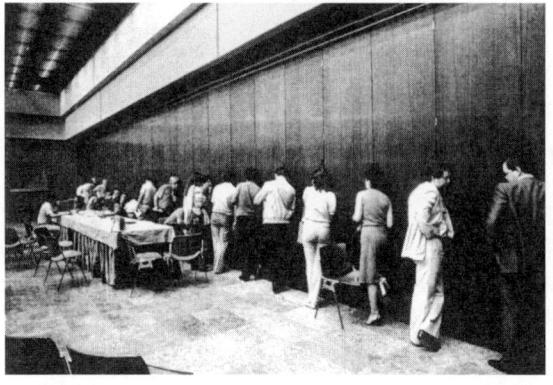

Era objetivo preferente de Fraga, desde primeros de 1982, viajar los fines de semana a

La crisis de UCD estuvo latente todo el año 82, de manera que los conciliábulos y las reuniones se producían con luz y taquígrafos o a puerta cerrada. En la foto, de Marisa Flores, se aprecia la curiosidad periodística de oír tras las paredes como en este caso (julio de 1982) en que se decidía si Landelino Lavilla sería el sustituto de Suárez en la candidatura a Presidente del Gobierno en las elecciones generales próximas.

---

[52] Julio Feo alude en sus memorias *(Aquellos años,* Ediciones B, Barcelona, 1993, pág. 107 y ss.) a esta campaña de Felipe González en su tierra como la más intensa, dada su trascendencia de cara a las generales pendientes: "Durante tres meses, marzo, abril y mayo, viajamos por Andalucía, donde pernoctamos cuarenta noches y celebramos más de sesenta actos públicos, y todo ello en un constante baño de multitud. Fue la última campaña en la que hubo proximidad física de la gente con Felipe. En las siguientes, las *necesidades del guión* obligaron a incrementar la distancia física".

Andalucía para dar un recorrido general —"una bella cabalgada", diría— por toda la región a fin de avivar su presencia ante la opinión pública. Al modo de las elecciones de Galicia, sus viajes fueron programados bajo el criterio de pisar la calle, saludar a las gentes viandantes y celebrar actos colectivos, mítines que rebasaron los cuarenta en otras tantas localidades. Le precedían en estos desplazamientos unos equipos operativos de apoyo, que previamente constituían juntas gestoras locales allí donde no exisía implantación alguna y a través de este endeble sistema se montó un mínimo tejido de soporte electoral[53].

Para el historiador es complejo descender al detalle de la campaña, al repaso repetido de las actuaciones de todo tipo. Sin embargo, con Fraga de protagonista los itinerarios resultan atractivos porque no piensa sólo en el hoy, sino que se retrotrae al pasado histórico de los lugares donde pisa. En el fondo, el oficio electoral le saturaba y aburría salvo lo excepcional y original. Sin embargo, a propósito de la campaña andaluza excitó su sentido de la historia y concretó en sus memorias la vivencia política de mayo de 1982, pugnaz y agotadora, con anotaciones como ésta:

> "Fueron tres semanas inolvidables; tal vez la más completa, la más vivida, la más difícil, la más interesante de todas mis campañas electorales. Bajé en coche, por La Mancha... y del 1 al 23, un caminar infatigable por ciudades y por pueblos, por costas y por montañas; en avionetas, coches y autocares; por la más extensa y la peor comunicada de las regiones españolas. Con una organización incipiente, con un planteamiento que íbamos corrigiendo sobre la marcha, con unos equipos jóvenes y entusiastas, nos fuimos haciendo con un gran apoyo en Andalucía. Un pueblo viejo y lleno de humanidad se encontró con algo que conocía mal; estoy persuadido de que si la campaña hubiera durado dos semanas más, el triunfo hubiera sido aún mayor. Hubo momentos de enorme emoción, como la subida a la peña de Arias Montano, de origen judío, hombre de increíble cultura y conocimiento de las lengua orientales, fue enviado por Felipe II (que le admiraba) a Amberes, para editar allí (donde estaban las mejores imprentas de Europa) una segunda Biblia Políglota, después del primer intento de Cisneros casi un siglo antes..."[54].

---

[53] Las rutas electorales de Fraga, y en menor medida las de otros líderes, eran preparadas por un reducido equipo de avanzada que dirigía Antonio Cámara y del que formó parte también Juan Carlos Vera. Éste, un joven estudiante de Derecho, a bordo de una furgoneta —el furgón K, en terminología interna— visitaba con anterioridad al líder los lugares del recorrido, repartiendo propaganda y supervisando las instalaciones de los actos públicos, curtiéndose así para las tareas que le reservaba el futuro en la gestión intrapartidista.

[54] M. Fraga, *op. cit.*, pág. 284. La peña Arias Montano (antes Peña de los Ángeles) se halla cerca de Fregenal de la Sierra, en la sierra de Aracena, entre Badajoz y Huelva, y allí estuvo retirado el insigne humanista a resguardo de la Inquisición que hurgaba en sus escritos a su vuelta de Flandes.

Capítulo 16

ELECCIONES DEL *CAMBIO* Y LEGITIMACIÓN MONÁRQUICA

La consumación del cisma en UCD

La evaluación de la derrota de UCD en las elecciones al Parlamento de Andalucía fue medida desigualmente, con distinta vara, en el seno de la organización y en otros centros de poder. Mientras unos pocos trasladaban el fracaso a toda España con la mente dirigida hacia el retiro digno en casa donde contemplar la obra bien hecha aunque agotada en un lustro de *contribuir a la pacífica transición,* otros no se resignaban a reconocer que el *centro político* era un escenario efímero. Persistían en batallar por apropiarse —detentar el usufructo— de la moderación como acervo ideológico neutro, que pendula a la derecha o a la izquierda conforme marque el sentimiento social. El miedo a una rabiosa bipolarización izquierda-derecha se esgrimía no tanto más que un riesgo objetivo cuanto que escudo de la propia permanencia en política.

Calvo-Sotelo, humilde y crudo testimonio mediante, ha relatado el conjunto de enfoques que siguieron a este proceso del principio del fin de UCD. Al día siguiente de los comicios (24 de mayo) se reunió en la Moncloa con el llamado *sanedrín* [1] y todos reconocieron el estrepitoso fracaso y la precariedad del partido gobernante para llegar al final de la legislatura. De la unanimidad del diagnóstico nadie se escapó ("Rodolfo Martín Villa ya no pudo repetir, como después de las elecciones gallegas: *Yo no me siento responsable de esto*", apostilla Calvo-Sotelo")[2]. Durante aquella reunión, por la tarde, ya Fraga se dejó sentir llamando por teléfono a Calvo-Sotelo y proponiéndole una entrevista, que se celebró dos días después[3]. Era una nueva llamada a la puerta de la *mayoría natural* sin resultado.

Estando en vísperas de las vacaciones parlamentarias, a punto de comenzar los Campeonatos Mundiales de Fútbol, los dirigentes ucedistas ansiaban la tregua del verano como Napoleón en Waterloo invocaba que llegase la noche. Pero, en realidad, el futuro de UCD como partido no pendía de interpretaciones benevolentes, ni de calendarios, ni de campañas de imagen. Todo descansaba en la tentativa de recreación del partido, acaso sobre bases distintas a como se fundó, y el dilema quedaba circunscrito por parte de Calvo-Sotelo a si atender a los requerimientos de Fraga y los poderes económicos, la CEOE como avanzada, o seguir

---

[1] Componían este comité, además del secretario general de UCD, Íñigo Cavero, los vicepresidentes Martín Villa y García Díez, y los ministros Pérez Llorca, Oliart, Rosón, Cabanillas, Lamo de Espinosa y Rafel Arias Salgado.

[2] *Memoria viva de la transición,* pág. 76.

[3] El miercoles 26 de mayo, en el curso de la cena-queimada con periodistas, Fraga informó que había hablado con Calvo-Sotelo reiterándole el ofrecimiento de llegar a un acuerdo en la idea de que "la política haga posible lo que es necesario"; su pensamiento estaba, según los asistentes, en incitar la formación de la mayoría natural antes del verano, porque estaba convencido que en el mapa político sólo cabían dos grandes formaciones y la primera, desde el PSOE, ya se había hecho aglutinando a casi toda la izquierda (Luisa Palma, *ABC,* 25-5-82).

los impulsos de Suárez y su centro-izquierda (incluido un gobierno UCD-PSOE). Eran las dudas del piloto que a la vista del naufragio seguro sopesaba si sobrevivir después en los acantilados de Scila o de Caribdis. En vez de resolver eso, se barajaba una solución paliativa de conducir la travesía en colectivo —un triunvirato: Calvo-Sotelo, Suárez y Lavilla—, pero con la cláusula intransigente, impuesta por Suárez, de que se aislase absolutamente a Alianza Popular o a los ucedistas próximos a ella. En verdad, sin disculpar para la política los improcedentes escrúpulos de quien entonces era máxima autoridad convergente del Gobierno y del Partido, la cuestión en Suárez era clara de hacerse con él o crear uno nuevo a su medida.

El síndrome del subordinado pesaba demasiado en Calvo-Sotelo respecto del antiguo jefe político. En este sentido, lejos de analizar causas psiquiátricas, los pasajes de las memorias de Calvo-Sotelo destilan cierto *timor reverentialis*—tan infrecuente en las democracias— en medio de un desconcierto general acerca del modo de obrar. Sobre la petición de ayuda a Suárez de cómo resolver la crisis desintegradora de UCD, el peticionario y memorialista deja dicho lo que aquél le contestó en la mañana del 5 de junio de 1982:

"Yo —Suárez— no tengo sitio en el partido, no me encuentro cómodo en UCD. No mando ni en el Comité Ejecutivo ni en el Consejo Político, que no han sido hechos a mi medida. No quiero ser un barón más del partido. Te equivocarías si considerases que son hombres míos, o emisarios míos, personas como Agustín Rodríguez Sahagún, Fernando Abril o Rafael Arias: Agustín me ha llamado esta misma mañana preguntándome lo que quiero; como verás, ni los suaristas saben lo que quiere Suárez. Te apoyaré en tanto Presidente del Gobierno, pero no en tanto que presidente del partido. Quiero estar seguro de qué se hace en el partido lo que yo decido. Por eso lo que de verdad me apetece es crear un partido propio, mío, que no se me escape de las manos. Pero, por otra parte, me siento obligado a colaborar en una solución para la crisis de UCD, aunque lo veo muy difícil"[4].

Infructuosos los repetidos encuentros de los tres señalados dirigentes ("Si Adolfo tiene ganas de volver y Landelino tiene ganas de llegar, yo cada vez tengo menos ganas de seguir", sincrética a la vez que imposible conclusión del memorialista Calvo-Sotelo[5]), de consuno acordaron la convocatoria de los máximos órganos del partido para someter a su arbitraje el qué hacer en el futuro. ¿Irresuelto el problema en la cúspide entre tres, cabía solución alguna en colectivo más amplio?

El Comité Ejecutivo de UCD se reunió el viernes 2 de julio para debatir cuatro puntos, sobre una nota de Calvo-Sotelo, referidos a la necesidad de constituir una Comisión Permanente reducida con la presencia de los tres líderes; preparar la lista de primer candidato en cada provincia; renovación del Secretariado Nacional, y puesta al día del programa electoral. Este compromiso electoral que se proponía tenía un añadido, sin duda para facilitar el acuerdo, consistente en la disposición de Calvo-Sotelo a dejar la presidencia del partido.

Mañana y tarde, el 2 de julio se consumió en debates prolijos dentro de unas coordenadas constructivas de que UCD recobrase su identidad y el espacio político perdidos ofreciendo a Suárez, Lavilla y Calvo-Sotelo el margen de confianza para que buscasen la solución de poder

[4] *Ibid.*, pág. 81.
[5] *Ibid.*, pág. 83.

y dirección. Al *triunvirato*, así las cosas, le era devuelto el compromiso de salir del atasco como invitación conminatoria. Sin embargo, Suárez, que no asistió a la reunión del Comité Ejecutivo, adoptaba la actitud expectante de un jugador indolente que porfía por ganar la jugada última y con ella toda la partida. Varias de sus condiciones, sobre todo la de que se descartase cualquier tipo de coalición con AP, habían sido cumplidas, por lo que sólo faltaba la decisión de su vuelta y retomar la riendas.

En los medios de comunicación se ejercía por esos días presiones dramáticas sobre la necesidad del acuerdo. Pero Suárez quería más: el poder omnímodo en la presidencia de UCD.

Después de un partido de fútbol de los campeonatos mundiales, en el restaurante Zalacaín se volvió a reunir el *triunvirato* y aceptó las leoninas condiciones de Suárez. Pero el acuerdo se fue al traste porque Suárez exigía algo más: que la disolución de los órganos colegiados del partido (Comité Ejecutivo y Consejo Político) y la *jubilación* de los demás dirigentes de la formación la llevase a cabo el presidente de UCD saliente, es decir, Calvo-Sotelo, para así Suárez recobrar el poder en el papel de salvador.

El todo o nada de Suárez, tan desmesurado envite, se adelantaba ciertamente al impaciente deseo de Calvo-Sotelo de soltar cuanto antes la responsabilidad política de una herencia desintegrada. Pero el alto precio exigido por quien decía no estar interesado en la negociación —pero que encubría la oculta determinación de crear otro partido— suponía la imposición de una infamante condición. Allí mismo, ante Lavilla, Calvo-Sotelo se negó en rotundo a tan drástico expediente de disolución de UCD —en la práctica eso era— y el compromiso fracasó. Resulta revelador el razonamiento, pletórico de indignación, que proporciona Calvo-Sotelo acerca de la respuesta negativa dada a Suárez en aquel episodio[6], por otra parte también expresivo del conflicto íntimo que padecía como legatario abúlico hasta ese momento:

> "En ese momento le digo a Suárez que yo no puedo hacer eso. Las personas que, según Suárez, yo debo despedir y licenciar son ministros de *su* último gobierno o vocales elegidos en *su* lista por el Congreso de Palma. Yo no tengo hombres *míos* ni el en el partido ni en el Gobierno. (...) Y, además, llevo quince meses en un ejercicio de funámbulo *apoyándome* en *sus* hombres, en los que fueron *suyos* y que yo no quise cambiar cuando le sucedí en enero. (...) Yo puedo dejar la Presidencia de UCD y ofrecérsela a Suárez: al fin y al cabo, que presidiera él UCD es lo que le pedí cuando su dimisión. Pero no me siento obligado a realizar, además, la *sale besogne* que Suárez me exige; no me da la gana de ser el ejecutor de sus rencores; no estoy dispuesto a despedir a quienes han estado lealmente conmigo, aun no siendo míos, en este año y medio de dura batalla política. Y ello no sólo por razones de dignidad o de respeto a los demás y a la democracia misma del partido, sino porque el simple enunciado de esa propuesta desencadenaría inmediatamente la ruptura definitiva del Gobierno y del Grupo Parlamentario".

Resuelto a dejar la presidencia de UCD, Calvo-Sotelo todavía confiaba en que la negativa de Suárez fuese una finta táctica. Lavilla, por si acaso, se prestaba a ser un recambio de urgencia que taponase la hemorragia de deserciones, máxime en las *familias* demócrata cristiana y liberal. Aceptaba el liderazgo de encargo seguramente sin convicción o con involuntariedad, a

---

[6] *Ibid.*, pág. 86.

contrapelo de los intereses de todo orden para que UCD se extinguiese, porque ya no podía ser una ambición sino un pesado fardo. Ante esa perspectiva es convocado el Comité Ejecutivo.

A última hora de la tarde del día 6 de julio, Calvo-Sotelo presentó la dimisión ante el Comité Ejecutivo y Pío Cabanillas —convenido para tal fin— sugirió la sustitución con Landelino Lavilla, quien pedía tiempo para reflexionar; pero la aceptación unánime —deducida por el silencio— de los componentes del órgano decisorio en favor del relevo obligaba al candidato. Lo sorprendente de estas ceremonias de los órganos superiores de UCD fue que los suarecistas no querían soluciones unánimes y por eso protestaron cuando Calvo-Sotelo, en la rueda de prensa subsiguiente a la presentación del relevo, interpretó el silencio como unanimidad[7]. Y es que Suárez, a todo evento, tenía ya organizado su nuevo partido y sólo buscaba coartadas para dar el portazo de UCD en su salida, evitando pasar por tránsfuga de su propio invento.

Landelino Lavilla aceptó por sentido de la responsabilidad, pero es muy probable que aprovechase la ocasión para un desesperado intento de trocar lo imposible. En cualquier caso, asumió el cargo de presidente de UCD con una cláusula devolutiva (la reserva de devolver el poder si el Gobierno no ayudaba lo conveniente al partido), como si los compromisos políticos fuesen negocios jurídicos quiritarios. Más que una suceptibilidad, la tan comentada cláusula era la expresión de que Lavilla accedía al cargo porque se lo pedían, no por neto deseo. Pero, en realidad, su misma inclusión en el pacto —y su publicidad— lo que significaba era que ser presidente de UCD en aquellas circunstancias constituía una inmolación antes que un desafío.

La granizada de contradictorios mensajes entre *barones* y caciques en la indisimulada lucha por el poder del partido, el cual había acometido lo más excelso y difícil de la transición, era su disputado final —un réquiem de tercera clase— que entregaba la representación máxima, la presidencia, a quien la había perdido en legítima liza en el Congreso de Mallorca de año y medio antes. Más que un compromiso parecía otra sarcástica intriga de pasillos, conforme subrayaron las líneas editoriales de los principales medios de comunicación.

En el discurso que Lavilla pronunció en el tormentoso Consejo Político de UCD del 13 de julio, celebrado a puerta cerrada, impuso una serie de condiciones "indisolubles con su candidatura", resumidas en un decálogo que comprendía la apertura de un proceso de renovación de programa y de personas (que algunos entendían que podía afectar al Gobierno); la concesión de facultades para renovar el secretariado integrado del partido (que apuntaba como responsable máximo a Juan Antonio Ortega y Díaz Ambrona); la sujección del Comité Electoral a las propuestas del presidente, y amplias facultades presidenciales de carácter disciplinario ante los conflictos internos.

Dado que su aspiración primera de unanimidad se presentaba imposible ante la reserva contestataria de suarecistas y socialdemócratas, que se abstuvieron en la votación a pesar de

[7] Agustín Rodríguez Sahagún, Rafael Calvo Ortega y Jesús Viana participaron en todas las reuniones de los órganos superiores de UCD empeñados, segun diversos testimonios al efecto, en que no se alcanzase pleno acuerdo en el relevo. Es decir, se entiende que deseaban preconstituir pruebas para abandonar la UCD sin reproche social, aparentando que eran excluidos más que fugados. Pero como Landelino Lavilla exigía no tener oposición a su nombramiento, los hombres de Suárez llegaron a manifestar su disconformidad con la postura de abstención en las votaciones, tal como ocurrió en la reunión del Consejo Político que confirmó la designación del nuevo presidente de UCD (13 de julio de 1982), que votaron 144 a favor, se abstuvieron 65 (sobre todo suarecistas y socialdemócratas) y 5 votaron nulo.

los buenos oficios que para impedirlo ejerció Juan Antonio Ortega, Lavilla hubo de conformarse con un respaldo generalizado de su nombramiento (es decir, superior al 51 por ciento). No aceptadas todas las condiciones, la renovación del liderazgo se efectuó con el mismo vicio de fragilidad que antaño y con sentido provisional ante la inminencia de convocatoria electoral. Se había roto la lógica superior que caracteriza a las élites dirigentes.

Ante el *Anábasis* centrista, disolución de las Cortes

Óscar Alzaga[8] venía defendiendo desde el Congreso de UCD en Palma de Mallorca la necesidad de regenerar la coalición centrista y, a partir de aquel propósito, constituyó y fortaleció la denominada *plataforma moderada*. Era una agrupación ideal —o corriente ideológica— de inspiración cristiana que se contraponía a los socialdemócratas y al sentimiento mesianista de Suárez. De hecho, Alzaga y los suyos actuaron de depurativo de Fernández Ordóñez y del abulense —volcados hacia el centro-izquierda— por el mero hecho de que defendían una gruesa coalición que incluyera a Alianza Popular. Los repetidos contactos con Fraga (en principio al unísono con Herrero) presumían que unos cuarenta diputados se pasarían al grupo de Coalición Democrática. Al final, Alzaga se quedaría en UCD mientras el aparato del partido permanecía en manos amigas, tras la asunción a la Presidencia de Calvo-Sotelo, como prudente prueba de que no era un martillo de demolición, si bien la arquitectura centrista se derruía ella sola.

La paciente espera de Alzaga en su escaño por Madrid en el Congreso de los Diputados, después de unos meses de silencio, le proporcionó réditos políticos sin decidirse aún a dar el salto hacia los brazos de Fraga. El desastre centrista en las elecciones autonómicas andaluzas, en medio de la enrarecida atmósfera del partido que todo lo paralizaba y que impedía las tendencias y los grupos organizados pese a su patente disgregación, le incitaba a separarse. La adscripción cristianodemócrata de Landelino Lavilla, nuevo presidente de UCD, comportaba el riesgo de que la operación de los *críticos* sufriese nuevos retrasos o cercenase —en algo le afectó— el número de seguidores. De otra parte, con cuanto más tiempo se contase hasta la convocatoria de elecciones legislativas, mejor y más extendido sería el partido proyectado.

Ni un día más, el 7 de julio de 1982, apenas la opinión pública acababa de conocer el relevo en la cúpula dirigente de UCD, Alzaga se apresuraba a inscribir en el Registro de Asociaciones del Ministerio del Interior un nuevo partido: el Partido Demócrata Popular, luego de remitir una carta a Calvo-Sotelo con su dimisión de asesor presidencial. Era el detonante —no otra escisión del continuado goteo— de una explosión encadenada que fracturaría UCD en cuatro partes: cristianodemócratas, suarecistas, liberales y centristas genuinos.

En un artículo difundido por *El País*, el mismo día 7, con el título "La superación del inmovilismo centrista", Óscar Alzaga explicaba con certero análisis el estado letal de UCD; crisis que ponía en riesgo el sistema democrático si no se actuaba con rapidez y se oponía al PSOE una fuerza política sólida y amplia (la conjunción de AP y de democratacristianos

---

[8] Hijo de vizcaínos, nacido en Madrid en 1942, era doctor en Derecho por la Complutense, catedrático de Derecho Político y acreditado constitucionalista. A consecuencia de las actividades universitarias, siendo militante de las organizaciones demócratacristianas, durante el estado de excepción decretado en 1969 fue deportado a la provincia de Soria. Se contaba, por lo demás, entre los fundadores de la revista *Cuadernos para el Diálogo*.

y liberales) que compensase la hegemonía de los socialistas. Porque las normas electorales vigentes de marzo de 1977 —argüía el articulista—, alzaprimarían en votos y escaños al socialismo ganador en tanto que convertiría en *voto inútil* el que se destine a una UCD en desbandada. Y la reiterada negativa de UCD a pactar con AP facilitaba objetivamente la victoria socialista, con quienes algunos dirigentes centristas prevén un pacto postelectoral. En la posdata, por lo demás, Alzaga anunciaba que los parlamentarios expedicionarios de la ruta emprendida permanecerían en el Grupo Centrista de las Cortes y apoyarían al Gobierno hasta el término de la legislatura.

El 20 de julio, mediante carta remitida al ya presidente de UCD Landelino Lavilla, veinte parlamentarios centristas —doce diputados y ocho senadores[9]— se daban de baja en el partido por incorporarse en la comisión gestora provisional del Partido Demócrata Popular (PDP). A este órgano promotor se sumaban, además, los exministros Eduardo Carriles Lagarraga y Andrés Reguera Guajardo, así como otras personas de la democracia cristiana; tal era el caso del vicepresidente de la CEOE, Javier González Estéfani.

El anunciado *anábasis* de UCD (la retirada en multitud) había comenzado[10].

Esta vez no era un amago como en noviembre de 1981, cuando Suárez amenazó con abandonar UCD porque a su escudero —o mandatario— Rodríguez Sahagún se le exigió que cesara en la presidencia del partido. En aquella ocasión tampoco se le atendió en la convocatoria de un congreso extraordinario.

Iba en serio esta vez. El 28 de julio Adolfo Suárez envió una carta al presidente del partido, Landelino Lavilla, dándose de baja en el mismo. Carta repartida a los medios de comunicación el día 31, con los argumentos que justificaban el abandono ("por causas que no hace falta que te reitere", decía la misiva). Como la retirada no se agotaba en sí misma, sino que era *salir* para *entrar* en otro sitio (en un nuevo partido), el tránsfuga más importante de UCD —tránsfuga de sí mismo— razonaba su decisión en términos de escatología democrática:

(...) En la joven democracia española los sectores involucionistas aprovecharían el espectáculo de lucha por el control del partido para tener un nuevo argumento con el que justificar sus intentos de acabar con la soberanía popular. Dada la falta de acuerdo que mantenemos con algunos de los actuales dirigentes del Gobierno y de su partido, en cuanto a los objetivos políticos fundamentales, su prioridad y los méto-

[9] Los diputados de UCD que anunciaron su baja en el mismo eran: Mariano Alierta Izuel (Zaragoza), Óscar Alzaga Villamill (Madrid), Joaquín Galant Ruiz (Alicante), Julen Guimón Ugartechea (Vizcaya), María José Lafuente Orive (Álava), Francisco Olivencia Ruiz (Ceuta), José Manuel Otero Novás (Lugo), José Ramón Pin Arboledas (Valencia), José Luis Ruiz Navarro (Madrid) y Luis Vega Escandón (Asturias). Del Grupo Mixto, los diputados que se sumaron a sus excompañeros centristas eran Modesto Fraile Poujade y Carlos Gila, ambos de Segovia. Los senadores que se separaban de UCD eran: Domingo Álvarez Ruis de Viñaspre (Logroño), Carlos Blanco-Rajoy (La Coruña), Jesús Borque Guillén (Soria), Ambrosio Calzada Hernández (Santander), Raimundo García Arroyo (Cáceres), José María García Royo (Soria), José Luis Pérez-Caballero (Zaragoza) y María Pilar Salarrullana (Logroño).
[10] A contracorriente del fenómeno autodestructivo de UCD se encontraba, sin embargo, José María de Areilza, que en agosto ingresó en el partido gubernamental y del que sería candidato al Congreso por Cantabria —inelecto—, siendo a la vez presidente de la Asamblea Parlamentaria del Consejo de Europa. Sería su último servicio a la política activa. Areilza sostenía (véanse dos artículos publicados por *El País,* del 8 de junio y y 6 de septiembre de 1982, con los títulos "La necesidad del Centro" y "Reflexiones" sobre el centrismo, respectivamente) que existía una operación

dos y personas para llevarlos a cabo, estaríamos dispuestos a abandonar totalmente la vida política si no consideráramos que el momento es especialmente delicado. Por ello, con violencia personal nos vemos obligados a escoger entre continuar formalmente adscritos a nuestro anterior cauce político o abrir las velas, en defensa de las propias convicciones, a un nuevo empeño. Esta última opción constituye el partido que ahora sale a la luz pública"[11].

En su marcha al nuevo partido Centro Democrático y Social (CDS), Suárez fue acompañado de dos significados parlamentarios: Agustín Rodríguez Sahagún y Rafael Calvo Ortega. Le siguieron asimismo otros dirigentes nacionales, como Jesús María Viana (diputado del Parlamento vasco) y José Ramón Caso, hasta entonces asesor del Presidente del Gobierno, muy pocos cuadros intermedios de la sede central de la calle Arlabán y una treintena de dirigentes y técnicos provinciales.

El desgajamiento era demoledor en puertas del verano ante el impulso de la iniciativa —de un perfil progresista y personalista— que podía cobrar en provincias. Porque el diseño de nuevo partido no atendía a atraer *santones* de la política, a constituirse en el furgón escoba de políticos rebotados, habida cuenta que se concebía sobre el cimiento presidencialista del suarecismo y soslayando el error de construir un partido desde la cúspide elitista, vacío de estructura territorial. Rafael Arias Salgado, que era un devoto de Suárez hasta decir de él que más que un activo político "era un patrimonio del sistema democrático español"[12], no abandonó el Gobierno aunque había pugnado porque el suarecismo fuese la corriente dominante de UCD. De igual modo, Fernando Abril Martorell tampoco le siguió en la excursión, por muchas que fueron las presiones mediadoras para limar aristas entre los dos, porque el valenciano —mente clara pero sin tren de aterrizaje para expresar sus buenas ideas— se revestía esta vez de elocuente coherencia:

> "Ya soy muy mayor para iniciar otra aventura política. Yo he creido siempre en UCD y una parte de mi vida es UCD. Mi coherencia, a veces brutal y que algunos llaman obstinación, me obliga a que no renuncie a un trozo de mí mismo. Prefiero irme a casa"[13].

Analizada la defección de Suárez años después de producida, independientemente de contemplar sus aspectos emocionales, entre otros el de abandonar la casa por uno fundada en medio de la incomprensión y de la soledad, el efecto descollante de aquella drástica decisión fue el de la debilidad. Debilidad que se advirtió en quien abandonaba por carecer de capacidad para dominar el proceso dentro de UCD, y debilidad entre los abandonados por su incapacidad de controlar la descomposición del proyecto común.

---

para la voladura del centro político, de la que se mantenía contrario, por parte de "... aquellos que en las filas más conservadoras soñaban con el autoritarismo, con el viejo sentido del Estado, con un conservatismo tangible, con frenar y liquidar la permisividad, con amordazar ciertas libertades de expresión social". Entendía, por otra parte, que en la tercera atapa de nuestro sistema democrático, el de su consolidación, el centrismo era más necesario que nunca.

[11] El párrafo es recogido del libro *Memoria viva de la transición*, de Leopoldo Calvo-Sotelo, pág. 91. Precisamente, el memorialista Calvo-Sotelo afirma que la justificación responde más a motivos de imagen que de coherencia, resultando una nota anacrónica. Y afirma: "Quien escribió lo que antecede se diría anclado en una fecha: el 23 de febrero de 1981".

[12] Declaraciones a las mujeres periodistas de "Los desayunos del Ritz" (véase el *ABC* de 1-4-82).

[13] Véase *El País* de 15 de julio de 1982.

UCD había conseguido 168 diputados en las elecciones legislativas de 1979 y al encarar el mes de agosto contaba solamente con 150[14]. La no suficiente mayoría inicial al comienzo de la legislatura sí dificultó la gobernación holgada y obligó a los reiterados pactos de apoyo o de abstención, segun los casos; el exiguo soporte con que contaba ahora el Gobierno ante la batalla de los Presupuestos del Estado invitaba a la disolución de las Cámaras. Una política de resistencia a fin de agotar la legislatura tendría visos de una grave irresponsabilidad.

Cuantos abandonaron UCD —que no siempre abandonaban el parlamentario Grupo Centrista— en pos de formar otras siglas se iban prometiendo disciplina de apoyo parlamentario al Gobierno, pero realmente la sinceridad de esa promesa ocultaba la coartada táctica de contar con más tiempo para organizarse y captar adhesiones centristas. Otra interpretación implicaría el contrasentido de la doble militancia partidista. Por el contrario, quienes arribaban directamente a partidos institucionalizados estaban interesados en la convocatoria urgente.

Agosto transcurrió en la calmaza del estío, infestados los medios de comunicación de noticias múltiples sobre la reorganización de las fuerzas políticas. Calvo-Sotelo tenía la decisión tomada y aunque algunos miembros de su equipo buscaban soluciones dilatorias, el mundo financiero, siempre anticipado en descontar el futuro, castigó duramente la cotización de la peseta. Decidido a convocar elecciones, Calvo-Sotelo no deseaba que el proyectado viaje del Papa a España (en octubre) interfiera la campaña. Por los cauces ordinarios diplomáticos, el mandatario español solicitó que Juan Pablo II adelantara o retrasara el viaje, pero no fue atendida la comunicación desde Castelgandolfo, lugar de descanso del soberano pontificio. Tuvo que intervenir el Cardenal Tarancón, también en vacaciones, y en pocas horas el Presidente del Gobierno conoció que el Papa demoraba el viaje a noviembre.

El 27 de agosto, con la unánime aceptación del Consejo de Ministros, Calvo-Sotelo sometió al Rey el decreto de disolución-convocatoria, y por la noche se dirigió al país en una escueta comparecencia ante RTVE. Los motivos formales eran abiertamente razonables (los ocultos, que Suárez y Alzaga no dispusiesen de tiempo para organizarse):

> (...) "Las circunstancias han cambiado en las últimas semanas con la creación de nuevos partidos, de manera que son hoy distintas de aquellas en las que fueron elegidos, hace tres años y medio, los actuales diputados y senadores. Esta situación no permite, a mi juicio, la apertura de un nuevo período de sesiones parlamentarias en condiciones aceptables de estabilidad y de eficacia... (...) A partir de ahora el Gobierno que presido se vería obligado a entrar en pactos difíciles y artificiales, confusos para la opinión pública y necesariamente deformadores de sus propios criterios. No creo que ni el prestigio de las instituciones ni la eficacia de la acción de gobierno salieran ganando si yo me empeñara en mantener, con estos datos, la apariencia de una normalidad parlamentaria..."[15].

---

[14] En el Senado, a su vez, UCD vio menguado su Grupo, pasando de 120 escaños a 109 al término de la legislatura. Por lo que respecta al Congreso, las deserciones oficialmente registradas de abandono del Grupo Centrista para pasar a otros grupos fueron: Joaquín Molins (a Minoría Catalana), Manuel Clavaro Arévalo (al Mixto), José García Pérez (al Grupo Andalucista); Manuel Díaz Piniés, Ricardo de la Cierva, Miguel Herrero y Francisco Soler (a Coalición Democrática); Francisco Fernández Ordoñez, Luis González Seara, Javier Moscoso, Antonio Juan Alfonso Quirós, Luis Berenguer Fuster, Ciriaco Díaz Porras, Carmela García Moreno, Eduardo Moreno Díez, María Dolores Pelayo Duque y Carmen Solano Carreras (al Grupo Mixto); Modesto Fraile y Carlos Gila (al Grupo Mixto), y José María de Areilza (al Grupo Centristra).

[15] Alocución televisada del Presidente del Gobierno tomada del diario *ABC,* 28 de agosto de 1982.

La noticia fue acogida en los partidos institucionalizados (PSOE, AP y nacionalistas) como esperada y, si cabe, con alivio. Pero la patronal y otros círculos influyentes se contrariaron, quizás, porque se les acortaba el período de maniobra en cuanto a forzar las cosas para una gran coalición de centro-derecha. Donde, sin embargo, fue mal recibida —con aparente resignación— era en los cuarteles generales de los nuevos partidos (CDS y PDP).

Coaliciones y frustaciones

Nada más anunciarse la convocatoria electoral comenzó la alocada carrera hacia los pactos y coaliciones del centro-derecha. El plazo para la formación de agrupaciones y coaliciones finalizaba el 14 de septiembre y, dentro de ese cerrado margen, Fraga desencadenó la tentativa última de acercamiento a UCD para —*in extremis*— concordar la *mayoría natural.*

El villabés negociaba por esos días en todas las bandas: con los regionalistas (navarros, aragoneses y valencianos), con el PDP, con los liberales..., pero sobre todo con UCD. La sede aliancista de la calle Silva era la bulliciosa cancillería que tendía la mano hacia el partido del Gobierno, en torno a constituir una "pacto a la portuguesa" —versión eufemística de la denostada *mayoría natural —* que no era sólo un gesto. Presuponía, ciertamente, un liderazgo a cambio de una magra participación en listas integradas. El prefigurado pacto con el PDP de Óscar Alzaga, desde julio último, era un exponente de generosidad, máxime cuando los demócratacristianos (sin bases, sin infraestructura territorial, sin medios económicos...) apenas atraían por sí mismos el 1 por ciento del electorado con intención declarada de voto. Debe reconocerse que los promotores del PDP no dejaban de animar la formación de la gran coalición desde el mismo momento de su nacimiento, y por eso, en el acto de presentación del PDP el 21 de julio, Alzaga invitó a los dirigentes ucedistas a unirse al proyecto con sumo realismo, so pena de que quisieran cosechar un monumental fracaso electoral. Otro tanto hizo con los liberales de Garrigues ante el mapa político que se delineaba. Porque, para Alzaga, la UCD ya había cumplido su papel en la transición y, ahora, "era una fachada de partidos sin bases, con tres locales abiertos en toda España..."[16].

En el seno de UCD, sin embargo, arreciaba la disputa interna sobre la conveniencia de ir a la gran coalición. Y si bien tenía buena acogida en destacados líderes, como Marcelino Oreja y Martín Villa, en Calvo-Sotelo —también interesado en el proyecto— la promesa de ayudar y seguir a Lavilla actuaba como una rueda de molino al cuello. Pero éste no estaba dispuesto a que se desvirtuase la idea del *centro-centro político.* Fraga, a este respecto, estaba persuadido de que el "reflexivo y tenaz" Lavilla no había digerido todavía el abandono de Suárez de la UCD y se conducía por el temor infundado de que el abulense le robara el espacio de centro[17].

El pacto de presentar una candidatura integrada de centro-derecha en los distritos vascos, alcanzado entre Marcelino Oreja y Fraga el 3 de septiembre[18], podía haber sido el precipitante

---

[16] Tomado de diversos medios que hicieron la recensión de la rueda de prensa de presentación del PDP, el 21 de julio de 1982.

[17] Véase la entrevista que Fraga concedió a Amalia S. Sanpedro, de la agencia Colpisa, publicada por varios periódicos el 3 de septiembre de 1982.

[18] La firma solemne del pacto se efectuaría en la mañana del 13 de septiembre, un día antes del plazo preclusivo para la formación de coaliciones, en el curso de un acto formal celebrado en la sede de AP. Era un pacto cuatripartito (AP, PDP, UCD y el nominal partido de Garrigues, PDL).

necesario para extender la misma fórmula a todo el territorio nacional ("lo que es bueno para el ganso es bueno para la oca", se diría parafraseando el aforismo inglés). Pero, en verdad, la *cláusula devolutiva* (de dejarlo todo e irse) fue la palanca de fuerza de Lavilla para concurrir en solitario a las elecciones, excepción dicha del País Vasco.

Especialmente tensa fue la reunión del Comité Ejecutivo de UCD del 7 de septiembre, cuyos componentes se dividieron en dos bandos en torno a la conveniencia de la coalición UCD-AP. Martín Villa, secretario de Organización, con el control de un buen número de provincias y el respaldo de varios ministros, pugnó por el pacto de la *gran derecha* mediante candidaturas de integración. Pero Lavilla se impuso con la dialéctica de mantener la genuina identidad centrista y establecer, en todo caso, pactos singulares con otros grupos, pero no coaliciones paritarias. En este sentido, Lavilla adelantó al órgano centrista el acuerdo en ciernes de incluir en las listas de UCD a diez o quince miembros del incipiente Partido Democrático Liberal de Antonio Garrigues.

Descartada la oferta fraguista, ya sin fechas para lograr la ansiada recomposición del centro, Lavilla corrió hacia el suicidio colectivo engañado tal vez por el desmedido temor de reconocer que Suárez podía tener razón en cortejar al voto centrista como espacio electoral superior al 20 por ciento[19].

El dilema dramático que tenía Lavilla ante sí, al frente de un partido carente de interna convicción y desmoralizado de su propio futuro, lo resolvió por el lado de evitar la humillación personal con preferencia al acomodo en los bancos del Parlamento de un grupo de dirigentes deseosos de continuar en la acción política por haber sido artífices de la transición política.

Contra el acuerdo AP-UCD se esgrimían prejuicios antes que valoraciones objetivas. Se aseguraba, por un lado, que la inclinación de UCD hacia la derecha potenciaría la opción de Suárez; sosteníase también que muchos votantes centristas se refugiarían en la abstención; que aumentarían los riesgos de la bipolarización (desdeñando que la izquierda estaba entonces realineada en una oferta potente), y que AP era una formación residual del franquismo. Acusación ésta —la de ser un "nido de franquistas"— que Fernando Suárez refutaba diciendo: "Cuando se viene de aceptar el liderazgo de un Ministro del Movimiento, de Martín Villa, del yerno de Ibáñez Martín, del hijo de Arias Salgado o del hijo de Lamo de Espinosa, hablar de nido de franquistas sería una indecencia".

El 11 de septiembre Lavilla, ante más de tres mil militantes de UCD reunidos en convención, pronunció un encendido discurso de reivindicación centrista. De hechura retórica vibrante, el orador descubrió tal vez su carácter de líder ("Xa temos líder", diría Pío Cabanillas). Sin embargo, resultó ser la exaltación extemporánea de un líder cuyo partido estaba abocado a la desaparición, porque, como definiría en el mismo acto el coruñés Marfani, "en UCD se han quedado las ilusiones y se han ido los intereses".

---

[19] Sostiene José Ignacio Wert, en un estudio *ex-post-facta* (*Revista de Investiogaciones Sociológicas*, número 28, de octubre-diciembre de 1984), que a juzgar por un sondeo del CIS realizado entre el 3 y el 5 de septiembre, sobre una muestra de 2.400 personas encuestadas, la coalición electoral AP-UCD no hubiera ganado las elecciones, pero hubiera obtenido el apoyo de entre un 25 y un 30 por ciento del electorado. Es decir, la coalición hubiese obtenido entre 130 y 134 escaños y el PSOE entre 186 y 190. El autor de este estudio, lógicamente, formula su hipótesis sobre un "preterible" histórico y parte de la optimización de resultados tanto de AP como de UCD, aplicando correctamente la ley de los grandes números, pero da idea de los perjuicios electorales que se infligieron unos y otros.

Antes de celebrarse la convención centrista el Ministro de Agricultura, José Luis Álvarez, se había reunido con Fraga y habían convenido su pase al PDP y figurar en lugar *seguro* en la lista de Madrid. El rumor sobre este nuevo abandono (del Gobierno y de la UCD) destapó el pánico y la ira entre los centristas porque sentenciaba el fracaso de la anunciada convención y, asimismo, porque abría otra vía de agua por donde escapar del barco (la salida de Álvarez presuponía el pase de otros ex parlamentarios)[20]. Álvarez pospuso su decisión al término del acto de afirmación centrista, que acaparó al día siguiente las primeras páginas de los periódicos[21].

La Junta Directiva Nacional de AP, reunida en la mañana del lunes 13 de septiembre, aprobó la política de coaliciones sin apenas reparos. Quienes pudieran objetar algo no lo hicieron bien porque sabían de antemano el lugar seguro que se les había asignado en las listas o porque, existiendo dudas acerca del distrito atribuido, preferían esperar al resultado de los acuerdos con el PDP. Desde julio, Fraga, con la ayuda del Comité Electoral, conocía la configuración de las listas *grosso modo* y a lo largo del dilatado intermedio recibió en confesión individualizada las propuestas personales de los aspirantes sin comprometerse, a resultas de que los pactos de coalición se ampliasen. Sin embargo, eran muchos los flecos sueltos.

Por la tarde, a escala nacional se firmó el pacto de coalición AP-PDP y, a su vez, ambos partidos (con Fraga y Alzaga como mandatarios) suscribieron los pactos regionales con el Partido Aragonés Regionalista (representado por Hipólito Gómez de las Roces), con Unión del Pueblo Navarro (representado por Javier Gómara) y con Unión Valenciana (representado por Francisco Ramos).

Los acuerdos de coalición electoral, todos, incluían una breve declaración dogmática basada en la oferta común de defensa de la justicia, el orden social y un sistema de libertades ajeno a toda tentación colectivista. Y ello en un programa que, garantizando la indisoluble unidad de la Patria española, respetase la diversidad de sus comunidades. Los pactos, por otra parte, abarcaban la II Legislatura de las Cortes Generales (y, en su caso, la acción de gobierno) y concernían también a los procesos electorales parciales y a los comicios locales y autonómicos previstos para 1983. El candidato a la presidencia del Gobierno era Manuel Fraga, y tanto los programas de oferta electoral como la realización de la campaña serían efectuados de común acuerdo bajo la dirección de Luis Ortiz Álvarez (presidente del Comité Electoral de AP), mostrando la publicidad electoral y las papeletas los signos de identidad de cada partido —completos o en anagrama— en dimensiones proporcionales.

Matices diferenciales existían, principalmente, en el tratamiento que los pactos daban a la formación de los grupos parlamentarios resultantes. Si bien al PDP se le permitía —porque tendría número suficiente— la formación de un *Subgrupo* con relativo gobierno autónomo (y portavoz propio) entretanto no se modificasen los Reglamentos de las Cámaras, así como la distribución proporcional de los cargos internos, los parlamentarios procedentes de partidos

---

[20] Especialmente doloroso fue para Lavilla la salida de José Luis Álvarez porque, con Juan Antonio Ortega y Marcelino Oreja, constituían el núcleo duro del grupo Tácito, volcado desde los años setenta en articular la vía centrista.

[21] José Luis Álvarez el 10 de septiembre difundió una nota informativa desmintiendo que fuese a dimitir como Ministro de Agricultura —era un *mentís diplomático*—, pero en realidad su decisión estaba tomada y retrasada veinticuatro horas. El memorialista Calvo-Sotelo cuando se refiere a este hecho del que fuera miembro de su equipo lo califica de *transfuguismo tardío* o, asimismo, de *transfuguismo menor*.

regionalistas se integraban plenamente en la disciplina del grupo único. Existía la salvedad de reservar a los parlamentarios regionales las iniciativas específicas de cada región.

Pero la diferencia mayor radicaba en que con los partidos regionales se pactaron en documento escrito los puestos de las listas[22], lo que no ocurrió en el caso PDP, que fue un compromiso implícito o no expreso —de los llamados de "debajo de la mesa"— y que sería la raíz de problemas posteriores.

Las listas de la discordia

Lo nefando es hacer listas. "La política sería mucho más habitable si no hubiera que hacer listas", dice Fraga en sus memorias refiriéndose al suplicio electoral de 1982, que tan difícil resultó poner a cada uno en su sitio[23]. En vísperas electorales, el club londinense Carlton, lugar donde el Partido Conservador Británico confecciona las listas de los *constituencies*, se convierte en un zoológico donde se echa comida a las fieras y se produce la depredación de los débiles.

En septiembre de 1982 la sede central de AP parecía algo peor: la selva.

Primero, flotaba la incógnita casi insondable del posible pacto paritario —de listas integradas— con UCD, no despejada hasta el día 11 de septiembre en que Lavilla arruinó la posibilidad de acuerdo. Internamente, en los lares aliancistas, aquella agresión al interés general del centro-derecha satisfizo sin embargo a no pocos pretendientes al escaño, cuyo interés particular lo entendían justo y equiparable. El acomodo en candidaturas se presentaba menos competido frente al *exterior*, como la lista por Madrid, sólo disputada en el orden interno de colocación. Indiscutibles los tres primeros puestos (Fraga, Fernando Suárez y Alfonso Osorio)[24], la aparición de José Luis Álvarez por el PDP, cuarto en la lista, sólo pudo efectuarse de forma negociada para que precediese a Miguel Herrero y a Alzaga, éste su jefe en teoría. Pedro Schwartz iba en el séptimo lugar, como titular del ticket liberal que se proyectaba potenciar en oposición al PDL de Garrigues, y detrás un hombre de la *cuota empresarial*: González Estéfani. Los siguientes (Ruiz Soto y Carmen Llorca) eran aliancistas que resignaban sus méritos —ambos componentes del órgano ejecutivo de AP— a los compromisos del líder.

Segundo, previendo Fraga la densa presión sobre la lista de Madrid, a la vuelta del verano anunció a varios dirigentes su deseo de que fuesen candidatos *cuneros* por provincias —y determinándolas— a fin de que preparasen el terreno. El secretario general, Jorge Verstrynge,

---

[22] En Navarra se reservaba la lista del Congreso a los militantes de UPN, y la del Senado a los de AP. En las listas de Aragón, Hipólito Gómez de las Roces encabezaba la de Zaragoza al Congreso, con nombres siguientes alternados de las dos formaciones, y en Huesca y Teruel ninguno de los militantes del PAR encabezaron las candidaturas. En Valencia, UV ocupó la segunda plaza de la lista (con el candidato Miguel Ramón Izquierdo), y en Alicante, el número dos (Vicente Ramos Pérez).

[23] *En busca del tiempo servido,* pág. 293.

[24] Fraga siempre ha tenido en cuenta la biografía política, en las coordenadas de la meritocracia, y por eso el autor sostiene que los tres candidatos citados eran indiscutibles, porque todos ellos habían sido alguna vez vicepresidente del Gobierno. Suárez era número dos, de otra parte, porque era vicepresidente de AP, en tanto que Osorio había obtenido la afiliación recientemente, si bien era un diputado de Coalición Democrática.

se había inclinado a encabezar la candidatura de Sevilla (con muchos atractivos para él por su origen andaluz materno) y para buscar a su *par* del socialismo (Alfonso Guerra). José María Ruiz Gallardón, igualmente, buscó distrito en Zamora; Rodrigo Rato encabezó la lista de Cádiz; Gabriel Camuñas, la de Jaén; Guillermo Kirkpatrick la de Granada; Antonio Navarro la de Málaga; José María Aznar la de Ávila, y Gabriel Elorriaga la de Castellón. Del mismo modo, Ricardo de la Cierva fue por Melilla; Manuel Cantarero del Castillo por Guadalajara, y José Ramón Lasuen por Barcelona (tercero).

Los casos de Francisco Soler (primero por Almería), José Antonio Trillo López Mancisidor (tercero por La Coruña), Luis Ramallo (primero por Badajoz)[25], aunque no por *cuneros,* suscitaron también problemas de rechazo por parte de las juntas provinciales de los respectivos distritos, por entender los dirigentes locales que eran políticos *paracaidistas* lanzados sin respetar la opinión surgida de las bases.

Esta proyección de dirigentes a provincias extrañas al lugar de nacimiento, de siempre ha sido combatido por los políticos indígenas del mismo partido. Pero, suprimido el mandato imperativo según el cual un parlamentario electo representa a toda la población y no sólo a la provincia donde obtuvo el acta representativa, los partidos centralistas utilizan la distribución de las élites a todas las provincias para contar, una vez producidos los comicios, con grupos parlamentarios fuertes y bien preparados. La provincia donde radica la ciudad que acoge al Parlamento —casi siempre la capital del Estado— es incapaz de absorber a todos los dirigentes de los partidos y son repartidos a la periferia pese a ese *ius soli* que se esgrime contra el *cunerismo.*

La tercera categoría de conflictos de las candidaturas confeccionadas en 1982 provenía de la *cuota empresarial.* La CEOE se sentía llamada a intervenir en política y, como ente representativo de los que financiaban al centro-derecha, intervino en colocar a sus hombres. A través de sus dirigentes influyeron —más allá del consejo— en la elaboración del pacto de la *gran derecha.* Fracasado el intento, producida la fragmentación, el sindicato de empresarios introdujo en las candidaturas de varios partidos a significativos afiliados que lo eran también, la mayoría de la veces, de los partidos en cuyas listas se enrolaban. Ferrer Salat, en el curso de una asamblea celebrada el 16 de septiembre, anunció que más de quince empresarios figurarían en las listas con posibilidad de salir elegidos, de diferentes partidos y provincias[26].

Con las siglas de Alianza Popular, los candidatos dirigentes-empresariales que tuvieron *a fortiori* sitio de salida en las candidaturas fueron: José Arturo Corte Mier (segundo por Asturias), Juan Molina Cabrera (primero por Albacete), Isaías Monforte (segundo por La Rioja) y Álvaro Simón Gutiérrez (primero por Cáceres)[27]. En puestos de improbable elección figuraron otros candidatos auspiciados también por la patronal.

---

[25] Con ocasión de la visita que Fraga hizo a Badajoz el 27 de septiembre, un mes antes de las elecciones, tuvo que parar un intento público por parte de veteranos aliancistas de rechazo a Ramallo debido al hecho de haber pertenecido a UCD.

[26] Véase *ABC,* de 18 de septiembre de 1982. Al afirmar esto el presidente de la CEOE, Ferrer Salat, se refería a dirigentes empresariales, porque sólo en AP más de treinta de los parlamentarios electos tenían esa condición.

[27] Sin contar a Javier González-Estéfani (presidente de CEPYME y vicepresidente de la CEOE) que era candidato por el PDP, los candidatos reseñados ostentaban puestos reprresentativos en la patronal: Corte Mier era presidente de la federación de empresarios asturiana; Juan Molina, presidente de la federación de Albacete; Monforte, secretario general de la federación riojana, y Simón, presidente de la confederación de agricultores y ganaderos.

Fraga prefirió el domingo 19 de septiembre irse de berrea a Cáceres que soportar, en su despacho de Madrid, la avalancha de protestas —*berrea política*— que llegaba a la sede central alianzista a medida que se conocía el cierre de las listas. Dejó dichas sus instrucciones —y alguna nota escrita— derivadas de los compromisos *concedidos* al PDP difícilmente aceptables por varias provincias. Es unánime la opinión entre los que hubieron de realizar aquella delicada y comprometida tarea que Fraga, por eludir la grima que le daba el tema de las listas, cometió una imprudencia[28].

Pero aquel domingo, el Comité Electoral[29], reunido en sesión permanente, estaba desbordado: la rebelión de la bases era una marea creciente que colapsaba los teléfonos. Ni Ortiz ni Verstrynge —el uno por edad y el otro por no perder popularidad— podían obedecer a Fraga en términos estrictos, y algunos apoderados de provincias estaban desconcertados. A las seis de la tarde, con un margen de seis horas hasta la medianoche, la central telefónica de la calle Silva 23 fue cortada. Todo ese tiempo los representantes del PDP en la sede de sus coaligados estaban engañados, porque —con conocimiento de la sede central— algunos apoderados provinciales de AP habían dado el cambiazo a las candidaturas.

En un acto de rebeldía sin precedentes en Alianza Popular varios candidatos del Partido Demócrata Popular, sobre los que se había pactado su inclusión en diversas listas, en puestos de salida, fueron sorprendentemente excluidos al presentar la documentación. Este fue el caso de José Manuel Otero Novás por Pontevedra (en la fotografía).

El escándalo estalló de madrugada cuando se advirtió que José Manuel Otero Novás había sido descolgado del número uno de la candidatura de Pontevedra[30]. El violento apartamiento afectaba precisamente al vicepresidente de la gestora del PDP y uno de los más significados animadores de la coalición con Fraga, de quien había sido colaborador como director general de Política Interior en el primer Gobierno de la Monarquía. Otros perjudicados señalados, también por transgresión del pacto verbal, fueron en diversos momentos: Guillermo Medina (separado de la lista malagueña y, por tanto, con la aquiescencia de Verstrynge), José Ramón Pin Arboledas (excluido de la lista de Valencia), Joaquín Galant (apartado de la candidatura de Alicante) y Mariano Alierta (descolgado como primero por Teruel).

Según la evaluación de los daños sufridos por el PDP, en palabras de Óscar Alzaga a la prensa, se quedaron sin plaza en las candidaturas dos números *uno* (Teruel y Pontevedra), tres números *dos* (Málaga, Las Palmas y Burgos) y seis candidatos al Senado[31].

---

[28] El memorialista Fraga no reseña ni formula comentario alguno acerca de este suceso y únicamente, por toda referencia, dice: "Domingo 19: visita a Cáceres. Entretanto, el partido de Garrigues rompe el pacto con UCD (según se dice, por presiones de Martín Villa)". Y, por lo que silencia, entretanto también en AP se perpetraba otro escándalo mayúsculo.

[29] El presidente del Comité Electoral era Luis Ortiz; el secretario, Javier Carabias, y los vocales eran afiliados no candidatos de la estrecha confianza de Fraga, como Manuel Gasset, Begoña Urquijo y Ángel Sanchís.

[30] Todo indica que por decisión de José Luis Barreiro y López Lamelas, en connivencia con Luis Ortiz, la lista que excluía a Otero Novás estaba preparada de antemano y en el último momento fue presentada ante la Junta Electoral Provincial sin tiempo para subsanaciones.

[31] Véase información de *El País* de 21 de septiembre de 1982.

Permanecían en puestos virtuales de éxito, sin embargo, quince candidatos en las listas al Congreso: José Luis Álvarez, Óscar Alzaga, Javier González-Estéfani y José Luis Ruiz Navarro (por la lista de Madrid); Modesto Fraile y Carlos Gila (números primero y segundo por Segovia), Anastasio Fernando Modrego (primero por Soria), Rafael Clavijo García (primero por Tenerife), Julen Guimón (primero por Vizcaya), Manuel Gallent Nicola (cuarto por Valencia), José Doradeu (cuarto por Barcelona), Enrique Beltrán Sanz (segundo por Castellón), Luis Vega Escandón (tercero por Asturias), Antonio Uribarri (segundo por Badajoz) y Alejandro Royo Villanova (segundo por Valladolid).

Los dirigentes del PDP, durante la madrugada del domingo al lunes, trataron de localizar a Fraga en Cáceres y, personalizado el disgusto en Alzaga, que estaba desolado, anunció su intención de retirar su candidatura por Madrid como protesta al incumplimiento del pacto.

En principio Alzaga aceptó que persistiera el pacto de coalición, pero él, no obstante, se apeaba de la candidatura por Madrid. Por eso, durante los días 21 y 22 tanto Fraga como otros dirigentes del PDP se emplearon con intensidad para impedir que Alzaga llevase a cabo su decisión. Las excusas y promesas de reparación por parte de Fraga las recibió satisfactoriamente el democristiano como "las de un caballero"; reparaciones que, aunque mantenidas en secreto, hubo de cumplir más tarde[32]. La primera crisis entre AP y el PDP se había saldado a un precio de escándalo y, de cualquier manera, preludiaba unas relaciones tensas y desconfiadas.

Al llegar Fraga el martes 21 a la sede de AP se encontró con la dimisión general del Comité Electoral y que su presidente, Luis Ortiz, se hallaba en cama —enfermo— en el hotel donde se alojaba. Delante de los que estaban en la casa, después de rechazar las dimisiones, dijo —como doliente poco convicto—: "Ya he ido esta mañana a cubrirme de ceniza y a hablarles a nuestros amigos de la incompetencia de mis colaboradores"[33].

Apurando la objetividad, hubo también excesos del lado del PDP en la provincia de Segovia. No contento Modesto Fraile con encabezar la candidatura incluyó como número *dos* al médico Carlos Gila, desplazando a José Luis Hernán Gómez, a quien se le ofrecía una plaza en la lista del Senado. Y para ello, si no se aceptaba tal fórmula, hubiese presentado otra opción electoral avalada por firmas populares. Como quiera que la junta provincial de AP presentó la dimisión, hubo de formarse una candidatura al Senado que, encabezada por Hernández Escorial, incluía a Andrés Reguera Guajardo.

De la crisis se aprendió, de todas maneras, que los apoderamientos para la presentación de documentos en las juntas electorales provinciales debían centralizarse en Madrid, a cargo de personas obedientes a las decisiones de los órganos electorales nacionales. Porque, de lo contrario, el eje vertical de los partidos estatales se quebraría en favor del provincialismo extremo y de los caciques.

---

[32] Entre las repaciones exigidas por el PDP figuraban, entre otras, la de designar a Guillermo Medina consejero de administración de RTVE y a Pin Arboledas incluirlo en la candidatura al Parlamento de Madrid.

[33] Testigos presenciales del encuentro aludido han revelado al autor que, pese al gran escándalo, Fraga no cargó las tintas en la bronca que echó a sus colaboradores por admitir que él mismo, yéndose a Cáceres, era corresponsable del suceso. Otros testimonios participan de la idea que al ser el precio pagado al PDP un sacrificio del partido —de las bases y cuadros provinciales— a cambio de asegurar el liderazgo personal de Fraga, su iracundia no podía ir demasiado lejos.

Parecida suerte corrió la coalición UCD-PDL a la hora de incluir en las listas centristas a los hombres de Antonio Garrigues. Cuando faltaban siete horas para cerrarse el plazo de presentación de candidaturas, bajo el eufemismo "causas técnicas" se rompía la antedicha coalición. En este caso, previa aquiescencia de Lavilla y Calvo-Sotelo, Garrigues había apalabrado que dos de sus hombres (Luis María Enciso y Julio Pascual) encabezaran las candidaturas de La Rioja y Murcia, aparte de querer para sí la plaza tercera en Madrid, desplazando a Juan José Rosón.

Movidas la estructuras de las provincias suceptibles del desembarco liberal, por la indiscutible actuación de Martín Villa, surgió una resistencia insuperable para el acomodo de los dos liberales y se produjo la irremediable ruptura, que fue subrayada con un comunicado del PDL en los términos siguientes:

> "Manifestamos nuestro respeto a las limpias y solitarias actitudes negociadoras de los señores Lavilla y Ortega Diaz Ambrona, a la vez que expresamos nuestro rechazo a la prevalencia en UCD de otras actitudes, herencia de un reciente pasado".

Resultado de esta falta de avenencia, aunque el PDL primeramente pensó que podía presentar listas por sí mismo, fue la dispersión —si no orfandad— de la familia liberal en las generales de 1982, toda vez que tambien Antonio Fontán renunció a presentarse por Madrid y Muñoz Peirats había sido expulsado de UCD por esos días debido a un enfrentamiento con el presidente regional centrista de Valencia, Fernando Abril Martorell.

Del campo de la izquierda surgieron también crisis en la confección de las listas, pero tuvieron escaso eco y las heridas producidas, comparadas con las de sus adversarios, eran meros rasguños de pronta cicatrización. La asimilación en las candidaturas del PSOE de los hombres de Fernández Ordóñez (Partido de Acción Democrática, PAD) tuvo asimismo problemas, como la inclusión por Navarra de Javier Moscoso, pero podían entenderse como asperezas de tipo personal y no de identidad ideológica. En cambio, la crisis del PCE reunía las dos variantes: lucha ideológica —si *prosoviéticos* o *eurocomunistas*— que estaba mezclada, al mismo tiempo, por la confrontación generacional de dos estilos y en la que Santiago Carrillo no pudo conservar el liderazgo con *auctoritas*.

Con todo, era el alumbramiento de un nuevo mapa político con la emergente hegemonía de la socialdemocracia y el fraccionamiento del centro derecha. La demostración venía dada por el aumento del número de listas electorales que concurrían al Parlamento: 830 al Congreso (78 más que en 1979) y 830 al Senado (212 más que en 1979).

Temas de campaña y discursos programáticos

Considerando el programa electoral como la oferta formal del compromiso de gobierno de cada partido, en función de su ideología y de las necesidades sociales del momento, en las elecciones legislativas de 1982 dos grandes asuntos: el paro y la Alianza Atlántica sobresalieron por encima de un largo repertorio de promesas[34].

---

[34] José Ignacio Wert ("La campaña electoral de octubre de 1982", *Reis,* número 28, pág. 69) establece que los programas electorales tienen una reducida influencia electoral y que están concebidos para no ser leídos, y que su extensión —gran número de páginas, más voluminosos que un libro— no invitan a que sean bienes de consumo masivo.

El espacio redaccional dedicado al tema del empleo ocupó, según todos los estudiosos de aquella campaña, la tercera o cuarta parte de los programas. Tal prioridad respondía lógicamente al grado de preocupación de los españoles, según una jerarquización de problemas reflejados en las encuestas. Las soluciones ofrecidas, por lo demás, sólo podían inscribirse en cuadros de medidas económicas conforme a dos perspectivas: en la izquierda se infatizaba la creación de empleo desde el Estado —agente principal para este objetivo[35]—, mientras que las opciones de centro-derecha se fijaban en la actividad privada como motor exclusivo de la economía y de la creación de empleo.

Basado el modelo económico de AP-PDP en una política de oferta, con la implícita reducción del déficit público (eliminando la "hipertrofia" del Estado) y evitando que la crisis recayese sobre los menos beneficiados, la verdad es que el programa electoral de la nueva coalición estaba seducida por el *new look* neoliberal de la era Reagan-Thatcher (reducción de impuestos y privatizaciones). Ese carácter innovador, por otra parte, estaba lastrado por las promesas sectoriales —con sentido dirigista e intervencionista— que no había más remedio que respetar en la realidad española vulnerando, en cualquier caso, la doctrina del mercado libre[36].

La discordancia la dio, sin embargo, el PSOE en su programa prometiendo la creación de 800.000 empleos netos en la legislatura. No tenía necesidad de tan atractiva —no menos utópica— promesa para afianzar su victoria anunciada, y sin embargo la lanzó a los cuatro vientos incursa en un programa calificado como *moderado* [37]. Iba acompañado el desmedido compromiso de otras fórmulas-solución (reducción de la jornada laboral y de la edad de jubilación, incompatibilidades, creación directa de empleo por el sector público y planificación concertada a través del Consejo Económico y Social) que reposaban en un Estado agrandado. Tanto Abel Matutes como Fraga, y un largo elenco de especialistas críticos, advirtieron lo contraproducente del señuelo socialista y aseveraron que, a la larga, todas esas recetas crearían más paro.

¿Por qué incluyó el PSOE en su programa, con todas las alharacas, aquel *órdago programático?*

Alfonso Guerra coordinó la elaboración del programa socialista y, según los testimonios obrantes, fue él quien pidió la suficiente inconcreción en los postulados y medidas económicas porque —y lo entendía bien— no era necesario para asegurarse el triunfo un marco de atrevidas promesas. Sin embargo, sorprendentemente se debió a su decisión última la promesa de creación de 800.000 puestos de trabajo, y todo parece indicar que fue un *guiño a la izquierda* para cerrar el camino al PCE, el cual prometía un millón de nuevos empleos[38].

---

[35] Fuera de la realidad, aunque en coherente clave marxista, el PCE ofrecía la creación de un millón de empleos netos desde el sector público e insistía en la progresividad de los impuestos directos y el aumento de la fiscalidad de un punto por año. Era sin duda un programa para no gobernar, sino para afianzar al electorado-clientela.

[36] En el editorial que el diario *El País* dedicó al programa económico de la coalición AP-PDP (23-9-82) se subrayaba esa incoherencia como la de una mayonesa cuyos componentes no acababan de ligar.

[37] Con vistas a no enervar al sector empresarial, el programa electoral socialista se presentó templado o de corte socialdemócrata, y las tan temidas *nacionalizaciones* se redujeron a la red de alta tensión (el bosque de postes transportadores de la electricidad) y los bancos intervenidos por el Fondo de Garantía de Depósitos (la denominada *Uvi bancaria).*

[38] Avala este hecho el testimonio de Pablo Castellanos, *Yo sí me acuerdo,* pág. 351.

El tema de la OTAN, organización altántica de defensa en la que acababa de integrarse España, fue el segundo discurso programático en torno al cual la campaña electoral socialista tuvo relieve. El XXIX Congreso del PSOE aprobó una resolución demasiado radical en su compromiso por la política contraria a los bloques. "... El Partido Socialista se opone a la integración de España a la OTAN..., sólo asumirá una que considerará definitiva sobre el tema si es sometido a referéndum consultivo previsto en la Constitución para temas de especial trascendencia..."

Ante la posibilidad de formar Gobierno, el socialismo suavizó el discurso anti atlantista y graduó su actitud de manera que pareciera que no se quería estar en la OTAN —mediante afirmaciones pacifistas melifluas— cuando era lo contrario. El matiz, en todo caso, era que se continuaría en la organización pero no en su estructura militar. "... En un segundo momento —decía el programa socialista— se mantendrá el compromiso contraído por el PSOE de convocar un referéndum para que sea el pueblo español el que decida acerca de nuestra pertenencia a la OTAN".

La atmósfera de *situación de cambio* era de tal manera espesa que las elecciones, como procedimiento inevitable, hicieron de válvula de escape de muchas tensiones e inquietudes. De suerte que la filosofía renovadora del socialismo actuaba en el electorado como un asidero *apostólico* necesario. La Conferencia Episcopal llamada a los ciudadanos a la participación y a acatar el resultado de las urnas, y lo hizo con un documento (*La conciencia cristiana ante las próximas elecciones*) casi neutral, aunque recordaba tímidamente los postulados de la conciencia cristiana y, en otro orden de consideraciones, exhortaba al clero a mantenerse claramente a distancia de las opciones políticas concretas.

Por lo demás, conforme asevera Ignacio Wert[39], no se recuerda un período de campaña con más acontecimientos negativos —fortuitos o no— que actuasen de aliados de la propuesta socialista de cambio. A lo largo de las tres semanas de campaña hubo inundaciones desastrosas en Valencia, Cataluña y Castilla-La Mancha; el terrorismo siguió cobrándose víctimas y, para colmo, se *descubrió* una operación de golpe militar preparada para actuar la víspera de las elecciones. El escepticismo sobre la oportunidad de la revelación —que algunos podían reputar beneficiosa para el Gobierno porque generase el *voto del miedo*— se tradujo en acervas críticas al Ministerio de Defensa.

El golpismo, pues, contra el cual el Gobierno y UCD venían actuando inequívocamente, influyó también en gran medida para volcar la esperanza de muchos españoles —atenazados por esa amenaza— en el hecho de que el socialismo tomase las riendas de los Ejércitos supeditándolos realmente al poder civil.

La campaña: más publicidad que propaganda

El proceso de persuasión y petición del voto durante la campaña electoral fue un alarde en el empleo de medios materiales y técnicas de comunicación, sobre las que cualquiera diría utilizadas en España desde siempre. Las modernas estrategias, sin embargo, incidieron predominantemente en la personalización de los líderes antes que en los programas, con efectos muy

---

[39] *La campaña electoral de octubre de 1982,* pág. 80.

relativos en la atribución de votos. Con una duración de veintiún días, la campaña apenas alteró la cristalizada intención de los electores desde meses antes, aunque no por ello los partidos y sus líderes se privaron de movilizar la conciencia de los ciudadanos en recorridos con el más rancio sentido mitinero-propagandístico[40].

Defecto estructural del sistema democrático español, desde su nacimiento, ha sido la carencia de una ley de financiación de los partidos políticos. Sabido que *para dar discursos hay que disponer de recursos*, la acción política permanente estaba supeditada entonces —máxime en los partidos de la oposición— al patrocinio externo con arreglo a una escalada de inversión publicitaria inapropiada por su concentración en el tiempo y, por lo tanto, ineficiente desde la saturación.

Alianza Popular, a pesar de que UCD pagó ciertos apoyos políticos que recibió enjugando deudas de aquélla provenientes de la campaña de 1979, tenía en junio de 1982 una deuda histórica considerable. El nuevo equipo económico que dirigía Ángel Sanchís enfocó la gestión, desde el primer momento, no ya en saldar los débitos —considerados fallidos en los balances de los prestamistas o suceptibles de condonación a largo plazo—, inspirada en la filosofía de la justa retribución que merece la acción política, sino en la financiación por dádivas o donativos sin formalización documental. A tal fin, para sufragar los nuevos retos, organizó al estilo norteamericano cenas y reuniones sociales recaudatorias entre empresarios y profesionales, sirviéndose de muñidores —*brokers* improvisados— y celebradas en la casa del ex banquero de La Moraleja. Era una vía no desdeñable, pero harto insuficiente para cubrir el abultado presupuesto cercano a los 1.500 millones de pesetas autoestimados para las generales[41].

Para Fraga el método recaudatorio de Sanchís no era definitivo ni completo (lo califica "jungla complicada llena de intermediarios"), pero aliviaba su posición pedigüeña ante los financieros, a los que hubo de acudir como siempre por la vía del crédito y con los *buenos oficios* de la patronal CEOE, muy interesada en gobernar la distribución de los fondos en cuanto fundamento de su poder.

---

[40] La duración oficial de la campaña (veintiún días entonces y posteriormente reducida a quince) es un período formal durante el cual se pude pedir expresamente el voto, pero no responde a la realidad. La campaña, de hecho, comienza desde la disolución de las Cámaras, aunque en este tiempo de cuenta atrás los partidos deben cumplimentar requisitos oficiales de diverso orden (presentación de coaliciones, listas, etc.) según un cuerpo normativo electoral muy experimentado. No existiendo limitación en los partidos para gastos electorales, ni los adecuados mecanismos de control, el proceso de comunicación electoral —ya en medios, actos públicos y publicidad— la campaña puede ser todo lo elástica que se quiera. Sin embargo, durante el período estricto de campaña, el Estado pone a disposición de los partidos acceso a los medios de comunicación estatales, singularmente radio y televisión; facilita franquicia postal para el envío de propaganda y ordena a los Ayuntamientos la puesta a disposición de espacios abiertos o cerrados para la celebración de mítines. Por otra parte, el Estado concede a los partidos y candidaturas subvenciones para gastos electorales después de celebradas las elecciones, siempre en función de los votos y escaños obtenidos, por lo que las formaciones políticas han de operar con "créditos puente" procedentes de las entidades financieras de acuerdo con sus "previsiones" de resultados, casi siempre inferiores a los resultados reales, siendo esto la causa de la existencia de enormes pasivos en los partidos políticos.

[41] Según datos obrantes en la contabilidad de AP, el presupuesto exacto elaborado para las generales de octubre se cifraba en 1.442,8 millones de pesetas. Los módulos de distribución interna eran, en líneas generales, un 60 por ciento para publicidad (prensa, radio, televisión y publicidad exterior) y el 40 por ciento restante para actividades de masas, viajes, reuniones, salarios de técnicos, etc. En cualquier caso, las actividades recaudatorias propias de AP no alcanzaron en aquella ocasión ni el diez por ciento, sin contar las cuotas de afiliados que deficitariamente se destinaban al funcionamiento ordinario de la organización.

Como fuere, aparte cautelas de veracidad contable, es lo cierto que AP emprendió su campaña no constreñida por las estrecheces de antes en tanto que señalado valladar al socialismo al que merecía la pena ayudar. Se contó, a la vista de su buen resultado en Galicia y Andalucía, con la agencia *Interalas/DMM* pero, a petición de la CEOE, se llamó también a la agencia *Clarín,* llegando a actuar las dos en consorcio de trabajo publicitario[42].

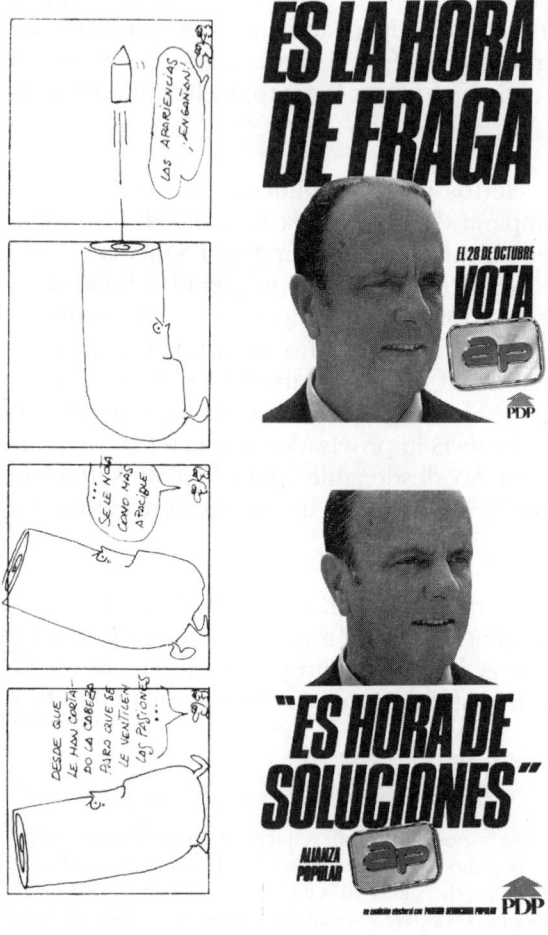

El PSOE llevó a cabo una campaña inteligente en diseño y ejecución —además de exhaustiva[43]—, concentrada en su líder, desprovisto de agresividad dialéctica y adornado de una aureola de suave firmeza. Con el eslogan único *Por el cambio* , Felipe González afianzó las previsiones sociométricas acudiendo a 40 actos de masas en otras tantas poblaciones, por toda la geografía hispana, a las que llegó a bordo de un autobús acompañado de una legión de periodistas. Los cronistas, a este respecto, subrayaron en todo momento el sentido ético de las intervenciones del líder socialista, el *caballo ganador* (en expresión del periodista Martín Prieto), y las estudiadas apariciones rituales ante las masas: sin puños cerrados, sin el canto de *La internacional* e invocando permanentemente la esperanza como un derecho de todos.

El factor predominante de la campaña publicitaria de AP también fue el líder, Fraga, quedando bajo relieve el elenco de los otros líderes *asociados* y las ofertas programáticas de búsqueda de soluciones (*Es hora de soluciones,* era el eslogan axial equivalente a un ¡Ya está bien! aplicado a los principales problemas) frente a la ineficacia de lo existente, del partido gobernante. Fue, por lo tanto, una estrategia de comunicación a la contra y de afianzamiento del líder, rodeado de otros socios (ex dirigentes de UCD supeditados a su jerarquía) quienes aparecieron en los carteles bajo los eslóganes de la segunda y tercera fases de la campaña: *Todos ganamos con Fraga* y *Es la hora de Fraga.*

La cartelería de Alianza Popular, dando acogida en un extremo al pino del Partido Demócrata Popular, insistía en la personalización ("Es la hora de Fraga") y en la propuesta de soluciones, con la cabeza cortada, lo cual provocó comentarios y chistes como el que se adjunta de Peridis.

---

[42] Aportaron tambien sus conocimientos profesionales, a título personal, los publicitarios Manuel Novás, Ignacio Montes Jovellar y Francisco Centeno.

[43] Con un presupuesto declarado de 1.129 millones de pesetas (sin duda muy por debajo de su coste real), el PSOE utilizó 5.946 vallas, 8.133 cabinas telefónicas, 32.000 cuñas de radio, 5.000 anuncios en 120 periódicos y 30 revistas y 10.600 soportes para la colocación de 42.400 banderolas, segun informó la revista *Anuncios* correspondiente al 1-7 de noviembre de 1982.

Uno de los méritos notables de Manuel Fraga ha sido, mientras creaba el partido Alianza Popular, hacer verdadero el apellido "popular" creando un estilo populista propio de llevar el mensaje puerta a puerta: en el metro, en la calle, en el mercado y, como en las elecciones de octubre de 1982, visitando los centros urbanos e industriales seriamente dañados por las inundaciones producidas por la gota fría.

Sin solución de continuidad y exceptuadas las provincias gallegas, que las visitó durante el mes de agosto, Fraga realizó durante la precampaña y campaña un verdadero maratón electoral. Un periplo ininterrumpido —de presencia intensa— que abarcó a treinta y tres provincias (capital y poblaciones más populosas), Ceuta y Melilla, y varias veces Madrid —cuartel general— y en dos ocasiones Valencia, la última como consecuencia de las inundaciones. En la mayor parte de la provincias, además de la obligada comparencia ante los medios de comunicación locales y los enviados especiales que le seguían, solía participar en mítines y otras concentraciones públicas de masas, aparte de los inevitables y programados paseos por calles y mercados repartiendo propaganda electoral conforme a estudiados itinerarios populistas *sembrados* con anterioridad por equipos logísticos. Otros líderes de la coalición igualmente cumplieron programas intensos de viajes, a veces coincidentes con Fraga, mas lo usual fue la estabilidad en su distrito. Así, Jorge Verstrynge no salió de Sevilla al igual que Miguel Herrero se dedicó preferentemente a Madrid, así como otros dirigentes del PDP.

La estrategia electoral de la coalición AP-PDP inicialmente estuvo situada en la sede central aliancista, dirigida por un comité logístico conjunto que creaba muchos problemas entre los publicitarios y los órganos territoriales[44]. Por eso, el centro de comunicación electoral, a todos los efectos, se desprendió de las actuaciones partidistas y fue llevado al hotel Eurobuilding, quedando en la calle Silva 23 la maquinaria electoral de movilización y control de ese invisible e ingente ejército de agentes electorales, interventores y apoderados.

Es de destacar, como bien ha señalado la profesora Lourdes López Nieto[45], que por entonces AP ya estaba estructurado como partido de masas, demostrando tal aserto el hecho de que existía un flujo creciente de publicaciones y comunicaciones didácticas acerca de los comportamientos políticos. En realidad, merced a la colaboración, tanto de ayudas materiales como formativas, que la *Fundación Hanss Seidel* prestaba a través de su homóloga española la *Cánovas del Castillo,* en octubre de 1982 se habían impartido hasta 800 cursillos de formación para interventores y apoderados (y otros para cuadros medios) que constituían la verdadera nervadura administrativa electoral del partido. De suerte, por ejemplo, que se circuló un manual del candidato efectivo en cuanto que compendiaba *consejos prácticos* de gran utilidad

---

[44] El apartamiento de Luis Ortiz de la campaña, después del cierre conflictivo de las listas electorales, provocó que la gerencia de la campaña recayese en el equipo de Angel Sanchiz (Luis Gerardo López Delgado para la gestión financiera y Yáñez para la gestión publicitaria). La falta de ductilidad de este último con las agencias de publicidad obligó a que fuese llamado al centro logistico Javier Carabias, que propuso llevárselo fuera de la sede aliancista para evitar interferencias con los hombres de Ortiz, instalados en el área de Acción Territorial.

[45] *Alianza Popular: Estructura y evolución electoral de un partido conservador (1976-1982),* CIS, 1988, pág. 130.

(sobre comportamiento ante los medios de comunicación, reglas para los debates, técnicas de oratoria política y las recetas programáticas ante los grandes problemas sociales) que introducía a miles de afiliados en la praxis democrático-electoral.

Alianza Popular, como ya ocurriera en procesos anteriores, ensayó el reparto de papeles a imitación de la *santísima dualidad* (González-Guerra), atribuyendo al joven secretario general aliancista Jorge Verstrynge la voz de la procacidad, mientras que Fraga se reservaba el mensaje sereno y de autoridad. Sin embargo, la desbordante personalidad de Fraga no pudo apocarse y pese a grandes dosis de autocontrol llevó la delantera en el debate contra el modelo de sociedad de los socialistas enmascarado por la templanza. No consiguió romper el *impasse* moderado de Felipe González y, por el contrario, incurrió en un desliz dentro del debate electoral que suscitó el presunto complot militar preparado para el 27 de octubre. Como quiera que le tomasen unas declaraciones ambiguas como síntoma de comprensión hacia los golpistas —*comprensión* que no *justificación*—, Fraga deshizo la equivocidad propugnando en la sesión de la Diputación Permanente del Congreso de los Diputados la pena de muerte para terroristas y golpistas (11 de octubre). El movimiento de péndulo que produjo, no estando sujeto a juicio su credibilidad democrática, tal vez afectó en segmentos de votantes de ambos lados del espectro político sobre veleidades autoritarias o intenciones ocultas de reforma constitucional.

En conjunto, la campaña publicitaria de la coalición AP-PDP discurrió en términos correctos con arreglo a una estrategia solvente —de creíble alternativa— pero en las coordenadas de la competitividad, distó mucho de la efectividad y brillantez en que se desenvolvió la campaña socialista. Los demás partidos (UCD, CDS y PCE) realizaron una campaña átona, sin espacio donde ejercer sus atractivos, por lo que, sin pretenderlo, se produjo un duelo publicitario a dos (socialistas y populares), quedando el resto en pintorescos animadores. Era el anuncio del bipartidismo que se avecinaba.

Poco dotado para el populismo –o poco acostumbrado–, Landelino Lavilla realizó una campaña nutrida de anécdotas. En la foto, en actitud triunfal durante el acto de cierre de campaña junto a Juan José Rosón y Leopoldo Calvo-Sotelo (26-10-82 en Madrid).

UCD protagonizó una campaña irreal, con despilfarro de recursos[46], en función de las perspectivas electorales. Basó también el grueso de sus mensajes en la personalización de su líder, Landelino Lavilla, un tanto desconocido, ocultando al Presidente del Gobierno, Calvo-Sotelo, desmintiendo que el *centro político* fuese un equipo de gentes —líderes— para la moderación. Tuvo la campaña un carácter agresivo —a veces descalificatorio—, lo que contrastaba con su vocación conciliadora, y Lavilla desfiguró su porte de hombre circunspecto y equilibrado dando proclamas gritonas en mítines o bailando aparatosamente un chotis con su esposa, Juanita.

---

[46] Con un monto autoestimado de 1.500 millones de pesetas (diversas fuentes elevan en mucho dicha cifra), UCD encargó su campaña a Ricardo Pérez Asociados/MMLB y Media Planing, que pusieron en circulación 7.000 vallas, 7.000 carteles, entre 8.000 y 10.000 cabinas telefónicas, 5.000 banderolas, publicidad en autobuses y metro, así como 30.000 cuñas radiofónicas e inserciones en periódicos en número no revelado. Sólo por un programa radiofónico estelar del último día de campaña UCD pagó a la SER cien millones de pesetas. (Fuente: revista *Anuncios*, 1-7 de noviembre de 1982).

Se encargó la campaña de imagen de UCD y de su principal candidato, en medio de una organización caótica, a la firma norteamericana del famoso consultor político David Sawyer (la firma *Isis Inc)* y para lo cual se desplazó a Madrid al cubano Jeddu Mascaretto, que tenía como principal objetivo conseguir medio centenar de escaños. La beligerante campaña que preparó, en remedo de las utilizadas en Iberoamérica, fue corregida a mitad de camino pasando de la personalización *Landelino Lavilla responde* a invocaciones colegiadas y corporativas (*Si eres de centro, responde* o también *Responde, vota UCD. El Centro).* Y dado que no lograban penetrar en la contienda que se libraba entre aliancistas y socialistas, se hizo publicidad de ataque para ganar espacio en el centro: *Ni derecha dura, ni izquierda inmadura, ni francamente duros, ni claramente inmaduros...*

Distantes en presupuesto y en incidencia fueron las campañas del PCE y del CDS, que en ambos casos tuvo una inversión entre 500 y 600 millones de pesetas. Los comunistas, con el eslogan *Para que nada se pare,* apelaban al mantenimiento de la democracia amenazada por el golpismo, en un ejercicio de impulsores de la supervivencia. Por su parte, el CDS de Suárez, con dificultades de financiación hasta el último momento, desplegó una modesta campaña personalizada en su líder y con un eslogan romo —se servía del acróstico de sus siglas—: *Como Debe Ser*, que giraba en torno a las ideas de progreso y libertad. Obsesionado con las causas y efectos del golpe de Estado del 23 de febrero, Adolfo Suárez realizó un gran esfuerzo personal en la campaña resaltando la necesidad de robustecer la democracia con un pacto de Estado entre todos los partidos y proclamando la "primacía del poder civil".

Nuevas técnicas y hábitos en RTVE

El comportamiento de RTVE en las elecciones del 28 de octubre de 1982 no modificó los resultados previstos por las encuestas y, por eso mismo, inexistente la presión gubernamental en favor de su opción partidista —clara perdedora—, las emisiones televisivas fueron equitativas para los grandes partidos. Este aserto sobre la imparcial conducta de los medios audiovisuales públicos no es trasladable a las formaciones pequeñas, las cuales emitieron muchas protestas y críticas a causa de que el principio de igualdad de oportunidades era gestionado y controlado en beneficio propio por los partidos grandes sobre normas legales de 1977[47].

El foro donde se planificó la actuación radiotelevisiva, con excepción de los espacios gratuitos, fue el Consejo de Administración de RTVE, creado en enero de 1981 por medio de un estatuto jurídico consensuado por los grandes partidos y cuya composición reproducía a escala la representación partidista del Parlamento. El 22 de septiembre, reunido dicho órgano, estudió la posibilidad de habilitar en la programación grandes debates electorales sobre determinados temas de política nacional; rondas de debates duales entre los líderes —en una especie de *liguilla*—, o una serie de entrevistas individualizadas a cada líder. Se optó finalmente por esta última fórmula, a propuesta de UCD, dando participación en ella a una amplia lista de

---

[47] El cuerpo normativo regulador del uso de los medios públicos lo constituyen, fundamentalmente, los Reales Decretos de 3 de mayo de 1977 y de 2 de febrero de 1979, que desarrollan el artículo 40 del Real Decreto 20/1977, de 18 de marzo, sobre normas electorales. Aunque están encaminados a respetar la pluralidad y garantizar la concurrencia política, la aplicación del principio de equidad (de igualdad de oportunidades) no siempre puede conseguirse plena y objetivamente porque los órganos de control está dominados por sus grandes beneficiarios.

comentaristas, como interrogadores, todos ellos ajenos a RTVE, lo que se consideró la abdicación de las responsabilidades profesionales de la plantilla de la casa. La elección nominal de los entrevistadores por el Consejo de Administración de RTVE generó protestas de diversa índole, quizás las más significativas provinieron de los periódicos *El País* y *Diario 16*, que impidieron la participación de sus redactores en dichos programas.

A la limpieza informativa empleada por los directivos de RTVE[48], corroborada por el más que proporcional reparto de tiempos a los partidos políticos contendientes y la asepsia profesional en los contenidos, hubo que sumar ciertamente el más experimentado hacer de los líderes por obra de sus asesores de imagen. Peculiar pericia que se advirtió en la calidad visual de los intervinientes, en lo comprensible del lenguaje empleado y en la agenda de asuntos sometidos a debate electoral.

La cobertura informativa en los telediarios fue efectuada con criterios objetivos en cuanto al tratamiento noticioso, previo señalamiento por los partidos de los hechos y actos destacables según su estrategia —a excepción de lo que tuviera categoría por sí mismo—, y la distribución de tiempos fue ponderada por criterios a veces rozando el de paridad. El diario *El País* publicó un informe el 27 de octubre en el que se significaba ese equilibrio informativo, menos descompensado que en otras ocasiones[49]:

Temario	Tiempo	Porcentaje
Información sobre la campaña	1 h. 13. 48	18.8
UCD	1 h. 10. 15	17.9
PSOE	1 h. 08. 22	17.4
PCE	56. 25	14.4
AP-PDP	55.40	14.2
CDS	46.21	11.8
PNV	6.41	1.7
CiU	6.01	1.5
PSA	5.02	1.3
EE	3.18	0.8
FN	0.31	0.2
TOTAL	6 h. 33'. 24"	100

La función difusora de RTVE de las ofertas electorales, por consiguiente, no se contrajo a la información puntual y cotidiana del desarrollo de la campaña ni a los preceptivos espacios gratuitos distribuidos por la Junta Electoral Central, sino que introdujo dos géneros adicionales. Fueron aportaciones novedosas respecto a procesos electorales anteriores. Como ha quedado dicho, éstas eran: la celebración de una rueda de prensa para cada líder de las principales fuerzas políticas (Suárez, Fraga, Carrillo, González y Lavilla), emitidas entre el 27 de septiembre y el 1 de octubre, y un debate del programa *La Clave* emitido por la Segunda Cadena, el 1 de

---

[48] El director general de RTVE era Eugenio Nasarre, democristiano perteneciente a la estructura directiva de UCD hasta su designación, en sustitución de Carlos Robles Piquer. Miguel Ángel Gozalo, periodista liberal próximo a la ideología centrista pero sin compromiso político partidista, era, a la sazón, director de RTVE, y Juan Roldán era el director de los Servicios Informativos de RTVE, después de haber ostentado la jefatura de prensa de UCD.

[49] El informe, bajo el título *Análisis de la campaña electoral en RTVE*, estaba firmado por José Ramón Pérez Ornia y José Egea Romero (pseudónimo éste de José Miguel Contreras).

octubre, moderado por José Luis Balbín. Ambos espacios extraordinarios fueron emitidos antes que comenzase oficialmente la campaña para así hurtar a la Junta Electoral Central que interviniese en su regulación o que pudiera atender reclamaciones de otros líderes excluidos.

En tiempo de máxima audiencia los citados líderes-cabecera de candidatura por Madrid compartieron, en sucesivos días, un interrogatorio de igual formato (frente a cuatro periodistas de distintos medios, uno de ellos en el papel de moderador). El asesoramiento de imagen a que habían sido sometidos los líderes comparecientes, disciplinados actores de la política-espectáculo preconizada por el teórico Schwartzemberg en su obra *El show político,* se advirtió por el hecho anecdótico de que los cinco líderes nacionales vestían traje azul, muy adecuado en la cromática televisiva. El resultado visual, por lo demás, fue mejor en los políticos que en los informadores[50], lo que venía a demostrar el rápido aprendizaje de aquellos en la mercadotecnia política. Ninguno de los entrevistados eligió su aparición en directo, sino la grabación, y todos acapararon audiencias masivas en un horario que permitía potencialmente ser visto por más de 16 millones de telespectadores.

La aparición de Adolfo Suárez, en su *premiere* desde que dimitiera en enero de 1981, se caracterizó por el alarde de sinceridad trufada con victimismo. Se sabía perdedor y, estrechado a preguntas directas, confesó que no tenía aspiraciones de ganar ("... quizá sea restarme votos pero voy a ser sincero: no creo que ganemos las elecciones..", diría verazmente).

Fraga esta vez (el 28 de septiembre) llevaba la lección aprendida, escarmentado por la falta de ductilidad con que se presentó al electorado en las elecciones de 1977 y de 1979. Aguantó el tipo ante las cámaras, sostuvo la iniciativa de argumentación y, cosa sorprendente, distendió el coloquio con bromas e ironías sin apagar la sonrisa de la comunicación intimista y normal. Hablando de su origen humilde ("... Hijo de padres emigrantes que se conocieron en Cuba. Mi abuelo paterno era el carpintero de una aldea gallega y mi abuelo materno era el albañil de una aldea de la Baja Navarra francesa...", diría en la autopresentación) predispuso bien la curiosidad del espectador —popular— al que quería llegar. A preguntas delatoras de su autoritarismo, negó que lo fuese atribuyendo ese falso estereotipo a la falta de conocimiento de su verdadero modo de ser, aportando persuasión: "Yo nunca he perdido las elecciones, incluso en los momentos de mayor manipulación de mi imagen por ciertas campañas, ni en mi pueblo ni donde veraneo".

Desprovisto de cultismos, relajado, optimista, el líder aliancista ganó credibilidad y no defraudó la ancha aceptación del proyecto político que defendía situándolo en el centro-derecha, que puede significar "... hacer una derecha moderna y democrática". Quizás lo que tuvo más valor en aquella entrevista, toda vez que sobre Fraga ha pesado más el rechazo que el apoyo, fue el mensaje de aceptación plena y tranquila de su papel de líder de la oposición en estos términos: "Creo sinceramente que no haremos más que una oposición leal, democrática y que piense, más que en la próxima elección, en la próxima generación".

---

[50] La serie de ruedas de prensa fueron llemadas a cabo, por parte de los interrogadores, por los siguientes periodistas: con Suárez, Monserrat Roig (moderadora), Pablo Sebastián, Federico Abascal, y Ángel Gómez Escorial; con Fraga, Pedro Altares (moderador), Pilar Narvión, Pedro Calvo Hernando y Julian Lago; con Carrillo, Julia Navarro (moderadora), Antxon Sarasqueta, Mariano González y Francisco López de Pablos; con González, Enrique Vázquez (moderador), Pilar Urbano, Ramón Pi y José Oneto, y con Lavilla, Pilar Cernuda (moderadora), Germán Álvarez Blanco, Carlos Dávila y Jorge del Corral.

Santiago Carrillo no fue ni la sombra de sí mismo en cuanto a desenfadada expresividad. Coartado por el autocontrol sobre la crisis que padecía su partido, él mismo en el epicentro, el pesimismo flotó todo el tiempo en el coloquio. Estando a la defensiva, sólo esbozó un atisbo de viveza cuando dijo a la periodista (Julia Navarro) que más le acució: "... Me alegra que usted reproduzca, haciendo de abogado del diablo, los argumentos que podría utilizar el PSOE en este debate".

Seguro de sí mismo, sumido en la aureola presidencial, Felipe González transmitió en el programa-coloquio certeza de su victoria, sin concesiones a la duda. A la pregunta intencionada de si querría que se le llamase, una vez fuese ocupante del palacio de la Moncloa, ¿camarada o presidente?, se desbordó en serenas explicaciones del programa económico socialista restando miedos. Eran sus respuestas de catecismo socialdemócrata.

Aplausos del Partido Socialista en la Investidura de Felipe González como Presidente del Gobierno el 1 de diciembre de 1982, fecha que marcaba el comienzo de una nueva etapa de la historia de España al acceder al poder un partido de la izquierda tradicionalmente republicano, razón por la que se legitimaba la Monarquía.

Y como al final del coloquio se le adviertiese que el tema económico había consumido casi todo el tiempo, González se lanzó a verter mensajes emocionales y éticos. Estuvo de tal manera didáctico, próximo a la gente, que cuando le fue preguntado ¿qué significaba el cambio?, la determinante respuesta tuvo la contundencia de otro eslogan publicitario: "que España funcione".

Inseguro, distante en la expresión por su amanerado lenguaje, Landelino Lavilla no resultaba para el mercado del voto y perdió la oportunidad de hacerse creer. Se perdió en los conceptos —párrafo largo poco directo— ("... Que nuestro partido va a seguir unido es una garantía que resulta de la propia maduración de la crisis que ha experimentado el partido en los últimos meses..", por ejemplo), sin afrontar las cuestiones a la brava, que era lo que se esperaba de un dirigente de recambio en un partido, como UCD, dispuesto a recobrar protagonismo. A las durísima diatribas de los interrogadores acerca de la *desastrosa* política económica del Gobierno, Lavilla, poco familiarizado con la nomenclatura de Keynes, no pudo contrarrestar con viveza, sino con educado derrotismo.

El programa de la Segunda Cadena *La Clave*, puesto en emisión el 18 de enero de 1976, había sido un testigo útil para el contraste ideológico durante la transición política. Dirigido expertamente por el periodista José Luis Balbín, bajo el soporte temático de un filme selecto que actuaba de *gancho* para el espectador, los invitados entraban en el salón de estar de los hogares discutiendo las grandes cuestiones. Sin embargo, hasta el otoño de 1982, este programa minoritario y abierto se desviaba de la política cuando coincidía con procesos electorales. Pero la apertura informativa de RTVE permitió a José Luis Balbín inaugurar el debate electoral el 1 de octubre de 1982 con el pase de la película *El político*, del norteamericano Robert Rossen, planteando como asunto de discusión *¿Para quién los votos?*

Los cinco partidos y coaliciones de mayor implantación (PSOE, UCD, PCE, AP-PDP y CDS), así como los nacionalistas CiU, PNV y PSA, fueron invitados a debatir arrostrando la ventaja o riesgo de influir en el electorado. Asistieron a la velada Alfonso Guerra, porque Felipe González alegó falta de tiempo; Landelino Lavilla, Santiago Carrillo, Manuel Fraga y Agustín Rodríguez Sahagún en sustitución de Adolfo Suárez, reacio a la refriega dialéctica; Miguel Roca, Xavier Arzallus y Luis Uruñuela, éstos por los partidos nacionalistas.

Por coincidir la emisión con la entrevista que Lavilla celebraba en la Primera Cadena, *La Clave* fue retrasada, lo que no empeció una expectación inusitada sólo defraudada por su suave desarrollo, de guante blanco, entre los contendientes a lo largo de dos horas, de madrugada. Como primera experiencia de debate electoral en orden a espulgar las ideas y actitudes fue decepcionante, pero esa falta de agresividad no estaba concertada, sino que fue trasunto inevitable y tácito de los líderes presentes nada interesados en desacreditar el sistema con sus recíprocas arremetidas. Únicamente Alfonso Guerra hizo honor a su apellido (lo remarcaría Fraga en una de sus intervenciones) repartiendo a casi todos los coloquiantes ingeniosas maldades desde una posición de ganador virtual.

En términos electorales el coloquio contribuyó quizás a confudir antes que a exponer el abanico ideológico a la audiencia, subvirtiendo el significado de lo que debe ser un debate para convertirlo en una tertulia de café.

La modalidad radiotelevisiva de publicidad-propaganda ofrecida a los partidos políticos a través de espacios gratuitos, emitidos en distintas franjas horarias y en las diferentes cadenas según la importancia de la formación y su presencia cuantitativa por candidaturas, fue en octubre de 1982 importante por su calidad y valor expositivo.

En RTVE los programas gratuitos fueron distribuidos por el Comité Técnico de Prensa, Radio y Televisión, dependiente de la Junta Electoral Central, según el criterio de importancia parlamentaria de los partidos, y todos éstos, salvo el CDS, difundieron sus *spots* de un total de treinta minutos por la Primera Cadena en horas de máxima audiencia. El CDS emitió un espacio de diez minutos por la Primera Cadena y dos por la Segunda, siendo novedad también que los partidos nacionalistas pudieron aparecer por la Segunda Cadena de ámbito nacional tras una impugnación al respecto que tuvo acogida favorable en la máxima autoridad electoral[51].

El PSOE utilizó los espacios gratuitos con clara efectividad para afianzar los resultados que le anticipaban las encuestas, resaltar el liderazgo personal de Felipe González y, de añadidura, labrar una imagen templada de éste como candidato-presidente del Gobierno saliendo al paso, preventivamente, a la utilización por los adversarios del *voto del miedo*.

Los tres espacios socialistas fueron secuenciales desde el principio al fin, sirviéndose de una *careta* diseñada para reformar la idea central del cambio. Eran las imágenes de hogares modestos cuyas ventanas se abrían al horizonte, del que emergía un sol naciente que se fundía en los símbolos del PSOE.

---

[51] Debido a una impugnación de CiU, en el sentido de reclamar su presencia en programas de emisión nacional, la Junta Electoral Central permitió que por la Segunda Cadena interviniesen —por tener candidaturas en distritos que sobrepasaban el 20 por ciento del electorado— la misma reclamante, así como el PNV, el PSA y el PSOE de Cataluña, Euzkadi y Andalucía. El PSOE, así, por estar estructurado en federaciones regionales, tuvo sesenta minutos de prograpanga televisiva, el doble en tiempo que los demás partidos estatales.

En uno de los pasajes, en lenguaje distendido, arremetió contra la falta de ética lanzando barro a sus adversarios:

> "Que no sólo hay que pedir un voto. Hay que pedir un compromiso con un proyecto histórico para sacar a España adelante poco a poco, tenazmente, día a día.
> (...) No es posible que se siga produciendo una situación en la cual un diputado que a veces es presidente de una comisión importante del Congreso de los Diputados, además, está cobrando siete millones de pesetas de una empresa pública. No es posible que haya presidentes de empresas públicas de esos que llaman *honorarios*. ¿Honorarios de qué? ¿De qué honor?...".

Después del mensaje emocional, el segundo espacio gratuito fue el de la racionalidad. Felipe González aparecía en su casa, en un escenario sencillo, vistiendo la misma ropa que en la primera aparición. En éste, se explayó en explicar el programa —sus fundamentales puntos— conforme a un repaso general de los principales problemas de la España de entonces.

El cierre de las apariciones del PSOE por televisión, sin abandonar el carácter personalista, lo empleó Felipe González para presentarse como presidente del Gobierno *in pectore*. El atuendo era entonces formal (chaqueta gris y corbata) en un despacho, tras una gran mesa, apareciendo un hermoso jarrón de rosas rojas. Hemos de convenir, a la vista del conjunto de mensajes del PSOE, que la imagen de Felipe González superaba con mucho la de su propio partido conforme a un mesianismo idóneo en los pueblos poco ideologizados y, por lo tanto, deficitarios de cultura política. En este sentido, el experto en comunicación política José Miguel Contreras analiza las apariciones televisivas de González y concluye: "Todo era falso. Eran, eso sí, papeles representados con acierto. Pero el éxito no se produjo gracias sólo a la buena interpretación. El impacto se derivaba de que esos papeles no eran puras figuraciones, sino que estaban basados en la vida real de un político que en unos pocos años había pasado efectivamente de los discursos en mangas de camisa al despacho presidencial"[52].

Rebajar la connatural impetuosidad de Fraga fue el objetivo máximo que se persiguió, a la par que se robustecía su liderazgo en la alternativa al PSOE, con los tres espacios gratuitos asignados a la coalición AP-PDP. El mismo día que comenzaron las emisiones de propaganda, la coalición fraguista lanzó el suyo a continuación del telediario (21,30 horas) ante una potencial audiencia de 15 millones de espectadores.

Dócil al asesoramiento porque sabía lo que se jugaba, Fraga fue presentado como un hombre próximo a sus conciudadanos, de pie, ante una ventana, sin el parapeto de poder que proporciona una mesa de despacho. Una mano en el bolsillo, y en la otra unas publicaciones. Mediante una voz *en off* se introdujo al personaje:

> "Un hombre en plena madurez, optimista, seguro de sí mismo. Un trabajador nato, incansable, que cree en su Patria. Un padre de familia (...) Un hombre que tiene fe (...) Un político al que amigos y adversarios reconocen la honestidad de sus ideas y su fidelidad a una línea de conducta y responsabilidad trazada con firmeza. Un líder que ha luchado y sigue luchando con verdadero entusiasmo para construir una alianza en la

---

[52] *Información electoral en televisión*, tesis doctoral de José Miguel Contreras (Facultad de Ciencias de la Información, Universidad Complutense), curso 1987-88, pág. 453.

que confía la gran mayoría de los españoles (...) Este es el hombre, el político. Este es el hombre de Estado y esta es su hora, la hora de las soluciones".

Tras la introducción, en un ambiente intimista por la tenue aluminación, Fraga se sometió a la técnica de los actores, con las manos ocupadas para —además de aliviar la energía— manifestarse con naturalidad, hablando del paro, de los problemas económicos... Tras dar unos pasos por la estancia, se sentó en un sofá y apareció la tensión: aceleró su discurso y liberó los ademanes. Menos mal que se insertaron fotomontajes con el programa, para al final retornar al busto entero, junto a la ventana del principio, hablando pausadamente.

Como remate del programa emergía la música del *jingle* de la campaña, con la voz cálida de María Ostiz y una serie de foto-fijas alusivas a la canción (trabajo para los trabajadores, el derecho a la vida, el derecho a la paz, seguridad en las calles, libertad en la enseñanza...).

El segundo de los programas de AP-PDP era de grupo, a fin de reafirmar al líder de la coalición ("Todos ganaremos con Fraga"). La voz de la calle estaba en breves intervenciones de una tendera, un jubilado, una joven madre de familia y un taxista. Éste fiaba en Fraga la seguridad para trabajar frente a tanta delincuencia ("... Pues si viene Fraga y es capaz de arreglarlo, pues que venga Fraga"). Las opiniones del pueblo se intercalaban con breves alocuciones de otros líderes de la coalición: Óscar Alzaga, Miguel Herrero, Fernando Suárez, Jorge Verstrynge y Pedro Schwartz. Todos menos Óscar Alzaga mencionaron al líder, y con especial vehemencia lo hizo Verstrynge:

> "Soy Jorge Verstrynge Rojas, secretario general de Alianza Popular, una persona entre otras muchas que cree que todos ganaremos con Fraga. Tengo razones personales y profundas, además de políticas, para saber qué eso es bastante más que un eslogan de partido (...) Yo conocí a Manuel Fraga Iribarne cuando fui alumno suyo en la facultad de Políticas, y la admiración que entonces me causó, lejos de decrecer con los años, se ha ido incrementando con la convivencia y el trabajo en común. He dicho muchas veces que Fraga, además de tener una innegable humanidad y de ser un profundo amante de la libertad, tiene una inteligencia superior y una gran capacidad de sacrificio. Por eso sé que todas las empresas que él lleva a término las lleva a término con éxito, sobre todo si las empresas están relacionadas con España o con el futuro de España (...)".

Las palabras finales del *spot* eran de Fraga, de pie, con la manos en los bolsillos, en un despacho real de mobiliario blanco. Pese a su dicción rápida, como siempre, la solicitud de voto fue realista y pegada al suelo, en un canto a la libertad, que se crea en la familia, en la empresa, en el despacho profesional, etc. El conjunto, de cualquier manera, tuvo convicción y veracidad mediante una realización televisiva sencilla.

El penúltimo día de campaña se emitió el tercer espacio de AP-PDP a continuación del telediario vespertino (21,30 h.) con Fraga por único platicante. Grabó el mensaje en Villalba de Lugo, en la casa de sus padres, en la línea realista y llana del primer programa.

Es aceptado por la mayoría de los especialistas que esta campaña televisiva ha sido la mejor de las realizadas por el líder aliancista, capaz de introducir una nueva imagen del partido que no generaba tanta repulsa. Al mismo tiempo, con estas apariciones Fraga, tan poco dotado para la democracia electrónica, se desprendió ante los espectadores de la aureola de superioridad —intelectual y elitista— para parecer más próxima al arquetipo popular del español medio.

Debate sobre el debate en RTVE

La orientación personalista de las campañas electorales conduce a la confrontación entre candidatos a la vista y oídos de todos —y qué mejor que por la televisión— como expediente espectacular para que se conozcan cualidades y defectos de unos y otros. El debate televisado puede ser gratificante o perverso —porque exalta o electrocuta— entre dos, o a lo sumo tres, candidatos contendientes. Celebrado en número superior, el mejor *colocado* en las encuestas se convierte en pieza de caza de los demás en discusiones al barato.

El debate múltiple tuvo en la campaña de octubre de 1982 un circunstancial remedo con el comentado programa *La Clave.* La ausencia en el mismo de Felipe González se consideró una calculada espantada porque ésta le aportaba más riesgos que ventajas. Esto no obstante, despertó la voracidad de retos al líder socialista, que lo inició el Presidente de la *Generalitat,* Jordi Pujol.

Felipe González —reacio en el fondo a debatir— aceptó el guante bajo condiciones exageradas como la de exigir que la confrontación se diese entre él y el Presidente del Gobierno, Calvo-Sotelo, en lugar de Lavilla. Circuló asimismo el rumor de que el líder socialista aceptaría un debate ante 20.000 espectadores en el estadio de fútbol del Rayo Vallecano. Fraga, por su parte, terciaría en el tejemaneje con cajas destempladas para decir de González que era un fresco tras desestimar éste su oferta formal cursada el 6 de octubre de celebrar un *cara a cara* por ser los respectivos partidos los que acaparaban más votos en las encuestas y por haber sido ambos, también, los partidos ganadores de las elecciones andaluzas.

El componente de seriedad por su planteamiento estuvo en la iniciativa adoptada por el Consejo de Administración de RTVE de elevar a la Junta Electoral Central una propuesta, tan plural como irreal, de celebración de debates para todos (un total de 10 confrontaciones) que por lógica no prosperó. De todas maneras, se había introducido el debate sobre el debate electoral en televisión en cuanto fórmula que, andando el tiempo, resultaría inexcusable.

El domingo 24 de octubre, a las diez de la mañana, el director general de RTVE convocó una reunión con los cinco grandes líderes o sus representantes[53]. Miguel Herrero, que era el mandatario de Fraga en la reunión, propuso que el temario del debate fuese: paro, política económica, garantía de las libertades, OTAN y autonomías, con un tiempo tasado para cada participante; pero la oferta fue rechazada. Tampoco se aceptó el reparto equitativo y conjunto de veinte minutos por cada interviniente, sobre todo por la negativa del representante socialista Roberto Dorado[54], que estaba allí para aparentar la aceptación del reto y al propio tiempo

[53] La reunión tuvo lugar porque la Junta Electoral Central había resuelto el viernes anterior recomendar un debate múltiple de los líderes de los cinco principales partidos y, para determinar las características del debate, asistieron Roberto Dorado (PSOE), Miguel Herrero (AP-PDP), Daniel García Pita (UCD), Jesús Viana (CDS) y Ángel Mullor (PCE), así como el director general del Ente Público RTVE, Eugenio Nasarre (ver *ABC* del 25-10-1982).
[54] Roberto Dorado, conocido coloquialmente como *Boby Golden,* pertenecía al comité electoral socilista que dirigía Alfonso Guerra. Estaba vinculado a Guerra desde 1975, con el que había colaborado en el Instituto de Técnicas

levantar un muro de obstáculos. De otra parte, y eso fue lo que puso en sobreaviso a los demás, el PSOE sólo aceptaría un debate moderado por José Luis Balbín, sin otra alternativa arbitral de periodista independiente.

Aún con todo se aceptaron las condiciones *impuestas* por el PSOE, pero en ningún momento el representante socialista comprometió la presencia de González. Estaba claro, al término de la reunión, que no entraba en los planes socialistas fajarse en el barro de la política concreta con ninguno de sus adversarios.

El lunes 25 la casi totalidad de los medios de comunicación titularon el fracaso de la negociación por las desproporcionadas exigencias del PSOE, que manipuló con singular estilo el *debate sobre el debate*, según una primicia de conducta, luego inveterada acerca del abuso del poder de la televisión.

La aproximada verdad de las encuestas

La encuesta de opinión preelectoral es solamente una cata —el corte seccional o foto fija— en la dinámica masa de posibles votantes efectuada, cuando menos, una semana antes del día de los comicios. Mide, pues, previsoramente, la *epidermis* del cuerpo electoral en un marco temporal (*tiempo relevante*) que puede ser alterado por dos factores principales: las variaciones de intención de voto en la *recta final* de la campaña fuera de observación y el número de electores indecisos. La bolsa de indecisión en el voto es la que trastoca la predicción, de suerte que en muchos comicios, por ser un arcano, los *indecisos deciden* los resultados finales. Pero, a pesar de ello, cuando la muestra está bien planteada y el número de ciudadanos entrevistados es elevado, la prueba demoscópica suele acertar —por estimación nunca exacta— los resultados auténticos.

El intenso abuso partidista que de las encuestas se hizo en las elecciones generales de 1979, mayormente desde los institutos públicos, provocó que el Congreso de los Diputados acogiese favorablemente una proposición de Ley defendida por Fraga para regular el uso informativo-periodístico de las encuestas. Según esa norma (convertida en la Ley 14/1980, de 14 de abril, similar a la que rige en Francia desde 1977), los medios de comunicación sólo pueden publicar encuestas hasta cinco días antes de la votación.

La mencionada limitación no ha soslayado el problema de que, porque se piensa que las encuestas son por sí mismas herramientas de propaganda, son suceptibles de manipulación por los propios partidos —*maquillando* estudios propios sin garantía científica— o de descalificación si, hechos con solvencia por terceros, no les atribuyen los votos deseados. En suma, el ruido de aceptación o de protesta en torno a las encuestas preelectorales es parejo a lo que se dice popularmente del mercadillo: *Cada uno habla de la feria según le va.*

Desde mayo, con anterioridad a las elecciones andaluzas, se había entablado la lucha por las encuestas como elemento condicionante de la estrategia partidista. Los diferentes partidos decían tener estudios sociológicos que abultaban sus expectativas y desmentían las de sus adver-

---

Electorales, y pese a ser químico se ocupó de temas de televisión, siendo consejero del Ente Público de RTVE. Desde 1982 hasta 1993 fue el director del gabinete de la Presidencia del Gobierno, una avanzada guerrista cerca de Felipe González, pero al acceder a la vicepresidencia Narcís Serra fue relevado y recompensado con la presidencia de *Mercasa*.

sarios. A la campaña se llegó, pues, en octubre, con un *universo demoscópico* poco fiable en pronósticos concretos, bien que todos los estudios sin excepción daban ganador al PSOE[55].

Aunque los estudios sociológicos fueron adoptados tempranamente en España, es lo cierto que muy pocos medios de comunicación encargaban encuestas preelectorales en exclusiva como contenido informativo de alto valor para sus lectores. Únicamente el *Grupo 16* y el diario *El País* publicaron encuestas propias, y la de éste, dada a conocer el día 22 de octubre —último día hábil—, tuvo un alto grado de verosimilitud en comparación con los resultados reales de seis días después.

Encuesta de Sofemasa realizada para *El País* [56] y resultados reales

Partidos	Predicción		Voto real		Desviación
	Porcentaje	Escaños	Porcentaje	Escaños	%
PSOE	42,9	193-217	48,4	202	-5,5
AP-PDP	21,2	87-107	26,2	106	-5
UCD	5,7	7-12	7,1	12	-1,4
PCE	5,2	8-11	4,1	4	+1,1
CDS	3,5	4-5	2,9	2	+0,6
CiU	2,2	8-9	3,7	12	-1,5
PNV	1,5	8-10	1,9	8	-O,4
HB	1,0	4-5	1,0	2	
ERC	0,7	1	0,7	1	
EE	0,6	1	0,5	1	+0,1
Otros	2,5	1	3,5		-1
NS/NC	11,7				

Fuente: Anuario *El País* 1983 y elaboración propia.

La reacción de estupor provocada entre los partidos menos favorecidos, al día siguiente de publicarse esta encuesta, discurrió en torno a la descalificación. Santiago Carrillo decía, curándose de la derrota comunista, "... en las encuestas pre-electorales publicadas ayer por cierta prensa hay aspectos poco serios y errores groseros o manipulaciones..." Martín Villa atribuía a la bolsa de indecisos la falibilidad de la consulta: "Las encuestas oficiales que maneja el Gobierno dan hoy un 40 por ciento de indecisos, por lo que sospechamos que no dicen la verdad..." Adolfo Suárez todavía confiaba en la última semana de campaña: "El trabajo de campo se hizo a finales de la semana pasada, y nosotros hemos empezado a incidir seriamente en la campaña... esta misma semana...".

Contando con que todo proceso electivo es al propio tiempo un proceso ritual cuyo encanto depende de la sorpresa, factor del que se carecía en octubre de 1982 porque era ganador previsto el PSOE, la magia de la competición no existía. "El atractivo de las encues-

[55] *Comentario sociológico*, editado por la Confederación Española de Cajas de Ahorro, en su número 39-40 (pág. 477) reproduce el cuadro de encuestas preelectorales que se hicieron públicas en España desde mayo a octubre de 1982: once en total, una de ellas sólo referida a Zaragoza, y en todas ellas el PSOE era el favorito con gran distancia sobre los demás partidos.

[56] La encuesta de Sofemasa fue efectuada sobre una muestra de 18.225 entrevistas realizadas entre el 16 y el 19 de octubre para todo el territorio nacional, incluyendo en la ficha técnica las claves que ordena la ley sobre este tipo de trabajos. La campaña demoledora de descrédito que provocó esta encuesta prelectoral en torno a la firma que la efectuó, sobre acusaciones de manipulación, se tiñó en injusticia cuando los resultados, en términos generales, rati-

tas preelectorales para el gran público y el mundo del periodismo en general —dice Juan Ignacio Rospir[57]— radica en lo que tiene de ruptura o de alteración de todo un proceso político cargado de ritos, de formalismo y de supersticiones... como es el de las elecciones". En efecto, el interés se cifró sobre el conjunto del mapa político resultante de las elecciones y, muy particularmente, en las posiciones que como competidores sobre el mismo electorado iban a ocupar UCD y AP-PDP.

Por lo demás, fiar en las encuestas influencia sobre la masa es concederle al tema mayor relevancia del que tiene, máxime cuando no existen estudios concluyentes al respecto. Quizás donde mayor influencia desarrollan es en los cuarteles generales de los partidos, impulsando o cercenando el espíritu de lucha.

Resultados electorales: arrasó el PSOE y se hundió UCD

En la noche del 28 de octubre el triunfo del PSOE no sorprendió en sí, sino en su abrumadora cuantía, del mismo modo que el fracaso de UCD, también anunciado, no constituyó novedad salvo que suponía el certificado de su destrucción. La holgada mayoría absoluta conseguida por los socialistas, por su moderada oferta de centro, socavó y aplazó el proyecto de *mayoría natural* que Fraga quería articular en sustitución de UCD.

La llave de las urnas residía en el centrismo y, ahora en manos de los legatarios de Pablo Iglesias, la coalición AP-PDP se transformaba en la *minoría natural* de un partido de oposición. El retroceso del Partido Comunista, por otra parte, confirmaba del mismo modo el raquitismo ideológico de los extremos.

Un nuevo mapa político había sido configurado por el pueblo español sobre la base de una bipolaridad descompensada para un período insospechado, que demostraba, por añadidura, que la transición había funcionado al ser posible el proceso normal de alternancia. La idea de cambio que dio el triunfo a los socialistas no era un producto genuino creado por ellos, sino el resultado —el aprovechamiento oportuno— de los materiales aportados principalmente por el centro-derecha para la normalización democrática. El modelo de convivir en una atmósfera de tolerancia, en la latitud del centro, no se había agotado, aunque sí la credibilidad de sus primeros artífices.

La jornada electoral discurrió tranquila con una abundante y revitalizada participación, casi el 80 por ciento, como en 1977, pese a las endémicas anomalías del censo electoral. Con independencia de los momentos rituales de todo comicio, la nota histórica más destacada fue el fallo que se produjo en el sistema informático preparado por el ministerio del Interior, que hasta la madrugada del día 29 dejó ayunos a los españoles de datos oficiales, provocando no pequeña ansiedad y tensión en el centro informativo que se había montado en el Palacio de Congresos y Exposiciones de Madrid. La estimación de resultados prevista por un muestreo de mesas seleccionadas, también a cargo del citado departamento, fue retenida inconvenientemente por lo adverso del pronóstico que se hacía de UCD, y por esta razón la voz informante de autoridad la proporcionó el mismo

---

ficaron la predicción: porque las urnas confirmaron el pronóstico plenamente en 34 provincias y muy aproximado en las restantes. Ginés Garrido, director de estudios de opinión de Sofemasa, reinvidicaría dos días después de las leecciones (*El País,* 30-10-82) el buen nombre y trabajo profesional desarrollado por dicho instituto demoscópico ante los desmedidos ataques a que fue sometido.

[57] *Las elecciones del cambio* (Editorial Argos Vergara, 1984, libro colectivo dirigido por Alejandro Muñoz Alonso), pág. 153.

PSOE, que a través de su vicesecretario general, Alfonso Guerra, anunció a medianoche a los españoles la buena nueva para su partido sobre una encuesta de las 50 primeras papeletas escrutadas en 1.700 mesas seleccionadas. Una vez más, las malas noticias —para el partido del Gobierno— fueron tardías, como aladas eran las del triunfo. En la calle madrileña de Arlabán, en la sede central de UCD, nadie pechaba con la derrota y entre tanta orfandad sólo Martín Villa, uno de los pocos diputados electos, anunció a los medios el reconocimiento de la victoria socialista.

El ridículo gubernamental, sin embargo, se puso de relieve a las 3,23 horas del día 29 de octubre en la comparecencia del titular de Interior, Juan José Rosón, para pedir disculpas por el retraso en la difusión de los datos oficiales y aportar los resultados confirmatorios adelantados por la fuente socialista. La cascada subsiguiente de cifras a través de los monitores informáticos, distrito a distrito, fue acogida sin interés por la legión de informadores que había esperado pacientemente en el centro de datos. El punto noticioso se había trasladado al hotel Palace, donde el PSOE anunció la victoria fundada en su propio y certero escrutinio, a reserva de la atribución de algunos escaños en las grandes ciudades (Madrid, Barcelona, Valencia, etc.) donde la proporcionalidad es más ajustada, al tiempo que vacilante, hasta completarse el recuento.

De un censo de 26.853.909 electores emitieron su voto 21.427.236 (el 79,79 por ciento), de los cuales no computaron —por ser papeletas en blanco o nulas— 520.455 votos (2,41 por ciento). La abstención fue del 20,20 por ciento, es decir, no acudieron a las urnas 5.426.673 ciudadanos, cifra de las más bajas de la historia democrática española.

CONGRESO DE LOS DIPUTADOS

Partido/Coalición	Votos	Porcentaje	Diputados	Votos/diputado
PSOE-PSC	10.127.092	47,26	202	50.134
AlP (1)	5.548.335	25,89	107	51.853
UCD	1.323.339	6,17	11	120.303
CiU	772.728	3,60	12	64.394
PCE	688.249	3,21	3	229.416
CDS	604.172	2,81	2	302.086
PNV	395.656	1,84	8	49.457
HB	210.601	0,98	2	105.300
PSUC	158.553	0,73	1	158.553
ERC	138.116	0,64	1	138.116
EE	100.326	0,46	1	100.326

1.- AP iba en coalición para todo el territorio nacional con el Partido Demócrata Popular; con UCD en el País Vasco; con UPN en Navarra; con el PAR en Aragón, y con UV en el País Valenciano. Fuente: Junta Electoral Central y elaboración propia.

SENADO

Partido/Coalición	Escaños
Partido Socialista Obrero Español	134
Coalición Popular (AP-PDP-UL)	54
Unión de Centro Democrático	4
Convergencia i Unió	7
Partido Nacionalista Vasco	7
Asamblea Majorera	1
Independiente (por Soria)	1

Relación, por provincias, de los Diputados y Senadores electos por Coalición Popular:

Provincia	Diputados	Senadores
Álava	Marcelino Oreja Aguirre	
Albacete	Juan Molina Cabrera	José Alarcón Molina
Alicante	Juan A. Montesinos García	José Cremades Mellado
	Vicente Ramos Pérez	
	Ángel Castroviejo Calvo	
Almería	Francisco Soler Valero	María Sol Pizarro Sánchez
Asturias	Juan L. de la Vallina Velarde	Francisco Álvarez Cascos
	José Arturo Corte Mier	
	Luis Vega Escandón	
Ávila	José María Aznar López	Rafael Márquez Cano
	Luis Pérez Pérez	
Badajoz	Luis Ramallo García	Eduardo Baselga García
	Antonio Uribarri Murillo	
Baleares	Abel Matutes Juan	Joaquín Rivas Reyna
	José Cañellas Font	Enrique Ramón Fajarnes
	Ricardo Squella Martorell	
Barcelona	Miguel A. Planas Segurado	
	Eduardo Tarragona Corbellá	
	José R. Lasuén Sancho	
	José Donadeu Cadalfalch	
	José Segura Sanfeliú	
Burgos	César Huidobro Díez	José M. Álvarez de Eulate
	César de Miguel López	Vicente Mateos Otero
	Agustín Sierra Herrera	
Cáceres	Álvaro Simón Gutiérrez	Antonio Vega del Arco
Cantabria	Mateo J. Rodríguez Gómez	Ambrosio Calzada Hernández
	Félix de la Fuente Boada	
Castellón	Gabriel Elorriaga Fernández	José María Escuín Monfort
	Enrique Beltrán Sanz	
Ciudad Real	Juan A. del Rey Castellanos	Juan Luis Aguilera Bermúdez
	Manuel Díaz Pinés	
Córdoba	Manuel Renedo Omaechevarría	José M. Montero Pérez
	Joaquín Fayos Díaz	
La Coruña	M.ª Victoria Fernández España	Antonio Castro García
	José Manuel Romay Beccaría	
	José A. Trillo López Mancisidor	
	Emilio Durán Corsanego	
Cuenca	Pablo Paños Martí	Eulogio Agudo Calleja
	José M. Chacón Novel	
Gerona	Juan Botanch Dausá	
Granada	Guilermo Kirkpatrick Mendaro	J. Gabriel Díaz Berbel
	José Torres Hurtado	
Guadalajara	Manuel Cantarero del Castillo	Antonio Zahonero Celada
Guipúzcoa		
Huelva	José Ignacio Fuentes López	Enrique Nárdiz Vial

Huesca	Joaquín Sisó Cruellas	Rodolfo Ainsa Escart
Jaén	Gabriel Camuñas Solís	José Bautista de la Torre
	Ramón Villegas Villar	
León	José María Suárez González	José Calderón Llamas
	Santos Cascallana Canóniga	
Lérida	José Ignacio Lloréns Torres	
Lugo	Antonio Carro Martínez	Francisco Cacharro Pardo
	Antonio Pol González	Julio Ulloa Vence
	Aniceto Codesal Lozano	Fernando Pardo Gómez
Madrid	Manuel Fraga Iribarne	Juan Arespacochaga Felipe
	Fernando Suárez González	
	Alfonso Osorio García	
	José Luis Álvarez Álvarez	
	Miguel Herrero R. de Miñón	
	Óscar Alzaga Villaamil	
	Pedro Schwartz Girón	
	Javier González-Estéfani Aguilera	
	Carlos Ruiz Soto	
	José L. Ruiz Navarro Jimeno	
	Carmen Llorca Villaplana	
Málaga	Antonio Navarro Velasco	Joaquín Jiménez Hidalgo
	Pedro J. Rico Jiménez	
Murcia	Juan Ramón Calero Rodríguez	Félix López Hueso
	J. Joaquín Peñarrubia Agius	
	José Antonio Guerrero Guerrero	
Navarra	José Aizpún Tuero	Alfonso Añón Lizaldre
	Ignacio Javier Gómara Granada	
Orense	Jaime Tejada Lorenzo	Julio Gurriarán Canalejos
	Neftalí Prieto García	Eduardo Olano Guarriarán
	Igmacio Martín Amaro	
Palencia	José Enrique Martínez del Río	Juan C. Guerra Zunzunegui
Las Palmas	Manuel Fernández-Escandón	
	Paulino Montesdeoca Sánchez	
Pontevedra	Antonio Pillado Montero	Cástor Alonso Bar
	Fernando Garrido Valenzuela	Manuel Julio Reigada Montoto
	Manuel Costas Alonso	José A. Rueda Crespo
La Rioja	Álvaro Lapuerta Quintero	José Arrieta San Miguel
	Isaías Monforte Hierro	
Salamanca	Pablo Beltrán de Heredia	Marcial Martín Martín
S. C. de Tenerife	Rafael Clavijo García	Andrés Miranda Hernández
	Arturo Escuder Croft	
Segovia	Modesto Fraile Poujade	José M. Herrero González
	Carlos A. Gila González	Andrés Reguera Guajardo
	Pedro A. Hernández Escorial	
Soria	Anastasio Fernández Modrego	José M. García Royo
Tarragona	Juan Manuel Fabra Vallés	
Teruel	Felipe Benítez Berrueco	Miguel Márquez López
Toledo	Arturo García Tizón	Manuel Romero Martínez
	José Javier Pérez Olivares	

Valencia	Manuel Giner Miralles	Juan C. Pérez Cobos
	Miguel Ramón Izquierdo	
	Carlos Manglano de Mas	
	Manuel Guillent Nicola	
Valladolid	Santiago López González	Jesús Cueto Sesmero
	Alejandro Royo Villanova	
Vizcaya	Julen Guimón Ugartechea	
Zamora	José María Ruiz Gallardón	Carlos Pinilla Touriño
Zaragoza	Hipólito Gómez de las Roces	Juan A. Bolea Foradada
	Manuel García Amigo	
	Isaías Zarazaga Burillo	
Ceuta		
Melilla		

Análisis del cambio: bipolaridad moderada

Que las elecciones generales de 1982 se pelearon en el centro político en un clima de bipolaridad moderada lo indican muchos factores, empezando por haber sido percibidas por el electorado como una votación *crítica* o *excepcional*[58].

La participación masiva —próxima al 80 por ciento del censo— ya es indicativa del grado de compromiso o de conciencia de su importancia de revalidar el sistema democrático, y así lo puso en evidencia el electorado (tres millones más de votantes que en 1979 después de la revisión técnica del censo). Es verdad, por otra parte, que la abstención no deslegitima la democracia, pero en España la cadencia abstencionista que se venía registrando en los procesos electorales algo tenía que ver con el desencanto.

La movilización electoral, quizás plebiscitaria para el PSOE, tuvo también carácter de reconocimiento y premió al partido de Fraga, aunque no faltan quienes atribuyan su crecimiento a que fue un *refugio* o el *muro de contención* de la izquierda arrolladora (quienes votan tapándose la nariz). Como fuere, en estas elecciones se vió la falta de fidelidad o de identificación —la volatilidad del sufragio— de los electores con sus partidos o, lo que es lo mismo, que un gran segmento de la población vasculaba en torno a la moderación dando su confianza a un partido u otro según las circunstancias. Y el contexto histórico era entonces el de confiar como alternativa de gobierno en AP *constitucionalizada*, en fase de sustituir a un partido de gobierno que, dada su configuración mosaica, estaba desgastado por luchas internas de poder y carente de un discurso unitario.

La controversia de competir por el centro, ya *centro-izquierda* ya *centro-derecha*, permanecía vigente en formas y talantes, pero en esencia a las opciones centristas puras (incluido el *centro-centro* de Suárez) sólo un 10 por ciento largo del electorado se abrazó fielmente a UCD y al CDS, por resistencia a sumarse a la derecha que representaba

---

[58] El politólogo Mario Caciagli (*Reis*, número 28, octubre-diciembre de 1984) la calificó como *cataclismo electoral* en cuanto definición del fenómeno extraordinario según el cual se produjo el crecimiento tumultuoso de algunos Partidos (PSOE y AP) y la caída vertiginosa de otros (UCD, PCE y PSA).

Fraga[59]. La parquedad de estos resultados —su traducción en escaños— dificultaba la posibilidad de ejercer de bisagra máxime con un ganador que poseía la mayoría absoluta, razón que despojaba de utilidad futura a estos intencionales árbitros.

Las cifras de las elecciones del 82, en cierto modo legendarias, despejaron muchas incógnitas por medio de una lección difícil de olvidar para el centro-derecha. Primeramente, la resistencia de UCD a militar en un frente electoral con AP, al que alentaban los *poderes fácticos*, perjudicó al conjunto pero penalizó, con extrema dureza, a los centristas de cuño reacios a la alianza. De tal modo que fueron expulsados de la política un pelotón de políticos experimentados, desde entonces con escasas posibilidades de rehabilitación.

Las posiciones extremas *antisistema* fueron repudiadas por el electorado, ya del flanco izquierdo como del derecho; los unos, grupos extraparlamentarios con un pie en la utopía y con el otro en el pintoresquismo, y Fuerza Nueva y Solidaridad Nacional, sin predicamento alguno, no encontraron respaldo digno de señalar estadísticamente[60].

Con todo, el flanco izquierdo estaba más clareado hasta permitir la concentración del voto en el PSOE, el *voto útil,* tanto más cuanto que el PCE estaba muy debilitado por las crisis internas y, con respecto al ámbito andaluz, el PSA carecía de credibilidad después del alto precio pagado en la autonómicas andaluzas por su apoyo a UCD.

El PSOE, por lo tanto, casi había duplicado sus votos de 1979 y en voto popular rozaba la mayoría absoluta, claramente conseguida ésta en la distribución de escaños. Pasó de 121 escaños a 202 en el Congreso, y en el Senado aseguró también la mayoría absoluta con 134 escaños. La coalición AP-PDP quintuplicó sus resultados de 1979 al conseguir cinco millones y medio de votos, ampliando su representación de 9 a 105 escaños en el Congreso, y en el Senado de 3 a 54 escaños. En opinión del politólogo Mario Caciagli, "el botín de AP, que se ha convertido en la mayor fuerza de la oposición de forma un tanto inesperada, ha sido probablemente la novedad más importante de estas elecciones". Y es así, porque en términos absolutos el PSOE había incrementado sus votos en un 17,9 por ciento respecto de las legislativas de 1979, mientras que AP había aumentado un 20 por ciento.

En el nuevo mapa político se configuraba una penetración socialista en todo el territorio, pues el PSOE contaba con escaños en todas las provincias (siendo hegemónica en 42); AP-PDP era primera en siete (Lugo, Orense, Pontevedra, Ávila, Burgos, Segovia y Soria) y había conseguido escaños en todas las provincias menos en Ceuta, Melilla y Guipuzcoa; el PNV era la primera en dos (Guipúzcoa y Vizcaya) y CiU en una (Gerona).

Acerca de la estructuración del voto, pese al aglutinador acopio del PSOE, puede deducirse que España seguía bipolarizada y que se acentuaba el bipartidismo —siempre imperfecto por la existencia de los nacionalismos—, existiendo una franja o segmento del electorado que

---

[59] El paso del tiempo demostraría que el centrismo como entidad política sustancial, al margen de ser una mera litúrgia estratrégica, no tenía enjundia como quedó demostrado por el persistente fracaso de Centro Democrático y Social, de un lado, y el Partido Reformista Democrático (el de la *Operación Roca*), años después, del otro.

[60] La coalición Fuerza Nueva-Unidad Nacional obtuvo 108.899 votos y perdió el único diputado que tenía, Blas Piñar, pasando del 2,1 al 0,5 por ciento. La lista de Antonio Tejero por Solidaridad Nacional consiguió poco más de 25.000 sufragios.

se inclinaba hacia uno u otro lado, en las latitudes de la moderación y tolerancia. La pérdida de votos de UCD fue absorbida en gran medida por AP-PDP (en tres millones largos), pero también el PSOE acogió cerca de un millón de antiguos votantes centristas. Rigidez en el intercambio entre la derecha y la izquierda, sólo alterable en circunstancias excepcionales y que pivota sobre dos millones de ciudadanos, esa suerte de indecisos que descubren las encuestas y destinatarios principales de las campañas electorales.

Las preguntas que estaban pendientes al día siguiente de las elecciones, partiendo del hecho de que el centro-derecha habría optimizado sus resultados caso de agruparse, eran: ¿Cabe articular el voto no socialista en un mismo encuadramiento ideológico con capacidad de gobernar, existiendo partidos nacionalitas afines al formato liberal conservador?, y ¿la batalla, la competividad por el centro, es la clave para ganar elecciones en España?

Mario Caciagli, que alimentaba dudas, como muchos otros comentaristas de la política española, sobre la capacidad de AP de integrarse en la democracia competitiva a la derecha, subraya en el trabajo mencionado que "el principal problema español se configura, una vez más, en la formación de un bloque electoral y social que sea conservador y democrático al mismo tiempo. Esto al nivel de sociedad civil".

Legitimación monárquica en la izquierda

De las muchas consecuencias extraídas del abrumador triunfo socialista en las elecciones de octubre de 1982, una es coincidente en los estudiosos de nuestro sistema democrático: la posible alternancia en el poder normalizaba la democracia. Ciertamente se iba a producir la crisis del relevo, el desalojo del poder del partido que condujo la transición para ser ocupado, en su lugar, por un partido de izquierdas que no gobernaba desde 1936. En puridad, la transición política culminaba al ser posible esa transmisión de poderes en paz, con la aceptación de su derrota de la derecha.

La alternancia que se producía, en consecuencia, vigorizaba las reglas del juego democrático y, más que eso, disolvía los recelos en la izquierda respecto de la Corona. Porque, ciertamente, la transición política en su recorrido hasta ese momento obedecía al pacto activo del Rey Don Juan Carlos con la derecha reformista, por más que don Santiago Carrillo, por el Partido Comunista y don Felipe González por el PSOE aceptasen el modelo político consensuado en la Constitución de 1978 a fin de no fracturar, una vez más y con traumática hostilidad, a la sociedad española. De ello fue prueba antecedente, por lo demás, los Pactos de la Moncloa.

Hasta la aprobación de la Constitución, pues, la izquierda era republicana y, por ende, antimonárquica. La norma suprema consagraba una monarquía parlamentaria y evitaba, con textos muchas veces ambigüos —un monumento a la ambigüedad—, los escollos históricos que dificultó la convivencia (definición del régimen, papel de las Fuerzas Armadas, relaciones Iglesia-Estado, reconocimiento de las nacionalidades históricas, derechos individuales, división de poderes, etc.). Pues bien, hasta octubre de 1982 la Corona, que había pactado con la derecha para *salir del franquismo,* no se dejó enajenar y aceptó muchas de las reivindicaciones de la izquierda, de manera que es entonces cuando el Rey de hecho aparecía como el *Rey de todos los españoles,* tal como dijera en el mensaje inaugural de la Restauración de 1976.

Concluir, en consecuencia, que con las elecciones de 1982 la izquierda legitimó la monarquía —incluso admitiendo por buena la expresión *república coronada*— es la consecuencia lógica y objetiva o, si se quiere, fue el proceso que consumó el pacto histórico entre la izquierda y la Corona.

Miscelánea electoral

Sandro Pertini, Presidente de la República de Italia, vino a Madrid a presenciar el triunfo de la *escuadra azzurra* frente a la selección alemana en la final de la Copa del Mundo de Fútbol, invitado por su Majestad el Rey. En el descanso de aquel memorable encuentro, jugado el 11 de julio de 1982 en el estadio Santiago Bernabeu, el simpático anciano italiano conversó con el Presidente del Gobierno, Leopoldo Calvo-Sotelo, y se interesó por la situación política española.

Los mentideros políticos, días después, comentaron que se había producido un diálogo en parecidos términos:

Pertini.— Se asegura que piensa disolver el Parlamento y convocar elecciones legislativas. ¿Es verdad?
Calvo-Sotelo.— Así es. No tengo más remedio ante los debates de los Presupuestos del Estado..., a la vista de los abandonos de diputados del partido del Gobierno.
Pertini.— ¿Eso indica que su partido tiene posibilidades de ganar las elecciones?
Calvo-Sotelo.— Prácticamente ninguna.
Pertini.— Entonces, ¿por qué ha convocado elecciones?

En la lógica política, máxime en el sistema español en que la llave de la disolución de las Cámaras la tiene el Presidente del Gobierno, las elecciones se convocan para ser ganadas. Para perder siempre hay tiempo. La pregunta de Pertini se inscribía en la teoría correcta, de puro sentido común, pero en realidad Calvo-Sotelo se apresuraba para perder menos. Retrasar la convocatoria hubiese supuesto conseguir la desintregación absoluta de UCD.

La derrota de UCD en las elecciones autonómicas andaluzas avivó el apetito de Fraga,

Ya es un clásico electoral la pegada de carteles el día que comienza la campaña y por tal motivo incluso el Presidente del Gobierno, como se aprecia en estas fotografías de la campaña de octubre de 1982, cubo de pagamento en mano, de traje y con bufanda, se dirige al mural ante la sonrisa cómplice de su esposa, Pilar Ibáñez. A continuación, junto a Juan José Rosón, efectúan la pegada inaugural de UCD.

desde Alianza Popular, de implicar en el proyecto de la *gran derecha* a la nómina activa de políticos próximos. Su preocupación era por entonces obstinación ante el enemigo socialista creciente, y quienes admitían de principio la formación del nuevo convoy electoral ponían reparos a la locomotora, al mismo Fraga. A veces, las reservas y cautelas provenían de los más amigos —quizás los que mejor le conocían—, como Pío Cabanillas: "Yo pienso que no ha habido en España un partido político que haya consumido más cantidad de material humano que AP... Lo que quiero decir es que la figura de Fraga no se identifica necesariamente con la mercancía que transporta, sino con una gran capacidad biológica de persistencia en política. Fraga es independiente de los trenes que él arrastra como locomotora...[61]".

A pesar de ese temor que suscitaba Fraga, éste no cejó en hacer cartel para una nueva coalición durante el verano. Precisamente cuando viajaba en agosto por el interior de Galicia le sorprendió una llamada desde la desierta sede de AP en Madrid. La Presidencia del Gobierno llamó al despacho y uno de los hombres de Seguridad del partido aliancista, Pereira, recogió el recado de que el presidente del Gobierno deseaba hablar urgentemente con Fraga. Alertado de ello el secretario de Verstrynge, Ricardo Fernández[62], a quien Calvo-Sotelo le comunicó su intención, desde la sede aliancista dejó mensajes en todos los pueblos del recorrido de Fraga por Orense para que llamase a Madrid. Al fin, el ilocalizable comunicó con el joven empleado aliancista desde Cenlle, pueblo de Gómez Franqueira.

—Pero... ¿qué pasa que me deja repetidos recados en todos los pueblos?— preguntó el villalbés con su habitual tono destemplado.

—El Presidente del Gobierno está interesado en hablar urgentemente con usted y... — replicó entrecortado Ricardo Fernández.

—Y para eso tanta urgencia y esa persecución telefónica— atajó inteperante el villalbés.

—Sí, don Manuel, verá... Es que me ha dicho Calvo-Sotelo que va a convocar elecciones generales para octubre y que quería informarle de ello.

—Eso es otra cosa, mi querido amigo. Debería haber empezado por ahí.

Por la noche, Fraga contactó telefónicamente con el joven empleado aliancista para pedirle que al lunes siguiente todo el mundo estuviese en el partido. La convocatoria, en plenas vacaciones, era imposible, por eso Ricardo Fernández hizo algunas llamadas y confió en que las declaraciones de Fernando Suárez, que había acudido a la sede para dar respuesta a los medios de comunicación, surtiese el efecto equivalente. En realidad, el lunes no faltaba nadie.

El lunes, reintegrada la clase política a los cuarteles generales de los partidos, el villalbés intentó una vez más llegar a un acuerdo con UCD. Aunque Landelino Lavilla excluía el entendimiento, el Comité Ejecutivo de AP, reunido el miércoles 1 de septiembre, confirió a Fraga manos libres para ultimar un acuerdo con UCD y demás fuerzas políticas afines.

La reunión que Fraga provocó a la desesperada en el palacio de la Moncloa, tres días antes que finalizara el plazo de presentación de coaliciones en la Junta Electoral Central, era el último cartucho disponible ante el avance socialista[63]. Junto a Calvo-Sotelo estaban Landelino Lavilla,

---

[61] *Interviú*, 2-8 junio de 1982.
[62] Testimonio de Ricardo Fernández al autor.
[63] Testimonio de Ignacio Wert confirmando el relato del libro *De Fraga a Fraga. Crónica secreta de Alianza Popular*, de Carlos Dávila/Luis Herrero, Editorial Plaza y Janés, 1989, pág. 28.

Ortega y Díaz Ambrona y los sociólogos electorales José Ignacio Wert, asesor de Presidencia del Gobierno, y Rafael López Pintor, director del Centro de Investigaciones Sociológicas.

Ante todos el líder aliancista vertió sus admoniciones de ir juntos a las elecciones o, de lo contrario, el desastre. Fraga reiteró su oferta de coalición al *fifty-fifty* y que Lavilla encabezase la lista de Barcelona y él la de Madrid. Los sociólogos explicaron la atribución de escaños según la última encuesta del CIS sobre una muestra de 2.500 entrevistas: PSOE, unos 195 escaños; AP, entre 75 y 95; UCD, de 10 a 18, y CDS, 4. El villalbés preguntó después cuántos se obtendrían en coalición, a lo que López Pintor contestó que del orden de 130 a 140 escaños, lo cual rebajaría a su vez el resultado socialista. Los líderes centristas quedaron en darle la respuesta a Fraga por la tarde en la idea, según algunos de los presentes, de que Calvo-Sotelo apoyaría la coalición. Ciertamente, horas después del encuentro, por teléfono, Fraga supo que no habría pacto y que la excusa se fundaba en impedir que el CDS de Adolfo Suárez aumentara sus expectativas apropiándose del centro político.

Realmente la resistencia a la coalición no procedía de los órganos del partido centrista, en el que hombres como Martín Villa, Lamo de Espinosa y Arias Salgado preveían la catástrofe desde meses antes de la disolución del Parlamento. Pero la inclinación de éstos hacia el acuerdo de coalición parcamente reducía el complejo de aliarse con la derecha cuando, en verdad, las respectivas victorias de UCD en 1977 y 1979 provinieron por los votos de derecha. Cundía la opinión errónea, basada en la incredulidad de las encuestas, de que esta vez sería posible un gobierno UCD-PSOE si éstos no alcanzaban la mayoría absoluta y de este modo continuarían en el poder. Así parece sugerirlo Martín Villa en sus memorias cuando expresa: "Pienso que algunas de las conversaciones que tuvieron lugar en aquel verano de 1982 animaron a determinados centristas, incluso a algún miembro del Gobierno, a imaginarse componentes, asimismo, de un gobierno presidido por Felipe González"[64].

Nada más regresar de vacaciones a Madrid, Fraga se dejó sentir en la CEOE y en los bancos: era su calvario particular con el gólgota de las listas. A veces, como en esta convocatoria, las dos cosas iban juntas, de suerte que la patronal empresarial sugirió —o impuso— el nombre de varios candidatos en el desayuno que celebró con Ferrer Salat, Cuevas y Segurado, a quienes explicó su empeño en convencer a Calvo-Sotelo de ir juntos. El mal trago de la visita a los banqueros no fue tan amargo, porque se había sindicado el crédito a los partidos y, desde el Banco Popular de los hermanos Vals Taberner, se conocían las posiblidades de unos y otros. El caño financiero quedó abierto.

Preocupado y atento personalmente a la lista de Madrid, que encabezaría él, para el resto de los distritos Fraga delegó su materialización, aparte que desde antes de las vacaciones existía en AP una predeterminación de nombres.. Pero es que en Madrid querían estar todos y todos discutían el número de orden. José María Ruiz Gallardón, por ejemplo, fue enviado a encabezar Zamora entre lágrimas, porque José Luis Álvarez a última hora se había *transfugado* abandonando el Gobierno[65]. Jorge Verstrynge, que previó la concentración de nombres en

---

[64] *Al servicio del Estado*, pág. 102.

[65] Refiere Eugenio Pordomingo (*Fraga, a la búsqueda del poder*, pág. 350) que la mediación para ser incluido en la lista de Madrid José Luis Álvarez, Ministro de Agricultura, la efectuó Carlos Robles Piquer si se le garantizaba al concernido el puesto tercero —que luego fue el cuarto—, y que la noticia le fue comunicada a Fraga entretanto cenaba con Alfonso Osorio y otros.

Madrid, se quitó de en medio y se fue a Sevilla. Los jóvenes dirigentes, todos, se acomodaron en provincias. Rodrigo Rato, con el ex ucedero Díez Piniés en Ciudad Real, no cabía que repitiese y fue *lanzado* a Cádiz: *¿Pero qué se me ha perdido en Cádiz?*, le preguntó a Fraga. *!Usted verá, mi querido amigo, pero no espere que le ponga una* garsonier !, le contestó el villalbés. El joven José María Aznar tuvo dificultades para encajar en varias listas; en la Rioja se oponía Álvaro Lapuerta; en Soria también se resistían los de allí, y, al fin, fue colocado de primero en Ávila con la entusiasta intercesión de María Antonia Ayala, secretaria de Fraga, pese a que era una provincia en la que tenía puestas sus expectativas —no muy conforme Fraga— el responsable de Formación, Alejandro Martín Carrero.

Dejando a un lado la crisis de las listas con el PDP, de todas las peleas la más sonada fue la de Luis Ramallo. Fraga, una vez cerrada la lista de Madrid, se apartó y dejó hacer al Comité Electoral Nacional con unas instrucciones precisas en algunos casos—orales o manuscritas— y someras en otros. El ex senador de UCD no quería ser diputado cunero y si no iba por Badajoz, su tierra, no quería ir por ningún sitio (se le propuso figurar en la lista de Cádiz, en vez de Rodrigo Rato). De cumplirse su deseo, Manuel Gasset, miembro del Comité Electoral, habría de ser desplazado (en Lugo, otra provincia donde tenía raigambre todo estaba cerrado). Verstrynge y Ángel apoyaban a Ramallo, pero conocían la amistad de Fraga con el sobrino del filósofo krausista y la oposición de Fernando Suárez al pacense, que fuera alumno del colegio mayor Diego Covarrubias y, por lo tanto, pupilo cuando Suárez fue su director. Una tarde, reunidos Gasset y Ramallo en el despacho, se armó casi una pelea medieval al tratar de la candidatura, y en un arrebato dialéctico Ramallo dijo al dueño de la finca *Campomanes*, de Miajadas: "Tú eres como los estorninos, vas a Extremadura a llevarte las aceitunas de la gente; tú eres un explotador, un cacique". Ante tan desaforado ataque, Gasset abandonó, colérico, la reunión. Y Ramallo, y Carabias se fueron al hotel Palace, donde se hospedaba el extremeño, y allí tomaron una copa de apaciguamiento en la confianza de que Fraga adoptase la decisión última, que fue de apoyo a Ramallo. En Badajoz, sin embargo, días después Fraga tuvo que templar gaitas ante las bases aliancistas sublevadas, como también calmó a Gasset que por este motivo dimitió del Comité Electoral.

Las relaciones con el PDP se inscribían en el área de la personal decisión de Fraga, en una ventanilla abierta al tiempo que otras. La marcha de los pactos, autorizado que estaba para concertarlos por la Junta Directiva Nacional, se proyectaban en *órdenes* escuetas que, después de todo, formaban un conjunto a veces difuso. Las listas participadas del PDP en las provincias, con órganos colegiados aliancistas nada proclives a dar abrazos a quienes antes fueron enconados adversarios, suscitaron muchos problemas. Allí donde intervino directamente la autoridad del presidente nacional, persuadiendo o dando voces, se logró la inserción de candidatos democristianos aunque a regañadientes. Pero en otros distritos, y más que en ninguno en los de Galicia, la rebeldía tuvo efectos. Cuenta Antonio Gestoso, secretario entonces del Área de Territorial, que la exclusión de José Manuel Otero Novás por Pontevedra —estando desaparecido Fraga de su despacho— fue urdida deliberadamente por José Luis Barreiros y sus muchachos y que era conocida en Madrid. Mientras el Comité Electoral Nacional cerraba listas en la calle Silva, desconectados los teléfonos para no ser perturbados, en una pizarra ya se había escrito: José Manuel Otero *No-Vas* (en la lista). Y es que siendo mandatarios de los órganos nacionales los gerentes provinciales —uno por provincia— resultaba fácil presentar una lista distinta, en el último momento, ante la Junta Electoral Provincial. Después, consumado el cambiazo, las reclamaciones al maestro armero.

En todos los partidos las escaramuzas en torno a la confección de las listas ofrecen la visión más turbia de la condición humana. Ante las elecciones de octubre, en el PSOE también se ventilaron cuitas injustificadas. Por ejemplo, Gómez Llorente, acreditado orador parlamentario y socialista en esencia, se separó y no quiso defender sus siglas por Asturias en un mutis inexplicado[66]. En UCD, igualmente, la guadaña segó muchas posibilidades y otros, sin ánimo de arriesgar a no salir electos, prefirieron quedarse en casa. Es bastante ilustrativo lo que cuenta Calvo-Sotelo acerca de las defensa de puestos en las listas —como en los blocaos de la guerra de África—, y lo refiere con sarcástica prosa:

> "Coincidí con Rodolfo (Martín Villa) en la última aventura de listas: las de 1982. Él y yo formábamos con Landelino, Presidente de UCD, una breve comisión electoral. En aquella tristísima mesa volvieron a lucir la tenacidad de Rodolfo, verdaderamente 'inasequible al desaliento', y una de sus grandes virtudes cordiales: la defensa a ultranza de los amigos políticos. En el conflictivo caso de Extremadura sostuvo tercamente a Sánchez de León: yo apoyaba la candidatura de Oliart, Ministro en mi Gobierno. Cuando la diestra de Landelino dejó el gesto de distinguir por el de mandar y me dio la razón, Rodolfo tuvo un pronto vengativo y me quiso sacar de la lista de Madrid para poner en mi pobre número dos a Rosón. Landelino resolvió otra vez contra Rodolfo y me sostuvo como segundo, con Rosón como tercero; la pelea era inútil: ni Rosón ni yo saldríamos. Rodolfo, sí. La provincia de León le guardaba una fidelidad que sólo más tarde le disputaría con ventaja José María Aznar; desde entonces se refugia en la lista de Madrid".

Lo singular de esa lealtad metálica a la amistad —lo añade Calvo-Sotelo en una nota al pie de página— es que Martín Villa su fue al notario para declarar que sólo aceptaría el acta de diputado si salía elegido por León en el caso que, a tal fin, le diese la venia Sánchez de León. Consentimiento que obtuvo según los documentos que obran en poder de Calvo-Sotelo. Importa decir, por lo demás, que Sánchez de León formó un partido aparte (Extremadura Unida) y que no salió elegido; hecho que podría haber exonerado del compromiso a Martín Villa, pero no fue así.

Precedido de los éxitos electorales en Galicia y Andalucía, Luis Ortiz escaló la confianza de Fraga para dirigir la campaña de las legislativas. No era fácil el encargo, no ya por lo ambicioso de la empresa, sino porque el *olor* a poder e influencia había destapado ambiciones aledañas. Entre Ortiz y Verstrynge —la *familia gallega* y el *aparato madrileño*— creció la competencia consentida por Fraga porque a ambos debilitaba. Frente a Ortiz el secretario general contaba con el equipo económico de Ángel, y aquél tenía de su lado a Antonio Gestoso, responsable de Territorial; pero la cuerda se rompió por la denuncia —formulada por Javier Carabias— de irregularidades económicas del andaluz orensano. Según distintos testimonios, a Ortiz, que era propietario de unas industrias de azucarillos y de carne, se le acusaba de haber desviado comisiones publicitarias en provecho propio, y de ello se le pidió cuentas. Mas, en cualquier caso, Ortiz había abandonado su actividad privada castigado por la plena dedicación a la política y, por encima de ello, porque un doloroso cáncer intestinal y la diabetes le roían la vida[67]. Por esos días, incapaz de aguantar la tensión, Ortiz cambió la soledad de la habitación del hotel donde se hospedaba por la de un hospi-

---

[66] Pablo Castellano alega en sus memorias (*Yo sí me acuerdo*, pág. 359) que Gómez Llorente renunció a ir en las listas porque el insigne docente entendía que Felipe González iba a enterrar el socialismo...pero que no podía hacer otra cosa (la de abandonar). El memorialista denuncia que por parte de la dirección se achacó la renuncia al malestar o rabieta por el modo que le había sido birlada la Presidencia del Congreso por el influyente señor Pécez Barba.

[67] Javier Carabias había puesto en conocimiento de Fraga y de Verstrynge la indiciaria responsabilidad de Ortiz, pero si bien el villalbés utilizó la información con toda prudencia, el joven secretario general debió de utilizar la sospechosa información como arma para la confección de listas, puesto que Ortiz era el presidente del Comité Electoral.

tal. Sin embargo, nominátim, Ortiz era el gerente de la campaña cuando, en realidad, ésta se dividió en dos ramas: la técnica o publicitaria (gestionada desde un hotel, fuera de la sede) y la política o territorial que se llevó por los órganos del partido desde la madrileña calle Silva.

La crisis de las listas con el PDP originó una espesa red de desconfianzas entre los coaligados, lo cual, sumado al proceso de ordenación del caos que es toda campaña electoral, constituía la peor atmósfera. Por de pronto, cuando los socios democristianos se interesaron por el programa de gobierno —el repertorio de ofertas y promesas— ya estaba redactado por los aliancistas y apenas quedaba tiempo. Si acaso, los hombres de Alzaga lo leyeron y matizaron su prosa suprimiendo párrafos y expresiones varias, tales como *partido conservador, ideología liberal-conservadora,* etc. Óscar Alzaga contó a Fernando Jáuregui[68] que Fraga, con relación al programa, sostuvo sin convicción el establecimiento de la pena de muerte para los terroristas autores de muertes de inocentes a fin de suprimirlo, como si fuese una gran concesión, y de este modo contentar a sus socios.

Escocidos como estaban los democristianos, las desconfianzas rayaban lo esperpéntico. El pacto de coalición AP-PDP había que proyectarlo, en cuanto coalición, a la imagen corporativa en propaganda, vallas, papeletas, etc. Pues bien —valga como anécdota—, en una reunión de técnicos publicitarios que confeccionaban los bocetos del logotivo conjunto, José Luis Álvarez echó abajo distintos diseños de marketing porque, regla en ristre, el pino verde apareado con las siglas AP no daba los milímetros ajustados en el pacto de coalición.

La ambición suprapartidista de Fraga de articular la *mayoría natural* le indujo a pactar con democristianos y regionalistas (navarros, aragoneses y valencianos), pero a su plataforma le faltaba una pata: la liberal. Estuvo atento al desenlace de las negociaciones de Antonio Garrigues, al frente del embrionario Partido Demócrata Liberal, con UCD. Después que el abogado madrileño le diese calabazas a unos y otros, Pedro Schwartz, al que Fraga había conocido en Londres, podía ser la solución. Desde la primavera mantenía contactos y Fraga sabía que de los Clubs Liberales, el de Madrid, presidido por el profesor de Historia de la Economía, funcionaba y tenía peso. Schwartz (*un liberal de marca),* por lo tanto, fue un fichaje en la lista de Madrid como *independiente e intocable* —séptimo en la lista, detrás de Óscar Alzaga— y que cumpliría el proyecto fraguista aportando en aquella campaña el eslogan *Nosotros, los liberales, con Fraga.* El idilio con el villalbés se presumía dulce e imperecedero, pero quienes conocieron por entonces a Schwartz, educado, cortés y utópico, se preguntaban: ¿Cuánto tiempo tardará en endurecerse tan insigne utilitarista en esta selva política?

Hasta que se ahorma una campaña electoral ocurre como con las orquestas sinfónicas cuyas cuerdas, al comienzo, emiten sonidos dislocados, inconexos. Pero en un momento, casi sin nadie darse cuenta, lo que era ruido se transforma en algo armonioso pese a su complejidad. Durante la segunda quincena de septiembre de 1982 la coalición popular contaba con los músicos (los candidatos) y la partitura a interpretar (el programa electoral), pero no acababa de arrancar con los primeros compases.

Por sugerencia de la CEOE se quiso que Fraga tomase lecciones de dicción y oratoria para que corrigiese ese vicio de hablar deprisa comiéndose las sílabas y las palabras. Con ese fin el villalbés fue citado una mañana en el hotel Eurobuilding para recibir la primera lección del cate-

---

[68] F. Jáuregui, *La derecha después de Fraga,* pág. 119.

drático de psiquiatría y escritor —improvisado logopeda— Juan Antonio Vallejo Nájera. Durante cinco minutos profesor y alumno departieron afablemente, y nada más. Al término, el Fraga de siempre se topó con uno de sus colaboradores y le dijo: "No me vuelva a meter en una nueva encerrona, mi querido amigo, que para chorradas ya tengo bastante". Eso sí, el profesor Vallejo Nájera escribió informes y notas que distribuían a los efectos útiles o tiraban a la papelera.

Otros solistas del concierto electoral protagonizaron también anécdotas de sal fina. Era loable que casi todo el centro-derecha compareciese junto en el País Vasco (UCD,AP-PDP y PDL) bajo el eslogan *Ante todo, unidos,* teniendo por inspirador de la iniciativa al pequeño Marcelino Oreja, lo cual emocionaba sinceramente a Fraga. Pero en la foto de campaña de los tres cabeceras de lista de las respectivas provincias vascas, Marcelino Oreja no podía quedar disminuido entre los mocetones Julen Guimón y José Ramón Stemberg, por lo que el fotógrafo arbitró la solución de subir al ex Ministro de Exteriores sobre una caja de coca-cola. Luego, en las vallas, todos iguales.

El realizador de televisión Martínez Cuadrado, del equipo publicitario de la agencia *Clarín*, no sabía cómo enfocar a Óscar Alzaga y daba vueltas y vueltas utilizando *focos* y *negros* para ocultar —o disimularle— la inexpresividad de los ojos en uno de los *spot* de los espacios gratuitos de RTVE. Al fin, el profesional se dio cuenta de que el líder democristiano no es que fuese bizco, sino que era tuerto. Salió del lío como pudo, sin planos cortos, y al final de la grabación de buen formato y fondo Martínez Cuadrado se quejó amargamente: "Esas cosas se avisan porque he podido armar un conflicto bélico dentro de la coalición".

A propósito de músicas, a punto estuvo de convertirse en el *jingle* de la campaña de los populares la canción *Mi querida España* de la cantante Cecilia (que había fallecido prematuramente en accidente de tráfico). Por medio del candidato coruñés Trillo y López-Mancillidor y del productor cinematográfico Eduardo Manzano, los padres de la malograda artista consentían en ceder los derechos para que fuese interpretada por un orfeón. Pero ni los socios democristianos de la coalición ni los publicitarios, por razones distintas, estimaron conveniente retrotraerse musicalmente al mensaje patriótico aliancista de 1977.

La campaña electoral de octubre de 1982 ha sido de las más intensas, arriesgadas y movidas de la historia de la democracia como correspondía, por otra parte, a una fase de cambio. En el aspecto técnico, como ha quedado dicho, el nivel de calidad fue superior a las anteriores, lo que se manifestaba en el acomodo de los líderes a los medios de comunicación. En el programa *La Clave*, sea el caso, la presentación mediática de Fraga, Guerra, Carrillo, etc., estaba estudiada: todos vistiendo trajes azules y dirigiéndose al respetable público con exquisitas maneras. En cuanto al discurso general, también fue moderado en fondo y forma, aunque —como hay que esperar— la pimienta dialéctica apareció sucesivamente.

El diálogo se produjo a dos orillas (Felipe González-Manuel Fraga) y los demás que pretendían interferir desafinaron, sin conseguir llevar la iniciativa. Ver a Landelino Lavilla, circunspecto él de nacimiento, alzando la voz o bailando un chotis con su amada esposa Juanita era un insulto a lo normal y que no encajaba con el grito electoral centrista: *Ni derecha dura, ni izquierda inmadura*. Otras voces igualmente apenas trascendieron del umbral de audiencia porque no podían o no querían.

Al borde de los sesenta años de edad, Fraga desplegó una actividad electoral inusitada, al estilo clásico, de patearse toda España por los cuatro costados. Su enfrentamiento dialéctico era con Felipe González y a los demás casi no les prestó atención, si acaso para desgastarlos y atraer hacia la coalición popular el *voto útil*. Curiosamente, el tono de confrontación —pese a que *Diario 16*, volcado con el liberal Garrigues, alertase de que el peligro fraguista radicaba en su *reflexión testicular*— fue tolerable. Y eso que Fraga y Felipe, recíprocamente, se *conocieron* cuando el Ministro de Información y Turismo fue a la Universidad de Sevilla en los años sesenta a pronunciar una conferencia sobre la *Teoría del rumor social*. El estudiante Felipe González (junto a Alfonso Guerra y otros), ante la prohibicion rectoral de un coloquio, prorrumpieron a cantar *Asturias, patria querida* (en alusión a la huelga de la minería asturiana). Fue entonces una forma coral de interrupción, de *boicot,* pero ahora se trataba de un dúo replicante que cumplía la sentencia del Conde de Romanones: "En el fondo de mi alma amo a mis adversarios porque son los únicos que no me abandonan nunca".

Felipe González tenía programados 49 mítines en veintiséis días y, a diferencia de Fraga que viajaba en automóvil y avión *charter*, desplegó la campaña a bordo de dos autobuses de la flota utilizada en el Campeonato Mundial de Fútbol, uno de ellos convertido en oficina rodante, así como en vuelos regulares de compañías aéreas[69]. Pero, sobre todo, el sevillano tenía veinte años de edad menos que su adversario.

El cansancio, la rutina, el aburrimiento íntimo de repetir los mismos mensajes, los ademanes y gestos teatrales hacen del candidato un autómata, por no decir un actor de los de la legua. No es de extrañar por eso que el veterano político aliancista, gobernado por los actos reflejos, al entregar folletos de propaganda en una tienda-taller de confección, en un pueblo de Lérida, estrechase la mano a los empleados y clientes y, al final de la fila, quisiera saludar también a un maniquí. "Ya no sé lo que me hago", explicaría.

O, como también cuenta Miguel Platón[70] que le sucedió, en esta misma campaña, a la enviada especial de *ABC*, Luisa Palma. Sentada a la mesa con Fraga, en Valladolid, le pidió que le acercase una botella de agua mineral en el mismo momento en que el villalbés firmaba fotos a unas entusiastas simpatizantes. Ni corto ni perezoso Fraga tomó la botella, firmó en la etiqueta y la devolvió a la periodista. Pero una de las caza-autógrafos arrebató la botella y Luisa Palma hubo de guardarse la sed.

La campaña propiamente dicha comenzaba en la segunda semana de octubre —ese período de veintiún días en que las calles se visten de publicidad pidiendo el voto—, porque la diferencia con lo que se llama pre-campaña casi no existe y ésta se inicia desde el decreto de disolución-convocatoria, y vino precedida de la noticia sobre el abandono de las armas de ETA Político-Militar VI Asamblea. Todo parecían buenos augurios..., pero en realidad a medida que avanzase el mes de octubre las cosas se enrevesarían al margen de la agenda electoral.

El otoño, estación para la inauguración del curso político, daba buenos signos de civilidad. En el PSOE y en AP-PDP las maquinarias electorales marcaron el comienzo de su fre-

---

[69] La oficina rodante, según el testimonio de Julio Feo (*Aquellos años,* Ediciones B, Barcelona, 1993, pág. 133 y ss.), comprendía un habitáculo con una cama, un rudimentario despacho y el cuarto de baño. Asimismo el consejero del líder socialista precisa que no se utilizaron aviones de alquiler por razones de seguridad, en prevención de un accidente provocado (tres amigos iberoamericanos de González: el boliviano Paz Zamora, el ecuatoriano Jaime Roldós y el panameno Omar Torrijos sufrieron, los dos últimos con el resultado de muerte, sendos *accidentes* de aviación).

[70] *¡Qué políticos tan divertidos!, pág. 78* (Ediciones Temas de Hoy).

nética actividad con la presentación de libros referidos a sus respectivos líderes. El sesgo intelectual venía bien para idealizar el discurso: *Un estilo ético*, era el título de la *autobiografía* de
González contada por él mismo al periodista Víctor Márquez Reviriego y que presentó, en presencia del biografiado, el ex presidente de las Cortes Antonio Hernández Gil[71]. *El cañón giratorio* era, al propio tiempo, el título de un libro de transcripción de conversaciones entre el
político gallego y el también periodista Eduardo Chamorro. Los dos fueron hechos noticioso-
electorales y, como por casualidad, presagiaban el curso y predisposición del tono electoral.
Adolfo Suárez, que no era ni quería ser un tahur, inició en cambio la campaña del novísimo
CDS jugando una partida de mus —por cierto, sin cartas en la mano con que ganar.

En el primer mitin de Felipe González, en el pabellón de deportes de Almería, ya tuvo
que contestar al primer reto de debate televisivo por Fraga, que no quiso esperar para señalar quiénes eran los contendientes destacados. "Esta mañana me desayunaba a las siete y pico
en el avión con algunas lecciones de democracia que me venían dando... Decían que cómo
yo no aceptaba un desafío (...) ¡Que se pongan de acuerdo y me digan quién representa a
la derecha! ¿Quién?"(...). Es en este mitin cuando Julio Feo racionaliza y ordena las intervenciones de los oradores instalando en el atril un dispositivo de luces —como en el arengario
del Congreso— que avisaba de los tiempos (manejando el piloto verde, ámbar o rojo), muy
apropiado para acortar a los *teloneros* o para advertir de las conexiones con televisión. El discurso de González en Almería, por otra parte, proporcionó las claves de su maratón discursivo en tono muy didáctico (comentando la actualidad, negando moderamente juicios de
intenciones de los adversarios y explicando la tabla de soluciones que comportaba el cambio). Es en Almería —como también lo diría en RTVE— donde definió el significado del concepto cambio: Que España funcione.

Al día siguiente los medios de comunicación trataron profusamente el descubrimiento —y
arresto de los conspiradores— de un complot de tres jefes militares concertados para dar un
nuevo *Golpe de Estado*. El sobresalto estaba a la orden del día, máxime cuando ETA recrudeció su acciones terroristas, produciendo varios muertos y llevando sus tentativas hasta la delegación del Gobierno en el País Vasco que ostentaba Jaime Mayor Oreja. Con este clima se pro-
piciaba el rumor y la intoxicación, y de ahí que sólo se registrase como *inteligentemente* legal
que los jueces autorizasen la candidatura de Tejero Molina al Congreso, porque para un golpista el camino de las urnas es el camino de perfección.

Precisamente por vía de rumor, entretanto Felipe González y su caravana se trasladaban de
Santander a Vitoria (20 de octubre), cundió la especie por culpa y torpeza del mismo jefe de seguridad socialista, que comunicó a Julio Feo que "el golpe está dado". Desechando un refugio privado, Felipe González, al término del mitin de Vitoria, prefirió cumplir su programa y se fue al
hotel Ercilla de Bilbao, donde pudo aclarar que lo del *golpe de Estado* era simplemente un *golpe
de estupidez,* pues lo ocurrido era una calamidad de la naturaleza del tipo *Gota Fría*. Antes que
esconderse, el líder socialista fue informado convenientemente de lo acontecido y se trasladó por
vía aérea, casi de incógnito, a Valencia para recorrer las comarcas inundadas por la riada.

---

[71] El libro en cuestión había sido editado por Argos Vergara en plena campaña electoral sin intención alguna, por
parte de autor o editor, de asociar este hecho a un comportamiento militante, partidista. Por eso Víctor Márquez en
el epílogo declara que el responsable de la coincidencia es sólo el Presidente del Gobierno, don Leopoldo Calvo-
Sotelo. Y añade humorísticamente: "Espero que Dios le perdone la descortesía de hacer coincidir el viaje papal con
la campaña electoral, como yo le perdono la enojosa coincidencia de esa campaña con la salida del libro".

Igualmente, Fraga se dirigió también al barrizal del Levante a informarse y consolar a los afectados. Es para la biografía de Fraga un momento de la memoria histórica, atrapado por una fotografía, cuando en Alcira visitó la fábrica de *Avidesa* y, chapoteando en el fango, se fundió en un abrazo al empresario Luis Suñer, cuyo rostro expresaba la consternación.

Los demás líderes de los otros partidos también hicieron el recorrido de la zona, como del mismo modo los Reyes, por lo que estos hechos noticiosos distrajeron los asuntos de campaña o los sustituyeron.

Cuenta Julio Feo que al visitar Felipe González las tierras de Albacete, también castigadas por las inundaciones, en una estación de servicio de Almansa se presentó un capitán de la Guardia Civil como "Capitán Tejero, pero que nada tiene que ver con el otro". A lo que Felipe le contestó que eran tiempos en los que había que reivindicar hasta el apellido[72].

Estaban tan a flor de piel los nervios que unas maniobras militares en los alrededores de Madrid —un ejercicio táctico rutinario— produjo la situación de alarma en el Palacio de la Zarzuela, lo que llevó a proponer a Santiago Carrillo que la película estrenada por aquellos días en los cines, bajo el título *Missing* y acerca de la repudiable actuación de las Fuerzas Armadas chilenas en el golpe de Estado de Pinochet, se pasase por RTVE en el horario de más audiencia.

A propósito de audiencias, la de RTVE, la única televisión de España, no pudo contemplar el debate que tanto Fraga como los líderes de las demás fuerzas políticas, previsiblemente perdedores, le pedían a Felipe González. La audiencia-electorado se tuvo que conformar con el debate de *La Clave* del día 1 de octubre, y al que no asistieron ni Felipe González ni Adolfo Suárez, y a las entrevistas individualizadas grabadas y emitidas antes del comienzo oficial de la campaña, las cuales registraron las máximas audiencias con Fraga (el 88 por ciento) y con Felipe González (79 por ciento). Algunas publicaciones, muy susceptibles, no se sustrayeron a ironizar con la coincidencias de los entrevistados y los programas que iban delante o detrás. Así, dijeron, Suárez apareció en la pequeña pantalla después del programa *Historias para no dormir;* Fraga detrás de *300 millones;* Carrillo antes de *Código criminal;* Felipe González después de *Cosmos,* y Landelino Lavilla a continuación de *Un, dos, tres.*

Felipe González, que en cuanto virtual vencedor de las elecciones era blanco y referencia de las críticas, supo con maestría, entre el victimismo y el toque de humor, sacudirse el aluvión de invectivas. Que Fraga le llamase *fresco* porque no aceptaba con él un debate en televisión lo explotó varios días el socialista sevillano (en Teruel y Valencia). Replicaba de tal modo:

"No sabéis lo que os agradezco que me llaméis Felipe, Felipe, cuando al señor Fraga le empiezan a llamar *Jefe nacional...* Esta mañana leí en la prensa que me llamaba fresco, y la verdad es que yo le pediría que mantuviera la educación... que perdiendo los modales no va a ganar votos..."

En Gerona, como Miguel Roca reclamara para CiU la representación única de Cataluña en las insticiones de Madrid, Felipe se despachó en contrarreplicar que no se puede confundir las siglas de un partido político con Cataluña, lo cual es una tentación totalitaria. Y dijo:

---

[72] Julio Feo, *op. cit.,* pág. 181.

(...) "Yo no sé si para ser catalán definitivamente habrá que estar afiliado a Convergencia y Unió o habrá que tener acciones en Banca Catalana: creo que no son los caminos para ser catalán".

De vuelta de Lugo y camino de Orense, donde daría su mitin de noche, Felipe tampoco se privó del humor para zaherir a Pío Cabanillas, en cuyo feudo, pese a ser pontevedrés, se encontraba:

"...Porque es incombustible..., porque tengo algunas veces hasta mis dudas de si los socialistas ganamos, ¿seremos capaces de quitarnos del gobierno a Pío Cabanillas?..."

Cáustico fue asimismo con Martín Villa cuando, en la recta final de la campaña bajó de Asturias para dar un mitin en León, diciendo que ya era hora que don Rodolfo diera de comer a los taxistas, pues se había pasado veinticinco años sin bajarse del coche oficial y parece que lo tenía en propiedad.

Arrastrando la ronquera se llegó al final, Fraga con inyecciones que le aplicaba en las cuerdas vocales el doctor asturiano Fernández Vega; Carrillo bebiendo metros cúbicos de té con miel, y los demás tomando vahos.... La conferencia que el líder aliancista pronunció el día 25 en el Club Siglo XXI quiso ser su último llamamiento afónico al electorado sobre lo que se ponía en juego el 28 de octubre: el sistema de partidos políticos, el modo de funcionar del Estado y el modelo de sociedad. En síntesis, con una metáfora, resumió las tres formas de ser visto el pueblo español: en la versión anarquizante los españoles somos 38 millones de versos sueltos; para la visión socializante, 38 millones de fichas que procesar en la escuela única y en la planificación, y para el centro-derecha somos una constelación de personas e instituciones entre el Estado y el individuo.

Los mítines-fiesta del 26 de octubre del PSOE y de AP-PDP fueron la estrella. Los socialistas, concentrados en la Ciudad Universitaria de Madrid, tuvieron la mayor acogida de seguidores habida jamás: cerca de 400.000 personas, que se divirtieron con actuaciones musicales de Paco Ibáñez, Joan Manuel Serrat y Miguel Ríos, que con el *Himno a la Alegría* preparó la apoteosis de Felipe González, quien después de su intervención en un avión alquilado se fue a Sevilla para clausurar la campaña socialista desde el Prado de San Sebastián.

Fraga, por su parte, cerró el compromiso electoral de la coalición desde la Plaza Mayor madrileña, también en una fiesta-mitin multitudinaria con la Topolino Orquesta, una tuna y el cantante Jaime Morey.

El día de reflexión Fraga acudió al despacho de la calle Silva y, aparte ordenar y limpiar de papeles la mesa, se ocupó en leer y discutir con sus colaboradores los distintos escenarios de resultados. A través de Luis Ortiz, el presidente aliancista recibió un informe de Antonio Gestoso que calibraba un resultado en escaños: entre 105 y 110, era el abanico de expectativas que habían aportado las sedes provinciales a la Oficina Central del Partido. Fraga comentó: "Este Gestoso, el gallego, se ha cubierto en salud... Creo sinceramente que vamos a sacar entre 120 y 125 diputados"[73].

En la sede aliancista de la calle Silva, cerrados ya los colegios electorales el 28 de octubre, Fraga recibió impresiones y primeros resultados y, aunque contento por haber atravesado el más largo y penoso desierto, exteriorizó un rictus de insatisfacción pese a haber multiplicado por cuatro el porcentaje de votos y por diez el de escaños. Se abría una etapa nueva en un nuevo mapa

---

[73] Testimonio de Antonio Gestoso al autor.

político y, condenado a estar en la oposición, reiteró su compromiso a seguir luchando y creciendo. Cuando se trasladó al hotel Luz Palacio, lugar concertado para la gran fiesta aliancista, en unas pizarras se iban inscribiendo los datos prestados de los distintos distritos y pueblos, muchos de ellos aportados por Carlos Robles (recién ingresado en Alianza Popular) y que conseguía con un viejo y pequeño transistor. La intervención de Fraga en la fiesta final fue breve y concisa, en la que enunció el compromiso de luchar por la paz civil y el sistema constitucional. Como broche de sus palabras no pudo reprimir su legítimo orgullo y leyó los datos de su pueblo, con más que mayoría absoluta, por lo que el último hurra de la noche fue: *¡Viva Villalba!*

Dos días después, en la reunión matinal de cuadros del partido, el análisis de Fraga fue magistral según el testimonio de algunos presentes. Dijo que había sido un gran triunfo pero insuficiente; que se inauguraba una nueva etapa —una década— en la que el ciclo histórico sería socialdemócrata. El poder, según se ha visto, no se alcanza por los méritos, lo pierde el que lo ostenta. Por eso, sólo es preciso trabajar para que, como alternativa, tengamos una buena y única bandeja con que recoger el poder que pierda la actual mayoría.

Añaden los testigos de aquel breve análisis que se advertía en Fraga, en sus ojos y en sus palabras, un cierto poso de melancolía. Y es que apenas un mes después de la votación Fraga cumpliría sesenta años, y una década más de espera se le antojaba un plazo demasiado largo.

CONSOLIDACIÓN DEMOCRÁTICA Y APERTURA A EUROPA (1983-1986)

Capítulo 17

COALICIÓN POPULAR, LA LEAL OPOSICIÓN

El *Cambio* o la era socialdemócrata

El depósito de confianza de diez millones de electores que recibió el PSOE el 28 de octubre fue acompañado de un inmenso caudal de expectación sobre el significado del *cambio* y cómo se concretaba en acciones políticas, todo ello del lado de los depositantes. Los triunfadores, de su parte, al margen de intencionales frases estereotipadas para la galería (a *España no la va a conocer ni la madre que la parió*) se sabían depositarios de la *virtud moral* que concede la inapelable victoria democrática.

Sin competidores por la izquierda y eliminado el centro, al socialismo se le antojaba fácil ocupar un gran espacio electoral moderado, equidistante de sí mismo salvo por la derecha, donde se encontraba Coalición Popular. En esta posición el viejo Partido Socialista, reconstruido sobre nuevas aspiraciones socialdemócratas, renunciaba a la vieja querella republicana y se echaba en brazos del monarquismo parlamentario.

Reforzado el poder por la soberanía popular de la mayoría absoluta, los dirigentes socialistas —contando con su trayectoria democrática indiscutible— recibieron el mandato de moralizar la vida pública, reformar el Estado y modernizar la sociedad[1]. A ello pusieron manos a la obra.

Hubo voces interesadas que se alzaron contra el bipartidismo (imperfecto) surgido de hecho de las elecciones, y de ahí que advirtiesen de catastróficas consecuencias por la bipolaridad naciente. Es más, en la misma noche electoral se puso en marcha la llamada *Operación Reformista* para reconstruir el centro, desde Barcelona, tal vez atendiendo al temor que la confrontación izquierda-derecha pudiera acabar con los nacionalismos moderados.

Por otro lado, desde el sitio de los derrotados se insistía que España no había concluido la transición política[2]. Es curioso que este temor de la peliogrosa bipolaridad, con el riesgo del

---

[1] Los siguientes días a la formación del primer Gobierno socialista, en diciembre de 1983, el diario *El País* dedicó una serie de editoriales a explicar el relevo socialista. En el correspondiente al día 3, bajo el título "Un aire socialdemócrata", decía: "Aunque la discusión sobre si el nuevo Gobierno es o no socialdemócrata puede verse rodeada de bizantinismos semánticos, sí es verdad que respira por lo menos un aire socialdemócrático. La crisis económica ha limitado en este sentido enormemente los márgenes de maniobra cara a las soluciones o salidas previsibles. Las elecciones han sido ganadas por una oferta programática que ha insistido en la defensa de las libertades, la protección de los ciudadanos frente al terrorismo y al golpismo, la reforma de la Administración, la moralización de la vida pública, la creación de puestos de trabajo, el aumento de prestaciones sociales, la prioridad del sector público de la enseñanza, el replanteamiento de nuestro ingreso en la Alianza Atlántica y la solidaridad con los marginados. Todo ello en un ambiente de moderación y diálogo, de acercamiento al centro social y político del país..."

[2] Santiago Carrillo y José María de Areilza, que desde la izquierda y desde la derecha eran víctimas de un proceso acelerado de amortización, insistían profusamente en afirmar que no estaba consolidada la democracia. Con esta tesis prodigaron declaraciones y artículos a propósito de publicar sendos libros de memorias.

resurgimiento de la violencia, prendiera en muchos analistas y politólogos conforme a trabajos que, vistos con el poso del tiempo, descubren en sus autores el sectarismo del prejuicio.

Desde ambas orillas, pues, se hicieron esfuerzos por templar impulsos para no dejar huecos intermedios, y a ese propósito entablaron contactos Fraga y Felipe González (secundados por Alfonso Guerra) luego que, celebradas las consultas del Rey para encargar la formación de gobierno, se abrieron las Cortes Generales en sesión solemne el 24 de noviembre.

A Fraga, que acababa de cumplir sesenta años, le complacía la figura tan británica de jefe de la oposición —con *status* formal pero, sobre todo, material— que se había pactado con Peces-Barba y que el villalbés apellidó *leal* no tanto por remedar al inglés como por vaciar de razón a los tremendistas. En el curso de esos contactos previos se pactó asimismo la distribución de las comisiones parlamentarias y sus órganos de gobierno y, lo más importante, se fijó el calendario para las elecciones municipales y autonómicas.

La sesión de investidura de Felipe González iniciada el 30 de noviembre fue un carrusel de buenos propósitos para los socialistas mediante un discurso difuso y ambicioso —*voce grandi*— de él mismo, quien sin poner plazos sólo concretó los proyectos en la réplica, cuando no había capacidad reglamentaria ni tiempo para argumentar a la contra. En conjunto, fue un debate de guante blanco sólo controvertido en un pasaje —acaso mal entendido, en opinión de quien lo pronunció[3]— cuando Fraga, al final de su discurso de réplica en punto a seguridad pública, se adornó de una cita *anónima*:

> "(...) En cuanto a la paz ciudadana, ya sé que se me acusa de ser un tema del que estoy demasiado preocupado; también sé que las palabras que voy a decir pueden ser mal interpretadas, pero no me importa. Uno de los hombres más grandes que he conocido me dijo, en circunstancias semejantes, hablando de la situación en otra parte de Europa donde había terrorismo: '*Cuando corre la sangre inocente de los ciudadanos, un Gobierno debe preferir tener sangre en sus manos que no agua como en las manos de Pilatos*' ".

De todas maneras, descontado el antedicho encontronazo la aspereza dialéctica fue escasa porque la aritmética de la Cámara y la trapacería del método *felipista* hacían estériles otras manifestaciones. Sin trifulca destacable para la reseña, la media del tono discursivo *fraguista* lo constituiría —en ese juego de la *siete y media:* de no llegar o pasarse— el siguiente párrafo:

> "(...) Lo que ocurre es que hay muchas maneras de arruinar a España. Todo el mundo conoce la famosa frase que dice que hay tres maneras de arruinarse: con el juego, con las mujeres y con los técnicos. Las dos primeras son las más agradables y la última dicen que es la más segura. También con ciertas prevenciones ideológicas, con ciertos errores legislativos, se puede arruinar mucho más fácilmente; esperemos que no sea el caso. Pero quede constancia de que aceptamos y ofrecemos ese deseo de constante cooperación crítica, que es la única que puede prestar una leal oposición".

---

[3] El memorialista Fraga (*En busca del tiempo servido*, pág. 299) alude a que ha sido mal interpretada por "algunos" la cita a un autor británico. Y lo justifica, además, diciendo: "También hubo un tirano que ofreció no derramar la sangre de los habitantes de una ciudad y luego, una vez rendidos, cumplió su palabra, mandándolos enterrar vivos. Lo que yo he pensado siempre es que un gobierno (y cualquier político) se la debe jugar por el pueblo".

La votación —el 1 de diciembre— arrojó un resultado inequívoco: 207 votos a favor del candidato socialista (se sumaron los dos de Suárez y Peces-Barba, presidente de la Cámara, no participó). En contra, se contabilizaron 116 (populares y centristas); y hubo 21 abstenciones, aparte de cinco ausencias (dos de Herri Batasuna).

Con el estreno del Gobierno la economía española presentaba un retablo de crisis especial, que podía concretarse en un déficit del Estado de 756.000 millones de pesetas y una inflación del 16 por ciento, amén de que finalizaba 1982 con un record en fallidos empresariales (más de mil empresas en situación concursal, entre suspensiones de pagos y quiebras)[4]. El endeudamiento exterior, de otra parte, rondaba los 4,5 billones de pesetas, habiendo crecido en los últimos diez años un 700 por ciento cuando el producto bruto lo había hecho en tan solo un 150 por ciento.

Entre los objetivos del primer Gobierno socialista, expresados en la réplica del discurso de Felipe González, figuraba la creación de los 800.000 puestos de trabajo; reducción en torno a tres puntos la inflación; expansión de las disponibilidades líquidas en un 13 por ciento (novedad en el discurso, pues no figuraba en el entregado a la prensa), e intensificación del ahorro de energía.

Antes de reanudarse la vida parlamentaria a finales de enero de 1983 (viernes 28), Fraga visitó a Felipe González en la Moncloa —durante la misma mañana habló también con Guerra— por ver de la institucionalización del reparto de papeles entre el Ejecutivo y la oposición mediante el establecimiento de unas *reglas del juego*. El villalbés, que recibió bien el estatuto de Jefe de la Oposición, aspiraba a algo más que precedencias protocolarias. Quería un mejor trato en RTVE, acceso a la información básica y a las encuestas públicas y, entre otras legítimas aspiraciones, un proporcional reparto de cargos y puestos en organismos institucionales (Tribunal Constitucional, Defensor del Pueblo y Consejo de Administración de RTVE).

Tratábase del sistema convenido de moderar desde la oposición el poder y su control de manera que, según el reparto de papeles, no escandalizase que con una mano se empuñase el ramo de olivo en tanto que con la otra se golpeaba al adversario.

"... Era también —dice Fraga en sus memorias[5]— el principio de la buena fe, sin presiones sobre los grupos naturales de apoyo y de financiación. Lo era también el no intentar operaciones de desestabilización de la retaguardia: nosotros habríamos de evitar siempre el dar apoyos a la izquierda del socialismo...".

En esta entrevista, quizás la primera de las que denominó la prensa *escenas del sofá,* la dualidad González-Guerra inició la práctica de engatusar y engañar al *leal* Fraga. Ello explica que el villalbés diga, desengañado de la pareja sevillana y de su método fullero:

"(...) Tuve una extensa conversación en la Moncloa con Felipe González, seguida de otra más difícil con Alfonso Guerra, al que decidí no ver más porque comprendí que ese sistema no jugaba a favor nuestro y, también, por el modo en que intentó dividirnos, atacando a Miguel Herrero...".

[4] Véase el periódico económico *Cinco días* del 16 de marzo de 1983.
[5] M. Fraga, *En busca del tiempo servido*, pág. 305.

"(...) El presidente González no asumió compromisos concretos; intentó remitirme a Guerra, y quedamos en continuar estas conversaciones; pero yo siempre salí de ellas con la convicción de que no existía un verdadero espíritu de diálogo...".

Del repertorio de peticiones destacaba por encima de todas el tratamiento equitativo de la televisión pública y sin el cual se falseaba la alternancia democrática.

Desarrollo y pugna de la Oficina Central de AP y del Grupo Parlamentario

Desde el 9 de octubre de 1982, en plena campaña electoral, el PSOE ocupaba como sede central la casa que, en el madrileño barrio de Argüelles, habitó el fundador del partido Pablo Iglesias. Precisamente aquel día se cumplía el aniversario de su muerte, y el retorno a aquellos orígenes fue todo un simbolismo. Sin embargo, la inauguración se celebró en diciembre con boato y la asistencia de socialistas *históricos* y de otras formaciones, como la ORT o el PTE, recientemente asimilados. Aunque se conservó la fachada, para la adecuación de interiores el PSOE invirtió más de ciento cincuenta millones de pesetas. Eran las señales de pujanza de la nueva situación, igualmente reflejada en una profunda y ancha reestructuración organizativa.

De igual manera, la crisis de crecimiento afectó a Alianza Popular tras los resultados electorales por el hecho mismo de que su Junta Directiva Nacional tuvo que reunirse el 15 de noviembre en un hotel ante la falta de sitio en el angosto edificio de la calle Silva. Dicha reunión fue clave: de un lado, porque obligó a la venta de la hasta ahora sede y al alquiler de un edificio en el número 13 de la calle Génova; del otro, porque encargó al secretario general la elaboración de un plan de reorganización de la Oficina Central del Partido (OCP, en la terminología burocrática).

La nueva sede está en un edificio propiedad de la compañía aseguradora Mapfre, de 6.662 metros cuadrados distribuidos en siete plantas diáfanas y la planta de calle, con locales comerciales, así como dos sótanos de aparcamiento para 114 plazas, que fue alquilado por cinco millones y medio de pesetas al mes[6]. Para hacer frente a este arrendamiento, a la fianza de 11 millones de pesetas y a la remodelación interna, Alianza Popular puso en venta el edificio de la calle Silva, y con la diferencia del valor del precio pagado y la hipoteca se pensó sufragar los gastos de adecuación del nuevo domicilio social (unos 40 millones de pesetas), cuya séptima planta sería *la noble;* la primera se dejaría para AP-Madrid, y el resto para la organización nacional. La lucha para la ocupación de despachos fue encarnizada en función de su amplitud y de la cercanía al presidente nacional. El traslado se efectuó durante diciembre y el 17 de enero de 1983 tuvo lugar la inauguración, con un refrigerio por la tarde, tras celebrarse la Junta Directiva Nacional en la segunda planta.

La reorganización de la Oficina Central del Partido se orientó a facilitar la expansión territorial, sectorial y de afiliación, pero sobre todo con vistas a los compromisos electorales (autonómicas y municipales de mayo de 1983) y a la celebración del VI Congreso previsto para primeros de 1984. No ha de pasar por alto que el nuevo organigrama pretendía aligerar de trabajo al presidente y al secretario general, desde entonces más dedicados al Parlamernto, y que, en

---

[6] El contrato de arrendamiento fue firmado el 18 de noviembre de 1982 entre Begoña Urquijo, vicepresidenta de AP con poderes de disposición, y el apoderado de Mapfre Gaspar Yubero.

conjunto, la OCP no perdiese la iniciativa de impulso y coordinación de la acción política con relación al potente grupo parlamentario que se había formado.

A propuesta de Fraga, el Comité Ejecutivo del 6 de diciembre de 1982 designó vocales coordinadores de temas generales y económicos a Carlos Robles Piquer y a Ángel Sanchís Perales, respectivamente. E igualmente aumentó la plantilla de secretarios generales adjuntos con la designación de Javier Carabias (hasta entonces en electoral) para Acción Cultural[7], Máximo Sanz Valdés para Acción Electoral, Alfredo Navarro encargado de Congresos Nacionales y Antonio Gestoso para Acción Territorial.

El Grupo Parlamentario Popular se constituyó el 16 de noviembre y eligió a Manuel Fraga presidente y a Miguel Herrero portavoz, luego que declinara Fernando Suárez el mismo ofrecimiento. Herrero era por entonces un *eslabón* de la máxima confianza del villalbés y, en esa corriente favorable, confeccionó los reglamentos y organizó con sumo tino y acierto el Grupo Parlamentario, cuajado de veteranos políticos y de prestigiosos *curricula vitae* de la Universidad, de las profesiones liberales y de los negocios.

El apoyo logístico y doctrinal, Miguel Herrero lo confió a su joven compañero letrado del Consejo de Estado Federico Trillo[8], y con él se formó un potente equipo de asesores, entre los que se contaban Manuel Pizarro, Fernando Díez Moreno, Fernando Bécquer, Damián Hernández, José Almagro Nosete, Francisco Utrera, Isabel Ugalde y otros[9].

Los diputados cristianodemócratas del PDP quisieron formar subgrupo parlamentario y, aunque partiparon de los órganos conjuntos de dirección, en el hemiciclo se sentaban aparte salvaguardando su identidad y proponían iniciativas no siempre lo suficientemente coordinadas.

No obstante lo anterior, el 10 de febrero de 1983 los tres partidos coaligados (AP-PDP-UL) acordaron en el Palacio del Congreso constituir una Comisión Coordinadora integrada por tres representantes de cada partido nacional y un representante de cada partido regional[10], con objeto de: coordinar la información entre los distintos partidos; definir la estrategia política, electoral y parlamentaria; debatir las posibles diferencias entre los coaligados, y "favorecer la unión de la única alternativa al socialismo". A partir de septiembre siguiente este órgano convencional de coordinación se reunía regularmente en períodos de actividad parlamentaria.

La pugna por conseguir influencia, en términos de competir acerca de quien emprende y sostiene la iniciativa política ante los medios de comunicación de masas, es constante en las

---

[7] Carabias era también secretario del Comité Electoral, que presidía Abel Matutes, y su tarea consistió en organizar las fundaciones afines al partido.

[8] Federico Trillo sustituyó en cometidos similares a los que hasta entonces venía ejecutando Margarita Retuerto, quien fue promocionada, a propuesta de Joaquín Ruiz Giménez, al puesto de adjunta primera del Defensor del Pueblo, en el que parmeneció hasta 1996.

[9] La oficina del Grupo Parlamentario reunió también a profesionales expertos, destacando entre ellos la gerente administrativa Loyola del Palacio; Marisol Pérez, encargada de las relaciones con los medios de comunicación, y Beatriz Rodríguez Salmones, responsable de cuestiones de documentación e imagen.

[10] El primer acta —de la sesión constitutiva— de la Comisión es de junio de 1983 y la firmaron Manuel Fraga, Álvaro Lapuerta, Miguel Herrero y José María Ruiz Gallardón, por AP; Óscar Alzaga, José Luis Álvarez y Juan Carlos Guerra, por el PDP; Pedro Schwartz, Fernando Chueca y Rafael Márquez, por Unión Liberal, y Vicente Ramos y Jesús Aizpún, respectivamente, por Unión Valenciana y Unión del Pueblo Navarro. Falta la firma, consignada en blanco, del representante del Partido Aragonés Regionalista, Isaías Zarazaga.

formaciones políticas de cualquier credo. Porque, en todo caso, tanto la oficina central partidaria como el núcleo parlamentario dirigente propenden a desenvolverse como oligopolios hostiles. Tal vez por ello Miguel Herrero no escatima claridad en sus memorias[11] al referirse despectivamente hacia la Secretaría General del Partido:

> "Durante cincuenta meses regí aquel complicado grupo en el que nadie tuvo ocasión de sentirse marginado, todos los diputados intervinieron a lo largo de la legislatura en Pleno y en Comisión, y el que quiso opinar, y no fueron pocos, tuvo sobrada ocasión para ello. Me negué a todo tipo de sanciones y la organización parlamentaria sirvió de estrato protector de muy significativos diputados, frente a las periódicas purgas que organizaba la Secretaría General del Partido. Ante todo, traté de evitar el error, a mi juicio garrafal, de tratar como números iguales lo que son individuos diferentes, dueño cada uno de su escaño y, según nuestra Constitución, no sujetos a mandato imperativo alguno".

La disolución de UCD

Apenas el Papa abandonó España tras su viaje de ocho días, en noviembre de 1983, período que sirvió de tregua para la reflexión en los los partidos que fueron derrotados el 28 de octubre (PCE y UCD, sobre los demás), seguidamente se inició en los respectivos cuarteles generales un proceso depurativo de responsabilidades y de penitencia. Entre los comunistas la crisis tocaba menos a la continuidad del proyecto que a la renovación del liderazgo[12], mientras que en la formación centrista el drama era de identidad y de esencia y, por lo tanto, de continuidad.

El descalabro centrista, por lo tocante al *ala liberal*, permitió a Manuel Fraga el comienzo de un reequilibrio de la Coalición Popular nutriendo la fantasmagórica Unión Liberal de Pedro Schwartz con los dirigentes liberales dispuestos a abandonar UCD. Así, el 8 de noviembre Fraga se entrevistó con una decena de liberales[13] en el Club Génova, y encargó a su cuñado y coordinador de AP, Carlos Robles, la prosecución de negociaciones en torno al modo y demás circunstancias de incorporación a la coalición fraguista, para lo cual Pedro Scwartz, presente en la reunión, no tenía inconveniente en ofrecer el liderazgo de UL a Antonio Fontán. Otros convocados, por el contrario, utilizaban sus reticencias para retrasar la operación y así crear una organización nueva y distinta de la que *domesticaba* Fraga. Entre los liberales, Luis Ortiz era el único que había conseguido escaño de diputado y su eventual integración en Coalición Popular representaba un compromiso mayor.

Este acercamiento de los liberales a Fraga se entendía además en sentido contrario, como que huían de Antonio Garrigues y de su también quimérico Partido Demócrata Liberal, tempranamente comprometido con el proyecto reformista de Miguel Roca para buscarse hueco en el centro, entre el PSOE y Coalición Popular.

La reunión que el Comité Ejecutivo de Unión de Centro Democrático celebró el lunes 15 de noviembre en Madrid fue útil para que declinase sus funciones de presidente Landelino

---

[11] *Memorias de estío*, pág. 284.

[12] El minero asturiano Gerardo Iglesias fue elegido el domingo 7 de noviembre secretario general del Partido Comunista, en sustitución *concertada* de Santiago Carrillo.

[13] Véase *El País*, 8 y 10 de noviembre. En el encuentro estaban Antonio Fontán (presidente de la llamada *Mesa liberal*), Antonio Jiménez Blanco, Joaquín Muñoz Peirats, José Manuel Paredes, Miguel Durán, Luis Miguel Enciso, Soledad Becerril, Luis Ortiz, Matías Rodríguez Inciarte y Emilio Attard.

Lavilla hasta la celebración del Congreso extraordinario (convocado para los días 11 y 12 de diciembre próximo) encargado de elegir un nuevo equipo rector, si éste era el caso. A lo largo de cuatro horas se debatieron las distintas soluciones y, sin descartar la de una apetecida unión con Coalición Popular para afrontar juntos las elecciones municipales y autonómicas de mayo de 1983, por unanimidad se acordó ir al Congreso extraordinario a fin de decidir ese incierto futuro.

Mediante un comunicado[14] se hicieron públicos los acuerdos del ejecutivo centrista, que comprendían la convocatoria del Congreso, limitado a 500 compromisarios, para debatir tres ponencias (ideológica, estratégica y de estatutos); la elección de los órganos nacionales de dirección; la delegación de todas las competencias —incluidas las presidenciales— de funcionamiento ordinario y de organización congresual a una comisión formada por: Rafael Arias Salgado, Íñigo Cavero, Gabriel Cisneros, Antonio Jiménez Blanco y Juan Antonio Ortega, y la delegación al grupo parlamentario de las competencias estatutarias para actuar entretanto en el Congreso de los Diputados.

Ha de notarse que la composición de la comisión administradora contemplaba todo el abanico poliárquico de UCD (socialdemócratas, democristianos, martinvillistas y liberales), pero ese equilibrio no se produjo en el discurso de Landelino Lavilla, que dijo desear la renovación de dirigentes y la reconversión del partido, de manera que el centro tuviese una articulación diferenciada y no fuese una alternativa dispersa. Persistía, pues, en la disparatada idea de relanzar el centro político y a tal empeño invitaba a otras fuerzas a articularse en coalición.

Pero lo que levantó rencillas en medio de aquella miseria fue la declarada intención de Lavilla de homologar UCD con el Partido Popular Europeo, de inspiración humanista cristiana, condicionando en ello su reelección a la presidencia del partido en el anunciado Congreso. ¿Es que cabía aquel chantaje para la apropiación de una marca desacreditada, hundida... y que las enormes deudas impedirían que fuese jamás levantada? En el fondo, aunque la deliberación de la ejecutiva centrista fue respecto de la economía partidista de guante blanco, latía la preocupación acerca de quién y en qué condiciones se hacía cargo del pasivo.

Preguntado Lavilla en la rueda de prensa subsiguiente por la cuestión económica de UCD, negó que las deudas fuesen elevadas y añadió, presumiblemente con doble sentido: "Estamos en un ajuste final de cuentas", luego de reconocer que deberían readaptar la plantilla y reducir otros gastos de alquiler de locales.

La disposición de Alianza Popular a pactar con UCD no era favorable. Justo el mismo día que se reunía la ejecutiva de UCD se abordó el asunto en la primera Junta Directiva Nacional que celebraba AP después de las elecciones, precisamente en los salones de un hotel porque la sede de la calle Silva, 23, era insuficiente. Las voces se sucedieron, al gusto de Fraga, de admitir a todas las personas que se acercasen "con buena voluntad", lo que parecía indicar que habría reservas en el ejercicio del derecho de admisión sobre quien se presumiese que no tenía buena voluntad. Pero, más que eso, el soberano organo aliancista lo que acordó fue que no

---

[14] El ejecutivo centrista emitió un comunicado, véase *El País* del 16 de noviembre, pero también compareció en rueda de prensa para explicar y ampliar dicho texto Landelino Lavilla, presidente de UCD, estando presente entre los informadores Gabriel Cisneros Laborda, lo cual fue interpretado como un claro signo de desconfianza de los *martinvillistas* hacia los democristianos.

concluiría ningún pacto político con los centristas como organización, aunque se les admitiese individualmente previo aldabonazo en la puerta de entrada. Se estaba administrando severamente la capitulación al ejército vencido, todavía orgulloso, mas podría dispensarse la gracia del perdón al soldado derrotado.

Al Congreso extraordinario de UCD de los días 11 y 12 de diciembre se llegó con el enfrentamiento, al borde de la ruptura, de democristianos y martinvillistas. Después de treinta y seis horas de debate, en medio de un caótico desarrollo, los reunidos no sólo fracasaron en lograr la reconstrucción del centro, sino que con el espectáculo ofrecido justificaron sobradamente su incapacidad para sobrevivir al no analizar con rigor y seriedad el descalabro electoral. El diario *El País*[15] en un comentario editorial se paraba a describir este aquelarre partidista, al que la opinión pública había dado la espalda, con los siguientes brochazos descalificadores:

> "(...) Los compromisarios que asistieron a la funeraria reunión del pasado fin de semana han defraudado las esperanzas de quienes concedían todavía a UCD un cierto margen para estar a la altura de sus responsabilidades. Los personalismos caciquiles, los planteamientos a ras de tierra y una pedestre falta de aliento han deparado un espectáculo más deprimente aún que las peleas que destruyeron, cuando estaba en el poder, al partido que fue de Gobierno...".

Las posiciones discurrían por dos vertientes cuando el sábado por la mañana se inauguró la sesión, con ausencias muy notables: Pío Cabanillas, Leopoldo Calvo-Sotelo y otros fundadores de UCD, si bien Calvo-Sotelo suspendió un viaje a Portugal para estar presente el domingo, en cuya jornada se debatieron y aprobaron las principales ponencias.

Inicialmente los rivales parecían converger en una solución de compromiso, propuesta por los *azules*: hacer un partido renovado y federal (tipo *catchall party)* que con logotipo y nombre nuevos presidiese una personalidad respetada por todos, como José María de Areilza. Se trataría de una refundación sobre bases distintas —el nacimiento de algo nuevo— que podía sustraerse a la presión del pasivo económico. Sin embargo, los demócratas cristianos, midiendo mal sus fuerzas, acentuaban la permanencia del nombre y la adscripción del partido al Partido Popular Europeo, acaso con la esperanza de que la internacional democristiana y la fundación Adenauer, del mismo signo ideológico, pudiesen *reflotar* la UCD de los mejores momentos de la transición y asumir, mediante generosa subrogación, las ingentes deudas del partido. En la discusión, a dos, sobraban los socialdemócratas residuales (Luis Gámir, Rodríguez Miranda y pocos más) y los liberales que todavía permanecían en UCD, que no cejaban de amenazar que mañana mismo abandonaban el partido.

Lo curioso del Congreso es que parecía dominado por los *azules* en los planteamientos estratégicos (necesidad de ir en la municipales junto a Coalición Popular[16] o la no expresión de ser un partido *humanista cristiano*, por ejemplo[17]), pero esto parecía un espejismo porque en la cuestión principal, la de homologar UCD al Partido Popular Europeo, los democristianos

---

[15] Martes 14 de diciembre de 1982.

[16] En la ponencia de estrategia se enfrentaron, en tesis y turnos opuestos sobre ir en coalición con AP, el democristiano Villar Arregui —muy hostil a dicho pacto— y el martinvillista Pérez Millares, arrojando la votación un claro respaldo a la *postura azul*.

[17] El Pleno del Congreso Extraordinario aprobó un documento de reafirmación ideológica y, en este sentido, en el punto sexto se decía que UCD es "aconfesional, con respecto a todas las creencias, convicciones y prácticas religiosas".

no cedieron un ápice y sacaron adelante su propuesta por 248 votos a favor, 91 en contra y 54 abstenciones; votación que estuvo precedida por un contundente debate entre Fernando Álvarez de Miranda y Rodolfo Martín Villa.

Desde ese momento, hecho el dominio *confesional* sobre el partido, Martín Villa reveló en privado que "éste no es el partido que yo quería", sucediéndose un espeso clima de desconfianza entre los dos grupos. Es entonces, asimismo, cuando los *azules* manifiestan que ya ahora el único presidente de la UCD *democristiana* debe ser Landelino Lavilla, que se resistía a quedarse en el partido dejando *suelto*, sin la adhesión y el control necesarios, al grupo parlamentario del Congreso del que Martín Villa dominaba ocho de los doce escaños. Los *azules* no pugnaron, pues, por estar en el comité ejecutivo y por eso Lavilla, previendo la defección, quiso poner de presidente a Salvador Sánchez Terán en una finta dramática de última hora. Una interpretación muy extendida, sobre el hecho de que los *azules* no quisieron competir para ganar el órgano rector del partido, apunta a afirmar que Martín Villa no logró el sufiente respaldo de los círculos financieros para que prosiguiera la andadura de UCD.

Se sucedieron los cabildeos, las reuniones secretas y las capillitas en intentos estériles de quedarse, a través del comité ejecutivo, con lo que ya era la imagen de la quiebra. Ciertamente, el electorado de compromisarios, cada minuto más reducido, pudo votar[18] por la noche el nuevo ejecutivo que, bajo la presidencia de Landelino Lavilla, formaban también Juan Antonio Ortega, como secretario general, y los vocales Fernando Álvarez de Miranda, Marcelino Oreja, Íñigo Cavero, Amalio Graíño, Luis de Grandes, Ruiz Monrabal, García Pita, Díez Alersi (todos ellos democristianos) y, además, Álvarez Pedreira, Enrique Marfany, Bravo de Laguna y Gómez Franqueira.

Hegemónicamente democristiano, UCD iniciaba un camino de regeneración casi imposible: el de alzarse con la identidad demócrata cristiana también presente, con la misma legitimidad y mejor situación, en el PDP de Óscar Alzaga. Aparte de que con esta inspiración confesional muchos políticos habían repartido su adscripción en otras fuerzas políticas luego del fracaso protagonizado en 1977 por Ruiz Giménez y Gil Robles.

El abandono en masa fue la respuesta que los militantes centristas dieron a los acuerdos del Congreso extraordinario y que se midió con el comportamiento singular de algunos líderes. Juan José Rosón, reconocido ex Ministro del Interior que no obtuvo escaño por Madrid, decidió volver a su actividad privado-profesional. El también ex ministro Jaime García Añoveros anunciaba en Sevilla su marcha alegando que "la oferta de centro es mucho más amplia que una simple tendencia democristiana..." Luis Gámir, por su parte, presentaba también la renuncia ante los órganos ejecutivos de Alicante; y del mismo modo, el presidente de UCD en Asturias, Emilio García Pumariño, sucesor del dimisionario Matías Rodríguez Inciarte, también desistía por "no sentirse identificado con la nueva UCD" (renuncia que abarcaba a gran número de militantes); otro tanto, pues, sucedía en la islas Canarias, principalmente en Tenerife, donde el alcalde de Santa Cruz, Manuel Hermoso Roca, solicitó la baja del partido. Y Juan Hormaechea, presidente regional de Cantabria vinculado a Martín Villa, manifestaba su deseo de ir a las elecciones municipales con un grupo de independientes y fuera de la disciplina de UCD. En Galicia, antes que disolverse o formar parte de las filas aliancistas, los ucedeos pretendieron —mediando en ello Enrique Marfany y Eulogio Gómez Franqueira— articular un par-

---

[18] Sobre 355 compromisarios presentes, la candidatura única obtuvo 266 votos a favor, uno en contra y 82 en blanco (previsiblemente de los azules).

tido regionalista moderado, pero finalmente el proyecto no prosperó aunque el líder orensano lo consiguió esporádicamente por separado.

Rodolfo Martín Villa, a quien el dibujante humorista Peridis perversamente representaba siempre en su viñetas con un puchero sobre la cabeza (símbolo de la manipulación electoral) clamaba[19] esos días por ir a las elecciones municipales con AP so pena de que UCD sufriera otro desastre electoral.

El 20 de diciembre, conocido ya que UCD carecía de posibilidades electorales por sí misma, el Comité Ejecutivo de AP celebró un largo debate acerca de las condiciones del pacto a que se podía llegar con UCD según la propuesta genérica adelantada por Landelino Lavilla unos días antes. Existía un sentimiento mayoritario, frente a la comprensiva postura de Fraga, de pedir concreciones a la propuesta de UCD. Ello significaba —lo había expresado así Fernando Suárez, número *dos*— que AP admitiría el entendiemiento para la designación de candidatos a alcaldías con generosidad *por abajo*, con las bases, pero esa unión de fuerzas no era tan necesaria *por arriba*. Habida cuenta de las diferencias internas que se revelaron en la reunión, el ejecutivo aliancista se sacudió el compromiso designando una "ponencia interna", de la que formaban parte Fernando Suárez, Alfonso Osorio, Verstrynge y Kirkpatrick. Esta técnica dilatoria, muy anglosajona por cierto, enfriaba el compromiso *histórico* de Fraga con la *mayoría natural* y contribuía, de otra parte, al total pudrimiento de la formación centrista y a la huida última de sus dirigentes.

Que Martín Villa pudiera —él por delante de sus amigos— sentirse incómodo tras su derrota en el Congreso extraordinario de UCD no le condicionó su permanencia en el grupo parlamentario centrista. La coherencia política la demostraba al afirmar[20]: "...no me iré de UCD llevándome el acta de diputado que gané con estas siglas". Pero a mediados de enero de 1983, pese a que se le reprochase que cortejaba a Fraga y AP, el veterano político dimitió de diputado por León porque sus correligionarios de UCD en la Diputación de León votaron la autonomía uniprovincial, intentando separarse de la comunidad castellano-leonesa.

En realidad, la mencionada votación era la manifestación de una vieja rivalidad —una guerra de campanario— entre los hermanos Martín Villa y los Suárez González con el trasfondo de un tema tan serio como el estatus jurídico administrativo de León. Los hermanos Suárez, otrora derrotados por el ex ministro de Administración Territorial, hoy eran vencedores en la nueva situación política y sometieron a pleitesía a los militantes de UCD que huían en desbandada durante el proceso de destrucción del partido. Sin embargo, Martín Villa no se dejó someter y renunció a la representación de aquella provincia en un acto de dignidad política que, por otra parte, le redimía de la obligación moral de continuar en UCD.

Los abandonos de UCD —*fugas incontenibles*, según decían los periodistas— fue la constante noticiosa de enero y de febrero, mientras en el seno del partido se discutía si continuar como opción propia, si coaligada a AP-PDP o si disolver el partido.

El 2 de febrero, en una cena con Fraga, Lavilla manifestó su intención de abandonar la presidencia de UCD, pero no lo hizo hasta ver en qué quedaban los acuerdos con AP-PDP en

---

[19] Véase *El País*, 21 de diciembre de 1982.
[20] Declaraciones en "Los desayunos del Ritz" tomadas por Pilar Urbano para *ABC,* 21 de diciembre de 1982.

cuanto a las listas municipales y que, al por menor, llevaba el secretario de Organización de UCD, Luis de Grandes[21]. No obstante, por parte del PDP se preparaba la recepción de ilustres militantes democristianos considerados *interesantes* (a la cabeza de ellos Javier Rupérez), frontalmente rechazada por otros, como Cavero, Álvarez de Miranda, Ortega y el mismo Lavilla, resistentes a declinar ante Fraga. En cualquier caso, se abrieron conversaciones serias para facilitar el pase en bloque de dirigentes y militantes de UCD hacia el PDP en la idea, con afortunada expresión marinera de Óscar Alzaga, de que "ha sido una oferta no a la barca sino a los barqueros". Era de este modo para que no se entendiese una fusión solidaria ni nada parecido, porque el PDP no deseaba asumir obligaciones patrimoniales con terceros (ante innumerables acreedores) contraídas por UCD.

La convergencia con el PDP —una absorción en la práctica— fue propuesta a los parlamentarios de UCD[22] por el comité ejecutivo, pero los no democristianos elevaron su discrepancia a la categoría de *casus belli* y la operación se vino abajo. Los dirigentes *confesionales* de UCD querían una convergencia gradual con sus afines del PDP, pero en el fondo lo que deseaban era que el traspaso de personas llevase aparejada también la sigla —y las deudas— en razón a que éstas se contrajeron en parte cuando los tránsfugas que están hoy en el PDP y en AP militaban en UCD. Por otra parte, en cuanto al lucro cesante, tanto la *UCD cristianizada* como el PDP se disputaron hasta el último momento, ante el triunfante Kelmut Kohl de la CDU alemana, cuál de los dos partidos recibiría el reconocimiento y las ayudas materiales de la Fundación Adenauer. Al final, tras largos tiras y aflojas, Javier Rupérez y Marcelino Oreja convencieron a los alemanes para que se inclinasen del lado del PDP.

Abatido y abandonado de sus seguidores, Landelino Lavilla presentó la dimisión ante el Consejo Politico de UCD el 18 de febrero de 1983. Era el final del recorrido, el agotamiento irremediable de UCD conforme se recogía en el documento que la Comisión Gestora[23] —liquidadora— había redactado como acta final: "la persistencia como partido político concreto podría incluso acarrear efectos negativos".

El acta de defunción pudo ser la de la reunión del Consejo Político del 18 de febrero, aunque, como bien dice Silvia Alonso Castrillo, no guarde la forma simétrica de su partida de nacimiento[24]. Políticamente aquel fue el final, el último acto partidista no parlamentario, antes que la comisión gestora liquidara e hiciera extinguir la entidad.

Con el honrado y digno encargo de apagar la luz y cerrar la puerta, preservando que de las siglas UCD nadie pudiera lucrarse políticamente en las elecciones siguientes, los gestores-liquidadores cumplieron su cometido respecto del partido. El grupo parlamentario, sin embargo, se

---

[21] A mediados de enero der 1983 una treintena de los comités provinciales de Alianza Popular se habían expresado contrarios a un pacto con UCD de cara a los comicios municipales y autonómicos, con la excepción de los comités del País Vasco, en respuesta a la decisión del Comité Ejecutivo Nacional de AP de dejar en libertad a las organizaciones provinciales. El argumento central para tales negativas era que si no se vio conveniente este pacto para las elecciones generales, debían persistir los mismos motivos para estos comicios territoriales.

[22] Doce diputados y siete senadores.

[23] El Consejo Político de UCD, al tiempo que recibía la dimisión del presidente, Landelino Lavilla, aprobó el nombramiento de una Comisión Gestora para llevar a cabo la liquidación política y económica del partido. Estaba presidida por Íñigo Cavero y la componían, además, Vicente Álvarez Pedreira, Fernando Álvarez de Miranda, José Miguel Bravo de Laguna, Eulogio Gómez Franqueira y José Antonio Escartín, asesorados por García Palencia y Miguel Ángel Arroyo.

[24] Silvia López Castrillo, *La apuesta del centro. Historia de UCD*, Alianza, 1996, pág. 544.

dio un plazo hasta septiembre para disolverse e integrarse en otros grupos, singularmente en el mixto. Plazo de reflexión que también se lo tomó Landelino Lavilla, aunque finalmente dimitió dando asiento en su escaño a quien no lo pudo ocupar por las urnas: Leopoldo Calvo-Sotelo.

Landelino Lavilla, equivocado cuanto se quiera en el campo político, estuvo a la altura de sucumbir con su partido —como capitán de un buque en naufragio— lejos de actuar como el profesional de la política, que a la menor oportunidad traslada sus ambiciones no sólo a otro partido, sino, en muchos casos, a otras ideologías.

La arriesgada cacicada de expropiar Rumasa

Prevaliéndose tal vez del afán de impresionar por encima de la prudente y preparada decisión, el 23 del febrero de 1983, justamente dos años después del golpe de Estado, el Gobierno socialista daba el *golpe de efecto* de expropiar, al filo de la medianoche, al grupo financiero-empresarial Rumasa[25].

Otra interpretación no poco sensata sostiene que fue una decisión más producto del miedo (el de un gobierno novato ante la eventual avalancha de la mayor quiebra de un grupo español) que de la soberbia.

Dirigido por la inteligente audacia del empresario jerezano Ruiz Mateos, reconocido miembro del Opus Dei, el grupo Rumasa (identificado en su anagrama por la laboriosa abeja en su celda exagonal) era un *holding* de 222 sociedades, de las cuales 17 eran bancos de diferente dimensión, que daba empleo a unos 45.000 trabajadores. Ello no obstaba para que el grupo concentrase un enorme riesgo, realimentándose en sus necesidades financieras con el pasivo de los bancos; efectivos de caja que Ruiz Mateos también utilizaba —en una huida expansiva—para comprar nuevas empresas (como últimanente había hecho adquiriendo Galerías Preciados y el Banco Urquijo).

La más palpable prueba de la precipitación gubernamental vino dada por el hecho ridículo de que el Gobierno no conocía la lista completa de empresas expropiadas y, aparte de dejar fuera de la decisión a un gran número de ellas, el Real Decreto-ley expropiatorio afectó a varias compañías no pertenecientes a Rumasa. Las sucesivas rectificaciones de la norma en el *Boletín Oficial del Estado*, por otro lado, confirmaba el titubeante proceder del Gobierno. No obstante, la cuestión de fondo que se reveló entonces —y aún permanece viva— es el carácter dudosamente constitucional de expropiar sin señalar *justiprecio* y si esta intervención gubernamental era un atentado contra la libertad de empresa y el derecho a emprender (y a arruinarse) de todo empresario.

La sorpresa[26] se produjo a las 23,40 horas del 23 de febrero de 1983 cuando el Secretario de Estado Portavoz del Gobierno, Eduardo Sotillos, anunció en el tercer telediario de RTVE y

---

[25] Rumasa se constituyó en mayo de 1961 en Jerez de la Frontera (Cádiz) bajo la advocación de la Virgen del Perpetuo Socorro y con el símbolo de una abeja. Con un capital de 300.000 pesetas y siete empleados, Ruiz Mateos, profesor mercantil, inició su vida empresarial dedicando la compañía a la exportación de vinos siguiendo la tradición paterna.

[26] El periodista Joaquín Madina sostiene ("Historia de la democracia", capítulo 30, pág. 618 de *El Mundo*) que fue paradójico que Eduardo Sotillos leyera la nota de expropiación cuando el periódico del que él había sido director, *La Tribuna Vasca*, a principios de febrero había publicado una información sobre las dificultades de algunos bancos de Rumasa…, "lo que abría camino a la sospecha de que el Gobierno socialista estuviera estudiando la manera de hacer cumplir a Ruiz Mateos las recomendaciones del Banco de España".

en el informativo correspondiente de Radio Nacional la decisión del Gobierno, dando lectura a una escueta, incompleta y enigmática nota:

> "El Gobierno, con objeto de garantizar plenamente los depósitos de los bancos, los puestos de trabajo y los derechos patrimoniales de terceros que considera gravemente amenazados, ha aprobado un Real Decreto-ley de expropiación de los bancos y otras sociedades del grupo Rumasa. Las razones de esta decisión del Consejo de Ministros entran de lleno en las consideraciones de utilidad pública e interés social previstas en el artículo 33.3 de nuestra Constitución. Con esta medida, el Patrimonio del Estado se hace cargo de las entidades, asegurando así, absolutamente, los derechos de los depositantes y de los empleados"[27].

La toma del acuerdo por el Gobierno en su reunión partida, de mañana y tarde, en el palacio del Congreso no fue muy controvertida. Porque aunque las sesiones del Consejo de Ministros son secretas, se pudo conocer que el entonces titular de Industria, Carlos Solchaga, fue el más entusiasta de expropiar (de conformidad con la hipótesis cuarta o extrema de un informe del Banco de España) todo el bloque de sociedades: bancos y empresas, rebasando incluso el propósito inicial de Boyer[28].

Ciertamente, en los días intermedios hubo intentos de conciliación a fin de evitar la inestabilidad del sistema financiero y que cundiese el pánico entre los impositores bancarios. Pero el fuerte carácter de los dos personajes hacía previsible el conflicto, que se produjo con el sino de la fatalidad durante un proceso muchas veces emocional e incontrolado. Hubo, sin embargo, intentos diplomáticos de mediación que asimismo fracasaron. Ernesto Ekaizer ha escrito[29] que Adolfo Suárez acudió a la Moncloa por invitación de Felipe González para comentar el problema de Rumasa en la tarde del 21 de febrero y proponer una salida negociada.

Aunque Ruiz Mateos venía sosteniendo desde años atrás una actitud de rebeldía ante la autoridades monetarias en punto a la concentración de riesgos y a la utilización arbitraria de las reglas financieras y tributarias, la pregunta era si al expropiar se tenían en cuenta razones económicas o meramente políticas. El Gobierno socialista se enfrentó a un problema que ya lo habían padecido los

José María Ruiz Mateo frente a las Torres Rumasa —hoy Torres de Jerez—, las cuales eran un símbolo de triunfo de la iniciativa privada, en la madrileña plaza de Colón. El dibujante Máximo, con la abeja del logotipo de Rumasa entre rejas, supo expresar con fino humor la expropiación.

---

[27] El apartado 3 del artículo 33 de la Constitución dice: "Nadie podrá ser privado de sus bienes y derechos sino por causa justificada de utilidad pública o interés social, mediante la correspondiente indemnización, y de conformidad con lo dispuesto por las leyes".

[28] Tanto Julio Feo (*Aquellos años,* pág. 252) como Ernesto Ekaizer (*Memoria de la transición,* pág. 562) confirman expresamente lo que por aquellos días era un confidencial rumor.

[29] *Memoria de la transición,* diario *El País,* Taurus, pág. 561.

gobiernos de UCD y no supo resolverlo en las formas, pues volcó sin templanza sobre el asunto la *carga ética* de diez millones de votos[30].

Una bíblica plaga de reacciones contrarias al método de expropiación inundó a la opinión pública el 24 de febrero y siguientes días[31], empezando por la CEOE, que, aparte señalar la dudas constitucionales sobre el procedimiento, enjuiciaba la actuación gubernamental como precipitada, "... sin haber analizado el coste social y su repersución tanto en el mercado nacional como en el extranjero". La patronal bancaria (AEB), por su parte, hubiese preferido, decía en una declaración, un acuerdo entre el Gobierno y Rumasa antes que la adopción de medidas drásticas, pues "la vía del decreto-ley utilizada podría hacer pensar que se iniciaba un sistema de indefensión del sector privado ante la actuación discrecional del Estado..."

En Coalición Popular se guardó silencio táctico al principio, y solo Pedro Schwatrz, en cuanto portavoz de Economía, salió a la palestra para poner en cuestión esta gravísima medida, con el anuncio de una interpelación urgente al Gobierno para el próximo Pleno del Congreso, después de calificar la medida gubernamental como "catástrofe financiera" y de exigir reparaciones: "La mejor indemnización posible es la dimisión del Gobierno", dijo también.

Al final, el debate fue programado para el 1 de marzo en orden a convalidar el Real Decreto-ley en medio de una inusitada expectación. Los días anteriores, por lo demás, el Gobierno desplegó todos sus tentáculos y resortes buscando adhesiones a su causa y, por el lado opuesto, Ruiz Mateos también se sirvió de todos los registros a fin de lograr una reparación. Ambas corrientes se concentraron en Alianza Popular y sus coaligados, pero en este problema se abrió camino la sensatez.

En un principio, Fraga había aconsejado que el debate se hiciese desde una perspectiva económica y que fuera Pedro Schwartz el diputado encargado de realizarlo, pero la Asesoría del Grupo parlamentario logró convencer a Miguel Herrero, primero, y después a Fraga en cuanto a que se defendiese el sistema constitucional vulnerado por la expropiación. Es decir, que predominasen los aspectos jurídicos-formales sobre la defensa —aparente o real— del empresario jerezano. El encargo recayó en el portavoz Miguel Herrero, que, aparte recibir el respaldo de Fraga para este difícil debate, sumó el acuerdo del Comité Ejecutivo aliancista en su reunión del 28 de febrero de acuciar dialécticamente en el sentido apuntado. Recuerda Fraga a propósito de este asunto que en la víspera del debate, por la noche, recibió una llamada de Rafael Termes, presidente de la patronal bancaria, para "que no apretemos en el debate"[32].

---

[30] En sus memorias *(Aquellos años,* pág. 252), Julio Feo ha revelado que años después de haber salido de la Moncloa se enteró que fue Carlos Solchaga y no Boyer quien planteó en el larguísimo Consejo de Ministros la expropiación de Rumasa, ya que el Ministro de Economía y Hacienda sólo propuso el tipo de respuesta que había que dar a la actitud de Ruiz Mateos.

[31] Si por sorpresa cogió la medida de expropiación de Rumasa a sus propietarios, no menos inopinadamente la noticia chocó contra la clase dirigente. En una rueda de opiniones *(ABC,* 24-2-83) los políticos estaban desconcertados por falta de información. Así, Roca Junyent no quiso hacer comentarios; a Fernández Ordóñez le pareció bien la medida; Miguel Herrero creyó responsable de la situación al Gobierno por sus declaraciones irresponsables; a los dirigentes del CDS la medida les pareció atentatoria contra la Constitución, y, con mayor claridad, Pedro Schwartz, portavoz económico de AP, se descolgó desde el primer momento denunciando la expropiación como "un grave atentado contra la propiedad privada y el derecho de los españoles".

[32] Fraga *(En busca del tiempo servido,* pág. 307) dice de esta conversación que fue "una de las más desagradables de mi vida". Y añade: "Decliné el encargo; se trataba de defender la Ley y la Constitución". Con anterioridad, el día 25 de febrero, Termes visitó a González en la Moncloa para oír del Presidente del Gobierno que la expropiación no era una nacionalización de izquierdas. Quizás por ello, a la salida de la audiencia, declaró que "no hay ningún tipo de inquietud por la medida. Es razonable".

El diputado popular y catedrático de economía Pedro Schwartz, que cumplía el encargo de agrupar a los liberales en el partido Unión Liberal, consintió que el debate de Rumasa lo hiciera Miguel Herrero con un enfoque jurídico procesal, en vez de hacerlo él en torno al eje de la confrontación de los modelos económicos liberal y socialista, y se jugó su futuro político.

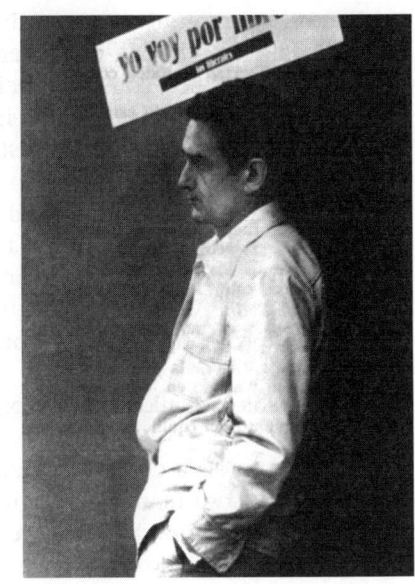

La actitud consentida de Pedro Schwartz de que el debate lo desempeñase Miguel Herrero bajo un enfoque procesal y constitucional, le privó a aquél de la gran oportunidad de su carrera política de confrontar los modelos económicos en curso (el emergente liberal y el caduco socialdemócrata) y saltar al conocimiento público de la audiencia máxima de televisión. Tras esta torpeza, el venidero relevo de Schwatz en el campo liberal fue más fácil porque ya no era un *ungido líder.*

Herrero pronunció un riguroso discurso de crítica jurídica a la, a todas luces, vulnerable y sedicente norma, pero adornado de la claridad. Por ello venció ampliamente a su oponente Miguel Boyer, encasillado en los argumentos económicos, razón por la que se quedó sin sitio y que tampoco supo ocupar el Ministro de Justicia, Fernando Ledesma, en una apurada intervención. La influencia mediática de la televisión, que estereotipa las formas, provocó el éxito de un famoso desplante de Miguel Herrero dirigiéndose a un Guerra sonriente, lo que ha sido recordado como lo más sobresaliente de aquel discurso y, quizás, de todo el repertorio oral de Miguel Herrero ("El señor Guerra se asombra porque no sabe de esto").

Con la innecesaria ayuda de toda la izquierda y, sorprendentemente del PNV, el PSOE logró que el Decreto-ley fuese convalidado y que se viese el trámite, con el procedimiento de urgencia, de su conversión en ley.

El Grupo Popular, siendo comisionado el diputado José María Ruiz Gallardón, presentó un recurso de inconstitucionalidad al Decreto-ley con el concurso y la ayuda de varios expertos en Derecho Administrativo y, asimismo, del procesalista Jaime Guasp. Pero como quiera que el Decreto-ley se convirtió en ley tras su correspondiente trámite, ésta, en cambio, no fue impugnada ante el Tribunal Constitucional conservando todos los méritos para ello, pues tenía el mismo articulado que el Decreto-ley.

Miguel Herrero explica en sus memorias[33] que el presidente del Tribunal Constitucional, Manuel García Pelayo, de quien se consideraba amigo, le aseguró que el Tribunal declararía la inconstitucionalidad del Decreto-ley si no impugnaban la Ley, tan inconstitucional como aquél aunque por distintos motivos. Con todos estos datos, el Grupo Popular declinó seguir adelante en recurrir dicha norma fiándolo en una falsa promesa.

A continuación, en los sucesivos meses, se entabló la guerra de la constitucionalidad sobre la expropiación. La mayoría de los juristas, los medios de comunicación en gran parte, la clase dirigente y, en suma, mucho más que la mitad de la sociedad entendían que la expropiación había sido una formidable cacicada.

---

[33] *Memorías de estío,* pág.296.

Pero el asunto quiso que se tiñiese de política siendo en esencia, en su fondo, un problema de legalidad. Al final, en diciembre de 1983 la sentencia fue conocida también con escándalo, pues la publicó como primicia *El País* (porque le fue facilitada *desde dentro* de la institución con grave ruptura del principio de igualdad) socavando todavía más, aparte de por el inaudito fallo, el cuestionado prestigio del Tribunal Constitucional.

La clave del fallo favorable al cuadro formal de expropiación por decreto-ley, ya que la cuestión de fondo no se sometía al arbitrio del Tribunal, residió en su presidente, Manuel García Pelayo, de setenta y tres años, constitucionalista de prestigio que había estado exiliado en Puerto Rico y Venezuela hasta su incorporación al Tribunal en 1980. Ante un empate a seis de los miembros del Tribunal, el presidente hizo valer su voto de calidad (voto doble) que inclinó la balanza en favor de la tesis gubernamental con una sentencia insólita en la que se declaraba la constitucionalidad de la expropiación siempre que no volviera a repetirse.

La acerva oleada de críticas y arremetidas contra la resolución desembocó en García Pelayo, quien superado su mandato retornó a Venezuela, donde murió al final de los noventa en compañía de su amargura. Sin duda, en el ejercicio del voto de calidad de García Pelayo pudieron pesar criterios políticos (una sentencia adversa hubiera supuesto la dimisión del Gobierno), mas esa actitud arruinó la imparcialidad del jurista. Los magistrados disidentes de la mayoría articularon, en cambio, un voto particular conteniendo sus puntos de vista. Decían, respecto de la adquisición del pleno dominio de la acciones de Rumasa por el Estado, que "... al margen por completo del sistema general expropiatorio, es decir, la privación del derecho de propiedad, afecta indudablemente a este derecho, por lo que el decreto-ley excede en este punto del límite que establece el artículo 86.1 de la Constitución y es, por tanto, inconstitucional".

Era lamentable, de entrada, que los magistrados no pudieran hallar una fórmula de convergencia que permitiera una votación cualitativamente mayoritaria que soslayase el desprestigio y la fractura de tan importante institución.

V Congreso Nacional de Nuevas Generaciones

El núcleo juvenil de militantes aliancistas, en alto número dirigentes provinciales del Partido, estaba ya formado y ajustado en abril de 1983 cuando, en un hotel de Madrid, se celebró el V Congreso Nacional de Nuevas Generaciones. La distinción del grado de participación en Alianza Popular desde su organización juvenil es, a los efectos históricos, difícil de precisar. Pero aún así era muy numerosa y activa la juventud, tanto en el centro como en la periferia, porque la carrera política era más fácil desde Nuevas Generaciones que desde el Partido mismo; al habérsele reconocido una cuota de participación en los principales órganos colegiados de decisión y de deliberación (se llegó al 28 por ciento) y permitir que algunos de sus dirigentes fuesen *liberados*, con retribuciones significativas, conforme casi a una categoría profesional específica. Pertenecer a Nuevas Generaciones era, para no pocos, una carrera.

Bajo el patrocinio directo de Jorge Verstrynge, con la vista puesta en autofortalecer su imagen de candidato a la alcaldía de Madrid en las elecciones municipales y autonómicas, los días 9 y 10 de abril cerca de un millar de jóvenes debatieron cuatro ponencias: "Derechos humanos", defendida por Arturo Gómez Villalba, uno de los candidatos a presidente de la organización, que fue rechazada por una enmienda a la totalidad; "Tesis política", defendida por Luis Castro Valdivia, que fue aprobada; "Juventud trabajadora", presentada por Arturo Losada Malvárez, que asimismo fue sustituida por una enmienda de totalidad, y "Ecología y Medio ambiente", que no fue discutida por falta de tiempo, por lo que se utorizó su debate y aprobación a la Junta Nacional.

Entre las conclusiones aprobadas por el Congreso se subrayó ante los medios de comunicación la que abogaba por la reducción del servicio militar obligatorio a diez meses, en régimen de media jornada, y para ser prestado en la región de origen. Un tanto más discutible fue la recomendación, aunque contagiada del espíritu de tolerancia ambiental, de que el Código Penal distinguiese la cantidad de droga destinada al consumo de la que podía constituir comercio

El secretario de la organización, Gonzalo Robles Orozco, presentó su candidatura a la presidencia como también lo hizo Arturo Gómez Villalba, pero las urnas subrayaron el buen trabajo que venía realizando aquél desde el secretariado: 645 votos frente a 74.

El nuevo presidente, de veinticuatro años recién cumplidos, sustituía a Antonio Martín Beaumont y le avalaba una presencia circunspecta, de hombre sosegado y de fácil expresividad. Robles era todo un ortodoxo perfectamente sintonizado con la jerarquía. Militaba en AP desde la edad de veinte años y el trabajo lo desempeñaba eficaz y silenciosamente. Había abandonado los estudios de Medicina y, aunque logró ser ayundante técnico sanitario, estaba más interesado por entonces en cursar los estudios de Ciencias Políticas.

De la mano de Robles, Nuevas Generaciones inició un largo camino de renovación *centrada ideológicamente* a través de los congresos provinciales y, de otra parte, consiguió la integración en la European Democratic Student[34] y un buen marco de relaciones internacionales.

Con la idea de renovar generacionalmente el partido, NNGG cobraron un gran impulso entre los años ochenta y ochenta y seis, siendo una escuela de dirigentes. Los clubs juveniles, los campamentos de verano y las Nuevas Generaciones Universitarias eran ambiciosas metas de encuadramiento juvenil que, pese al paso de los años, todavía funcionan con vitalidad en tanto foros de formación. Es de aquella época la anécdota que explica el riesgo —el grado de atrevimiento— que NNGG asumía, por ejemplo, con el servicio militar.

El primer disgusto serio que cosechó Gonzalo Robles con Fraga sucedió cuando el joven dirigente postuló públicamente la aceptación de la objeción de conciencia como un problema normal que resolvería el Ejército profesional. Era en una reunión de *maitines*[35], en la que Fraga dijo que sostener esa postura era una barbaridad. Como Robles Orozco insistiese en la oportunidad de la medida, adelantándose a los tiempos que venían, Fraga dijo: "En mi época, a los hombres se les daba un par de leches en el Ejército y se acababan las blanduras. Le ruego que rectifique".

Robles Orozco, abrumado por la bronca, quiso presentar la dimisión, pero no hubo lugar a ello porque a Fraga se le pasó y no exigió siquiera la rectificación de su colaborador.

---

[34] La EDS es un organismo que integran las ramas juveniles de los partidos liberal-conservadores europeos. La incorporación de NNGG se llevó a cabo en agosto de 1983, con la firma de un protocolo de adhesión efectuado en Axin (Francia).

[35] Testimonio de Gonzalo Robles al autor, quien, por su parte, fue testigo del encontronazo por asistir aquel día a la reunión, en fecha no determinada.

Elecciones autonómicas y municipales de 1983

Las elecciones del 8 de mayo de 1983 significaron la culminación institucional del Estado de las Autonomías, por cuanto que se eligieron por vez primera las asambleas legislativas de trece comunidades y, en la segunda urna de cada colegio, se eligieron además los Ayuntamientos para otro mandato de cuatro años, resultando en ambos comicios la confirmación del bipartidismo político pergeñado en las elecciones generales del 28 de octubre anterior. Fue en esta campaña cuando se suscitó, con firmes patrocinios de sectores financieros, la teoría del *Techo de Fraga*, según la cual se abría su sucesión o relevo al frente del centro-derecha ante la imposibilidad de que él superase el 30 por ciento del electorado.

Siempre en elecciones. Apenas se constituyeron las Cámaras en diciembre la agenda política registró la cita para el proceso electoral autonómico, de culminación en trece regiones, y la simultánea de los ayuntamientos en los más de ocho mil municipios. Para mover ese ingente tinglado —*Política ex maquina*— los partidos se aprestaron a movilizar las estructuras territoriales, y así Alianza Popular inició los primeros movimientos: organizar la *pata* liberal del trípode que quería ser Coalición Popular; recabar financiación suficiente, y buscar para Madrid un candidato que con tirón y prestigio hiciese frente a Tierno Galván, toda vez que la alcaldía de Madrid tenía valor emblemático y peso en la media aritmética de España.

Pedro Schwartz se disponía a organizar Unión Liberal con el fin de agrupar a los liberales dispersos, tanto más desde la inminente disolución de UCD[36]. Antonio Garrigues, comprometido con Miguel Roca en el proyectado Partido Reformista, hacía otro tanto con su también fantasmal PDL, negando el pan y la sal a quien se aproximase a aquél como si fuese el legitimado único de la ideología de Adam Smith, cuando en realidad sólo tenía la homologación internacional de una organización poco influyente.

Ante la terca negativa de Garrigues de sumarse al carro de la *mayoría natural*, Fraga hizo también lo más natural en estos casos: crear un sucedáneo que hiciese de la necesidad virtud. Pero Mario Armero intentó antes, en un cordial almuerzo habido en su casa el 24 de diciembre, que Fraga y Garrigues se arreglasen. El villalbés lo anota en su diario de esta manera:

> "(...) Garrigues se ha puesto nervioso porque sabe que Pedro Schwartz, elegido como independiente en nuestras listas, se dispone a organizar la Unión Liberal (nombre ilustre en nuestra historia) para reagrupar a todos los liberales dispersos. Garrigues lo plantea como un *casus belli;* yo le hago notar que él tuvo la posibilidad de venir con nosotros, que la dejó pasar, y que aún está a tiempo de integrarse en la Unión Liberal. No aceptará, y ya se sabe lo que ocurrió después"[37].

Tan dado Miguel Herrero a bautizar los trabajos especiales, colocó el de *Operación Minerva* a la fundación y organización de Unión Liberal, que, por encargo de Fraga contribuyó a crear

---

[36] En la proximidad del Congreso de los Diputados existía un local a nombre del Centro de Economía Liberal Conservador (CELICO) que presidía Alfonso Osorio y del que era secretario Pedro Schwartz, encargado de impulsar la organización partidista que más tarde surgió.

[37] M. Fraga, *op. cit.*, pág. 300. Aunque Garrigues estaba firme en oponerse a un pacto con Alianza Popular, pues ya estaba comprometido con la operación reformista de Roca, algún sector de su minúsculo partido era partidario de pactar antes que ir solos a las municipales. Garrigues, en todo caso, en el Congreso del PDL celebrado en Madrid en enero de 1983, utilizó la idea de pactar con Coalición Popular sólo en algunas provincias, lo cual no fue atendido.

en secreto junto a Pedro Schwartz y Fernando Chueca (éstos secretario general y presidente en ciernes) en reuniones de primeros de año de 1983 y sostenidas algunas veces en casa de Chueca. Aspiraban a abrir un banderín de enganche de intelectuales y profesionales, con cuya adhesión iniciaría el partido su andadura. Fue un rotundo fiasco. El veterano liberal, según narra en su libro de memorias[38], fue quien se ocupó del documento programático *Ideario de Unión Liberal"* y contribuyó a la legalización, que se llevó a cabo el 19 de enero[39]. Casi un mes después, con vistas a ir en coalición formal a las elecciones territoriales, se firmó el pacto entre Alianza Popular y Unión Liberal, que para empezar a funcionar recoge a algún funcionario del partido nodriza y alquila un local en la plaza de las Cortes. De los primeros pasos de la organización se lamenta Fernando Chueca, entonces en luchas contra el socialismo por conservar la dirección del Ateneo de Madrid, por entender que el secretario general (Schwartz) está muy influido por un grupo juvenil con quien él no sintoniza y del que dice:

> "(...) Personas como Miguel Ángel Cortés, Lorenzo Bernaldo de Quirós, Arturo Moreno, Fernando Aragoneses (¿Carlos Aragonés?), a quienes pilota Jesús Galera, no paran de socavar mi influencia en el partido.
> (...) Para ellos lo único que interesa son los cuadros, despreciando totalmente las bases, el estado llano. Formaban una especie de club amparado en su propia reserva cuya atmósfera de *snobs* afectados y autosuficientes yo no podía resistir pero que, sin embargo, seducía a Pedro Schwartz, que también tenía algo de *snob* displicente"[40].

Aparte de la antedicha queja, Chueca atribuye el escaso empuje de Unión Liberal en sus comienzos a dos defectos personalizados en el líder (Pedro Schwatrz): a la falta de criterio —"se dejaba conducir dando bandazos a diestro y siniestro"— y a que no tenía rercursos económicos que respaldasen el funcionamiento de un partido político.

El primero de año de 1983, Fraga, aprovechando la llamada telefónica que le hizo José Antonio Segurado para felicitarle por su santo, concertó un almuerzo para el martes 4 en Jockey. El villalbés tenía en buena ley al presidente de la patronal madrileña, CEIM, porque éste había sido siempre un cabal mediador y aliado para recabar ayudas económicas y postular el pacto de UCD y AP con Fraga de líder *patrón*.

A Enrique Tierno, el viejo tótem de Madrid que escribía salutaciones en latín, había que contraponerle la figura dinámica y joven de un empresario y buen gestor aunque no tuviese adornos académicos, como José Antonio Segurado. Fraga andaba por esos días buscando y al fin se fijó en el empresario que circulaba en motocicleta, y así lo puso en conocimiento del secretario general de AP, Jorge Verstrynge. Los democristianos del PDP postulaban a su candidato, José María Álvarez del Manzano, con un excelente perfil técnico y humano, pero en las conversaciones privadas ni mucho menos forcejeaban en su defensa. Fraga incluso pensó en postular a Antonio Garrigues ante ciertas presiones del Club del Sable[41].

---

[38] Fernando Chueca Goitia, *Liberalismo,* Editorial Dossat 1989, pág. 435.

[39] Firmaron el acta constitutiva de Unión Liberal el que iba a ser su secretario general Pedro Schwartz, así como Carlos Marquerie y José María Martín Puertas, con el número 15 del Registro de Partidos Políticos.

[40] Fernando Chueca, *op. cit.,* pág. 435.

[41] Javier Saavedra y un grupo de amigos regentaban ese club tan unido meses atrás a Miguel Herrero, y por esos meses presionaron cerca de Fraga para que contase con Garrigues como candidato a alcalde por Madrid, sin resultado como ha quedado dicho.

Existía, no obstante, el interés oculto de que el candidato a la alcaldía de Madrid fuese Jorge Verstrynge, idea alentada por el presidente de AP-Madrid, Carlos Ruiz Soto, que no quería cuñas extrañas de fuera de la organización.

Desde el momento que Segurado recibió la oferta de Fraga, se vio tentado de aceptar, pero prometió pensarlo —y utilizar la oferta como cotización al alza— ante la elección a la presidencia de la CEOE prevista para 1984 y en la que pensaba como sucesor de Carlos Ferrer Salat.

"Si Dios no lo remedia, Segurado será alcaldable", le dijo Verstrynge a su colaborador y amigo Javier Carabias. El secretario general estaba abatido y traducía el temor de otros dirigentes del partido porque Segurado, sin oficio y escasos beneficios, fracasaría en la campaña y se refugiaría en la sede nacional mangoneándolo todo desde una vicepresidencia de consolación, objetaban. ¿Qué se puede hacer?

Javier Carabias intentó estropearlo —y fructificaría con éxito la iniciativa— llamando a la periodista Joaquina Prades de *El País* y dándole la primicia que el rotativo madrileño publicó, con todo despliegue en la primera página el lunes 10 de enero ("Fraga propone a José Antonio Segurado que encabece la candidatura municipal de AP en Madrid", decía el titular)[42]. En la misma información, a lo largo de la cual se informaba que el candidato popular no ganaría la alcaldía a la vista de encuestas, el presidente de la patronal madrileña decía a la periodista:

> (...) "Es difícil que acepte encabezar la candidatura porque yo soy fundamentalmente un empresario y no un político. Me debo, antes que a otras cosas, a la organización que presido, que me ha elegido su representante hasta junio de 1984"[43].

En la reunión de *maitines* del lunes 10 de enero, Fraga no ocultó su enorme disgusto, y los reunidos, cada uno por cinscunstacias diferentes, se llamaron a andana respecto de la filtración noticiosa y si acaso derramaron lágrimas de cocodrilo. Y en la reunión del Comité Ejecutivo de por la tarde, donde se acordó la negativa de pactar con UCD a nivel nacional, tampoco se abordó el tema a las claras y hubo cierto alivio por el globo que se había pinchado en la prensa, parando al intruso.

Perdido el efecto sorpresa, la operación Segurado quedó desvirtuada, con el disgusto del proponente. A este respecto Fraga calificó en su diario de "lamentable filtración", haciendo pensar, por lo que anotó dos días después en su diario, que la propuesta de Segurado para la alcaldía de Madrid era en combinación con Ferrer Salat a fin de dejar el camino expedito en la sucesión de la presidencia de la CEOE. Sólo así se explica que Fraga apuntase:

> Miércoles 12: (...) Me reúno con Carlos Ferrer; empiezan los complejos problemas de su sucesión en CEOE; hablamos de la candidatura de Segurado, lamentando ambos que no aceptara..."[44].

---

[42] Testimonio de Javier Carabias al autor, al que añadió que estuvo almorzando con la periodista en un restaurante chino el viernes 8 de enero para darle la información, que aquélla contrastó en todos sus extremos y sin revelar la fuente primigenia.

[43] El miércoles 12, después de consultarlo con Ferrer Salat y con la junta directiva de la CEIM, que sin embargo le dejaron manos libres para decidir, declinó la oferta, no sin afirmar que si hubiera tenido intereses políticos habría aceptado la oferta que le hicieron Verstrynge y Luis Ortiz de ir de número dos en la lista del AP al Congreso en la pasadas elecciones generales. Véase *El País* de 12 de enero de 1983.

[44] M. Fraga, *op. cit.*, pág 302.

Para unos, la designación de Jorge Verstrynge candidato a la alcaldía de Madrid era la inmolación del delfín por el seguro fracaso electoral que significaría su comparecencia. Pero para otros, incluido el propio Fraga, la nominación no representaría otra cosa que lo falso que era lo del *techo de Fraga*, porque en la capital de España el candidato pelirrojo mejoraría los resultados de las generales en tanto que el PSOE bajaría los suyos. Era además la forma de contraponer la figura del *Viejo Profesor* (Tierno) al *Joven Profesor* (Verstrynge), ancianidad y futuro.

La candidatura estaba avalada por la base populista de Madrid que administraba el doctor Carlos Ruiz Soto, y no por los aliancistas burgueses. Los parlamentarios de nuevo cuño, pertenecientes a esa especie de oligopolio tecnocrático enfrentado al *aparato*, también se alegraron porque entendían que se precipitaba su caída. También era una solución, porque Verstrynge acogería en su lista a diversos altos empleados del partido a los que se daba entrada en política y, más que eso, a quienes se liberaría del sueldo partidista, si no en todo al menos en parte, aligerando así las finanzas.

Para cortar la suerte de rumores de todo orden el 2 de febrero de 1983 Fraga presentó súbitamente la candidatura "... para acabar con tantas especulaciones que empezaban a molestar a algunas personas"[45]. El candidato, por lo demás, justificó su candidatura diciendo que vivía en Madrid desde hacía diecisiete años; que el actual portavoz popular en el Ayuntamiento, Álvarez del Manzano, tendrá seguro un puesto destacado en la lista, y que realizaría una campaña que "iba a hacer época, sin escatimar medios, con la intención de llevar la imaginación al poder municipal".

Lo acertado de la candidatura al municipio de la capital tuvo su réplica en la candidatura a la comunidad, uniprovincial, que constituían 187 pueblos y dos pedanías incluido un populoso *Cinturón rojo*, al designar Coalición Popular al embajador Luis Guillermo Perinat, Marqués de Campo Real, Grande de España. Le faltaban unos meses para cumplir los sesenta años cuando se le propuso la candidatura, a punto de abandonar el puesto de embajador en Moscú (había estado con anterioridad de embajador en Londres), apuntando todas las fuentes a que esta ocurrencia fue por obra e inspiración del también diplomático Carlos Robles Piquer. Válido es, para explicar su desginación, el testimonio franco de sus memorias[46]:

> "(...) Coger el tren en marcha no suele ser nunca bueno porque te encuentras los asientos ocupados, y buscar uno libre siempre es tarea trabajosa y levanta ronchas entre los muchos que ya se encuentran en el tren desde su salida de la estación. Y esto es lo que probablemente ocurría conmigo al figurar con el número en la candidatura de Alianza Popular... El puesto se lo debía exclusivamente a la decisión del presidente del Partido Manuel Fraga, ya que hasta unos días antes de cerrarse las listas ni siquiera era afiliado a Alianza Popular.
>
> Muy pronto me di cuenta de la debilidad de mi situación. Las personas que habrían de acompañarme en mi candidatura, y por tanto formar parte de mi futuro equipo, fueron también seleccionadas por el presidente Fraga, pero muchas a propuesta del aparato burocrático del Partido sin que yo interviniera en su elaboración, cosa, por cierto, lógica, puesto que por mi ausencia de España prácticamente no conocía a nadie en Alianza Popular".

Las flaquezas meritocráticas de Fraga en favor de amigos no siempre benefician a los elegidos y, en este caso, Perinat entró en AP a contrapelo por la vía electoral no sin ser víctima

---

[46] Luis Guillermo Perinat, *Recuerdos de una vida itinerante*, pág. 244, Editorial Compañía Literaria, Madrid, 1996.

reiterada de la chacota, cuando en realidad su experiencia y saber fueron muy útiles en el área de relaciones internacionales[47].

Cinco mil setecientas candidaturas locales de Coalición Popular

Las elecciones autonómicas y municipales de mayo de 1983 fueron la comprobación de que todo el tejido territorial aliancista, reconstruido o hilvanado en pocos años, funcionaba. Para estos comicios se concertó la Coalición Popular con el logotipo oficial AP-PDP-UL en todo el territorio nacional, que en Valencia añadía la siglas de Unión Valenciana (UV). Los partidos regionalistas Unión del Pueblo Navarro y Partido Aragonés Regionalista se desengancharon de la coalición en estos comicios y comparecieron por su cuenta.

Las negociaciones para la formación de listas fueron fluidas pero difíciles, y se sustanciaron en una comisión mixta conectada al Comité Electoral de Alianza Popular, que presidía Abel Matutes. Los partidos coaligados, máxime el PDP, que destacó para este menester a José Luis Álvarez, Ignacio Wert y Pin Arboledas, este último respecto de la candidatura de Madrid, presionaron lo suyo hasta lograr un 25 por ciento de puestos seguros[48]. Por UL, que sólo era un partido en el papel, actuaba de mediador el mismo Pedro Schwartz, acompañado de Eduardo Moreno y Miguel Ángel Cortés, para ir recogiendo a veteranos liberales o para hacer cantera con algunos amigos. En estos comicios, asimismo, surgió del Grupo Parlamentario un puñado de diputados y senadores cual grupo de presión que empezó a ejercer un fraguismo crítico frente a la máquina burocrática de la sede central.

El espíritu de coalición que se esgrimía a la hora de confeccionar las listas no calmó los ánimos de algunas provincias, ciertamente alarmadas por los nombres que suministraban tanto el PDP como UL, algunos de ellos sin categoría política o con un historial a sus espaldas de graves afrentas a los aliancistas. De todas maneras, Abel Matutes derrochó paciencia y tiento y los problemas no constituyeron marea, si acaso algún oleaje de cabreos neutralizados oportunamente para que no tuviesen repetición los incidentes de septiembre de 1982.

Con todo, el principal foco de poder que se destapó entonces fue la Secretaría General Adjunta de Acción Territorial, de la que era titular responsable Antonio Gestoso, de origen muy humilde y sin formación académica —enorme, en cambio, en la escuela de la vida—, pero que gozaba de una estimativa natural notable. Llevado al Partido por Luis Ortiz desde Orense, Antonio Gestoso, pese a ser odiado y desdeñado por muchos, fue siempre un *cordón umbilical* de Fraga en el ejercicio de esa especie de ministerio del interior partidista que era el Departamento de Territorial[49]. Honrado y leal, Antonio Gestoso fue uno de los principales artífices de aquellas elecciones.

---

[47] No faltaron explicaciones entonces en el sentido de que Perinat hizo de coartada del segundo de la lista por la autonomía madrileña, Carlos Robles Piquer, que desde su condición de miembro de la asamblea regional adquirió por elección de segundo grado la condición de senador.

[48] La concesión de mayor porcentaje y colocación en puestos seguros a militantes del PDP fue el precio que pagó Alianza Popular por los incumplimientos del pacto llevado a cabo para las generales. Así, en algunas provincias la presencia del PDP alcanzó el 30 por ciento, y en algunas capitales de provincia (Vitoria, Cuenca, Ciudad Real, Segovia y Bilbao) el cabeza de lista era democristiano.

[49] Tan importante ha sido siempre el Departamento de Territorial en AP, que en tiempo de Jorge Verstrynge como secretario general no se resignó a no influir en ese campo. De ahí que montase un departamento paralelo que sostenían él mismo, Ricardo Fernández (jefe de su gabinete) y la secretaria Magda Saredo.

Pues bien, la Coalición Popular presentó candidaturas en las trece Comunidades autónomas (para un total de 764 plazas de representantes en las asambleas legislativas) y 5.700 en otros tantos municipios, frente a la 5.602 del PSOE. Las cifras oficiales, en cambio, eran otras y por las diferencias se armó una agria controversia en los medios de comunicación, considerando los responsables electorales de Coalición Popular que era "... un mal precedente que induce a desconfiar de la maquinaria oficial para el seguimiento de las elecciones".

Según las *fidedignas* estadísticas del Ministerio del Interior, el resto de las fuerzas políticas presentaron, respectivamente, los siguientes números de candidaturas: CDS, 1.003; PCE, 1.666; Independientes, 2.825; CiU, 683; PNV, 229, y otros partidos de cobertura nacional, 499. En total, se ponían en juego la elección por sufragio universal de 68.936 concejales en 8.043 municipios.

Muy interesado en que no descendiera la abstención, que indudablemente perjudicaba al PSOE, el Gobierno encargó una campaña institucional, que fue adjudicada a la empresa Contrapunto, por un importe de algo más de quinientos millones de pesetas con anuncios en los distintos medios cuyos eslóganes eran del siguiente tenor: *Invierte en tu futuro, vota;* o también: *El domingo hay colegio.*

Una campaña para confirmar el bipartidismo

La coincidencia de comicios, en los ámbitos municipal y autonómico, provocó que los partidos hiciesen campañas genéricas ambivalentes en los mensajes —intercambiables para todo tipo de candidatos—, aunque variable en la táctica de persuasión. En el caso de Coalición Popular aquellas diferencias fueron tanto mayores al tratarse de las municipales de Madrid, que constaba de una campaña propia, ciertamente muy intensa, costosa y agresiva.

Coalición Popular constituyó, bajo la autoridad de Carlos Robles Piquer, un comité nacional de campaña y, en los otros escalones territoriales, también existía ese órgano de coordinación y de decisión. Sin embargo, en las elecciones madrileñas el comité electoral que dirigió la campaña de Jorge Verstrynge anuló al nacional.

El equipo publicitario, bajo la dirección del secretario del Área, Máximo Sanz, ayudado por Francisco Yánez, agrupaba a cuatro agencias: Danis Benton and Bowles, Arge, Sanz Romero Asociados y Dardo, que contribuyeron a una creatividad de bajo relieve. El mensaje axial era *(AP-PDP-UL, Fraga, Jorge* y cualquier otro candidato)*, con todos. Y todo marcha,* aunque en Cataluña se añadió al eslogan básico la expresión: *La alternativa.* Pretendíase trasladar la idea de que aquello era una coalición, un grupo interclasista (enfatizado por el *todos*) que se enmarcaba en el dinamismo de la marcha sin obstáculos hacia el progreso. Con el propósito de sintonizar en la idea del dinamismo incluso se alteró ligeramente el logotipo haciéndolo menos estático.

Con el presupuesto publicitario más elevado de todos los partidos políticos, 600 millones de pesetas de los 1.500 que en total se invirtieron en propaganda[50], Coalición Popular dedi-

---

[50] A esta conclusión llega el semanario de la publicidad *Anuncios* en su número de 28 de mayo de 1983. En cualquier caso, las cifras sobre financiación de las campañas electorales de los partidos no han sido nunca fiables y la aproximación a la verdad invita a multiplicar por dos los datos oficiales.

có la tercera parte a vallas y carteles; otra tercera parte a medios de comunicación (prensa, revistas y radio) y el resto a diversas acciones, como al envío masivo por correo (el *mailing* personalizado que hizo la empresa Publipost) de una carta de Fraga o de los demás candidatos. Tuvieron gran efectividad las 22 furgonetas, en torno a las cuales se montaban convoys, para recorrer todo el territorio nacional. Como el problema era de identificación personal, antes de iniciarse la campaña propiamente dicha se estableció un período de presentación de candidatos, en conveciones regionales o locales *ad hoc*, y se hizo una siembra posterior de cartelería en poblaciones de más de cincuenta mil habitantes con la fotografía de los correspondientes candidatos. Fue un principio estratégico del Comité de Campaña, no seguido siempre en anteriores comicios, publicitar con arreglo a concentraciones demográficas adversas antes que las afines.

Guiados por la concisión, los creativos del PSOE[51] se inclinaron por el eslogan central *Por el pueblo* (seguido para municipales por la frase *Un buen gobierno en tu Ayuntamiento)* y *Por tu tierra* (que precedía a la oración *Un buen gobierno en...* cualquiera de las trece autonomías). Con ello, parece que querían retomar los conceptos de cambio, en una secuencia que apuntaba a un protagonismo ejercido por el pueblo. Aunque la campaña del PSOE fue menos abundante y el presupuesto parece que fue la mitad (300 ó 350 millones de pesetas), importa señalar que los medios públicos de RTVE, e incluso la antigua Prensa del Movimiento, se inclinaron abiertamente por la defensa de las tesis socialistas, rompiendo por vez primera —en lo que sería una conducta reiterada y abusiva— el principio de imparcialidad.

El resto de las formaciones políticas, en lo que a propaganda y publicidad se refiere, desarrollaron sus campañas con los siguientes *leit motiv:* el PCE utilizó la expresión *Con nosotros...;* eL CDS, *el equilibrio necesario;* CIU, *Barcelona* (o cualquier otra ciudad), *abre tus ojos;* el PNV, *Esto marcha y únete a un pueblo en marcha,* y el PDL de Garrigues, *Vota la nueva alternativa...*

El aparato de propaganda del PSOE se propuso realizar una campaña amplia, poco agresiva —reservando la figura de Felipe González— y que negase la capacidad de alternativa a la oposición. Esa tendencia monopartidista, un mucho desleal, azuzaba a la división en el campo opuesto y permitía a los socialistas *centrarse* mejor.

Como objetivos clave en Coalición Popular figuraban reafirmar en paz a la coalición, de ahí que Fraga fuese generoso en la distribución de cuotas a sus socios; atribuirse en poder territorial las alcaldías y los ediles de UCD, y en cuanto a diputados regionales reproducir el porcentaje resultante en octubre último mejorando el resultado para desmentir *la teoría del techo de Fraga,* así como profundizar el bipartidismo llevando al ostracismo político cualquier intento nuevo de reabrir el centrismo.

La campaña aliancista comenzó a la defensiva y personificada no por motivos estratégicos, sino porque la revista *Cambio 16* publicó un informe reproducido por el diario del mismo grupo, así como por otros periódicos, según el cual uno de los escoltas de Manuel Fraga, Eduardo Almirón, había pertenecido a la organización terrorista argentina Triple A y había sido juzgado y expulsado de la policía de aquel país por diversos hechos delictivos. Entre ellos la revista acusaba a Almirón ("Un asesino custodia a Fraga", rezaba el título de la historia) de la

---

[51] Arellano Publicidad, con Gabriel Jiménez, y los responsables de publicidad del Partido Socialista, Íñigo Larrazabal, citaban también a otros profesionales en un concurso informal de ideas.

muerte del teniente de la Marina norteamericana Earl Davis y de ser cómplice de asesinatos, desapariciones y torturas[52].

No se hizo esperar la indignada reacción de AP, que negó como radicalmente falsas las acusaciones del informe circulante por las redacciones y que llevó a los tribunales el asunto bajo la dirección de los Ruiz Gallardón (padre e hijo), asesores jurídicos del partido y redactores de una rotunda nota:

> "(...) AP lamenta que esta publicación (*Cambio 16*), en vísperas electorales, reitere su ya habitual conducta de agresividad política y difamación sistemática, que le ha llevado a comparecer ante los tribunales de justicia en repetidas ocasiones, alguna de ellas a instancias de miembros de los órganos directivos de AP... El *Grupo 16* practica con pertinencia, como ya es notorio, el principio de calumnia que algo queda".

En realidad, dejado el asunto al esclarecimiento y al arbitraje judicial, AP aplicó un mentís rotundo —demasiada carne en el asador— y dirigió jurídicamente la petición del interesado de secuestrar la revista *Diario 16* por dos veces (a lo que accedió el juez en aplicación de la residual y vigente Ley de Prensa de Fraga) y negó remitir a las publicaciones del mismo empresario publicidad de la campaña electoral.

Lejos de castigar, estas medidas primaron el realce del escándalo, pues la retirada de la publicación de los quioscos fue tardía y seguramente perjudicó políticamente a la coalición popular. No obstante, Eduardo Almirón presentó finalmente la dimisión, que le fue aceptada, no tanto por el daño que se infligía a AP como por el hecho de que el Ministerio del Interior le había retirado la licencia de armas.

Distanciado Felipe González de la contienda[53], desoyendo las envestidas dialécticas de Fraga, que incluso, una vez más, pidió infructuosamente la celebración de un debate televisivo entrambos, la campaña transcurrió tranquila, a no ser por las arremetidas de Alfonso Guerra comparando la alianza de los tres partidos liberal-conservadores con la Triple A.

Restablecido de la operación de garganta a que se sometió antes de la Semana Santa, Fraga realizó una campaña *todoterreno* de punta a cabo de la Nación durante un mes, consciente

Firma de libros de Manuel Fraga en unos grandes almacenes, simultaneando el populismo y la promoción comercial.

---

[52] En verdad, según las informaciones puestas entonces en juego, Eduardo Almirón era un ex policía peronista que fue contratado por ASEPROSA, la empresa de seguridad de Antonio Cortina y de otros, la cual prestó servicios a Alianza Popular hasta el 31 de diciembre de 1980. Desde entonces, uno de los empleados de aquella, Eduardo Almirón, fue contratado a título individual y pasó a engrosar la plantilla de AP. Era, según todos los testimonios, un trabajador diligente y sacrificado, estando por aquel tiempo desengañado de las ideas peronistas, y precisamente alguno de sus correligionarios históricos fue quien deslizó el *dossier* por los periódicos.

[53] Felipe González no participó en la campaña socialista, salvo la utilización que se hizo de su imagen en los espacios audiovisuales, y sólo asistió antes del 16 de abril —fecha de comienzo de la campaña— a una concentración en Zaragoza de cargos públicos y candidatos autonómicos y municipales.

de que le juzgarían severamente si no remontaba su *techo*. Por todas partes, con un criterio más universal que selectivo, celebró mítines, comidas populares, ruedas de prensa, coloquios en la radio y paseos callejeros repartiendo propaganda, por ejemplo, en Santander entregó un folleto hasta a su propia mujer.

De trasfondo había en la campaña de los populares una sorda tensión sobre la sustitución de Fraga planteada tácitamente desde dentro pero, sobre todo, desde fuera por parte de *francotiradores* interesados en capitalizar la derrota segura de Coalición Popular. En un mitin en Castellón (habiendo sido con anterioridad tema recurrente en Baleares, Canarias y Castilla y León) tuvo que desmentir rotundamente que se iba a retirar de la política. "Sólo me retiraré —dijo Fraga el 3 de mayo— cuando Dios me quite la salud o el pueblo lo decida..." No hay una explicación coherente para entender por qué surgió tan virulentamente este eje de campaña —la sucesión de Fraga— sin pie para ello, pues la *Operación Roca* era todavía un tibio propósito.

Jorge Verstrynge fue el candidato de la coalición AP-PDP-UL (Coalición Popular, más tarde) y realizó una excelente campaña frente al alcalde socialista Enrique Tierno, que ganaría la elección. Frente a Joaquín Leguina, la coalición presentó al embajador y Marqués de Campo Real Guillermo Perinat, a punto de cumplir los sesenta años y sin ninguna experiencia política previa.

El falso rumor de la retirada de Fraga catalizó reacciones de diversos líderes aliancistas, con tanto mayor énfasis cuanto más jóvenes eran y, consiguientemente, situados en mejor línea sucesoria. Jorge Verstrynge declararía al periodista Fernando Jáuregui: "Antes que muevan a Fraga como líder tendrán que pasar políticamente sobre mi cadáver. Fraga no podrá decirme nunca: *¿Tú también, Bruto ?*"[54].

La campaña de Madrid discurrió por derroteros diferentes porque la apuesta difería también respecto del resto de los municipios. Jorge Verstrynge y Luis Guillermo Perinat encargaron su campaña, aunque con base temática común, a Javier Carabias y a Alfredo Navarro, respectivamente, que estaban asistidos por un comité asesor amplio, en el que figuraban Rafael Ansón, José Ignacio Wertz, Rogelio Baón, Enrique Villoria y Luis Velasco, además de los creativos publicitarios.

Lo primero que llevó a cabo fue *crear* a un candidato con luz propia (Verstrynge) que tuviese identidad para confrontarse con Tierno, cuya bonomía paternal absorbía todas las simpatías. Se configuró una personalidad propia —un joven decidido y experimentado— y a tal fin se publico un libro de autobiografía-programa titulado *Madrid. Mi desafío*[55]. Pero el mejor lanzamiento del candidato estuvo en la presencia masiva en cinco emisoras todas las horas del día; en la publicación por los periódicos de una carta diaria del candidato abordando los proble-

---

[54] Véase *El País* del 6 de mayo de 1983.

[55] Aunque se trataba de una autobiografía, este libro lo escribieron Rogelio Baón (parte biográfica) y Mauro Muñiz, Luis Ignacio Seco y Pablo Irazazábal. Fue editado por Editorial el Burgo, S. A., propiedad de aquéllos y de Ismael Baón.

mas de la megaciudad (titulada "Buenos días, Madrid"), y en los espacios gratuitos de RTVE (en comparecencias de busto parlante, muy directas y ágiles, con textos que comenzaban siempre en boca de Verstrynge: "Estoy con usted, con su derecho a...")[56].

Rafael Ansón en esta campaña aportó algunas ideas que fueron efectivas. Él inventó el asunto del *agujero financiero del Ayuntamiento,* que imputaba al equipo de Tierno el desatino en la gestión y las enormes deudas de las arcas municipales[57].

El 3 de mayo, en uno de estos paseos por el barrio de Vallecas, Verstrynge y sus acompañantes fueron agredidos en un mercado próximo a la avenida de San Diego por unas doscientas personas. Del ataque, consistente principalmente en el lanzamiento de objetos contundentes, aporreamientos e insultos, una botella disparada desde una ventana apenas rozó al candidato aliancista al estrellarse a sus pies. Unos centímetros impidieron que Verstrynge fuese una perfecta víctima —y probable vencedor— de las elecciones. Un acompañante y varios guardias municipales, sin embargo, tuvieron que ser atendidos en una casa de socorro. Los líderes socialistas se apresuraron a condenar la agresión y solidarizarse con Verstrynge (Felipe González desde Bonn, RFA) en el santo temor de que el victimismo les podía derrotar. Estaba claro que en el incidente no participaron militantes socialistas, en contra de las maledicencias, pero Fraga, desde Valencia, pidió al PSOE que meditase sobre sus agresiones verbales inspiradoras de este rechazo callejero. A partir de entonces, la recta final de la campaña fue casi seráfica.

El *maquillaje* de las encuestas —la manipulación interesada de las técnicas demoscópicas— fue en estas elecciones escandalosa. Muy pocos institutos obraron con asepsia, porque los sondeos se convirtieron en herramientas propagandísticas paralelas o, asimismo, en instrumentos de ataque. Con independencia de los márgenes normales de error, en las elecciones de mayo de 1983 hubo excesos en todos los lados (Aresco y Demoscopia hicieron encuestas para Coalición Popular, Galup para el PDL de Garrigues y Sofemasa para *El País*), con grave erosión de la fiabilidad y métodos de la investigación social.

El mapa político después del 8 de mayo de 1983

En pleno disfrute de la confianza electoral otorgada el 28 de octubre de 1982, el PSOE revalidó su triunfo en los comicios municipales del 8 de mayo —seis meses después—, consolidando su implantación en todo el territorio sin la ayuda comunista. La coalición de centro-derecha AP-PDP-UL confirmaba su segundo puesto, en un mapa de bipartidismo imperfecto, con el fracaso de las *terceras fuerzas* (salvo en País Vasco y Cataluña) y la merma de votos a manos de opciones independientes.

A diferencia de 1979, AP y sus coaligados eran ahora toda una alternativa de poder territorial, con una implantación casi general y con clara hegemonía en miles de ayuntamientos, en doce diputaciones provinciales y en tres Comunidades Autónomas (Galicia, Baleares y Cantabria).

---

[56] Todas estas actuaciones electorales se concibieron y prepararon en el bufete de abogado de Rogelio Baón, en el paseo de la Castellana, donde se concentraba un equipo de pensamiento y de profesionales del periodismo que ya había actuado en las elecciones generales de octubre de 1982.

[57] Ésta era una acción típica de campaña negra —o de ataque— materializada en grandes anuncios pagados a tarifa en *ABC* y en *El País*, que más bien parecían esquelas mortuorias de aniversario.

La batalla de Madrid se había librado no ya para ganar como para rebatir la *teoría del techo* de Fraga, y con ese horizonte Jorge Verstrynge cumplió con creces su sacrificio de llevar a cabo una campaña agotadora y cara, recibiendo a cambio únicamente el reforzamiento de su popularidad y buena imagen. De los 57 concejales disputados, el PSOE consiguió 29 (mayoría absoluta) y la coalición AP-PDP-UL 25, uno menos de los que consiguiera UCD en 1979, y eso que competían ante el mismo electorado el CDS, con Rosa Posada, y el PDL de Antonio Garrigues, que drenaron voto sin obtener escaños. El secretario general de AP, como ya se sabía, anunció que no ocuparía plaza de edil.

La bastarda comparación entre unas elecciones legislativas y unos comicios municipales, por ser procesos de distinta naturaleza, suscitó el doble debate de si el PSOE había perdido más de dos millones de votantes y si la Coalición Popular, simplificada en la persona de Fraga, había o no aumentado su presencia (mejoró el porcentaje y perdió voto en términos absolutos). Los análisis, pues, se dirigían a buscar dónde estaban esos *votos prestados* del socialismo y si el antiguo voto de UCD lo había recogido Fraga en medio de una masa votante inferior. Los comicios, pues, se plantearon como la *segunda vuelta* del 28-O, es decir, un examen de reválida.

DIFERENCIAS DE VOTOS DE LOS PARTIDOS ENTRE LAS ELECCIONES GENERALES (OCTUBRE DE 1982) Y LAS MUNICIPALES (MAYO DE 1983)

Partidos	Votos 28-oct.-1982	Votos 8-mayo-1983	Diferencia en votos	Diferencia en porcentaje
UCD	495	307	28.812	29.614
PSOE	10.127.092	7.812.065	−2.315.027	−3,84
AP-PDP-UL*	5.548.355	4.626.795	−921.560	−0,14
PCE-PSUC	846.802	1.475.767	+628.965	+4,27
CiU	772.728	729.685	−43.043	−0,45
CDS	604.172	319.183	−285.034	−1,04
PNV**	395.656	400.112	+4.456	+0,38
HB**	210.601	155.698	−54.903	−0,12
ERC	138.116	83.668	−54.448	−0,18
EE**	100.326	77.240	−23.086	−0,04
PSA	84.474	110.695	+26.221	+0,22

Fuente: Del libro *Las elecciones del cambio,* pág. 54, de Alejandro Muñoz Alonso y otros.

* En la casilla correspondiente al 28 de octubre se suman los votos de esta coalición (AP-PDP) y los de los partidos regionalistas PAR en Aragón, UPN en Navarra, UV en Valencia y UCD y PDL en el País Vasco. Por el contrario, en la columna del 8 de mayo de 1983 la colación nacional era AP-PDP-UL, y no se han sumado los votos obtenidos por dichos partidos regionalistas porque comparecieron separadamente.

** En este cuadro los partidos vascos figuran con los votos obtenidos en el País Vasco y en Navarra.

El PSOE había triunfado, siendo la opción más votada en 32 provincias, y Alianza Popular y sus socios se mantenían como segunda fuerza política, con victorias indiscutibles en Santander (con Juan Hormaechea, independiente, de alcalde), Ciudad Real (con Lorenzo Celas), Cuenca, Burgos (con José María Peña San Martín), Palencia (con Francisco Jambrina), Soria (con José Luis Liso Marín) y Pontevedra (con José Rivas Fontán), y con mayoría relativas en Lugo (con Vicente Quiroga) y Orense (con Antonio Caride Tabares).

En valores absolutos, la coalición fraguista había perdido 850.000 votos por muchas causas, pero en su explicación valía la pena considerar mayor abstención[58], mucho voto independiente y el ir por separado con los partidos regionalistas.

A ambos lados y en los márgenes internos, menos en Cataluña y País Vasco, sólo raquitismo: El PCE, bien es cierto, se recuperaba del voto perdido el 28-O y ganaba el ayuntamiento de Córdoba, pero dejaba de ser la llave del *Pacto de Progreso*. El Partido Socialista Andaluz seguía deslizándose en pérdidas, aunque ganaba el ayuntamiento de Jerez, y del lado del centrismo los dos pretendientes de ese voto, CDS y PDL, no llegaban al medio millón y no superaban, pues, el 3 por ciento de los sufragios imprescindible para puntuar en representación. ¿Dónde habían ido a parar los casi dos millones de votos centristas del 28 de octubre anterior? Si bien hubo muchas candidaturas independientes, como las habidas en Tenerife (ATI) y en Orense (Coalición Galega), que en todo el conjunto nacional rebasaban el millón y medio de sufragios, una significativa parte del voto centrista se refugió en la abstención.

Alejandro Muñoz Alonso, en contradicción a la corriente que sostenía la consolidación del bipartidismo, argumentaba que el porcentaje acumulado del PSOE y de AP-PDP-UL en las dos votaciones había variado en detrimento del bipartidismo: 73,12 por ciento el 28-O y un 69,18 por ciento el 8-M[59].

Manuel Fraga, al interpretar las elecciones de mayo (*Noticias de AP*, mayo-junio 1983) abundaba en su teoría bipartidista y, por demás, en la ruptura del célebre *techo*

Elecciones autonómicas

Aragón

Electores:	918.906	
Votantes:	613.575	(66,77%)
Abstención:	318.006	(34,60%)

---

[58] La abstención, según datos del Ministerio del Interior aportados por aquellas fechas, fue distinta según el tamaño de las ciudades por el efecto votación en domingo, la primera vez que se hacía durante esta etapa democrática. Así, en las ciudades de más de 50.000 habitantes la abstención fue del 35,7 por ciento; en las ciudades de entre 20.000 y 50.000 habitantes, del 34,5 por ciento; en los pueblos entre 5.000 y 20.000 habitantes, del 31,4 por ciento, y en los de entre 250 y 5.000 habitantes, del 27,21 por ciento.

[59] *Las elecciones del cambio*, pág. 51.

VOTOS Y ESCAÑOS OBTENIDOS POR CADA CANDIDATURA

Provincia	PSOE Votos Esc.	AP-PDP-UL Votos Esc.	PAR Votos Esc.	PCE Votos Esc.	CDS Votos Esc.
Huesca	57.033 10	31.740 5	15.242 2	5.243 1	
Teruel	30.978 7	24.689 5	18.806 4		
Zaragoza	195.215 16	80.694 7	89.970 7	17.305 1	12.307 1
TOTALES	283.226 33	136.853 17	124.018 13	22.548 2	12.307

Con 33 de los 66 escaños, en el borde de la mayoría absoluta, el PSOE se aseguró el gobierno de la región para un cuatrienio frente a una oposición dividida. Coalición Popular, con 17 escaños, superaba al Partido Aragonés Regionalista, con 13. Pese a haber acudido juntos a las legislativas, esta incomprensible comparecencia separada del centro-derecha le perjudicó en beneficio de los socialistas. Con un solo escaño cada uno, tanto el PCE como el CDS apenas tendrían influencia en la sociedad aragonesa.

Los parlamentarios electos por AP-PDP-UL, por provincias y orden alfabético, fueron:

Huesca: Luis Cenis Tafalla, Antonio Lacleta Pablo, Arturo López Monter, José Antonio Ortiz Olalla y Joaquín Ignacio Tejera Miró.
Teruel: Leocadio Bueso Zaera, Gregorio Garzarán García, Francisco Hernández Vicente, Francisco Lanzuela Espinosa y José Luis Roca Millán.
Zaragoza: Jesús Agustín Tremps, Mariano Alierta Izuel, Andrés Esteban Sánchez, José María García Gil, José Luis Moreno Pérez-Caballero, Luisa Fernanda Rudí Ubeda y Rafael Zapatero González.

Asturias

Electores: 873.684
Votantes: 568.277   (65,04%)
Abstención: 305.407   (34,96%)

VOTOS Y ESCAÑOS OBTENIDOS POR CADA CANDIDATURA

PSOE		AP-PDP-UL		PCE	
Votos	Esc.	Votos	Esc.	Votos	Esc.
293.320	26	170.654	14	58.864	5

El Partido Socialista, al obtener 26 de los 45 escaños de la Junta General del Principado, ganó la mayoría absoluta para colocar a la cabecera del Gobierno a Pedro de Silva, hasta ese momento diputado nacional.

La coalición popular consiguió 14 escaños, el 30 por ciento de los sufragios, erigiéndose en alternativa única en el campo del centro-derecha, ya que el CDS no obtuvo representación. Sin embargo, la votación obtenida por los aliancistas y demás socios fue inferior a la que esperaban, cifrando esta rebaja en lo elevado de la abstención.

Los parlamentarios electos por AP-PDP-UL, por orden alfabético, fueron:

Francisco Álvarez Cascos Fernández, Julio César Álvarez de Miranda, José María Casielles Aguadé, Alicia Castro Masaveu, Gilberto Espina Caballes, Isidro Fernández Rozada, Ricardo Suárez Fernández, Modesto Julio González Cobas, Alberto Román Herrán Navasa, Antonio Landeta Álvarez Valdés, Luis Morilla García-Cernuda, Celestino Nicolás Prieto, Manuel Roces Sánchez y Román Suárez Blanco.

Baleares

VOTOS Y ESCAÑOS OBTENIDOS POR CADA CANDIDATURA

Isla	PSOE Votos Esc.	AP-PDP-UL Votos Esc.	Unió Mallorquí Votos Esc.	Partit Socialista Votos Esc.	Candidat. Ind. Votos Esc.	PDL Votos Esc.
Mallorca	88.545 11	88.068 11	47.075 6	16.927 2		
Menorca	10.421 5	9.042 4		3.742 2	3.250 1	
Ibiza	7.663 4	12.868 6				3.657 1
Formentera	1.021 1					
TOTALES	107.650 21	109.978 21	47.075 6	20.669 4	3.250 1	3.657 1

Con una mayoría apretada la coalición AP-PDP-UL, con 22 escaños, frente a los 21 obtenidos por el PSOE, se apuntó la victoria y se encargó de formar gobierno con la ayuda arbitral de Unión Mallorquina de Jerónimo Alberti.

Es de notar en estos resultados la práctica desaparición de los nacionalismos de izquierda, aunque en las dos islas grandes obtuvieron dos escaños respectivamente, por lo que la alternativa real al gobierno de centro-derecha la ostentó solamente el PSOE.

Por la colación popular los diputados electos, por provincias y orden alfabético, fueron los siguientes:

Mallorca: Gabriel Cañellas Font, Antonio Cicerol Tomás, Catalina María de los Milagros Enseñat Enseñat, Miguel Fiol Company, Francisco Gilet Ginart, Gabriel Godino Busquet, Jaime Llompar Salvá, Andrés Mesqueda Galmes, Gaspar Oliver Mut, Cristóbal Soler Cladera, Juan Verger Pocovi.
Menorca: José Alles Serra, Juan Huguet Rotger, Manuel Jaén Palacios, Fernando Saura y Manuel de Villena.
Ibiza: Enrique Fajarnés Tibas, Antonio Marí Calbert, Pedro Marí Torres, José Planelles Roig, Antonio Ribas Costa y Cosme Vidal Juan.

Canarias

Electores:	936.245	
Votantes:	579.866	(61,93%)
Abstención:	356.379	(38,07%)

VOTOS Y ESCAÑOS OBTENIDOS POR CADA CANDIDATURA

Distrito	PSOE Votantes Esc.	AP-PDP-UL Votantes Esc.	CDS Votantes Esc.	Agrup. Ind. Votantes Esc.	UPC Votantes Esc.	Asamblea Majorera Votantes Esc.
Gran Canaria	101.062 7	73.545 5	13.454 1		24.656 1	
Lanzarote	9.595 5	3.687 2	2.435 1			
Fuerteventura	1.707 1	2.265 1	2.815 2			5.551 3
El Hierro	974 1	1.022 1		994 1		
La Gomera	5.050 2			4.941 2		
La Palma	20.520 3	23.959 3	5.540 1			
Tenerife	289.428 8	157.573 5	16.438 1		22.289 1	
TOTALES	428.336 27	262.052 17	40.682 6	5.885 3	46.945 2	5.551 3

El Partido Comunista canario obtuvo un escaño en La Palma (con 5.166 votos) y el partido nacionalista CNC consiguió tambien un escaño en Gran Canaria (20.615 votos).

En las primeras elecciones autonómicas del archipiélago atlántico destaca, sobre otros aspectos analizados, la fuerte abstención de casi un 40 por ciento, lo que hace dudar sobre si la autonomía tiene arraigo suficiente, independientemente del complejo sistema de votación obrante de tres papeletas (al Parlamento, a los cabildos insulares y a los ayuntamientos).

Ocho fuerzas políticas conformaron el Parlamento canario tras estos resultados, en el que los 60 escaños se dispersaron ideológica e insularmente sin que ninguna lista obtuviera la mayoría absoluta. No obstante, el PSOE, con una mayoría precaria, podía gobernar como lo había venido haciendo con ayuda de la Asamblea Majorera y ocasionales refuerzos de otros.

El avance de Coalición Popular, con 17 escaños, no era suficiente ni agotaba otras fórmulas de centro-derecha. Así, el CDS se afianzaba con una significativa presencia en las islas más populosas. Cabe destacar, sin embargo, la pequeña presencia de la izquierda marxista, pero no así la de un nacionalismo independentista en las islas menores.

Los parlamentarios electos de la coalición AP-PDP-UL fueron los siguientes:

El Hierro: Manuel Fernández González.
Fuerteventura: Francisco Alonso Valerón.
Gran Canaria: Manuel de la Cueva Fernández, César Llorens Bargés, Francisco José Manrique de Lara y Llarena, José Suárez Gil y Antonio Vega Pereira.
Lanzarote: Antonio Cabrera Barrera y José Ferrer Perdomo.
La Palma: Pedro Acosta Lorenzo, Miguel R. Perdigón Cabrera y Sarbelio Pérez Pulido.
Tenerife: Vicente Álvarez Pedreira, Ramón González de la Mesa Machado, Elviro B. Hernández Reboso, Francisco Marcos Hernández y Andrés Miranda Hernández.

Cantabria

Electores:	384.993	
Votantes:	283.197	(73,55%)
Abstención:	101.796	(26,45%)

VOTOS Y ESCAÑOS OBTENIDOS POR CADA CANDIDATURA

PSOE		AP-PDP-UL		P. Regionalista	
Votantes	Esc.	Votantes	Esc.	Votantes	Esc.
107.168	15	122.748	18	18.767	2

La victoria más clara de la coalición AP-PDP-UL en estos comicios se dio en Cantabria, donde obtuvo la mayoría absoluta, aparte que el voto regionalista —que proporcionó dos escaños— podía inscribirse en el centro-derecha.

El dominio *popular* se concentró en la capital de la región, siendo el área de Torrelavega de hegemonía socialista.

El efecto sinérgico del centro-derecha, con un aprovechamiento electoral óptimo, se dió en esta región quizás a base del sacrificio de los dirigentes locales de AP, que cedieron los puestos institucionales más destacados a ex centristas de UCD.

Los diputados electos fueron los siguientes:

José María Alonso Blanco, Fernando Astobiza Fernández, Roberto Bedoya Arroyo, Ambrosio Calzada Hernández, Jesús Díaz Fernández, Antonio Fernández Enríquez, Maria Teresa Fernández García, Joaquín Fernández San Emeterio, José Martínez Rodríguez, José Ramón Montes González, Adolfo Pajares Compostizo, Manuel Pardo Castillo, José Rodríguez Martínez, Federico Santamaría Velasco y José Luis Vallines Díaz.

Castilla-La Mancha

Electores: 1.225.772
Votantes: 882.696 (72,01%)
Abstención: 343.076 (27,99%)

VOTOS Y ESCAÑOS OBTENIDOS POR CADA CANDIDATURA

Provincia	PSOE		AP-PDP-UL	
	Votantes	Esc.	Votantes	Esc.
Albacete	91.175	5	63.544	4
Ciudad Real	122.534	6	94.912	4
Cuenca	51.027	4	53.349	4
Guadalajara	31.899	3	37.330	4
Toledo	118.706	5	113.697	5
TOTALES	415.341	23	362.832	21

Los 44 escaños de que consta el Parlamento castellano-manchego, 23 se los adjudicó el PSOE, es decir, la mayoría absoluta, y la coalición AP-PDP-UL obtuvo los 21 restantes, a través de una votación que dio un índice de participación estimable (del 72 por ciento) en favor de crear una conciencia autonómica. La bipolarización registrada en las elecciones legislativas de octubre de 1982 fue acentuada en esta votación, con la desaparición de las fuerzas políticas minoritarias.

Por provincias la bipolaridad había jugado según un reparto previsto, de suerte que Albacete, Ciudad Real y Toledo se inclinaron hacia el socialismo, y Guadalajara y Cuenca por la coalición de centro-derecha, y ello de forma equilibrada. Contando los presidentes pre-autonómicos, el socialista José Bono sería el cuarto presidente —primero por sufragio universal— del Gobierno castellano-manchego.

Al igual que en otras regiones, la lista *popular* acogía a muchos ex dirigentes de UCD que, desprovistos de sitio en las generales del 82, se refugiaron en parlamentos autonómicos en los cupos de candidatos del PDP y de UL.

Los parlamentarios electos fueron:

Albacete: Francisco Ballesteros Gómez, Agustín Lorenzo Alfaro, Gumersindo Navarro Alfaro y José Luis Rieta Vizcaya.
Ciudad Real: Francisco Cañizares de Lera, María Consuelo García Balaguer, Mauro Vicente García Gainza-Mendizábal y Luis Toledano Salvador.
Cuenca: Ángel Fernández García, Francisco Moreno Arenas, Miguel A. Ortiz Robles y Francisco Javier Rupérez Rubio.
Guadalajara: Luis de Grandes Pascual, Antonio Manuel López Polo, José Luis Malfeito Álvarez y Felipe Solano Ramírez.
Toledo: Fernando Chueca Aguinaga, Mariano Díez Moreno, José Lara Alén, Jesús María Ruiz-Ayucar Alonso y José María Tradacete de Torres.

Castilla y León

Electores: 1.987.993
Votantes: 1.392.697   (70,06%)
Abstención: 595.296   (29,94%)

VOTOS Y ESCAÑOS OBTENIDOS POR CADA CANDIDATURA

Provincia	PSOE		AP-PDP-UL		PDL		CDS	
	Votantes	Esc.	Votantes	Esc.	Votantes	Esc.	Votantes	Esc.
Ávila	32.741	2	43.164	3			24.366	2
Burgos	68.290	4	83.772	6	14.543	1		
León	124.750	9	91.990	6				
Palencia	42.665	3	48.753	4				
Salamanca	100.399	6	75.792	5				
Soria	20.503	2	23.497	3				
Valladolid	133.801	9	86.663	5				
Zamora	51.716	4	51.367	4				
Segovia	33.772	3	38.893	3				
TOTALES	608.637	42	543.861	39	14.543	1	24.366	2

El PSOE consiguió la mitad de los escaños (42) de las Cortes de la región, por lo que, habiendo en el otro lado otro tanto (39 de AP-PDP-Ul, dos del CDS y uno del PDL), amenzaba un bloqueo derivado del empate. Temor que lo suscitaba lo que se llamó el *fantasma de Monzón de Campos* (Palencia), de cuando en esta localidad no se podía elegir presidente provisional del Consejo General al registrarse continuados empates entre el PSOE y la UCD.

El bipartidismo casi perfecto se dió en esta región, de tradición moderada y conservadora, por lo que el triunfo de la candidatura socialista representaba un mayor mérito de implantación territorial, dominando abiertamente en las provincias populosas.

Los procuradores electos por la colación AP-PDP-UL fueron los siguientes:

Ávila: Vicente Bosque Hita, Ricardo Saborit Martínez-Polanco y Francisco Senovilla Callejo.
Burgos: Juan Carlos Aparicio Pérez, Juan Elorza Guinea, Manuel Junco Petrement, Luis Leivar Cámara, Fernando Redondo Berdugo y Álvaro Renedo Sedano.
León: Saturnino Ares Martín, Santiago Cordero de la Cruz, José Eguiagaray Martínez, Alfredo Marcos Oteruelo, Alfonso Prieto Prieto y Victoriano Simón Ricart.
Palencia: José Luis Alonso Almodóvar, Antonio L. Criado Escribano, Fidel Fernández Merino y Antonio E. Martín Beaumont.
Salamanca: Manuel Estella Hoyos, Fernando Gil Nieto, Vicente Jiménez Dávila, José Nieto Noya y Julio Rodríguez Villanueva.
Segovia: Pedro A. Hernández Escorial, Atilano Soto Rábanos y Agapito Torrego Cuerdo.
Soria: Francisco Alonso Rodríguez, Jesús María Posada Moreno y José A. Villaverde Cabezudo.
Valladolid: Pablo F. Caballero Montoya, Manuel Fuentes Hernández, Santiago López Valdivielso, Marcelo Morchón González y José Luis Sainz García.
Zamora: Modesto Alonso Pelayo, Francisco Carvajo Otero, Serafín Olea Losa y Juan Seisdedos Robles.

Extremadura

Electores: 786.205
Votantes: 565.244   (71,89%)
Abstención: 220.961   (29,11%)

La mayoría absoluta conseguida por el PSOE, al obtener 35 de los 65 escaños del Parlamento extremeño, afianzó al hasta entonces presidente de la Junta Extremeña, el socialista Juan Carlos

VOTOS Y ESCAÑOS OBTENIDOS POR CADA CANDIDATURA

Provincia	PSOE		AP-PDP-UL		Extremadura Unida		PCE	
	Votantes	Esc.	Votantes	Esc.	Votantes	Esc.	Votantes	Esc.
Badajoz	191.679	20	104.449	11	11.351	1	28.107	3
Cáceres	105.260	15	64.157	9	36.153	5	8.187	1
TOTALES	296.939	35	168.606	20	47.504	6	36.294	4

Rodríguez Ibarra, que convertiría a dicha región en un auténtico feudo. A mucha distancia, la coalición AP-PDP-UL, con 20 escaños, sería una fuerza opositora de largo y difícil recorrido.

La implantación socialista en las dos provincias, tanto mayor proporcionalmente en Cáceres, ha continuado el poder de penetración operado en las legislativas de octubre, sin temores a que pudiera surgir una fuerza regionalista (Extremadura Unida) presente dignamente en Cáceres y sin apenas arraigo en Badajoz. Por lo demás, el PCE proseguía su descenso, en menor grado en Badajoz pero en Cáceres era desplazado a un plano testimonial.

Los diputados *populares* que resultaron elegidos fueron:

Badajoz: Eduardo Baselga García-Escudero, Juan Ignacio Barrero Valverde, Juan Carrasco García, Adolfo Díaz-Ambrona Bardají, Isidoro Hernández-Sito García-Blanco, Francisco Luna Ortiz, Fernando Palacios Alcántara, Luciano Pérez de Acevedo y Amo, Juan José Pérez Regadera, Vicente Sánchez Cuadrado y Jacinto Sánchez García.

Cáceres: Felipe Camisón Asensio, José María Doncel López, José R. García Arroyo, Fernando Hernández-Gil Mancha, José María Marino Gallego, Javier Sánchez-Lázaro Carrasco, Andrés Sánchez-Ocaña Sánchez-Ocaña, Juan Serrano Pino y Antonio Vega de Barco.

Madrid

Electores: 3.381.610
Votantes: 2.356.925   (69,69%)
Abstención: 1.024.685   (30,31%)

VOTOS Y ESCAÑOS OBTENIDOS POR CADA CANDIDATURA

PSOE		AP-PDP-UL		PCE	
Votantes	Esc.	Votantes	Esc.	Votantes	Esc.
1.181.277	51	798.353	34	207.058	9

La holgada mayoría absoluta obtenida por el PSOE, con 51 de los 94 escaños disputados, deparaba la mayor comodidad para un gobierno, puesto en las manos de Jopaquín Leguina, ex concejal de Hacienda del Ayuntamiento de Madrid, que no necesitaría de los nueve puestos conseguidos por el PCE, que superaba las expectativas iniciales.

AP-PDP-Ul obtuvo 34 escaños, dos más de la extrapolación de resultados de octubre de 1982, acaso porque el fuerte tirón de la urna municipal incrementó el voto popular en términos absolutos y relativos. En este sentido, la mayor abstención registrada pudo perjudicar a los socialistas.

En cualquier caso, Madrid y su región estableció una tripolaridad en la que el voto de la izquierda (la suma del PSOE y PCE) casi duplicaba el voto de la derecha.

Los diputados electos por la colación AP-PDP-UL fueron:

Carlos Argos García, Antonio Beteta Barreda, Pilar Bidagor Altuna, Vicente Blasco Gaspar, Juan A. Cánovas del Castillo Fraile, Enrique Castellanos Colomo, Elías Cruz Atienza, Mariano de la Cuerda Rodríguez, Carlos Díaz-Guerra Esteban, José María Federico Corral, Antonio Fernández-Galiano Fernández, Ana María García Armendáriz, José Gil de la Viña, Juan Antonio Gómez-Angulo Rodríguez, José Luis Hidalgo Utesa, Luis María Huete Morillo, José Antonio López Casas, José López López, José María Pérez Vázquez, Luis Guillermo Perinat Elio, José Ramón Pin Arboledas, Carlos Robles Piquer, Alfredo Rodrigo de Santiago, Eduardo Rodríguez-Losada Aguado, Felipe Ruiz Duerto, Isaac Sáez González, María Antonia Suárez Cuesta, Vicente Montesinos Mulleras, Pedro Núñez Morgades, Hermann Oehling Ruiz, José Luis Ortiz Estévez y Cándida O'Shea Suárez-Inclán.

Murcia

Electores:	675.082	
Votantes:	462.212	(68,46%)
Abstención:	212.870	(31,54%)

VOTOS Y ESCAÑOS OBTENIDOS POR CADA CANDIDATURA

PSOE		AP-PDP-UL		PCE	
Votantes	Esc.	Votantes	Esc.	Votantes	Esc.
238.968	26	162.074	16	15.811	1

Con 26 de los 43 escaños el PSOE alcanzó la mayoría absoluta en la Asamblea Regional murciana que, a los efectos electorales de estos comicios, se dividían en cinco circunscripciones. En segunda posición, la Coalición Popular conseguía 16 escaños, algo por debajo de la expectativas despertadas, que confirmaba el bipartidismo casi perfecto a no ser por un escaño conseguido por el PCE.

Es de destacar, de otra parte, que el CDS fue barrido de la región, de la misma forma que el Partido Cantonal, con pretensiones nacionalistas; al no alcanzar el 5 por ciento mínimo de los votos, no pudo colocar en la Asamblea a ninguno de sus candidatos.

Los diputados electos por AP-PDP-UL fueron:

Andrés Santiago Arnaldos Cascales, Juan Cánovas Cuenca, Antonio Cerdá Cerdá, Fulgencio Cervantes Conesa, José Antonio Espallardo Jorquera, José Fernández López, Constantino Gómez Cano, José Hernández Navarro, Doroteo Jiménez Martínez, José Julio Lorenzo Egurce, José Lucas Fernández, Vicente José Maeso Carbonell, José Moreno Velasco, Juan Carlos Navarro Valls, Fulgencio Rosique Navarro y Evaristo Sanvicente Callejo.

Navarra

Electores:	379.692	
Votantes:	269.042	(70,85%)
Abstención:	110.650	(29,35%)

VOTOS Y ESCAÑOS OBTENIDOS POR CADA CANDIDATURA

PSOE		AP-PDP-UL		UPN		HAB		PNV	
Votantes	Esc.	Votantes	Esc.	Votantes	Esc.	Votantes	Esc.	Votantes	Esc.
94.737	20	37.554	8	62.072	13	28.055	6	18.161	3

De los 50 escaños de que se compone el Parlamento Foral navarro, 20 fueron a parar al PSOE, frente a los 8 de AP-PDP-UL y los 13 de UPN, estos últimos disociados respecto de la coalición que formaron en las generales. La gobernación se hacía difícil porque, aun sin contar en caso alguno con HB, los tres escaños del PNV se constituían en árbitros de la estabilidad.

De haber concurrido juntos a las elecciones los *populares* y UPN, con casi cien mil votos, el efecto sinérgico hubiese conseguido 22 escaños y la posibilidad de gobernar.

Los parlamentarios elegidos por Coalición Popular fueron:

Calixto Ayesa Dianda, Jaime Ignacio del Burgo Tajadura, José Javier Catalán Ríos, Andrés Escribano Boldoba, Lucio Jiménez Guerrero, José I. López Borderías, Pablo J. de Miguel Adrián, José Luis Monger Recalde y Pedro Pegenaute Gardé.

La Rioja

Electores: 194.994
Votantes: 136.964   (70,24%)
Abstención: 58.030   (29,76%)

VOTOS Y ESCAÑOS OBTENIDOS POR CADA CANDIDATURA

PSOE		AP-PDP-UL		P. Riojano Progresista	
Votantes	Esc.	Votantes	Esc.	Votantes	Esc.
63.848	18	54.121	15	10.102	2

Mayoría absoluta —18 de los 35 escaños puestos en disputa— consiguió el PSOE en esta región, resultando derrotada ampliamente Coalición Popular, que presumió un resultado mejor que el de 15 escaños. No encajada la derrota, los directivos de AP-PDP-Ul interpusieron varios recursos contra la candidatura socialista y, en especial, contra el alcalde de Cenicero, el socialista Antonio Martínez Tricio, candidato número 16 en la lisa triunfadora.

Siendo alto el índice de participación, las reglas del reparto proporcional dejó de extraparlamentarios al CDS y al PCE (que no alcanzaron el 3 por por ciento del cómputo globa) y, sin embargo, concedió dos puestos al incipiente partido regionalista. Al no ser necesitados estos escaños en función de *bisagra*, dada la mayoría absoluta del PSOE, el regionalismo no cotizó y quedó en mero comparsa.

Los diputados electos fueron:

José Arrieta San Miguel, Ignacio J. Becerra Guibert, Pedro Benito Urbina, Joaquín Bernad Valmaseda, Emilio Carreras Castellet, Joaquín Espert Pérez-Caballero, Juan Gimeno San Juan, Neftalí Isasi Gómez, Joaquín Lasierra Cirujeda, Pedro López de Heredia Ugalde, María del Carmen Miguel Cordón, Tomás Moreno Orio, María del Pilar Salarrullana de Verda, Miguel Ángel Valoria Escalona y Jesús Zueco Ruiz.

Valencia

Electores: 2.654.967
Votantes: 1.931.298   (72,75%)
Abstención: 723.669   (27,25%)

VOTOS Y ESCAÑOS OBTENIDOS POR CADA CANDIDATURA

Provincia	PSOE		AP-PDP-UL		PCE-PCV	
	Votantes	Esc.	Votantes	Esc.	Votantes	Esc.
Alicante	313.402	17	178.235	10	38.057	2
Castellón	117.019	14	81.303	10	13.364	1
Valencia	552.146	20	349.981	12	91.149	3
TOTALES	982.567	51	609.519	32	142.570	6

De los 89 escaños puestos en juego en las Cortes valencianas el PSOE consiguió 51, holgada mayoría absoluta que inutilizaba políticamente los seis escaños del Partido Comunista valenciano, el cual, sin embargo, se recuperó de la situación anterior, consiguiendo un 7,38 por ciento de los votos.

La coalición AP-PDP-UL, en asociación también con Unión Valenciana, experimentó un ascenso sobre los resultados del 28 de octubre, superando el 30 por ciento de los votos, es decir, recuperando gran parte del voto que tuviera UCD. De todas maneras, el predominio de la izquierda evidenciaba la continuidad del gobierno socialista monocolor por varios años. Otra consecuencia extraída de estos comicios era la eliminación del partido nacionalista de izquierdas Unitat del Poble Valencià.

Los diputados electos por Coalición Popular fueron:

Alicante: Antonio Alonso Gutiérrez, José Cholbi Diego, Enrique Ferré Sempere, Joaquín Galant Ruiz, Antonio García Agredas, Rafael Maluenda Verdú, Antonio Martínez Serrano, Vicente Pérez Devesa, Joaquín Santo Matas y Joaquín Vidal Negrete.
Castellón: Daniel Ansátegui Ramo, José A. Bandrés Salvador, Joaquín Farnos Gauchia, Salvador Llacer Baixauli, Francisco Martínez Clausich, Carlos Murria Arnau, Vicente Navarro Viciedo, Piedad Ortells Agud, José Tovar Vicente y José Vives Borrás.
Valencia: Carlos Albelda Climent, José María de Andrés Ferrando, Rita Barberá Nolla, Manuel Campillos Martínez, Xavier Caps Vercher, José R. García-Fúster y González-Alegre, Manuel Giner Miralles, Juan Marco Molinés, Joaquín Martín Mínguez, Fernando J. Martínez Roda, Salvador Sanchís Perales y María J. Sansegundo Fortea.

Constitución en Londres de la Internacional consevadora (IDU)

La Unión Democrática Europea, en la reunión celebrada en Oslo el 28 de mayo de 1983, acordó por unanimidad admitir como miembros de pleno derecho a los partidos españoles Alianza Popular y Partido Demócrata Popular. Con anterioridad, al tiempo que se fundaba y se organizaba la UDE en 1978, había tenido relación con ella en calidad de *observadora* Unión de Centro Democrático. Con esta homologación se acortaba, en tiempo y espacio, el largo aislamiento internacional a que la derecha española estaba sometida por merecimientos propios.

La fundación de la Unión Democrática Europea se efectuó por inspiración del Partido Moderado sueco —secundado por los conservadores británico y noruego— en abril de 1978 en la reunión constitutiva que, bajo la presidencia del presidente del Partido Popular austriaco, Josef Taus, se celebró en Salzburgo. La Declaración de Klessheim, nombre tomado del castillo donde se celebró la reunión, convocaba a los partidos conservadores y cristianos para defender la democracia pluralista y rechazar el totalitarismo —y sus dogmas colectivistas— que todavía "continúa restringiendo las libertades". Desde su fundación, la EDU no dejó de crecer en el continente europeo y, a partir de 1980, ofreció la asociación a partidos de centro-derecha de Australia, Canadá, Japón y Nueva Zelanda, por lo que, con el mismo credo ideológico y similares planteamientos organizativos, en julio de 1981 se constituyó la Pacific Democrat Union (PDU), que también paulatinamente fue expandiéndose a partidos asiáticos y latinoamericanos ribereños del océano oriental.

El auge de estas multinacionales ideológicas fue aprovechado por Margaret Thatcher y, con la ayuda de Helmut Kohl, se convenció al Partido Republicano de los Estados Unidos para constituir la Unión Democrática Internacional (IDU), capaz de oponerse a la creciente influencia de la Internacional Socialista. Cecil Parkinson, presidente del Partido Conservador británico, fue el encargado por delegación de la *Dama de Hierro* de convencer a los americanos y pactar su aportación[60] a este nuevo foro. El Presidente Reagan acogió con entusiasmo la idea y encomendó a su vicepresidente, George Bush, que prestase todo su apoyo e influencia por cuanto que la organización naciente, acogiendo a partidos que sumaban votos equivalentes a 150 millones de ciudadanos pertenecientes a una veintena de países, sería un pilar más en la política de *firmeza* que Estados Unidos sostenía en materia armamentística frente a la Unión Soviética.

Fraga y Alzaga se trasladaron, pues, a Londres para asistir por vez primera a la reunión de la EDU y, al propio tiempo, poner la firma en la fundación de la IDU —la versión federal mundial o el paraguas de la internacional[61] —. Fueron invitados por la señora Thatcher, que ofreció un almuerzo en la residencia del Primer Ministro (en el 10 de Downing Street). La reunión fue del máximo interés por la calidad de sus asistentes (Georges Bush, Kohl,

---

[60] Era la primera vez que un partido político americano pertenecía a una organización internacional de este tipo, adoptando los postulados wilsonianos de expandir por el mundo el sistema de libertades estadounidense. El Partido Demócrata, que también fue invitado a sumarse a la IDU, prefirió mantenerse al margen aunque estuvo presente en Londres en calidad de observador simple.

[61] Firmaron la constitución de la IDU 19 partidos pertenecientes a 17 países. En l996 esta Internacional la componen 70 partidos políticos pertenecientes a 56 países; está presidida por el sueco Carl Bildt, del Partido Poderado, y es el primero de sus diez vicepresidentes José María Aznar, presidente del Partido Popular. Desde el final de la *guerra fría* la IDU ha cambiado su estrategia, su batalla por las ideas, dando prioridad a construir la democracia en países de África, Latinoamérica y antigua Unión Soviética; cooperación en asuntos internacionales; desarrollo de los planteamientos ideológicos de centro-derecha y formación de líderes jóvenes.

Strauss, Chirac, Poul Schluter y Kaare Willoch) y firmantes de la primera declaración de principios, de fecha 24 de junio.

Aunque esta presencia española en la EDU, versión europea de este sindicato de partidos conservadores, suponía un espaldarazo, Óscar Alzaga disminuyó su importancia calificándolo como un *gran club europeo*. La mirada del PDP estaba puesta en la Unión Europea Demócrata Cristiana, de la que ya eran miembros Unión Democrática de Cataluña y el Partido Nacionalista Vasco.

Para Fraga la reunión de la EDU, bajo la presidencia del austriaco Alois Mock, fue fructífera en función de los lazos que tendió para integrar en el futuro a los eurodiputados españoles en el Grupo Conservador del Parlamento Europeo. A su vuelta de Londres, el villalbés urgió a Pedro Schwartz para que, como tercera pata de Coalición Popular, intentase la homologación en la Internacional Liberal, una de cuyas vicepresidencias ostentaba Antonio Garrigues y la cual le daba patente para entrar en *operaciones* como la que venía preparando Miguel Roca de corte reformista.

La Operación Roca

En la casa de Antonio Garrigues padre, un caballeroso mediador, su hijo derrotado en Madrid se reunió con Fraga a almorzar el 18 de mayo. Garrigues Walker fue tentado una vez más a sumarse a Coalición Popular con las mejores condiciones, pero desistió. Tan solo se comprometió a que los concejales del PDL de los ayuntamientos de Segovia y Santiago votarían con los *populares* para así levantar al socialismo las alcaldías consiguientes. No fue posible inicialmente aquel propósito, aunque más tarde los rebeldes liberales en aquellos muncipios se avendrían a colaborar.

Antonio Garrigues Walker prefería seguir siendo el socio madrileño de la *Operación Roca*[62]. Un socio ahora desacreditado un tanto en el campo político tras su fracaso electoral en Madrid, aunque convenía a Miguel Roca porque le restaba catalanidad en Madrid y porque el PDL estaba homologado por la Internacional Liberal.

La estratregia era disparatada no porque pretendiera la construcción de una confederación regionalista de inspiración catalana (una especie de CEDA nacionalista), sino porque era una empresa política engastada en Convergencia i Unió, de carácter bisagra, que antes que rebajar de poder al socialismo debilitaba la vocación estatal de AP-PDP-UL. La presencia activa de Miguel Roca en la *Operación reformista* —que así era conocida también—, sin decidirse a abandonar la secretaría general de Convergencia, era el punto más débil del proyecto, porque ponía de manifiesto una desconfianza intrínseca de difícil comprensión. Roca recelaba de Pujol, por supuesto, pero antes que eso desconfiaba de sí mismo como motor del partido reformista. Las elecciones municipales, por lo demás, no habían sido un ensayo sobresaliente, sino preocupante, de tener un techo más bajo que el que atribuían a Fraga.

A mediados de mayo, según cuenta Fernando Jáuregui[63], Miguel Roca se reunió por vez primera en Madrid con los notables regionales de la *Operación reformista*: Jerónimo Alberti,

---

[62] Los socialistas recibieron con viva desconfianza la Operación Roca por entender que era una acción complementaria de Fraga a fin de rescatarles los tres millones de votos que decían tener prestados del centrismo. Se empeñaron en desacreditar a Roca diciendo que su operación era de apendicitis y no política, y sacándole en televisión hablando en catalán.

[63] *La derecha después de Fraga*, pág. 132.

Gregorio Toledo, Florentino Pérez, Ramón
Ponce y José Rodríguez Peña, este último por
Coalición Galega, y confirmó que los contactos estaban muy avanzados para fusionar al
pequeño partido liberal.

El 13 de octubre de 1983 se constituyó en
Madrid la comisión gestora del Partido
Reformista Democrático, órgano de 27 personas de la que Antonio Garrigues era presidente y Florentino Pérez secretario general
(Roca jurídicamente no podía ser nada, salvo
un animador, por estar prohibida la doble
militancia). A través de un manifiesto liberal
y reformista —reformismo que propugnaba
reducir el Estado— se lanzaron a implantar
el partido en todo el territorio a través de la semilla de 3.000 concejales de distintas cuerdas en toda España, que serían los agentes electorales[64].

*Tras el fracaso en las elecciones municipales, Antonio
Garrigues se sumó a la iniciativa de Miguel Roca y
Florentino Pérez de constituir el Partido Reformista, de corte
liberal. En la foto, los miembros de la comisión gestora.*

Inicialmente los impulsos de los aliancistas eran de abierta hostilidad hacia estos reformistas
de salón, pero el criterio de tolerancia y de apelación por la unión a ellos hizo estragos en la
expansión del PRD. Porque, en definitiva, reivindicaban en balde un centro moderado (el rescate de cinco millones de votos centristas) con el pretexto de que Felipe y Fraga llevarían a España
al borde del abismo. Sin embargo, la voz "todos juntos contra la mayoría absoluta del PSOE"
vaciaba de objetivos a la *Operación reformista* y conseguía que se viese a sus dirigentes como
unos oportunistas en busca de otra montura con la que cabalgar en la carrera política.

Los gestos amistosos de Alianza Popular hacia Roca menudearon en todo momento, de
suerte que se quiso tenerle informado y próximo, como demuestra el hecho de que entre los
cuatro vocales del Consejo de Administración de RTVE atribuidos a Coalición Popular y que se
elegían por las Cortes Generales se le concediese uno a Pere Artigas, jefe de prensa de CiU y
protegido de Miguel Roca[65].

Escondía la operación reformista, en su profunda realidad, un rechazo a Fraga cabecera de
la *mayoría natural* y un proceso de sustitución por Miguel Roca, en la inteligencia de que a
través del líder catalán se produciría sin complejos el diálogo y pacto entre los nacionalistas y
los españolistas. El desenmascaramiento de los verdaderos propósitos lo haría el mismo Fraga

---

[64] El apoyo que fue recibiendo la *Operación reformista* no fue sólo de liberales sin sitio, sino que también hubo
democristianos no integrados en el PDP que acogieron con esperanzada simpatía el proceso integrador centrista de
Roca. Este es el caso de los firmantes del artículo-manifiesto que bajo el título "Para la consolidación de la democracia" publicó el *ABC* el 13 de octubre de 1983 (Miguel Bermudo de Hercilla, José Antonio Escartín, José María Gil-
Robles, Eugenio Marín, Alberto Monreal Luque, Juan Antonio Ortega Díaz-Ambrona y Manuel Villar Arregui).

[65] La renovación del Consejo de RTVE correspondía efectuarla al comienzo de la legislatura, pero la atribución
proporcional de puestos enquistó las negociaciones, llevadas por parte del Grupo Popular en el Congreso por Miguel
Herrero, y que hubo de desbloquearlas en mayo Fraga en un almuerzo con Peces-Barba. La elección del roquista
Pere Artigas Fontcuberta en el Congreso, sin haber puesto en conocimiento de los socialistas que se trataba del ex
jefe de prensa de Convergencia, provocó un gran escándalo que utilizó el PSOE para tachar de desleales a los aliancistas. Por el Grupo Popular, además de Pere Artigas, eran consejeros de RTVE: Rogelio Baón, el portavoz; Guillermo
Medina y Esther Portela.

en Pascua florida, antes de las elecciones municipales, por medio de un artículo de denuncia sobre la que aplicaba, al final, la medicina de la resistencia en el proyecto de seguir al frente del centro-derecha[66]:

> "(...) Una operación tan importante como la de articular y dar expresión a la mayoría natural de los españoles no puede pasar sin múltiples operaciones u operacioncillas para ponerle trampas, añagazas, emboscadas y otras maniobras. El 'Maura, no' revela cuántas cosas increíbles y cuántas alianzas no santas pueden enfrentarse simultáneamente. Pero la experiencia hoy es conocida. La jugada será mantenida pese a quien pese. Porque de su éxito depende el que actualmente no fracase, por enésima vez, el desarrollo político de España".

Volcado a taponar cualquier proyecto individualista, Fraga y AP trazaron la estrategia de incorporar a cualquier valor suelto del pasado. Previamente, sin embargo, estimuló cuanto pudo el desarrollo de un partido liberal, bajo el mando de Schwartz. En julio, por ejemplo, Fraga intentó infructuosamente atraerse a Federico Mayor Zaragoza, en la órbita de Suárez. También negociaba con los miembros residuales de Centristas de Cataluña y, en medio de una nube de rumores, parecía en el otoño segura la incorporación a Alianza Popular de Ferrer Salat, que exigía la manifestación expresa de ser el delfín de Fraga.

Muchas figuras, no obstante, encarecían su adhesión al grupo aliancista acaso por estimar su independencia, pero, en no menor medida, porque no arriesgaban la posibilidad de ser coleccionados por Fraga. Es de esa época la *teoría del zurrón*, atribuida a Abel Matutes, según la cual el villalbés seducía a las famosas piezas con amables señuelos o por la espera cinegética, pero al final los capturaba sin consideraciones y los metía en el zurrón, e iniciaba el proceso de ir a por otro ejemplar para colocarlo en su morral político.

Sea como fuere, el empeño de Fraga para el trienio 1983-1986, período de duración máxima de la legislatura, aspiraba a cuajar una mayor unión de Coalición Popular (para llamarlo Partido Popular al modo europeo) favoreciendo más a la familia democristiana, la más díscola, a cambio del reconocimiento de su liderazgo. Las reticencias a que fuera el artífice del reagrupamiento político, un hombre pronto a cumplir los sesenta y un años, le enervaba el amor propio y quizás por ello tuvo algún brote de soberbia abandonista[67]:

> "Almuerzo con financieros: por primera vez dejo claro que si se fragmenta, por operaciones u otras maniobras, el centro-derecha español, perdiendo una ocasión histórica de una alternativa de derecha democrática a la socialdemocracia, *otro talla*".

La Iglesia, un tigre de papel

La administración de la victoria del 28 de octubre por el primer gobierno socialista después de cinco décadas de espera fue hecha con avidez en muchos frentes. La transformación social que significaba el cambio la emprendió Felipe González atropelladamente durante 1983. La situación económica (paro incontenible, inflación y déficit público) no facilitaba la solución de otros problemas, según un repertorio amplio. Porque satisfacer a todos implicaba no contentar a nin-

---

[66] *ABC*, 8 de abril de 1983, "La operación de operaciones", por Manuel Fraga.
[67] *En busca del tiempo servido*, pág. 327.

guno. Ante tal escenario, los socialistas sentaron el precedente de gobernar con criterios de poder y, so pretexto de razones de urgencia, mediante decreto-ley pusieron al Parlamento en un segundo plano al dar prevalencia a los contactos directos con los sectores sociales más representativos.

El Parlamento español era entre los europeos el de más baja productividad: se reunía dos días por semana frente a los cuatro o cinco días de actividad de otros foros similares, y las iniciativas de la oposición, por la vía de la proposición de ley, por ejemplo, nunca salían adelante cercenadas de raíz por la *negativa mecánica*. El colmo de la mediatización se produjo por la aplicación de una regla parlamentaria innovadora de *llamar a la cuestión*, impidiendo que el orador hiciese digresiones críticas sobre temas no contemplados en el debate, surgiendo así, junto a votaciones rotundas, la teoría del *rodillo socialista*. Era la forma denigratoria de sintetizar la vocación socialista de hacer de su partido un estado dentro del Estado.

Fuera del Parlamento, el PSOE procuró apaciguar la inquietud eclesial desde el 12 de abril en que Alfonso Guerra, Vicepresidente del Gobierno, presidió una reunión con varios obispos en representación de la Conferencia Episcopal que superaba el viejo enfrentamiento Iglesia-Socialismo. Para el político sevillano la Iglesia española "era un tigre de papel" a la que se podía contentar con una política de gestos y de subvenciones, sin que en el lance los socialistas renunciasen a la visión laica del Estado[68].

Varios prelados habían recibido la victoria socialista con indisimulado regocijo y jactándose de haberles votado. No sólo eso, sino que alguno, no contento con apoyar a los socialistas, adelantaba reservas hacia la derecha, como señalara Díaz Merchán: "No creo que los católicos tengan forzosamente que recluirse en los partidos de derechas, porque los partidos de derechas presentan también graves inconvenientes a la conciencia cristiana"[69].

En la reunión antedicha, sin embargo, se plantearon cuestiones materiales y metodológicas y, si bien los interlocutores abrieron un cauce hasta entonces cerrado, no abordaron cuestiones tales como el aborto y la enseñanza. Éstas serían las piezas envenenadas de unas relaciones otra vez tormentosas, máxime a partir de que en abril —inmediatamente antes de las elecciones municipales— se discutió en el Congreso el proyecto de ley de despenalización del aborto. El Grupo Popular estuvo menos tibio que algunos prelados y presentó una enmienda a la totalidad. A pesar de que algunos diputados estaban interesados en que se les dejase libertad de pronunciamiento[70], al final el grupo actuó disciplinadamente sin que nadie se acogiese al voto en conciencia.

Del mismo modo que hiciera en el debate tardío de los Presupuestos del Estado[71], Fraga personalmente, apartando a Óscar Alzaga en principio designado para este debate, llevó la voz

---

[68] En un clima de desconfianza se reunieron, del lado del Gobierno, Alfonso Guerra y los ministros Maravall (Educación) y Ledesma (Justicia), y por parte de la jerarquía eclesiástica, los obispos Delicado Baeza (vicepresidente de la Conferencia Episcopal), Sebastián (secretario de la Conferencia Episcopal) y Elías Yanes (presidente de la Comisión de Enseñanza). En el curso de 1983 habría otras tres reuniones más en junio, septiembre y diciembre, continuando el diálogo y la negociación de los asuntos bilaterales Iglesia-Estado.

[69] Véase *ABC* del 28 de febrero de 1983.

[70] Los diputados Manuel Cantarero del Castillo y José María Ruiz Gallardón deseaban, a título individual, formular al proyecto de ley varias enmiendas encaminadas a mejorar texto legal, pero optaron por no hacerlo y seguir la disciplina férrea del Grupo Popular.

[71] Los Presupuestos Generales del Estado de 1983 se debatieron durante la primavera, con medio año de prórroga de los anteriores, y Fraga protagonizó el debate de totalidad, secundado por Pedro Schwartz en el resto de las grandes cuestiones macroeconómicas y tributarias.

cantante por el Grupo Popular en un discurso doctrinalmente grueso y provocador, a fin de sacar del banco azul a Felipe González y trabarse en duelo dialectico con él. No lo logró.

Aunque no se trataba de una legalización del aborto de modo generalizado, sino selectivo en casos excepcionales (por violación, terapéutico y eugenésico), el líder de la oposición entendió dicha regulación como un coladero previo a la libre decisión de las gestantes sobre sus embarazos. Insistió con toda clase de argumentos en que el proyecto de ley era inconstitucional porque el derecho a la vida "de todos" concierne no sólo a la persona, sino también a la incipiente y escueta vida "del meramente concebido". Razones religiosas, sociológicas, jurídicas, éticas y científicas le empujaban a oponerse y, si preciso fuere, a elevar la polémica al Tribunal Constitucional (como así fue por medio de un recurso) trazando para siempre una profunda divisoria en la interpretación de la carta magna. La oratoria empleada por el villalbés fue tajante, sin dejar espacios intermedios, asumiendo la cita de Julián Marías que decía que era una "refinada hipocresía" llamar interrupción del embarazaro al concepto "matar a alguien".

La anécdota no faltó tampoco en este debate. Embalado como estaba Fraga en exponer razones científicas sobre el derecho y punto de partida de la vida, confundió días por años y arrancó la risa cuando dijo: "A los siete años (en vez de días) el feto ya tiene sus propias células sanguíneas, a los dieciocho años se aprecian las pulsaciones del corazón...".

De ese discurso, pronunciado con calculado sosiego, importa subrayar que fue la pieza que radicalizó a las mentes cristianas e hizo enmudecer a los miembros de la Iglesia condescendientes con el socialismo en momentos en que, bajo la autoridad del Papa polaco Juan Pablo II, el Opus Dei vigilaba la conciencia moral católica[72] desde el reconocimiento de su Prelatura. Manuel Fraga se ganó aquí la confianza de las huestes de Escrivá de Balaguer, que olvidaron viejas querellas.

La reforma de la escuela, pues, al igual que resultó en Francia, también gobernada por socialistas, sería el punto del choque inevitable.La revisión *ex officio* de los textos educativos que se impartían en los centros católicos, que normalmente era práctica rutinaria, fue la espoleta de la llamada *guerra de los catecismos* que estalló el 30 de julio de 1983 aunque no trascendió al gran público hasta septiembre. Sendas alusiones condenatorias del aborto en los catecismos de 5.º y 6.º cursos de Educación General Básica[73], impresos masivamente antes de alcanzar el *visto bueno* oficial, azuzó los ánimos sobre si el Estado tenía legitimidad para este tipo de censura o, por el contrario, se consideraba una arbitraria e incosntitucional postura. En pleno enfrentamiento, durante la canícula estival, el Ministro de Educación, José María Maravall, llegaría a declarar que los acuerdos Iglesia-Estado dependerían de una solución satisfactoria de los temas pendientes (enseñanza de religión y la LODE). El escándalo paralizó las conversaciones técnicas entre ambas partes, y en septiembre, ocupadas ya las aulas por los alumnos, la sociedad en general se percató de la magnitud del problema. Dice Abel Hernández[74] que la polémica contribuyó a realizar en favor de los catecismos una propaganda gratuita, por lo que la tirada de aquéllos se aproximó al medio millón.

---

[72] Un *barómetro* de opinión pública elaborado en febrero de 1983 por el Centro de Investigaciones Sociológicas revelaba que un 37 por ciento de los votantes de Alianza Popular estaban de acuerdo con el proyecto de despenalización limitada del aborto, del mismo modo que lo aprobaba el 42 por ciento de los católicos practicantes.

[73] Las frases objeto de controversia eran en el catecismo de 5.º curso (Camino, Verdad y Vida) " (La) vida nueva que empieza es un don de Dios. Y merece todo respeto. Destruirla es atentar contra una vida humana, aunque el ser concebido no haya visto todavía la luz". En el catecismo de 6.º se afirmaba: "... y el hombre ataca a costa de quien sea, hasta matar: guerras, aborto, terrorismo, etc.".

[74] *El quinto poder*, pág. 209.

El encontronazo hacía las cosas irreversibles, pues ni la Iglesia podía quedar desautorizada en el ejercicio de su fuero ni el Gobierno, por su parte, podía permitir que existiese poder paralelo alguno. ¿Cómo bajar la temperatura y la agitación?

Como a ninguna de las dos partes convenía el choque y la Iglesia perseguía, al estilo alemán, un *impuesto religioso* (las asignaciones al clero por compensación de la desamortización de Mendizábal ya no lo sustentaba nadie), se buscó el arreglo. De igual manera, Felipe González no deseaba la vuelta atrás de cerca de diez mil púlpitos predicando a la contra. Se quedó, tras una nueva reunión de la comisión negociadora del día 27 de septiembre, que las dos partes salvarían la cara reduciendo las diferencias a cuestiones de matiz. La fórmula de avenencia sería la de que la Administración no autorizaba los catecismos, pero los obispos podrían impartir orientaciones pedagógicas y, a través de ellas, mantener la interpretación de la doctrina católica.

La jerarquía eclesiástica prefería el sigilo en las negociaciones porque lo entendía más efectivo para que no se *politizasen* los temas. Porque, en el fondo, existía entre los prelados la opinión mayoritaria de que la identificación religiosa con un grupo político perjudicaba a la causa general. Sin embargo, Alianza Popular se inmiscuyó con estrépito en el conflicto lo antes que pudo a través del comunicado de la primera reunión de la Junta Directiva Nacional después del verano, el mismo 26 de septiembre en que la Comisión Episcopal de Enseñanza acordó proseguir la defensa de los catecismos. Y lo hizo descalificando la postura gubernamental como contraria a la Constitución y a los Acuerdos con la Santa Sede, señalando además que "la gran mayoría católica de España podrá comprobar la incapacidad del socialismo español para superar sus viejos prejuicios y la fragilidad de su promesa de respeto al derecho de los padres a educar a sus hijos en la moral cristiana tradicional".

Si bien se había firmado un armisticio en punto al incidente de los catecismos, las posturas encontradas en materia de enseñanza, con carácter general, eran piezas claras para que el Grupo Popular marcara sus diferencias de alternativa. Algunos obispos hubieran preferido que esta bandera reinvindicativa no la ondease Fraga.

Coalición Popular, por lo tanto, se erigía en opositora de la LODE, pieza de roce entre la Iglesia y el socialismo, y lo hacía porque así se lo pidieron las Federaciones de Enseñantes Religiosos y de Padres de Alumnos, volcando a sus afiliados en las manifestaciones que al respecto convocaron por las calles de Madrid —en emulación de la multitudinaria habida en París— y que obligó a negociar al gobierno socialista vecino. Pero también lo hacía por razones de principio ya manifestasdas con ocasión de discurtirse la Constitución, porque el ala democristiana de la coalición de centro-derecha advertía entre las intenciones socialistas su afán de descristianizar España para desgastar y reducir el peso de la Iglesia en nuestra sociedad. Por último, lo hacía además por oportunismo político ante los cambios de orientación que se barruntaba en la política vaticana, estando interesada, como lo estaba, en merecer el apoyo electoral de ese ejército silencioso con veinte siglos de historia.

Durante los días 14 al 16 de diciembre Manuel Fraga estaba en Roma para visitar al Papa y a otras personalidades eclesiásticas, en dramática coincidencia con la muerte por incendio de su hermano Marcelo en la cancillería de Montpellier, y no quiso

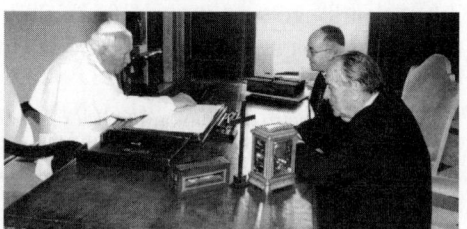

El Papa Juan Pablo II en su despacho privado con Manual Fraga, a quien ha recibido varias veces en audiencia.

ceder al repertorio de compromisos contraídos anteriormente. Mantuvo la agenda, lo que al conocerse por los visitados suscitaba oraciones especiales para el difunto, habida cuenta de la importancia que estos contactos tenían para el líder del centro-derecha. Fue el espaldarazo de Roma a su proyecto político. Estuvo durante una hora con el Sumo Pontífice repasando en castellano —la *lingue franca* del Vaticano, dice— la actualidad política española en la biblioteca privada. Fue recibido asimismo por los responsables de varios dicasterios, pero descolló la conversación celebrada con el cardenal riojano Martínez Somalo, tan influyente entonces, y con los dirigentes del Opus Dei, monseñor Alvaro del Portillo, y de la Compañía de Jesús, el padre Kolvenbach.

Siendo difícil la evaluación de este viaje, sí puede afirmarse que dio frutos no inmediatos pero útiles para una mejor comprensión y apoyo a plazo medio a juzgar por la impresión sincera y directa que el villalbés tuvo de Martínez Somalo, así resumida en sus memorias:

> "Martínez Somalo es un riojano de una sólida familia de Baños de Río Tovía, pura eficacia y lealtad, muy alejado de ciertas tradiciones de complejidad un poco cínica de ciertos curiales. Al pan, pan, y al vino, vino (que lo tiene muy bueno): un español de pura cepa. Con ambos (se refiere al Papa y a Somalo) y con los demás hablé largamente de los problemas de muchos cristianos que hemos llegado a la vida pública precisamente para serlo y no para servirnos de la Iglesia, sino para servirla"[75].

A fin de cuentas, la verdad es que la Iglesia española acusaba su necesidad financiera de retribución al clero, a la vez que frente a los socialistas adolecía del complejo de haber ayudado al franquismo. Todo eso, de añadidura a que el cuadro de principios apostólicos hacía crisis en una sociedad menos practicante de la religión, obligó quizás a que los obispos desempeñasen un doble juego acomplejado, equívoco y oscuro, que condujo a la reducción de su influencia.

El año del contraterrorismo insensato

El aniversario primero de la llegada al poder de los socialistas fue recibido por la opinión pública, dado el escaso desgaste que señalaban las escuestas, con el conformismo de que las cosas no habían ido a peor. En el horizonte, pues, nada amenazaba la hegemonía del Gobierno socialista de Felipe González. Sin embargo, el terrorismo y la inseguridad ciudadana ensuciaban la imagen de estabilidad democrática que el *cambio* representaba mientras que intentaban transformar la sociedad y moralizar la vida pública. Eran aquellos problemas los que habían hipotecado a todos los gobiernos de la España reciente, incluidos los del franquismo.

Diez millones de votos significaban una mandato contundente, pletórico de moral y legitimador. Servía para todo menos para acabar con el terrorismo en un año plagado de atentados. Desde el 28 de octubre de 1982 y durante todo 1983 se produjeron 44 atentados de distinta catalogación, con 40 muertos y 34 heridos de diversa gravedad, así como seis secuestros, uno de ellos con muerte (la del capitán de farmacia Martín Barrios); cuatro liberados, previo pago del rescate (los empresarios Echeverrería, Larrañaga, Guibert y Prado Colón de Carvajal), y uno liberado por la policía (el empresario Orbegozo).

---

[75] *En busca del tiempo servido*, pág. 332.

La garra terrorista había golpeado con excepcional fiereza a las Fuerzas Armadas y por virtud del excesivo tributo de sangre entregado, especialmente a raíz de que el capitán de farmacia Martín Barrios fuese asesinado en su cautiverio por ETA, luego de pedir su liberación a cambio de que se emitiese previamente por RTVE un manifiesto, el Ejército se planteó la creación de un grupo operativo propio antiterrorista similar al existente entonces en Inglaterra. En este sentido, desde hacía años el general Rodríguez Toquero, del Estado Mayor del Ejército, venía estudiando un plan de seguridad que desde una actitud *pasiva* queríase pasar a una protección *activa*. Desde finales de 1893 fue implantado un plan especial de protección al generalato y a mandos especiales, vigilando itinerarios y domicilios. Se soslayó, no obstante, la pretensión de algunos sectores de las FAS de coadyuvar de forma activa, sistemática y permanente en la lucha contraterrorista, vigilando no sólo puntos estratégicos, sino con aportaciones informativas (el CESID desde el inicio de sus funciones ya realizaba inteligencia contraterrorista).

Con independencia de la dramática estadística, ETA —también con el grosero concurso de ETApm y del GRAPO— afinó cruelmente sus actuaciones introduciendo la indiscriminación para las víctimas (es el primer año que utilizan el coche-bomba con explosión telecontrolada) y supeditando sus crímenes a la extorsión o a la recaudación del *impuesto revolucionario*[76].

Desesperada si no atemorizada la opinión pública, situación a cuál de ellas peor, comenzó a cristalizar la sensación de impotencia. Curiosamente, apenas ganaron el poder los socialistas, el empresario vasco Luis Olarra, presidente de la Confederación de Empresarios de Vizcaya, se descolgó ante la opinión pública con un plan de "acción directa" contra el terrorismo mientras Orbegozo permanecía secuestrado, apuntando a un tipo de actuaciones bien acogidas en el pueblo:

> "Todo eso de las manifestaciones en la calle y los comunicados de condena por los atentados terroristas es algo ya superado, que no sirve para nada; de lo que se trata ahora es de llevar a cabo soluciones más drásticas, aunque desemboquen en situaciones que pudieran llegar a ser dramáticas"[77].

La propuesta de Olarra suscitó una sorda corriente de aprobación de la masa de víctimas por violencia y extorsión que buscaban el enfrentamiento directo, pero como la filosofía del *ojo por ojo y diente por diente* demolía el Estado de Derecho consagrado por la Constitución, el consejero de Interior del gobierno vasco, Luis Retolaza, hubo de salir al paso negando las vías paralelas del *somatén* y denigrando las palabras de su paisano como si de una baladronada se tratara. En general, fue considerada esta fórmula como barbarie o un camino muy peligroso, aunque se inscribiese en términos de autodefensa dada la incapacidad del Estado para defender a sus súbditos, y sólo Fraga, entre los líderes de los partidos, se atrevió a valorar el alegato de Olarra: "El que un grupo de ciudadanos en esta situación tan lamentable se unan para defenderse no me parece que sea inaceptable. Lo que no es aceptable (...) es que campen por sus fueros una pandilla de criminales"[78].

---

[76] La eficacia policial en la lucha antiterrorista había disminuido durante el mandato socialista. Los "aciertos" policiales durante los diez primeros meses de 1983 bajaron de un 68 a un 58 por ciento, en lo que se refería al número de detenciones de presuntos terroristas y colaboradores, de acuerdo con datos suministrados por la Audiencia Nacional.

[77] Véase *El País*, 18 de noviembre de 1982.

[78] *El País*, 19 de noviembre de 1982.

Felipe González fue muy comedido en puertas de tomar posesión de jefe del Ejecutivo dando una de cal y otra de arena, agradeciendo las colaboraciones de los particulares dentro de la ley y rechazando, por demás, que fuese a consentir que ciudadanos vengaran cualquier acción por la propia mano. Sin embargo, pasados los meses y cumplido el primer año del triunfo socialista, era otra la postura político-doctrinal de González tanto en la palabra como en los hechos.

A lo largo del debate de carácter informativo celebrado en el Congreso de los Diputados el 3 de noviembre de 1983 sobre las medidas terroristas adoptadas —y sin precisar— por el Gobierno, Felipe González se ganó el aplauso de la oposición conservadora cuando sostuvo que "la puerta de la negociación está definitivamente cerrada...". Porque por primera vez el socialista sevillano reconocía que ya no cabían más soluciones políticas por estar agotadas. La reacción de Fraga fue de apoyo con un discurso difuso, pues al tiempo que pedía la ilegalización de Herri Batasuna, sin mencionarla, defendía una excusa no pedida al sostener: "El terrorismo es el que hace la más sucia de las guerras. Nosotros pensamos que es buena la política de no dejar tranquilos a quienes hacen la apología del terrorismo".

La sesión informativa monográfica estuvo, sin embargo, llena de sobrentendidos que parecían esconder una conspiración constructiva —un consenso— sobre medidas insinuadas. Algunos cronistas parlamentarios captaron esa conciencia excepcional[79]. Sin ser mencionada, flotaba la expresión *guerra sucia* en una ambiente de sobrentendidos, donde mientras el aliancista José María Ruiz Gallardón valoraba elogiosamente las medidas gubernamentales anunciadas contra el terrorismo, otros como Bandrés y Carrillo advertían de la necesidad de comportamientos democráticos en el campo de las actuaciones policiales.

Las medidas no explicitadas (algunas de ellas constituirían un nuevo proyecto de ley compilador y renovador de lucha antiterrorista) eran de índole penal, procesal y penitenciario, conforme a un abanico amplio que González informó —quizás buscaba la aprobación— a varios dirigentes. Fraga se vio inesperadamente con el Presidente del Gobierno, en el despacho de éste, en la mañana del 24 de octubre, para ser informado del conjunto de medidas antiterroristas a adoptar, porque, según dice González, "... la ley no deja actuar eficazmente al Gobierno"[80].

¿Hubo alguna insinuación o información adicional para que Fraga escribiese en su diario esa frase equívoca? Añade el memorialista, como para eludir la responsabilidad, que el Gobierno socialista no necesitaba su complicidad, pues tenía mayoría suficiente para reformar la ley y contaba con una leal oposición que apoyará en cuestiones de Estado.

Las relaciones Fraga-González se habían normalizado institucionalmente antes de las elecciones municipales cuando, por invitación de Peces-Barba, fueron restañadas en un almuerzo las heridas abiertas que se habían infligido recíprocamente. Se reunieron en el mismo palacio de la Carrera de San Jerónimo el 18 de abril de 1983 en términos de reconciliación, pues aunque González había creado —por iniciativa de Peces-Barba— el puesto de jefe de la oposición, sueldo, coche, secretaria y despacho, no debían restar fogosidad a la contraposición de las políticas propias. Uno y otro, respecto de los deberes recíprocos, estaban en

---

[79] Véase *El País*, 4 de noviembre de 1983.
[80] *En busca del tiempo servido*, pág. 326.

el juego de las *siete y media*, evitando al mismo tiempo pasarse o no llegar. Ahora bien, ¿abarcaban las medidas contraterrroristas otras actuaciones fuera del marco de las negociaciones institucionales entre el Gobierno y la oposición? Y, de añadidura, ¿patrocinaba el Estado algún tipo de guerra sucia?

Sobre las dos cuestiones, parece ser que Felipe González no informó a nadie, ni siquiera a Fraga, de que se estuviese propiciando desde el Gobierno y desde el PSOE vasco la creación de Grupos Antiterroristas de Liberación (GAL), de cuyas actuaciones al margen de la ley se tuvo primera noticia a principios de diciembre.

Probable es, en los términos enigmáticos en que estas cosas se plantean, que el Gobierno pidiera comprensión y vista gorda, que no complicidad expresa. Pero de lo que sí hubo noticia, como base histórica para presumir el nacimiento de una política insensata de lucha contraterrorista basada en razones de Estado, fue de la celebración, en marzo de 1983, de una reunión policial de máximo nivel en el Ministerio del Interior, a raíz de la cual se cursaron órdenes para actuar contra ETA en Francia por personas no funcionarios del Estado español, poniendo en funcionamiento un torpe dispositivo de lucha contraterrorista que mostraba la debilidad del sistema democrático impregnado de un garantismo perjudicial por excesivo. Era un pecado de la izquierda.

El frustrado intento del periódico *La Tribuna*[81]

Escarmentado por lo mal que le resultó apoyar la aparición de *El País*, Fraga rechazaba la machacona idea de Carlos Mendo de crear un periódico que, de corte anglosajón —más informativo que de opinión—, respaldase el modelo ideológico de Alianza Popular.

A partir de 1983, habiendo pasado de una estructura representativa de 7 a 107 diputados, Carlos Mendo volvió a presionar al *Patrón* (acuñó este nombre imitando el que recibiera, de sus hijos y colaboradores, el segundo Marqués de Luca de Tena) para reflotar el viejo proyecto. Y alguna trastada debió de recibir el villalvés de Luis María Ansón para que, al término de las elecciones municipales y autonómicas de mayo de 1983, Fraga autorizase al fin a Carlos Mendo la creación del ansiado periódico.

Angel Sanchís prestó las oficinas de *Corporación* (la cabecera del *holding* de sus negocios) y desde allí, en la calle Orense, Carlos Mendo comenzó a mover los hilos para la fundación, marcándose el plazo de nueve meses de gestación de un rotativo moderno —al modo del *New York Times*— para una tirada inicial de 50.000 ejemplares bajo el título *La Tribuna*, cuya aparición se calculaba fuese en 1985, poco antes de las legislativas .

La Junta de Fundadores, con arreglo a la ley, la formaron Carlos Robles Piquer, Ángel Sanchís, un hermano de Abel Matutes, Álvaro Lapuerta y el mismo Carlos Mendo, quienes aportaron cada uno un millón de pesetas. Con las aportaciones de otros accionistas, y hasta alcanzar la cifra de diez millones de pesetas, se constituyó la sociedad editora Medios de Comunicación, S. A. (MECOSA) el 17 de octubre de 1983, presidida por Carlos Mendo y con el domicilio social en la madrileña calle Torpedero Tucumán. Era idea de los fundadores alcan-

[81] Testimonio de Carlos Mendo al autor.

zar los quinientos millones (por el desembolso de las acciones), con los que comprar un edificio y la rotativa, y posteriormente acudir a una ampliación del doble del capital.

Con el fichaje profesional de Manuel Galea, que acababa de cesar como director general de Prensa Española, S. A., el reducido equipo promotor inició segun la técnica de círculos concéntricos la captación de accionistas. Carlos Mendo ha revelado al autor que, a poco de iniciar sus itinerarios recaudarorios por provincias, Luis María Ansón, director de *ABC*, tomó la iniciativa de los aliancistas como una afrenta personal y se dedicó a boicotear las reuniones que entre empresarios y profesionales convocaba. En Valencia, por ejemplo, Mendo se reunió con empresarios y profesionales y, pese a haber tenido el proyecto muy buena acogida, Luis María Ansón convenció a los convocados para que no dirigiesen sus ahorros al periódico de Mendo: "¿Para qué vais a invertir en este proyecto —les decía Ansón a los empresarios— si ya tenéis al *ABC* que defiende lo mismo?"

Luis Súñer[82], fundador del gran emporio industrial Avidesa, aportó 25 millones de pesetas para el proyecto periodístico de su amigo Fraga, y "si me hubieses pedido cien —le dijo a Mendo— también te los habría dado".

Pasados seis meses, Mendo desesperaba del comportamiento hostil de Ansón, que no cesó de boicotear sus convocatorias de cuestación económica. Ansón, por esos días, adoptó la cautelar conducta de tratar de dulce a Alianza Popular y a su líder según una sumisión meramente táctica. Cuando apenas había recaudado 82 millones de pesetas, Mendo entendió fracasado su propósito. Los fundadores y primeros aportantes habían perdido el respectivo "primer millón", idos en gastos preparatorios, y la aventura fue cancelada con un pequeño desfalco de unos cuantos cientos de miles de pesetas del administrador de la empresa.

Exento de rencor, un día de 1995, durante la tertulia en la que participaba Carlos Mendo en la cadena radiofónica SER, el frustrado fundador de *La Tribuna* todavía salía en defensa de Luis María Ansón diciendo: "Al haber perdido el trabajo por culpa de Ansón tengo autoridad para no tolerar el insulto que el señor Leguina ha dedicado al director de *ABC*".

---

[82] El empresario valenciano había sido secuestrado por ETA el 13 de enero de 1981 en su despacho de Alcira (Valencia) y fue liberado poco tiempo después tras el pago de 300 millones de pesetas.

Capítulo 18

COALICIÓN POPULAR, LA ALTERNATIVA INCOMPLETA

La carta de los once parlamentarios

Al santo por la peana para la adulación, pero también la carcoma comienza su festín devastador por abajo. La burocracia del partido era, al gusto de la metáfora, el maderamen donde el grupo parlamentario que pastoreaba Miguel Herrero quería morder y podía plantear la batalla del poder y la influencia. Ciertamente, era en Génova 13, y lo que representaba su planta séptima, pues, donde se libraría la pelea de algo más ambicioso: la guerra por la sucesión.

La defección *centrista* de Herrero hacia los brazos de Fraga, por lógica, no fue gratuita y tenía el precio de cotizar en la sucesión del líder sesentón. Asentadas sus fuerzas en el palacio de la Carrera de San Jerónimo, en un grupo parlamentario de relevantes personalidades, contaba el portavoz popular con una considerable cuota de presencia en los medios de comunicación —la notoriedad imprescindible para suceder—, pero carecía a la vez de influencia en la red territorial y sectorial, donde era considerado, simplemente, un inteligente advenedizo.

En sus tres acepciones, en la terminología de los politólogos[1], la burocracia partidista (organización, componentes administrativos y predominio de los funcionarios) era dominada y controlada por el secretario general, Jorge Verstrynge, que la utilizaba con enorme destreza mientras AP era una organización reducida, domeñada en las provincias por los secretarios técnicos y gerentes de obediencia retributiva a Madrid. Ahora, con casi un centenar de diputados (no se cuentan los del PDP, ajenos a su mando), más de sesenta senadores y un tupido tejido de representantes autonómicos y municipales, el ejercicio disciplinario como excipiente del poder se había diluido en los cuerpos intermedios, cada vez más presentes en la escala de un partido de masas. A pesar de ese reparto centrífugo del poder, más regionalizado por la vigente distribución geopolítica del Estado, el nombramiento de dos coordinadores generales, Carlos Robles y Ángel Sanchís, actuó de colchón defensivo en la tensión conflictiva entre el *aparato* del partido y el grupo parlamentario. Aquéllos constituían, junto a Verstrynge y la oficina central, un ala de resistencia en la que también cabría sumar a Abel Matutes.

Se consideró entonces un error que el diputado por Sevilla y secretario general, Jorge Verstrynge, se hiciese cargo en el Parlamento de la portavocía popular de Defensa, un área de difícil lucimiento al formar parte del campo neurálgico del Estado y, por lo tanto, poco suceptible al desempeño de la oposición. Su implicación suave, en medio de una manada de cachorros parlamentarios dispuestos a cobrar presa y hacerse notar, le perjudicó sobremanera al no

---

[1] Angelo Panebianco (*Modelos de partido,* Alianza Editorial, 1990, pág.421) recoge las diversas acepciones del término *burocracia,* las cuales suman hasta doce significaciones distintas en el mundo literario, si bien él las reduce a las tres enunciadas en el ámbito de los partidos políticos.

poder descollar autoridad entre sus colegas. En la confrontación planteada, a Verstrynge ello le hacía más vulnerable.

Luis Herrero/Carlos Dávila[2] sitúan el origen de las hostilidades en la recomendación que los socialistas hicieran a Fraga para que nombrase portavoz del Grupo Popular, en vez de a Miguel Herrero, a Jorge Verstrynge, por estimar a aquél demasiado histriónico, lo que no contribuía a un mejor entendimiento. Tal recomendación, que podía responder a la amistad fluida entre Verstrynge y Guerra, no fue adverada por probable que fuese, aunque sí es reseñable la falta de sintonía de Herrero con González y Guerra, al primero de los cuales lo conoció durante el franquismo en el Colegio Europeo de Lovaina.

Rodrigo Rato, situado en el círculo estrecho de Herrero, ha valorado aquella situación desde la perspectiva de los años, con un balance injusto[3]:

> "Se creó la teoría de que el Grupo tenía que determinar al Partido que, por ser un grupo de *aparachics*, debía ser dominado por los parlamentarios. Eso surgió a raíz de la elecciones municipales del 83, que salieron muy bien por el trabajo del aparato. Todo eso se despreció y fue injusto, visto ahora con perspectiva, pues empezó una guerra por la sucesión que debilitó al Partido y provocó que las elecciones municipales del 87 no tuvieran tan buen resultado".

Anticipo de lo que representaría de hecho el VI Congreso Nacional, Miguel Herrero, durante junio y julio de 1983, celebró hasta cuatro cenas[4] con "militantes conspicuos" presididas por Alfonso Osorio, según dice el interesado por encomienda de Fraga, para analizar cuestiones esenciales de la estrategia y la organización. "A sugerencia de Fraga —revela Herrero— el secretario general Verstrynge se nos unió para que aprendiera".

Herrero, con relación al documento objeto de debate y aprobación para su remisión al presidente, identifica numéricamente el documento como el de los doce firmantes (parece incluir a Verstrynge)[5]: "De ahí surgió un documento que firmamos doce, nunca por supuesto llevado a la práctica, y que podía haber sido muy útil al futuro de la derecha política española".

Los firmantes fueron doce, incluido Verstrynge, pero en realidad era un documento de once porque difícilmente podía asumir el secretario general —aunque formalmente lo hiciera para quitarle hierro al escrito— una diatriba al partido-burocracia que él encarnaba. Dicho esto, los coautores fueron: Francisco Álvarez-Cascos, Miguel Arias Cañete, José María Aznar, Juan Ramón Calero, Gabriel Camuñas, Miguel Herrero, José Ramón Lasuen, Antonio Navarro, Alfonso Osorio, Miguel Ángel Planas y Rodrigo Rato.

Fraga no menciona en sus memorias-diario siquiera el escrito de marras porque, mal que bien, entrañaba una postura de rebeldía (¡vaya, incluso con la fecha: 18 de julio!) que iba más lejos: planteaba implícitamente la censura al secretario general, puesto de su confianza, y,

---

[2] *De Fraga a Fraga*, pág. 52.
[3] Declaraciones al autor.
[4] Los encuentros político-gastronómicos se celebraron en el restaurante El Parrillón por convocatoria de Miguel Herrero, que aportó los primeros textos sobre los cuales se confeccionó el documento final.
[5] *Memorias de estío*, pág. 329.

de paso, tomaba posiciones en la sucesión —empujaba a ello— al decir con suma habilidad: "(...) No sabemos, aunque los deseamos, si después de 1986 Fraga será Presidente del Gobierno, pero sí sabemos que puede y debe ser el Pablo Iglesias de la derecha española".

Los nueve folios de que constaba el documento, subdivido en dos partes, una primera de análisis y de enunciación doctrinal, y la segunda de propuesta orgánica, era interesante, ciertamente, en lo que ponía sobre la mesa, pero era perverso en su oculta motivación. Esa fue la hábil jugada de Miguel Herrero, aparte de servirse de hombres leales a Fraga poniéndolos de escudo como *abajo firmantes*, tras oír éstos que tanto las reuniones como el escrito tenían todas las bendiciones.

Que a Fraga, a esas alturas de su marcha a trompicones hacia la *mayoría natural*, le dijesen cómo tenía que hacer las cosas y —más aún que eso— que le exigiesen participación del poder dirigente porque "... este equipo (el dirigente) no puede ser un conjunto de cabecillas cuya autoridad provenga del control de las bases o de las fichas", no le resultaba muy confortante. De todas maneras, lo que se reclamaba por encima de otras sugerencias y pretensiones era una mayor colaboración y coordinación del aparato con los grupos parlamentarios, de conformidad con la idea de que en los países occidentales deben "ser los políticos los que dirigen a los burócratas, mientras que en los países del Este éstos mandan sobre aquéllos".

Con el ropaje de algunas buenas ideas, por lo demás, el documento en cuestión era un tanto ingenuo, por la defensa de la obviedad en ocasiones, y adolecía igualmente de una intencionalidad mesiánica en el campo electoral.

Alfonso Osorio, en nombre de todos los firmantes, se lo entregó a Fraga a finales de julio, antes de que emprendiese las vacaciones. A la vuelta, de por medio agosto, Osorio y Fraga almorzaron y comentaron el escrito sin mayor trascendencia y tal vez el villalbés sugirió a Osorio la defensa de Verstrynge ante las anunciadas acometidas de Herrero. Con ocasión de reunirse el Comité Ejecutivo el 12 de septiembre, en el que se marcaron tareas de cara al VI Congreso, Fraga sólo hizo el siguiente escueto comentario: "He recibido un informe no pedido, y quiero que conste que la iniciativa corresponde exclusivamente a los que lo suscriben".

Descargado de carácter oficial porque él no encargó el informe, Fraga vino a denunciar la prisa y precipitación de Miguel Herrero por ganar poder. A Miguel Ángel Planas, que todos los años se pasaba por Perbes para ver a su *amigo Manolo* y esta vez hubo de explicar su firma en el documento en cuanto vicepresidente que era del partido, le comentó lo bastante: "Lo único que quieren éstos es poder, y mientras yo sea el presidente del partido no se subirán a mis barbas"[6].

A partir de ahí, no obstante, Miguel Herrero compondría una de las ramas aspirante a la sucesión de un Fraga todavía más receloso hacia él, a quien consideraba muy preparado e inteligente pero caprichosamente errático e histérico. Por lo demás, los ficheros de afiliados no los confiaría a nadie, sino a un conjunto de matronas —buenas y leales mujeres con escasas obligaciones domésticas— que realizaban el trabajo a mano hasta que fueron desplazadas por la informática. Resulta que Fraga nunca olvidaba que don Antonio Cánovas guardaba en su domicilio los ficheros del Partido Liberal Conservador.

---

[6] Dávila/Herrero, *De Fraga a Fraga*, pág. 55.

Candidatos para Cataluña y País Vasco

La sucesión ininterrumpida de elecciones obligó al *aparato* aliancista a que, nada más concluir las municipales de mayo de 1983, se abriesen dos carpetas para preparar los comicios autonómicos del año siguiente, Cataluña y País Vasco, donde la implantación de AP era lo más arduo y difícil de todo el sistema. Para los técnicos de Génova 13 —duchos en la sutileza italiana— trabajar en temas partidistas de Cataluña equivalía a adentrarse en la intriga renacentista de Florencia. Dedicarse al País Vasco, ya intimidatorio por el miedo ambiental, sumaba la ingratitud de los resultados[7].

Lo primero que aparece en España ante cualquier convocatoria electoral es el factor personal, precediendo incluso al marco doctrinal y al teatro estratégico. En Cataluña el problema del candidato aliancista a *president honorable* madrugó, de manera que el 11 de julio de 1983 Domenec Romera, el que fuera presidente de la Feria de Muestras de Barcelona y era entonces presidente provincial de AP, dimitió en "pro de la unidad del partido", al entender que yéndose a casa facilitaba las cosas. ¿Cuál era en realidad el trasfondo de la crisis?

Cuando Romera se acercó a AP en febrero lo hizo con la legítima ambición de aspirar a competir por el primer puesto de la lista de Barcelona, pero se encontró con la oposición del presidente regional, Miguel Ángel Planas, personalmente —por imagen y pobre representatividad de lo catalán— poco dotado para ser él candidato. Mantenía su poder en Cataluña, excepción hecha de Barcelona, como si fuera una marca nobiliaria[8]. Romera representaba el mundo de los negocios y su catalanidad no era discutida, por lo que Fomento del Trabajo y la burguesía lo aceptaban sin entusiasmo, ya que carecía de predicamento en los segmentos sociales populares castellanoparlantes. La adversidad le vino, sin embargo, de los genuinos aliancistas (Planas, Tarragona, Santacreu, etc.) que le negaban legitimidad de origen. Se creyó, de otra parte, que Romera podía ser una fuente captora de fondos económicos, pero las dificultades que encontró en el camino disuadieron, respectivamente, a él mismo, dispuesto a renunciar, y a la misma dirección estatal del Partido. Se apartó sin dar portazo, si bien dirigió a Planas un sarcasmo corrosivo: "Hay que cambiar huevos de bacalao por huevos de esturión, pero cambiar por huevos de merluza no vale la pena"[9].

Tanto Fraga como Verstrynge, ante el desencadenamiento de la crisis, se trasladaron a Barcelona para aplacar los ánimos y, de paso, aplazar hasta después del verano la designación del candidato popular a la Presidencia de la Generalitat. En la casa *pairal* de Santacreu, donde diez años antes se trazó la estrategia reformista en Cataluña, Fraga cenó el jueves 14 de julio y reclamó paz y orden precisamente a los más amigos (algunos idos y otros recién llegados) y, de madrugada, regresó a Barcelona[10]. A los comensales les había anunciado que el secretario general, Verstrynge, se ocuparía desde aquel momento del tema catalán.

---

[7] El autor, en cuanto jefe del Gabinete de Fraga, intercedió en favor de Javier Carabias para que únicamente dirigiese la campaña electoral de Cataluña ante el encargo doble de asumir el mismo cometido en Euzkadi. La campaña vasca le fue encomendada a Carlos Robles.

[8] Haber obtenido en las generales de 1982 seis diputados por Barcelona le daba a Planas una autoridad indiscutible, que él representaba con gran aparato (coche con escolta, tarjeta de crédito y una cohorte de seguidores), amén de ser el exponente de los viejos *tiburones* del partido, no muy sensibles con el *espíritu catalán*. Planas había ingresado en el partido por AP de Vizcaya.

[9] Véase *El País*, 12 de julio de 1983.

[10] Diez años antes había estado presente en la reunión-cena que conmemoraban en la masía de Santacreu el mismo Jordi Pujol, que en esta ocasión disculpó su presencia.

Precisamente Verstrynge ya había intervenido, junto a Carabias que sería el técnico del Partido destacado en Cataluña con dedicación plena, restaurando los daños de la confrontación. Y como *hombres buenos* capaces de pacificar incorporaron al comité provincial barcelonés a José Segura y a Alejandro Pedrós con vistas a que ninguna cuita partidista empañase la búsqueda de un candidato decisivo.

El verano de 1983 no fue la tregua de siempre debido a la sentencia del Tribunal Constitucional sobre la LOAPA (Ley Orgánica de Armonización del Proceso Autonómico), emitida al año justo de la interposición de los recursos impugnatorios. Siendo ponente de la resolución Gloria Begué Cantón, la sentencia apreciaba parcialmente las alegaciones, argumentos y peticiones de los cinco recurrentes[11] y sentaba una base doctrinal de futuro sobre el impreciso título VIII de la Constitución. Además de privar a la ley del carácter de *orgánica,* el Tribunal negó su función armonizadora y, sobre todo, anuló total o parcialmente casi una veintena de artículos.

Era un varapalo memorable al último Gobierno de UCD, y al PSOE por extensión al haberla pactado. La formación aliancista, sin embargo, se marginó en una actitud ni fría ni caliente. Pero, en cualquier caso, la sentencia alentaba al nacionalismo catalán y vasco porque reconocía la desigualdad autonómica —no la de individuos y grupos sociales— en cuanto al procedimiento de acceso a la autonomía y al complejo competencial:

> "(...) Precisamente el régimen autonómico se caracteriza por un equilibrio entre la homogeneidad y diversidad del *status* jurídico público de las entidades territoriales que lo integran. Sin la primera, no habría unidad ni integración en el conjunto estatal; sin la segunda, no existiría verdadera pluralidad ni capacidad de autogobierno, notas que caracterizan al Estado de la autonomías...".

Banderas, lenguas y símbolos, todo ello trufado con algo de irracionalidad, eran además el caldo de cultivo de los tiempos electorales que se avecinaban en Cataluña y en Euzkadi, únicos ámbitos autonómicos donde la bipolarización Alianza Popular-PSOE se trastocaba con los partidos nacionalistas. Una de las contradicciones palpables entre AP, de un lado, y el PNV y CiU, del otro, es que tenían electores que compartían el mismo modelo socioeconómico desde enfoques diferentes, aunque les separaba la clase y calidad de los sentimientos históricos[12]. La captación del electorado aliancista, pues, resultaba en dichas comunidades una tarea compleja en la identificación de los adversarios, en primer lugar, y en la definición de los mensajes, por último.

La verdad es que Planas, con la buena referencia de los resultados del 28 de octubre, contaba con equipo, organización y ambición. No obstante, su alineamiento a Miguel Herrero le restaba simpatías en la oficina central. Importaba hallar, por lo tanto, a un candidato no manchado de barro en las peleas de vecindad partidista. De entonces es, como exponente de estos rifirrafes y conspiraciones, la viñeta de *Diario 16* que sacaba a Rafael Ansón vestido de gánster en un restaurante barcelonés portando, en vez de una metralleta, un tenedor.

---

[11] Fue recurrida la LOAPA por el Gobierno y Parlamento respectivos de Cataluña y País Vasco, así como por un grupo de 50 diputados nacionales.

[12] Jordi Pujol, que estuvo en noviembre de 1983 en Estados Unidos interesado por atraer inversiones hacia Cataluña de carácter tecnológico, declaró que un objetivo de su visita era para disipar posibles suspicacias sobre el nacionalismo que planteaba, no basado en la ascendencia histórica, sino en los descendientes futuros. Y Consideraba como uno de los ingredientes más importantes de la cohesión nacionalista el idioma catalán (véase *ABC,* 2 nov. 1983).

Miguel Ángel Planas, por otra parte, hubo de consentir de mal grado que el *lobby catalán* promocionase de presidente provincial de AP a un inspector de Trabajo y ex gobernador civil en tiempo de UCD, Jorge Fernández Díez, entonces concejal en el Ayuntamiento barcelonés, a quien los sectores históricos acogieron como "político oportunista y arribista". El puesto de candidato aliancista a President de la Generalitat presumía, además, la aceptación de la secretaría general regional, por lo que valga como anécdota decir que en los tanteos efectuados cerca de ciertas personas ofreciéndoles la candidatura alguno preguntó cuánto se le iba a pagar.

Así las cosas, sigilosamente el 13 de octubre se celebró en el restaurante Jockey de Madrid un almuerzo entre Fraga, Verstrynge y Joan Gaspar, el *caballo blanco* al que los líderes aliancistas trataban de convencer —y convencieron de primeras— para que encabezase la lista barcelonesa de Coalición Popular. Gaspar era vicepresidente del Club de Fútbol Barcelona y consejero-delegado de la cadena hotelera HUSA. Su aceptación venía condicionada por la consulta a la familia, pero, dentro de las veinticuatro horas de asumir el compromiso se echó atrás. Al parecer, cuando Gaspar llegó a casa sus hijos, bien orquestados por la madre, lo recibieron en el pasillo con pancartas: "Papá, no te metas en política", "Queremos a nuestro padre"... De añadidura, debió de ser tal el número de llamadas disuasorias (¿también de Pujol?) que el hotelero catalán comunicó a Fraga inmediatamente su vuelta atrás en escena de maldito con monólogo corto y mutis.

A la mañana siguiente un Fraga encolerizado comentaba el hecho con Matutes, Verstrynge y Carabias, porque entretanto se proponía a Gaspar que fuese el hombre de AP en Cataluña, a Miguel Ángel Planas le sugerían —cosa que acató el 17 de octubre— que presentase la dimisión para facilitar el relevo sin nuevos y mayores daños. Ahora resultaba que Cataluña estaba totalmente mutilada de candidatos, por lo que Fraga les conminó a proponer un nombre de común aceptación lo antes posible. La dimisión de Planas arrastró a Edual Travé para que, a su vez, dejase la presidencia provincial de Barcelona[13]. Se acordó, por otra parte, que Javier Carabias con refuerzos de Acción Territorial (que ya tenía allí destacado a Guillermo Teixidor) reconduejese la situación a fin de ganar tiempo y hallar la persona buscada.

Carabias ha declarado que un día de noviembre, entre sorprendido y escéptico, de camino del aeropuerto del Prat a Barcelona, Abel Matutes le dijo que "habría que buscar un candidato con el perfil de Eduardo Bueno". El enviado de Fraga a Barcelona, en funciones de secretario de Acción Electoral, recibió aquel nombre con la sospecha de que su designación había sido urdida y pactada por Matutes y otros hacía mucho tiempo. Desde el hotel Reina Sofía el ibicenco llamó a Fraga y le dijo que aquello estaba muy difícil ("aquí nos ponen bombas por todas partes y Convergencia cada día nos desplaza más"), de modo que, una vez encarecida la tarea, le sugirió el nombre de Eduardo Bueno: un empresario hecho a sí mismo, bien visto por Fomento de Trabajo y con predicamento en los votantes castellano-parlantes por ser de origen humilde. Era el hijo de la portera de la casa donde nació (calle Alta de San Pedro) y huérfano de un modesto trabajador, por lo que fue educado en una escuela-orfelinato. Se había casado

---

[13] José Segura San Feliú, como presidente regional, y Jorge Fernández, presidente provincial de Barcelona, fueron los hombres de la nueva situación hasta tanto se restauraban las relaciones y actividades del partido. Jorge Fernández, por lo demás, era ya *in pectore* el sucesor de Planas de cara al congreso regional que se celebraría en la segunda quincena de noviembre.

con una mujer de su mismo origen, hija de un albañil y ella misma era obrera textil, Divina Pascual. Y su éxito económico procedía del sector inmobiliario durante la etapa del desarrollismo franquista[14].

De tal manera reunía Bueno las características del candidato *self-made man* de las películas, que el diario madrileño *ABC* publicó una entrevista-reportaje en páginas dobles, firmado por María Mérida, que lo dice todo[15]:

> "Tiene el *new look* del hombre público moderno y cosmopolita y entra en la escena política catalana con el bagaje de su joven madurez (cuarenta y tres años), de dirigir uno de los *holdings* empresariales más saneados del país y de poseer un patrimonio social de más de dos mil millones de pesetas. Se llama Eduardo Bueno Ferrer, y por su aspecto físico podría figurar en el *cast* de una película americana...".

Eduardo Bueno era un hombre de negocios del entorno de De la Rosa y Matutes; socio de ambos, por separado, en Banca Garriga Nogués y en Cupimar (Piscifactorías en las Salinas de Cádiz). Los padrinos del candidato conocían, según todos los indicios, que Bueno tenía varias querellas presentadas por Fulgencio Alcaraz por su conducta en la Sociedad de Garantías Recíprocas de Cataluña, pero lo desdeñaron en la confianza de que podrían arreglarlo sin dar dos cuartos al pregonero. La ceremonia de presentación a Fraga y posteriormente a los medios de comunicación acallaron el malestar interno (por el hecho de no ser afiliado) a reserva de que llegaría la ocasión de sacar a la luz los esqueletos que el candidato guardaba en su armario.

La designación de Jaime Mayor Oreja como primer candidato por Guipúzcoa, aspirante a lehendakari por Coalición Popular, originó serios disgustos en el equipo dirigente de Alianza Popular en el País Vasco. Las expectativas que tenía Florencio Aróstegui de ser él, en vez de Mayor, el dirigente más representativo decayeron dentro de una crisis personal y partidista, por lo que se refiere a Vizcaya, que aflorarían después de los comicios.

En Guipúzcoa, la promoción de Mayor Oreja tenía un desdoro nepótico todavía mayor por ser sobrino del ex Ministro de Exteriores de UCD, pero sobre todo porque entendían que era un candidato sin arraigo. Los dirigentes aliancistas de aquella provincia postulaban que José Eugenio Azpiroz, un histórico del partido desde Nuevas Generaciones, fuese el primer candidato. Como la dirección nacional insistiese en Oreja, seis de los siete componentes del comité electoral dimitieron. Es más, Gregorio Ordóñez calificó aquella decisión como "imposición" y "abuso", y puso de manifiesto que Mayor Oreja no tenía arraigo porque vivía en Madrid y que estaba gastado[16].

Nacido en San Sebastián en 1951, Jaime Mayor, ingeniero agrónomo, tenía treinta y dos años y cuatro hijos de su matrimonio. De la mano de su tío había llegado a la política y le había sucedido en el escaño —en las filas de UCD— y en la Delegación del Gobierno, en cuyo des-

---

[14] Era Eduardo Bueno el consejero-delegado de la constructora Urbes, propietario de Galletas Solsona, de Conservas Trevijano y el principal exportador de flores a Europa, aparte de ser accionista en otras empresas. El hecho anecdótico radicaba en que en 1976, siendo Ministro de la Gobernación Manuel Fraga, Eduardo Bueno fue sancionado gubernativamente por exhibir una bandera barrada catalana al haber cubierto aguas en uno de los edificios por él promovido.

[15] *ABC*, 30 de noviembre de 1983.

[16] Véase *El País* del 14 de diciembre de 1983.

pacho salió ileso de un atentado de ETA por lanzamiento de granada que se desvió en su trayectoria al chocar con una farola. En cualquier caso, la candidatura de Mayor Oreja se entendía el acto compensatorio en favor del PDP, de cuya ejecutiva era miembro, respecto de la candidatura de Bueno en Cataluña.

VI Congreso Nacional: AP ya es institución

La celebración del Congreso nacional aliancista en Barcelona a finales de enero de 1984 tenía por finalidad primordial, en vísperas de las elecciones al Parlament catalán, lanzar al bisoño candidato popular, Eduardo Bueno, a la competición política en términos de convención americana. El cumplimiento de este propósito no impidió el de reajustar a Alianza Popular en el plano doctrinal y de los usos de funcionamiento, para situarlo entre los partidos del catálogo de la derecha moderna europea, y emprender así una nueva etapa de unión más perfecta del centro-derecha.

Hay quienes sostenían que el VI Congreso tuvo efectos de refundación[17], lo cual a todas luces parece exagerado, pero sí demostró que Alianza Popular era ya un partido institucionalizado, perdurable y que trascendía a su fundador. Por esto mismo, las aspiraciones sucesorias salieron a la superficie empujadas por quienes no ocultaban su ambición de promocionarse ante la sociedad, iniciando la renovación generacional característica de los partidos de masas[18]. La reorganización de la oficina central del partido que derivó del Congreso, dando en ella entrada a jóvenes parlamentarios, supuso el reequilibrio no totalmente equidistante entre el *aparato burocrático* y los que se autodenominaban con gancho periodístico *cachorros de Fraga*.

Al 31 de diciembre de 1983, un mes antes del Congreso, Alianza Popular contaba con 144.960 afiliados en activo, aunque no existen datos fiables sobre quiénes estaban al corriente de sus cuotas[19]. El PSOE contaba en noviembre del mismo año con 141.000 afiliados; el PCE, con unos 90.000; el PDP, con 12.000, y el CDS, con 4.000[20]. Por provincias, la de mayor número de afiliados aliancistas era Madrid, con 18.235, a mucha distancia de Valencia (7.687), Alicante (7.086), La Coruña (6.160), Pontevedra (5.888), y la de menor compromisos Guipúzcoa, con 188 afiliados.

Por encargo de Fraga hablé con Fernando Suárez, decidido a abandonar el estamento de vicepresidentes so pretexto de pugnar infructuosamenmte por las listas abiertas, en razón —según no dejaba de repetir— a que "era preferible ser monaguillo elegido que cardenal ungido", para que su postura disidente no constituyera la piedra de escándalo del Congreso ante los medios de comunicación. Me dio seguridades de que su comportamiento sería ortodoxo y limpio. Cumplió.

---

[17] El diario *Ya,* el día de la inauguración del Congreso, hablaba de "una nueva fundación".

[18] En sentido estricto es realmente entonces cuando AP era un partido de masas, con sedes locales abiertas como centros permanentes de convivencia, habida cuenta de que, además de tener 144.000 afiliados, había una masa de unos 30.000 cargos electos en los distintos ámbitos territoriales.

[19] Fuente: archivos centrales del partido. Según el balance que Ángel Sanchís rindió al VI Congreso como tesorero nacional relativo a 1983, los ingresos por cuotas de afiliados fueron de 190 millones de pesetas.

[20] Los datos referidos a otros partidos fueron publicados por A. Coll Gilabert en *La Vanguardia* del 5 de noviembre de 1983.

Al margen del ceremonial congresual y de las reuniones de pasillo, Fraga tuvo una agenda muy apretada, de la cual cabe destacar, respecto del día 27, la visita que giró a Jordi Pujol en el palacio de los Canónigos, a Pasqual Maragall y a Josep Tarradellas. Con éste, en el modesto piso en el que residía, repasaron muy en confianza la situación política general y, una vez más, nos sorprendió el sentido del Estado del venerable anciano, un tanto quejoso de la celotipia que respecto a su predicamento padecía Jordi Pujol y, asimismo, de la malsana identificación que el honorable President hacía del nacionalismo y de sus cuitas personales.

Bajo el lema "La esperanza, nosotros" se reunió en Barcelona el VI Congreso Nacional para apoyar al candidato popular Eduardo Bueno como cabeza de lista de las elecciones al Parlament. El Congreso, no obstante, tuvo trascendencia en cuanto a redefinir el partido y abrir sus órganos a dirigentes jóvenes. Foto del aspecto del Palacio de Deportes ocupado por los compromisarios.

Bajo el lema *La esperanza, nosotros*, publicitado dentro del Palacio de Deportes y fuera en vallas murales, el Congreso se constituyó el día 27 presidido por Juan de Arespacochaga y, en general, fue un compacto repertorio de discursos posteriormente reunidos en un libro titulado *La alternativa popular, 1984-1986*. El primer mensaje, fuera las salutaciones de cortesía, provino de Fraga, quien "con la bandera al tope y la negociación permanente para incorporar ideas, personas y grupos" propuso las tareas del Congreso:

"(...) Hemos de profundizar en nuestros principios, llevándolos a todas las consecuencias de su profunda fecundidad; hemos de consolidar nuestra organización, ensanchando sus bases; hemos de clarificar y expandir nuestro mensaje a la sociedad española; hemos de abrirnos a todos los grupos sociales y a sus problemas y aspiraciones...".

Quiso Fraga ir al VI Congreso con el acuerdo firmado para la ampliación de Unión Liberal, sobre el que venían negociando hacía meses, consistente en dar entrada a la Mesa Liberal en cuanto reducto de algunos extraviados de UCD. Y para resaltar el hecho ante la prensa, se ofició una ceremonia de ratificación ante los líderes de Coalición Popular (por el PDP estuvieron Alzaga, Guimón y Mayor Oreja; por AP, Fraga y Verstrynge) celebrada ante los periodistas en Génova, 13.

Por virtud del acuerdo, Antonio Fontán se incorporaba a la presidencia de Unión Liberal (que el sustituido Chueca Goitia atribuye que así Fraga lavaba sus culpas respecto del periódico *Madrid*) y con él venían Jiménez Blanco y Muñoz Perirats, siguiendo en la secretaría general Pedro Schwartz. La verdad es que Fraga los quería en Barcelona y que hablaran e hicieran profesión de fe de la *mayoría natural* ante la próxima consulta general, y así lo manifestaron en el turno de los socios durante la clausura del Congreso.

El trabajo de ponencias era el más engorroso y arrastraba, desde meses antes, a los equipos asignados por cada área o disciplina hasta que, redactados los anteinformes, se remitían a todos los compromisarios a fin de que los enmedasen. En total las ponencias recibieron 738 enmiendas, así distribuidas: Política (de Miguel Herrero), 72; Social (de Hernández Mancha y José Segura), 70 (dos de ellas a la totalidad con textos alternativos); Economía (de Lasuén, Matutes y Rato), 30; Política Exterior (de Perinat y Kirkpatrick), 18; Política Autonómica (Romay y Tizón), 7; Juventud (Robles Orozco), 13; Educación y Familia (María Jesús Sainz), 61; Cultura y Deporte (Ricardo de la Cierva), 32; Agricultura y Vida Rural (Pablo Paños y Miguel Ramírez), 94, y Organización y Estatutos (Calero y Alberto Ruiz-Gallardón), 303.

Las ponencias de mayor atractivo e interés, por lo que siempre son debatidas en sesiones plenarias, son la de Organización-Estatutos y la de Política, las cuales reclaman la atención de los informadores incluso semanas antes de la celebración del Congreso. Gota a gota, en los casos de textos innovadores, son ofrecidos a la opinión pública, y en el caso del VI Congreso hubo numerosas referencias en los periódicos.

Según expuso ante el plenario Juan Ramón Calero, el populismo e interclasimo a que siempre aspiró AP es a partir de los nuevos Estatutos cuando se considerarán veraces. En este sentido, el partido se concebía como una institución, con una estructura objetiva, compuesta de ideas y obras cuya supervivencia no dependía de la voluntad de unas cuantas personas. El ponente ha explicado de forma sintética su aportación a los Estatutos diciendo[21]:

> "(...) Los Estatutos aprobados en el VI Congreso consagran una dinámica interna en la que la legitimación no deriva ya de la voluntad del líder, de arriba abajo, sino que, muy al contrario, procede del apoyo de los órganos inferiores, de abajo arriba. Hay, además de esto, la clara voluntad política en los dirigentes del partido de conseguir que se generalice esta dinámica".

Con este espíritu antioligárquico, tan poco presente en etapas anteriores en las que unos pocos líderes imponían sus conveniencias —en ideas y personas—, se abría la lucha auténtica con fundamentos distintos al de la amistad y la privanza, pero también se multiplicaban los conflictos.

La resistencia a abrir el partido a nuevos militantes oportunistas, de acuerdo con una interpretación restrictiva de la antigüedad y el mérito, quedó reflejada en varias enmiendas. En una de ellas, presentada por los compromisarios de Valladolid y cuyo presentador fue Félix Alonso Zancada, se exigía un período de afiliación de un año para tener acceso a la elección en cualquiera de los órganos políticos de carácter nacional, regional o provincial. Quería evitar esta propuesta los *fichajes por la cúspide* y, así planteada, prosperó en comisión con 195 votos a favor, 180 en contra y 9 abstenciones; resultado que irritó un tanto hasta el punto de intentar convencer a sus proponentes para que la retirasen y no la defendiesen en el pleno. La enmienda en cuestión tenía una segunda ambición: que se aplicase también en los procesos electorales de todo orden y categoría, salvo por razones de carácter extraordinario que habrían de aprobarse por las respectivas juntas directivas por votación de dos tercios, y así poner obstáculos a los tránsfugas oportunistas que hacen posible el viejo refrán castellano "de fuera vendrán los que de tu casa te echarán".

Lógicamente, no prosperaron las antedichas enmiendas en el pleno porque contravenían de lleno la vocación fraguista de hacer posible la *mayoría natural*, como ya había dicho el fundador en su mensaje inaugural: "... Como en la parábola evangélica de la viña, no se pregunte a nadie de dónde viene, ni a qué hora llega, sino hacia dónde quiere ir, cuánto desea aportar y cómo cree que puede mejor contribuir a la victoria final.

---

[21] *La construcción de la derecha española*, pág. 255.

Con una excelente factura, la ponencia política del VI Congreso fue preparada por Miguel Herrero. Era una brillante síntesis de las esencias doctrinales de AP, puestas hoy al servicio de la moderación, de la libertad y de la modernidad, mientras que en etapas anteriores fueron municiones para la confrontación. Dejando a un lado el concepto *centro político*, Herrero se inclinó abiertamente por dar a Alianza Popular la expresión derecha (moderada, moderna, libre, eficaz e ilusionante), y mediante la glosa sin complejos acerca de su origen y significado construyó una importante pieza[22]. Como resultado de ello, por conexión lógica, el artículo 2.º de los Estatutos define descriptivamente lo que es el partido:

"ALIANZA POPULAR se configura como un partido democrático, liberal, conservador, reformista e interclasista.

Se inspira en los principios del humanismo cristiano y se propone vertebrar en su estructura al sector sociológico de la moderación española contribuyendo a la formación política de los ciudadanos y posibilitando su participación en la vida pública, con el fin de conseguir una España justa, libre, pacífica, próspera y unida".

La empresa de la moderación aliancista, según cuenta Miguel Herrero[23], molestó a los democristianos del PDP por lo que suponía de abandono de posiciones ultramontanas de la vieja Alianza, ya que les impedía mantener el contraste de ser ellos más moderados y centristas.

Tal imagen de tolerancia, desde la plataforma de luz y color del Congreso, suprimía la malhadada y terca caracterización de que AP era un partido antisistema, y quizás el mérito de Herrero fue el de recoger un sentimiento cristalizado en el partido y relanzarlo a los cuatro vientos.

A juzgar por el impactante discurso con que Herrero defendió la ponencia, le debió llevar tiempo concebir la redacción de la misma, distribuirla en todo el universo partidista y negociarla con los enmendantes, que presentaron 72 propuestas de modificación. De este trabajo hace un relato detallista y se felicita de haber trabado contacto con los militantes de base, porque seguramente hasta entonces le consideraban elitista y distante. Haciéndose eco de todo esto, el memorialista Herrero subraya que había inaugurado un nuevo procedimiento de trabajo: "Algunos de mis más duros contradictores, se recogieran o no sus enmiendas, quedaron tan encantados de que por primera vez, y supongo que por última vez en su historia política, se les tuviera en cuenta, que se convirtieron en acérrimos partidarios; lo demostraron después en horas bajas, y sigo contándolos entre mis más fieles amigos"[24].

La intervención del sábado 29 de enero de Miguel Herrero entusiasmó a los compromisarios. El recuerdo de su discurso en la expropiación de Rumasa, en cuanto diatriba contra el socialismo, potenció su popularidad hasta el punto que en los conciliábulos partidistas —también recogido por varios columnistas y enviados especiales— se contaba a Herrero, junto a Verstrynge y Matutes, como hombres clave en la sucesión de Fraga.

La facilidad simplificadora de los periodistas dio a la intervención de Miguel Herrero el carácter de descubrimiento, y en este tono, durante la rueda de prensa para la presentación del

---

[22] Por su interés intrínseco para esta obra se reproduce íntegra, al final del capítulo, la ponencia política del VI Congreso.

[23] *Memorias de estío*, pág. 322.

[24] *Op. cit.*, pág. 328.

libro *Soluciones para una crisis*[25], un periodista preguntó a Fraga si con Herrero en AP "había nacido una estrella", a lo que contestó el villalbés: "Herrero nos ha emocionado y ha demostrado una
vez más su brillantez. Pero en este partido no hay una estrella, hay una pléyade de constelacio-
nes"[26]. Herrero, enterado del comentario y sabiéndose elevado al puesto de vicepresidente en la
lista de Fraga, se apresuró a puntualizar a los periodistas que el presidente del partido era el principal activo de la derecha española y que en ningún modo está abierta su sustitución. "Sus excepcionales dotes y su edad, la más adecuada para un líder de un país civilizado, despejan toda duda".

El triunfafor del VI Congreso fue Miguel Herrero
Rodríguez de Miñón, autor y defensor de la ponencia
política y cuyo acto de presentación refleja esta foto. Su
valor ascendente vino a equilibrar el poder del secretario general, Jorge Verstrynge, ciertamente consolidado
tras las elecciones municipales.

La lista al Comité Ejecutivo que presentaba
Manuel Fraga al VI Congreso era cerrada —para
votar en conjunto y en los puestos que asignaba a cada uno de sus componentes— y única
—porque él como primer candidato no quería
encabezar otra—, por lo que *a priori* era una
candidatura ganadora, ya que teniendo libertad
para hacerlo nadie presentaría otra lista compe-
tidora. Su composición fue estudiada semanas
antes y en su secreto estaban únicamente Fraga
y Verstrynge. Éste informó subrepticiamente a la
prensa de los nombres que la componían con
bastante antelación a fin de eludir en el
Congreso las presiones del último minuto y, por
consiguiente, descargarlo de conflictividad[27].

La lista al Ejecutivo respondía al denominador común de la confianza a las directivas estatutarias de recortar su composición, dar entrada
en la oficina central del partido a determinados
parlamentarios y renovar los puestos con crite-
rios profesionales. En resumen, 28 personas fueron excluidas o sustituidas de este órgano decisorio y, aún así, un total de doce constituyeron la novedad renovadora. La reducción cuantitativa afectó, sin embargo, a 18 miembros[28].

Entre las novedades, la primera no fue pacífica. Fraga elevaba al puesto de vicepresidente
primero a Gerardo Fernández Albor, presidente de la Xunta, y como tal ascensión desplazaba
al segundo puesto a Fernando Suárez, éste optó por renunciar alegando, aparentemente, no la
degradación que sufría (motivo que desmintió una y otra vez), sino la vieja pretensión de que
debía democratizarse internamente el partido mediante el sistema de listas abiertas. El hueco de
Suárez permitió entrar a Miguel Herrero en el escalón de vicepresidentes, independientemente de que el secretario general se alejaba de este modo de un puntilloso adversario.

---

[25] Es el título de un libro compendio del programa de gobierno aliancista, desarrollado en 493 páginas, distribuidas en 20 capítulos, correspondientes a otras tantas áreas.
[26] Véase *El País,* información de Joaquina Prades, del 29 de enero de 1984.
[27] La lista de Fraga para el Comité Ejecutivo de AP la publicó *ABC,* como primicia, el 10 de enero de 1984.
[28] Los medios de comunicación destacaron, entre las bajas en el comité ejecutivo, la de Guillermo Kirkpatrick
como castigo por su intervención en el debate de presupuestos en el Congreso de los Diputados, en la que aludió a
la España roja de los socialistas; alusión que fue disculpada por el portavoz Miguel Herrero. Kirkpatrick fue elegido,
sin embargo, miembro de la Junta Directiva Nacional.

Aparte las auténticas intenciones de Fernando Suárez, su apartamiento no fue en momento alguno deseado por Fraga, que designó al jefe de su gabinete, Rogelio Baón, para que agotase los intentos de convencerle, lo que no pudo lograr. "Comprendo —decía el leonés— que el presidente Fraga quiera tener algunos hombres de su confianza, pero entonces habría que distinguir los nombramientos de confianza y los de elección". En consecuencia, basándose en el rotundo rechazo de lo que llamaba el "síndrome de UCD", el leonés quedó fuera del Ejecutivo, aunque puso sobre el tapete lo que se discutiría más adelante cara al Congreso próximo. Las relaciones personales de ambos, afectuosas y de respeto mutuo, no por esto se alteraron.

Por 2.499 votos favorables, 112 en blanco y 27 nulos la candidatura oficial al Comité Ejecutivo del Partido Unido de Alianza Popular fue aprobada por el plenario; resultados que fueron proclamados en la sesión dominical de clausura.

Comité ejecutivo de Alianza Popular

Presidente	Manuel Fraga Iribarne.
Vicepresidentes	Gerardo Fernández Albor.
	Alfonso Osorio García.
	Miguel Herrero Rodríguez de Miñón.
	José María Ruiz Gallardón.
Secretario general	Jorge Verstrynge Rojas.
Secretarios generales Adjuntos.	Carlos Robles Piquer.
	Ángel Sanchís Perales.
Presidente del Consejo Político	Juan de Arespacochaga y Felipe.
Secretario del Consejo Político	Antonio Navarro Velasco.
Presidente del Comité Nacional de Disciplina	Arturo García Tizón.
Presidente del Comité Electoral Nacional	Abel Matutes de Juan.
Secretario del Comité Electoral Nacional	José Manuel González Páramo.
Tesorero	Begoña Urquijo y Eulate.
Presidente Nacional de NNGG	Gonzalo Robles Orozco.
Diputados	José Ramón Lasuen Sancho.
	Gabriel Camuñas Solís.
	Antonio Carro Martínez.
Senadores	Luis Fernández Fernández-Madrid.
	Miguel Arias Cañete.
	Francisco Álvarez-Cascos.
Parlamentario autonómico por Cataluña	Eduardo Bueno Ferrer[29].

[29] Era una irregularidad que el Congreso eligiese como parlamentario autonómico catalán a alguien que todavía no ostentaba esa condición. Ciertamente, la adquirió el mes de mayo siguiente.

Parlamentario autonómico por el País Vasco	Pedro Morales Moya.
Parlamentario autonómico por Canarias	Manuel de la Cueva Fernández.
Vocales	Manuel Jiménez Quílez.
	Carlos Ruis Soto.
	Manuel Romay Beccaría.
	Juan Antonio Montesinos García.
	Manuel Gasset Dorado.
	María Victoria Fernández-España.

Coordinadores de Área	
Medios de C. y Relac. P.	Rogelio Baón Ramírez.
Relaciones Parlamentarias y Sectoriales	Rodrigo Rato Figaredo.
Territorial	Juan Ramón Calero Rodríguez.
Acción Electoral	Javier Carabias del Arco.
Autonómica, provincial y local	José María Aznar López.
Relaciones Exteriores	Luis Guillermo Perinat.
Cuestiones Agrarias	Miguel Ramírez González.
Comisiones de Estudio, Cultura, Formación y Publicaciones	Ricardo de la Cierva y Hoces.

En posterior trámite, en la Junta Directiva Nacional correspondiente, se aprobó el Comité Ejecutivo de la Federación de Partidos de Alianza Popular[30], un órgano reminiscente que todavía agrupaba a diminutos partidos fantasmales. A estas alturas su vigencia no tenía sentido en presencia de Coalición Popular, pero seguía siendo una fórmula histórica de enganche.

Comité ejecutivo de la Federación de AP

Presidente	Manuel Fraga Iribarne.
Vicepresidentes	Abel Matutes de Juan.
	Álvaro de Lapuerta Quintero.
	Miguel Ángel Planas Segurado.
	Antonio Hernández Mancha.
Representantes de AP	Edualdo Travé Monserrat.
	José A. Trillo López Mancisidor.
	Francisco Cacharro Pardo.
Representantes de partidos	PANCAL, Francisco J. Alonso Rodríguez;
	Cambio Ecologista y Social, Fernando Enebral Casares;
	Partido Liberal, Alejandro Arráez García;
	Reforma Social Española, Gregorio Rodríguez Acosta;
	Federación Partidos Consevadores, Manuela Martínez Gutiérrez.

---

[30] Por disposición estatutaria en este comité ejecutivo de la Federación los miembros de AP (partido unido) debían sumar, lógicamente para dominarlo, el doble de los miembros de los demás partidos federados.

El VI Congreso fue prolífico doctrinalmente aunque, como en el teatro, el trabajo de fondo se hace en los ensayos, quedando para la jornada de estreno los alardes multitudinarios. A fin de que el Congreso no degenerase por su vertiente festiva, Fraga iba al recinto congresual una hora antes de que empezasen las sesiones —las ocho de la mañana— y desde el estrado presidencial se leía los periódicos a la vista de todos, transmitiendo ejemplo de puntualidad.

En la noche del sábado se celebró en Montjuich una cena para 10.000 personas, aforo que fue desbordado por varios miles más (incluso hubo reventa de invitaciones en los aledaños del gran salón de muestras), en una concentración sin precedentes muy del gusto del villalbés; masa comensal que, por fuerza, desvalorizó la calidad de la comida (la cesta del payés) y del servicio, acumulando riesgos en favor del espectáculo: Fraga recorrió el recinto en volandas, achuchado por sus seguidores, y las canciones (el himno aliancista cantado por María Ostiz, por ejemplo), la torre humana de los *castellers* de Villanueva y Geltrú y los discursos triunfalistas enardecieron a los compromisarios y acompañantes, entendido todo esto como identificación populista.

El acto de clausura fue del mismo modo masivo y espectacular, con el salón de bote en bote y la asistencia de muchos e ilustres invitados de otros partidos y, asimismo, del extranjero. Para restarle atención periodística, Jordi Pujol convocó también en la mañana del domingo 29 de enero un mitin celebrado en el palacio Blau Grana, en el que expuso el programa electoral de CiU de los comicios de abril.

Pero lo que hizo estremecer al auditorio, lo que enervó a todos, fue la noticia del atentado terrorista que en Madrid quitó la vida al teniente general Quintana Lacaci[31], uno de los pilares que hizo fracasar el *golpe de Estado* del 23 de febrero. Fue Fraga quien dio la noticia a los compromisarios aliancistas y quien, tras elogiar la figura del ilustre soldado, pidió una oración por su alma. Concluido el acto, el villalbés habló con el Presidente del Gobierno, a requerimiento de éste, e intercambiaron impresiones sobre el particular ante los ojos y oídos de los periodistas[32].

El repertorio de intervenciones en la última jornada era también el florilegio de socios y amigos, pasando por los discursos triunfalistas de los mejores exponentes del poder territorial. Gerardo Fernández Albor, el segundo de AP en rango, se dirigió al auditorio como presidente de la Xunta de Galicia con un discurso desenfadado ("qué suerte tienen los gallegos: un gobierno de derechas y además llueve"). El presidente del gobierno autónomo de Baleares, Gabriel Cañellas, se refirió a la travesía del desierto vivida por el partido e invocó el esfuerzo doctrinal que debe tener la derecha bajo ideales éticos ("En este componente ético de nuestra acción política, en esta lucha por unos principios, en esta fe por una filosofía y estilo vitales, nos obligará a desechar oportunismos de aluvión, por una parte, pero también nos obligará a no encerrarnos sobre nosotros mismos, por la otra"). Eduardo Bueno, candidato aliancista a presidente de la Generalidad, se estrenó como improvisado orador mitinero ("¡Ya es hora de levantar la cabeza! ¡Ya es hora de que AP, en Cataluña, se convierta en la representación más eficaz de una mayoría real y natural!"). Francisco Tomey, presidente de la Diputación de Guadalajara —uno de los doce presidentes de disciplina popular—, alzó la voz en defensa de estas instituciones provinciales ("...[La articulación del Estado de las autonomías] no impide que creamos

---

[31] Fue asesinado de trece disparos a bocajarro por ETA cuando, junto a su esposa, regresaba de misa en el madrileño barrio de Argüelles. Desde 1978 era el séptimo de los generales asesinados por bandas terroristas.

[32] Quiso Fraga, como así lo convino con el jefe de su gabinete, que esa conversación con González la sostuviesen delante de la prensa como signo de que existía comunicación institucional entre el Gobierno y la oposición.

en la importancia de las Diputaciones, en su tradición, en su operatividad de cara a la realidad de la provincia y esperamos una Ley (de Régimen Local) ecuánime que sirva a todos los poderes, al provincial y al autonómico, por igual"). El doctor Sánchez Millares, presidente del comité argentino de AP, intervino también en representación de los aliancistas de ultramar y reclamó una Ley de Emigración más justa. Por último, el alcalde de León, Juan Morano, recién incorporado a AP, expuso la necesidad de captar a un sector social no politizado y moderado que bascula su voto, y para ello hay que dar sentido a ser una fuerza conservadora moderna ("Ha estado mucho tiempo de moda ser de izquierdas; ser de izquierdas se ha asimilado, desgraciadamente, en este país, a ser más progresista, a ser más honesto, a ser más dialogante y a ser más defensor de la Constitución, a ser más demócrata y a tener más preocupación por los aspectos sociales...Y eso no es verdad, ésa es la gran mentira del PSOE gracias a Dios, nosotros no tenemos nada que aprender de ellos").

Óscar Alzaga, presidente del Partido Demócrata Popular, también consumó un breve turno en el que subrayó el espíritu de Coalición Popular y defendió la unidad electoral en el País Vasco en la persona del candidato a lehendakari Jaime Mayor. Éste, también orador, hizo un discurso foralista y reivindicó para el País Vasco el ejercicio de las libertades básicas y la reconstrucción de su economía. Del lado liberal, entre los socios, Antonio Fontán y Pedro Schwartz ratificaron el compromiso de lealtad con la coalición y subrayaron su vocación de poder para profundizar en el pacto político entre izquierdas y derechas, en el pacto social entre empleadores y trabajadores y en el pacto nacional entre el Estado y las regiones.

La liturgia congresual tuvo también, como nunca lo hubo antes en la calidad de los invitados, la expresión de partidos amigos: el historiador lord Hugh Thomas habló en representación del Partido Conservador británico; Philip Crane, en representación del Partido Republicano de EE.UU.; Alfred Dregger, por el grupo CDU/CSU de la República Federal de Alemania; el Archiduque Otto de Habsburgo, por el grupo democristiano del Parlamento Europeo, así como otros representantes de la Internacional Conservadora.

Analizado el VI Congreso de Alianza Popular por los medios de comunicación, bien en sus espacios editoriales o por comentaristas con firma, el comentario de *El País* del lunes 30 (titulado "El Congreso de Alianza Popular") descubría, con sentido crítico, la esencia del Congreso cifrándolo en el triple objetivo de mostrar la capacidad organizativa del aparato del

Al término del VI Congreso la fatiga pesaba sobre todos, como bien demuestra esta fotografía, más cómica que informativa, sobre la rueda de prensa final. A la derecha de Fraga, Eduardo Bueno y Verstrynge; a su izquierda, Fernández Albor y Matutes.

partido, lanzar la nueva imagen *liberal-conservadora* y confirmar a Fraga indiscutible candidato a la presidencia del Gobierno en los comicios generales próximos.

La reunión de Sigüenza o la unificación frustrada

En la explotación del éxito del VI Congreso de AP, justo una semana después del acontecimiento, Fraga quiso dar un paso más y propuso la disolución de los partidos de Coalición Popular para que en su lugar brotase, si fuere necesario, un partido *confederal* de corte demócrata cristiano (Partido Popular) bajo su liderazgo. A ese propósito servía la convocatoria de reunión, en el parador-castillo de Sigüenza (Guadalajara), los días 4 y 5 de febrero de 1984 del Comité de Coordinación de Coalición Popular, órgano creado un año antes.

El Partido Demócrata Popular era reacio a ese proceso unificador y sintiéndose el *tercer partido* de España (con 28 parlamentarios nacionales, 58 autonómicos, más de 3.000 concejales y casi 400 alcaldes) acudió a la reunión de Sigüenza para oponerse, sin soliviantar a Fraga diciéndole *no*, al creativo proyecto de una nueva CEDA (Confederación Española de Derechas Autónomas) que, como hiciera Gil Robles durante la II República, pudiera vencer a la izquierda. La fórmula confederal de partidos preservaba la identidad de cada uno y, de añadidura, frenaba la capacidad aglutinadora de Miguel Roca de atraer a la órbita del Partido Reformista a pequeños partidos regionales y locales.

En verdad, el Comité de Coordinación de Coalición Popular tenía un significado dispar para Fraga y para Alzaga. Al villalbés, el Comité le parecía el instrumento de contacto entre los partidos de la coalición para perfeccionarla hasta la integración, mientras que Alzaga lo entendía un simple lugar de intercambio de información para ejecutar de modo más eficaz las acciones conjuntas. Pero no más allá, y así lo dejó claro en la primera reunión del Comité[33]:

> "Sensibilizado (Óscar Alzaga) por la mala experiencia de la imposición artificial de la unidad en la UCD de Adolfo Suárez, consideraba muy acertado el mantener la estructura de una coalición de partidos: tal estructura, al tiempo que no imponía la unificación, sí expresaba la voluntad de que la coalición fuese una sola fuerza política, un bloque compacto en el que sin embargo no se forzaba a nadie a tomar posturas políticas no coherentes con su ideario".

La concepción discrepante del pacto de coalición se resolvía por la técnica de no hacer nada, pero tal inacción acentuaba el color gris del conjunto, lo que los socialistas aprovechaban para difundir a los cuatro vientos que la oposición no existía. La clásica y adecuada distribución de papeles entre Gobierno y oposición los socialistas la trastocaron, llegándose a la paradoja de ser el Gobierno el que, con su acerva crítica, controlaba a la oposición. La anomalía cobraba importancia —increíble y fuera de los modos democráticos— cuando el Gobierno se preocupaba de que su adversario no estuviese lo suficientemente preparado a fin de que no fuese obstáculo para su continuidad en el poder. Era insólito que el Presidente y el Vicepresidente del Gobierno cumplieran la falsa función de negar a la oposición con un grado mayor de agresividad desde el poder que desde la oposición.

Por todo eso un repetido reproche democristiano a sus socios mayoritarios de AP era que estaban instalados en el papel de oposición británica, leal y deferente, y que el defendido bipartidismo perpetuaría a los socialistas en el gobierno y convertiría la casa de la calle Génova, 13, en el *Ministerio de la Oposición*. Y para diferenciarse de ese modo blando de hacer política, Óscar Alzaga encabezó un libro colectivo (*Un año de socialismo*)[34] que quería ser el testimonio de denuncia del fraudulento cambio socialista, a la vez que una especie de manifiesto de *la fuerza de centro más importante del país, la más viable y la más organizada.*

---

[33] El acta del Comité de Coordinación de Coalición Popular del 2 de marzo de 1983 se refiere, de forma muy clara, a lo que Alzaga quería que fuese este órgano colegiado.

[34] Editado por Argos Vergara, catorce dirigentes democristianos enjuiciaban la actuación política socialista en las distintas áreas y ámbitos de poder en función de lo prometido en su programa electoral. Este planteamiento crítico y unilateral molestó en el estamento dirigente de AP por no haberlo comunicado y concertado.

Tal conducta respondía a un cambio de estrategia y fue analizada en el Consejo Político del PDP habido el 21 de enero de 1984, en el que se acordó hacer una política "más correosa y crítica", sin abandonar, por supuesto, la posición centrista. Al hilo de la nueva andadura, el PDP planteó con escaso eco la batalla de la incumplida promesa socialista de revalorizar automáticamente las pensiones. En suma, pretendían diferenciarse de AP e, implícitamente, censuraban el modo de hacer oposición parlamentaria[35]. En el seno del PDP circulaban dos grandes corrientes: la *unionista* y la *antifraguista,* y Óscar Alzaga padecía ser el fiel oscilante de ambas tendencias, muy firme, sin embargo, en dar una nueva oportunidad a Fraga como candidato a Presidente del Gobierno en las próximas generales. La reunión que Alzaga celebró en el parador de Chinchón a finales de noviembre de 1983 con los democristianos de UCD todavía *sueltos* (Íñigo Cavero, Álvarez de Miranda y Ortega Díaz-Ambrona) sirvió para que le acuciasen y no dejar "que el PDP esté enmascarado en AP", según dijo Álvarez de Miranda al reclamar independencia e indentidad propia, para la democracia cristiana española[36].

La reunión de Sigüenza comenzó el sábado 4, a mediodía, con el retraso de dos horas que provocó en los provenientes de Madrid un control policial en la carretera. Estaban presentes: por Alianza Popular, Manuel Fraga, Miguel Herrero, Abel Matutes, José María, Ruiz Gallardón y Álvaro Lapuerta (Rogelio Baón asistía como coordinador y portavoz); por el Partido Demócrata Popular, Óscar Alzaga, José Luis Álvarez y Julen Guimón; por Unión Liberal, Antonio Fontán, Pedro Schwartz, Fernando Chueca y Rafael Márquez; por Unión del Pueblo Navarro, Javier Gomara Granada y Jesús Aizpún Tuero; por el Partido Aragonés Regionalista, Hipólito Gómez de las Roces, y por Unión Valenciana, Miguel Ramón Izquierdo y Francisco Obrer.

De los nueve puntos que componían el orden del día[37], el primero se dedicó a *Objetivos de la coalición,* el cual, junto con el programa de estrategia, constituían los platos fuertes de aquel banquete político del centro-derecha español no nacionalista. El resto del menú tenía mayor o menor relevancia en función de cómo se digeriesen los entrantes.

En un clima de serenidad y cordialidad campechana, en torno a la mesa, que *de facto* presidía Fraga, se desplegaron los asistentes agrupados por partidos. Había tres informes sobre el tapete (dos de análisis de la situación política actual, uno de AP y otro del PDP, y un tercero de estrategia de hechura aliancista), los cuales hacían de partitura de una sinfonía aprendida de memoria por todos. El villalbés dispuso que hablasen primero los democristianos para que luego, en el sentido de las agujas del reloj, le correspondiese a él "rematar resumiendo".

¿Era suficiente Coalición Popular en su configuración actual para ganar al socialismo en las elecciones legislativas próximas?

Formalmente esa era la pregunta, pero en realidad era el ropaje de la verdadera cuestión: ¿Se unía ahora y para siempre el centro-derecha?.

José Luis Álvarez, por el PDP, expuso un sensato análisis que desembocaba en el "necesario reagrupamiento" para mejorar resultados (147 escaños es muy difícil y 157 dificilísimo). Óscar Alzaga, a continuación, consumió un turno y, con la fría objetividad del microscopio,

---

[35] Véase información al respecto en *El País* del 22 de enero. RTVE, asimismo, hizo una entrevista a Óscar Alzaga para el programa *Españoles hoy,* donde expuso estas ideas y expresó su acendrado centrismo, temiendo, sin duda alguna, que el VI Congreso de AP de la semana siguiente moderase y centrase su programa.

[36] A finales de 1983, según testimonios reflejados en los medios de comunicación, unos 400 ex militantes de UCD pidieron el ingreso en el Partido Demócrata Popular, entre ellos: Blas Camacho, Alberto Ballarín, José Luis Moreno, Antonio Pérez Crespo y Jaime Cullere.

trazó el mapa electoral de entonces en función de la sociodemografía, de las variables de edad, etcétera. Era el informe de un sociómetra —de Ignacio Wertz, seguramente— y para nada penetró en la cuestión de fondo. Su conclusión era que para ganar había que arrebatar dos millones de votos al PSOE desde el centro, no sólo por táctica sino por convicción, y que, aunque no discutía la estabilidad de la coalición, no consideraba estable el mapa de partidos.

Al final de una ronda de intervenciones (Schwartz, Roces, Aizpún, Márquez y Guimón), Fraga retomó el núcleo de la cuestión: "Pretendemos crear una fuerza política alternativa al socialismo, y esa sensación de unidad ante el pueblo español es condición necesaria para ganar". Los presentes advertíamos que detrás de ese reto estaba su última oportunidad; una oportunidad que no suponía la recreación de UCD, aunque exista el centro sociológico. Criticó la nostalgia a UCD (el informe matriz pecaba un tanto de eso, dijo Fraga, acaso conociendo que lo había hecho Díez Nicolás) e insistió con énfasis que había que hacer de Coalición Popular "una fuerza política más coordinada, firme y coherente". Terminó su reflexión aportando como solución la de crear una confederación de partidos.

El silencio subrayó la propuesta y únicamente Gomara, de Unión del Pueblo Navarro, puntualizó: "Hemos de dar la sensación de ser una única fábrica con diferentes máquinas", postulando la imagen de unidad dentro de la diversidad.

El informe sobre espacios electorales, abundantemente razonado e ilustrado con datos estadísticos acerca de la evolución del voto y sus tendencias en España, ponía de manifiesto, entre otras cosas:

"(...) *a)* El electorado está todavía muy sesgado hacia la izquierda.
Aproximadamente un 45 por ciento se autoubica en la izquierda, un 15 por ciento en el centro y un 15 por ciento en posiciones de derecha.
b) La situación de los partidos políticos respecto a su posición ideológica parece ser la siguiente:
I) El PSOE ocupa buena parte del centro, centro-izquierda e izquierda, y en buena parte sigue concentrando casi todo el voto de la izquierda.
II) AP es clasificada fundamentalmente en la derecha y centro-derecha y algo en el centro.
(...)
III) Parece existir un espacio de centro en el que un pequeño electorado residual (que podía crecer) duda entre el voto a AP, a alguna de las opciones de centro (PR o CDS) o a la abstención.
c) En esta situación, dada la imagen de AP y de Coalición Popular, la triste experiencia de UCD y el sesgo ideológico hacia la izquierda del electorado, es evidente que el espacio político al que puede aspirar no parece superior al 25 por ciento del electorado (en octubre de 1982 AP logró el 20,7 por ciento).

---

[37] El orden del día fue escrito personalmente por Fraga en la reunión que el Comité celebró el 25 de enero (el autor posee el original), y lo componían los siguientes puntos: Objetivos de la coalición; Examen de la situación política y medios para mejor conocerla, con especial referencia al análisis de espacios electorales; Seguimiento de la acción del Gobierno; Análisis de la acción de la oposición; Estrategia y actuaciones de la coalición; Organización y funcionamiernto de la coalición; Creación de un equipo de seguimiento de las conclusiones y calendario de actuaciones; Problemas económicos, y Ruegos y preguntas.

(...) *e)* En conclusión, AP y CP, en la actualidad, pueden aspirar a crecer muy poco, y sobre todo ganar las próximas elecciones, si no se formula una estrategia que, por una parte, permita ampliar el espacio electoral de AP en el que buscar votos y, por otra, reduzca el actual electorado del PSOE".

El debate discurrió seguidamente sobre los demás puntos, y del modo más franco y directo se abordó la autocrítica acerca de cómo se había hecho oposición y qué convenía corregir, en orden a trazar las acciones estratégicas idóneas. En este sentido, durante la mañana del domingo los enclaustrados perfilaron la estrategia que aplicaría Coalición Popular y que, basada en contadas acciones concretas de sentida preocupación para el ciudadano, debía ejercerse con energía, persistencia y claridad. Fue unánime, pues, el acuerdo de desplegar una oposición firme y dura, singularmente en materia educativa conforme al deseo de los democristianos.

En el curso de la discusión, a propósito de analizar las actuaciones estratégicas de la coalición en las próximas elecciones legislativas, Fraga planteó la elaboración del programa electoral y de un manifiesto, lo que fue aprobado, y nuevamente dejó caer como hipótesis la creación de un Partido Popular (demócrata cristiano) cual paraguas único de la coalición. Volvió el villalbés a la rueca: "He formulado una hipótesis y me declaro abierto a todo...".

Esta vez fue Hipólito Gómez de la Roces, en nombre de los partidos regionales, quien contestó: "En política nacional vayamos de fuerza auxiliar de los partidos estatales. Pero en política regional y local los directores de orquesta somos nosotros. El ambiente, sin embargo, no está para ir juntos, sino como vamos: asociados".

Quedó despejada, no obstante, la incógnita de la renovación del pacto coalicional y se establecieron numerosas conclusiones: constituir tres grupos de trabajo (de encuestas, de documentación y de imagen) que profundizarían en el estudio de acciones conjuntas[38].

Durante el almuerzo del domingo se aprobó el comunicado conjunto que significaba el espíritu de colaboración de los reunidos y su predisposición a ampliar y optimizar la coalición en medio de la mayor quietud, sin embargo alterada por las noticias llegadas sobre el asesinato a manos de ETA de un industrial vasco y, en el orden familiar, sobre la caída con fractura de una pierna del primogénito de Fraga durante una jornada de esquí en Soria. Esta circunstancia acortó el tiempo de la sobremesa, ya que Fraga, emprendió viaje a la antedicha ciudad castellana y los demás regresaron a sus lugares de origen.

La reunión de Sigüenza, pues, forma parte de los anales de Alianza Popular porque en febrero de 1984 se impidió unificar las fuerzas políticas del centro-derecha siguiendo el *maurista* empeño de Fraga de hacerlo él y que entonces, una vez más, le fue escamoteado (o encarecido).

Miguel Herrero ha recogido en sus memorias[39] la interpretación de aquel encuentro, acaso con cierto resentimiento personal por lo que luego ocurrió, que confirma lógica la negativa de los partidos *coaligados:*

---

[38] De los tres grupos, era confidencial el de imagen, que constituyeron Carlos Robles y Rogelio Baón por AP; Guillermo Medina y José Manuel García Margallo por el PDP, y Francisco Meroyo por el PAR.

[39] *Memorias de estío,* pág. 322.

"... Fraga ofreció la disolución de todos los partidos coaligados para constituir un Partido Popular y no descartó, antes al contrario, la filiación democristina, solución a la que por cierto se llegó, tras dejar muchas víctima en el camino, en 1989. Los democristianos, así como los otros socios menores de la coalición, se negaron a la oferta, en apariencia tan sensata, y yo no pude dejar de comprenderles, puesto que el Partido Popular que entonces se proponía no era sino la hueste fraguista".

El único testimonio explícito de Óscar Alzaga sobre la negativa que le dio a Fraga en la reunión historiada, pues allí en Sigüenza estuvo remiso y no quiso decirlo a las claras, lo proporcionó la revista *Interviú* del 21 de febrero[40]. A preguntas del entrevistador, Alzaga manifiestó:

"(En respuesta a la pregunta si es difícil hacer de Coalición Popular una 'Santa Alianza') Creo que en términos de un solo partido no sólo es difícil, sino imposible... La fórmula de coalición es una consecuencia natural de la ley electoral y debe obligar a todos a reflexionar sobre la necesidad de ser flexibles y de posponer puntos de vista diferenciales y construir frente al Partido Socialista una única y gran coalición..."

En el lado interpretativo opuesto Fraga también resumió su visión[41], que iba más lejos de registrar en el PDP una negativa a su oferta, pues percibía además una voluntad perturbadora:

"La reunión fue básicamente bien, salvo en dos puntos a los que ya estábamos acostumbrados: el PDP se negó a estudiar fórmulas de progresiva integración y tan pronto como terminó el encierro se dedicó a su habitual política de filtraciones equívocas a la prensa que soliviantaban a los nuestros y confundían a la opinión. Una verdadera pena, porque el momento era óptimo para hacer exactamente lo contrario".

Elecciones ensangrentadas al Parlamento vasco

A un lado las promesas electorales multipartistas concretas, la campaña electoral para el Parlamento Vasco del 26 de febrero de 1984 se libró sobre nacionalismo-españolismo en medio de un cerco de hostilidad para los partidos estatales. Hostilidad que se tradujo en la explosión sin consecuencias de un artefacto dedicado a Fraga y, lo más grave, en el asesinato del senador y candidato socialista por Guipúzcoa Enrique Casas en el tercer aniversario del golpe de Estado del 23 de febrero.

Fueron unas elecciones ensangrentadas porque era la primera vez, durante la corta historia de la democracia reciente, que un comando terrorista irrumpía en la campaña eliminando a un candidato. Según se estableció entonces y confirmó posteriormente, la autoría del asesinato no fue de ETA militar, sino de los Comandos Autónomos Anticapitalistas, una especie de catecumenado etarra.

A Coalición Popular le concernían los comicios para afirmar su presencia y sacudir al electorado inmerso en el miedo, consecuencia normal de la atmósfera existente de terror, pero limi-

---

[40] Entrevista realizada por Jesús Mora bajo el título general: "El PSOE acredita que socialismo no es libertad". Alzaga declara en este trabajo la utilidad de la reunión de Sigüenza como un alto en el camino para la reflexión, reafirmando la voluntad de ensanchar Coalición Popular en su configuración presente.

[41] *En busca del tiempo servido*, pág. 341.

tando sus pretensiones. Fraga, sin embargo, esta vez estuvo tentado por el optimismo heroico y se lanzó a hacer una campaña sofocante para él mismo —coadyuvante principal pero no candidato— y para el aspirante a *lendakari* Jaime Mayor Oreja. Porque, por encima de la moción patriótica íntima de ir a los sitios más peligrosos, resulta que al líder conservador se le iba a aplicar nuevamente el examen del *techo electoral*, sobre lo cual acechaban las formaciones centristas para de este modo fundamentar su dudoso papel una vez desaparecida UCD.

Satisfecho del trabajo bien hecho, el memorialista Fraga elogia el reforzamiento de la coalición que supuso el nombramiento de Jaime Mayor en el primer puesto ("que supo corresponder lealmente a nuestro gesto") y el buen trabajo que llevó a cabo el coordinador de campaña, su cuñado Carlos Robles, y añade: "Y me empleé personalmente *pagando con mi persona* contra algunos consejos de equivocada prudencia. Al fin, me llamo Iribarne, y sé que allí se discute mucho del futuro de nuestra España"[42]. Realmente el villalbés llevó a cabo una campaña intensa en dos tramos (del día 10 al 15 y del 20 al 26 de febrero), que le permitía hacer unos recorridos de 200 kilómetros diarios para visitar las más significativas ciudades de las tres provincias.

La precampaña de los populares se abrió camino en los primeros días de febrero, después del notorio Congreso de Barcelona, con diversos actos y declaraciones, pero tuvo su clímax con la celebración los días 10 y 11 en Bilbao de la Interparlamentaria. Reunión que estuvo sensibilizada por las interpretaciones que confería el Tribunal Constitucional como jurisprudencia y doctrina en materia de autonomías, máxime la LOAPA, en la que reconocía diferencias entre unas y otras.

Por oportunidad política la Interparlamentaria Popular abordó, aparte cuestiones orgánicas y de funcionamiento[43], el estudio de la sentencia del Tribunal Constitucional dictada sobre la Diputación Foral de Navarra y manifestó su preocupación no por el contenido del fallo, sino por las consideraciones que se hacían en los fundamentos y que desfiguraban la naturaleza jurídica del régimen foral navarro, puesto que consideraban la Ley de Amejoramiento (amparada por la disposición adicional primera de la Constitución) como un simple instrumento de acceso a la autonomía y no como una institución jurídica secular con entidad propia desde el antiguo Reino de Navarra.

Durante las dos jornadas de la Interparlamentaria, Bilbao fue un hervidero de políticos y técnicos para echar a rodar la campaña. Como siempre, Fraga daba ejemplo y con gran desprecio a la seguridad marcaba los primeros tirones de dar propaganda en mano y, ante una tienda de ropa de caballero en rebajas, compró una chaqueta de caza. Se pateó, más que arropando a Mayor Oreja eclipsándolo, los barrios bilbaínos y el centro de Baracaldo, para terminar dando una vuelta por las Encartaciones. En Gordejuela, en cuya plaza se concentraba la mayor parte de pueblo, saludó a los concejales y con ellos se fue hacia el frontón habilitado como comedor ("Hace algo de frío, pero las judías con tocino levantan la boina", dice al rememorar el encuentro). En todos los pueblos visitados se repetía el programa: saludos, recorridos

[42] *En busca del tiempo servido*, pág. 342. Hace alusión a consejos de equivocada prudencia que no eran tales, como demuestra que estuviese su integridad física entre los objetivos de ETA. Rogelio Baón, a la sazón jefe de su Gabinete, participó con el subdirector general de la Guardia Civil, general Cereceda, en programar un dispositivo de seguridad complementario al oficialmente establecido porque tenía fundadas sospechas de que se produciría un atentado espectacular a un político.
[43] En esta reunión se creó una Comisión Permanente a fin de hacer más agil y flexible la coordinación entre los grupos populares en los distintos parlamentos.

a pie, sala de juntas y discurso. Después de las Encartaciones, caravana por el valle de Ayala, y por la tarde, ya oculto el sol, mitin en Amurrio. Al día siguiente, también dentro de Álava, visitó Zambrana, donde sostuvo un encuentro con los afiliados y simpatizantes de la comarca (Berantevilla, Armiñón, Ribera Baja, Lantarón y Zambrana) al calor del fuego bajo del mesón Las Postas. Después estuvo en los pueblos de la Rioja alavesa, próspera y con trabajo para todos, y allí visitó las principales bodegas hasta terminar el periplo en Laguardia. Y desde aquí viaje a San Sebastián para hacer noche.

El martes 14 la caravana popular recorrió Azpeitia, Azcoitia y Aránzazu —y los centros religiosos y carlistas que los vincularon a la historia— y, tras contemplar la mole montañosa de Urbía, parada larga en Oñate, centro universitario *euskaldun*. Posteriormente, reunión en Goyerri con militantes y amigos, y por la tarde en Zarauz.

Un incidente hay que reseñar por la mañana en Azpeitia cuando Fraga, en compañía de Jaime Mayor, penetró en el mercado para el reparto de propaganda y flores para las mujeres. En la búsqueda de contacto directo se topó con un ejemplar insólito: un acérrimo carlista de los que pueblan aquellos valles adictos a Zumalacárregui, que reprochó al ex ministro haber cambiado de chaqueta por haber dicho que "antes de legalizar la *ikurriña* pasarán por encima de mi cadáver". "Es usted un grosero y no se lo consiento", dijo Fraga sin detener el paso; a lo que replicó presto el interpelante: "No, yo no soy de Gros (barrio donostiarra), yo soy de Azpeitia".

La dificultad —el profundo contraste de situaciones— del momento y sitio lo deparó aquel día. Por la mañana vieron a ese exponente de la tradición carlista, anacrónico y pintoresco, y por la tarde padecieron el atentado en Zarauz, totalmente de signo opuesto.

Acababa Fraga de pronunciar un discurso en el Instituto mixto de Zarauz y al término del acto, rodeado de seguidores, cumplía la exigencia del culto a la personalidad firmando fotos y folletos cuando estalló una carga explosiva de un cuarto de kilo, adosada por el exterior a una de las paredes del edificio, sobre las ocho y media de la tarde. El estruendo y la onda expansiva conmovieron a todos y Jaime Mayor se abrazó a Fraga para protegerle, murmurando: "¡Esos bárbaros!". Pasado el susto se comprobó que no había daños personales y, de entre los materiales, la rotura de ladrillos de la fachada.

Después cenaron en Aitenatxe con el apetito de los supervivientes, salvo Máximo Sanz, voluminoso coruñés responsable de publicidad de la campaña popular que acompañaba a Fraga para demostrarle que su amistad no la achicaba el terrorismo, que por extraño que parezca estuvo desganado. Estando a la mesa llamó Felipe González interesándose por el estado de salud de todos; interés que agradecieron. Tras la cena, el villalbés regresó por carretera a Madrid, sumergido en el sueño y en la reflexión, probablemente persuadido de que había levantado una marea de simpatía en favor de la campaña de Coalición Popular.

Coalición Popular concurría a estas segundas elecciones vascas con ambición, pero con estilo distendido, porque su meta era la de hacerse, en todo caso, con el tercer puesto del espectro político. Los eslóganes elegidos:"Ante todo, unidos" y "La razón de la gran mayoría de los vascos" comportaban concordia y buena voluntad, persiguiendo el reagrupamiento del voto españolista y moderado que atrajo hacia sí la volatilizada UCD, pero cuyo mensaje de unión era predicable a todos los vascos. El candidato, en el que se concentraba la iconografía publicitaria, daba imagen de hombre joven y bonachón. Por primera vez a Jaime Mayor le fue desprendido el segundo apellido Oreja, porque no necesitaba del refuerzo asociativo a su tío el ex Ministro de Exteriores[44].

La competición cartelística, como expresión de los mensajes, no era principalmente buscada, puesto que estando tan fragmentado el voto en Euskadi cada partido actuaba para reconquistar o asegurar la clientela propia. El PNV, con una profunda carga reivindicativa frente a Madrid, cifraba su mensaje en la continuidad: "Para seguir adelante", entre tanto el PSOE lo basó en la pacificación: "Por la paz", subrayando la presentación del candidato José María Benegas. Euskadiko Ezkerra, que no presentaba candidato a *lendakari*, desplegó sucesivos eslóganes a lo largo de la campaña para la captación del voto útil de la izquierda: "Euskadi tiene solución" y, en otra etapa "Euskadi tiene izquierda". La coalición *abertzale* Herri Batasuna, al igual que la EE, no presentaba candidato máximo y proyectó su persuasión electoral —de forma agresiva y totalitaria— con eslóganes del siguiente tenor fundamentalista: "Castígales con tu voto"; "Pueblo trabajador vasco, vota a quien te defiende", y "Por la recuperación nacional de Euskadi".

El fundamentalismo totalitario de la coalición *abertzale*, en tono militarista, erizaba las ofertas hasta la violencia, como subraya Francisco José Llera Ramo[45], predominando en sus mítines el discurso antirrepresivo ante el carácter *genocida* de Madrid y su gobierno, el continuismo franquista y la inutilidad de las instituciones autonómicas y el entreguismo del PNV.

Por lo demás, las oscilaciones de más o menos votos carecían de importancia salvo para Herri Batasuna, que iba a intentar recuperar los 52.000 sufragios perdidos en las elecciones municipales de mayo de 1983. En este sentido se previó que la coalición *abertzale* tensaría la campaña en defensa de la alternativa KAS, insistiendo en todo momento y en todos los mensajes que su participación electoral, aunque luego no ocupase los escaños de las instituciones parlamentarias, no era un proyecto coyuntural, sino permanente y de futuro que contaba con 560 cargos electos en ayuntamientos, diputaciones y otras entidades públicas.

El PNV era indiscutido ganador de la elecciones, pero habiendo sido ampliada la Cámara en quince escaños más (de 60 a 75) el quid de la victoria para obtener mayoría absoluta residía en la cantidad de abstención, pese a que HB optara por no ejercer su representación. Ni que decir tiene, en el nivel de previsiones lógicas, que se estimaba como muy probable que aumentarían la abstención y el voto nacionalista. De las encuestas elaboradas por encargo de distintos medios desde diciembre de 1983 hasta la semana anterior a los comicios, todas predecían al PNV un resultado próximo o rebasante de la mayoría absoluta, al tiempo que se inclinaban por el aumento de la abstención[46].

La recta final de la campaña, sin embargo, trastocó la analítica preelectoral. En esta ocasión, el debate político mortecino sufrió súbitamente una alteración como consecuencia de la irrup-

[44] La campaña de la Coalición Popular la concibió y ejecutó el consorcio de empresas Alas (en cuanto diseño y estrategia) e Interdís (para la distribución en medios). Fue una campaña de tipo clásico y sólo tuvo de especial un *mailing* para todo el electorado, muy apropiado en una sociedad atemorizada por cuanto que se envía a las casas el sobre y la papeleta.
    [45] "Las segundas elecciones autonómicas vascas", número 23 de la *Revista de Derecho Político* (Universidad Nacional de Educación y Distancia, primavera de 1986).
    [46] Los sondeos a que nos referimos, toda vez que fueron lo de mayor resonancia, fueron los encargados por *Pueblo* (7-12-83), *El País* (19-2-84), *Diario 16* (7-12-83) y *La Gaceta del Norte* (21-2-84).

ción de la violencia. Desde el lunes 20 en que por avión llegó a Bilbao, Fraga, henchido de buen ánimo, completó el recorrido de las comarcas vascongadas celebrando dos de los tres grandes actos previstos en cada una de las capitales de provincia. El mismo día 20 los populares consumieron la jornada electoral en San Sebastián a través de recorridos por su calles y mercados, en ruedas de prensa y en reuniones sectoriales con diversos colectivos. Las agresiones y provocaciones que sistemáticamente sufrían los candidatos de Coalición Popular eran el mejor síntoma de la bondad de su campaña —de la persuasión apacible—. En Llodio, el domingo, simpatizantes de Herri Batasuna insultaron y acosaron a Jaime Mayor y demás candidatos que *peinaban* electoralmente la localidad alavesa. El lunes, al grito de *carnicero de Vitoria*, trabajadores de Orbegozo —en huelga por la crisis de los aceriales en reconversión industrial— lanzaron huevos a Fraga en su visita al mercado donostiarra de San Martín. Así, la izquierda *abertzale* pretendía apretar el cerco de la intimidación.

Sin amilanarse, el martes 21, el convoy fraguista siguió itinerarios por Vizcaya (Ermua, Durango, Guernica y Basauri) y por Álava (Oquendo, Respaldiza y Llodio), con final de la jornada en la casa de Galicia en Bilbao. El miércoles 21, el mismo día que ETA militar pidió el voto para Herri Batasuna a través de un comunicado[47], los equipos electorales de Coalición Popular se concentraron en la ciudad del Nervión y sus alrededores, para concluir por la tarde en un acto masivo seguido de una cena popular.

En el pabellón bilbaíno de los deportes tuvo lugar el mitin central de la campaña, con el cartel de oradores: Pedro Schwartz, Óscar Alzaga, Manuel Fraga y el candidato Jaime Mayor. Como principal noticia el líder aliancista anunció que con la firma de 50 diputados el Grupo Popular iba a recurrir ante el Tribunal Constitucional la Ley Autonómica de Territorios Históricos, consistente en regular las relaciones entre el Gobierno vasco y las Diputaciones. Pero el núcleo de los mensajes se refería a combatir la abstención, con apelaciones a "dar la cara" a fin de garantizar la paz y libertad en Euskadi. Jaime Mayor, en una encendida intervención, encareció a los votantes de Coalición Popular a que "no sigan escondiéndose en sus casas y no se dejen intimidar...", porque el éxito de la coalición de centro-derecha dependía del voto activo.

En el tercer aniversario del golpe del Estado del 23 de febrero los populares retornaron a Álava (Vitoria, Salvatierra, Santa Cruz de Campezo y Pobes), y en su capital, por la tarde, celebraron otro gran mitin en el teatro Guridi. Pero la campaña electoral, en la tarde del 23, había quedado rota tras el asesinato por dos encapuchados, en su propio domicilio donostiarra, del senador y candidato socialista Enrique Casas, que carecía de protección policial personal.

El asesinato actuó como el súbito apagón que hace de la luz tinieblas. Las primeras impresiones —tanto más precipitadas— giraban en torno a la suspensión o aplazamiento de los comicios, pero la reacción serena de que ello supondría exaltar el terrorismo predominó, reponiendo la tenue claridad. Se convino por los estados mayores de los partidos, de otra parte, en suspender los actos de campaña del último día.

---

[47] La petición del voto por ETA militar en favor de HB fue publicada a través del boletín etarra *Zuzen*, y del que se hizo eco el periódico *Eguín*. El comunicado recogía la preocupación de *los milis* por el posible aumento de la abstención y, como síntesis de su estrategia, anunciaban que seguirían "atacando y golpeando todo los aparatos del Estado opresor español...".

Independientemente del habitual en estos casos carrusel de condenas al atentado por parte de todos los partidos e instituciones, se produjo el corte de la campaña y las radios enmudecieron, menos Euskadiko Ezquerra y el PCE-EPK que sustituyeron los lemas electorales por otros relacionados con el suceso. De este modo, la solución de continuidad llegó al electorado a través de la radio, por ejemplo, con este nuevo e inteligente mensaje de Euzkadiko Ezkerra: "ETA pide el voto para Herri Batasuna y asesina a candidatos de otros partidos. Vota por Euskadi y por la libertad".

La muerte por asesinato de un candidato condujo la recta final de la campaña por el campo de la emotividad y, como es natural, actuó cual resorte en la doble dirección de incentivar la participación y colocar a los socialistas como víctimas de la brutalidad y la barbarie. Pero realmente lo que se colegía era la incapacidad e impotencia de las fuerzas políticas para dialogar y romper la insensata dualidad *nacionalismo-españolismo*, que entre algunos líderes políticos (el choque dialéctico de frases inútilmente ingeniosas entre Alfonso Guerra y Javier Arzallus, sea el caso) encrespaba más que apaciguaba.

Las elecciones autonómicas vascas estuvieron ensangrentadas por el asesinato, en su domicilio de San Sebastián, el 23 de febrero de 1984, del senador socialista Enrique Casas. Al día siguiente, a hombros de sus camaradas de UGT, el féretro sería trasladado al cementerio cruzando la ciudad.

Fraga en sus memorias[48] no oculta que el asesinato de Casas resultó perjudicial para Coalición Popular, puesto que la supresión de actos políticos de la jornada de cierre de campaña afectaban a Guipuzcoa:

> "Creo sinceramente que el haber perdido ese día, cuando nuestra campaña iba a más y que estaba dedicado a Guipúzcoa (con visitas a Irún y Rentería y un gran acto de cierre de campaña en el polideportivo de Anoeta), nos costó a nosotros el segundo diputado por Guipúzcoa (que lo hubiera sido nuestro formidable presidente Roque Arámbarri, mi profesor de euskera, que lo habla mejor que nadie); mientras que la lógica emoción por la muerte de Casas favoreció a los socialistas".

Tan dados los españoles al culto necrológico, el funeral en la Virgen del Coro fue un foco televisivo de dolor y un implícito reclamo de piedad electoral. Felipe González, cuya participación en la campaña al lado de los suyos fue puesta en tela de juicio por el PNV —al final declinó ir—, estaba ahora del lado de los Evangelios; y detrás suya, en el presbiterio, un tropel de correligionarios. Los demás, ocupaban los bancos de las naves, los populares junto a los nacionalistas del PNV, a cuyos líderes Fraga no se privó de decirles, aprovechando la ocasión, que ya estaba bien de utilizar la ambigüedad.

El párrafo de corolario que Fraga escribe en su diario[49] es una reflexión contundente del drama de España en el País Vasco; reflexión a la que llega tras el ajetreo de unas elecciones

---

[48] *En busca del tiempo servido*, pág. 345.
[49] *Op. cit.*, pág. 346.

que le llevó a patear todas las comarcas y a hablar con sus gentes. Por el valor de síntesis y ponderación merece su reproducción:

"Por los días de aquella campaña tuve ocasión de pensar y contrastar experiencias sobre el País Vasco. Tierra y gentes sólidas, que no merecen su suerte actual. Demagogia antiespañola desde las *ikastolas* a HB y, sobre todo, un terror patente en las caras y en los hechos; terror generalizado que se tolera como mal menor, como si pudiera haberlo mayor, y que llegó a la propia campaña electoral".

El día de reflexión los GAL asesinaron a un presunto etarra en el País Vasco francés y, como pólvora encendida, la noticia municionó a la izquierda *abertzale* para movilizar a sus votantes. Ningún otro hecho significativo se produjo salvo la aclaración, profusamente difundida, de que las papeletas del PSOE por Guipúzcoa con el nombre de Enrique Casas eran válidas corridas un puesto de un candidato reserva. Del mismo modo, el día 26 de febrero se celebró la votación sin incidentes dignos de mención para la crónica, independientemente del capítulo de anécdotas (el desalojo de tres colegios electorales por amenaza de bomba y la distribución de octavillas por seguidores de HB), y dos horas después del cierre de los colegios ya se conocían los resultados en sus grandes cifras.

RESULTADOS ELECTORALES AL PARLAMENTO VASCO

Electores:	1.582.719								
Votantes:	1.084.997 (68,4%)								
Abstenciones:	449.396 (31,6%)								

Provincia	PSE-PSOE		PNV		HB		EE		CP	
	Votos	Esc.	Votos	Esc.	Votos	Esc.	Votos	Esc.	Votos	Esc.
Álava	31.845	7	45.583	9	13.539	3	9.633	2	20.380	4
Vizcaya	138.090	6	261.911	12	77.407	3	44.500	2	56.207	2
Guipúzcoa	78.200	6	144.684	11	66.443	5	31.538	2	23.994	1
TOTALES	248.135	19	452.178	32	157.38	11	85.671	6	100.581	7

Fuente: Junta Electoral Central.

Los candidatos electos de Coalición Popular, por provincias y orden alfabético, fueron:

Álava: José Manuel Barquero Vázquez, María Josefa Lafuente Orive, Pedro Morales Moya y Pablo Mosquera Mata.
Guipúzcoa: Jaime Mayor Oreja.
Vizcaya: Joaquín María Aguinaga Torrano y Florencio Aróstegui Zubiaurre.

La dinámica de la violencia incentivó la participación y ello, en aplicación de la regla de proporcionalidad D'Hont, aminoró las *primas* del primero y segundo en resultados respecto de los demás. Es decir, la proporcionalidad fue más pura. En estos comicios votaron siete de cada diez electores (una abstención del 31,6 por ciento), reduciendo casi en diez puntos porcentuales la abstención registrada en 1980 (de un 41,19 por ciento), la más alta de todas las elecciones registradas en el País Vasco.

ABSTENCIÓN COMPARADA

Elecciones	Porcentaje/censo
Legislativas 1977	24,03
Legislativas 1979	34,06
Municipales 1979	40,19
Autonómicas 1980	41,19
Legislativas 1982	19,97
Municipales 1983	35,26
Autonómicas 1984	31,59

A pesar de que el Parlamento Vasco había aumentado en 15 escaños (pasando de 60 a 75), el Partido Nacionalista Vasco obtuvo en los comicios de 1980 25 escaños (con el 37,96 por ciento de los votos) y en 1984 obtuvo 32 (con el 41,70 por ciento de los votos); en ambos llamamientos era vencedor estando a seis escaños de la mayoría absoluta. Esto se debió a la mayor participación (un 10 por ciento más), posiblemente explicable por lo que suponía una mayor adhesión popular al proyecto autonómico.

Por el contrario, Herri Batasuna, con el 14,61 por ciento de los sufragios en 1984, 1,88 por ciento menos de votos que en 1980, obtuvo en ambos procesos el mismo número de escaños: 11.

El PSOE mejoró sensiblemente las previsiones en la última semana (no es aventurado afirmar que el asesinato de Enrique Casas fue la causa primordial) al conseguir 19 escaños —tres más de los predictos— con el 23,30 por ciento de los sufragios (248.146), diez más de los obtenidos en 1980, aunque había perdido cien mil votos en comparación con las generales de 1982.

Coalición Popular, asimismo, no se consideró perdedora, sino que ponderó su afianzamiento al conseguir siete escaños, uno menos de los que consiguieran en conjunto AP y UCD (dos y seis, respectivamente) en 1980. El objetivo de convertirse en tercera fuerza política no fue conseguido, si bien rebasó en votos y representación a Euskadiko Ezquerra. En definitiva, Coalición Popular recompuso el núcleo de electores del centro-derecha españolista, quedándose a unos veinte mil votos de los obtenidos en 1980 y recuperando votos de los perdidos en las elecciones muncipales de 1983. En este orden de consideraciones, la no comparecencia del CDS a los comicios favoreció a los populares.

A la vista de los resultados antedichos, las conclusiones políticas que había que derivar eran las siguientes:

—El PNV estaba obligado a pactar para formar gobierno —un pacto de coalición o de legislatura— aunque, a efectos de estabilidad, la ausencia de los 11 diputados de HB le facilitase la gobernación.

—Ganó el nacionalismo —ya moderado como *abertzale*— frente al voto españolista, doblándolo en votación.

—Ganó la derecha frente a la izquierda por escaso margen, sumando la votación del PNV a la de Coalición Popular.

—Eliminación del Partido Comunista de la representanción en el Parlamento vasco.

—La persistencia cuantitativa del voto a HB indicaba, finalmente, que la evolución de la sociedad vasca era muy lenta y que el proceso de pacificación, necesariamente, tenía que contar con ese segmento social.

Elecciones autonómicas catalanas de 1984: la primera mayoría absoluta de CiU

Impedir que la coalición nacionalista Convergencia y Unió ganase por mayoría absoluta las elecciones segundas al Parlamento de Cataluña para que así, en el juego de *aliado bisagra*, Coalición Popular pudiera exigir como precio de su apoyo a los nacionalistas el cese de la *Operación Reformista*, era el objetivo máximo de Fraga y de otros líderes aliancistas en la primavera de 1984.

Al servicio de ese propósito AP, que a cambio de haber dejado al PDP el puesto de más relieve en las elecciones vascas tenía las manos libres en Cataluña, intentó la renovación empezando por el candidato primero de Barcelona, Eduardo Bueno, un desconocido hasta semanas antes del VI Congreso Nacional aliancista. El PSC-PSOE y el PSUC, igualmente, renovaban a sus *primeros espadas:* los socialistas sustituyendo al líder histórico Joan Reventós (a la sazón embajador en París, según un voluntario destierro dorado) por el geólogo Raimon Obiols, y los comunistas, entronizando al pediatra Antoni Gutiérrez en vez de la opción independiente de Josep Benet.

A ambos candidatos de la izquierda, a diferencia de Bueno que era un neófito, se les tenía por corredores curtidos en la carrera política. Por lo que puede concluirse que Bueno hizo sus primeras armas frente a muy aguerridos adversarios en una campaña en la que Coalición Popular no sólo no tenía sitio, sino que, afanado en buscarlo, se equivocó de contendiente al arremeter contra Pujol. Por si fuera poco, la presencia constante de Fraga y de Verstrynge durante la precampaña y campaña apadrinando al candidato dieron a los comicios un no querido carácter estatal y sucursalista. Esta sensación fue tanto más percibida en el caso de Verstrynge, que capitaneó, acaso innecesariamente, una ofensiva contra Pujol, uno de los responsables del *caso Banca Catalana,* promoviendo el voto de castigo al dirigente nacionalista. Pero el acierto de Pujol fue hacer que se identificase su persona con la ambición nacionalista, de suerte que los ataques a él se interpretaban como ataques a la *causa catalana*.

Eduardo Bueno participó en este tipo de arremetidas desde el comienzo de salir a la arena y lo denunció, en su presentación a los medios madrileños[50] el 12 de enero de 1984, diciendo: "Pujol cree que posee la verdad y se comporta mesiánicamente. Cree que Cataluña es él". No obstante, Bueno se presentó como el "hombre de éxito" en cualquier campo profesional y que, como tal, debía participar en política para aportar su visión de futuro. A fin de cuentas, se tras-

---

[50] La presenstación de Eduardo Bueno como primer candidato aliancista fue efectuada en el curso de una cena, con asistencia de Jorge Verstrynge, y del encuentro hubo referencias periodísticas en varios medios, aunque lo entrecomilllados se recogen de la crónica de Luisa Palma en *ABC,* 13 de enero de 1984.

lucía de sus declaraciones que Pujol era la sombra del fracaso y del pasado, en tanto que él era el Prometeo empresarial de Cataluña. La inexperiencia del candidato aliancista quería ser presentada como una ventaja frente al resabio de los políticos profesionales.

El testimonio de Javier Carabias[51] sobre el tinglado electoral aliancista en Cataluña es revelador, partiendo de la afirmación de que el Principado era entonces un avispero que se resistía a reconocer la autoridad de Bueno. "No tenía ni idea de política..., quiero decir que tenía mucho menos que la de un hombre normal lector de periódicos", aclara el responsable electoral sobre el déficit de aptitudes del candidato aliancista. Para suplir tamaña deficiencia, Verstrynge creó un equipo de asesoramiento (Joan Gaspar, Jorge Fernández, Rafael Ansón y, para el día a día, los periodistas Valentín Villagrasa y Juan Antonio Sáez Guerrero) que le guiaba los pasos[52].

Habiéndose planteado la campaña del tipo personalista, porque así lo marcaba Pujol y por la servidumbre icónica de la televisión, el candidato aliancista tuvo que lanzarse a la calle para *que fuese conocido*. Aceptaba todo, cualquir tipo de comparecencia ante los medios de comunicación, y disciplinadamente era adiestrado para ello. "Creo —añade Carabias— que si hubiéramos tenido tiempo habríamos fabricado un *producto político* muy vendible, porque Bueno tenía disciplina y tesón".

El reverso de la moneda, en cambio, escondía una turbia querella por la que Fulgencio Alcaraz, vicepresidente de la Sociedad de Garantía Recíprocas de Cataluña, quería arrastrar al presidente y hoy candidato popular. Al parecer, según el querellante, mediante la falsificación de documentos Eduardo Bueno se había autoavalado actividades industriales por cantidad superior a la permitida por los estatutos sociales. La querella —el procesamiento de Bueno— gravitó durante toda la campaña por "estafa y falsedad", pero el acoso que sufría Pujol por el *caso Banca Catalana*[53], mal que bien minimizaba el efecto negativo de aquél dado el irrelevante peso de Eduardo Bueno en la política catalana.

Desde que los socialistas llegaron al poder en octubre de 1982 el asunto de Banca Catalana acuciaba a los rectores del Banco de España, pero el gobierno derrotado de UCD no quería abordar el problema sino dejarlo sobre la mesa. Lo tuvo que resolver previa consulta a Felipe González, y el banco emisor (el Fondo de Garantía de Depósitos) tuvo que hacer frente el 2 de noviembre de 1982 a un *agujero* entonces cifrado en 130.000 milllones, que luego aumentaría hasta más que duplicar esos números rojos a fin de evitar que el pánico entre los impositores arrastrase a todo el sistema financiero. En una sola mañana de los últimos días de octubre, a poco de desatarse la zozobra entre los ahorradores, fueron retirados de Banca Catalana

---

[51] Entevista con el autor del que entonces era coordinador electoral y, por lo tanto, responsable máximo de la campaña.

[52] Sostiene Carabias, con relación a la presencia de Rafael Ansón en aquella campaña, que no cobró una peseta porque "quizás sembraba para ocasiones posteriores, aunque se hacía notar su tela de araña con cierto empresariado (Asensio, De la Rosa, etc.), muy activa en ciertos restaurantes de primera calidad".

[53] Jordi Pujol y un grupo de nacionalistas, algunos de los cuales figuraban entre los procesables por el *affaire*, en 1959 compraron por doce millones de pesetas la Banca Dorca, que con el paso del tiempo transformarían en Banca Catalana, con la idea de hacer de esta entidad la financiadora de actividades políticas y el banco del empresariado nacionalista. En el informe de los fiscales de Barcelona que promovieron una querella contra los ex administradores de Banca Catalana se asegura, de otra parte, que el matrimonio Pujol vendió sus acciones de Banca Catalana a una empresa insolvente (Hoe, S.A.) que pagó los títulos con 176 millones que había recibido por un crédito, apartándose así del circuito de accionistas previa utilización de una sociedad fantasma.

cuatro mil millones de pesetas. El informe de los fiscales de Barcelona José María Mena y Carlos Jiménez Villarejo, concluido en 1986, aseguraba que entre los impositores que retiraron precipitamente sus ahorros el 31 de octubre estaba el matrimonio de Jordi Pujol y Marta Ferrusola, que canceló una cuenta a plazo fijo de 14,5 millones de pesetas interrumpiendo el período de imposición.

Todo parece indicar que al haberse envuelto Pujol en la *senyera*, el Gobierno socialista quedaba maniatado en orden a exigir al líder convergente responsabilidades de forma directa, aunque fue después de las elecciones cuando se urgió al fiscal general del Estado a que actuase. Según parece, Felipe González aseguró a Pujol en una conversación celebrada en marzo de 1984, en la Moncloa, que del informe realizado por el Banco de España sobre Banca Catalana el *Honorable* no resultaba mermado en su título. Esta actitud de González de evitar que Pujol fuese una víctima, sin embargo, no la compartían todos los dirigentes del PSOE.

La oferta programática de los partidos, dejando a un lado el antedicho escándalo financiero, era muy extensa porque abarcaba todos los problemas destacados de la sociedad catalana. Pero el debate se concentró, sin embargo, en los signos de identificación nacionalista: división territorial, policía autonómica y seguridad ciudadana y lengua[54].

La expansión lingüística, no obstante, era el caballo de batalla y sobre el cual, como principal eje, giraría el grueso de los mensajes de esta campaña. En verdad, durante 1983 se había aprobado en el Parlament, por consenso, la Ley de Normalización Lingüística. Pero esa unanimidad era aparente, como aparente era también el pacifismo de su aplicación entre el 40 por ciento de la población catalana, de expresión castellano-parlante y, por lo común, emigrante de otras regiones. La oferta programática sobre diferenciación lingüística de los tres más importantes partidos era:

OFERTA ELECTORAL SOBRE NORMALIZACIÓN LINGÜÍSTICA EN CATALUÑA

Convergencia i Unió	PSC-PSOE	AP-PDP-UL
Aplicar la Ley de Normalización Lingüística en un clima de buena convivencia, con respeto individual a todos... Favorecer su uso en los medios de comunicación. Introducir el catalán en todos los órganos de la Administración.	Garantizar los derechos de los ciudadanos y tomar las medidas que permitan el conocimiento amplio de la lengua catalana. Normalización en la Administración de Justicia y creación de una escuela de administración pública.	Ofertas de servicios culturales en ambas lenguas. Bilingüismo. Normalizar el catalán garantizando el respeto a las dos lenguas y conseguir pleno reconocimiento de ambas. Huir de la promoción excluiva del catalán.

---

[54] CiU llevaba la iniciativa en la discusión al propugnar, frente al PSC-PSOE y Coalición Popular, que la Generalidad debía configurarse en municipios y comarcas, ésta como entidad territorial nueva con personalidad jurídica propia, dotada de autonomía. Del mismo modo, en materia policial propugnaba un modelo nuevo que reforzase las funciones de la policía municipal y la autonómica, coordinadas entre sí, y que se crease una Escuela General de Policía.

El fenómeno de la normalización lingüística —o discriminación positiva— era contemplado de manera diferente según qué partido interpretara el principio constitucional de la *cooficialidad*. En primer lugar, los nacionalistas catalanes (autóctonos bilingües) apreciaban la lengua catalana como el principal símbolo de diferenciación y deseaban compulsivamente su promoción. Los partidos de izquierda, cuya principal clientela era inmigrante y castellano-parlante, rechazaban la persecución que el franquismo desató contra el catalán, pero ahora lo reivindicaban con menor intensidad. Y en tercer lugar, los partidos de centro-derecha no nacionalistas pugnaban porque la oficialidad del castellano ("el deber de conocerlo y el derecho a usarlo" en la letra constitucional) no sufriese persecución y limitaciones[55].

La modificación de las actitudes lingüísticas en organismos públicos y en la enseñanza, con sentido conminatorio, intentando generalizar el conocimiento preferente del catalán fue el primer objetivo de la política de Pujol en su primera legislatura, a través de la Consejería de Cultura que regentaba el nacionalista radical Max Cahner. El monolingüismo oficial en los órganos dependientes de la Generalidad era el banco de pruebas de un ambicioso plan. Pero habiendo resultado muy pobres los resultados en los usos privados, se apoyó financieramente (ayuda al cine, a la prensa, actividades culturales, etc.) la introducción del catalán en el sector privado, costeando en las grandes empresas, por ejemplo, los cambios de rótulos y carteles. Pero de todas las inicitivas, la más efectiva y práctica fue la creación de la Corporación Catalana de Radio y Televisión, que comenzó sus emisiones fuera de toda legalidad debido a la a falta de autorización del Gobierno central (hubo que precipitar la aprobación de una Ley de Terceros Canales).

Desde el punto de vista técnico el despliegue publicitario y propagandístico en estos comicios autonómicos denotó mucha profesionalidad, cada vez más alejada del sistema convencional de la propaganda política. Y el buen hacer de Convergencia y Unión, que por algo ganó por mayoría absoluta, estuvo reflejado en la frase del gerente de la campaña convergente: "Teniendo tan buena marca como CiU y tan buen producto como Pujol, es igual que publicitar juntos a Nestlé y Nescafé"[56].

En torno a recorridos y mítines, Alianza Popular protagonizó una campaña de presencia en las calles, en ciudades y pueblos de las cuatro provincias, por medio de tres caravanas que seguían, con todo el aparato de propaganda, megafonía, azafatas y periodistas, a Manuel Fraga, Jorge Verstrynge y Eduardo Bueno.

La agenda electoral de Fraga, tan exhaustiva como siempre, incluía visitas a las cuatro provincias que venía arrastrando desde una muy anticipada precampaña. Es decir, viajaba casi todos los fines de semana desde primeros de marzo, alternando esa asidua actividad con otras ordinarias del partido y las deportivas de pesca, como deja dicho en la puntuales anotaciones de su diario: "Yo ando por tierras gerundenses... o ilerdenses... Otra vez en Cataluña...". Después de Semana Santa, desde el 23 de abril, lunes de Pascua, se empleó a fondo según su peculiar modo de hacer campaña y recorrió las cuatro provincias —siempre acompañado de Miguel Ángel Planas—, donde participó en grandes mítines al aire libre y donde concurrían los demás líderes y sus caravanas.

---

[55] Coalición Popular, por ejemplo, postulaba en su programa electoral, entre las propuestas culturales relacionadas con el uso del catalán, que Barcelona no perdiera su posición de ser el primer centro editorial de España.

[56] Es frase de Francesc Gordo, a la sazón gerente de la campaña de CiU, que publicaron diversos periódicos.

Verstrynge se empecinó en imponer su estilo de hacer campaña electoral, como si él fuera el candidato, pero especialmente en llevar la voz solista en los ataques a Pujol por el asunto de Banca Catalana ("El voto a Pujol es un voto entre rejas", o la no menos hiriente "Votar CiU es ir contra la sensatez catalana")[57]. Cabe la sospecha, de otra parte, que para el desempeño de ese papel fustigador estuviese en connivencia con Alfonso Guerra, quien también bajaba frecuentemente a Cataluña para hacer de su lengua un cuchillo con el que cargar contra el líder convergente[58]. A saber, en un mitin en Bellvitge el Vicepresidente del Gobierno dijo:

"(...) Cuando un señor, como ese al que acaban de detener en Frankfurt (Ruiz Mateos), hace un agujero económico de 250.000 millones de pesetas y pone en peligro a 55.000 trabajadores, los socialistas lo expropiamos, lo procesamos y lo detenemos, y cuando aquí un señor hace un agujero de las mismas dimensiones en Banca Catalana, lo proponen como candidato a la Presidencia de la Generalitat".

La dedicación de Verstrynge a Cataluña, disparatada y caprichosa si, por ejemplo, uno se detiene a contemplar que le acompañaba a toda reunión u acto una muchacha de diecisiete o dieciocho años recogida del arrabal[59], se entendía en el partido como el reto que él y Abel Matutes lanzaban al grupo de Miguel Herrero, en la confianza de que el resultado electoral sería tan bueno como para atribuírselo casi en exclusiva. La reacción de los diputados y senadores herreristas fue inmediata, planteada como aportación generosa —una especie de huelga a la japonesa— de un grupo de 50 ó 60 parlamentarios que escalonadamente llegaron a Cataluña para sumarse al rosario de mítines. Miguel Herrero, sin embargo, se negó a participar personalmente.

Rodrigo Rato, muy próximo a Miguel Herrero, fue uno de los que se acercó a Barcelona y, en el curso de un almuerzo con Javier Carabias[60] en el restaurante Finisterre, le tranquilizó diciéndole que realizaba una labor meritoria y que al final le tratarían de echar el muerto los verdaderos responsables. "Porque aquí —asegura que le dijo Rato— hay intereses bastardos que al final saldrán a la luz"[61].

¿Fue una *querella catalana* (cuestión prejudicial amenazante para resolver un pleito civil) la que se quiso interponer contra Eduardo Bueno? Por fortuna el Presidente de la Audiencia de Barcelona no la admitió a trámite, pero hasta que esa resolución salió a la luz la incógnita del procesamiento

---

[57] Todas las personas consultadas coinciden en señalar que en aquellas elecciones Jorge Verstrynge actuó por su cuenta o, lo que es lo mismo, no se sujetaba a la disciplina estratégica de la campaña y se rodeaba de personas contratadas al margen del conocimiento institucional del partido. De este modo, se asegura que fue a Barcelona acompañado del catedrático en sociología Juan Díez Nicolás, a quien quería contratar frente a la opinión de Fraga.

[58] Según el testimonio de Ricardo Fernández, en esa época jefe del gabinete del secretario general aliancista, éste y Alfonso Guerra sostenían frecuentes conversaciones telefónicas según una sintonía amistosa. Es harto probable, a este respecto, que el líder socialista facilitase información al dirigente aliancista sobre el inminente procesamiento de Pujol.

[59] Diversas personas entrevistadas por el autor han declarado que Jorge Verstrynge al haber incorporado a su equipo a una muchacha desconocida, de tan buena facha como mejor figura, despertaba las críticas en detrimento de su credibilidad de forma innecesaria, máxime si tomaba con ella patatas con caviar en lujosos restaurantes. Era una muchacha de origen humilde, carente de educación, que por estar siempre al lado de Verstrynge ponía en evidencia todo menos seriedad, pues estaba presente incluso en despachos de estrategia electoral.

[60] Testimonio aportado por Carabias, pero preguntado al respecto Rodrigo Rato, éste no recordaba el contenido de la conversación.

[61] Durante la última fase de la campaña las relaciones entre Verstrynge y Carabias se habían deteriorado tanto que el secretario general nombró un director adjunto de campaña, Joaquín Borrell, en un intento de eclipsar la influencia del coordinador de Electoral designado en el VI Congreso Nacional. Borrell, vinculado a Jorge Fernández, había sido gobernador civil de Pontevedra.

era una auténtica bomba cuya espoleta trataban de controlar Joan Piqué y toda una cohorte de abogados. Los intereses *bastardos* a que aludía Rato únicamente amenazaban pero no asomaron y, aunque ojetivamente el revuelo de rumores periodísticos hizo mella en las expectativas electorales de Coalición Popular, se evitó que el procesamiento del candidato supusiese una catástrofe.

Con un coste conjunto —declarado— de unos 900 millones de pesetas de los cinco principales partidos tuvo lugar la campaña, cuyos mensajes predominaron el debate por encima de una tupida refriega barriobajera que intentaba *judicializar la política*. La campaña abarcó temporalmente del 7 al 27 der abril, siendo el 29 la fecha de la votación.

CiU era el enemigo a batir, pero pese al frente común de sus adversarios emergió con altura en la repetición de un mensaje central: *Fem y farem* (Hacemos y haremos), llevado a todas las áreas del gobierno (*Nadie hará más por la enseñanza,* etc.) y apareciendo siempre, en toda la cartelería, el *Honorable* Pujol con la bandera catalana al fondo. Así, sin dejar de ser una campaña personalista, basaba la persuasión en la labor bien hecha y la que quedaba por hacer.

Los demás partidos hicieron de los mensajes cantinelas bilingües poco convincentes. El PSC-PSOE, en línea presidencialista, presentaba a su candidato Obiols como *Un hombre claro*, para más adelante proponer que *Todos ganaremos* o también *Para que todos ganemos*. El PSUC cedía el personalismo del candidatio a unos mensajes concretos sobre los distintos problemas: *Trabajando para que todos trabajen, Trabajar por otra Cataluña, En paz sin bloques ni OTAN, Con más autonomía y solidaridad...* ERC, por su parte, incidió en su posición anticentralista: *Contra todo centralismo y por la justicia, Para volar más alto vota ERC.*

Un puñado de mensajes pocos originales, en medio de una campaña de tono medio, fueron los de Coalición Popular, que se sirvió del facilón paralelismo del apellido del candidato Eduardo Bueno y el concepto de la bondad: *Somos el voto Bueno para Cataluña, Ahora ya saben lo que es Bueno* (con pretencioso personalismo, por ejemplo, en un cartel con la leyenda *Somos la respuesta,* estando rodeado por Ronald Reagan, Thatcher, Fraga, etc). Bajo la autoridad de Jorge Martorell, director técnico de la campaña, se seleccionaron las agencias Interalas y Clarín, y ésta sería descabalgada pese a tener mejor concepción creativa que aquélla[62].

La efectiva originalidad, por último, recayó también en la campaña de CiU patrocinando una *acción directa* —entonces novedosa— de pasear una carpa de circo por todo el territorio como foro propagandístico: proyección de vídeos, música y apenas discursos. Además, la coalición nacionalista puso en juego las operaciones *teléfono a teléfono* y *puerta a puerta*, así como un masivo *mailing* con una carta personalizada de Pujol que barrieron las dudas electorales y forzaron al voto útil[63].

El privilegio de la televisión, con las emisiones iniciales de TV-3 en catalán, se dejó sentir de manera contundente antes y después de su legalización el 7 de abril. Inclinada subrepticiamente hacia CiU fue, sin embargo, el contrapunto de la RTVE gestionada por José María Calviño y, durante el estricto período de campaña, planteó la competencia en el tratamiento informativo.

---

[62] Joaquín Lorente, que con tanta profesionalidad y fortuna dirigió la campaña de CiU (una campaña seria y exenta de insultos, con claridad en el mensaje y los símbolos) se refirió en una conferencia dada en Barcelona a los pocos días de la votación a la campaña de Coalición Popular: "Fue un error tremendo lo de *Bueno para Cataluña;* fue una ingenuidad de publicitario inmaduro".

[63] El *mailing* electoral lo hicieron casi todo los partidos comparecientes y se calcula, en este sentido, que los envíos fueron de casi veinte millones de cartas que no llegaron a destino en un alto porcentaje.

A petición de catorce intelectuales, RTVE quiso organizar ·un debate entre los dos principales candidatos (Pujol y Obiols) el 24 de abril, pero finalmente no hubo oportunidad de celebrarlo porque el Presidente Pujol declinó el ofrecimiento. El monólogo de Pujol, muchas veces interponiendo portavoces intermediarios, se alzaba de tal manera por encima de los demás candidatos —como también adelantaron las encuestas— que la campaña para él fue un mero trámite. Volaba como un pájaro de altura.

El 29 de abril de 1984 fue un día de mansa lluvia y casi tres millones de ciudadanos pasaron por las urnas, quienes en su mayor parte prefirieron votar a los de casa, a la formación de Jordi Pujol, que obtendría sin paliativos la mayoría absoluta, haciendo inviable la posibilidad de un pacto de CiU y Coalición Popular. Cuando Manuel Fraga recibió, ya entrada la noche, los datos de la contundente victoria de Pujol y los 11 escaños de CP en el curso de una cena popular en Parla (Madrid), no pudo por menos, con un rictus de tristeza, que valorarlos como malos o inferiores a las apetecidas aspiraciones. Porque no se jugaba a una mayor o menor presencia de diputados, sino a parar el proyecto de la *Operación Roca*, que lejos de deterse desde entonces redobló sus impulsos.

RESULTADOS ELECTORALES AL PARLAMENTO CATALÁN

Electores:	4.521.300	
Votantes:	2.892.998	(63,99%)
Abstenciones:	1.628.302	(36,01%)

Provincia	CiU		PSC-PSOE		AP-PDP-UL		PSUC		ERC	
	Votos	Esc.	Votos	Esc.	Votos	Esc.	Votos	Esc.	Votos	Esc.
Barcelona	958.350	41	712.278	29	166.905	7	134.777	5	90.255	3
Tarragona	118.414	10	65.513	5	25.182	2	13.087	1	11.363	
Lérida	102.839	11	35.506	2	15.751	1	4.964		10.171	1
Gerona	147.208	11	52.991	4	13.807	1	7.810		15.175	1
TOTALES	1.347.037	73	866.288	40	221.645	11	160.638	6	126.96	5

Fuente: Junta Electoral Central.

Los candidatos electos de Coalición Popular por las cuatro provincias catalanas fueron.

Barcelona: Eduardo Bueno Ferrer, Jorge Fernández Díaz, Doménec Romera Alcázar, Juan José Folchi Bonafonte, Simón Pujol Folcrá, José María Santacreu Marginet y Javier Garriga Jové.
Tarragona: Jorge Peris Mussó[64] y Emilio Casals Parral.
Lérida: Víctor Manuel Colomé Farré.
Gerona: Jaime Veray Batlle.

---

[64] Fallecido en accidente de automóvil en la autopista Barcelona-Tarragona fue sustituido por José Curto Casado.

EVOLUCIÓN DEL VOTO EN CATALUÑA (1977-1984)

Partido	Legislativas 1977 Votos %	Legislativas 1979 Votos %	Municipales 1979 Votos %	Autonómicas 1980 Votos %	Legislativas 1982 Votos %	Municipales 1983 Votos %	Autonómicas 1984 Votos %
CiU	522.060 (16,8%)	484.073 (16,1%)	498.530 (18,6%)	754.448 (27,6%)	772.673 (22,2%)	534.491 (23,1%)	1.347.037 (47%)
PSC	880.539 (28,4%)	876.918 (29,2%)	712.288 (26,6%)	608.689 (22,3%)	1.575.260 (45,2%)	967.631 (41,9%)	866.288 (30,3%)
PSUC	564.574 (18,2%)	513.243 (17,0%)	539.875 (20,2%)	509.014 (18,6%)	158.536 (4,6%)	311.661 (13,5%)	160.638 (5,6%)
ERC	141.959 (4,5%)	123.428 (4,1%)	102.203 (3,8%)	241.711 (8,8%)	138.219 (4,0%)	61.031 (2,6%)	126.964 (4,4%)
AP	108.677 (3,5%)	107.796 (3,6%)	35.422 (1,3%)	64.119 (2,3%)	503.413 (14,6%)	203.875 (8,8%)	221.645 (7,7%)
UCD-CC	521.419 (16,8%)	571.535 (19,0%)	356.931 (13,3%)	287.610 (10,5)	70.230 (2,0%)		

DISTRIBUCIÓN DE ESCAÑOS EN LAS ELECCIONES AUTONÓMICAS DE 1980 Y 1984

Partido	1980	1984	Diferencia
CP		11	+11
CC-UCD	18		−18
CiU	43	72	+29
ERC	14	5	−9
PSC	33	41	+8
PSUC	25	6	−19
PSA	2		−2
	135	135	

PÉRDIDAS Y GANANCIAS DE LOS PARTIDOS ENTRE LAS ELECCIONES GENERALES DE 1982 Y LA AUTONÓMICAS DE 1984

Partido	Barcelona	Gerona	Lérida	Tarragona	TOTAL
CiU	+420.315	+54.160	+45.739	+58.748	+578.962
PSC-PSOE	−566.614	−37.347	−36.143	−54.724	−694.828
AP	−215.790	−21.086	−12.658	−25.778	−275.312
UCD	−39.809	−6.027	−11.469	−12.677	−69.982
ERC	−9.165	+295	−1.590	−136	−10.596
CDS	−49.368	−5.328	−6.265	−6.994	−67.955
PSUC	+7.612	−498	−544	−338	+6.232

Con una abstención ligeramente inferior a la registrada en 1980, de un 36,01 por ciento frente a la del 38,8, los resultados de estas segundas elecciones autonómicas de Cataluña lo primero que demostraron fue la normalidad institucional. Es decir, permitían la continuidad parlamentaria de un Estatuto no interrumpido, a diferencia de la supensión que se vivió en octubre de 1934. La abstención electoral, por lo tanto, era una tasa más próxima a la de Galicia o Canarias, pero quizás porque las elecciones no encerraban dramatismo alguno y se inscribían en la rutinaria normalidad.

Convergencia i Unió fue la coalición vencedora con el 47 por ciento de los sufragios por mayoría absoluta, habiendo batido a todos los demás partidos en todas las comarcas excepto en el Bajo Llobregat, donde ganaron los socialistas. CiU ganó en estas elecciones cerca de 600.000 votos, trasvasados de todas las procedencias: mayor participación; voto sedicente de la antigua UCD; voto de la izquierda, y un contigente también de las fuerzas nacionalistas radicales. La hegemonía era tal que con sus 72 diputados dominaría el Parlamento contundentemente, a diferencia de la precariedad registrada en la legislatura anterior.

Segunda fuerza política seguía siéndola el PSC-PSOE, que si bien aumentó casi ocho puntos porcentuales —y ocho escaños más— que en las elecciones autonómicas de 1980, perdía 694.828 votos (quince puntos) respecto de las generales de 1982. La presencia socialista era robusta en las comarcas industriales, en el litoral barcelonés y tarragonés, viéndose aumentada casi en todas las comarcas con relación a las autonómicas precedentes. Estos aumentos, según la estadística de trasvases, procedían eminentemente de la masa de votos comunistas en la búsqueda de un refugio moderado y de izquierda.

Coalición Popular, en la continuación de Alianza Popular, conseguía por vez primera representación en el Parlamento de Cataluña (11 escaños), pero no igualaba la implantación que tuviera UCD en 1980 (18 escaños). Era la tercera fuerza política catalana, con el 7,7 por ciento de los sufragios; sin embargo, estas elecciones supusieron un fracaso porque perdió el 40 por ciento de su electorado (275.312 votos menos) que los obtenidos en las generales de octubre de 1982. Las pérdidas fueron homogéneas en las cuatro provincias, siendo proporcionalmente Tarragona (comarcas del Ebro) y Lérida (valle de Arán) donde se tuvo mayor aceptación. La oferta electoral popular fue recibida, en general, mejor en las grandes ciudades que en la zona rural, y de manera inversamente proporcional allí donde CiU tenía sus feudos nacionalistas. Al no haber podido atraer todo el voto centrista de 1980, con trasvases al nacionalismo y a la abstención, Coalición Popular perdía cuota de representación catalana en favor de CiU, su competidor más próximo.

El cuarto puesto en la relación de partidos lo conservaba el PSUC, que aunque había perdido la implantación pujante del comienzo de la transición se estabilizaba casi con un seis por ciento en torno a las comarcas industrializadas de Barcelona y Tarragoná. La antigua clientela electóral del PSUC había sido absorbida por la socialdemocracia, y ese segmento social, eminentemente castellanoparlante, se sentía cómodo ahora.

El quinto partido con representación parlamentaria era Esquerra Republicana de Catalunya al haber obtenido el 4,4 por ciento de los votos (5 escaños, 9 menos que en 1980). Del mismo modo que lo ocurrido al PSUC respecto del PSC-PSOE, cabe apuntar otro tanto en cuanto a trasvase de votos con CiU. El voto desertor de ERC se fue en esta ocasión a la representanción del nacionalismo templado que encarnaba Pujol, si no a la coalición más radical de Entesa de l'Esquerra Catalana.

La prensa en su conjunto comentó la victoria de Pujol por mayoría absoluta como un acontecimiento sin igual, de suerte que el día 30 de abril, un día después de los comicios, *El País* decía:

"Jordi Pujol ha conseguido un resultado poco habitual en el escenario político europeo, donde la consecución de las mayorías absolutas de escaños y de un segmento por encima del 40 por ciento de los sufragios populares no suele estar al alcance de las fuerzas políticas que acuden a las urnas después de haber gobernado durante la anterior legislatura".

Los diarios *ABC* y *Ya* subrayaron indistintamente la derrota socialista y el aviso que recibía personalmente Felipe González. Es más, el rotativo de los Luca de Tena se paraba a comentar en términos comparativos la confrontación izquierda-derecha.

(ABC) "La realidad es que si se suman todos sus escaños, la izquierda reunirá unos cincuenta votos en el Parlamento autonómico. Quienes coinciden en la defensa de la libre iniciativa, la enseñanza libre y el compromiso pleno con Occidente sumarán más de 80 votos".

(Ya) "La progresión de los votos de centro-derecha, enfatizando en este caso el orden de los términos, conseguidos por CiU y la Coalición Popular, respecto a los obtenidos por PSC, ERC y PSUC, es de 27 puntos totales: el primer bloque sube 10 puntos y el segundo baja 17".

La Vanguardia, tras ponderar el dominio de Convergencia y Unión de los destinos de Cataluña dentro de los límites del Estatuto de autonomía, incidía con afilado bisturí en el secreto de los comicios:

"Ha sido un acierto del candidato Pujol basar su campaña electoral en las realizaciones de su Gobierno, mientras sus adversarios se entretenían en una dialéctica agresiva que llegaba, a veces, al ataque personal...".

Coalición Popular, ensimismada en sus conflictos

Las elecciones autonómicas catalanas de 1984 provocaron en el centro-derecha, dentro y fuera de Coalición Popular, la lucha por el poder más desordenada que cupiera entender. Las escaramuzas que se corrían no eran fundamento para un reparto de poder tangible, sino que se disputaban expectativas sobre un marco político multipardista que no era estable ni definitivo.

La evaluación de la campaña fue efectuada en los órganos colegiados de AP, Junta Directiva Nacional y Comité Ejecutivo, no en términos de derrota porque nunca se aspiró a vencer, sino como el examen de los errores y sus autores. Se inscribía entre las escaramuzas del convento por el priorato.

Fue convenido que ante la Junta Directiva del mismo lunes día 30 de abril, un día después de los comicios, informase el responsable del área electoral. Fraga siempre quiso, con buen sentido, que las reuniones de estudio postelectoral se verificasen al día siguiente incluso sobre datos provisionales, en evitación de la articulación de complots para la crítica. Respecto de esta reunión, el memorialista sugiere la disposición existente a la conspiración: "Los lobos anduvieron sueltos en la prensa de aquellos días..."[65].

---

[65] *En busca del tiempo servido*, pág. 350.

Pero Javier Carabias hizo una recapitulación serena y realista en términos de autocrítica, y de tal manera objetiva que la encerrona que los herreristas tenían preparada para arremeter contra el secretario general, así como sobre su presunto amigo entonces informante, quedó aplazada con el encargo de Fraga de que se hiciese un informe más extenso.

El villalbés guarda silencio sobre el encuentro que sostuvo con Herrero de Miñón, en el domicilio de aquél, justo en la misma mañana del día de la Junta Nacional. La reunión, por lo tanto, la refiere Herrero en sus memorias, en las que cuenta que el día 29 —el de los comicios— se enteró en el segoviano pueblo de Madriguera, apropiado lugar de reclusión, de los malos resultados aliancistas en Cataluña precisamente por una llamada de Fraga citándole a su casa al día siguiente. Puede asegurarse, como presunción sensata, que el líder aliancista quería pulsar la opinión de Herrero porque temiera una intervención de instigación a la sublevación en el citado órgano colegiado, y la entrevista a solas —según una convocatoria tan confidencial como privada— podría actuar de freno. Como fuere, el portavoz parlamentario popular relata el encuentro así[66]:

> "Quería saber mi opinión y se la di. El fracaso se debía a una mala estrategia política y electoral al servicio de una pésima candidatura, una y otra fruto de la mala gestión del partido. Me preguntó quiénes eran a mi juicio los responsables y le dije que el director de aquella campaña había sido Jorge Verstrynge y que su dimisión era la lógica consecuencia de su fracaso, pero que los males eran más profundos y exigían una renovación de la dirección de Alianza capaz, incluso puntualicé, de hacer posible sus propuestas de pocos meses atrás en Sigüenza. A instancia suya precisé que veía dos salidas. Una dramática, consistente en su dimisión, y otra, a mi entender más conveniente, de acuerdo con lo cual colegiase la dirección de la Coalición y de la propia Alianza en una comisión restringida de pares donde figurásemos tanto miembros del partido como de las fuerzas coaligadas y nuevas incorporaciones de talla. La Secretaría General sería un instrumento de mera ejecución de la política decidida por la cúpula, respecto de la cual él debía reducir paulatinamente sus intervenciones. Creo que hablé de poder moderador y me respondió que su vocación no era de reina madre. No volvimos a tener una conversación tan clara sobre aquellos temas hasta 1989".

Conocido el contenido de esta conversación años después, se explica el marco de desconfianza del villalbés hacia Herrero, muy precipitado en promover la sucesión de Fraga, a ser posible, en favor de su persona. Porque proponerle en su propia casa a Fraga, de resultas de un mal esperado resultado aliancista en Cataluña, como siempre, que cediese su liderazgo a otros en continuo proceso *transfuguista* era no conocer la ambición del autor de la *mayoría natural*. Por otra parte, la opinión que Fraga tenía de Herrero era la de un locoide muy pagado de sí mismo, capaz de toda traición.

Mientras Fraga visitaba la República Federal de Alemania durante una larga semana, una disgresión viajera muy oportuna para quitarse de en medio, se celebró el Comité Ejecutivo de AP el 7 de mayo, bajo la presidencia de Gerardo Fernández Albor. Rumores, noticias filtradas de forma interesada, conspiraciones de salón y un haz de nervios dieron el tono y la expectación a dicha reunión, si bien Albor había sido adiestrado esa misma mañana para que en ausencia de Fraga no pasase nada. Y casi nada pasó.

---

[66] *Memorias de estío*, pág. 331.

De nuevo Carabias, esta vez con complitud, presentó un contundente informe sobre las elecciones catalanas —que leyó en su mayor parte— en medio de un espeso silencio por cuanto era un informe autocrítico —antiorganización— que conjuraba y ponía contra las cuerdas al secretario general, sin aludirle ni faltarle. Fue un cañonazo hueco de metralla pero muy   explosivo.

Alfonso Osorio dedicó un elogio a Carabias, diciendo que si ese informe lo hubiese hecho en una multinacional estaría bajo el microscopio de las demás multinacionales por la capacidad crítica que encerraba. Apenas el informe suscitó discusión, salvo una atropellada intervención de Gabriel Camuñas, y Jorge Verstrynge se consideró traicionado y vendido, emprendiendo a partir de entonces una persecución a Carabias a base de propagar infundios[67]. A la vuelta de Alemania, Fraga restauró la paz formal con el simple ejercicio de no hacer nada, siguiendo el principio del santo de Azcoitia de que *en tiempo de turbación no hacer mudanza,* y desde ese momento la tormenta catalana amainó.

Entre tanto Eduardo Bueno había caído enfermo y, distraído por la política, los negocios empezaron a resentirse reclamando su mayor presencia al tiempo que estaba más ausente de AP, cuya presidencia regional catalana abandonó semanas después. Su contribución a la política de AP fue generosa en esfuerzo y, según aseguró al abandonar, esta comparecencia ante la ciudadanía le había costado personalmente cincuenta millones de pesetas. Vuelto al hogar y a los brazos de su encantadora esposa, de nombre Divina, su entrada y salida de la política apenas dejó huella en sitio alguno.

A lo largo del resto de 1984 menudearían, con intensidad y nada de fortuna, los proyectos de organizar a la derecha. Solía decirse que eran con sentido renovador y por la vía de la integración, siendo en realidad eufemísticos planes de sustituir a Fraga acelerando su sucesión.

El fracaso de Eduardo Bueno en las elecciones catalanas fortaleció el papel político de Jorge Fernández en la regional de AP, iniciando una etapa de consolidación y de aproximación al centro político.

Miguel Herrero se lamenta[68] de que fracasase en julio un proyecto de integración emprendido por el *ABC* con ocasión de dar un homenaje a Marcelino Oreja, porque no asistieron "las dos grandes esperanzas del momento: Fraga y Roca", en el curso de una convocatoria de cuantos se situaban a la derecha del socialismo. Pero lo sorprendente, por la vacua pretenciosidad del proyecto, es que el antedicho memorialista confiesa seguidamente que se situaba en el centro —como muñidor principal— de la llamada *Operación Cuevas,* planteada en el otoño del mismo año. Consistía ésta en crear un directorio que integrase como presidente a Fraga y formado, al parecer en un escalón inferior, por Miguel Roca, Óscar Alzaga y el mismo Herrero, que asumiría además la Secretaría General de Alianza. Conectado a este proyecto figuraba el denominado *Informe Cortina*[69], según el cual se reorganizaba la oficina de AP

[67] Los hombres de Verstrynge acusaron a Carabias de estar en la nómina de la empresa petrolera Petromed, de la que Alfonso Osorio era consejero de administración.

[68] *Memorías de estío*, pág. 332.

[69] Las informaciones de prensa atribuyeron por esos días el origen de este informe en la iniciativa de Alfredo Molinas, presidente de Fomento del Trabajo, la patronal catalana que tuvo vinculaciones con los hermanos Cortina a través de Manuel Milián Mestre.

que apoyase y facilitase "hacer un partido dispuesto a ilusionar al electorado español en el ochenta y seis".

Revela Herrero que el proyecto lo remitió por escrito el dirigente empresarial a los concernidos sin haber sondeado el terreno, por lo que Fraga, Alzaga y Roca lo sabotearon a través de la prensa por motivos diferentes. La existencia de la carta, de fecha 3 de diciembre, lunes, era tan verdad que Ricardo de la Cierva publicó un artículo titulado "Mar de fondo: la carta del día 3", en el que tras dar certeza de la misma contaba que pidió permiso a Fraga para publicarla, a lo que le contestó el villalbés que "la publicación era incompatible con mi permanencia en los órganos directivos de Alianza Popular..."[70].

Ciertamente, los *incondicionales fraguistas* Juan Arespacochaga, José María Ruiz Gallardón, Manuel Jiménez Quílez y Antonio Navarro Velasco se reunieron con Fraga a cenar el 12 de diciembre (Fraga dice que fue en casa de Arespacochaga, en tanto que Herrero sitúa el encuentro en casa de Antonio Navarro), en el curso de la cual le propusieron la sustitución de Verstrynge por Herrero al frente de la Secretaría General de AP. La disparidad de versiones —por parte de Fraga usando la *restricción mental* jesuítica— es tal que el villalbés sólo dice: "Fuerte ofensiva en contra de Jorge Verstrynge, cuya cabeza salvo por segunda vez"[71]; mientras que Herrero explica que el presidente de AP descartó la propuesta, "al parecer muy afectado, alegando mi mala salud física y mental"[72].

Inicialmente las relaciones del nuevo *patrón de patrones* José María Cuevas con Manuel Fraga no eran todo lo fluidas y francas como lo habían sido con su predecesor. El relevo de Ferrer Salat por éste castellano viejo de adopción[73] representó, en todo caso, la puesta en práctica de que la Confederación empresarial iba a participar en política como fiduciaria del sector privado que subvencionaba a los partidos políticos. De hecho, lo había venido haciendo con notable efectividad desde las elecciones autonómicas gallegas de 1981 hasta contribuir a la desaparición de UCD, y ahora no iba a ser menos a fin de llevar a la práctica el aserto popular de "quien paga, manda".

Ferrer Salat, fundador y primer presidente de la Confederación Española de Organizaciones Empresariales, estuvo dudando varios meses anteriores a su cese en la patronal si dedicarse a la política activa ingresando en AP por una claraboya de la cúpula y sentarse junto a Manuel Fraga, de quien sería designado delfín[74]. El villalbés sentía agradecimiento al barcelonés Ferrer, ingeniero y economista, por la fuerte apuesta que hizo en favor de la *mayoría natural* y la mejor forma de corresponder era ésta: tenerle a su lado prestigiando a AP y el espíritu de integración del centro-derecha. Pero la cuestión era cómo se le integraba. El fluido de confianza

---

[70] Diario *Ya*, 21 de diciembre de 1984.

[71] *En busca del tiempo servido*, pág. 372.

[72] *Memorias de estío*, pág. 333. Añade el memorialista que la escena de Fraga fue tan convincente, explicando que Herrero estaba enfermo, que Arespacochaga y Ruiz Gallardón fueron a verle a su casa a condolerse de tan mal estado de salud. Asimismo afirma que poco después la presidencia de Alianza, es decir, Fraga, filtró el rumor de una encuesta en la que resultaba Herrero carente de atractivo popular.

[73] El relevo se produjo formalmente el 8 de febrero de 1984, aunque de hecho fue en mayo . Cuevas, aunque madrileño de nacimiento, se consideraba palentino de Barruelo y segoviano de Riaza por ser aquí donde posee su segunda residencia.

[74] A lo largo de varios meses Ferrer Salat estuvo reuniendo información sobre AP organización, demandando datos —hasta la saciedad— al secretario general y otros responsables de la sede central aliancista de forma persistente y, a veces, impertinente. De otra parte, en Génova, 13, se tenía preparado un despacho *ad hoc* para el dirigente empresarial.

entre ambos era recíproco y fue explícito una vez, a mediados de junio, cuando el industrial farmacéutico espetó a bocajarro: "¿Por qué te fías de mí?". Fraga responde en sus memorias[75], donde recoge la anécdota, con estas palabras: "La verdad es que es uno de los que no han defraudado la confianza, pronto a darse".

En el mes de mayo de 1984 se preparó, pues, el *aterrizaje* de Ferrer en la organización fraguista, para lo cual Miguel Herrero y el mismo Fraga habían avalado la ficha de ingreso, el primero con no pocas reticencias. Pero... el puesto a ocupar era lo peliagudo. Abel Matutes le ofreció su vicepresidencia de la Federación de partidos de AP, apoyado tímidamente en esta iniciativa por un Verstrynge *necesitado de nuevo amo*. Sin embargo, el cargo era de elección congresual según los Estatutos, por lo que sólo cabía que fuese nombrado *adjunto a la Presidencia*.

Ferrer Salat preparó concienzudamente su entrada en política; en este sentido, la conferencia que pronunció en el Club Siglo XXI el 17 de mayo, tan recientes las desmoralizantes elecciones catalanas para el centro-derecha estatal, tuvo ecos de acontecimiento. Toda la nómina política no socialista, así como la crema dirigente del empresariado, se dieron cita en derredor de Ferrer, quien no reveló qué haría por fin sobre su ingreso en la política activa. Eso sí, pendiente esa incógnita, premió a quien lo quería atraer junto a sí: "Yo no no voy a sustituir a Manuel Fraga. Rotundamente, no. Creo que Fraga es el líder indiscutible y, sin duda, puede ganar unas elecciones"[76].

No resuelto el acomodo de Ferrer en AP, a cuya conclusión se llegaría tras las fuertes dudas de Osorio y Herrero, a finales de mayo se pospuso la decisión a tomar hasta después del verano, lo cual significaba de hecho la renuncia. El ex líder empresarial, pues, retornó a sus empresas, fundaciones y a la presidencia del Instituto de Estudios Económicos en Barcelona.

Para Fraga, contar con Ferrer Salat a su lado hubiese supuesto de hecho una cuña de la misma madera ante el nuevo equipo dirigente de la CEOE, muy interesado en intervenir. De suerte que, como ya ha quedado dicho, las iniciativas de integración del centro-derecha antes vistas procedían del *lobby* empresarial de la calle de Diego de León. Antes que eso, sin embargo, Fraga anhelaba —al menos *in mente*— un colaborador catalán de la importancia que tuvo Francisco Cambó o Prat de la Riba en los gobiernos de Maura, que atenuara el centralismo de Madrid al tiempo que frenaban el centrifuguismo catalán.

Los *fichajes* de ex dirigentes de UCD fueron motivo de disputa soterrada en la coalición tripartita (Marcelino Oreja, Rodolfo Martín Villa, Pío Cabanillas, Leopoldo Calvo-Sotelo, Luis Ortiz y otros), pero las condiciones previas o los prejuicios de los pretendientes operaban como ventajas o inconvenientes a la hora de la incorporación en las ramas conservadora, democristiana o liberal. Una de las grandes sorpresas fue la incorporación de Marcelino Oreja a Alianza Popular (suscribió ficha y le fue preparado un despacho que nunca ocupó) y, de signo opuesto, no menos escándalo produjo que Martín Villa ingresase en el democristiano PDP, él que tanto había combatido desde el sector del ex Movimiento a los vaticanistas. Claro que, a la vista de las discrepancias con Fraga y después de haber militado en UCD, el político leonés describió acertadamente que si hubiese ingresado en Coalición Popular por AP en vez del por el PDP,

---

[75] *En busca del tiempo servido,* pág. 355.
[76] Véase *ABC* del 18 de mayo de 1984.

una rama desgajada del partido en el que militó, era como "enviudar y pasar a continuación a casarte con tu suegra"[77].

Sin embargo, no es aventurado subrayar que la ofensiva fraguista de asimilación —por fusión o absorción— de sus socios del PDP remitió cuando Helmut Khol recibió a Fraga el 17 de mayo en Madrid, en la que le dio una negativa firme para que dejase de ayudar a sus correligionarios españoles. El clima de hostilidades, pues, se relajó mucho desde entonces.

Una nueva oportunidad de integración en Coalición Popular se produjo en julio, que vino propuesta esta vez por los dirigentes democristianos del PDP en el País Vasco. Precisamente en esta región, desde los tiempos de UCD, la competitividad partidista se dejaba a un lado y se presentaban candidaturas conjuntas porque no concentrar esfuerzo en aquel medio hostil era absurdo. Pues bien, el Comité de Coordinación de Coalición Popular, conforme a uno de los acuerdos de la reunión de Sigüenza de ir rotando encuentros regionales, celebró reunión en San Sebastián los días 2 y 3 de julio en las instalaciones hoteleras de Monte Igueldo.

Según Juan Ramón Calero, que acompañaba a Fraga[78], fue Mayor Oreja el que planteó la necesidad de que en el País Vasco no hubiera tres partidos, con sus correspondientes sedes y fichas diferenciadas, sino que era recomendable la fusión de los órganos partidistas en Coalición Popular. Recibida con incontenida alegría por Fraga, fue apoyada también por Julen Guimón, secretario general del PDP, y por los liberales Pedro Schwartz y Antonio Fontán[79], pero Óscar Alzaga se opuso en redondo, diciendo el villabés de él: "... su insolidaridad fue manifiesta hasta el punto de hacerle feos y desprecios públicos al propio Jaime Mayor, partidario de una mayor compenetración".

El repertorio de agravios cruzados entre aliancistas y democristianos era amplio y, salvo que extraigamos como categoría la desconfianza recíproca y constante, el resto de cuitas fueron en gran parte anecdóticas[80]. Desconfianza que tenía, de un lado, el fundamento de la voracidad de Fraga por someter a los democristianos como súbditos, y, del otro, la resistencia de éstos a perder su personalidad bajo el vasallaje de un franquista represor. En los respectivos partidos, en AP y en el PDP, existían corrientes de opinión repartiéndose las fobias y las filias, según una política de gestos que tenían que templar tanto Alzaga como Fraga[81].

En realidad se contraponían dos modelos distintos de partido, el uno de cuadros y el otro de masas, cuyos rendimientos en las listas electorales eran por fuerza desiguales en beneficio

---

[77] Fernando Jáuregui (*La derecha después de Fraga*, pág. 149) sostiene que Martín Villa, de la mano de su amigo *seuista* José María Cuevas, pretendía organizar su regreso político con vistas a disputar la presidencia del gobierno de Castilla y León en las elecciones autonómicas de 1987, y el PDP era la mejor vía.

[78] *La construcción de la derecha española*, pág. 282.

[79] En la versión de este hecho relatada por Fraga (*En busca...*, pág. 358) se entiende que Antonio Fontán también apoyaba la propuesta. En cambio, Calero (*op. cit.*, pág. 282) dice que Antonio Fontán estuvo alineado con Alzaga para negarse rotundamente a la pretendida fusión.

[80] El desmontaje de la estatua ecuestre de Franco en la plaza del Caudillo en Valencia, a la que se oponían los ediles de AP; la sustitución del nombre de la calle madrileña dedicada al dictador de Paraguay, general Stroessner; la política autonómica, máxime con las autonomías uniprovinciales de Segovia y León, desmedidas e inoportunas ambas; el protagonismo parlamentario, etc., constituían los agravios más significativos reseñables.

[81] Expresión de estos antagonismos era el sentido opuesto con que interpretaban la actualidad en artículos periodísticos, a veces con tratamiento excluyente y sectario, los historiadores —ambos catedráticos— Ricardo de la Cierva, por parte de AP, y Javier Tusell, por parte del PDP.

del elitismo, mientras que las aportaciones eran también, por consecuencia, desiguales. El mantenimiento del equilibrio idóneo, en un sistema democrático populista en el que la asimetría del voto *culto* y el voto *analfabeto* apenas ponderaba, era un quehacer siempre conflictivo que únicamente se resolvía con generosidad bilateral nunca matemática.

Resultado de lo anterior, en la comunidad autónoma de Cantabria se registraron al menos tres crisis de Gobierno. La causa profunda no era en modo alguno las diferencias ideológicas, sino el reparto de poder en medio de un haz de rencillas personales. La destitución de un consejero aliancista (el de Obras Públicas, Francisco Ignacio de Cáceres) por el presidente democristiano José Antonio Rodríguez fue el comienzo de una batalla que duró varios meses, con una crisis permanentemente abierta. La pacificación, sobre la base de corregir actuaciones erróneas en una región muy puntillosa, resultó ardua y casi desbordó los pactos de Coalición Popular.

Diversos autores, cuales Dávila/Herrero y Fernando Jáuregui, concretan el marco de divergencias, muy poco sustanciales, excepción hecha de la liturgia. En efecto, si AP avanzaba hacia el centro —como la ponencia política de Herrero— el PDP se incomodaba en la búsqueda de signos de diferenciación. De contrario, el tono duro y corrosivo de Fraga en los grandes debates con relación, por ejemplo, a temas de orden público recibía la global descalificación parlamentaria entre los democristianos. Durante el período a que se constriñe el presente capítulo, fue motivo de serios disgustos entre socios de la coalición el absentismo de muchos diputados (siendo los democristianos los que más faltaban a los plenos del Congreso), así como la designación de ponentes sobre las distintas iniciativas parlamentarias[82]. Pero, por encima de todo, lo que más acusaba el villalbés eran las filtraciones de sus *socios* a los periodistas, que sembraban de dudas su lidezgo.

La entrevista González-Fraga o la *escena del sofá*

La entrevista González-Fraga del 3 de octubre, motejada periodísticamente como la primera *escena del sofá,* estuvo propiciada por el Presidente del Congreso de los Diputados, Gregorio Peces-Barba, para romper un peligroso proceso de incomunicación, de distanciamiento, a raíz del asunto Matesa agravado por otros desencuentros o faltas de colaboración. Y es que 1984 puede considerarse el año de los recursos previos de inconstitucionalidad, por cuanto que por este procedimiento hubo cuatro leyes orgánicas (de las 23 debatidas en las Cortes) que fueron objeto de impugnación dilatoria ante el más alto tribunal por los *populares*[83]. Consistía este recurso en que si lo solicitaban 50 diputados o senadores ante el Tribunal Constitucional podían paralizar la aplicación de la ley de que se tratara hasta que resolviese dicho supremo órgano arbitral.

Verdaderamente, el abuso de los recursos previos de inconstitucionalidad, tal vez establecido para un uso excepcional en defensa de las minorías, interrumpía el legítimo curso legislativo de los socialistas, vencedores electorales por mayoría absoluta. Además de contribuir a

---

[82] Al margen de diferencias puntuales normales, el subgrupo democristiano de Coalición Popular en el Parlamento expresó sus divergencias de manera notable en las leyes sobre Presupuestos del Estado, Función Pública y Libertad Sindical, en alguna ocasión como grave conflicto que tuvieron que resolver al máximo nivel. La causa matriz del principal conflicto vino producida cuando Miguel Herrero se opuso a que un diputado del PDP defendiese en el pleno una postura sobre la función pública diferente del sentido general del Grupo, lo cual provocó el abandono del hemiciclo de los diputados del PDP.

[83] Realmente en este año no se aprobó ley alguna por consenso, salvo la ley del consumo, y, eso sí, se iniciaron las conversaciones para elaborar la Ley Orgánica General Electoral.

la desconfianza mutua, se convertía con ello al Tribunal Constitucional en una tercera cámara política no querida por el constituyente. La labor obstruccionista de los *populares* se sublimó cuando llegaron a impugnar, incluso, la ley que suprimía el recurso previo de inconstitucionalidad. Pasados los años, Peces-Barba, antes constituyente que Presidente del Congreso, comentó certeramente aquella conducta:

> "Me pareció una falta total de respeto al Parlamento porque el proyecto era claramente constitucional y sólo se trataba de una acción dilatoria. En todo caso, pasado ese último trámite, desapareció del ordenamiento español una institución, la del recurso previo, que era frontalmente antiparlamentaria cuando concurría con el recurso normal de inconstitucionalidad de leyes entradas en vigor[84]".

Con ser cierto parcialmente lo señalado por Peces-Barba, la verdad es que los socialistas promovieron la supresión del recurso previo para no ser inquietados —para ser impunes— en la regulación y reforma del Consejo del Poder Judicial y del Tribunal Constitucional, que querían poner bajo su voluntad designando a sus miembros no desde la justicia sino desde la política.

La acritud de trato, pues, entre los líderes de los dos grandes partidos se dejaba notar en un ambiente de crispación sin salidas. La prepotencia socialista, representada con un rodillo de piedra que todo lo aplastaba a su paso, la expresaba también Felipe González no contestando a las cartas del jefe de la oposición. A este respecto, Fraga tenía mejor sentido del Estado. Empezando por su viaje a Israel en enero, se puso a disposición del Gobierno, y el Presidente le autorizó a decir a los israelitas que el reconocimiento diplomático era ya una realidad. Del mismo modo, el villalbés obró comunicando sus viajes y pidiendo instrucciones en su caso sobre las cuestiones de Estado candentes cuando a continuación fue a Rumania (en enero), a Alemania (en mayo), a Francia (en junio) y a Sudáfrica (en septiembre). Era de todas maneras injusta la situación de incomunicación porque Fraga, conforme conocían sus íntimos colaboradores, pagaba además con silencio —a la postre un silencio cómplice— ciertos desmanes en materia de lucha contraterrorista, que son anotados en su diario con el distanciamiento como si ocurriesen en otro país.

En todo caso, Felipe González y Manuel Fraga no sólo se zaherían: el uno negando al villalbés capacidad de alternativa de poder ,y el otro, a su vez, redarguyendo que *los socialistas sólo aciertan cuando rectifican*, sino que se daban la espalda teniendo ambos por delante un institucional camino común que recorrer para meter a España en Europa (el auténtico *via crucis* de la negociación para el ingreso en la CEE y la permanencia en la OTAN).

La recensión que el mismo Fraga hace de ese almuerzo abona la tesis razonable del necesario encuentro entre toda oposición y todo gobierno, dondequiera que sea, porque "... es igualmente cierto —dice el villalbés[85]— que su espíritu y realidad son más importantes que su exhibición".

La primera parte de la reunión, luego de aceptar el tutearse, la dedicaron a establecer el principio de los contactos y las reglas de juego. En este sentido se renunciaba a las descalificaciones globales, siendo estos encuentros el foro común y amplio para resolver los conflictos.

---

[84] *La democracia en España, experiencia y reflexiones,* Editorial Temas de Hoy, Madrid, 1996, pág. 293.
[85] M. Fraga, *op. cit.,* pág. 364.

El testimonio auténtico, a falta de otros en sentido opuesto de los demás comensales, lo proporciona Fraga en estos términos:

> "(Manifesté) que la oposición, por otra parte, no podía renunciar a su derecho y obligación de presentar una alternativa; esto supone una mínima participación de los medios públicos en los terrenos siguientes: medios de información y comunicación social; medios de investigación de la opinión pública (básicamente, el CIS); medios de seguimiento real de los trabajos de la Administración pública...".

Ya sólo referido a la respuestas, una vez hecho los planteamientos, Fraga declara que Felipe González estaba bien dispuesto en las ideas generales ("pero correoso en las puntualizaciones").

> "Quedamos —continúa el villalbés el relato— en seguir hablando de televisión; no hubo facilidades en el CIS, cuyas encuestas se nos mandaron selectivamente de tarde en tarde (con tarjeta del señor Guerra); lo único que empezó a funcionar fue el envío de un boletín de información confidencial, sobre todo exterior (con tarjeta del señor González)".

El relato no es sincrónico, pues mezcla lo que se habló con los resultados, y ello es explicable porque las memorias fueron escritas cuando ya se conocían los efectos; pero es muy revelador al señalar, sea por caso, cómo Guerra boicoteaba el envío de encuestas actuales. La pobreza de la reunión, no obstante, se explica elocuentemente en el siguiente tercer párrafo:

> "Pasamos a otros temas, de los que ahora se llaman "puntuales": ley electoral (manifestó que no había grandes cambios), Tribunal Constitucional (puso orejas de mercader), Senado (cuya revitalización no pareció interesarle), OTAN (donde todo fue ambigüedad), Poder Judicial (balones fuera) y Administración Local. Saqué la impresión de que habría que concentrarse, como lo hicimos, en temas concretos, uno a uno, empezando por la televisión".

El encuentro-almuerzo fue para González en su primer bienio de ejercicio del poder una exploración del terreno de cara al debate sobre el *estado de la Nación,* a fin de calibrar —al tiempo que atemperar— la acometividad de su oponente, máxime en torno al referéndum de la OTAN.

Sí es criticable que González no fuese más explícito con Fraga sobre el tema OTAN, dejando para el mismo debate del *estado de la Nación* la propuesta de consenso basada en un decálogo sobre seguridad —en modo alguno *numerus clausus*—, como si fuese un problema de todos y no, como así era, de la exclusiva responsabilidad del socialismo. Era una sutil trampa esta vuelta al consenso, pero Fraga, molestamente advertido por esta jugada, eludió una respuesta.

Si la anécdota también hace historia, importa decir que el dirigente de AP, durante el choque dialéctico del debate de la Nación, se refirió al discurso de Felipe González de "abundante en palabras, sembradas de buenas intenciones y generoso en promesas"; y añadió que "el veranear lejos del pueblo de uno propende a crear un mundo irreal" y pretenden que "nos sintamos como *Alicia en el País de las Maravillas"* (el Presidente del Gobierno había pasado sus vacaciones veraniegas en el Caribe).

Muy molesto González por el discurso de su adversario, "catastrofista" y "escasamente constructivo", descendió también al barro y replicó la puntada viajera diciendo que Fraga había viajado a Suráfrica, un país con régimen racista. Este encontronazo, sin embargo, los recluyó a cada uno en su rincón.

La LODE o la guerra de la escuela

De los distintos temas que marcaban la diferencia entre el Gobierno socialista y la oposición, el de la reforma de la escuela tuvo el mayor encono durante 1984 como trasunto de la interpretación dispar que el asunto tiene en la Constitución.

El sistema educativo es un medio seguro para la transformación social y por esto mismo los movimientos ideológicos no han considerado la educación como algo neutral. Todo lo contrario, llevados por el deber de proselitismo —en primer lugar la Iglesia católica— han pugnado por dominar ese sector. Los partidos de izquierda, que antes que declarar la educación una libertad la consideran un servicio público, extremaban su misión y aplicaban al Estado una discriminación positiva, proclamando el igualitarismo en vez de la igualdad de oportunidades, más empeñados en reprimir la ventajas de la educación privada (de la Iglesia, por su experiencia sobre todo) que en expandir y mejorar la actuación del Estado.

El resultado de esta notable divergencia fue la *guerra en la escuela*.

La Ley Orgánica del Estatuto de Centros Escolares (LOECE) fue tramitada sin graves obstáculos durante los gobiernos de UCD. Basaba su espina dorsal en la libertad de enseñanza y de centros públicos y privados y, entre éstos, con ideario homogéneo (religioso o laico). Una sentencia del Tribunal Constitucional de 13 de febrero de 1981 defendió dicha libertad.

El socialismo, aunque acató la sentencia, quería estirar su interpretación al hecho de que respetaba la autonomía ideológica de los centros autofinanciados plenamente por ellos, pero en los financiados por el Estado —los centros concertados— querían los socialistas una participación en la dirección y organización de los mismos. Así, en la postura rígida de evitar la imagen de las dos Españas, impedían a la Iglesia progresar en el sector y ser más competitivo —por calidad como enseñante— que el Estado. Por lo demás, el modo de autogestión escolar del PSOE, que alcanzaba hasta el nombramiento del director del centro, era la segura forma de depauperar el sistema so pretexto de involucrar a los padres.

A lo largo de la tramitación de la LODE, desde 1983, Gobierno y oposición estuvieron a la greña, según una confrontación dialéctica larga y dura, habiendo tenido en esta lucha destacada y brillante intervención el que fuera Ministro de Educación de UCD y hoy diputado del PDP José Manuel Otero Novás, que sostuvo el peso de la portavocía por parte del Grupo Popular. Cuenta en su libro de testimonios políticos personales[86] que la cerrazón y sectarismo de los socialistas en la discusión de la LODE fueron tales, sólo permitiendo que se discutiese la ley por bloques, que se produjo una anécdota muy elocuente. Los diputados del Grupo Popular repitieron, en algunos casos y como cebo, enmiendas defendidas por los propios socialistas en la Ley de Reforma Universitaria, y sin percatarse de ello los socialistas las rechazaban como propuestas reaccionarias.

---

[86] *Nuestra democracia puede morir*, pág. 131.

Parece aceptado que las actuaciones políticas en defensa del sector educativo eclesial fueron más activas que las de la propia Iglesia, acaso aquéllas se hacían a la luz pública mientras que éstas, las de la Conferencia Episcopal, se llevaban a cabo en las relaciones *vis a vis* con Alfonso Guerra. De tal reproche se hace eco Abel Hernández cuando señala que "desde los sectores más conservadores se acusó por entonces a la Conferencia Episcopal de mantener un *diálogo domesticante* con los socialistas, mientras desde la izquierda se la acusaba de mantener un *diálogo interesado* para salvar la subvención estatal de 11.051 millones de pesetas (en los presupuestos de 1984)[87]".

El clima de lucha en torno a la escuela, presente con igual intensidad y desgarramiento en Francia, no beneficiaba a ninguna de las partes. Por eso se hacía urgente el pacto escolar, a lo que se negó el socialismo. Ante esta situación la única alternativa residió en obstaculizar su tramitación legislativa, razón por la que en el Senado se presentaron a la LODE 4.160 enmiendas.

Cuando se discutieron en la Cámara Alta, a lo largo de sesiones diurnas y nocturnas de cuatro días, todo el país se percató del problema y del escaso contrapeso que podía ejercerse al *rodillo socialista*, la mayoría absoluta del Congreso. El filibustero procedimiento parlamentario, aplicado sin eficacia pero con encomiable entusiasmo por el portavoz popular Juan de Arespacochaga[88] y demás senadores, dio paso a la protesta popular en la calle y al recurso previo de inconstitucionalidad.

El ejemplo francés de la manifestación multitudinaria del 24 de junio (de cerca de millón y medio de personas) en París contra la Ley Savary, nombre del Ministro de Educación, que acabó cesado en el Gobierno y su ley retirada, inspiró a Coalición Popular para apoyar una manifestación similar prevista para el 18 de noviembre en Madrid y convocada por la CONCAPA (Confederación Católica de Padres de Alumnos).

Fraga, al aceptar la invitación que en septiembre le hiciera Carmen Alvear, presidenta de la CONCAPA, ponía a disposición de la dirigente seglar católica todo el aparato aliancista[89]. De todas maneras, tal como rezaba la invitación, era una convocatoria a los ciudadanos padres de familia y enseñantes sobre la que se volcó AP. Inevitable la politización, tanto más por el tono impulsivo de Carmen Alvear, la jerarquía eclesiática dio un paso atrás: monseñores Elías Yanes y Fernando Sebastián, entre otros, ambos negociadores con el Gobierno. No así monseñor Suquía, que apoyó en todo momento la protesta. La actitud precavida y timorata del Episcopado, no obstante, se puso de manifiesto en la acomplejada manifestación, que reprodujo el *Ya,* del secretario de la Conferencia Episcopal, Fernando Sebastián: "Si la manifestación

---

[87] *El quinto poder,* pág. 222.

[88] En sus memorias (*Cartas a unos capitanes,* pág. 284) atiende a esta serie de debates directos y duros del Senado, que encontraron su mejor expresión en la discusión de la LODE. Para animar a los senadores, los líderes de Coalición Popular, sobre todo Fraga y Verstrynge, acudían al palacio de la plaza de la Marina para compartir algún rato durante las sesiones nocturnas.

[89] El área de Sectorial de AP se puso a disposición de CONCAPA y, a través de su responsable político, José López, así como del encargado de actos públicos Alfredo Navarro, la manifestación fue posible en términos multitudinarios bajo control. Es más, Carlos Robles Piquer, Alfredo Navarro y el sacerdote marista (de la Confederación Española de Centros de Enseñanza) fueron a París para entrevistarse con los organizadores del RPR (Rassemblement Pour la Republique) que montaron la manifestación masiva de junio. Una serie de consejos (que la organizase una asociación de padres, disponer de un sistema de seguridad propio, proclamar la defensa de la libertad de educación, etc.) fueron aplicados a rajatabla para la movilización y desarrollo del acto.

la convocan asociaciones católicas reconocidas como tales por la jerarquía de la Iglesia, no sería correcto ni conveniente que ninguna (alguna) organización política interviniese en su preparación o realización".

Los obispos españoles tenían sobre sus conciencias un sentimiento de culpa del pasado histórico, y para sacudírselo exacerbaban —llegando incluso hasta la indefensión— las palabras que el cardenal Tarancón pronunció en la iglesia de los Jerónimos en 1975 con ocasión de la coronación del Rey:

"La Iglesia no patrocina ninguna ideología política; y si alguien utiliza su nombre para cubrir sus banderías, está usurpándolo manifiestamente".

Si la causa que sustentaba la manifestación preocupaba al Gobierno socialista, tan empeñado en soslayar la crispación social, el hecho de que la derecha se echase a la calle —hasta entonces de dominio de la izquierda— era pieza de reflexión. El día antes, los medios de información de titularidad pública y los gubernamentales, como *El País,* intentaron a toda costa disuadir a los madrileños para que no acudiesen a la parada popular.

Bajo el título "Una provocación", el diario de Polanco, primer empresario español de libros de texto por la gracia socialista, descargó la víspera un editorial intimidatorio, rabioso y difamante —digno de ser olvidado— al dictado de las consignas del gobierno de don Felipe González.

Bajo una lluvia incesante, cientos de miles de madrileños[90], el domingo 18 de noviembre acudieron al eje de la manifestación en el paseo de la Castellana de Madrid, siendo la concentración humana más numerosa de las registradas hasta entonces en la capital de España. El inclemente clima, sin embargo, no retuvo a los manifestantes que provistos de paraguas daban el aspecto de un hormiguero multicolor. La megafonía coreaba esló-

Aspecto que ofrecía el paseo de la Castellana el 18 de noviembre de 1984 durante la manifestación contra la Ley de la Educación de los socialistas, con cerca de medio millón de personas en una mañana lluviosa. Aunque había sido convocada por la Confederación Católica de Asociaciones de Padres de Alumnos, la cúpula dirigente de AP formó un frente manifestante como se aprecia en la otra fotografía.

ganes y gritos, pero uno sintetizaba el propósito circunstancial de aquella mañana: "Duro es soportar la lluvia, pero más duro es la escuela única".

La cabecera de la manifestación la ocupaban Carmen Alvear y los demás dirigentes gremiales de la enseñanza. Muy distante de ese frente peatonal, los dirigentes políticos de

[90] Las estimaciones sobre asistentes, una vez más, fueron motivo de discrepancia: asistieron más de un millón de personas para los convocantes; casi cuatrocientos mil según la policía, y el Gobierno Civil —que manda en la policía— rebajó la cifra a 250.000.

Coalición Popular (Fraga, Alzaga, Fernández Albor, Verstrynge, Osorio, Álvarez del Manzano y otros) acudieron y se restaron protagonismo.

La lectura del manifiesto la hizo Carmen Alvear ofreciendo el pacto escolar en medio de una denuncia general del Ministerio de Educación, que sin esperar a que el Tribunal Constitucional dictase la sentencia sobre la LODE entablada por el Grupo Popular del Congreso, desarrollaba los reglamentos.

Se cumplió la paradoja de que el tono pacífico de la manifestación ganó la batalla, aunque el gobierno socialista no diese marcha atrás.

El día 22 de noviembre, martes, Felipe González y Fraga se reunieron de nuevo, en esta ocasión reservadamente, teniendo como telón de fondo en la conversación la OTAN y el convulso sector de la Educación. Fraga, al día siguiente, cumpliría sesenta y dos años.

Posteriormente, el Tribunal Constitucional interpretaría la LODE en términos de común aceptación, con una sentencia justa porque no contentaba a ninguna de las dos partes.

Capítulo 19

EL *RODILLO* SOCIALISTA O EL PODER SIN CONTROL

El *caso Flick*: la gran mentira

El corresponsal de *La Vanguardia* en Bonn, Valentín Popescu, tuvo la habilidad profesional de relanzar el 2 de noviembre de 1994 para España las declaraciones que el diputado federal germano Peter Struck había efectuado el 30 de octubre, en Hannover, a una asociación de juristas socialdemócratas[1]. La fuente informativa utilizada por el periodista español no era directa, sino que se basaba en lo publicado por el diario alemán *Frankfurter Rundschau*[2], pero lo importante no era la procedencia de la noticia sino lo que contenía.

La primicia noticiosa de segunda mano era una bomba: que el diputado socialdemócrata alemán señor Wischnewski había entregado en una maleta, directamente a Felipe González, una parte importante de los cuatro millones de marcos (230 millones de pesetas al cambio de entonces) que el grupo financiero Flick[3] (influyente consorcio industrial de armamento, fabricante del tanque Leopard-2) había pagado al Partido Socialdemócrata para que pudiera financiar la campaña electoral del partido hermano español (¿las legislativas de octubre de 1982?).

Ante la opinión pública española se desencadenaba, pues, la sospecha de que Felipe González, en el nombre del PSOE, fuese destinatario —a la vez que cómplice— de un cohecho en *dinero negro* perpetrado en Alemania, dentro del asunto de sobornos pagados por la casa Flick, aspirante también en España a suministrar a nuestro Ejército el antedicho carro de combate. Ante la gravedad de la acusación, de primeras el PSOE, en uso de su poderosa influencia en los medios, trató de montar un cortafuegos, pidiendo al diputado Struck que negase sus aseveraciones a *La Vanguardia*, cosa que hizo el 3 de noviembre diciendo que era un malentendido o una manipulación política del cronista español. Al día siguiente, Wischnewski, el hombre de la maleta, se sumó al coro de desmentidos. Por parte española, el secretario de Finanzas del PSOE, Emilio Alonso, utilizó el sarcasmo como negativa: "Nosostros (refiriéndose a Felipe González) no dejamos que se pringue de esta manera".

La delimitación de la actuación española, si los socialistas eran ingenuos beneficiacios o activos cómplices, consumió ríos de tinta en una polémica que prometía depuraciones de res-

---

[1] El caso Flick salió a la luz pública en Alemania en 1981 como un escándalo de soborno que afectaba a todos los partidos políticos desde 1975, razón por la que una comisión de investigación del Bundestag se venía ocupando del asunto en pos de la verdad. En el seno de dicha comisión el señor Struck, abogado y diputado nacional por la Baja Sajonia, era el portavoz del grupo socialdemócrata.

[2] El periodista autor de la información originaria era Eckart Spoo, quien se abstuvo de comparecer ante la comisión parlamentaria de investigación en el Congreso de los Diputados aunque para ello fue invitado a venir. Es más, a requerimiento del corresponsal en Alemania del periódico *El País,* José Comas, el señor Spoo se ratificó en lo que había publicado y negó que el diputado Struck hablase sobre el asunto de broma.

[3] La empresa fabricante de los carros de combate era la Kraus-Maffei, participada mayoritariamente en su capital por el consorcio Flick.

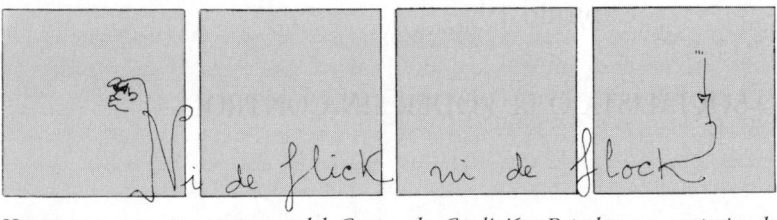

Verstrynge, que era portavoz del Grupo de Coalición Popular en materia de Defensa, se lanzó en el Congreso a denunciar al PSOE (como sujeto de corrupción en el caso Flik) de haber cobrado comisiones por la compra de tanques Leopard, sin tener pruebas para ello. La negativa de González ante tamaña acusación, sonó como un clamoroso chiste: "Ni de flick ni de flock".

ponsabilidad al más alto nivel y que acabó empapelada en una comisión parlamentaria de investigación. Porque todos los partidos, a excepción del Partido Comunista, habían recibido anónimas ayudas alemanas *en metálico* a través de fundaciones domésticas (comprometidas ideológicamente) transgrediendo la legislación española, según la cual no se autorizaban los donativos procedentes del extranjero para financiar a los partidos políticos[4].

Otra cosa muy distinta era la ayuda que supuestamente en especie —a través de cursos, seminarios, etc.— repartían las fundaciones alemanas a sus homólogas españolas. En este capítulo, la transición fue facilitada por la colaboración alemana —el oro del Rin— que, según el Ministerio de Cooperación Económica de la entonces RFA, se cifró en unos 3.000 millones de pesetas sólo entre 1980 y 1985, para financiar distintos proyectos de cooperación y de formación sociopolítica en España por medio de las fundaciones Friedrich Ebert (socialdemócrata), Konrad Adenauer (democristiana), Hanns Seidel (socialcristiana) y Friedrich Naumann (liberal). Es de suponer que en los años anteriores también hubiera aportaciones de este tipo a caño abierto, aunque no se conozca el detalle ni la distribución.

Era obligación de la oposición preguntar, y a ello se lanzó el diputado Jorge Verstrynge en su doble calidad de portavoz *popular* en la Comisión de Defensa del Congreso por lo que concernía a los tanques, de un lado, y de pescador en río revuelto tan necesitado como estaba de trofeos, del otro. Con autorización de Fraga y conocimiento del Comité Ejecutivo, el dirigente aliancista constituyó de primeras un pequeño gabinete de investigación y consulta sobre el *affaire*. Guiado por el instinto y parapetado en una carpeta con sólo recortes de prensa, Verstrynge quiso tumbar al Gobierno. El envite era arriesgado.

Envió a Francia, como primera providencia, al jefe de su Gabinete, Ricardo Fernández[5], para que un semanario cuyo director o subdirector era amigo publicase también un informe sobre la financiación irregular del PSOE, del cual, una vez hecho a la luz, Verstrynge se haría eco y lo utilizaría políticamente. Es más, pidió la colaboración de forma apremiante en la sede central de la Fundación Hanns Seidel, en Múnich, y en ambos casos no suministraron datos de interés. Antes al contrario, en la capital bávara estaban molestos con Verstrynge por su intento irresponsable de tirar de la manta sin haber consultado previamente con ellos[6]. Falto de mayo-

---

[4] El Real Decreto-Ley de 18 de marzo de 1977 sobre normas electorales, en ese momento en vigor, prohibía en su artículo 46 la aportación de cuotas o fondos provenientes de personas o entidades extranjeras.

[5] Testimonio al autor.

[6] Comentario al autor del doctor Rainer B. Gepperth, director del Instituto para el Encuentro y Cooperación Internacionales de la Fundación Hanns Seidel.

res asistencias, Verstrynge mandó alquilar un piso situado en el número 20 de la calle de Sagasta, cerca de la sede aliancista, donde estableció el centro de investigaciones y operaciones de tan disparatada iniciativa fuera de la disciplina parlamentaria y en el que trabajaba, además de sus colaboradores directos, un técnico dedicado al asunto[7].

La zarza en llamas, lejos de ser sofocada al inicio, fue alimentada con torpes desmentidos hasta convertirla en un incendio, con cuyas llamas se quería abrasar al mensajero. El Gobierno ordenó al fiscal general que investigase el caso entretanto *La Vanguardia* volvía a la carga reforzando su honestidad profesional, que corroboró *El País* publicando una entrevista con Struck en la que reconocía que en este asunto "pisó una mierda", si bien quitaba importancia a lo de la maleta entregada a Felipe González por ser una frase irónica, dijo como tramposa rectificación.

Acuciado por la oposición en demanda de información, que el fiscal general del Estado no podía acopiar en suelo germano[8], Felipe González entró en el asunto negando cualquier vinculación con modos destemplados: "Por esto jamás van a trincar al Presidente; jamás caeré en la tentación de quedarme con el dinero de nadie ni de hacer ninguna manipulación ilegal para favorecer a mi partido económicamente"[9].

Pero lo cierto era que ese mismo día, el 7 de noviembre, *El País* reproducía las declaraciones de Gunter Max Pfaegen (ex gerente del consorcio Flick) en el Bundestag en el sentido de dar por cierta la ayuda del consorcio Flick a la Fundación Ebert para financiar a la socialdemocracia española y portuguesa. El delegado en España de dicha exportadora de ideología socialdemócrata, Dieter Konieski, reconocería con más oficio que convicción que al principio sí hubo para el PSOE dinero en efectivo, pero luego sólo a través de fundaciones españolas, porque... "es mejor invertir en el PSOE que en bombas que caen sobre Guernica"[10], argüiría.

El Grupo Popular presentó cuatro preguntas al Presidente del Gobierno para que fuesen contestadas en la sesión de control del miércoles 14 de noviembre en el Congreso de los Diputados. Dos las formulaba Jorge Verstrynge y las dos restantes José María Ruiz Gallardón; mas la última de éste suscitó una fuerte controversia en la Junta de Portavoces porque preguntaba si el Gobierno consentiría una comisión de investigación sobre el *caso Flick* "de carácter paritario". Una vez que fue retirada la palabra paritario, que condicionaba de forma no reglamentaria la composición y acuerdos de dicha Comisión, se admitió a trámite.

Días antes de ser evacuadas las preguntas y pese a que Verstrynge insistía con manifiesta temeridad que AP no había recibido ni un duro del extranjero, la prensa aireó que en particu-

---

[7] Se trataba de Juan Carlos Ranero, que fue contratado *ex profeso* para el *caso Flick*.

[8] La Fiscalía General del Estado, no pudiendo investigar en la RFA, se limitó en España a reunir información sobre lo publicado en los periódicos, interrogando al respecto al director de *La Vanguardia* y a otros periodistas. Al final desistiría del empeño por falta de jurisdicción.

[9] Estas declaraciones de Felipe González fueron efectuadas en los pasillos del Congreso el 7 de noviembre, denotando irritación ante los periodistas y negando lo que nadie le imputaba: que el dinero hubiese ido a parar a sus bolsillos. Aunque fueron recogidas por todos los periódicos, insertas en la información parlamentaria del día, véase *El País*.

[10] Informaciones recogidas de varios periódicos; la referida a Dieter Konieski ha sido tomada del periódico *Liberación* (6 de noviembre), periódico de corta vida que promovió la izquierda a través de una cooperativa autogestionaria. Este personaje, alemán de origen polaco, por otra parte, recibió un homenaje el 11 de diciembre de 1984 en la Embajada alemana en Madrid con ocasión se serle impuesta la Orden del Mérito de la República; acto al que asistieron cuatro ministros del Gobierno español.

lar Alianza Popular, en 1977, había recibido de Strauss, por medio del cónsul honorario de la RFA en Málaga, Juan Hoffmann, al menos una entrega de 2.872.000 de pesetas conforme había publicado el semanario alemán *Der Spiegel* en 1980, amén de otras donaciones no documentadas durante el mismo período[11].

Tanto Fraga desde Granada como Hofmann desde Málaga confirmaron la información. El villalbés, a su vez, ante el ventilador que le esparcía basura a la cara, porfió en el desafío diciendo que iba a demostrar que era "el PSOE el que ha recibido más fondos y no sólo de Alemania, sino de las fuentes más extrañas: de Venezuela, de los sindicatos suecos y norteamericanos a través de UGT". Añadió el líder aliancista que en el *caso Flick* ya se sabía lo que iba a pasar: "Lo mismo que cuando se habló por primera vez de corrupción en determinados ayuntamientos, que se dijo desde el Gobierno: vamos a investigar los partidos, los periódicos y las radios"[12].

Mediando este no pequeño inconveniente, dentro de la técnica del "más eres tú" a que AP era sometida, Verstrynge rectificó sus primeras afirmaciones y trató de distinguir entre lo que había sido un donativo predemocrático en 1977, cuando él no tenía responsabilidades directoras en AP, y un posible cohecho importado de Alemania. Así, pues, la sesión de control al Gobierno se desenvolvió descargada de la ejemplaridad y autoridad iniciales, pero, aún así, dentro de la máxima expectación.

Felipe González, en respuesta a las preguntas, dijo rotunda y sucesivamente:

"(...) No he recibido nunca dinero del SPD y no me veré nunca obligado a rectificar esta afirmación.
(...) Si Struck ha hecho esas declaraciones, miente.
(...) He sido absolutamente claro: no he recibido ni un marco alemán, ni de Flick ni de "Flock" lo diré hoy, la semana que viene y dentro de tres años.

"Ni de Flick ni de Flock" era una afirmación terminante y chistosa entremezclada con el "nunca jamás", que hizo fortuna y actuó de telón de cierre. Pero, de todas maneras, ante la opinión pública se estaba creando un aura de gran mentira consentida por todos en medio de la crispación. Al término de la sesión de control, después del turno de preguntas, dicha crispación tuvo su representación espectacular en uno de los pasillos de la Cámara que desmentía la confabulación. El diputado socialista Guillermo Galeote fue al encuentro de Jorge Verstrynge en un pasillo para decirle a viva voz: "Eres un mentiroso, y voy a procurar que pases el resto de tu vida como el corrupto y nazi que eres"[13].

La Comisión de investigación, por lo demás, inició sus tareas en busca del maletín que nunca existió con toda celeridad bajo la presidencia del diputado socialista y vicepresidente de la Cámara, Leopoldo Torres, y con representantes de los demás grupos en el ejercio de voto

[11] El prestigioso semanario alemán publicó el reportaje con todo lujo de detalles y reproduciendo cartas y recibos, que había suministrado el desleal asesor de Strauss para asuntos internacionales Dieter J. Huber.
[12] Véase *ABC*, 10 de noviembre de 1984.
[13] El Presidente del Congreso, Gregorio Peces-Barba, acompañado de José María Ruiz Gallardón como hombre bueno, recibió al día siguiente (15 nov.) a los dos diputados para reconciliarles y hacer un pacto de silencio (véase *El País* del día siguiente). La historia juega atrevidas paradojas, como, por ejemplo, que el señor Galeote fuese años después procesado por delito electoral en función de financiación irregular al PSOE y, asimismo, que el injuriado como nazi y corrupto deviniese correligionario del injuriante dentro del PSOE.

ponderado. Por parte del Grupo Popular intervino José María Ruiz Gallardón, y por los demás grupos: Antonio Durán Lleida (Grupo Minoría Catalana), Luis Ortiz (Grupo Centrista), Marcos Vizcaya (Grupo Vasco) y Santiago Carrillo (Grupo Mixto).

Fueron llamados a comparecer todos los implicados en el escándalo, a excepción de Felipe González, y se personaron para declarar los diputados alemanes Wischewski, que antes de negar todo dio recuerdos a Fraga, a quien dijo conocer bien; y Struck, que acompañó su declaración con una colección de pipas que fumaba, una tras otra, según desmentía y matizaba declaraciones efectuadas en su tierra. El periodista que reveló el asunto, el atribulado mensajero del escándalo Valentín Popescu, ratificó sus informaciones y fuentes (sobre éstas podría no haberlo hecho bajo amparo constitucional). El ex gerente del consorcio Flick, Gunter Max Pfaegen, confirmó que en 1976, no en 1977, dio un millón de marcos a Alfred Nau, presidente de la Fundación Ebert, con destino a España y Portugal, pero que no fue directamente al PSOE, sino dedicado a labores clandestinas (porque durante el franquismo los donativos ilegales se consideraban patrióticos). Y el delegado en España de la Fundación Ebert, Dieter Koniecki, que había estado seis años en prisión en Checoslovaquia por "una falsa sospecha de espionaje", reveló en la Comisión muchas de sus actividades en ayuda de la izquierda española para compensar, dijo, el hecho de que España hubiera sido el campo de entrenamiento bélico de la II Guerra Mundial.

El día del debate sobre el caso Flick, *en los pasillos del Congreso Guillermo Galeote insultó al denunciante en medio de un gran escándalo que captaron los periodistas. A los pocos días el Presidente de la Cámara los reunió en su despacho para reconciliarles, momento al que corresponde esta imagen.*

En rigor, el trabajo baldío de la Comisión de investigación del *caso Flick* había que atribuirlo al pacto tácito que PSOE y Alianza Popular habían alcanzado durante los dos meses largos de funcionamiento de aquélla. Hasta llegar a esta aproximación..., ¿cabe interpretar que participó Strauss aconsejando a Alianza Popular que moderase su comportamiento parlamentario? El presidente de la Unión Social Cristiana de Baviera (CSU), Frank Josep Strauss, había comparecido en Alemania ante la Comisión Flick y reconocido como ciertos diversos donativos efectuados al CSU por el consorcio financiero investigado (rechazó que tales entregas comportasen, a cambio, exenciones tributarias)[14].

Posteriormente, en diciembre de 1984, la revista alemana *Der Spiegel* publicó un reportaje en el que se afirmaba que Strauss había calmado los ánimos de sus amigos de Alianza Popular y pedido que moderasen su oposición. Según el semanario antedicho, Strauss se *asustó* al enterarse de la campaña desplegada por Jorge Verstrynge para *desacreditar* a Felipe González y hacerle aparecer como *un vasallo de Flick.* Se temía que al socaire del escándalo el lucrativo

---

[14] La comparecencia de Strauss ante la comisión Flick del Bundestag fue el 15 de noviembre de 1984, un día después del turno de preguntas a que sobre el mismo tema, en España, fue sometido Felipe González. De ella se hicieron eco los periódicos españoles, siendo por lo tanto un factor más de confusión.

negocio de vender el Leopard-2 no sólo a España, sino a través de ella a otros países árabes, se arruinase de pronto malbaratando una fructífera cooperación triangular, de momento aplazada por seis meses[15].

Importa añadir, de otra parte, que Manuel Fraga realizó un fugaz viaje a Munich el 13 de febrero, cuando la Comisión española de investigación estaba a punto de cerrar sus trabajos, durante el cual tuvo una reunión a solas con Strauss que, aunque se dijo enmarcada entre los contactos habituales, se concertó para abordar las consecuencias del *caso Flick*. Que Fraga diese garantías a su amigo y mecenas de no extremar el papel de oposición acerca del escándalo no consta en sitio alguno, pero es de presumir que así fuese por los efectos y el enmudecimiento de Verstrynge.

II Congreso del Partido Demócrata Popular

La ampliación del centro-derecha siendo el PDP el principal *puente* de unión, sin perder su independiente identidad democristiana, era el objetivo visible del II Congreso Nacional del partido que lideraba Óscar Alzaga. La asamblea prevista para los días 26 y 27 de enero de 1985 serviría, pues, para dar un paso más en la reintegración de la *familia democristiana* procedente de UCD y para hacer un llamamiento de alianza con Unió Democrática de Cataluña.

A primera vista parecía factible este ambicioso proyecto de base amplia —casi un sueño— de agruparse electoralmente con Convergencia i Unió cuantas veces llamaban a esta puerta, bien para un pacto preelectoral o postelectoral, Jordi Pujol no los remitiera a Miguel Roca y a su *Operación Reformista*. La situación resultaba bloqueada aún contando con la buena interlocución de Durán Lleida, el socio democristiano del *Honorable President*. Porque si los democristianos sabían de la dificultad de ganar las legislativas conforme al actual *ticket popular*, descolgarse de Fraga —cambiar al villalbés por Roca— suponía un riesgo todavía mayor, aunque se rebelasen contra la apariencia de ser *coaligados eternos*.

Según la política de gestos, el no haber invitado a Fraga a las sesiones del Congreso, en contraste al menos a la presencia de Alzaga en el VI Congreso de AP de un año antes, sólo podía tener una interpretación política. No suponía una ruptura, por cuanto que Alianza Popular destacó una representación encabezada por Alfonso Osorio; pero sí un deliberado gesto inelegante del PDP y de sus dirigentes empeñados en no dejarse ensombrecer por Fraga. Para muchos democristianos *ex uceleros* (como Fernando Álvarez de Miranda, José María Gil Robles y Juan Antonio Ortega, entre otros) el villalbés todavía producía rechazo —tal vez inquina personal poco cristiana— y por tal causa retrasaban aparentemente su ingreso en el PDP[16].

Miguel Herrero alude a estas relaciones lastradas de complejos y, refiriéndose en concreto a la no invitación citada, comenta que "Fraga se empeñó en comparecer en él (II Congreso del

---

[15] Véase el diario *Ya*, 17 de diciembre de 1984.

[16] El PDP justificó la ausencia de Fraga con una nota oficial en la que señalaba que no tomaría la palabra en su Congreso ningún dirigente de partido político nacional, siguiendo, decía la nota, una tradición en los partidos democristianos de Europa.

PDP) y tuvo una gran frustración ante la lógica negativa democristiana a dejarse robar el protagonismo por un invitado tan llamativo. Sólo aceptaron la presencia de Osorio y mía"[17].

Aunque negaban la *satelización* en torno a Fraga sin dejar de sondear otras fórmulas de coalición y de liderazgo, los dirigentes del PDP cuidaron mucho —ya en declaraciones como en discursos— no denigrar a Coalición Popular, la cual en todo caso era imprescindible de cara a las elecciones generales próximas, ni cuestionar abiertamente a Fraga como candidato a la presidencia del Gobierno. "La Coalición Popular es la única posibilidad de enfrentarse al socialismo con virtualidad de ganar", declararía Alzaga en las vísperas del Congreso.

Bajo el lema *Otra política, otro futuro*, el II Congreso del PDP, cuyas sesiones tuvieron lugar en el Palacio de Congresos de Madrid, reunió a 1.498 compromisarios (158 natos) designados en 52 asambleas territoriales, así como a los cuadros dirigentes de la Liga Agraria, Asociación Concepción Arenal, Insituto de Clases Medias, Centro Universitario Giménez Fernández, Juventud Demócrata Popular y Aulas de Humanismo Juan Luis Vives[18], que tenían voz pero no voto.

Con vocación populista hacia las clases medias, los dirigentes del PDP querían traspasar el umbral de ser un partido de cuadros y constituirse en un partido de masas, al modo de sus homólogos europeos, pese a contar con un parco archivo de afiliación de 27.201 militantes[19]. De ahí que interpusiesen ante la sociedad, como entidades de movilización y captación, a las asociaciones antedichas. De todas maneras, si construir desde la intemperie y sin apenas recursos un partido político era tarea ímproba, el haber conseguido ser el tercer partido más importante de España sin comparecencia electoral solitaria y directa era una resultado estimable[20].

Faltos de una ponencia de estrategia política, dieciséis grupos de trabajo con sus respectivos ponentes pusieron al día el ideario del partido o, en todo caso, dieron una mano de pintura a los postulados ya conocidos y de difícil diferenciación con los de sus socios coaligados. No obstante, los democristianos pusieron énfasis en pedir una pronta regulación amplia y plural de la televisión privada (ante la cicatera y restrictiva que se temía del Gobierno socialista); reducir y reprivatizar Radio Cadena Española; equiparar la pensión mínima de jubilación al salario mínimo interprofesional; la elección directa de los alcaldes por los ciudadanos, y el retraso hasta enero de 1987 del ingreso de España en la CEE a cambio de hacer una negociación más provechosa.

---

[17] *Memorias de estío,* pág. 322. No es exacta la severación de que sólo estuvieron Osorio y él (Herrero), puesto que en la sesión de clausura también estuvo el vicepresidente primero de AP, Gerardo Fernández Albor, por cierto, de formación y origen democristiano.

[18] La implantación de los partidos políticos mediante entidades afines es un experimentado procedimiento de expansión del compromisio político. En este sentido, como entidades de apoyo, las Aulas de Humanismo Juan Luis Vives, por ejemplo, hicieron un eficaz trabajo reconocido, en este caso, en un libro titulado *Lo que el cambio se llevó.* Del mismo modo, la Asociación Concepción Arenal desarrolló una penetrante política en el campo del feminismo, y la Liga Agraria intentó agrupar a pequeños empresarios agrícolas de las dos Castillas.

[19] Esta cifra de afiliación parece un tanto hinchada por la simple razón de que el 4 de enero (véase *El País),* de fuente segura del PDP, se dijo que el número de afiliados era de 17.000 en toda España.

[20] A lo largo del mes de enero una encuesta encargada por AP-Galicia provocó un incidente porque dejaba en muy mala posición al PDP en aquella región, siendo el partido político "peor considerado". Los dirigentes democristianos gallegos, sobre todo Enrique Marfany, entendió que la filtración de la encuesta era un hecho interesado para desacreditar a su formación política. En realidad, la encuesta era verdadera. De todas maneras, los dirigentes de AP tuvieron que pedir disculpas y dar explicaciones a sus socios de coalición.

Las listas a la Comisión Ejecutiva y al Consejo Político, por lo demás, eran la respuesta al principio de continuidad en un partido sin apenas conflictos internos. De ahí que la Comisión Ejecutiva sólo obtubiera 74 votos en blanco de un total de 1.279; órgano de dirección que registró como novedad principal la incorporación de Íñigo Cavero a una de las vicepresidencias.

La Comisión Ejecutiva elegida era la siguiente:

Presidente: Óscar Alzaga.
Vicepresidentes: Íñigo Cavero, José Luis Álvarez, Eduardo Carriles, José Manuel Otero Novás y Javier Rupérez.
Secretario General: Julem Guimón.
Vicesecretarios generales: José Ramón Pin Arboledas y Luis de Grandes.
Secretarios ejecutivos: José Ignacio Wert, José Manuel García Margallo y Juan Rovira Tarazona.
Vocales: Javier González Estéfani, Modesto Fraile, José María Álvarez del Manzano, Luis Vega Escandón, Alejandro Royo Villanova, José Donadeu, Emilio Casals, Javier Arenas, César Llorens, Juan José Folchi, Ambrosio Calzada, Pilar Salarrullana, José Luis Ruiz Navarro, José Galeote, Juan Carlos Guerra Zunzunegui, José María García Royo y todos los diputados y senadores no comprendidos en esta lista.

Ni una sola vez, ya en los actos de apertura como de clausura, fue mencionado el partido Alianza Popular, pero no por ello se puso en tela de juicio el pacto de Coalición Popular. Todo lo contrario, las proclamas reticentes y los llamamientos a otras fuerzas de centro-derecha (al Partido Reformista de Roca, fundamentalmente) siempre se hicieron sobre la base de cumplir los compromisos suscritos, dando a entender que el pacto de Coalición Popular sería renovado.

El encuentro secreto entre Alzaga y Miguel Roca en marzo, celebrado en el domicilio de Florentino Pérez pudo ser el *contacto extremo* en cuanto a perfilar un pacto limitado de momento a las elecciones gallegas que, en todo caso, presuponía una ruptura general con Fraga por el mero hecho de llevarlo a efecto a sus espaldas. De poco sirvió el encuentro, puesto que "Alzaga hubo de reconocer a su interlocutor que no podía fácilmente romper los pactos con Fraga: su fama de *dinamitador* no resistiría un nuevo episodio rupturista", subraya Fernando Jáuregui al referirse a dicha reunión[21].

El empresario Segurado, al frente del Partido Liberal

La integración de *La mesa liberal* en Unión Liberal a primeros de 1984, la cual comportaba un inestable liderazgo compartido entre Antonio Fontán[22] y Pedro Schwartz, ni acalló las intrigas ni robusteció la tercera ala de Coalición Popular. Para Fraga el proyecto liberal sólo era útil como factor de integración del centro-derecha, aportando el apellido *liberal* a su ilusionada

---

[21] *La derecha después de Fraga*, pág. 158.

[22] La designación de Antonio Fontán, catedrático de latín, ex director del diario *Madrid*, ex ministro y ex presidente del Senado, la hizo Fraga en sustitución de Fernando Chueca el 24 de enero de 1984 y, según dice éste, el villalbés la adoptó para lavar sus culpas respecto a su comportamiento con dicho vespertino madrileño en las postrimerías del franquismo. Chueca, en lo concerniente a su relevo en la presidencia de Unión Liberal, es muy explícito (*Liberalismo*, pág 437): "Era decisión de Fraga que a mí me sustituyera Antonio Fontán. En último término quien gobernaba UL era el propio Fraga".

mayoría natural, pero antes que cumplir dicha función servía de tapón al proyecto liberal de Roca y Garrigues.

No le interesaba a Fraga, por lo tanto, que Unión Liberal dejase de ser un ente parasitario de Alianza Popular, y de ahí que lo financiase mensualmente con 1.300.000 pesetas y asignase empleados y técnicos de confianza a fin de que gestionasen la oficina y procurasen una mayor y controlada implantación territorial del ideario liberal. Pero la llegada de Fontán suscitó la confrontación porque el recién nombrado presidente quería a toda costa cambiar los estatutos para vaciar de poder a la Secretaría General, a lo cual se resistía su titular Pedro Schwartz con todas sus fuerzas. Los muchachos de Fontán intentaron cercar al catedrático de economía, incluso controlándole la correspondencia[23], pero los liberales de la primera hora formaban piña y el intento de conquista del poder del equipo de Fontán resultó baldío.

Porque según veteranos liberales, tanto Schwartz como Fontán contaban indistintamente con predicamento intelectual; venían precedidos por una biografía prestigiosa en la lucha democrática durante el franquismo, y ambos habían sufrido persecución en la defensa de sus ideales. Se cuenta como anécdota[24] de Schwartz, hombre culto y de buenas maneras, que durante el estado de excepción de 1969 fue desterrado a un pueblo y que un día, a la salida de la misa mayor del domingo, el economista liberal gritó: "¡Viva Stuart Mill!". Claro que la gente no se inmutó porque, aunque no conocía a uno de los padres del pensamiento liberal, creyó que era un cantante de moda o un jugador nuevo del Real Madrid.

A su vez, el sevillano Antonio Fontán, en cuanto periodista, dio vivo ejemplo de magisterio en el Instituto de Periodismo de Navarra o en la dirección del diario *Madrid* y, por otra parte, fue un destacado miembro del Consejo Privado del Conde de Barcelona. Sin embargo, había defraudado a la organización no trayendo ni más fichas ni más dinero (salvo 500.000 pesetas que aportó personalmente y que más tarde le fueron devueltas). En todo caso, durante los pocos meses de poder conjunto la diarquía Schwartz-Fontán defraudó las expectativas de colaboración racional y fue un rifirrafe continuo que muchos dicen que instigaba Antonio Jiménez Blanco a fin de emerger como la solución oculta de una tercera vía.

La inactividad, el reiterado recurso de arbitraje ante Alianza Popular, la manipulación sobre pretendidos apoyos a tal o cual facción, los rumores de ceses y dimisiones hicieron desembocar la situación en un inevitable conflicto. En efecto, lo que es conocido como el incidente del hotel Velázquez del 22 de octubre, organizado para afianzar el liderazgo de Antonio Fontán, provocó en cambio su dimisión varios días después.

El conocido como grupo *liberal vaticanista* (procedente de las juventudes de UCD), que dirigían Arturo Moreno y Miguel Ángel Cortés, quiso apuntalar el desfallecido poder de Antonio Fontán y, como una actuación de las varias programadas para relanzar su liderazgo, redactaron y pasaron a la firma un escrito en el que se le ensalzaba y se le consideraba "el más legitimado para ostentar la etiqueta liberal por un legado histórico". El escrito, que iba dirigido a los líderes de Coalición Popular, se negaron a firmarlo por inoportuno incluso Muñoz Peirats,

---

[23] Pedro Schwartz se ha quejado al autor del comportamiento de ciertos jóvenes liberales como, por ejemplo, Aragonés, a quien acusó de vulnerar el secreto de la correspondencia con vistas a espiar sus actuaciones políticas.

[24] En este caso ha sido tomada de Víctor Márquez Reviriego, de su columna "El Burladero" (*ABC,* 11 de noviembre de 1995).

Luis Miguel Enciso y Rafael Márquez, aunque lo firmaron algunos dirigentes provinciales sorprendidos en su buena fe.

En cuanto a la cena-conferencia del hotel Velázquez, las cañas de Fontán se volvieron lanzas como resultado de la intervención que tuvo, con alto sentido crítico, y que no gustó a un nutrido grupo de asistentes. Fontán partía en su discurso afirmando que la derecha que representaba AP no bastaba, que había que centrarla descargando el peso de ésta sobre liberales y democristianos. Y afirmó, incluso, que "Unión Liberal era más necesaria para la coalición que el PDP", puesto que en aquélla no había personas que hubieran colaborado con el franquismo... El dirigente de UL, asimismo, dijo que AP era un partido grande con problemas internos que irán a más; que Fraga no tenía delfín y que al PDP se le contemplaba como un aliado desleal. Respecto de Adolfo Suárez, Fontán tuvo palabras de elogio y puso las esperanza de su triunfo en las elecciones generales de 1990.

Como quiera que en el coloquio el grupo de José Luis Heras Celemín (del que se decía que estaba detrás el senador valenciano Evaristo Amat) no recibió las palabras de Fontán con agrado, por lo que entrañaban de crítica a Fraga, armó la bronca con duros reproches hacia el conferenciante. Fue entonces, lejos de templar los ánimos, cuando Antonio Jiménez Blanco acusó a los reventadores de celebrar su reuniones conspirativas en una casa de citas. Sólo bastó esa acusación para que se armase un gran escándalo y, como coste no buscado, se malogró el liderazgo de Fontán, quien desde entonces se propuso dimitir. La crisis, pues, se abrió por varios frentes, pero sobre todo afectó a la presidencia.

En efecto, a primeros de noviembre, antes de emprender viaje a Inglaterra, Antonio Fontán dejó escritas dos cartas (a Fraga y a Rafael Márquez, presidente en funciones de UL) anunciando su renuncia a la presidencia. El enfrentamiento de Fontán y Schwartz había provocado la acefalia de UL, pero en realidad ese vacío de liderazgo escondía a un tapado José Antonio Segurado, que se tomaba tiempo en pensar para ocuparlo, aunque entre tanto se barajaron los nombres de Pérez Llorca, Lamo de Espinosa, Soledad Becerril, Rodríguez Inciarte y Bravo de Laguna. Se optaría, al final, por la presidencia interina de Rafael Márquez[25].

Manuel Fraga se había fijado hacía tiempo en José Antonio Segurado, presidente de la Confederación de Empresarios Independientes de Madrid y, como tal, un representante *duro* —junto al catalán Alfredo Molinas, de Fomento— en la patronal nacional, proclive al activismo político empresarial[26]. Le había ofrecido ser candidato a la alcaldía de Madrid a comienzos de 1983, ofrecimiento que declinó el empresario porque quería disputar a Cuevas un año más tarde la presidencia de la CEOE. Pero conforme uno examina las memorias del villabés, se advierte un proceso de seducción política hacia el empresario de seguros como trasunto de una admiración al prototipo[27]. Fraga se sentía agradecido por los apoyos que de Segurado recibió

---

[25] Formalmente, la decisión de nombrar presidente a Rafael Márquez se adoptó por la Comisión Ejecutiva de UL el 22 de noviembre, cuyos 16 miembros, incluido el secretario general Pedro Schwartz, pusieron sus cargos a disposición del nuevo presidente.

[26] A Segurado se le ha atribuido por error la autoría de la campaña con el socialismo de la manzana traspasada de gusanos, corrompida, en las elecciones autonómicas de Andalucía de mayo de 1982. Aquella campaña la impulsaron Ferrer Salat y José María Cuevas y su creación material fue obra de Pedro de Arriola.

[27] Es curioso que Fraga siempre ha sentido una reverente simpatía por hombres populistas, decididos, comilones, provistos de voz recia y gesto llamativo (Hormaechea, Morano, Olarra, Segurado, etc.), no precisamente ejemplares de la meritocracia académica. En cuanto al *fichaje* de Segurado, es claro que la iniciativa de atracción es de Fraga, que

en la construcción de la inconclusa *mayoría natural* y, como a Ferrer Salat, que también lo tuvo de su lado en momentos difíciles, lo hubiese preferido en su entorno, de manera que frenase el sinuoso comportamiento de José María Cuevas, muy inclinado a revisar el liderazgo del centro-derecha.

La incorporación de Segurado al grupo liberal se hizo con condiciones que, en términos generales, se cumplieron a pesar del distanciamiento de la CEOE —y de Cuevas en particular—, enredada en diciembre de 1984 en promover un documento para la unión del centro-derecha, y, asimismo, en encargar una macro-encuesta que revelara la opinión objetiva de los españoles sobre Coalición Popular y sus líderes. La frialdad de la patronal era lógica, por lo demás, porque la *Operación Segurado* neutralizaba otras operaciones ya en marcha con valores de sustitución de Fraga al frente de Coalición Popular. Cuevas acusó la maniobra en cuantos foros pudo y criticó abiertamente la decisión de Segurado de pasar a la política, diciendo: "Yo no pasaría directamente de dirigente patronal a dirigente político"[28].

El pacto con Segurado implicaba, según diversos testimonios, que la fuerza liberal que se promocionaría (en continuidad con Unión Liberal) sería independiente orgánicamente y *autónoma* en financiación desde el primer momento[29]. El hecho de que mediara ayuda monetaria inmediata lo prueba Pedro Schwartz años después en entrevista en la que el periodista le pregunta por qué había dejado la política, y él respondió: "La política me dejó a mí. La empecé con mucha ilusión, pero entre Fraga que me engañó y Segurado que compró mi partido por 50 millones de pesetas y me quitó, pues me tuve que ir... Fue una operación mercantil, comprensible por parte de una persona que está acostumbrada a vender y a comprar todo como es Segurado"[30].

Era condición de Segurado, igualmente, no hacerse cargo de la presidencia de UL, sino del Partido Liberal, y en este sentido se solicitó la patente del partido que fundara Enrique Larroque y de la que eran titulares Luis Guzmán —muy entusiasta del nuevo líder—, Alejandro Arráez y Evaristo Amat. La entrada en política se efectuaría en enero de 1985 y siempre que así lo *autorizase* la junta directiva de CEIM.

El nombre de José Antonio Segurado sonó para candidato de AP en el ayuntamiento de Madrid, pero por una filtración deliberada a la prensa fue desbaratado el proyecto de darle así entrada en política a este dirigente empresarial madrileño.

---

recoge los días 5 y 6 de diciembre de 1984, en su diario, las siguientes anotaciones : "Entrevista con José Antonio Segurado, que sigue deshojando la margarita, pero se va acercando a la política"; y un día más tarde: "Cena con Segurado y los vicepresidentes de AP; se va decidiendo a hacerse cargo de la opción liberal" (*En busca...*, pág. 372).

[28] Entrevista a E. Estefanía Moreina de *El País*, 13 de enero de 1985, en la que Cuevas, además, dice que la inmensa mayoría de los dirigentes empresariales españoles opina que ambas actividades no se deben mezclar.

[29] Alvaro Lapuerta, en declaraciones al autor, ha revelado que en la reunión de Segurado (acompañado de varios miembros de CEIM) en la cena de Jockey con vicepresidentes de AP se habló de millonarias ayudas al grupo liberal para que pudiera salir adelante.

[30] *La gaceta de los negocios*, 24 de marzo de 1992. Entrevista efectuada por Germán Camarero.

Por otra parte, con Guzmán y con José Manuel Paredes como apoderados, Segurado fue mientras tanto convenciendo a los liberales de UL, de la Mesa Liberal y a otras personas (varios empresarios madrileños) para que se sumaran al nuevo proyecto, que sería legitimado en un congreso previsto para junio de 1985 (con cinco meses de retraso al inicialmente previsto). Imprimió un nuevo estilo de gestión política y para llevarla a cabo, con arreglo a modos empresariales menos dúctiles, desconfió de todo lo que se encontró como heredado de UL.

El rechazo que produjo el *trasvase* político de Segurado fue diverso y por motivos diferentes. Internamente, en UL hubo disensiones y dimisiones (Fontán, Muñoz Perirats, Enciso y Arturo Moreno, así como varios diputados autonómicos de escasa relevancia) en la lógica por el poder. Pero la cuestión principal debatida fue si el empresariado debía jugar en política como agente económico que era, compatibilizando su función de la misma manera que Nicolás Redondo regentaba UGT y era diputado por el PSOE. La CEOE era reacia a esta implicación y como antecedente negativo esgrimía el del PEPE (Partido Económico de los Patronos Españoles), fundado en 1935 por Ernesto Giménez Caballero bajo el lema "El poder político para los patronos", que fue un auténtico fracaso[31]. Pero eran contrarios a tal visión otros empresarios (Max Mazín, Ramón Areces, Celso García, José Meliá y otros) que animaron a Segurado a la toma de su decisión.

El sentido práctico de la política —el oportunismo electoral— era lo que, por desgracia, motivaba a ciertos estrategas y, de resultas, lo que conducía a que la familia liberal fuese una jaula de grillos. Antonio Garrigues no consentía (porque estaba en la luna) que el concepto liberal se asociase a conservador, expresándolo con la frase ingeniosa de que era como "hacer tigres vegetarianos", cuando en el mundo la política conservadora de Reagan y Thatcher se nutría de liberalismo. Del mismo modo rechinaba que Segurado le dijese a Emilio Romero, al enfatizar su deseo de que el liberalismo no fuese *bisagra*, que había que *japonizar* a los liberales españoles para tener importancia y permanencia en el poder como el Partido Liberal nipón[32].

Que el liberalismo estaba en crisis de personas era verdad, pero no su base ideológica, con hondas raíces en España. Los catedráticos de Historia Juan Pablo Fusi y Javier Tusell, cada uno por separado, se habían referido en sendos artículos al destino del liberalismo español. El director de la Biblioteca Nacional (en el artículo "El triste destino del liberalismo español") se quejaba de que el liberalismo patrio, teniendo una tradición intelectual relevante, estuviese sometido a un "comercio político abusivo y mezquino", que aunque no tuviese singularidad como partido, sí podría impregnar a la totalidad de las opciones políticas. Por su parte, en contestación a Fusi, Javier Tusell apostaba por el próspero futuro del liberalismo español y se preguntaba: "¿Tiene sentido un partido liberal a estas alturas?", y argumentaba finalmente que "es pronto para levantar el acta de defunción del liberalismo reformista como partido y que incluso si no existiera debería ser inventado porque responde a necesidades objetivas de nuestra sociedad y de nuestro momento"[33].

---

[31] Julio Pascual, que más tarde se incorporaría al proyecto de Segurado, firmó por entonces un artículo contrario a la fundación del Partido Liberal con inspiración empresarial (*¡Ay, acordaos del PEPE!*). Véase para mayor ilustración sobre la experiencia de los empresarios en política el libro de Mercedes Cabrera titulado *La patronal ante la II República*.

[32] Entrevista de Emilio Romero con José Antonio Segurado (*Época* "Mis conversaciones de salón", 8 de abril de 1985). El veterano entrevistador celebra la ocurrencia original de Segurado de *japonizar a los liberales* y, reduciendo a chanza la frase, añade : "Lo que ocurre en España, y de siempre, es que los que únicamente tienen cara de japoneses, y comportamientos hieráticos y sonrientes, son los que están en el poder. Debe ser como una satisfacción budista. Dicen que el ministro socialista Carlos Solchaga es navarro, y desde que es ministro a mí me parece nipón..."

[33] Véase el artículo "El próspero futuro del liberalismo español", *ABC* del 14 de febrero de 1985.

Tras la toma de posesión como presidente del PL, Segurado emprendió la obra de estructurar una organización, extensa pero escueta, con criterios de eficacia no enteramente comprendidos en el mundo político. Simultáneamente a aunar voluntades, para cuyo objetivo fue muy útil la tarea del gaditano José Manuel Paredes, Segurado viajó por muchas provincias creando el germen de las delegaciones liberales. Esta hiperactividad con sentido de cambio molestaba a muchos, tanto más cuando llevaba detrás la colocación en puestos clave a amigos y mercenarios. Las desavenencias entre Segurado y Schwartz surgieron en seguida, estableciéndose dos polos de atracción equivalentes a un antiguo y nuevo regímenes. Varios destacados liberales de Madrid, como Andrés de la Oliva, Esperanza Aguirre, Jesús Galera y Luis Guzmán, se agruparon en torno al catedrático de Historia de la Economía constituyendo un foco de oposición.

A los cinco meses de su llegada, los días 29 y 30 de junio de 1985 Segurado tenía estructurado —cogido con pegamento— un cascarón de partido dispuesto a negociar una rebanada de poder electoral en Coalición Popular; fechas en las que celebró el VI Congreso Nacional del Partido Liberal en el palacio de congresos de Madrid. Tuvo la picardía de numerar como *sexto* lo que era una asamblea constituyente, pero quiso Segurado dar continuidad al partido de Enrique Larroque, que al parecer había celebrado cinco congresos anteriores en su corta vida sin incidencia alguna en la opinión pública.

Euforia y entusiasmo derrocharon los 746 compromisarios de casi todas las provincias[34], muchos de los cuales compraron bonos de 10.000 pesetas para financiar los gastos del congreso, aunque el grueso del mismo corrió a cargo de donantes empresariales, *mecenas* regulares, del nuevo partido. El sentido de aglutinador universal estuvo presente, a veces con osadía, por el hecho de que Segurado invitó a las sesiones del congreso no sólo a los líderes de Coalición Popular (Fraga y Alzaga), sino también a Antonio Garrigues, Miguel Roca, Ignacio Camuñas y Enrique Larroque, éste fundador del PL[35]. Lógicamente, sólo acudirían a la sesión de clausura los que eran *socios*. De otra parte, como quiera que la nueva fórmula incidía más en la forma e imágenes —Segurado siempre sobrevaloró la comunicación—, por encima del *entramado básico liberal,* se quiso abrir el partido a nuevo valores juveniles (como la catedrática Ana Yábar o el empresario José Barroso) sin desdeñar a los veteranos (Chueca y Jiménez Blanco, por ejemplo) según una buscada convergencia más ocasional que verdadera. El ex ministro de UCD José Pedro Pérez Llorca siguió sin decidirse a ingresar en el nuevo PL, y fue cortejado en igual sentido hasta suscribir ficha meses más tarde Pío Cabanillas, diputado en el Grupo Centrista, del que ya se había descolgado para acompañar a Segurado en la nueva aventura Miguel Bravo de Laguna.

En definitiva, el Congreso del Partido Liberal quiso ser como un examen de cinco meses de actuación y toda la literatura generada en el mismo —folletos, propaganda y comunicados de prensa— giraba sobre lo mucho hecho en cinco meses de vida, lo cual era una plataforma de ambición a la hora de obtener una buena cuota en el pacto electoral de Coalición Popular, ya sometido por esos días a negociación entre Fraga, Alzaga y Segurado.

---

[34] Al tiempo de organizarse el congreso se dijo que el Partido Liberal contaba ya entonces con 2.500 afiliados, la mayor parte al corriente de sus cuotas, y 18 personas *liberadas* como técnicos. Y entre el personal *liberado* con dedicación exclusiva figuraba el mismo Segurado, que se resarcía de su baja de ingresos en la CEIM y en sus negocios privados.

[35] Enrique Larroque fundó el Partido Liberal en 1977 y, apartado de la actividad política, era por entonces embajador de España en Cuba. No obstante, parece que recibió de mal grado la incorporación de Segurado en su viejo y abandonado proyecto.

Precisamente con ocasión del congreso liberal emergieron los recelos entre democristianos y liberales en razón a que el nacimiento del PL, como realidad organizada, devaluaba el acompañamiento del PDP en Coalición Popular. Algunos dirigentes del PDP acusaron a Segurado de no aportar nada a la política, a lo que contestó el aludido que de él no saldría ninguna reticencia ni descalificación de ningún partido, añadiendo:

> "(...) Pero ha llegado el momento de decir que el PL y su presidente no tienen la culpa del éxito que obtienen. Si a su partido hay que juzgarle por su capacidad de convocatoria, hay que decir que algún grupo de la Coalición es inexistente en algunas provincias españolas precisamente por su escasa capacidad de convocatoria..."

De tal manera molestaron estas insinuaciónes sobre el PDP que Óscar Alzaga, aunque desoyó a quienes le aconsajaban que no acudiese a la clausura del Congreso, se presentó en la sala con ostensible retraso y ni siquiera por cortesía aplaudió a su socio Segurado durante el discurso de clausura.

En el orden doctrinal el eufemístico VI Congreso del PL apenas destacó y, en todo caso, fue muy celebrada la ponencia que sobre política económica presentó Ana Yábar, resumida en un decálogo de propuestas concretas que abarcaban, en otros puntos, la reducción de la presión fiscal; la ruptura del monopolio de la televisión pública, e introducir la libertad en el sistema de seguridad social para que fuese más un seguro que un impuesto.

Sometidos a elección los distintos órganos colectivos y unipersonales del PL, el Comité Ejecutivo elegido era el siguiente:

Presidente: José Antonio Segurado García.
Vicepresidentes: José Meliá Goicoechea y José Manuel Paredes Grosso.
Secretario general: José Miguel Bravo de Laguna.
Vocales: Esperanza Aguirre Gil de Biedma, Evaristo Amat de León Guitart, Alejandro Arráez García, Ignacio Arribas Perlines, José Botella Crespo, Gabriel Castro Villalba, Blanca de la Cierva y Hoces, Juan Colomar Serra, Alberto Cuarta Galván, Fernando Chueca Goitia, Ramón Churruca Barrié, Jesús Galera Sanz, Cecilia García Obregón, Xavier Garriga i Jové, Luis Guzmán Justicia, Antonio Hernández Caire, Luis María Huete Morillo, Antonio Jiménez Blanco, José Ignacio López Borderías, Antonio de Luna Aguado, Pedro Menchero Márquez, Andrés de la Oliva Santos, Federico Padrón Padrón, José Panero Flórez, Juan Manuel Páramo Neyra, Ángel Pardo Navarro, Eladio Pérez Díez, Pedro Schwartz Girón, Ana Yábar Sterling y, como secretario de actas y asesor jurídico, Antonio Jiménez Blanco Carrillo de Albornoz.

Organización y estrategia de AP ante las legislativas

La deslumbrante imagen que dio en noviembre de 1984 el Congreso constituyente del Partido Reformista relanzando la falsificada idea de *Por fin, la alternativa,* que era el lema de la reunión, justificó en ciertos *poderes fácticos* la campaña para remover a Fraga en su liderazgo no echándole de la política —que él no se dejaba—, sino promoviéndole al trono de *reina madre* del centro-derecha[36]. Tampoco admitía este cometido ornamental, pero tal vez podría haber sido convencido como algo irremediable.

---

[36] En algún proyecto concreto, y no sería la primera vez, se quiso que Fraga ocupase la presidencia del Congreso de los Diputados.

Miguel Roca, poseído del petulante papel de ser sólo él *primus,* o ninguno, se creyó su fuerza e intentó pactar con Adolfo Suárez en mayo de 1984 y, como éste declinase la alianza, proclamó en el citado Congreso que el PRD concurriría en solitario a las elecciones. A tan inflexible posición, cual la de buscar un príncipe a una doncella desdeñosa, se plegó la patronal buscando socio al PRD de Miguel Roca. Fernando Jáuregui diagnosticó certeramente aquella situación[37]:

> "La potente imagen que tras su primer Congreso irradiaba la llamada *operación Roca* influyó no poco para que los ojos de Cuevas (presidente de la CEOE), a quien los poderes económicos habían dado ciertas facultades de negociación política, se volviesen hacia el líder catalán".

Lo insensato de todas estas operaciones, las más de las veces cebadas en insolventes estudios sociométricos que conducían a postulados interesados —a veces urdidos en conversaciones de tertulia—, es que partían de dar como *socio fijo* al PRD, sobre cuyo historial no había antecedente electoral alguno que cimentase sus ambiciones ni encuesta que revelase que iba a barrer en futuros comicios, por lo que se ponía toda la carga de la presión en el más poderoso y titular de activos electorales contantes. Era, a no dudarlo, aplicar la paradoja evangélica del buen pastor que abandonaba a su suerte a 99 ovejas justas por irse en busca de una descarriada, pero eso sí oveja *centrista* de Miguel Roca.

La euforia del triunfo de CiU en las autonómicas catalanas propició, con ocasión de celebrarse el VII Congreso de Convergencia Democrática de Cataluña en enero de 1985, que Jordi Pujol redoblara su explícito apoyo a la aventura de Miguel Roca. El politólogo experto en CDC Joan Marcet alega que si bien las resoluciones del VII Congreso no definen las vinculaciones con el Partido Reformista, el apoyo de Pujol abrió nuevas perspectivas político-estratégicas al nacionalismo catalán[38]. El secreto de la operación —con efecto letal en todo caso— radicaría en que nunca se supo qué papel formal desempeñaba Miguel Roca en el partido que él creó y al que no pertenecía. Lo extraño del asunto es que nadie del sector financiero que le sufragaba los gastos le exigiera a Roca, por lo menos, que llevara una vela en aquel entierro. Tampoco se lo exigió la patronal CEOE.

Era este Congreso convergente, en todo caso, un reforzado aval que plegó muchas voluntades por el mero hecho del peso de lo catalán en Madrid y cuyo exponente, sin ir más lejos, había sido la elección de José María Cuevas, castellano, para la presidencia de la CEOE con el apoyo de Fomento del Trabajo.

Pero en la partida de ajedrez que se jugaba en el centro-derecha, no valiendo del todo las posturas de fuerza por parte de nadie, el enrocamiento de Fraga fue provechoso al final. Para que le dejasen de inquietar ante las elecciones gallegas y las legislativas, no obstante, y tal vez, también, como salida airosa del escaso poder de concertación de Cuevas, se cifró la solución de la pretendida unión del centro-derecha y de su liderazgo en los resultados que aportase una macroencuesta que costearía la patronal.

Además, antes había que dar respuesta a ciertos interrogantes: ¿Cómo detener en el interior de AP el acoso de cabildeos conspiradores a que estaba sometido intensamente Fraga? ¿En qué

[37] *La derecha después de Fraga,* pág. 156.
[38] Joan Marcet, *Convergencia Democrática de Cataluña* (Centro de Investigaciones Sociológicas, 1987), pág. 327.

ocupar a los aspirantes sucesores hasta las elecciones ? ¿Cómo debilitar a los más osados? ¿Cabía buscar nuevas fuentes de financiación distintas del poder financiero?

Desde el comienzo de 1985 se vino gestando una reorganización de la oficina central del partido que, casi al año de la que había surgido en el VI Congreso de Barcelona, reagrupaba el poder alrededor de la sede central dotándola de mayor autonomía respecto del Grupo parlamentario, cuyo portavoz Miguel Herrero había quedado marcado por la *operación Cuevas*. Los cambios, reforzamientos e innovaciones los había preparado la Secretaría General y, con la anuencia de Fraga, prometían potenciar a su titular Verstrynge, por entonces muy ocupado en el hostigamiento al PSOE por el *caso Flick*. Es en este momento cuando se produce el pacto Osorio-Verstrynge, y todo parece indicar que lo propició la recomendación de Fraga al santanderino para que protegiese al secretario general del acoso herrerista.

Con narración novelada los periodistas Dávila y Herrero reprodujeron el diálogo que Fraga y Osorio sostuvieron respecto del pupilaje político a Verstrynge[39]. Según el testimonio obrante, Fraga convidó a comer a Osorio al restaurante Jockey y se produjo este escueto diálogo:

—Tú dirás, Manolo.
—Mira, Alfonso, quiero pedirte el gran favor de que apoyes a Jorge en la Secretaría General. Se ha desatado una fuerte campaña interna contra él y cada vez son más los que vienen a pedirme su cabeza. Ya sabes lo que este chico significa para mí, así que te ahorro los detalles.
—Si tú me lo pides, Manolo, lo haré.

Desde aquel momento, Osorio se significó en varios detalles del Comité Ejecutivo como gran defensor del secretario general. Incluso llegó a hablar con Miguel Herrero para convencerle de que abandonara la hostilidad que estaba demostrando contra Verstrynge".

Para algunos observadores la reforma era puro *lampedusismo* defensivo (remover todo para que las cosas siguieran igual)[40] ante el decadente poder del aparato partidista, y para otros era un proceso de distracción o tregua a fin de contener el debate destructivo que se producía dentro y fuera. Y muy bien pudo ser una mezcla de ambas cosas con la iniciación del proceso de *electoralización* del partido.

El 25 de febrero la Junta Directiva Nacional de AP aprobó, por lo tanto, la reestructuración orgánica sin oposición alguna y revestida de los mejores propósitos en tres direcciones: estratregia electoral, reestructuración de la oficina central y captación de nuevas fuentes de financiación.

En cuanto a la estrategia se creó un gabinete que, dirigido por el vicepresidente segundo Alfonso Osorio, componían Miguel Herrero (vicepresidente y portavoz parlamentario), Abel Matutes (presidente del Comité Electoral), José Ramón Lasuén, Francisco Álvarez Cascos y José López, promovido éste por Osorio a una agregaduría cerca del presidente nacional para ocuparse del seguimiento del Gobierno. La lectura de este órgano, dentro de las relaciones perso-

---

[39] *De Fraga a Fraga,* pág. 60.
[40] En la famosa novela *El gatopardo*, de Lampedusa (Duque de Palma y Príncipe de Palermo) se plantea la conservación de los privilegios de la clase aristocrática durante el proceso de unificación de Italia.

nales de poder, era la de un apuntalamiento de Verstrynge y, mediante la coartada de contar con varios parlamentarios, representaba un nucleo de *puenteo* en lo territorial y otro tanto en lo sectorial; áreas que dirigían Calero y Rato, respectivamente, quienes habiendo sido designados como piezas de coordinación entre el Parlamento y Génova 13, a partir de entonces se sintieron manifiestamente agredidos en sus funciones[41].

La escenificación de dicha designación acaparó mucho interés y comenzó con una conferencia en el Club Siglo XXI de Alfonso Osorio sobre "El futuro de la derecha española", en la que abogó por la unión del centro-derecha "porque hoy se dan todas las condiciones objetivas para proporcionar a los españoles no socialistas algo que es inevitable en el futuro: un Gobierno de coalición o una coalición para el Gobierno". Apeló a la buena voluntad para, de un lado, no atacar a los afines y, del otro, explicar a los ciudadanos que sólo juntos se puede vencer; y eludió definirse sobre el liderazgo de la gran coalición afirmando que "no se puede personalizar hasta que no haya voluntad de unión". Diría más adelante, en el coloquio, que "en AP no hay más líder que Fraga y no sé, porque no está en mis manos, cómo debe ser esa coalición, pero sin la presencia de Fraga en AP sería imposible"[42].

Aunque el Comité de Estrategia fue una pompa de jabón —quizás útil por la ilusión que despertó—, es lo cierto que permitió depositar la responsabilidad del no pacto de coalición en sus auténticos responsables, aliviando la presión que recaía sobre Fraga[43]. En este sentido, Osorio hizo prevalecer la estrategia de que el villalbés era necesario a toda suerte de pactos aunque su valor en una eventual gran coalición fuese *complementario*. Es decir, permitiendo que se discutiese el liderazgo de Fraga, hizo que la hegemonía de éste por falta de competidores idóneos fuera imprescindible.

De acuerdo con la previsiones estatutarias, la reforma propuesta por la Secretaría General era de carácter orgánico —más funcionalmente ampliatoria que restrictiva— y consistió, a grandes rasgos, en nutrir de oficinas al Comité de Estrategia (se creaba un gabinete de coordinación, con José López al frente, y otro de planificación, bajo el mando de Íñigo Herrera[44]), para seguir la actuación del Gobierno y dirigir la marcha de las comisiones de estudio. Comportaba también cierta redistribución de funciones del repoblado organigrama, que aumentaba con la creación de un gabinete de Política de Consumo y Asociacionismo Ciudadano, dirigido por Antonio García de Pablos; incorporaba de coordinador de Cultura, en sustitución de Ricardo de la Cierva, al catedrático Jaime Delgado (que se trajo como adjunto a Juan van Halen); se

---

[41] El ascenso de José López, de la confianza de Osorio, dirigiendo una unidad a la que se incorporó Carmen Álvarez Arenas y que coordinaba las comisiones de estudio —la fuente del programa electoral— avivó el enfrentamiento con los parlamentarios-funcionarios del aparato (Rato, Calero y Aznar).

[42] Véase *ABC* del 22 de enero de 1985.

[43] El semanario *Época* publicó el 1 de abril un reportaje, firmado por Luis Herrero, que daba respuesta pública a las iniciativas de Osorio bajo el título "El sueño de la unidad". Adolfo Suárez declaró: "(...) si quieren hablar con nosotros, que vengan. Nos limitaremos a teorizar. Si se empeñan en negociar algún tipo de acuerdo pre-electoral, perderán el tiempo". Por su parte, el principal llamado a pactar, Garrigues, decía: "A nosotros, sin embago, profundizar en esa idea (de la coalición) ni nos interesa ni nos atrae". Pujol, a su vez, declaraba al periodista: "CiU piensa concurrir en solitario a las elecciones del 86. Por lo que se refiere a otras posibles combinaciones, sólo habrá acuerdo con el Partido Reformista". Asimismo incluía el periodista otras opiniones de líderes sin predicamento electoral, extraparlamentarios o descolgados del sistema de partidos, así como la de Óscar Alzaga, partidario de la gran coalición; con dos excepciones: CDS y PNV.

[44] Era el hijo del presidente de la compañía Petromed, S.A., de la que Alfonso Osorio era vicepresidente, y que empezó a tener cometidos políticos con vistas a ocupar plaza de diputado en la organización política de Madrid.

restructuraba y potenciaba el Gabinete de Prensa, con Enrique Beotas a la cabeza del mismo, y del mismo modo cobró significación política el Departamento de Promoción Femenina, del que era responsable la profesora universitaria Isabel Tocino.

La crisis burocrática concentró mucho poder en el secretario general, pero la tendencia centrífuga de otras áreas (territorial, electoral, sectorial y autonomías-local) se acentuó para contrarrestar los efectos de la reforma. El gabinete de la Presidencia, como factor de moderación entre estos dos polos, atrajo bajo su dependencia los departamentos de Documentación (Fernando Vilches), Relaciones Públicas (Charo Barrios) y Asesoría Jurídica (Alberto Ruiz Gallardón), sin dejar de tener el control político de la Oficina de Prensa[45].

Lejos de racionalizar el trabajo, el replanteaminto funcional de la oficina central del partido aumentó la macroorganización y había muchas más tensiones que antes[46]. Entonces, reforzado el poder de Verstrynge y ya decidido a romper lazos de autoridad con Fraga, la confrontación con los diputados herreristas fue a veces descarnada, teniendo su máxima expresión en la lucha diaria que por el control de las juntas provinciales y regionales sostenían Juan Ramón Calero y Verstrynge. Era especialmente cruento este enfrentamiento porque, dado el banderazo de salida para la carrera electoral, el juego de poder en el territorio era clave para la formación de listas, para la asistencia de compromisarios a congresos y, en definitiva, para la captación de apoyos ante una eventual sucesión de Fraga.

La tercera pata de la reforma emprendida por AP era la de la financiación. El *caso Flick* colocó sobre la mesa el problema, irresoluto desde la transición democrática, de que los partidos políticos dependían fundamentalmente del sector financiero que, por la vía del crédito o de la subvención, costeaban las campañas electorales y el funcionamiento de los partidos[47]. En cada convocatoria electoral —de uno o dos por año, en el caso más benigno— los líderes de los partidos, y en AP, sólo Fraga, visitaban a los banqueros en demanda de créditos anticipados, cuyas cuantías —con una fórmula de sindicación— se habían distribuido en un prorrateo interno y que concedían según las expectativas electorales de cada partido peticionario de crédito. Si esos créditos eran avalados por dichos líderes, en la voluntad de los banqueros estaba ejecutar los impagados y *echar de la política* a quien desearen. Es decir, en resumen, algunos banqueros ejercían un papel más poderoso y decisivo que el papel democrático del conjunto de los afiliados de un partido.

Como, por otra parte, la *operación Cuevas,* en su afán por unir el centro-derecha, se servía del arma de la financiación del sector privado para urgir a la celebración del correspondiente pacto, al tesorero de AP, Ángel Sanchís, se le ocurrió iniciar una cuestación por correo que recaudase fondos para el partido a través de un envío masivo (a 1.618.000 personas seleccio-

---

[45] El director del gabinete de la Presidencia era Rogelio Baón, que también era el coordinador de comunicación del partido. A través de ambos puestos controlaba, por encargo de Fraga, funciones sensibles en la actividad cotidiana y, en este sentido, se encargaba de las reuniones de maitines y de las actas del Comité Ejecutivo Nacional.

[46] El reparto de poder registrado como pacto en el VI Congreso de Barcelona aumentó en gran medida la burocracia de la oficina central de AP, de tal modo que la motejaba como el *Ministerio de la Oposición*, cuyo mantenimiento de gastos corrientes mensuales suponían 200 millones de pesetas aproximadamente.

[47] Desde 1977 los bancos suministraban a los partidos subvenciones a sociedades fantasmas (por retribución de trabajos inexistentes) o mediante créditos, que en la jerga de los tesoreros de los partidos llamaban los *créditos de la barra de hielo* (créditos que con el calor de junio, época de las juntas generales, se fundían y desaparecían de los balances).

nadas) de una carta firmada por Fraga, de suerte que sugiriese una virtual independencia económica diferenciada de los mecenas bancarios, amén de que aliviase el alto coste de AP. Precisamente el tesorero de AP se había desmarcado de la CEOE diciendo que de esta organización "AP recibía consejos, pero no dinero".

La campaña epistolar, de cualquier manera, produjo un resultado más político que económico porque permitió contemplar la red de apoyo social que tenía Fraga, con proyección futura, para nuevas afiliaciones. Cada día llegaban a la sede aliancista una 200 cartas conteniendo donativos entre 10.000 y 100.000 pesetas, generando una comunicación muy instructiva en favor y en contra. Las anécdotas en torno a esta campaña son muy elocuentes: desde la anciana o el joven que aportaban *todos* sus ahorros, o el coste de un viaje, hasta el que enviaba un preservativo o cualquier otra manifestación biológica más prosaica todavía.

El resultado recaudatorio de este tipo fue de 125 millones de pesetas (la media por carta fue de 6.044 pesetas y el donativo más alto fue de medio millón), suma que fue complementada por las *cenas a la americana* que organizaba el tesorero Ángel Sanchís, consistente en cobrar un precio determinado por asistir de comensal a ciertas personas (empresarios, profesionales, etc.) y así eludir el sistema legal de donativos a partidos políticos.

La preparación de la maquinaria electoral, por lo tanto, tuvo su expresión en las actuaciones enunciadas y tuvieron como remate, en cuanto que suponía una innovación en España, la creación de la figura del *agente electoral*[48]. Consistía en formar a doscientos monitores por provincia para la persuasión electoral puerta a puerta, para la penetración sectorial, para reducir la abstención y, sobre todo, para formarlos como gestores y analistas del censo electoral en orden a averiguar las tendencias del voto y atraerlas hacia AP.

El *caso Adicsa* y el escándalo Kirkpatrick

El sapo que según Maura suelen tragarse los políticos cada día le tocó a Fraga el domingo 10 de marzo de 1985 en forma de desayuno. Se encontraba en casa, de vuelta el sábado de un recorrido por Zamora y Toro, cuando un periodista le preguntó —fue la alerta— sobre la implicación de Herrero y Lasuén, accionistas de la sociedad llamada Adicsa (Análisis y Dictámenes S. A.) en una organización de tráfico de influencias que ponía en juego la compañía norteamericana Gray and Company (influyente *lobby* en todo el mundo[49]), según había publicado el sábado el periódico *Washington Post* y que recogerían a todo trapo los medios españoles a continuación.

Apesadumbrado y temeroso del alcance del suceso, Fraga pidió información, que al principio le llegó gota a gota, y finalmente, la confirmación de quiénes eran los afectados por dicha

---

[48] Era una iniciativa de *agiprop* un tanto voluntarista y fantasiosa que, aunque respondía a técnicas experimentadas en países de democracia avanzada, en España tenía el nefasto precedente del caciquismo. El quimérico proyecto, sin embargo, se redujo a continuar sigilosamente los programa de formación de la Fundación Cánovas (con la colaboración financiera de la fundación alemana Hanns Seidel) de interventores y apoderados.

[49] Gray and Company era entonces la empresa internacional de relaciones pública más importante de Washington, con proyección internacional. Presidida por Robert Gray, conocido republicano que trabajó con la Administración Eisenhower, actuaba ahora como un importante *lobby* del equipo Reagan. Esta firma norteamericana, por lo demás, trabó relación con Herrero y Lasuén en 1983 a través del también diputado popular Gabriel Camuñas, a raíz de que éste viajase a Estados Unidos en un viaje patrocinado por la Secrertaría de Estado.

sociedad, de todo lo cual él no tenía conocimiento. Convocó una reunión para el lunes en su despacho. La preocupación del villalbés se justificaba porque compensaba el descrédito que entonces venía mordiendo al PSOE con un escándalo en la oposición. El *caso Flick* de la derecha. La reunión del lunes de Herrero y Lasuén con Fraga tuvo la violencia moral e incomodidad previsibles, y aunque el villalbés no podía entender el hecho mismo en personas tan inteligentes, hizo acopio de toda la comprensión y les recomendó que diesen sin demora una rueda de prensa en la que se desnudasen moralmente ante los periodistas para desmentir o puntualizar la acusación de que eran víctimas. Así lo hicieron en la tarde del día 11. Ante los informadores la sorpresa estuvo primeramente en la implicación de Miguel Herrero, de cuya identidad nada habían dicho las crónicas e informaciones del otro lado del Atlántico.

La sociedad Adicsa se creó el 4 de julio de 1984 por Herrero, Lasuén y sus respectivas esposas, para una semana después firmar con Gray and Co. un contrato de prestación de servicios por un importe de cien mil dólares, de los que habían recibido 25.000 como provisión de fondos. El ámbito geográfico de actuación excluía España y América Latina "para evitar conflictos de intereses", dijeron los concernidos; y cuando tuvieron la sospecha de que podría darse tal colisión, máxime después de constatar que Gray quería abrir sucursal en Madrid, por carta enviada en noviembre de 1984, rescindieron el contrato. A través de UNESA, la asociación patronal eléctrica, Gray pretendía lograr una legislación favorable para dicho sector y así evitar nacionalizaciones y un arreglo compensatorio en el llamado *parón nuclear* postulado por los socialistas.

El exquisito silencio mantenido por los socialistas, dejando a su propio desarrollo la corrosión del hecho, contrastó con el estrépito que el asunto ocasionó en las filas *populares*. Verstrynge reveló a los periodistas Dávila y Herrero[50] que le planteó a Fraga el modo de operar para que el *affaire* no salpicase al partido, en el sentido de que se le pidiese a Herrero la dimisión de todos sus cargos en el partido. Fraga, según el mismo testimonio, le rogó al secretario general que no apretase mucho en este asunto. "Yo, a Herrero —explicó el villalbés—, le tengo que defender".

Una comisión interna de investigación, compuesta por José María Ruiz Gallardón, Guillermo Perinat y Arturo García Tizón (éste en cuanto presidente del Comité de Disciplina) absolvió de cargos a los diputados en un informe que no encontraba indicios de actuación ilegal. Sin embargo, el hecho mismo de ser escrutados debilitaba un tanto, si bien la comisión de investigación la pidieron ellos mismos. Con anterioridad a este dictamen, el pleno del Grupo Parlamentario Popular recibió un informe de Miguel Herrero y, tras ausentarse, deliberó y acordó reiterar su plena confianza "en la absoluta corrección legal y política" de los dos diputados. Se puso de manifiesto en aquella reunión que el estallido del asunto no se debía a maniobra socialista, sino a la represalia laboral de un directivo expulsado de la compañía americana[51]. Cuando días después Peces-Barba convidó a Fraga a almorzar —uno de los llamados *almuerzos institucionales*— le expresó el absoluto convencimiento del correcto comportamiento de Herrero y Lasuén, lo que quedaba confirmado por no haber registrado la Cámara iniciativa alguna de esclarecimiento al respecto.

Era un fortuito asunto que restó posibilidades a Herrero en la confrontación sin desmayo que sostenía con Verstrynge y que, mientras apartaba de momento a aquél de la carrera suce-

---

[50] *De Fraga a Fraga*, pág. 61.
[51] Véase *El País* del 14 de marzo de 1985.

soria, a éste le insuflaba ánimo. Ello, además, porque en la macroencuesta que por encargo de la CEOE había realizado la empresa Sofemasa el líder pelirrojo resultaba muy bien valorado, ocupando mejor posición entre los encuestados que su oponente.

Visos de verdadero escándalo, toda vez que RTVE lo resaltó profusamente en uno de los telediarios del 10 de abril, tuvo sin embargo la asistencia como observador del diputado por Granada, diplomático con apellido irlandés Guillermo Kirkpactrick en las jornadas europeas organizadas en Italia por el Movimiento Social Italiano, de extrema derecha, con la anuencia del Parlamento Europeo. La coincidencia en este encuentro *misino* con Jean Marie le Pen —incluso en la audiencia papal—, líder del Frente Nacional francés que emergía electoralente con fuerza en el vecino país, desató las críticas contra el diputado popular entretanto Fraga se hallaba de visita en Argentina. Una vez más el observador resultó observado.

Verdaderamente, aunque el viaje de Kirkpactrick a Roma pudiera inscribirse en el ámbito privado porque, como él declaró, no representaba a nadie, lo cierto es que pesaba sobre él la condena de haber llamado *rojos* a los socialistas durante el debate de Presupuestos en 1982, a partir de lo cual fue paulatinamente apartado de la tribuna de oradores del Congreso luego que Miguel Herrero pidiese disculpas al Grupo del Gobierno.

La Ley Electoral, pactada por consenso

Contra el aserto de que en España lo provisional cristaliza en definitivo, la Ley General Electoral vino en 1985 a romper ese principio al sustituir, con dicha norma consensuada, al Real Decreto-Ley de 18 de marzo de 1977, hasta entonces válido para su aplicación en tres elecciones legislativas y dos municipales, amén de haber inspirado las leyes electorales de ámbito autonómico. Para su elaboración, por tratarse de la tabla con las inevitables reglas de juego, todos los partidos, partiendo de la voluntad consensual de los dos mayoritarios, pactaron la Ley a lo largo de un proceso de elaboración de más de un año[52].

Para concordar posturas en torno al borrador que elaboró el Gobierno bajo la dirección de su vicepresidente Alfonso Guerra, Fraga designó como interlocurtor a Jorge Verstrynge. Ambos dirigentes del segundo escalón, rivales y sin embargo amigos, se reunieron en junio de 1984 y tras el intercambio inicial de posturas extrajeron el propósito, en primer lugar, de que las próximas elecciones generales debían regirse por la nueva normativa pactada cuyas líneas constitutivas eran todavía vagas, si bien consolidaban los mecanismos ya utilizados en punto a proporcionalidad y al mantenimiento de listas cerradas. En Alianza Popular se constituyó una comisión en torno a Verstrynge que formaban Miguel Herrero (principal artífice del decreto-ley de 1977), Abel Matutes, José María Aznar y Alfredo Navarro.

Se había considerado la posibilidad de aumentar en 50 escaños el Congreso de los Diputados (pasando de 350 a los 400 máximos permitidos por la Constitución), número adicional que se constituiría en *lista nacional para distribución de restos*, en distrito único, alternando con las listas provinciales[53]. Se desechó esta posibilidad, como también que el Senado tuviese su elección por el sistema proporcional como la Cámara Baja. Partióse, pues, del res-

---

[53] La provincia, por virtud del artículo 68 de la Constitución, había sido constitucionalizada como distrito electoral por iniciativa de UCD, en la idea de que se beneficiaría siempre de las provincias menos pobladas.

peto a la normativa ya experimentada en cuanto a la composición y características de las elecciones en las dos Cámaras, bonificando a los partidos mayores y, en suma, instituyendo una malla de reglas favorecedoras del bipartidismo imperfecto. Había intentos baldíos de sustituir la regla D'Hondt del sistema proporcional, que regía en España, Bélgica y República Federal de Alemania y que fortalecía a los grandes partidos, por la regla Lagüe o el método Danés[54], los cuales beneficiaban a los partidos pequeños. Sin embargo, los desajustes españoles de proporcionalidad residían no en la regla aplicable, sino en el hecho de atribuir a toda provincia, por reducida que fuese en población, un mínimo de dos diputados. De suerte que un diputado acopiaba en Soria sólo 33.577 votos mientras que en Madrid requería 146.465 sufragios[55].

Al margen de estas grandes cuestiones, el diálogo Gobierno-oposición se proyectó sobre el sistema de administración electoral, censo, incompatibilidades, propaganda, financiación y su control, así como sobre el cuadro de condiciones exigibles para las encuestas electorales. En octubre, después que se convinieran con todas las fuerzas políticas los grandes ejes del sistema electoral ("consensuado en su núcleo, no en lo accesorio"), el Gobierno aprobó el anteproyecto de ley y lo remitió a las Cortes Generales para su discusión y, en su caso, promulgación.

Aunque el entramado del proyecto había sido pactado, eso no obstó para que Óscar Alzaga, al debatirse en diciembre de 1984 el proyecto en el Congreso, postulase en nombre del Grupo Popular la devolución del mismo por entender que había insuficiencia de garantías para la pureza del proceso electoral. A lo largo del debate en comisión, ya entrado 1985, fueron puntos muy controvertidos el sistema de acceso a los espacios gratuitos en los medios de titularidad pública (radio y televisión), quejándose Alzaga de la falta de mecanismos objetivos e imparciales en otros medios controlados por el Gobierno. En este sentido, el presidente del PDP se opuso a que los componentes de la Comisión de Radio y Televisión, órgano creado para la distribución de los *espacios gratuitos*, tuviesen voto ponderado y, en otro orden, pidió que fuese libre la emisión de publicidad electoral por toda persona jurídica. Ambas propuestas fueron derrotadas, pero de forma cerrada la segunda, toda vez que se tenía fresca en la memoria la irrupción publicitaria de la patronal CEOE contra los socialistas en las elecciones autonómicas de Andalucía de mayo de 1982.

Con la resistencia a cambios insospechados sobre la premisa del disfrute de lo conocido y conseguido —el afán de perdurabilidad—, la inmensa mayoría de los partidos parlamentarios defendió la permanencia del *status quo* en la nueva Ley Electoral, que fue aprobada en junio de 1985 cual instrumento legal de las elecciones generales próximas.

VI Congreso de Nuevas Generaciones y II de Mujeres Conservadoras

Las ramas juvenil y femenina de Alianza Popular, estructuradas como organizaciones separadas —que no independientes ni autónomas—, en la primavera de 1985 celebraron su VI y II Congresos, respectivamente, para adecuar los mensajes y ritmos a la nueva etapa del *partido*

---

[54] La regla Lagüe divide el número de votos no por la sucesión natural de número, sino por 1, 4, 3, 5, 7...; en tanto que el método danés lo hace por 1, 4, 7, 10..., reduciendo la sobrerrepresentación de los partidos grandes y dando mayores oportunidades a los partidos pequeños.

[55] Se establecía en la nueva ley, persiguiendo una mayor proporcionalidad, un nuevo reparto de escaños en función de la población, y así seis provincias ganaban un escaño (Alicante, Cádiz, Málaga, Las Palmas y Valencia) y otras seis los perdían (Asturias, Badajoz, Cuenca, Jaén, León y Tenerife).

nodriza. Aunque para muchos dirigentes de AP estas entidades eran consideradas benévolamente las *reservas* de los chicos y de las mujeres, Fraga, lejos de desdeñarlas, las impulsó hasta su pleno desarrollo.

Nuevas Generaciones era un reducto del partido y seminario de jóvenes profesionales de la política, con reconocimiento estatutario y participación en los órganos colegiados. La pertenencia voluntaria a la misma por jóvenes mayores de edad suponía automáticamente la afiliación a AP. Por su configuración y la tendencia de algunos líderes, sobremanera Verstrynge, a ejercer una influencia decisiva y constante en sus órganos directivos con el afán de ponerlos de su lado, NN.GG. recibía constantemente muchas críticas del tenor de que parecía *un partido dentro de otro partido*.

El VI Congreso de Nuevas Generaciones, celebrado durante el fin de semana comprendido entre los días 20 y 21 de abril de 1985, fue una convención festiva más que un congreso en sentido estricto. NN.GG. era ya una engrasada maquinaria política que había duplicado su militancia a las órdenes de su presidente, Gonzalo Robles Orozco, contando entonces con 35.000 afiliados; encuadramiento —la primera fuerza juvenil española y la cuarta parte del potencial humano de AP— que, aún así, aspiraba como reto a aumentar su peso en AP[56].

Realmente la concentración juvenil aliancista ejerció la misión de reafirmar el liderezgo de Fraga, y a tal fin se programó un acto final bajo los eslóganes *Jóvenes con Fraga* y *Fraga 86*, más volcado a proyectar la imagen de que Coalición Popular se bastaba para ganar las próximas elecciones sin necesidad de conseguir nuevas alianzas[57]. Con esa ductilidad preestablecida, el VI Congreso sirvió de evaluación de efectivos en favor del mando o de gimnasia de un brazo musculoso. Mando o liderazgo con el que la organización juvenil se identificaba de modo dual: Verstrynge y Fraga, por este orden. Ciertamente, la ascendencia del secretario general aliancista sobre los jóvenes era mayor que la del fundador[58].

Las sesiones comenzaron el sábado 20 de abril con la apertura, y la discusión hasta la madrugada del domingo de las distintas ponencias, para finalizar el congreso con la renovación del Comité Ejecutivo y una velado espectáculo del tipo electoral americano.

En realidad, las ponencias apenas tuvieron realce y, si acaso, la de "Tesis políticas" destacó en interés por encima de las demás, habiendo sido aprobada por 133 votos afirmativos

---

[56] En un informe al Comité Ejecutivo Nacional (sin fecha, pero dentro de 1985) son enumeradas las medidas que habría que adoptar para aumentar, se dice, la base social de apoyo a AP con vistas a ganar las elecciones generales. Es un informe largo que Fraga, con su estilo característico, subrayó. Estos subrayados se referían a la necesidad de aumentar la presencia de jóvenes en las candidaturas de todo orden; incorporación de jóvenes a todos los comités electorales de cualquier ámbito territorial; cualquier programa electoral debe estar impregnado de juventud, con tratamiento aislado de sus problemas; la permanencia en NN.GG. debería prolongarse hasta los treinta años, arbitrándose soluciones para absorber en otros puestos del partido a los cuadros cesantes en la organización juvenil; debería suscribirse un compromiso entre AP y NN.GG. para regular las relaciones mutuas que contemplara, entre otras cuestiones, la financiación, el protocolo, funcionamiento de sedes y temas electorales; y todo ello debía tener su punto de partida en el VII Congreso Nacional de AP previsto para febrero de 1986.

[57] La rueda de prensa que en la víspera concedió Gonzalo Robles, presidente de NN.GG., sirvió precisamente para subrayar tales mensajes. Véanse los periódicos del día 20 de abril, sobre todo *ABC*.

[58] En la entrevista que el periodista Miguel A. Majadas, de *Diario 16*, efectuó a Gonzalo Robles Orozco el 24 de abril, preguntado éste a quién admiraba más (si a Fraga o a Verstrynge), contestó: "Son dos liderazgos diferentes. Generacionalmente es obvio que estamos más cerca de Jorge Verstrynge, pero Fraga ha creado doctrina en el partido".

frente a 16 negativos. En dicho texto, ciertas reflexiones morales en cuanto a la aceptación de las relaciones prematrimoniales suscitaron algún roce, pero fueron rechazadas al igual que cualquier forma de aborto, si bien este tema recibió una condena sin paliativos que ni siquiera exculpaba los supuestos permitidos de interrupción del embarazo (eugenésico, terapéutico y por violación)[59]; por otra parte, los jóvenes aliancistas acordaron pedir la total integración militar en la OTAN. Respecto a planteamientos de cuestiones internas, una resolución fue aprobada en la madrugada del domingo en la que se solicitaba de la dirección nacional el incremento de la democracia interna, prevalenciendo los ideales por encima de los intereses.

Durante la jornada de clausura se leyeron los resultados de la votación para la renovación del Comité Ejecutivo, a la que se había presentado una sola candidatura. Por 348 votos favorables, 98 en blanco, 14 nulos y ninguno negativo, fue reelegido presidente de Nuevas Generaciones por otro período de dos años Gonzalo Robles, al que acompañaban en su lista para el ejecutivo otros 27 miembros, de los cuales más de la mitad habían sido renovados. Era sin duda el espaldarazo a la labor meritoria de Robles, concejal madrileño de veintiséis años, casado, y que había duplicado la afiliación desde que fuera elegido en el primer mandato. La presencia juvenil en las listas municipales y autonómicas de 1983 indicaba, con 40 candidatos a parlamentos regionales y 799 a ayuntamientos y juntas generales, que el mecanismo de relevo generacional operaba fluidamente. En este sentido, la ponencia que Robles presentó en el VI Congreso del partido supuso un realista análisis del segmento social de la juventud y un adecuado catálogo de reivindicaciones.

El mismo día que la asamblea de los jóvenes (el 21 de abril), también en Madrid se reunía el II Congreso de la Asociación Democrática Conservadora (ADEC) de mujeres que, con la asistencia de cerca de un millar de asociadas llegadas de toda España[60], pretendía poner a su frente como presidenta a la joven profesora de treinta y cinco años Isabel Tocino, así como modificar los estatutos en lo concerniente a la denominación de la asociación suprimiendo la palabra "conservadora". La asamblea, sin embargo, se opuso a la supresión de ese término y lo descontó como un pequeño tropiezo aún a costa de soportar la broma de ser llamada asociación "conversadora".

Aunque sirva para la pequeña historia, Isabel Tocino se había acercado a Alianza Popular de un modo pintoresco. Durante 1984, luego que la Asociación hubiera registrado diferentes crisis debido a luchas por el control de la misma, Fraga encargó a Verstrynge que buscara una mujer joven que fuera capaz de impulsar la entidad constituida en *banderín de enganche* de mujeres que ponían reparos a militar en un partido político. Con toda discreción, Charo Barrios se dedicó a indagar qué mujeres podían cumplir los requisitos. Al fin, por referencias indirectas, llegó a una joven rubia (oxigenada), madre de seis hijos, supernumeraria del Opus Dei y profesora de Derecho Civil en el colegio universitario Domingo de Soto, de Segovia, y en la Facultad de Derecho de la Complutense[61].

[59] El IV Congreso Nacional de NNGG, celebrado en Fuengirola (Málaga), ya se había pronunciado radicalmente sobre el mismo tema en la ponencia de tesis política. "En definitiva —se decía— , un NO rotundo y absoluto al aborto, porque cuando se permiten excepciones, por restringidas que sean, las causas para practicarlo se amplían progresivamente hasta convertirse, a efectos prácticos, en un aborto libre".

[60] El número de fichas de asociadas con que contaba ADEC en abril de 1985 era de 1.500 mujeres aproximadamente.

[61] Isabel Tocino había obtenido el doctorado en Derecho con una tesis sobre Derecho nuclear, en 1973, y optó por contraer matrimonio antes que acceder a una beca de investigación y trasladarse a Viena, a la Agencia Internacional de Energía Atómica. Dado que la menor de las hijas de Fraga conocía a tan relevante docente, de la que era alumna de Derecho Civil, informó muy favorablemente a su padre de las calidades de aquélla.

En la reorganización registrada en la oficina central del partido a primeros de 1985, Isabel Tocino fue designada jefa del Departamento de Promoción de la Mujer, dependiente de la secretaría general, y a tal fin le fueron señalados emolumentos equiparables a los que obtenía en su trabajo privado. Desde el momento de su incorporación participó en las reuniones de maitines, desplegando una intensa dedicación a reestructurar la Asociación Democrática Conservadora —entidad afín a AP—, que había creado e impulsado inicialmente María Antonia Suárez Cuesta, primera presidenta de la entidad cuyo Congreso constituyente se celebró el 8 de mayo de 1982, en Sevilla, días antes de los comicios autonómicos andaluces. Financiada por AP para el sostenimiento logístico, con sede en un piso-oficina alquilado por la Asociación[62].

Elegida Isabel Tocino presidenta de la Asociación en el II Congreso Nacional, a cuya clausura acudió Manuel Fraga, asumió el compromiso de desarrolllar una política para la mujer orientada a su plena integración en la sociedad en igualdad de derechos al hombre, aunque teóricamente ya le estaban reconocidos. Si en la sociedad española la mujer representaba el 55 por ciento de la población y en la política sólo estaba representada con un 6 por ciento, cabía luchar contra ese machismo político y tratar de llenar ese inmenso hueco. El objetivo de integración, según el nuevo equipo dirigente, debía desarrollarse a través de la formación e información. A tal fin se montó una estructura de asesoramiento y asistencia a la mujer muy eficaz. Como entes de estudio, primeramente se crearon comisiones (política, económica, laboral, de cultura y de familia) que actuaban de laboratorio de ideas. Pero, asimismo, como órganos de asesoramiento concreto muy próximos a la mujer y sus problemas surgieron cinco gabinetes: de asesoramiento fiscal, laboral, de sanidad, de salud en la familia y de asuntos sociales[63].

La incorporación de Isabel Tocino a la Asociación Democrática Conservadora fue todo un revulsivo explicitado en diversas manifestaciones, desde el cambio del logotipo —ahora basado en los colores azules de la Unión Europea de Mujeres— hasta el plan de expansión, que alzanzó las 4.000 afiliadas a los pocos meses de su incorporación. Era secretaria general de ADEC Rosario Barrios (antes de finalizar 1985 dimitió y la sustituyó Pancha Navarrete), y el ejecutivo lo integraron, además: María Teresa Estevan, Isabel Ugalde, Pilar Ayuso, Paloma Fernández Fontecha, Nubia Almandoz, María Isabel Miralles, Alicia Castro, María Mateos, Rosa Vindel, María Teresa Muñoz, Sonsoles Álvarez de Toledo, Astrid Piedra, Begoña Sainz de la Maza, Begoña Urquijo, María Isabel Rubio, Mercedes Blanco, Pilar Moreno, Teresa del Río, Luisa Salama, Virginia Bernar, María Amparo Deprit, María Victoria Cavanillas, Conchita Vázquez, María José Gómez Lago, Franca Llunemberg, Isabel Presedo, Nelda Herrero, María Dolores Pedrero, Carmen Laguna, Marisol Yanguas, Berta Ugurruza, Pilar Juan de Sentmenat y Gloria Buj.

Del estudio de las actas de la organización relativas a 1985 se aprecia una actividad intensa para mejorar la implantación y, de otra parte, para lograr el cuadro ideológico estable. En este orden hay que mencionar la reunión que la Junta Directiva Nacional de ADEC celebró en la residencia que la Fundación Hanns Seidel tenía en Ojén (Málaga). Del mismo modo, a lo largo de dicho año se constituyó, dependiendo de ADEC, la Unión Europea Femenina de España, paso previo para ingresar en la organización del mismo nombre, lo que se lograría más adelante.

---

[62] ADEC tenía su domicilio social en Madrid, avenida de Menéndez Pelayo, 29, aunque sus oficinas operativas estaban en Génova, 13.

[63] Todas estas tareas están recogida en un elocuente folleto editado en octubre de 1985, varios meses después del Congreso, que resumía la nueva filosofía de ADEC sintetizada en el eslogan "La mujer es más que sexo".

El tripartito pacto de Coalición Popular

"Una cena prevista con Alzaga y Segurado no funciona por un pique de Alzaga; ceno ese día con Segurado, y otro lo haré con Alzaga. ¡Señor, qué cruz!", con este lamento escrito en sus memorias Fraga reproduce, el viernes 15 de marzo de 1985, el cuadro de circunstancias dentro del cual se desarrollaban las negociaciones —lentas, pacientes, complicadas— para la renovación de la coalición electoral (Coalición Popular) entre aliancistas, democristianos y liberales.

La irrupción de Segurado en la política, colándose por la trampilla del evanescente Partido Liberal, contravino la preponderante exigencia de Óscar Alzaga como aliado de Fraga. Los democristianos, aunque sólo fuera en el plano teórico, no eran ya tan imprescindibles como acompañantes *centristas* de AP, porque Segurado contrapesaba el influjo de aquéllos arrogándose un papel tan misionero como ridículo. En definitiva, sin bases partidistas significativas democristianos y liberales participaban de la escenificación de la *mayoría natural* no como *malditos* que eran, sino como si fueran actores estelares que interpretaban un tercio del libreto. El pique de éstos, por lo tanto, nunca remitió y Fraga era recipiendario de las intrigas de unos hacia otros, poniendo paz las más de las veces a base de generosidad, que se tradujo en concederles no lo que pesaban realmente en la sociedad, sino la tercera parte de todo el poder asequible[64].

Ante una eventual tentación de Alzaga por arrimarse a la *Operación Roca*, las encuestas de finales de 1984 y el mismo macrosondeo financiado por la CEOE desaconsejaron cualquier excursión fuera de Coalición Popular[65], por lo que en la primavera de 1985 comenzaron las negociaciones al más alto nivel: entre los presidentes de los tres partidos nacionales, sin orillar los contactos que se tenían aparte con los partidos regionales especialmente críticos con el Partido Aragonés Regionalista (PAR)[66] y con Unión Valenciana, empeñados —postura maximalista— en ir a las elecciones por las respectivas regiones asumiendo ellos solos toda la representación de Coalición Popular. De lo contrario, la comparecencia la harían por separado. En Navarra, en cambio, se aceptaba la fórmula inversa de que Unión del Pueblo Navarro era la fuerza principal; el conflicto se produjo entre las bases de Alianza Popular por resultar preteridas ante la pujanza regionalista del grupo de Aizpun.

La táctica habitual por parte de los democristianos de "marcar distancias" con sus socios mayoritarios la soportaba Fraga con beatífica paciencia, dispuesto a pasar por carros y carretas antes que se destruyese la coalición; pero no ocurría lo mismo en otros núcleos del poder aliancista —central o periférico— que no ocultaban su irritación acerca del comportamiento abusivo del PDP. Los episodios conflictivos se repetían y alguno de ellos, como el que surgió a fina-

---

[64] Alzaga y Segurado no sintonizaban personalmente y, habida cuenta de la disputa competitiva por situarse en el centro político, no desperdiciaban la ocasión para zaherirse mutuamente. Así el democristiano aprovechó una conferencia en el Club Siglo XXI, el 29 de abril, para criticar la "utopía ultraliberal", abogando por seguir el molde de partidos europeos en el que los partidos liberales son casi inexistentes.

[65] De las numerosas encuestas que se publicaron durante el último trimestre de 1984 y primero de 1985, las previsiones más optimistas no daban al Partido Reformista de Garrigues y Roca una intención de voto superior al 3 por ciento. No obstante, muchos sociólogos —y por inducción no pocos políticos— todavía hacían cábalas sobre a dónde habían ido a parar los 4,8 millones de votos centristas perdidos por UCD entre 1979 y 1982.

[66] Gómez de las Roces sostuvo que la alianza con Coalición Popular debía ser solamente para las elecciones legislativas, quedando las elecciones regionales como campo de actuación hegemónica, de suerte que la Coalición cediese su influencia en favor de ellos. Querían asimismo que se elaborase un programa de Gobierno específico para Aragón (véase *El País*, 26 de junio de 1985).

les de mayo de 1985 a consecuencia de que Miguel Herrero se negó a que Julen Guimón defendiese en el Congreso unas enmiendas sobre la Ley de la Función Pública distintas del sentido general, provocó una crisis que tuvo que pacificar Fraga con gran derroche de autoridad y de persuasión entre los suyos. Tanto Osorio como Herrero (y con ellos Suárez, Calero, Rato, Aznar, Barreiro y muchos líderes más) reaccionaban a los desplantes del PDP con admoniciones de separación: "Sería bueno —declaró Osorio a los medios[67]— que Alzaga y los suyos se fuesen solos a formar un partido como hicieron Gil-Robles y Ruiz-Giménez en 1977, a ver qué resultados obtienen".

Estando como estaban los presidentes de los partidos que integraban Coalición Popular en la recta final de las conversaciones para alcanzar la renovación del pacto, y para lo cual el 3 de julio era una fecha término para adoptar decisiones respecto de la elecciones autonómicas gallegas, las palabras de Osorio tuvieron el efecto de un precipitante para la hostilidad. Por este motivo, por orden de Fraga, el político santanderino —cuña de la misma madera democristina— se vio obligado a suavizar y puntualizar sus palabras del día anterior. De todas maneras, las veladas críticas de diversos dirigentes del PDP, no siempre modulados disciplinariamente por Óscar Alzaga, crearon un clima crítico muy difícil de superar. En éste sentido, la separación del PDP de la Unión Internacional Democrática (de inspiración conservadora) para ingresar en la internacional democristiana, ya en la mundial como en la europea (UEDC), suscitó enconados recelos.

El clima de desconfianza —no pocas veces de hostilidad— pasó por tramos y episodios increíbles, como aquel, en marzo de de 1985, en que con ocasión de anunciarse que el XXII Congreso de la Unión Europea Democristiana se iba a celebrar en junio, en Madrid y Barcelona, el joven secretario general del Partido Popular Europeo, Thomas Jansen, no advertido de la situación delicada que se vivía en España en torno a la reintegración del centro-derecha, expresó que los democristianos europeos no consideraban a Fraga "un amigo político". Y dijo más:

> "Tengo la impresión —declaró inoportunamente Jansen—de que el PDP desempeña un papel cada vez más autónomo con respecto a la coalición; el perfil del PDP crece, desde mi punto de vista, más claramente identificable con un partido de centro, moderado, inspirado por la doctrina democristiana. La cuestión de la alianza con otros partidos, como AP, se convierte en una cuestión de oportunidad. La UEDC no tiene ningún problema con la decisión que adopte el PDP de continuar o no dentro de Coalición Popular en el futuro"[68].

Durante la *cumbre* democristiana en Madrid y Barcelona no tuvieron repetición las arremetidas contra Fraga. Y sólo estuvo empañada por la ausencia penalizadora —al partido anfitrión— del Partido Nacionalista Vasco ("porque no deseaba el PNV avalar con su peso histórico a un partido como el PDP que no ha contrastado su fuerza electoral en ningún proceso", dijeron los herederos de Sabino Arana).

La afirmación europea del XII Congreso de la UEDC fue el *leit motiv* de todas las sesiones, ya en Madrid como en Barcelona, máxime cuando a la semana siguiente se iba a firmar el tratado de adhesión de España en la CEE. Pero esa obsesión europeísta y occidental, en la línea

---

[67] Prensa de Madrid del día 24 de mayo de 1984 y, en concreto, tomado el párrafo entrecomillado de *El País*.
[68] La transcripción ha sido tomada del diario *Ya* del 18 de marzo de 1985 de una información firmada por M. A. Mellado.

de capitalizar dicho acontecimiento porque ocho de los diez países europeos tenían gobiernos de signo democristiano, produjo la paradoja de que los democristianos europeos retiraran su recomendación sobre el referéndum de la OTAN a instancias de sus colegas españoles bajo el temor de que ello se considerara una "inoportuna injerencia".

Fue en julio, una vez que los caldeados ánimos se sosegaron, cuando Fraga, Alzaga y Segurado alcanzaron el acuerdo a que se llegó por escrito, en algunas de sus partes, y por la palabra de caballeros sobre otras materias. Con el cierre de este no pequeño capítulo se zanjaban las especulaciones sobre supuestas divergencias y, sobre todo, se facilitaba el trabajo en Galicia. A continuación, en los segundos niveles, con la participación del nuevo secretario general del PDP Luis de Grandes, que sustituyó a Julen Guimón[69], comenzó la concreción y redacción del acuerdo cuyo texto se firmó, ante notario, el 2 de octubre, subrayando todos los firmantes el "espíritu de leal colaboración".

La ultimación de los pactos aceleró, de otra parte, la adscripción de los once diputados de la extinta UCD en los partidos de Coalición Popular, de suerte que, excepto Leopoldo Calvo-Sotelo —que no se pronunció—, los demás negociaron su ingreso; en el PDP, tres[70] (Gabriel Cisneros, Manuel Núñez y Luis Ortiz); en el PL, dos (Pío Cabanillas y Miguel Bravo de Laguna); en Coalición Galega, tres (Díaz Fuentes, Gómez Franqueira y García Agudín), y en el Partido Reformista, uno (Luis Mardones).

Los pactos electorales tripartitos, también abiertos a fuerzas políticas regionales, articulaban una coalición electoral con el nombre Coalición Popular para la III Legislatura de las Cortes Generales y, asimismo, eran aplicables para el Parlamento Europeo y el Parlamento de Galicia, así como para las elecciones municipales intermedias si las hubiere durante la legislatura.

Se basaban los acuerdos en la elaboración de un programa común —pendiente entonces— con las recetas para la solución de los problemas y que actuaba de eje central en su doble finalidad de programa electoral y de gobierno. Al servicio de ese objetivo se obligaba a la comparecencia conjunta en listas de candidatos que distribuían en todos los distritos los *escaños seguros* con arreglo al siguiente porcentaje: el 67,5 para AP, el 21 por ciento para el PDP y el 11,5 por ciento para el PL, previéndose un mecanismo compensatorio que respatese dichos porcentajes como mínimos[71].

Manuel Fraga era el candidato a la Presidencia del Gobierno y, caso de alcanzarla, formaría gobierno según su libre decisión aunque procurando respetar los antedichos porcentajes en cuanto a la composición del equipo. Aunque no se concretaba la denominación de los candidatos, era razonable colegir que Fraga sería el candidato número uno por Madrid, seguido de Alzaga y de Segurado.

---

[69] La designación en julio de 1985 de Luis de Grandes como secretario general del PDP, del que hasta entonces era vicesecretario, marcaba el comienzo de una nueva etapa en el partido democristiano. Julen Guimón, el sustituido, sería uno de los diputados destinados al Parlamento Europeo por Coalición Popular.

[70] Rodolfo Martín Villa, que no era diputado por haber dejado su escaño al siguiente de la lista por León bajo las siglas de UCD, Manuel Núñez, también ingresó en el PDP.

[71] Se desconoce el criterio de distribución porcentual pactado y desde luego, en modo alguno, podía basarse en la implantación de los partidos, ya que, en función del número de afiliados, AP contaba con 190.000, mientras que el PDP tenía 20.000 y el PL 3.000.

La expresión propagandística de la coalición fue la de exhibir los logotipos de cada uno de los partidos según un modelo que se adjuntaba a los pactos, en punto a composición, color, distribución y dimensiones, sin duda para curarse del choque dialéctico que este asunto produjo en 1982. También, en evitación de los problemas que surgieron en las elecciones legislativas de 1982, se convinieron diversas medidas sobre presentación de candidaturas, de manera que nadie más que el gerente nacional o los gerentes provinciales tenían capacidad de obrar —eran apoderados especiales— ante los organismos electorales, singularmente la Junta Provincial Electoral. Se creaba una Comisión Electoral Nacional, compuesta por tres representantes de cada uno de los partidos y presidida por el presidente de la Coalición. Era el órgano colegiado encargado de programar y dirigir la campaña en concurrencia con el gerente, máxima autoridad ejecutiva.

Preveían los pactos la constitución de un grupo parlamentario y, dentro de él, un subgrupo para el PDP y otro para el PL; con un reparto de responsabilidades en función de la importancia numérica de los partidos. No obstante, si la reforma del Reglamento de las Cámaras permitiera la formación de grupos parlamentarios separados, se resolvería en función de la oportunidad del momento. El reparto de devengos, con la posibilidad de cobro directo ante la Administración, se hacía asimismo en función del número de diputados y senadores de cada partido.

Con relación a la campaña se pactaba concebirla en sus mensajes y ofertas teniendo en cuenta los deseos de los ciudadanos indecisos, con arreglo a lo que prescriban las encuestas, y ello sin perturbar el voto decidido y el programa común aprobado con vistas a incorporar a votantes necesarios para ganar.

El anexo 3 de los pactos, finalmente, distribuía los puestos concretos en las listas de los partidos en las elecciones autonómicas de Galicia previstas durante 1985, de acuerdo a la siguiente atribución de puestos: ocho para el PDP (La Coruña: 2, 4, 6, 10 y, si acaso, el 13; Pontevedra: 9 y 10; Lugo: 5, y Orense: 4) y cuatro para el PL (La Coruña: 5; Pontevedra: 8; Lugo: 6, y Orense: 5).

Las agresiónes del Gobierno felipista a la oposición

El *felipismo* era una realidad que falsificaba el socialismo de siempre. Su rostro, es decir, el centenario socialismo español de Pablo Iglesias adaptado —sólo y para— a la imagen de Felipe González surgió en 1985 en un mar de protestas. La denuncia de esta manifestación personalista la hicieron muchos y con especial encono los de su propio bando, desde la izquierda, después que González provocase la ruptura con la UGT[72], se comprometiese a celebrar el referendum sobre la OTAN para seguir en ella y, como un peregrino símbolo de poder personal, utilizase el yate *Azor* de Franco para su veraneo marítimo.

---

[72] A lo largo de abril y mayo de 1985 la familia socialista (gobierno, partido y sindicato) estaba en crisis abierta. Fue singularmente virulenta entre el Gobierno y UGT a propósito del recorte de las pensiones, la flexibilidad del mercado de trabajo y la presencia de sindicalistas en empresas públicas, todo lo cual conducía al disenso irreparable. Después que UGT arrastró el desprestigio durante dos años con las reconversiones industrial y naval, no soportó el recorte de pensiones emprendida en las Cortes Generales, por lo que unos cuarenta parlamentarios se vieron afectados ante la ruptura Gobierno-sindicato de tener que optar por uno o por otro. Es más, este conflicto produjo la caída del que se creía sucesor de Nicolás Redondo: José Luis Corcuera.

El *felipismo* era para el centro-derecha otra forma de autoritarismo democrático, al que se refería como *el rodillo* que todo lo aplasta, habida cuenta su prepotencia. A medida que se llegaba a los mil días de gobierno, con un nuevo horizonte electoral a la vista, el socialismo emprendió tales agresiones contra la oposición que su conducta ha quedado de referente de lo que nunca debe ser. Ahora bien, la estrategia de los gobernantes había logrado la disociación de que lo condenable que hacía el *felipismo* no lo sabía Felipe, exaltando de este modo la imagen del líder socialista hasta la altura del mito. En palabras de Calvo-Sotelo, Felipe González se parecía al Dios de los escolásticos: "Usted no quiere el mal, pero lo consiente".

A poco de ser clausurado el XXX Congreso del PSOE, Pablo Castellano ya había hecho el diagnóstico del fenómeno en cuanto disidente reconocido por su pertenencia a la corriente Izquierda Socialista, perdedora en el Congreso de todas sus tesis. En un artículo[73], al borde de la heterodoxia disciplinaria, decía el viejo luchador:

> "(...) El XXX Congreso del PSOE es, ciertamente, el remate de la obra de un equipo, del núcleo del poder orgánico que representa y encarna Felipe González, que por ello ha hecho perfectamente en aprovechar tan fausto acontecimiento para representarlo como tal, como la meta de diez años de recorrido: de Suresnes a la Moncloa, al comparecer exhibiendo a los delegados y a toda la opinión pública un trayecto, una estrategia perfectamente desarrollada contra viento y marea, para llegar desde la conquista del poder en el partido a la conquista del Gobierno en el Estado".

El comentarista José Aumente, refiriéndose a esta mutación socialista a través de una serie de artículos sobre la teoría del *felipismo*[74], además recogía la común caracterización de que "era la enfermedad senil del franquismo" según un proceso de alienación del poder del ciudadano en sus dirigentes por muy electoralmente que hayan sido elegidos éstos[75]. Y decía:

> "(...) En este país, donde los hábitos franquistas heredados de muchos años son consustanciales con nuestra sociedad, no tiene nada de raro que una mayoría absoluta como la que tiene el partido en el Gobierno condujera a sus dirigentes a una interpretación patrimonial del poder. El episodio del *Azor,* aunque anecdótico, no deja de ser significativo. A todos los niveles, y como nuevos ricos, usan y disfrutan de sus propiedades institucionales que se les han venido a las manos, y eso evidentemente acalla muchos escrúpulos ideológicos...".

La estabilidad, incluso ante los abusos, estaba garantizada por esa nómina de 40.000 militantes situados en cargos públicos y el tácito pacto con los *poderes fácticos.* Garantizadas esas fidelidades, casi todo estaba permitido para el poder, que actuaba no sólo en provecho propio sino contra la oposición, ejerciendo de oposición de la oposición. Toda la maquinaria del Estado, tanto más la de información, estaba sometida a los intereses gubernamentales, que se manifestaron nerviosos en varias ocasiones. Contando Felipe González con bazas políticas que

---

[73] Véase *El País* del 19 de febrero de 1985.

[74] Véase *El País* de los días 7 de septiembre y 14 de octubre de 1985.

[75] Como notas definidoras del *felipismo,* el doctor Aumente establecía cuatro: su intento de *salvar* al capitalismo de su actual crisis; su proyecto de integración subalterna en el sistema occidental dominado por Estados Unidos; su renuncia a toda ideología socialista, y su técnica de mantenerse en el poder por el poder utilizando ciertas constantes franquistas. Concluía el comentarista que el *felipismo* suponía para la izquierda española "el fin de todas las ilusiones utópicas de los años sesenta".

ensalzaban su imagen muy por encima de sus opositores, no se explican las conductas vejatorias a la oposición, como el espionaje a los partidos políticos rivales y el ataque que RTVE dirigió contra Fraga en el mes de junio.

Las reiteradas jactancias de algunos líderes socialistas, principalmente Alfonso Guerra, de conocer los discursos del jefe de la oposición antes de que fueran distribuidos a la prensa[76], o documentos de carácter interno —consustancialmente privados— como la nota que Carabias dirigió a Fraga acerca la Fundación Cánovas y que fue exhibida por el portavoz socialista en el Congreso, Martín Toval, durante el debate del *caso Flick*, indujo a pensar en Alianza Popular que se encontraba ante un *Watergate* a la española. Existía el precedente, por otra parte, de la más que sospechosa presunción sobre *pinchazos* telefónicos en AP y a otros partidos políticos, lo que constituyó causa para que Óscar Alzaga interpelase al Gobierno sobre estas intromisiones anticonstitucionales.

El desprecio que suponía a los derechos del adversario que AP fuese espiada por servicios policiales desató en la sede aliancista de la calle Génova todas las furias, las de algunos dirigidas en ambas direcciones: contra el Gobierno y contra la propia organización por no haber seleccionado al personal y permitir la existencia de *topos*. En la reunión del Comité Ejecutivo del 13 de mayo de 1985 fue tema prioritario el asunto del espionaje de que era víctima el partido y, tras diversas intervenciones encendidas, alguna de ellas partidaria hasta de una moción de censura, se acordó realizar una investigación interna que localizara a los *soplones* y, simultáneamente, emprender acciones judiciales y parlamentarias. En este caso Fraga se reservó, dada la gravedad del asunto, llevar él mismo una interpelación urgente en el Congreso de los Diputados. Declaró a la prensa, al término de la reunión del ejecutivo aliancista, que "una fuente gubernamental" había informado privadamente de que lo ocurrido no provenía directamente del Ministro del Interior, dando a entender que el Gobierno estaba interesado en sancionar a los culpables[77]. No obstante, Fraga señaló que "no había causa sin efecto", calificando el asunto como no menos grave que el *caso Watergate*.

El 14 de mayo Alianza Popular presentó querella criminal en los Juzgados de Instrucción de la plaza de Castilla y, por reparto, correspondió admitirla al número 21, que regía el joven juez Vázquez Honrubia. La querella había sido elaborada por los Ruiz Gallardón, padre e hijo, e iba dirigida contra los policías Martínez Torres (comisario general de Información) y Alberto Elías (comisario de la Brigada de Interior), así como contra los policías o responsables políticos que hubiesen ordenado la investigación de las actividades privadas de Alianza Popular.

Al propio tiempo, y para el esclarecimiento de las imputaciones, se solicitaba en el escrito que el juez interrogase al Vicepresidente del Gobierno Alfonso Guerra, al Ministro del Interior José Barrionuevo, al diputado socialista Eduardo Martín Toval y al periodista Carlos Yarnoz, autor de las informaciones publicadas por *El País*.

---

[76] La primera referencia a los espías que el PSOE tenía dentro de AP la hizo Alfonso Guerra a los periodistas en mayo de 1983, antes de que Fraga defendiese su enmienda de devolución de los Presupuestos del Estado en el Congreso motejándola de barbaridad. Y aunque no fuera cierto, el Vicepresidente del Gobierno aclaró que tenía los discursos de la oposición antes de que fueran pronunciados.

[77] Desconócese quién era la *fuente gubernamental*, pero en este asunto como en otros de actuaciones policiales la fuente informante de Fraga solía ser Álvaro Lapuerta, vicepresidente del partido, con muy buenos contactos en la Dirección General de la Policía, donde había ejercido de abogado del Estado.

El discurso de Fraga en el Congreso, en el trámite de control al Gobierno, lo dirigió al Ministro del Interior porque Felipe González ni siquiera estaba presente[78]. El socialista sevillano, con estos modales políticos, no cumplía ni la más elemental deferencia democrática y menospreciaba a sus oponentes. Después de situar el problema, de explicar sus circunstancias, el presidente de AP aseveró que en ningún país de la Europa democrática nadie se hubiera permitido admitir en público el conocimiento de informaciones obtenidas por espionaje al adversario. "Hubiera podido ocurrir que esas informaciones se poseyeran —advirtió Fraga—, pero en ningún caso hubieran sido alegadas públicamente".

Demostró Fraga, seguidamente, la presencia continuada y real de la policía en la sede de AP, aportando nombres y otros detalles confirmatorios de la agresión[79], y se preguntó: "¿Hasta dónde puede aceptarse que la policía investigue a un partido que cumple con sus obligaciones constitucionales?" Se hizo eco de una comunicación del señor Martín Pedral, presidente del Sindicato Nacional de Policía, según la cual no parecía positivo exigir responsabilidades a los funcionarios, sino a los políticos porque, afirmaba, "debemos ser policía del Estado, dirigida por el Gobierno, pero no la policía del Gobierno o, lo que es más peligroso y parece estar ocurriendo hoy, policía del partido del Gobierno".

Si durante los gobiernos de UCD los socialistas exigían responsabilidades políticas por todo, (del paro, del síndrome tóxico, etc.) ahora, resumía Fraga, parece ser que no responde de nada, que es calumniado si se le critica sobre puntos más graves.

Fue tajante en la réplica el Ministro del Interior José Barrionuevo cuando dijo:

> "(...) Puedo afirmar de forma tajante, señorías, que no se ha dado ninguna orden por ninguna autoridad responsable del Ministerio del Interior para investigar a los partidos políticos".

Y Barrionuevo basó toda su argumentación en la falta de hechos concretos, identificados como pruebas, explicando profusamente los métodos rutinarios que emplea la policía para informase con carácter general en distintas entidades, dirigidos a salvaguardar el sistema democrático. A estas razones Fraga, en el turno de dúplica, contestó con humor:

> "... De lo que no cabe duda es que este tipo de hechos no se cometen ante un notario. Mi maestro de Derecho Canónico, don Eloy Montero, hablando de la prueba de adulterio, decía que normalmente no se cometían ante el canónigo penitenciario *(risas);* que se probaba por presunciones. Es evidente que aquí se han puesto algunas ampliamente 'cogentes', como dicen también los propios canonistas".

La semana siguiente el diputado aliancista Ruiz Gallardón defendió en el Congreso la moción resultante del debate acusatorio protagonizado por Fraga, en la línea de que se acla-

---

[78] Véase el *Diario de Sesiones* del Congreso de los Diputados, número 209, de la II Legislatura (22 de mayo de 1985).

[79] El policía Manuel Jaroso era un visitante asiduo a la oficina de prensa de AP e, igualmente, el policía Sanmaded tenía contactos con el jefe de prensa Felipe Núñez y con los empleados Carlos Jiménez Martínez y Julio Cebrián Suares, que un día a la salida del trabajo fueron sorprendidos con una bolsa de papeles que les fue intervenida y ellos, por esta causa, despedidos. En la bolsa interceptada llevaban fotocopias con la nómina completa de altos cargos del partido.

rasen los hechos para la exigencia de responsabilidades políticas. A tal fin, propuso la constitución de una comisión de investigación, lo que fue derrotado con el aplastante peso del *rodillo socialista*. Sólo restaba, pues, la instrucción judicial.

La controversia en los estrados judiciales tampoco le fue bien a Alianza Popular, aunque el juez Vázquez Honrubia tenía voluntad de llegar hasta el fondo. Durante las diligencias previas, el juez, el lunes 27 de mayo, mandó ocupar en la Brigada de Información de la Policía hasta 180 documentos obrantes en la misma y referidos a los más variados temas de la acción política aliancista, la mayoría de ellos desenfocados o falsos[80]. Igualmente, tomó declaración a los policías implicados, pero las sospechas e indicios sobre Alfonso Guerra y José Barrionuevo —miembros del Gobierno y por tanto personas aforadas— obligó al juez instructor a elevar el sumario de 800 páginas al Tribunal Supremo, cuya Sala Segunda es la competente para ello.

Con inusitada rapidez, a los dos meses de iniciado el escándalo, la Sala Segunda del Tribunal Supremo dictó un auto en el que se exoneraba a las tres personas aforadas por no desprenderse de sus conductas "ningún indicio de responsabilidad criminal" y devolvía al Juzgado 21 el sumario en cuestión. Había sido juez ponente del asunto el magistrado José Augusto de Vega Ruiz.

El carpetazo dado al asunto del espionaje en su instancia superior representó un duro golpe a la oposición, que no tuvo otra salida que el derecho al pataleo sobre la misma decisión del Supremo y urgir la prosecución de la causa en el orden de los funcionarios. Fuera del proceso, en la calle, Alfonso Guerra y sus métodos resultaron indemnes y proclamaron su inocencia arrojándola a la cara de sus adversarios. Estaba claro que, en las coordenadas latinas, el *caso Watergate* era un exceso anglosajón o un recurso ficticio de novela negra, difícilmente trasladable a la democracia española. Pese a ello, el Comité Ejecutivo de AP, reunido el 15 de julio de 1985, acordó, por unanimidad, proseguir la persecución judicial en el nivel que fuera porque era indudable que había habido espionaje político por funcionarios del Estado.

Las segundas elecciones al Parlamento de Galicia

Una vez más, se quiso que los comicios gallegos fuesen el *test* de la política nacional o las *primarias* del centro-derecha.

Como la victoria de Fraga en Galicia no fuese por mayoría absoluta, tal resultado se consideraría insuficiente —porque se entendería *la victoria de una derrota*— para que el villalbés pudiera proseguir la marcha de agrupar, con todos los apoyos, al centro-derecha. Ante ese escenario se libró la campaña electoral al Parlamento de Galicia por Coalición Popular, con la vista puesta en conseguir 36 escaños o más, y por todos los demás, haciendo pender el éxito propio del fracaso de la coalición favorita.

---

[80] Por su condición de letrado actuante en la causa José María Ruiz Gallardón tuvo conocimiento de los 180 documentos incautados por el juez Vázquez en la comisaría de la calle de Leganitos, de Madrid, y a 40 de ellos se refirió durante la defensa en el Congreso de la moción subsiguiente a la interpelación. Es probable que los archivos policiales fuesen *limpiados* antes de la incautación judicial; no obstante ello, se incluían informes tales como que José María Ruiz Gallardón y un concejal de Madrid habían pagado a Falange Española 20 millones para su mantenimiento.

El diseño político-electoral comenzó más de un año antes bajo el estrecho control de Fraga y cuyas actuaciones de desarrollo, con plena iniciativa, gestionaba José Luis Barreiro. La confianza que Fraga deparaba al hijo del cartero de Forcarey era impresionante, y en la crisis de Mella tuvo su cabal reflejo: la provocó y la ganó Barreiro sin resquicio a la duda. La creación de la televisión autonómica la veía Barreiro imprescindible para la normalización idiomática y, por ende, para ganar las elecciones. En la apuesta el vicepresidente puso toda su fuerza frente a quienes, desde fuera e *influyentes* (Romay y Robles Piquer, entre otros), sostenían que era mejor ayudar a los medios privados ya existentes, pues de lo contrario se les desestabilizaría[81]. La reunión del consejo de la Xunta, estando ya Treboye a cargo de la consejería de Economía, en la que se acometió la creación de la televisión y la aplicación de los famosos 12.000 millones de pesetas, fue decisiva y Barreiro temió lo peor. Aplazada la discusión, Barreiro buscó la complicidad de Fraga para que ablandase a Albor y no le parase el proyecto. El villalbés inclinó la balanza convenciendo a Albor de la bondad de tener voz e imagen propias.

La estrategia que había que definir vendría determinada por una encuesta cualitativa y cuantitativa, que en sus propuestas investigaba la situación política, económica, social y cultural de Galicia toda (ciudades y parroquias). El estudio sociológico lo realizó el catedrático de Mercadotecnia Luis Ángel Sáez de la Tajada, y el cuestionario, para una muestra de 15.000 entrevistas, revelaba los datos de interés de cada hábitat gallego. En un almuerzo en el restaurante Balthasar, en presencia de Abel Matutes (presidente del Comité Electoral Nacional), Javier Carabias le entregó a Fraga el resumen de la encuesta y quedaron en mantener su resultado como confidencial. La encuesta predecía con exactitud el voto a Coalición Popular[82] y al PSOE, pero falló en los diagnósticos del voto nacionalista de Coalición Galega y el Bloque Nacionalista (esta formación era extremista entonces). Es decir, a Coalición Popular ya le atribuía la encuesta 34 diputados —un año antes—, razón por la que Fraga se marcó como objetivo razonable subir dos escaños más y, por lo tanto, conseguir la mayoría absoluta. Fernando Jáuregui asegura que fue el propio Fraga quien se tendió la trampa situando el listón tan alto, que su no consecución; la victoria por mayoría simple se creyó un pseudofracaso[83].

El mantenimiento —o la mejora—de los resultados *predictos* suponía ocupar un espacio de nacionalismo moderado, tirando al centro, que desarrollase el título VIII de la Constitución hasta violentar la postura que Fraga sostuvo en el proceso constituyente ("agua pasada no mueve molino"). A la vista de esa contradicción de hacer de Galicia otra región *nacionalista*, los postulados de José Luis Barreiro de basar la gestión de la Xunta en *lengua, cultura y política diferenciales* eran garantía del éxito, pero toparían con no pequeños obstáculos de la derecha de siempre.

Pero si AP preparaba la victoria electoral con mucha antelación, no menos madrugadora fue la actuación de quienes querían romper el bipartidismo y meterse, como cuña centrista, en el poder de Galicia. Coalición Galega nació en 1984 por inspiración del maestro y cooperati-

---

[81] José de Cora (*Barreiro contra Barreiro*, Vigo, 1990, pág. 147) describe profusamente esta batalla de la televisión autonómica.

[82] En verdad, según los resultados de dicha encuesta, el polo que atraía votos era Alianza Popular (Fraga y seguidores) y los que se inclinaban por el democristiano PDP y PL apenas aparecían reflejados en la muestra por su irrelevancia. La presencia de Enrique Marfany al frente de la Diputación provincial coruñesa y del PDP desde 1983, en sustitución de Blanco Rajoy, aumentó la representación democristiana, pero aun así no se revelaba dicha presencia en las encuestas.

[83] Véase *La derecha después de Fraga*, pág. 171.

vista *ex ucedeo* Eulogio Gómez Franqueira, que tenía su inexpugnable fortaleza en Orense, recogiendo a los dispersos partidarios del Partido Galleguista. Concertados con la *Operación Roca*, actuando de sucursal exclusiva en Galicia, los *coagas* supusieron una seria amenaza para romper la mayoría absoluta de Fraga. Su vocación de ser fuerza *bisagra* les condujo a fijarse más en los objetivos destructivos que en los creativos, cuestión que frenó su ascenso; pero lo que más se notó fue la falta de liderazgo, máxime después que en septiembre de 1984 Gómez Franqueira sufriese un ataque celebral y quedase, sumido en una hemiplejia, fuera de combate.

Para propiciar el éxito la Xunta de Galicia decidió crear el tercer canal de televisión (TVGA, Televisión de Galicia), que, al igual que las televisiones vasca y catalana habían actuado en sus respectivos ámbitos, sería el contrapunto a la televisión estatal (RTVE), volcada en el panegírico del socialismo y de Felipe González.

José Luis Barreiro, consciente de que en Galicia lo que se disputaba era el centro político representado por un nacionalismo moderado, había consolidado un tejido de poder territorial que neutralizaba a los caciques tradicionales entroncados en una decena de familias, y ello con la connivencia de algunos líderes aliancistas provinciales. Él mismo, por su aspecto físico y por las amistades que frecuentaba, daba una imagen más progresista que el partido que dirigía. El resultado de todo ello fue que, ante la pasividad de Fernández Albor, Barreiro acaparó la voluntad tolerante de Fraga en cuanto lugarteniente capaz de ganar la batalla electoral. Paralelamente, su creciente poder dio pie en todo caso a que la burguesía clásica apuntara a Barreiro como un intruso al que batir en el nombre y defensa de los valores nacionales. Pero Fraga siempre le defendía.

Un incidente sucedido a primeros de 1985 explicó elocuentemente la sorda lucha que se libraba para debilitar a Barreiro y su influencia territorial como secretario general de AP gallega. La cuestión de fondo elegida era la *normalización cultural*, al paso que la expansión lingüística, con ocasión de que el director general de Cultura de la Xunta, Luis Álvarez Pousa, había presentado la dimisión al vicepresidente Barreiro porque no se cumplían las condiciones pactadas en su nombramiento para el ejercicio del puesto[84]. Efectivamente, desde las columnas de *La Voz de Galicia* el matrimonio Armesto (Victoria Fernández-España y Augusto Assía) dirigió sus invectivas contra Barreiros en una serie de artículos que interpretaban en clave política la antedicha dimisión. En el último de los artículos, titulado "Las funciones del vicepresidente", el prestigioso periodista denunciaba furibundamente los poderes extralimitados del protegido de Fraga. Porque la diatriba, de cualquier manera, era una velada crítica al protector[85].

El artículo de Augusto Assía (motejado por algún comentarista discrepante como *disgusto Assía*) desató una fuerte polémica en la prensa y en los medios políticos, con participación de los principales diarios gallegos y del mismo *ABC*, en cuya *tercera* se publicó por esos días un artículo del mismo autor con el título "Las incongruencias políticas de la Junta de Galicia"[86]. En apoyo de Barreiro, sin mención expresa al atacante, el 11 de enero se publicó una nota desde Pontevedra y asimismo una repulsa al ataque que formularon el presidente de la Xunta y los

---

[84] El periodista dimisionario presentó la renuncia al cargo de director general de Cultura al vicepresidente en vez, de como correspondía, al consejero competente señor Vázquez Portomeñe, buscando el escándalo que el asunto encontró.

[85] Véase *La Voz de Galicia* del 8 de enero de 1985, (Carta abierta de Augusto Assía).

[86] Véase el *ABC* del 15 de enero de 1985. El artículo venía a responder a las informaciones *desorientadas* que la corresponsal del diario madrileño en La Coruña había publicado sobre este asunto.

demás parlamentarios aliancistas (menos cuatro ausentes y dos que se negaron: María del Carmen Lovelle y Ramón de Vicente).

La polémica, por lo demás, terminó al modo gallego: en la consagración de la paradoja. Augusto Assía no volvió a escribir cartas abiertas; Pousa, periodista, entró a escribir en el periódico de su *inquisidor,* y por todos, desde la paz que predicaba Fraga en Madrid, se elogió la armonía política entre Albor y Barreiro. En verdad, los recelos entre ambos no cesaban y era voz del pueblo que el vicepresidente barbado ejercía un poder que no le correspondía, sin miramientos, mangoneando al que lo tenía y no lo usaba.

El *via crucis* de las candidaturas

La *Operación Roca* logró, tras varios meses de búsqueda infructuosa, designar en abril de 1985 a Víctor Moro como candidato de Coalición Galega a la presidencia de la Xunta. Hijo de padre castellano y madre de Ribadeo, pelo blanco, cincuentón, Moro era el director del Banco de España en Barcelona cuando se fijaron en él para oponente de Albor en la elecciones al Parlamento gallego. Gozaba de prestigio en su época de director general de Pesca en tiempos de UCD, pero su alejamiento de la política gallega durante varios años le depararía contratiempos.

El 30 de marzo el Consejo Político de Coalición Galega le proclamó candidato en un acto que tuvo lugar en el hostal de los Reyes Católicos, abarrotado de seguidores. Se presentó al candidato en una ceremonia que se quería distante del *reformismo*, bajo una enorme pancarta que anunciaba la *Operación Galicia* y destacaba la añoranza del líder ausente, Gómez Franqueira.

A juzgar por los arreciados ataques que recibió Moro de los aliancistas al desembarcar en CG, podía medirse el acierto de su vuelta política. Le llamaron *emisario de Pujol*[87], *submarino del PSOE* y otras descalificaciones que no le amilanaron. Pero su llegada a Galicia a un partido caciquil, con el mesianismo creado en su torno, provocó su renuncia porque los aspirantes a la herencia de Gómez Franqueira (Díaz Fuentes, Rodríguez Peña, Atanas Romero y Pablo González Marinas) no le concedieron los poderes y perrogativas adecuados al puesto que ocupaba. Los *coagas,* a lo que se vio, querían a un candidato-marioneta y Víctor Moro no se prestó a ello y optó por volver a Barcelona[88].

La retirada de Moro vino acompañada de múltiples acciones para unir al centro-derecha gallego, y en esta labor de persuasión, mediante la capacidad persuasiva de Pío Cabanillas, el presidente de la Diputación de Orense, Victorino Núñez, abandonó Coalición Galega y se integró en las huestes de Fraga con las siglas propias *Centristas de Galicia* a cuestas. Aseguran que cuando Franqueira se enteró en la silla de ruedas de la deserción de Victorino Núñez musitó, con lágrimas en los ojos, la palabra *traidor* y se negó a oír mención alguna en su presencia. Se

---

[87] Parece comprobado (Fernando Jáuregui lo señala también, *La derecha después de Fraga*, pag. 167) que tanto Pujol como Roca fueron quienes convencieron a Moro para que aceptase la candidatura de CG y que, incluso, influyeron para conseguir la excedencia en la sucursal del Banco de España donde trabajaba.

[88] La retractación de Víctor Moro la aceptó la Ejecutiva de Coalición Galega, tras una tormentosa reunión de cinco horas, el 13 de mayo de 1985.

asegura que la huida de Núñez obedecía al disgusto que le proporcionó la ruptura de Víctor Moro (llegó a decir que "no se ponía en manos de cabos interinos"). Una interpretación probable es que, desaparecido el interlocutor que era Franqueira para unirse a Coalición Popular y sobre lo que venía trabajando Pio Cabanillas, Victorino Núñez tomó el relevo con pretensiones de sucesor, y al no contar con posibilidades prefirió negociar con Fraga contando con un activo electoral tan valioso como era la Diputación orensana.

Centristas de Galicia fue el dulce fruto veraniego del carácter conspirativo y muñidor de Pío Cabanillas, situado en segundo plano pero decisivo en la gestión de unir al centro-derecha gallego. Cuando la Ejecutiva de *Coalición Galega* suspendió de militancia el 3 de agosto a Victorino Núñez por entablar negociaciones con Fernández Albor, aquél ya estaba comprometido —habiendo actuado *a modiño*— a desgajar una fracción importante de alcaldes y militantes *coagas* partidarios de integrarse en Coalición Popular sin perder su personalidad, a cuyo fin se constituyeron en partido político de ámbito provincial. Con esta incorporación la provincia de Orense, que era la única que escapaba a la hegemonía de los *populares*, se erigió en distrito clave para la obtención de la mayoría absoluta. Durante el recorrido electoral que Fraga hizo por toda Galicia durante la primera decena de agosto, acompasando sus salidas intermitentes con el descanso en Perbes, el recorrido por Orense fue una *excursión apoteósica* alentada por los 37 alcaldes (de los 63 que pertenecían a CG) que, junto a Núñez, habían pactado con el villalbés.

A la llegada a cada pueblo, y como si de un viaje institucional se tratara, el himno de Galicia era difundido en honor de Fraga —que protestaba porque se prodigasen sus compases sin ton ni son— y con la música de fondo hacía populismo entre las gentes, a las que prestaba audiencia acerca los problermas que le exponían (Albor y algunos consejeros estaban de acompañantes, en segundo plano).

La disputa por el centro multiplicó la complejidad de la confección de listas electorales, en conversaciones a múltiples bandas. Había que lograr el pacto de Coalición Popular de tres partidos (AP, PDP Y PL) y, en Orense, además, con los *Centristas* de Victorino Núñez. Había que convencer, por lo tanto, a las juntas provinciales aliancistas para que reservasen huecos a forasteros —de territorio y partido— sin rebelarse ante Santiago y Madrid. Y, con toda esa barahúnda por delante, los rumores e intoxicaciones periodísticas enrarecían el acuerdo.

Galicia era una referencia para la política del Estado y, en razón a ello, en pos de divulgar que la *mayoría natural* era posible, Fraga dio un consejo a Barreiro expresivo de su obsesión unionista: "Si los partidos no existen, usted los crea y luego pacta"[89]. Por desgracia ocurría no exactamente eso, pero sí algo parecido. Porque ni el PDP (salvo en La Coruña) ni el PL contaban para nada por su implantación, pese a lo cual Barreiro hubo de pactar número de puestos y orden de colocación de dichas formaciones. El resultado de dicha negociación quedó reflejado en el anexo número 3 de los Pactos de Coalición Popular, según el cual se otorgaban ocho puestos de salida al PDP (cuatro en La Coruña, dos en Pontevedra y uno en Lugo y en Orense) y cuatro al PL (uno en cada provincia). En el ámbito de Orense, por si fuera poco, hubo que dejar sitio a Victorino Núñez en la cabecera.

El primero de septiembre se firmó el pacto cuatripartito de Coalición Popular de Galicia (con los signatarios Fernández Albor por AP; Enrique Marfany por el PDP; Juan Antonio Páramo por

---

[89] *Barreiro contra Barreiro*, pág. 175.

el PL y Victorino Núñez por Centristas de Orense) con un alto contenido autonomista en su parte dogmática pero dentro del marco de la indisoluble unidad de España. En la consecución del acuerdo, los democristianos de Alzaga habían expresado prisas, acaso resabiados por la conducta sedicente que en las generales de 1982 tuvo AP gallega. De todos modos, este acuerdo gallego, que traía causa del buen clima existente en la cúpula dirigente de Coalición Popular desde el pasado mes de julio, se firmó antes que el pacto de las elecciones legislativas[90].

El 25 de septiembre el presidente de la Xunta convocó elecciones autonómicas para dos meses después: el 24 de noviembre. El llamamiento electoral gallego fue objeto de expectación por el simple hecho de que condicionaba el calendario electoral del Estado, estando pendiente el referéndum sobre la OTAN y, en todo caso, las elecciones generales

Con González Laxe de candidato socialista, economista de treinta y dos años, y el abogado coruñés González Mariñas por Coalición Galega en la competición a presidente de la Xunta, que ostentaba el aliancista Fernández Albor y pretendía la continuidad, se inició oficialmente la campaña el 8 de noviembre. Para ocupar 71 escaños competían 889 candidatos en las cuatro provincias, la mayor parte de los cuales representaban siglas con escasas posibilidades de ganar representación.

El comienzo de la campaña oficial, puesto que la confrontación electoral sin expresa petición del voto venía de muy atrás, significaba que el capítulo de la formación de listas finalizaba. En el caso de Coalición Popular se cerraron las candidaturas en un clima de crispación en algunas juntas provinciales y, sobre todo, en Lugo, la provincia natal de Fraga, dejando atrás un reguero de enfrentamientos de difícil reconciliación.

La amplia representación cedida al PDP y al PL, la cesión de las cabezas de lista de Orense y Lugo a Centristas de Orense y a un independiente, y la inclusión de siete de los nueve *conselleiros* de la Xunta en distintas candidaturas estrechó enormemente el margen de maniobra para las juntas provinciales. Los cabecera de cada lista eran Albor por La Coruña, Barreiro por Pontevedra, Victorino Núñez por Orense, y el indendiente Antonio Rosón por Lugo. La inclusión de este último, sin embargo, provocó la rebelión de AP lucense que presentó una lista *pirata* o ajena a los pactos regionales, dando prevalencia a los intereses provinciales. La actitud de Cacharro, que en estas elecciones afirmó su poder al frente de la Diputación lucense, al filo de la heterodoxia, fue el exponente de una tensión no resuelta entre las competencias de la Xunta y las de las Diputaciones.

El *conselleiro* Víctor Vázquez Portomeñe, natural del lucense pueblo de Chantada, fue políticamente repudiado por Cacharro y, en consecuencia, remitido al feudo pontevedrés de Barreiro, donde encontró hueco[91]. A cambio, como si de una permuta se tratara, Lugo dio aco-

[90] Fraga, Alzaga y Segurado ratificaron el pacto gallego de Coalición Popular el 15 de julio de 1985, en el curso de un desayuno de trabajo. No contemplaron entonces la incorporación de centristas de Orense, por lo que la incorporación de éstos en las listas (dos plazas) se hizo a costa del cupo de Alianza Popular. El pacto en Galicia de los *populares*, concediendo al PDP el 25 por ciento de los puestos seguros y el 12,5 por ciento al PL, no reflejaba el verdadero equilibrio de fuerzas en aquella región. De ahí que AP de La Coruña se negase a conceder el quinto puesto (número 13 en la lista provincial) al PDP y que el malestar cundiese en la militancia aliancista por estos excesos de generosidad.

[91] Víctor Vázquez Portomeñe, a quien denominaban despectivamente "Doble V", había sucedido a Cacharro en la Consejería de Educación, razón quizás de la enemistad que se profesaban. Sin embargo, hay quienes apuntan que Cacharro no lo quiso en las lista lucense para no consentir arraigos políticos.

gida a Fernando Garrido Valenzuela, *conselleiro* de Agricultura. La salida de Garrido de Pontevedra, por otra parte, se veía bien por el sector pesquero, ya que la persecución a los mariscadores furtivos le creó cierta impopularidad. La inclusión del veterano político Manuel Iglesias Corral (era el candidato de más edad de todas las candidaturas) en las listas de La Coruña, ante la oposición de los hombres de Romay, fue dificultosa y para hacerla efectiva tuvieron que insistir personalmente Fraga y Albor. Igualmente, provocó otro rifirrafe por su inclusión en la lista de Orense el nombre de Rafael Valcarce Baiget.

En opinión de Albor, la condición homosexual de Valcarce, harto conocida en Orense, era un inconveniente insuperable para que llevase la divisa aliancista. Cuando Albor le comentó el asunto a Fraga, éste fue tajante: "es un argumento a favor porque esas cosas, en los días que corren, dan votos"[92]. Igualmente, debido a los compromisos de Fraga de incluir a antiguos diputados de UCD, en el caso de Pontevedra a Emma González Bermello, el candidato Martínez Larrán a quien apoyaba Mariano Rajoy, fue descabalgado con gran disgusto del joven presidente de la Diputación. La aparición de Victorino Núñez en Orense, por lo demás, fue un foco de discordias ante los genuinos de Alianza Popular (Jaime Tejada y María del Carmen Lovelle), que se saldarían con escisiones.

Pero de todos los conflictos el más serio y escandaloso fue el de Lugo por la exclusión de la lista de Coalición Popular del candidato del Partido Liberal (que debía figurar en el número 6), José Luis Pardo Montero, político vinculado a Antonio Rosón. En lugar de Pardo se puso en la lista al también liberal Constantino Vila. La presentación de la lista *pirata* se produjo en el último momento, sin tiempo para la rectificación, y como acto de rebeldía puso en crisis el pacto de Coalición Popular, cuyo órgano de coordinación se reunió en Santiago al día siguiente. En Madrid, a su vez, Segurado pidió explicaciones y sólo se las pudieron dar abriendo un expediente disciplinario cuya instrucción le fue encargada a José María Ruiz Gallardón.

¿Qué significado tenía el acto de rebeldía precisamente en Lugo, la tierra chica de Fraga? El golpe de Cacharro, secundado por la gente aliancista de las *travesías del desierto,* era un acto de protesta contra Antonio Rosón y su oportunismo político. Y como quiera que haberle suprimido a él de la lista (que iba de independiente) sería buscar la confrontación directa con Fraga, que personalmente negoció su incorporación, Cacharro y sus adeptos prefirieron descargar su ira contra el independiente y protegido de Rosón, Pardo Montero, alegando que no habían roto ningún pacto (simplemente se había sustituido a un liberal por otro liberal). Era un escarmiento en arabesco lateral.

La reacción de Rosón fue precipitada al calificar el hecho de "cafrada" y de "una mancha a la honestidad electoral y un abuso de poder". Y basó su continuidad en la candidatura sólo si se modificaba la lista. No se modificó la lista en modo alguno y Rosón siguió en la candidatura subrayando, como desahogo, que comparecía a los comicios como "galleguista independiente". Tuvo, sin embargo, que acusar la rociada que le dirigió el comité electoral de Lugo recordándole —como prueba de honestidad, dignidad y lealtad— el que hubiese sido subjefe de FET y de las JONS, fundador de AP que huyó hacia UCD, galleguista independiente y ahora liberal.

---

[92] Esta anécdota es recogida por José de Cora en *Barreiro contra Barreiro*, pág. 133, quien concluye diciendo: "El patrón de la derecha comprendía la fuerza del voto *gay* antes de que ningún partido rosa apareciese en el panorama electoral español...".

Muy celosos de sus competencias, mediante el control estricto de los órganos partidistas, Cacharro no consintió la intromisión en los asuntos caseros: "Al que se extralimita hay que sentarlo en su sitio, porque en Lugo el partido tiene su organización y el comité electoral correspondiente hace la lista", dijo refiriéndose al intento de injerencia de Barreiro.

De las cuatro provincias, Lugo sería la única en la que Coalición Popular obtuvo mayoría absoluta —el tan ansiado deseo de Fraga—, por lo que Cacharro no pudo ser expedientado. Es más, el mismo día de los comicios se declaró quejoso de que los resultados no hubiesen sido mejores.

Días más tarde, en la jornada de constitución del Parlamento, Antonio Rosón, candidato a presidente del mismo, en la primera votación recibió tres votos en blanco, presumiblemente otra prueba de escarmiento de diputados *cacharristas*, lo que provocó el comentario de Fraga, presente en las votaciones: "¡Qué país, Miquelarena!".

Una campaña al servicio del nacionalismo moderado

La campaña electoral de Coalición Popular en Galicia se basó en una política de gestos nacionalistas, con renuncia de postulados de la derecha de siempre, y vino marcada por la disputa del centro político. Los estados mayores de los partidos, máxime desde la entrada en liza de la *Operación Reformista*, habían anticipado la campaña más de un año antes con vistas a situar a AP en el lugar de la derecha, pretendiendo quedarse para ellos el sitio de la moderación.

Acorde con ese propósito, Coalición Galega y sus amigos intentaron desgastar a Alianza Popular de Galicia atribuyéndole intereses políticos inexistentes o falsos. Así, en ese marco irreal, el semanario *Cambio 16* quiso sin éxito desacreditar a AP de Galicia publicando un reportaje en el que se afirmaba que "Los jefes del contrabando son de Alianza Popular". Considerada judicialmente una agresión al honor, dicha publicación, que servía a los propósitos de Garrigues y Roca, fue condenada a reproducir la sentencia a través de las emisoras en que se anunció el número de la revista, así como al pago de la indeminación por daños y perjuicios a señalar en la ejecución de la sentencia[93]. Este contratiempo permitió, por fortuna, abortar una afiliación masiva de contrabandistas en Villagarcía de Arosa promovida por el secretario general de AP de Pontevedra, el *barrerista* Alejandro López Lamelas, quien a instancia de Mariano Rajoy, presidente provincial de AP y de la Diputación, fue destituido de su cargo como un acto más del crónico enfrentamiento entre Rajoy y Barreiro.

Identificados —por ser las mismas personas— dirigentes de AP y gobernantes, las mejores bazas electorales durante la campaña fueron las realizaciones llevadas a cabo por la Xunta. Es decir, la obra bien hecha dio cuerpo a una campaña en la que el autogobierno era su eje principal, con independiencia del factor personalista que en estos comicios no jugaron tanto. En este sentido se consideró un mérito relevante el hecho de que fuese la derecha, desde la Xunta, la que arraigó el sentimiento autonómico a través del prestigio de las instituciones (Gobierno

---

[93] El reportaje en cuestión lo publicó el número 672 de *Cambio 16*, correspondiente al 15 de octubre de 1984, e incluía afirmaciones temerarias meramente denigratorias. A la hora de señalar la indemnización en ejecución de sentencia, Enrique Beotas y Rogelio Baón aconsejaron a Fraga que no hubiese resarcimiento económico, por lo que solicitaron el pago simbólico de una peseta.

y Parlamento fundamentalmente) y de la puesta en juego de los factores formales (himno, bandera y otros distintivos).

Por encima de todo, sin embargo, fue la Ley de Normalización Lingüística la que se abrió paso en la población, generando credibilidad en sus gobernantes. Por vez primera, Galicia podía ser recorrida por un viajero —el peregrino a Compostela— a través de la rutas principales guiado por letreros y señales en el idioma gallego. Tal presencia era potenciada además por las ondas de la radio y la televisión públicas, que transportaban sus contenidos en gallego, desde *Finesterra a Rianxo* traspasando los 32.000 núcleos urbanos[94].

En el orden de las inversiones, la inauguración del conjunto arquitectónico de San Caetano como sede de la Administración autonómica en Santiago (compuesta por nueve *consellerías* y asistidas por 1.100 funcionarios) representó la concreción del autogobierno, aparte del significado económico de tener una *ciudad administrativa*. En obras públicas de infraestructura, por lo demás, la inauguración el 14 de septiembre del puente sobre la ría de Arosa —envidiable obra de ingeniería— fue celebrada como un acontecimiento simbólico de un gobierno eficaz. Tal vez por eso, por lo que suponía de nuevo camino, coincidiendo con el eslogan popular de la campaña *Adiante*, varios grupos de extrema izquierda quisieron boicotear la inauguración, a la que asistió Fraga y sobre lo que comentaría: "Un mito estaba roto, el de los que quisieron impedir la autopista o las concentraciones escolares. La comunicación libre es libertad y progreso; allí pudo verse quién la promueve y quién la obstruye"[95].

Respecto a las actitudes de ataque, contando el adversario socialista con el Gobierno central, tanto en la precampaña como en la campaña, la política de reconversión naval y, en menor medida, el acuerdo sobre pesca del Tratado de Adhesión a la CEE fueron los principales argumentos esgrimidos contra los socialistas. Ambos asuntos nutrieron muchas de las críticas de la política nacional, sumidos en una estadística de paro espeluznante.

Incursa en este capítulo, Coalición Galega se empleó cuanto pudo en desacreditar a Coalición Popular acusándola de servirse de las instituciones en provecho partidista, dando respuesta, por otra parte, a la invectivas de Fraga durante sus viajes estivales de que los *coagas* no sabían hacer otra cosa que *caciquear*.

Resumir la actividad de Fraga en defensa de su divisa partidista en Galicia es tarea compleja, porque desde 1984 no apartó la vista a las elecciones autonómicas y su agenda de viajes, sobre todo en las vacaciones, estaba repleta de compromisos. Durante los meses del verano de 1985, el líder de AP intensificó sus periplos gallegos por las cuatro provincias —tres días en cada una—, llegando a sufrir tres accidentes de tráfico peligrosos pero sin consecuencias. La benignidad de la estación, por otra parte, le permitía acudir a ferias y mercados y desempeñar el verdadero populismo visitando hasta 120 pueblos (unos 3.000 kilómetros) que a diario, en breves referencias noticiosas con imágenes, difundía la televisión de Galicia. Los desplazamientos, en otro orden de tareas, le permitía *templar gaitas* sobre las disputas implícitas de la formación de las candidaturas. La sen-

---

[94] La introducción oficial de la lengua gallega produjo, sin embargo, resistencias en los extremos culturales y políticos, constituyendo una corriente importante la *lusista*, que postulaba la asimilación del gallego en el portugués. La política de la Xunta, sin embargo, se orientó a recuperar el acervo lingüístico incorporando a intelectuales y profesionales galleguistas, lo que mejoró la imagen del programa electoral del equipo de gobierno.

[95] *En busca...*, pág. 398.

Como era habitual, Fraga hizo en Galicia en el otoño de 1985 una campaña exhaustiva y personalista, aunque ciertamente en apoyo del candidato popular a la Xunta, Gerardo Fernández Albor. Recorrió todas las comarcas, se pateó los caminos —a veces correderas embarradas—, visitó realizaciones y obras junto a las autoridades (por Pontevedra junto a Mariano Rajoy) e hizo queimadas por doquier, como la que sale en la foto: la discoteca Vetoeira, su pueblo donde siempre ha ganado en elecciones.

sación predominante, teniendo presente la voracidad activista de Fraga, es que el candidato a presidente de la Xunta era él mismo en vez de Fernández Albor, por mucho que el partido insistiese en subrayar la bonhomía del cirujano candidato.

Que al final de las vacaciones, antes de que estallen los conflictos, Fraga se encontraba pletórico de confianza y optimismo lo manifiesta en sus memorias a propósito de referirse a una salida al mar del Ortegal, donde capturó tres peces espada, tres tiburones azules y otras piezas memorables. Y al día siguiente (9 de septiembre, lunes) deja escrito en términos de guerra medieval que "pasé por Santiago a hacer el recuento final de *todos los hombres y todos los caballos*"[96].

Antes de iniciarse oficialmente la campaña, el 4 de octubre la Interparlamentaria Popular, presidida por Fraga y organizada por José María Aznar, se reunió en Santiago y abordó el modelo de financiación de las Comunidades Autónomas, conviniendo la necedidad de alcanzar un gran pacto por el que se revise y modifique la Ley Orgánica de Financiación de las CC.AA. (LOFCA).

Publicidad política, dialéctica electoral y encuestas

La campaña electoral al Parlamento de Galicia de noviembre de 1985 fue el estreno de la Ley General Electoral, sobre todo en lo tocante a la gestión administrativa y presupuestaria de la publicidad política, donde se exigían una serie de requisitos y, entre éstos, la limitación de gastos[97].

---

[96] *En busca...*, pág. 397.

[97] Ningún partido podía gastar más de 20 millones de pesetas por provincia, a lo que había que añadir 40 pesetas por elector, todo lo cual daba un máximo de gasto electoral de 192 millones de pesetas. A todas luces, varios partidos, los mayores sobre todos, rebasaron con creces estas cifras.

Desde el punto de vista técnico, las elecciones gallegas también sirvieron de obrador de ensayo de las generales venideras. Coalición Popular, como lo que se jugaba era la mayoría absoluta, hizo una campaña a por todas. En cartelería presentó la doble efigie (Albor-Fraga) en medio millón de ejemplares, 400 vallas y abundante despliegue en medios escritos, independientemente de la masiva emisión de cuñas radiofónicas. Dos caravanas, con todo aparato propagandístico, acompañaron los desplazamientos de Albor y de Fraga, así como toneladas de octavillas, dípticos, folletos y baratijas con distintivos de la firma.

El eslogan y demás mensajes, según la campaña que concibió y dirigió Maxan e Imagen, giró en torno a la palabra *Adiante* (Adelante), que invitaba a la acción de progreso y de futuro. Se apoyó dicho mensaje con un eslogan parecido al que había utilzado Pujol en Cataluña en abril de 1984: *Ninguén ten feito tanto por Galicia* ("Nadie hace más por Cataluña", dijo CiU entonces).

Los demás partidos, con candidatos en desventaja respecto de popularidad y mordiente, salieron del paso con campañas convencionales o a la contra: *Interesa* (eslogan socialista), *Galegos, fagámonos respetar* (Coalición Galega), *Contigo e contra nadie* (CDS), *A forza necesaria* (Esquerda Galega) y *Non pases por menos* (Bloque Nacionalista).

La presumible esencial incidencia en la campaña la tuvo la televisión, como espejo de los múltiples actos electorales, y la emisión de los espacios gratuitos a los partidos políticos comparecientes en el ámbito regional, aunque no hay datos sobre la medición de dicha influencia. La atribución de estos espacios de propaganda se rigió, como en muchas otras cuestiones, según lo regulado en la Ley Electoral, y su expresión en gallego —por parte de la mayoría de los candidatos— constituyó la principal novedad en el medio rural. Reforzando estas comparecencias, a fin de combatir la alta abstención habitual en Galicia, la Xunta programó y financió (con 100 millones de pesetas) una campaña institucional con el lema: *Cumpre coa tua Galicia.* Con relación al tratamiento electoral que RTVE dio a los comicios, con recensiones informativas de los actos más destacados y entrevistas a los candidatos, hubo que registrar la protesta de Coalición Popular porque la emisión de la entrevista efectuada a Albor se emitió coincidiendo con la emisión por la segunda cadena del partido internacional de fútbol entre España y Austria.

Desde el comienzo de la campaña propiamente dicha, los líderes de Coalición Popular se sumaron a las caravanas de propaganda (una de Albor y otra de Fraga), y en otras formaciones sus líderes hicieron otro tanto, si bien los socialistas se sintieron huérfanos de acompañamiento (González no tuvo en su agenda los comicios gallegos). Sobre tan acentuado contraste, Laxe, candidato socialista, llegó a pedir a Fraga que abandonase Galicia "para que podamos respirar un aire más limpio. Es mejor que se marche de una vez —insistía desde su irrelevante megáfono—; los ciclones y huracanes no dejan más que desperfectos". No obstante, Laxe no tuvo reparos en emular inútilmente al villalbés elaborando *queimadas* por ver si le funcionaba el conjuro y quitárselo de encima.

La inhibición de los máximos dirigentes socialistas no impidió que diez presidentes autonómicos viajasen a Santiago para apoyar a Laxe el 15 de noviembre, pero ni eso podía neutralizar —o compensar— la ofensiva actividad de Fraga, a quien el aspirante del PSOE pidió celebrar debates electorales postergando a Fernández Albor. El acuse de recibo a esta descabellada petición fue el de que Felipe sí podía —y debía— debatir con Fraga sobre Galicia y ningún otro, aunque el villalbés hubiese eclipsado al candidato. En definitiva, tanto González como Guerra no querían asumir personalmente la derrota segura y hacer verdad la predicción del villalbés de que "Galicia sería el Stalingrado de los socialistas".

En el cierre de la campaña, con cita de los principales partidos en La Coruña, el mejor de los Alfonso Guerra dedicó algunos insultos a Coalición Popular en el de clausura de la campaña socialista en el pabellón de deportes, pero, sobre todo, formuló un augurio fatal: "Sabemos que la derecha económica lo va a quitar de en medio en las próximas elecciones"[98].

Del lado *popular,* también en La Coruña, se cerró la campaña en un parque al aire libre con la asistencia de los máximos líderes de Coalición Popular, y el discurso de Fraga, por vez primera, fue pronunciado enteramente en gallego. El repertorio de acusaciones de todos los oradores (desde el candidato hasta Alzaga, Segurado y Herrero) versó sobre la reconversión naval que dejaba vacantes tantos puestos de trabajo. La ausencia de ataques a Coalición Galega, y viceversa, apuntaba a la posible ayuda parlamentaria que había que pedir. Así, en el cierre de campaña de los *coagas,* éstos no descartaron que pudiesen acudir en ayuda del vencedor; en palabras de González Mariñas: "No tenemos voracidad de poder, estamos dispuestos a ayudar a la gobernabilidad de Galicia sin desvirtuar los resultados electorales y siempre desde la defensa de nuestro programa".

La campaña, en cualquier caso, no clarificó la espesa expectación que había sobre los resultados, sobre todo por lo que tenía de envite para el centro-derecha; motivo suficiente para que el diario *ABC* publicase un editorial (el 23 de noviembre, la víspera) que obró como grave advertencia[99]:

"… La política en las democracias occidentales es un juego implacable en el que no predomina el mérito, sino la capacidad de ganar. Eso lo sabe el señor Fraga, y por eso ha decidido jugar mañana, domingo, su gran envite".

De las varias encuestas realizadas, el juicio predictivo de todas ellas se movía en torno a la victoria de Coalición Popular al borde de la mayoría absoluta. Según el estudio realizado por la empresa Aresco, por encargo de Coalición Popular y que publicó el diario *ABC* en la semana anterior a los comicios[100], se aseguraba que "podría obtenerse la mayoría absoluta" según una horquilla entre 35 y 40 escaños, inconcreción efectuada adrede. Según Javier Carabias, el responsable nacional de temas electorales, en la madrileña calle Génova se disponía de otra encuesta realizada por la firma Typol, aunque sólo para el consumo interno, con arreglo a la cual se pronosticaban 34 escaños para CP, a uno de la mayoría absoluta. Predicción que coincidía, en sus grandes rasgos, con la que publicó *El País* (el 18 de noviembre) sobre una muestra de 1.200 entrevistas, cuyo trabajo de campo había realizado la empresa Alef.

Resultados: al borde de la mayoría absoluta

Con una abstención del 42,7 por ciento, sensiblemente inferior a las elecciones de 1981 pero muy abultada como es tradicional en Galicia, los comicios autonómicos para la segunda legislatura del Parlamento gallego se celebraron desde las 09.00 a las 20.00 horas del 24 de noviembre sin apenas incidentes y con las *corredoiras* secas, pues no llovió aunque sí hizo un intenso frío.

---

[98] Véase *El País* del 23 de noviembre de 1985.
[100] Era una encuesta realizada a través de 1.050 entrevistas cuyo trabajo de campo realizó la empresa Aresco en la primera semana de noviembre.

Descontado que Coalición Popular iba a ganar las elecciones, todo el interés se concentró en si obtendría la mayoría absoluta (de 36 escaños) para gobernar sin necesidad de ayudas de Coalición Galega, con quien disputó desesperadamente el centro político. Al filo de la medianoche, Fraga conoció en la sala de fiestas A Ventoeira, local nocturno de su pueblo donde solía recibir los resultados y, en su caso, celebrar la victoria con una gran *queimada*. Cuando se decantaron totalmente los resultados, 34 escaños, que suponía una victoria sin mayoría absoluta[101], aseguran testigos presenciales que a Fraga se le aguaron los ojos y quedó taciturno. Pasada la medianoche se trasladó a Santiago.

Galicia

Electores: 2.226.449
Votantes: 1.277.897 (57,3%)
Abstención: 948.552 (42,7%)

RESULTADOS REFERIDOS A TODA GALICIA

Partidos	Votos	Porcentaje	Escaños	Porcentaje del Parlamento
CP	516.218	40,9	34	47,9
PSOE	361.943	28,7	22	31,0
CG	163.425	12,9	11	15,5
PSG-EG	71.599	5,7	3	4,2
BNG	53.072	4,2	1	1,4
CDS	41.411	3,3		
PC	10.625			

VOTOS Y ESCAÑOS OBTENIDOS POR CADA CANDIDATURA Y DISTRITO

Provincia	CP		PSG-PSOE		CG		PSG.EG		BNG	
	Votos	Esc.	Votos	Esc.	Votos	Esc.	Votos	Esc.	Votos	Esc.
La Coruña	190.356	10	162.247	8	49.800	2	28.473	1	25.970	1
Lugo	85.904	8	46.627	4	39.080	3	6.260			
Orense	68.945	7	44.075	4	39.186	4	5.080		5.210	
Pontevedra	171.013	9	108.997	6	35.559	2	15.632	2	15.632	
TOTAL	516.218	34	361.943	22	163.425	11	67.773	3	53.072	1

Fuente: Junta Electoral Central

---

[101] El mismo José Luis Barreiro y Javier Carabias, ambos desde un hotel de Santiago, tuvieron al corriente del escrutinio a Fraga a través del teléfono.

Los diputados electos de Coalición Popular, por provincias, fueron:

La Coruña: Gerardo Fernández Albor, Alejandrino Fernández Barreiro, Manuel Iglesias Corral, José Luis Ramón Torres Colomer, Juan Manuel Páramo Neyra, José Antonio Cesáreo Franco Cerdeira, José María Hernández Cochón, Ramón de Vicente Vázquez, Ricardo Pérez Quiruga y José Miñones Trillo.

Lugo: Antonio Rosón Pérez, Fernando Garrido Valenzuela, Fernando Pensado Barbeira, Jesús Gayoso Rey, Manuel Núñez Carreira, Constantino Vila López, José Ramón Cociña García y Fernando Rodríguez Pérez.

Orense: Victorino Núñez Rodríguez, Manuel Ángel Villanueva Cendón, Juan Manuel Corral Pérez, Fernando González Suárez, Eladio Tesouro Romero, Aurelio Domingo Miras Portugal y Tomás Pérez Vidal.

Pontevedra: José Luis Barreiro Rivas, Ramón Díaz del Río, Francisco Javier Suárez-Vence, Víctor Manuel Vázquez Portomeñe, Emma Rosa González Bermello, José Luis Alonso Riego, Antonio Sangiao Pumar, Pablo Egerique Martínez y José Antonio Gago Lorenzo[102].

Con una participación superior al 57 por ciento, el electorado gallego había roto la tendencia abstencionista y, por comparación a las autonómicas de cuatro años antes (1981), había aumentado más de diez puntos (casi doscientos mil votantes más). Esta era la medida del interés por los comicios en una región propensa a dar la espalda a la política y para lo cual la campaña institucional sobre el deber de participación funcionó razonablemente.

Del análisis de los resultados cabe inferir, en primer lugar, que Coalición Popular fue la fuerza más votada en las cuatro provincias y en la de Lugo obtuvo la mayoría absoluta, si bien los 34 escaños ganados le dejaban al borde —a falta de dos escaños— de la mayoría absoluta para toda la región. Atendiendo al voto de centro-derecha, es decir, sumando los once escaños de Coalición Galega, era palpable la hegemonía de las opciones políticas moderadas sobre las de la izquierda.

No obstante la victoria de Coalición Popular, a la que sólo cabía oponer una difícil coalición tipo *macedonia de frutas* para desbancarla del Gobierno, el debate fue llevado a lo absurdo de considerla un fracaso por haberse quedado a dos escaños de lo excelente. Lo más curioso de estos comicios, por otra parte, es que todos los partidos comparecientes se manifestaron contentos por las mejoras obtenidas —por pequeñas que fueran— con relación a las primeras elecciones autonómicas de 1981, porque todos los partidos, con la desaparición de UCD, disfrutaron, en poco o en mucho, de la nuevas distribución del poder representativo. Únicamente el CDS de Adolfo Suárez fue penalizado, sin sitio en la disputa de una franja del centro, a ser extraparlamentario.

La lectura detallada de los resultados arrojaba conclusiones inequívocas sobre el falaz contrasentido que se quería montar y así transmutar la objetividad del debate:

1.º Coalición Popular había ganado en las cuatro provincias, incluida por vez primera La Coruña, superando al PSOE en más de ciento cincuenta mil votos.

---

[102] En el recuento de los votos por correo, por atribución de los más de trece mil votos de la emigración, se disputó un escaño más de Pontevedra entre Partido Socialista Galego-Esquerda Galega y Coalición Popular, que al final fue a parar a la formación de izquierdas.

2.º Coalición Popular obtuvo un 60 por ciento más de escaños que el PSOE y, asimismo, superó en escaños al PSOE y a Coalición Galega juntos.

3.º Coalición Popular había obtenido la victoria en seis de las siete grandes ciudades más pobladas de Galicia (Lugo, Orense, Pontevedra, Ferrol, Santiago y Vigo) y sólo perdió en La Coruña, de dominio socialista.

4.º De los 300 municipios gallegos, ya del interior como del litoral, Coalición Popular había vencido en 214, el PSOE en 49 y Coalición Galega en 34.

La contundencia de los resultados expuestos contrastó sin embargo, con la dosis de voluntarismo que demostraron algunos medios de comunicación empeñados en que las elecciones se descontasen como la caída indefectible de Fraga, la ruptura definitiva del bipartidismo y la iniciación de la marcha triunfal del Partido Reformista.

El diario *ABC*, que en vísperas de las elecciones dudaba de la continuidad de Fraga al frente del centro-derecha si no obtenía la mayoría absoluta, el 26 de noviembre viraba su criterio renovándole la confianza así:

"Los resultados del domingo en Galicia, por su clarísima significación de victoria política, revalidan el liderazgo de Manuel Fraga aunque, como decimos, no haya logrado Coalición Popular esa mayoría absoluta por la que apostaba...".

Había concluido otra batalla por el centro político, pero la guerra seguía con el horizonte de las elecciones generales. Si cabe, con más furor.

Capítulo 20

LA TRAMPA DEL REFERÉNDUM
SOBRE LA OTAN

La televisión de Calviño

Manuel Fraga había sido un adelantado en el uso moderno de la televisión, en cuanto *telecracia,* porque en su época de ministro de Franco durante los años sesenta no había fin de semana sin que apareciese en la pequeña pantalla inaugurando un parador o pateando una nueva ruta turística. Llegó a ser motejado *Ministro de Información y de sí mismo* (en vez de Información y Turismo).

Con tan instructivo pasado, el presidente de Alianza Popular, el constituyente Fraga, sabía en los años ochenta que sin la debida cuota de antena era imposible ejercer extensamente la oposición y, más que eso, era impensable conseguir la reintegración del centro-derecha en la *mayoría natural,* a la que tan denodadamente aspiraba. Porque siendo la televisión para el individuo civilizado la principal actividad, con el sueño y el trabajo, el control de sus mensajes pasó a ser el objetivo estratégico de toda fuerza política para así mejor influir socialmente. Por estas razones, Fraga cuidó especialmente sus relaciones con RTVE —o las trascendía hasta tratarlas en el más alto nivel del Gobierno—, se esforzó en aprender comportamientos ante las cámaras pese a no estar muy dotado para ello y concedió a la política del medio televisivo un especial cuidado.

Conocedores los socialistas de las nuevas formas de hacer política, y escaldados que estaban de la *victoria televisiva* que sobre ellos consiguió Adolfo Suárez en las generales de marzo de 1979, apenas accedieron al poder a finales de 1982 coparon RTVE. Pese a estar regulada desde 1980 por un estatuto jurídico que garantizaba la objetividad y el pluralismo, junto al puñado de valores democráticos, los nuevos rectores de RTVE, estando a la cabeza el director general José María Calviño, un pícaro y singular personaje[1], manipularon los programas informativos con impune abuso y purgaron a decenas de profesionales que no sintonizaban con *el cambio* apartándoles de la audiencia en un clima de miedo a perder el puesto de trabajo. Desde la llegada de Calviño a Prado del Rey se inició en 1983 una procesión ininterrumpida de escándalos, que se inició con la *huida táctica* de José Luis Balbín, director de los servicios informativos de RTVE y del controvertido programa *La Clave*, a fin de que éste no se celebrara porque, dedicado a los ayuntamientos de izquierda, se quería impedir que hablara de corrupción el ex concejal socialista madrileño Alonso Puerta. Este despropósito era el exponente de la férrea intervención gubernamental y que, andando el tiempo, produciría la fractura entre los mismos militantes socialistas del equipo directivo y del Consejo de Administración, que desem-

---

[1] Habiendo entrado en RTVE de la mano de Adolfo Suárez, en cuyo equipo trabajó, Calviño, gallego y abogado, fue captado por el PSOE siendo dirigente del pretencioso e insignificante partido republicano ARDE. Conectado a Alfonso Guerra, que le hizo consejero de administración de RTVE a propuesta socialista, nada más ganar el PSOE las elecciones José María Calviño fue nombrado director general de RTVE, abriendo una etapa de sectarismo no igualada en la historia de la democracia española. En un desayuno con mujeres periodistas, en enero de 1983, había confesado el siguiente contrasentido: "Soy republicano, pero no masón..., y acepto al Rey".

bocó en varias dimisiones y ceses[2]. El año de 1983 fue efectivamente un rosario de abandonos y de críticas, terminando por el Presidente del Gobierno, quien confesó en el debate sobre el *estado de la Nación* que no le satisfacía la programación, después que a lo largo de los meses se desatara una tormenta de artículos y editoriales contra la degradación de RTVE. El diario *EL País*[3] había calificado la situación de *ruina moral* y, dada la gravedad del panorama, se preguntaba sobre "la sospecha de una connivencia efectiva entre el poder y los responsables de este fiasco". Otra opinión de ataque y denuncia, espulgada entre las muchas producidas, fue la de Luis María Ansón en un artículo que se titulaba —emulando a Zola— "*Yo denuncio*", en el que dando respuesta a una velada amenaza de someter al *ABC* a una auditoría el periodista monárquico decía:

> "(...) Yo denuncio, en fin, la gran farsa de los que se rasgan las vergüenzas; denuncio tanta comedia, tanta manipulación, tanta ética y tanta monserga de los que están impregnando a los medios de comunicación que controlan con más corrupción que nunca, con más atropellos, más nepotismo, más trampas y más abusos de los que jamás se había producido en la turbia historia de nuestro periodismo..."[4].

La televisión no era un medio estatal, sino gubernamental, que al desenvolverse como monopolio multiplicaba su capacidad de persuasión. De estadísticas extraídas del mismo grupo audiovisual correspondientes a 1984, como ejemplo del avasallamiento que se ejercía en RTVE, los líderes socialistas (Felipe González con más de doce horas) aparecieron en los telediarios por un tiempo de casi treinta y cuatro horas mientras que los líderes de Coalición Popular (Fraga unas dos horas y media) sumaron un total de tiempo de casi cuatro horas. Cosa distinta y más grave que el cronómetro era, dicho sin paliativos, el desprecio que se hacía al juego limpio. Se guardaban las apariencias *concediendo* espacios y oportunidades informativas a la oposición, pero por lo común se eludía la espontaneidad informativa que ordenaba la actualidad y se la zahería o dividía a través de la mezcla de opinión e información.

La evolución socialista sobre el modelo audiovisual era retardataria con relación a lo que se llevaba en Europa, aunque a partir del XXX Congreso el PSOE abandonó la concepción maximalista de una televisión estatal —con programación lúdica y financiación mixta: subvención y publicidad— para admitir teóricamente las emisiones de carácter privado (la televisión privada). De hecho, se atrincheraban en cerrar el mercado a los particulares bajo el pretexto de considerar la televisión un *servicio público esencial*, manteniendo la anacrónica función policial sobre el éter; pero en realidad lo que pretendían era dilatar su posición dominante, puesto que allí donde se había roto el monopolio estatal con los *terceros canales*[5] (televisión autonómica de Cataluña, País Vasco y Galicia) habían perdido estrepitosamente las elecciones.

---

[2] Clara Isabel Francia, directora de la segunda cadena de RTVE, fue la primera en dimitir por el traslado de *La Clave* a los servicios informativos. También dimitieron, por otras causas, Enrique Vázquez, el secretario general del ente público Luis Castro Fernández, Eduardo Haro Teglen (de Radio Exterior de España) y Carlos Luis Álvarez (del Gabinete de Información). Iniciado el otoño se produjo igualmente el cese de Balbín, a quien siguió Antonio López (director de TVE), así como otros 15 directivos. En el Consejo de Administración la fractura la protagonizaron los vocales Luis Sánchez Enciso y Elena Vázquez con la mera disidencia, por lo que fueron objeto de una persecución desaforada.

[3] Véase *El País* del 17 de marzo de 1983.

[4] Véase *ABC* del 30 de junio de 1983.

[5] La Ley 46/1983, reguladora de los terceros canales autonómicos, vino a legalizar el canal catalán (TV-3), que por la vía de hecho había empezado a emitir antes de que se concretase la necesaria colaboración técnica. Euskal Telebista, en cambio, tenía legitimidad legal suficiente en el Estatuto de Guernica para montar su televisión al margen de la colaboración con RTVE.

Para Coalición Popular el tema de la televisión se había convertido en una cuestión de Estado porque sin un comportamiento imparcial de RTVE no cabía desbancar al PSOE del poder. De ahí que se propugnase la ruptura del monopolio televisivo estatal mediante la fórmula de libertad de concesión de estaciones de televisión hasta donde permitiese la técnica, reglamentada en frecuencias y potencias por los acuerdos internacionales.

La agresión del 19 de junio

Las relaciones entre Alianza Popular —conducidas por Fraga— y el Gobierno acerca de la televisión sufrieron los mismos altibajos que los asuntos políticos, por lo cual los rectores de RTVE acusaban las mismas oscilaciones entre la confrontación y el pacto. Formalmente, el clima de encuentro entre AP y Calviño fue durante algún tiempo de comprensión, pero no iba más allá pese a los intentos de concertar una especie de pacto. Baón y Calviño sostuvieron diversas reuniones (una de ellas en un restaurante sevillano huyendo de testigos indiscretos) con vistas a que RTVE reflejara en concreto las líneas de cobertura informativa mínima que la televisión estatal iba a dedicar al líder de la oposición y a los partidos coaligados, dando recensiones equivalentes a las recibidas por el PSOE y el Gobierno en materia de actividades partidistas, congresos y viajes. Porque el Gobierno, y por su peana Calviño, no querían hablar de fórmula parecida a la *lotizacione* italiana, según la cual el gobierno y la oposición se repartían las dos cadenas de la RAI, ni tampoco que profesionales designados por Coalición Popular ocupasen *en paralelo* puestos de responsabilidad en las redacciones de los informativos.

Así pues, la proyección informativa de dichos contactos fue cambiante y, las más de las veces, errática. Por lo general, según una caprichosa distribución de trabajo, el PDP y sus más destacados líderes querían para sí la bandera de los derechos fundamentales, en cuya defensa, porque así aparentaban ser más centristas, se empleaban con iniciativas parlamentarias agresivas de distinto cariz, intentado en vano modificar el marco jurídico que regulaba la televisión desde una plataforma ofensiva con la que negociar en mejores condiciones. La voluntad de permanente combate no facilitó la provisión de una plaza que en el Consejo de Administración de RTVE correspondía a los democristianos del PDP por dimisión de Guillermo Medina, que dejó la vocalía para ocuparse de la dirección del declinante periódico *Ya*. El sustituto aspirante José Ignacio Wert, que ya había ostentado el puesto en la II Legislatura, fue rechazado en la oportuna votación del Senado por el grupo socialista (se requerían dos tercios de la Cámara) con flagrante incumplimiento de las reglas del juego. No llegaría a ser elegido porque, después del referéndum de la OTAN, Felipe González disolvió las Cortes Generales.

En el campo de la negociación sobre RTVE la correspondencia existente entre Fraga y Felipe González es abundante y clarificadora. La primera carta que con membrete de *jefe de la oposición* le remitió Fraga al Presidente del Gobierno es de 15 de marzo de 1985, pidiéndole la apertura de negociaciones para revisar el estatuto de RTVE (la Ley 4/1980, de 10 de enero) siguiendo la recomendación que el Secretario de Estado de Relaciones con las Cortes, Virgilio Zapatero, le había hecho verbalmente a la diputada Carmen Llorca, presidenta de la Comisión de Control parlamentario de RTVE.

Aquella primera carta no tuvo respuesta formal —conducta frecuente de Felipe González, poco dado a la literatura epistolar— y si acaso un comentario de viva voz. Al coincidir ambos en la cena oficial al Presidente Reagan, González le manifestó a Fraga su deseo de cambiar impresiones sobre el tema de la televisión. En una nueva misiva de Fraga, de fecha 21 de mayo, le recordaba al Presidente del Gobierno el incumplido propósito y le remitía un completo memorándum que habían preparado al respecto Rogelio Baón y Carlos Robles[6]. Tampoco contestó González, por lo que con fecha 13 de junio Fraga volvió a la carga denunciando los silencios:

> "(…) A mi modo de ver —dice Fraga con apremio—, éste es un problema urgente que no debe ser resuelto sólo en el papel sino en la práctica (puesto que ello parece técnicamente posible) antes de las próximas elecciones generales".
> "(…) Ni a la una ni a la otra (cartas de 15 de marzo y de 15 de mayo de 1985) he tenido el gusto de recibir una respuesta tuya, ni verbal ni escrita; y desde la primera han transcurrido ya tres meses".
> "Entre tanto no sólo se agota el tiempo útil de que disponemos para resolver armoniosamente este problema…".

El orden secuencial de las cartas, planteadas con el mejor estilo conciliador, se quebró el 19 de junio de 1985 con la información que RTVE emitió constituyéndose en parte de la refriega política a propósito de manifestar Fraga en Vitoria: "Con el problema del terrorismo yo acabaría en seis meses". El Telediario-2, a las nueve de la noche, difundió dicho día un reportaje retrospectivo sobre la actuación de Fraga en el Ministerio de la Gobernación, del que fue titular durante el primer gobierno después de Franco, que traía a primer plano la dureza represora de los comienzos de la transición (los casos Vitoria y Montejurra). El hecho de que RTVE, presumiblemente imparcial, mediase en la controversia le dio pie a Fraga para jugar la carta del victimismo hasta el final y, de paso, probar públicamente que RTVE era un instrumento de ciega obediencia gubernamental. En la cima de la indignación se situaba incluso el diario *El País,* que tras calificar la agresión de *terrorismo televisivo* decía, en el mismo editorial, que "fue una demostración más de los niveles de manipulación, falta de profesionalidad, ausencia de respeto a los ciudadanos, sumisión al poder político e incapacidad de gestión que la televisión oficial ofrece a diario"[7].

El grito de guerra que se declaraba a la mañana siguiente era el de que R*TVE había roto el consenso constitucional* (al mirar atrás sacando a relucir viejas querellas) y, en sus tonos más graves, Fraga planteó el asunto en la reunión de maitines como una agresión de mala fe que necesitaba respuestas extraordinarias: en primer lugar una rectificación suficiente y seguidamente una campaña contra RTVE y Calviño hasta obligar al Gobierno a pactar. A fin de que nadie se llamase a engaño, y mucho menos Felipe González, el 20 de junio Fraga le remitió una carta doliente y amenazadora con el siguiente texto:

> "Querido Presidente:
> Desde hace tiempo vengo reiterándote la necesidad de plantear como tema de diálogo el comportamiento que sostiene RTVE sobre todo en sus espacios informativos, que de continuo transgreden los principios consagrados por la Constitución y desarro-

---

[6] El documento referenciado se titulaba *Memorándum sobre la radiotelevisión pública y bases para una negociación entre Gobierno y oposición acerca del modelo audiovisual de España*, y constaba de ocho apartados en los que, a lo largo de 14 folios, se calificaba el problema de la televisión como un problema de Estado y como único método para solucionarlo, la negociación y el pacto. Se describían asimismo los dos enfoques que había sobre la televisión privada y se abogaba por una fórmula de consenso en cuanto al diseño del marco legal y los posibles concesionarios.

[7] Véase *EL País* del 21 de junio de 1985.

llados por el estatuto de la Radio y de la Televisión. El silencio por tu parte ha subrayado mis reiteradas peticiones verbales y por escrito.

La información emitida ayer, día 19 de los corrientes (junio de 1985), por el
Telediario-2 acerca del problema terrorista que padecemos, en lo que RTVE se erigió
en parte beligerante del lodo gubernamental dentro de la legítima controversia política
entre oposición y Gobierno con lo que ello supone de flagrante vulneración de los
mencionados principios, me mueve a expresarte mi más enérgica protesta.

Al propio tiempo anuncio el decidido propósito de abandonar nuestra presencia en
los órganos representativos de gestión y control del Ente Público RTVE, actitud en la
que permaneceremos hasta el logro de la pertinente solución al problema que, a mi
modo de entender, ha de pasar por el cese de los responsables de dicho atropello.

En el uso de los derechos que nos concede la Ley, de otro lado, he iniciado la tramitación de la oportuna rectificación cerca de la Dirección General del Ente Público.

Queda a tu disposición y te saluda cordialmente, Manuel Fraga".

Sin voluntad para rectificar limpiamente, RTVE al final rectificó *a su aire,* no teniendo presente el principio de proporcionalidad (igual formato, igual tiempo de reparación y a la misma
hora para igualar la difusión)[8]. El propósito de los alianciastas era dilatar el desgaste que suponía la confrontación, por lo que intentaron ejercer la rectificación con un vídeo de hechura propia, a lo que no accedió el juez que intervino en el procedimiento arbitral[9]. El abandono de
los consejeros de RTVE (Baón y Portela) y de los diputados *populares* de la Comisión de
Control era parte del pulso que se estaba librando hasta doblegar al Gobierno. Además, el arma
de retirarse eventualmente del Parlamento y la no comparecencia a las próximas elecciones se
discutió como una advertencia —*une misse en garde*— para fortalezer el decidido propósito de
llegar de una vez a la solución del problema. Al propio tiempo se operaba una diversión respecto de cualquier conspiración contra el liderazgo popular nada acomodado —como se decía
maliciosamente— en el *ministerio de la Oposición.*

La campaña programada coincidía, de otra parte, contando con el precedente madrileño de
retirada del 3 por ciento del incremento que Leguina quiso aplicar en los valores catastrales
de Madrid (conseguido a base de trescientas cincuenta mil firmas entregadas al Defensor
del Pueblo), con una masiva cuestación de firmas en todas las regiones de cara al verano. Se
buscaba concienciar a la sociedad mediante la adhesión de los ciudadanos, con plena identificación de cada firmante, a un manifiesto titulado "Por la libertad de televisión y el cese de
Calviño". Quería ser el espaldarazo popular a la moción subsiguiente de una interpelación
urgente que defendió en el Congreso Juan Ramón Calero el 26 de junio[10].

---

[8] RTVE ofreció la rectificación en la segunda edición del *Telediario* del lunes 24 de junio dando lectura al texto
con una foto fija de Fraga, sin las imágenes del vídeo, por entender que el procedimiento de rectificación que exigía
AP no se ajustaba a la ley reguladora de dicho derecho, la Ley 2/1984, de 26 de marzo. AP no se sintió satisfecho
con esta rectificación y planteó el asunto en los tribunales.

[9] En el debate judicial se ventilaba si un ofendido por información falsa o injuriosa podía, en el caso de RTVE,
enviar la rectificación en un vídeo de formato profesional en vez de un texto escrito, que es lo que correspondería
en un periódico *que maneja* letra impresa. Los medios audiovisuales debería admitir rectificaciones adecuadas, respectivamente, a la radio y a la televisión. El juez de primera instancia número 21 de Madrid, César Uriarte, denegó
con su resolución la posibilidad de rectificar alegando que el vídeo alianciasta no rectificaba hechos sino opiniones.
El núcleo de la rectificación, además de negar frases como *la calle es mía,* jamás pronunciada por Fraga, insertaba
gráficos sobre el resultado comparativo de la lucha contra el terrorismo de seis meses de Fraga al frente del Ministerio
de la Gobernación, y treinta meses de gobierno socialista.

[10] El diputado murciano hizo en el curso de su intervención una encendida defensa de Fraga ("no sólo para esta
defensa porque don Manuel —por cierto, uno de los pocos políticos al que hasta sus adversarios le llaman siempre

Después de la petición de firmas en mesas apostadas en la calle, a la vuelta del mes de agosto en que concluyó la campaña, los más de medio millón de escritos conseguidos —una cantidad poco convincente— se guardaron en los sótanos de la sede central de AP como *palanca* para ponerlos sobre la mesa de negociación que se había abierto, propiciada por el presidente del Congreso, Gregorio Peces-Barba, desde el mes de julio.

En efecto, antes de terminar junio Peces-Barba recibió en privado y en público la queja del *adversario político-amigo personal* Fraga. A los oídos de todos, en la recepción del Campo del Moro, con ocasión del santo del Rey, el villalbés le había dirigido a Peces-Barba por saludo esta frase sonora: "¡Una vergüenza, querido Gregorio!".

¿Qué constituía *la vergüenza* motivo de queja de Fraga?

Muchas cosas, pero sobre todo el abandono a que estaba sometido el Jefe de la Oposición, a quien el Presidente del Gobierno no contestaba las cartas ni ofertaba soluciones sobre el problema de RTVE.

Así las cosas, Peces-Barba inició su labor mediadora para aproximar en un almuerzo a los dos díscolos adversarios; encuentro que se convirtió en una charla entre candilejas —la escena del sofá— en la que Fraga pidió que se respetaran las reglas de juego y algún gesto de buena voluntad (*un mínimo de equidad*) acerca del comportamiento de los medios públicos. Acompañando sus argumentos entregó a González otro memorándum sobre televisión.

Felipe González, a la salida de la reunión, dio la mínima satisfacción que desbloqueaba el asunto afirmando, en referencia al informe de RTVE desencadenante de la polémica, que *no fue oportuno* y reprochó que la información de dicho medio estuviese en *desequilibrio* con la *sensibilidad media de la sociedad*. El jefe del Ejecutivo confirmó, de otra parte, que Fraga no le había pedido la cabeza de Calviño y sí la restauración del pluralismo.

El resultado del encuentro fue escueto en lo tocante al intercambio de promesas para después del verano, pero fue pródigo en la interpretación de que Gobierno y oposición ya se hablaban. A Fraga le fue reprochado este encuentro por cuanto, se decía, impulsaba el presidencialismo de González, pero el dirigente de la oposición, a su vez, era preservado así en su liderazgo frente a cualquier maquinación. Es curioso pero a la salida del aquel encuentro Fraga no ordenó detener la campaña de captación de firmas contra RTVE, sino todo lo contrario, porque sabía que con la entrevista de González comenzaba una partida de ajedrez intrincada cuyo fundamento era cada uno de los jugadores rivales engañaba al otro: para González el asunto de la televisión era un señuelo para que su adversario le apoyara en el referéndum de la OTAN y, en cambio, para Fraga se invertían los factores.

---

anteponiéndole el *don*— se defiende muy bien, como este hemiciclo y todos los rincones de la geografía española pueden perfectamente atestiguar", dijo Calero) y describió el marco de parcialidad progubernamental de RTVE, que exalta a González y al socialismo y silencia al Parlamento, y que ha conseguido como factor positivo que "los españoles redescubran el gusto por la lectura y la tertulia familiar".

El pacto *non nato* de la televisión

La nueva entrevista con González convocada el 3 de octubre, continuación de la habida en julio, Fraga la entendía como una negociación previa y condicionante de cualquier otro intercambio institucional (a un eventual apoyo en el referéndum de la OTAN). En este sentido, el Presidente del Gobierno se abrió al diálogo sobre televisión probablemente como única fórmula para enredar al villalbés en su ambicioso propósito atlantista.

En torno al referéndum de la OTAN, sobre si España debía permanecer en ella o abandonarla, giró la política nacional durante el bienio 85-86. La apuesta era atrevida y respondía al propósito de Felipe González de lavar su mala conciencia cuando en 1982 puso énfasis en la no entrada frente a Calvo-Sotelo.

Como el encuentro de los dos dirigentes necesariamente habría de utilizar la moviola, y la campaña de firmas en la que se pedía el cese de Calviño era un formidable anti amnésico, la pretendida reforma del estatuto jurídico de RTVE —y con ella la remoción de Calviño— fue el tema fuerte.

La minuta que le preparó a Fraga su gabinete técnico contemplaba los distintos escenarios en los que podría tener lugar el pacto partiendo de no pedir la luna, sino, al contrario, permitir al Gobierno y el partido socialista que lo soportaba que *salvaran la cara*. Luego, demostrada la buena voluntad, la negociación debía discurrir: por la restauración del *pacto constitucional* desde RTVE, nombramiento concordado del director general de RTVE (llevaba implícito el cese de Calviño) y la constitución de dos comisiones extraparlamentarias, una para la reforma del Estatuto de RTVE y otra para definir el modelo de la televisión privada. De no accederse a estos acuerdos, Fraga estaba dispuesto a la confrontación sin límites dentro de una escalada de actuaciones hasta lograr la *bunkerización* de RTVE[11].

El papel mediador lo desempeñó nuevamente el presidente del Congreso, Gregorio Péces-Barba, que prestó su despacho para el encuentro, que duró hora y media. Se habló de todo, con orden y método, según declararía Fraga al autor, pero los interlocutores no se mostraron todas las cartas. El interés oculto de Felipe de que la derecha le echase una mano en el proyectado referéndum de la OTAN no le traicionó, cediendo sedal en lo de RTVE —¡que habría que recogerlo!—. Los interlocutores se echaron a la cara toda clase de argumentos sobre el maldito referéndum, pero Fraga, en particular después de ese *vis a vis,* suavizó transitoriamente su disposición al pacto.

---

[11] Para esta reunión, ciertamente, Fraga pidió notas y consejo, y entre ellos se tuvo en cuenta la sugerencia de Carmen Llorca, a la sazón presidenta de la Comisión de Control Parlamentario de RTVE, de que no se pidiese el cese de Calviño —según *inspiraban* los mismos socialistas— porque esa baza no la concederían; pero sí, en cambio, accederían a la modificación del estatuto de RTVE y a través del nuevo texto se conseguiría lo mismo sin violentar la situación.

Los dos acuerdos básicos obtenidos fue la constitución de dos comisiones políticas sobre televisión: una sobre la pública y otra sobre la privada, cuyos componentes serían comunicados por carta, y la designación por la oposición de uno de los dos comisarios europeos.

Convinieron que la destitución de Calviño sólo vendría impuesta por un cambio de legislación y, en este sentido, los interlocutores constataron que sería deseable que la designación de director general de RTVE fuese competencia del Parlamento. Se acordó la vuelta de los consejeros y los diputados populares al Consejo de Administración y Comisión de Control que habían dimitido en junio.

Que el asunto parecía que iba en serio lo dice la reacción airada de Calviño, de total inmersión en el barro, al declarar por esos días que "haré lo posible para que don Manuel no nos vuelva a gobernar"[12]. Era sin duda un intento de boicoteo al acuerdo a que llegaron González y Fraga en un clima de reconciliación porque, con la OTAN al fondo, el factótum de la televisión se veía convertido en moneda de cambio aunque el Presidente del Gobierno reiterara su negativa a que uno y otro asuntos tuvieran una relación de causa a efecto.

El 7 de octubre, con arreglo a lo acordado y "en orden a iniciar cuanto antes las tareas comprometidas", el jefe de la oposición envió al Presidente del Gobierno los nombres de las personas que constituirán los grupos de trabajo. Para la reforma del estatuto de RTVE: Carlos Robles Piquer, Rogelio Baón Ramírez y Gabriel Elorriaga Fernández. Para la televisión privada: Gabriel Camuñas Solís, Rodrigo Rato Figaredo y Ángel Sanchís Perales. En una segunda carta de fecha 14 de octubre dirigida al Presidente del Gobierno, Fraga añadía los nombres de José Ignacio Wert (propuesto por el PDP)[13] y los liberales José Miguel Bravo de Laguna y Gabriel Castro Villalba para las dos comisiones. En esta segunda misiva, en la que sugería prioridad temporal para la reforma de RTVE, justificaba su prisa con un párrafo denunciador de la nueva arremetida de Calviño. Le decía así a González:

"(…) Supongo en tu poder el télex que te envié desde Blackpool en relación con la suavísima crítica del Ministro portavoz del Gobierno a las últimas declaraciones del actual director general del Ente Público, con las que éste se ha colocado de nuevo al margen del Estatuto por cuya vigilancia está obligado a velar…".

La ausencia casi absoluta de comunicación tras el mencionado incidente dio paso a un profuso correo epistolar y a un intercambio de llamadas telefónicas. Felipe González contestó el 25 de octubre de forma conjunta las dos cartas anteriores con un mensaje ruente y reservón, porque habla de "examinar las posibilidades de reforma del Estatuto de RTVE", manifestándose dilatorio respecto de la televisión privada:

---

[12] Con motivo de inaugurar una emisora de radiocadena en Valencia, Radio 1 de RNE emitió el 9 de octubre —a poco de enterarse de los acuerdos entre Fraga y Gonzalez— unas explosivas declaraciones, sin duda para torpedear los acuerdos de dicha reunión: "… Lo que no se puede aceptar, y lo digo en un tono distendido y cordial, es que el jefe de censura del franquismo Carlos Robles Piquer sea ahora el adalid de la libertad de televisión, porque todos sabemos lo que ha hecho en aquella casa y que el ministro del franquismo más duro y más represor en el tema de la libertades, y en el primer momento de la transición Ministro de Gobernación, sea otro adalid de la libertad". Con anterioridad, en pleno mes de agosto, también Calviño se enzarzó contra AP en los encuentros de La Granda (Avilés), en respuesta al senador Álvarez-Cascos de que la información de RTVE era la correspondiente a una dictadura. Calviño dijo que sólo había prescindido en RTVE de los fascistas y, asimismo, que el sindicato APLI era heredero del sindicato vertical.

[13] La designación de Wert fue acordada en la Ejecutiva del PDP, que igualmente constituyó una comsión interna sobre el asunto a la que pertenecían Modesto Fraile, José Luis Ruiz Navarro y José Luis Álvarez.

"(...) En cuanto a la segunda cuestión, cuando el Gobierno tenga preparado el ante-proyecto de Ley que regule la televisión privada lo comunicará a las personas que habéis elegido a fin de proceder a la consulta de la que te hablé".

A diferencia de los trabajos sobre la televisión privada, que nunca se iniciaron[14], la comisión bipartita para la reforma del Estatuto de RTVE celebró cuatro reuniones durante noviembre y diciembre de 1985 y, dentro de enero del año siguiente, existía un texto de consenso que superaba la única dificultad seria: la entrada en vigor de la nueva Ley, que al final se pactó que fuera al día siguiente de su publicación en el *Boletín Oficial del Estado*. Entretanto Fraga y González se había cruzado otras cartas, las dos últimas del mes de enero subrayaban el final de los trabajos y el último escollo: la sustitución de Calviño y su equipo directivo.

Como los negociadores *populares* habían dejado para el final de la discusión el cese de Calviño con objeto de que no taponase el resto de la negociación, a punto estuvo de que se malograse el acuerdo global. Se acudió a Fraga (carta del 4 de diciembre), en la que pedía a González que se removiese a Calviño como resultado de la nueva situación legal porque "...la conducta del actual director general, que declaró su intención de impedir mi posible acceso al poder conforme al juego democrático, supone una grave violación del estatuto de RTVE a cuyo cumplimiento está especialmente obligado".

Es decir, Fraga insistía en que no fuese Calviño quien administrase los procesos electorales a la vista de sus intenciones, pero Felipe (carta de contestación de 10 de enero) se enrocaba en no ceder ese trofeo porque, en definitiva, no tenía voluntad de cambiar la situación, máxime cuando no había conseguido de Fraga su apoyo al referéndum. Textualmente le decía González a su impaciente rival:

"(..) La permanencia en sus puestos del actual equipo directivo de RTVE, y en concreto del director general, es un problema que, lógicamente, no puede ni debe formar parte de unas conversaciones entre los grupos parlamentarios orientadas a la elaboración de un proyecto legislativo. En este tema ya conoces mi opinión de que es preciso respetar los mecanismos legales, que en este caso mantienen una delimitación estricta de los supuestos en que se puede producir una interrupción del mandato para el que estas personas han sido designadas, sin que en esos supuestos se incluya el cese por el libre albedrío del Gobierno".

La carencia de interés por parte de los socialistas de tocar siquiera una hoja en el bosque televisivo era obvio, y toda su conducta, pese a que se llegó a presentar como proposición de ley conjunta de socialistas y populares el nuevo texto regulador de la televisión estatal, fue teatro en un proceso dilatorio. Nunca se aprobaría por voluntad socialista un cambio en su posición dominadora de los medios de comunicación y, quizás cuando a ese cambio se veían constreñidos, Felipe González disolvió las Cortes Generales y con ello decayó el propósito reformista.

---

[14] El comienzo de los trabajos se retrasarían de todos modos, aparte la abulia socialista al respecto, porque Fraga —por inspiración de Rodrigo Rato— le pidió a Felipe González que antes que se pusiese a trabajar la comisión de expertos sería imprescindible contar con un Plan Nacional de Frecuencias y Coberturas, que se pedía tuviese listo en dos meses el Ministerio de Transportes y Comunicaciones.

Trifulca en torno al segundo comisario en la CEE

Felipe González tenía trazado el retrato robot del segundo comisario europeo ofrecido a la oposición (el primero e indiscutible del lado socialista era Manuel Marín), que no casaba con los tres nombres que le había ofrecido Fraga puesto que el dirigente socialista buscaba un perfil de *persona representativa en el mundo empresarial* que no se daba en los propuestos por Fraga. La divergencia al respecto resultó pugnaz en la tercera entrevista del año habida entre ambos dirigentes el 4 de noviembre de 1985 en el palacio de la Moncloa, con el telón de fondo de la OTAN. La terna presentada por el líder aliancista la formaban Carlos Robles Piquer, Luis Guillermo Perinat y Antonio Navarro ("son insuperables y nadie les ha puesto objeción, por lo que tengo que insistir en ellos", había declarado Fraga).

Antes de recibir Fraga la negativa definitiva de nombrar a algúno de su terna, el villalbés le remitió al Presidente del Gobierno una larga carta de fecha 28 de octubre en la que defendía el carácter político de *sus* candidatos. Porque el villalbés se barruntaba que ese perfil empresarial que exigía González no respondía a una cuestión de principio, sino a una forzada condición eliminatoria que imponía a su adversario. Así lo argüía Fraga:

"(…) Lo que ahora ocurre en la actual Comisión ofrece una clara prueba de lo que digo. De sus catorce miembros, ocho han sido ministros en sus respectivos países, generalmente de Asuntos Exteriores o de Hacienda, y casi todos han sido también parlamentarios y dirigentes activos de partidos políticos en sus respectivos países.

Por esa razón, los excelentes candidatos que te he presentado responden a esas características, que, por cierto, no impiden en ellos un conocimiento suficiente de materias técnicas no estrictamente políticas, en diversos aspectos. Debo señalarte, además, que cualquiera de ellos sabrá, en su caso, interrumpir totalmente su legítima acción política interna, establecer esa fácil colaboración-comunicación con el Gobierno a que te refieres y, por supesto, entenderse muy bien con el primer comisario…".

En los países de la CEE que contaban con dos comisarios era usual que cediesen uno de ellos al partido más importante de la oposición[15]. No era una regla escrita, sino un uso de pureza democrática, y así lo debió de entender Felipe González cuando persistió en negarse a designar a Carlos Robles, cuñado de Fraga, por entenderlo "políticamente impresentable", y sugería los perfiles de la persona idónea a sus planes restando autonomía al proponente. ¿Por qué entonces el Gobierno pedía nombres si después no los aceptaba?, se preguntaban en la sede central de AP, donde, dicho sea en reconocimiento a la objetividad, no causó especial irritación la negativa socialista a Robles. Los dos miembros restantes de la terna, en todo caso, reunían méritos personales pero no lo suficientes, y se decía que figuraban ahí sólo para reforzar la designación del primero.

Según contó Jorge Verstrynge, en versión dada por Julio Feo[16], Fraga regresó al despacho enfurecido y le dio la noticia con estas palabras: "El Presidente se niega a aceptar a Carlos Robles como comisario europeo. Ése se va a enterar. Nos vamos a abstener en el referéndum…". En verdad, ese día Fraga fue llamando a sus colaboradores para informarles de los

---

[15] La Comisión Europea de entonces, noviembre de 1985, estaba compuesta por catorce miembros, que se repartían ideológicamente: seis socialistas (incluido el Presidente), cinco democristianos y tres liberales o conservadores.
[16] *Aquellos años*, pág. 439.

asuntos que les concernían y, en tal sentido, despachó con Baón sobre la agenda del encuentro: RTVE y el referéndum de la OTAN. Se le notaba incómodo por sentirse menospreciado y creía que lo de Robles no prosperaba porque él se resistía a apoyar el referéndum de la OTAN. Dijo que no se ablandaría permitiendo la designación de alguien fuera de la terna en la idea de que González al final cedería[17] sin necesidad de alterar su posición sobre el referéndum. En los días posteriores, sin embargo, algunos comentarios de prensa le sumieron en el mutismo con la mente puesta en la campaña electoral de Galicia[18].

Como quiera que el Gobierno tenía previsto nombrar a los dos comisarios en su reunión del 20 de noviembre, dentro del plazo de reflexión que se concedieron González y Fraga, aumentó el tráfico de sugerencias e insinuaciones en los medios de comunicación. Felipe González, por ejemplo, desde la Costa Brava lanzó la idea el 9 de noviembre del candidato que esperaba en función del reparto de trabajo que él tenía prefijado ("Quiero llevar a gente que sea capaz de asumir responsabilidades y que tengan interés para nosostros", dijo el Presidente del Gobierno).

Ante los rumores sin fundamento de candidatos barajados (Punset, Bassols, Abril Martorell y, con más sentido, Pedro Schwartz)[19], en los que concurrían la condición de ser hombres de empresa, surgió de golpe el nombre de Abel Matutes, al parecer en las conversaciones que a menudo sostenían Verstrynge y Guerra. El Gobierno veía con buenos ojos la propuesta del ibicenco, por demás empresario no ofensivo y presidente de la Comisión de Economía de AP. Este mensaje lo recibió asimismo el interesado por llamada de Julio Feo, y por esta razón Matutes y Verstrynge convinieron en decírselo a Fraga mediante mensaje que le fue llevado en mano a Galicia por el jefe de Gabinete de Verstrynge en la víspera del Consejo de Ministros decisorio del asunto[20]. El villalbés se encontraba de campaña electoral en Orense cuando fue abordado de madrugada en el hotel donde se hospedaba. Al mensajero le hizo que volviera a la habitación a las ocho de la mañana y, ya allí, le comunicó que aceptaba no sin negarse a que se le conectase por teléfono con Felipe González.

Fraga había hecho suya la propuesta de Abel Matutes diciendo: "Doy un nombre más, pero solo uno". Parece que lo comunicó por teléfono a Verstrynge (hablaría también con el mismo Matutes) siguiendo el mismo cauce de la noticia, pues no consta en sitio alguno que se dirigiese a la Moncloa. De hacerlo, le hubiera parecido que se doblegaba. Por lo demás, Abel

---

[17] Tras la reunión en el palacio de la Moncloa, Fraga guardó silencio, no así Carlos Robles que, estando en la reunión del Grupo Democratico del Parlamento Europeo, manifestó su indignación por el rechazo de González a los tres candidatos aliancistas diciendo que era una "conducta lamentable".

[18] Jaime Campmany, entre el puñado de comentaristas que aludieron al asunto, escribió el 5 de noviembre en *ABC* un artículo "Sobre cuñados" (que éste era el título) en el que decía que "no parece que Fraga lleve camino de ser el cuñado de Robles. Pero tampoco se puede decir que Robles Piquer sea sólo el cuñado de Fraga... Que le nombren o que no le nombren comisario, pero que no hagan de la *escena del sofá* una visita para la colocación del cuñado. De quien yo quisiera saber es del cuñado de don Felipe, ese que le acompaña en el chalé *Dos Hermanas* y en el yate *Azor*. Ese cuñado sí que es un misterio".

[19] Se asegura, y en este sentido Carlos Dávila/Luis Herrero así lo ponen de manifiesto (*De Fraga a Fraga*, pág.152), que el puesto de comisario europeo le fue ofrecido a Óscar Alzaga por Felipe González antes de que sonase el nombre de Matutes, si bien el democristiano rehusó el ofrecimiento porque no quería separarse de su bufete de abogado.

[20] Ricardo Fernández era el mensajero y así lo ha declarado al autor. Según este testimonio el mensaje le fue dado a Fraga en la víspera del Consejo de Ministros que adoptaba la decisión, y el villalbés no permitió que le pusiese por teléfono con González cuando despacharon a las ocho de la mañana. Ricardo Fernández es hoy un ejecutivo (director general de la empresa de aviación Audelia, S. A.) de las muchas compañías propiedad de la familia Matutes.

Matutes le inspiraba al villalbés una amistad profunda, basada en la íntima lealtad, que le impedía oponerse al deseo de aquél de ser ministro de Europa.

La versión de este nombramiento dada por Miguel Herrero en *Memorias de estío*[21] provocó la reacción de Carlos Robles a poco de aparecer dicho título en las librerías a finales de 1993. La causa de la respuesta se engarzaba con la interpretación que el memorialista atribuía a la postura de abstención de AP en el referéndum de la OTAN, tomada por Fraga "para devolver a González lo que él interpretaba como una ofensa personal: la designación poco días antes de Abel Matutes como comisario europeo, de la que se enteró como hecho consumado, en lugar del candidato por él propuesto, su cuñado Carlos Robles Piquer".

Robles se lamentaba de que Miguel Herrero, que trasladaba una versión ajena del hecho, no hubiera recogido ciertos matices verídicos y que por eso convertía la historia en un relato tendencioso:

> "(...) Comprenderás que me duele profundamente que hayas aceptado tal versión (la dada por el periodista Fernando Jáuregui) sin tener la mínima cortesía de consultarme primero, a lo que creo que yo hubiera tenido pleno derecho. Ya tu afirmación de que Fraga se enteró de la intención gubernamental de nombrar a Matutes como hecho consumado es radicalmente inexacta, resultando más próxima a la verdad la frase de Jáuregui de que ese nombramiento, en efecto sugerido por el Gobierno socialista, fue rápidamente aceptado por Fraga"[22].

Con efectos 1 de enero de 1996 ciertamente el 20 de noviembre el Gobierno nombró a Abel Matutes segundo comisario español en Bruselas, junto a Manuel Marín, para quien se había pactado también una vicepresidencia por debajo de Jacques Delors.

La designación electiva de los eurodiputados

Considerado un país del tipo medio, a España le atribuyeron en el Tratado de Adhesión a la CEE 60 escaños del Parlamento Europeo desde el primero de enero de 1986[23]. El modo de su elección provocó largos y tediosos debates porque, siendo reacia la *Eurocámara* a que las elecciones propias coincidiesen con las elecciones legislativas de cada país miembro, y en el caso español correspondían en 1986, tampoco se debía esperar a elegir a los *eurodiputados* hasta junio de 1989 en que terminaba la legislatura europea.

---

[21] Versión tomada de forma incompleta del libro de Fernando Jáuregui (*La derecha después de Fraga*, pág 161). A su vez, la carta que Carlos Robles dirigió el 23 de enero de 1986 a Miguel Herrero (con copia a Fraga, Matutes y Jáuregui) ha sido tomada de la biografía que sobre el comisario ibicenco escribió Alfonso Salgado (*Abel Matutes, una aproximación biográfica*, Palgraphic, S. A., Madrid, 1994, pág. 88).

[22] Importa señalar que la versión de que Fraga se pronunció por la abstención ante la OTAN en represalia por no haber sido aceptado el nombramiento de Carlos Robles como segundo comisario fue un infundio que circuló por algunas redacciones, y sobre tal *intoxicación*, atribuida por el mismo PDP a Javier Rupérez, Óscar Alzaga pidió disculpas a Fraga por esos días.

[23] En junio de 1984 se habían celebrado las elecciones al Parlamento Europeo, compuesto de 434 escaños, que se distribuían de la siguiente manera: 81 para cada uno de los grandes países (Alemania Federal, Francia, Italia y Gran Bretaña); 25 para Holanda; 24 para Bélgica y Grecia; 16 para Dinamarca; 15 para Irlanda y 6 para Luxemburgo. La regulación electoral era una disposición de 1976 que fijaba las condiciones de representación de la Asamblea de las Comunidades Europeas (CECA, CEE y EURATON), aunque la denominación común era la de Parlamento Europeo.

La solución que se pactó vino recogida en el Acta de Adhesión, que adaptaba los Tratados al ingreso de los dos nuevos países (España y Portugal), en cuyo artículo 28 se establecía que en el plazo de dos años se debían celebrar elecciones específicas —por sufragio universal y directo—, y mientras tanto dejaba libertad a los Estados para que se eligiesen a los *eurodiputados* por cada Parlamento nacional. Ciertamente, antes de elegir a los *eurodiputados* españoles había que reformar la Ley Electoral General o, en su caso, elaborar una nueva que regulase las características del proceso electoral europeo llenando el vacío que en el ordenamiento español existía al respecto[24].

A lo largo de 1985, pues, se entabló el debate sobre cómo hacer y, en especial, si la representación en el Parlamento Europeo debía ser de todo el Estado, como colegio único, o por el contrario debía tener 17 circunscripciones electorales correspondientes a las Comunidades Autónomas. A los partidos nacionalistas —en particular al PNV— les preocupaba que si se consideraba el colegio único la obtención de votaciones mínimas por debajo de un 3 por ciento les privase de representación. Pero para este tipo de elecciones se suprimió dicho tope y, por consecuencia, se logró el consenso, aunque para el período transitorio se logró que fuesen las Cortes Generales quienes eligiesen, excepcionalmente, a los 60 *eurodiputados* con arreglo a la resolución que dictó la Presidencia del Congreso de los Diputados de 4 de diciembre de 1985. El reparto de los 60 diputados prenominados se había pactado en una reunión de la Junta de Portavoces de dicha Cámara celebrada en junio en Tordesillas (Valladolid) y respondía a las siguientes cuotas: 36 del Grupo Socialista, 17 del Grupo Popular, dos de Minoría Catalana, dos del PNV y uno del Grupo Mixto[25].

Si en general era complicada la distribución de los 60 escaños por grupos parlamentarios, las cuotas partidistas dificultaban todavía más el reparto interno: entre las dos Cámaras y entre las regiones. En Alianza Popular, salvados los cupos de dos escaños para el PDP y uno para el PL, Fraga efectuó personalmente la distribución teniendo en cuenta los antedichos criterios, pero, además, el de pertenecer necesariamente al Grupo Demócrata que nutrían británicos y daneses. El magnetismo *tory* seguía seduciendo al ex embajador en Londres, aparte de que los conservadores británicos, dado su aislamiento en Strasburgo, no le tachaban de neofranquista, si bien cabe añadir que no se llegó a plantear el ingreso de los parlamentarios aliancistas en el Partido Popular Europeo por incompatibilidades personales de distinto signo y en las dos direcciones. Si los ex ministros de Franco (Fraga, Suárez y Cabanillas) eran mal vistos por los dirigentes europeos democristianos, éstos a su vez reluctaban de la influencia vaticanista en la actividad política. De otra parte, Le Pen, el dirigente del Frente Nacional francés, quiso reunirse en secreto con Fraga en la ciudad de Montpellier a fin de concertar un grupo parlamentario de extrema derecha en Estrasburgo, y con ese fin envió a Madrid a D'Ormesson, el responsable galo de relaciones internacionales, pero el presidente aliancista ni lo recibió. No obstante, el enviado de Le Pen se llevó consigo la tajante negativa de agrupamiento parlamentario.

[24] La Ley Orgánica Electoral General, que había sido promulgada en junio de 1985, tuvo que ser modificada en abril de 1987 para introducir un título nuevo relativo al sistema de elecciones al Parlamento Europeo. El rango de la normativa a aplicar fue objeto de polémica doctrinal que había resuelto el Tribunal Constitucional con una sentencia de 1983 en la que asentaba que no siendo el Parlamento Europeo una institución estatal ni una entidad territorial parece evidente que no sea necesario una ley orgánica (la Ley General Electoral) para regular las elecciones europeas.

[25] La cooptación del diputado que por el Grupo Mixto participaría en la elección al Parlamento Europeo se hizo por sorteo y le correspondió a José María Bandrés, de Euskadiko Ezquerra.

De hecho, el 4 de junio Fraga se trasladó a Venecia para asistir a la reunión de estudios que celebraba el Grupo Demócrata presidido por Henry Plumb[26]. Allí, a orillas del Adriático, Fraga se comprometió a engrosar dicho grupo parlamentario europeo y recibió el trato debido a un socio más, sobre todo en lo concerniente a logística y personal colaborador. Saldrían de esta disciplina los dos *europarlamentarios* procedentes del PDP, quienes se adscribieron a sus homólogos. La integración española en el Grupo conservador europeo fue tal que, rompiendo una regla *parroquial,* los eurodiputados españoles eligieron presidente del Parlamento al británico Plumb en vez de al español Enrique Barón[27].

La designación de *eurodiputados* proporcionó la oportunidad a Pío Cabanillas de ingresar en el Partido Liberal y consumir el cupo de este partido, habida cuenta de la compatibilidad retributiva que existía entre la Cámara de Estrasburgo y su profesión de registrador de la propiedad, al tiempo que se le reconocían los buenos oficios efectuados en las elecciones autónomicas gallegas. Leopoldo Calvo-Sotelo, en cambio, fue el candidato que correspondía al desmoronado Grupo Centrista, tras no ser atendido su deseo de encabezar una lista única del centro-derecha siguiendo el ejemplo de la señora Simone Weil en Francia, ya en este período transitorio como en las elecciones siguientes.

La lista que presentó el Grupo Popular la integraban diez diputados y siete senadores, aunque inicialmente a la Cámara Alta sólo habían sido atribuidos seis escaños. Durante la reunión del Grupo Parlamentario Popular que precedió a las sesiones plenarias para la elección, Fraga pidió a uno de los diputados que figuraban en la lista que causase baja voluntaria para dar entrada a un senador (Miguel Arias Cañete). Nadie tuvo el gesto de generosidad y el líder aliancista adoptó la ingrata decisión de apartar al médico murciano Antonio Guerrero, que meses más tarde sería compensado con la secretaría del Consejo Político de AP.

La elección tuvo lugar respectivamente en las sesiones plenarias del Congreso el día 10 y del Senado el 16 de diciembre de 1985, y resultaron elegidos por el Grupo Popular los siguientes señores:

Por el Congreso de los Diputados (según procedencias regionales):
Pío Cabanillas Gallas (P. Liberal), de Galicia.
Manuel Cantarero del Castillo (AP), de Castilla-La Mancha.
Emilio Durán Casariego (AP), de Galicia.
Arturo Escuder Croft (AP), de Canarias.
Manuel García Amigo (AP), de Aragón.
Julen Guimón Ugartechea (PDP), del País Vasco.
Carmen Llorca Villaplana (AP), de Madrid.
Antonio Navarro Velasco (AP), de Andalucía.
Fernando Suárez González (AP), de Madrid.
Luis Vega Escandón (PDP), de Asturias.

---

[26] El Grupo Democrático Europeo, que lo constituían, además de los 14 aliancistas españoles, 45 conservadores británicos, 1 unionista irlandés y 4 conservadores daneses, se reuniría nuevamente en unas jornadas de estudio en Madrid el 4 de noviembre, a las que acudiría el ministro británico Peter Walker.
[27] La única dificultad que tuvieron que afrontar los diputados británicos y españoles eran las relativas al contencioso de Gibraltar, cuyo planteamiento tenía siempre algún reflejo en los informes e iniciativas parlamentarias como, por ejemplo, el *Informe Bocklet* concerniente a la normativa electoral comunitaria. De todas maneras, según el testimonio dominante entre los españoles, el trabajo conjunto era fluido, flexible y cordial.

Por el Senado (según procedencia regional):
José María Álvarez de Eulate (AP), de Castilla y León.
Miguel Arias Cañete (AP), de Andalucía.
José María Lafuente López (AP), de Baleares.
César Llorens Barges (PDP), de Canarias).
Luis Guillermo Perinar Elio (AP), de Madrid.
Carlos Robles Piquer (AP), de Madrid.
Domenec Romera i Alcázar (AP), de Cataluña.

El criterio de distribución regional que por aquellos días tanto se debatió no debió de regir en la lista elegida —después que designada—, pues la Rioja, Murcia, Cantrabria y Extremadura no tenían representantes, mientras que Madrid tenía cuatro y Andalucía, Canarias y Galicia tenían dos respectivamente. La lista estaba exageradamente descompensada en lo concerniente a la presencia femenina, de un 5,8 por ciento. Es de notar, de otra parte, que en la lista *popular* figuraban los tres nombres que constituyeron la terna ofrecida por AP para comisario en la CEE y que había sido vetada por Felipe González (Robles, Perinat y Navarro), retribuyendo así la afrenta que habían recibido.

VII Congreso Nacional: el fiasco de las listas abiertas

"¿Por qué el señor Fraga tiene que salir con los mismos votos que nosotros? ¿Por qué el señor Fraga tiene que acusar el voto de castigo de personas que no vayan en su lista?", se preguntaba Antonio Navarro, recién elegido diputado al Parlamento Europeo, en el Comité Ejecutivo de AP del 20 de enero de 1986, después que Fraga hubiera abandonado la reunión para acudir a una rueda de prensa y, seguidamente, a los funerales de su amigo y colega el profesor Tierno Galván, el alcalde de Madrid, fallecido un día antes[28]. Era un mutis que estaba en el guión.

Antonio Navarro, sin decirlo, defendía la enmienda a los Estatutos del partido que había presentado el también *eurodiputado* Fernando Suárez, ausente del sobredicho órgano por no pertenecer a él. Las opiniones, en autoridad y número, dividían al Ejecutivo, ocasionalmente presidido por Alfonso Osorio. "No importa que alguno de nosotros caigamos en la batalla, lo que importa es el futuro de nuestro presidente nacional... La opinión pública pide la democratización de la derecha y tenemos la obligación moral de dárserla", concluyó, brioso, el ingeniero agrónomo que siguió en 1973 a Fraga como agregado a la Embajada de Londres.

Se debatía la enmienda escrita formulada por Fernando Suárez, de largo atrás defensor de las *listas abiertas* para acceder al Comité Ejecutivo de la mayoría de sus miembros, descontadas las personas del equipo de colaboradores del presidente nacional. Habida cuenta de la trascendencia de esta propuesta estatutaria, Fraga prefirió que se examinase antes en el Comité Ejecutivo[29]. Por cierto, que el presidente del VII Congreso, José María Ruiz Gallardón, aun siendo el principal interesado en conocer las claves del debate, había excusado la asistencia a dicha reunión.

---

[28] Las opiniones reproducidas, en algún caso entrecomilladas, han sido tomadas del acta del Ejecutivo. Faltaron a la reunión, entre otros, Miguel Herrero, José María Ruiz Gallardón, Juan Ramón Calero y José María Aznar.
[29] Fraga deja anotado en sus memorias (*En busca...*, pág.407), el 27 de noviembre de 1985, que va a dar facilidades a Fernando Suárez para que ponga en marcha el viejo proyecto de separar las elecciones de presidente y demás miembros del Comité Ejecutivo.

Verstrynge se había inclinado en favor de la enmienda con viva determinación porque, argüía, las *listas abiertas* son un tema popular entre las bases del partido y los medios de comunicación, "y yo estoy seguro que no habrá muchos cambios de nombres... y daremos la oportunidad a los presidentes provinciales y regionales de pasar a formar parte del Ejecutivo. Es más, es ya muy tarde para dar marcha atrás".

Se había articulado una imparable corriente que transportaba el asunto por un cauce de rápidos y meandros, porque con la defensa de las *listas abiertas* quienes se disponían a disputar la herencia del liderazgo de Fraga defendían tener asentamiento y legitimidad propios en el partido al margen de la voluntad del causante. Partiendo de que, como dijo Verstrynge, no habría muchos cambios de nombres, pretendíase que la sucesión no viniera preseñalada por un testamento (es decir, querían el *ab intestato*), y si conseguían los sucesores arraigo entre las bases del partido era innecesaria la unción del sucedido. Del mismo modo, queríase invertir el sentido partitocrático a fin de que desde la periferia se gobernase el partido y no al revés, conforme a las características de toda oligarquía. Los buenos oradores, capaces de embelesar a la audiencia, confiaban en el procedimiento persuasivo del discurso ante el Congreso para así ganar en minutos la confianza de los compromisarios. Era todo un enigma, sin embargo, el desarrollo que podría tener el voto de castigo para algunos dirigentes. La lucha discurría inmisericorde entre cuatro opciones destacadas (Osorio, Verstrynge, Herrero y Suárez) y la utilización de los órganos territoriales del partido a través de los presidentes regionales y provinciales sobre quienes influían de distinta manera, Verstrynge y Calero —éste en nombre de Herrero—, daba la razón a los que rechazaban las *listas abiertas* por entenderlo un sistema cainita dentro de la misma familia. Fraga, entre divertido y curioso, esperaba conocer el orden en que saldrían colocados los aspirantes a sucederle: "Será inevitable tener en cuenta las votaciones a la hora de formar gobierno", dijo repetidamente.

Del lado opuesto a las *listas abiertas* se alinearon sin fortuna en dicha reunión del Ejecutivo sólo dos voces. El senador Álvarez Cascos mostró su disconformidad con realismo, razonando que la enmienda se aceptaba por razones de oportunidad, no de necesidad, y dijo que "la única diferencia entre una lista cerrada y una abierta era que aquélla la hace el señor Fraga y ésta la harán los pactos". Antonio Carro, por su parte, argumentó en contra de las *listas abiertas* porque "en vez de enfrentarnos a los socialistas nos enfrentaremos entre nosotros...", y como solución de compromiso pidió que el sistema directo de elección se aplicase no en este Congreso, sino en el próximo a fin de tener tiempo para experimentarlo. Hay que añadir que cuando Fraga se declaró favorable a las *listas abiertas* en una reunión de maitines, Miguel Herrero se pronunció contrario a ellas por hallarse en puertas de elecciones generales a fin de evitar las confrontaciones internas. Pero Fraga creía también que mediante este sistema de compensaciones, pudiendo tener él su propio equipo, la presión de los conflictos que en él convergían aminorarían sensiblemente. El poder monocrático tiene la ventaja, durante el día, de refulgir en solitario, pero durante las tinieblas todos los males también los sufre uno y en soledad.

Realmente la persistente actitud de Fernando Suárez, voluntariamente apartado del Ejecutivo desde el VI Congreso de Barcelona, le proporcionó un inmenso rédito de autoridad moral, además de que supo exponer con su habitual brillantez el abanico de razones[30]. Sin

---

[30] Durante las semanas anteriores al VII Congreso a Fernando Suárez le fue tributado un homenaje de las bases de Madrid (con militantes de los pueblos) en el curso de un acto sencillo que venía a premiar su perseverancia y al que se sumó Fraga enviando un telegrama desde Barcelona, donde ese día se hallaba.

embargo, el grupo de oposición no tuvo fuerza para abrirse camino con sus justificaciones: ruptura de la homegenidad, predominio y constancia de la disparidad de criterios —si no de broncas— y el nefasto antecedente de listas abiertas vivido convulsivamente por Unión de Centro Democrático. Cuando el madrileño *ABC* publicó en la *tercera* del 5 de febrero, dos días antes del VII Congreso, un artículo bajo el título "Listas abiertas" firmado por Fernando Suárez, ya se sabía que su tesis era la triunfadora y que esa cuestión, respecto al morbo que desata en España las cuitas personales, ensombrecería cualquier otra materia de contenido ideológico o estratégico, máxime cuando hubiera sido enriquecedor debatir en la plaza pública la postura abstencionista del partido ante el referéndum de la OTAN ya convocado.

Con cierta agitación, la que siempre se acusa en vísperas de acontecimientos políticos, el 7 viernes de febrero de 1986 dio comienzo en Madrid, en el viejo Palacio de Exposiciones y Congresos[31], el VII Congreso Nacional de Alianza Popular con la asistencia de 2.442 compromisarios[32] y cerca de medilo millar de periodistas autorizados a presenciar las discusiones de las ponencias, lo que en otros partidos suele ser a puerta cerrada. La reunión del máximo órgano soberano coincidía con el décimo aniversario del partido y, por si fuera poco, era un año electoral en el que se ponía en juego la continuidad del liderazgo si, como preveían las encuestas, no se podía dar un vuelco electoral. La iconografía elegida giró en torno al eslogan: *Esto tiene arreglo. AP la esperanza popular,* título por otra parte de un libro de crítica al Gobierno que salió publicado por esos días.

Este Congreso, en la línea de continuidad del celebrado en Barcelona dos años antes, proseguía la institucionalización de AP como partido de masas (era el de mayor encuadramiento de afiliados), con 800 sedes de 3.500 juntas locales y comarcales constituidas, lo que demostraba ser el mayor en efectivos e implantación, aunque lejos de ser un partido de masas en el sentido clásico. En coalición con democristianos y liberales, AP gobernaba en tres Comunidades Autónomas, doce Diputaciones Provinciales, dos Consejos Insulares y en 2.500 Ayuntamientos. De otra parte, en el ámbito internacional pertenecía a la Unión Democrática Europea incursa en la IDU, la internacional liberal-conservadora, y ya se había articulado con sus *eurodiputados* en el Grupo Conservador del Parlamento Europeo.

Como si deseara ser la conciencia de la gran asamblea bianual que se inauguraba, el matutino *ABC* resumía en un comentario editorial[33], después de negar que Alianza Popular fuera una entidad privada porque en el entramado constitucional era una institución, que debía resolver cuatro clases de problemas. En primer lugar, postulaba la transformación de Coalición Popular en un partido unido; en segunda posición, había que sustituir los caciquismos (de diputaciones gallegas, decía el diario conservador); con el adversario sólo se debe pactar las cuestiones de interés general (era una taimada invectiva a los pactos *sotovoce* de Fraga-Felipe), y, por último, planteaba el asunto de la sucesión repartiendo consejos a puñados como si de la Biblia se

---

[31] Hasta cuatro días antes de iniciarse la reunión no se tuvo seguridad de que el Palacio de Exposiciones y Congresos pudiera acoger la reunión aliancista, ya que unas obras que se llevaban a cabo en su interior lo impedían. De hecho, mientras que por una puerta salían los albañiles, por la otra entraban los compromisarios de AP.

[32] Los compromisarios, considerados la élite del partido, representaban a los 200.047 afiliados (el carné 200.000 lo había entregado Fraga, en enero, a una joven ama de casa madrileña), cuya distribución regional era decisiva a la hora de los pactos para votar las listas abiertas.

[33] Véase el *ABC* del 7 de febrero de 1986. El editorial a que nos referimos circuló que había sido inspirado por Miguel Herrero, por cuanto que el retrato robot que hacía del más indicado sucesor de Fraga reunía las connotaciones ajustadas a su personalidad y trayectoria políticas.

tratara, haciendo el retrato robot del sucesor —saltaba a la vista el perfil de Herrero— y blandiendo al mismo tiempo la hipoteca franquista de Fraga y de Suárez:

> "(...) Se asegura que este Congreso se planteará, por decisión del señor Fraga, el problema de su sucesión. El presidente de AP está, creemos, en el mejor momento de su vida política... Pero el papel histórico desempeñado por don Manuel Fraga no debe impedir que se trate con plena naturalidad y transparencia su sucesión...".

Los trabajos del VII Congreso de AP arrancaron el viernes 7 de febrero, a las diez de la mañana, con un discurso de Fraga populista y autocrítico, en el sentido de apelar a la disciplina interna y al mantenimiento de Coalición Popular[34]. Las rebeldías acusadas en Galicia en ayuntamientos y diputaciones le ponían sobre aviso para el llamamiento a la unidad, sobre todo porque empezaba a levantarse una opinión opuesta a la utilidad de la asociación con democristianos y liberales, pagada desmesuradamente en detrimento de legítimas ambiciones propias[35]. Ahora que llegaba el momento crucial de que la *mayoría natural* se sometiera a prueba en elecciones generales, dentro de 1986 en todo caso, el villalbés no podía consentir el amotinamiento:

> "La Coalición Popular es hoy la única alternativa viable al socialismo, y a ella nos empleamos por convicción, de buena fe, sin reticencias... Eso no quiere decir tampoco que las alianzas sean un fin, sino un medio.
> (...) Es fácil ver los problemas más complejos de la política de coalición, pero lo que no es tan fácil es proponer alternativas tácticas".

A diferencia de otros congresos, el VII de Alianza Popular adolecía de falta de presencia extranjera notable (de representantes de formaciones homólogas de otros países), atribuible a que no se entendía la postura abstencionista ante el referéndum de la OTAN esgrimida con obstinada estrategia por Fraga. La mayor parte de los invitados había rehusado asistir y sólo el amigo bávaro Strauss, presidente del CSU alemán y pertinente financiador de AP, acudió a la apertura de la reunión fraguista y pronunció un discurso muy favorable a la OTAN. Pudo ocurrir que el *viejo león* socialcristiano llegase a Madrid para convencer a Fraga de que desistiese de la abstención, pues en otro caso no se explica el discurso pro-atlantista que dirigió a los compromisarios[36]. Se asegura que el discurso de Strauss fue mal traducido por la intérprete, en la versión megafónica, conforme testimoniaron varios corresponsales de prensa alemanes presentes en el acto[37]. En el canto apasionado que hizo de la OTAN, como salvaguardia de Occidente ante la amenaza de la URSS, Strauss dijo que "(...) el fracaso en el referéndum sería una gran desgracia"; sin embargo, la intérprete tradujo: "(...) un fracaso en el referéndum no es un asunto baladí".

---

[34] Antes de iniciarse el repertorio de intervenciones se rezó por los reunidos un Padrenuestro en memoria de Cristobal Colón de Carvajal.

[35] El vicepresidente segundo Alfonso Osorio presentó al Congreso un informe del Comité Nacional de Estrategia y, basándolo en sabe Dios qué informes sociológicos, decía que Coalición Popular estaba en puertas de obtener el triunfo en las próximas elecciones, aunque también dejaba claro que por separado tanto el PDP como el PL "obtendrían resultados ínfimos". En la ocasión comentada habló de la táctica de la alcachofa, es decir, "ir hoja a hoja" para conseguir la victoria.

[36] El 7 de enero Franz Josef Strauss se encontró con Fraga en Marbella en la celebración del cumpleaños de Hoffman y le prometió ir al VII Congreso aliancista si no se lo impedía la dolencia de espalda que le torturaba y sobre lo que venía recibiendo tratamiento médico.

[37] Véase el diario *El País* del 8 de febrero de 1986 (crónica de Anabel Díez).

Persiguiendo el rigor histórico no hay pruebas para atribuir la antedicha desviación a un error inocente, y tampoco para lo contrario. Sí era normal que Strauss entregase sus discursos con antelación a ser pronunciados, por cortesía ante el anfitrión y para facilitar la traducción. Únicamente en este proceso, en el seno de la Secretaría de Relaciones Internacionales, se tradujo el discurso en cuestión y en ese momento fue posible la tergiversación. Al autor no le cabe admitir el error ingenuo porque por esos días la sensibilidad que había en la sede de AP en torno al referéndum era más que epidérmica.

En realidad, aunque entre las tareas de todo congreso se cuentan los informes preceptivos de índole legal (rendición de cuentas, memoria de actividades, relato del comité de disciplina, etc.), que suelen anteceder a los debates sustanciales, mientras los delegados se acreditan y acomodan, en esta edición, apenas inaugurado el Congreso, se discutió la ponencia de Estatutos para dejarla aprobada y servir de derecho positivo con el que regular la elección en *listas abiertas*.

Durante todo el tiempo, sin embargo, el Congreso fue un hervidero en sus pasillos y despachos o, si se quiere, la lonja donde se concertaban apoyos para las candidaturas que se presentarían por la tarde. Esas idas y vueltas en el edificio congresual actuaban de aliviadero o de válvula de presión y, en opinión de unos cuantos, rebajó las tensiones registradas frente a los coaligados. Quizás por eso Fraga admitió las *listas abiertas*, muy consciente de que el VII Congreso no sería otra cosa que una gigantesca conspiración para *estar* en el Comité Ejecutivo y en las listas electorales, subvirtiendo la finalidad esencial de la reunión ideológica y estratégica.

De las 1.100 enmiendas propuestas a las ocho ponencias la de Estatutos, que dirigía Alberto Ruíz Gallardón, recibió 568, más de la mitad, repartiéndose las demás de forma desigual. La ponencia Política la defendió Miguel Herrero; la de Política Económica, Abel Matutes y Rodrigo Rato; la de Política Autonómica y Local, José María Aznar; la de Política Exterior y Defensa, Carlos Robles Piquer y Luis Guillermo Perinat ; la de Política Agraria, Antonio Navarro; la de Política Social, Fernando Suárez, y la de Educación, Cultura y Deporte, Isabel Tocino.

El debate en pleno de las enmiendas a la ponencia de Estatutos acaparó la atención durante la primera jornada, pero al aceptar la ponencia la propuesta de *listas abiertas* vaciaba de significación la intervención de su autor, Fernando Suárez, que de todas maneras subió al estrado —era la manera de recoger los aplausos de los compromisarios— para defender las facultades presidenciales contenidas en otro precepto.

En términos generales, aparte la innovación de votación directa para 30 miembros del Comité Ejecutivo Nacional, los Estatutos proyectaban el sistema de *listas abiertas* a toda la línea de comités ejecutivos territoriales. En otro orden de innovaciones, se exigía al menos tres meses de antigüedad como afiliado para poder votar, no así para ser elegido; se reestructuraba funcionalmente el Consejo Político, vinculándolo al Estado de las Autonomías; se permitía al Comité de Conflictos y Disciplina no sólo resolver las infracciones, sino también los conflictos estatutarios; se establecía la periodicidad de los congresos en tres años; se hacía depender orgánicamente a los militantes de Ceuta y Melilla de la Junta Directiva de Andalucía; se suprimía la incompatibilidad del presidente del Comité Electoral Nacional a candidato en las elecciones generales, y se reforzaba Nuevas Generaciones confiriéndole representación en los Comités, al tiempo que no se marcaba edad máxima de permanencia esta organización.

La guerra sucia por las candidaturas se libraba en los pasillos, aunque pasó al salón de plenos en la jornada inaugural. La confrontación entre Verstrynge y Juan Ramón Calero al frente de sus respectivos despachos (la Secretaría General y Vicesecretaría-Área Territorial) era enconada todos los días. Los contrapoderes respectivos de uno y otro producían una guerra latente y sucia, y fue en el Congreso donde logró su expresión máxima. Durante el debate de Estatutos prosperó una enmienda según la cual Acción Territorial, que ostentaba Calero, pasaba a depender de la Secretaría General (y no de la Presidencia), con el voto visible de Verstrynge —cartulina del *sí* en alto—, quien al ser visto por muchos compromisarios que desde la presidencia emitían su voto en dicho sentido le imitaron en la idea de ser lo más razonable para el interés del partido. En realidad era una venganza, o una humillación, la que Verstrynge dedicó a Calero, sometiendo orgánicamente su negociado a la autoridad del pelirrojo en pago a la lista de 30 nombres que Calero había distribuido por el Congreso omitiendo los nombres de Osorio y de Verstrynge. Es más, no contento con dicha afrenta, Verstrynge lanzó otra lista en la que no figuraba Miguel Herrero (el mandante de Calero), lo cual se interpretó como una declaración de guerra en todos los frentes.

De entre los ponentes de tesis programáticas e ideológicas expuestas a lo largo de la segunda jornada, tanto Fernando Suárez como Miguel Herrero cosecharon estruendosas ovaciones de los compromisarios tras la defensa, respectivamente, de sus documentos. La ponencia de Política Social del que fuera Ministro de Trabajo con Franco encontró su apoyo en la enjuta y vibrante oratoria castellana de que se adornaba su autor. El espíritu de solidaridad, con fundamentos de justicia distributiva, tomaba carne en el texto aprobado, que apuntaba también a un fortalecimiento de la sociedad civil dentro de un Estado más liberal y moderno. Dos párrafos reveladores de la aludida fundamentación ideológica —mitad liberalismo y mitad estatismo— revelaban que:

> "(...) No hay política económica válida, ni política educativa satisfactoria, etc., si no están englobadas en un progreso solidario e inspiradas en el propósito inequívoco de compensar las inevitables desigualdades entre los ciudadanos y facilitar el acceso de quienes son verdaderamente débiles a los bienes que la sociedad hace posible, paliando así las injusticias que la propia sociedad pudiera producir...".

La ponencia de Política Exterior y Defensa, que al alimón defendieron los diplomáticos Carlos Robles y Luis Guillermo Perinat, apenas atrajo la preocupación del Congreso y, por consecuencia, fue debatida sin gloria —y por supuesto sin atención—, arrebatados como estaban los compromisarios por las listas. Lo contradictorio del documento era la proclamación del pleno occidentalismo, que, decían, el Gobierno socialista ha aplicado con distinta vara de medir, y la postura incongruente de abstención en el referéndum de la OTAN. En el discurso de explicación sobre esta *prefijada* postura, Carlos Robles denunció que los socialistas habían roto el consenso sobre política exterior y que por eso AP era partidaria de la abstención. Dijo que no era conveniente votar *no* para diferenciarse de ciertos partidos de izquierda, y afirmó con facilona intención que "era un referéndum de guerra en todos los sentidos de la palabra, no un referéndum de paz".

Miguel Herrero siempre llenaba el salón de plenos a la hora de defender su ponencia y esta vez pronunció un discurso preñado de afán de victoria que mereció la aprobación por asentimiento total. El alarde oratorio de Herrero lo concentró en insuflar los ánimos para ganar, opción que sólo se podía conseguir, dijo, con moderación ocupando los tres millones de votos centristas de 1982 captados por el PSOE. En el curso de su intervención, con doble sentido, el letrado del Consejo de Estado arremetió contra los partidos caudillistas, como el socialista, para posteriormente excitar el entusiasmo ante una campaña electoral inminente, al servicio de lo cual invitó a que se hiciese de la calle la sede partidista. El estruendo cerrado de aplausos en sucesivas interrupciones (singularmente cuando exigió que se fuese "flexible como el acero para las coaliciones...") y el que le fue dedicado al final del discurso dejaba entrever que sería uno de los candidatos más votados.

Respecto del contenido de la ponencia, que le fue encargada por Fraga, Herrero ha confesado en sus memorias[38] que siguió el mismo procedimiento de elaboración que dos años antes. "La experiencia acumulada sobre la esterilidad de las palabras —advierte— restó un tanto mi entusiasmo y el de las propias bases consultadas y ello aligeró la tarea de redacción".

La ponencia que redactó Herrero se orientaba hacia la estrategia más que al escrutinio de los signos ideológicos de identidad, y así lo pone de manifiesto cuando escribe más adelante:

> "El texto... partía de la renovación ideológica conseguida en el anterior Congreso Nacional de 1984, acentuaba la tendencia liberal, propugnaba un mensaje positivo hacia la sociedad y, renunciando al bipartidismo, declaraba a Alianza Popular vertebradora de la derecha española, abierta a todo tipo de coaliciones sobre la base de coincidencias programáticas y suma de efectivos reales. Con ello se abrían las puertas a una gran coalición y, más claramente aún, al entendimiento con los nacionalistas y, en particular, los reformistas, si bien a iniciativa de los jóvenes cachorros, en esta ocasión dirigidos por José María Aznar, que entonces ejercía de españolista duro, hubo que eliminar su expresa mención. A la vez, se suscitaba la necesidad de reconsiderar la relación de Alianza Popular con sus fantasmales aliados cristianos y liberales, cuyas crecientes exigencias eran inversamente proporcionales a sus efectivas aportaciones".

Herrero, dejado llevar por el instinto de los compromisarios veteranos, preparó un texto que propugnaba la integración de los partidos coaligados, pero al final hubo de rectificar en aras de no encrespar la situación dominante y conformarse en decir que dichos partidos coaligados confluirían, "pero valorando fríamente sus aportaciones y sin integraciones forzadas". Respecto de la coalición preelectoral con los nacionalismos, contra el deseo de muchos, Herrero invitaba a la colaboración con los partidos que los representaban (en la oposición o ante una eventual mayoría) y a "negociar un programa de gobierno común" que diese garantías de gobernabilidad y que les integrase en el quehacer español.

En la noche del viernes terminaba el plazo de presentación de candidaturas al Comité Ejecutivo, aprobados que habían sido los Estatutos; a la mañana siguiente, sábado, fueron proclamadas con vistas a que se celebrase la elección durante la tarde —desde las cuatro—. En las vísperas de la asamblea y durante la misma se acusó la actividad febril del intercambio de votos. Cartas a los compromisarios[39], telegramas y llamadas telefónicas menudearon antes y después de los comicios, pero singularmente se registraron pactos de intercambio de sufragios con los dirigentes regionales y provinciales.

---

[38] *Memorias de estío*, pág. 334.

[39] Eduardo Tarragona, Carlos Robles Piquer, Gabriel Elorriaga, Enrique Villoria y Angel Sanchís efectuaron una campaña postal a la americana cursando una carta a cada compromisario, el primero solicitando el aval de presentación y los otros dos pidiendo directamente el voto. Robles Piquer retiró su candidatura a última hora. Otros candidatos, como Loyola del Palacio, repartieron por los pasillos un artículo que había publicado en *ABC* o los datos biográficos, caso del dirigente de Nuevas Generaciones Ricardo Peydró. Por cierto, por Nuevas Generaciones circuló un panfleto en el que acusaban a Calero, Aznar y Rato de aceptar el "retiro" que les ofrecía Fraga sin comprobar el apoyo que tenían en las bases.

Miguel Herrero se había reunido el 27 de enero con Verstrynge, Osorio y Suárez y había propuesto, a fin de atenuar la pelea a que se iban a someter, formar una lista pactada con las 30 personas más importantes del partido. Suárez se opuso radicalmente a esta preselección argumentando que para ese viaje "... era mejor que Fraga hiciese la lista", y el intento resultó infructuoso. El único acuerdo de caballeros a que se llegó de no hacer *recomendaciones en contra* unos de otros fueron palabras que se llevó el viento.

De los componentes del Comité Ejecutivo (47 en total) treinta lo eran por elección y 17 por designación directa de Fraga, en cuanto colaboradores directos suyos en las tareas de dirección del partido. Fraga anunció con anticipación a los 17 implicados que convendría que no se presentasen a la elección entre los 30 elegibles por dos razones principales: para que no ocupasen plaza doble en ese colegio dirigente y, sobre todo, porque si no resultaban elegidos en el cupo de los 30 no podría él nombrarlos entre los 17 luego de haber sido castigados por el Congreso[40]. No obstante ello, quienes insistieron en arriesgarse a comparecer en la elección, como Ángel Sanchís (coordinador general) e Isabel Tocino (secretaria de la Condición Femenina), tuvieron el beneplácito de Fraga con las reservas antedichas.

Los resultados se conocieron en la noche del sábado mientras se celebraba en la vieja y desusada estación de Delicias (hoy dedicada a museo del ferrocarril) una cena multitudinaria que congregó a 8.000 personas, tan del gusto de Fraga y en la que, acompañados de un frío desolador, se sirvió un cocido madrileño, pestiños y rosquillas de San Isidro. No hubo discursos salvo las palabras de presentación de Fraga, más dictadas por el oficio que por la emoción, de unas medallas conmemorativas del décimo aniversario de AP (adornadas con un rosetón de cintas de la bandera nacional y la inscripción *semper fidelis*) que les fueron impuestas a cien militantes en reconocimiento a su entrega y lealtad con la organización aliancista. ¿Qué había pasado, por mucho frío que hiciera, para que no se caldeasen los ánimos?

Mediada la cena, el presidente del VII Congreso, José María Ruiz Gallardón, llegó al recinto ferroviario y entregó a Fraga la lista con los resultados del Comité Ejecutivo. El semblante del villalbés, según distintos testimonios, se mudó a taciturno. Seguidamente, coreado por los asistentes, Ruiz Gallardón leyó primero los resultados obtenidos por Manuel Fraga, único candidato a presidente nacional (1.959 votos y 78 nulos o en blanco), y a continuación la relación de los treinta electos, ordenados según el número de sufragios conseguidos.

El domingo por la mañana, antes de la clausura, el Congreso proclamó la relación de los 30 elegidos en *lista abierta* y los 17 —realmente 15, porque dos duplicaban representación— que formarían el equipo de colaboradores directos del presidente en la oficina central del partido. Fraga también designó, entre los 30 elegidos, a cuatro vicepresidentes y al secretario general.

El discurso de clausura de Fraga fue una recapitulación congresual en el que destacó la seriedad y la eficacia "por la rica vida interna que refleja, propia de un partido vivo, dinámico y genuinamente democrático; un congreso sin dimisiones, ni vencedores ni vencidos...". Y

---

[40] Estos criterios los expuso Fraga abiertamente en una reunión de maitines en los días anteriores al Congreso y, en algunos casos, lo comentó en privado con los interesados. La posición de Alberto Ruiz Gallardón difería de las demás en el sentido de que ostentaba la titularidad de la Asesoría Jurídica, actividad profesional retribuida en tal concepto, aparte de que era concejal en el Ayuntamiento de Madrid.

seguidamente, partiendo de la autocomplacencia, dirigió el primer mensaje electoral invocando los puntos más importantes del programa como soluciones a los males, que fue repasando pormenorizadamente, derivados del Gobierno socialista.

Comité Ejecutivo del partido unido de Alianza Popular

Presidente:	Manuel Fraga Iribarne

Por designación de Fraga entre los electos:

Vicepresidentes:	Gerardo Fernández Albor, Miguel Herrero y Rodríguez de Miñón, Fernando Suárez González, Alfonso Osorio García.
Secretario general:	Jorge Verstrynge Rojas.

Por designación de Fraga:

Secretarios generales adjuntos:	Juan Ramón Calero Rodríguez, José María Aznar López, Rodrigo Rato Figaredo.
Presidente del Comité Electoral:	Álvaro Lapuerta Quintero.
Presidente del Comité de Conflictos y Disciplina:	Félix Pastor Ridruejo.
Presidente del Consejo Político:	Juan de Arespacochaga.
Coordinadores generales:	Ángel Sanchís Perales, Carlos Robles Piquer.
Tesorera:	Begoña Urquijo Eulate.
Presidente de NNGG:	Gonzalo Robles Orozco.
Secretario de Prensa y Medios de Comunicación:	Rogelio Baón Ramírez.
Secretario de Programas y de Formación:	José López López.
Secretario de Cultura:	José Miguel Ortí Bordás.
Secretario de la Política Social y Sectorial y Relaciones con los Grupos Parlamentarios:	Rodrigo Rato Figaredo.
Secretario de Acción Territorial:	Juan Ramón Calero Rodríguez.
Secretario de Acción Electoral:	Javier Carabias del Arco.
Secretario de Política Autonómica:	José María Aznar López.
Secretario de Relaciones Exteriores:	Luis Guillermo Perinat y Elio.
Secretario de Agricultura:	Miguel Ramírez González.
Secretaria de la Condición Femenina:	Isabel Tocino Biscalorasaga.
Secretario de Política de Consumo:	Antonio García de Pablos.

Lista de los 30 por el orden de sufragios obtenidos:

1.	Gerardo Fernández Albor	1.857	votos
2.	Miguel Herrero de Miñón	1.713	"
3.	Arturo García Tizón	1.649	"
4.	Antonio Hernández Mancha	1.641	"
5.	Fernando Suárez González	1.637	"
6.	Adolfo Díaz Ambrona	1.553	"
7.	J. Manuel Romay Beccaría	1.540	"
8.	Jorge Verstrynge Rojas	1.466	"
9.	Alfonso Osorio García	1.443	"
10.	Juan Manuel Fabra Vallés	1.379	"
11.	Carlos Ruiz Soto	1.370	"
12.	Ángel Sanchís Perales	1.370	"
13.	José Cañellas Fon	1.312	"
14.	Francisco Álvarez-Cascos	1.299	"
15.	Mario Amilivia González	1.268	"
16.	Gabriel Camuñas Solís	1.245	"
17.	José Cremades Mellado	1.244	"
18.	Roque Arrámbarri Epelde	1.174	"
19.	Carlos Manglano del Más	1.113	"
20.	Jorge Fernández Díaz	1.085	"
21.	Luis Olarra Ugartemendia	1.068	"
22.	José Gabriel Díaz Berbel	1.043	"
23.	Santiago López Valdivielso	1.014	"
24.	Alberto Ruiz-Gallardón	983	"
25.	Isabel Tocino Biscalorasaga	959	"
26.	Francisco Tomey Gómez	945	"
27.	Joaquín Sisó Cruellas	926	"
28.	Gabriel Elorriaga Fernández	921	"
29.	Roberto Sanz Pinacho	865	"
30.	Miguel Arias Cañete	807	"

Sin contar los elegidos, 39 candidatos más no accedieron a entrar en el Comité Ejecutivo por no haber conseguido el número de sufragios suficientes, según los datos facilitados por la mesa del Congreso. Éstos eran:

José Miguel Báez Calvo, Felipe Benítez Berrueco, Antonio Bernal Roldán, Antonio Germán Beteta Barrero, Pilar Bidagor Altuna, Francisco Javier Borrego Borrego, Vicente Bosque Hita, Francisco Cacharro Pardo, Ángel Mario Carreño Rodríguez-Maribona, Luis Eduardo Cortés Muñoz, Antonio Fernández Jurado, Francisco Javier Fernández Núñez, Félix de la Fuente Boada, María Nieves Galván Bautista, Juan Carlos Gimeno Gascón, José Antonio Guerrero Guerrero, Araceli Hernández Martín, Íñigo Herrera Martínez-Campos, Neftalí Isasi Gómez, José María Lamas Cabrero, Félix López Hueso, José Lorca Navarrete, José Ignacio Llorens Torrens, Antonio Machado Mora, Ricardo Mena-Bernal Romero, Juan Luis Muriel Gómez, Pancha Navarrete Saiz-Marco, Antonio Navarro Velasco, Loyola Palacio del Valle Lersundi, Ricardo Peydró Blázquez, Antonio Pillado Montero, Juan Ángel del Rey Castellano, María Jesús Sainz García, Isaac Sáez González, Francisco Soler Valero, María Antonia Suárez Cuesta, Eduardo Tarragona Corbellá y Enrique Villoria Martínez.

No comparecieron a las elecciones de los 30 del Comité Ejecutivo, salvo José Manuel Romay Beccaría, los componentes del Comité Ejecutivo de la Federación de Partidos de Alianza Popular que, a propuesta de Fraga, presidente nato de dicha entidad, designaría más tarde la Junta Directiva Nacional.

Comité Ejecutivo de la Federación de Alianza Popular:

Presidente:	Manuel Fraga Iribarne
Vicepresidentes:	José María Ruiz Gallardón, Miguel Ángel Planas Segurado, José Manuel Romay Beccaría, Antonio Carro Martínez.
Secretario general:	Jorge Verstrynge Rojas.
Representantes del partido Unido de AP:	José Antonio Trillo López Mancisidor, Pablo Paños Martí, Luis Fernández Fernández-Madrid.
Tesorera:	Begoña Urquijo y Eulate.
Representantes de otros partidos:	
Cambio Ecologista y Social:	Fernando Enebral Casares.
Reforma Social Española:	Manuel Cantarero del Castillo.
Federación de Partidos Conservadores:	Manuela Martínez Gutiérrez.
Partido Social Demócrata:	José Ramón Lasuen Sancho.
S' Unió:	Abel Matutes Juan.

¿Cómo cabía interpretar los resultados de este dispositivo de democracia directa que, de arriba abajo, se impondría en el resto de los órganos territoriales como un instrumento de renovación?

En primer lugar, la lista vencedora era producto del pacto interterritorial centrípeta conforme al cual —no sucedió pero era posible— las cinco regiones con más compromisarios (Madrid, Andalucía, Galicia y Castilla y León y País Valenciano) sumaban más votos que todas las demás regiones, y por ende podían copar el Ejecutivo, dejando sin presencia a doce regiones más y al grupo emigrante.

Si dejamos a un lado el apoyo que de los compromisarios recibió Fernández Albor —un apoyo institucional demandado por Fraga en aquellos momentos en que el dirigente gallego pretendía formar gobierno en Galicia—, el gran triunfador del VII Congreso fue Miguel Herrero, seguido de dos dirigentes regionales (García Tizón y Hernández Mancha). El portavoz parlamentario en el Congreso se alzó con mérito sobre quienes querían disputar la sucesión de

Fraga; es decir, superó a Suárez —el quinto en la escala, también premiado— y destacó de Verstrynge y de Osorio —relegados al octavo y noveno puestos, respectivamente—, que fueron los más castigados.

Para Fraga, después de la votación, fue fácil jerarquizar las vicepresidencias del partido, y la redesignación de Verstrynge en la Secretaría General se consideró un acto de generosidad tras el varapalo obtenido por los compromisarios.

Los dirigentes territoriales se beneficiaron del enfrentamiento entre los *protagonistas* del Congreso y del trueque de votos con las regiones y provincias, lo que permitió a algúnos su colocación en los primeros puestos de la tabla y la entrada de dirigentes de escaso peso político. Francisco Cacharro, presidente de la Diputación de Lugo, que se había significado en las pasadas elecciones gallegas como un *rebelde* a los dictados de Madrid, fracasó —quedando en el puesto 45— y ello se consideró un claro castigo a su conducta. Antonio Navarro, que en el Comité Ejecutivo anterior al Congreso abogó con remarcado entusiasmo por las *listas abiertas*, se quedó en el camino sin reconocimiento de su fervor democrático. Por otra parte, candidatos no arropados por el pacto de las regiones, como Ángel Sanchís y Gabriel Elorriaga, se alzaron con el mérito de estar entre los 30.

Una deducción negativa de aquella elección fue que logró plaza sólo una mujer, Isabel Tocino, en la lista de 30, lo cual se interpretó como un signo de las dificultades que para la promoción política se oponían a la mujer pese a las reiteradas —no en balde hipócritas— proclamas feministas. En cambio, en orden a la renovación generacional, la votación puso de manifiesto que venía empujando una *nueva ola* con menos de treinta y cinco años.

La opinión que el VII Congreso mereció a Fraga la deja expresada en sus memorias que, aunque escritas un año después hay que suponer que responden a anotaciones espontáneas de cada momento histórico[41]. Consideraba que había sido un buen congreso, que le liberaba de tomar decisiones delicadas, calificando los resultados electorales como *bingo* o partida de *póquer*, y concluía:

> "El resultado no estuvo exento de sorpresas, pero resultó equilibrado y digno. AP demostró que era capaz de asimilar el más alto grado de democracia interna de cualquier partido en España (con mucha diferencia de los demás), lo que había de darle una solidez en la hora de su sucesión, que pocos esperaban...
> Con la clausura, en la mañana del domingo 9, terminó un gran congreso y una buena semana para el partido. También para mí, que veía en marcha el proceso inexorable y positivo de la institucionalización del mismo. Todavía no era el *Nunc dimittis,* pero sí su posibilidad en el momento oportuno".

Hay que registrar un hecho que denuncia Miguel Herrero en sus memorias y que con anterioridad había recogido el periodista Graciano Palomo[42], aunque el memorialista Fraga no alude en absoluto a ello. En la elección a presidente nacional Fraga había obtenido 247 votos menos que Herrero porque algúnos compromisarios se habían obtenido en la votación de

---

[41] *En busca...*, pág. 418 y ss.
[42] La referencia de Miguel Herrero es en *Memorias de estío*, 1993, pág. 338, y la de Graciano Palomo en *El vuelo del halcón*, 1990, pág. 95.

aquél no discutida por ser el único que concurría a la presidencia y celebrarse en urna distinta a la de los 30 vocales del Ejecutivo. "Las cifras —asevera Herrero— fueron amañadas de manera que nada ensombreciese la unanimidad en torno al presidente y yo fuera relegado a un segundo plano". Dice Herrero que su mujer, sentada al lado de Fraga en la cena de la estación de Delicias, intuyó más o menos lo que se cocía cuando, en adusto silencio, "lo recuerda siempre asomado al puchero del cocido, símbolo de aquella cena triunfal".

El pucherazo innecesario que sugiere el párrafo anterior, según investigó Graciano Palomo, se lo confirmó José María Ruiz Gallardón a Herrero, en la casa de éste, meses después. Seguramente Herrero dio su palabra a Gallardón de no revelar el secreto, y tal vez por eso se limita a decir que el autor del libro *El vuelo del halcón* "ya ha reconstruido y publicado los hechos".

Sea como fuere, Graciano Palomo revela lo que sigue:

"(...) Meses después, en septiembre de 1986, José María Ruiz Gallardón, presidente del VII Congreso, acude hasta el domicilio del díscolo diputado madrileño en la calle Mayor, 70, a pedir ayuda para su hijo Alberto, a la sazón nombrado secretario general en sustitución de Jorge Verstrynge. En el recibidor de la señorial casa de Herrero, Ruiz Gallardón comenta abrumado que en esa elección 'abierta' al comité ejecutivo Miguel había conseguido doscientos cuarenta y siete votos más que el fundador, y más apoyos que la persona oficialmente más votada, Fernández Albor. Gallardón relata a su interlocutor que él mismo se encargó de destruir las papeletas después del escrutinio. Este dato, contrastado con otras dos fuentes, es sin embargo puesto en tela de juicio por los organizadores del Congreso...".

De la lectura del acta del Comité Ejecutivo —constitutivo, sin duda— siguiente al VII Congreso, es decir, del 17 de febrero, José María Ruiz Gallardón informó sobre el desarrollo de dicha asamblea. Dijo que la redacción final de los Estatutos había entrañado dificultades para aplicarla al proceso electoral, pero que la pureza electoral quedó garantizada por la Mesa del Congreso. Y el texto del acta añade un párrafo un tanto críptico:

"(...) Prosiguió el señor Ruiz Gallardón dando lectura de los resultados definitivos, una vez escrutados, cuarenta y ocho horas después, de los 122 votos que aun siendo válidos el lector óptico no había leído. Destacó que en la votación del Presidente Nacional obtuvo más votos que el candidato más votado en la lista abierta...".

¿A cuento de qué esas explicaciones tan abundantes como ociosas?

Referéndum OTAN: el plebiscito socialista

El llamamiento al electorado el 12 de marzo de 1986, por la vía del referéndum consultivo, sobre si España debía permanecer en la Organización del Tratado del Atlántico Norte (OTAN) bajo determinadas condiciones militares trastocó de tal manera los papeles políticos de los partidos mayoritarios (el Gobierno de izquierdas promoviendo una consulta plebiscitaria y la oposición de derechas absteniéndose en una integración occidentalista defensiva) que por un tiempo esta kafkiana situación amenazó gravemente el sistema político. Las consecuencias de la consulta fueron diversas, pero la más notable fue que asentó en el poder al socialismo —de entonces en adelante proatlantista con el aval de las superpotencias— entretanto el centro-derecha se alejaba de ser alternativa, arruinando además las posibilidades de liderazgo de Fraga.

Tamaño error ha sido el más grave de los cometidos por Fraga y el que, sin palitivos, determinó su caída meses después, tal vez porque quiso administrar la anómala situación de una votación estratégica negativa —excepcional e insincera, en todo caso— que hubiera provocado la dimisión de Felipe González. La hábil conducta de *travestismo* del líder sevillano forzó la coincidencia, una vez más, del interés general y de su interés personal, mientras que el villalbés, teniendo que elegir entre dos opciones inconvenientes, eligió la que más le perjudicaba.

Hay que remontarse a los orígenes de la transición para entender la verdadera dimensión de la cuestión OTAN, convertida en el saco boxístico sobre el que izquierda y derecha han descargado sus puñetazos hasta 1986. Se convirtió en baza política de la izquierda en 1981, porque hasta entonces era una cuestión inactiva y aplazada por el vigente Tratado de Cooperación bilateral con los Estados Unidos, a raíz de que Calvo-Sotelo se marcó como objetivo deseable de su Gobierno en el debate de investidura el ingreso de España en dicha organización defensiva. Ese compromiso venía acompañado de la referencia implícita a ingresar en la Comunidad Económica Europea ("... la incorporación de España a la OTAN está vinculada a otros condicionamientos de nuestra política exterior") formulada por quien había sido el principal impulsor desde el Gobierno de Suárez de la integración en la Europa económica.

Mientras el Partido Comunista mantuvo siempre una posición adversa a la OTAN y a los Estados Unidos como su principal mecenas, el PSOE en el exilio se había caracterizado por lo contrario, y eso que en Europa los otros partidos socialistas estaban anclados en una política de *neutralidad activa*. Sin embargo, los jóvenes dirigentes surgidos de Suresnes, tal vez por el contagio ideológico de Brandt, Palme y Kreisky, se escoraron hacia la política neutral y antinuclear y exhibieron una monumental bisoñez cuando en diciembre de 1977 Felipe Gonzalez y Alfonso Guerra suscribieron en Moscú un comunicado con el PCUS[43] que reproduciría en España el periódico *El Socialista,* uno de cuyos párrafos merece la consideración de acuerdo mutuo:

> "(...) Las delegaciones han reafirmado los criterios de sus partidos acerca de la necesidad de superar la división del mundo contemporáneo en bloques político-militares contrapuestos y se han pronunciado contra la ampliación de dichos bloques".

Sólo cuando el Gobierno Calvo-Sotelo se propuso diligenciar el ingreso en la OTAN fue cuando Felipe González, a lo largo de 1981 y 1982, intensificó la posición socialista en tono conciliable con los sectores de la izquierda que vibraban bajo el eslogan *OTAN, de entrada no.* El repaso hemerográfico de las opiniones socialistas al respecto llevaría demasiado tiempo por su volumen; sin embargo, todas ellas confluyen en calificar la adhesión atlantista como un *error histórico* e incluso como una *barbaridad histórica.* La oposición socialista a la OTAN, sistemática, persistente y total lo fue en la calle y en los medios de comunicación, pero con los mismos rasgos —y acaso mediante técnicas filibusteras— fue desplegada en el Parlamento durante un dilatado trámite, después de que el Congreso de los Diputados aprobase por mayoría absoluta (186 votos frente a 146) el proceso de adhesión el 29 de octubre de 1981 y antes que

---

[43] Leopoldo Calvo-Sotelo (*Memoria viva de la transición,* pág. 123 y ss.) ha documentado minuciosamente en el capítulo que a la OTAN dedica el proceso evolutivo del socialismo español sobre la cuestión y cómo el recordatorio de los contactos de González y Guerra con Suslov y Ponomariov, altos jerarcas de la URSS, ha provocado reacciones iracundas en el PSOE y en su secretario general. En este sentido reproduce parcialmente la airada carta de 14 de agosto de 1981 que González le remitió, en cuyo texto, entre mil protestas sin ton ni son, en nada desmiente la *ligereza moscovita.* La carta, eso sí, desmentía que hubiese habido pacto secreto con los soviéticos, prefiriendo pasar por ingenuo antes que pérfido.

se firmase el 30 de mayo de 1982 el protocolo jurídico convirtiendo a España en el decimo-sexto miembro de la OTAN[44].

Al día siguiente de la firma del protocolo, el 31 de mayo de 1982 Felipe González reafirmó la intención de convocar un referéndum sobre la integración en la OTAN si llegaba al poder. Apreciábase la sutil evolución, cuando ya se daba muy probable ganar las elecciones, de plantear el referéndum no para *salir* sino para *permanecer*, conforme a una calculada ambigüedad. Durante la campaña electoral de las generales de octubre el lenguaje socialista se desvinculó de la neutralidad y se hizo militante del bloque atlántico en sentido lato. Hubo un aseguramiento —se formalizó el compromiso— de que habría un referéndum y se convirtió en inservible el eslogan *OTAN, de salida sí,* a la vez que se escondieron los pliegos de firmas de los sectores movilizados.

Desde noviembre de 1982 hasta marzo de 1986 transcurrió un largo recorrido de espera que el Gobierno parecía destinar a ganar tiempo y así ganar adeptos a su causa, en situación minoritaria respecto de quienes fueron educados para oponerse a la OTAN. Frente a la opinión mayoritaria adversa, los partidos de centro-derecha con cuyo apoyo se ingresó en la Organización Atlántica se oponían a revisar —incluso por referéndum— lo que estaba zanjado desde 1981.

A la par y ritmo que se desbloqueaba el ingreso de España en la CEE, la conducta atlantista del Gobierno varió ciento ochenta grados. Sin debate interno en los órganos colegiales del PSOE, en octubre de 1984 el presidente González hizo público a los cuatro vientos el Decálogo de Política Exterior, que era la tabla —de salvación— orientadora en materia diplomática y que incluía la permanencia de España en la OTAN. La osadía personal de González de alterar la opinión al respecto halló críticas en el socialismo, pero en el XXX Congreso del PSOE celebrado en diciembre la posición unilateral del líder es asumida por la mayoría abrumadora a excepción de Izquierda Socialista, que lo combatió para al final asumirlo por disciplina.

González, que resultó confirmado en el *trono* socialista por el 95 por ciento de los delegados al Congreso, ya comenzó a servirse del principio weberiano sobre la *ética de la convicción* (la que anida en lo profundo de la persona) y la *ética de la responsabilidad* que obliga al gobernante a actuar en contra, incluso, de su convicción. De tal suerte que el discurso *felipista* hablaba del peligro de aislamiento de España respecto del resto del mundo occidental si abandonara la OTAN o, en el orden económico, de las consecuencias perniciosas para nuestro sistema financiero incardinado en el mundo libre.

El referéndum consultivo sobre la permanencia de España en la OTAN era la res-

La izquierda hizo del referéndum de la OTAN el tema de confrontación y desgaste de Felipe González y de su Gobierno, y a tal fin no escatimó esfuerzo e ingenio, incluso de mal gusto, para llamar la atención, como se aprecia en la foto en exclusiva del reportero Pablo Vázquez. Entre los mismos socialistas, como era el caso de Tierno Galván, inventor de la Movida madrileña, no abdicaba de su oposición a la organización atlántica incluso en el lecho de muerte en la habitación hospitalaria. En este cambio de papeles Fraga y sus aliados defendían la abstención y, a la postre, tal postura se volvió contra ellos.

---

[44] Véase para mayores detalles el informe-crónica que, elaborado por el Equipo de Sociología Electoral, publicó la *Revista de Estudios Políticos* en su número 52, julio-agosto 1986, pág. 183 y ss.

puesta a un compromiso electoral socialista a lo que se ve de valor superior al riesgo de que saliese rechazada la propuesta. Se contrapusieron, pues, la impopularidad de no cumplir un compromiso electoral y la salida extramuros de la defensa occidental. González se la jugaba a una sola carta, de suerte que al ganar saldría reforzado ante todo el mundo. Si perdía, el desastre personal y de la orientación socialdemócrata. Fraga, a su vez, al asumir la *abstención activa* —neta contradicción en los términos—, residiría siempre en el claroscuro, en la indeterminación, en lo que no gana ni partidas ni carreras. Acaso, ante la derrota de González, cabía pensar que quien se abstuvo podía ser árbitro entre los del *sí* y los del *no*.

Jugando la partida de ajedrez que representaban los contendientes, se celebró el 4 de febrero de 1986 en el Congreso de los Diputados el Debate sobre Paz y Seguridad, en torno al decreto de convocatoria del referéndum sobre la OTAN, que fue autorizado por 207 a favor, 103 en contra y 20 abstenciones. Fraga, en cuanto máximo representante de la oposición, rechazó la oferta de consenso que le cursó allí mismo el Presidente del Gobierno y mantuvo su recomendación de abstención en el referéndum. El frente anti-referéndum dominó en términos dialécticos el debate y, en particular, el discurso que pronunció Leopoldo Calvo-Sotelo, paciente protagonista desde 1981 del furor de la izquierda por haber sido él quien introdujo a España en la OTAN, fue uno de los más brillantes que se han oído en el hemiciclo isabelino del palacio de la Carrera de San Jerónimo.

La abstención activa de Coalición Popular

¿Cómo se llegó en Coalición Popular a la unificación de pareceres para que postulara la *abstención activa*, sabido ya que habría inevitablemente referéndum? ¿Qué hechos hicieron cambiar a Fraga de opinión para transformar su atlantismo militante en una abstención estratégica?

Las memorias de Fraga son un sintético prontuario sobre el juicio que le merecía la actitud de los socialistas en torno a la OTAN, de modo que en el medio centenar de anotaciones se aprecia la evolución de este asunto, que él entendía una tela de araña de la que estaba prendido Felipe González y no él. Partidario de siempre de la OTAN, Fraga manifestaba su desinterés por el referéndum prometido por los socialistas porque, considerándolo una medida arriesgada, perturbadora y superflua, creía que a la postre no se iba a celebrar por presión de los *aliados*. Aprovechaba cualquier intervención ante los periodistas para acusar al PSOE de irresponsable y de arriesgar la estabilidad diplomática de España, por lo que pedía machaconamente que los socialistas no asumieran el compromiso electoral de celebrar la consulta.

Cuando se vio en Madrid con Henry Kissinger el 21 de enero de 1984, un año después del triunfo socialista, discutió los problemas del referéndum de la OTAN. No es más explícito en la reseña, pero comentaría en privado que el ex secretario de Estado norteamericano dijo que "ningún país, ni siquiera Estados Unidos, ganaría un referéndum de tales características"[45].

En junio del mismo año, el Ministro de Asuntos Exteriores ofreció al flamante secretario general de la OTAN, lord Carrington, un almuerzo en el palacio de Príncipe de Viana, y Fraga aprovechó la invitación para hablar con el diplomático británico del *asunto español*, éste impresionado por la manifestación multitudinaria del domingo anterior (10 de junio) pidiendo el con-

---

[45] Véase también *El País* del 11 de diciembre de 1985, crónica de Carlos Mendo desde Blackpool (Reino Unido).

trovertido referéndum. Al reseñar el acto Fraga reprende irónicamente a Morán, que en su época estuvo en su equipo de Londres, por no saber dar el tratamiento correcto a Carrington en el brindis ("primero le llama míster y luego sir ")[46]. En verdad, Morán tenía que cesar en Exteriores porque él personalmente era el exponente más contradictorio del Gobierno respecto de la OTAN, pues él era autor del libro *Una política exterior para España* en el que, en 1980, se decía que se saldría de la OTAN por la misma mayoría con la que se entrase, y curiosamente por aquello de *scripta manent* el que tuvo que salir del Ejecutrivo fue él.

En octubre de 1985 Fraga visitó a lord Carrington en su despacho de Bruselas, en la sede de la OTAN, y tuvo que defenderse ante el equipo del secretario general de la organización de que el referéndum se iba a perder, registrándose una evolución en el proceso dialéctico: ya no se ponía énfasis en su celebración o no, sino en lo perentorio de su convocatoria. Es decir, los socialistas habían conseguido imponer la lógica de que la consulta popular era necesaria y que si se perdía tendría la culpa Fraga. Unos días antes, asimismo, el villalbés asistió en la ciudad turística de Blackpool al congreso del partido conservador británico donde, como parte del homenaje tributado al invitado de honor, se organizó una serie de actos bajo el título *Bienvenida España en Europa,* y en este foro expresó su confianza de que no se celebrase el referéndum para lo cual no escatimaría facilidades al Gobierno socialista.

Un intento extremo por parte de Carrington para convencer a González y a Fraga, respectivamente, tuvo lugar el 3 de enero de 1986 en el umbral de lo irreversible. Con el Presidente del Gobierno se entrevistó por la mañana y por la tarde con Fraga. El mal fario de lord Peter Alexander Carrington no residía sólo en la irreductible terquedad de sus interlocutores, sino en que al llegar a Madrid incluso había perdido la maleta, lo que le condenaba a no poderse cambiar de ropa. Con Fraga, revestido de cuanta flema pudo hacer acopio, insistió en la *extrema ratio* de no someter a la OTAN al riesgo del desprestigio por una cuestión de política casera. Pero el villalbés repetía que el referéndum no era asunto suyo (*none of my business*). "Le explico nuestra clara posición y sus razones —dice Fraga— y le doy plena seguridad de que la salida de España de la OTAN está fuera de toda posibilidad real"[47]. Esta iniciativa de presión ni sería la última ni la más liviana.

Cuantos viajes al extranjero llevó a cabo Fraga, asimismo, en la agenda siempre constaba el capítulo OTAN. En junio de 1984 estuvo en Oslo, en la reunión de la Unión Democrática Europea, y durante las sesiones y diálogos bilaterales emergía siempre el asunto de la progresiva integración española en la organización atlántica, dando por descontado que Alianza Popular era uno de sus mejores paladines. En julio de 1984, coincidiendo con la corta audencia que le concedió Reagan en la Casa Blanca, en la Secretaría de Estado norteamericana no se preveía el referéndum y, mucho menos, la postura inhibitoria de Fraga, por lo que no se planteó el asunto en términos persuasivos. Sin embargo, cuando Reagan estuvo en Madrid en mayo de 1985 y recibió en audiencia en el palacio de El Pardo a Fraga, estando aquél acompañado de Shultz, entonces sí se discutió el asunto OTAN con apreciable inquietud, pero en momento alguno se dudaba que faltaría el apoyo de Fraga. El hostil recibimiento que dispensó la izquierda al mandatario yanqui, incluida la salida de tono del vicepresidente del Gobierno Alfonso Guerra yéndose de viaje a un país del Este europeo, sirvió de pretexto para la justificación de referéndum: típica jugada de gambito en términos ajedrecísticos.

---

[46] *En busca...*, pág. 355.
[47] *En busca...*, pág. 412.

Si durante 1984 la atmósfera era de incertidumbre, en el sentido de que el Gobierno —que no el PSOE— maduraba la decisión del referéndum pese a que los estudios realizados por el Centro de Investigaciones Sociológicas auguraban un resultado negativo en torno al 52 por ciento, iniciado 1985, a medida que se quemaban etapas, la presión en torno a la OTAN cobró cuerpo, de manera que abundaban las noticias según las cuales Alianza Popular haría cuanto estuviese en su mano por evitar el referéndum prometido y, en caso de no lograrlo, se la entendía embutida en una camisa de fuerza sin otra opción que apoyarlo sin condiciones.

En el curso de la entrevista González-Fraga celebrada el 1 de febrero, viernes, se malogró la solución generosa de que Alianza Popular renunciaría a explotar políticamente la *rectificación* socialista de no celebrar el referéndum[48]. Porque la respuesta no la dió el socialista sevillano allí, sino al día siguiente en los medios de comunicación, que profusamente informaron de que Felipe González pediría personalmente el *sí a la OTAN*. Se inició entonces, pues, entre ambos líderes un proceso confuso, torticero y dilatado —una extraña partida de ajedrez— que no conduciría a otro sitio que al engaño entre dos modelos antagónicos muy dispares: la versatilidad y la contundencia. Engaño que consistía en la no creencia recíproca de las respectivas posturas desempeñadas: insinceridad estratégica cruzada y exceso de cautelas.

¿Qué había pasado para que González *endosara* a su adversario la responsabilidad de permanecer en la OTAN? Firme el líder socialista en la convocatoria del referéndum, se ocupó de echarle a Fraga encima —como si de él dependiera la solución— las presiones que le llegaban a él provenientes de líderes extranjeros. Así, con esa perspicaz conducta y la temeridad del funambulista, la cuestión fundamental quedó relegada a segundo plano.

Aunque el motor aparente de los encuentros de González y Fraga fuesen desde 1984 motivos diversos de política interior, en todos ellos el compromiso de celebración del referéndum sobre la OTAN descollaba en el interés del Presidente del Gobierno. Fraga en cambio basaba el intríngulis del contacto en el abusivo comportamiento de RTVE hacia él y AP, en la regulación de la televisión privada y en cuantas cuestiones deberían justificar el *bipartidismo pactado*. Pero González entraba en estos temas acuciado por su interlocutor y, sobre todo, porque Fraga no cerraba nunca la puerta de una eventual ayuda en el referéndum pidiendo el *sí*.

La entrevista de los dos rivales del 4 de diciembre de 1985 sostenida en la Moncloa, en un almuerzo frío —y no sólo de viandas— en *La bodeguilla*, continuó el malentendido de que ambos tenían convencido al otro. González opinaría con sentimiento de engañado que "siempre creí que Fraga apoyaría el *sí*".Y se equivocan quienes atribuyen la decisión del líder gallego a la reacción de enfado por el rechazo a su cuñado Carlos Robles propuesto para comisario en Bruselas. Eso pudo ser parte de la procesión, pero no el único paso. La interpretación del interesado en sus memorias comprende quizás el conjunto de motivos y describe la total falta de sintonía:

> "Entrevista con el Presidente del Gobierno Felipe González... Él desea hablar de la OTAN; yo deseo hablar del tema clave de televisión y del nombramiento del segundo comisario español en las Comunidades Europeas. En lo primero, él desea apoyo para

---

[48] El 4 de diciembre de 1985 Fraga reiteró, en rueda de prensa, que en el momento en que el Gobierno renunciase al referéndum sobre la OTAN se desistiría de pedir el debate sobre política exterior que se solicitaba tener en el Congreso.

su referéndum: yo le reitero que esa consulta es un error, que producirá en todo caso un tremento desgaste; que, puesto a rectificar, es mejor hacerlo de una vez y que para eso sí contará con nuestro apoyo. Una vez más, el tiempo le hará reconocer (declaraciones a Vargas Llosa) que se había equivocado... En televisión, largas amables; en el tema comisarios, resistencia a los nombres propuestos. Jamás he visto en él una actitud de verdadero diálogo con una oposición, por demás leal y constructiva. En un momento de la conversación se le escapa el argumento no me conviene"[49].

La formación de la opinión en favor de la *abstención activa* no fue una cosa sencilla, sino que por su gravedad atrajo hacia sí la consideración de muchos factores, alguno de ellos determinante en el terrero del oportunismo político. El cortejo de hechos tal vez dé luz sobre el asunto. El Presidente del Gobierno concedió el viernes 29 de noviembre a RTVE una entrevista[50] durante la cual anunció que el referéndum tendría lugar en torno al 19 de marzo de 1986; que el debate sobre seguridad sería en la última semana de enero o primera de febrero, y que la posición del Gobierno y la suya propia eran enteramente favorables. Latía, sin embargo, la incógnita de la consecuencia política ante la eventualidad de la derrota... la dimisión de González.

Desde el primero de diciembre de 1985 el diario *ABC* se movilizó, con su director Luis María Ansón a la cabeza, al que seguiría el pelotón de sus mejores comentaristas, para condicionar la postura de Coalición Popular arguyendo que el referéndum era un plebiscito personal de González. Al Presidente del Gobierno había que aislarlo, y si perdía la consulta —se colegía en tal razonamiento— debería dimitir, como una derrota similar en 1968 obligó al general De Gaulle a dejar el poder.

Con el título *Lo patriótico es la abstención*, Luis María Ansón calificaba el referéndum de trampa para la oposición y argüía: "... Aunque sus asesores (los de González) tengan planteada esta fórmula: si el presidente gana el referéndum, continúa en el poder, y si pierde, ¡qué derrota para Fraga!, la realidad es que las urnas adversas en consulta tan comprometida puede significar el fin de la carrera política del señor González". Y, a renglones seguidos, el articulista advertía que si el presidente de Alianza Popular aceptaba el plato de lenjetas que le ofrecían, "habría malvendido su derecho de primogenitura en la oposición"[51].

Una serie de firmas *invitadas* de la escuadra del diario expondrían en la *página quinta* razones de profundidad sobre lo ya dicho[52], y otro tanto cabía decir de los informes, con ruedas de opinión y de los editoriales, constituyendo todo ello una auténtica campaña frontal que más que ir contra el *Felipismo* guiaba la mano de los partidos de Coalición Popular, ya citados para el 11 de diciembre con vistas a pronunciarse defintivamente.

---

[49] *En busca* ..., pág. 406. Debe notarse, sin embargo, que la reseña no es cronológicamente lineal, sino que adolece del anacronismo de haber sido escrita mucho después de los hechos ("Una vez más el tiempo le hará reconocer..."), pero ello no supone necesariamente manipulación.

[50] Emitida a las 21.00 horas en el espacio *Punto y aparte*, dentro del terediario vespertino, había sido grabada en la Moncloa previamente.

[51] Para completar la tesis del artículo con mayor amplitud, que culminaba postulando la abstención y recomendándola a la oposición como expresión patriótica, véase el *ABC* del 1 de diciembre de 1985.

[52] Algunas de las opiniones vertidas por el llamamiento de Ansón, antes y después de que CP definiese su postura al respecto, se contienen en artículos de Alejandro Muñoz Alonso (*ABC* del 9 de diciembre, titulado "Razones para la abstención"); de José Luis Álvarez (*ABC* del 17 de diciembre, titulado "No al referéndum") y, entre otros, Miguel Herrero (*ABC* del 20 de diciembre, titulado "OTAN: más triste todavía").

Pocos dudan —ya periodistas, ya historiadores— de que a la reunión del comité de coordinación de Coalición Popular celebrada el 11 de diciembre se llegó con la opinión preconcebida por los democristianos de que los *populares* recomendarían la abstención[53]. Incluso se les atribuye el sinsentido conceptual de *abstención activa*. Dávila/Herrero aseguran que en el despacho profesional de Alzaga se acrisoló la campaña de abstención y más:

"... La agravaron con un adjetivo que, sugerido oportunamente a Fraga, fue repetido dócilmente por éste en una conferencia de prensa: *abstención activa*. Fraga, naturalmente, la adobaría después con su particular aditamento: 'todo lo activa que pueda ser' "[54].

Ciertamente, según diversos testimonios, la voz argumental en las reuniónes la llevaba Óscar Alzaga y a ella se sumaron —o al menos no se opusieron— todos los demás. Los representantes en el comité de coordinación de los partidos Aragonés Regionalista y Unión del Pueblo Navarro quisieron ir todavía más lejos y votar *no*. Creían los partidos de Coalición Popular que el referéndum tenía una motivación plebiscitaria y que, no pudiendo votar *no* (lo que realmente deseaban muchos) la solución estaba en desentenderse, en quedar con las manos libres para en su día defender mejor los intereses generales de *administrar la dimisión de González* y de no salir de la OTAN toda vez que el referéndum no era vinculante. Fraga, que se resistía a adoptar la decisión, antes que pronunciarse mostró sus reservas y consultó previamenmte con cuantos pudo dentro de AP, en uno de cuyos maitines se discutió. Del mismo modo, Miguel Herrero, Jorge Verstrynge y demás miembros del equipo presidencial se inclinaron por la abstención[55].

En la reunión del 11 de diciembre la deliberación giró en torno al texto de la declaración que habían redactado los aliancistas Perinat y Robles Piquer, el democristiano Javier Rupérez y el liberal Josep Meliá. Al final, si acaso con algún retoque no sustancial, los partidos integrantes de la Coalición Popular la firmaron y Fraga, con este extraordinario respaldo de la firma, lo anunció en rueda de prensa con un gran efecto expansivo dentro y fuera de España. El comunicado constaba de ocho puntos que narraba la evolución histórica de la controversia y terminaba con tres apartados en los que CP se comprometía a no utilizar el arma política de la cancelación del referéndum, ofrecía su mediación ante la sociedad para explicar el cambio de actitud y publicaba su inhibición en el asunto para el caso de que no prosperase la oferta en estos términos:

"Los partidos firmantes no participarán en el referéndum si, contra toda razón y lógica, éste llegara a celebrarse. No participarán tampoco en la campaña preparatoria, aunque harán uso de los espacios gratuitos de que dispongan los medios informativos para explicar su postura adversa al referéndum. Finalmente, se reservan el derecho que les asiste a ejercer el control para asegurar la limpieza de tan estéril e innecesaria consulta".

Era lógico en el estricto ambito doméstico que los dirigentes conservadores rechazasen el chantaje emocional que suponía preservar la credibilidad de González con un referéndum inocuo, pues

[53] Ricardo de la Cierva en *La derecha sin remedio*, pág.43, dice que "parece que fue la argumentación de Javier Rupérez, dirigente del PDP, quien convenció a Fraga para proclamar la abstención; Alzaga era desde luego muy capaz de convertir en trampa mortal semejante consejo, pero en este momento histórico no podemos saber más".
[54] Véase *De Fraga a Fraga*, pág. 152.
[55] Véase crónica de Fernando Jáuregui en *El país* del 11 de diciembre de 1986.

la victoria del dirigente socialista en la consulta reforzaría sus posibilidades de triunfo en las elecciones generales. González, si perdía en el empeño, destrozaría seguramente su reputación externa, pero como ganase acopiaría prestigio —el del converso— dentro y fuera, mientras que los conservadores perderían algo en las dos opciones, pero mucho más en la de abstención. Se les consideraría unos felones. Por coherencia al programa de Coalición Popular correspondía haber recomendado el *sí,* cargando al mismo tiempo contra Felipe González por su temeridad personal[56].

Presiones de fuera y de dentro

La reacción del Gobierno al anuncio de abstención por Fraga fue de estupor y, siguiendo el principio taurino de que *hasta el rabo todo es toro,* se volcó en organizar un proceso electoral a la desesperada. Por lo mismo, Felipe González no se resignó a quedarse solo frente a la izquierda y hasta el último momento espoleó a los gobiernos de países occidentales para que se echasen encima de los *populares,* como así sucedió hasta la misma víspera de la votación, en evitación de la derrota.

Helmut Kohl, que no ocultó su disgusto desde el primer momento por la actitud de los españoles[57], fue uno de los más significados en tratar de convencer a sus homólogos para que cambiasen su postura sobre el referéndum. El secretario de Relaciones Internacionales de la CDU, doctor Wegener, fue enviado a Madrid para desempeñar un esfuerzo último cerca de Alzaga y de Fraga, con quienes se entrevistó sucesivamente sin resultado algúno en la misión que le traía[58]. Es más, durante su estancia en España el 31 de enero de 1986, Coalición Popular conoció el texto de la pregunta que se sometería a consulta y que había sido remitida al Congreso de los Diputados:

"El Gobierno considera conveniente para los intereses nacionales que España permanezca en la Alianza Atlántica y acuerda que dicha permanencia se establezca en los siguientes términos:

1.º La participación de España en la Alianza Atlántica no incluirá su incorporación a la estructura militar integrada.

2.º Se mantendrá la prohibición de instalar, almacenar o introducir armas nucleares en territorio español.

3.º Se procederá a la reducción progresiva de la presencia militar de los Estados Unidos en España.

¿Considera conveniente para España permanecer en la Alianza Atlántica en los términos acordados por el Gobierno de la Nación?"

---

[56] Un nuevo comunicado de Coalición Popular (tercero) fue emitido el 28 de enero de 1986 en el que reiteraba los términos de la anterior declaración; invitaba al Gobierno y su Presidente a reflexionar cuando todavía había tiempo; prevenía a la opinión pública contra las intimidaciones que pudieran ejercerse; denunciaba las intimidaciones ya producidas, y reiteraba el perjuicio económico que supondría la celebración del referéndum.

[57] A finales de diciembre de 1985 (véase *El País* del día 28) el canciller alemán, principal promotor de nuestro ingreso en la CEE, insinuó que no era aceptable la integración de España en la Comunidad Europea y su separación de la OTAN. "Cuando se trata de defender la libertad común, no se puede dejar el asunto a los demás", declaró Kohl.

[58] Dávila/Herrero (*De Fraga a Fraga,* págs. 153-154) se hacen eco, de forma novelada, de la entrevista que sostuvieron Wegener y Alzaga, y pone en boca de éste la perversidad de que cambiar la postura de abstención dependía sólo de Fraga, cuando en realidad quienes estaban firmes como rocas eran los democristianos. A su vez, Fraga recoge la entrevista con el viejo amigo de la EDU *(En busca del tiempo servido,* pág. 416) y dice al respecto que "creo que se va convencido de lo inevitable de nuestra posición".

La pregunta, por diabólica y confusa, cerraba cualquier salida a Coalición Popular por lo que se constituyó en motivo adicional para desentenderse del proceso, pues conducía a desvincularse de la estructura de mando de la OTAN y ser, por consecuencia, un socio atlantista no comprometido. Existió una remota posibilidad de que si se concertaba entre el PSOE y AP la pregunta sometida a consulta cupiera la rectificación. Al respecto, con anterioridad a que las posturas fueran irreversibles, Luis Guillermo Perinat y Elena Flores (ambos responsables de la política exterior de AP y del PSOE, respectivamente) intentaron hallar una pregunta aceptable para las dos partes, pero las cosas habían ido ya demasiado lejos por la postura radical de los democristianos del PDP[59].

El *sos* internacional que lanzó Felipe González para que se presionase a Fraga tuvo múltiples manifestaciones externas e internas, pero el villalbés, después del debate sobre seguridad del 4 de febrero, ya no podía dar marcha atrás sin poner en peligro la estabilidad de Coalición Popular. De otra parte, en el VII Congreso de AP celebrado a continuación en Madrid no se apreciaron fervores atlantistas, sino todo lo contrario, y tomó carácter de acuerdo la abstención siquiera fuera para castigar a Felipe González. La asamblea sirvió, sin embargo, para aplacar aquel impulso punitivo y disciplinar a las regiones y provincias para no ir a las urnas el 12 de marzo.

¿Qué voces se alzaron dentro de AP para criticar la postura de abstención entre quienes la consideraron errónea? Existía un sentimiento común de que Fraga jugaba a la abstención por compromiso —para preservar el acuerdo de CP— pero sin convicción algúna. El autor, en cuanto colaborador próximo a Fraga, puede afirmar que en AP hubo debarte abierto sobre qué hacer en el referéndum hasta el 11 de diciembre de 1985. A partir de ahí, y una vez que el Comité Ejecutivo ratificó aquel acuerdo, molestaba suscitar dudas y reservas, y todo el mundo optaba por guardar silencio por comodidad y para no irritar a Fraga. La expectativa de ir en el equipo de Fraga o comparecer en lista abierta en el congreso distrajo, por lo demás, a la mayoría de los dirigentes

Luis Guillermo Perinat refiere en sus memorias que eran muy pocos entre los miembros del Comité Ejecutivo aliancista favorables al *sí*, pues la mayoría prefería infligir una derrota al Gobierno. Realmente, tras el examen de las actas del Comité Ejecurtivo, no se encuentra intervención algúna del destacado diplomático conforme a su pensamiento. En cambio, sólo el empresario vasco Luis Olarra se atrevió a hacer manifestaciones contrarias a la postura aliancista. Y cuando a requerimiento de Fraga en la reunión del Comité Ejecutivo del 17 de febrero se pidió disciplina en las opiniones, en una atmósfera de silencio coactivo —como en el *saloon* del *Far West*—, Olarra replicó que "en este tema no se podía correr riesgos. Si sale no, la responsabilidad será nuestra —dijo—, aparte de que la abstención no va a ser alta". Adujo también que el mismo Rey iba a cumplir con su obligación de ciudadano y que ello iba a arrastrar a muchos electores hacia las urnas[60].

Nadie más se sumó a la antedicha manifestación ni propuso variar la ya adoptada salvo la pintoresca del señor Enebral, que se pronunció partidario del voto nulo.

---

[59] Testimonio de Perinat y, en concreto, véase su libro de memorias: *Recuerdos de una vida itinerante*, pág. 263.
[60] Realmente la controversía de la OTAN, que lo impregnaba todo, también alcanzó al palacio de la Zarzuela. Se quiso inicialmente que la familia real se abstuviese de votar, como en las confrontaciones partidistas, si González y Fraga daban un comunicado exonerando al Rey de ese compromiso. Pero la insistencia del Presidente del Gobierno, con el precedente de los referenda anteriores, inclinó la balanza del lado de la participación. Para paliar este hecho Fraga acogería para sí el *voto en blanco*, salvando así la cara, pero el efecto pernicioso más temido era la utilización que haría RTVE del acto por la familia real.

Como argumento de réplica a Olarra, Fraga insistió en decir que el referéndum era un grave error, convocado por motivos egoístas, ya que si no lo convocaba iba a perder muchos votos de su electorado. La pregunta, siguió argumentando, es insuficiente y la abstención era una forma de evitar el voto negativo, amén de ser un acuerdo de Coalición Popular. Seguidamente el Comité Ejecutivo de AP ratificó su acuerdo de abstención, tras lo cual deliberó sobre cómo explicarlo y qué tipo de control electoral iba a ejercer. Aznar, a este respecto, propuso que la labor divulgativa debería hacerse en los niveles comarcal y local con multitud de actos, ya que no iba a haber campaña publicitaria. Por su parte, Miguel Herrero medió también en el debate diciendo que "lo que más convendría es erosionar lo más posible al Gobierno, aun sin tener la garantía de que los votos que pierda el PSOE vengan a AP".

En la reunión inmediata anterior al referéndum, la del 3 de marzo, el Comité Ejecutivo registró una vez más la tensión *implícita* que provocaba la postura abstencionista. Robles Piquer, en cuanto responsable electoral, dio cuenta de la exigua campaña divulgadora (folletos y algúnos carteles[61]) y del uso que se iba a hacer de los espacios gratuitos en radio y televisión[62]. Flotaba en el ambiente, sin embargo, la tentación a romper la disciplina y acudir a votar, como lo prueba que Arespacochaga dijese en el curso de la reunión que se temía que *nuestra gente* iba a votar, por lo cual "quienes no acaten la postura del partido deben ir al comité de disciplina...". Fraga, sumido en el tono severo y preocupado que mantuvo durante todo este tiempo, finalizó el debate introduciendo el pensamiento axial de que confiaba en que el número de *síes* sería superior al de *noes*, al tiempo que se eximía de la responsabilidad de un resultado negativo.

Al día siguiente, 4 de marzo, se registró un hecho expresivo de lo torturante que era para Fraga la conciencia dual sobre la OTAN. Se entrevistó con Alzaga y éste le propuso, imitando lo que hacía Roca con sus seguidores, que bajo cuerda se recomendara en provincias que se vote *no*, "a lo que me opongo en redondo", dice en la reseña del día en sus memorias[63].

Una deserción de la disciplina popular, más anecdótica que escandalosa pero que RTVE se encargó de amplificar[64], la llevó a cabo por esos días María Victoria Fernández-España, *Totora,* dándose de baja del Partido y pasando al Grupo Mixto en el Congreso del los Diputados, en el que desempeñaba una de las cuatro secretarías de la Mesa. Esta diputada por La Coruña, esposa del periodista Augusto Assía, aprovechó la disidencia en torno a la OTAN cuando, según todos los indicios, la causa profunda de su separación radicaba en que había perdido la presidencia de AP en su provincia natal en disputa con José Manuel Romay. Como despedida Fraga dedicó a su admirada amiga en tiempos juveniles un párrafo de reproche: "Había sido una buena diputada y un miembro enredador del partido; el tiempo le demostrará su equivocación y su soledad política dejando a sus leales amigos de siempre"[65].

---

[61] En tirada no determinada, pero en todo caso reducida, se hizo un folleto (con el precio marcado de 5 pesetas) titulado *¿Qué hago yo con la OTAN?. Un decálogo para no votar,* y un díptico que, en tono didáctico, explicaba el significado de votar las tres opciones en el referéndum, invitando *como lo sensato* no votar.

[62] En representación de Coalición Popular ante el Comité de RTVE de la Junta Electoral Central fueron designados Rogelio Baón por AP y Andrés de la Oliva por el Partido Liberal.

[63] *En busca...*, pág. 422.

[64] En los telediarios de RTVE, durante la campaña del referéndum, se dedicó a esta disidencia un total de cuatro minutos y treinta y cuatro segundos, mientras que a Fraga, máximo representante de la oposición, diez minutos y ochenta segundos.

[65] *Op. Ib.,* pág. 422. En 1976 el autor fue quien facilitó el reencuentro de Fraga y Totora, que se conocían de la época de su juventud en La Coruña. Totora, en los comienzos de la transición ayudó a Manuel Murillo y a Rodolfo Llopis a legalizar al PSOE histórico en el Ministerio de la Gobernación.

De resultas de un viaje que como portavoz español en el Grupo Demócrata del Parlamento Europeo realizó Perinat a Londres, estando acompañado por la también eurodiputada Carmen Llorca, fue llamado por el secretario del Foreign Office, Geoffrey Howe, con vistas a buscar una solución en el asunto del referéndum, porque Margaret Thatcher estaba dispuesta a hacer cuanto fuera necesario para que cambiásemos de opinión. El mensaje de la *Dama de hierro* le llegó a Fraga como le habían llegado otros anteriores, pero él persistía, dice Perinat, por no romper la coalición. Después de la entrevista con Howe se reunieron los eurodiputados de AP y, siendo todos contrarios a la postura de abstención, decidieron escribir a Fraga pidiéndole libertad de voto; escrito al que, según parece, el presidente de AP no prestó excesiva atención[66]. Los tres *eurodiputados* del PDP (y además Durán Lleida, dos diputados del PNV y Leopoldo Calvo-Sotelo) que estaban incursos en el Grupo Democristiano del Parlamento Europeo hubieron de aceptar su disciplina de apoyo al *sí*, aunque pusieron sordina a la declaración que se emitió al respecto para no favorecer a Felipe González[67].

A medida que se acercaba el 12 de marzo la preocupación cobraba tintes de crispación porque, aunque se rebajaba la diferencia entre *noes y síes*, los contrarios a la OTAN hacían más ruido y por todas partes. Entre las misiones diplomáticas la más activa era la de Estados Unidos en Madrid, cuyo embajador Enders desplegó una panoplia de presiones de todo orden por sí mismo y como conducto diplomático de su Gobierno, y de éste cabe destacar —aparte los contactos directos de Fraga— la carta que el presidente Reagan le dirigió en enero a su ex asesor Richar Allen, entonces responsable de relaciones internacionales del Partido Republicano, quizás para que se la comentase al dirigente español en algúna reunión de la IDU.

Aunque Fraga se había acupado de tener siempre informado al embajador Enders, quien al menos conocía al detalle la postura de Coalición Popular, no podía hacer oídos sordos a cuantos le visitaban quejándose de la incongruente inhibición. Por esa razón le decían a Fraga que la política es una música que no admite afinación (*there is no such thing as fine tuning in politics)* porque el detalle preciosista no se reconoce diluido en el estruendo general.

De entre las presiones ejercidas sobre Alianza Popular por los partidos miembros de la Unión Democrática Internacional, la que pudo ejercer George Bush, vicepresidente de los Estados Unidos, ha sido puesta en tela de juicio. El 9 de marzo, tres días antes del referéndum se encontró con Felipe González en Lisboa, en la ceremonia de toma de posesión de Mario Soares como Presidente de la República portuguesa, y según cuenta Julio Feo[68] al saludarse en el vestíbulo, al final de la ceremonia, ésta fue la conversación:

> "Bush preguntó cómo iba el referéndum; Felipe le explicó que teníamos problemas por la izquierda, como era previsible, pero también por la derecha, aunque imaginaba que eso le sería más difícil de comprender. En efecto, no lo entiendo, dijo Bush. Pues que el señor Fraga —le explicó Felipe— está intentando convertir el referéndum en una operación de castigo al Gobierno, por lo que preconiza la abstención. Bush no daba crédito, sacó una agenda, tomó unas notas y aseguró que iba a llamar personalmente a Fraga…".

---

[66] Luis G. Perinat (*Recuerdos de una vida itinerante*, pág. 264) dice que a raíz de dicha contradicción estuvo tentado de abandonar el puesto de responsable de política exterior de AP, pero que no lo hizo en consideración a los perjuicios que podía ocasionar en aquellos momentos a su partido. Y añade : "En política, quizás más que en cualquier otra actividad, no ser consecuente consigo mismo es grave".

[67] Véase crónica de Andrés Garrigó, *ABC* del 14 de febrero de 1986.

[68] *Aquellos años*, pág. 466.

El antedicho diálogo se producía el domingo 9 de marzo, y ni ese día ni los posteriores tuvo lugar la llamada telefónica de Bush, porque, caso de celebrarse, se habría verificado desde Sevilla el viernes anterior 7 de marzo, a juzgar porque el autor (jefe del gabinete técnico de Fraga) desvió una llamada de la Embajada estadounidense en Madrid que interesaba la localización de Fraga porque el vicepresidente de Estados Unidos quería hablar con él. De cualquier manera, la anotación memorística de Fraga de dicho día 7 sólo recoge que en el hotel sevillano donde se hallaba hubo "llamadas preocupadas de Alfonso Osorio y de otros; los nervios aumentan al acercarse el día de la votación; los míos siguen firmes"[69].

Una campaña desenfrenada

El vuelco de opinión para la aceptación de la OTAN que los dirigentes socialistas lograron dentro de su propio partido tuvieron que extenderlo, con mayores dificultades y en un corto período de tiempo, a toda la sociedad mayoritariamente contraria al alineamiento defensivo. La campaña electoral en torno al referéndum sirvió de experimento de manipulación política a través de la televisión pública, que en menos de una semana trasvasó del *no* al *sí* a cientos de miles de votantes necesarios (más de un 10 por ciento), en nombre del *interés de España* y de valores patrióticos, para que el Gobierno de Felipe González no perdiera su apuesta temeraria.

Para impedir la derrota, la campaña, primero de carácter institucional incentivando al voto (con eslóganes *Es tu derecho, vota,* y el no menos persuasivo *Por sentido común, vota),* y luego la de petición de voto afirmativo *(Vota en interés de España Sí),* evidenciaron el buen hacer profesional para el consumidor político, en esta ocasión con más características de propaganda que de publicidad. En los más penetrantes medios y a través de todas las lenguas vernáculas la campaña electoral actuó como lluvia fina sobre sementera a través de los emisores autorizados y cuya acción costó 800 millones de pesetas para promover el voto en urna y por correo, y los más de 600 millones gastados por el PSOE en favor del *sí:* en 7.000 mítines, 2.000 vallas, 20.000 carteles de cabina telefónica, 500 cuñas radiofónicas y 1.000 inserciones en prensa. Se eligió en esta ocasión un *mailing* que puso en contacto a Felipe González con todo el electorado para pedirle el voto favorable, cuyo coste se elevó a unos 300 millones de pesetas[70]. En el lado opuesto, los mensajes de la izquierda circularon por la calle en manifestaciones, cartelería menuda y *grafitti (Que nos dejen en paz, Dales un corte, Votar sí da cáncer...),* con arreglo a un presupuesto modesto muy bien explotado[71].

Al ingente gasto no resarcible que el PSOE hizo en esta campaña, según todas las fuentes, se atribuye la creación de las empresas Filesa, Malesa y Time Export, encargadas de la recolecta de fondos por precedimientos corruptos y sirviéndose del tremendismo, a cambio de favo-

[69] *En busca...*, pág. 424. Lo más probable es que se intentara sin efecto el contacto por medio de la Embajada, habida cuenta de la movilidad de Fraga en Sevilla. De todas maneras, si la conversación con Bush se hubiese producido, el memoriálista no se habría sustraído a mencionarlo. De otra parte, la llamada telefónica de Osorio a Sevilla, según testimonio de éste a Eugenio Pordomingo (*Fraga a la búsqueda del poder*, pág. 508) se produjo como continuación de una conversación anterior y porque, requerido para que el villalbés cambiase de opinión, Fraga le contestó que lo pensaría. En todo caso, la respuesta definitiva que recibió Osorio fue: "Nada ni nadie me hará cambiar de opinión".
[70] Para más información véase el número 24 de la revista *Anuncios* correspondiente a marzo y abril de 1986.
[71] La Plataforma Cívica, integrada por más de doce formaciones políticas, emitió bonos con cuyo precio financió la campaña del *no,* si bien diversas fuentes apuntan a financiación exterior del área soviética.

res desde el poder. Sin embargo, este sistema de finaciación ilegal no se agotó en el referéndum de la OTAN, sino que se prolongó en el tiempo con modos más refinados y sin control para unos pocos aprovechados.

El enfático objetivo de Coalición Popular de que fracasase Felipe González[72], personalizando el castigo, lo eludió magistralmente el dirigente socialista diciendo al electorado: "Si alguien quiere castigarme, que espere a las generales". Con ello González se desmarcaba de la pregunta sometida a consulta, afecta a un tema de Estado y ajena a su persona, y mojaba la pólvora de la oposición. La famosa frase fue dicha en televisión, porque fue en este medio donde se libró la controversia electoral. Los expertos coinciden, a propósito de analizar los factores que influyeron en la reducción de ocho puntos de la intención de voto de *noes* y *síes*, en que la publicidad fue poco decisiva en el resultado del referéndum y, si acaso, reforzó las tomas de postura de los electores. Porque otro tipo de movilizaciones directas, como el mitin en campo abierto, no pudieron celebrarse para no poner en evidencia el fracaso de las convocatorias. En Jaén, teniendo el PSOE 8.000 militantes no pudo Felipe González llevar al polideportivo ni 6.000 personas, y muchos ministros congregaron auditorios de menos de cuarenta personas en capitales de provincia.

En cambio, el monopolio televisivo inflexiblemente controlado por el Gobierno falseó de tal manera el estado general de opinión, rompió en tal grado las reglas de juego, que el comportamiento de RTVE entonces ha quedado de modelo de lo que no debe ser en un sistema de pluralismo democrático. Los principios de objetividad y proporcionalidad que había establecido el estatuto jurídico de RTVE fueron olvidados absolutamente, por lo que estos medios audiovisuales estatales actuaron como una avalancha progubernamental sin precedentes. El repertorio de agresiones era incontable, yendo desde la censura previa de las posturas contrarias hasta la manipulación crónica, todo lo cual fue motivo para que el Comité de Coordinación de Coalición Popular formulara dos denuncias ante la Junta Electoral Central (el 19 de febrero y el 21 de marzo); solicitara a través de sus representantes la reunión urgente del Consejo de Administración de RTVE y la Comisión parlamentaria de Control de RTVE, y que el Comité Ejecutivo de AP hiciese pública dos notas (el 17 de febrero y el 3 de marzo) con vistas a poner coto a estos desmanes[73]. No deja de sorprender que en tales quejas se hiciese, alusiones preventivas de futuro, invocando que *las agresiones no sirvieran de precedente alguno* porque las elecciones generales estaban próximas.

La violación cometida sobre la exigible neutralidad electoral de RTVE, sin tener en cuenta los datos de orden cualitativo y que acaso por su sutileza son más perversos, tuvo expresión

---

[72] Los documentos de estrategia del área Electoral de AP por aquellas fechas calibraban la estrategia en función del objetivo "Felipe tiene que perder", porque la campaña del referéndum de la OTAN, decían, iba a ser como la precampaña de las generales.

[73] Aparte de trivializar los contenidos informativos relacionados con las posturas contrarias a la OTAN, el Gobierno ocupó RTVE y arremetió contra cualquier obstáculo que se interponía en su camino: suprimió el programa *La Clave* en diciembre de 1985 ante la programación de un debate sobre el referéndum; ensalzó hasta la sublimación las apariciones de Felipe González, colocadas oportunamente en la pequeña pantalla para dar respuesta, sea por caso, a la declaración de voto en conciencia de la Conferencia Episcopal; en un programa sobre cantautores, proclives al voto anti-OTAN, se concedió una entrevista que no venía a cuento a Felipe González con vistas a replicar dicha postura; se utlizó la figura del Rey y de la familia real en torno al ejercicio cívico del voto, y así numerosos hechos que culminaron con entrevistas (cuyos entrevistadores eran: Enrique Sopena, Javier Vidal, Ramón Colom, Rosa María Mateo y Manuel Campo Vidal) a los líderes políticos en el espacio *Punto y aparte* el domingo 9 de marzo, las cuales escandalizaron en general a los profesionales del periodismo.

en la estadística informativa de RTVE que elaboró el departamento de investigaciones electorales de la Facultad de Ciencias de la Información de la Universidad Complutense. De un total de veinticinco horas y cincuenta y tres minutos (del 14 de febrero al 9 de marzo) se destinó un 56 por ciento a la postura del Gobierno, un 24 por ciento a los que postulaban el *no* y un 14 por ciento a quienes propugnaban la abstención. El criterio de proporcionalidad, pues, quedaba destrozado si al Grupo Popular y al Grupo Centrista se les concedió sólo un 14 por ciento cuando en el Congreso de los Diputados contaban con un 33,71 por ciento de representantes.

Pero en la historia de la postransición quizás la torpeza profesional más grosera sobre el comportamiento de RTVE la constituyó el programa *Punto y aparte* del domingo 9 de marzo, a partir de las nueve de la noche, al convertir sucesivas entrevistas largas a Gerardo Iglesias, a Fraga y a Felipe González en un continuado acto de desprecio del debate político, siendo excepcional testigo el autor de lo que aconteció en el plató de Torrespaña.

La convocatoria misma un domingo por la tarde, rompiendo lo que ya era costumbre de respetar sin debate político la programación de los fines de semana, se manifestaba excepcional. Fraga cuenta que fue avisado por Alfonso Guerra en su propio domicilio: "Llamada sorpresiva, entre preocupada y amenazadora, de Alfonso Guerra; con la firmeza habitual le replico que jugamos a lo que se sabe, pero lo jugamos en serio y de buena fe"[74].

¿Por qué se montó en RTVE esa triple y sucesiva entrevista a última hora como esfuerzo supremo? ¿Qué finalidad tuvo la inusual llamada de Guerra, a mediodía, para que Fraga acudiese a ser entrevistado en Torrespaña por la noche?

Que se actuaba a la desesperada, a la vista de que todavía los *noes* superaban a los *síes*, no ofrece muchas dudas. Pero no cabe descartar que a oídos de Guerra llegase la información de que por la mañana, en la sede de AP, Fraga había grabado el último de los espacios gratuitos de RTVE y que, sobre un texto redactado por Rogelio Baón y ante la vigilante presencia de Alzaga y Wertz en el despacho habilitado como plató, había estado tibio frenando muchos *noes* que a sus partidiarios les pedía el cuerpo dedicar a Felipe González.

Cabe la posibilidad de que a la vuelta de Felipe González de Lisboa, donde por la mañana de ese domingo se vió con Bush y éste le prometió que llamaría por teléfono a Fraga para pedirle que cambiase de opinión, decidiese el montaje del programa televisivo. De ahí la precipitación a primera hora de la tarde en la convocatoria de Iglesias y Fraga.

En la sede aliancista de la calle Génova, sin embargo, pesaba en los ánimos un comunicado confidencial circulado restringidamente[75], de fecha 6 de marzo, según el cual los *noes* superaban a los *síes* entre trescientos mil y un millón (con una abstención entre nueve y once millones). Pese a esa superioridad del voto negativo, se decía, la situación podía reflejar el paralelismo de la elecciones generales de 1979, cuando UCD arrastró en el último día más de un millón de votos provenientes de indecisos, PSOE y CP a través del voto del miedo y gra-

---

[74] *En busca...*, pág. 424. Después de la referida llamada el director de los Informativos de TVE, Enric Sopena, habló también telefónicamente con Fraga para los detalles formales de la entrevista y al parecer las dificultades de horario que había, dado que el presidente de AP tenía comprometida una cena para la entrega de los trofeos de un campeonato de mus, fueron solventados con la cancelación de ésta.

[75] Fue distribuido con el número 37 por el coordinador de la campaña, además de a Fraga, a Rogelio Baón, Javier Carabias y Enrique Beotas, con vistas a coordinar los mensajes e informaciones.

cias a la decisiva intervención en TV de Adolfo Suárez. Aunque el voto *no* era superior al voto *sí*, podía evolucionar impresivisiblemente en los últimos movimientos, siendo los segmentos claves entre dos y tres millones de votantes del PSOE y los indecisos. De todas maneras, tamaña incertidumbre pesó en algúnos en forma de miedo, mientras que otros se frotaban las manos a la espera de administrar una probable dimisión del presidente del Gobierno. No obstante la peor hipótesis, en el aparato de AP no existió interés algúno en distribuir interventores y apoderados por el tejido de colegios. La pasividad fue casi absoluta.

De resultas de lo anterior, el texto del último programa gratuito para RTVE que se preparó a Fraga era prudente, insistente en la abstención, contrario a que se votase no y adelantando —augurando—, como un catalizador de voto útil, que los *síes* aventajarían en cualquier caso a los sufragios contrarios a la OTAN[76]. Se buscaba la equidistancia neutral, harto peligrosa en política. Pero al mismo tiempo se aclaraba que el *voto popular* no podía coincidir con el comunista y, en otro orden de cosas, se recomendaba que no hubiese voto de castigo a González, dejándose para otro momento ("castigar al Gobierno en esta ocasión votando *no* es castigarnos a todos..."). Por otra parte, como principal novedad alternativa del *no*, se recomendaba el voto en blanco para capitalizar el voto de quienes fuesen coaccionados (funcionarios, posiblemente) a acudir a las urnas, toda vez que la votación se celebraría en miércoles, día laborable, suceptible de justificar la asistencia a las urnas.

La asunción por parte de Coalición Popular del voto en blanco quería además tapar la *conducta cívica* de la familia real de acudir a votar, que no suele hacerlo en procesos electorales ordinarios y competitivos. Era la única respuesta que podía darse desde CP para que, sin claudicar enteramente, el seguimiento de muchos ciudadanos no afease a opción alguna.

En definitiva, la encerrona de RTVE en la noche del domingo 9 de marzo ejerció el papel de manipulación a la desesperada en la inteligencia de que no se saldría de la OTAN. La agresividad de los entrevistadores fue manifiesta con Gerardo Iglesias, a quien presentaron como secretario general de los comunistas y le atropellaron con interrupciones reiteradas persiguiendo crisparle y ningunearle durante veinte minutos, y con Fraga (treinta minutos), que capeó el temporal achicando balones en esa hora nocturna de los goles de la liga, y a veces contraatacó como cuando contestó que esperaba que a Felipe González, entrevistable a continuación, le hiciesen un trabajo hemerográfico-inquisidor de características similares al suyo. Felipe González (cincuenta minutos de charla) descrispó el ambiente y con toda suerte didáctica tiró de muchos indecisos en un clima de sonrisas y optimismo.

Al protagonismo de Felipe González en busca de los indecisos hubo que sumar la movilización intensa del Gobierno que, desde la banca hasta la intelectualidad[77], tocó y estrechó a cuantos pudo en pos de neutralizar la activa campaña de la izquierda. Porque se estuvo en vilo en todo momento a juzgar por el sesgo negativo que ofrecían las encuestas (de *La Vanguardia*,

---

[76] El texto de la alocución-declaración de Fraga fue pasado a un *telepronter* para que fuera pronunciado ayudándose de la lectura, medida y cronometrada, pero hubo que desecharse este procedimiento porque Fraga no está dotado para la intepretación, y se prefirió al final grabarle una *improvisación* ajustada en lo posible al texto preparado, y todo ello en presencia de Óscar Alzaga e Ignacio Wertz, temerosos de que Fraga cambiase a última hora de opinión.

[77] El hecho de que seis de los llamados *Siete Grandes* banqueros (a excepción de Pablo Garnica, de Banesto) firmasen una declaración recomendando el voto afirmativo en el referéndum, sin duda alguna por presiones del Gobierno, por ser contradictoria con la abstención preconizada por la coalición partidista más afín a ellos, sólo podía interpretarse como una retirada de confianza a los líderes del centro-derecha inclinados a la abstención o al voto en conciencia.

El País y *Diario 16*), todas ellas pronosticando la derrota del Gobierno por una diferencia entre 6 y 12 puntos porcentuales[78].

La pregunta que a todos atosigaba la víspera electoral era: ¿Es posible en una sola semana mudar la intención de voto de un segmento electoral en torno al 10 por ciento del censo?

Sospechas sobre un pucherazo informático

La duda sobre el pucherazo informático apareció en la asesoría parlamentaria del Grupo Popular, que regentaba Miguel Herrero, e inicialmente fue apoyada por Fraga y la oficina central del partido apenas dio comienzo la campaña.

La sospecha sobre la *virtual* manipulación surgió por diversas fuentes que informaron a Herrero de que Antonio Humada, director de los servicios informáticos del PSOE, se había establecido en un despacho del Ministerio del Interior para influir en el proceso de escrutinio gubernativo (a los solos efectos informativos del día de la votación), pero que esta vez se iba a hacer en el Centro del Proceso de Datos del Ministerio de Hacienda. Igualmente, levantó dudas que la Dirección General de Política Interior hubiese encargado a la empresa ECO un estudio sobre resultados electorales, mesa por mesa, de las lecciones de 1982 y 1983, que realizaban funcionarios *contratados* para esta ocasión por dicha empresa.

Herrero informó de todo esto a Fraga, quien pidió comprobaciones de algún técnico informático afín al partido para, finalmente, firmar sin resistencia una carta dirigida al Presidente del Gobierno que le prepararon anunciando una interpelación urgente en demanda de garantías de limpieza electoral. La inusual petición la fundamentaba con tales párrafos[79]:

> "Querría, de entrada, interpretaras esta carta como un esfuerzo de colaboración entre el Gobierno y la oposición parlamentaria en temas que a ambos nos interesan: concretamente, garantizar el interés nacional consistente en que el sistema democrático no pierda credibilidad.
> En esa línea, quiero manifestarte mi honda preocupación por las noticias que me llegan sobre una eventual irregularidad en el sistema informático y de mecanización que se va a seguir para el escrutinio a través del ordenador central del Ministerio de Hacienda... Quizás este hecho no sea más que una anécdota —cuya explicación de seguro nos dejará satisfechos—, pero evidencia en todo caso la necesidad de instrumentar una fórmula de control de ese proceso por todos los grupos parlamentarios a fin de garantizar, con la máxima formalidad, la pureza del escrutinio.

Por vía urgente el 28 de febrero tuvo lugar la interpelación[80] que ejecutó el mismo Herrero, portavoz del Grupo Popular, después que compareciera el Gobierno en la misma sesión, a tra-

---

[78] En la encuesta que el Instituto Alef realizó para *El País* sobre una muestra de 3.000 entrevistas, publicada el 6 de marzo, se mantenía estable la mayoría favorable al *no* (un 52 por 100) frente al voto a favor (un 46 por 100), previéndose una abstención entre el 30 y el 35 por ciento.

[79] La carta en cuestión ha sido reproducida, sin especificar fecha, en el libro *De Fraga a Fraga*, pág.139, y es probable que la entregase a los autores del referido libro quien parece ser la única fuente informante del asunto: el mismo Miguel Herrero.

[80] Véase el *Diario de Sesiones* del Congreso de los Diputados, II Legislatura, número 274, correspondiente al 23 de febrero de 1986.

vés del Ministro del Interior, José Barrionuevo, para explicar —y restar efectividad al interpelante— el sistema de doble escrutinio legal vigente en España, según el cual las Juntas Electorales realizan los recuentos oficiales, y el escrutinio del Gobierno sobre la base de aquél, es meramente informativo. El ministro se extendió en explicaciones acerca de los nudos y equipos informáticos que intervinieron en el sector público o en el sector privado para ofrecer información rápida a la opinión pública y, refiriéndose al Referéndum de la OTAN, se utilizó la red informática de Hacienda, en vez de la existente en la Seguridad Social, porque al celebrarse la votación en miércoles, día laborable, se prefería no dificultar este sistema último al servicio de los trabajadores.

El debate fue vivo por la velada inculpación al Gobierno que representaba su planteamiento a los cuatro vientos, y aunque Herrero pronunció un discurso muy medido —poco faltón y negando todo proceso de intenciones— que prevenía la acusación de insidia trayendo al recuerdo la afirmación de Felipe González de 1979 en un mitin acompañado de Gómez Llorente: "Vigilad el día de la votación para que no haya pucherazo", activó todas las sospechas del próximo amañamiento de los resultados electorales sin medir sus consecuencias. Era, a fin de cuentas, una andanada radical y a bocajarro que declaraba la guerra a muerte en un hemiciclo sólo poblado por 38 diputados populares[81].

Mientras Herrero deslizaba argumentos corrosivos contra el Gobierno a través de su discurso compacto y convincente pero fuera de la realidad —dando a la anécdota y al chismorreo categoría apodíctica—, al escaño de Fraga llegaron notas de varios diputados que le alertaban de lo peligroso del debate. Aun así aguantaba el villalbés porque Herrero actuaba con su autorización plena. Al otro lado del hemiciclo, desde la cabecera del *banco azul*, Felipe González no soportó más y pidió la palabra cuando el portavoz popular, refiriéndose a la prueba del fuego en el oro, pidió que se aprobase una moción que se iba a presentar exigiendo al Gobierno *un vaciado de memoria del ordenador.*

¿Un vaciado de memoria...? Felipe González, que no dejaba de lanzar miradas a Fraga como flechas, rogó a Herrero que no insistiera en el camino erróneo y no presentara la moción. "La legalidad es clara, es moderna en la época democrática, y al margen de los vaciados o no de memorias, que sean de ordenadores o que sean personales *(risas)*, el respeto a las leyes es un buen signo de fortalecimiento del funcionamiento de la democracia...", arguyó pletórico de autoridad y recreándose en la ambigüedad. Ya se sabía que ningún otro grupo de la Cámara secundaría la arriesgada propuesta popular.

Fraga, también en un imprevisto turno, tomó enérgicamente de la mano de Herrero el micrófono, luego de mantener con éste una breve y agitada discusión, y aceptó el ruego del Presidente del Gobierno ("siempre hemos aceptado los ruegos razonables", dijo) solicitando, sin embargo, que en la comisión correspondiente se diese la información solicitada por su grupo, salvando así la cara de todos y especialmente la de Herrero, cuya desautorización lo fue con publicidad. Lo confirma el concernido en sus memorias sin ambages: "Fraga me ordenó que retirara la moción; ante mi rotunda negativa lo hizo él en su calidad, nunca hasta entonces invocada, de presidente del Grupo"[82].

---

[81] Véase crónica de Fernando Jáuregui en *El País* de 1 de marzo de 1986.
[82] *Memorias de estío*, pág. 308.

Dos tercios del electorado votó lo que no quería

El resultado del referéndum no vinculante —sin fuerza para obligar legalmente— sorprendió a la mayoría de los observadores porque contradecía el pronóstico de la encuestas y las expectativas de algúnos. El voto afirmativo se impuso en la mayor parte de las provincias y, aun siendo considerable la abstención en relación a otras consultas, Felipe González salió reforzado de la prueba frente a quienes querían hacer de la votación una purga enfrentándole a su propio electorado. El canto de victoria que internamente entonaron todas las opciones sólo tuvo reconocimiento internacional para Felipe González, que fue blanco de numerosas felicitaciones por los principales hombres de Estado, empezando por la felicitación calurosa de Ronald Reagan sobre el "dramático triunfo". Venía a significar el júbilo por el regreso del hijo pródigo.

LOS RESULTADOS DEL REFERÉNDUM SOBRE LA OTAN POR PROVINCIAS

Provincias	Electores	Votantes	Votos a favor	Votos en contra	En blanco	Nulos
Álava	197.796	134.851	48.145	80.211	5.432	1.063
Albacete	261.531	152.534	92.538	44.208	13.685	2.231
Alicante	863.067	557.072	342.336	171.441	37.842	5.407
Almería	311.321	176.858	108.579	56.040	10.770	1.469
Ávila	150.184	84.141	39.398	31.120	11.715	1.908
Badajoz	494.148	313.762	188.380	96.604	23.216	5.562
Baleares	524.710	273.021	151.881	96.663	21.168	3.309
Barcelona	3.558.565	2.290.385	1.006.947	1.160.341	107.378	15.719
Burgos	285.066	158.797	85.520	53.694	17.875	1.708
Cáceres	329.123	196.368	116.839	62.119	14.600	2.810
Cádiz	716.189	426.320	296.581	108.431	18.334	2.974
Cantabria	402.339	239.938	140.251	79.031	17.609	3.047
Castellón	336.231	220.107	120.998	75.551	20.343	3.215
Ciudad Real	368.728	211.152	130.356	58.714	18.551	3.531
Córdoba	549.682	369.874	216.144	130.098	20.143	3.677
La Coruña	842.056	366.649	205.511	132.207	24.540	4.391
Cuenca	170.119	93.983	57.350	23.932	10.717	1.984
Gerona	369.485	221.805	87.078	117.385	14.751	2.591
Granada	578.287	348.522	205.306	117.836	20.382	4.998
Guadalajara	115.351	66.186	35.108	21.387	8.566	1.134
Guipúzcoa	531.388	347.447	98.820	237.386	7.891	3.350
Huelva	312.446	184.060	121.872	50-186	10.827	1.175
Huesca	175.029	103.882	56.347º	37.255	8.697	1.583
Jaén	483.906	311.544	196.168	88.656	22.989	3.731
León	427.480	224.057	132.055	67.622	21.781	2.599
Lérida	281.747	150.300	62.729	76.167	10.113	1.291
Lugo	339.517	104.779	56.848	38.094	7.474	2.363
Madrid	3.591.044	2.187.464	1.135.636	864.700	164.385	22.743
Málaga	766.469	445.202	280.085	141.345	19.456	4.505
Murcia	723.287	443.997	254.572	155.469	28.687	5.269
Navarra	396.841	248.585	99.815	130.828	14.167	3.775

LOS RESULTADOS DEL REFERÉNDUM SOBRE LA OTAN POR PROVINCIAS *(continuación)*

Provincias	Electores	Votantes	Votos a favor	Votos en contra	En blanco	Nulos
Orense	357.874	99.046	59.806	31.763	6.273	1.203
Oviedo	907.599	511.554	273.074	203.622	27.749	7.109
Palencia	150.271	86.329	47.739	27.764	9.810	1.016
Palmas, Las	518.166	299.223	116.218	166.627	13.056	3.322
Pontevedra	681.239	284.817	142.938	119.745	18.247	3.887
Rioja, La	202.523	121.444	69.405	39.174	11.383	1.482
Salamanca	291.989	173.555	90.757	57.803	21.572	3.422
Segovia	116.956	72.779	35.201	26.839	9.427	1.312
Sevilla	1.091.921	698.133	443.888	212.043	36.183	6.019
Soria	81.665	46.032	23.634	15.632	6.138	628
Tarragona	404.934	235.622	106.662	112.746	14.154	2.060
Tenerife	485.219	257.400	125.797	114.012	13.198	3.550
Teruel	125.059	68.374	37.906	21.452	8.033	983
Toledo	367.834	224.299	136.377	60.252	22.939	4.731
Valencia	1.577.056	1.064.469	564.314	417.473	72.022	10.660
Valladolid	379.795	228.543	122.572	82.171	20.748	3.010
Vizcaya	914.924	593.085	189.553	382.942	16.338	4.252
Zamora	188.003	94.857	50.757	29.606	12.441	2.053
Zaragoza	652.273	400.819	224.387	138.901	31.842	5.689
Ceuta	43.139	17.755	12.259	4.100	1.250	146
Melilla	32.913	15.103	11.072	3.042	786	203
Totales	**29.024.494**	**17.246.880** 59,42%	**9.054.509** 52,49%	**6.872.421** 39,84%	**1.127.673** 6,53%	**191.849** 1,14%

En términos globales el voto afirmativo (el 52,5 por ciento de los votantes) era el de 9.054.509 ciudadanos. Es decir, el referéndum lo aprobó menos de la tercera parte de los electores; resultado pírrico que a la hora de los grandes titulares no se nota porque, en términos pragmáticos, sólo se gana o se pierde. La evolución al alza del voto afirmativo en función de las encuestas llamó la atención, y de todas maneras resaltó el triunfo socialista porque en la defensa de esa opción se quedaron solos, sin contar el apoyo de ciertos sectores económicos e intelectuales. La mezcla de cuestiones tan dispares como la fórmula de permanencia en la OTAN y el apoyo o castigo a quien lo planteaba complicaba la disquisición del votante.

Hay que coincidir con Josep M. Colomer en que, si bien ganó el *sí*, "fue sin duda una derrota de la política de convicciones, coherencia y sinceridad ante la política de adaptación al medio, sofisticación y responsabilidad"[83].

El comportamiento electoral del voto afirmativo, dentro de un cuadro general heterogéneo, tuvo cierta relación con el voto favorable que recibió el PSOE en octubre de 1982. Sin embargo, las mayores diferencias entre dichas votaciones, es decir, las más cuantiosas deserciones de voto socialista se dió en las zonas de su mayor implantación: Andalucía (–7,82 por ciento), Asturias (–9,27 por

---

[83] *El arte de la manipulación política*, XVIII Premio Anagrama de Ensayo, pág. 237.

ciento), Madrid (–12,09 por ciento), País Valenciano (–6,49 por ciento) y Extremadura (–6,20 por ciento). Pese a ello en estas zonas los *síes* se impusieron a los *noes*, lo que parece indicar que el voto afirmativo actuaba, aunque a regañadientes, de soporte y apoyo al gobierno socialista.

El electorado de los partidos de centro y derecha también expresó su voto positivo en las urnas en cuantía detectable. En Galicia y las dos Castillas aumentó la abstención ciertamente pero, al mismo tiempo, el voto afirmativo era el que más se acercaba a los votos socialistas de octubre de 1982. Ello significa que cierto voto conservador se acercó a las urnas —o votó por correo— en apoyo de la propuesta socialista sin plantearse esa conducta como traición a los suyos, sino como defensa de los postulados coherentes.

Casi siete millones de españoles (el 39,84 por ciento de los votos) se inclinaron por el *no*, opción defendida por un conglomerado de fuerzas de izquierdas entre las que predominaba el Partido Comunista. Es obvio que si el PCE tuvo en 1982 un millón de votos, en en el caso de la OTAN los seis millones restantes de voto negativo tuvieron que proceder —más que por aumento de su clientela— de muchas otras fuerzas (del PSOE, de Coalición Popular, de los nacionalistas y de otros grupos poco signifivativos en política, pero importantes en la sociedad civil). Las provincias que votaron en contra fueron las cuatro catalanas, las tres vascas, Navarra y Las Palmas.

La diversidad del voto negativo ha sido subrayada por todos los analistas y, salvo lo que aparece como patentemente objetivo, conviene subrayar que se concentró en las zonas industriales más pobladas y, por consiguiente, con izquierdas arraigadas. El voto negativo nacionalista del País Vasco, Cataluña y Navarra se intepreta en principio como castigo, y en Canarias, por el contrario, parece que pesaba por encima de otras consideraciones la conciencia geoestratégica del archipiélago y la preferencia de sus gentes a la neutralidad[86].

Siendo el perfil de aquel voto negativo de izquierdas, es lo cierto que un componente numérico de esta opción procedía de la derecha, que seducida por la relación atracción o repulsa se dejó llevar por lo que le pedía el cuerpo y votó en rebeldía para castigar a González. Lo difícil es determinar su número. Fraga asumió la defensa del voto en blanco, asimismo, por razones ya expuestas y también para *justificar* a quienes se saldrían de su disciplina abstencionista votanto *sí* o *no*. El madrileño diario *Ya* quiso ver en el hecho de que la hija menor de Fraga, Adriana, presidiese una mesa electoral en el distrito Moncloa un deber cívico de participación fácilmente explicable como parte de la conducta equívoca del padre sobre la abstención enfrentada a otras opiniones de la familia[87].

Uno de los que se separaron de la conducta abstencionista en el referéndum fue Abel Matutes, comisario español en la CEE a propuesta de los *populares*; conducta que tuvo que explicar ante el Comité Ejecutivo de AP al que pertenecía en la reunión del 17 de marzo frente al grupo de halcones que pedían *sotto voce* la expulsión. El ibicenco dijo que no pensando sobrevivir políticamente a Fraga; su voto en el referéndum no fue un desmarque estratégico, sino que actuó por mandato de la conciencia y en la idea de que no trascendería su compa-

---

[86] El Equipo de Sociología Electoral (J. M. Vallés, F. Pallarés y R. M. Canals, *Revista de Estudios Políticos,* número 52, julio-agosto de 1986) sostiene como hipótesis plausible la del voto de castigo nacionalista. Refiriéndose a Cataluña, dice que se observó una elevada coincidencia entre la implantación geográfica de CiU —por comarcas— y la distribución del voto negativo.

[87] Fraga recoge este incidente noticioso de modo airado y, entendiendo falsa la explicación del diario católico, anuncia que desde ese día se daba de baja del periódico (*En busca...*, pág. 425) "porque la niña presidió y no votó".

recencia electoral. El villalbés, ya pasado el trance de la consulta, se negó a que se hiciese un auto de fe del Matutes indisciplinado.

Como parte del voto negativo, finalmente, hay que tener en cuenta al voto joven de los recién incorporados al censo electoral (un 13 por ciento) claramente detectado en las encuestas.

La abstención de un 40,58 por ciento, el más alto de los registrados en los referendos estatales (formado por casi doce millones de ciudadanos) fue debido, sin duda, a la consigna dada por Fraga y sus socios a la masa de seguidores de CP, pero determinar en términos cuantitativos su valor induce a la especulación.

RESULTADOS COMPARATIVOS DE LOS REFERENDA NACIONALES DESDE 1976

Consulta	Electores	Votantes	Abstención	A favor	En contra	En blanco	Nulos
Reforma Política 1976	22.644.290	17.599.622 77,72%	5.044.668 22,28%	16.573.180 73,19%	450.102 1,98%	523.457 2,31%	52.823 0,23%
Constitucional 1978	26.632.180	17.873.301 67,11%	8.758.879 32,89%	15.706.078 58,97%	1.400.505 5,25%	632.909 2,38%	133.786 0,50%
Sobre la OTAN 1986	29.024.494	17.246.880 59,42%	11.778.738 40,58%	9.054.509 31,19%	6.872.421 23,68%	1.127.673 3,88%	191.849 0,66%

Los porcentajes utilizados han sido aplicados sobre el censo.

Por el hecho de ser una consulta no crucial y despersonalizada la participación es siempre inferior a los otros comicios y de ahí que la abstención aumentara. De otra parte, siendo el objeto de la consulta un asunto de política exterior que encerraba cierta confusión (chuscamente al referéndum se le llegó a llamar *confundéndum*), ello acrecía el desinterés de muchos electores.

El resto, la mayor abstención registrada por encima de dicho nivel, fue la abstención directa o de consigna. Aunque el seguimiento de la consigna de abstención no fue masiva y uniforme, cierto es que se detectó fácilmente en Galicia, Baleares y la dos Castillas; en las dos primeras comunidades con gobierno *popular* y en las otras dos con una gran implantación política. Los expertos en sociometría aseguran que el *swinger* electoral (vuelco) que se produjo se debió al efecto miedo y a que Fraga, por sus últimas apariciones televisivas, *sacó* a un millón de españoles del *no*.

El fenómeno referéndum OTAN desde su inicio hasta los resultados produjo efectos de todo orden que sólo con el paso del tiempo se han ido aclarando, no ciertamente en algúnos aspectos. La campaña del miedo que se montó[86] para no caer en el abismo de la derrota (¿quién ges-

---

[86] El Gobierno socialista impulsó con su poder subyacente —de lo que lógicamente no existen pruebas— una campaña del miedo sólo parangonable al del referéndum de 1966 sobre la Ley Orgánica del Estado. Circularon rumores acerca de visitas de inspectores de Hacienda a *abstencionistas* acomodados; rumores sobre actuación en ciertos pensionistas por la misma causa; la huida de inversiones extranjeras y la huida del mercado bursátil y, como remate, la dimisión de Felipe González y su sustitución por Gómez Llorente en caso de derrota.

tionaría el *no*?) y el cambio de papeles de las fuerzas políticas sumió al Parlamento en estado de coma. Y un sabor amargo, pese a la victoria, recorrió todos los paladares políticos acaso porque las democracias plebiscitarias matan —o malhieren— a las democracias parlamentarias. Se había cambiado la mayoría absoluta parlamentaria del ingreso en la OTAN de 1982 por una mayoría formal, popular y exigua. La duda sobre el escrutinio informático de la noche del 12 de marzo de 1986 pende todavía sobre el sistema porque acaso el juego político a ambas orillas fue demasiado apasionado e irresponsable.

Por lo que toca a Coalición Popular, el desgarro que se produjo entre convicciones y oportunismo político dejó a la intemperie la credibilidad del liderazgo por intentar los líderes separar de las urnas a sus seguidores y dar la espalda a sus homólogos europeos a los que tanto invocaban como ejemplo de homologación. Pareció, según una estrategia suicida, que se perseguía lo contrario de lo deseado dando satisfacción a mezquinos intereses de mesa camilla, distante incluso de quienes les financiaban.

Son muchos los que sostienen que el resultado del referéndum invirtió no sólo las posturas ideológicas, sino que al final invirtió las responsabilidades. Fraga se jugó el liderazgo del centro-derecha desde entonces y en favor de esta interpretación, junto al autor, algunos la han escrito. Perinat, entonces responsable cualificado de la política internacional, lo ha dejado dicho en sus memorias: "El referéndum de la OTAN significó en mi opinión el principio del final de Fraga como jefe de la oposición"[87]. Santiago Carrillo, por su parte, coincide con esta interpretación de que Fraga se jugó el liderazgo de la derecha que hasta entonces nadie le había disputado: "A mi entender, en los medios de la derecha económica, muy relacionados con los intereses internacionales que sostenían la OTAN, la actitud de Fraga le descalificó para ser la alternativa de poder de la derecha política, al tiempo que consolidaba a Felipe González"[89].

[87] *Recuerdos de una vida itinerante*, pág. 265. Sin embargo, Perinat no expresó esta opinión en el Comité Ejecutivo de AP del 17 de marzo de 1986, cuya acta es un repaso de muchas interpretaciones sobre el resultado del referéndum, la mayor parte de ellas constatando que había sido un éxito *moral* para AP y no para el PSOE (Carlos Robles, Verstringe, Pastor y otros). Los únicos que se manifestaron no contentos fueron Fraga y Olarra —cada uno de los dos por razones diferentes y confrontadas—: el primero poniendo en duda que fueran tantos los votos de abstención y el villalbés negando todo triunfalismo e invitando a seducir el voto centrista.

[89] *Juez y parte, quince retratos españoles*, Plaza y Janés, Madrid, 1996, pág. 191.

Capítulo 21

LA IMPOSIBLE VICTORIA
DE COALICIÓN POPULAR EN 1986

El insuperable rechazo a Fraga

El polo magnético que Fraga había querido hacer de Coalición Popular para, mediante su poder atractivo, aglutinar a las fuerzas políticas no socialistas en la denominada *mayoría natural* se presentía que había terminado en la primavera de 1986, tras el referéndum de la OTAN. Consulta cuya victoria gubernamental dio el oxígeno suficiente a Felipe González para disolver el Parlamento y convocar elecciones generales, las cuartas desde el final de la dictadura, con un adelanto de seis meses.

La moderada política del Gobierno socialista, decantada por el fondo y maneras socialdemócratas, constriñó el campo de maniobra de la oposición y dificultó sobremanera la misión de Fraga de *centrar* Coalición Popular en la persecución de los tres millones de votos que desde octubre de 1982 tenía *prestados* el PSOE. Por otra parte, tal como sostiene José Ramón Montero[1], Coalición Popular desaprovechó la oportunidad de su permanencia en la oposición para un relanzamiento intelectual y cambio ideológico como, en iguales circunstancias, hicieron otros partidos conservadores europeos. Cabe, en este sentido, interpretar que la postura de *abstención activa* en el referéndum tuvo un efecto bumerán que puso en evidencia el déficit ideológico popular, anclando una decisión política alejada del centro de gravedad de la moderación.

El secreto del déficit de credibilidad de Coalición Popular y de Fraga, algo que fue contemplado en el *Proyecto de Estrategia Política* de junio-septiembre de 1983, no estaba oculto en arma alguna. Estaba a la vista: no había sido capaz de *enganchar* al electorado con una idea, estética y lenguaje distintos pese a contar Alianza Popular con un programa y organizaciones irreprochables. El cerco informativo de los medios oficiales y oficiosos no contribuyó al necesario contacto con la sociedad, pero tampoco existió sensibilidad en el nivel dirigente permanentemente preocupado por la lucha de liderazgo. En este sentido, la oposición popular estuvo aislada, falta de tramado ideológico que preparase el camino de la alternancia —de largo recorrido—, de la misma manera que el Partido Republicano había reconquistado el poder en Estados Unidos, a través de Reagan, porque sin teoría conservadora no podía darse un movimiento electoral conservador. Es decir, ni Fraga ni sus aliados participaron de la nueva cultura política porque para ellos había cambiado el ciclo social.

En el mismo plano que la adhesión o la aceptación, en política cuenta el rechazo, que es la negación al adversario en cualquiera de sus planteamientos. Pues bien, Fraga afrontaba las

---

[1] Véase *Revista Española de Investigaciones Sociológicas,* número 39, septiembre 1983, en el trabajo titulado "Los fracasos políticos y electorales de la derecha española, Alianza Popular, 1976-1986", pág. 20.

elecciones generales de 1986 con un rechazo —no pequeño ni mudable a la corta— que el partido quiso conocer por medio de una encuesta[2] elaborada en abril de 1986 por TYPOL (Técnicos de Investigación Política, S. A.), cuyo resultado en lo concerniente al rechazo de Fraga le fue ocultado por decisión de Carlos Robles, gerente de la campaña y cuñado del concernido, a fin de no desmoralizarle más de lo que ya estaba por esas fechas. Tampoco conocieron esos datos los socios coligados, actitud que es justificada por Javier Carabias, responsable aliancista del área electoral, "porque la encuesta la encargó y pagó Alianza Popular"; estudio que llevó a cabo con rigor y honestidad el catedrático Luis Ángel Sáenz de la Tajada.

La encuesta revelaba la opinión de los españoles sobre la situación general (valoración del bienestar, economía, etc.) en todas las regiones menos en Andalucía, e igualmente analizaba detalladamente la intención directa de voto en todas sus variables según diversas hipótesis de participación. De otra parte, la encuesta revelaba que la mayoría absoluta de los españoles estaba de acuerdo que el Gobierno del PSOE abusaba de la televisión; que había muchas razones para atacar a Fraga; que los profesionales estaban mucho más descontentos que cuando gobernaba UCD; que la televisión privada sería más fiable que la pública, y que Felipe González había engañado a los españoles.

En todos los casos, el trabajo comentado indicaba que la abstención perjudicaba al PSOE, que éste conseguiría con toda probabilidad la mayoría absoluta con un 43,5 por ciento de los votos (sobre una participación del 77,5 por ciento del censo) y que Coalición Popular obtendría un 28,6 por ciento; todo lo cual significaba que los socialistas bajaban tres puntos al igual que los populares subían otros tres respecto de octubre de 1982. En realidad, el pronóstico de la encuesta se cumplió casi cabalmente teniendo en cuenta los márgenes de error.

Pero como ya se ha dicho, lo más elocuente era la predicción de tendencias en función de la valoración de los líderes. El trabajo comentado no dejaba resquicio a la esperanza —acaso por ello le ocultaron los datos al interesado— porque manifestaba un rechazo violento: "... hay una percepción más bien negativa de la figura de Manuel Fraga; así, hay aproximadamente un 60 por ciento de opiniones en contra, frente a un 25 por ciento de opiniones favorables"[3]. Para cualquier circunstancia, tal percepción popular de un líder político era descalificatoria y equivalía a una pesada losa imposible de levantar. Era un *no* rotundo *ad hominem*.

Comparativamente, Fraga era percibido *menos falso y mentiroso que F. González, más experto y eficaz, buen político e inteligente.* Pero también *menos honrado y honesto que Felipe González y más demagogo e incontrolado.*

Hay que significar que el grueso de las peores calificaciones provenían del País Vasco, Cataluña, Baleares, Navarra y Madrid, fundamentalmente de entrevistados de ideología de izquierda (ya extrema como moderada). Por el contrario, las mejores puntuaciones las obtenía de los entrevistados de Castilla y León, Canarias, Asturias, Cantabria, La Rioja y Extremadura, por parte de entrevistados de centro-derecha y derecha moderada.

---

[2] Se basaba la encuesta en una muestra de 5.000 personas, distribuidas en 189 municipios de más de dos mil habitantes, sobre el universo de toda España excepto Andalucía (región que fue objeto de otro estudio sociológico distinto) y siete niveles de hábitat. Fue realizada a partir del 18 de abril de 1986 y, una vez tabulados los datos, el informe fue presentado a primeros de mayo. Era, por lo demás, el segundo estudio que daba continuidad a otro elaborado sobre los mismos criterios en octubre de 1985.

[3] Las apreciaciones reseñadas figuran en las páginas 56 y 57 del cuerpo del informe, así como de forma resumida en las conclusiones.

Convocatoria electoral por sorpresa

Eran las seis menos veinte de la tarde del 21 de abril de 1986 cuando María Antonia Ayala, secretaria particular de Fraga, le pasó una nota a su jefe mientras presidía el Comité Ejecutivo requiriéndole que lo abandonara momentáneamente. Los asistentes a la reunión advirtieron que para levantar al villalbés de su asiento en estas circunstancias el asunto era importante. Se debatía en aquel momento sobre las elecciones autonómicas andaluzas y las repercusiones en el Mediterráneo de la agresión aérea norteamericana a Libia.

Ese interés por un grave conflicto internacional se trocó de golpe en nimiedad cuando Fraga, ya reintegrado y enhiesto en su asiento, anunció que el Presidente del Gobierno le acababa de comunicar por teléfono la disolución de las Cortes y la convocatoria de elecciones generales coincidentes con las autonómicas de Andalucía. Al silencio espeso —a la estupefacción— siguió un murmullo de comadres, de manera que el informe que presentó seguidamente Díaz Ambrona sobre la extremeña Ley de la Dehesa, un intento anacrónico y demagógico de reforma agraria, sonaba a un cuento pastoril del país de Liliput.

En el punto siguiente del orden del día Fraga tenía previsto informar sobre su viaje a Cádiz, Jerez, Chipiona y Rota, así como sobre otra escapada a Guadalajara; pero la convocatoria de elecciones le arrastró a hacer una reflexión despechada, no preparada, que catalizó preocupación y muchas opiniones[4]. Dijo que "la disolución anticipada era mala para Roca y para Suárez por la coincidencia de autonómicas de Andalucía y generales, y que Televisión Española seguiría con su forma de actuar y que, seguramente, iniciaría una gran campaña contra su persona, por lo que si fuera necesario —y lanzó una velada amenaza de retirada— consideraría su posición para que no existiera tal acción...". ¿Un conato de abandono personal o de incomparecencia general?

A esta frase siguieron numerosas intervenciones contagiadas de pesimismo por lo inoportuno de la convocatoria, de algunas de las cuales se entresacan frases en el contexto de que Fraga no acudiría a elecciones si RTVE la seguía emprendiendo contra él. Verstrynge: "... el tema de RTVE habría que tocarlo únicamente de pasada"; Osorio: "... lo importante es sintonizar con el centro y la derecha a través de la moderación... El conflicto con RTVE no nos ha salido bien y AP no puede plantear la incomparecencia electoral por este tema"; Ruiz Gallardón (José María): "... no hay que dar la sensación de que las elecciones están perdidas. Por el contrario, debemos tener el mejor programa y su exposición debe ser un alarde de moderación..."; Rato: "... debemos transmitir tranquilidad frente a miedo, verdad frente a promesas incumplidas... Sobre RTVE debemos profundizar en nuestras propuestas de acuerdo con las minorías..."; Álvarez-Cascos: "... tenemos que hacer un enorme esfuerzo para contrarrestar los efectos de RTVE y hay que capitalizar la frase de Calviño de que hará todo lo posible para que Fraga no sea presidente del Gobierno..."; García Tizón: "... no nos lo jugamos todo, pues hemos de actuar con mentalidad del 1986 y de cara a 1990; y ni siquiera me planteo las palabras del Presidente oídas esta tarde"; Herrero: "... hay que transmitir que podemos quitar al PSOE la mayoría absoluta... y respecto a las palabras del presidente nacional de esta tarde las considero desafortunadas y que, además de ser el líder indiscutible de la coalición, debería esta vez realizar la campaña en la radio...".

---

[4] Las opiniones transcritas proceden del acta de dicha reunión y de las notas personales del autor, que a la sazón era miembro del Comité Ejecutivo.

Con prisas para comparecer ante los medios de comunicación y posteriormente acudir a una cena en la Embajada china, Fraga se retiró de la sala y el Comité Ejecutivo siguió un debate cansino sobre aspectos logísticos y de programa de las elecciones. Por primera vez aparecía la sombra de una sospecha: la de que Fraga columbraba ya tirar la toalla asqueado del liderazgo del centro-derecha.

En realidad, aunque la convocatoria electoral contravenía los deseos aliancistas de que andaluzas y generales se peleasen por separado, es lo cierto que Alianza Popular tenía muy avanzados sus estudios y trabajos para poner a punto la maquinaria electoral.

La perversidad no estuvo en el efecto sorpresa, legítimamente buscado, sino en atribuir el adelanto electoral a la mala situación que padecían los adversarios. "Se trata —había explicado un portavoz gubernamental— de que la Coalición Popular no se nos desplome". Nada menos veraz. Deseaban *aplastar al adversario* aprovechando su mejor momento: en aceptación sociológica (se habló de un sondeo que preveía *los 222 escaños*) y, sobre todo, por razones de bonanza económica pese a la crisis libia, aparte de que antes Boyer y ahora Solchaga, en cuanto ministros de Economía y Hacienda, eran poco favorables a la prórroga presupuestaria por motivos electorales.

En el orden financiero Fraga inició desde el siguiente día la procesión de visitas a banqueros y empresarios. Aprovechando que la recién aprobada Ley Electoral introducía un nuevo sistema de financiación y control de las aportaciones, ya públicas como privadas, no había más remedio que acudir a los préstamos bancarios para hacer frente a los perentorios e inmediatos gastos electorales. Por primera vez los grandes bancos atendieron directamente y en consorcio la solicitud de créditos bajo la coordinación del Banco Popular Español[5], retirando la confianza de fijar los criterios al que hasta entonces lo venía haciendo, la CEOE. Las cajas de ahorro provinciales, a su vez, se encargaron de hacer lo mismo para los partidos de ámbito regional.

El cambio de método no contentó desde luego ni a Fraga ni a Suárez, y éste llevó su disgusto al electorado hasta hacer del tema de la financiación de los partidos uno de los ejes de su campaña porque los criterios de concesión de créditos no eran, según el abulense, profesionales, sino que respondían a preferencias políticas como demuestra que quienes regateaban fondos al Centro Democrático Social financiaban pródigamente al Partido Reformista de Garrigues y Roca[6].

---

[5] El martes 22 de abril de 1986 los presidentes de los grandes bancos (con la ausencia de Claudio Boada por viaje) celebraron un almuerzo en el que acordaron los criterios de concesión de créditos sindicados a las fuerzas políticas, llegándose al acuerdo de que la gestión la efectuara Rafael Termes y el Banco Popular (la desarrollaría con habilidad y sutileza el señor Caamiña) sobre la base de dar créditos recuperables mediante la pignoración de las futuras ayudas estatales según la nueva Ley Electoral. Es decir, los créditos eran *un adelanto* de las subvenciones estatales cuantificadas en función de la representación que los partidos tenían en las Cortes y, asimismo, con la corrección de lo que predecían las encuestas.

[6] Sin antecedentes electorales en que basar el adelanto de ayuda financiera, el PRD hizo un presupuesto de 1.200 millones de pesetas (véanse varios periódicos, sobre todo *ABC* del 22-5-86) y recibió unos ochocientos de adelanto acompañado de un gran fluido de confianza. Al final, la contabilidad del PRD en relación a los gastos electorales no fue objeto de análisis y control por el Tribunal de Cuentas por no haber obtenido representación. Andreu Missé asegura en su trabajo "La financiación de los partidos *(Memoria de la transición)*, del diario *El País*, Taurus, 1986, pág. 610) que la *Operación Reformista* de Miguel Roca fue seguramente "la más ambiciosa y con más recursos que jamás se haya organizado en España", y confirma que inicialmente el equipo directivo de esta formación reconoció una inversión de 5.000 millones de pesetas.

El caudal de ayuda al proyecto Roca proveniente de la CEOE prometía ser abundante, a juzgar por el testimonio aportado al autor por su presidente, José María Cuevas. En principio, en la sede madrileña de aquella organización, a Roca se le concedieron quinientos millones de pesetas de los dos mil quinientos que se habían recaudado entre el empresariado. Esa primera entrega era la solución cautelosa que adoptó Cuevas (en presencia de Termes, Juan Alegre y otros) a fin de comprobar si las encuestas confirmaban la previsión de Roca, Garrigues y Florentino Pérez de que el Partido Reformista iba a conseguir un diputado por provincia. Luego, ya iniciada la campaña, aquel pronóstico optimista fue rebajado a 25 diputados, y a pesar de los requerimientos de *más dinero* que hacían los interesados, Cuevas se resistió a proporcionar un duro más sin antes ver encuestas con previsión de resultados. Cuando los sondeos confirmaron el fracaso de la *Operación Roca*, Cuevas se negó a seguir subvencionando con el remanen-

La llamada Operación Roca *pretendía, desde el polo de atracción del Partido Reformista Democrático, vaciar de electorado la Alianza Popular de Fraga (más o menos cinco millones de votos) y captar el voto centrista que tenía "prestado" —se decía— el PSOE. En noviembre de 1984 se constituyó el partido bajo la presidencia de Antonio Garrigues.*

te de la recaudación. "No podíamos financiar el aventurerismo político —reveló José María Cuevas al autor— y devolvimos a los donantes los dos mil millones de pesetas no entregados. La encuesta era reveladora: sacaban si acaso un diputado y la imagen que daba Roca era la de un representante odioso del capitalismo".

La línea de facilidades que recibía Miguel Roca para la articulación y posterior comparecencia electoral de un partido fantasmal era objeto de permanente preocupación de Fraga, porque, por la ley de vasos comunicantes, temía que la mayor ayuda a la *Operación reformista* se compensase con menores y restrictivas ayudas financieras a Coalición Popular. Del repaso a sus apuntes autobiográficos se deduce ese perspicaz temor; así, nada más llegado a Madrid desde Galicia a primeros de enero se reúne con Rafael Termes, representante de *los siete grandes*, y a partir del miércoles 8 Fraga inicia las "penosas gestiones" para la financiación de las consultas electorales. Y asqueado por esa tarea mendicante escribe un párrafo de desahogo ya tópico en su pensamiento:

> "(…) Ningún país puede aguantar la actual reiteración de elecciones incesantes; es un desgaste tremendo de los partidos, de sus líderes, de la atención del público; es, sobre todo, un gasto escandaloso y, para quien ha vivido catorce campañas (desde la oposición), una experiencia inenarrable y a menudo humillante. Pienso que me lo descontarán del purgatorio"[7].

A pesar de que Fraga habló con muchos amigos influyentes del mundo financiero no consiguió desprenderse del dogal que establecía el nuevo sistema de créditos y ayudas económicas a los partidos y que, aunque no siempre el mayor gasto electoral mejoraba el resultado de las urnas, el agravio comparativo que establecían los banqueros con la *Operación Roca* le atormentaría siempre por entenderlo inmerecido e inoportuno. De todas maneras, importa consignar que la Ley Electoral había incrementado los módulos de subvención, pasando de 40 a 60 pesetas por cada voto al Congreso y de 15 a 20 pesetas por voto al Senado, así como de un

---

[7] *En busca…*, pág. 413.

millón a millón y medio de pesetas por cada escaño de las dos Cámaras, siendo susceptibles dichas subvenciones de actualización en pesetas constantes.

En cumplimiento de los pactos electorales de Coalición Popular, firmado por los tres partidos integrantes de la misma en octubre de 1985, se creó dos meses después la gerencia nacional de campañas electorales, órgano técnico-político, con capacidad de decisión, que integraban un gerente y dos adjuntos en representación de cada uno de los partidos coligados. Este esquema organizativo tenía proyección en autonomías y provincias. Como el nombramiento de gerente nacional era competencia del presidente de la Coalición, Fraga nombró para el mismo a Carlos Robles Piquer y, a su vez, el PDP y el PL designaron como adjuntos a Modesto Fraile Poujade y a José Meliá Goicoechea[8]. La gerencia, por lo demás, estaba asistida por el secretario de Acción Electoral respectivo de cada uno de los partidos (Javier Carabias, José Ignacio Wert y Gabriel Castro), quienes aportaban su experiencia y asesoramiento en temas de información y publicidad electoral.

La designación de Carlos Robles para tan relevante puesto se produjo a poco de que la candidatura a comisario europeo fracasara por el veto socialista y, tomándolo como un gesto de pundonor, se lo pidió a su cuñado a través de una carta de tintes dramáticos. La gerencia suponía la dirección de campaña y pese a que Robles tenía como únicas experiencias electorales la del referéndum de la Ley Orgánica del Estado de 1967 y las autonómicas del País Vasco de 1984, imprimió a su nuevo encargo un alto nivel de profesionalidad en dos campañas atípicas: las del referéndum de la OTAN porque fue de bajo tono, y las generales de 1986 porque hubieron de organizarlas los *populares* con la mitad de los medios económicos de que dispusieron en octubre de 1982. Las elecciones autonómicas al Parlamento de Andalucía estaban también bajo la competencia teórica de Robles, pero en realidad existía una gerencia regional para esos comicios.

Bajo el patrocinio de Carlos Robles, Alianza Popular editó en 1985 un apretado libro, el cual fue vendido en quioscos y librerías con el título *Esto tiene arreglo*, una de las mejores síntesis recopilatorias del pensamiento y programa del partido aliancista y de la que fue autor material Francisco Sanabria Martín. Era una esforzada radiografía que mereció elogios entre los escasos lectores de este tipo de obras.

Robles —un laborioso "mamut"[9]— inició su misión propiciando un intento de acuerdo secreto entre Fraga y Roca a través de un encuentro habido en la casa de aquél de Aravaca y del que no existe referencia de tipo alguno. Pretendía el villalbés quemar en todo caso la última posibilidad de concierto electoral con el PRD, algo en lo que venía insistiendo también José María Cuevas, de que los seguidores de Roca no presentasen listas en las provincias de cuatro o menos diputados porque el voto de los reformistas sería no sólo un *desperdicio* sino un claro perjuicio a los populares. Roca se negó, si bien admitió coordinar acciones sobre RTVE con el consejero (Pere Artigas) que le había *regalado* Coalición Popular, y esa actitud constructiva del villalbés le permitió, al menos, protestar con mayor fuerza ante Rafael Termes y quienes pagaron el dispendioso capricho electoral del PRD.

---

[8] Los gerentes adjuntos, toda vez que los dos eran candidatos al Congreso por Segovia y Madrid, respectivamente, delegaron sus funciones en José Ramón Pin (PDP) y Antonio Cámara (PL). La fórmula de gerencia integrada funcionó bien en el nivel nacional, pero con muchos problemas en el ámbito provincial, donde era más idóneo el órgano unipersonal.

[9] Este apelativo se lo dio Alfonso Guerra ("Mamut prehistórico sacado del fascismo") en un mitin, y el así zaherido lo utilizaba con sentido del humor hasta publicar incluso un libro titulado *La botica del mamut* (Planeta, Barcelona, 1987).

El Tribunal de Cuentas publicó en 1987 un *Informe-declaración sobre la regularidad de las contabilidades electorales derivadas de las elecciones generales al Congreso de los Diputados y al Senado, celebradas el 22 de junio de 1986*, según el cual se conocieron por vez primera las cuentas de los partidos que habían obtenido representación. De acuerdo con el referido informe, los ingresos reunidos en total por Coalición Popular fueron 1.938.864.372 pesetas (el PSOE: 2.528.563.006 pesetas) y los gastos totales declarados 1.897.113.140 pesetas (frente a 2.312.536.973 pesetas del PSOE). No obstante esa diferencia de ahorro o de menos gasto parece ser simplemente teórica, pues la profesora Pilar del Castillo sostiene que el endeudamiento contraído por todos los partidos ha sido bastante elevado, situando la deudas pendientes con las entidades crediticias de unos ochocientos millones de pesetas para el PSOE y casi mil millones para Alianza Popular (Coalición Popular). "La situación económica de algunos partidos se ha visto seriamente afectada como consecuencia de la deudas contraídas —asegura Pilar del Castillo—; tales fueron los casos del Partido Comunista de España y de Alianza Popular"[10].

Listas generosas para democristianos y liberales

La publicación en el *Boletín Oficial del Estado* de los más de seis mil quinientos nombres de los candidatos a diputados y senadores —en 71 páginas de tres columnas— que concurrieron a las elecciones generales del 22 de junio de 1986 era como el acta final de un sinfín de luchas e intrigas *para estar en las listas*. La lista, pues, era el medio de inscripción que legitimaba para la lucha electoral y que para albergar esperanzas debía estar respaldada por un partido implantado y *su aparato* logístico. La competición se libraba dentro de cada partido —si cabe con fiereza— y ulteriormente entre las diferentes candidaturas según una disputa muy ruidosa por la concurrencia pero, al final, muy limitada entre los que tenían posibilidades de conseguir escaño.

Madrid, por otra parte, fue una vez más el distrito donde se concentraron los máximos líderes de los partidos como candidatos de doble aspiración: a uno de 33 escaños disputados, primeramente, y a presidente del Gobierno en el caso de contar con la mayoría suficiente, después. Ninguno de esos candidatos punteros era madrileño salvo Federico Carlos Sainz de Robles, que encabezaba la candidatura del PRD y cuyo aspirante eventual a la presidencia del Gobierno no era él sino Miguel Roca, candidato a diputado por Barcelona y por un partido distinto al que patrocinaba (CiU).

La confección de las listas electorales en Coalición Popular fue más pacífica que en 1982, pero no por ello se evitaron las presiones, intrigas y enfrentamientos en los tres partidos firmantes del acuerdo de octubre de 1985. Los conflictos cobraron gravedad en Alianza Popular debido a la generosidad manifestada con los socios a quienes se les concedía, en puestos de salida, un 21 por ciento de los escaños al PDP y un 11,50 por ciento al PL, porque las organizaciones territoriales aliancistas conocían bien cómo se retribuían en exceso la asociación de democristianos y liberales en relación a su exigua implantación en provincias. Fraga, refiriéndose al engorroso proceso de la formación de las listas, no contemplaba ese principio —de categoría hispánica al menos— de que *la tierra es para quien la trabaja*, y atribuía el conflicto a que "se ha producido una excesiva profesionalización de las carreras políticas, con un juego poco sano de intereses, que complica de modo inaceptable la competencia por los lla-

[10] *Financiación de las elecciones generales de 1986*, Centro de Investigaciones Sociológicas, Madrid 1987.

mados *puestos de salida;* lo que unido al sistema de listas sitúa a los partidos ante crisis reiteradas en cada elección (y hay demasiadas)"[11].

Los agitados días en que se cerraban las listas Fraga, como ya era costumbre, abandonaba Madrid y este año se fue lejos, a Venezuela, para participar en un seminario sobre la transición de Chile al que asistieron numerosos representantes de partidos latinoamericanos y con el propósito de aportar la experiencia española[12]. No obstante esa huida táctica, el villalbés dejó por escrito y de palabra a Álvaro Lapuerta instrucciones concretas sobre la confección de listas en cuanto presidente del Comité Nacional Electoral que gozaba de su estrecha confianza. Había recibido instrucciones manuscritas de enviar a provincias a los vicepresidentes y al secretario general descongestionando así la lista de Madrid, y entre las recomendaciones verbales figuraba la tajante prohibición de que los *eurodiputados* fuesen candidatos, especialmente precisada respecto de Fernando Suárez. A Miguel Herrero le fue propuesto encabezar Barcelona o, de lo contrario, Salamanca; a Alfonso Osorio, Cantabria (el único que aceptó), y a Jorge Verstrynge, Zaragoza. El no confesado propósito de remover a los tres dirigentes —a dos de ellos de Madrid y al tercero de Sevilla— había que relacionarlo con la confrontación que por la sucesión sostenían Herrero, de un lado, y Osorio y Verstrynge, del otro. Enviándoles a la *periferia,* según una interpretación razonable entonces, más que erigirse en movilizadores del voto en aquellas provincias se quería distanciarles de Madrid, del cuarto puesto de la lista de Madrid que significaba ser *el número dos* en Alianza Popular. Los denominados *cachorros* desde 1982 estaban adscritos a provincias, con arraigo natural en muchos casos, y a contrapelo en otros. Por el Congreso eran candidatos indiscutidos José María Aznar (Ávila), Rodrigo Rato (Cádiz), Juan Ramón Calero (Murcia), Francisco Álvarez-Cascos (Asturias), Arturo García Tizón (Toledo) y Mariano Rajoy (Pontevedra). Por el Senado, de otra parte, tuvieron sitio Loyola del Palacio (Segovia) y Alberto Ruiz-Gallardón (Palencia), y se quedaron fuera de las listas al Congreso, pese a las mediaciones de Herrero y de Aznar, tanto Federico Trillo (propuesto para Salamanca) como Rogelio Baón (propuesto para Segovia).

Herrero se ha lamentado de la dispersión o daño irreversible que sufrieron sus colaboradores en el Grupo Parlamentario, pero a ello contribuyó su mermada autoridad de *pastor parlamentario* al tenerse que ocupar de su propia defensa para no ser alejado de Madrid.

A pesar de ser enemigos declarados, Verstrynge y Herrero se concertaron en la tormentosa reunión de madrugada del Comité Electoral de la Coalición en la sede aliancista y, con la anuencia de Robles, Alzaga y Segurado, para integrarse en la lista de Madrid. Tropezaron, sin embargo, con el obstáculo de Lapuerta, presidente del Comité Electoral, que no consentía esta combinación si antes no la autorizaba personalmente Fraga, ya que contravenía sus expresas indicaciones. En realidad Herrero no quería comparecer por otro sitio distinto por Madrid, postura en la que se enrocó; pero finalmente se produjo la antedicha alianza circunstancial, que comprendía exponérsela al villalbés por el mismo Herrero. Así lo hizo el portavoz parlamentario al llegar Fraga a Madrid procedente de Caracas en el mismo aeropuerto de Barajas, en la noche del lunes 12 de mayo, en presencia de Carlos Robles, Juan Ramón Calero y Rogelio

---

[11] *En busca...,* pág. 430.

[12] El seminario *Chile: transferencia a la democracia* estaba patrocinado por el Partido Demócrata norteamericano y reunió a líderes de segundo nivel, pero Fraga aprovechó, ello no obstante, para desayunar con Carlos Andrés Pérez (con quien debatió sobre la intervención gubernamental en la economía), verse con el presidente de la República, Jaime Lusinchi, y celebrar una reunión con los afiliados de Alianza Popular en Caracas.

Baón, quienes con su presencia ratificaban la bondad de la decisión que tenía que adoptar allí, entre el equipaje, y antes de irse Fraga a su casa a reparar el *jet lag* del viaje trasatlántico. Es curioso que Herrero actuaba de defensor de Verstrynge incluso invocando razones familiares para que no fuese por Zaragoza, cuando en verdad la defensa era propia... porque Herrero no quería salir de Madrid por muchas razones (acariciaba ser el sucesor de Fraga y su inclusión en la lista madrileña parecía predeterminarlo, aparte de que no descartaba ser el candidato a la alcaldía de la capital del reino). Fraga se resistió cuanto pudo, sin invocar razones, y al final se resignó diciendo: "Vosotros me lo pedís, pero sigo sin estar convencido".

Más o menos pergeñada la relación de los primeros de cada lista provincial, se presumía más o menos fácil cerrar las candidaturas ya que sólo se dejaba para la negociación los siguientes puestos, que tanto el PDP como el PL tenían en muchos casos *predeterminados* en función de que eran *puestos seguros* dentro de su cupo. En este sentido, Luis de Grandes y José Miguel Bravo de Laguna (secretarios generales respectivamente del PDP y PL) llevaron a la mesa de negociaciones cuatro relaciones o listas donde se jerarquizaban las posibilidades de éxito, de manera que al cobrar su cuota entre los primeros de cada lista quedaban preteridos dirigentes provinciales aliancistas, lo que suponía un conflicto seguro.

En las once provincias[13] cuyas listas electorales fueron encabezadas por democristianos y liberales —siete de los primeros y cuatro de los segundos— hubo conflictos más o menos graves, por la duración y escándalo provocado, que se arreglaron con protestas en todos los casos y, como en Alicante, Málaga, La Rioja y Tenerife, se registraron dimisiones de varios dirigentes. En Galicia, a diferencia de 1982, no hubo crisis más que nada porque las juntas locales se negaron de plano a ceder no ya la cabecera de cada candidatura, sino ni siquiera otros puestos destacados. La única incidencia seria aconteció en La Rioja, donde hubo que improvisar una candidatura encabezada por el técnico del Partido Neftalí Isasi, que tenía hecha la maleta para trabajar de gerente en una empresa periodística de Baleares propiedad de la familia Matutes, porque los componentes de la lista inicial se negaron a dejar sitio a la democristiana Pilar Salarrullana. La documentación que se presentó de la candidatura en la Junta electoral provincial hubo se ser enviada desde Madrid al filo de la medianoche en que se cerraba la ventanilla oficial, ya que los dirigentes locales se negaron a colaborar en el trámite de presentación[14].

La participación femenina en las listas fue notable, comparándola con procesos electorales anteriores, por especial empeño de Fraga de contar con más mujeres —"a ser posible rubias", se ponía entonces en su boca con picardía— para actuar consecuentemente con el contenido programático de equiparar en derechos a la mujer. En conjunto sumaban 71 las mujeres candidatas y de ellas 13 tenían posibilidades de conseguir acta (Isabel Tocino, Elena García Botín, Luisa F. Rudí, Isabel Ugalde, Celia Villalobos, Pilar Izquierdo, Ana Yábar, Pilar Fernández

---

[13] Al PDP, además de ocupar su líder Óscar Alzaga el segundo puesto en la lista de Madrid, le correspondió encabezar Alicante (Andrés Rovira), Almería (Juan José Pérez Dobón), Cuenca (Javier Rupérez), Granada (Andrés Ollero), Guadalajara (Luis de Grandes), Salamanca (Pilar Fernández Labrador) y Segovia (Modesto Fraile). Yendo José Antonio Segurado tercero por Madrid, al Partido Liberal se le adjudicó además cuatro provincias donde encabezar las listas: Las Palmas (José Miguel Bravo de Laguna), Málaga (Antonio Jiménez Blanco) y Vizcaya (Adolfo Careaga).

[14] Acomodado Álvaro Lapuerta en la lista de Madrid, incluso por delante de Verstrynge, la candidatura riojana la iba a encabezar Isaías Monforte, dirigente empresarial de la circunscripción, seguido de Pedro Benito Urbina. Ante la imposición de Salarrullana desde Madrid, optaron por renunciar a la candidatura en un acto de fuerza en un conflicto localizado en la capital merced a la pronta actuación de Neftalí Isasi, improvisado candidato que ha representado en el Congreso a La Rioja desde entonces.

Labrador, Pilar Salarrullana, María Jesús Sainz, María Teresa Esteban, Pancha Navarrete, Blanca de la Cierva, Lina Ortas y Loyola de Palacio).

Respecto de la promoción juvenil, empezando por el presidente de Nuevas Generaciones Gonzalo Robles (segundo por Toledo), dos más menores de treinta años (Amilibia por León, y Gil Lázaro por Valencia) eran el fruto de la promoción interna y la renovación generacional.

Un programa macizo y coherente

El documento estratégico por excelencia en toda elección pluripartidista es el programa que, aunque no suele ser leído salvo que perjudique a sus autores, compendia los objetivos de gobierno del partido que lo somete a debate. Difundir su contenido, el cuadro de promesas, es misión de los candidatos durante la campaña, pero lo crucial es elaborarlo en la torre de marfil como trasunto del acuerdo congresual de cada partido. Es el pacto social. En 1986 le fue encargada su redacción a un equipo dirigido por Miguel Herrero, que en los Congresos VI y VII de AP había sido el ponente de estrategia política. Los otros componentes de la ponencia redactora eran García Margallo, del PDP, y Ana Yábar, del PL, quienes sólo intervinieron para la supervisión final dado que Miguel Herrero, muy celoso de acaparar méritos, se dedicó en exclusiva a su elaboración con el equipo de asesores del Grupo Parlamentario Popular.

Fue un sólido y brillante trabajo basado en el congruente acervo de las iniciativas parlamentarias y tomas de posición del Grupo Popular durante casi cuatro años en el Parlamento. Respondía, por lo tanto, al principio de realidad actual y sus contenidos eran las ofertas de alternativa al socialismo en cuanto repertorio que no prometía el oro y el moro por el afán de agradar al elector, sino como remedio serio a los problemas planteados. En parecido sentido, el equipo de campaña y los órganos colegiados de AP elogiaron este trabajo.

La aceptación del programa fue tanta que la primera edición, restringida en número, se agotó y hubo que ir a una tirada de 75.000 ejemplares. El equipo redactor no culminó su cometido con la elaboración del programa íntegro, sino que posibilitó la fragmentación del mismo en cinco partes bajo los títulos:

— Nuestro lugar en el mundo
— Una Administración al servicio de los ciudadanos
— Para crear empleo y ser más prósperos
— Para ser más libres
— Para que la sociedad funcione mejor

De acuerdo con los publicitarios, el programa se clasificó por materias y, con el fin de su explicación sectorial, se elaboraron trípticos conectados al eslogan de campaña *Para salir adelante* (*Para que la reforma fiscal salga adelante,* etc.).

Con la excepción de dos o tres cuestiones cruciales en torno a las cuales los socialistas y los populares acentuaban sus diferencias, el resto de los enfoques de problemas que les separaba en cuanto a programa eran cada vez menos. Si acaso, el contraste principal estribaba en el talante para ver los problemas —que no tanto sobre la terapia— según una concepción más incisiva o más roma del llamado *Estado del bienestar.*

El PSOE representaba, aun declarándose *izquierda,* a los agentes de la vida económica, por lo que el resultado era nada menos que un social-capitalismo peculiar. Felipe González se situaba en el centro de quienes, como el ex ministro de economía Miguel Boyer, clamaban por la casi total liberalización de la economía (privatización, reformas económicas estructurales y desregulación de los sectores públicos) y las posturas genuinamente socialistas de UGT y de Izquierda Socialista, díscolas con lo que representaba el felipismo y su fraude ideológico. Esa disidencia no culminó en desgajamientos porque, aunque vivas las contradicciones, el PSOE pagó el silencio de los más radicales con la inclusión en su programa electoral de dar cobertura de pensiones a nuevos colectivos —sin necesidad de previa contribución por cuotas— y de garantizar el poder adquisitivo de los pensionistas actuales. Es decir, mantenía enhiesto el Estado de bienestar a costa de endeudarse peligrosamente.

Lo que hubiese sido una ventaja electoral para el PP se convirtió en perjuicio porque al incorporar el felipismo las reivindicaciones de UGT se armó moralmente para seducir al electorado de clases pasivas, a la vez que lo alejaba del centro-derecha acusándole —cundiendo esa insidiosa especie entre los mayores— de que iba a suprimir y recortar las pensiones. Esto ha sido un grave infundio que le costaría desmentir al centro-derecha en todas las campañas electorales ulteriores.

En general, por aquello de que los programas sólo interesan a los propios contendientes, los partidos principales hicieron un repertorio de promesas *posibles y realizables,* aunque en materia económica la CEOE, a través de José María Cuevas, se quejó de que los programas contenían un manojo de lugares comunes, por lo que era difícil valorarlos en sus intenciones profundas.

Los medios de comunicación nacionales, sin embargo, desbrozaron los diversos programas y en lo tocante al de Coalición Popular casi todos lo elogiaron. El diario *El País* le dedicó un comentario minucioso en el que subrayaba, no sin reconocer al programa coherencia con la concepción liberal-conservadora, que "... es una manera de cambiar el *atrezzo* para ofrecer con el mismo actor la sensación de un nuevo personaje". Reconocía, no obstante, que la coalición había renunciado a la reforma constitucional, a la pena de muerte y a cuestionar la legislación sobre el aborto[15].

La publicidad tuvo un alto nivel técnico

La expresión publicitaria y de información de la campaña de Coalición Popular durante los veintiún días que duró tuvo alto nivel técnico y, no estando orientada a la victoria porque era impensable, se dirigió a impedir la mayoría absoluta de los socialistas. La comunicación en sí resultaba rara porque, buscada la coincidencia de propósito o no entre política y fútbol, se alternaron los mensajes, toda vez que el Campeonato Mundial de dicho deporte se disputaba en México y la selección española tenía aspiraciones para una buena clasificación. La profusión informativa sobre el acontecimiento deportivo, por otra parte, atenuó la crispación de la calle y concentró la atención en la televisión, que fue donde se libró la lucha dialéctica. Beneficiaba claramente al Gobierno.

Bajo la dirección técnica de José Luis Sanchís y Javier Carabias, el diseño de la campaña fue correcto y logró la bipolaridad entre socialistas y populares, orillando a los reformistas de

---

[15] Véase *El País* del 19 de junio de 1986 (el comentario "Cambio de escenario en Coalición Popular").

Miguel Roca, que pese al dineral gastado no lograron alcanzar el volumen de interlocución deseado dentro del debate electoral. La gestión publicitaria, sin embargo, la llevaron a cabo una asociación de tres agencias, propuestas por cada uno de los partidos coligados: Dardo S.R. y Asociados (AP), Bassat Ogilvi and Mather (PDP) y Publicidad 96 (PL)[16], conforme a un reparto de intereses y tareas (vallas, radio y prensa) que no provocó problemas salvo algún incidente de mal estilo comercial.

Entre la publicidad y la propaganda el conjunto de mensajes difundidos por los agentes publicitarios fue eficaz como ayuda sustancial en el proceso de informar del programa y de los candidatos, pero sólo como ayuda, aunque es importante que en toda campaña exista un *paisaje electoral* urbano creado para sacudir las conciencias.

El concepto central de la campaña se basó en el eslogan *Para salir adelante* (por sugerencia de Carabias[17]), lo cual daba idea de que se estaba en un bache del que se podía salir votando a CP, en una acción dinámica impulsiva. El mensaje encerraba, pues, crítica implícita y propósito de enmienda de lo hecho por el adversario socialista. Y se inscribía gráficamente —lo que fue un motivo central— en la foto panorámica de un grupo que caminaba en mangas de camisa en torno a Fraga, Alzaga, Segurado y Hernández Mancha, éste porque era candidato primero al Parlamento de Andalucía. Según los expertos, tal *desfile de candidatos* tuvo su inspiración en el cartel electoral que exhibió Jacques Chirac en las legislativas francesas.

En la fotografía electoral de CP, profusamente expuesta en vallas, carteles y folletos —la iconografía que arropaba los mensajes— siempre aparecía al lado de Fraga una joven y atractiva mujer que, según una interpretación anecdótica, era el *gentil freno* que Sanchís le había puesto al impulsivo villalbés. "No tenía otro objetivo que dar un tono amable a la presencia y conversación de Fraga, quien moderaba cortésmente su carácter", comentó el politólogo acerca de la militante de AP Alicia Quintero, funcionaria de la Diputación de Málaga[18].

Muy cuidada como siempre la campaña del PSOE basó su mensaje en el eslogan *Por buen camino*, sugiriendo eficaz continuidad en la larga marcha hacia el cambio, en apoyo de la imagen juvenil de Felipe González, que aparecía sonriente sobre fondo de verde esperanza. La noción de

Bajo el eslogan "Para salir adelante" se configuró la campaña de Coalición Popular de las elecciones generales y, asimismo, de las autonómicas de Andalucía. Salvo en la cartelería individualizada, Fraga siempre aparecía —en mangas de camisa— rodeado de los líderes de la coalición y de otros candidatos jóvenes y también de varias mujeres a fin de suavizar su imagen.

[16] La periodista Pilar Urbano (véase el *Ya* del 10-10-86) hizo público en un comentario que la empresa *Publicidad 96, S.A.*, que con un presupuesto de 400 millones para prensa escrita participó en la campaña de CP, tenía entre sus accionistas —era también consejero— a José Meliá Goicoechea, así como el director general Eladio Pérez era miembro de la Ejecutiva Nacional del Partido Liberal.

[17] Este eslogan continuaba la estrategia comunicativa de Galicia, en cuyas elecciones autonómicas se había utilizado el eslogan *Adelante*, en el sentido de dar continuidad a la acción del Gobierno popular en Galicia. En cambio, el eslogan de las generales implicaba un concepto negativo.

[18] Testimonio de José Luis Sanchís al autor.

camino invitaba a tirar del argumento explicativo de que los socialistas necesitaban más tiempo, comprensión y paciencia a fin de transformar y modernizar España. El eslogan, pues, establecía la dialéctica de avanzar hacia las soluciones. Por el contrario, en el lado opuesto, el eslogan provocó a los adversarios para decir que se andaba equivocado, por el camino de la utopía.

El partido de Adolfo Suárez (Centro Democrático y Social) reivindicaba con su eslogan el electorado moderado que perseguía: *El valor del centro*, en el curso de una campaña modesta que fue a más a medida que se le facilitaron fondos tras la denuncia pública del boicot financiero a que se le sometía. El PRD de Roca se quiso distinguir con un mensaje retórico (*La otra forma de hacer España*) dentro de una campaña ambiciosa diseñada por Joaquín Lorente, que parecía buscar votos en todos los ámbitos. Izquierda Unida, envalentonada por el efecto de su fuerza desde el referéndum de la OTAN, adoptó en la precampaña el *grito* publicitario *Nos van a oír*, pero a medida que avanzó la campaña bajaron la voz y se sirvieron del eslogan *Hace falta* (¿la unión de la izquierda?), en medio del proceso de separación y dispersión que padecían. La cartelería de IU no comprendía imágenes de sus líderes, prescindiendo de la personificación. Cosa que no ocurría así en la campaña de la candidatura de Santiago Carrillo (Unidad Comunista) que invitaba con los eslóganes *Ahora* y *Seguro* a dicha pretendida unidad, postulada mediante la fotografía del veterano político.

Los partidos nacionalistas costearon intensas campañas en sus respectivos ámbitos, igualmente dotadas de reconocida calidad profesional. Convergencia y Unión, compartiendo con el PRD al publicitario Joaquín Lorente, utilizó el eslogan con voluntad innovadora: *Un aire nuevo al gobierno*. Dicho profesional, depositario de la confianza de Miguel Roca, trazaría además la campaña de Coalición Galega (*Gallegos, ahora hagámonos escuchar en Madrid*) y en todos los mensajes se advertía la idea anticentralista. El PNV transmitía del mismo modo la cara reivindicativa y diferenciadora: *Por un país con más fuerza y más presencia*.

Otros partidos nacionalistas menores abundaron en mensajes de movilización y rebeldía. Así, el Bloque Nacionalista Gallego postuló el eslogan *En pie por Galicia;* Esquerra Republicana de Cataluña exhibió el *Juntos para hacernos oír;* HB proclamó el *Aurrerá,* y el Partido Andaluz justificó su nacionalismo con la frase *Para que Andalucía cuente aquí y en Madrid.*

Se ha dicho que al ser en Coalición Popular tres las agencias encargadas de realizar la campaña de publicidad-propaganda, tres y diferentes fueron las campañas. Hay que discrepar de tal apreciación porque, acaso por la actuación correctora del comité técnico, fue la mejor campaña que hasta entonces se había hecho en el centro-derecha. Realizada la personalización (sobre la imagen de Fraga y, en menor medida, a gran distancia, la de los demás líderes) y subrayada cierta humanización del personaje, al final se le hizo muy accesible en los *spots* de televisión, en los programas de radio y en el itinerario de mítines.

Por limitación presupuestaria, la publicidad exterior en vallas fue mucho más reducida que en las generales de 1983 y las municipales de 1983, pues sólo se contrataron 2.739 vallas, con los peores emplazamientos porque el Gobierno había advertido del adelanto de los comicios y los socialistas las contrataron con antelación. La actuación publicitaria en la radio, en cambio, fue intensa —casi 60.000 cuñas— y barrió toda la geografía al compás de acciones informativas paralelas en los viajes electorales de Fraga. Elemento auxiliar en todo caso fue el *jingle* de la campaña titulado *Para salir adelante*, con una canción concebida únicamente para la campaña. La publicidad en prensa siguió la pauta de informar del programa, aunque no escatimó mensajes de ataque y de dar a conocer a los candidatos provinciales.

Como quiera que el presupuesto se redujo sustancialmente por las razones apuntadas, en publicidad directa hubo que renunciar al envío a todo el electorado (por 504 millones de pesetas) de una carta personalizada y, sin renunciar a este eficaz procedimiento de petición del voto y envío de papeleta, se contactó sólo con los nuevos votantes (1.984.391 envíos)[19]. El PSOE, por el contrario, totalizó más de dieciocho millones de envíos postales.

Una de las aportaciones significativas de aquella campaña lo fue, para la Coalición Popular, la elaboración y distribución de un completo manual del candidato al estilo americano[20], y en el lado socialista la innovación estuvo en la utilización electoral a título de experiencia piloto del *marketing* telefónico, con un mensaje grabado de Felipe González con el que pedía el voto.

RTVE dio al PSOE la mayoría absoluta

Todos coincidieron después de las elecciones, no sólo los partidos derrotados sino también los medios de comunicación, que RTVE volvió a favorecer en trato —discriminación mediante—al PSOE, que ganó los comicios por mayoría absoluta. El trato de favor lo fue no ya en el reparto de tiempos, sino cualitativamente en el tratamiento de los contenidos. Ha señalado José Miguel Contreras, quien mejor ha estudiado la campaña electoral televisiva de 1986, que se potenciaron en aquella convocatoria los géneros en los que los responsables de RTVE podían influir y, por el contrario, se redujeron los espacios en los que era imposible tal acción[21].

La actividad noticiosa de actos públicos, las entrevistas en directo a los líderes, los debates sectoriales de dirigentes secundarios y la emisión de espacios gratuitos (única parte sobre la que recaía el control directo de la Junta Electoral Central) constituyeron el tupido menú televisivo durante las tres semanas de campaña. El receptor de televisión, habida cuenta de las numerosas transmisiones futbolísticas de aquellos días, fue todo un desagüe de pasiones partidistas.

Los bloques de mera información que dentro de cada telediario se emitían como *Crónica electoral* fueron auténticos soportes de propaganda de cada partido, con clara ventaja del PSOE, porque los enviados especiales decían lo que querían oír líderes y seguidores de cada fuerza política ahorrando toda iniciativa comprometedora. Careciendo las redacciones de autonomía y criterios propios, RTVE también se sumergió en la propaganda y se inclinó arbitrariamente a loar las acciones del Gobierno de cada uno de los ministerios mediante presentación en pantalla —novedad destacable— por mujeres, porque "los modernos estudios —decía *El País*[22]— se refieren a la tendencia del medio a desmasculinizar la figura del poder y a hacer más femenina la imagen del líder con las técnicas propias de la publicidad comercial...".

---

[19] En distintas provincias hubo serios problemas con los envíos postales y buzoneos de papeletas del Senado, toda vez que el formato de la misma era nuevo y fueron impresas con errores que invalidaban el voto, aparte de que la impresión en pliego dificultó el embuchado en los sobres.

[20] Eugenio Pordomingo *(Fraga a la búsqueda del poder*, pág. 515 y ss.) fue encargado de elaborar aquel *manual*, porque lo había realizado ya en 1982 como empleado que era de AP, y se queja en dicha obra de que no le fue pagado ese trabajo especial pese a reclamarlo infructuosamente en diversas ocasiones.

[21] *Información electoral en televisión*, tesis doctoral de J. M. Contreras, Universidad Complutense, curso 1987-88, pág. 523.

[22] El 22 de junio de 1984 este periódico madrileño publicó un informe resumen de la campaña en RTVE y su valoración, trabajo del que eran autores J. R. Pérez Ornia y J. M. Contreras y que llevaba el título *RTVE favoreció al partido del Gobierno en los informativos*.

Aunque formalmente los tiempos dedicados a cada formación política se atenían a una distribución proporcional[23], los desequilibrios y desventajas de los partidos adversarios del PSOE residieron en la atribución de medios materiales y humanos, con una reiterada incidencia de *errores técnicos* (sonido deficiente, defectuosa edición de grabaciones, imágenes de espacios vacíos o cemento, etc.) que por recaer en otros no socialistas se convertían en sospechosos de manipulación.

La fórmula monodiscursiva de la entrevista en directo se utilizó en dos horarios diferentes de RTVE, se realizaron en ambos casos en directo y, a diferencia de 1982, los entrevistados (uno por cada formato) eran profesionales de la casa: José Antonio Martínez Soler y Manuel Campo Vidal, en vez de ser los entrevistadores de otros medios.

Buenos días era el programa informativo que desde las siete y media de la mañana conducía Martínez Soler, acompañado de Leonor García Álvarez, por la primera cadena, con tono desenfadado e informal. Las características del programa permitían la participación telefónica de espectadores y, entre todos, comentaban además la evolución del campeonato futbolístico. El día que fue entrevistado Miguel Roca le formularon la pregunta que todos se hacían: cómo podía ser candidato a presidente del Gobierno por un partido del que no era afiliado. Contestó que lo que pretendía era no abandonar su partido, sino integrar partidos en la defensa de un proyecto común y "dejemos —concluyó irritado— de dinamitar partidos".

Fraga atendió al programa *Buenos días* desde la etapa electoral de Las Palmas, donde se trasladó la dirección del equipo para realizar la entrevista el 9 de junio, que registró división de opiniones entre los espectadores participantes. Un comunicante de La Coruña se mostró orgulloso de la red de paradores de turismo que había creado en su etapa de Ministro de Información y Turismo y, desde Sevilla, una militante de la asociación Pro-vida le pidió que tuviera fuerza moral y valentía contra el aborto ("¡Por favor, sea valiente y ayude!", dijo la buena señora), a lo que replicó el líder popular, de sobra conocida su postura antiabortista, que "... no necesito excitaciones al valor...". Durante el mismo programa, entre los críticos, varios comunicantes le acusaron de haber fundado el terrorismo, a lo que replicó: "Me han llamado de todo, pero fundador del terrorismo no lo había oído nunca".

El medio millón escaso de espectadores del antedicho programa matinal contrastaba con los casi quince millones del *Telediario, punto y aparte*, dirigido por Campo Vidal, ducho y habilidoso periodista que solía predominar sobre sus entrevistados, siendo así parcial en función de los aprietos a que les sometía de forma deliberada revistiéndose de una autoridad que no tenía.

Conocida la propensión manipuladora de Campo Vidal, el equipo director de campaña de Coalición Popular sometió a Fraga, en la casa de Carlos Robles, a una sesión de entrenamiento durante la misma mañana del día 9 de junio a cargo de expertos y en la que se le adiestró sobre cómo conducirse en la entrevista. Como se preveía que Campo Vidal querría entretenerse en su pasado, en datos biográficos intrascendentes o perjudiciales, se le recomendó que a todas esas preguntas contestase con monosílabos o brevemente, lo que desconcertó al entrevistador y equiparó el diálogo, pues en pocos minutos había consumido un bloque de preguntas que

---

[23] La distribución de tiempos para cada formación política fue presentada al Consejo de Administración de RTVE y, en términos generales, fue respetada cuantitativamente, si bien el CDS e Izquierda Unida resultaron perjudicados porque Suárez e Iglesias, respectivamente, se negaron a participar en el programa *Buenos días*.

en tiempo hubieran sumado lo que toda una entrevista. Tal era la marcha del diálogo, que el jefe de los Informativos de RTVE, Julio de Benito, pidió a Baón, presente en el plató, que mediante una nota le rogara a Fraga que frenase el ritmo de las contestaciones. Todo era deliberado, pues lo que interesaba era que Fraga explicase el programa, lo cual hizo amplia y relajadamente refiriéndose a las 40 medidas que preveía la oferta electoral de Coalición Popular, cuando la imaginación del entrevistador era un pozo seco.

Con esa ensayada técnica Fraga —dicho en jerga periodística— *se iba vivo*, y acaso por ello Campo Vidal intentó acorralarle en vano. Inicialmente el periodista le habló, aunque en tono jovial, de que lo tenían crudo quienes le querían jubilar, pero así lo situaba en la vejez. El entrevistado no se dio por aludido, mas al final de la entrevista Campo Vidal volvió a la carga:

> Campo Vidal.— (...) Estará de acuerdo de todas formas, que todo esto (se refería al Programa de C.P.) tiene un aire de vuelta atrás, legítimo pero...
> Fraga.— No, no estoy de acuerdo.
> Campo Vidal.— Me refiero a vuelta atrás en el sentido de desandar el camino andado.
> Fraga.— Lo malo es que se ha andado un mal camino.

El periodista siempre puntualizaba y remarcaba los matices, pero Fraga no se detenía y replicaba lacónica y cortésmente.

> Campo Vidal.— (...) Al hablar de libertades..., usted ha estado en otros gobiernos y no se ha distinguido por una exaltación de las libertades.
> Fraga.— No, no. Pero a mí no se me puede decir eso. Dígame esto otro, yo he inventado las libertades en esos gobiernos.

La actitud complaciente de Campo Vidal con el poder se vio cuando entrevistó, en su turno, a Felipe González, según un cuestionario insulso pero adecuado —parecían preguntas *precocinadas*— que facilitaba las respuestas de quien fue tratado en todo momento como el Presidente del Gobierno, sin planteamientos por sorpresa. El resultado fue una entrevista aburrida y tópica, pero efectiva.

Sucedáneos de debate televisivo

El gran debate era ya en los años setenta un género televisivo habitual en los procesos electorales de países democráticamente avanzados, pero en España no llegaba a adoptarse por la particular negativa de quien ostentaba el poder, que realmente en este tipo de confrontación era quien arriesgaba. En las generales de 1986, al fin, RTVE promovió la realización de debates restringidos entre dirigentes del segundo escalón de los grandes partidos, en circunstancias de lugar, duración, formato y temario pactadas entre el PSOE y Coalición Popular.

Cuatro fueron los enfrentamientos programados:

> — 27 de mayo: *El Estado de bienestar*, con la participación de José María Maravall (PSOE) y Jorge Verstrynge Rojas (CP).
> — 3 de junio: *El Estado de las libertades*, con el duelo entre Fernando Ledesma (PSOE) y Óscar Alzaga (CP).
> — 10 de junio: *El estado de la economía*, con Carlos Solchaga (PSOE), Nicolás Sartorius (IU) y Julián Ariza (Unidad Comunista).

— 17 de junio: *El estado del Estado,* con la presencia de Alfonso Guerra (PSOE), Miguel Herrero Rodríguez de Miñón (CP), Fernando Castedo (CDS) y Federico Carlos Sainz de Robles (PRD).

La ausencia de los candidatos a la presidencia del Gobierno estuvo condicionada a la negativa de Felipe González a debatir con Manuel Fraga, a pesar de que éste le lanzó sucesivos retos contestados con evasivas —nunca con negativas rotundas—, lo que prolongó el *debate sobre el debate* como fórmula de desgaste hasta el último día de campaña. El resto de los líderes fueron invitados a participar con *segundos* socialistas, pero azuzados por la altivez enviaron en su representación a líderes subalternos. En el caso de Coalición Popular, el descarte de José Antonio Segurado del debate sobre economía provocó malestar aparente entre los populares, que protestaron con sordina porque el lucimiento en la pugna contra los marxistas lo quería sólo para sí Solchaga y RTVE no estaba dispuesta cambiar el formato previsto y, como algo inconfesado, además, porque a Segurado se le negaba ciencia económica y rigor dialéctico.

Los debates se ajustaron a dos modelos: el debate dual auténtico, como una trinca, y el de cuatro intervinientes, que se convertía en una trifulca de tres contra uno (el representante del Gobierno). Fueron conducidos por Francisco Lobatón y su seguimiento fue escaso porque se emitieron por la Segunda Cadena en hora puntera de la programación principal. La Primera Cadena solía conectar durante los *telediarios* y ofrecía un fragmento del debate en aquel momento, que solía coincidir con intervenciones de los representantes del Gobierno. Estas burdas conexiones se repitieron y, pese a las protestas formales, no se puso remedio. En general la crítica fue dura con estos espacios por el papel devaluado en cuanto a intervinientes, por la ausencia de partidos nacionalistas y, en otro orden de cosas, por la parcialidad en su concepción y desarrollo.

De todos los debates el duelo primero, Maravall frente a Verstrynge, concitó el mayor interés y lo ganó el secretario general de Alianza Popular luego de tomar la iniciativa la mayor parte del cara a cara y lograr desconcertar, con desplantes y provocaciones, al inteligente Ministro de Educación socialista educado en Oxford.

Desde el primer momento el moderador quiso establecer unas reglas para la pugna, con carácter general para todas las series, pero asimismo desde el comienzo el político aliancista se las saltó a la torera y, provisto de una iniciativa ofensiva, arrinconó al universitario exquisito y Ministro de Educación, que quiso en vano poner como modelo del Estado del bienestar los avances educativos concretados en la LODE. El paradigma socialdemócrata quedó destrozado con un interlocutor como Verstrynge, que se acompañaba de una pila de papeles y recortes de prensa y que, como maniobra de distracción, se ocupaba de escarbar aparatosamente cuando su oponente tenía la palabra. La provocación surtió efecto de manera que, en uno de los pasajes de la confrontación, Maravall se sirvió de la descalificación absoluta de su adversario.

En efecto, como Maravall —mucho más preparado y con más autoridad televisiva— sucumbiese a hablar del pasado, recordándole a Verstrynge su historia ultraderechista, el político pelirrojo vio su oportunidad de desacreditar a su contrincante diciéndole:

> "Usted seguramente olvidará, señor ministro, cuando estaba a punto de venir de Inglaterra y tenía usted las maletas hechas para ocupar un cargo importante en el Gabinete del almirante Carrero Blanco".

Maravall, que no se esperaba tal acusación, quedó anonadado y sin reacción. Transcurridos unos instantes, en un intercambio de acusaciones e insultos, el ofendido espetó a su interlocutor: "Usted no tiene ni moral ni conciencia". Fuera de cámara, incluso, continuó la recíproca sarta de insultos.

Esta primera experiencia en la historia de los debates quizá la ensucie como exponente del comportamiento entre políticos, pero también reveló que un encuentro de este tipo está sujeto a una técnica y que la improvisación —como la de Maravall— se paga. Aunque con marrullerías, Verstrynge ganó el debate.

El duelo Ledesma y Alzaga fue de guante blanco, salvo algún roce personal intrascendente, y estuvo trufado de estadísticas y citas legales y doctrinales que le restaban vivacidad. Sin embargo, la aridez temática del diálogo no se la pudieron sacudir explicando cada uno de los intervinientes la postura de sus formaciones políticas, y Ledesma, en cuanto Ministro de Justicia, aportó lógicamente testimonios oficiales.

Con gran capacidad dialéctica, el Ministro de Economía y Hacienda Carlos Solchaga se enfrentó en el tercero de los debates a los comunistas Sartorius y Ariza, el uno de Izquierda Unida y el otro de Unidad Comunista. El lenguaje específico de la disciplina le quitó todo atractivo por lo que, como se esperaba, fue el programa menos seguido por los espectadores.

El estado del Estado, es decir, el repaso del funcionamiento de la Administración y de las instituciones dependientes del Gobierno o de su impulso legislativo ocupó el cuarto debate entre Guerra, Herrero, Castedo y Sainz de Robles. El vicepresidente del Gobierno introdujo el eje discursivo de que España empezaba a funcionar merced a la iniciativa y dirección de los socialistas. Como replicante principal de Guerra, ya que los demás intervinientes no metieron baza, figuraba Herrero Rodríguez de Miñón, quien apoyó sus críticas en documentos de diversa fuente para adornar actuaciones socialistas que consideró "chanchulletes". El fuerte diálogo entre los dos líderes cobró tonos crispados, con descalificaciones y amenazas cruzadas. El ingenio de Alfonso Guerra logró en varias ocasiones denunciar que todos iban contra él, se quejó de que no le dejaban gesticular y llegó a pedir amparo al moderador, enalteciendo de este modo su papel en la desigual lucha.

Más publicidad que propaganda

Los cada vez más declinantes espacios gratuitos de publicidad-propaganda de la radio y televisión estrenaron regulación con la nueva Ley Electoral, correspondiendo a los grandes partidos nacionales que cumplían ciertos requisitos treinta minutos de emisión y que por vez primera Coalición Popular fragmentó —lo que no hizo el PSOE— en programas de cinco minutos luego de armarse una fuerte polémica sobre la legalidad de tal decisión. Al final el PSOE consintió porque no le fue discutida la apertura y cierre de la campaña. Verdaderamente, con la fragmentación de esos programas se daban pasos para conducir a métodos y técnicas publicitarias, lo que se consideraba entonces propaganda anacrónica. El experto en comunicación política José Miguel Contreras explicó así aquel cambio:

> "Con esta maniobra, diseñada por Rogelio Baón, representante de CP en la Comisión de RTVE (de la Junta Electoral Central), conseguían a su juicio multiplicar la eficacia de su presencia en RTVE al aumentar considerablemente el número de impac-

tos, aunque éstos fueran de menor duración. La idea fue seguida a continuación por otros grupos que vieron en el sistema una mejor rentabilización de su tiempo"[24].

El PSOE desarrolló los espacios gratuitos conforme a la misma técnica desde 1977, utilizando la figura de Felipe González en exclusiva como busto parlante detrás de una cabecera de presentación atractiva, que era lo único que cambiaba, esta vez con la dinámica del agua en movimiento (olas marinas, rápidos, cascadas, etc.). La propaganda-publicidad televisiva de los espacios gratuitos, pues, convergía en la estrategia general de la continuidad —de ir *por el buen camino*—, donde predominaba la suavidad de las formas y los tonos verdes.

Sobre tres ejes apoyó Felipe González sus intervenciones, factores todos ellos del cambio: consolidación del sistema democrático, lucha para superar la crisis económica y superación del aislamiento histórico de España. En relación a todos ellos, la estrategia socialista no tuvo la grandeza de reconocer a los antecesores su aportación en los temas de Estado, es decir, en la consolidación de la democracia y en el ingreso de España en la Comunidad Europea y en la OTAN. Y eso sí, los incumplimientos de promesas —por ejemplo, los 800.000 nuevo puestos de trabajo— los despachó como "errores de apreciación" que no le concernían.

En los programas segundo y tercero (todos de diez minutos) Felipe González invocó la necesidad de contar con la mayoría absoluta para rematar el cambio al tiempo que descalificaba a sus oponentes ("a mi juicio representan un retroceso en ese proceso de modernización, de justicia, de cambio social..."). En esencia, su mensaje quería excitar el voto del miedo y fue más intenso en la última aparición, desde el despacho presidencial del palacio de la Moncloa, apelando a los diez millones de votantes que les dieron la mayoría absoluta en octubre de 1982 ("... A cada uno de ustedes que me oyen y que nos votó en el ochenta y dos, les pido que renueven el voto, que no lo dispersen, que no asumamos el riesgo de un parón de este proyecto o de una vuelta atrás...").

Los espacios nacionales de RTVE de Coalición Popular pretendían dar continuidad a la nueva imagen de Fraga (moderado, centrista, relajado y rodeado de jóvenes) y, a tal fin, el equipo de radio y televisión del que formaban parte Mauro Muñiz, Alfredo Amestoy (redactores) y Enrique Martí Maqueda (realizador), bajo la dirección de Rogelio Baón, creó seis programas con una estructura de *spot* publicitario en los que la careta, de treinta y seis segundos, exponía en sucesión cinematográfica 37 planos diversos y con la imagen central de un tren que recobraba la luz al final del túnel se veían gentes trabajando en oficios y lugares distintos.

Para los circuitos regionales de RTVE asimismo se hicieron *spots* que, con la reiterada careta de presentación, recogían declaraciones de los primeros candidatos en cada provincia, según un alarde irrepetible de contenidos diferenciados que, convergiendo en los objetivos nacionales, defendían propuestas de sus respectivos distritos.

Los seis "microespacios" fueron dedicados cada uno a un tema distinto y en todos ellos Fraga y los otros dos líderes aparecían en exteriores, eludiendo en lo posible los *bustos parlantes* desde los despachos y ofreciendo imágenes de contacto con los ciudadanos según una sugerente variedad de dramatizaciones. En el primero, dedicado al paro, el líder de AP explicaba a un trabajador en un parque las dimensiones del problema. En el segundo programa,

[24] *Información electoral en televisión*, pág. 584.

dedicado a la libertad, Óscar Alzaga aludía a los déficits de libertad por la acción de los socialistas, y a su vez Fraga lanzó el reto de debatir cara a cara con González. En el tercero, en una carpintería, en mangas de camisa, hablaba sobre impuestos y pequeña y mediana empresa para, al final, enjuiciar negativamente la política económica. Esta vez se dio entrada a Segurado para que expresase su opinión al respecto, de manera que ello preconstituía una posible y futura asignación de responsabilidad política en ese área.

En la recta final de la campaña, emprendida con otros tres mini programas, se reiteró la idea de coalición con los tres líderes que la integraban. Pero, con gran sigilo y dificultades, se consiguieron grabaciones, de apoyo a CP y a Fraga, de destacadas figuras de la sociedad española para el cuarto programa: el divo de la ópera Plácido Domingo, el barcelonista (y destacado jugador internacional de fútbol) Julio Alberto, el compositor Ernesto Halffter, el humorista Tip y el periodista Alfredo Amestoy. Las grabaciones de Plácido Domingo y de Julio Alberto se hicieron a través de Televisa y presentaban deficiencias técnicas que Martín Maqueda subsanó salvando los contenidos, como el apoyo directo del famoso tenor ("en momentos especiales hay que abrirse de capa y manifestar lo que uno piensa").

El último y sexto programa contenía el mensaje serio de petición de voto y se hizo con Fraga en una plática franca y distendida desde su despacho, pero no parapetado en su mesa, sino desde uno de los sillones que, con perspectiva, permitía ver un ordenador sobre su escritorio, un retrato del Rey y la bandera.

El gol de Butragueño y otras manipulaciones de RTVE

La defensa de la neutralidad de RTVE, después que ésta cometiese en la campaña del referéndum de la OTAN las arbitrariedades más insólitas, fue empeño de los socialistas incluido el propio Felipe González, que dijo el 3 de junio que "nunca ha habido más libertad en televisión, jamás, bajo ningún Gobierno, que hay ahora...". Si la campaña se iba a librar en la televisión, lógica, pues, resultaba la exaltación de su credibilidad.

El reforzamiento de la credibilidad de RTVE vino bien, por ejemplo, para atribuir a un error la sobreimpresión de la sigla PSOE en las imágenes del gol que Butragueño produjo a la selección futbolística de Dinamarca el día 19, cuando más de quince millones de españoles estaban pendientes de lo que sucedía ante la pequeña pantalla. Ante el Consejo de Administración de RTVE y la opinión pública, dicho error, que asociaba al partido socialista con la victoria, se presentó como el del empleado de RTVE que apretó un botón que no debía de manera inconsciente y por ello se pedía disculpas. Un fallo humano que, como dijo Quinto Ennio, "la fortuna ayuda siempre al más generoso".

La carrera de errores, sin embargo, comenzó en la misma noche en que se iniciaba la campaña, en la transmisión de lo que es ya tradicional *pegada de carteles*. Cuando se conectó con la esquina donde los líderes de CP hacían lo propio con la brocha sobre un muro de la glorieta de Bilbao, resulta que aparecieron imágenes de un grupo ecologista que gritaba *OTAN no,* justo detrás de quien comentaba el hecho, sin reacción explicativa sobre quienes boicoteaban el acto.

Pero la sospecha de manipulación la corroboró el modo de hacer sin cuidado —sin escrúpulos— de los precedentes y la indolente actitud. Por ejemplo, se difundió como un hecho noticioso, segundo error, el reportaje publicitario pagado por el Gobierno sobre la buena situación que atravesaba España que publicó la revista norteamericana *Newsweek*. Pues bien, sobre las 24 páginas dedicadas a la *Nueva España* por la mencionada revista, previo pago de la tarifa publicitaria, se hizo eco el día 2 de junio la segunda edición del Telediario[25].

Las rectificaciones fruto de falta de profesionalidad, porque no siempre cabía atribuirlo a la mala fe, se produjeron en otras ocasiones como, por ejemplo, al calificar al Partido Reforma Social Española que fundara Cantarero del Castillo y que se federó a Alianza Popular como un "partido de extrema derecha". Y lo mismo había que decir de faltas de identificación con otros grupos, poniéndoles siglas inexactas o erróneas.

Según una información que publicó *El País*[26], Miguel Roca y Gerardo Iglesias fueron los candidatos peor tratados por los informativos de RTVE, de suerte que al ponente constitucional siempre se le presentaba como *Miquel* en vez de Miguel y que capitaneaba "por delegación" de CiU el Partido Reformista en un texto de varias palabras en catalán (Catalunya, por ejemplo). Se seleccionaban, por otra parte, pasajes en catalán de mítines y los difundían en el programa nacional produciendo el natural rechazo allí donde el electorado era sólo castellano-parlante[27]. El colmo de la falta de respeto al pluralismo residió, por otra parte, en que los informativos de RTVE se manifestaron beligerantes contra Gerardo Iglesias, al que en una ocasión presentaron abrazado a otros colegas de partido mientras que se daba en música ambiental *El vino que tiene Asunción*, con insidiosa sugerencia a la afición bebedora del líder comunista.

La conducta manipuladora, por último, fue apreciada también el 18 de junio cuando RTVE quiso neutralizar la entrevista a Fraga que el Telediario segunda edición iba a emitir y la hizo preceder, minutos antes y dentro de la sección *Crónica electoral*, con otra entrevista de tres minutos con Felipe González; algo desconocido e innecesario.

La carrera mitinera de Fraga más larga e intensa

El itinerario electoral emprendido por Fraga entre el 7 de mayo y el 20 de junio de 1986, que comprendía precampaña y campaña propiamente dicha de los comicios coincidentes al Parlamento de Andalucía y a las Cortes Generales, fue la carrera mitinera más larga e intensa jamás corrida antes por el villalbés —no en balde apodado *el Zapatones*—. Pese al desánimo de saberse perdedor, porque así lo pronosticaban rotundamente todas las encuestas, Fraga no lo exteriorizó y lejos de ello, según el periodista Fernando Jáuregui que le acompañó, "se comportó como siempre lo hizo en tales ocasiones: poniendo toda la carne en el asador"[28].

El 7 de mayo, en Granada y Sevilla, comenzó la carrera que le llevó a las diecisiete comunidades autónomas y sus principales ciudades; participó en una treintena de grandes mítines (varios en plazas de toros abarrotadas), protagonizó otras tantas ruedas de prensa y coloquios radiofónicos con los oyentes y, tras recorrer por tierra mar y aire algo más de 15.000 kilómetros, el 20 de junio terminó en Madrid aquella larga travesía con la voz rota como siempre y la conciencia enaltecida por el deber cumplido.

---

[25] RTVE rectificó el supuesto error ocho días después de producirse la burda recensión noticiosa como consecuencia de las protestas de CP, pero no se produjo la dimisión del jefe de redacción responsable Francisco Caparrós.
[26] Véase el del 22 de junio de 1986, pág. 13.
[27] Afirma Joaquín Bardavío en "Historia de la democracia", pág. 687 (del diario *El Mundo*), que era Convergència i Unió quien insistía en que Miguel Roca saliese en RTVE hablando en catalán con subtítulos en castellano, según le fue explicado a Pedro Pérez cuando se quejó de esta anomalía.
[28] F. Jáuregui, *La derecha después de Fraga,* pág. 184.

Tan ingente esfuerzo, según la opinión de algunos comentaristas, aspiraba a que fuese interpretado con el mérito de una buena reválida pese a los adversarios afines como Roca. Tenía, por lo tanto, un significado de provocación... ¡A ver si alguien lo hace mejor!

Es un eufemismo denominar precampaña al período anterior del que se pide directamente el voto (teóricamente abarca desde la convocatoria electoral hasta los 21 días previos a la votación) y tanto más lo es en Fraga, que está siempre viajando en actitud persuasiva en los muchos y dispersos comicios que hay en España. La precampaña, no obstante, la comenzó el villalbés según anota en su diario en Granada y Sevilla, con diversos actos, el 7 de mayo. A la capital hispalense llegó por vía aérea desde la ciudad de la Alhambra para asistir a la final de la Copa de Europa de fútbol en la avioneta de Gabriel Díaz Berbel, entonces inútilmente empeñado en ir al Congreso encabezando Granada. Al día siguiente, ya en el fragor de la confección de las listas, se celebró una gran convención de candidatos autonómicos andaluces en el Palacio de Congresos de Torremolinos, celebración que se aprovechó para la obtención de las fotografías de grupo de ambas campañas.

De vuelta de Venezuela, adonde fue para quitarse de en medio del cierre de las listas, el martes 13, Fraga reanudó los viajes y se fue a Ciudad Real, a tierras manchegas donde cargarse de quijotesca ilusión, y allí celebró un gran mitin en la plaza Mayor. Los dos siguientes días los empleó, asimismo, para visitar las principales ciudades de Albacete y Cuenca, puesto que estas plazas castellano-manchegas serían evitadas en el itinerario de campaña. En sus memorias, sensibilizado como estaba por el afán de ubicuidad, el líder aliancista habla de *devorar kilómetros electorales* (como si el "kilómetro electoral" fuera un concepto específico, refiriéndose a una distancia que había que recorrer sin remedio e inconscientemente).

A partir del 19 prosiguió las visitas por Salamanca, Zamora, León, Ponferrada, Pontevedra, Vigo y Orense, y al final de la semana a Canarias, donde se celebraría el día de las Fuerzas Armadas (con desfiles en Santa Cruz de Tenerife, por tierra, y en Las Palmas, por mar). Los días 27 y 28 recorrió Barcelona, Lérida y Tarragona, desde donde bajaría a Castellón y a Alicante, dando por concluido el primer recorrido antes de la pegada de carteles, al comenzar el sábado 31, en la madrileña glorieta de Bilbao. El último día de mayo sería dedicado, por lo demás, a grabaciones para televisión de los candidatos en conjunto y por separado, siendo para Fraga odioso este tipo de sesiones.

Mientras que la campaña que realizó Felipe González fue solamente de fines de semana, aunque realzada a diario por notables acciones de gobierno fielmente difundidas por televisión, Fraga empleó el estajanovismo populista de visitar las principales bolsas de votos denotando un frenesí lógico, propio de un aspirante, frente a la parsimonia del seguro ganador. Pero a pesar de ello Felipe González identificaba como adversario a Fraga —de forma limitada, cierto—, de quien decía:

> "... Es Fraga quien representa fundamentalmente los votos de CP y AP. Fraga tiene un porcentaje de votos que será el que sea, 25 por ciento por ejemplo, y creo honestamente que los demás líderes de la coalición, sin Fraga no tienen votos..."[29].

De todas maneras el debate electoral, aunque los líderes de Coalición Popular se esforzaron por entablar un diálogo con los socialistas, discurrió por otros derroteros. Como la posible pérdida de la mayoría absoluta la sufrirían los socialistas, en todo caso, por el flanco de su electorado centrista, tanto Felipe González como Alfonso Guerra eludieron el cuerpo a cuerpo con

---

[29] Véase *El País* (15-6-1986), "Entrevista de Felipe González", por Fernando Jáuregui.

Fraga y, como táctica provechosa, arremetieron contra las fuerzas de centro que movilizaban Adolfo Suárez en primer lugar y, a mucha distancia, Miguel Roca.

El criterio benévolo con que se trataba a Suárez al comienzo de la campaña se trocó en estrategia ofensiva contra el Duque, porque el CDS apuntaba en las encuestas como virtual enemigo de la mayoría absoluta. Como Suárez, a propósito de una desatinada alusión de Benegas de que el abulense había dejado el país hecho un caos, dijese que los socialistas en vísperas del golpe de Estado del 23 de febrero de 1981 habían practicado la elegancia social de sentar a su mesa al golpista general Armada, se armó la polémica más agria de la campaña. Fue Guerra quien cargó contra Suárez, a quien responsabilizaba del *Golpe,* insinuando que aquél tuvo una conversación con Tejero el mismo día del secuestro de la Cámara. "¿Qué conversación tuvo él (Suárez) con el coronel Tejero en una sala, aislados los dos...?", se preguntó Guerra ante los periodistas, además de calificar la campaña del ex presidente del Gobierno de "sucia, cínica y de vergüenza ajena". La respuesta burlona de Suárez, que no había sido quien había sacado el tema, abundó en la gallarda imagen histórica del abulense (vista por todos en la televisión) de mantenerse sentado en su escaño cuando los golpistas irrumpieron a tiros en el hemiciclo mientras que los demás se agazaparon: "Guerra no sabe si Tejero entró a caballo o en autobús de tanto que se escondió".

Cual soliloquio, porque las más de las veces eran provocaciones sin respuesta, Fraga desarrolló su campaña por toda la geografía y, en general, los socialistas no elevaron el tono del discurso ni siquiera en el punto más discutido de la campaña: la celebración del debate televisivo en duelo con González. El villalbés estuvo el 1 de junio en Cáceres, el día 2 en Badajoz, el día 3 se fue a Navarra (Pamplona, Tudela y monasterio de Leire), el día 4 estuvo en Logroño, el día 5 pateó las calles de Bilbao bajo un paraguas con los colores de la bandera nacional, aparte de celebrar mítines y otros actos; el día 6 lo dedicó a Cantabria, con énfasis en los problemas de la pesca; el día 7 se fue a Asturias (Gijón y Oviedo) y en el hospital visitó a Isidro Fernández Rozadas, presidente regional y candidato que resultó herido en un accidente de tráfico, además de acudir a multitudinarios mítines; a La Coruña se trasladó el día 8 y, junto a su mujer, celebró un mitin inolvidable en el pabellón polideportivo; el 9 de junio voló a Las Palmas y allí desplegó el mismo tipo de actividades populistas, y en travesía naval llegó a Tenerife, en cuya plaza de toros de la capital presidió un mitin clamoroso; el día 11 llegó a Palma de Mallorca, jornada que tuvo similares actividades electorales; de nuevo en la península, el 12 de junio, por la tarde, fue a Guadalajara y a Soria; en esta localidad suspendieron los actos para ver el partido de fútbol de la selección española en México y, al término del mismo, se celebró una cena de entusiastas; también el día 13 hizo doblete en Zaragoza y Huesca, por cuyas calles paseó y celebró encuentros electorales de concurrencia diversa; por tierras de Cataluña (Lérida y Barcelona), hizo campaña el sábado14 de junio acompañado por su hija mayor, en un alarde de populismo que tuvo su máxima expresión en la plaza de toros barcelonesa, coso que estuvo desbordado de gente; el día siguiente, domingo 15, otro multitudinario mitin en la plaza de toros de Valencia; el día 16, ya en Murcia, el foro mitinero lo fue la plaza de toros que se llenó pese a la lluvia, luego de un recorrido por Calasparra, Caravaca, Cehegín, Bullas y Mula; en Sevilla, el día 17 martes, se celebró un mitin en el prado de San Sebastián, doblando mensajes ante las elecciones autonómicas que allí se celebraban, después de una jornada de contactos sectoriales; Toledo fue la ciudad elegida para la acción electoral de Fraga del día 18 de junio, próxima a Madrid, porque tenía una entrevista larga en el programa de RTVE *Punto y Aparte*, y el mitin se celebró en el cine Imperio, abarrotado, y con megafonía para que no se rompiese la voz; el 19 de junio Ávila y Valladolid fueron los escenarios del periplo populista de Fraga, y en el polideportivo Huerta del Rey hubo un mitin apoteósico; en Madrid, el 20 de junio, se celebró el cierre de campaña en un mitin verbenero en la calle Príncipe de Vergara, con suelta de palomas al comenzar a hablar Fraga, con conexión directa para la RTVE, como broche de un recorrido populista acaso sin precedentes en el centro-derecha.

Fraga ha confesado en sus memorias que las formulaciones críticas que efectuó en la campaña fueron el formidable aprovechamiento de los materiales de una moción de censura que no llegó a presentar por resistencias del PDP. Es más, henchido de satisfacción por el deber cumplido, razona así el esfuerzo y reparte las responsabilidades del exiguo resultado:

> "(...) Las gentes tuvieron una clara esperanza de victoria, como pocas veces; y yo estoy convencido de que sin la absurda *Operación Roca* se hubiera roto la mayoría socialista. Debe recordarse que la operación reformista nos dobló en financiación y que la *otra manera de hacer España* no logró un solo diputado"[30].

Predicciones sin sorpresas

Los doce sondeos de carácter privado que se realizaron con más o menos garantías científicas predecían sin sombra de duda que el PSOE volvía a ganar las elecciones. En cambio, la diferencia entre dichos estudios estaba en si la proyectada victoria comportaba mayoría absoluta. Esta duda y la versión descalificadora de las predicciones por quienes resultaban malparados —la fiabilidad, en suma— pesó todo el tiempo, de tal manera que las encuestas fueron un eje importante de la campaña.

Sin grandes disparidades destacables entre los diversos estudios, siete días antes de la votación el cuadro de las encuestas publicadas (tres de ellas en periódicos nacionales) adelantaban un horizonte político en el que por toda sorpresa figuraba la irrupción del CDS cortando la tendencia bipartidistas, vigente entonces. Al PSOE se le atribuía una votación entre un 38,5 por ciento (Sigma-2) y un 48,3 por ciento (Emopública); a Coalición Popular una votación entre el 18,21 por ciento (OTR) y el 28,6 por ciento (Typol); y entre las fuerzas centristas sólo al CDS se le daba una predicción estable superior de media al 5 por ciento, que se traducía entre 9 y 32 escaños. En cambio, casi en todos los estudios IU superaba el 5 por ciento de votación, con una horquilla de escaños entre 5 y 16, y al PRD de Roca, por contra, le predecían estudios *de encargo* más de 14 escaños (Emopública, Telemarket, etc.) cuando en realidad la intención directa de voto no superaba en las encuestas serias el 5 por ciento. La empresa Sofemasa entregó el 30 de mayo a los dirigentes del PRD una encuesta que les pronosticaba cero escaños, aunque dejaban abierta la posibilidad de que Jerónimo Alberti pudiera conseguir uno en Baleares.

En definitiva, eran claras las tendencias de voto: rozando la mayoría absoluta el PSOE, repitiendo porcentaje Coalición Popular, ascendiendo el CDS a costa del electorado socialista y, hundiéndose en lo extraparlamentario, el Partido Reformista.

En cuanto al estancamiento/retroceso de Coalición Popular se advertía que la propuesta de Fraga chocaba, una vez más, contra un sector resistente del electorado —el célebre *techo*— que hacía imposible su proclama programática de desalojar a los socialistas del poder. Es más, según decía *El País*[31], no era temerario pensar que justamente su presencia constituyera la mejor garantía de continuidad del PSOE.

---

[30] *En busca...*, pág.436.
[31] Véase el editorial del día 1 de junio de 1986 (*Horizonte sin cambios*), comentando la primera de las dos encuestas que realizó en la campaña Demoscopia.

El PSOE renovó la mayoría absoluta

El mantenimiento de la mayoría absoluta por el PSOE y la certificación extraparlamentaria del Partido Reformista, que ni siquiera consiguió doscientos mil votos en su nueva forma de hacer España, fueron los datos más relevantes derivados de los comicios del 22 de Junio de 1986, cuyo día de votación fue pacífico con una participación de 20.504.276 votantes (70,8 por ciento). Otras consecuencias importantes fueron el ascenso de Centro Democrático y Social de Adolfo Suárez disputando el electorado del centro al socialismo mismo, la consolidación al alza de los nacionalismos (en el País Vasco con pérdidas del PNV e incrementos de HB) y, no menos esperado según las encuestas, el estancamiento de Coalición Popular.

El centro-derecha, pues, se desperdigaba en tres grandes rutas o, lo que es lo mismo, seguía estando fragmentado por los nacionalismos moderados, por el centrismo específico y por la propia Coalición Popular. Es claro, de todas maneras, que la limitación al crecimiento electoral de Fraga —el periodístico *techo*— le correspondía un suelo del que partir, en torno a 5,2 millones de votos; base con la que no contaba nadie distinto al villalbés como se vio por el fracaso rotundo de Roca.

Los resultados representaron para Coalición Popular una decepción más, indudable por su reiterada formulación, pero al propio tiempo indicaban una estructura partidista insustituible, implantada territorialmente y con capacidad de movilización. Coalición Popular perdió con relación a 1982 algo más de 300.000 votos (un escaño menos) en el Congreso y ganó nueve escaños en el Senado.

A pesar del descenso general de participación de nueve puntos porcentuales, Coalición Popular consiguió el 25,6 por 100 de los votos mientras que el PSOE mantuvo la mayoría absoluta con el 43,4 por 100 de los votos (5 puntos menos que en 1982, al pasar del 48,4 al 43,4 por ciento). Los socialistas renovaban su compacta hegemonía sólo mermada en un millón de votos de los tres millones de votos centristas que poseían en préstamo. La diferencia entre socialistas y populares era, por lo demás, de casi dieciocho puntos (presunto electorado centrista que no acudía a las llamadas de Fraga).

De los 105 diputados elegidos por Coalición Popular, 21 pertenecían al Partido Demócrata Popular[32] y 12 al Partido Liberal[33], así como del total de 63 senadores 11 pertenecían al PDP[34] y 6 al PL[35].

La progresión creciente que se exigía a Coalición Popular en pos de la *mayoría natural* se truncó, pero no sin reproche a los poderes económicos, de que a ello hubiese contribuido el exagera-

---

[32] Óscar Alzaga Villaamil (le sustituyó la aliancista María Teresa Estevan Bolea), Jesús Borque Guillén, Blas Camacho Zancada, Juan Casals Thomas (sustituido por el liberal Juan Antonio Noguera), Íñigo Cavero Lataillade, Pedro Costa Sanjurjo, Pilar Fernández Labrador, Modesto Fraile Poujade, José Manuel García-Margallo y Marfil, Luis de Grandes Pascual, Juan Carlos Guerra Zunzunegui, Manuel Núñez Pérez, Andrés Ollero Tassara, Luis Ortiz González, Juan José Pérez Dobón, Félix Manuel Pérez Miyares, Juan Rovira Tarazona, Francisco Javier Rupérez Rubio, Pilar Salarrullana de Verda, Antonio Uribarri Murillo y José Ignacio Wert Ortega.
[33] José Nicolás de Salas, Moreno, Juan Carlos Aparicio Bernal (sustituido luego por el aliancista Agustín de la Sierra Herrera), José Manuel Botella Crespo, José Antonio Segurado García, José Meliá Goicoechea, Antonio Jiménez Blanco, José Miguel Bravo de Laguna Bermúdez, José María Pardo Montero, José Manuel Paredes Grosso, Ana María Yábar Sterling y Adolfo Careaga Fontecha.
[34] Antonio Valverde Ortega, Enrique Marfany Oanes, José María Bris Gallego, Julio Ulloa Vence, Carlos Adolfo Benet Cañete, Jaime Ignacio del Burgo Tajadura, Eduardo Olano Gurriarán, Domingo Álvarez Ruiz de Viñaspre, José María Herrero González, José María García Royo y Mariano Alierta Izuel.
[35] Miguel Barceló Pérez, Alonso Mari Calbert, José Luis López Henares, José Luis Liso Marín, Fernando Chueca Aguinaga y Ángel Hernández Benito.

do apoyo dado al Partido Reformista, uno de los 39 partidos que resultaron extraparlamentarios tras haber desperdiciado más de 1,2 millones de votos. El propósito de Convergencia i Unió de tener en Madrid dos *cabezas de puente* en el Congreso (a Maciá Alavedra, como portavoz de CiU y a Roca del PRD) se fue al traste y hubo que recolocar a ambos en el juego de la política nacionalista, acaso con la lección aprendida de que el voto de elecciones generales y el voto en autonómicas es distinto en gran medida aunque proceda de la misma mano votante. El fracaso de esta formación dirigida erróneamente y concitando en sus promotores falsas esperanzas, recordaba la derrota fulminante que recibió Izquierda Democrática de Ruiz Giménez y Gil Robles en las primeras elecciones democráticas, aunque esta segunda versión para idéntico resultado fue más costosa.

La cuestión vasca, en otro orden de consideraciones, cabe interpretarla a los efectos de los resultados que se analizan como el trasvase de la moderación (al perder el PNV 85.000 votos en los tres distritos vascos) al radicalismo *abertzale* (HB ganó 21.000 votos y Euskadiko Ezquerra casi 7.000), en un contexto de creciente abstención. De todas maneras, la crisis que vivía el PNV se traducía en intransigencia de HB generando un empeoramiento de la convivencia.

El resurgimiento anunciado de Adolfo Suárez al frente del CDS, que consiguió 18 escaños, fue interpretado más como resultado del prestigio personal del líder que del programa y articulación ideológica del centrismo. Así pues, en el nuevo mapa político cabía hablar más de suarismo que de centrismo, máxime cuando, empezando por el mismo PSOE, el grueso de los partidos seducían a ese segmento moderado.

La izquierda propiamente dicha podía dejarse oír según su eslogan electoral, porque Izquierda Unida, aunque distando de previsiones iniciales, obtendría en el Congreso grupo parlamentario encabezado por su discutido líder, el comunista asturiano Gerardo Iglesias.

La valoración de los resultados que hicieron Fraga y sus socios en el hotel madrileño fue serena y trufada de decepción, y si bien el villalbés reafirmaba que no había otra opción de centro-derecha que Coalición Popular y que no pensaba dimitir, Alzaga se negó a hacer más cábalas de futuro arguyendo que los socios de CP lo harían colegiadamente y, por su parte, Segurado se quejó de que el reparto financiero para las elecciones hubiese sido peculiar "y que partidos con estructura no han podido hacer un despliegue como debieran", reprochando de este modo el derroche infructuoso del Partido Reformista.

El análisis de los resultados lo hizo Fraga días más tarde, el 2 de julio en la *tercera* de *ABC*, en un artículo titulado "Lo que el viento se llevó" (aludiendo al pretencioso e inconsistente proyecto reformista), dirigiendo una clara admonición a quienes apoyaron tan insensata idea. Subrayaba a este respecto:

> "(...) En el centro-derecha la aclaración ha sido total. El espacio está plenamente cubierto por Coalición Popular. El intento de situar en el mismo una fuerza paralela, el PRD, tras el empleo de increíbles recursos económicos e informativos, se ha saldado con el más claro y terminante de los fracasos. El otro intento de operar en él por medio de operaciones regionales particularistas, no conectadas con la Coalición, ha producido tres diputados y una increíble cantidad de votos perdidos. Pienso que lo uno y lo otro han quedado juzgados por cuantos en adelante busquen alguna utilidad para su voto".

Fraga terminaba el artículo revalidando, con obstinada racionalidad, la vigencia del proyecto de reintegración del centro-derecha por él pretendido:

"(...) Pienso que algunos ya hemos demostrado el grado de sacrificio al que estamos dispuestos a llegar para conseguirlo. De nuevo nos declaramos abiertos a nuevas iniciativas y planteamientos. Pero el desafío está ahí, y sería inútil ignorarlo. La izquierda está básicamente unida; no ocurre lo mismo con la derecha democrática. La unión de las fuerzas no socialistas se está logrando en toda Europa; en España, mucho menos, y a la vista están los resultados".

CONGRESO DE LOS DIPUTADOS

Partido/Coalición	Votos	Porcentaje	Diputados	Votos/Diputado
PSOE-PSC	8.901.718	43,4	184	48.379
COALICIÓN POPULAR	5.247.677	25,6	105	49.977
CDS	1.838.799	9,0	19	96.778
CiU	1.014.258	4,9	18	56.347
IZQUIERDA UNIDA	892.070	4,4	7	127.438
PNV	309.610	1,5	6	51.601
HB	231.722	1,1	5	46.344
EE	107.053	0,5	2	53.526
COALICIÓN GALEGA	79.972	0,4	1	79.972
AIC	65.664	0,3	1	65.664
UV	64.403	0,3	1	64.403

SENADO

Partido/Coalición	Escaños
PSOE-PSC	124
COALICIÓN POPULAR	63
CONVERGENCIA I UNIÓ	8
PNV	7
HBA	1
INDEPENDIENTE	1

RELACIÓN, POR PROVINCIAS, DE DIPUTADOS Y SENADORES ELECTOS POR COALICIÓN POPULAR

Provincia	Diputados	Senadores
Álava	Ramón Rabanera Rivacoba	
Albacete	Miguel Ramírez González	José Alarcón Molina
Alicante	Juan Rovira Tarazona	Miguel Barceló Pérez
	Juan Antonio Montesinos García	
	José Cholbi Diego	
Almería	Juan José Pérez Dobón	Manuel Arqueros Orozco
Asturias	Francisco Álvarez-Cascos	José María Casielles Aguadé
	Juan Luis de la Vallina Velarde	

RELACIÓN, POR PROVINCIAS, DE DIPUTADOS Y SENADORES ELECTOS POR COALICIÓN POPULAR *(Continuación)*

Provincia	Diputados	Senadores
Ávila	José María Aznar López	Feliciano Blázquez Sánchez
Badajoz	Luis Ramallo García	Eduardo Baselga García-Escudero
	Antonio Uríbarri Murillo	
Baleares	José Cañellas Fons	Antonio Buades Fiol (Mallorca)
	Juan Casals Thomás	Alonso Marí Calbet (Ibiza-Formentera)
	Enrique Ramón Fajarnes	
Barcelona	Miguel Ángel Planas Segurado	
	Pedro Costa Sanjurjo	
	Magín Pont Mestre	
	José Nicolás de Sala Moreno	
Burgos	César Huidobro Díez	Vicente Mateos Otero
	Juan Carlos Aparicio Pérez	Antonio Valverde Ortega
		Mariano Villanueva Cirac
Cáceres	Felipe Camisón Asensio	Luis Canalejo Mateo
	José Manuel Botella Crespo	
Cádiz	Rodrigo Rato Figaredo	Javier Cámara Eguinoa
	Álvaro Molina Fernández-Miranda	
Cantabria	Alfonso Osorio García	Jesús Díaz Fernández
	Elena García Botín	
Castellón	José María Escuín Monfort	José Vicente Aguilar Borrás
	Gabriel Elorriaga Fernández	
Ciudad Real	Juan Ángel del Rey Castellanos	José Luis Aguilera Bermúdez
	Blas Camacho Zancada	
Córdoba	Manuel M. Renedo Omaechevarría	Antonio Aguilar Cruz
	Diego Jordano Salinas	
La Coruña	José Manuel Romay Beccaría	Enrique Marfany Canes
	José A. Trillo López-Mancisidor	
	José Ignacio Vert Ortega	
	Manuel Biris Cabeza	
Cuenca	F. Javier Rupérez Rubio	Gervasio Martínez-Villaseñor
Gerona		
Granada	Andrés Ollero Tassara	José Torres Urtado
	José Gabriel Díaz Barbel	
Guadalajara	Luis de Grandes Pascual	José María Bril Gallego
	José Isidoro Ruiz Ruiz	Francisco Tomey Gómez
		Juan Antonio de Luna Aguado
Guipúzcoa		
Huelva	Isabel Ugalde Ruiz de Assín	Emiliano Sanz Escalera
Huesca	Joaquín Sisó Cruellas	Antonio Fajarnes Montaner
Jaén	Gabriel Camuñas Solís	Luis de Torres Gómez
	Félix M. Pérez Pillares	
León	Mario Amilibia González	M. Dolores Otero R. de las Heras
	Manuel Núñez Pérez	
Lérida	José Ignacio Llorens Torres	
Lugo	Antonio Carro Martínez	Francisco Cacharro Pardo
	César Aja Mariño	Aniceto Codesal Lozano
	José. A. Vázquez Calviño	Julio Ulloa Vence

RELACIÓN, POR PROVINCIAS, DE DIPUTADOS Y SENADORES ELECTOS POR COALICIÓN POPULAR *(Continuación)*

Provincia	Diputados	Senadores
Madrid	Manuel Fraga Iribarne	Juan Arespacochaga Felipe
	Óscar Alzaga Villamil	
	José Antonio Segurado García	
	Miguel Herrero R. de Miñón	
	Álvaro Lapuerta Quintero	
	Jorge Verstrynge Rojas	
	Íñigo Cavero Lataillade	
	José Meliá Goicoechea	
	Carlos Ruiz Soto	
	Isabel Tocino Biscalorasaga	
	Íñigo Herrera Martínez-Campos	
Málaga	Antonio Jiménez Blanco	Enrique Bolín Pérez-Argemí
	Celia Villalobos Talero	
Murcia	Juan Ramón Calero Rodríguez	Eduardo Cañizares Clavijo
	José Joaquín Peñarrubia	
	Antonio Luis Cárceles Nieto	
Navarra	Jesús Aizpún Tuero	Jaime Ignacio del Burgo Tajadura
	Luis Fernando Medrano Blasco	
Orense	Sinforiano Rebolledo Macías	Victorino Núñez Rodríguez
	Jesús Bustos Salgado	Manuel A. Martínez Randulfe
		Eduardo Olano Gurriarán
Palencia	José Enrique Martínez del Río	Felipe Calvo Calvo
		José Luis López Henares
Las Palmas	José Miguel Bravo de Laguna	José Macías Santana (Gran Canaria)
	Paulino Montesdeoca Sánchez	
Pontevedra	Mariano Rajoy Brey	Antonio Pillado Montero
	Jesús Sancho Rof	José Antonio Rueda Crespo
	Alberto Durán Núñez	Antonio B. Ramilo Fernández
	José María Pardo Montero	
La Rioja	Neftalí Isasi Gómez	Domingo Álvarez Ruiz de Viñaspre
	Pilar Salarrullana	
Salamanca	Pilar Fernández Labrador	Casimiro Hernández Calvo
Segovia	Modesto Fraile Poujade	José M. Herrero González
		José Carlos Monsalve Rodríguez
		Loyola de Palacio del Valle Lersundi
Sevilla	Ricardo Mena-Bernal Romero	Luis Fernández Fernández-Madrid
	José Manuel Paredes Grosso	
	Francisco Rausell Ruiz	
Soria	Juan José Lucas Jiménez	José María García Royo
	Jesús Borque Guillén	Javier Gómez Gómez
		José Luis Liso Marín
Tarragona	Juan Manuel Fabra Vallés	
Tenerife	Baltasar Zárate Peraza de Ayala	José E. González Alfonso (La Palma)
Teruel	Felipe S. Benítez Barrueco	Leocadio Bueso Zaera
Toledo	Arturo García-Tizón López	Fernando Chueca Aguinaga
	Gonzalo Robles Orozco	

RELACIÓN, POR PROVINCIAS, DE DIPUTADOS Y SENADORES ELECTOS POR COALICIÓN POPULAR *(Continuación)*

Provincia	Diputados	Senadores
Valencia	Ángel Sanchís Perales	Juan Albiñana Calatayud
	Carlos Manglano de Mas	
	José Manuel García Margallo	
	Ana Yábar Sterling	
	Ignacio Gil Lázaro	
Valladolid	Santiago López Valdivielso	José Luis de los Mozos
	Juan Carlos Guerra Zunzunegui	
Vizcaya	Adolfo Careaga Fontecha	
Zamora	José María Ruiz Gallardón	José. A. Abad López Brea
	Luis Ortiz González	Ángel Hernández Benito
		Carlos Pinilla Turiño
Zaragoza	José Ramón Lasuén Sancho	Mariano Alierta Izuel
	Luisa Fernanda Rudí Ubeda	
Ceuta		
Melilla	José Luis Sánchez Usero	Jorge S. Hernández Mollar
		Carlos A. Benet Cañete

RESULTADOS Y CUADRO COMPARATIVO DESDE 1977 A 1986 EN EL CONGRESO DE LOS DIPUTADOS

Partido/Coalición	Número de votos/ Porcentaje				Escaños del Congreso de los Diputados			
	1977	1979	1982	1986	1977	1979	1982	1986
UCD	6.309.517 (34,6%)	6.269.593 (34,3%)	1.354.858 (6,8%)		165	167	11	
Alianza Popular	806.652 (4,4%)				16			
P. Aragonés Regionalista		38.042 (0,2%)		73.004 (0,4%)	1		1	
Unión del Pueblo Navarro		28.248 (0,2%)					1	
Unión Valenciana				64.403 (0,3%)				1
Coalición Democrática		1.067.732 (5,8%)				9		º
Coalición AP-PDP-UL			5.543.107 (25,9%)				107	
Coalición Popular				5.247.677 (25,6%)				105
PSOE-PSC	5.282.580 (28,9%)	5.469.213 (29,9%)	10.127.392 (48,4%)	8.901.718 (43,4%)	118	121	202	184

RESULTADOS Y CUADRO COMPARATIVO DESDE 1977 A 1986 EN EL CONGRESO DE LOS DIPUTADOS *(Continuación)*

Partido/Coalición	Número de votos/ Porcentaje				Escaños del Congreso de los Diputados			
	1977	**1979**	**1982**	**1986**	**1977**	**1979**	**1982**	**1986**
Unidad Socialista	358.644 (1,9%)				6			
PSA	325.842 (1,8%)	84.474 (0,4%)			5			
PCE	1.221.09 (6,7%)	11.911.217 (10,5%)	844.976 (4,0%)		20	23	4	
Izquierda Unida				892.070 (4,4%)				7
CDS				600.842 (2,9%)	1.838.799 (9,0%)		2	19
Unión Nacional		370.740 (2%)				1		
Pacte D. Catalunya		514.647 (2,8%)				11		
Dem. Crist. Catalunya	127.679 (0,7%)				2			
CiU		483.353 (2,6%)	772.726 (3,7%)	1.014.258 (4,9%)		9	12	18
Esqu. de Catalunya		112.794 (0,6 %)				1		
Esqu. Rep. de Catalunya			123.452 (0,7%)	138.116 (0,7%)		1	1	
PNV	296.193 (1,6%)	275.292 (1,5%)	395.656 (1,9%)	309.610 (1,5%)	8	7	8	6
Euskadiko Esquerra	31.208 (0,2%)	85.677 (0,5%)	100.326 (0,5%)	107.053 (0,5%)	1	1	1	2
Herri Batasuna		172.110 (0,9%)	210.601 (1,0%)	231.722 (1,1%)		3	2	5
Coalición Galega				79.972 (0,4%)				1
Unión del Pueblo Canario		58.953 (0,3%)				1		
Agrup. Ind. Canaria				65.664 (0,3%)				1
Independientes					2			

Las autonómicas de Andalucía consolidan el feudo socialista

El solapamiento de elecciones generales y autonómicas al Parlamento de Andalucía se produjo, según todas las sospechas, por motivos políticos: para que un eventual discurso nacionalista y la mala gestión socialista quedaran apagados en el contexto estatal. De tal manera que ambos procesos se inducirían favorablemente, tanto más cuanto que eran socialistas los gobiernos en los dos espacios geográficos. Las razones de tipo económico, en el sentido de que eran comicios de verano, en día laborable y así se evitaba la abstención a que invita el buen clima, pudieron pesar; pero lo más importante era el componente estratégico partidista, a juzgar por las críticas que muchos dedicaron a la convocatoria. Hernández Mancha, el líder de Coalición Popular, dijo que era "una tomadura de pelo y una falta de respeto a la autonomía". Otros se referirían al oportunismo y al enmascaramiento de crisis socialistas internas.

La campaña y pactos políticos en torno a Coalición Popular en Andalucía se habían preparado concienzudamente en Alianza Popular en términos de tensión con Hernández Mancha, muy interesado en regionalizar el partido y reacio a pactar con fuerzas sin representación real. "Desde Madrid me obligaban a pactar —dice al autor[36]— con fuerzas políticas que no tenían existencia en Andalucía". El PDP, recuerda el líder aliancista, no existía salvo en los periódicos, sobre todo en el *ABC*, porque Javier Arenas desde el Ayuntamiento había cultivado la amistad de algunos periodistas y al Partido Liberal nadie lo representaba con entidad, ya que la liberal Soledad Becerril, acaso un poco conocida, no quería participar con Fraga, pues ambos se repelían intensa y recíprocamente.

El día que el Comité Ejecutivo nacional revisaba el plan estratégico de dichos comicios, el 21 de abril, fue precisamente cuando se anunció la convocatoria de generales coincidiendo con las andaluzas. Las candidaturas estaban hechas a base de conceder cinco puestos *seguros* al democristiano PDP (Javier Arenas de número dos por Sevilla) y otros dos al Partido Liberal. El correspondiente pacto había sido firmado en Sevilla el 14 de abril, tras arduos y enconados tiras y aflojas, por Hernández Mancha, Javier Arenas y Roberto Sáenz, como reflejo del que regía para toda España firmado varios meses antes por los líderes nacionales de dichos partidos[37].

Las listas que se cerraron, en tanto que eran impuestas en gran medida, produjeron disgustos en todos los comités provinciales aliancistas (en Huelva, Jaén y Córdoba especialmente), pero al final la confianza que se había generado sobre el liderazgo de Mancha prevaleció y se aceptaron las candidaturas a regañadientes con el objetivo ideal de triplicar la actual representación y alcanzar los 30 escaños. Carabias ha subrayado que se notaba en las reuniones signos inequívocos de rebeldía *anticolonialista* a los dictados de Madrid, algo que se dejaba ver en punto a organizarse, recaudar fondos y programar el discurso electoral; pero que ese espíritu se diluyó en el contexto estatal mediante la convocatoria electoral doble[38]. Para un no andaluz como Mancha, hijo de magistrado, aunque casado con una millonaria labradora cordobesa (Belén Martínez), defender el criollismo político era comprensible ante la disputa que sobre el territorio sostenían Verstrynge y Calero.

---

[36] Testimonio de Antonio Hernández Mancha al autor.
[37] En realidad las conversaciones para la confección de las listas andaluzas eran muy ásperas y, en cierto modo, Hernández Mancha mostró cierta intransigencia, como demuestra que el 8 de abril se celebrase en Madrid una cena de trabajo para el cierre de dichas listas a la que asistió Pío Cabanillas, que hizo un alarde de ingenio y buen humor, trayendo al recuerdo de sus tiempos universitarios en Granada.
[38] Testimonio de Javier Carabias al autor.

Según adicionales testimonios las elecciones andaluzas fueron un precipitante político para que Mancha optase a la sucesión de Fraga porque, como se demostró en el VII Congreso Nacional de las *listas abiertas*, Andalucía funcionaba con gran cohesión interprovincial, habida cuenta de la implantación que ya tenía en el territorio: 287 juntas locales constituidas sin sede, 124 con sede y 89 comisiones gestoras. De otra parte, Hernández Mancha y el grupo parlamentario popular, del que el extremeño era portavoz, habían hecho una reconocida labor de oposición moderada, solvente y pegada al terreno, lo que le deparó mayor credibilidad en cuanto a buscar el voto del centro. El hecho anecdótico de que Julio Anguita encargase a Hernández Mancha la redacción del protocolo de unidad andaluza de Izquierda Unida, lo que hizo en calidad de abogado de confianza, prueba sobradamente el nivel de buena aceptación que Alianza Popular iba teniendo en la sociedad andaluza.

La penetración aliancista en Andalucía ha sido una labor no suficientemente ponderada por la adversidad que encerraba y, a los fines de un encuadramiento de partido de masas, tanto Fraga como los líderes regionales trabajaron mucho en feudos cerrados a cal y canto a la derecha, como Cádiz y Huelva. Cuando se barruntaba la convocatoria andaluza, antes de que se entrara en listas hubo una disputa de tonos dramáticos en Cádiz, donde *oficialistas* y *críticos* disputaban a cara de perro mayor influencia. Por esos días Fraga se fue allí a caldear el ambiente político y, de paso, a poner paz entre los suyos —o llevar la simple tregua— a tan arriscada provincia, muy batida esos días por la izquierda contra los americanos (el imperialismo yanqui de Rota, etc.). El villalbés, que quería sacarse la espina de aparentar tibieza respecto de la OTAN, se pateó la zona, pero en Sanlúcar de Barrameda el comité de recepción era todo menos cordial. Así describe, con toda facundia, uno de los muchos incidentes de la zona:

> "(...) Nos espera un grupo torvo; tira unos huevos; a mí no me dan, pero a nuestro elegante diputado Rodrigo Rato lo pringan; me ponen a huevo el discurso subsiguiente...[39]".

Más de mil candidatos de nueve partidos fueron los contendientes de las segundas elecciones autonómicas andaluzas para obtener los 109 escaños del Parlamento, aunque sólo cuatro tenían posibilidades de sentar plaza en la Cámara. De los nueve partidos, dos se salían de las pautas conocidas: el Partido Humanista, un colectivo inocuo de ideología indeterminada, y el partido Liberación Andaluza, que poniendo a la cabeza de cada lista provincial a un musulmán propugnaba la independencia de Andalucía y el reconocimiento del árabe como segunda lengua oficial. La peculiaridad de la región más retrasada y con mayores problemas de paro y estructurales prometía, pues, un tiempo andaluz de reflexión; pero ese debate quedó ensombrecido por mucho que los líderes no socialistas se concertaron en realzar el tema. De los ocho candidatos en sentido formal que aspiraban a presidir la Junta andaluza, hay que reconocer que sólo cuatro reunían posibilidades de celebrar el debate electoral y continuarlo, una vez diputados, en la Cámara parlamentaria. A saber: Rodríguez de la Borbolla, que afrontaba sus primeras elecciones aunque era el sucesor efectivo de Rafael Escuredo; Antonio Hernández Mancha, que era un dirigente con posibilidades dentro de Alianza Popular si ampliaba su nivel de conocimiento en toda la nación; Julio Anguita, a quien se veía ya sucesor de Gerardo Iglesias al frente del Partido Comunista, y Luis Uruñuela, ex alcalde de Sevilla y hombre preparado pero carente de carisma.

Fraga, que quiso darle a las elecciones de Andalucía el carácter de buen presagio que tuvieran en junio de 1982 sus equivalentes, hubo de conformase en cargar más su agenda con visitas a Andalucía. Pero sólo eso. Por más que las dos campañas arrancaron con una convención

---

[39] *En busca...*, pág. 428.

de candidatos en Torremolinos, como ya ha quedado dicho, la orientación dual del discurso era difícilmente asimilable, aunque el contenido programático y la base de problemas a la que se aplicaba promesas y soluciones era la misma.

Teniendo en cuenta que en las elecciones generales de 1982 Andalucía fue un refugio de *cuneros,* se pretendió que esta vez no fuese así, y mucho menos para los comicios regionales. Por esta razón se confeccionó una especie de banco de candidatos que permitiera quiénes iban a participar en la campaña, con qué cometidos y mensajes; se impulsó sin resultados destacables una red de agentes electorales y se potenció —siempre a la sombra alargada de Fraga si coincidían— al menudo candidato Hernández Mancha.

Salvados los muchos inconvenientes y la saturación de mensajes que se produjo, sin contar que el gran público estaba arrebatado por el fútbol, Coalición Popular consolidó su posición de segunda fuerza política en un marco político dominado por la izquierda y, en particular, por el socialismo.

Andalucía

 Electores: 4.819.132
 Votantes: 3.405.690
 Abstención: 1.413.442 (29,33%)

RESULTADOS REFERIDOS A TODA LA COMUNIDAD

Partidos	Votos	Porcentaje	Escaños	Porcentaje del Parlamento
PSOE	1.582.513	46,46	62	56,88
Coalición Popular	745.485	21,89	28	25,69
IU	598.889	17,58	19	17,43
PA	196.947	5,78	2	1,83

VOTOS Y ESCAÑOS OBTENIDOS POR CADA CANDIDATURA Y DISTRITO

Provincia	PSOE		CP		IU		PA	
	Votos	Esc.	Votos	Esc.	Votos	Esc.	Votos	Esc.
Almería	98.893	7	54.544	3	25.912	1	6.410	
Granada	179.533	7	107.612	4	57.895	2	10.785	
Cádiz	243.187	9	89.865	3	53.339	2	48.242	1
Huelva	113.301	7	43.758	3	26.834	1	10.442	
Sevilla	386.940	10	159.129	4	139.371	3	70.477	1
Jaén	178.975	9	97.666	4	57.045	2	9.856	
Málaga	233.021	8	104.909	4	101.279	3	22.680	
Córdoba	148.663	5	88.002	3	137.214	5	17.995	
TOTALES	1.582.513	62	745.485	28	598.889	19	196.947	2

DIFERENCIAL DE VOTOS DE COALICIÓN POPULAR
EN LAS GENERALES Y AUTONÓMICAS DEL 22 DE JUNIO DE 1986

Provincias	Elecciones Generales		Elecciones Autonómicas		Diferencias	
	Votos	%	Votos	%	Votos	%
Almería	54.433	25,6	54.544	25,5	+111	+0,1
Cádiz	93.284	19,45	89.865	18,7	-3.530	-0,75
Córdoba	90.637	21,44	88.002	20,8	-2.635	-0,64
Granada	105.156	26,11	107.612	26,6	+2.456	+0.49
Huelva	44.778	21,02	43.758	20,6	-1.020	-0,42
Jaén	98.395	27,31	97.666	26,4	-729	-0,91
Málaga	108.640	21,54	104.909	21,1	-3.731	-0,44
Sevilla	169.409	20,90	159.129	19,7	-10.280	-1,2

Los candidatos electos de Coalición Popular por provincias y orden alfabético fueron:

Almería: José Luis Aguilar Gallart, Enrique Arance Soto y Vicente E. Fernández-Capel Baños.

Cádiz: Juan Diego López Bonillo, José Ramón del Río y García Sola[40] y Carlos Manuel Rosado Covián.

Córdoba: Enrique García Montoya[41], José Gutiérrez Luque y Miguel del Pino Nieto.

Granada: Luis Casaseca Navas, Juan de Dios Martínez Soriano, Pedro María Revilla López y Juan Santaella Porras.

Huelva: Antonio Fernández Jurado, Antonio Hernández Caire y Gonzalo Raúl Rodríguez Fernández.

Jaén: Blas Cuadros Torrecillas, Gabino Puche Rodríguez-Acosta, Miguel Sánchez de Alcázar Ocaña y Mariano Sanz Gutiérrez.

Málaga: Ana María Corpas Hernández, José Francisco Lorca Navarrete, Francisco Ortiz de Latorre y Luis Fernando Plaza Escudero.

Sevilla: Javier Arenas Bocanegra, Antonio Hernández Mancha, Juan Luis Muriel Gómez y Roberto Sáenz Alcaide.

Del análisis de los resultados cabe establecer varias conclusiones y, entre ellas, en primer lugar, que la cota del 20 por ciento del espacio electoral era superable por el centro-derecha, si bien distaba 16 puntos porcentuales de alcanzar lo que UCD y Alianza Popular obtuvieron en conjunto en junio de 1982 (casi 1,1 millón o el 36 por ciento del electorado). Ya no era necesario que cristalizase una opción de centro-derecha, pues ya existía, sino que se incrementase con trasvases de votos provenientes del socialismo, lo cual era difícil de inmediato a no ser con el paso de los años. Enmarcado el voto popular de las ocho provincias andaluzas entre el 21 y 26 por 100 del electorado, conforme al comentario del poli-

---

[40] Fue designado vicepresidente segundo del Parlamento.
[41] Ocupó asimismo la secretaría segunda de la Cámara.

Los candidatos andaluces con los líderes nacionales de la Coalición. Este fue el cartel electoral en 1986.

tólogo Juan Montabes Pereira[42], en Almería Jaén y Granada se observaba la tendencia de aumento, y en las restantes provincias se observaban disminuciones, salvo en Huelva que se mantenía constante.

En cuanto al diferencial de votos de las dos urnas, es decir entre generales y autonómicas, excepto en Almería, Cádiz y Granada todas las demás provincias fueron más arrastradas por la persuasión de política estatal, de manera que más de dieciocho mil andaluces votaron a CP estatal, con preferencia a CP regional.

De todas maneras, dada la distribución del voto, ya se advertía que para erosionar el apoyo socialista en Andalucía se necesitarían muchos años hasta la liberación del secuestrado voto rural, aunque por el crecimiento electoral de CP y de Izquierda Unida el socialismo tenía que cambiar sus maneras de gobernar.

Miscelánea electoral

La convocatoria electoral por sorpresa nada más cruzar el *rubicón* del referéndum de la OTAN cogió al común de los políticos a contrapié. Tanto había repetido Felipe González que se agotaría la legislatura que hasta los suyos se lo llegaron a creer; quizás por eso el 22 de abril

---

[42] Montabes ha comentado los dos procesos electorales en un trabajo titulado *Las elecciones generales y autonómicas de 22 de junio de 1986 en Andalucía.*

el diario *El País* publicó un editorial en el que, con el título "Un sueño casi cumplido", se anotaba como mérito socialista que la legislatura había sido la más larga en comparación a las legislaturas de UCD (cumpliéndose así "un sueño dorado del presidente").

Con puntilloso y legítimo enfado, el ex presidente del Gobierno Leopoldo Calvo-Sotelo escribió al director del periódico y se quejó por la falta de rigor, porque el récord de legislatura larga lo tenía él (124 días menos de los cuatro años frente a los 128 días de ahora, según la convocatoria *felipista*). El distinguido comunicante, por lo demás, destacaba la disparidad de calificaciones (dos medidas, dos pesos), puesto que la convocatoria anticipada de elecciones por Felipe recibía el adorno de *casi un sueño cumplido*, mientras que la decisión suya fue recibida con la injuria de *precipitación electoral no exenta de alevosía*.

De todas maneras podían esperarse las elecciones anticipadas, como muy agudamente subrayó en una de sus viñetas el dibujante Ramón al poner en boca de Alfonso Guerra la frase: "No sé por qué se sorprenden; yo llevaba semanas desmintiéndolo". Y es que en política, como en el arte taurino, el engaño y la mentira forman parte de la ceremonia. Los socialistas —Guerra el primero— sabían lo que hacían convocando elecciones ante una campaña mezclada con el fútbol (a río revuelto, ganancia de *televisores*), sin dar tiempo a la izquierda verdadera a organizarse y, eso sí, como era un inconveniente que por esas mismas fechas se pagasen los impuestos, sólo había que obviarlo demorando la obligación tributaria un par de semanas para así evitar la tentación del voto de castigo —el voto del bolsillo—.

Pero, en verdad, el adelanto electoral tenía cabal justificación, no por temor o por consideraciones a Coalición Popular que llevaba dentro la semilla de la disidencia, sino para evitar que la izquierda se organizase en una plataforma similar a la del referéndum de la OTAN y que las opciones de centro (Suárez y Roca) recobrasen asimismo electorado centrista tomado de prestado por el PSOE. A finales de abril, respecto del primer temor socialista, se constituyó Izquierda Unida con un cóctel de partidos inimaginable, entre ellos el Partido Humanista y el Partido Carlista (¿qué hubiera pensado Zumalacárregui?), lo que le obligó decir a Fraga: "No hay disparate que no sea posible en la política carpetovetónica".

El cabreo económico, por lo demás, era denso y extendido en la sociedad y sobre todo en quienes eran víctimas de la alta fiscalidad, en un país con la más elevada tasa de paro de Europa, con un déficit público incontrolado que acrecía sin parar la deuda pública (camino entonces de los cuarenta billones de pesetas) y una sociedad pasiva y silente. Uno de los bienintencionados comunicantes, entre sus seguidores y simpatizantes fraguistas que aportaban eslóganes y soluciones publicitarias mágicas, envió una carta que en unos pareados caricaturizaba la historia económica de la transición. Decía así la coplilla:

> Con Franco, dinero en el banco.
> Con Suárez, letras a pares.
> Con Calvo-Sotelo, todos al suelo.
> Y con Felipe, todos a pique.
> Moraleja: Si quieres vivir como antes, vota a Manolo el de los tirantes.

Precisamente, para que se votase a Manolo el de los tirantes, Alianza Popular organizó las elecciones más estudiadas de su historia, echando el resto en los preparativos de todo orden supeditados a un líder ávido de triunfos. Pero en España unas elecciones se descomponen en dos grandes disgustos: el de las listas y el de los resultados, teniendo de trasfondo por cuán-

ROGELIO BAÓN

to y cuándo se pagan los gastos. Eran los cuartos comicios legislativos desde la muerte de Franco y acusaban los mismos problemas de fulanismo celtibérico —vanidad e interés— que las anteriores. Porque el veneno de la política, a quien lo ha catado, le seduce para siempre, amén de que sea un reclamo de novatos. Eso explica, por ejemplo, el deseo confesado de muchos de ir a las elecciones como el mismo Emilio Romero, anciano maestro de periodistas, que le anunció al villalbés a comienzos de 1986 su deseo de volver al palacio de la carrera de San Jerónimo nada menos como número cuarto en la lista de Coalición Popular por Madrid. Lista nunca tan disputada porque marcaba la línea y jerarquía de la sucesión de Fraga en su último asalto a la Moncloa.

Otros desplegaban un ejército de influencias para ir en las listas, exigiendo "no figurar después que Fulanito". Los pretendientes variaban según las posibilidades de ganar, de modo que en Alianza Popular, en los primeros años, había que coger a lazo a los buenos candidatos y ahora, en cambio, había tortas para cumplir las aspiraciones propias en los llamados *puestos de salida*. Por todo esto, debido también a la profesionalización de la política y al sistema oligárquico de listas cerradas, cada elección era un conflicto a veces difícil de superar y, con frecuencia, causa de rupturas y de escisiones. En todo caso, como en estas elecciones denunció un grupo de afiliados aliancistas de Vigo, el partido no cumplía sus propios estatutos en orden a la selección de candidatos "impuestos por Madrid". Estos problemas afectaban tanto más, de modo más acusado, a las coaliciones desiguales porque algunos liberales y democristianos vieron primadas sus aspiraciones sin esperarlo. El democristiano Andrés Ollero, primero en la lista popular de Granada, nunca podía pensar que antecedería a Gabriel Díaz Berbel si no fuera por el encaje aritmético de unos pactos. Fue el único candidato que no se fotografió junto a Fraga para los carteles porque la cita para ello le fue escamoteada en la sede aliancista de Granada.

Fraga, como otras veces, se ocultó a la maquinaria (el comité electoral) que iba a negociar las candidaturas pero habiendo dejado instrucciones concretas que, por sí mismas, eran irritantes a los afectados. Quería que los líderes de AP se fueran a provincias a poner en práctica el *tirón electoral* que decían tener, pero apenas lo logró. Para impedirlo hasta los enemigos irreconciliables se concharon, como fue el caso de Herrero y Verstrynge, hermanados en el propósito de quedarse en Madrid para lo que se terciase. Ante la incertidumbre sobre la decisión última de que Herrero figurase en la lista popular de Madrid en el cuarto puesto, Baón se interesó repetidamente por ver cuándo se hacía publica la noticia y de este modo aplacar cuanto antes la impaciencia del portavoz. Al apremiante requerimiento se refirió al fin Fraga con cajas destempladas: "¡Dígale a Herrero que no se ponga histérico, que deje de presionarle!".

Se quería también incorporar al proyecto de Fraga a personalidades como Federico Sainz de Robles, ex presidente del Tribunal Supremo, en lo que puso su empeño José María Ruiz Gallardón, pero el eminente jurista fichó por el Partido Reformista de Roca en la candidatura de Madrid, con pretensiones de volar alto no en resultados electorales (¡pues se la pegaron!), sino en un avión ultraligero —cuerpo al aire— desde Villanueva de la Cañada y en compañía de Antonio Garrigues durante la campaña electoral. Aunque la disputa de las listas suele darse por *estar*, es lo cierto que en 1986 en algún caso fue una lucha por figurar en los últimos lugares, queriendo demostrar que se apoyaba un proyecto en el que no se creía. Así, Rafael Arias Salgado (que se mudaba de partido estacionalmente, como las serpientes) *fichó* esta vez por el Partido Reformista, y al no querer encabezar la lista de Cádiz por certidumbre a salir derrotado se apuntó el penúltimo por Madrid en posición testimonial, seguido de Joaquín Satrústegui. Por su parte, Eduardo Punset fue también *farolillo rojo* en la lista de Madrid de Centro Democrático Social, candidatura en la que figuraba como número once Fernando López-Amor García.

El rescate de veteranos políticos que habían quedado marginados durante los últimos años fue una iniciativa tomada por la mayoría de las fuerzas políticas, del mismo modo que otros emprendían el camino del apartamiento definitivo de los puestos electivos. En la izquierda, el que fuera dirigente del Partido del Trabajo de España (PTE) Eladio García Castro comparecía como independiente por Izquierda Unida en Cádiz. De otra parte, Juan Antonio García Díez, ex vicepresidente de un gobierno centrista, figuraba tercero en la lista reformista por Madrid como igualmente Luis Gámir Casares, ex ministro de UCD y ahora en el PRD, se presentaba por Zaragoza, por la misma provincia por la que iba el ex ministro de UCD y ahora del PSOE Francisco Fernández Ordóñez; Íñigo Cavero, ex ministro en varios gobiernos centristas, comparecería por Madrid en las filas de Coalición Popular[43], al igual que Manuel Núñez por León, Pérez Miyares por Jaén, Luis Ortiz por Zamora, Rovira Tarazona por Alicante y Jesús Sancho Rof por Pontevedra. En la mayor parte de dichas incorporaciones hubo resistencias conflictivas en los distritos adonde se incorporaban, siendo llamados despectivamente *paracaidistas*. Blas Camacho fue uno de esos casos de conflicto en la disputa del puesto segundo de la lista de Ciudad Real frente al representante de los agricultores Domingo Trigueros. Tuvo que intervenir el mismo Fraga, en visita electoral por la provincia, para proteger al democristiano, "...al que logro cubrir con mi amparo personal (luego será de los que no saben agradecer ni pagar)", según refiere en sus memorias[44]. La presión a Fraga fue mucha, pero resistió pese a que lo llevaron a una finca próxima a la capital donde se concentraban agricultores con pancartas que tachaban a Camacho de rojo (¡vivir para oír!).

El reciclaje político se dio además en María Victoria Fernández España, que apenas transcurridos tres meses de haber abandonado Alianza Popular se enrolaba como número dos en la lista de Coalición Galega por La Coruña, fuerza a la que anteriormente había combatido fieramente. El fracaso en su provincia le abrió la puerta de salida de la política.

Si resaltaron las presencias no menos llamativas fueron las ausencias del Parlamento por diferentes causas. Del lado de la izquierda se comentó el abandono de Gregorio Peces-Barba, que había manifestado su deseo de renunciar al escaño por Valladolid para reintegrarse a la Universidad; sin embargo, los colaboradores de Felipe González filtraron a la prensa que su salida no era voluntaria sino forzada, porque todavía coleaba el disgusto del enfrentamiento competitivo sobre la jura del Príncipe de Asturias. Nada extraño, de otra parte, que el combativo antifelipista Pablo Castellano no fuese candidato y que permaneciera en el Consejo del Poder Judicial, como tampoco que Pedro Schwartz y Andrés de la Oliva, liberales díscolos con los métodos de Segurado, encabezasen la lista de Tenerife o de cualquier otra provincia. El rechazo más sonado se lo dieron en Valencia al natural de Tous José Miguel Ortí Bordás, a quien Fraga consideraba *peso pesado* para contraponerlo a José María Maravall, Ministro socialista de Educación. Ni allí ni en ningún otro sitio, salvo de número dos por Salamanca, y Ortí se quedó fuera con gran disgusto del villalbés y del mismo Cuevas, patro-

---

[43] La fuerza atractiva de la política era tanta, sin duda, que sucumbían al deseo de estar pese a haber declarado Íñigo Cavero a Silvia Alonso-Castrillo en 1996 *(La apuesta del centro. Historia de UCD*, Alianza editorial, pág. 547) que "los que estuvimos en UCD nos fuimos con la idea de que se había cumplido una tarea. Había muy poca gente que tuviera voluntad de profesionalizarse y quedarse allí. Más bien al contrario, prevalecía la voluntad de encontrar una coartada que nos permitiera volver a nuestros lugares de origen, a nuestros trabajos".

[44] *En busca...*, pág. 433. La nota desdeñosa sobre la ingratitud de Camacho se refiere a que, como diputado del PDP, abandonaría el Grupo Popular después de las elecciones. Cabe significar que, andando el tiempo, no fue Camacho de los más ingratos como pone de manifiesto que contribuyese al homenaje académico que se le tributó a Fraga en 1997, a través de una obra colectiva, con el trabajo biográfico titulado *Recuerdos vivos de Fraga*.

cinadores de consuno. Luego le repescarían como senador por la autonomía valenciana.

El consultor electoral es de esa suerte de profesionales —mitad *gurú*, mitad técnico— en quienes algunos políticos confían desesperadamente para mejor seducir al electorado, pidiéndoles la fórmula mágica de la comunicación óptima de publicidad y propaganda. Aunque en los partidos suele haber expertos más experimentados que no cobran por tarifa, los consultores son contratados para *crear ideas* y asesorar de cerca al candidato. Fraga, por indicación de Carabias, contrató a José Luis Sanchís para dicho menester, como otro tanto hicieron en las generales del 86 Miguel Roca respecto del publicitario Joaquín Lorente (autor del *Fem y farem* en las autonómicas del 84) y el PSOE venía haciendo repetidamente con Gabriel Giménez (autor del *OTAN, de entrada NO*). Detrás de ellos, en tanto que especialistas en televisión y radio, trabajaban muchos otros como Pilar Miró en las realizaciones televisivas de Felipe González o, asimismo, como Enrique Martí Maqueda o Mauro Muñiz.

En el caso de Sanchís, que fue contratado por Coalición Popular no a tanto alzado sino por nutrido sueldo mensual durante medio año, el consultor valenciano logró intimar con Fraga hasta preguntarle en una cena si tenía algún escándalo sexual de cualquier índole. El consultor no consideraba autoritario a Fraga, sino un vehemente con prisa, lo que le daba un perfil duro que había que suavizar. Por eso, confiesa Sanchís al autor, se puso a su lado en cartelería a Alicia Quintero, una chica joven, madre de un hijo, viuda, y teniéndola a su lado se moderaba.

Es curioso, pero en eso de aplacar a la fiera, Gabriel Giménez, ese excelente profesional de la publicidad, utilizó el mismo procedimiento para la sesión fotográfica de Felipe González en las mismas elecciones. Lo explica Julio Feo: "Éste (el fotógrafo) tenía como ayudantes a dos chicas muy simpáticas y atractivas y supongo que ello, junto con el hecho de que la sesión de fotos se hizo en el jardín de palacio, ayudó a que, por primera vez en una sesión fotográfica, Felipe no se impacientara demasiado"[45].

Los cancerberos de la buena imagen han perfeccionado la estética electoral y niegan ser manipuladores aunque, para eso les pagan, propician la mejor cara y evitan errores, como el que pasó por alto en 1982 de *cortarle* a Fraga la cabeza en la fotografía del cartel. Giménez ha llegado a consumir dos días de sesiones fotográficas hasta captar la foto ensoñadora de Felipe González de 1982. Como fuere, ese trabajo de obtener la imagen óptima es imposible a veces. Enrique Martí Maqueda, cuando hubo de hacer un *espacio gratuito* de televisión con Óscar Alzaga, casi se pelea con el iluminador que no le disimulaba la mirada, sino todo lo contrario ("¡Que no es bizco —gritaba el realizador—, que es tuerto con un ojo de cristal y hay que disimularlo!). En el 86, abundando en esto, se pagó un millón de pesetas al fotógrafo Alberto Shommer por lograr una buena instantánea en varios días de sesiones debido a la circunstancia ya dicha. ¡Un auténtico parto de la burra!

Los asesores también son imprudentes, sobre todo si se dejan llevar por el ingenio fácil. Con ánimo de ridiculizar el eslogan electoral socialista *Por el buen camino,* a Sanchís se le ocurrió enviar a la Moncloa —y decirlo— un ejemplar del libro del fundador del Opus Dei titulado *Camino*. Generadas las protestas, en primer término de la oficina de prensa de tan respetable institución, José Luis Sanchís se vio forzado a pedir disculpas. El consultor fun-

[45] *Aquellos años,* pág. 473.

cionó bien, arropado por los servicios técnicos de Coalición Popular, pero al final de la campaña se desbordó pretendiendo sustituir al gerente y factótum de la campaña Carlos Robles Piquer con intrigas ante Fraga. A Sanchís se le sustituyó con elegancia durante los últimos días, con la conformidad de un trabajo bien hecho hasta entonces, y por unos días se dio entrada a Pedro Arriola a fin de que interpretara la evolución de la campaña desde el punto de vista sociológico.

Cuando Robles Piquer está tenso y nervioso resuelve su estado de agitación mordiendo un pañuelo blanco. Al final queda triturado. Es como si taponara sus impulsos o un alud de improperios con esta manía que durante la campaña de 1986 la prodigaba a diario por mil causas, pero fundamentalmente por las económicas. Porque mientras que a Miguel Roca le arbitraron ayudas y créditos sin anotación de garantías, a Coalición Popular se las negaban o regateaban. Ocasión hubo de tener que ir Robles a la sede de la organización patronal a recoger un maletín de dinero con que atender gastos perentorios. Del mismo modo, tuvo que morder el pañuelo hasta deshilacharlo cuando el gerente de la campaña de Madrid, el economista Ricardo Fernández, ex director de gabinete de Verstrynge, le presentó la dimisión inmerso en lágrimas porque no podía soportar la presión que su antiguo jefe y Carlos Ruiz Soto ejercían sobre él para extralimitar el presupuesto con gastos desmedidos. Luego venía la calma porque el *Mamut* aplicaba la serenidad diplomática de su profesión echándole horas y más horas de pacienzudo trabajo: múltiples reuniones, dictado inmediato de notas y memorandos, decenas de conferencias telefónicas y de gestiones recaudatorias.

Fue desagradable, por ejemplo, que *ABC* regalara diez millones de pesetas en anuncios para la campaña, acaso como *rapell* en reconocimiento por la mucha publicidad que recibió de Coalición Popular, y que Bernardo Campos, gerente de Publicidad 96, empresa de la que eran consejeros Segurado y Meliá, intentara atribuírselos pasando factura de ellos. El intento lo interceptó Carabias, director de campaña, y evitó afortunadamente el fraude no sin exigir disculpas, que le fueron dadas.

En cambio, les fue muy agradable a los responsables de la campaña celebrar cenas o almuerzo regulares con los líderes y candidatos a fin de que, de la visión conjunta, brotase el verdadero diagnóstico sobre la marcha de la campaña. En este sentido, las opiniones y análisis de Pío Cabanillas, José Luis Álvarez, Fernando Suárez, Miguel Herrero y Jorge Verstrynge, entre otros, insuflaban de aire fresco las cabezas del equipo director de campaña, complementando las ideas que extraían además de agentes electorales, periodistas y publicitarios. Carlos Robles, que tiene con su cuñado Fraga una interlocución más epistolar que oral, al término de esos encuentros o al día siguiente dictaba unas largas y completas notas que le remitía con diligencia dondequiera que estuviera el villalbés.

Porque la campaña electoral —tal como cualquier guerra— cambia de perspectiva según se esté en el estado mayor o en la trinchera; para Fraga es penoso estar atrincherado en permanente vigilia ante los medios de comunicación y, en especial, ante las cámaras de televisión. La grabación de los espacios gratuitos de televisión, incluso mediando un realizador tan jocundo como Martí Maqueda, es un completo suplicio tal como refleja en sus memorias. No, en cambio, las comparecencias de voz en la radio, acaso porque ante las cámaras hay que interpretar mientras que el micrófono es un perfecto aliado de la espontaneidad.

Con todo, a Fraga la rutina le puede y añora el campo abierto, el paseo por la calle o el mercado, siempre el espacio abierto, incluso en el País Vasco, donde se concita el riesgo, que él lo provoca dándose una vuelta a la vista de todos guareciéndose de la lluvia con un ampuloso paraguas de golf con los colores de la bandera nacional, con gran cabreo de su asesor José Luis Sanchís. Salir al campo para *devorar* kilómetros de la Naturaleza —que no electorales— es una añoranza de contrapunto al carrusel electoral. Como los períodos electorales coinciden con la caza selectiva de descaste, bajo permiso, el 1 de mayo se fue a por un macho montés a la sierra de Gredos y dejó anotado: "Por la sierra de Gredos otra vez; persigo al macho montés con buenas piernas y mal tiro. Gran fabada en San Esteban del Valle con los alcaldes del Barraco y de las Cinco Villas...". Al día siguiente, con esa avidez de caza y aire puro, se fue al Pirineo oscense, pero la niebla le impide localizar a los sarrios y, pese al contratiempo, dice: "Pero el ánimo se ensancha y el cuerpo se templa para la lucha próxima que, obviamente, va a ser muy seria"[46]. No se agotan las referencias con los antedichos escarceos cinegéticos, sino que el 24 de mayo deshecha con gran lamento el corzo para cuya caza tenía permiso pero que le impedía cobrarlo el estar en Tenerife en la celebración de las Fuerzas Armadas.

La familia de Fraga, consciente de la importancia que tenían estas elecciones para el esposo y padre, estuvo atenta al desarrollo del maratón que recorría, máxime cuando su propensión a la afonía requería de algún remedio casero con miel, té y limón para su aquejada garganta. Lo agradeció con las cuerdas vocales resonantes. Su hija "Pipo", Carmen Fraga Estévez (hoy eurodiputada del PP), y su mujer le acompañaron durante varias jornadas. Estaba en Santander tan metido en la faena de repartir propaganda, que al toparse con su esposa el 6 de junio no advirtió quién era y le entregó un folleto ("... a una mujer alta y rubia, que resultó ser mi mujer", dice justificando su acto cansino y rutinario de saludar a la ciudadanía).

Un animador electoral único, un tanto faltón y a veces ingenioso, es Alfonso Guerra, quien espoleó a los candidatos distinguidos en el ejercicio de gallito que protege a la clueca. Tales alardes parecían provocar la atonía del electorado pues, aunque pareciera mentira, esta vez la abstención perjudicaba a la izquierda y más concretamente al socialismo. Con Fraga apenas se metió, pero sí arremetió contra quienes podían perjudicar a la fuerza política que representaba: a Suárez ("hace una campaña peronista y machista"), a Roca ("ya no es ni Miguel ni Miquel, sólo Roca, como los saneamientos") y a Gerardo Iglesias ("es poco sólido y llega *cargado* a los mítines").

La prepotencia socialista se advirtió no sólo en los excesos verbales de Guerra, sobre el que cunde la costumbre de aguantarle, sino igualmente en otras actitudes. ¿A quién se le ocurre, por ejemplo, circular por esas carreteras de Dios en caravana electoral con unos camiones cuyas matrículas eran las siglas de este partido? Claro que, a bote pronto, Óscar Alzaga espetó que eran como las antiguas matrículas de la Secretaría General del Movimiento, aunque lo más efectivo para pararlos fue la aplicación del cepo a tres camiones por la policía municipal de Palencia.

A la contra socialista, si bien no con tanta procacidad, hubo que celebrarse alguna ingeniosidad electoral que, además de hacer fortuna, sirvió de definición concisa sobre lo que es y representa el socialismo. Lo dijo Ramón Tamames en un artículo publicado en *Diario 16*[47] cuyo titular encerraba la diatriba: "Cien años de honradez, cuarenta de vacaciones... y cuatro de corrupciones".

---

[46] Ambas citas corresponden a *En busca...*, pág. 431.
[47] Correspondiente al 3 de junio de 1986.

En punto a los contenidos del discurso electoral en general importa subrayar algunos hechos paradójicos y, cómo no, que también afectaban a Coalición Popular. Así, el programa de las elecciones de CP proponía la derogación total de la *Ley Fraga* de Prensa e Imprenta en lo que no había sido derogada por la Constitución. Tal hecho fue aprovechado por algún periódico (*El País*[48]) de crítica agresiva para contrarrestar las peticiones de limpieza y pluralismo en la utilización de la televisión, llamando a la perplejidad, sin reconocer la sinceridad de la propuesta y pretendiendo deslegitimar las reivindicaciones de neutralidad frente a RTVE.

No menos chocante fue, de otra parte, que Felipe González se dirigiera a los jóvenes en el recinto de una piscina con un discurso que, dado el tono y donde lo pronunció, lo motejaron de sermón. Y es que el líder sevillano no llegó a desnudarse, al menos intelectualmente, ante las inquietudes juveniles, sea por caso, respecto a la política de primer empleo. Le pasó a González lo contrario de lo que le pasa a Fraga, negado para disimular o interpretar siquiera sea su propio papel. Cuenta Ramón Pí en una de sus crónicas electorales[49] que en Soria, durante la campaña electoral, los asesores de imagen aconsejaron que hablara del futuro y que dejase a un lado el discurso basado en la crítica al socialismo (de las tantas fichas que se había confeccionado para una eventual moción de censura que entorpeciera el referéndum de la OTAN y que no se atrevió a interponer). Sumiso y obediente como es Fraga, aceptó las sugerencias de los asesores y habló del futuro, ya en Zaragoza, refiriéndose a la *mili*, arremetiendo contra la propuesta de tres meses de duración. Y lo hizo con rigor, con apoyatura histórica, pero con una frase tan rotunda, monda y lironda que arruinó los efectos del consejo de moderación en dos segundos. La frase fue nada menos que ésta: "Si hay un acto democrático, ése es una jura de bandera".

Abrirse de capa fue, en otro orden de cosas, lo que hizo Plácido Domingo en unas declaraciones posteriores a su pregón de San Isidro, en Madrid, al decir que no tendría inconveniente en concurrir a elecciones a alcalde Madrid con los colores de Coalición Popular, si bien matizaría después que tendría que pasar unos años en España para conocer mejor los problemas. Como quiera se celebró mucho aquella revelación y por eso mismo, durante la campaña se le pidió que grabara desde México (lo que también hizo el futbolista español Julio Alberto) un mensaje de apoyo a Fraga, y vaya si lo grabó, a través de las cámaras de Televisa: con decisión pedía el voto para Fraga y Coalición Popular. Fraga el 9 de junio escribió en el *ABC* un artículo ("Mensaje a Plácido") en el que le halagaba diciendo que el tenor, un español universal, era el contrapunto a las promesas socialistas incumplidas y al sectarismo de la cultura y de la televisión.

La intervención de Plácido Domingo sentó como un tiro en el PSOE y de ahí que, sin un ápice de mala fe para quien así lo interprete, se alentó que en el *Telediario 2* vespertino, el de mayor audiencia, se sobreimpresionase el gol de Butragueño contra Dinamarca con las siglas del PSOE tres días antes de los comicios.

Que RTVE le aportó al socialismo español la mayoría absoluta no tiene, pasados los años, ninguna duda. Por ello no se explica por qué el 22 de junio, entretanto se celebraba el escrutinio, Manuel Fraga acudiera muy caballeroso a Torrespaña a la fiesta que había organizado quien dijo que haría todo lo posible para impedir que ganase las elecciones. Allí estuvo en torno a las nueve de la noche y nadie le saludó, razón por la que se tomó un canapé y regresó a su despacho para seguir la lectura un libro sobre la constitución británica.

---

[48] Véase el editorial titulado *Fraga contra Fraga* del día 22 de mayo de 1986.
[49] Con el título "La jura de bandera", *La Vanguardia* del 16 de junio de 1986.

OCASO DE LA MAYORÍA NATURAL Y ABANDONO DE FRAGA

Capítulo 22

LA REBELIÓN DE LOS MEQUETREFES

La esperada ruptura de los democristianos

La expresión *resultados claramente insatisfactorios* oída de los labios de Alzaga en la rueda de prensa conjunta de los líderes de CP, al interpretar los datos electorales propios en la noche misma del 22 de junio, alarmó a cuantos la oyeron, Fraga el primero, por lo que anunciaba de crisis a la vista.

Aunque en parte era un autorreproche, Alzaga pareció anunciar que la fórmula de coalición con Fraga de líder principal se había agotado. La inoportunidad de la declaración irritó tanto más que el sedicente propósito.

Al día siguiente, en la mañana del lunes 23, Fraga quiso atajar la postura de desmarque que vislumbró en Alzaga, y a tal fin se reunieron en la sede aliancista los tres líderes populares. La puesta en común de criterios de interpretación de los resultados electorales acentuó las tácitas diferencias que imposibilitaban prolongar los pactos a los comicios locales y regionales de 1987. Alzaga siguió insistiendo en que la hipótesis de Fraga consistente en aumentar ahora 20 escaños para dar el asalto al poder en 1990 había fracasado. La teoría del *techo*, a lo que se veía, estaba vigente.

Fraga, según diversos testimonios[1], apuró los argumentos para reducir las diferencias de interpretación alegando que el resultado estático en las generales —si no algo regresivo— se había debido a la

La misma noche de las elecciones de 22 de junio Óscar Alzaga, líder del Partido Demócrata Popular, se declaró insatisfecho con los resultados de Coalición Popular. Lo que parecía un autorreproche fue traducido de inmediato en el anuncio de su propio finiquito. A partir de entonces se inició un proceso lento e irreparable de ruptura. La foto de los tres líderes con la bandera de AP de fondo es muy expresiva. ¿El cubo de hielo sobre la mesa, junto al puñado de micrófonos, contenía agua o cava?

---

[1] Los testimonios coinciden en situar el origen del distanciamiento entre Fraga y Alzaga en esta reunión, que es tratada profusamente en el libro *De Fraga a Fraga*, pág. 179 y ss.; en las propias memorias de Fraga (*En busca del tiempo servido,* pág.437), en donde dice: "Conseguí algo con Segurado y nada con Alzaga"; en *La derecha después de Fraga*, pág. 185, así como en diversas publicaciones periódicas.

defección de los partidos regionalistas (Unión Valenciana y Partido Aragonés Regionalista), al drenaje de votos del PRD de Roca y a la falta de financiación suficiente. Razones éstas que, en opinión del dirigente democristiano, no se compadecían con la realidad objetiva[2].

La reunión finalizó con la negativa de Alzaga a firmar una declaración de los tres líderes valorando los resultados, conforme a un texto que sacó Fraga y que aquél quiso someter a los órganos de su partido antes de firmarlo.

A la luz de los resultados de las elecciones generales últimas —argüían los democristianos en documentos internos— no había transferencia entre el descenso del PSOE y el voto a la coalición y, según esta negativa explicación, en los análisis se hablaba de "situación bloqueada" o "edificio electoral estanco". En el lado aliancista, los atisbos sediciosos de Alzaga encendieron los ánimos en torno a lo que se consideraba un chantaje constante y, antes que los demás, el murciano Juan Ramón Calero y el castellano-manchego Arturo García Tizón alegaron en voz alta que la coalición no servía para nada, pese a las recomendaciones de Fraga de guardar prudente silencio.

La fama que tenía Alzaga de ser una *termita* o un *dinamitero* a su paso por los partidos Izquierda Demócrata Cristiana[3] y UCD no requirió, para ser acusado ahora de traidor al centro-derecha, de grandes dosis de malevolencia. A este brillante abogado y catedrático de Derecho Político de cuarenta y pocos años, de maneras refinadas y palabra precisa, no le acompañaba el hálito popular ni periodístico acaso porque se le asociaba más a la demolición que a la construcción. La conducta escisionista no fue acogida con indulgencia. Todo lo contrario. Cuando se reunió el 28 sábado el Consejo Político del PDP ya había descargado una tormenta de comentarios adversos a Alzaga por méritos propios y porque, como lluvia mansa, Fraga había desplegado una inteligente y victimista campaña en los medios de comunicación, entre los financieros y en diversos cenáculos cortesanos. El traidor de la película en esta sutil pelea era a todas luces Alzaga.

Hasta tal punto Alzaga se sentía que era el blanco de las iras que en el curso de la reunión historiada, como algún interviniente aludiese a la salva de insultos y críticas que estaban recibiendo por plantear la separación, no pudo dejar de relatar una anécdota del *Gallo*. Cuando un día el matador entraba en el callejón con una cornada, su apoderado le dijo: "¡Qué cornada nos han dado, maestro!" a lo que replicó el *Gallo*: "Mayormente a mí".

El debate en el seno la Comisión Ejecutiva del PDP fue el esperado y produjo la misma división registrada en la opinión pública. Mientras Martín Villa defendía la vigencia de la coalición y el esfuerzo integrador de Fraga, postura abiertamente defendida por otros dirigentes ya aceptados como candidatos a alcaldías y autonomías, Javier Rupérez y otros pugnaron porque Alzaga hiciese efectiva su dimisión y se rompiese del todo con Coalición Popular. Rupérez pretendía dirigir el partido y para ello se ofreció hasta la celebración del correspondiente Congreso extraordinario.

---

[2] Ciertamente se creyó, y en tal sentido circuló un informe sobre el cual *ABC* estableció una línea informativa según la cual la Operación Roca restaba escaños a Coalición Popular, cuando en realidad, a la vista de los resultados, la suma de los votos reformistas a los de Coalición Popular apenas hubieran proporcionado dos escaños más.

[3] El abandono en 1971 de Izquierda Democrática se debió a las discrepancias con Joaquín Ruiz Giménez, a quien llegó a acusar, según fuentes solventes, ante la Internacional democristiana de colaborar con el marxismo en torno al caso de Chile.

La jornada dominical del 29 de junio la invirtieron los políticos democristianos en convencer a Alzaga para que no cristalizara su dimisión y en el hallazgo de una fórmula intermedia, antes que ruptura definitiva, de alianza *a la francesa* (la que sostenía el centro derecha galo), basada en la flexibilidad y en tener en las Cortes Generales grupos parlamentarios propios. Tal propuesta se resumía en un escrito de seis puntos que Alzaga prometió someter a Fraga, quien se hallaba el domingo de pesca en los ríos trucheros de León reflexionando sobre la algarabía reinante y la táctica a seguir el lunes en la Junta Directiva Nacional de AP, abocada a romper con los democristianos. No permitiría que se diese ese paso, que la iniciativa partiera de AP —y perdiera el papel de víctima—, sino que se buscara la esencia del juego de naipes de las siete y media: *ni quedarse corto ni pasarse*.

La reflexión memorística del villalbés entretanto lanzaba el anzuelo desemboca, una vez más, en lo asqueroso de la política[4]:

"Mientras yo pesco y me distiendo... el PDP se reúne y acuerda irse al Grupo Mixto. La suerte está echada: en más de un sentido hay que volver a empezar. Y, por otra parte, aunque la naturaleza no da necesariamente sus mejores medidas humanas en medio de la lucha política, y menos en una transición, ¡qué porquería, qué asco!"

Se asegura que Alzaga llamó el lunes por la mañana a Fraga para darle el documento en cuestión y que fue la secretaria, María Antonia, la que le transmitió la negativa del encuentro personal salvo en presencia de Segurado. En las fechas inmediatas no era posible verse, por lo que al fin se acordó el almuerzo del jueves 3 de julio. La verdad, conociendo el modo de obrar de Fraga, éste necesitaba algo de tiempo para *redondear* en su favor el estado de opinión y, si ello era posible de paso, para conseguir el arrepentimiento democristiano, aunque sólo fuera por atrición. Por otra parte, ese mismo día 30 la Junta Directiva Nacional examinaría los resultados electorales y debatiría como punto relevante la conveniencia de continuar en Coalición Popular.

El documento aprobado por la Comisión Ejecutiva del PDP, que fue publicado por la prensa[5] el primero de julio al tiempo que la rueda de prensa de Óscar Alzaga en la que, no sin sufrir un perverso *lapsus* y equivocadamente denominar UCD a su partido, tenía el respaldo de la unanimidad. No fue unánime, en cambio, el acuerdo de formar grupo parlamentario separado (que comprendía incluso irse al Grupo Mixto) según la votación secreta que al respecto se efectuó[6]. El órgano ejecutivo democristiano finalizaba el escrito (punto sexto) diciendo que (el PDP) "considera que es ésta una ocasión importante para consolidar un gran partido democristiano de centro...".

El núcleo sensible del documento estaba en la formación de grupo parlamentario propio y separado de los partidos *socios electorales* en el Parlamento estatal, no así en los parlamentos regionales, ayuntamientos y diputaciones. Era el camino del medio, entre la ruptura total y la continuidad, en el que se cifraban las expectativas del punto cuarto:

---

[4] *En busca...*, pág. 437.

[5] Fue hecho público por *Diario 16* el 1 de julio.

[6] El resultado de esa votación secreta, efectuada por los directivos del PDP para tantear a sus compañeros de comisión ejecutiva, fue de 30 a favor y 13 en contra.

"Los resultados electorales de las pasadas elecciones acreditan la necesidad de desplegar un mayor esfuerzo de iniciativa política del PDP en el seno de las instituciones representativas. Desde el realismo político se hace preciso admitir que las circunstancias en que hasta ahora se ha desarrollado nuestro trabajo parlamentario ha impedido que el mensaje de libertad, justicia, solidaridad que el PDP debe trasladar a la sociedad española haya llegado con nitidez a sus destinatarios. A juicio de esta comisión ejecutiva una de las causas fundamentales de que ello haya sucedido así ha sido la carencia de voz propia en la Cámaras..."

La presentación del documento a los medios de comunicación, una vez conocido el desarrollo *controlado* de la Junta Directiva Nacional de AP, fue presidida por la moderación y el optimismo, conforme a la afirmación hecha a los periodistas por Alzaga: "En la apertura de las Cortes Generales conseguiremos grupo parlamentario propio".

Realmente la Junta Directiva Nacional de AP, celebrada en la tarde del 30 de junio en la sede central del partido, no se le fue de las manos a su presidente Manuel Fraga, en todo momento preocupado porque no se enjuiciase a los partidos socios —tanto más al PDP— hasta la indeseable ruptura. Por eso, siguiendo la técnica de reservarse la jugada última para otro momento, se pidió un tiempo de reflexión. El primordial acuerdo adoptado fue el de que los pactos de Coalición Popular había que respetarlos. Es decir, definitivamente la decisión de ruptura se endosó al PDP.

Del estudio del acta de dicha reunión, aparte del testimonio directo de los asistentes, dedúcese que el asunto de la eventual ruptura con los democristianos acaparó la atención dialéctica, quedando en bajo relieve el capítulo de autoexamen o de autocrítica a raíz del informe que sobre las elecciones presentó, en tono justificativo de resultados, el gerente nacional de la campaña Carlos Robles Piquer.

El vicepresidente Alfonso Osorio —primero de los intervinientes— consideró el resultado electoral bastante exitoso si se atendía a los factores que había en contra. No obstante se detuvo a enumerar los errores (la postura abstencionista de la OTAN, el principal) y propuso (*sic*): "Mantener esta Coalición Popular, no aceptando grupos parlamentarios independientes. Invitar al PDP y al PL y a sus gentes que se integren en AP y si no olvidarnos de ellos, y no discutir el liderazgo de Fraga pero ir preparando a los líderes del futuro".

La cuestión del liderazgo, pues, estuvo latente durante toda la reunión y se advirtió una línea reticente —si no abiertamente crítica—contra Fraga, el modo de hacer de la organización central y contra la actuación parlamentaria, teniendo esta corriente a Olarra como principal portavoz (secundado por Camuñas y, en menor medida, por Navarro Velasco[7]).

Como la intervención de Olarra recibiera diversas réplicas o alusiones discrepantes, entre ellas las más vitriólica de Álvarez Cascos, el vicepresidente Fernando Suárez, en su turno, le recordó al diputado asturiano que él no era la persona adecuada para criticar las declaraciones

---

[7] El señor Navarro Velasco, ante la protesta de Fernando Suárez de que aquél no había sido convocado formalmente a la Junta, fue llamado por teléfono durante la reunión, poniendo con ello en evidencia el mal funcionamiento de la organización. Fue el único caso entre los 187 que asistieron a la reunión y para la que excusaron la asistencia 12 personas.

en prensa de otro compañero, ya que él hizo otras al *Comercio* de Gijón, señalando que la imagen de Fraga era mala para AP[8]. El leonés, de todas maneras, pidió respaldar al líder aunque manifestaba su disgusto por el defectuoso funcionamiento del partido en línea con la crítica sistemática que siempre formulaba.

La intervención de Fraga tuvo dos partes: la primera sobre las elecciones (de las que dijo: "Hemos realizado la mejor campaña de nuestra historia") y, en lo atinente a la crisis con el PDP, se inclinó a ganar tiempo diciendo que sería en el comité ejecutivo donde se estudiaría la nueva fórmula de pactos electorales de cara a municipales y autonómicas, en desarrollo de las ponencias políticas de los Congresos VI y VII. En todo caso, "no debemos ser nosotros quienes rompamos la coalición", aseveró Fraga, añadiendo que los pactos se iban a cumplir. Con ello implícitamente negaba el consentimiento a que el PDP formara grupo parlamentario aparte.

La opinión pública asimiló la crisis como un acto de traición de los democristianos, guiada por artículos y editoriales entre los que sobresalieron el firmado por Alejandro Muñoz Alonso titulado "La tentación dinamitera"[9]. La tesis sostenida por el autor explicaba que en España hay una tendencia, sobre todo en la derecha, tribal o africana con instintos de aniquilamiento que había que suprimir en su manifestación de ruptura de Coalición Popular, porque el famoso *techo de Fraga* es una confortable cuarta parte del electorado, una sólida plataforma sobre la que proseguir la construcción de la alternativa al socialismo.

Pero el editorial que obliga a la reseña en la historia de la derecha española es el que dedicó *El País*, justo al día siguiente de conocerse la decisión democristiana de separarse de Fraga[10]. Con demoledores argumentos, bajo el título elocuente "Alzaga despide al barquero", el editorialista decía:

> "(…) Manuel Fraga ha ensayado distintas vías de recomposición política de la derecha a lo largo del último decenio, casi siempre sobre la hipótesis de que en España existía lo que él llamaba una mayoría natural compuesta por todo lo que quedaba a la derecha del PSOE".
>
> "La experiencia ha demostrado, por una parte, que esos sectores no eran mayoritarios en la actual sociedad española y, por otra, que los eventuales sumandos de tal agregado, unidos por su rechazo al socialismo, eran demasiado heterogéneos, ideológica y políticamente, como para tejer una alternativa coherente…"
>
> "(…) Al fallar, por utópica, la hipótesis de partida, es Coalición Popular la que pierde su razón de ser…"
>
> "(…) En un sentido general, más allá de consideraciones estratégicas o tácticas, Manuel Fraga es víctima de una injusticia. Tras el estallido de UCD, en una operación en la que Alzaga ofició de principal dinamitero, el veterano líder conservador acogió en su embarcación a los náufragos democristianos y les ayudó a cruzar el río de una legislatura dominada por la marejada socialista del 28-O. Los 22 escaños (más otros 12 en el Senado) conseguidos por el PDP el pasado día 22 se los debe Alzaga a esa hospitalidad. El que ahora despida al barquero resulta poco edificante".

---

[8] En el debate aclaró Cascos la imputaciones y aludió, ciertamente, a unas declaraciones auténticas ese mismo día en la *Hoja del Lunes* de Oviedo en las que decía al periodista Juan Lillo: "Yo, desde luego, voy a sostener que Fraga es el único personaje español con talla de estadista, y es más joven que cualquiera de los grandes estadistas con los que contaron las naciones europeas en momentos críticos, como Churchill, Adenauer, De Gaulle…"

[9] *ABC,* artículo de fondo de la *tercera,* del 3 de julio de 1986.

[10] *El País,* 1 de julio de 1986.

Con Manuel Fraga de anfitrión el 3 de julio se reunieron a almorzar los tres presidentes de los partidos integrantes en Coalición Popular con vistas a replantear el pacto que les unía o, en la peor y previsible hipótesis, a consumar la ruptura del PDP si Alzaga persistía en su propósito de constituir grupo parlamentario independiente. La fórmula de cualquier integración era rechazada *a priori* por Segurado y Alzaga, pero el primero admitía continuar las cosas como estaban y no *replantear* nada por respeto a los cinco millones de electores que votaron la actual coalición.

Con anterioridad al almuerzo, acaso para contrarrestar las informaciones rupturistas de la Junta Directiva Nacional, Fraga celebró la tradicional e informal *queimada* con los periodistas enfatizando su optimismo y que sintetizó ingeniosamente un comentarista político: *A mal tiempo, buena queimada*[11]. El experto quemador de orujo había negado que pasase algo anormal en la coalición y, quizás para agravar el desmarcaje próximo de los democristianos, decía con fingida euforia que iba a plantearles a sus socios "el partido unificado, que no único".

La tensión registrada en la comida de los tres líderes fue tal que los comensales hubieron de convenir no reflejarla en sus rostros a la salida, a fin de no dar una imagen de ruptura, aunque dijeron que se tomaban tiempo para reflexionar. Para Fraga y Alzaga este tiempo no sería de tregua, sino de adiós definitivo en todos los órdenes.

La batalla informativa la ganó Fraga con tanta habilidad, apareciendo como *líder generoso* que, por si las aspiraciones democristianas eran negadas no por culpa suya, les ofrecía a sus *socios* —así se informó a los periodistas— un borrador de Estatuto del eventual futuro Grupo Popular, ciertamente innovador respecto del anterior. La nueva organización, concretada en un reglamento, se la ofreció a Alzaga a solas el viernes 11 de julio. Pero ya era demasiado tarde para ambos interlocutores (Fraga dice en sus memorias que entrevistarse con Alzaga "ya es como sacarse una muela"). El reglamento lo había elaborado Miguel Herrero y preveía cambio de nombre (en adelante, Grupo de Coalición Popular) y permitía a los subgrupos competencias y posibilidades diferenciadas de los otros: enmendar por cuenta propia las leyes, por ejemplo, respetando una coordinación mínima pero básica de actuación conjunta, aunque con todos los elementos de lo ingobernable.

Miguel Herrero había expresado sus deseos de dejar la portavocía en el Congreso de los Diputados, tan lúcidamente llevada, acaso porque deseaba jugar fuertemente su postulación a candidato para la alcaldía madrileña; lo cierto es que la crisis del PDP le obligó a posponer su decisión. Alega en sus memorias[12] que con posterioridad a las elecciones planteó al propio Alzaga temas del futuro grupo parlamentario sin mengua de la coalición. Y aporta, por lo demás, un reticente y oscuro testimonio acerca de conflicto interpartidista:

"Años después, Alzaga —dice en el antedicho pasaje de sus memorias— me ha contado una serie de episodios que abonarían la idea de que fue el propio Fraga quien condujo las relaciones de tal manera que se produjera la ruptura y él mismo asumiera la posición de mártir".

La hábil conducta de Fraga no empecía que entre los democristianos dominase el instinto de volar libremente, sin las ataduras de un líder mandón, y no parece verosímil que la idea de ser mártir le guiara a aquél a construir su propio monumento funerario.

---

[11] Véase *El País* del 3 de julio de 1986, crónica de Fernando Jáuregui.
[12] *Memorias de estío*, pag.323.

Sin moverse un centímetro en la postura de *esperar y ver*, Fraga dejó negociar a sus *socios* ante la constitución de la Cámara en la III Legislatura que se iniciaba. Alzaga y Segurado, indistintamente, trataron de convencer a los directivos de los demás grupos parlamentarios y, a este respecto, el líder liberal trató con Alfonso Guerra, con quien tenía relaciones fluidas. Las fechas transcurrían lentas para los aliancistas, en el trance de espera, y precipitadas para los aspirantes a la separación porque en la mañana del 15 de julio se constituían las Cortes Generales y el Grupo Socialista no era favorable a dar candilejas a las nuevas voces democristiana y liberal.

Fraga, pues, con el viento de la opinión pública a favor se dejó llevar, sólo con excesiva velocidad el sábado 5 de julio, camino de León donde iba a pescar, cuando su automóvil sufrió un accidente en Tordesillas resultando milagrosamente ileso; no así el coche, que quedó enteramente destrozado. Además de la Junta Directiva Nacional ya aludida, presidió dos sesiones del Comité Ejecutivo con idéntico son de espera a que Óscar Alzaga tomase cualquier iniciativa, la más probable de ruptura que es a lo que equivalía llevarse al Grupo Mixto a los diputados y senadores democristianos. Entretanto llegaba la esperada decisión, sin embargo, el órgano decisorio aliancista analizó profusamente las elecciones pasadas y, al estilo de un remedio diversivo, Fraga trató de aplacar a los críticos internos con la creación de una "Comisión que profundice en la reforma de las estructuras del partido", cuyo debate centró y consumió la reunión del 7 de julio[13].

El día clave en este largo *pulso* fue, tanto para aliancistas como para democristianos, el 14 de julio. Las dos formaciones (AP y PDP) reunieron a sus respectivos órganos de dirección en medio de un ambiente tenso a la espera de quién disparaba primero contra el otro.

Fraga había rematado su campaña de prensa puntuando en todos los casos, inclusive en una entrevista en RTVE con Mercedes Milá[14] en la que sin insultar a los democristianos ni una sola vez llevó al ánimo de la gran masa de espectadores que era él —y AP— el traicionado y los democristianos unos desleales oportunistas.

Así pues, el lunes 14 presidió Fraga el Comité Ejecutivo con el mismo objetivo de aguardar, velando las armas, el primer disparo de los democristianos. La sesión la comenzó Fraga, luego de las intervenciones reglamentarias, exigiendo "extrema confidencialidad" para el relato que hizo de toda la crisis con el PDP. Explicó al detalle cada uno de los pasos, las maniobras, las provocaciones, las entrevistas —incluidas las de varios obispos que no se explicaban la conducta de Alzaga— y tras esa procesión de argumentos terminó su discurso afirmando que los democristianos no tendrían ningún puesto en las mesas del Parlamento. Es más, sugirió que varios importantes miembros del PDP pensaban pasarse a AP si la crisis finalizaba en ruptura[15].

---

[13] Aparte la crisis con el PDP, el Comité Ejecutivo aliancista abordó en su reunión del 7 de julio las dimisiones —y provisión de sustitutos— de José López y Antonio García de Pablos; ambos había sido excluidos por distintas causas de puestos seguros en las listas al Congreso. Fueron sustituidos por el ex liberal Julio Pascual (para Programas y Formación) y Félix Pastor (Consumo y Asociacionismo ciudadano).

[14] *De jueves a jueves* del 10 de julio, intervención que irritó sobremanera a Alzaga (que había pedido sin éxito ir al programa) porque entendía que Fraga no le defendió lo suficiente ante la crítica que hizo la presentadora Mercedes Milá. En cualquier caso, la aparición de Fraga en este programa fue definitiva para la guerra que se libraba porque era, con mucho, el programa de RTVE de mayor audiencia, a cuya aparición en el mismo se atribuyó el éxito de Adolfo Suárez durante las elecciones generales pasadas.

[15] El autor debe confesar que, en cuanto director del gabinete técnico de Fraga, contó siempre con varios miembros de la dirección del PDP que le informaban de los distintos pasos que daban, en la idea de tener al corriente a Fraga.

El contrapunto de la exposición presidencial lo puso Luis Olarra, siempre con la escopeta cargada para descerrajar una crítica, cuando preguntó ¿qué pasaría —y se contestó a sí mismo calificándolo de tragedia— si el PDP decidía quedarse en la coalición porque no le compensara arrostrar mayor desprestigio ante la opinión pública?

Fraga, ante el sentimiento generalizado de que lo más conveniente era no contar más con el PDP, adelantó que no contemplaba la posibilidad si se resolvía la crisis de dejar las cosas como estaban. De otra parte —añadió a lo que parecía una promesa de represalia—, muchos respetables democristianos pueden adoptar decisiones individuales...

Descartada la posibilidad reglamentaria de que el PDP formara grupo parlamentario propio[16], también su consejo de dirección se reunió a lo largo de todo el día 14, en un hotel de Madrid, para dilucidar qué hacer. Reforzados por dos informes jurídicos (de Sánchez Agesta y de Pérez Dobón), según los cuales era compatible irse al Grupo Mixto y permanecer en Coalición Popular sin traicionar sus pactos, los dirigentes democristianos y los parlamentarios suscribieron el temido compromiso en el que salvaron su voto el diputado por Baleares Juan Casals y el senador orensano Eduardo Olano[17], así como suscribieron una proposición no de ley en la que se pedía la reforma del reglamento de cada una de las Cámaras. El documento con los acuerdos fueron llevados en mano esa misma noche por Pin Arboleda a la sede de Alianza Popular.

Dentro de este espíritu la corriente rupturista tuvo que conformarse con la decisión adoptada, manteniendo que detrás de ello no había infidelidad a los pactos porque con la fórmula de Coalición Popular había que sostener en toda España más de dos mil doscientos alcaldes, así como otras mayorías en comunidades autónomas y diputaciones.

Al día de la constitución del Parlamento los diputados del PDP cruzaron el hemiciclo camino de sus escaños, en los peraltes altos del Congreso, muchos avergonzados ante el semblante de sus compañeros aliancistas. No hubo palabras hostiles pero el ambiente era espeso y gélido.

Mientras Alzaga y Fraga cruzaban correos con sus encontradas opiniones acerca de la decisión del PDP, de manera que lo que para el madrileño era una conducta "jurídica y políticamente legítima" al villalbés se le antojaba un atentado "a la confianza y a la buena fe" ("estando bajo mínimos", decía), en la cúpula del PDP estallaba el conflicto. Los vicepresidentes José Luis Álvarez, José Manuel Otero Novás y Eduardo Carriles presentaron la dimisión porque —decían— el acuerdo de ir al Grupo Mixto correspondía haberlo adoptado al Consejo Político, órgano máximo entre congresos, en vez del Comité de Dirección.

Junto a los dimitidos compartían discrepancia del proceder de Alzaga y *su equipo* José María Álvarez del Manzano, Julen Guimón, Jaime Mayor, Jaime del Burgo y Martín Villa. Álvarez del

---

[16] Alzaga y los negociadores que le acompañaron argumentaban que en la legislatura de 1977 se modificaron las normas reglamentarias —este año eran todavía provisionales— del Congreso para que los nacionalistas vascos y catalanes pudieran formar grupo; en la Legislatura I, en 1979, se hizo otro tanto para permitir grupo al Partido Socialista de Andalucía, con cinco escaños nada más. Y en 1981 se volvieron a modificar las normas reglamentarias, por lo que no cabía la rigidez de ahora. Del lado contrario se argüía que en todos los casos antes enumerados se había modificado el número mínimo para constituir grupo, pero, asimismo, los partidos a quienes se benefició comparecieron a las elecciones bajo sus propias siglas, no con otras distintas como era el caso del PDP.

[17] Se manifestaron reticentes, aunque siguieron el voto de la mayoría, los diputados Juan Carlos Guerra Zunzunegui por Valladolid y Jesús Borque por Soria.

Manzano, que se apuntaba como candidato a la alcaldía de Madrid, manifestó su discrepancia diciendo que si pudiera dimitir de algún cargo en señal del protesta lo haría siguiendo el gesto de los vicepresidentes. Pero de todos ellos sólo Otero Novás habló del peligro de escisión dentro del partido.

La reacción del *aparato* democristiano a la actitud de los discrepantes fue atajar la propagación del conflicto y suspender de militancia, a través del comité de disciplina, a Otero Novás y José Luis Álvarez —los que habían efectuado declaraciones desafiantes, pero también los más débiles—, quienes eran candidatos a integrarse en Alianza Popular abriendo una puerta de salida para otros muchos que pensaban igual[18].

Cuatro parlamentarios democristianos de las Cortes de Castilla y León (Jesús Posada Moreno, Modesto Alonso Pelayo, Francisco Senovilla Callejo y Juan Carlos Elorza Guinea) fueron sin embargo los primeros en abandonar el PDP y solicitar la inscripción en Alianza Popular; hecho que fue gratamente recibido por el dirigente aliancista castellano José María Aznar, quien dijo que los recibía con los brazos abiertos[19].

Por lo demás, comenzaba un *goteo* de fugas hacia AP de militantes democristianos, unas veces espontánea y otras por instigación de los aliancistas ante el señuelo electoral de repetir candidatura.

El Comité Ejecutivo de Alianza Popular del 21 de julio de 1986 ratificó su estrategia de aparecer como víctima de la ruptura democristiana, cuidando no molestar al Partido Liberal que permanecía asociado.

La Operación Chirac, precipitante de la sucesión

El VII Congreso de *listas abiertas* demostró que Fraga, el fundador de AP, no era él solo todo el partido. Hasta aquel momento era expresiva la caricatura que hacía Fernando Suárez de lo que representaba el villalbés, cuando decía: "voy a hablar con mi *electorado*" y se iba en busca de Fraga, pues en la voluntad del líder se concentraba todo el proceso electoral. Pero la elección mayoritaria de los líderes territoriales en la confección del Comité Ejecutivo de aquel Congreso, por el efecto de pactos más que por la valoración de los méritos individuales, abrió la compuerta de las ambiciones personales. Se había roto, en cierto modo, el carácter infalible de la recia jefatura. Y los instintos parricidas también podían desde entonces brotar libremente.

Al propio tiempo podía deducirse, de contrario, que el partido se había consolidado al margen de su jefatura, siendo por lo tanto una institución capaz de gobernarse por sí misma.

Ante esas, el mes de julio de 1986 contenía todos los elementos para la conspiración habida cuenta, sobre todo, que en Fraga se personificaba el abultado error de la abstención sobre el referéndum de la OTAN y el haber sido rémora en los resultados estancos del centro-dere-

---

[18] El comité de disciplina lo presidía el pacense Antonio Urribarri, quien al parecer, fue el caso de José Manuel Otero, no dio a alguno de los sancionados la oportunidad no ya de defenserse, sino de ser escuchado (véase el *Ya* del 17 de julio de 1986)

[19] Jesús Posada, que había sido sacrificado para no ir de candidato al Congreso, era el presidente del PDP en Soria y tiró de los otros tres parlamentarios para integrarlos en AP. Los cuatro repetirían candidatura en las autonómicas de 1987.

cha de la elecciones generales. A este respecto, la autocrítica empleada por Óscar Alzaga sobre los malos resultados electorales, además de la dosis de suicidio que contenía —y que produjo más tarde efectos letales en el dirigente cristiano— era una receta de veneno para Fraga al frente no sólo de Coalición Popular, sino de la misma AP por él creada. Los dos grandes grupos en torno a Miguel Herrero y Jorge Verstrynge seguían vigilantes como herederos, con el fundamento aniquilador antes que conciliador, sin que ello significara una disputa por diferente concepción de la política, sino por apetencias personales de poder.

El viernes 4 de julio Fraga oyó por vez primera, según confiesa en su diario[20], por boca de Alfonso Osorio, con quien almorzaba, la propuesta de que se presentase candidato a la alcaldía de Madrid. El interesado la recibió como fórmula no desdeñable porque, presentada con los atractivos de que ya la empleaba Chirac en la alcaldía de París, en espera de conseguir la presidencia del gobierno galo, aquí podía servir de cuartel de invierno a reserva de desgastarse a la intemperie. Los resultados electorales últimos apuntaban que en la capital del reino preponderaba el voto de centro-derecha, con clara regresión de la izquierda, y tales datos seducían a cualquiera que estuviera en la oposición diez años largos.

¿Era la propuesta de Osorio, en su primera intención, una maniobra sibilina de derrocamiento para mejor suceder a Fraga y por eso la formulaba quien precisamente protegía a Verstrynge?

Hay quien sostiene que Osorio transmitía lo que había sugerido un destacado financiero —un recado amistoso— de que "Manolo necesita una victoria si quiere seguir teniendo nuestro apoyo, y el sitio idóneo para intentarla es Madrid"[21]. Descartada la versión ingenua de que Osorio con todo esto promovía el derrocamiento de Fraga, una interpretación verosímil es que el dirigente cántabro quería impedir a toda costa que Miguel Herrero fuese el alcaldable aliancista, postulación de la que éste no abdicaba máxime cuando el democristiano Álvarez del Manzano podía ser preterido por la crisis que agitaba al PDP. De otra parte, Segurado, ahora sí, se manifestaba también candidato idóneo. Con tantos novios pretendientes la solución Fraga encerraba cierta lógica.

En los últimos tiempo las relaciones Fraga-Verstrynge sufrían un progresivo deterioro por muchos motivos y, si bien el presidente fiaba muy cara la cabeza de su secretario general como para concederla a quien la pidiera, la estima que se profesaban recíprocamente se transformó en desconfianza. Verstrynge sufría la contradicción familiar de ser hijo sanguíneo de un nazi e hijo adoptivo de un comunista, y su desarraigo familiar era tal que cuando murió su perro en Tánger lo sintió como la muerte del hermano que no tuvo. Pero tal vacío lo llenó con la entrega en cuerpo y alma al partido y al villalbés. Fraga, en cierto sentido, desplegaba una suerte de paternidad política con su ex alumno universitario, que le fue correspondida hasta que los desarreglos organizativos, la dispendiosa autonomía y la tumultuosa vida personal del colaborador pelirrojo le ponían en peligro a él mismo. Los desplantes, descalificaciones y regañinas que Fraga de vez en cuando dedicaba en maitines (reunión matinal de trabajo de todo el equi-

---

[20] En busca del tiempo..., pág. 438.

[21] Esta sugerencia la regocen de forma textual Dávila/Herrero en De Fraga a Fraga, pág. 198, lo que hace suponer que fue tomada directamente de Osorio, quien ante Fraga parece que la propuso de cosecha propia pues de lo contrario el memorialista habría dicho que la sugerencia procedía de, por ejemplo, Juan Herrera o Emilio Botín a través de Osorio.

po) a Verstrynge, no sólo porque se hacían en público sino porque demostraban el hastío de una gastada amistad, fueron la señal de alarma de la esperada crisis. Lo normal era que Verstrynge fuese un conspirador que afirmaba el principio de autoridad de forma aduladora aunque sin convicción.

Los primeros intentos críticos dentro de AP, a la vista de unos resultados electorales ni *fríos ni calientes*, se apaciguaron y dirigieron a la formación de la ponencia surgida en el comité ejecutivo del 7 de julio para "profundizar la reforma de las estructuras del partido". La formaban Miguel Herrero, Fernando Suárez, Alfonso Osorio, Jorge Verstrynge, Juan Ramón Calero, Antonio Hernández Mancha y Félix Pastor, y pretendía mejorar el sistema de designación de candidatos en las provincias, haciéndolo más democrático y menos dependiente de los dictados de Madrid.

A oídos de Fraga llegó lo que se cocía en la ponencia, al parecer por una confidencia de Ruiz Gallardón[22], y a mediados de julio presionó para que suspendieran los trabajos por el procedimiento de alargar la finalización de las conclusiones. No obstante la suspensión, en un primer documento los ponentes acotaron el temario de discusión que, en su mera enunciación, era suficientemente reveladora. Indicaba este trabajo que el partido, institucionalizado con fuerte arraigo, ya no era tributario de su fundador.

La traición de Jorge Verstrynge a Fraga hay que reducirla a términos de ambición política, más fuerte que el espíritu paternofilial que inspiró desde el principio la relación de amistad de ambos. En los últimos años Fraga era irritante con su pupilo, pero porque Verstrynge albergaba cierto sentimiento de parricidio político. El joven político, fue educado por su madre en Tánger y cuando murió su perro, de muchacho, le pareció que había muerto su hermano. Solo con su padrastro, un comunista romántico, pudo estabilizar sus sentimientos de soledad, y con Fraga, del lado contrario, pudo lograr el equilibrio y a veces ser brillante.

La concertación para el derrocamiento venía gestándose desde meses atrás, pero el modo y tiempo no eran los más adecuados pues los conspiradores no desconocían que Fraga había jugado la crisis del PDP mejorando el papel de víctima. Cualquier acción anti Fraga, pues, tendría efectos contrarios a los deseados. La sugerente idea de que Fraga fuese el candidato a la alcaldía de Madrid fue asumida, en todo caso, por Verstrynge en el plan, que también contemplaba una dirección colegiada de cinco o seis personas, y la celebración antes de final de año de un congreso extraordinario para llevar estos cambios a unos nuevos estatutos de un partido no presidencialista, sino aristocrático.

La concertación conspiradora tuvo varios momentos y manifestaciones múltiples y, acaso, dos reuniones claves al margen de las reglamentarias. En la reuniones reglamentarias, ya el comité ejecutivo como la junta directiva nacional, una vez examinadas *a posteriori* las actas, puede advertirse que existía un grupo articulado en pos de un plan. Pero, dicho esto, a los dirigentes conjurados contra el liderazgo de Fraga se les notó por muchos motivos[23], acaso por-

---

[22] Según lo afirman Dávila/Herrero en el libro *De Fraga a Fraga*, pág. 191, aunque José María Ruiz Gallardón no formaba parte de la ponencia, husmeó en los trabajos de la misma con la previa promesa de confidencialidad que no respetó, pues informó a Fraga de que dicho grupo pergeñaba un campo de minas contra su liderazgo.

[23] El autor, junto a Juan Manuel Fabra, acudió durante el mes de julio, por error, a un almuerzo en un restaurante próximo a Génova, 13, convocado para encuadrar gente en el plan sedicioso. Del mismo modo, el autor tam-

que no quisieron ser cuidadosos en el sigilo que exige este tipo de complot. La convención de dirigentes provinciales y regionales del 29 de julio se celebró con el propósito de reforzar el liderazgo de Fraga y, en esa dirección, el mismo interesado abortó una votación de adhesión innecesaria. Pero antes, sin embargo, ya José María Aznar había aseverado que "cuestionar a Fraga es un error que cometen desde hace mucho tiempo algunos *listos* de la política española, pues cuestionan al que más aporta"[24].

Con toda seguridad fueron elaborados dos informes: uno de la vicesecretaría de Acción Territorial, que regentaba Juan Ramón Calero, impreciso en sus términos pero extenso en cuanto que tomaba el pulso postelectoral a las 17 comunidades autonómicas, y otro que redactó Rogelio Baón en ocho folios, sólo referido a la conjura previo el procesamiento de gran volumen de información y que, yendo de lo particular a lo general, describía en términos generales la génesis, motivación, implicados y objetivos de la trama sedicente. Antes de ponerlo en conocimiento de Fraga, el informe en cuestión fue contrastado en sus contenidos con Javier Carabias —que confirmó el grueso de las aseveraciones[25] — y finalmente lo discutieron con Carlos Robles en el curso de un almuerzo.

El plan de Verstrynge preveía, en un principio, que Fraga fuese *convencido* para ir de candidato a la alcaldía madrileña a fin de no forzar la legalidad estatutaria. Una vez celebradas las elecciones municipales, si Fraga no era elegido alcalde la derrota le arrastraría a la dimisión como presidente del partido, y en el caso de resultar vencedor el Ayuntamiento le reclamaría la plena dedicación, viéndose obligado a ceder el sillón de la calle Génova, 13. En ambos supuestos sería convocado un Congreso extraordinario y el poder máximo lo ostentaría un colegio de cinco o seis prohombres.

Pretendíase que las elecciones municipales operasen con Fraga como el PSOE hizo con Tierno Galván, reduciéndole al destierro dorado de la Casa de la Villa, desprovisto de maniobrabilidad política y prestando prestigio a sus mandantes. Fueron sopesados con detenimiento las ventajas e inconvenientes de este *dulce apartamiento* de Fraga, pero la verdad es que los riesgos que entrañaba trocaban la decisión en amargura. Juan de Arespacochaga, por ejemplo, opinó de inmediato y reservadamente, con la experiencia de ex alcalde, que era una locura y la mejor forma de quemar a Fraga, porque desde el primer día en el Ayuntamiento tendría que aguantar huelga total en los transportes públicos. En todo caso, pesaban los riesgos por encima de todos los atractivos. ¿Y si no ganaba? Entonces ese revés empaparía de fracaso cualquier otra condición política.

Comprobado por distintas vías en torno a la festividad de Santiago que el plan sedicioso del secretario general de AP no se detenía, Fraga encargó al director de su Gabinete, Rogelio Baón —el autor de esta obra—, un memorándum que contemplara la sustitución de Verstrynge (persona, modo y fundamentos jurídicos y políticos)[26].

bién pudo escuchar una intervención de Íñigo Herrera, responsable político de los pueblos de Madrid, pidiendo paciencia a dirigentes locales en espera durante el mes de septiembre de acontecimientos de *alto nivel*. Del mismo modo, al autor le llegaron testimonios orales y escritos anónimos de algún que otro conspirador-espía.

[24] *ABC*, 29 de julio de 1986.

[25] Javier Carabias, que conocía muy bien a Jorge Verstrynge pues no en balde fue durante años estrecho colaborador, intervino en orden a mediar en el conflicto pero llegada la sedición estuvo al lado de Fraga, a quien fue a ver, por mediación de Rogelio Baón, a Perbes (La Coruña) a finales de agosto para reconfirmar la irreversible actitud del secretario general.

[26] El memorándum en cuestión fue un encargo directo y confidencial de Fraga a su colaborador, aunque bien es

Antes que Fraga emprendiese las vacaciones, todavía en los últimos días de julio se hicieron muchos esfuerzos por aplacar ánimos e inquietudes al tiempo que se abría en Madrid la III Legislatura donde, por lo tanto, era un polo político pletórico. Saltaba a la vista que todos en Génova estaban *pasados* de cansancio y tanto más el presidente de AP que, en contadas semanas, había soportado la presión del conflicto con el PDP, había sufrido un accidente milagroso de automóvil, se había intoxicado digestivamente y, por si fuera poco, le correspondía aplicar en la sede central del partido una economía de guerra para el próximo trimestre que había supuesto, por lo demás, negociar la mora y quita de créditos con los bancos. Pero lo que más le atosigaba era el rumor de la traición imparable de quien fue su *delfín*, Verstrynge, que en 1983 había declarado graciosamente al periodista Fernando Jáuregui: "Antes que muevan a Fraga como líder tendrán que pasar políticamente sobre mi cadáver. Fraga no podrá decirme nunca: *¿Tú también, Bruto?*".

Se impuso un período de descanso y reflexión en las vacaciones de agosto.

Pero las vacaciones en modo alguno apaciguaron la intriga conspirativa y cuando Rogelio Baón fue a Barajas a recibir a Fraga el 17 de agosto, de regreso de un viaje a Santo Domingo a la toma de posesión, por cuarta vez, del Presidente de la República, el venerable anciano Joaquín Balaguer, sólo bastaron tres palabras de Baón para dar respuesta a la única pregunta (*¿Cómo iba la conspiración?*): "Todo sigue peor". La expresión de decepción del villalbés acentuó el rostro de cansancio tras el largo viaje trasatlántico.

Sin recatarse de darlo a la publicidad varios días después de producirse la reunión que fue llamada por los periodistas "la conjura de Marbella", Verstrynge pretendió magnificar y extender la sedición por él urdida (con Olarra, Ruiz Soto y Camuñas) a los vencedores del VII Congreso incursos en cierto contrapoder territorial independiente: Hernández Mancha y García Tizón. Según todas las noticias se reunieron en la casa de verano de Gabriel Camuñas (propiedad de su anciana madre) y se concertaron en efectuar la renovación generacional si Fraga aceptaba ser candidato a concejal por Madrid. El compromiso incluía guardar silencio hasta después de varios meses, cuando se confeccionasen las listas municipales[27]. En confesión al autor, Hernández Mancha ha señalado "que no le gustó algo de lo que allí se habló y, aunque ni él ni García Tizón se comprometieron en nada, los convocantes utilizaron nuestra presencia al servicio de sus fines"[28].

El primero en manifestar públicamente su disgusto porque el tema alcanzase publicidad fue Osorio, quien aún prefiriendo opinar en los órganos del Partido señaló que "no le parecía descabellado, sino todo lo contrario, que Fraga sea el candidato de AP a la alcaldía de Madrid". En favor de la idea otros, atados por el compromiso marbellí, como Camuñas y Ruiz Soto, hicieron declaraciones contundentes al respecto. Pero el primero en contrarrestar esa corriente de pronunciamientos fue Fernando Suárez, que dijo que "sería una barbaridad" tal iniciativa porque "si gana tendría que consagrarse al Ayuntamiento y si pierde sería una catástrofe; el riesgo que corre es desproporcionado con lo que puede conseguir".

---

verdad que Baón se pronunció por el cese fulminante de Verstrynge en el informe de unos días antes relacionado con el plan sedicioso, porque la rebelión proyectada implicaba, obviamente, la pérdida de confianza. Sin embargo, se le daba salida al joven secretario general en una vicepresidencia y en la Fundación Cánovas.

[27] A la reunión de Marbella, celebrada en el chalé de Gabriel Camuñas, asistieron además del anfitrión: Verstrynge, Hernández Mancha y García Tizón.

[28] Testimonio de Hernández Mancha, quien al referirse que no le gustaba la reunión utilizó las expresiones: "Nos quisieron tratar como pardillos y a mí no me gustaba como rebuznaba aquella burra".

Fraga desde Perbes, en respuesta a esta tormenta seca de finales de agosto, concedió una entrevista[29] donde afirmó que en este asunto "no había dicho esta boca es mía". Y con vistas a rebajar la temperatura del debate y que éste provocase un incendio mayor señaló:

"(...) Yo siempre he dicho que estoy disponible para lo que haga falta y ocupar el puesto donde pueda servir mejor. Ahora bien, lo que yo no hago son aventuras poco estudiadas...

(...) Dudo que los precedentes franceses sean aplicable a España. Ahí está el caso del pobre Tierno, que en paz descanse, que cuando le hicieron alcalde de Madrid tuvo que dejar el Parlamento".

No acalló la polémica esta entrevista programada como *cortafuego*. Por el contrario, Luis Olarra replicó airadamente: "... No sé cómo Fraga puede quedar bien sin ser candidato... La pregunta es: ¿Fraga es capaz de ganarle a Barranco o no? Y, claro, si es que el líder del partido de la oposición no se atreve con Barranco, es un problema"[30].

La represión de la *Campana de Huesca*

Transcurridas las fiestas de San Ramón, patrono de Villalba, al filo de septiembre, Fraga emprendió camino de Madrid el día primero en automóvil, meditando los detalles de las medidas que ya tenía decididas ("no dejé de darles mil vueltas a lo largo del viaje", escribiría[31]). Que estuviera determinado a aplicar el principio represivo de la *Campana de Huesca*, es decir, lanzado a decapitar la rebelión en la persona de los dirigentes levantiscos como hiciera Ramiro II en aquella ciudad del Alto Aragón, le parecía lo pertinente, aunque las dudas oscilaban sobre cómo hacerlo dentro del esquema de luchas por el poder. La decisión era firme, como el bronce, y la quería ejemplarmente sonora a los cuatro vientos.

En la misma tarde del primero de septiembre Fraga acudió al despacho y en él se encerró, sólo conectado con el exterior por el teléfono y sin apenas despachar con ninguno de sus colaboradores inmediatos. Concertada con anterioridad —parece ser que dos semanas antes— únicamente estaba prevista una visita: la de los Ruiz Gallardón, padre e hijo. El villalbés le había encargado antes del verano a José María Ruiz Gallardón ocho proposiciones de ley sobre terrorismo, pero en aquel momento aquella importante tarea parlamentaria era una coartada. Todos lo sabían.

Cara a cara, Fraga les explicó el análisis de la situación que vivía el partido, en el contexto de la política nacional, y antes que la aceptación del puesto de secretario general que le ofrecía al *jurisperito* —tal como él llamaba al fiscal de veintisiete años que llevaba los asuntos legales del partido— quiso oírle[32]. El villalbés había optado por un secretario general joven, sin

---

[29] Entrevista concedida a Arturo Maneiro, del diario *ABC*, en su casa de descanso de Perbes y que fue publicada el domingo 24 de agosto de 1986. Esta comparecencia periodística del villalbés pretendió cortar la polémica sobre la afirmación "no me va a mover nadie la silla".

[30] Declaraciones a Europa Pres y publicadas en el diario *Ya* del 27 de agosto de 1986.

[31] *En busca...*, pág. 441.

[32] En el transcurso de la entrevista Fraga le pidió a José María Ruiz Gallardón que ayudase a su hijo no sólo con el consejo, sino incluso profesional y económicamente con el despacho que llevaba el joven fiscal excedente, que desde ahora no podría atender.

duda más moldeable, pero lo que sin duda pesó en su elección era que, en cuanto ponente congresual de Estatutos, conocía los mecanismos reglamentarios que habría que aplicar.

En efecto, Alberto Ruiz Gallardón, según se ha contado, aceptó de inmediato como trasunto de haberlo barruntado con anterioridad a la entrevista. Lo había pensado y es de suponer que también lo había comentado con su padre, por lo que se comprometió a encarar una nueva etapa, a dotar al partido de una estructura racional y profesional, reduciendo el presupuesto de gastos corrientes con arreglo a las medidas de austeridad emprendidas antes de las vacaciones. Al término de la entrevista, acaso emulando el valor que Franco daba a la sorpresa y discreción, Fraga pidió a los Ruiz Gallardón reserva absoluta.

Seguidamente, efectuada la oferta a Ruiz Gallardón, Fraga recibió a Jorge Verstrynge; en la primera toma de contacto con la oficina y en la conversación el presidente de AP no le dijo a su colaborador que lo iba a cesar, sino que le preguntó por las *novedades* del verano e incluso por la familia. El método de cese basado en la aparente continuidad, pues, fue también aplicado porque Fraga sólo le preguntó a su colaborador, como si se tratara de una incidencia perdonable, por qué había promovido su nombre de candidato a la alcaldía de Madrid. Por lo demás, le ocultó sus intenciones auténticas.

A toro pasado, Fraga ha escrito en sus memorias que la antedicha entrevista le confirmó que Verstrynge persistía en la rebeldía y tal vez por eso dedica un párrafo a la perniciosa ambición política:

> "(...) En este caso (el de Verstrynge), como en cualquier otro de aquellos meses dramáticos (parece referirse como el más relevante al de Barreiro), pude observar cómo algunas personas, cegadas por la ambición, pueden destruir en horas unas oportunidades creadas a lo largo de años. Una cabeza fría, una vocación política, unas oportunidades generosamente ofrecidas y mantenidas (incluso en momentos de notorios errores y fracasos) se frustran por pruritos de ascenso social fantasmagórico, por tentaciones burdas, por adulaciones bastas, por un último punto de desarraigo moral y de quiebra de esas lealtades que nunca debería fallar..."

Durante la tarde del primero de septiembre, evacuadas las conversaciones con el *entrante* y el *saliente* en la Secretaría General, Fraga despachó también con su cuñado Robles Piquer y con José María Aznar. Los vicesecretarios Calero y Rato no pudieron verse con Fraga porque estaban en viaje de regreso de sus lugares de veraneo.

Aznar, como otros de los llamados *cachorros,* actuaron cual guardia pretoriana de Fraga y en su defensa lograron que la *Operación Chirac* fuese entendida como una trampa para osos resultado de la traición. Y supieron más o menos con certidumbre esa misma tarde, porque el villalbés pidió veladas ayudas para lo que preparaba, que la *Campana de Huesca* sonaría tres veces, tantas como eran los cabecillas de la rebelión: Verstrynge —en trámite— y las remociones más adelante de Carlos Ruiz Soto y de Luis Olarra. Es de todo punto enigmático por qué Fraga no extendió la represión a Gabriel Camuñas, aunque puede interpretarse por dos motivos: porque le considerase *repescable* a la disciplina o, asimismo, porque no lo tuviese por peligroso.

Pese a que la noticia circuló antes por la prensa, Fraga efectuó discretas llamadas telefónicas, empezando por los vicepresidentes, y a los que encontró les anunció sus intenciones de relevar a Verstrynge. El destituido se enteró de su cese por confidencia nocturna de Fernando Suárez, quien le dijo que la noticia la daría al día siguiente el *ABC*, como así fue[33].

En la mañana del día 2 de septiembre, después de la reunión de maitines sacudida por la curiosidad sobre cómo se iban a desarrollar los acontecimientos, se efectuó el relevo en todos los órdenes. Antes Fraga había llamado a los más destacados dirigentes del partido, así como a José Antonio Segurado. Pero todos, lógicamente, se habían enterado por la prensa, por lo cual, la llamada del villalbés se quedaba en un esquivo gesto de urbanidad.

Cuando Verstrynge llegó a la sede ese día, se encerró en el despacho, a la espera de que lo llamara Fraga, y faltó a maitines posiblemente para evitar la humillación de que ante todos le despidiera *dándole las gracias por los servicios prestados*. A juzgar por cómo lo anota Fraga en su diario ("[...] me vi obligado a llamarle..."), todo apunta a que el villalbés contaba con esta escena para la representación de la *Campana de Huesca*, salvo que buscara el efecto de normalidad y continuidad (*aquí no ha pasado nada*). De todas maneras, después de maitines Fraga llamó a Verstrynge a su despacho y se vieron en un encuentro breve y tirante, que saldaba diez años de relación desde que el teniente coronel Javier Calderón lo contratara de empleado ("ese joven pelirrojo de cultura francesa y ex alumno de Manolo") del Gabinete de Orientación y Documentación, S.A. (GODSA), en la madrileña calle de los Artistas.

Por respeto al hecho histórico de la ruptura de un tándem que fue muy edificante en la construcción del partido de masas que ya era Alianza Popular, vale la pena reflejar las versiones de uno y otro de los personajes sobre su último encuentro. Mientras Fraga apunta en sus memorias[34] que le ofreció (a Verstrynge), con el relevo, su amistad y salidas razonables, los periodistas Luis Herrero y Carlos Dávila reproducen una escena que únicamente ha podido ser configurada con en testimonio de Verstrynge[35], cuyo diálogo transcurrió así:

> —Quiero que sepa que he decidido sustituirle por Alberto Ruiz Gallardón en la secretaría general.
> —Ya lo he leído hoy en los periódicos.
> —Yo preferiría que usted dimitiera.
> —Y yo preferiría que usted me cesara.
> —Se hará como usted quiera. ¿Le importaría estar presente en el acto del relevo?
> —En absoluto. Yo soy un hombre al servicio de Alianza Popular.
> —¿Y decir unas palabras de despedida?
> —No, eso no.
> —Pues, por favor, abandone su despacho antes de una hora y media.
> —De acuerdo, presidente.

Visiblemente molesto, Fraga le entregó una carta agradeciéndole los servicios prestados y le despidió con un protocolario apretón de manos".

---

[33] La redactora de política nacional de *ABC* Luisa Palma fue la periodista que dio más detalles del cese de Verstrynge en un alarde de agudeza, no acertando en la persona de quién iba a ser el sustituto, acaso para cubrir a la fuente informante tan bien informada. Esa noche hubo un tráfico telefónico intenso entre los dirigentes aliancistas, empezando por José María Ruiz Gallardón que reveló las intenciones de Fraga, entre otros, a Miguel Herrero, de veraneo en Salinas (Asturias).

[34] *En busca...*, pág. 443.

[35] *De Fraga a Fraga*, pág. 207.

La toma de posesión de Alberto Ruiz Gallardón se llevó a cabo sin pérdida de tiempo, según lo programado, a fin de evitar especulaciones o reacciones contrarias, y su ratificación estatutaria se haría por la Junta Directiva Nacional el día 9 de septiembre, martes, sin pasar antes por el Comité Ejecutivo previsto para el día 8, que se había suspendido dado que ese día en Madrid era fiesta local. Aunque se quería inscribir el relevo en un acto más normal que protocolario, en verdad Fraga quiso evitar cualquier oportunidad artillera a los críticos y ello se conseguía no pasando antes por el comité ejecutivo.

La designación de secretario general era ciertamente una competencia presidencial exclusiva contemplada en el artículo 48 de los Estatutos, como lo era también el nombramiento de los vicepresidentes entre los miembros del Comité Ejecutivo elegidos en listas abiertas por el Congreso. Esta cláusula de poder la ejerció el villalbés plenamente, si bien la decisión la *comunicó* a los miembros del Comité Ejecutivo y a otros afectados, como José María Álvarez del Manzano en cuanto portavoz municipal con mando sobre el concejal Ruiz-Gallardón, para evitar que confundieran una facultad presidencialista con un tic dictatorial. A todos los informados les invitó a que asistieran al acto protocolario del relevo y algunos, los menos, lo hicieron

Con el nombramiento al comienzo de septiembre de 1986 de Alberto Ruiz-Gallardón como secretario general de AP, Fraga ratificó a los tres secretarios generales adjuntos: José María Aznar, Juan Ramón Calero y Rodrigo Rato. La foto con los cuatro cachorros de Fraga era como un presagio sucesorio.

dando la sensación de normalidad. Otros, en cambio, se sintieron molestos porque hubieran preferido una decisión pactada, deliberada y no un acto de potestad. Realmente con todo ello pretendía Fraga arropar a Ruiz-Gallardón hijo, evitando que se dañara su imagen antes de tomar las riendas de la organización aliancista.

El relevo fue recibido dentro y fuera de AP con valoraciones distintas. Al fin, para muchos, la destitución de Verstrynge suponía que el grupo de Herrero había retirado el principal obstáculo que se interponía en la sede central para suceder a Fraga. Personalmente el portavoz parlamentario hubiera querido que el cese de su competidor hubiera tenido otro motivo distinto al de poner en tela de juicio el liderazgo de Fraga. Pero, aparte estos matices, aparecía como un instigador oculto del proceso. El hecho de que Alberto Ruiz-Gallardón fuera hijo de un gran amigo y colaborador inhibió a Herrero de cualquier otra acción porque en el cambio, en todo caso, salía ganando teniendo bajo su influencia a los tres vicesecretarios. En el nuevo escenario, descartado como candidato hasta el mismo Fraga, el camino de Herrero hacia la Casa de la Villa se acortaba, y eso que su domicilio está justo enfrente del despacho al que aspiraba conquistar electoralmente.

Del lado de los sedicentes, Osorio, que hasta última hora había protegido a Verstrynge, se apresuró a hacer protestas de lealtad a Fraga de que su iniciativa de hacerle aspirante a alcalde de Madrid no había pasado por la *conjura de Marbella*. Sin embargo, en el vértice de

Verstrynge hicieron declaraciones solidarias el hermano del presidente de Málaga, Francisco J. Lorca Navarrete[36], y el diputado valenciano Carlos Manglano[37].

En la prensa, sin embargo, en gran medida el acontecimiento caló como una involución dentro de AP, y desde el primer momento se caracterizó a Alberto Ruiz-Gallardón cual miembro del ala dura del partido —integrante de una *joven guardia* integrista— que era capaz de irritar al *viejo profesor* Tierno Galván. El hecho de estar casado con una hija del falangista Utrera Molina le fue descontado por algunos periodistas como una nota denigrante, dando prueba con ello de un sectarismo intolerante poco común.

Los editoriales de los dos periódicos más influyentes por una vez coincidieron el 3 de septiembre en decir, al glosar el acontecimiento, que se trataba de una contraofensiva de Fraga a la crisis de liderazgo que no remitía. Así, con el título "La caída del valido", el editorialista de *El País* señalaba que "... el gesto de autoridad no resolvía el problema de fondo planteado"; como por parte de *ABC* se afirmaba que "la cuestión de fondo continúa intocada". A lo que se veía, el reajuste era considerado incidental y retrasaba —que no evitaba— el problema de fondo: la sustitución misma de Fraga.

El camino sin retorno de Verstrynge

Cuatro días antes de la Junta Directiva Nacional, sin antes evaluar suficientemente los efectos de la aventura que emprendía, Jorge Verstrynge (y con él Ruiz Soto, Olarra y Camuñas) prefirió retar a Fraga con vistas a convocar cuando menos un Congreso extraordinario. Entraba también en sus cálculos provocar una escisión —con el abandono de varios diputados— y a no mucho tardar, todo ello *in extremis*, constituir un nuevo partido.

Esa actitud, desbordada de los ámbitos normales, suponía un camino sin retorno. Significaba ir más allá de la legítima lucha por el poder y en la que el frente Verstrynge-Suárez-Osorio se deshacía porque los dos últimos, vicepresidentes designados por Fraga, no querían seguir al joven rebelde en su reto personal contra quien les nombró, contra el fundador.

Antes que Verstrynge provocase internamente una moción de censura, Fraga permitió que se plantease un voto de confianza en la reunión de la Junta Directiva no pedido explícitamente por él, sino por alguien interpuesto que para la ocasión lo hizo —por inspiración de José María Aznar—, el presidente provincial de Burgos Vicente Mateos[38]. El escrito de apoyo a Fraga, con las firmas preceptivas[39], sería admitido como un punto del orden del día, pero la forma de

---

[36] Con el título *Fraga, jaque mate*, el médico Francisco Lorca Navarrete publicó en *Diario 16* (9-9-86), el mismo día de la Junta Directiva Nacional de AP, un hiriente artículo que anunciaba que la próxima jugada de Fraga sería jaque mate. Además de señalar el cese de Verstrynge como un "eructo autoritario", admitía "que por supuesto que detrás de la molesta propuesta para la alcaldía de Madrid había mucho más".

[37] Véase *El País* del 3-9-86, que reproduce la noticia de dimisión de José Lorca Navarrete y unas declaraciones de Manglano: "... donde esté Jorge estaré yo", había dicho el diputado valenciano.

[38] Vicente Mateos Otero, presidente de AP de Burgos, fue uno de los que denunció ante Fraga, a primeros de agosto, la conspiración que preparaban los sedicentes a través de una carta que se hizo pública en el programa de radio *Hora 25*, de la cadena SER. Según parece, el burgalés asistió a una reunión el 29 de julio en la que Carlos Ruiz Soto, presidente de AP de Madrid, habló de la necesidad apremiante de "eliminar al Zapatones (Fraga)".

[39] El escrito fue respaldado por 85 firmas.

votación, si a través de urna —votación secreta con papeleta— o a mano alzada, constituyó el núcleo de uno de los debates más ásperos habidos en AP. El texto de la moción incluía diversos párrafos, uno de ellos de gratitud a Verstrynge y de buenos deseos a Ruiz Gallardón, pero el punto sustancial recababa: "(...) el más terminante apoyo a Fraga, fundador y líder de nuestra fuerza política, candidato a la presidencia del Gobierno, para seguir orientándola y dirigiéndola en la consolidación de una oferta política de centro-derecha".

En orden a concertar la postura a seguir en la Junta, quince de sus miembros se reunieron en la casa de Gabriel Camuñas y acordaron solicitar la votación secreta[40]. Si el presidente no accedía a ello, la respuesta pactada —según la misma fuente— era que abandonarían la sala en señal de protesta.

El desarrollo de la reunión, reflejada en un acta muy sucinta, fue la escenificación de un drama sobre la lucha por el poder en el que, conocidos la exposición y el nudo argumental de antemano, el desenlace era previsible en términos fatalistas. Alfonso Osorio, de quien había arrancado la idea de que Fraga fuese *candidato a candidato* (de alcalde de Madrid) aclaró que él no estaba en la lucha por el poder, asegurando que cuando Fraga no estuviera al frente del partido él se retiraría. Protestas de apoyo al villalbés hubo muchas, pero especialmente significativas fueron las de Hernández Mancha —cerrada y vehemente— y las de Fernando Suárez y Miguel Herrero, con discursos que fueron aclamados. El vicepresidente leonés dijo, con velado sentido, que la puesta en votación del liderazgo era un signo de debilidad ("se estaba poniendo en evidencia"), y Herrero, tras afirmar que no militaba en grupo o corriente alguna y que no era fraguista sentimental sino político, sostuvo que dinamitar al líder suponía cargarse al partido.

Las ofensivas declaraciones de Luis Olarra de esa misma mañana a la revista *Época* llamando *mamporreros de Fraga* a quienes, en su entorno, colaboraban con él, fue el idóneo pretexto (encubriendo la más grave aseveración de que "la derecha con Fraga no gana") para que el villalbés ejerciese la represión sobre el vehemente empresario vasco, enviando su testimonio al Comité de Disciplina. Durante la misma Junta directiva Fraga se dirigió a Olarra, estando éste en el uso de la palabra, para preguntarle si consideraba dignas de análisis disciplinario tales declaraciones, a lo que el robusto guipuzcoano espetó despectivamente: "A mí eso me la trae floja"[41], en medio de una estruendosa carcajada.

Fraga exigía, como colofón de una argumentación gruesa sobre la existencia de tres o cuatro traidores, que se celebrase la votación inmediatamente y a mano alzada con arreglo a los estatutos (para ver "quiénes y qué votan", dijo) y, en función del resultado, dimitiría o continuaría en la presidencia.

Antes que se procediera a votar la moción, Verstrynge tuvo una intervención moderada en la que reconociendo el error de Olarra y de otros pidió clemencia. Sin embargo, la petición primordial —la de votación secreta— la formuló el ex secretario general arrogándose la condición de discípulo del impugnado aunque se olvidara de cuántas veces la vulneró él mismo estando en el poder. Según sus argumentos, y conforme a la doctrina de Mackensie, "el voto,

---

[40] Dávila y Herrero sostienen (*De Fraga a Fraga*, pág. 209) que a esa reunión asistieron Fernando Suárez, Francisco Tomey, Miguel Arias, Antonio Navarro, Gabino Puche, Mariano Rajoy, Adolfo Díaz-Ambrona, Antonio Hernández Mancha, Arturo García Tizón, Carlos Ruiz Soto, Gonzalo Robles, Jorge Verstrynge, Carlos Manglano y José Gabriel Díaz Berbel. Igualmente, afirman que Hernández Mancha y García Tizón se fueron a ver a Fraga, lo cual coincide con la reseña que el villalbés hace en sus memorias (*En busca...*, pág.444).

[41] El único periódico que recogió el hecho anecdótico fue *El País,* del 10-9-86, en la crónica de Anabel Díez.

para ser democrático, tiene que ser libre, igual y secreto". Verstrynge anunció que si no era atendido en su petición abandonaría la reunión. "Está usted en su derecho", aclaró Fraga mientras aquél se encaminaba hacia la puerta, en medio de un silencio abisal, secundado por Gabriel Camuñas, Luis Olarra y Antonio Fernández Jurado (presidente de AP de Huelva). Carlos Manglano no salió porque se encontraba fuera de la sala pero era uno de los sedicentes, y Carlos Ruiz Soto se esperó a salir después de la votación a fin de comprobar quiénes de los comprometidos "mostraban ahora lealtad inquebrantable". Según el testimonio de Verstrynge a la prensa, tampoco participaron en la votación el senador Jesús Díaz, la vicepresidente de NNGG Elena Utrilla y el procurador castellano-leonés Antonio Martín Beaumont.

Con la excepción de los ya citados, votaron a favor de la moción 206 presentes en el máximo órgano entre congresos (sin votos en contra), unánime refrendo del liderazgo que el interesado, rodeado de los denominados *jóvenes cachorros*, se encargó de pregonar ante los medios de comunicación:

> "(...) La unidad del partido ha quedado reafirmada de una forma definitiva. Cuando doscientas seis personas votan una resolución como ésta, es temerario plantear la cuestión del liderazgo".

La máquina disciplinaria se puso en marcha a raíz de la Junta directiva antedicha para suspender de militancia a Luis Olarra y a cuantos habían violado el principio de jerarquía, pero al final la decisión fue adoptada el 16 de septiembre y sólo afectó al empresario, miembro del Comité Ejecutivo elegido por sufragio, a la espera de que otros de los concertados reconsideraran su postura sediciosa[42]. Sobre el mismo Verstrynge se quiso enfriar el conflicto y ofrecerle nuevas oportunidades a través de diversos mediadores, reduciendo la confrontación a Olarra. Pero los acontecimientos no podían pararse.

Imantado por el carácter activo, ruidoso y espectacular de Olarra, quien había dicho una vez que si lo terroristas le hacían algo a él o a su familia "no se irían gratis", Fraga lo captó para AP y lo encumbró. A las puertas de la expulsión, el villalbés reconocería la torpeza de la que fue sujeto —la repulsión de dos polos del mismo signo—: "Olarra vino de mi mano, yo le llevé directamente al Comité Ejecutivo, y éste es uno de los errores graves que he cometido, error del que, por cierto, él no me acusa", subrayó Fraga con una pizca de sorna a la prensa.

La remoción del tercer sedicente con poder efectivo era Carlos Ruiz Soto, presidente de AP de Madrid, en cuyo ámbito se encuadraba la quinta parte del partido[43]. Este ginecólogo, con un dispositivo de duchos profesionales de la política que concentraban en una sola mano la actividad de las juntas, hubo de compartir presidencia (uno para Madrid capital y el otro para los pueblos) con el Embajador y Grande de España Marqués de Perinat, según una distribución absurda, antinatural, fruto del compromiso personal de Fraga con un colega diplomático, por-

---

[42] El diputado Carlos Manglano fue elegido al día siguiente vicepresidente de la Comisión de Defensa del Congreso de los Diputados, prueba de que no se pensaba someter a expediente su conducta de solidaridad con Verstrynge.

[43] Desde la etapa de estudiante de medicina, Ruiz Soto era un luchador político enmarcado en sectores izquierdistas del falangismo, llegando a ostentar el puesto de secretario general de los *Círculos Doctrinales José Antonio* durante los últimos años de la dictadura franquista. Experimentado en la actividad política directa, a él se debió la campaña de recogida de firmas que retiró el 3 por ciento de recargo en la contribución urbana; iniciativa *non nata* del gobierno autonómico que presidía el socialista Joaquín Leguina.

que si uno era populista el otro era un aristócrata con dudosa capacidad seductora en el llamado *cinturón rojo* de la capital (pueblos como Fuenlabrada, Getafe, Alcorcón, etc.).

La bicefalia aliancista de Madrid se resolvió finalmente en poder monocrático, formalmente en manos de Ruiz Soto desde que Perinat fue designado portavoz del grupo aliancista español en el Parlamento Europeo; pero esta solución contentaba a pocos en razón a que el VII Congreso Nacional había despertado el poder territorial, regionalizado, y Madrid tenía mucho peso para dejarlo bajo la dirección de un desconocido del gran electorado pese a que obtuvo el undécimo puesto en las listas abiertas.

El memorialista Fraga alude a Miguel Herrero en las reseñas correspondientes a los días 3 y 4 de septiembre pero no revela el contenido de ambas conversaciones, salvo sugerir que eran comentarios de la situación coyuntural. Únicamente Fraga da una explicación acerca de lo que hablaron, vertiendo sobre el interlocutor todo el mensaje conversacional al apuntar el 9 de octubre el siguiente comentario:

"Entrevista con Miguel Herrero, que también se interesa por la alcaldía de Madrid y por la presidencia de AP en la región madrileña[44]; está, en todo caso, fatigado de la portavocía del Congreso, que es, a mi juicio, el puesto que le va mejor; también se interesa por la presidencia de la Fundación Cánovas del Castillo".

El relato contradictorio lo proporciona Miguel Herrero en sus memorias, cuya versión había sido recogida con anterioridad por Fernando Jáuregui en la obra *La derecha después de Fraga*[45], y según la cual las conversaciones que sostuvo con Fraga los días 3 y 8 septiembre (esta última no reflejada por el villalbés) tuvieron el mismo contenido sobre la alcaldía de Madrid. Y si bien coinciden los dos memoriaslistas en la conversación sostenida el 9 de octubre, difieren sobre lo hablado. Así describe Herrero el episodio:

"(...) El 3 de septiembre de 1986 Fraga me pidió insistentemente que aceptara la candidatura a la alcaldía de Madrid. Le pedí tiempo para reflexionar y, ante su reiterada insistencia, le di el día 8 del mismo mes una contestación positiva que recibió alborozado, rogándome a continuación mantuviera secreta nuestra común decisión: 'Sobre todo que no se entere Osorio'...

Con todos estos datos, el 9 de octubre Fraga me comunicó que el candidato sería Álvarez del Manzano. 'Será un gran jefe de la oposición municipal', fueron sus palabras. Después me he enterado de que Fraga había comprometido en firme a Álvarez del Manzano desde meses atrás. Pero a mis preguntas sobre la causa de aquella decisión, Fraga me dijo, y repitió a terceros, que Alfonso Osorio había amenazado con un escandaloso portazo si yo era promovido a la candidatura municipal".

Al margen de dilucidar quién falta a la verdad —o quien efectúa la restricción mental jesuítica—, parece fuera de duda que Fraga cambió de opinión respecto de nombrar a Herrero can-

---

[44] El adverbio de compañía *también* parece introducirlo el memorialista (*En busca...*, pág. 450) porque el mismo día, en el curso de un desayuno con Segurado, éste le pidió lo mismo que deseaba Herrero: ser candidato a la alcaldía madrileña, aunque apostilla sobre el particular: "... Pero esa oportunidad ya la había dejado pasar".

[45] El libro aludido de Fernando Jáuregui fue publicado en 1987, en tanto que las memorias de Miguel Herrero datan de 1993, las cuales recogen también que Fraga había declarado el 4 de septiembre a la COPE que "Herrero puede ser un buen candidato".

didato *alcaldable* y, en su lugar, prefirió a Álvarez del Manzano, que abandonó el PDP para afiliarse a Alianza Popular.

La organización madrileña de AP, por otra parte, el 23 de septiembre destituyó a su presidente regional Carlos Ruiz Soto y confirió poderes al presidente nacional Manuel Fraga para nombrar una comisión gestora hasta la celebración del correspondiente congreso en el curso de una votación celebrada por la junta directiva regional que aprobó una moción en tal sentido por 239 asistentes a favor —a mano alzada—, cinco en contra y tres abstenciones; y siete militantes abandonaron la sala en compañía del cesado. La votación de la moción también se hizo ante Fraga, lo que el destituido entendía era una coacción. El texto magro de la moción, que la encabezó el diputado regional Gabriel Usera, decía:

> "(...) Los recientes acontecimientos en torno a la eventual candidatura de Manuel Fraga a la alcaldía de Madrid han puesto de manifiesto la falta de identidad entre los proyectos políticos de algunos dirigentes regionales de Madrid y el presidente nacional, creando entre el electorado una situación de confusión y desconfianza que necesariamente ha originado desprestigio y pérdida de imagen del partido..."

La endeblez de los argumentos que se esgrimían en el texto de la censura denunciaban, por el lado opuesto, un impulso revanchista contra las formas. Cuando lo normal hubiera sido que la moción se encaminase a celebrar un Congreso extraordinario que cesara al rebelde, se optó, en cambio, por un mecanismo purgativo excesivo para un puesto electivo[46].

La influencia del nuevo secretario general Ruiz Gallardón fue apreciada en el desarrollo de los acontecimientos, en lo concerniente sobre todo al apartamiento de Miguel Herrero del área de Madrid y acerca de la propuesta del presidente de la comisión gestora —lo que en el Congreso sería titularidad de *candidato oficial*— en favor del también concejal Luis Eduardo Cortés, licenciado en Derecho, gemólogo y dueño del restaurante Jockey. Parece claro que Ruiz Gallardón apostó por no *enajenar* el peso político de Madrid, poniéndolo a la guarda de un amigo sin aspiraciones en vez de en las manos de un barón ambicioso; jugada que, no mal vista por Fraga, le garantizaba ser el próximo candidato a la Comunidad Autónoma madrileña. El joven jurisperito ya se manifestó cual manantial de ambición política cuyos flujos tenían todo el sentido ante el futuro inmediato.

Cuatro diputados más al Grupo Mixto

La expulsión de Olarra y la destitución de Ruiz Soto al frente de la organización madrileña subrayaron la decisión de Verstrynge de abandonar Alianza Popular[47]. Y teniendo por objetivo crear un nuevo partido, llevarse consigo a un puñado de amigos: ¿Cuántos? ¿Quiénes? Durante el mes de septiembre, desde que fuera destituido, todo su trabajo consistió en atraer a la causa rebel-

---

[46] Antes de la junta directiva regional hubo oferta y contraoferta a fin de evitar el choque en la reunión. Fraga deseaba que Ruiz Soto presentara la dimisión, pero éste se negó y pidió ser respetado en el puesto hasta después de las elecciones municipales, que igualmente se desestimó. De lo contrario, deseaba la destitución.

[47] Diversos testimonios expresados al autor (Ricardo Fernández, Gonzalo Robles y Javier Carabias) coinciden en afirmar que Jaime Boneu, amigo y asesor de Verstrynge, ejerció una perniciosa influencia en torno a la ruptura con Fraga. El villalbés y Boneu, leridano que había sido profesor ayudante en la Facultad de Ciencias Políticas, no ocultaron nunca la recíproca animadversión que se tenían.

de a cuantos le eran tributarios de una u otra forma en el puesto que ostentaban en el partido. El propósito era utilizar dicha concertación internamente como una corriente que disputaba el poder, pero la intervención del comité de disciplina en el caso de Olarra precipitó, no sin cierto vínculo de solidaridad, que se planteara el irse todos juntos. No obstante, la primera discusión seria entre los juramentados fue precisamente cuándo se escindían, si antes de las elecciones autonómicas vascas (noviembre) o después de las elecciones municipales de la primavera de 1987.

Se iban no a sus casas sino a crear un nuevo partido: inicialmente con la denominación Partido Popular Progresista (PPP), embrión que pretendía recoger lo más avanzado socialmente del partido del que se escindían. Mucho antes que concertaran el entramado ideológico común, habida cuenta de la heterogeneidad de quienes emprendían la nueva aventura, *Diario 16* adelantó el pase al Grupo Mixto de varios diputados[48]. Tan pronto como se supo la noticia —que en principio era especulación o conjetura— desde AP comenzó todo un bombardeo de condenas y amenazas disciplinarias, sin duda con el propósito de disuadir a eventuales seguidores. Fraga, sea por caso, habló de que los que se pensaban ir cometían un fraude electoral, y Ruiz Gallardón padre declaró que desearía "que contribuyan económicamente a pagar el escaño por el que salieron elegidos". Es más, personalmente y a través de sus colaboradores el villalbés disuadió a distintas personas de que emprendieran aquella aventura sin futuro. Quien fue más tocado para que se uniera a los rebeldes era Gonzalo Robles, presidente de Nuevas Generaciones, con quien se completaba el número de cinco diputados necesarios para constituir, en su caso, subgrupo parlamentario[49], aparte que con él podrían acudir muchos jóvenes. Recibió presiones de todo orden y las superó, pese a que el periodista Carlos Dávila, según ha declarado Robles, publicó en radio y prensa que existía una carta que le comprometía a pasarse con los tránsfugas. Y como lo negara, Dávila le llamó irresponsablemente traidor[50]. A raíz de ello, a la mañana siguiente, Fraga llamó a Gonzalo Robles y le preguntó ¿qué iba a hacer? "Lo que he hecho siempre. Yo cuando me afilié al partido lo hice atraído por usted; no conocía a Verstrynge ni sabía nada de él; y si tuve una buena relación personal fue porque usted la potenció", contestó el dirigente de los jóvenes aliancistas[51].

En realidad, Verstrynge y los demás sedicentes se habían instalado en un apartamento en frente del Congreso de los Diputados[52], habilitado como cuartel general para los primeros pasos del partido en ciernes. Decididos a irse al Grupo Mixto, Verstrynge aspiraba por todos los medios a que fuesen más de cinco diputados los *tránsfugas* para el improbable caso de for-

---

[48] Aunque la noticia fue de *Diario 16* del 3 de octubre (información de Jorge Fernández), realmente quien primero se refirió al proyecto de nuevo partido fue Lorenzo Contreras en *ABC*, comentario que se titulaba "Los buitres" ("... Bajo el signo de esas tres 'p' nacerá en los próximos meses, si la sensatez y la cordura no lo evitan antes, el Partido Popular Progresista, una especie de Alianza Popular más centrada en teoría..."

[49] Por virtud de una resolución de primeros de septiembre de 1986, de la presidencia del Congreso, se otorgó el derecho a constituir subgrupos parlamentarios con cinco diputados dentro del Grupo Mixto, con las mismas facultades en la práctica que los grupos parlamentarios, excepto la dotación económica. Es decir, podían formular enmiendas y disponer de tiempo propio para la tribuna de oradores.

[50] *Diario 16*, acaso por informaciones defectuosas o interesadas, siempre publicaba que eran cinco los diputados que se separaban del Grupo Popular, cuando en realidad siempre fueron cuatro. Inicialmente implicaron al diputado por Sevilla Francisco Rausell Ruiz, y ante la negativa de éste, se quiso implicar a Gonzalo Robles Orozco.

[51] Testimonio de Gonzalo Robles al autor, a lo que añadió que durante ese verano, a fin de no secundar la conspiración que traía entre manos Verstrynge, dijo que se iba de vacaciones al extranjero para "quitarse de en medio", aunque en realidad estuvo también en Marbella.

[52] El apartamento estaba situado en el número 44 de la carrera de San Jerónimo y era propiedad del que fuera jefe de gabinete de Verstrynge (y socio en un modesto negocio de hostelería) Ricardo Fernández.

mar grupo parlamentario propio si se reformase el Reglamento de las Cortes; y con tales miras estaba en conversaciones con Mario Conde, dispuesto a ayudarle económicamente acariciando la idea de tener una organización nodriza desde donde poder aterrizar en política.

Habida cuenta del estado de opinión de que Verstrynge y tres diputados más abandonaban Alianza Popular (Olarra ya estaba suspendido de militancia) para constituir otro partido político, el comité de disciplina que presidía Félix Pastor se vio forzado a requerirles de presencia el lunes 6 de octubre para que confirmaran o desmintieran las informaciones sobre dichos propósitos[53]. Los citados no comparecieron y, según confesaron, la citación antedicha precipitó la decisión de integrarse en el Grupo Mixto, lo que hicieron inmediatamente. En declaraciones desde Marbella, donde se hallaba pasando el fin de semana de la citación en la casa del odontólogo Lorca Navarrete, el ex secretario general aliancista confirmó a diversos periodistas que antes de un mes crearía un nuevo partido, con tiempo para concurrir a las elecciones municipales de junio de 1987.

Ciertamente, el día 7, martes, los diputados Verstrynge, Ruiz Soto, Manglano y Camuñas hicieron llegar al presidente del Congreso una carta solicitando el pase al Grupo Mixto, lo que suponía su ruptura con Alianza Popular y su correspondiente grupo parlamentario. Del hecho los tránsfugas informaron acto seguido en una rueda de prensa: "No merecíamos terminar ante un comité de disciplina, no teníamos nada que decir ante él", dijo Verstrynge. Otro de los informantes, preguntado sobre si pensaban crear un nuevo partido, declaró afirmativamente aunque —dijo— sin tener calendario. Y a la pregunta si contaban con dinero, contestó taxativo: "Poco, pero hay".

Durante varios días, como contrainformación, el grupo de tránsfugas hicieron intentos de calar en la sociedad la opinión de que eran expulsados y no huidos voluntarios, siendo jaleados en su cometido por *Diario 16*, cuya redacción tenía las primicias noticiosas, como, sea por caso, que el partido o plataforma política en ciernes tenía ya sede propia, un local de 180 metros cuadrados en la calle madrileña de Capitán Haya, donde ya había trasladado su despacho Verstrynge[54].

En respuesta a la rueda de prensa antedicha, Fraga salió de nuevo a la palestra, también el día 7[55], en punto a defender el diálogo que él hubiese deseado pero que no se celebró con los disidentes. Contó a los periodistas que el 2 de agosto se despidió de Verstrynge con una cita para almorzar, a la que no respondió; y que también dio una cita a Gabriel Camuñas "ayer mismo (6 de octubre) y luego no se presentó".

Entre reproches de felonía hacia los disidentes y en particular acerca de Verstrynge, Fraga sacó de su fondo de tristeza una frase de hastío:

"(Son) el grupito que sigue dando el coñazo, pero las aguas volverán a su cauce, porque AP no se fragmenta y su base está más sólida que nunca. (...) No se produce

---

[53] El comité de disciplina quería indagar asimismo si ciertos documentos publicados por los medios de comunicación se debían a su actuación, máxime tratándose de documentos internos que él se llevó, se dijo por entonces.

[54] *Diario 16* del 8 de octubre de 1986, crónica de Carlos Dávila, en cuyo número se magnificaban informaciones sobre el alcance de la crisis —los abandonos en pos de Verstrynge— en distintas provincias.

[55] Declaraciones en el curso de un desayuno con periodistas en Madrid (con la tertulia de mujeres periodistas *Los desayunos del Ritz*).

esta situación por una diferencia ideológica, sino por el control de la sucesión, por el quítate tú que me pongo yo".

A partir de ahí, en los siguientes días, no sólo Fraga evitó referirse despectivamente sobre Verstrynge, es que rogó encarecidamente en una de las reuniones —en maitines— que se procurase hablar del futuro y no enzarzarse con los tránsfugas en peleas dialécticas estériles. Es fácil pensar que con esta actitud se evitaría *dar cancha* periodística, pero no cabe descartar igualmente que el villalbés estaba hondamente dolido al tiempo que carecía de *rencor histórico*, una de las notas de su carácter.

A los efectos de reconstrucción histórica cabe señalar que el día 9 de octubre, aunque sobre el particular guarda silencio en sus memorias, comenta: "Sigo recogiendo dinero para que el partido pueda tirar un cuatrimestre", Fraga almorzó en el Club 24 con Mario Conde y Juan Abelló, acompañados por el colaborador profesional de éstos Félix Pastor. Parece ser que le prometieron ayuda económica, pero lo que también hicieron fue recomendarle que abandonara el liderazgo de Alianza Popular. Desde luego lo que no hizo Mario Conde (ni con mayor obligación Félix Pastor) fue informar a Fraga que estaba ayudando económicamente a Jorge Verstrynge para que constituyera un partido o plataforma política sedicente de Alianza Popular[56].

En realidad la crisis de Alianza Popular no era una cuestión de disciplina. Latía en el fondo, so pretexto de los conflictos internos, un problema de identidad —de ideario y de liderazgo— pero que la espectacularidad informativa de los enfrentamientos personales hurtaba el verdadero debate. El escoramiento hacia la derecha del socialismo dejaba sin sitio, apretujándole en el conservadurismo puro, a Alianza Popular que hacía un debate falso con mensajes tremendistas sobre los males que se derivaban de un *gobierno rojo*.

Nada de debate ideológico. Lo puso una vez de manifiesto Jorge Verstrynge como remate de su marcha de AP, diciendo al cabo de diecinueve años de militancia: "Yo no soy de derechas; me considero un progresista cercano a la socialdemocracia", en rueda de prensa con varios periodistas de *Diario 16*. En el curso de la cual reveló que Alberto Ruiz Gallardón, ante el profesor Juan Díaz Nicolás y las respectivas esposas, le conminó a que aceptase la sucesión de Miguel Herrero o, de lo contrario, empezaría la guerra[57]. Guerra de personas, parece deducirse, lo contrario de la lucha en la izquierda: menos fulanista y casi siempre revestida de solidaridad en y para el todo.

Barreiro, el otro delfín rebelde

La crisis de Galicia en las postrimerías de 1986, sobre el pretendido relevo de Fernández Albor al frente de la Xunta, es una cuestión oscura y compleja en la que ha menudeado la desinformación y la pasión. Los protagonistas, Manuel Fraga y José Luis Barreiro, han hablado poco —no desinteresadamente también— y ambos han padecido la presencia de un grueso

---

[56] Testimonio de Juan Abelló al autor, a quien añadió que, en su opinión, Fraga *fue seducido* políticamente por Conde acaso por ser ambos gallegos pero sin percatarse el villalbés de quién era en realidad el joven abogado del Estado.

[57] *Diario 16* del 10 de octubre de 1986, rueda de prensa con Carlos Dávila, Jorge Fernández, Jiménez Losantos, Carmen Rigalt y Justino Sinova.

núcleo de corifeos y exégetas que han antepuesto la conveniencia personal a la verdad histórica. En la relación Fraga-Barreiro hubo siempre un punto equívoco, insincero, de utilización mutua... Se toleraron mientras se necesitaron, pero cuando medió el futuro político de Galicia el envite de ambos rompió la unión de conveniencia y los socios se mutaron en enemigos.

Ya en las elecciones autonómicas de octubre de 1985, Alfonso Guerra pronosticó que para presidir la Xunta gallega había un *tapado* detrás de la candidatura oficial de Gerardo Fernández Albor. El rechazo de Albor en tres votaciones de investidura durante enero y febrero de 1985 alentó el destape del fraude de que, como se dice de los ríos Miño y Sil, en el nuevo gobierno habría dos titulares del poder: Albor que llevaba la fama y Barreiro el agua. Acaso en la lógica parlamentaria, tras las votaciones fallidas, correspondía presentar a otro candidato y deshacer el equívoco de una vez, pero no interesaba. Fraga insistió en que fuese Albor el candidato presidencial, a la cuarta la vencida, aceptando las *seis medidas para moralizar la vida pública* que como condiciones para apoyar la elección —absteniéndose— antepusieron los reformistas de González Mariñas[58]. Este subrayaría que "... la investidura viene a consagrar la interinidad política gallega".

Efectivamente, Coalición Galega, partido bisagra, al fin facilitó la elección de Fernández Albor, pues de lo contrario se hubiera condicionado la celebración del referéndum de la OTAN en la fecha de marzo prevista, pero el gobierno gallego nació congénitamente débil, con el estigma de la bicefalia.

Hasta la crisis de octubre de 1986, producida por rebelión del vicepresidente y cuatro consejeros (la llamada *conjura de la Biblia*), transcurrieron nueve meses en los que Barreiro incubó el hastío del segundón y decidió hacerse con el poder. Las circunstancias que sustentaron el proceso son difíciles por sí mismas de analizar en términos políticos, pero son mucho más complejas en Galicia, donde en la organización de Alianza Popular se mezclaban las relaciones políticas con las institucionales, donde provincias y ayuntamientos constituían feudos políticos con notable autonomía y, por si fuera poco, donde los gobiernos de cualquier ámbito territorial son coaliciones de varios partidos. Con tal dispersión —geográfica, de carácter y de poder— la autoridad de Fraga sobrevolaba las taifas o baronías sin auténtico mando efectivo, pero tampoco cabía esperar el surgimiento de una cúpula de poder regional preponderante[59].

Mientras en el Parlamento de Galicia se dilucidaba el gobierno, Alianza Popular celebraba, también durante el mes de enero, los congresos provinciales para restañar en el territorio las heridas que el reparto de poder —la selección de candidatos— había infligido a unos y a otros. En Orense fue elegido presidente provincial Ángel Mario Carreño, ingeniero de Caminos oriundo de Asturias que había ostentado la consejería de Ordenación del territorio, encabezando la única candidatura y arrumbando al sector *provincialista* que dirigía David Ferrer. Y al

[58] Fernández Albor fue elegido presidente de la Xunta en la cuarta votación (34 votos a favor, 22 en contra y 11 abstenciones) el 21 de febrero, según la apuesta hecha en su favor por Fraga y toda AP, en cuyo VII Congreso Nacional —porque así fue pedido— resultó el más votado entre los 30 de las *listas abiertas*.

[59] La doctora Nieves Lagares sostiene y argumenta la teoría de la dispersión en la tesis doctoral *Génesis y desarrollo organizativo del Partido Popular en Galicia*, y va más allá cuando sostiene que hay redes territoriales distribuidoras de incentivos (pág. 341): "Las redes, sobre todo las estructuras informales, que superan incondicionalmente el ámbito estrictamente organizativo del partido, se convierte así en una ilimitada fuente de recursos sociales para la organización". La diputaciones provinciales ejercen el papel de oficina de encuadramiento político-electoral, tanto más si, como en Orense y Lugo, el presidente de la Diputación es asimismo presidente del Partido.

grupo de la senadora María del Carmen Lovelle, con arraigo en Verín y que sería expulsada finalmente del partido junto a Jaime Tejada meses después. En La Coruña, José Manuel Romay se alzó asimismo con el poder, en candidatura única, frente a la oposición de la diputada María de la Victoria Fernández España, que quiso invalidar el Congreso y que luego abandonó el partido con el falso pretexto de la postura sobre la OTAN. En Pontevedra ya había reafirmado su liderazgo José Luis Barreiro, con la implícita oposición de Mariano Rajoy, y en Lugo, a su vez, Francisco Cacharro impuso el concepto provincia sobre la capital, que gobernaba Quiroga, tras un rosario de conflictos en la tierra misma del fundador del partido.

Por cierto, ante tanta refriega y dispersión, Fraga sublimó la paradoja en uno de dichos congresos evocando el grito de guerra de *los mosqueteros* de Alejandro Dumas: "Somos todos para uno y uno para todos, la fuerza que va a salvar a Galicia"[60].

En realidad se contraponían dos concepciones del centro-derecha. La de Fernández Albor sintetizaba a la sociedad gallega *paternalista*, tradicional y culta, cuyo autonomismo regional era meramente nominal dentro de una galleguidad más literaria que reivindicativa, con arreglo al modo sentimental que el patriarca Otero Pedrayo pensaba de la región céltica. Según esa línea, la personalidad del cirujano Albor encajaba en la burguesía de prestigio, pero sin dotes para la confrontación partidista y parlamentaria.

José Luis Barreiro, de extracción social modesta y con formación jesuítica respecto del método, era un motor de la autonomía gallega —fue un relevante negociador del Estatuto— desde un profunda convicción galleguista de izquierdas aunque, por razones de oportunidad laboral, recaló en Alianza Popular. La equiparación en términos generales que la Constitución había hecho de la autonomía gallega respecto de Cataluña y País Vasco permitía, sólo en el papel, la creación de un partido nacionalista gallego con capacidad de gobernar. Ese era el error, y acaso en él incurrió Barreiro cuando descargó precipitadamente su *golpe de mano* en la Xunta, luego de haber procedido a la normalización lingüística a través de una televisión propia, como así hicieron previamente el PNV y CiU en sus respectivas Comunidades escasamente dos años antes. Al poder en Galicia sólo se podía acceder a través de un partido estatal (con UCD o AP o PSOE) y la limitada vocación nacionalista de ellos taponaba cualquier otra iniciativa, por lo que Barreiro era sentido por muchos aliancistas gallegos como un *hábil impostor,* y él, a la postre, debía sentirse más caballo de Troya que predicador en tierra de infieles. Y si la política es una ciencia que estudia las contadas oportunidades para el triunfo, la rebelión de Barreiro fue una de aquellas iniciativas abocadas al fracaso, tal vez por impaciencia. En política, como en la escalada alpina, los últimos metros hasta coronar la cima han de ser recorridos con arrojo pero también con la precisión del relojero.

El confuso arbitraje de Fraga

Barreiro y Albor eran un tándem de Alianza Popular para la gobernación en Galicia desde 1981, cuya andadura, a partir de que Romay se fue a Madrid como diputado nacional, era firme y segura a base de pactar constantemente a dos bandas: con las provincias y sus diputaciones, de un lado, y con los tres partidos coligados que conformaban Coalición Popular en Galicia (PDP, PL y Centristas de Orense).

---

[60] Véase resumen de agencias del 26 de enero o *ABC* del mismo día.

A lo largo de 1986 el binomio se había desgastado y Barreiro manifestó su deseo de ser él titular, primeramente con el beneplácito de Fraga. Reforzaba tal deseo la lucida gestión desempeñada por la Xunta con el impulso, en gran medida, del vicepresidente, quien nunca dejó de observar a los demás siendo él —quizás desde más puntos de mira— intensamente observado. Barreiro sentía la tentación de liderar Alianza Popular sin engarzarse en el aparato central del partido, si bien contando con la *alta dirección y consejo* del villalbés. Esa pretendida independencia se advertía a diario, pero nunca supuso un problema grave. Barreiro ha dejado dicho repetidamente que se sentía señalado para heredar el poder después que lo dejara Fernández Albor, pero las condiciones para ese relevo no han sido conocidas, aunque puede presumirse sin riesgo al proceso de intenciones que el vicepresidente de la Xunta, una vez vistas las dificultades que asaltaban a Fraga después del fracaso electoral en las generales, socavando profundamente su liderazgo, tuviese prisa. Prisa que se tornaría precipitación en su revelación al villalbés, en su concepción estratégica y en su ejecución de ocupar cuanto antes el sillón del palacio de Raxoy.

La primera vez que Barreiro planteó a Fraga su deseo sucesorio, con apremiante concreción, fue el 2 de julio de 1986 mientras que el *jabalí de Villalba* se debatía ante los medios de comunicación como víctima de deslealtad de los democristianos[61]. Se fueron a cenar dicho día para hablar de Galicia. Según parece[62], Barreiro llevó al ánimo de Fraga la dificultad insostenible que suponía que gobernase Fernández Albor, falto de temperamento y de acción ante los grandes problemas de Galicia. La crisis se agravaba porque se requería iniciativa y liderazgo para lograr cierta convergencia —el partido moderado de componente nacionalista— entre los partidos de Coalición Popular, y para ello contaba poco el cirujano compostelano. Una vez más, el villalbés alentó a Barreiro para que actuase en esa dirección con poder; pero en cuanto a sus ansias sucesoras le pidió calma, en la idea de que sería en el futuro lo que le pedía ahora. Y pospuso la conversación hasta agosto, tras ver cómo evolucionaban las circunstancias.

La versión memorística de Fraga no es contradictoria con lo anterior[63]. Es sintética y directa:

> "(...) Cena con José Luis Barreiro, vicepresidente de la Xunta. (...) Quiere ser ya presidente del Xunta; le advierto sin lugar a dudas que su momento no ha llegado, que no es posible defraudar al electorado que ha votado a Fernández Albor y que, en todo caso de ningún modo podré consentir intrigas que debiliten la solidez de AP y la gobernabilidad de Galicia".

La interpretación es antagónica, porque divergen por cuestión de fondo y no de matiz, en los relatos acerca la segunda conversación —si en uno o varios encuentros— que celebraron Fraga y Barreiro, en la residencia de verano del villalbés (en Perbes), durante el mes de agosto. Cora, el autor de la biografía política de Barreiro[64], asegura que apenas llegado de vacaciones Fraga recibió al vicepresidente de la Xunta y le anunció que ponía en marcha el relevo de

---

[61] A juzgar por el repaso de los periódicos de aquellos días Madrid era un hervidero de rumores y, de añadidura, Fraga desenvolvía una enervante actividad frenando o contraponiendo intrigas contra él o contra su entorno, al tiempo que intensificó sus salidas a los medios de comunicación. Ese mismo días 2 de julio estuvo grabando un programa con Pedro Ruiz (*Pedro por su casa*) y compareció además en el programa radiofónico de Encarna Sánchez, en la COPE.

[62] Versión descrita por José de Cora, *Barreiro contra Barreiro*, pág. 185 y ss.

[63] *En busca...*, pág. 438.

[64] José de Cora, *op. cit.*, pág. 187 y ss.

Albor, y que él mismo se lo diría. Dicho autor añade otro testimonio adicional: el de Vicente Quiroga, concejal a la sazón de Lugo, veraneante también de Perbes. El 2 de agosto le dijo al edil, al término de una partida de dominó, que "iban a ocurrir determinados acontecimientos y que a partir de hoy el hombre mío en Galicia se llama José Luis Barreiro". Es lo cierto que doce días después, antes de emprender viaje a Santo Domingo, Fraga llamó de nuevo a Quiroga para decirle que tuviese por no recibida la información del día 2 de agosto. Cuando le comunica la retractación a Quiroga, sobre la mesa de su despacho Fraga tenía la revista *Tiempo*, abierta por donde se publicaba una entrevista con Jorge Verstrynge.

El silencio que Fraga guarda sobre tal arrancada y marcha atrás es absoluto en sus memorias. No es que niegue el memorialista los hechos, es que no existen, aunque todo parece indicar que sucedieron y que Fraga los oculta como el patinazo imponente que fue.

¿A qué se puede atribuir tan súbito y radical cambio de opinión? La más afinada interpretación parece residir en que Fraga no quería cambios una vez había decidido destituir a Verstrynge, cuyas declaraciones constituyeron la prueba inequívoca de la traición. Y si poner en relación ambos hechos no es desatinado, tampoco lo es, de otra parte, que Fraga recibiese por esos días alguna *carga* —en forma de consejo— contra Barreiro por parte de algún solvente enemigo. Con todo, al regresar de Santo Domingo, Fraga se vio por separado con Albor y Barreiro, con éste el día 20 en Perbes, para suspender el proyectado relevo.

El periodista Cora ha descrito el contenido de la entrevista y sostiene que Fraga le justificó a Barreiro la no ejecución del acuerdo anterior porque se proponía cesar a Verstrynge y emprender en el partido distintas reformas, pero que "en cualquier caso debía seguir con la idea de sustituir a Gerardo en todas las decisiones de Gobierno". Quedaron igualmente en celebrar una reunión los tres en Madrid a fin de acordar conjuntamente el reparto de papeles.

El cariz de evasiva que tenía el encuentro pudo muy bien ser atemperado por el comentario que, según Cora, Fraga le hizo a Barreiro en torno a que reunía los requisitos para ser secretario general del partido, pero que creía que era más necesario en Galicia[65].

Entiende Cora, al igual que su biografiado, que en este asunto la referencia memorística de Fraga es totalmente interesada (fruto de maquillar datos, frases y contenidos): "(...) Vi el martes 19 al presidente de la Xunta, al que di ánimos y ratifiqué mi pleno apoyo; el miércoles 20 al vicepresidente Barreiro, al que volví a advertir seriamente que no aceptaría más intrigas ni movimientos desestabilizadores".

El prometido encuentro tripartito para arbitrar *paz y orden* lo convocó Fraga para el 30 de septiembre, en un almuerzo *secreto* —que todo el mundo conocía de antemano— en el restaurante madrileño del Club 24, tan preferido del villalbés. Antes que contraponer en el conflicto actitud, talante y estilo de gobernante —de lo que en realidad se trataba— entre presidente y vicepresidente, alguien *filtró* a la prensa la filosofía política de que Albor encarnaba el

---

[65] Preguntado Barreiro cuatro años después si hubiera aceptado el cargo caso de que Fraga se lo hubiese ofrecido formalmente, contestó que probablemente, máxime si no le garantizaban los problemas de Galicia (se entienden los del relevo de Albor). Javier Carabias, que fue muchas veces mediador entre ellos, ha manifestado que Barreiro le confesó que sus aspiraciones terminaban en el Padornelo (el valladar montañoso de acceso a Galicia) y, de otra parte, ha opinado que si Fraga le ofreció a Barreiro dicho cargo lo hizo sin convicción alguna y esperando la negativa.

centro-derecha de partidos estatales mientras que Barreiro representaba, con oportunismo de pactos, el nacionalismo civilizado y emergente en Galicia[66].

La conversación giró, pues, en torno a un reparto de poder, pero su desarrollo y conclusiones son diferentes según el expositor. Cora, que ha reconstruido el conflicto con los testimonios de Barreiro, reproduce en forma de diálogo el núcleo de la disputa[67], en el sentido de que al de Forcarey se le ofrecía seguir siendo el delfín.

> "(...) —Gerardo y yo mismo —dice Fraga a Barreiro— estamos de acuerdo en que usted sea el próximo presidente de la Xunta. Creemos que es la única solución que queda y, por lo tanto, desde este momento tiene usted que considerarse el sucesor investido".

La reunión, después de dos horas y media, no reconcilió las posturas porque Barreiro insistía en negarse a gobernar mientras Albor cortaba las cintas en las inauguraciones. Sin embargo, Fraga defendió prolongar la diarquía y recomendó a ambos la división del poder: uno, apariencia, y el otro, realidad, con la promesa de que Barreiro sustituirá a Albor en el futuro.

Según la versión de Fraga, en cambio, se creyó artífice de la paz y lo dejó dicho con este testimonio inequívoco[68] :

> "Almuerzo muy importante, por lo que luego se verá, con Fernández Albor, presidente de la Xunta de Galicia, y su vicepresidente, José Luis Barreiro. Este último presionaba cada vez más para saltar a la presidencia; era necesaria una explicación definitiva. Creí haberla logrado en aquella comida; debía celebrarse el congreso regional y ambos repetir como presidente y secretario general. Albor debía completar su segundo mandato, y después Barreiro sería el candidato. Hasta entonces, 'paz y bien' como yo anoté en mi diario. Por desgracia, muy poco después, Barreiro volvió a creer que en las difíciles circunstancias del partido podría salirse con la suya, y cometió a la vez un crimen y un error".

El remate del párrafo es inmisericorde (aunque rompe la técnica narrativa anticipando el futuro) al traer a colación a Tayllerant, que dijo que es preferible un crimen a un error, señalando al efecto la doble autoría de Barreiro: la de ser parricida torpe.

La conjura de la Biblia

No convencido del resultado de la reunión tripartita del 30 de septiembre, Barreiro quiso aprovecharse de la técnica de los hechos consumados tan productiva en política extendiendo el conflicto, a ser posible, a todos los consejeros frente al presidente. Porque de este modo se descargaba de ambición subjetiva y aparentaba una crisis no buscada.

Barreiro solía repetir el consejo que un día le diera Fraga: "Si teme que le pueda parar en alguna actuación, hágala antes de consultarme". Jurídicamente la remoción de Albor debía

---

[66] Despacho del 30 de septiembre de la Agencia Gallega de Noticias.
[67] *Barreiro contra Barreiro*, pág. 205.
[68] *En busca...*, págs. 448-449.

pasar, contra su voluntad, por una moción de censura, impensable de plantear desde el mismo bando. Cabía, pues, un *golpe de mano* indirecto: forzando la dimisión de Albor si previamente todo su gobierno le denunciaba la incapacidad de dirección y de proyecto políticos. A tal objetivo se dirigió lo que fue llamado la *Conjura de la Biblia*, acaso porque hubo un juramento a la antigua usanza de los concertados para unir su destino político y que, por imperio de las circunstancias, se concretó precipitadamente al dimitir los conjurados el 30 de octubre, en sesión plenaria de la Xunta[69], precisamente el día de San Gerardo.

El detonante de la crisis fue la información de Javier Sánchez de Dios que publicó el 30 de octubre, jueves, el *Faro de Vigo*, según la cual se podría anunciar la dimisión de Fernández Albor a causa de una operación de acoso y derribo por parte de la mayoría de sus consejeros. Operación de envite del vicepresidente que podría desencadenarse en cualquier momento, en un plazo de semanas, no de meses[70].

Con el periódico en la mano (que en primera página recogía también la dimisión de Demetrio Madrid como presidente autonómico de Castilla y León), Albor inició la reunión de su gobierno preguntando si habían leído *El Faro de Vigo*. Como quiera que en el curso de la reunión propusiera una nota de apoyo a su persona y se obstinara en exigir tal respaldo, fue ello el precipitante del conflicto. En buena lógica política, Barreiro intervino para señalar que presidente y consejeros de la Xunta no tenían legitimidades distintas, por lo que no son los consejeros los que apoyan al presidente, sino al revés: es el presidente quien apoya con su firma a sus colaboradores. Y más adelante, ante la pertinente llamada de apoyo de Albor, el vicepresidente se negó a buscar fórmula alguna y a seguir realizando ese juego falso de simular una buena armonía, planteando la disyuntiva *o tú o yo*. El efecto de las fichas del dominó se produjo no sólo con los conjurados, sino también con otros consejeros hasta englobar a todos por motivos diferentes, si bien los consejeros procedentes de partidos coaligados (Fernández Barreiro, del PDP, y Páramo, del PL) pusieron el cargo a disposición del presidente.

La actitud resistente de Albor: implorante ante los dimisionarios para que reconsideraran su postura y temerosa de ocasionar consecuencias irreparables, fue su mejor aliada. La interrupción de la reunión de la Xunta a la hora del almuerzo, dos horas aproximadas de tregua, sirvió para que Albor se fortificara y pidiera ayuda. En contacto telefónico con Fraga, desde Madrid, el líder quería ejercer nuevamente de árbitro pero esta vez se resistía Barreiro, que consideraba irreversible su dimisión sin posibilidad de retrasarla más.

Fue una de las pocas veces que Fraga dudó, según pudieron apreciar sus colaboradores de Madrid, conforme evidenciaban los interminables paseos por su despacho a la vez que pedía hablar con todos. Se manifestaba igualmente irritado por no haberse enterado antes, porque Barreiro no le informase con antelación. En opinión de Barreiro, hubo un momento cuando hablaba con Fraga esa tarde del 30 de octubre en que el villalbés estuvo de su parte, pero de pronto cambió de actitud en favor de Albor. No obstante le preguntó el villalbés a su delfín:

---

[69] Según informaciones aparecidas en los periódicos gallegos el martes 28 de octubre se reunieron en el piso de Barreiro en Santiago, en la calle Montero Ríos, Javier Suárez-Vence, Víctor Vázquez Portomeñe, Fernando Garrido Valenzuela, Tomás Pérez Vidal y Luis Caeiro, y convinieron unir su destino político en orden a acabar con la situación de vacío político que representaba la Xunta presidida por Albor.

[70] Con arreglo a testimonios dignos de crédito de *El Faro de Vigo* la información que provocó la crisis le fue transmitida al periodista informante por el mismo José Luis Barreiro, quien debió pensar que al revelarla aseguraba la lealtad de los conjurados.

"¿Sacaría usted adelante la investidura en su persona ?". La respuesta no se hizo esperar: "No la he negociado, pero creo que sí".

En realidad, la actitud tozuda de Fernández Albor de resistir, vestido del armiño institucional, obligó a todos a apoyarle. Fraga optó por este camino y si, al principio albergó dudas, la conversación con Romay a primera hora de la tarde le proporcionó la necesaria determinación. Al diputado coruñés le pidió que se desplazase inmediatamente a Santiago, lo que hizo por vía aérea a las cinco y media. Una vez allí, junto al cuestionado Albor, Romay y Rajoy reconstruyeron las adhesiones necesarias para que el bloque de la unanimidad de los consejeros dimisionarios perdiese tal condición: con Hernández Cochón, el primero que retrocedió de su postura inicial, y lo mismo hay que decir de los consejeros democristiano y liberal (Fernández Barreiro y Asorey), así como del independiente Orza Fernández. Igualmente Romay y Rajoy, formando la pinza desde sus dos respectivas provincias, y con el concurso de Francisco Cacharro, tejieron el paño de un próximo gobierno ajeno a los sublevados.

La crisis se había cerrado hasta el límite de cambiar las tornas entre vencedores y vencidos, de suerte que Albor, el paternal cirujano lego en política, había vencido a base de resistir, por lo que en la noche del 30 de octubre los dimisionarios se reducían a cinco. ¿Qué había pasado en la Xunta?, preguntó un periodista a los consejeros que permanecerían junto al Albor cuando tomaban una copa en el hostal de los Reyes Católicos. La respuesta antológica en clave gallega la proporcionó el liberal Asorey: "Pasó lo que pasó".

A la salida del palacio de Raxoy, pasadas las diez de la noche, Fernández Albor declaró a los periodistas que le esperaban a la puerta que lamentaba la dimisión de los consejeros ("para mí son muy tristes estas dimisiones") y que él se debía al pueblo gallego y al Parlamento, ante quienes únicamente tenía que dar cuenta. Asimismo declaró que tenía el apoyo de Alianza Popular y de Fraga.

Leyendo las memorias de Fraga, en sus apuntes de ese día se advierte que Galicia fue su cuna política, pero al propio tiempo confiesa que será su tumba:

"(...) Aquel día yo tomé, a mi vez, una decisión (que mantengo): podré dejarlo todo, pero no mi obligación con mi Galicia, a la que tanto debo".

Examen de conciencia en el Comité Ejecutivo

La crisis gallega, entretanto se buscaba una solución en su ámbito autonómico con Romay de muñidor, fue sometida a análisis y debate *en caliente* en el Comité Ejecutivo del 2 de noviembre, que Fraga convocó con carácter extraordinario y urgente. Por el hecho mismo de su importancia, ya que afectaba al Gobierno de la comunidad y al partido, y éste padecía otra suerte de crisis, fue objeto de un amplio y destacado tratamiento informativo en los medios de comunicación. Y por su génesis intestina, partidista, fruto de una conspiración si insolente no menos ambiciosa, el órgano decisorio fue reunido con el único punto del orden del día: *Análisis de la situación política en la Comunidad Autónoma de Galicia.*

Por la mera transcripción del resumen de lo allí debatido, a través de las notas recogidas por el autor en la reunión misma, la reseña histórica queda cumplida. Fraga, presidente del partido, justificó la convocatoria urgente por el cuádruple hecho de que la crisis afectaba al Gobierno autonómico, porque había convocado un congreso regional, por ser él de allí y porque Galicia había sido siempre el mejor termómetro de Alianza Popular. Dijo que en aquella comunidad había funcionado Coalición Popular y que todo, desde 1981, se estaba conformando y estabilizando con una mayoría que, aunque reducida por la competencia electoral de Coalición Galega, tenía el soporte de las cuatro diputaciones provinciales. Finalizó su intervención elogiando el papel de Romay, que había sido el primer vicepresidente de la Xunta en el primer gobierno de Albor.

Después intervino Romay, quien refiriéndose a la personalidad política de Albor dijo que, pese a su enorme carisma y capacidad de comunicación, necesitaba un hombre de características ejecutivas a su lado; modelo que funcionó en la primera y segunda legislaturas. La actuación de Barreiro —dijo— se basó en la toma de posiciones en los medios de comunicación (la televisión de Galicia, sobre todo) al servicio propio y en el proceso de desestabilización y descrédito de Albor, a quien se presentaba como un *tontiño*. Según esta estrategia el vicepresidente de la Xunta actuó en tres teatros de operaciones: en el Parlamento, donde no todas las dificultades de formar gobierno fueron ajenas (se llegó a hablar de la alternativa a Albor dentro del Grupo Popular); en la prensa, donde se especulaba sobre un partido nuevo —o renovado— conectado a la Operación Roca (una especie de Convergencia Gallega) y a través de una agencia creada oficialmente se colocaban noticias en los medios afines o se *intoxicaba* informativamente con rumores, y en el Gobierno, donde se habla insistentemente de falta de dirección retrasando de propósito la anuencia de Coalición Galega al presupuesto. Señaló, de otra parte, que el plan estaba urdido en todos sus detalles, incluso con un programa de televisión titulado *Epitafio*, pero la resistencia de Albor ante la dimisión de los cinco consejeros desconcertó a Barreiro y su resistencia le dio la victoria. En relación a la conducta que iba a seguir el Grupo Parlamentario, Romay explicó que los diputados empezaban a condenar a Barreiro de traición porque *el mentireiro tiene que ser memoreiro*, y concluyó pidiendo apoyo a Albor, invitando a buscar ese *hombre ejecutivo*[71] *y aconsejando que no se constituyeran hipotecas con otras fuerzas políticas*.

La ducha fría la vertió, sin embargo, Alfonso Osorio a lo largo de un turno de consideraciones veladamente críticas. Partiendo del supuesto de que Galicia es siempre un arcano, lamentó que en los meses anteriores no se hubiese atendido a noticias sospechosas que anticipaban el conflicto. Se manifestó crítico con el informe de Romay porque, en su opinión, estaba hecho sin humildad y por lo tanto lo convertía en una historia de santos y traidores. "Mucha gente de esta casa —afirmó con referencia indirecta a Fraga— ha visto a Barreiro con complacencia", y sin embargo declaró su apoyo a Albor.

La cuestión debatida, por lo tanto, estribaba en solicitar y dar con publicidad el apoyo a Albor a sabiendas de que el presidente de la Xunta, por sí mismo, no había podido detectar la traición de Barreiro ni limitar el poder creciente de éste. Poder que encontraba eco en Fraga, de ahí que veladamente los intervinientes (García Tizón, Fernando Suárez, Osorio, Herrero y otros) se preguntaran por qué se había llegado a tan extraña situación, queriendo con ello plantear de paso la colegiación de las decisiones recortando el modo de actuar de Fraga. "El Comité Ejecutivo —subrayó Suárez— debe hablar de estas cosas cuando las soluciones no sean lími-

---

[71] Romay, en su intervención, se desmarcó de ser él ese segundo hombre (el vicepresidente de la Xunta), que luego recaería en Mariano Rajoy.

te, sino cuando se puedan arreglar". Y reprochaba que el Comité Ejecutivo fuese un órgano colegiado meramente formal que no debatía los verdaderos problemas desde su origen.

En definitiva, varios dirigentes del partido querían endosar la crisis gallega al mismo Fraga, que ahora ponía sobre la mesa la dudosa lealtad y buen proceder de Barreiro cuando frente a la opinión mayoritaria había sido un protegido intocable. Fraga se defendió diciendo que, indudablemente, hasta la muerte de César no se pudo entender la vida de César.

En realidad aquel debate presentó a los ojos de todos la batalla que se libraba por impedir que Fraga, bien a través de un congreso extraordinario o por un patrocinio personal abusivo, designase un sucesor sin contar con las previsiones estatutarias y, mucho menos, con el acuerdo de los vicepresidentes. Era, por otra parte, la primera vez que a Fraga se le hacían directos reproches de su poder excluyente precisamente acerca de un asunto de su región natal.

El resultado de la reunión, como no cabía esperar otra cosa, fue el de acordar el reforzamiento de Albor a toda costa, lo cual suponía, si necesario fuera, dirigir la maquinaria del partido contra Barreiro, todavía en la disciplina de Alianza Popular.

La última prueba de CP en el laberinto vasco

Las terceras elecciones autonómicas en el País Vasco fueron adelantadas más de un año por la ruptura que se produjo en el nacionalismo, resultado de la crisis interna que padecía el PNV. Los comicios tenían de fondo el ajuste de cuentas entre los dos modelos que respectivamente representaban Arzallus y Garaicoechea, pero en realidad fueron un amargo purgativo para la Coalición Popular, en tanto que el CDS de Adolfo Suárez emergió donde no tenía antes representación alguna.

La crisis nacionalista venía de atrás, desde el enfrentamiento por el poder entre el navarro y ex lendakari Carlos Garaicoechea y Javier Arzallus, ex jesuita que ostentaba la presidencia del consejo nacional del partido[72]. Garaicoechea era presidente del gobierno vasco desde 1979 y se vio forzado a dimitir en 1984 porque quería desentenderse de las directrices del partido. Precisamente las elecciones al consejo ejecutivo del PNV (*Euskadi Buru Batzar)* en febrero de 1986 fueron la causa última de la confrontación, porque al ganar Arzallus prosperó —se afianzó— la idea de que el partido actuaba como el "perro guardián del caserío", frente a un nutrido grupo de seguidores del navarro que pretendían radicalizar el discurso vasco. En realidad, se contraponían dos modelos de liderazgo y, a la postre, de partido. Garaicoechea, que seguramente fue el elegido de Ajuriaguerra para sucesor, necesitaba un partido menos endogámico que no le controlara. El PNV no celebraba congreso desde 1977, se indentificaba con el país según un esquema asambleario e, indiscutible su preeminencia, regía las diputaciones y juntas forales como maquinarias de control electoral[73].

---

[72] La biografía política de Javier Arzallus ha estado caracterizada por la perseverante habilidad, hasta hacerse con el poder en el omnipresente partido nacionalista. Nacido en Azcoitia, no lejos de Loyola, ingresó en el noviciado jesuita como vía segura para estudiar, como otros dos de sus hermanos, siendo como eran hijos de un chófer. Ordenado sacerdote se secularizó a primeros de los años setenta y, dotado de una gran formación humanística, escaló dentro del PNV en la actividad clandestina, destacando como orador en euskera. Tras licenciarse en Derecho y en Filosofía, no sin haber seguido estudios en Alemania, Javier Arzallus ejerció de profesor de Derecho Político en la Universidad de Deusto, lejos de romper con la Compañía de Jesús.

[73] La interpretación de la Ley de Territorios Históricos fue asimismo un tema disputado entre Garaicoechea y el PNV, en el sentido de que el *lendakari* quería para el gobierno autónomo competencias que las Diputaciones Forales

La política de coaliciones y de ayudas coyunturales entre Coalición Popular y el PNV tras los comicios locales y autonómicos de 1983 estaba en la raíz del conflicto entre los dos dirigentes vascos. Como quiera que para que gobernara el PNV en los ayuntamientos de Bilbao y Vitoria, así como en la Diputación de Álava, necesitaba de los votos de los *populares* en dichas instituciones, Arzallus recabó tales apoyos a cambio de permitir, con la abstención de los diputados *peneuvistas* navarros, que el candidato de Coalición Popular-Unión del Pueblo Navarro pudiera acceder a la presidencia del gobierno foral navarro[74]. El efecto secundario, de otra parte, era que Garaicoechea se debilitara en su tierra chica. En mayo de 1984 el PNV expulsó del partido a sus tres diputados navarros que desoyeron la orden de ayuda a los *populares* (votaron en contra) y a otros dirigentes indisciplinados, y disolvió la organización partidista en Navarra.

Así las cosas, Garaicoechea se vio impulsado a la dimisión en diciembre de 1984 y once de los 32 diputados *peneuvistas* en el Parlamento Vasco, junto con los navarros expulsados y otros díscolos, empezaron a funcionar como *sector crítico* o *damnificado* de Arzallus, a un paso de abandonar el partido. José Antonio Ardanza, sumiso a la maquinaria del partido, fue el nuevo *lendakari* que ejecutó el acuerdo PNV-PSOE previamente pactado por su antecesor.

Durante varios meses, mediando el referéndum de la OTAN y las elecciones generales en las que el PNV perdió 80.000 votos, se sucedieron los conflictos entre las dos facciones nacionalistas, con arreglo a una escalada de escaramuzas dialécticas y agresiones verbales de todo orden. Escuchas telefónicas ilegales en el domicilio del *ex lendakari* en Zarauz, puestas de manifiesto en agosto de 1986 por la propia Compañía Telefónica Nacional de España, precipitaron la ruptura que venía configurándose lenta y aviesamente[75]. El cisma llegó en septiembre cuando el sector *oficialista* rompió en Guipúzcoa con los *críticos,* mayoritarios en la provincia, y decidieron constituirse en partido político.

La nueva formación política tuvo su nacimiento constituyente en la noche del 4 de septiembre, en Vitoria, al aprobar el sector *crítico* un documento acusatorio contra el PNV, de un lado, y fundacional, del otro, con la nueva formulación ideológica que al modo defendido por Garaicoechea proclamaba la primacía del gobierno autonómico sobre la concepción fuerista de las diputaciones, así como la autodeterminación del pueblo vasco en términos radicales (sobre la idea del Estado confederal español). Como se abría el período de adhesiones y de la organización del nuevo partido y, con el fin de no darles tiempo a perfeccionar la defección, el *lendakari* Ardanza convocó elecciones para el 30 de noviembre.

Convocatoria electoral a contrapié

La convocatoria de elecciones (el 25 de septiembre) cogió desprevenida a Alianza Popular y en especial al villalbés, que sin tener garantizada la financiación ordinaria del partido —ya

---

no querían ceder, pero la mediación del órgano ejecutivo del partido se inclinó contra la pretendida concentración del dirigente navarro.

[74] El pacto en cuestión fue alcanzado por los dirigentes nacionalistas Miguel Unzueta y Miguel Herrero.

[75] El presidente de CTNE, a la sazón Luis Solana, fue quien comunicó a Garaicoechea que su teléfono particular en Zaráuz (Guipúzcoa) estaba *pinchado*, así como al Gobierno vasco, declarando en una nota oficial al respecto que la compañía telefónica estaba al margen del asunto.

sometido a una fiscalizadora economía de guerra ante la abultada deuda— por la pignoración bancaria mensual que ideó Termes, hubo de acudir a Caja Madrid para un crédito de 70 millones de pesetas con los que costear la campaña en el País Vasco. En términos financieros, por consiguiente, el presupuesto electoral previsto era una partida más en el pasivo de unos 3.000 millones de pesetas que asfixiaba a Alianza Popular y que Fraga suavizó algo con visitas personales a los principales banqueros y a otros hombres de negocios. Las páginas de sus memorias concernientes a los meses de septiembre y octubre recogen, en ocasiones con dramatismo, las gestiones emprendidas para atenuar la presión, harto apremiante contra Alianza Popular y el CDS y sin embargo tan dispendiosa con el Partido Reformista de Roca[76]. Especialmente tensa —y emotiva— fue la reunión que Fraga sostuvo en la noche del 23 de septiembre en la CEOE con una veintena de personas importantes de la economía, en la que el villalbés se empleó con sus mejores argumentos (no tener él un duro al haber optado por la gran causa de unir al centro-derecha en vez de lucrarse personalmente) y amenazó con presentar la dimisión si no se solventaban de inmediato la disposición de fondos para el funcionamiento ordinario a fin de dar continuidad a su obra política ya institucionalizada y por encima de cuitas personales. Fue Cuevas, en esta ocasión, quien intervino para disuadir al veterano político en su idea de dimitir. Que estuvo convincente lo expresa la anotación a dicho día:

> "Noche clave también para el problema de la financiación. Expongo la situación del partido a una veintena de personas importantes y lo esencial de mi situación de ánimo. Creo que la emoción de la mayoría fue sincera; y aunque no pude irme 'a dormir tranquilo' como algunos me pidieron, sí sabría ya que podría realizar mi decisión en el momento oportuno sin dejar a AP en la estacada"[77].

La subida electoral en las legislativas de Suárez, por virtud del realismo de los dineros, abrió la financiación del CDS en esta elecciones, con el significado de que era una opción política emergente y con posibilidades frente a la gastada fórmula de Fraga. No es de extrañar por eso que el Duque de Suárez se negara a los requerimientos personales de palabra y por escrito de Fraga para ir juntos a las elecciones por razones de interés nacional como ocurriera en 1982 con UCD. Porque las encuestas apuntaban la racha ascendente del CDS a costa de las pérdidas de Alianza Popular (en coalición con el Partido Liberal de Segurado). Al respecto, como un periodista comentara que Suárez le restaba votos, el villalbés se adornó del sarcasmo: "(...) Para saber eso no hace falta estudiar matemáticas superiores, aunque espero que sean pocos"[78].

La elección de Julen Guimón Ugartechea para candidato de Coalición Popular en las elecciones vascas de noviembre de 1986 fue la solución razonable de un democristiano no nacionalista ante la negativa del Partido Demócrata Popular a comparecer a esos comicios. La condición imposible propuesta por Jaime Mayor Oreja de renovar su candidatura a *lendakari* sólo si se creaba —en dos meses— un partido popular vasco, parecía más un pretexto diplomático de bañarse y guardar la ropa en la crisis entre los democristianos y Alianza Popular[79]. Guimón no

---

[76] A la vista del fracaso de la elecciones generales, se abandonó la fórmula ideada por Termes de financiación sindicada y unitaria a los partidos políticos, volviendo al viajo sistema de que cada banco concede los créditos sin dar a conocer el importe y sus condiciones. La situación de control político por los bancos alertó a los partidos y, a instancias del PSOE, también deudor de grandes cantidades, se agilizó la negociación para la Ley de Financiación a los Partidos Políticos.

[77] *En busca...*, pág. 446.

[78] Véase *ABC* del 18 de noviembre de 1986, en información sobre rueda de prensa fechada en Vitoria.

[79] El descenso previsible de votación de Coalición Popular, ante la aparición pujante del centrismo de Suárez,

tuvo reparos en abandonar el PDP e ingresar en Alianza Popular (su cuarto partido) para llevar a cabo, con bonomía y entrega ilusoria, su vocación política. Este abogado de Deusto, hijo de un médico ex alcalde republicano de Éibar, era un empedernido democristiano reclutado por Joaquín Ruiz Giménez que explicó su salida del PDP —habiendo sido su secretario general— "porque incumplieron los pactos con Coalición Popular y porque no pinto nada en un partido que decide no presentarse a las elecciones en el País Vasco". Sus ex correligionarios atribuyeron la intención de Guimón de comparecer a estos complicados comicios al deseo de seguir siendo eurodiputado con Alianza Popular en las idóneas subsiguientes elecciones.

Había que reputar como maledicencia lo antedicho, sobre todo si, con rigor histórico, nos atenemos a que cuando en 1983 Marcelino Oreja y Carlos Robles Piquer, en Argomániz, pusieron en marcha el *Partido de la Coalición* (UCD-AP-PDP-PDL) ya Julen Guimón fue designado presidente del comité político. Aquellos precursores nunca se plantearon hacer de tales fuerzas un partido unido, por lo que Jaime Mayor —que apareció en 1984— debió de poner dos años después la condición unionista como táctica perversa.

El bajo perfil del candidato *popular* hizo que, con mayor fundamento, Fraga participara en la campaña como si fuera su elección, borrando en la práctica a cualquier otro interlocutor. Su desplazamiento a aquellas tierras, en medio de la reflexión en que se hallaba sobre si abandonar la política, asqueado de la cicatería de la derecha, lo tomó Fraga en sus memorias como el ir a las Cruzadas obligado a ello por la masa de sangre Iribarne de sus ancestros maternos. Con sentido escatológico, pues, la vena grandilocuente le salía a borbotones a la vez que, a propósito del significado de su apellido, se gastaba un golpe de humor:

"Como todos preveíamos se disuelve el Parlamento vasco; y el último desafío queda planteado; la verdad es que algo en mí se ilusiona de que sea esa la última batalla : por algo me llamo Iribarne, que quiere decir 'la parte antigua o céntrica de la villa', lo que uno de mis homónimos interpretó *in medio populo*, en medio del pueblo"[80].

Una campaña sin discurso audible

El jueves 13 de noviembre, a medianoche, comenzó la campaña vasca con la ya tradicional pegada de carteles. El día antes José María Ruiz Gallardón (vicepresidente de la Federación de partidos de AP) había sufrido un derrame cerebral que, pese a ser aliviado mediante operación quirúrgica, no evitó lo irreparable. Con 59 años de edad, José María Ruiz Gallardón era una figura histórica de Alianza Popular y padre del secretario general Alberto Ruiz-Gallardón. Brillante y combativo parlamentario en el área de Justicia, fue uno de los generosos enlaces entre el partido y el grupo parlamentario —siempre en tensión – y, del mismo modo, suavizó no pocas veces las broncas relaciones entre Fraga y Herrero Rodríguez de Miñón. En cuanto comisionado del Grupo Popular ante el Tribunal Constitucional, fue el encargado de dirigir y elaborar los numerosos recursos que la fuerza conservadora presentó contra diversas leyes (Ley

---

pudo disuadir a Jaime Mayor Oreja a ser nuevamente candidato a *lendakari*, quien para no desairar a nadie dijo que se retiraba provisionalmente de la política (véase crónica de Íñigo Gurruchaga, *El País* del 18 de noviembre de 1986). La consecuencia de ello era, sin embargo, que los pronósticos empeoraban sin la presencia democristiana en las listas, bordeando el extraparlamentarismo.

[80] *En busca...*, pág. 448.

Orgánica del Derecho a la Educación y sobre la expropiación de Rumasa como las más relevantes). Tocado de muerte tan admirada figura, el partido siguió su marcha a la espera del fallecimiento, en un mes concentrado de desgracias para los *populares*[81].

Antes de partir hacia el País Vasco, Fraga dejó convocada para el día siguiente de los comicios, primero de diciembre, la Junta Directiva Nacional, lo que no levantó sospechas porque era su estilo examinar las elecciones el lunes inmediato siguiente a su celebración, en el seno del máximo órgano entre congresos. Pero, en verdad, la proyectada reunión era entonces en la mente de Fraga el marco de la puesta en escena de su dimisión mientras que algunos, máxime los agentes de la conspiración permanente, creían que sería el momento de convocar un congreso extraordinario contra ellos. Prueba de lo primero fue que Fraga no movió ni un músculo para acallar la corriente de rumores existentes sobre el carácter decisivo de las elecciones vascas, ni tampoco hizo nada por atraer a la disciplina externa a la élite díscola[82].

Eclipsado Julen Guimón por la apuesta de Fraga —de su última batalla— el discurso electoral de Alianza Popular (y algunos liberales en las listas con remotísimas posibilidades) quedó fuera de contexto porque los argumentos que prevalecían eran nacionalistas, según una escalada entre Arzallus y Garaicoechea sobre quién era más independentista iniciada un mes antes en el *Alderdi Eguna*: "El nacionalismo vasco no aceptará ni esta Constitución ni la estructura del Estado mientras no se reconozca la soberanía de este pueblo para vivir libremente", dijo Arzallus en Vitoria; mientras que, a su vez, Garaicoechea decía desde Estella (Navarra): "Nosotros jamás diremos que la autodeterminación y la independencia no tienen sentido"[83].

Nunca eludió Fraga las campañas electorales en el País Vasco, todo lo contrario. La foto, tomada en la Gran Vía de Bilbao, daba cuenta del villalbés guareciéndose de la lluvia, acompañado del leal Antonio Merino, con un paraguas con los colores de la bandera nacional. A las elecciones vascas de octubre de 1986 Fraga fue a desgana, sin convicción, acaso porque ya tenía redactada su carta de dimisión.

Con la interrupción de venir al entierro de Ruiz Gallardón el martes 18 de noviembre, lo cual le abatió sobremanera ("fue un apogeo de tristezas otoñales"), el presidente de AP hizo campaña once días de arriba abajo de las tres provincias vascas, sin perder la paciencia en aquel coloquio electoral de locos que tenía de trasfondo la violencia etarra. Todas las grandes ciudades, tanto más en Álava y Vizcaya que eran las provincias que aportaban más votos, fueron visitadas por Julen Guimón y por Fraga. En una discoteca de Bilbao, el villalbés

---

[81] Entre octubre y noviembre, el cúmulo de acontecimientos negativos cubrió las páginas de los periódicos: la defección de Verstrynge (y su expulsión), la rebeldía de Barreiro, el escándalo de Bravo de Laguna y, entre otros más, la dramática situación económica de AP se sumaban ahora a la enfermedad mortal de Ruiz Gallardón.

[82] Existía la mentalidad, si se cumplían los pronósticos demoscópicos de que el CDS adelantara en las elecciones vascas al PP, de que había que tomar medidas extraordinarias —acaso un congreso nacional— que tres vicepresidentes (Herrero, Osorio y Suárez) creían podían dirigirse para cercenar su decreciente poder, pues difícilmente el partido podía proseguir su trayectoria cuando tres de los cuatro vicepresidentes se alineaban frente a Fraga en privado. (Véase *El País*, 13 de noviembre de 1986, crónica de Fernando Jáuregui).

[83] Véase el *ABC* del 29 de septiembre de 1986.

celebró su cumpleaños ("mis primeros sesenta y cuatro años", declararía con forzada jovialidad) por iniciativa de Nuevas Generaciones del País Vasco, cuyos jóvenes arroparon al líder cansado. Únicamente Alberto Ruiz Gallardón, sin haber borrado el luto por la muerte de su padre, estuvo presente en el soplo de las velas y en el trago-brindis por el homenajeado, en medio de una desolación de dirigentes en la noche del 22 al 23 de noviembre.

El candidato *popular* Julen Guimón, con ocasión de la campaña, pronunció en el Club Siglo XXI de Madrid una conferencia que, por rebote de difusión, fue el hecho político de los más celebrados en la comunidad autónoma movilizada electoralmente[84]. Confesó que la falta de libertad impedía la implantación de Alianza Popular, pues por temor la gente no se afiliaba, aunque luego se reunían sesenta mil votos, y en consecuencia no se avanzaba en el tejido social vasco. Opinó que el nacionalismo era un fracaso en la erradicación de la violencia, en la creación de la convivencia estable, coincidiendo con el ex etarra Mario Onaindía de que "ETA es la fiebre, pero la enfermedad está en el pueblo vasco"[85].

La campaña tuvo en los medios de comunicación un desarrollo normal en sus aspectos técnicos y de contenidos, con un costo global cifrado en unos 600 millones de pesetas[86]. Atendiendo a los eslóganes se pudo apreciar el objetivo perseguido por cada fuerza política, destacando en este caso la continuidad del PNV ("*Queda mucho por hacer*", subrayando que estaba "*el futuro en buenas manos*") y la justificación ofensiva del nuevo partido Eusko Alkartasuna ("*Lo pide Euskadi*"). La propensión al diálogo y la concordia la reflejó el eslogan del PSE-PSOE ("*De acuerdo por Euskadi*"), destacando la efigie identificativa del candidato Txiqui Benegas, al igual que Ardanza y Garaicoechea en sus respectivas campañas eran identificados fotográficamente en la cartelería. Cosa, grave defecto, que no ocurrió en la campaña de Coalición Popular, en cuyos carteles —sin la fotografía del ya poco conocido candidato— se expresaban mensajes romos: "*Vascos, españoles, europeos*" (igualmente se podía leer subrayado las palabras *concordia, seguridad, bienestar*)[87]. El CDS compaginó las fotos de Suárez y Viana bajo la expresión subrayada "*Por el progreso vamos a centrarnos*".

Los partidos *abertzales* (Herri Batasuna y Euskadiko Ezkerra) hicieron una campaña más basada en la acción de sus militantes que en la publicidad y propaganda, compensando así los bajos presupuestos, que no incluían vallas. La campaña de EE y de su candidato Juan María Bandrés se ha basado en el concepto *razón* como idea central, según una original campaña más que nada radiofónica coordinada por el comunicólogo Javier Marquiegui ("*EE, tu razón ahora*" y "*Armados de razón*"). HB, por su parte, identificando a los candidatos cabecera de cada provincia, hizo poca publicidad convencional con lemas como *Euskadi beti aurrera*, empleando su fuerza en pintadas y convocatorias específicas.

---

[84] Fue presentado por Fernández Albor y a la conferencia asistieron diversos dirigentes alianistas, y para alguno de ellos fue toda la colaboración prestada a la campaña electoral.

[85] Onaindía (entrevista concedida el 11 de noviembre a *Diario 16*) atribuía la culpa de la falta de convivencia al PNV, "que empezó sembrando vientos y ahora recoge tempestades... ¿Pero —añadía— qué vamos a esperar de un partido que en castellano se llama partido nacionalista vasco y en eusquera 'partido de Dios y de las leyes viejas'... Desde el día que murió Sabino Arana están igual, sin saber lo que quieren. Es más, ni siquiera saben lo que son. No saben si son carlistas, gudaris arrepentidos, terroristas o qué".

[86] Es la cifra que aporta como realista la revista *Anuncio* (número de noviembre de 1986), siendo el PSE-PSOE el que más gastó: unos 180 millones de pesetas, y el que menos Herri Batasuna, con unos 30 millones de pesetas.

[87] La campaña de CP fue en presupuesto y difusión un 40 por ciento inferior a las elecciones de 1984 y consistió en la utilización de 100 vallas, 3.500 banderolas, cartelería callejera, presa y radio.

Las televisiones estatal (RTVE) y autonómica (Euskal Telebista, ETB) primaron en sus respectivas coberturas a los partidos gobernantes: PSE-PSOE y PNV, respectivamente, en un ejercicio aparentemente equilibrado de distribución de tiempos entre todos los contendientes. ETB se volcó en favor de los líderes del PNV, infravalorando a Garaicoechea, de la misma manera que RTVE se inclinó sobre Txiqui Benegas; pero ciertamente la distribución de tiempos que intentó imponer ETB tuvo que ser corregida por actuación de la Junta Electoral, que señaló que "el tiempo dedicado a una opción política en ningún caso podrá ser superior al triple de cualquier otra opción política". De todas maneras, ante esta resolución, los telediarios de ETB, sobre todo *Teleberri*, aumentaron la presencia indirecta del PNV con informaciones referidas a los miembros del Gobierno vasco, a veces sobre cuestiones baladíes. La novedad televisiva más destacable fue, sin embargo, que RTVE tuvo que emitir una entrevista con un dirigente de HB, Iñaki Esnaola, candidato a *lendakari*.

Los candidatos de CP y del CDS fueron tratados equilibradamente, en función de su peso político, pero suplantados por sus líderes nacionales —Fraga y Suárez—, tanto en la televisión estatal como en la autonómica. Así, Fraga tuvo en RTVE más apariciones (46) que Julen Guimón (24) con un tiempo totalizado de veintiún minutos y diez minutos y algunos segundos, respectivamente.

Con invocaciones a la paz y negando a todo trance, a veces con solemne severidad, que no había crisis en Alianza Popular, Fraga terminó su campaña en el País Vasco el 28 de noviembre pidiendo que no se aplicara el voto útil. Porque lo más insólito de esta campaña era la confusión, concretada en el hecho de que el diario *ABC* pidió el voto en favor del PSOE en un editorial (del 28 de noviembre) titulado "El voto útil en el País Vasco", omitiendo pedir el voto en favor de CP.

A la penalidad que representa una campaña electoral como las que hace Fraga en plan *todoterreno*, cabe oponerle otros atractivos como son el visionado de paisajes y la reposición histórica en los mismos. Sólo esta explicación extrae Fraga memorialista cuando al final de la campaña resume sus mejores recuerdos en medio de la crisis que se vivía en Alianza Popular. Hablaba de las viejas torres de las luchas banderizas, de las montañas, bosques y prados y, finalmente, resumía:

> "(...) Para mí en esta campaña el más imborrable (recuerdo) fue el de las mujeres de Ondárroa, quejándose de cómo la droga estaba destruyendo a la juventud de aquel puerto de bravos marineros..."

Fragmentación en el Parlamento y laminación de CP

Celebradas las elecciones anticipadas el 30 de noviembre en una jornada sin incidentes reseñables, las notas características de los comicios fueron mayor fragmentación en el Parlamento que antes de las elecciones, con preponderancia de las fuerzas nacionalistas y desintegración del centro-derecha estatal y triunfo relativo del socialismo vasco (la fuerza que obtuvo más escaños, 19).

Los candidatos electos de Coalición Popular fueron por:

Álava: José Manuel Barquero Vázquez.
Vizcaya: Julen Guimón Ugartechea.

RESULTADOS REFERIDOS A TODA EUSKADI

Electores:	1.650.686	
Votantes:	1.161.873	(71,20% sobre electores)
Abstención:	473.469	(28,80% sobre electores)

Partidos	Votos	Porcentaje	Escaños	Porcentaje del Parlamento
PNV	270.993	23,32	17	22,67
PSE-PSOE	252.454	21,73	19	25,33
HB	200.422	17,24	13	17,33
EA	181.998	15,66	13	17,33
EE	124.722	10,73	9	12,00
CP	55.491	4,77	2	2,66
CDS	40.490	3,48	2	2,66

VOTOS Y ESCAÑOS OBTENIDOS POR CADA CANDIDATURA Y DISTRITO

Provincia	PNV		PSE-PSOE		HB		EA		EE		CP		CDS	
	Votos	Esc.	Votos	Esc.	Votos	Esc.	Votos	Esc.	Votos	Esc.	Votos	Esc.	Votos	Esc.
Guipúzcoa	59.653	4	74.466	6	80.926	6	86.909	6	44.418	3	13.324		8.904	
Álava	27.975	5	34.575	7	17.860	3	20.248	4	15.256	3	9.428	1	11.245	2
Vizcaya	183.365	8	143.231	6	101.636	4	74.841	3	65.048	3	32.739	1	20.341	
TOTALES	270.993	17	252.454	19	200.422	13	181.998	13	124.722	9	55.491	2	40.490	2

Contando con 64.000 electores más que en 1984 (un 4 por ciento de incremento), la participación, con un 71,20 por ciento, fue la más alta de los tres comicios autonómicos celebrados hasta entonces. Y a pesar de tener un carácter revisionista la elección, la primera consecuencia es que las opciones nacionalistas ganaron en conjunto la elección —con 71.000 votos de incremento, un 9 por ciento— aunque el PSE-PSOE fue la fuerza con mayor representación (19 escaños). La hegemonía nacionalista no impide una fragmentación mayor, siendo el PNV dominante en Álava y Vizcaya, en tanto que Eusko Alkartasuna lo fue en Guipúzcoa. Los votos que perdió el PNV (la pérdida de casi un tercio de los votos obtenidos en 1984) fue el acopio que tuvo el nuevo partido de Garaicoechea, sin trasvases, por otra parte, del lado *abertzalista radical*.

Habiendo centrado su ofensiva electoral en el fracaso del nacionalismo tradicional, que aunque descontento acepta el Estatuto de Guernica, la izquierda abertzale (HB y EE) ganó más de ochenta mil votos que en 1984, consolidando su presencia en un panorama de alta dispersión política (un tercio de los votantes).

Como resultado del enfrentamiento nacionalista el PSE-PSOE se abrió camino con moderación y resultó ganador, más por méritos ajenos que propios, según opinión de Francisco J.

Llera[88], aunque pierde casi 36.000 votos con relación a las generales de junio. Dicho autor subraya que el desgaste registrado por el partido del gobierno central fue mucho menor que el del partido que sustentaba al gobierno autónomo, máxime teniendo en cuenta que se vivían tiempos de crisis en el sector siderometalúrgico y naval (sometido a reconversión industrial), aparte de la política ofensiva contra el terrorismo.

El centro-derecha se fragmentó en favor del CDS, que por primera vez obtenía representación (dos diputados por Álava) a costa de Coalición Popular, que los perdió. En conjunto, en toda la comunidad y con relación a 1984, CP perdió tres diputados en Álava, uno en Vizcaya y el único que tenía en Guipúzcoa. En votos absolutos, la verdad es que la coalición de Fraga perdió 45.000 votos con relación a 1984 y 60.000 si se compara con las generales de junio último. Estos resultados, vistos desde cualquier enfoque, significaban un rotundo fracaso, y como tal fue descrito y valorado por los comentaristas para menoscabo del líder que quiso unir al centro-derecha. Al hilo de dicha interpretación, el diario conservador *ABC* resumía el primero de diciembre, día siguiente de los comicios, que la victoria del PSOE había sido ajustada, que Fraga y Suárez habían sufrido un considerable descalabro y, consecuente con la insólita apelación de varios días antes de que se votase al socialismo, titulaba: "Buena parte de los electores de centro y derecha se inclinaron por el voto útil en favor del PSOE y en defensa de la unidad nacional".

Del resultado de las elecciones cabían seis coaliciones mínimas para gobernar (siempre sin HB) y en cuatro de ellas el eje era el PNV[89], que había prometido durante la campaña que se iría a la oposición si no conseguía la mayor representación. Se habló de la reconciliación entre Arzallus y Garaicoechea y que, si se sumaba Euskadiko Esquerra, con Juan María Bandrés, podría formarse un triunvirato meramente nacionalista ("coalición nacionalista" como algo deseado ampliamente por el electorado). Como fuere, tras muchas especulaciones y cabildeos, el PNV y el PSOE pactaron y formaron gobierno, con Ardanza de *lendakari* y Ramón Jáuregui de *vicelendakari*, conforme a un reparto de poder que suponía la concesión de correcciones en torno a la rígida Ley Autonómica de Territorios Históricos y el compromiso de integrar en una sola red escolar a las ikastolas. Por lo demás, este compromiso de sociedad se extendía a las Cortes Generales, amén de que el PSOE facilitaría el desarrollo de la policía vasca y traspasaría competencias en materia sanitaria.

Las pautas de comportamiento, por lo tanto, no respondían a una lógica política convencional, sino a factores diversos relacionados con el territorio, con el sentimiento nacionalista mediando fines y medios, con la afinidad personal y, quizás en último lugar, con la significación diferencial entre izquierda y derecha, conforme ha subrayado el anteriormente citado Francisco J. Llera.

La dimisión de Fraga y su complicada herencia

La secesión de Óscar Alzaga en junio de 1986, rompiendo Coalición Popular, fue un acto equiparable al aguijonazo de la abeja contra un agresor consecuencia del cual mueren los dos contendientes. Manuel Fraga, pese al inigualable fracaso del Partido Reformista (la llamada *Operación Roca*), desde la antedicha escisión ofrecía una grave vulnerabilidad en su liderazgo

---

[88] "Las terceras elecciones autonómicas en Euskadi" (*Alfoz*, números 36 y 37, 1987), así como en "Crisis en Euskadi en los procesos electorales de 1986", del mismo autor (*Revista de Derecho Político*, número 25, págs. 37-74).

[89] Las coaliciones posibles fueron estudiadas profusamente por los medios de comunicación, pero en este caso nos atenemos al capítulo que Josep M. Colomer dedica en su obra *El arte de la manipulación política* (pág. 274).

ante los banqueros y financiadores de la política y, en este caso, ante los acreedores de Alianza Popular, que tenía una deuda histórica de unos tres mil millones de pesetas.

Para cualquier observador al detalle, la acometida subrepticia del llamado *poder fáctico económico* que desenvolvió a lo largo de los meses siguientes a las elecciones generales contra Fraga era irresistible. "Con Fraga no hay progreso electoral ni perspectivas", decían quienes habían financiado incondicionalmente a Miguel Roca en su disparatado proyecto y, por consecuencia, entendían ilusorio seguir apoyando al villalbés en su proyecto de unir al centro-derecha contando como contaba con cuatro millones de votos. Aunque esta interpretación fue calando como la niebla y en algunos desató los instintos parricidas, Fraga no se arredró y afrontó dentro y fuera de AP la ofensiva y asedio económicos.

Con las maneras de un gladiador acosado por varios frentes, Fraga inició el curso político en septiembre de 1986 poniendo orden en su propia casa: destituyendo a Verstrynge, imponiendo la iniciada economía de guerra a que obligaban las circunstancias[90] y retomando el liderazgo entre los dirigentes que, con pretensiones sucesorias, pedían la toma de decisiones colegiadas a la vista de un inevitable congreso extraordinario. Al propio tiempo, asistido por amigos empresarios y escasos financieros que todavía apostaban por el villalbés, emprendió la última ascensión de Sísifo, a cuestas con el pesado fardo de Alianza Popular y la cuarteada jefatura de la oposición. El presidente de la patronal, José María Cuevas, mostró su expreso apoyo a Fraga en diversas ocasiones y especialmente en una entrevista que concedió a *Diario 16:* "A Fraga no se le puede mandar a su casa y mucho menos por la gente de su partido"[91].

El Gobierno de Felipe González, alertado por la injerencia mediatizadora de los bancos en la política, terció lo que pudo para ayudar al exangüe Fraga —cómodo adversario por otra parte— a superar el profundo foso financiero que se abría a sus pies, pero, aún más allá, puso en marcha en el Congreso el mecanismo de negociación para lograr por consenso la Ley de financiación de los partidos políticos, en torno a la cual intervinieron personalmente Miguel Herrero y Eduardo Martín Toval.

El atosigamiento económico a que se sintió sometido Fraga en las dos primeras semanas de septiembre, unido ello a la rebeldía de Verstrynge, entonces señalado *garganta profunda* para erosionar el poder de su ex jefe pasando informaciones reservadas e infamantes a la prensa, provocó la primera reacción depresiva del presidente de AP. Con la caña de pescar en las manos, a la captura del *black-bass* en el río Guadiana por la comarca de Los Montes (Ciudad Real), decidió Fraga escribir su carta de dimisión para tenerla a recaudo y, en su caso, utilizarla si le seguían apretando injustamente como hasta ahora. Efectivamente, el lunes 15 de septiembre da cuenta en sus memorias de la redacción de la carta que dirigiría al vicepresidente primero Fernández Albor, quedando hasta tal momento en la caja fuerte de la Secretaría

[90] Tras las elecciones generales Fraga llevó a la sede central de AP a su paisano Rosendo Naseiro, próspero empresario del transporte asentado en Alicante y aficionado a coleccionar bodegones pictóricos, con el fin de ordenar el gasto y atajar el despilfarro ante la obligada amortización de los créditos obtenidos de la banca que pignoraban las ayudas oficiales, con excepción de las otorgadas al Grupo Parlamentario. La filtración de informaciones sobre despilfarro, atribuida a Jorge Verstrynge desde su rebeldía, acentuaron la imagen de bancarrota de Alianza Popular hasta que Fraga, haciendo lo que más repudiaba en esta vida, negoció con los bancos la moratoria de pagos.
[91] *Diario 16* del 8 de noviembre de 1986, entrevista de Victoria Lafora, a quien Cuevas, además, dijo: "Fraga está cumpliendo su papel de congregar y dirigir cuatro millones de votos populares, y la responsabilidad de sumar otros dos millones es de los demás".

General. Empezando por Alberto Ruiz Gallardón, depositario de la carta en cuanto poseedor de la llave de la famosa caja de hierro fundido —armatoste vacío de documentos trascendentales, aunque exaltado como arcano— y cuantos trabajábamos como colaboradores próximos de Fraga nos enteramos del mensaje esencial de la carta, llegando algunos a malpensar que era un amago de retirada que tenía por misión avivar su conocimiento y trascenderlo[92].

Las pautas para retirarse —¿definitivamente?— de la política era la respuesta al fracaso de confianza de las fuerzas sociales y económicas, lo cual suponía en conjunto el despechado *"que otros tallen por mí"*, aunque parecían revestidas de razonable ponderación. No obstante, la condición de no decidir *su* dimisión sin antes advertir a personas y grupos de tal eventualidad, no tiene el correlato histórico adecuado y más bien sugiere que Fraga se condujo con cierto incontenido cabreo, máxime cuando estaba aburrido de tanta intriga conspirativa dentro de casa y luego que fallara la baza del comisario europeo Abel Matutes.

Abel Matutes no sólo no estaba en la conspiración, sino que no estaba en España, por lo que, en base a la recíproca lealtad que se tenían desde 1977, Fraga acudió a él en demanda de ayuda: en la cruzada por aflojar el dogal financiero ante los banqueros y, además, respaldar su proceso sucesorio. Es sabido, desde luego, que Matutes intervino sin resultado cerca de Verstrynge para que no diese el paso de abandonar AP[93], así como intervino también en demanda de apoyos para Fraga cerca de Ferrer Salat, Marcelino Oreja y otros en quienes descansar una sucesión tranquila al margen de los vicepresidentes enfrentados entre sí y artífices de la conspiración[94].

Los testimonios de los interesados coinciden en señalar que a primeros de septiembre Fraga llamó a Matutes, a Bruselas, en demanda de ayuda, pues se lo pedía a un estrecho amigo y fundador perseverante de Alianza Popular en la tarea de integrar a personas y a grupos. Pretendía verse con el ibicenco, pero la agenda del comisario europeo no permitía otro día que a primeros de octubre, de vuelta de una reunión del Fondo Monetario Internacional en Washington.

Se vieron en Madrid en el curso del almuerzo del jueves 2 de octubre, el mismo día que Verstrynge anunció su paso al Grupo Mixto del Congreso —disidencia que quiso evitar inútilmente el ibicenco— bajo el patrocinio económico de Mario Conde, ya tentado de jugar a la política de la manera que fuere. Fraga le cuenta a Matutes su decisión de dimitir (con el primero con quien se abrió de capa) y le pidió ayuda, proponiéndole a él como sucesor a través de un congreso extraordinario *personalmente dirigido por él*.

---

[92] La banca española tuvo que mantener implícitamente su apoyo a Fraga y permitir una moratoria en el pago de las cuantiosas deudas resultado de las pasadas elecciones generales (y de la deuda histórica) ante la amenaza de dimisión y a fin de evitar que el remedio fuera peor que la enfermedad. Se llegó a la solución de trabar para la amortización de los créditos sólo el 25 por ciento de las ayudas oficiales, lo cual significaba asegurar el funcionamiento de la organización de AP. (Véanse los diarios nacionales de la primera decena de octubre, profusamente dedicada a este tema).

[93] Joan Cerdá, autor de la biografía de *Abel Matutes (de cacique local a ministro de Aznar)*, págs. 48-49, Dictext, S. L., Barcelona, 1996, pone en boca de Jorge Verstrynge que Matutes medió para que no abandonase AP y, además, que le ofreció la secretaría general si él aceptaba ser presidente del Partido.

[94] Nadie pone en duda que Fraga y Matutes estuvieron en comunicación fluida durante el mes de septiembre y que el ibicenco, seguramente por encargo del presidente de AP, sostuvo contactos con personalidades con las que contar para una eventual sucesión. El *Diario de Ibiza*, por ejemplo, dio cuenta el 24 de septiembre de un encuentro entre Matutes y Ferrer Salat, nada extraño siendo viejos amigos, pero que naturalmente se vinculó a la eventual incorporación del empresario catalán a AP.

Matutes se resistió cuanto pudo alegando, en primer lugar, que la decisión de su *maestro* no era firme, sino fruto de los acontecimientos que venía sufriendo. El memorialista Fraga deja apuntado que el comisario "le propuso fórmulas alternativas que no puedo considerar"[95]. ¿Qué alternativas eran esas? En verdad el ibicenco sostenía que nadie del panorama político podría cubrir el liderazgo que abandonara el veterano político gallego, por lo que cualquier sucesor le santificaría. Así las cosas, todavía Fraga aferrado a la idea de dejarlo todo, los comensales se dieron un tiempo de reflexión hasta el término de la campaña electoral para el Parlamento vasco, a finales de noviembre. A finales de octubre, por lo demás, Matutes concedió una entrevista al corresponsal de *ABC* en Bruselas Andrés Garrigó, insistiendo que "la idea de suceder a Fraga ahora está fuera de tiempo y lugar"[96].

Efectivamente, el 27 de noviembre Abel Matutes se entrevistó con Fraga en el hotel Ercilla de Bilbao, por la noche, de vuelta de San Sebastián, en un discreto encuentro preparado al efecto pero que apenas trascendió[97]. Acerca de lo tratado no parece haber duda, pero sí en sus precisos términos, de ahí que acudamos a referir la versión que ha dado Fraga al autor de la biografía de Abel Matutes[98]:

> "Hablé con Matutes. Y él me dijo que si yo insistía aceptaría (ser vicepresidente ejecutivo y posterior sucesor en un congreso extraordinario después de las elecciones municipales), pero que creía que, acabando de llegar a Bruselas y teniendo allí una tarea importante, quizá abría que dejar el asunto para más adelante. A mí me pareció que eso era perfectamente respetable y, naturalmente, a partir de ese momento, tengo que decirlo, yo ya no hice nada por proponer a nadie. Dejé que funcionaran las instituciones. No fue así después. Al contrario, me di cuenta que tenía obligación de nuevo de proponer. Creo que en el caso de Matutes no me hubiera equivocado, como queda demostrado que no me he equivocado en el caso de José María Aznar".

Concluida la cena de cierre de campaña en Vitoria, donde hubo que llevar refuerzos navarros para dar lustre jubilar al acto, Fraga regresó a Madrid de madrugada. Su despedida a Álava contenía el simbolismo de la lucha visionaria y utópica de Ramiro de Maeztu —figura con hondos atractivos intelectuales para la derecha—, a quien se refirió en el mitin final como mártir por su españolidad. Sin apenas tiempo para dormir, el mismo sábado se trasladó a Málaga en una jornada de partido y el domingo se fue a Ciudad Real a una montería, lo cual era una forma relajada de esperar el resultado de los comicios vascos. Cuando regresaba a Madrid en su automóvil después de la caza, oyó por radio los resultados catastróficos de las elecciones vascas y

---

[95] *En busca...*, pág. 449.

[96] El comisario Matutes insiste en su conocida tesis de pesar más su deber de permanecer en Europa, al socaire de que no es adecuado plantear la sustitución de Fraga en el liderazgo del centro-derecha. Y dice más: "En democracia, los líderes no son el fruto de una designación *in pectore,* sino que, afortunadamente, deben emerger de la voluntad soberana del pueblo a través de sus instituciones representativas: los partidos políticos y sus organizaciones internas". (Véase, para más detalles, *ABC* del 30 de octubre de 1986).

[97] El carácter confidencial del encuentro es evidente porque Fraga ni siquiera lo menciona en sus memorias, por lo demás todo un catálogo de encuentros personales y reuniones abiertas. Hay una breve referencia en una información de agencias del *ABC*, fechada el 28 del noviembre, en San Sebastián, según la cual "el líder de la oposición se entrevistó con Abel Matutes... y, aunque no ha trascendido el contenido de la conversación, se cree que trataron cuestiones internas del partido".

[98] Alfonso Salgado, autor de *Abel Matutes (una aproximación biográfica)*, Madrid, 1994, pág. 97, recoge unas declaraciones de Fraga referidas al asunto ocho años después.

se sumió en la decepción: había pasado de seis a dos escaños y el CDS de Suárez ("a mayor gloria del aventurerismo político") igualaba a CP en resultados, pero penalizados ambos por la proporcionalidad electoral. La decisión de irse de la política —¡ allá ellos !— la tomó esa misma noche y "dormí —dice en sus memorias— más tranquilo que en todo el trimestre".

Para quienes aguardaron los resultados vascos en Génova trece, entorno al secretario general Alberto Ruiz Gallardón, el castigo sufrido por Coalición Popular era la última prueba necesaria para empujar a Fraga a la dimisión. Así lo barruntaban y, por eso mismo, porque se carecía de un programa sucesorio preparado, querían evitar la dimisión temerosos de la carrera cainita que se iniciaría por hacerse con el poder[99]. Era el clásico *horror vacui*.

La carta de dimisión, y con ella todo un complicado proceso, la puso en circulación Alberto Ruiz Gallardón en el primer despacho de la mañana del 1 de diciembre.

La epístola[100] en cuestión que extrajo Gallardón de la caja fuerte tenía por destinatario el vicepresidente primero de AP Gerardo Fernández Albor, y decía:

"Madrid, 30 de septiembre de 1986
Excmo. Sr. D. Gerardo Fernández Albor
Vicepresidente primero de Alianza Popular
Madrid

Querido Gerardo:
Quiero comunicarte, con el ruego de que des cuenta inmediatamente de ello a los órganos competentes del partido, poniendo en marcha los procedimientos estatutarios correspondientes, mi decisión irrevocable de dimitir como presidente nacional y, asimismo, de retirarme definitivamente de la vida política.
Como ciudadano, estaré siempre al servicio de España; me propongo, Dios mediante, por respeto a los que me han elegido, completar la presente legislatura como diputado por Madrid; pero esa será mi última participación en la lucha política directa. Si me aceptáis, seguiré como militante de base en un partido que he contribuido a formar, cuyas ideas he defendido con plena dedicación durante diez años y a las que seguiré fiel.
He dedicado toda mi vida al servicio público desde que terminé mis estudios universitarios, lo que supone más de cuarenta años, de ellos treinta y cinco en actividades políticas de diferente nivel. Creo haber contribuido, en la medida de mis fuerzas, desde ese servicio de plena entrega, al servicio de España y de los españoles. Si he cometido

[99] En el libro *De Fraga a Fraga* (Carlos Dávila/Luis Herrero) los autores sitúan el centro de la atención de la noche del 30 de noviembre en una reunión informal que sostuvieron Alberto Ruiz Gallardón, José María Aznar y Federico Trillo para examinar la situación y las condiciones del mejor candidato a suceder. Se trataba, por lo tanto, de convencer a Gallardón que apoyara a Miguel Herrero, estando muy reacio a ello el secretario general porque Herrero no le había acompañado durante la agonía de su padre ni en el entierro. Los motivos racionales, que no los emocionales, prevalecieron y Gallardón, siempre según el testimonio de los antedichos periodistas, a las dos de la mañana aceptó a Herrero como solución sucesora.

[100] Fue redactada el 15 de septiembre, según se recoge en las memorias de Fraga (pág.445), pero la definitiva tenía fecha de 30 de septiembre porque, aparte de algunas correcciones, es cuando le fue entregada a Ruiz Gallardón para que la guardase hasta la orden de circularla. Es lo cierto que diversos hechos posteriores (rebeldía de Barreiro y otros luctuosos más) no influyeron en la redacción de la carta, aunque serían circunstancias que se sumaban para ponerla en curso. La posdata, de otra parte, recogía el motivo por el que se retrasaba el envío de la epístola.

errores o flaquezas, quiero salvar mi recta intención, y también el poder salir ahora de la política como entré, sin medios de fortuna.

La política da satisfacciones (sobre todo la del deber cumplido) y no pocas frustraciones. He estado siempre dispuesto a soportarlas, pero tengo la impresión, en estos momentos, de que mi último servicio que puedo prestar es el de mi retirada. Las fuerzas de la derecha democrática deben unirse para poder vencer y lograr en España lo mismo que se ha logrado en toda Europa. Nadie me negará haberlo intentado con esfuerzo y sacrificio. No quiero, ahora que se han alcanzado cotas increíbles de solidaridad, que nadie pueda pensar que es precisamente mi persona o mis ambiciones personales lo que constituyen un obstáculo para conseguirlo. Deseo que otros puedan buscar con mayor fortuna las adecuadas asistencias sociales que sirvan de base a una nueva esperanza.

España necesita respirar aire fresco; ver el final del terrorismo, de la inseguridad y de la droga; un clima de mejor moral y de claridad informativa, con otra televisión, y mil cosas más que he intentado y que es necesario promover. Yo no quiero ser un obstáculo.

Ya te imaginas que ésta no es una decisión fácil ni grata. Lamento el disgusto que pueda causar a tantos amigos leales, en tantas gentes sencillas de nuestro pueblo, que son los que me han sostenido con su confianza. Pensando en ellos, y sobre todo en el bien de España, he soportado muchas penalidades; ahora es, una vez más, el deseo de servirles el que me decide a actuar como lo hago.

Os deseo mucha suerte a todos y os suplico que me comprendáis también ahora.

Perdón y gracias, con un fuerte abrazo de tu paisano y amigo.

Manuel Fraga Iribarne

Lunes 1 de diciembre".

P.S.: Diversos amigos me hicieron retrasar esta decisión; las elecciones vascas confirman en que era no sólo acertada, sino inevitable. Mi deber está cumplido al máximo; seguiré haciéndolo como ciudadano de a pie.

Del análisis de la carta, evitando en lo posible la cata psiquiátrica, se seguía la firme voluntad de abandonar la dirección del partido y la vida política —"decisión irrevocable de dimitir" y "retirarme definitivamente"— con gran dolor y frustración, y porque se trataba de la almendra de la decisión era asunto de primer párrafo. Sin embargo, la retirada de la vida política no era "definitiva" en sentido estricto, porque en el segundo párrafo decía que como diputado por Madrid iba a completar la legislatura por respeto a los que "me han elegido". A lo que se veía, por paralelismo, los afiliados aliancistas que le eligieron presidente del partido en el correspondiente congreso no merecían un respeto equiparable a los ciudadanos votantes. Es decir, al villalbés la herida que parecía sangrarle era la del costado partidista, como a continuación se apreciaba cuando (¿exceso de modestia?) decía que "si me aceptáis seguiré como militante de base, en un partido que he contribuido a formar...".

Aun soberbio que sea el mensaje del tercer párrafo es, por otra parte, conmovedor. Toda una vida dedicada a la política (más de cuarenta años), cuya prueba del tiempo era señal de vocación perseverante y de rectitud, y encima pedía humildemente perdón por flaquezas y errores. La declaración excelente, el toque de honradez, no lo evitaba cuando decía : "...quiero salvar el poder salir ahora de la política como entré, sin medios de fortuna".

Creyendo prestar un último servicio a la política con su retirada, deseaba que el esfuerzo empleado por unir a la derecha democrática lo realizasen otros y, en evitación de que él fuera el obstáculo —sus ambiciones personales—, deseaba que fuesen esos otros los que buscasen las asistencias con mayor fortuna. Aquí, por consiguiente, implícitamente se lamentaba del abandono a que había sido sometido por la derecha económica "ahora que se han alcanzado cotas increíbles de insolidaridad", observaba.

Quejoso de los medios de comunicación, y en especial de la televisión, dedicaba un párrafo al populismo que le había sostenido ("amigos leales" y "gentes sencillas") y pensando en ellos —en el bien de España— decía haber soportado muchas penalidades y lo que le había obligado a actuar de este modo. Siendo la carta toda, en su contexto, una queja contra la derecha económica intolerante, terminaba pidiendo comprensión. En definitiva, la mente del remitente revivía la situación histórica del *¡Maura, NO!,* trasponiendo el momento del calvario del estadista mallorquín a la segunda Restauración monárquica reinante. Sin duda el despecho y el hastío vencían a la vocación.

Los maitines de aquella mañana del 1 de diciembre serán siempre recordados por la sorpresa que supuso para la mayor parte de los presentes, sumidos en un silencio expectante, denso y pesado, cuando oyeron el enigmático anuncio de despedida de Fraga diciendo que tenía la conciencia tranquila por el deber cumplido, que no podía sustraerse a la responsabilidad de los malos resultados en el País Vasco y que su participación en esta campaña era el último sacrificio por el partido. Rechazó, a poco reaccionaron algunos, las explicaciones paliativas y sin apenas dar audiencia a los asistentes se levantó y se fue a su despacho contiguo, como si huyera de su facilidad emotiva.

Ya detrás de su escritorio comunicó la decisión a la Casa del Rey, al Presidente del Gobierno y a los vicepresidentes del partido, entretanto la noticia repiqueteaba en los teletipos generando un aluvión de llamadas telefónicas, intentos de entrevista y todo un *frente de resistencia*[101] a una dimisión irreversible. Recogió sus papeles ayudado por su secretaria María Antonia Ayala, a quien dio instrucciones para que los adornos personales del despacho fuesen regalados discrecionalmente. Mediada la mañana abandonó Génova 13.

La Junta Directiva Nacional que tomó la dimisión de Manuel Fraga, en tanto que máximo órgano fuera del congreso nacional, se reunió a las cinco de la tarde del 2 de diciembre en la sala destinada a ello, totalmente abarrotada (198 asistentes, sólo nueve excusas y escasas ausencias)[102]. La sesión comenzó, sin más preámbulos, con la lectura de las dos cartas de Fraga: la remitida al vicepresidente primero y una segunda dirigida a afiliados, votantes y simpatizantes, fechada en el mismo día y que era novedosa para los presentes, que escucharon la atropellada lectura en completo silencio, sólo roto por el vocerío que a ratos inundaba el salón desde la calle Génova, concurrida —hasta interrumpir el tráfico— por varios miles de personas que manifestaban su contrariedad por la dimisión del presidente de AP, quien antes de comparecer ante el órgano estatutario leyó desde una ventana la carta a ellos dirigida, entre sollozos y gritos de adhesión personal. Esa emotividad cargó de sentimiento de culpa a muchos de los reu-

---

[101] De la larga relación de visitantes y comunicantes que intentaron hablar con Fraga para disuadirle de la dimisión durante la mañana del primero de diciembre, él en sus memorias no puede sustraerse a la audiencia que concedió a las señoras que gratuitamente cuidaban de los ficheros del partido y que, en un arranque de espectacular generosidad, llama "las famosas vestales de los ficheros", de quienes añade que le pusieron al borde de sus propias lágrimas.

[102] El autor ha basado la narración de esta reunión con la mayor objetividad, en base al acta oficial y a anotaciones propias, dejando a un lado impresiones y matices que supondrían entrar en un proceso de intenciones no compaginable con el rigor histórico.

nidos, por lo que el eje dialéctico de gran parte de los oradores fue el de impedir —o retrasar— la decisión que parecía dejarles huérfanos. El texto de la segunda carta es el siguiente:

"Madrid, 2 de diciembre de 1986.
Queridos amigos:
Esta es la última carta de vuestro presidente, que en el día de hoy presenta su renuncia a la Junta Nacional. Continúo, por supuesto, como un militante de base más; y como diputado por Madrid hasta el final de la presente legislatura, aunque no me presentaré a ninguna reelección.
Acabo de cumplir sesenta y cuatro años; he dedicado cuarenta de ellos al servicio público, y treinta y cinco en puestos políticos. Me han incumbido grandes responsabilidades de Estado, en el Gobierno y en la oposición; he dejado, por supuesto, múltiples oportunidades profesionales y empresariales, y atendido muy poco a mi familia. Mientras he creído que podía ser útil a la defensa de España, he asumido todo ello con plena dedicación y entrega.
Hoy estimo que mi deber es otro. El tiempo no pasa en vano, y hay que dar paso a nuevos hombres y renovados planteamientos. La idea de España que defendemos necesita una mayor integración de esfuerzos, un renovado diálogo con otros grupos políticos y sociales, una adaptación a las realidades y deseos de la presente generación.
Sobre todo es importante ofrecer (al precio del sacrificio propio) una oportunidad a la derecha democrática española de ponerse de acuerdo para presentar una alternativa al socialismo, semejante a las que están teniendo sólidos resultados electorales en todo el mundo desarrollado. No quiero que nadie pueda pensar que yo soy un obstáculo para ello, y ésa es la clave principal de mi decisión. Sin esa unidad no podrán lograrse los objetivos válidos de una sociedad más abierta y más libre; con un verdadero Estado de derecho; con escuela y televisión verdaderamente libres; con una capacidad real para enfrentarse con el mundo de las nuevas técnicas y de la soluciones nuevas. No podrá conseguirse tampoco la mayoría natural necesaria para defender la unidad y continuidad de España; para defender la seguridad interior y exterior; para realizar una política exterior digna de este nombre; y así sucesivamente.
"Sé que muchos correligionarios, simpatizantes y votantes van a tener dificultad para entender y aceptar mis razonamientos. En ellos he pensado, sobre todo, al tomar esta meditada decisión. Un partido político necesita institucionalizarse y ser capaz de funcionar por sí mismo, más allá de las personas y de sus fundadores. Y éstos deben ser capaces de la suprema renuncia para mejor servir lo que han intentado contribuir a crear.
"La sociedad española tiene que enfrentarse seriamente con el reto profundo de una vida democrática, que es la participación. El que no participa, como individuo o como grupo, se pone en manos de los que sí se organizan para la dominación de los demás. Este llamamiento lo hago desde lo más profundo de un corazón que, entre errores y flaquezas, propias de la condición humana, siempre ha vibrado por una España mejor.
Con mi ruego de que sigáis luchando por España, lo único importante, os envío el más cordial de los abrazos y la más entrañable y humilde de las despedidas.
Manuel Fraga Iribarne".

Esta segunda carta la reproduce el memorialista Fraga en su diario —que no la anterior— por merecimientos de prosa, en primer lugar, y fundamentalmente por objetividad y solemnidad de los argumentos. La escribía alguien que no se dejaba arrastrar por lo reproches y que, con altura de miras, justificaba su renuncia para dar paso a "nuevos hombres y renovados planteamientos". Se despojaba de falsas modestias y, sin omitir el precio temporal de su sacrificio en pro del servicio público, dejando pasar oportunidades profesionales y empresariales y escasa dedicación a la familia, creía que debía cambiar el rumbo del deber, dando la oportunidad a la derecha a organizarse de otro modo como alternativa al socialismo sin ser él "un obstáculo para ello". A diferencia de la epístola dirigida a los órganos colegiados del partido, en ésta el dimisionario Fraga introducía un argumento poderoso, que es el de la institucionalización del partido, en el sentido de que todo el mundo es prescindible si la organización es capaz de funcionar por sí misma. Por lo demás, recuerda el principio esencial de la democracia: el deber de participar. En resumen, la generosidad del estadista asomaba en el estilo de quien se iba abriendo puertas y no, por el contrario, dando portazos.

Todavía en la presidencia, una vez concluida la lectura de las cartas, Alfonso Osorio se dirigió a Fraga para pedir se sometiera la dimisión a votación de la Junta, teniendo libertad el presidente de aceptar o rechazar el resultado de la misma. De nuevo en el uso de la palabra, Fraga manifestó que el resultado de la votación no le obligaba por ser una dimisión irrevocable y pidió que no se obstaculizara su intención, que tendría su prolongación al día siguiente dimitiendo de presidente del Grupo Parlamentario Popular y de líder de la oposición. Siendo las cinco y diez de la tarde, Fraga abandonó la sesión, acompañado por el jefe de su gabinete hasta entonces Rogelio Baón, en medio de una cortina de parabienes, pésames y aplausos.

La dimisión y despedida de Fraga contó con la espectacularidad de los hombres discutidos —tan odiados como amados—, lo cual no niega los hechos y sus causas. Desde la segunda planta del edificio de Génova 13, el villalbés salió a saludar a quienes se concentraban en la calle tratando de impedir con gritos y pancartas su meditada decisión.

Bajo la presidencia de Fernández Albor continuó la reunión dominada por el impacto emocional de la renuncia, todavía sin visos de verosimilitud. Juan Ramón Calero, que intervino el primero tras la reanudación, propuso que no se aceptase la dimisión por acuerdo votado, así como que todos los miembros del Comité Ejecutivo presentasen igualmente la dimisión. Perinat, a su vez, propuso se le nombrara *Presidente de Honor* y, en la línea de no dar un paso adelante, Lapuerta sostuvo que debía dejarse la presidencia vacante.

Quien rompió la inercia emocional fue José María Aznar, que tras sumarse a no aceptar la dimisión solicitó la convocatoria del Comité Ejecutivo para adoptar la medidas necesarias que traer a la Junta Directiva, "sin prisas pero sin pausas", solicitando el apoyo para el vicepresidente primero y secretario general para la puesta en marcha de los mecanismos idóneos. A tal propuesta se sumó seguidamente Alberto Ruiz Gallardón, que se paró a comentar el carácter irreversible de la dimisión por cuanto que la tenía decidida en carta de la que él era depositario desde septiembre, y García Tizón abundó en que a corto plazo se proveyesen las soluciones estatutarias pues el partido no podía estar descabezado. Miguel Herrero intervino asimismo proponiendo que Fraga vuelva al partido cómo y cuando quiera, pero invita a que se proceda a cumplir los estatutos sin disminuir la libertad del Comité Ejecutivo, con independencia de que se ofrecía a todos los efectos. Y como variantes de las propuestas antes resumidas hicieron igualmente uso de la palabra los señores Pastor Ridruejo, Argos García, Llorens, Robles Piquer, Fernández Albor, Osorio, Fernández Rozada, Arámbarri, Magín Pont, Julen Guimón, Cascallana (éstos dos últimos en calidad de invitados), Carro, Benítez, Merino, Enebral, Cañellas, Romay,

Rato, Mateos, Suárez González, Osorio, Hernández Mancha y Díaz Ambrona.

Las numerosas intervenciones, pues, fueron resumidas en las siguientes tres propuestas, que sometidas a votación abierta fueron aprobadas:

> Primera. La Junta Directiva Nacional acuerda no aceptar la dimisión presentada por el presidente nacional Manuel Fraga y dirigirse al mismo invitándole a que reconsidera su decisión y reasuma las funciones de presidente de AP, invitándose a todos los miembros del Comité Ejecutivo Nacional a que pongan sus cargos a disposición de Manuel Fraga (aprobada por unanimidad).
> Segunda. La Junta Directiva Nacional acuerda manifestar su confianza en el vicepresidente primero y presidente en funciones Gerardo Fernández Albor, en los demás vicepresidentes del partido y en el secretario general, Alberto Ruiz-Gallardón (aprobada por unanimidad).
> Tercera. La Junta Directiva Nacional acuerda que el vicepresidente primero y presidente en funciones Gerardo Fernández Albor convoque el Comité Ejecutivo Nacional del partido en un plazo prudencial de tiempo para que el Comité Ejecutivo Nacional acuerde las medidas oportunas en orden a la buena marcha del partido y las presente a la consideración y aprobación de la Junta Directiva Nacional (aprobada con dos abstenciones).

Tras dedicar un aplauso de homenaje y recuerdo a José María Ruiz Gallardón, en respuesta a la petición formulada por Fernando Suárez de constancia en el acta de la condolencia por la muerte de aquél, se levantó la sesión a las nueve menos cuarto de la noche.

Cumpliendo con extrema formalidad los acuerdos de la Junta Directiva Nacional, el presidente en funciones Fernández Albor y una representación del Comité Ejecutivo fueron el jueves 4 a la casa de Fraga para que reconsidera su actitud dimisionaria. El fundador de AP, sin embargo, se ratificó en la firmeza e irrevocabilidad de su postura al tiempo que, en el intercambio de opiniones, les manifestó a los comisionados que en el proceso sucesorio permanecería absolutamente neutral.

Una etapa —en un decenio completo— se cerraba en Alianza Popular con la renuncia de Fraga, pero cabía la duda de si poder abrirse otra por la inercia institucional que le proporcionó su principal fundador y los discípulos que le siguieron. Con tal incógnita pendiente, sin embargo, sí existía la certeza de que la derecha había cerrado la transición política con la plena aceptación del sistema constitucional y las reglas del juego democrático. Considerado uno de los cuatro *evangelistas* de la transición (con Suárez, Carrillo y González), la renuncia del líder aliancista fue interpretada por un 62 por ciento de los españoles perjudicial a la derecha y sólo el 21 por ciento la entendía beneficiosa, según la encuesta que el 4 de diciembre publicó *El País* realizada por Demoscopia[103].

La interpretación dada por Miguel Herrero a la despedida pública de Fraga desde el balcón de Génova, 13, la vincula como escena a los actos multitudinarios de la plaza de Oriente, aunque, según el entonces vicepresidente segundo de AP, su "más fiel paralelismo histórico se encuentra en la *Antiquitates iudeorum* (XVII, 6, 5), de Flavio Josefo"[104]. La rebuscada figura de

---

[103] La encuesta, bajo la dirección de Rafael López Pintor y José Juan Toharia, había sido elaborada a partir de una muestra de 800 personas mayores de 18 años, con un margen de error de más o menos del 3,5 por ciento.
[104] *Memorias de estío*, pág.348. Miguel Herrero se sirve del libro XVII de *Antigüedades judaicas* para así paran-

un historiador judío, en cuanto pretexto para tan cáustica crítica a toro pasado, venía a significar que la dimisión de Fraga suponía la movilización de dos estados de opinión: "(...) por un lado, la descalificación de los posibles sucesores como culpables de la dimisión; por otro, la ruptura con el fraguismo en la sucesión misma, el escalafón y el talante".

III Congreso del Partido Demócrata Popular

Mientras Alianza Popular atravesaba la transición *posfraguista*, su ex aliado el Partido Demócrata Popular (PDP) se propuso celebrar el III Congreso nacional los días 20 y 21 de diciembre en una línea cada vez más distante, autónoma y centrista ante las elecciones locales y europeas de la primavera de 1987.

Un sector crítico del partido democristiano trató infructuosamente de aplazar el congreso hasta tanto se estabilizara la situación en Alianza Popular, pero lejos de ello los dirigentes que pastoreaba Óscar Alzaga estimaron oportuno reafirmar el poder de éste, ahuyentando toda idea de dimisión, y reagrupar a los correligionarios bajo una *lista de integración* que saldase las deserciones ya habidas y las venideras de cara a la confección de las candidaturas en los comicios territoriales. La figura de Rodolfo Martín Villa fue esgrimida —en un clima rayano en la adulación— como la baza más valiosa con la que comparecer a las autonómicas, en detrimento del candidato aliancista José María Aznar, si se configuraba una candidatura de centro-derecha para Castilla y León.

Así pues, el III Congreso del PDP fue concebido como una operación de propaganda, según su voluntarista lanzamiento hacia el centro político, en el que la ponencia política fue sustituida por un *Manifiesto para el futuro,* el cual, en vez de estrategia de objetivos, medio y plazos, resumía la oferta programática[105]. La noción que del centro tenía Óscar Alzaga era resumida no como punto topológico (de *estar en medio*), sino como el consecuente con una raíz ideológica caracterizada por el estilo político de moderación, diálogo y espíritu convivencial. Parafraseando a Madariaga, el centro es la proa de un barco, que no está ni a babor ni a estribor, "sino que es lo más avanzado de la nave, con lo que corta las aguas de la historia"[106].

La autoafirmación centrista de los democristianos no tenía por límite el hecho de ir solos a las elecciones próximas —"de hacer un papel decoroso y obtener más de cinco mil concejales"—, sino el de una alianza con el CDS, con fuerzas regionales o con quien fuera. Como Óscar Alzaga y Adolfo Suárez hubieran coincidido en una visita de *observación política* a Chile, se aprovechó tal prolongado contacto para exteriorizar que ambos personajes había superado viejas diferencias personales. No era poco, pero de eso al pacto de alianza distaba mucho, como el cronista político Francisco L. de Pablo escribió en *Ya*[107], pues Alzaga tuvo que compartir dormitorio en la Embajada española en Santiago con el socialista Leopoldo Torres ante las escasez de habitaciones en la legación, y no con Adolfo Suárez que ocupó una habitación

---

gonar la actitud contradictoria y ambigua de Fraga con la de Josefo Flavio, que en la sublevación de los zelotes de Judea estuvo a la par con los sublevados y con sus oponentes los fariseos. Por lo demás, establece como síntesis de ambas corrientes o estados de opinión la realidad del *caudillismo* que evolucionó hasta ser un partido carismático, con clara alusión a Hernández Mancha, su contendiente, vencedor al parecer por razón de carisma.

[105] Se debatieron no obstante veintiún ponencias sectoriales que, en conjunto, conformaban la oferta programática.

[106] *Diario-16* del 20 de diciembre de 1986.

[107] Crónica de L. de Pablo del 19 de diciembre de 1986 titulada *El PDP ante el congreso de su autoafirmación*. Según declaraciones de Alzaga al periodista hablaron muchas horas Alzaga y Suárez durante seis días, lo que podía permitir el reencuentro de ambos, pero, diría en conclusión el democristiano, "hemos hecho buenas migas, pero no pactos".

exclusiva. Por ello el periodista confiaba que fuese en otro viaje, no en éste, cuando Suárez y Alzaga pudieran cohabitar en el centro político.

En el orden interno, a salvo de los discrepantes por la ruptura con Alianza Popular (José Luis Álvarez, Eduardo Carriles y José Manuel Otero Novás), el congreso ofrecía una imagen de unidad, a juzgar por la actitud complaciente de Javier Rupérez, quien en puertas del congreso dijo con veladas alusiones a los alancistas: "Somos un partido que ha conseguido lograr unos modos colectivos de corresponsabilidad... Entre nosotros existen unas excelentes relaciones de amistad. No tenemos una visión taumatúrgica del liderazgo y el relevo de las personas se realizará en el momento oportuno, sin traumas, sin abandonos con portazo y sin jubilaciones anticipadas"[108].

El congreso abrió sus debates el sábado 20 de diciembre, en el Palacio de Congresos y Exposiciones de Madrid, bajo el lema *El centro de todos* (que fue publicitado en los periódicos y en vallas) y con la asistencia de unos mil setecientos compromisarios (250 natos)[109]. Lo más destacado de la sesión inaugural fue, sin embargo, el respaldo dado a la gestión de la Ejecutiva saliente en un informe que, presentado por Luis de Grandes, se sometía a refrendo la ruptura de Coalición Popular, apenas contestada salvo por el delegado madrileño Miguel Ángel Hernando Hervás, que con no pocos otros delegados se lamentaron de la pésima política informativa que les daba tan negativa imagen al partido. Sin entrar en disquisiciones ofensivas, el secretario general democristiano calificó dicha ruptura como *agotamiento objetivo* y reconoció que la formación política vivía un *momento crucial*. "Duele profundamente, cuando todos tenemos en nuestra memoria tantas cesiones y sacrificios y tantos silencios ante la provocación y la prepotencia, que la descalificación personal y colectiva sea el resumen que hacen algunos de una etapa de la que no tenemos que avergonzarnos de nada", se quejó De Grandes. El informe referido fue aprobado mayoritariamente y sólo registró 38 votos en contra y 65 abstenciones.

El discurso inaugural de Óscar Alzaga fue un repaso —plúmbeo por su exhaustividad y detalle— de la política llevada a cabo por los socialistas, contraponiendo a ella las soluciones democristianas lejos de aludir, ni por la más mínima mención, a trabajos anteriores desarrollados en el seno de Coalición Popular. Por el contrario, quiso apelar a la ideología democristiana dominante en Europa y en Centroamérica y abogó por ser el partido de la nueva clase dirigente (de clases medias) que moralice la vida pública. Insistió una vez más en recuperar los votos prestados al socialismo en las elecciones generales de los años 1982 y 1986.

La plataforma de lanzamiento de candidatos que supuso el congreso hizo que se concentrase la atención de los medios de comunicación en Íñigo Cavero, que se incorporaba como vicepresidente del partido y apuntaba a ser el candidato democristiano por la alcaldía de Madrid; en Javier Rupérez, candidato a la presidencia de la Junta de Castilla-La Mancha, frente a José Bono; en Javier Arenas, también candidato a la Junta de Andalucía; Juan José Folchi, negociador con los afines de Unión Democrática de Cataluña para incorporarse a sus listas, y Rodolfo Martín Villa, candidato postulado para la presidencia de Castilla y León.

---

[108] *ABC*, 19 de diciembre de 1986.
[109] Según informaciones de la secretaría general del PDP los compromisarios representaban a 50.000 afiliados, cifra indemostrable que hace suponer un tanto *hinchada*.

En medio de un mar de rumores sobre su pase a Alianza Popular —que lo desmintió pues sería, dijo, *una felonía*—, el veterano político leonés significó que se sentía candidato para dicha comunidad desde septiembre último. Durante la sesión de clausura pronunció un discurso como *estrella* democristiana que encandiló e insufló optimismo a los asistentes, porque entendían que era el único tíquet con posibilidades reales ante el incierto y vaporoso futuro. Según informaciones publicadas por los periódicos de esos días, unas encuesta elaborada por el sociólogo Rafael López Pintor, sobre 2.400 entrevistas, daba al centro-derecha claro vencedor en la comunidad castellana, por lo que Martín Villa estaba autorizado a concertar una *confederación* electoral a los fines exclusivos de ganar las elecciones.

No dejó de ser curioso que la estrategia de Martín Villa se basara en una especie de coalición aglutinante de fuerzas del centro-derecha, mientras Óscar Alzaga, que fue reelegido presidente del PDP, revelaba que "nunca compartimos la idea de la mayoría natural".

Mediante votación secreta (luego de rechazarse por compromisarios de Madrid la inicialmente propuesta de mano alzada a fin de abreviar el procedimiento y permitir el regreso a casa de los compromisarios) la Ejecutiva del PDP fue elegida por 1.013 a favor, 85 en blanco y 27 nulos. Los votos contrarios se atribuyeron a los delegados madrileños, seguidores de José Luis Álvarez, que rehusó figurar en la Ejecutiva si no se admitían a otros tres seguidores suyos, lo que no fue admitido. Con todo, la composición de la Comisión Ejecutiva estaba marcada por la continuidad: Presidente: Óscar Alzaga Villamil. Vicepresidentes: Javier Rupérez Rubio e Íñigo Cavero Lataillade. Secretario general: Luis de Grandes Pascual. Vicesecretario general: José Ramón Pin Arboledas. Portavoz del Congreso: Modesto Fraile Poujade. Portavoz del Senado: José María García Royo. Vocales: Joaquín Aguinaga Torán, Javier Arenas Bocanegra, Jaime Ignacio del Burgo Tajadura, Blas Camacho Zancada, Emilio Casals Parral, Rafael Clavijo García, Roberto Fernández de la Reguera, Juan José Folchi Bonafonte, Joaquín Galant Ruiz, José Galeote Rodríguez, Ana María García Armendáriz, José Manuel García Margallo y Marfil, Juan Carlos Guerra Zunzunegui, Arturo López Monter, Enrique Marfany Oanes, Rodolfo Martín Villa, Francisco Monzón Blanco, Juan Manuel Nadal Gaya, Manuel Núñez Pérez, Eduardo Olano Gurriarán, Luis Ortiz González, Antonio Pérez Crespo, Juan José Pérez Dobón, José Antonio Rodríguez Martínez, Carlos Rosado Cobián, Juan Robira Tarazona, Pilar Salarrullana de Verda, Cristóbal Soler Caldera, Javier Tusell Gómez, Antonio Uribarri Murillo, Luis Vega Escandón y José Ignacio Wert Ortega.

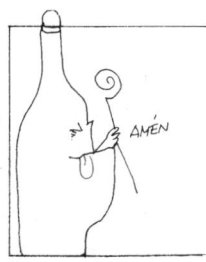

La viñeta de Peridis (El País, octubre de 1982) caricaturizaba cómo Fraga se tragó a Alzaga; pero andando el tiempo, aquel bendito alimento resultó indigesto, a juzgar por lo ocurrido en 1986.

El empresario vasco Luis Olarra, impulsivo y sincero hasta la impertinencia, fue de los que más cuestionaron el liderazgo de Fraga. A los fraguistas llegó a llamarles "mamporreros", y como fuese advertido en la Junta Directiva Nacional que eso era un insulto punible de expulsión, contestó: "A mí eso me la trae floja" (la foto no se corresponde con lo reseñado).

La compenetrada relación durante diez años de Fraga y Verstrynge se trocó en desconfianza e intolerancia recíprocas. Mal asesorado por amigos, el político pelirrojo optó por enfrentarse al maestro y su ambicioso cálculo sedicente le condenaría al olvido.

Ante la negativa de Jaime Mayor de ser candidato a lehendakari, en medio de la crisis con el PDP, alegando que se retiraba provisionalmente de la política, Julen Guimón acepto ocupar ese puesto pese a costarle su pertenencia a dicho partido democristiano y a sabiendas que los pronósticos eran malos para AP. En la foto, en compañía de Fraga, Merino y Achúcarro, en las inmediaciones del mercado de la Ribera, de Bilbao.

Capítulo 23

VICTORIA APLASTANTE DE HERNÁNDEZ MANCHA

Designación de sucesor *in pectore*

La mañana misma en la que Fraga presentó la dimisión se produjo una corriente contraria, intensa, diversa y plural que no aceptaba el designio de la herencia y, por lo tanto, la sustitución. Eran muchos quienes el 1 de diciembre, se acercaron al despacho de Fraga o le telefonearon y trataron de disuadirle inútilmente.

Pero fue el secretario general, Alberto Ruiz Gallardón, el que concitó en su despacho la preocupación colectiva sobre el incierto futuro que se abría a Alianza Popular una vez que, como intérprete de Fraga, informó de que la renuncia no tenía vuelta atrás. Estaban reunidos en torno a aquél: José María Aznar, Rodrigo Rato, Federico Trillo, Rogelio Baón, Carlos Robles Piquer, Javier Carabias, José Miguel Ortí Bordás y Ángel Sanchís. Para tal reunión no hubo convocatoria formal, sino que los allí *concentrados* coincidieron todos en actuar rápida y decididamente en favor de la mejor solución a fin de evitar que el vacío de poder ocasionara males adicionales a toda sucesión bajo la conciencia común —acaso excesiva— de actuar como albaceas.

Entre las cuestiones abordadas la primera que se concordó fue buscar un *sucesor "in pectore"* que llevase al partido hasta la gruesa convocatoria electoral de la primavera (locales, autonómicas y europeas) y, a continuación, celebrar un Congreso extraordinario que solventara la sucesión con tranquilidad y estabilidad. La previsión sucesoria venía determinada por el párrafo segundo del artículo 52 de los Estatutos, según el cual no se prescribía plazo para el congreso al margen de la convocatoria bianual:

> "En caso de dimisión o fallecimiento del presidente nacional le sustituirá quien, a propuesta del Comité Ejecutivo Nacional de entre sus miembros elegidos en Congreso, elija la Junta Directiva Nacional".

Aunque en teoría el poder interino durante el período transitorio, según la fórmula transcrita, podía desempeñarlo cualquiera de los miembros del Comité Ejecutivo Nacional elegido en Congreso, y en esta dirección salieron a relucir varios nombres, hubo unanimidad en señalar a Miguel Herrero (el más votado de la lista abierta del VII Congreso, si exceptuamos a Fernández Albor para quien se pidió un apoyo derivado hacia Galicia), que además era vicepresidente, como sucesor provisional y así proponerlo en la correspondiente reunión del CEN. Antes, desde luego, Fraga debía formalizar la renuncia estatutaria y seguir adelante con ella, así como el propuesto, Herrero, debía aceptar la postulación colectiva que en su favor hacían los apalabrados. Algunos autores han aludido, en diversas obras sobre aquel momento histórico, a que fueron algunos candidatos *descartados* expresamente, y no es cierto, aunque en la mente de los reunidos figuraban como *disponibles* otros dirigentes para el caso de que el portavoz parlamentario rechazase la oferta como así se puso de manifiesto. Importa desmentir, de todas maneras, el carácter confabulatorio que algunos quisieron darle a la reunión, pues se situaba en funciones de impedir el vacío cual si de un *camarlengo* vaticano se tratara en orden a que la masa hereditaria no se cuarteara.

Herrero, convocado por Ruiz Gallardón, se reunió con sus postulantes en el curso de un rápido encuentro en el despacho del secretario general para recibir la propuesta, cuya aceptación por el interesado estuvo condicionada a conocer antes el estado financiero del partido —información que le daría reservadamente Ángel Sanchís— y a tener las manos libres para ajustar la organización central. El éxito de la operación se cifraba, por lo demás, en su confidencialidad, y en este sentido se llegó a un pacto de silencio. Por la tarde, Miguel Herrero ya no albergaba dudas y decidió jugar a la sucesión, propugnando aplazar el Congreso extraordinario para después de las elecciones de mayo.

La postura constructiva de los reunidos de proveer cuanto antes la vacante presidencial fue ya atacada desde el primer momento con el falaz argumento de que la solución no contribuía al arrepentimiento de Fraga, como le dijera José Manuel Romay al secretario general el mismo día primero de diciembre por la tarde, dando a entender que los compromisarios habían pecado por desleales. La velada imputación era injusta, desde luego, puesto que entre los conjurados se hallaban no sólo lo más granado del *aparato*, sino los más estrechos colaboradores del presidente y, entre ellos, su cuñado; el joven secretario general y el jefe de su Gabinete Técnico, sin desdorar otras amistosas lealtades y, menos, las de los llamados *jóvenes cachorros*.

Desde luego la puesta en marcha del mecanismo sucesorio no encajaba en la épica fraguista del abandono, con espectacular puesta en escena: la de una decisión para la resistencia emocional. Pero, en verdad, los reunidos en el despacho de Ruiz Gallardón sólo estuvieron imbuidos de un espíritu institucional a fin de que el partido no acabara siendo un campo de batalla. Cuando esa misma tarde Osorio se entrevistó con Fraga por ver de disuadirle con vistas a que retrasara la dimisión hasta un Congreso extraordinario, los cronistas Carlos Dávila/Luis Herrero reproducen textualmente las palabras que contestó Fraga a dicho requerimiento de retractación temporal:

> "¿Para recibir más navajazos? La vida política ya me ha proporcionado bastantes. Esta mañana, cuando he dicho que me iba, casi no me han dejado terminar. Me han cogido la palabra al vuelo. Está claro que quieren que me vaya y si aguanto un día más acabarán por hacerme la vida imposible"[1].

El discreto propósito de quienes defendían la propuesta de Miguel Herrero se vio alterado por la filtración noticiosa que uno de los comprometidos —el coordinador Ángel Sanchís— hizo al diario *ABC* y que, detectada a tiempo, Luis María Ansón no quiso modificar dando la primicia en portada con la doble foto de Fraga y Herrero[2].

---

[1] Los antedichos autores reproducen el diálogo entre Osorio y Fraga, que es muy probable que provenga del testimonio de Osorio, quien desde el primer momento hizo campaña contra Miguel Herrero con todas las armas a su alcance, y una de ellas era la de extrapolar una frase afligida y dirigirla contra sus adversarios. (*De Fraga a Fraga*, pág. 234).

[2] Federico Trillo Figueroa, en cuanto principal apoderado de Herrero, fue el encargado de negociar sin resultado con los propietarios y directivos de *ABC* el aplazamiento de la noticia, y en el curso de tales contactos conoció de dónde procedía la filtración.

Al día siguiente, 2 de diciembre, la publicación del pacto en favor de Miguel Herrero produjo los efectos deseados: el de repulsa por parte de quienes pensaban que no se había respetado ni un día de duelo antes de la sucesión y el de poner en guardia, en primer lugar, a Osorio y a quienes se oponían con furia a que Miguel Herrero fuera el sucesor, todo esto antes de que Fraga presentara formalmente la dimisión a la Junta Directiva Nacional. Otra interpretación, y de ahí que Ansón no se aviniera a cambiar la portada, era la de que publicando la noticia un rotativo tan influyente de la derecha se consumaba la dimisión restando posibilidades al arrepentimiento.

De cualquier manera, la impertinente noticia enfureció a muchos dirigentes y la tesis del aplazamiento del Congreso hasta después de las elecciones perdió terreno dado el sentido usurpatorio de legitimidad y autoridad que parecía tener para la Junta Directiva Nacional el hecho de concordar el nombre del sucesor en un despacho por la élite del *aparato*. Este no pequeño inconveniente modificaría el talante del subsiguiente proceso sucesorio. Del mismo modo, la revelación del pacto indignó a los comprometidos, que en una nueva reunión reprocharon a Ángel Sanchís la conducta sostenida (siendo portavoz de la admonición su mejor amigo, Carlos Robles Piquer) y renovaron el pacto de silencio.

Roto el efecto sorpresa del candidato, las cuestiones procesales y de tipo litúrgico pesaron más, y sin sentido, sobre la bondad de elegir a quien entonces era el más admirado y votado dirigente aliancista detrás de Fraga. Por todo lo cual la candidatura de Miguel Herrero se planteaba ya desde entonces a contrapelo del tejido oligárquico de Alianza Popular.

El crucial Comité Ejecutivo del 5 de diciembre

El método de la sucesión y, por ende, la designación del heredero con mejor derecho y condiciones fue trasladado al Comité Ejecutivo por acuerdo unánime (salvo dos abstenciones) del máximo órgano colegiado de Alianza Popular fuera de congreso, bajo la difusa fórmula de que alcanzara "las medidas oportunas en orden a la buena marcha del partido..."

Es decir, se trasladaba al núcleo y fuente de poder donde se resumía la lucha política interna, el debate y la propuesta sobre cómo designar sucesor y a quién. De entrada, ante la reunión del Ejecutivo, que se convocó para el 5 de diciembre de 1986 a las diez de la mañana, había dibujadas varias tendencias. La primera si debía haber congreso donde ventilar la sucesión o, por el contrario, en segundo lugar, si debía nombrarse sucesor conforme a los estatutos y dejar el congreso para después de las elecciones o más tarde todavía. Esta alternativa, defendida por los dirigentes pro Herrero, sería el eje dialéctico principal de los largos y ásperos debates habidos aquel día. Entre las dos trincheras, por lo demás, existían soluciones intermedias o de compromiso, una de las cuales fue la que se abrió camino finalmente.

A puerta cerrada, con expreso recordatorio del presidente en funciones Fernández Albor de que la reunión era secreta, pasadas a las diez y diez de la mañana del viernes 5 de diciembre se abrió la sesión del Comité Ejecutivo[3]. La expectación, junto a la importancia del orden

---

[3] La clausura de la reunión afectó incluso a los periodistas del partido Enrique Beotas y Santiago Chivite, que tuvieron que abandonar la sala pese a que siempre asistían a estas sesiones del Comité Ejecutivo. El desarrollo de los debates, de otra parte, fue registrado con anotaciones resumidas por el autor, miembro de dicho órgano, puesto que el acta es sumaria y sólo recoge el sentido de la discusión y los acuerdos adoptados.

del día, lo demostró que sólo hubiera una excusa de entre los 43 miembros: la de Gonzalo Robles Orozco, presidente de Nuevas Generaciones[4].

Planteada la cuestión estatutaria que daba causa a la reunión, es decir, el mandato de proveer la sucesión de Fraga una vez éste se había negado a una última reconsideración formal de su cese, Hernández Mancha propuso limitar el horario de debate (¿quizás para ganar tiempo?), pero fue denegado por el presidente en funciones. Sin más preámbulos ni cuestiones previas, todas las miradas convergieron en el orador anunciado que se postulaba sucesor: Miguel Herrero, que consumió un largo turno en un discurso convincente y claro, no falto de protagonismo sucesorio en proposiciones concretas al presentar su candidatura.

Explicó Herrero que ante la tremenda tarea de cubrir la vacante de Fraga, quien en un futuro previsible no se incorporaría, había que proponer un candidato asumible por la Junta Directiva. Y cualquier solución sería interina porque a Fraga no se le podía suceder sin el consentimiento de las bases. Pero había que proveer la vacante ante dos tareas: ante la sociedad y otros partidos, de un lado, y ante las bases para cuidar la obra de Fraga, del otro.

Refiriéndose a las condiciones que aceptaba antes de pedir el voto del Comité Ejecutivo, Herrero dijo "que no quería ejercer una presidencia como caudillaje, como hizo Fraga por ser fundador y tener carisma". Y prometió colegiar las decisiones importantes y las grandes líneas estratégicas; renunciar a determinadas competencias (con renuncia de la libre designación de cinco vocales del Comité Ejecutivo); potenciar al órgano ejecutivo, y crear un estatuto de las vicepresidencias con cierta especialización (una vicepresidencia decana para Albor, una populista para Hernández Mancha y una europea para Fernando Suárez), incluyendo en esta regulación al portavoz del Congreso de los Diputados[5]. Por lo demás, se reforzaría la secretaría general y se profesionalizaría la gerencia y la tesorería. Aclaró Herrero, como colofón a su propuesta, que todo ello requería un congreso para cuya organización durante el primer trimestre de 1987 proponía a Félix Pastor, pues a Fraga sólo le pueden suceder las instituciones del partido; congreso que podía ser el pistoletazo de salida de cara a las elecciones.

¿Por qué Herrero cambió súbitamente de postura y aceptaba ya que se celebrase un congreso extraordinario antes de las elecciones, asunto en el que se había mantenido inflexible? Pudo pesar en la mudanza de su opinión el de no contravenir el criterio de Fraga, manifestado con ocasión de la visita efectuada la tarde anterior por los vicepresidentes. Además de reiterar la irrevocabilidad de su renuncia, el villalbés —a pregunta de Osorio— dijo: "(...) Me he ido sin designar sucesor y pienso seguir sin hacerlo. No tengo predilección por nadie, me declaro neutral, y si alguien utiliza mi nombre en su favor, miente..."[6].

---

[4] En las lista de los 30 elegidos por el VII Congreso eran bajas los cuatro que acompañaron a Verstrynge en la expulsión (Olarra, Ruiz Soto, Manglano y Camuñas) y en sustitución de José López, que había dimitido de secretario de Programas y Formación, asistía a la reunión Federico Trillo Figueroa. De otra parte, aunque el Comité Ejecutivo de la Federación de Partidos de Alianza Popular solía reunirse conjuntamente con el del partido Alianza Popular, en esta ocasión no asistieron porque, en sentido estricto, no pertenecían al partido unido, y de ahí que Abel Matutes no participara en el debate pues no era afiliado de AP por paradójico que pareciera.
[5] Con anterioridad a la reunión Herrero había ofrecido en privado las vicepresidencias, excluyendo lógicamente a Osorio, pero no reveló en su intervención el nombre de quién sería designado su sustituto en la portavocía del Congreso; designación que recaería, según parece, en uno de los vicesecretarios generales del partido (Calero, Aznar o Rato).
[6] Los autores de *Fraga a Fraga*, pág. 244, también recogen en parecidos términos las palabras de Fraga, que en este caso han sido referenciadas por varios de los presentes.

Pudo influir del mismo modo en la mente de Herrero el anuncio de Alberto Ruiz Gallardón a varios de los *herreristas* (Trillo, Aznar y Rato), antes de que comenzase la reunión del órgano ejecutivo, de que no iba a mantener el compromiso a que se llegó el día primero de diciembre, según parece fundamentado en que no quería contrariar el deseo de Fraga. En todo caso, fue un inesperado jarro de agua fría que hizo dudar a Herrero el hacerse con el poder a tambor batiente.

A la intervención de Herrero sucedió otra, de réplica, de Alfonso Osorio. El montañés quiso desmontar el ofrecimiento de Herrero, que calificó de audaz y ambicioso, y alegó que su propuesta era conocida de los vicepresidentes, que no se había postulado ni lo iba a hacer. ¿Qué hacer ahora con los Estatutos en la mano ante el futuro del centro y la derecha?, se preguntó Osorio, quien, seguidamente, rechazó como sin valor *operaciones leguleyescas y de salón.* "A Fraga no se le puede sustituir —aseveró más adelante—. A Fraga sólo se le puede suceder desde la neutralidad y por un congreso extraordinario que se celebre de inmediato". Sirviéndose de la diferencia de conceptos (sustituir y suceder), Osorio se pronunció demoledor frente al reparto de poder ofrecido por Herrero, que no contaba con él, diciendo que había que hacer la transición sin ofrecimientos de trabajo para dos meses. A la hora de formalizar su propuesta (congreso extraordinario y sucesor interino y neutral), el montañés dijo que su nombre había sonado para ser el *hombre puente* neutral y que su ofrecimiento era para hacer la transición durante dos meses, sin trabajar en provecho propio. En el caso de que no prosperase su ofrecimiento salvaría su conciencia y sobraría aquí, dijo finalmente.

La verdad es que Osorio catalizó el debate en torno a la necesidad de un congreso neutral y transparente, produciéndose una serie de intervenciones de apoyo a la concreta solución aducida con argumentos adicionales: Arias Cañete (pidió un acuerdo unánime), Hernández Mancha ("Me honra tu oferta, Miguel, pero no la acepto; cuenta conmigo, sin embargo, para ser populista e ir a mitinear a Baracaldo") y Jorge Fernández ("Que se invite al Partido Liberal a que se retire de la Coalición").

Como los tres oradores últimos constituyeron un frente de resistencia a Miguel Herrero, ello provocó la petición de palabra de varios vocales en refuerzo de que se nombrase un sucesor hasta el congreso: Aznar (le preocupa la situación de interinidad y, aunque no hay una solución ideal, la receta menos mala es cumplir los Estatutos con que dar paso a la nueva situación)[7], Pastor ("El carisma de Fraga no tiene sucesión, por eso se elegiría a un presidente que renunciaría a facultades estatutarias"), Ramírez ("Hay que asumir las facultades estatutarias"), Robles ("Que no se de pábulo a la sensación de que somos unos mequetrefes"), Cascos ("El congreso sería necesario si no hubiera consenso") y Arespacochaga ("No se debe abdicar de elegir presidente y hay que evitar hacer un congreso con urgencia e improvisación").

Reservón a lo largo de la primera parte del debate, Fernando Suárez intervino cuando ya se habían delimitado los bloques y, por lo tanto, se paseó con argumentos propios, luego de dar las gracias a los dos contendientes. "Estoy convencido de que no somos mequetrefes —dijo el leonés— y que de aquí no va a salir nada malo". Fraga es una personalidad insustituible y

---

[7] Como señalara Aznar, la duda existente en las palabras de Osorio de no aceptar si prosperara la solución de Herrero (con exactas palabras: "Me vais a ver poco por aquí"), el concernido tuvo que aclarar a continuación que se refería no a dejar el partido o el escaño, sino a no ir por Génova, 13. Era indicio, no obstante, de los fuerte que jugaba el montañés.

no somos quiénes para elegir definitivamente, por lo que el congreso es ineludible. No se compromete a la unanimidad, aunque sí a callarse si no se consigue, y pidió discreción ante los medios de comunicación. Favorable al programa de Herrero en cuanto a la colegiación de la decisiones, se pronunció por hacer un debate sobre el estado de la derecha en el congreso extraordinario, que debía concretarse en un gran manifiesto, un documento básico. Respecto de la gestión interina, entre razones de cal y arena para unos y otros, se pronunció por la presidencia de Fernández Albor.

Juan Ramón Calero, ya al final de la mañana, consumió turno un tanto elusivo aunque original. Tras definir sus compromisos políticos (según orden) con Fraga, Congreso de Diputados y partido, dijo que este último "lo tenía rescindido". Defendió la celebración de un congreso que estuviese pactado (sobre cuándo, cómo, para qué y con quién) que acabara con las listas abiertas y que cambiara los talantes y actitudes, "porque a Fraga no le puede sustituir un solo hombre, sino un equipo. Si no se logra el acuerdo —terminó—, entonces que suceda Fernández Albor".

Antes de suspender la sesión para el almuerzo intervinieron asimismo García Tizón, que postuló la fórmula de Osorio, y Rodrigo Rato, adherido a la propuesta de aplicación estricta de los estatutos. Cerró las intervenciones matinales, sin embargo, Miguel Herrero con un alegato de síntesis y de alusiones, en la que condescendió con sus oponentes asumiendo la posibilidad —mejor, la conveniencia— de un congreso pactado.

Los votos comprometidos por Herrero sin duda le daban la mayoría clara, pese al descabalgamiento de última hora de Ruiz Gallardón y de algún que otro vocal tributario de la secretaría general, y en el caso de haber forzado la votación habría triunfado su tesis. Pero recrecido, después que lo pidiera un cortejo de vocales coordinados por Hernández Mancha, el bondadoso criterio de revestir de unanimidad lo que podía ser aprobado por mayoría, en aras de dar una buena imagen, se constituyó en una trampa que malbarató la ambición de Herrero. Porque surgieron escrúpulos de unanimidad en una herencia *ab intestato*, que lo normal —y acaso saludable— es que desate la lucha por lo hegemónico en orden a rellenar un vacío funcional y representativo del patrimonio (de la *masa relicta,* yacente*)*. A fuer de objetivo, años después, Miguel Herrero ha reconocido tan garrafal error, máxime en política donde el fallo del contrario es celebrado como tanto propio, así dicho:

> "Sin duda yo podía en aquellos momentos haber forzado una decisión que me hubiera sido favorable, pero a costa de provocar conflictos, tal vez fatales, en el seno del partido que, sin duda, el presidente dimisionario y quienes entonces, consciente o inconscientemente, seguían su juego hubieran fomentado primero para imputármelo después. ¿Me faltó entonces decisión? Me faltó, en todo caso, todo tipo de apoyo político y social; pero, de cualquier manera, creo que me equivoqué, tal vez por exceso de confianza en lo que me parecía la solución natural..."[8].

Después de un almuerzo en una cafetería próxima, continuando el *cónclave* que algunos quisieron hacer distendido para enfriar el ambiente, los vicepresidentes y el secretario general se reunieron en el despacho de éste a fin de intentar una solución de compromiso. Compromiso que se quería para rebajar, todavía más, las pretensiones de Herrero. A las cinco

[8] *Memorias de estío,* pág. 349.

y cuarto de la tarde las deliberaciones particulares fueron interrumpidas por la impaciencia de los vocales del Ejecutivo, nerviosos y expectantes sobre lo que se fraguaba entre bastidores, y se reanudó la sesión.

Osorio, recrecido dialécticamente, volvió a la carga en la primera intervención vespertina con un discurso sin aristas ofensivas, todo lo contrario, provisto de una emotividad que granjeaba comprensión. Era su última baza, la tercera vía entre dos señalados bandos (de Herrero y de Mancha). Dijo que estaba en el partido de Manuel Fraga y de sus seguidores, pero no en el partido de otro señor, y que su desconfianza era compartida por muchos afiliados. Su tristeza y desconfianza —explicó— la produjo el hecho de que ya el mismo día primero de diciembre, apenas anunciada la dimisión de Fraga, ya se hablaba de sucesor ("Os reunisteis los que estáis aquí todos los días"). Con la voz quebrada propugnó la actuación colectiva y no la de uno solo con plenos poderes; insistió con los mismos argumentos la necesidad de un congreso extraordinario ("Es una improvisación sacar de aquí y ahora al sucesor de Fraga"). Y se ofreció para presidir una comisión hasta el congreso, con Albor de presidente interino, que preparara los estatutos y que garantizara la limpieza de la renovación; de lo contrario, dedujo Osorio, era poner un veto ("No quiero que se me eche del partido; no quiero que se me rechace a mis años y con la experiencia política que tengo...").

Los turnos entrecruzados se produjeron nuevamente, de manera que Javier Carabias, Isabel Tocino, Santiago López, Juan Manuel Fabra, Gabriel Elorriaga, Ángel Sanchís y Gabriel Cañellas defendieron la aplicación estatutaria con elección de presidente, mientras que el bloque afín a Mancha (Cremades, Díaz Berbel, Díaz Ambrona y Francisco Tomey) pugnó por apartar a Herrero interponiendo la figura de Albor y la celebración inmediata de un congreso.

Por su relevancia descollaron Isabel Tocino, al afirmar que "la emotividad no se puede utilizar para tergiversar los intereses políticos", golpeando así la sutileza femenina contra el tono suplicante de Osorio, y Ortí Bordás ("Se cometería un error histórico si no obedecemos los estatutos y ponemos un sucesor"). Del lado contrario, Cremades y Díaz Berbel decían oponerse a la elección de Herrero para evitar que se quemara antes del congreso. Y en posturas intermedias, anteponiendo el consenso a todo lo demás, hablaron igualmente Romay Becaría y en cierto modo Sanchís.

Mediada la tarde, cuando los mismos argumentos giraban en la noria, Alberto Ruiz Gallardón pidió intervenir para formular una oferta original. Siendo distinto lo que queremos, dijo, de lo que tiene que ser ("hay que abrir la ventana aunque nos resfriemos"), tenemos que dar continuidad al partido. Nombrar hoy un presidente interino equivale a nombrar una comisión gestora; pues hágase en equipo y no individualmente. Propuso seguidamente que se designase presidente a Albor, quien delegaría las funciones en el secretario general, que en este caso no sería él sino Herrero, designado de este modo hasta el congreso. Era, en todo caso, volver a la fórmula secretarial que ya tuvo el partido en sus comienzos[9].

Como todas las propuestas originales, la de Gallardón produjo desconcierto y ganas de reflexionarla, para lo cual Herrero pidió una suspensión de veinte minutos. No obstante, a bote

---

[9] Ruiz Gallardón dijo que la fórmula se la había inspirado Calero cuando por la mañana rememoró los orígenes del partido. Porque ciertamente el primer presidente (presidente fundador) de Alianza Popular fue Federico Silva Muñoz, siendo a la sazón secretario general Manuel Fraga, que era quien en realidad mandaba.

pronto satisfizo como solución apaciguadora de las tendencias encontradas, salvo a Gabriel Cañellas (que le pareció que era un pasteleo), siempre que fuera una solución unánime. Se avinieron de entrada Osorio y los seguidores de Herrero, pero no obstante pidieron una tregua para examinar algunos problemas técnicos.

Reanudada la sesión a las nueve y cuarto de la noche, la propuesta fue afinada con una fórmula que distribuía el poder entre los vicepresidentes primero y segundo (uno el poder honorífico, Albor, y el otro los poderes ejecutivos, Herrero), dejando en la misma posición estatutaria al secretario general. Leída que fue la propuesta por Alberto Ruiz Gallardón, se aprobó, por unanimidad, pasadas las diez de la noche con la abstención de Cañellas, conforme a la resolución contenida en los siguientes cuatro puntos[10]:

> "(...)
> 1.º Lamentando la reiterada solicitud de don Manuel Fraga Iribarne de dimitir como presidente de Alianza Popular, aceptar dicha dimisión.
> 2.º Nombrar a don Gerardo Fernández Albor presidente Nacional de Alianza Popular.
> 3.º Las responsabilidades del señor Fernández Albor en la Xunta de Galicia y su voluntad de servir plenamente al cargo que en ella ostenta, le han hecho manifestar ante el Comité Ejecutivo Nacional su voluntad de delegar, con carácter irrevocable, hasta la celebración del próximo Congreso Nacional en el vicepresidente del partido don Miguel Herrero y Rodríguez de Miñón, como vicepresidente ejecutivo, todas las competencias que los Estatutos atribuyen al presidente Nacional del partido, sin perjuicio de presidir las reuniones de los órganos colegiados a los que asista. El Comité Ejecutivo Nacional ha aprobado dicha delegación y propone su ratificación por la Junta Directiva Nacional.
> 4.º Se propone que la Junta Directiva Nacional acuerde la convocatoria con carácter urgente del Congreso Nacional para el primer trimestre de 1987, delegando en el Comité Ejecutivo Nacional la determinación de la fecha concreta del mismo. Dicho Congreso estará organizado por seis miembros designados por el Comité Ejecutivo Nacional y bajo la presidencia de don Félix Pastor Ridruejo, a su propuesta".

Como solución de la unidad, en claro detrimento de la pretensión original de Herrero, la Junta Directiva Nacional se reunió al día siguiente, sábado 6 de diciembre, y aprobó el acuerdo que le traía el Comité Ejecutivo y que presentó con su formidable oratoria Fernando Suárez ("Es la solución que hubiera preferido Fraga", dijo). A continuación, el *mermado presidente* Herrero explicó a los más de doscientos vocales de la Junta sus ya expuestos objetivos.

La unanimidad que daba causa al compromiso en el Comité Ejecutivo, sin embargo, no tuvo continuidad en la Junta Directiva, que aprobó el mentado acuerdo por mayoría, con siete votos en contra de los más de doscientos miembros.

La ambición agobiante de Herrero

Si irrevocable era la dimisión de Fraga, también fue desde el primer momento *irrevocable* la voluntad de Miguel Herrero de suceder a aquél. Por lo disputada que había resultado la

---

[10] Reprodúcese el acuerdo en los términos exactos en que fue aprobado (con la utilización impersonal de verbos en infinitivo), antes de ser repasado su estilo, con vistas al mayor rigor histórico.

designación de *vicepresidente ejecutivo* como consecuencia de la desmesurada —e inexplicable— oposición ejercida por Osorio, los poderes conferidos a Herrero en la reunión del Comité Ejecutivo del 5 de diciembre surgieron debilitados en la misma proporción que se fortaleció el poder expectante que ostentaba Hernández Mancha. En efecto, el *pacto territorial* que triunfó en el VII Congreso de las *listas abiertas*, personificado en el dúo Mancha-García Tizón (con menor votación que Herrero, no obstante), llegó a dicha reunión concertado y con el decidido propósito de apostar en la carrera sucesoria en la forma y con los aliados que dictaran las circunstancias. Habida cuenta que la confrontación se produjo entre Osorio y Herrero, la tarea crítica del cántabro sobre el mejor aspirante resultó, a la postre, el trabajo sucio que necesitaba el tándem andaluz-manchego para afirmarse como *tercera vía* con posibilidades frente al portavoz parlamentario y su joven equipo.

El liderazgo de Herrero se hubiera estabilizado y asentado entre las bases aliancistas ante el horizonte de un año como mínimo, pero constreñida la tarea de darse a conocer, confiar y amar por una masa ingente de *fraguistas* durante dos meses, en medio de la más abrupta selva de conspiraciones e intrigas, era una empresa de santos. El quid de los errores de Herrero residió en consentir la convocatoria de un congreso extraordinario y acudir al mismo sin concertar, como condición resolutoria, la partición de la herencia a través de una candidatura única. No siendo así, y disociados Herrero y Ruiz Gallardón por una no explicada ruptura de pacto por parte de éste, la situación que se creó ha sido de lo más desagradable y cainita que imaginarse pueda.

El historiador, dentro del proceso de relaciones personales, sólo aspira a reflejar lo sucedido sin otro propósito que el de ser un espejo plano, procurando no deformar las imágenes ni entrar en juicios de intenciones, reconociendo en este caso las dificultades que entrañan el rigor y la objetividad.

Primeramente hay que reseñar, en la interpretación anecdótica de los hechos, que la actitud displicente, a veces sardónica, de Herrero no le acompañaba como cualidad de sus maneras. Pues bien, la ocupación del despacho de Fraga y el rodearse de su equipo secretarial fue injustamente utilizado como si de una profanación fundamental se tratara, no con el ánimo de pedir una rectificación a tamaña torpeza, sino como demérito político en la guerra por el poder que se peleaba. El juego sucio estribaba en atribuir a Herrero una conducta *magnicida* (de asesinar la memoria de Fraga) cuando el villalbés no era el contendiente, sino Hernández Mancha[11].

Acaso fueron errores las desconsideraciones con el fundador, pero a no dudarlo que se magnificaron algunas y otras mucho más graves, como aceptar la dimisión del jefe de prensa del partido, Enrique Beotas, o como el intento de separar a Ángel Sanchís de la Tesorería, acusándoles en ambos casos de falta de neutralidad, pasaron inadvertidas a los ojos de muchos observadores. Desde este momento lo que era animadversión se tradujo en abierta hostilidad, máxime en el caso de Ángel Sanchís, muy vinculado por aquellos días a Abel Matutes[12].

---

[11] El autor siguió ocupando por un período transitorio, hasta el congreso, el puesto —y el despacho— de jefe del gabinete del presidente del partido, en este caso de Miguel Herrero, precisamente para demostrar que al vicepresidente ejecutivo no le animaba antifraguismo alguno.

[12] Miguel Herrero (*Memorias de estío*, pág. 352) cuenta que los banqueros a los que visitó en la negociación de la deuda de AP insistieron, sin excepción, en pedirle la destitución de Ángel Sanchís, "que yo también proyectaba", dice.

La mala prensa que tenía Herrero por circunstancias diversas, y de ellas quizá la más destacada era la repelencia intelectual entre algunos periodistas, le obligó a pedir protección en algunos medios. Así, preparado por Rogelio Baón, se entrevistó en compañía de éste con Pilar Miró y Jesús Martín, directora general de RTVE y director de del mismo medio, respectivamente, para neutralizar la predisposición negativa que se le tenía en la redacción de Torre España y que el interesado personalizaba en la deliberada hostilidad de María Antonia Iglesias. Merced a este encuentro el tratamiento informativo dado a Hernández Mancha y a Herrero se equilibró un tanto, aunque el extremeño le llevaba mucha ventaja en capacidad popular de comunicación (con una accesibilidad al lenguaje de la calle poco común). El mismo esfuerzo de neutralidad se pidió a otros medios, entre ellos al *ABC*, que vieron desde el principio a Hernández Mancha como un novedoso experimento en el que invertir. La curiosidad por la llaneza juvenil fue un factor adverso para el orador intelectual que era Herrero.

Hubo momentos, durante el mes de enero de 1987, en que Herrero trabajó o recibió en su casa a fin de soslayar que se espiara su conducta, toda vez que habiendo tomado partido en su contra Alberto Ruiz Gallardón, secretario general, el grueso del *aparato partidista* se inclinó hacia el presumible bando ganador.

¿Cómo se llegó a la situación de confesada hostilidad entre Herrero y Ruiz Gallardón, días antes aliados?

No falta gente que atribuye el cambio de actitud del joven secretario general a factores superficiales: unos lo relacionan con el hecho de que Herrero ocupara el despacho de Fraga, y otros a que Fraga *inspiró* de alguna manera tal deserción. En ambos casos se fía la interpretación sobre lo que no hay pruebas veraces, pero sí cabe reseñar que Ruiz Gallardón se dejó llevar por la corriente y no desmintió aquellas especies, si es que no las propaló, en perjuicio de Herrero.

Los periodistas Dávila/Herrero explican el alineamiento de Ruiz Gallardón con Hernández Mancha, previa deserción del pacto conseguido precisamente en su despacho el 1 de diciembre, porque no le fue atendida su aspiración de ser vicepresidente; puesto que Herrero quería destinar en ese rango a gente de más prestigio[13]. De todas maneras, la confesión de cambio de bando la efectuó Ruiz Gallardón a Federico Trillo en torno a Navidad, con ocasión del refrigerio que se daba al personal de Génova, 13.

Quizás diseñado para mayor plazo, es lo cierto que Herrero trazó un plan de respaldo institucional y social demasiado pretencioso que preveía comunicaciones o entrevistas con las principales figuras nacionales y extranjeras, como el Papa o el Presidente del Gobierno, buscando de rebote el reconocimiento a su liderazgo; pero esa influencia es más bien insensible y escasa a la hora de competir el voto del afiliado de un partido cuya movilidad de opinión responde a otras claves más mundanas y materiales.

Por aquí es por donde le duele al memorialista Herrero, que lo recoge en sustancia con este párrafo:

---

[13] *De Fraga a Fraga*, pág. 250, donde se informa que en la mediación para atender a las apetencias de Ruiz Gallardón (ser candidato a presidente de la Comunidad Autónoma de Madrid y vicepresidente del partido) actuó de recadero a estos efectos Carlos Robles Piquer.

"(...) Mis viajes a provincias demostraron que los afiliados y numerosos cuadros locales me eran favorables. Pero las organizaciones territoriales, manipuladas en muchos casos por la Secretaría General y, en Galicia y Asturias directamente por Fraga, hicieron más y más difíciles, hasta llegar a impedirlos, estos contactos con la base. De todas maneras, la designación de los compromisarios debidamente disciplinada por las organizaciones territoriales, no dejó que al congreso llegaran espontáneos"[14].

La andanada que lanza en este caso, al alimón, a Fraga y Ruiz Gallardón es refutable por falta de señalamiento concreto y de pruebas, y más bien esconde la incapacidad populista o el propenso comportamiento elitista muy natural en Herrero. Pero, de todas maneras, conste el párrafo aunque parezca la expresión de un pretexto o de un mal perdedor.

Entre las dificultades que Herrero refiere como consecuencia del corto mandato al frente de AP alude a la dimisión de Juan Ramón Calero como vicesecretario de organización ("escindido entre la lealtad al presidente dimisionario y su amistad conmigo", dice)[15]; a los amagos de renuncia de los vicepresidentes Osorio y Suárez y del secretario general, y a los naturales conflictos territoriales. Mas denuncia, cual de una injerencia que el memorialista denomina "golpe de mano institucional", la imposición por parte de Fraga, Osorio y Romay (éste presidente del Comité Electoral) de Juan Hormaechea como candidato a la presidencia de Cantabria. Y añade: "... con el acierto que la experiencia ha demostrado".

En lo concerniente a la renuncia de los vicepresidentes Osorio y Suárez, el primero lo expuso de palabra —como cuestión previa y de orden— en el Comité Ejecutivo del 15 de diciembre, primero de los que presidió Miguel Herrero ante la obligada ausencia de Fernández Albor. En cambio, Fernando Suárez trasladó su puesta a disposición del cargo mediante carta. En la antedicha reunión, que se ocupó de la designación de los miembros de la comisión organizadora del mismo[16], Herrero dio pruebas de generosidad y prudencia pidiendo al Ejecutivo que rechazara tales peticiones, y así se cumplió. El nombramiento de vicepresidentes y de los responsables de la oficina central eran competencias de la Presidencia y, en puridad, dada la delegación que Albor hizo en bloque de sus funciones, Herrero muy bien podía haber cesado o aceptado la dimisión de ambos vicepresidentes y del secretario general. Y no lo hizo pese a que Osorio, sea por caso, desarrolló una campaña harto denigradora —si no injuriosa— contra Herrero[17]. Lo cierto es que los vicepresidentes aceptaron su nueva designación a partir de aquel momento.

---

[14] *Memorias de estío*, pág. 351.

[15] Desde la dimisión de Calero, el área de territorial dependiente de la vicesecretaría de organización pasó a depender de la Secretaría General, con el refuerzo del gerente de Vizcaya, Félix Machín y, por lo tanto, inclinada en su funcionamiento sobre Hernández Mancha. De ahí que, para neutralizarlo, Antonio Gestoso, experimentado gestor del área territorial que había sido preterido por Calero, se dedicase a contactar con la red de sedes locales, comarcales y provinciales desde las oficinas del Grupo Parlamentario.

[16] A propuesta del presidente de la Comisión Organizadora, Félix Pastor, hubo un largo debate sobre la incompatibilidad de pertenencia a la comisión y al Comité Ejecutivo; propuesta que fue aprobada y, por lo tanto, se admitieron a Manuel Arqueros, José Ramírez Martínez y Gaspar Ariño, siendo rechazados los señores Lapuerta, Arespacochaga y Sanz Pinacho. En una reunión posterior la comisión organizadora fue completada con los señores Jesús Posada y Ricardo Peydró, así como por la señora Isabel Barroso.

[17] La batería de descalificaciones que Osorio lanzó entonces contra Herrero suscitó la protesta, incluso, de Hernández Mancha: "Agradezco a Osorio que diga que me apoya, pero desautorizo que le dé caña a Herrero, pues da pábulo a que parezca que hay una guerra civil en AP" (recogido de *El País* del 21 de diciembre de 1986).

El Comité Ejecutivo celebrado los días 22 y 23 de diciembre señaló las fechas del congreso extraordinario (el fin de semana del 7 y 8 de febrero), cerró el nombramiento de la comisión organizadora y fijó el número de compromisarios llamados a participar en el congreso: 2.466 (a falta de sumar los de Nuevas Generaciones y los miembros natos), de los cuales el 75 por ciento lo serían en función del número de afiliados y el 25 por ciento respecto de los resultados en las últimas elecciones generales. Igualmente fue aprobado el calendario electoral hasta el congreso y, por último, se encargó a Félix Pastor la ponencia de estatutos. Y no habría ponencia política porque el objeto central del congreso no era otro que elegir presidente del partido y a los órganos electivos del mismo. En la reunión de la Junta Directiva Nacional del 29 de diciembre, en medio de una gran desconfianza entre los bandos rivales ya claramente definidos, se ratificaron los acuerdos aludidos.

Cumpliendo su promesa de debate y decisión colegiada, Herrero sometió a consideración durante su corto mandato diversas cuestiones, aunque el temario que acaparó las reuniones del Ejecutivo (16 de enero y 3 de febrero) concernía al congreso: ponencia, organización, 50 compromisarios designados por el presidente, sistema electivo, invitados y resonancia externa.

La ruptura con los liberales

Desde la salida del Partido Demócrata Popular en septiembre, Coalición Popular era un bípedo —Alianza Popular y Partido Liberal— descompensado y, por lo mismo, con un equilibrio precario. La expresiva frase del periodista gallego Pedro Rodríguez dirigida al democristiano Óscar Alzaga: "Se va a ir de la política sin que sepamos cuál es su valor electoral propio", podía tener también por destinatario a José Antonio Segurado y el simpático grupo de liberales que pastoreaba.

Para los dirigentes de Alianza Popular el *invento liberal* era una solución estratégica ideada por Fraga con el fin de formar, con las patas *liberal* y *democristiana*, el trípode de Coalición Popular. En los dos casos eran formaciones políticas parasitarias de Alianza Popular y a las que, en orden a fortalecer su credibilidad, se les daba autonomía funcional, de cuadros y presupuestaria. Por virtud del porcentaje a que tenían derecho en las listas electorales (21 por ciento democristianos y 11,5 por ciento liberales) se les presumía —por apreciación política, no por comprobación real— más o menos implantadas territorialmente. Para los aliancistas, en todo caso, dar entrada en las listas a los socios *ficticios* fue siempre origen de conflictos, y si se respetó a regañadientes dicha atribución proporcional fue por atención a los compromisos de Fraga en torno a la quimérica *mayoría natural*.

A los democristianos les molestaba reconocer que pertenecían a la misma categoría que los liberales, pues se creían —y en parte lo eran— el marchamo democrático que necesitaba el ex ministro franquista Fraga; sobrestimaban ser una fuerza de cuadros y se creían la *llave* con la que abrir la homologación europea del Partido Popular. Porque, a fin de cuentas, los democristianos españoles creyeron contar siempre con identidad ideológica —el *humanismo cristiano* y *la doctrina social pontificia*— que por fortuna no era en España concentrable confesionalmente pues se diluía en diversos partidos.

Por lo que toca al Partido Liberal, José Antonio Segurado se mantuvo al pairo a lo largo de la crisis entre Fraga y Alzaga y cortejó cuanto pudo a Jordi Pujol, acaso con la idea de recoger los restos del naufragio reformista en las generales de junio y para que le franqueara la homologación internacional, o por el simple propósito de contarse entre los amigos del *Honorable*[18]. Con Pujol precisamente se entrevistó en el mes de julio para expresarle su solidaridad personal por el proceso de Banca Catalana. De igual manera, el 4 de diciembre también fue a la Generalitat para ver a Pujol, y en ambos casos encrespó los ánimos de los aliancistas catalanes porque declaró que Convergencia y Unión era la pieza clave para unir al centro-derecha y derrotar al socialismo. Es más, Segurado declaró que el apoyo de su partido a CiU en las próximas elecciones municipales se dará "a cambio de nada", y a tal fin Javier Garriga negociaría la inclusión de liberales en las listas convergentes[19].

No obstante las citadas iniciativas confusas, el Partido Liberal, consciente de la rentabilidad que suponía ser satélite de Alianza Popular, no quería romper Coalición Popular pero trabajaba porque se reconociera al PDP —provechoso también para sí—, grupo parlamentario propio. En la reunión del Comité Ejecutivo del 13 de septiembre se encargó a Segurado que cerrara con Fraga el acuerdo de comparecer juntos en el plazo de un mes. Cuando se le preguntó al líder liberal qué actitud adoptaría su partido si AP no renovaba los acuerdos de ir juntos a las municipales, aseveró: "Es algo improbable y no deseado, pero si fuese así queda perfectamente clara nuestra voluntad de concurrir a las elecciones"[20]. Durante el proceso sucesorio de Fraga, los liberales guardaron un silencio respetuoso y, en materia de la renovación de los pactos, el cauteloso comportamiento de Segurado se convertía en doctrina oficial: "(...) Los liberales daremos toda clase de facilidades al nuevo responsable de AP, tanto para continuar la política de acuerdos como para no hacerlo. Por nuestra parte no habrá problemas"[21].

Dos escándalos políticos zarandearon asimismo al Partido Liberal durante el convulso otoño de 1986. El primero de ellos fue el conocido como *la crisis del pijama*, que afectó al secretario general José Miguel Bravo de Laguna, obligándole a dimitir como consecuencia de haberse declarado culpable, en compañía de su mujer, de un delito de hurto (un pijama de niño) en unos almacenes de Londres[22]. El segundo escándalo atañía al vicepresidente del PL y diputado por Madrid José Meliá por haber dirigido —con el consentimiento de José Antonio Segurado— hacia una empresa propia de publicidad (Publicidad 96, S.A.)[23] los 222 millones que Coalición Popular presupuestó para prensa en las generales de junio, calculándose un beneficio bruto entorno a los 70 millones de pesetas que incluía una comisión al Partido

---

[18] *ABC,* 8 de julio de 1986, crónica de Francisco Marhuenda, y *Boletín informativo del Partido Liberal,* número 6, correspondiente a diciembre de 1986.

[19] *La Vanguardia,* 6 de diciembre de 1986.

[20] Crónica de Pilar Cernuda en *El Correo Español-El Pueblo Vasco,* 14 de Septiembre de 1986.

[21] Boletín Oficial, número 6, del Partido Liberal, diciembre 1986.

[22] Aprehendido *in fraganti* por el hurto de un pijama infantil por los servicios de seguridad de Mark & Spencer, fue puesto a disposición judicial en Londres. Como pidiera ayuda al Consulado español, se conoció su identidad y eso dio pábulo para que la Agencia Reuters difundiese la noticia a todo el mundo, en especial a España. El diputado popular y abogado del Estado se declaró culpable para terminar el engorroso asunto cuanto antes, de ahí que pagase la multa de 450 libras (unas cien mil pesetas al cambio). Es lo cierto que este reconocimiento le cerraba la puerta del recurso y el beneficio de la inocencia. Se ha creído, por lo demás, que Bravo de Laguna quiso encubrir a su esposa (supuestamente cleptómana), pero la resolución judicial británica afectaba al matrimonio. Con todo, este hecho estorbó la brillante carrera política de Bravo, pues en octubre de 1986 presentó la dimisión de secretario general del Partido Liberal. No obstante, no le impidió seguir su carrera en el ámbito de Canarias, donde fue presidente del Parlamento.

[23] Parece evidente, por la denominación de la sociedad mercantil, que se constituyó en 1986 con el sentido finalista de participar en las elecciones del mismo año, hecho que descartaba que fuera una empresa con gran experiencia.

Liberal. Práctica viciosa, por otra parte, que desató la ira de los conspicuos liberales Pedro Schwartz y Andrés de la Oliva, éste presidente del PL en Madrid.

La ofensiva crítica que desarrollaron los catedráticos disidentes, en privado y en los medios públicos, provocó la airada reacción del bachiller Segurado y el aparato liberal. En evitación de ser suspendido de militancia, Andrés de la Oliva presentó la baja voluntaria en el partido, luego de un duro cruce de cartas entre él y Segurado, y en el que el catedrático de Derecho Procesal acusó al empresario de seguros de haber llevado al partido a la "zona de la delincuencia".

Al frente de un sector crítico —los autodenominados *liberales ortodoxos*— Pedro Schwartz, así como Luis Guzmán, censuraron el comportamiento del presidente del PL dentro y fuera del partido. Como pidieran la dimisión de Segurado, se les abrió expedientes disciplinarios que no acallaron el conflicto; lejos de ello, el nuevo secretario general Antonio Jiménez Blanco fue elegido con sólo dos votos en contra con el descontento del sector oponente, que se negaba a aceptar votos "por delegación" de personas ausentes. También fueron nombrados la cuarta vicepresidenta, Ana Yábar, y un nuevo vicesecretario, Antonio Cámara, en refuerzo del que venía funcionando, Ramón Aguirre. Según el sector oficial, los conflictos reseñados eran viejas facturas por la exclusión de los revoltosos de las listas electorales de junio pasado.

El 30 de junio de 1986, tras la elecciones generales y en medio de la crisis con el PDP, la Junta Directiva Nacional, presidida entonces por Manuel Fraga, acordó ir a futuros procesos electorales en alianza con otros socios no con la fórmula de porcentajes fijos existente en Coalición Popular, sino con la que resultara de *bases territoriales* (según la implantación de cada fuerza política). Tal sistema no interesaba ni a democristianos ni a liberales, y si bien los primeros se separaron, los seguidores de José Antonio Segurado permanecieron expectantes, sumidos en sus propias crisis y observando con exquisita caballerosidad el abandono de Fraga. En realidad, a diferencia de democristianos, no se esperaba de los liberales que dieran el primer paso para separarse de la maltrecha y descompuesta Coalición Popular.

El primer paso de aquel acuerdo, en cambio, lo dio quizás con más agrado que otros Miguel Herrero, a quien la representación catalana en el Comité Ejecutivo del 5 de diciembre, el mismo día que le designó *vicepresidente ejecutivo,* pidió clarificar el pacto con los liberales y que campasen por libre, según el informe que Jorge Fernández había sometido con anterioridad a Fraga. Sin embargo, era de todos conocida la aversión que el portavoz popular tenía por Segurado, de quien se mofaba con el mote de "el doblemente licenciado" (porque en el curriculum profesional del directorio del Congreso dijo una vez *tener estudios* de Derecho y de Económicas), siendo como era un autodidacta. En cuanto redactor de la ponencia política del VII Congreso de AP, ya Herrero hubo de mitigar, por indicación de Fraga, su postura anti-coalición y pasar de puntillas con los aliados coyunturales que poco aportaban al conjunto.

Segurado y Herrero se entrevistaron el 10 de diciembre de 1986 en un ambiente muy cordial a fin de tantear los términos de una integración o de la inevitable ruptura según un acuerdo bilateral toda vez que los liberales no querían ser expulsados en el congreso extraordinario de AP. Lejos de integrarse, Segurado pidió a su interlocutor una plaza de vocal en el Consejo de Administración de RTVE y mayor protagonista parlamentario (voz propia, servicios técnicos y asesores exclusivos) en cuanto reivindicaciones no atendibles que le abrían la puerta a la agrupación independiente dentro del Grupo Mixto. Pero el peor síntoma de todos, sin embargo, fue que al término de la entrevista los liberales filtraron que se iban al Grupo Mixto, a la vez que alteraron un texto de nota informativa que habían redactado Herrero y Jiménez Blanco.

La nota discordante, sin embargo, la puso Alfonso Osorio al afear la decisión de Herrero acusándole de no consultar con el Ejecutivo de AP la ruptura con los liberales, lo que contravenía el ruego que Fraga hizo a los vicepresidentes en su casa: "Segurado se ha portado siempre con nosotros y conmigo como un caballero y yo os pido que os portéis igual con él"[24].

Como fuere, ante la opinión pública los liberales fueron expulsados por más que ellos desearan vivir su aventura política con 12 diputados y 8 senadores, provistos de la aureola de víctimas de la prepotencia aliancista. En la nota que hizo pública el Comité Ejecutivo liberal del 15 de diciembre se ratificaba unánimemente el acuerdo Segurado-Herrero sobre la nueva filosofía de "potenciación de ambos partidos", y propiciar que tuvieran agrupación propia dentro del Grupo Popular y, si esto no fuera posible, como agrupación independiente dentro del Grupo Mixto. Se comprometían a cumplir el programa de Coalición Popular y a contribuir a la estabilidad de los gobiernos de Galicia y Baleares, y a dar su apoyo allí donde (Castilla y León) existían reales expectativas de triunfo. Además, añadían:

> "(...) El Comité Ejecutivo reitera, una vez más, su llamamiento a todas las fuerzas políticas de centro y de derecha de cualquier ámbito con el objetivo de que, desde la responsabilidad, sea posible llegar a acuerdos que permitan la coordinación necesaria para conseguir la gran alternativa al socialismo que demanda el electorado. El Partido Liberal afirma que por su parte no regateará ningún tipo de esfuerzos para lograr que esta alternativa sea posible en las próximas elecciones municipales y autonómicas..."

Hernández Mancha, ese huracán andaluz

El fenómeno Hernández Mancha o la ascensión al liderazgo político por una creciente y súbita oleada de opinión se decantó como réplica a Miguel Herrero, el más connotado para suceder a Fraga. Ambos, no obstante, resultaron vencedores en el VII Congreso de las *listas abiertas* y, como cabezas de grupo, pilotaban a sendos equipos de trabajo capaces de asaltar el poder según dos concepciones distintas de hacer política. Durante el Comité Ejecutivo del 5 de diciembre en que Herrero mostró su voracidad sucesoria con la respuesta desorbitada de Osorio, el eje Sevilla-Toledo que representaban Hernández Mancha y García Tizón se constituyó, sin pretenderlo, en la alternativa posible de *tercera vía*.

"La determinación de pugnar por la sucesión —dice Hernández Mancha[25]— la tomé en la carretera de Huelva a Sevilla por consejo de Alberto Ruiz Gallardón, que me confesó: *la situación del partido es horrible; con la orfandad de Fraga esto se va al garete, por lo que tú tienes la obligación de aspirar a ser presidente en el próximo congreso*". En realidad, los dos jóvenes políticos venían del congreso provincial de Huelva, celebrado el fin de semana del 13-14 de diciembre[26], cuya militancia estaba dividida casi por mitades. El secretario general acudió a Huelva siguiendo la huella paterna en los sitios conflictivos, como esta provincia, donde en el congreso anterior se produjo la anécdota de que las dos facciones enfrentadas empataron en

---

[24] Tomadas de la crónica de Luisa Palma, *ABC* del 12 de diciembre de 1986. De otra parte, Miguel Herrero informó en el Comité Ejecutivo del 15 de diciembre sobre su conversación con Segurado, y del mismo no se deducía que él, por sí mismo, hubiera ejecutado la expulsión, sino que vino derivaba por el comportamiento de los liberales (como una ruptura tácita contractual).

[25] Testimonio de Hernández Mancha al autor.

[26] Durante el mismo fin de semana se celebraron también congresos provinciales en Zaragoza y Valencia.

la elección al Comité Ejecutivo y, ante tan raro resultado, no se le ocurrió otra cosa a José María Ruiz Gallardón que proponer que se llevaba bajo el brazo la urna precintada para abrirla y recontar los votos en Madrid. A la insólita propuesta se negaron, con lógico escándalo, todas las partes y hubo que celebrarse el domingo por la tarde una nueva votación que arrojó la diferencia de uno o dos votos en medio del mayor de los guirigays.

Cuenta Hernández Mancha que concurrente al requerimiento del secretario general se produjo un alud de cartas y llamadas telefónicas invitándome a suceder a Fraga. Procedían de varias regiones y, aunque reacio a tomarlas en consideración, dice que le empujaban a tomar ese camino de ocupar el sillón presidencial. Entienden otros, sin embargo, que antes de la dimisión de Fraga el extremeño ya había declarado que *iba a por todas*[27].

Si lo que funcionaba era el equipo Mancha-García Tizón, ¿por qué de líder el andaluz y no el otro? El artífice del frente común montado para el VII Congreso de las *listas abiertas* fue Arturo García Tizón, según el propio interesado lo recuerda[28].

Alega que las aproximaciones las efectuó con gallegos (Romay y Rajoy), con andaluces (Hernández Mancha), con Nuevas Generaciones (Gonzalo Robles) y también con Matutes. De estos contactos, que también los ampliaba Hernández Mancha por su lado con vascos y madrileños, se empezó a articular una candidatura. En un almuerzo en Jockey al que asistieron Hernández Mancha, García Tizón, Mon del Río, Arias Cañete y Alfonso Osorio (por cierto, todos ellos abogados del Estado) se decidió quién de los dos primeros encabezaría la candidatura. Se optó por Hernández Mancha de presidente y García Tizón de secretario general, "porque Antonio —dice el manchego— era más conocido y tenía más pico de oro que yo, pese a que yo era más enérgico, era diputado y conocía mejor el aparato central del partido".

A Hernández Mancha le hubiera gustado que Alberto Ruiz Gallardón continuara en la Secretaría General, pero, por exclusión, le satisfizo que se le destinara a una vicepresidencia, más compatible con la candidatura a presidente de la Comunidad de Madrid. A juicio de todos los componentes de este bando, la decisión de aparecer en la candidatura Alberto Ruiz Gallardón fue clave y decisiva. Él representaba —argumenta García Tizón— la línea de fidelidad a Fraga aparte de dirigir la burocracia del partido, por lo que detrás de Ruiz Gallardón aumentó el pelotón de adhesiones al triunfo. "Posiblemente lo que menos le gustaba a Fraga de esa candidatura era Antonio Hernández Mancha, pero cabe conjeturar que con él podía regresar al partido si las cosas iban mal; lo que no podría hacer si el elegido era Miguel Herrero"[29].

En esta rueda de testimonios, Hernández Mancha ha revelado al autor que lo que le llevó a disputar la presidencia del partido fue la conversación que sostuvo con Migue Herrero en uno de los primeros contactos. Trataba de convencer Herrero a su oponente de que el partido funcionase en dos mitades —en una extraña bicefalia—, en la que Hernández Mancha ejercería de populista en permanente campaña electoral ("Porque a mí —decía Herrero— cuando doy la mano por quinta vez me empieza a sudar"). Como el líder andaluz preguntara: "¿Qué

---

[27] Declaraciones a José Aguilar, *Diario 16* del 5 de octubre de 1986; entrevista en la que reconocía que dicha máxima aspiración sólo la paraba Fraga, que estaba en mejores condiciones, y "lo demás sería jactancia y vanidad".
[28] Testimonio al autor.
[29] Sigue testimonio de García Tizón.

íbamos a hacer cuando fracasáramos con tu fórmula?". La repuesta que le dio fue la siguiente: "Intentaré colocar los restos del naufragio al mejor postor", y alega que aquella contestación le sumió en una honda desconfianza que impedía toda alianza entre los dos.

De todas maneras, el camino hacia el triunfo de Hernández Mancha, por mucha simpatía que suscitara en la superficie social, máxime el gracejo de que hacía gala en la entrevista periodística y en el enfoque desenfadado de los grandes temas, no lo trazó el clan andaluz sino un grupo de empresarios (con Benjumea de muñidor) que en los sectores económicos despejaron las dudas, inclinándose por esa curiosidad irresponsable que suscitaba alguien sin experiencia de gobierno. El equipo dirigente de la CEOE, tan dado a opinar respecto de las opciones estratégicas de Alianza Popular, en este caso se inhibió, pese a que le ofrecía mayor confianza Herrero.

Y es que Abel Matutes, jugando él como candidato por sí mismo o de acompañante avalista de Hernández Mancha, ofrecía suficientes garantías en la fórmula sucesoria amoldable a la política económica *social capitalista* del Gobierno González.

Previsible la victoria de Hernández Mancha en los dos o tres escenarios posibles, habida cuenta de las circunstancias ya apuntadas, el debate entre los dos bandos circuló por el sendero de la conjunción —de la unidad— que evitase todo enfrentamiento disgregador. En verdad era el hábil modo que Herrero tenía de evitar la derrota, ya descontada entre sus seguidores que por algo se denominaban *El Álamo* (en evocación del fuerte americano que sucumbió frente al mejicano general Santana), mediante fórmulas inicialmente rígidas de *todo el poder o nada* y que se desvanecieron paulatinamente a medida que aumentaban las esperanzas de victoria de Hernández Mancha.

Pacto o derrota sin condiciones

La candidatura de unidad que perseguía Miguel Herrero escondía su propia debilidad en la oferta, pues el ofertante era seguro perdedor, y con esa moral se entrevistó con su oponente, Hernández Mancha, los días 5 y 10 de diciembre en Madrid, el 3 de enero en Badajoz y los días 20 y 22 de enero de 1987 de nuevo en Madrid. La estrategia podría haber resultado brillante si a la vez hubiera sido efectiva, pero chocaba con un estado de opinión generalizado de que sería derrotado frente al joven líder andaluz.

Herrero no rebajó en momento alguno sus pretensiones, por menguadas que fueran sus posibilidades electorales; siempre, por el contrario, deseó tener el poder primario en sus manos y dejar el poder representativo para Hernández Mancha, ya fuera según la fórmula presidencial —la actual— o según la secretarial que tenía el PSOE. A juicio del vicepresidente ejecutivo, era imprescindible ostentar unidos el liderazgo parlamentario y político, aunque la capa de armiño se la pusiera el líder andaluz. Pero al final, a medida que la candidatura de Hernández Mancha recibía mayores adhesiones territoriales, se consolidaba el órdago electoral de *o todo o nada* y Hernández Mancha aspiraba al cetro y al armiño.

Abel Matutes fue llamado a suceder por muchas personalidades e, incluso, por el mismo Hernández Mancha según reconoce el ibicenco en su biografía, lo que le hizo dudar si abandonaba su puesto de comisario en Bruselas o, asimismo, si lo compatibilizaba ostentando en AP un mero cargo representativo y arbitral de *reina madre*. "Yo me pregunté —afirma

Matutes— con absoluta e íntima sinceridad si tenía madera para presidir el partido y convertirme en líder de la oposición, y en el mismo momento llegué a la conclusión de que no era así, en contra de lo que algunos piensan con respecto a mis supuestas ambiciones y esas cosas"[30].

La negativa rotunda de Matutes no se conocía entonces y, puesto que no quería dejar Bruselas, todo el juego consistió en avalar a Hernández Mancha para que fuese seguro ganador y de esta manera persuadir a Herrero a que retirara su candidatura. En evitación, pues, del congreso de confrontación hubo muchos cabildeos y propuestas cuya seriedad eran difícilmente valorables entonces, pero que hoy con enfoque histórico se manifiestan ridículas. Antes que enumerarlas, importa resumir que las propuestas todas escondían temor y desconfianza al comportamiento de Herrero. Paulatinamente Herrero quedó aislado, máxime cuando el también vicepresidente Fernando Suárez prefirió no comprometerse, por lo que no tuvo más remedio que esgrimir la bandera de la unidad y el consenso frente a la confrontación.

En favor de ese *consenso estratégico* fue preparada la reunión del jueves 15 de enero en el domicilio privado de Carlos Robles Piquer, en la localidad residencial de Húmera, próxima a Madrid. Al afán de protagonismo del anfitrión había que contraponer el factor práctico de que una reunión privada en una casa de familia suponía mayor comodidad y menos molestias que un edificio de oficinas, aunque ante la opinión pública se jaleó la oportunidad del encuentro de los dirigentes aliancistas como el esfuerzo supremo por la candidatura consensuada[31]. Teniendo el aspecto de encerrona, la afección gripal que padecía Hernández Mancha le sirvió de razonable excusa para no asistir, aunque envió a tal reflexión colectiva de próceres a García Tizón y a Ruiz Gallardón.

Algunos de los asistentes a esta reunión familiar denunciaron que la convocatoria y reunión se hiciesen al margen de los órganos estatutarios con el oculto propósito de suplantarlos, pero ello no impidió que asistieran para no ponerse de acuerdo tras seis horas de intercambio de opiniones. Ruiz Gallardón, lejos de procurar un acercamiento de las posiciones, apostó por concentrar mayores cotas de poder en el presidente que resultara elegido. Y Abel Matutes, que afirmó su voluntad de no dejar Bruselas salvo por extrema necesidad, se erigió en árbitro y abogó por la fórmula de que Herrero permaneciera como portavoz parlamentario y vicepresidente ejecutivo del partido con funciones delegadas del presidente (él mismo), con subordinación jerárquica a Hernández Mancha. "Que yo fuera vicepresidente por delegación de un presidente ausente a las órdenes de un secretario general no ejerciente provocaría la carcajada nacional", diría Herrero al desechar tan dislocada y temeraria propuesta.

La reunión en aquella fría mañana del 15 de enero sirvió al menos, aparte de subrayar la tendencia conciliadora de Herrero de coparticipación del poder, para que terciara en la componenda Abel Matutes, que convocó una nueva reunión, esta vez en Génova, 13, para el día 22. El papel de intermediario del ibicenco era la expresión de un sofisma (una especie de

---

[30] *Abel Matutes, aproximación biográfica,* de Alfonso Salgado, pág.98.

[31] En la reunión preparatoria celebrada en la asesoría del Grupo Popular en el Congreso, convocada por el coordinador de la candidatura *herrerista* Federico Trillo, se analizó el posible desarrollo del encuentro de Húmera, que tenía por objeto forzar ante la opinión pública al reparto de funciones entre Herrero y Mancha. Los reunidos (Aznar, Rato, Baón, Arespacochaga, Carabias, Ortí Bordás, Robles y Trillo) aunque se comprometieron, pues, a suavizar las pretensiones de Herrero y admitir la diarquía, éste, de visita en el Vaticano, insistió en la dirección única a través de unas declaraciones nada convenientes.

arbitraje judío mediterráneo) porque era árbitro al tiempo que contendiente del lado de Hernández Mancha, aunque en política todo cabe como posible.

La convocatoria en cuestión agrupó a Hernández Mancha acompañado por García Tizón, Ruiz Gallardón y Sanchís, y a Herrero, acompañado por Federico Trillo, y en el curso de la misma se analizaron todas las posturas. Cuando parecía llegarse a un acercamiento que posibilitara el reparto del poder, era la hora del almuerzo; interrupción que sirvió para que Hernández Mancha se guareciese en la posición numantina de no conceder a Herrero nada que no fuera supeditación jerárquica. Fue en esta reunión, al término de la misma, cuando se produjo la anécdota según la cual la expresión negativa en lenguaje *cheli* que Hernández Mancha dio a su ponente fue: "No me mola, Miguel".

La Comisión Europea autorizó el 28 de enero a Abel Matutes la compatibilidad del puesto de comisario con el de presidente honorífico de AP, lo que se hizo público con grandes resonancias a fin de forzar la retirada de la candidatura de Herrero. Pero éste, antes que amilanarse, se afirmó en su voluntad de contender en el congreso si su adversario se negaba a la negociación, a la candidatura de unidad. Ese espíritu de conciliación lo sintetizó Herrero en una carta, dada a conocer el jueves 29 de enero y de la que se ofrece un resumen, justo antes de la conferencia que el destinatario de la epístola Hernández Mancha iba a pronunciar en el Club Siglo XXI.

> "Querido Antonio:
> Desde la dimisión de Fraga el pasado 1 de diciembre llevamos semanas esforzándonos, seguro que todos de buena fe, en dar la mejor salida a la situación de nuestro partido para que pueda mejorar sus posiciones...
> Hay quienes creen que esa necesaria renovación del partido se consigue merced al impulso y tirón juvenil. Otros creemos que el partido debe organizarse mejor, dar mayor protagonismo a los cuadros locales y territoriales y trabajar a través de sólidos equipos.
> (...) Nuestro partido está en condiciones de superar las confrontaciones de un congreso... pero consolidaríamos la unidad de nuestro partido si lleváramos al congreso una solución de consenso que por su calidad pudiera recibir un amplio respaldo del mismo. (...) ¿Por qué no integramos en una sola fórmula las mejores capacidades que entre todos podamos aportar a la dirección parlamentaria, a las relaciones institucionales interiores y exteriores, a la movilización de la opinión pública, a la comunicación con las bases y votantes, a la modernización organizativa de Alianza Popular?
> No me importan, bien lo sabes, los títulos con tal de que no sean ridículos; lo que me importa es una buena distribución de responsabilidades y competencias. Por mi parte, apoyaría tu título de presidente o de secretario general, como prefieras. A mí cualquiera de los dos me es indiferente...
> También cabe que una figura del partido, sin obligaciones ajenas a la nación[32], pudiera ostentar una presidencia moderadora, y tú, yo y otras personalidades del partido ocuparan vicepresidencias y secretarías".

Seguidamente distinguía tres áreas en el partido. En una primera reunía la dirección parlamentaria, las relaciones institucionales, relaciones con el Gobierno, con otros partidos y secto-

---

[32] Se trata de una alusión a Abel Matutes que no le agradó, pero que encerraba la verdad de cierta incompatibilidad moral de pertenecer al Gobierno europeo y ser presidente de un partido en la oposición, puesto que esa doble titularidad impediría la crítica española a las políticas comunitarias.

res sociales, así como la política internacional. La segunda área la concebía Herrero como de movilización de la opinión a través de la comunicación a los medios, incluida la televisión, y el populismo de la calle. La tercera área se refería a la organización partidista como maquinaria, de manera que sea un *partido de derecho* en el que los militantes encuentren seguridad y solidaridad. Distribuidas tales responsabilidades, correspondía al Comité Ejecutivo la coordinación del trabajo de los tres focos. Y Herrero terminaba:

> "(...) ¿Por qué en vez de confrontarnos en el congreso no aunamos esfuerzos para que el partido, con voz unánime, nos permita a todos realizar las tareas para las que nos sentimos más competentes? (...)"

Desde la tribuna del Club Siglo XXI Hernández Mancha dio la respuesta al envite de la carta, pensando en la legitimidad de los compromisarios del Congreso y en su proyecto de renovación generacional:

> "(...) Yo no puedo asumir la responsabilidad histórica de equivocarme en un acuerdo al margen de nuestro congreso. En dicho acuerdo (el que le proponía Miguel Herrero) es posible el error personal lo mismo por defecto que por exceso de generosidad. En consecuencia, estimo que solamente los compromisarios, aunque pueda resultarles incómodo, tienen la obligación de decir qué dirigentes prefieren y qué puesto debe ocupar cada uno".

El estandarte de la unidad, de la candidatura consensuada, todavía proporcionó una posibilidad más en el Comité Ejecutivo del viernes 30 de enero, en cuya reunión prosperó que Hernández Mancha y Herrero hicieran un nuevo intento de acuerdo a solas, en un cara a cara. Era una forma de pedir tiempo. Pero, en verdad, era irreversible el compromiso del líder andaluz adoptado en su conferencia del Club Siglo XXI de dejar a los compromisarios que hablaran ellos dando el voto a uno u otro[33].

Aún el sábado 31 de enero se vieron Herrero y Matutes en el aeropuerto del Prat de Barcelona durante la escala técnica, muy de mañana, que el ibicenco hacía rumbo a Bruselas. Herrero le comunicó su negativa a esa fórmula de poderes delegados, fundamentándola en que tampoco les gustaba a Fernández Albor y a Fernando Suárez, y —lo más importante— solicitó del comisario que se retirara de la lucha electoral. Matutes aceptaba la sugerencia siempre que los dos anunciados contendientes lograran una candidatura consensuada.

Hernández Mancha ha revelado al autor[34] que en vísperas del Congreso habló con Fraga para pedirle consejo, y que lo único que le dijo fue que la situación era indeseada y que tenía que pactar, "porque ya se sabe lo que pasa cuando se pelea en las familias, se va al carajo la empresa". Como el aspirante a sucesor insistiera en negarse a pactar, el fundador cerró la conversación diciendo: "Pues... tú verás lo que haces".

---

[33] Bajo el título *Modernidad aparente y modernidad real*, la conferencia en dicho foro versó sobre cómo en Europa, en contra de lo que ocurría en España, lo moderno es ser derecha, aunque el socialismo se ha apropiado de ese modo de hacer sin perder su apariencia. Aprovechó el final de la disertación para lanzar su implícita negativa a pactar con Herrero, contestando a la carta de éste hecha pública horas antes.

[34] Testimonio de Hernández Mancha en cinta magnetofónica.

El 2 de febrero se vieron nuevamente los dos adversarios y, a esas alturas, no avanzaron porque Hernández Mancha podía pensar que ante las previsiones de la magnitud de su victoria, Herrero no se dejaría aplastar y retiraría la candidatura. Por el contrario, Herrero no se arredró en momento alguno y a punto estuvo de arrastrar en su candidatura a Fernando Suárez. Pero al final pesó más la oferta de Hernández Mancha de respetarle el título de vicepresidente.

Se sucedieron nuevos intentos de mediación, todos ellos baldíos, y Herrero quiso ser derrotado, pues sólo al final de ese camino podría conocerse el formato de partido que defendía.

El extraordinario VIII Congreso de la sucesión

El VIII Congreso Nacional de Alianza Popular, extraordinario por convocatoria para proveer la presidencia del partido, se celebró el 7 y el 8 de febrero de 1987 en Madrid contraponiendo dos modelos de solución sucesoria de Fraga: la del populista andaluz Hernández Mancha y la del intelectual madrileño Herrero Rodríguez de Miñón.

A pesar de que Miguel Herrero ejerció durante el período de interinidad (desde el 5 de diciembre) como vicepresidente ejecutivo del partido, tal título no supuso ventaja alguna sobre su oponente Hernández Mancha, que logró una aplastante victoria con la ayuda de la secretario general del partido Alberto Ruiz-Gallardón; de Nuevas Generaciones y su presidente Gonzalo Robles[35], y de la tesorería regentada por Ángel Sanchís. Carente del resorte económico y de la maquinaria burocrática, Herrero cometió además la torpeza de aislarse en la sede central, ocupar el despacho de Fraga —perpetrando cierta profanación de un santuario al modo de ver del fraguismo emocional— y emprender un proyecto de gestión profesional y serio que chirriaba en aquella *corte de los milagros* que era el edificio de Génova, 13, donde una secretaria podía desplegar más poder que un presidente regional.

Si bien la victoria se daba por segura a Hernández Mancha, muy bien considerado y pagado por la bases, frente al cariz elitista del portavoz parlamentario, el congreso ponía en juego dos modelos estratégicos del centro-derecha. Para Herrero, y detrás de él un nutrido grupo de eficientes parlamentarios y técnicos, Alianza Popular debía ser por sí misma la piedra angular de cualquier alternativa al socialismo, y los complementos de personas o grupos debían probar su valía electoral en cada proceso electivo, no de forma permanente. En torno a esta imagen de unidad y coherencia, Herrero ofrecía a los afiliados aliancistas la atractiva postura de no consentir que AP, ante futuros comicios, pusiera implantación, recursos y esfuerzos de sus militantes y otros pusieran los candidatos, que una vez elegidos se olvidaban de la solidaridad del conjunto. El modelo de partido, por lo demás, debía basarse en la organización y debate colectivos toda vez que el liderazgo de Fraga no podía tener continuidad, y en la descentralización territorial. Como soporte de todo ello, la eficiencia profesional debía inspirar todos los departamentos de acción política, de programación, de acción electoral y financieros.

---

[35] La parcialidad de Nuevas Generaciones, a pesar de que sus afiliados se dividían en apoyo de una y otra candidatura, residió en el acuerdo que adoptó su Comité Ejecutivo el 24 de enero dando su apoyo a la candidatura de Hernández Mancha, según el comunicado que al respecto se hizo público en el que —para consuelo del no apoyado— se reconocía "la extraordinaria valía personal y política de Miguel Herrero". Ésta fue una de las pruebas de que NNGG era un partido dentro de otro partido, dotado de privilegios y ventajas, fórmula desusada en las democracias modernas.

Para Hernández Mancha, aupado por la popularidad como desenfadado anti-líder, el objetivo residía en la reconstrucción del centro-derecha en la que AP sólo sería una parte importante de una nueva CEDA (la *gilroblista* Confederación Española de Derechas Autónomas de la Segunda República), sobre cuyo modelo hubo varias referencias en el joven abogado del Estado. Este impreciso marco estratégico, sin embargo, parecía la continuación de la política fraguista de la *mayoría natural* pero sin Fraga, gestionada por un tierno e indolente líder surgido del poder territorial urdido en el anterior congreso de las *listas abiertas*. La línea de continuidad presidencial pretendía copiar los poderes del fundador, fiando el acierto sólo en las dotes de comunicador que tenía el joven candidato. Juventud y comunicación, pues, eran los ingredientes capitales del populismo renovador frente a la solvencia de la experiencia.

La pugna sostenida entre Hernández Mancha y Herrero de Miñon, en cuanto aspirantes a la herencia de Fraga, fue entre diciembre de 1988 y 1989 de las más duras habidas en Alianza Popular, porque ante la cordialidad aparente, como de ello da fe la foto de los dos sonrientes candidatos, en realidad se enfrentaban dos modelos contrapuestos y antitéticos. De todas maneras, ya AP contaba con la fortaleza suficiente para resistir todo. La duda residía entonces sobre qué candidato prefería Fraga, aunque muchos pensaban que prefería al candidato que le permitiese, en su caso, la vuelta más fácil.

Al margen de la bondad de uno u otro proyectos, lo cierto es que el sustentado por Herrero era más cerrado y exclusivista y, por lo tanto, más impermeable a los influjos del dimitido fundador. En cambio, el modelo de Hernández Mancha —se dijo entonces—, era más poroso y dúctil; ósmosis que, unida a la falta de rigor e ímpetu del líder, hacía más reversible el poder. Es decir, con Hernández Mancha de sucesor la vuelta de Fraga era posible, mientras que con Herrero no. De esta tesis participa Arturo García Tizón[36], aunque niega que Fraga diese ayuda expresa a Hernández Mancha antes y durante el congreso sucesorio.

A todos los que se dirigieron a Fraga en demanda de un pronóstico o un gesto de preferencia, siempre, por esos días, contestó lo mismo: "A quien Dios se la dé, San Pedro se la bendiga"[37].

Con el eslogan *EL FUTURO*, el VIII Congreso fue anunciado en vallas y en los principales medios de comunicación, proporcionando los datos de la cita y asociándola al decenio de vida de Alianza Popular (1977-1987).

Dos meses después de la dimisión de Fraga, el congreso abrió sus sesiones con una salutación de Félix Pastor, presidente de la comisión organizadora, a los 2.891 compromisarios, tras de lo cual se constituyó la Mesa, que encabezaba Gabriel Cañellas Fons y que componían, además, representantes de las regiones y órganos del partido. Pesaba tanto la figura de Fraga que la mañana inaugural fue un canto arrebatado al ausente por parte de los oradores. Félix Pastor

---

[36] Testimonio dado al autor.

[37] El periodista Enrique de Diego (*Ya* del 11 de enero de 1987) publicó un artículo en el que se recogía que Fraga, en el curso de un almuerzo en el restaurante Pastoriza de La Coruña, el 29 de diciembre, dijo que "no me son indiferentes los nombres para mi sucesión, y haré oír mi voz antes de febrero". Asegura el articulista que también en dicho homenaje el villalbés dijo: "No me he retirado de la política activa, sino que la voy a ejercer de otra manera".

dijo de él que "era un gran patriota, generoso, honesto y hombre de Estado" y alabó "su generosa decisión de renunciar a sus cargos". Fernández Albor, presidente interino de AP, comparó la dimisión de Fraga a un terremoto y dijo que si volviese sólo sería por dos motivos: "Para que estemos unidos formando el gran partido que España necesita y, en segundo lugar, en caso de que el partido y España lo reclamaran".

El plato fuerte era el debate de la única ponencia admitida: la de Estatutos, cuyo articulado —en lo referido a los poderes centrales— debía acomodarse a la nueva situación creada por la renuncia de Fraga y que en total había recibido casi un centenar de enmiendas, de las cuales seis tenían entidad para ser defendidas en el pleno congresual.

Los estatutos *diseñados* —como guantes muy empuñados— eran el instrumento orgánico del próximo nuevo equipo directivo con el que golpear en régimen de monopolio, sin concesiones a la reciprocidad. Antes al contrario, potenciaba al núcleo oligárquico dejando la eventual integración del equipo perdedor en los órganos ejecutivos al arbitrio y gracia del ganador. Representaba un grave riesgo de fractura y de persecución de los vencidos, que se pudo evitar aceptando la enmienda de Juan Ramón Calero, pero no se quiso ni en la reunión del viernes por la noche del equipo de Hernández Mancha ni, a la mañana siguiente, media hora antes del inicio del congreso, en la reunión del Comité Ejecutivo saliente[38].

Consistía dicha enmienda en abandonar el sistema de *listas abiertas* y volver al de lista cerrada, en la que el 70 por ciento de los puestos sería para la candidatura mayoritaria y el 30 por ciento restante para la candidatura derrotada o minoritaria. Su autor recordó que el sistema de *listas abiertas* había sido un manantial de problemas y dijo: "La política es cuestión de equipos, no de las virtudes negociadoras de determinadas personas". La propuesta fue rechazada por 1.462 votos en contra y 435 a favor. La diferencia de un millar de votos en favor de los *manchistas* respecto de los *herreristas* fue el indicador de cómo se dividían las fuerzas, a todos los efectos, entre los dos bandos.

Una segunda enmienda, denominada en el argot congresual *la purísima*, la había presentado Francisco Álvarez Cascos, que postulaba que fuese susceptible de elección en lista abierta todo el Comité Ejecutivo (hasta 42 miembros) con el fin de que el presidente pudiera hacer su equipo de gobierno (la comisión permanente) con plena libertad. El asturiano señaló al defender su propuesta que "después de este congreso no creo que la unidad del partido esté amenazada, independientemente de quién gane. Si las cosas fueran mal, estoy seguro que bastaría la presencia de Fraga para garantizar la unidad". La enmienda también fue rechazada por 1.320 votos frente 246 a favor[39].

Acariciado por los aplausos, que desvió al recuerdo de su padre, Alberto Ruiz Gallardón defendió la enmienda que daba pleno poder al ganador previsto en un claro ejercicio de par-

---

[38] El equipo de Hernández Mancha se reunió el viernes 6 a cenar en el restaurante La Cúpula y allí se determinó rechazar la enmienda de Calero a fin de garantizar, con un triunfo aplastante, el apartamiento del bando *herrerista*. Igualmente se encargó al secretario general Alberto Ruiz-Gallardón la defensa del texto de la ponencia y la coordinación de las votaciones para todas las enmiendas.

[39] En la biografía *Cascos, el poder de la sombra*, de la que son autores Eduardo García y José Manuel Piñeiro, no se menciona —o se silencia— el hecho de que el biografiado defendiera la antedicha enmienda (las listas abiertas en grado máximo) en el VIII Congreso de AP, pese a que la conducta del político asturiano en dicho acontecimiento es relatada con minuciosidad.

cialidad por cuanto que era enmendante al tiempo que representaba la organización del partido. Frente al texto de la ponencia, que preveía la elección conjunta de únicamente el presidente y el secretario general (aparte de 30 miembros del Comité Ejecutivo), la enmienda de los *manchistas* quería la elección de aquellos dos y, además, cuatro vicepresidentes y un equipo de gobierno de catorce miembros que formaban la Comisión Permanente. "Ahora procede —dijo Gallardón— que las bases, los compromisarios, tengan pleno conocimiento no sólo del presidente, sino de las personas que tienen que corresponsabilizarse formando su equipo". Aunque el ponente Félix Pastor se manifestó contrario a la enmienda aduciendo que la propuesta ahondaba en la confrontación, fue aceptada por 1.310 votos a favor y 442 en contra en una votación en la que participaron visiblemente los dos contendientes máximos.

Hay que señalar que en el debate estatutario se rechazó una enmienda que reforzaba con texto legal el carácter regional del nuevo poder, lo cual era una contradicción con el pacto territorial que hacía presidente a Hernández Mancha. Por sólo 56 votos de diferencia (462 frente a 406) se desestimó la propuesta del valenciano José Luis Ibarra según la cual en el Comité Ejecutivo se integrarían como *vocales natos* a 18 representantes de las CCAA y de Ceuta y Melilla.

Aprobados los nuevos Estatutos por el plenario, el Congreso se convirtió en un zoco del voto, pues tanto en los pasillos como en los despachos del viejo Palacio de Congresos y Exposiciones se pactaban el apoyo a las candidaturas por los dirigentes territoriales. A la algarabía lógica de este tipo de transacción política acompañaba, por lo demás, un ambiente apasionado de exhibición del apoyo a los dos candidatos mediante carteles y pegatinas. Los seguidores de Miguel Herrero mostraban la leyenda *unidad* y los *manchistas* lucían la foto de su candidato con el nombre *Antonio*.

La candidatura de Miguel Herrero costó formarla porque al presuponerse su derrota algunos de los *herreristas* eran reacios a enfrentarse al nuevo poder emergente y muy sensibles a su represalia. Durante el proceso de formación de la lista de los diecinueve que acompañarían a Herrero, varios fueron tentados por el coordinador-tesorero del partido Ángel Sanchís, para que declinasen la invitación electoral bajo promesa de ser respetados (o indemnizados por despido improcedente) en los puestos de trabajo que venían ostentado en la sede central. José María Aznar, que figuraba como candidato a secretario general, fue sutilmente amenazado de no encabezar la candidatura aliancista en Castilla y León y, en su lugar, apoyar al militante democristiano del PDP Rodolfo Martín Villa. En *Memorias de estío* Herrero lo refleja[40], a juicio del autor, cabalmente:

> "(...) Me resultó difícil hasta hacer una candidatura que los nuevos Estatutos elaborados por Ruiz Gallardón bajo la cobertura de Félix Pastor exigían completa. Algunos amigos sinceros se ofrecieron, con notorio riesgo de su seguridad política en el partido. Otros, que hasta entonces sólo había tratado superficialmente, se mostraron como los más leales. Fracasé, en cambio, en mi intento de comprometer a Fernando

---

[40] *Memorias de estío*, pág. 360. Con independencia de lo dicho por Herrero, es lo cierto que el almuerzo que celebraron Hernández Mancha y Martín Villa el 19 de enero en Madrid, convocados por el senador sevillano Luis Fernández Madrid, sólo puede ser inscrito como maniobra de presión hacia José María Aznar, aunque los comensales fueron "sumamente delicados y cautos" en el tratamiento de este asunto. Aznar, molesto con este inoportuno encuentro, pidió a Hernández Mancha que explicara el contenido de la conversación en lo concerniente a Castilla y León (*Diario 16*, 21 de enero de 1987).

Suárez, lo que habría sido una baza decisiva, y trabajo me costó que José María Aznar llegara a decidirse. Esto no ocurrió hasta que el propio Mancha trató con Martín Villa de la candidatura autonómica de Castilla y León, que también ansiaba mi entonces joven amigo".

Minutos antes de que expirase el plazo para la presentación de la candidatura, Herrero reunió a sus compañeros de aventura en un salón de la sede congresual para plantearles una disyuntiva *in articulo mortis*: se retiraban o morían peleando. Por ajustada mayoría ganó la comparecencia con derrota segura, inclinándose por esta postura —cosa curiosa— los que más tenían que perder y los recién llegados al círculo de Herrero, que apostaron muy fuerte. Porque éstos entendían que la votación mediría la fuerza de la candidatura (que llegó a un tercio del partido) y que la fracción derrotada sería un claro referente de oposición en la sombra a lo largo del camino.

Esta candidatura la formaban:

Presidente: Miguel Herrero.
Vicepresidentes: Isabel Tocino, Luis Ramallo, Mario Amilivia y Juan Manuel Fabra.
Secretario general: José María Aznar.
Vocales: Federico Trillo, Arturo Escuder, Celia Villalobos, Rodrigo Rato, Santiago López Valdivielso, Alberto Durán, José Antonio Trillo López Mancisidor, Javier Carabias, Rogelio Baón, Joaquín Sisó, Pancha Navarrete, José Miguel Ortí Bordás, Juan Carlos Gimeno y Luis Gerardo López Delgado.

De la relación anterior, cinco (Ramallo, Amilivia, Fabra, Sisó y López Valdivielso) se presentaron en la lista abierta de los 30 vocales del Comité Ejecutivo, y sólo Ramallo, extremeño que actuaba de verdadero ariete contra la política socialista, obtuvo plaza con 1.473 votos en premio a su labor política. Los demás fueron electoralmente aplastados por los pactos territoriales, con votaciones adversas incluso de sus propias provincias.

La preponderancia de los *manchistas* se hizo patente no sólo en el equipo de gobierno (Comisión Permanente), restringido al núcleo artífice de la mayoría territorial y con predominio andaluz, sino que se extendió a la lista de los 30 del Comité Ejecutivo. En las dos listas no se coló nadie —salvo Ramallo— de los que habían apoyado a Herrero, lo que se tradujo en una cosecha de laureles marchitables en el futuro.

Herrero tenía mucha confianza en sus dotes oratorias, en la seducción política por el oído, y por eso el discurso de candidato fue una pieza muy meditada y de excelente exposición en fondo y forma. En los dos anteriores congresos nacionales había sido el orador más coreado, en premio también a los documentos de estrategia de la ponencia política que llevaban su firma. Su discurso duró casi una hora y fue interrumpido cuarenta y cinco veces por los aplausos, entreverados de silbidos de los adversarios, a lo largo del esquema de su visión del partido basado en la unidad y en que la actividad parlamentaria y la acción política partidista estuviera en una sola mano. Afirmó que aceptaría los resultados pero ello no fue óbice para que, con cierto lenguaje críptico, arremetiese contra quienes él creyó que dañaron su candidatura. "No se trata ahora —dijo en uno de los pasajes— de presentar a un candidato para las elecciones del 90, sino de asegurar la potencia del partido para que, en el 90 al líder no tengan que traérnoslo de fuera". "Tened atenta la oreja a los rumores que llegan de Flandes, de Alsacia y de Lorena", dijo refiriéndose a Marcelino Oreja y

Matutes. "¿Por qué vamos a ceder la presidencia de Castilla y León a un candidato de otro partido que además ha sido aliado infiel", se preguntó en tono acusatorio hacia Hernández Mancha, dispuesto a apoyar la candidatura castellana de Martín Villa. En clara aunque velada alusión a Alfonso Osorio, espetó: "Pido que se expulse del partido al primer filtrador que se detecte". Y en el orden económico lanzó contra Ángel Sanchís esta acusación: "Quiero que el partido tenga, por fin, unas cuentas claras, diáfanas y permanentemente auditables". Aunque Herrero puso mucho cuidado en no pronunciar frase que se entendiera como ataque directo a su adversario, no pudo eludir la crítica a los nuevos estatutos diciendo: "Se configura un poder monocrático como el de Fraga para hacer cosas distintas", lo cual arrancó algunos silbidos de protesta.

El candidato andaluz explicó su difuso programa en un alarde de populismo y exaltación con un discurso mitinero, plano de conceptos pero efectista y resuelto, utilizando el nombre de Fraga de modo sutil próximo a su causa. Insistió cínicamente en la unidad de generaciones, en la unidad de las fuerzas antisocialistas, y dijo: "Frente al pesimismo y la resignación estoy decidido a conducir a la derecha al triunfo electoral sin tener que pedir perdón a diario, y para ello juzgo imprescindible una radical renovación de personas y de estilo que consiga hacer atractivas las ideas liberal-conservadoras para los muchos españoles que hoy nos son hostiles". Negó que este concilio fuese el Suresnes de la derecha para tirar por la borda valores propios del pasado" y concluyó desechando todo proceso revanchista. El trance lo superó el extremeño en el límite de la tensión física y, como prueba de su fragilidad, padeció una lipotimia tras abandonar el estrado.

Dedicada la tarde y noche del sábado 7 a la votación, los resultados al final de la jornada no arrojaron sorpresa alguna respecto de la aplastante victoria conseguida por la candidatura de Hernández Mancha: de 2.700 votos emitidos (de 2.840 compromisarios), 1.930 lo fueron en su apoyo y 729 en el de Miguel Herrero y su equipo, veinticocho votos fueron emitidos en blanco y 13 nulos. Tan masivo apoyo al andaluz sorprendió a no pocos, por lo que alguien interpretó que Fraga le apoyó con su silencio, moviendo adhesiones como los hilos de un guiñol, y de ahí que los compromisarios gallegos votasen en masa al andaluz[41].

El nuevo equipo de gobierno (o Comisión Permanente) estaba constituido por:

Presidente: Antonio Hernández Mancha.
Vicepresidentes: Gerardo Fernández Albor, Abel Matutes, José Manuel Romay y Alberto Ruiz Gallardón.
Secretario general: Arturo García Tizón.
Vocales: José Ramón del Río, Mariano Rajoy, Manuel Renedo, Isabel Ugalde, Luis Guillermo Perinat, Gonzalo Robles Orozco, Jorge Fernández Díaz, Miguel Arias Cañete, Luis Eduardo Cortés, Ángel Sanchís, Isidro Fernández Rozada, Gabino Puche, Francisco Tomey y Alfredo Navarro.

En urna separada se efectuó la votación de los 30 vocales del Comité Ejecutivo, para la cual se presentaron 72 candidatos (65 varones y 7 mujeres) de todas las edades y regiones, pero respondiendo al pacto territorial predeterminado. Los resultados fueron los siguientes:

---

[41] El cronista político Fernando Jáuregui (*La derecha después de Fraga*, pág. 200) sostiene la misma tesis.

1. Francisco Álvarez Cascos. ....1.943 votos.
2. Félix Pastor Ridruejo ....1.922 ”
3. Adolfo Díaz Ambrona ....1.919 ”
4. José Cañellas Fons ....1.910 ”
5. Paulino Montesdeoca Sánchez ....1.738 ”
6. José Ignacio Llorens Torres ....1.718 ”
7. Juan Luis de la Vallina Velarde..............................1.713 ”
8. Ignacio Gil Lázaro ....1.700 ”
9. Juan. A. Montesinos García ....1.689 ”
10. Antonio Pol González..1.681 ”
11. Francisco Cacharro Pardo..1.667 ”
12. Elena Utrilla Palombi ....1.632 ”
13. Jesús Mañueco Alonso...1.585 ”
14. Ricardo Mena-Bernal...1.573 ”
15. Felipe Benítez Berrueco ....1.566 ”
16. Roberto Sanz Piñacho..1.549 ”
17. José A. del Rey Castellanos ....1.544 ”
18. Ricardo Peydró Blázquez...1.511 ”
19. Roberto Bedoya Arroyo ....1.509 ”
20. José Luis Sánchez Usero...1.503 ”
21. Juan Luis Muriel Gómez ....1.496 ”
22. Bonifacio Santiago Gómez ....1.479 ”
23. Luis Ramallo García ....1.473 ”
24. Enrique Arance Soto ....1.444 ”
25. Pedro A. Hernández Escorial ....1.427 ”
26. Carmen Díaz Marés..1.426 ”
27. Diego Jordano Salinas...1.425 ”
28. Pedro Saugar Muñoz...1.419 ”
29. Enrique Lacalle Coll ....1.359 ”
30. José. A. González Garnica...1.280 ”

A juzgar por la procedencia de los elegidos, y exceptuado Luis Ramallo, la lista elegida era en términos aproximados el resultado del pacto territorial de Andalucía (con 8 puestos), Galicia (5), Madrid (7), Castilla-La Mancha (4), Asturias (3), Castilla y León (3), Cataluña (3), Valencia (2), Baleares (2), Extremadura (1), Cantabria (1), Canarias (1) y Melilla (1). Nuevas Generaciones se volcó por Hernández Mancha y obtuvo 5 puestos.

No obstante lo anterior, Madrid, Castilla y León (salvo Segovia, Palencia y Soria), Valencia, Aragón, Cataluña y Canarias dividieron su apoyo entre los dos candidatos. Y actuaron al margen del pacto territorial —bien porque se excluyeron o porque apoyaron a Herrero— las regiones uniprovinciales de Murcia, La Rioja y Navarra.

De los 72 candidatos presentados para optar a plaza en el Comité Ejecutivo el más votado fue el asturiano Álvarez Cascos, quien en la confrontación jugó a no comprometerse él personalmente, pero no así su hombre de confianza, Isidro Fernández Rozada (del equipo comprometido con Mancha), y Juan Luis de la Vallina. La postura no comprometida de Cascos le valió ser el más votado, una especie de tercera vía basada en la habilidad de no arremeter contra ninguno de los contendientes, aunque estuviese presente por delegación con un pie en el equipo de gobierno de Mancha a la vez que él, por sí, tenía el otro pie en el Grupo Parlamentario, del que era secretario general.

Los vencedores no se caracterizaron por la renovación generacional como predicaban, sino por el pacto coyuntural, y tampoco les unía una ligazón doctrinal o histórica. Tanto Hernández Mancha como García Tizón habían ingresado en 1977 directamente en Alianza Popular por el que se denominaba *grupo cero* (a diferencia de los que ingresaron por los partidos de cada uno de los *siete magníficos*), pero su vinculación era, en todo caso, sólo de tipo personal. Los dos eran abogados del Estado y de la misma promoción.

Pese a que los vencedores tenían sus raíces en el poder territorial, la retirada o la derrota de figuras destacadas en la historia del partido fue interpretada como renovación generacional, lo que no era exacto por media de edad entre una y otra candidatura, llegándose a calificar la desaparición de algunos líderes de la vieja guardia como auténtica refundación. Es verdad, sin embargo, que algunos dirigentes *históricos* como Fraga, Osorio, Suárez, Arespacochaga o Carro no llegaron a contender electoralmente. Fernando Suárez lo explicó adecuadamente diciendo que no quería estar contra quien perdiera y, en este sentido, prefirió la continuidad neutral como portavoz de los eurodiputados conservadores en el Parlamento Europeo.

Otros dirigentes, por el contrario, se presentaron en la lista abierta para los 30 vocales del Comité Ejecutivo y no obtuvieron votos suficientes. Los candidatos presentados al Comité Ejecutivo y no elegidos fueron los siguientes:

> Carmen Álvarez Arenas, Mario Amilibia González, Carlos Argos García, Manuel Arqueros Orozco, José Eugenio Azpíroz Villar, Rosario Barrios Romero, Pilar Bidagor Altuna, Jesús Díaz Fernández, Gabriel Elorriaga Fernández, Tomás Esteo Palomo, Juan Manuel Fabra Vallés, Alberto Feu Puig, Ángel Isidro Guimerá Gil, Casimiro Hernández Calvo, José Luis Hidalgo Utesa, Neftalí Isasi Gómez, José Antonio Lamas Amor, Carlos López Collado, Santiago López Valdivielso, Vicente Mateos Otero, Santos Mercader de Lafuente, Antonio Merino Santamaría, Vicente Mogas Umbert, Venancio Mota Álvarez, Matilde Mújica Zuazo, José Nieto Antolinos, Agustín Pájaro Merino, Ignacio Palacios Zuasti, Jesús Pedroche Nieto, José Manuel Peñalosa Ruiz, Miguel Ramírez González, José Ramírez Martínez, Manuel Ramos Gámez, Carlos Robles Piquer, Gustavo Severien Tigeras, Joaquín Sisó Cruellas, María Sobrino Esteve, Manuel Soler Mateu, Manuel Troitiño Peláez, Enrique Villoria Martínez y Pedro Zubiría Garnica.

El domingo 8 de febrero, por la mañana, fue proclamada la candidatura triunfante durante una jornada jubilosa de la nueva etapa que se abría en Alianza Popular. La minuta de discursos, como en toda clausura de este tipo de actos, fue larga para dar entrada a mensajes de invitados y a comunicaciones institucionales. Sin embargo, como destacable hay que mencionar que el nuevo secretario general, Arturo García Tizón, mostró su intención de extender las fronteras de AP hasta el mismo PSOE e ilusionar a los que están fuera, porque —dijo—"no tenemos vocación de minoría". Expresó asimismo su confianza de que no hubiese fugas como resultado de la nueva situación. De los vicepresidentes sólo se dirigió al congreso el comisario europeo Abel Matutes con un discurso institucional, de circunstancias, pero que aportaba peso senatorial al bisoño nuevo equipo.

Protagonista de la clausura fue sin embargo Manuel Fraga, que hasta entonces había guardado silencio. Su presencia en el cierre era necesaria para sellar los resultados electorales en su sucesión, dando legitimidad a los vencedores y pidiendo generosidad para los derrotados, conforme parecía exigirse de un venerable anciano. Aclamado con frenesí y estruendo a su llegada al recinto congresual, a su turno dirigió el más severo reproche a la derecha sociológica, a la izquierda y al propio partido por él fundado.

Ahogando sollozos, con la voz quebrada, Fraga relató los principales rasgos de su sacrificio personal en la creación del partido en pos de situar a España en el lugar que le correspondía. Seguidamente, al transmitir el testigo del relevo, lo hizo con el triple mensaje admonitorio:

"(..) A la izquierda, hoy prepotente. Si se quiere hablar en serio de democracia hay que predicar con el ejemplo. No se puede continuar una vida pública sin luz ni taquígrafos y con la televisión en monopolio".

"(...) A eso que se suele llamar la derecha sociológica española. Es hora ya de dejarse de improvisaciones, frivolidades o ausencias. En un momento en el cual en toda Europa están reconocidos los fracasos de los socialismos y se ha impuesto la unidad eficaz (con distintas fórmulas) del centro-derecha, aquí seguimos con 'operaciones' de este o aquel tenor y condenados a una situación mediocre".

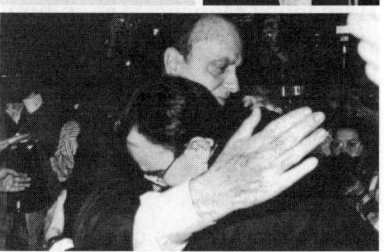

Fraga a Hernández Mancha —a Antoñito— le consentía y a Herrero de Miñon le temía. Al extremeño le conocía desde niño y de universitario, por ser amigo del hijo mayor de Fraga; incluso lo tuvo de huésped en Londres. Pero en su sucesión dejó las cosas correr, aunque tuviera preferencias. En las dos imágenes brota la cordialidad, y en la segunda Fraga abraza ya al sucesor (la diferencia anatómica entre ambos hace que más que un abrazo sea un achuchón) que ya ha dicho aquella frase: "Usted, tranquilo, don Manuel..."

"(...) Y también a nosotros mismos. También hemos tenidos gente que ha ido a lo suyo; que se ha creído que el partido era para asegurarles cargos, prebendas o gajes; que se han olvidado de que no hemos venido a repartirnos nada, sino a acumular ejemplaridad, al servicio de España".

Fraga finalizó el discurso no como lo tenía concebido inicialmente, sino que introdujo a última hora un párrafo final de su puño y letra llamando a la concordia; quizás lo añadió cuando supo la abultada derrota de Herrero, y de ahí la tabla de consejos paternales:

"(...) Y todo esto, querido Antonio, culmina en una cordial alternativa. Alianza Popular ha apostado, una vez más, por la democracia y la ha practicado para sí mismo (otros la exigen para los demás). Has ganado limpia y democráticamente; ahora te queda todo lo demás, empezando por esa generosidad en la victoria que AP se merece, y más que nadie tus limpios antagonistas, que no adversarios. Y lo mismo te pido, querido Miguel, queridos amigos todos. Por Alianza Popular y, sobre todo, por España".

Jalonado por aplausos y ovaciones el joven presidente de Alianza Popular pronunció el discurso de clausura, en el que se oyó, como lo más destacado, la promesa de generosidad; de que nadie invocaría el *vae victis* (¡Ay de los vencidos!). "Don Manuel, usted tranquilo", contestó Hernández Mancha al ruego de generosidad para la candidatura derrotada.

Como declaración de intenciones el discurso tenía la ambición de referirse a los marginados, jóvenes, tercera edad, mujeres maltratadas y quienes sociológicamente nutrían un segmento social que AP debía atraerse. Y enlazando con su conocida tesis (difundida en su conferencia del Club Siglo XXI del 29 de enero) de lo que es modernidad aparente y modernidad real en el ámbito de la política, subrayó que "la alternativa sólo la puede brindar Alianza Popular, que ya puede presumir de ser la derecha moderna y europea y que se abrirá a la sociedad para que ésta no le dé la espalda". Aunque se lamentó del poco tiempo que faltaba para las elecciones, esgrimió su populismo asegurando que la calle iba a ayudar a AP , pues "en la calle es donde están los mensajes que debemos incorporar a nuestros programas para que éstos no sean teóricos".

Si una imagen suele sintetizar los acontecimientos, la que mostraba el abrazo de Fraga y Hernández Mancha —la voluminosa anatomía del villalbés abarcando al menudo extremeño— simbolizaba el cambio de etapa en Alianza Popular. El partido político más numeroso de España, con 222.981 afiliados, era un partido de masas, interclasista y cohesionado, con sentido militante en un país donde los ciudadanos manifestaban escaso interés por el encuadramiento político.

Las nuevas claves del liderazgo

La resaca congresual —la pausa de reflexión periodística— se produjo inmediatamente en la mayor parte de los medios de comunicación, en todos los cuales se resaltó que lo desconocido había prevalecido sobre lo comprobado. José María García Escudero, acreditado historiador, publicó un artículo[42] titulado "El atajo de Hernández Mancha" en el que, al glosar la opinión que el nuevo líder tenía sobre la derecha y la modernidad, preguntaba si debía resignarse a esperar veinte años para que (la derecha) se pusiera de moda o si había que buscar un atajo. "No conozco a Hernández Mancha más que por su imagen pública, pero ésta es la de un conservador tan atípico como socialistas atípicos respecto al modelo europeo son Felipe González y Alfonso Guerra. La competencia —colegía el articulista— se va a establecer en un nuevo terreno de juego, más hispánico que continental, donde la improvisación y la picardía pueden prevalecer sobre el contraste constructivo de las ideologías". Con realista visión, García Escudero finalizaba diciendo que "un salto en el vacío puede ahorrar mucho camino, pero también puede acabar en catástrofe".

El escepticismo o incluso el mal augurio de quienes *a priori* calificaban a Hernández Mancha de *Tom Sawyer de la derecha, Fraga de bolsillo* o *líder sintético*, desconfiaban de la mítica juventud frente a la experiencia, y de ahí que algunos, como por ejemplo Alejandro Muñoz Alonso, pronosticara que "con tales mimbres puede que en el futuro se recuerde el famoso '*techo de Fraga*' como una grandiosa bóveda catedralicia"[43].

De toda esta nómina de objetores al populismo verborreico y gestual del nuevo presidente aliancista, sin duda el que más escoció fue el editorial de *El País* titulado "Un líder volátil", al siguiente día del congreso, que mereció la protesta de su competidor madrileño *ABC* por entender que el rotativo de Jesús Polanco iniciaba una campaña de descrédito contra el sucesor de Fraga. Al margen de otras consideraciones, el editorialista apuntaba:

> "(...) El tiempo futuro dirá si Hernández Mancha es el potencial salvador de la derecha española, pero el pasado no arroja indicios para deducirlo. Fraga es un peso pesa-

---

[42] *Ya* del 12 de febrero de 1987.
[43] *ABC,* 6 de febrero de 1987.

do de la política, casi un mamut, un intelectual y un hombre de Estado. Le va a suceder alguien tan volátil que merece la pena interrogarse sobre cómo ha de llevar la carga. Tal vez el talento de Hernández Mancha ha consistido en saber ocultar, tras su palabra arrebatada, el carácter demasiado aéreo de su equipaje..."

Pasada la exultación de la victoria, el equipo de Hernández Mancha se planteó corresponder al caudal de expectativas que había despertado en tres campos: ante la calle, ante los medios de comunicación y ante el Parlamento, todos ellos conectados entre sí.

Nada más conocer los resultados de su derrota, Miguel Herrero puso a disposición del nuevo presidente de AP su cargo de presidente del Grupo Popular y a este respecto firmó la correspondiente carta el día 9 de febrero dirigida al presidente del Congreso. En vísperas de celebrarse el debate sobre *el estado de la nación*, Hernández Mancha pidió a su oponente derrotado que reconsiderara su postura y le invitó, junto a José María Aznar, a que se incorporaran a la Ejecutiva del partido. Reiterada la negativa del ex portavoz, Mancha quiso asimismo que Manuel Fraga ejerciera ese papel, a lo que lógicamente declinó porque no se había montado su sucesión para que luego fuera él quien diera la cara parlamentaria frente a Felipe González.

La recomposición, por desmembramiento de Coalición Popular en el Parlamento, y la sucesión de Fraga obligó al presidente de la Cámara a reflexionar sobre la figura de *Jefe de la Oposición*, que había ostentado el villalbés por merecimientos subjetivos; singularidad que no se daba en su sucesor además de que no era diputado, sino senador. Se suprimió tal título el 17 de febrero dado que, por otra parte, la oposición era numéricamente mayor fuera de AP que dentro, por lo que el tema remitió al suprimirse los medios materiales y humanos inherentes al título.

El Grupo Popular del Congreso eligió por unanimidad, tras la renuncia de Herrero, a José Manuel Romay nuevo presidente del mismo (era vicepresidente del partido) y a Juan Ramón Calero portavoz, auxiliado por los portavoces-adjuntos Manuel Renedo y Luis Ramallo, al tiempo que se reajustaron las portavocías sectoriales[44]. Este equipo mixto en cuanto a lealtades prevaleció ante la pretensión de García Tizón de simultanear la portavocía parlamentaria con la función de secretario general del partido, con vistas a evitar que en la carrera de San Jerónimo se robusteciera atrincherado el equipo derrotado en el VIII Congreso.

En una democracia parlamentaria el liderazgo se ejerce desde la principal cámara —en España, el Congreso—, donde se inviste o reprueba al jefe del Ejecutivo, y en menor grado en la calle. El hecho de que Hernández Mancha fuera senador era no pequeña dificultad para la equiparación dialéctica frente a Felipe González en los asuntos cotidianos de la política que suelen ventilarse en el Congreso. De ahí que el presidente aliancista pretendiera participar en el debate sobre *el estado de la nación* proponiendo una sesión conjunta del Congreso y el Senado (es decir, las Cortes Generales, cuyas funciones están muy tasadas en la Constitución) o cambiándose de Cámara y, además, ocupando el escaño de Fraga.

La imposibilidad constitucional para intervenir en dicho debate le fue comunicada a Hernández Mancha por el propio presidente del Congreso, ante lo cual se dispuso que al Presidente del

---

[44] En Administraciones Públicas se nombró a Juan Luis de la Vallina (en sustitución de García Tizón), en Economía a Rodrigo Rato, en Asuntos Sociales a Celia Villalobos (en sustitución de José María Aznar) y en la comisión del Tribunal de Cuentas a Diego Jordán (en sustitución de Luis Ramallo).

Gobierno le contestara García Tizón, "eso sí —dijo éste a la prensa, enrabietado, ante su jefe—, Hernández Mancha contestará en los pasillos lo que debía decir dentro del hemiciclo".

El protagonismo de la oposición en el debate sobre *el estado de la nación* (24 y 25 de febrero) tuvo que ser esta vez compartido desde una tribuna triangular por Adolfo Suárez, García Tizón y Miguel Roca, amén de otras destacadas intervenciones del mosaico ideológico que era el Grupo Mixto, como la de Óscar Alzaga. Ante tal *ensalada* de posiciones, Felipe González, pese a la oleada de conflictos de todo orden que cercaban a los socialistas, fue fácilmente quien tuvo la iniciativa aunque se dejó llevar por el desdén —con manifiestas risas desde el *banco azul* dirigidas a sus contendientes— y la superioridad oratoria, sobre todo en las réplicas. García Tizón denunció "el agobio socialista" según un catálogo de abusos de poder en distintos campos y demostró dotes parlamentarias, pero carecía del poder de convicción que entraña ser el líder.

El anuncio por González de llevar a la Cámara el proyecto de ley de la televisión privada, la derogación de la ley antiterrorista y la firma del tratado de anti-armas nucleares fueron asuntos lo suficiente importantes, en un contexto de país alegre y confiado, con los que oscurecer todo el esfuerzo persuasivo de la oposición.

Y dentro de la oposición, la opinión pública se fijó en García Tizón —a quien se motejaba ya como *el duro Tizón*—, lo cual era expresivo del sinsentido de que el líder verdadero no tuviera voz. El resurgimiento de Suárez en cuanto referente no sólo del centrismo sino de toda la oposición[45] preocupó grandemente en la calle Génova, 13, y por todo ello se pensó, con la vista puesta en las elecciones de junio, en que Hernández Mancha tenía que dar un golpe de efecto con el que fijar la interlocución alternativa a Felipe González.

La moción de censura con efecto bumerán

Durante el primer trimestre de 1987 existía la sensación, a la vista de los múltiples conflictos que se agolpaban en los medios de comunicación, de que el Gobierno socialista era un colador por cuyos agujeros se escapaba la acción de gobernar. Hubo importantes movilizaciones sociales en las calles: agricultores, mineros, obreros de la construcción, comerciantes, médicos y estudiantes. La manifestación de estudiantes en Madrid, frente al Ministerio de Educación, fue especialmente violenta según las imágenes del joven tullido *Jon Mantecas* destrozando una cabina de teléfono, lo cual aumentó la sensación de gravedad. Parecía el caos y dominó la escena social hasta el punto que Marcelino Camacho solicitó sin éxito ante la cúpula de su sindicato una huelga general. Según un informe que publicó *ABC*, más de medio centenar de conflictos habría entre marzo y el 1 de mayo convocados y promovidos por la izquierda radical; movilizaciones que significaban la factura por la permanencia de España en la OTAN[46].

Hacía un mes que se había celebrado el debate sobre el *estado de la Nación,* ya un clásico parlamentario que repasaba, por iniciativa del Gobierno, la agenda política del momento y

---

[45] Además de la buena acogida periodística que tuvo el Duque de Suárez por su intervención parlamentaria, su figura concitó nuevamente el deseo de recreación de UCD y algunos volvieron con él, como José Ramón Lasuén, diputado que abandonó el Grupo Popular para pasar al Mixto, desde donde, por razones reglamentarias, podía integrarse en el Grupo del CDS.

[46] *ABC,* 23 de marzo de 1987, dentro de un informe que se atribuía a los datos facilitados por los servicios de inteligencia españoles.

los programas de futuro. Pues bien, pese a ello, pese a haberse celebrado un debate integral, el Grupo Popular se planteó la presentación de una moción de censura, institución explícitamente regulada en la Constitución, que era la segunda que se presentaba en la corta historia de la democracia española. La primera la presentó el Grupo Socialista en 1980 y permitió al postulante Felipe González ser una alternativa creíble frente al Gobierno de UCD que presidía Adolfo Suárez. Idéntica pretensión guió seguramente a los dirigentes alliancista respecto de alzaprimar al menudo Hernández Mancha.

Todos los testimonios coinciden en resaltar que la razón que más acució a los dirigentes populares para dar aquel arriesgado paso —de aventurerismo político, para algunos— fue el de recobrar protagonismo y de este modo cortar el paso ascendente al Centro Democrático y Social. El rumor en tal sentido circuló antes que los hechos por los cenáculos políticos, y lo increíble del asunto es que tenía visos de realidad.

"El miércoles 18 de marzo hablé telefónicamente con Antonio Hernández Mancha. No me aclaró sus intenciones" —dice el entonces portavoz parlamentario del Grupo Popular Juan Ramón Calero[47]—, "simplemente me pidió que estuviese en su despacho de Génova, 13, el lunes 23, a las trece horas. Cuando llegué al despacho del presidente del partido una de las secretarias me indicó que estaba reunida la Comisión Permanente y que me estaban esperando. Entré en la sala de juntas. Allí se encontraba el equipo más próximo de Hernández Mancha. Sin preámbulos me preguntaron:
    —¿Hay algún problema técnico para interponer una moción de censura?
    —¡Hombre! —repuse—, problema técnico, no. Tengo recogidas las firmas de cincuenta diputados, que es lo que se necesita. Pero políticamente puede haber problemas.
    —Las cuestiones políticas —me replicó José Ramón del Río— ya las hemos debatido nosotros.
    Acordamos, pues, que yo redactaría el texto de la moción, que mantendría absoluta reserva, que a eso de las seis de la tarde Hernández Mancha y yo presentaríamos la moción en el Registro del Congreso y que sólo en ese momento, y no antes, se anunciaría a la prensa".

Redactado el texto de la moción, que se basaba en la crítica a seis puntos (deficiente funcionamiento de los servicios del Estado, ineficaz gestión económica, ineficacia en la Administración Central, errática política exterior y de defensa, actitud intervencionista del Estado y ausencia de diálogo), fue presentada en el registro del Congreso a la hora prevista.

¿Cómo se justificaba la presentación de un recurso jurídico-parlamentario tan extremo como es una moción de censura sin la mayoría suficiente para tumbar al Gobierno?

"La planteé —ha dicho Hernández Mancha al autor— para poder consolidar nuestro sitio como primer partido de la oposición, máxime porque, ido Fraga, se nos daba escasos meses de vida. La moción sólo se planteó por esa razón, no para derrocar a Felipe González sino para poner en evidencia a los demás". Acusa, por otra parte, a Juan Ramón Calero de negligencia en relación con el momento de presentarse la moción (un lunes), sin dejar tiempo para prepararla porque se debatió tres días después (el jueves siguiente), cuando lo desea-

---

[47] J. R. Calero, *Siete años en la oposición*, 1990, pág. 91.

ble y esperado era dejarla para la semana siguiente.

En torno al planteamiento de la moción de censura, de su oportunidad, ciertamente se debatió en el círculo estrecho de Hernández Mancha y, según parece, todos menos Miguel Arias Cañete y Gonzalo Robles apoyaron la iniciativa. Arturo García Tizón ha revelado también al autor que la idea de la moción surgió por convencimiento de Rafael Ansón, Alberto Ruiz Gallardón y Alfredo Navarro, que llevaron al ánimo del presidente del partido que si no lo hacía AP lo podría hacer Adolfo Suárez con el apoyo —para la recolección de cincuenta firmas mínimas— de Óscar Alzaga y José Antonio Segurado, cuyos grupos nutrían el Grupo Mixto.

La moción que Hernández Mancha le planteó a González con casi ninguna de las ventajas de ese tipo de actos fue más un examen para el interpelante, con el riesgo de que todo el tinglado le cayera encima. Los magníficos dibujantes Gallego y Rey (Cambio 16 del 6-4-1987) dieron cuenta de la situación con la viñeta que se reproduce.

Recuerda, por otra parte, que se llevó el asunto con mucho sigilo y que sólo se planteó al Comité Ejecutivo en la misma tarde en que se iba a presentar, con el propósito de que no se rompiera la confidencialidad y, por lo tanto, el efecto sorpresa. Hernández Mancha abandonó la reunión para acudir al Registro del Congreso y presentar la moción mientras que Matutes, en el uso de la palabra, se oponía a dicho recurso. En idéntica actitud contraria o con reticencias serias estaban Arias Cañete, Romay Becaría, Manuel Renedo, Arturo García Tizón y pocos más[48].

Dado el carácter constructivo que tiene en España la moción de censura al Gobierno, es decir, que mediante votación parlamentaria se puede destituir al Ejecutivo —empezando por su Presidente— y en su lugar ocupar el poder la oposición y su líder, debiera ser un expediente muy restringido, extraordinario y con sentido de victoria. Por razones aritméticas el Grupo Popular, con solo 68 diputados, no podía abrigar esperanzas de ganar la moción, por lo que se presentó como un instrumento político de desgaste y control al gobierno socialista. Respondía a una estrategia de desgaste general que lo corrobora que se presentaran mociones de censura por los respectivos Grupo Popular de los parlamentos autonómicos de Murcia (debatida el 31 de marzo y siguiente día) y de Extremadura (debatida el 18 y 19 de marzo), las dos siendo derrotadas. En otras comunidades se registraron vivas resistencias para seguir el mismo dudoso procedimiento opositor.

La Constitución no regula los plazos del proceso de censura desde la presentación del escrito hasta su votación resolutoria, por lo que la decisión de celebración del debate cuarenta y ocho horas después del anuncio y presentación de aquélla fue una hábil estratagema del Grupo Socialista, que dominaba la Junta de Portavoces, para dejar sin tiempo de prepa-

---

[48] La prensa, sin embargo, informó de que el Comité Ejecutivo de AP acordó la interposición de la moción por unanimidad (*Diario 16* y *ABC* del 25 de marzo de 1987.

ración del debate al grupo promotor de la moción, pese a que el portavoz aliancista Calero propugnó infructuosamente el aplazamiento hasta la semana siguiente[49].

De cara al jueves sólo había dos jornadas para preparar el discurso-programa del candidato a presidente del Gobierno. Con tan poco tiempo, los postulantes de la moción cayeron en su propia trampa: la precipitación, pésima consejera de cualquier estrategia. Cuenta García Tizón que en la sede central aliancista todo eran prisas y nervios para preparar el discurso del senador aspirante Hernández Mancha. "En setenta y dos horas no pegué ojo preparando el programa de gobierno, pues no había documentación al respecto pese a que muchos aseguraban que la moción de censura estaba preparada de un año antes. No había ni rastros", asegura el ex secretario general[50]. Alega, de otra parte, que aconsejó a Hernández Mancha que pronunciara un discurso sin atenerse a papeles —una superposición de informes que no leyó ni adaptó a su personalidad el postulante— para que le saliese su espontánea personalidad.

Defecto de estrategia fue asimismo que el portavoz, Calero, al defender la moción de censura propiamente dicha quiso agotar, por exhaustividad, la crítica al Gobierno en torno a los seis puntos claves del documento de moción. Pronunció un discurso de más de una hora y, aparte de *pisarle* los argumentos a Hernández Mancha, fatigó a los parlamentarios presentes ante el siguiente y principal orador. Era un pecado de vanidad.

Calero reconoció en su intervención la finalidad política subsidiaria de denuncia antes que de derrocamiento: "(…) Nosotros lo que tratábamos de demostrar con esta moción de censura era la incapacidad del Gobierno para resolver los graves problemas que tiene nuestro país"[51]. Equivalía la iniciativa a la empleada por el PSOE siete años antes, por lo que las declaraciones deslegitimadoras —como las de Alfonso Guerra— dentro y fuera del hemiciclo resultaron sectarias.

La imagen de Hernández Mancha en la tribuna de oradores, náufrago entre varios centenares de folios que contenía el programa-discurso, fue patética en punto a la falta de resolución y de seguridad. Resultó ser prisionero de los papeles y no encontraba los datos que corroboraban sus afirmaciones. Hasta tal punto fue penosa su intervención, él que gozaba de un gracejo espontáneo como orador, que al retornar a su escaño después de la primera intervención Fraga le dijo: "Antonio, da de lado a los papeles que te han escrito y sé tú mismo"[52]. Pero ya era demasiado tarde para rectificar la imagen de *amateur* percibida por todos.

La votación correspondiente fue escandalosa según los fines perseguidos, pues de los 332 votos emitidos sólo 67 fueron afirmativos en favor de la moción (66 de Coalición Popular y uno de Unión Valenciana), 71 se abstuvieron (CiU, CDS, PDP, PL, J. Verstrynge, C. Manglano, C. Ruiz Soto, G. Camuñas, J. R. Lasuén, S. Bernárdez y Gómez de las Roces) y 195 votaron en contra (PSOE, IU, PNV, EE y AIC).

Descontados los efectos jurídicos de la moción, en cuanto a los políticos, la opinión dominante los calificó como *bumerán*. Es decir, se volvieron en contra de quien puso la moción y

---

[49] Mientras Calero postulaba aplazar el debate hasta la semana siguiente a fin de no interrumpir la unidad de acto de la sesión plenaria (iniciándolo el jueves y continuándolo a la semana siguiente), el Grupo Socialista estimó que debía debatirse cuanto antes para no prolongar la sensación de censura por mucho tiempo.

[50] Testimonio de Arturo García Tizón.

[51] *Diario Sesiones del Congreso de los Diputados*, número 38, del 26 de marzo de 1987, pág. 2.243.

[52] Testimonio de Arturo García Tizón.

confirmaron la solidez del impugnado, de Felipe González y su Gobierno, demostrando lo débil que era la alternativa de poder. Un editorial del diario *El País* del 27 de marzo resumía la insustancialidad de la moción de censura y de su protagonista diciendo: "(…) Su mensaje resultó tan desmadejado, aburrido e inconexo que más parecía el discurso de un examinando voluntarioso". Dentro del mismo tenor, el conjunto de comentaristas políticos tildaron de bisoño al postulante, así F. López de Pablos dijo: "(…) Hernández Mancha ha demostrado que como líder alternativo está tan verde como el color de la carpeta en la que había tratado de condensar el programa de Gobierno"[53].

Los distintos periódicos publicaron encuestas que ponderaron el debate y, en términos generales, la totalidad de ellas registraron un masivo seguimiento del espectáculo parlamentario a través de la televisión, una mala valoración del postulante Hernández Mancha y una mayoritaria aceptación de la oportunidad de la presentación de la moción.

Hay quienes sostienen, entre ellos García Tizón, que la moción de censura sirvió para desahuciar al líder, pero al propio tiempo para frenar a otras alternativas ajenas a Alianza Popular. De cualquier manera, dentro y fuera del partido se vio que la sucesión de Fraga no resolvía el futuro del aturdido y desconcertado centro-derecha.

El *paso en falso* de carácter parlamentario zanjó la posibilidad de que democristianos y liberales de Segurado, que se habían abstenido, pudieran ir juntos a las elecciones locales. Pero mucho más la posibilidad de aglutinar al centro derecha desde el Parlamento con arreglo a una entidad unificada o por medio de una segunda CEDA (confederación de derechas) se alejaba de forma considerable, tanto más en torno a los nacionalistas y regionalistas. Hernández Mancha, perdida la capacidad parlamentaria, no tenía otra alternativa —su última prueba— que ganar la calle y para ello era una ocasión las elecciones a punto de ser convocadas.

---

[53] *Ya*, 27 de marzo, "Una ocasión perdida y un buen opositor".

La reunión del Comité Ejecutivo del 5 de diciembre de 1986, sobre la sucesión de Fraga fue histórica por la enconada confrontación dialéctica entre Herrero y Osorio, vicepresidentes ambos de AP. Herrero sostenía que le cabía ser el sucesor sin necesidad de congreso extraordinario y Osorio defendía con denodado coraje la legitimidad congresual pese a lo que decían los estatutos. Herrero cedió y, aún teniendo mayoría, labró en ese momento su derrota.

Herrero confiaba demasiado en la capacidad persuasiva de su discurso, y si bien eso funcionaba en las asambleas ordinarias de AP, en el VIII Congreso Nacional el voto territorial ya venía comprometido en apoyo de Hernández Mancha. La palabra encendida, el concepto brillante y las fintas de ingenio no resultaron esta vez.

El abandono de Fraga destapó entre los denominados cachorros posibilidades sucesorias y, conscientes de ello, los jóvenes dirigentes, competían para obtener la mejor situación. A ambos costados de Fernández Albor, Alberto Ruiz-Gallardón y José María Aznar asisten a una rueda de prensa. Rato y Aznar, de otra parte, se manifestaron siempre muy unidos ante los avatares políticos.

El senador y presidente de AP Antonio Hernández Mancha firma la moción de censura al Gobierno de Felipe González el 23 de marzo de 1987, ante el presidente del Grupo de Coalición Popular, José Manuel Romay, y el portavoz, José Ramón Calero. Sería la prueba del liderazgo inconsistente del extremeño al ofrecer una imagen de amateur.

Capítulo 24

HACIA LA DESTRUCCIÓN DEL *SUELO ELECTORAL*

Financiación completa de los partidos políticos

Alianza Popular, como los demás grandes partidos, estuvo en bancarrota desde su nacimiento. Acosado por las deudas siempre permaneció a merced de sus acreedores —los banqueros—, que fueron los que finalmente empujaron a Fraga para retirarse.

Fraga, por lo tanto, dejó a su heredero una prometedora organización política, pero asimismo le legó una trampa financiera (en gran parte histórica) de más de tres mil millones de pesetas.

El denominado escándalo *Flick* de 1984, sobre financiación irregular del PSOE por parte de dicho consorcio industrial alemán, puso al descubierto el problema del saco sin fondo que era el funcionamiento de los partidos políticos en la moderna democracia española. El Estado pagaba de sus arcas, desde las generales de 1977, las campañas electorales y regularmente la organización parlamentaria de cada grupo según su importancia numérica (con arreglo al resultado obtenido en cada comicio). La *financiación puente,* es decir, los anticipos de crédito de esa retribución última estatal, la desempeñaban los bancos y cajas de ahorro conforme a una negociación y reparto que, en un principio, era bilateral —cada partido negociaba con cada banco—, luego se sindicó (los bancos reunidos determinaban qué créditos se concedían y a qué partidos), y, finalmente, después de las generales de 1986, se volvió al régimen originario. Y una vez que el Estado concedía a los partidos las subvenciones, los bancos cobraban sus créditos de buen grado o porque dichas partidas oficiales estaban pignoradas.

La mercantilización de la política —sumida en las características del espectáculo— ha hecho que las campañas electorales se basasen más en los medios que en los mensajes, gastando más de lo que disponían y, en consecuencia, engrosando sus *números rojos*. Pero es que, además, en los períodos no electorales los partidos eran incapaces de generar los ingresos bastantes procedentes de las cuotas de sus afiliados y de las donaciones particulares, por lo que la salida era la de seguir entrampándose.

Al inicio de la democracia, y a lo largo de la transición, ciertas entidades extranjeras —fundaciones de distinto color— acudieron en socorro de los partidos políticos con donaciones regulares en metálico o en especie (mediante cursos de formación, etc.), siendo en este sentido encomiable la tarea desarrollada por las fundaciones alemanas.

Todo ello tenía por causa la escasa —y defectuosa— implantación de los partidos en España, así como de los sindicatos, debido principalmente a la falta de educación política de los españoles y, quizás en menor grado, por la reluctancia de mucha gente por el sistema de partidos políticos como trasunto de la guerra civil.

Así las cosas, cuando más acuciado por las deudas estaba Fraga en el otoño de 1986, los socialistas propiciaron la negociación del texto de la futura ley de financiación de los partidos políticos que recogía, en suma, las conclusiones primordiales de la comisión de investigación del mentado *Caso Flick*. Pero como los trabajos abarcaron 1986-1987, las principales fuerzas políticas aprobaron una partida de 7.500 millones de pesetas en los Presupuestos Generales del Estado, en espera de que se promulgara la antedicha ley, que en todo caso tendría carácter retroactivo.

Acudir al dinero público para subvencionar a los partidos de forma no condicionada, por el mero hecho de ser y estar, tenía algunos inconvenientes, entre ellos el de poner a sueldo del Estado a una nómina cerrada de partidos políticos; a no exigir sobriedad en el gasto y, sobre todo lo demás, a contribuir a la conciencia popular de que *política y pancismo todo es lo mismo*. Tenía la ventaja, en cambio, que se limitaba la actuación del mundo financiero en la política, con injerencias destacadas como el hostigamiento a Suárez y Fraga en las generales de junio de 1986.

La financiación de los partidos políticos fue durante la transición uno de los graves problemas que no fue resuelto convenientemente hasta agosto de 1987, en vista de que todos aquellos estaban en bancarrota. La sucesión de Fraga implicaba, no precisamente a beneficio de inventario, la negativa herencia financiera de AP a cuya solución se dedicó con denuedo el equipo de Hernández Mancha. En la foto, los dos responsables de finanzas de entonces —sonrientes y hermanados— Ángel Sanchís y Rosendo Naseiro.

Apenas ocupó Hernández Mancha su sillón presidencial en la calle Génova, 13, de Madrid — no quiso que fuese el mismo despacho de Fraga—, se vio compelido a negociar la refinanciación del partido para su funcionamiento cotidiano y, de paso, indagar las bases de negociación de los créditos electorales de tres meses más tarde. Lo primero que tuvo que hacer —ha comentado[1]— fue pagar los alquileres, la nómina y los atrasos y después, inevitablemente, reducir la plantilla al 43 por ciento y que por alguno se presentó como la acción de represalia contra los *herreristas,* cuando en realidad era un expediente de regulación de empleo.

El apartamiento de Ángel Sanchís de las finanzas del partido, y su sustitución por José Ramón del Río, "obedeció —dice Hernández Mancha— a una exigencia de los banqueros al renegociar la deuda, puesto que no se creían que la solución de los problemas financieros residiera en uno de sus causantes. Él no me lo perdonaría y, desde entonces, a través de Carlos Dávila y gente bajo sus auspicios empezaría a darme por el c...". A fin de aparentar que abandonaba, en vez de ser destituido, Ángel Sanchís filtró a los medios de comunicación una carta de dimisión que ponía en evidencia la primera crisis en el equipo de gobierno (Comisión Permanente) de Hernández Mancha.

Recuerda el entonces presidente de AP que de la ronda de negociaciones con los banqueros surgió el compromiso de dedicar el 75 por ciento de las futuras subvenciones públicas, previstas en la Ley de financiación todavía en el horno parlamentario, a la amortización de la deuda y el resto, el 25 por ciento, a los gastos de funcionamiento[2]. Y en tal contexto,

---

[1] Testimonio de Hernández Mancha.

[2] Aunque este fue uno de los compromisos a que llegó Hernández Mancha con los banqueros, es lo cierto que la Ley de financiación de los partidos políticos (artículo 8) impedía destinar más del 25 por ciento de las subvenciones públicas a la amortización de deudas anteriores.

Hernández Mancha afirma que Emilio Botín —*El Patriarca*—, que por entonces se dedicaba a introducir a su primogénito y homónimo en el negocio bancario, le recibió con reproches porque Fraga, antes de dimitir, había pignorado a hurtadillas con la Confederación de Cajas de Ahorros los activos del partido dejando al descubierto los préstamos que le había dado la banca y, entre ellos, el Banco Santander. Lo cual provocó una iracunda carta del banquero montañés señalando la ingratitud de Fraga hacia él (E. Botín), que había puesto dinero incluso de su bolsillo cuando nadie creía en su proyecto político.

El período de sesiones parlamentario, en febrero de 1987, se abrió con la iniciación del trámite legislativo de la proposición de ley siendo apoyada por toda la Cámara, excepto por CiU y el PNV. Los nacionalistas se opusieron no por negarse a la financiación, sino por estimar el texto, en aspectos técnicos, defectuoso (los catalanes entendían incluso que rozaba la violación constitucional).

La nueva ley establecía que la subvención a los partidos para su funcionamiento se basaba: dos terceras partes en los votos obtenidos y el tercio restante en función de los escaños. Por otra parte, las donaciones privadas que reciba cada partido no podrán ser anónimas, no pueden proceder de empresas públicas ni ser superiores a diez millones de pesetas al año por cada persona, física o jurídica. La amortización de créditos no podrá exceder del 25 por ciento de los ingresos anuales de cada partido y, respecto de los controles, el Tribunal de Cuentas es el encargado de investigar la contabilidad global, detallada y documentada de cada partido, que incluirá la relación de contribuciones y donaciones.

El nuevo sistema de financiación a los partidos tuvo un frente de crítica en muchos medios de comunicación y, entre los escritos, el diario *ABC* fue singularmente ácido con los "partidos subvencionados". Fue, en cambio, gratamente recibido por los partidos y en el caso de AP, su precario liderazgo frente a los llamados "poderes fácticos" cobró más independencia y autonomía.

Que viene el Duque de Suárez

La posibilidad de que el diputado Adolfo Suárez se presentara encabezando la lista del CDS en las primeras elecciones al Parlamento Europeo, doblando mandato representativo en Madrid y en Estrasburgo, flotó en derredor de Hernández Mancha como un espíritu maligno que había que espantar. Con esa finalidad, la de cortar el camino al Duque de Suárez, el joven presidente de AP acogió felizmente la sugerencia que le hiciera Romay Beccaría de ofrecer a Fraga el primer puesto de la candidatura aliancista de eurorepresentantes.

Con el villalbés de primera figura en el triple reto electoral próximo (europeas, municipales y autonómicas), el nuevo equipo dirigente prorrateaba los riesgos, bien es cierto, aparte de que situaba en el corazón del continente, lejos de la conspiración madrileña, al influyente fundador del partido. La contrariedad de Fernando Suárez, por ser desplazado al segundo lugar de la lista, se atenuaba por lo demás. Hernández Mancha, no obstante, rechazó que la marcha de Fraga a Estrasburgo tuviera fines de extrañamiento o exilio.

Quitarse de la primera línea de la política nacional, eludiendo la tentación de comentar el desvarío de sus sucesores, fue igualmente para Fraga una solución aceptable por cuanto que, además, le permitía contemplar de cerca el laboratorio de la pujante unión de Europa dentro de las nuevas realidades sociopolíticas. Desde el punto de vista personal, esta aventura, una vez terminado el segundo tomo de sus memorias, encauzaba su hiperactivismo en la nueva tarea y estabilizaba sus no sobrados recursos económicos familiares con la remuneración de eurodiputado. De todas maneras, en principio estuvo reticente a aceptar.

La Junta Directiva Nacional de AP proclamó la candidatura de Fraga el 16 de marzo, después de que el interesado meditara la propuesta que le había sido hecha y puntualizara, de paso, que su aceptación no significaba una vuelta a la política activa. En cualquier caso el acuerdo entrañaba la comparecencia en solitario de Alianza Popular, desprovisto de alianzas con los viejos socios.

Justo al día siguiente de proclamarse a Fraga candidato a eurodiputado, coincidiendo con el debate en el Congreso de la ley electoral *ad hoc,* tuvo un encontronazo dialéctico con Juan María Bandrés al defender el villalbés la oportunidad de evitar el doble o el triple mandato representativo (afirmó que Bandrés había estado al tiempo en tres parlamentos), lo que provocó las iras del vasco: "en el Parlamento Europeo no quieren muertos políticos; no quieren allí a Fraga, aunque a lo mejor haga un papel excelente junto a Le Pen o Almirante".

La regulación del sistema electoral para el Parlamento Europeo fue, pues, un palenque de disputas acerca de si el distrito debía ser nacional o regional (prevaleció el distrito nacional o único) y si cabía el doble mandato para los diputados y senadores. Al principio, el frente PSOE-AP-Minoría Catalana se avino a declarar *inelegible* a todo parlamentario nacional que quisiera concurrir a las elecciones al Parlamento Europeo, tratando de cercenar la posibilidad de que Suárez encabezara la lista centrista del CDS ante la obligada opción, si se presentaba, de abandonar su escaño del palacio de la Carrera de San Jerónimo. Posteriormente, bajo el temor de un prometedor recurso de inconstitucionalidad, fue suavizada esta estricta fórmula y se declaró la *incompatibilidad sobrevenida*[3] a senadores y diputados, no así para alcaldes y diputados autonómicos. Con ello, no obstante, se evitó que Suárez se presentara a las elecciones europeas únicamente para prestar *su tirón centrista.*

La candidatura de Fraga al Parlamento Europeo reajustó la estrategia del PSOE que, para contraponerle una figura equiparable, designó como cabecera de lista al ex-ministro de Asuntos Exteriores, Fernando Morán. Los pequeños partidos, por lo demás, se dejaron guiar por esto mismo y con vistas a *tirar* de todo el proceso nombraron a candidatos de prestigio. Y en el CDS Adolfo Suárez hubo de desistir de figurar en la lista europea, sin ánimo de permanencia en Estrasburgo, a la vista de la ley electoral, por lo que la confrontación sería izquierda-derecha —sin tercera vía—, ya que en el Parlamento Europeo no existía centrismo como grupo específico.

La candidatura de Aznar en Castilla y León

Antes de que Fraga dimitiese se había definido en AP el cuadro de candidatos a las principales autonomías, alcaldías e incluso al Parlamento Europeo, a falta de que el Comité Electoral aprobara formalmente —o ratificara— las propuestas provenientes de cada órgano electoral territorial.

[3] La incompatibilidad sobrevenida fue introducida por una enmienda de Minoría Catalana y que defendió Miguel Roca, según la cual por el hecho de obtener acta en el Parlamento Europeo se cesa, automáticamente, como diputado o senador en las Cortes Generales (es decir, prevalece la condición adquirida en último término).

La forma —el cauce estatutario— se cumplía de abajo a arriba, aunque en realidad era la máxima autoridad la que *dictaba* a los órganos inferiores lo que quería *escuchar*. Algo parecido a lo que dijo José María Pemán del Consejo Nacional del Movimiento en la época de Franco: "es el único consejo que se reúne para oír discursos del aconsejado".

A lo largo de 1985 se conocían las cabeceras de las candidaturas a las dos Castilla (José María Aznar y Arturo García Tizón) y su carácter *innegociable* pareció deducirse durante octubre de 1985, pero a raíz del ingreso de Rodolfo Martín Villa en el Partido Demócrata Popular, inclinado a optar por la presidencia de Castilla y León, al igual que Javier Rupérez lo haría por Castilla-La Mancha, nada era innegociable en aquella etapa en que los democristianos, con su afán de afirmar su propia personalidad, le regateaban a Fraga —por su flanco más débil— la unidad de la *mayoría natural*. Salvo en el País Vasco, donde los Oreja primaban en liderazgo sin discusión, en otras comunidades autónomas el peso del PDP, y no digamos de los liberales, era tan parco (Galicia, Baleares, Andalucía, Murcia y allí donde había líderes aliancistas con acusado poder) que no pugnaban por la preponderancia, sino por tener una razonable presencia.

Rodolfo Martín Villa siempre ejerciendo de leonés, aspiraba a ser el candidato de la Coalición Popular a presidente de la junta de Castilla y León. La ruptura del PDP de Alzaga —partido democristiano al que pertenecía— fue el principal obstáculo existente para su postulación, aparte de que José María Aznar, a su vez, era también aspirante competidor. En la foto, el tantas veces ministro llega al Congreso de los Diputados.

La candidatura a la alcaldía de Madrid fue siempre objeto de lucha y se creyó una buena puerta para acceder a otros poderes, de ahí que se propusiera a Fraga seguir los pasos —rara mimesis— de Chirac en París, y por esto mismo Miguel Herrero disputó aquel puesto con José María Álvarez del Manzano, afiliado al PDP hasta el momento de pronunciarse en favor de Alianza Popular durante la ruptura de Coalición Popular, abjurando de su originaria disciplina democristiana. Ante Fraga sólo valía la inequívoca adhesión, y por eso aquél empeñó toda su fuerza, antes y después de abandonar la presidencia de AP, en que se premiase a Álvarez del Manzano con la candidatura a la Casa de la Villa, a la que venía sirviendo como perseverante profesional (en tanto que Inspector Financiero y Tributario) e inveterado concejal.

Rodolfo Martín Villa jugó desde su ingreso en el PDP a optar por la presidencia de Castilla y León, de vuelta de haber sido ministro en Madrid, con vistas a equilibrar el peso que los nacionalismos ejercían en la distribución autonómica del Estado. "La única aspiración política que he tenido en mi vida y por la que he peleado a mi manera, que es decir no muy ardorosamente, ha sido la presidencia de la Junta de Castilla y León", ha declarado a Raimundo Castro[4]. Tal aspiración tenía coherencia con el hecho de que Martín Villa no consiguiese un acta de diputado en las generales de junio del 86, reservándose para las autonómicas de un año más tarde.

La ruptura de la Coalición Popular por iniciativa del PDP contravino los planes del político leonés y, aunque señaló como reproche a sus consocios que "en las elecciones se puede perder todo menos la vergüenza", no por ello se desprendió del marchamo democristiano. Su

---

[4] *El Sucesor,* Espasa Calpe, Madrid 1995, pág. 48.

declarada ambición de retornar a Castilla en todo caso amainó, a la espera de que cambiaran las circunstancias en el centro-derecha.

Paso a paso, paciente y sigilosamente José María Aznar, desde que compareciera en Ávila para disputar un escaño de diputado en las generales de 1982, acariciaba la idea de asumir la total dirección política de Castilla y León. Desde entonces se había ocupado en la oficina central del partido del área de Autonomías y Municipios, y a medida que el poder territorial cobró importancia según las transferencias de competencias que recibían los nuevos entes autonómicos, el inspector de Hacienda y diputado por Ávila aumentó su peso en la organización. El otro pie Aznar lo tenía puesto en el Grupo Parlamentario del Congreso, donde desempeñó diversas portavocías temáticas vinculado, por razones de edad y de ambición, a quienes eran llamados *los jóvenes cachorros;* equipo de diputados jóvenes que pastoreaba Miguel Herrero.

José María Aznar López, nieto del eminente periodista y embajador Manuel Aznar Zubigaray, fue elegido presidente de AP de Castilla y León el 22 de junio de 1985, en el III Congreso regional que se celebró en Palencia. Sucedía en el cargo al senador por Burgos José María Álvarez de Eulate, que fue designado eurodiputado en compensación por este desalojo político de la región que contaba entonces con cerca de 15.000 afiliados. Aznar estuvo arropado por diversos líderes del partido en dicho congreso, incluido Manuel Fraga que acudió a la clausura, excepto por su principal mentor Miguel Herrero que al trasladarse a Palencia junto a Rodrigo Rato, se les averió el automóvil y hubieron de regresar a Madrid. En dicho contexto protector, Félix Pastor se encargó de redactar y defender la ponencia relativa al autonomismo castellano para acallar la reivindicación legal separatista del alcalde de León, Juan Morano Masa, que defendía la celebración de un referéndum escisionista de dicha provincia según una nueva configuración territorial. Prevaleció el *statu quo* aunque se dijo —para calmar el apetito secesionista— que "el mapa regional no estaba cerrado porque el propio Estatuto no lo hacía"[5].

Durante los episodios críticos de la estructura dirigente a lo largo de septiembre y octubre, José María Aznar se comportó como uno de los pilares que soportaba el zarandeado liderazgo de Fraga y, en medio de esa tormenta, se propuso el relanzamiento ideológico y generacional desde la secretaría de Formación Ideológica que asumió en octubre. Proponíase salir del ensimismamiento conflictivo en que se hallaba Alianza Popular y, con este fin, quiso Aznar abrir un frente ideológico dirigiendo la energía hacia el adversario. Basaba su estrategia en la afirmación de que sin claridad ideológica no podía haber estabilidad política y, por este simple postulado, no quiso resignarse a que la dinámica de crisis dañase todavía más al partido. De esa fugaz tentativa existe una entrevista que el líder castellano concedió al periodista López Agudín, de *ABC*[6], en una de cuyas afirmaciones se apreciaba una alta dosis de voluntarismo: "(…) Nosotros estamos embarcados en una profunda renovación ideológica y generacional que tiende a acercar todavía más nuestro partido a la sociedad". Los posteriores acontecimientos, no obstante, anularían cualquier iniciativa relevante al respecto.

Dos semanas antes de su dimisión, el mismo día que comenzaba la campaña electoral al Parlamento Vasco (16 de noviembre), Fraga se acercó a Burgos para asistir al mitin-fiesta de

---

[5] El recién presidente de AP en Castilla y León, José María Aznar, escribió el domingo de la clausura del III Congreso regional que lo eligió, en *ABC* (23 del junio de 1985), un artículo en el que decía que aunque Castilla y León carecía de tradición y vocación regional, no podía concebirse como una realidad política cerrada. Abogaba, asimismo, por una política descentralizadora en favor del ámbito provincial y municipal.

[6] *ABC,* 14 de octubre de 1986.

proclamación de José María Aznar como candidato a presidir la Junta de Castilla y León. Era una nueva forma de poner su complacencia en Aznar, cuando se advertían claras posibilidades de éxito tras haber dimitido el presidente socialista de la Junta, Demetrio Madrid.

Por la supuesta venta ilegal de una empresa textil de su propiedad (Pekus), Demetrio Madrid fue procesado por la Audiencia Territorial de Valladolid[7], lo que provocó su dimisión en noviembre de 1986, seis meses antes de que expirara su mandato, período de interinidad que cubrió José Constantino Nalda cuando, en realidad, el candidato definitivo iba a ser el burgalés socialista Juan José Laborda. La crisis socialista aumentó las posibilidades, ya entonces crecientes, del voto de centro-derecha y con ello se avivaron las apetencias de poder en la región.

Cortejado por la CEOE, con la complacencia de su presidente José María Cuevas, Martín Villa exteriorizó su voluntad de formar una coalición *confederal* de centro-derecha para ir de candidato a Castilla y León con ocasión del III Congreso Nacional del PDP, celebrado en diciembre de 1986. Según el testimonio del dirigente patronal al autor, varios empresarios de la región se concertaron para presionar a favor de Martín Villa, avivados por el deseo de arrebatar el poder a los socialistas en esa comunidad *de derechas de toda la vida*. No desdeñaban a Aznar, sino que apostaban por un ticket más seguro.

De otra parte, la sombra protectora de Fraga sobre Aznar era entonces muy tenue por razón del súbito apartamiento del villalbés y, por contra, el *muy probable* sucesor Hernández Mancha tomó contacto con Martín Villa cual advertencia de que nada estaba atado. El temple —cabezonería para algunos— de Aznar de no dejarse torcer el brazo en el pulso que sostuvo frente al clan manchego-andaluz quedó al descubierto en el VIII Congreso, en el que los castellanos apoyaron en cantidad y calidad —esto último como propagandistas— a la candidatura de Herrero y de la que no se apeó, pese a las presiones, el que figuraba como candidato a secretario general, José María Aznar.

Hernández Mancha ha declarado al autor[8] que en favor de Martín Villa como candidato a Castilla y León recibió presiones de José María Cuevas, con una suerte de argumentos de que el leonés era más conocido, mejor candidato y el más hábil sistema de incorporarlo a AP. Presiones a las que se sumaron los periodistas Emilio Romero y Jaime Campmany en sucesivos encuentros, seguramente movidos por Cuevas.

Cuevas contrapone su opinión a la de Mancha, alegando al autor que no hubo hostilidad hacia Aznar ni por su parte ni de la institución que presidía, sino que se trataba de una querella meramente partidista. El primordial empeño de Mancha era lograr que Martín Villa abandonara el democristiano PDP e ingresase en AP, motivo bastante para hacerle candidato y desalojar a Aznar. De lo contrario era postular candidato a un no afiliado, por demás militante de un partido sedicente de la Coalición Popular.

---

[7] El procesamiento del técnico textil Demetrio Madrid, un socialista zamorano que procedía del catolicismo obrero, se debió a juicio de la Audiencia Territorial porque la venta de la empresa familiar "se hizo indiciariamente para defraudar los derechos de 13 trabajadoras". El hecho de que un socialista tuviera en frente una querella de esta naturaleza, promovida por los trabajadores, se utilizó como instrumento de desprestigio del presidente de la Junta castellana hasta provocar su dimisión. Años después Demetrio Madrid resultaría absuelto de los cargos criminales que le llevaron a dicha dimisión, prosiguió su andadura política.

[8] Testimonio de fecha 1-2-1995 (primera cinta). Alega Mancha que la sustitución de candidatos se la planteó Cuevas en su primera reunión con él en la sede de la patronal, apoyándose en encuestas en las que según el líder patronal no iban los populares a obtener nada más que un 11 por ciento del electorado castellano-leonés.

La casualidad de que el 15 de abril coincidieran en el ágape de la boda del cuarto hijo de Fraga (Ignacio Fraga, familiarmente conocido como *Napo)*, celebrado en *Mayte Conmodore*, Hernández Mancha, Aznar, Cuevas y Martín Villa permitió que se aclarara este soterrado contencioso político[9]. Lo cuenta así el extremeño al autor:

> "Los junto conmigo (a Cuevas, Martín Villa y Aznar) y les digo: como quedan pocos días para la formalización de las candidaturas y llevo recibidas muchas presiones hay que salir de esta situación. *'Cuevas piensa que es un mal trance para ti, José María, comparecer a estas elecciones y cosechar un fracaso. Y sería mejor, porque es un hombre más conocido que tú, que Rodolfo fuera el candidato'* (dice Mancha en términos textuales). La cara que se le puso a Cuevas fue tremenda (sic) porque lo dicho le pareció una tosquedad malsana; y no objetó nada. Aznar, por el contrario, dijo: *'Yo quiero ser el candidato'*. A lo que yo añadí: *'Creo que está todo dicho y si lo que vale es la palabra de un hombre, yo respaldo la candidatura de José María'*.
>
> En esto Rodolfo rompió el silencio en mi favor, salvándome de una situación violentísima. Y dijo: *'Antonio, te veo tan convencido de que José María es el candidato idóneo, que yo prefiero contribuir en su apoyo como tú estimes y resignar mi candidatura'*. Cuevas no abrió el pico a partir de ahí. Por la noche Aznar me llamó a casa para darme las gracias y decirme que, a lo mejor, habíamos jugado en esto con demasiado ardor y que le tenía que ayudar a hacer la campaña, por ser yo más conocido que él...".

El precedente relato, sin embargo, no parece reflejar rigurosamente el contexto de las posiciones, ya que atribuye un papel de antagonismo del candidato Aznar al dirigente patronal, únicamente interesado en ganar las elecciones castellanas. Del mismo modo Aznar y Martín Villa no menoscabaron su amistad, ni mucho menos. Incluso hubo un momento a lo largo del proceso de selección del candidato en que Aznar le dijo a Martín Villa que estaba dispuesto a ir de número dos en las misma candidatura.

En verdad Aznar quedó proclamado candidato a Castilla y León pero, al mismo tiempo, quedó inaugurada la confrontación despiadada entre Cuevas (y detrás de él, la CEOE) y Hernández Mancha (y detrás de él, sólo una parte de AP), porque la autonomía económica que deparaba la Ley de financiación de los partidos políticos a Alianza Popular hacía inservible la intervención mediadora de la central patronal[10]. Ello no

En las elecciones de 1987 José María Aznar se alzó con el triunfo para presidir el gobierno regional de Castilla y León, con una mayoría en precario ciertamente, que le permitió conocer la técnica de negociación y de la estabilidad. Aznar y Hernández Mancha levantan los brazos en señal de triunfo en el mitin de cierre de la campaña antedicha. Meses después, ante los planteamientos críticos de Aznar, el aparato central de AP se dirigiría contra Valladolid.

---

[9] La casualidad quizás concentró a dichos líderes —y otros muchos de las distintas áreas sociales— y, posiblemente también, casi impidió la presencia del padre del novio, Manuel Fraga, que tuvo que llegar desde Lisboa en automóvil horas antes de la ceremonia porque no tuvo vuelo desde Santiago de Chile, adonde había ido a pronunciar una conferencia (que es lo que se dice cuando un político ha ido a pasar unos días de descanso).

[10] Hernández Mancha quiso compensar al desairado Martín Villa ofreciéndole un puesto en el consejo de administración de *Cajamadrid,* paso que permitió el acercamiento del leonés a Alianza Popular, aunque al respecto Dávila/Herrero *(De Fraga a Fraga,* pág. 272) dicen que no devolvió el favor suscribiendo la ficha del partido que le apoyó para acceder a dicha entidad financiera.

obsta para que la patronal distinguiera a Aznar prestándole todo su apoyo en el orden material y asesor, como demuestra que el sociólogo Pedro Arriola, dependiente profesionalmente de la CEOE, quedara unido desde entonces al equipo aznarista.

La muerte política de Óscar Alzaga

Desde la separación de Coalición Popular el partido PDP estaba en crisis y, a todas luces, volvía a demostrar que un partido demócrata-cristiano no era capaz de tener significación propia por sí mismo en toda España. Todos los intentos que hubo por conseguirlos desde la segunda República habían fracasado, y sólo en los ámbitos de Cataluña y del País Vasco (con Unión Democrática y el PNV, respectivamente) existían partidos confesionales hacía más de un siglo.

Óscar Alzaga —*líder carismático*[11]— desde la ruptura con Fraga se vio sumido en una pelea de barrio dentro de su propio partido, donde se dividían casi en dos mitades los favorables y contrarios a seguir aliados a AP, aunque, en verdad, esa discrepancia no produjo deserciones del grupo de parlamentarios nacionales adscritos a las siglas, pero sí en parlamentos autonómicos y ayuntamientos[12]. Personalmente, sin embargo, Alzaga estaba en un proceso de amortización política porque ante la opinión pública daba la imagen de traidor, dinamitero y termita que le acuñara en la televisión Mercedes Milá[13].

El proceso de descrédito se aceleró de todas maneras por la aparición en marzo de 1987 del libro de Ricardo de La Cierva titulado *La Derecha sin remedio,* cuyo capítulo primero es dedicado a Óscar Alzaga como resumen de los errores históricos de la derecha. En esta diatriba el historiador describía las maniobras —al menos dieciocho— demoledoras y destructivas del centro-derecha, todas ellas llamadas a fracasar. En no pocos aspectos la descripción de las intrigas era exagerada, si no un puro libelo, pero coincidía con la idea que tenía la opinión pública del modo de actuar de los democristianos. La polémica que suscitó el libro, con la autodefensa que hizo el propio Alzaga en los periódicos, se encargó de lanzar la difusión editorial del mismo y con ello expandir el alegato crítico de La Cierva.

José Ignacio Wert ha reconocido al autor que el núcleo dirigente del PDP se engañó inconscientemente sobre las posibilidades de ser necesarios para la reconstrucción del centro político que intentaba monopolizar Adolfo Suárez. "Nos engañamos a nosotros mismos —dice el sociólogo— o, en todo caso, nos subvaloraba el CDS; pero estoy seguro que nunca hubo una posibilidad real de un acuerdo con Adolfo Suárez". Ciertamente hubo muchos contactos con el CDS, pero sus dirigentes centristas consideraban carbonizado al PDP, sin cotización electoral.

---

[11] Así le llamaban humorísticamente sus estrechos colaboradores en la idea de que le aceptaban, en cambio, como líder intelectual, conscientes de que no era un líder al uso del marketing electoral.

[12] La única baja que se produjo entre parlamentarios nacionales fue la de José María Bris Gallego, senador por Guadalajara de la Agrupación del PDP, al que acompañaron unos doscientos afiliados entre alcaldes y concejales pertenecientes a 120 municipios de los 290 que tiene la provincia. El senador se adscribió seguidamente al Grupo Popular y, con él, gran número de concejales.

[13] El 10 de julio de 1986, en el programa *De jueves a jueves* de TVE, su presentadora-directora Mercedes Milá efectuó una entrevista a Manuel Fraga en la que la periodista, en el curso de la presentación del personaje y de las circunstancias políticas que vivía por la ruptura de Coalición Popular, descalificó a Alzaga en los términos reproducidos *(traidor, dinamitero y termita)* sin que el entrevistado saliera en defensa de su ex-socio. El poder mediático de Mercedes Milá, dadas las audiencias masivas que concentraba, se demostró en este caso y con anterioridad en una entrevista que le hizo a Adolfo Suárez frente al cerco financiero a que estaba sometido por los bancos en las elecciones generales.

"Se hubiera firmado cualquier papel que nos hubieran puesto por delante, pero eso no ocurrió, y nuestra moral estaba por los suelos...", añade Wert[14].

En la primavera Óscar Alzaga ya sabía que no cabía acuerdo importante alguno con el CDS y es desde entonces, al decir de Wert, cuando empezaron a hacer *bricolage electoral* sin orden ni concierto. Contactaron con partidos regionalistas insignificantes y con gentes notables en las 13 comunidades donde había elecciones y en diversas ciudades para que, mediante esta fórmula de geometría variable, el batacazo electoral no fuera bochornoso. Aspiraban únicamente a sobrevivir como hiciera el CDS en las elecciones de 1982, y de ahí que la estrategia fuera arañar votos de cualquier sitio y, de este modo, llegar al número suficiente de sufragios, que permitiría su presencia en el Parlamento Europeo siendo esta votación en distrito nacional único.

Los pronósticos sociológicos proporcionaban al PDP sobre el papel un 1 por ciento del electorado, exiguo apoyo que, según Martín Villa mejoraría en Castilla y León hasta el 7 por ciento si él mismo encabezaba una oferta política centrista. Así el leonés lo propuso al equipo dirigente del PDP el 24 de abril, consciente de que con Alianza Popular no podía contar. Pero Óscar Alzaga se resistía a que surgiera una fuerza política distinta a la liderada por él, con un rótulo diferenciado (acaso *Centristas de Castilla y León,* como hiciera Gómez Franqueira en Orense). Al final de una tensa reunión Martín Villa se salió con la suya y se acordó unir a democristianos y liberales en Castilla y León, pues de este modo si obtenía un 7 por ciento del electorado, con esta nueva marca probablemente Martín Villa sería de hecho el árbitro del centro-derecha —y probablemente presidente de la Junta—, puesto que el CDS pactaría mejor con él que con Aznar.

Para los dirigentes democristianos el interés de este nuevo intento radicaba exclusivamente en allegar, mediante esta fórmula, los votos necesarios para conseguir escaño en Estrasburgo (la barrera de los 300.000 votos) y de este modo seguir contando con la ayuda económica internacional concentrada en la fundación *Humanismo y Democracia,* que regentaba el que sería candidato primero a eurodiputado, Javier Rupérez. La afirmación de la identidad democristiana era tanto más necesaria puesto que acababa de celebrarse en España una convención de este credo político, y tanto Klespch como Santer y Jansen exigían una mínima presencia española que justificara todo el apoyo a los escasos correligionarios españoles.

Modesto Fraile separó del acuerdo a la provincia de Segovia y con esta excepción siguieron adelante las negociaciones con los liberales de Segurado, pero el temor al contagio segoviano en otras provincias echó para atrás a Martín Villa, quien para articular la nueva coalición se reunió con los líderes democristianos locales, algunos de ellos no muy proclives a este tipo de operaciones. Al parecer, la retirada de su candidatura la adoptó Martín Villa en una urgente reunión en el aeropuerto de Barajas con Alzaga y Segurado, puesto que éste viajaba a Palma de Mallorca, encuentro que resultó más que borrascoso a raíz de que el democristiano acusara al leonés de ser un topo de Alianza Popular.

El democristiano Javier Rupérez fue el relevo de Óscar Alzaga al frente del PDP, que cambió su nombre para llamarse directamente Democracia Cristiana. Por su vinculación con el exterior, dada su condición de embajador de carrera, Rupérez logró que con ayudas externas sobreviviese el fraccionado partido hasta la Refundación.

---

[14] Testimonio al autor.

La renuncia de Martín Villa reabrió la crisis en el partido democristiano, el cual explicó tan inopinada decisión, según un comunicado, a las limitadas expectativas electorales aunque atribuía tan tardío anuncio a un oculto deseo de desestabilización del partido. En opinión del perjudicado Javier Rupérez, no se podía estar a expensas de lo que hiciera una persona, pero reconocía al final que les "había hecho una faena"[15]. Porque los democristianos se plantearon la utilidad de la candidatura *martinvillista* en función de que indujera a una mayor votación con la que obtener escaño en Estrasburgo. El cruce de acusaciones se elevó de tono y con ello se rompió la solidaridad partidista, de suerte que en los primeros días de mayo Martín Villa, presidente regional del PDP en Castilla y León, a la vista de los ataques de Rupérez manifestó su decisión de abandonar el PDP[16].

A la hora de la concesión de *créditos puente* a los partidos políticos para el triple reto electoral, no siempre reintegrables si el resultado no era el esperado por los peticionarios, los bancos se atuvieron a aquilatar las posibilidades reales de cada peticionario. En este sentido, frente a la previsión de 750 millones de pesetas que decía necesitar el PDP como presupuesto de campaña, los bancos redujeron sensiblemente el monto de los créditos concedibles; y del *Club bancario de los 12* el *Banco Santander,* en concreto, se negó a conceder a los democristianos cantidad alguna. Para solventar estas dificultades, que algunos entendían dentro de *una campaña de persecución a los cristiano-demócratas,* el lunes 18 de mayo los órganos directivos del PDP decidieron mantener las candidaturas y encargar a su presidente, Óscar Alzaga, que realizara gestiones urgentes cerca de las entidades bancarias por lo menos hasta el límite de 400 millones de pesetas, cantidad equivalente a la de ingresos anuales[17]. Se habló como recurso extremo, de otra parte, aunque sin obtenerse acuerdo para ello, de exponer ante la opinión pública el acoso financiero a que se veían sometidos, como hiciera en las generales Adolfo Suárez. Para ultimar las negociaciones con los bancos el Consejo de Dirección del PDP dio un voto de confianza a Óscar Alzaga, lo que tradujo el catedrático de Derecho Político en un alegato contra los bancos *Santander* y *Central,* contra el presidente de la CEOE José María Cuevas y contra Alianza Popular, acusándoles en rueda de prensa de intentar retirar al PDP de la contienda electoral. Para solventar este *cerco financiero* Alzaga dio un ultimátum de 48 horas, consumido el cual sin resultado, dijo, volvería de nuevo a informar en rueda de prensa.

Las reacciones no esperaron: Cuevas contratacó diciendo que Alzaga pretendía abrir una polémica "que era falsa y miserable"; los banqueros apenas arquearon la ceja, sorprendidos, y Arturo García Tizón acusó al dirigente cristiano de mentiroso, añadiendo que "sus declaraciones son absolutamente falsas, rigurosamente injustas y obedecen a un planteamiento carente de ética política".

La prueba de debilidad dada por Alzaga la expresaron, en sendos editoriales el católico *Ya* y el laico *El País,* lamentando la escenificación de *mártir y plañidera* manifestada en rueda de

---

[15] Encrespó los ánimos de los democristianos el hecho, además, de que Gabriel Cisneros se dirigiera a la Junta Electoral Central dando de baja a la *Coalición Centristas para Castilla y León,* porque —decían— sus poderes eran sólo para constituir dicha entidad, no para disolverla. En realidad, lo que se quería era impedir que otros prosiguieran con una operación diseñada por Martín Villa con fines distintos.

[16] El anuncio de abandono lo realizó Martín Villa desde Talarrubias (Badajoz), adonde se había ido a pasar unos días de descanso alejado de la polémica.

[17] En el Consejo de Dirección del PDP algunos dirigentes democristianos sostenían que se retiraran las candidaturas al Parlamento Europeo, las de Madrid (ayuntamiento y comunidad), la del ayuntamiento de Sevilla y algunas de Cataluña y Baleares.

prensa por aquél. El diario fundado por Herrera Oria decía que sólo en la batalla electoral se indagaría si los democristianos merecían apoyo económico futuro y, por su parte, *El País* trascendía la rabieta de Alzaga negándole cualquier posibilidad de éxito.

El malestar por la torpe táctica elegida brotó no solo fuera, sino dentro del PDP, pues la dureza de las declaraciones no se correspondía con lo que trató Alzaga en los órganos de dirección antes de emprender la negociación con los banqueros. De forma repentina el 21 de mayo, a doce horas del comienzo de la campaña electoral, Alzaga dimitió de presidente del PDP, forzado, según dijo, por varios compañeros en la dirección del partido[18]. Se mostró dolido con los compañeros que le manifestaron incomprensión en cuanto a la negociación de créditos y dijo que su retirada era definitiva de la política (porque "representa más una rémora que un activo"), pese a que el escaño no lo abandonaría hasta después de los comicios. Refiriéndose a los errores cometidos estimó el más grave haber introducido a la democracia cristiana en coalición con otros partidos que la llevaban a una ubicación que no era su sitio. Al margen de este desahogo, es lo cierto que entonces el sentimiento mayoritario entre los militantes del PDP era el de pagar el error por haber abandonado Coalición Popular en junio de 1986 y alguno, como Martín Villa, ya le dijo entonces: "Esta decisión equivocada se va a volver contra ti".

Con la precariedad económica como telón de fondo, al día siguiente Javier Rupérez se hizo cargo de la presidencia en funciones y, junto a Luis de Grandes y el mismo Alzaga, se dirigió en rueda de prensa a la opinión pública anunciando el mantenimiento de las candidaturas en un clima de patético victimismo, como un gesto heroico y con el fin de afirmar la identidad de la democracia cristiana.

Pasados los años Javier Rupérez ha valorado aquella crisis sin pasarla por el olvido selectivo, de ahí este severo juicio: "El problema de Óscar —dice— es que nunca se ha dedicado plenamente a la política, siempre le ha dado más tiempo al despacho de abogado. Y nunca le perdonaré el abandono del PDP, aquellas maneras... Se fue de la noche a la mañana y nos dejó con el culo al aire, con todo el partido empantanado"[19].

Pero por debajo de la peripecia personal la cuestión era si había que renunciar al modelo de partido cristiano demócrata en España cuando, por contraste, en Italia, Alemania, Bélgica, Austria, Holanda y en Francia, hablando de Europa, tenían un protagonismo ideológico relevante. Es más, por virtud del tan cristiano principio de subsidiariedad la democracia cristiana había impulsado, junto a la unidad continental, la autonomía regional y municipal. Precisamente por eso quizás la democracia cristiana había prendido en dos comunidades autónomas muy *europeizadas* (Cataluña y País Vasco), que siempre fueron renuentes no sólo a pactar con el de ámbito *estatal* PDP, que nunca lo hicieron, sino a coexistir con él. Baste recordar cómo el PNV y Unión Democrática de Cataluña no apoyaron (el uno votando en contra y el otro, absteniéndose) a que el PDP ingresara en 1984 en la Unión Europea Demócrata Cristiana.

Como fuere, la verdad es que Óscar Alzaga consumió el último cartucho del proyecto cristiano demócrata y no precisamente disparado contra el adversario, sino contra sí mismo. Fue el suicidio.

---

[18] La dimisión la expresó Alzaga por carta al Secretario General del partido, Luis de Grandes, y en ella aludía como causa inmediata al hecho de que varios parlamentarios y dirigentes democristianos expresaran públicamente su deseo de que dimitiera. Recordaba en la carta, por otra parte, que había presentado en dos ocasiones anteriores la dimisión (en junio y diciembre de 1986) y entendía su apartamiento como beneficioso para el futuro de la organización.

[19] Testimonio a Raimundo Castro, cedido al autor.

La pretendida ruptura generacional de Mancha

La triple convocatoria electoral no era esperada en mayo de 1987 como el test de desgaste del socialismo a pesar del deterioro de determinados servicios básicos y de la conflictividad social, sino como la prueba de viabilidad de una oposición dividida y falta de liderazgo. De sus resultados podría configurarse un nuevo mapa político para la distribución territorial del poder en ayuntamientos, cabildos, diputaciones y autonomías. Las elecciones al Parlamento Europeo, por lo demás, al llevarse a cabo en distrito nacional actuarían como fotograma de la panorámica general.

Hernández Mancha afrontaba la triangular electoral como su propia prueba de supervivencia al frente de Alianza Popular ("sé que me la juego", había dicho a los cuatro vientos) en competición con Adolfo Suárez, pujante en la recreación del centro político, y en competición con los partidos regionales que proliferaban en comunidades sin arraigo regional histórico. Los comicios, por lo tanto, se libraban como lucha por el centro y, desde otro punto de vista, como *elecciones primarias* para dilucidar el liderazgo de la oposición. La presencia de Fraga en la campaña electoral además de reforzar la etiqueta aliancista en unas elecciones de prestigio, como las europeas, que no comportaban poder efectivo, le servía a Hernández Mancha para asegurarse con *el suelo electoral* del villalbés (entorno al 25 por ciento) y en todo caso para sindicar los eventuales riesgos. Personalmente Fraga se tomaba el mandato europeo de dos años como un período sabático hasta su probable comparecencia electoral en las autonómicas de Galicia, prefijadas para el otoño de 1989. Con ese carácter de avalista aportó Fraga su cartel no sólo a las elecciones europeas, sino también en el frente local y autonómico, constituyendo un símbolo de unión y de fidelidad del voto.

Ante unos trescientos candidatos a concejales, diputados autonómicos y eurodiputados, en el curso de una convención celebrada en un *music-hall* de un gran hotel madrileño (miércoles 13 de mayo), Fraga y Mancha sellaron su alianza rejuvenecida por el aparato publicitario previsto para la campaña en el concepto *nuevos tiempos*[20]. El espíritu de renovación contagió a Fraga quien, en vena de humor, dijo que defendería en Bruselas "la leche de sus paisanos... La de mis paisanos no, la de sus vacas, naturalmente", porque la lista de Alianza Popular iba a ser la de la verdadera renovación, en comparación con el cambio operado en los últimos años.

De los 38 partidos y coaliciones que disputaban los 60 escaños atribuidos a España en el Parlamento Europeo, muy pocos tenían posibilidades reales de alcanzar el triunfo —rebasar la barrera de los 300.000 votos—, y que ningún partido podía conseguir sólo con sus militantes en sentido estricto (AP tenía entonces 228.078 afiliados con carnet y el PSOE, 189.857; el resto figuraban a mucha distancia). Fue la ocasión, sin embargo, de la aparición de numerosos partidos regionalistas (18 en total), en su mayor parte desconocidos y con escasa o nula implantación, así como una decena de partidos marxistas y comunistas marginales. Los partidos pequeños y los regionalistas con tradición política, no obstante, formaron coaliciones a los solos efectos de esta elección y con el propósito táctico de atraer electorado interregional con fines comunes, como era el caso de las coaliciones Europa de los Pueblos y Unión Europeista. La novedad más destacada dentro del marasmo de grupos y entidades con remo-

---

[20] Para subrayar el eslogan publicitario y su utilización en el correspondiente *jingle* se adaptó la canción *El final de los tiempos*, del grupo musical *Europe*, toda una prueba de la perversidad publicitaria en el campo político.

tas posibilidades de obtener escaño, figuraba la lista patrocinada por el empresario Ruiz Mateos, dirigente del partido Acción Social[21].

Por la calidad de los primeros candidatos las euroelecciones recabaron la expectación política, pues la aparición de Fraga provocó que el PSOE le opusiera a otra figura prestigiosa, como Fernando Morán, que fue el ministro de Asuntos Exteriores que firmó el ingreso de España en la Comunidad Europea. Del mismo modo el CDS, dada la imposibilidad legal del doble mandato, no pudo presentar a Adolfo Suárez, pero puso en cabeza al ex-ministro para Europa Eduardo Punset. Por el PDP se presentaba a Javier Rupérez; por el Partido Andalucista, Pedro Pacheco y por las coaliciones independentistas (Europa de los Pueblos), Juan Carlos Garaicoechea. Por la izquierda iban también Fernando Pérez Royo (Izquierda Unida), Santiago Carrillo (candidato del Partido de los Trabajadores) y Mario Onaindía (de Euskadiko Ezquerra).

En la lista de Alianza Popular la presencia de Fraga corrió el turno a Fernando Suárez y dejó un hueco, por otra parte, a Pío Cabanillas (en quinta posición), que figuraba como independiente por ser vicepresidente del Partido Liberal. Esta inclusión fue una petición de Fernando Suárez y Antonio Navarro, como era de Fraga la de colocar entre los diez primeros puestos a su cuñado Carlos Robles, que fue atendida por Mancha con desgana. La inclusión de Cabanillas fue por deferencia personal, sin atenerse a condiciones contractuales, porque las relaciones del equipo dirigente aliancista con José Antonio Segurado pasaban por los perores momentos, máxime desde que los diputados liberales no apoyaron la moción de censura interpuesta por el Grupo Popular al Gobierno de Felipe González.

La negativa de Mancha a pactar con Segurado iba más allá de aceptar una coalición que respetara las siglas (aceptando la alianza parcial en algunas regiones y ciudades) del Partido Liberal; es que no lo querían ni como partido federado. Y si el empeño de Segurado era el de pedir cabida en la lista europea de AP para Cabanillas, Jaime Lamo de Espinosa y Ramiro Pérez Maura, sólo se halló un sitio para el ex-ministro gallego. No pudo tener acomodo, en cambio, el ex-embajador Nuño Aguirre de Cárcer, primeramente por no ser afiliado a AP y porque ya figuraban otros tres embajadores (Fraga, Perinat y Robles Piquer).

Por la excesiva presencia de diplomáticos relevantes durante la dictadura pero, sobre todo, porque en los primeros puestos figuraban Fraga, Fernando Suárez y Pío Cabanillas, todos ellos ex-ministros de alguno de los gobiernos de Franco, la candidatura de los *nuevos tiempos* de AP fue acusada de franquista. Como en el acto de presentación de la lista a la prensa (el 5 de mayo) se hiciese notar esta característica, Fraga replicó con su estilo áspero: "no me avergonzaré de parte de mi pasado dedicado siempre a servir a España, la cual no se divide en franquistas o antifranquistas, sino en tontos o listos".

Sirviéndose del liderazgo *moral* de Fraga, tras haber perdido la ocasión que le daba la moción de censura, Hernández Mancha siguió proclamando su voluntad de dirigir el proyecto alternativo al socialismo. En unas declaraciones[22], difundidas ampliamente, el extremeño se armó de preten-

---

[21] El Frente Nacional de Blas Piñar ofreció al empresario jerezano ir de número dos en una candidatura conjunta, pero después de diversos contactos con el coronel De Meer, que actuaba de intermediario, Ruiz Mateos declinó la oferta y decidió ir por su cuenta con partido propio. Hay que señalar que entonces Ruiz Mateos era muy valorado por la opinión pública, en parecidos términos a los líderes del centro-derecha.

[22] Declaraciones a la Agencia de noticias *OTR*, publicadas por gran número de periódicos el 15 de mayo de 1987. El párrafo entrecomillado ha sido recogido, en este caso, del *ABC* del mismo día.

ciosidad política, seguramente para contagiar de optimismo a los aliancistas: "Si sobrevivo, dispondré del tiempo que necesito para desarrollar mi proyecto de ruptura generacional... No tengo prisa. Tengo treinta y seis *tacos* y me queda mucho tiempo por delante y creo que voy a gobernar".

En realidad, la preconizada "ruptura generacional" carecía de crédito por lo que sólo se podía entender como una solicitud electoral a los jóvenes o, en todo caso, como una ingenuidad paradójica.

Test para un nuevo mapa de poder territorial

Mantener el porcentaje de votos de las legislativas de un año antes era el principal objetivo de AP ante las elecciones autonómicas y municipales del 10 de junio de 1987, con la sustantiva diferencia de que ahora iba a los comicios sin sus aliados democristianos y liberales. Se quiso que el hilo conductor fuese la *renovación,* pero tal propósito del nuevo equipo dirigente era meramente retórico desde el momento que se acudió al fundador de AP, ya como actor ya como activo animador, en la extensa movilización electoral que suponían los tres comicios. Desde las primeras elecciones democráticas, en junio de 1977, Fraga no había faltado a ninguna de las campañas y su dimisión como máximo dirigente de AP no le apartó tampoco de esta triple prueba electoral.

La gruesa convocatoria electoral afectaba a un censo de 28.442.348 electores (casi setecientos mil electores menos que en junio de 1986); recuento poblacional que puso al descubierto sus endémicas imperfecciones por la desaparición de miles de votantes en unos casos y la duplicación de inscripciones en otros (y como más representativos de éstos, la duplicidad de electores en algunos municipios de La Coruña). Era un cuerpo electoral para elegir 60 eurodiputados, 782 parlamentarios de trece comunidades autónomas y 57.945 concejales de más de ocho mil municipios, de los cuales 117 contaban con más de 50.000 habitantes.

Para tan ingente distribución del poder local las fuerzas políticas habían formado candidaturas según su implantación y expectativas, de modo que el PSOE se presentó en 5.969 municipios, AP en 5.200[23], el CDS en 3.150, PCE-IU en 1.466, el PDP en 633, CiU en 841, el PNV en 209, el PA en 136 y el BNG en 115. Sin embargo, la tercera *fuerza* la constituían las candidaturas independientes, que se elevaban en conjunto a 3.596.

Desde el apartamiento de Coalición Popular en diciembre de 1986, el Partido Liberal que presidía Segurado no dejó de dar tumbos de un sitio para otro en busca de un socio mayor con el que esconder su debilidad ante la macro convocatoria electoral. Segurado tanteó a Convergencia i Unió, al CDS y al PDP ofreciendo sociedad para el escaso poder residual que le quedaba de cuando era parte de Coalición Popular. En todo caso, la estadística de la presencia liberal, tan escasa como irrelevante, escondía a un grupo de empleados según enunció entonces el presidente valenciano de dicha formación: "El PL es una nómina a fecha fija, que va a expirar"[24].

---

[23] Esta cifra, obtenida del Ministerio del Interior, no se corresponde con la que en rueda de prensa dio Hernández Mancha (de 6.104 candidaturas a otros tantos municipios), el 5 de mayo de 1987 y que recogieron varios periódicos de Madrid.

[24] Evaristo Amat era un liberal histórico que quería crear un nuevo proyecto que agrupase a los liberales decepcionados con Segurado (por el escándalo del cobro de comisiones publicitarias en la elecciones generales), *Ya* del 22 de julio de 1987. Finalmente sería expulsado del PL al igual que aquellos que quisieron hacerle a Segurado *un juicio ético.*

En 1986, antes de separarse de Coalición Popular, el Partido Demócrata Popular contaba con 62 escaños en los parlamentos autonómicos, incluidos los de las comunidades históricas: (7 en Madrid, 5 en Aragón, 4 en Valencia, 4 en Castilla-La Mancha, 8 en Castilla y León, 3 en Asturias, 5 en Cantabria, 2 en Murcia, 2 en Navarra, 3 en La Rioja, 3 en Extremadura, 3 en Baleares, 2 en Canarias, 2 en Cataluña, 4 en Andalucía, 3 en el País Vasco y 1 en Galicia).

Tras la crisis sufrida en la presidencia por la dimisión de Óscar Alzaga y a pesar de tener problemas en la financiación de la campaña, presentó candidaturas en más de seiscientos municipios y en las siguientes comunidades autónomas: Aragón (con Mariano Alierta de candidato principal), Asturias (con Celestino de Nicolás), Baleares (con Miguel Fiol Company), Canarias (con Francisco Reyes, en coalición con Centristas Canarios), Cantabria (con José Antonio Rodríguez), Castilla-La Mancha (con Javier Rupérez, que también era primer candidato en las europeas, en coalición con la Agrupación de Agricultores Independientes), Castilla y León (con Rafael de las Heras), Comunidad Valenciana (con José María de Andrés Ferrando, en coalición con Centristas Valencianos), Extremadura (con Manuel Pérez), La Rioja (con Domingo de Guzmán Álvarez Ruiz de Viñaspre), Madrid (con José Antonio López Casas) y Navarra (con Jaime Ignacio del Burgo, en coalición con Unión Demócrata Foral y Partido Liberal)[25].

Para AP los comicios autonómicos eran la oportunidad de avanzar en el dominio territorial, asegurándose el poder en Cantabria y Baleares —además de que dominaba en Galicia con calendario electoral distinto—, entre las trece comunidades que renovaban parlamento y de las que once estaban gobernadas por los socialistas (además de Andalucía, con preponderancia socialista desde junio de 1986). En estos comicios, según todos los pronósticos sociológicos, la victoria del centro-derecha era probable en Castilla y León, La Rioja y Aragón, y en las demás regiones (Canarias, Madrid y Navarra) se auguraban notables avances, frente al retroceso de los socialistas por escándalos políticos y desgaste en el ejercicio de gobernar. Sin embargo, en las regiones de Asturias, Comunidad Valenciana, Castilla-La Mancha y Extremadura se preveía la continuidad del PSOE con holgadas mayorías absolutas. La irrupción del Centro Democrático y Social, recobrando voto centrista decepcionado con el socialismo, sería determinante, sin embargo, para la ulterior composición del mapa político a base de alianzas, y de ahí que se concentrase la campaña una vez más en la lucha por el espacio de centro, por la moderación.

Las listas de candidatos aliancistas fueron confeccionadas con espíritu *revisionista* a través de los jóvenes más sobresalientes de la confianza del equipo andaluz, con vistas a aprovechar el tirón electoral, de manera que cuando los candidatos eran diputados nacionales retornarían a sus escaños originarios si no triunfaban en la elección. José María Aznar, diputado por Ávila, era el candidato principal a las Cortes castellano-leonesas y quien tenía más posibilidades de triunfo. Del mismo modo, Arturo García Tizón (secretario general del partido y diputado por Toledo) encabezaba la lista aliancista también por Toledo al Parlamento castellano-manchego, y Juan Ramón Calero (portavoz en el Congreso de los Diputados) competía de número uno por Murcia al parlamento regional.

Alberto Ruiz Gallardón, candidato primero a la Asamblea de Madrid, era otro de los valores en los que se confió la victoria o, en todo caso, el acortamiento de distancias frente a la previsible coalición de izquierdas (socialistas y comunistas) que renovaría el mandato a Joaquín

---

[25] De las trece comunidades autónomas que renovaban parlamento, en la única que no presentó el PDP candidatura alguna fue en Murcia. Y de los parlamentarios que fueron elegidos en 1983, únicamente 22 aspiraban a repetir mandato, lo que ponía en evidencia la poca fe que existía para la reelección.

Leguina. En Aragón, AP llevó de cabeza de lista por Zaragoza a Ángel Cristóbal Montes, abogado que había militado antes en el PSOE y en el CDS, impulsor del pacto con los regionalistas del PAR, con el que se podría gobernar. En la Comunidad Valenciana, Rita Barberá representaba el liderazgo aliancista —por otra parte, la única mujer del conjunto— en aquella región, con diligente perseverancia aunque con remotas posibilidades de triunfo. Y en Extremadura y Asturias, los presidentes regionales de cada una de ellas, respectivamente, Adolfo Díaz Ambrona e Isidro Fernández Rozada, ambos pertenecientes al equipo de gobierno de AP. En Canarias, Paulino Montesdeoca (primero por Gran Canaria) se señalaba como principal (en tenerife encabezaba Isidro Guimerá) y en Navarra, en plena crisis multipartidista del dividido centro-derecha, representaba a AP en estos comicios Miguel Urquía Braña.

Durante los dos años que abarca la presidencia de Hernández Mancha en AP, el tándem de poder no era tanto del denominado clan manchego-andaluz como el que crearon Alberto Ruiz-Gallardón y el extremeño. Estas relaciones, gradualmente deterioradas porque Ruiz-Gallardón no acababa de acceder al poder en el gobierno autonómico de Madrid, se rompieron del todo cuando se empezó a conocer que Fraga retornaba.

Existía seguridad de triunfo, no obstante, en Baleares, donde repetía el ya presidente del gobierno, Gabriel Cañellas (que llevaba en su lista a varios liberales), y en Cantabria AP presentaba de cabeza de lista al independiente Juan Hormaechea, hasta entonces alcalde de Santander (1977-1987), populista con irresistibles posibilidades de victoria. En La Rioja, por lo demás, con claras expectativas de triunfo sobre el PSOE a través de una coalición con otras fuerzas, AP presentó al abogado Joaquín Espert, que ya era su presidente regional.

Una campaña dispersa y compleja

Aparte de abaratar los gastos, la concentración electoral de tres procesos en uno produjo dispersión de mensajes en la campaña publicitaria y cierta complejidad en el hecho de votar: ante dos urnas en unos casos, europeas y municipales (Cataluña, País Vasco, Galicia y Andalucía); ante tres urnas, europeas, autonómicas y municipales (las comunidades autónomas no insulares) y ante cuatro urnas, además de estas votaciones ya dichas, las de los cabildos insulares de Baleares y Canarias.

Marcados los topes máximos de gasto electoral, los partidos ajustaron los respectivos presupuestos en tres suertes de mensajes, independientemente de que el Ministerio del Interior corrió con la campaña institucional de información pública (sobre el censo electoral, incitación al voto, voto por correo, mecánica de la votación y significado del Parlamento Europeo).

Mientras el PSOE apostó en sus mensajes por la continuidad y unidad *(Por las cosas bien hechas)* sin dispersar los impactos, Alianza Popular diferenció los lemas y los líderes, de manera que la campaña al Parlamento Europeo[26], con Fraga de cabecera, tuvo por eslogan *En*

---

[26] Con cargo al Grupo Demócrata Europeo, al que estaban adscritos los eurodiputados de Alianza Popular con los conservadores del Reino Unido y de Dinamarca, se insertaron en prensa diversos anuncios con los eslóganes: *Una voz para 300 millones de europeos* y *Una voz clara en Europa*.

Europa con prestigio, y a Hernández Mancha, en quien se personificaba la campaña en una primera fase, con el eslogan *Nuevos tiempos,* para dar paso en la segunda fase, a las figuras de los candidatos a alcaldes o presidentes de comunidad. El concepto de modernidad, por lo demás, lo expresaba la música del *jingle* electoral basado en la canción de moda entonces *El final de la cuenta atrás* (interpretado por el grupo *Cadillac),* con arreglo a la creatividad de la Agencia Trazo.

AP, además de los mensajes radiofónicos y las inserciones de prensa, utilizó 5.000 vallas, 1.200.000, carteles y 25.000 banderolas, sin contar los efectivos publicitarios de carácter municipal promovidos y pagados por candidatos al margen de la organización central.

Volcado igualmente sobre todos los medios de comunicación, el CDS, como los demás partidos nacionales, hizo una campaña publicitaria muy profesional, dando valor a la idea del centro (*El centro avanza. Ten confianza,* era el eslogan principal) y no centrando sus mensajes como otras veces en la figura de Suárez, sino que los desdobló sobre los candidatos Agustín Rodríguez Sahagún, a la Alcaldía de Madrid, y Eduardo Punset, primero en la candidatura al Parlamento Europeo.

La coalición Izquierda Unida, por otra parte, se sirvió de una paráfrasis de la canción *La puerta de Alcalá* para adoptar como slogan la expresión *Ahí está,* dando a indicar que estaba para ser alternativa al socialismo gobernante. Presentaba de candidatos a la Alcaldía de Madrid, a Ramón Tamames, y al Parlamento Europeo, a Fernando Pérez Royo.

La campaña electoral se desarrolló sin incidentes destacables salvo el malestar, expresado en algún caso con algaradas, que produjo que Herri Batasuna pidiera el voto para su candidatura europea en las provincias no vascas. En Sevilla viudas de guardias civiles asesinados boicotearon un mitin de la coalición HB, desplegando en el acto una pancarta que decía: "Después de asesinar a nuestros hombres piden nuestro voto. Fuera de Sevilla, asesinos"[27].

En general los debates electorales se desarrollaron en un contexto plano, exento de interés, y sólo cobraron cierta relevancia la denuncia del candidato centrista al Ayuntamiento madrileño, Agustín Rodríguez Sahagún, sobre los incumplimientos del PSOE en la Casa de la Villa, ofreciendo él como alternativa un compromiso ante notario de doce compromisos electorales concretos. En el orden autonómico, por lo demás, fue objeto de numerosos comentarios el gesto de José Bono, presidente de la Junta de Castilla-La Mancha, de iniciar los trámites para declarar Cabañeros *parque natural protegido* cuando hacía menos de una semana estaba plegado a los objetivos del Ministerio de Defensa de hacer un campo de tiro en aquel paraje.

Los defectos del censo, las encuestas *interesadas* y la consignas internas de estrategia electoral del PSOE acerca de cómo conducirse contra los demás partidos, diciendo por ejemplo que AP no constituía una alternativa seria, fueron otros ejes sobre los que giraron las confrontaciones electorales. A través de TVE, por lo demás, se habilitaron la banda de espacios electorales gratuitos entre los días 25 de abril y 8 de mayo, tras los telediarios matutino y vespertino de la primera cadena, para los partidos con representación parlamentaria, y a las fuerzas extraparlamentarias se les habilitó espacios de propaganda por una duración de más de tres horas. La cada vez más declinante influencia de estos espacios se veía compensada por el interés que cobraban los espacios informativos, en los que se aplicó unos baremos de proporcionalidad en

---

[27] *Diario 16* del 5-6-1987.

la ocupación de tiempos noticiosos de un 52 por ciento para el PSOE y un 19 por ciento para AP, muy disminuida en representación parlamentaria por las deserciones de diputados. El representante aliancista en el Consejo de Administración de RTVE y en el Comité de repartos de espacios gratuitos, Rogelio Baón, protestó porque consideró injusto que un criterio de equidad se tradujera en valores matemáticos rígidos[28].

Los pronósticos de los sondeos electorales confirmaron las grandes tendencia ya marcadas de tiempo atrás, las cuales indicaban una disminución de voto al PSOE y AP, un crecimiento sustancial del CDS; un crecimiento de IU en ciertas ciudades, y un general aumento de los apoyos al nacionalismo de todas las tendencias y a los regionalistas.

Como ilustración del tono de la campaña, de pulso personal ayuno de contenidos dialécticos, se reproducen afirmaciones de ataque de unos contra otros —extraídas de los titulares de los periódicos— que ponen pobremente en evidencia cómo los socialistas eran el blanco común de aliancistas y centristas, y éstos, entre sí, no eludieron la pelea para despejar cualquier apariencia de pacto.

> Alfonso Guerra: "Somos el partido de los pobres, de los que siempre han tenido menos, y podemos decir bien alto y sin rubor que sólo tenemos un señor al que servir: el pueblo llano y sencillo" *(Ya,* 23-5-1987).
> Adolfo Suárez: "Los cien años de honradez socialista no han dado ni cinco de eficacia" *(El País,* 23-5-1987).
> Manuel Fraga: "Partidos como el PSOE necesitan pobres para existir... porque sólo viven cuando hay pobres" *(ABC,* 24-5-1987).
> Adolfo Suárez: "Los socialistas no caben ya en la Administración" *(El País,* 24-5-1987).
> Manuel Fraga: "El CDS podría formar grupo propio, pero en el Parlamento de Cebreros" *(Ya,* 26-5-1987).
> Adolfo Suárez: "El PSOE no es el partido de los pobres, los hace" *(Las Provincias,* 27-5-1987).
> Arturo García Tizón: "El CDS es un partido sin ideología y nunca llegará a gobernar" *(Ya,* 28-5-1987).
> Antonio Hernández Mancha: "Felipe González está añejo, viejo, pasado y agarrado a las contradicciones de su ideología... Creo que el Presidente del Gobierno es un bisoño inmaduro e intuyo que va a dimitir" *(Ya,* 1-6-1987)[29].
> Alfonso Guerra: "Hay una operación de la CEOE para hacer un solo partido con AP y CDS" *(Diario 16,* 1-6-1987).
> Adolfo Suárez: "Es absolutamente mentira y falsedad las afirmaciones sobre el pacto entre el CDS, AP y la CEOE" *(Ya,* 3-6-1987).
> Rodríguez Sahagún: "Miente el que diga que el CDS se va a entender con AP" *(ABC,* 3-6-1987).
> Manuel Fraga: "Por desgracia no es cierto un pacto postelectoral con el CDS" *(ABC,* 5-6-1987).

---

[28] Diversos periódicos informaron profusamente de la participación de la televisión pública en la campaña, pero con mayor precisión *ABC* y *El País,* ambos durante los días de campaña.

[29] Durante la campaña, a juzgar por los periódicos consultados, Hernández Mancha fijó, en todo momento, de referirse con sus críticas a Felipe González, tratando de conseguir el diálogo a la altura de los líderes máximos, lo que no consiguió.

Adolfo Suárez: "Los de AP, que busquen señorita de compañía, porque nosotros vamos solos" *(Diario 16,* 7-6-1987).

En cuanto al programa de AP de las elecciones autonómicas y municipales, de reducida difusión y, por lo tanto, no sometido a debate, ninguna propuesta destacó siendo eje del debate.

AP y CDS acaban con la hegemonía del PSOE

La falta de estabilidad en los partidos respecto de definir el mapa político subrayó, como primera consecuencia del escrutinio triangular del 10 de junio de 1987, que la transición democrática no estaba terminada. El PSOE, siendo el partido más implantado y firme en el electorado, recibió un severo castigo al perder la mayoría absoluta en casi todas las grandes ciudades. Alianza Popular acusó un retroceso en relación a procesos anteriores, aunque podía exhibir una fidelidad del electorado de la derecha, y puso en evidencia a sus antiguos coaligados democristianos y liberales en el sentido de que no aportaban casi nada.

La opción aliancista, sin embargo, no tenía por sí misma capacidad atractiva para derrotar al socialismo, pero en compañía del resurgente CDS sumaban la hegemonía que había perdido el PSOE en los municipios populosos. El partido de Suárez irrumpía destrozando el bipartidismo teórico, pero su ascenso tampoco era el del pronóstico optimista fundado en las encuestas.

Por el lado de la izquierda no gobernante, Izquierda Unida subió en voto popular y en representación en los tres comicios y por parte de los nacionalismos —englobando a fuerzas regionalistas centrífugas del Estado— se subió un peldaño más en la reivindicación secesionista. A esto hay que añadir, como algo significativo, que Herri Batasuna recibió significativos apoyos electorales fuera del País Vasco, lo cual era expresión del radicalismo que apuntaba en quienes querían cuartear al Estado.

Si en política los movimientos de opinión son gradualmente lentos, tanto en ascenso como en caída, lo incuestionable era que se había destruido el mito de la imbatibilidad del PSOE y su tendencia, desde entonces, era de disminución de apoyos tanto más en los núcleos urbanos que en los rurales.

Del análisis general por cada tipo de comicio hay que subrayar, respecto de las elecciones europeas, que el Partido Socialista perdió cuota de poder (6 escaños menos), con una fuerza electoral menor de un millón y medio de sufragios con relación a las generales de un año antes (39,17 por ciento de votos en las europeas de 1987 frente al 44,35 por ciento de las legislativas de 1986). Alianza Popular, por su parte, repitió escaños (17) pero, al igual que el PSOE, retrocedió casi dos puntos porcentuales respecto de las elecciones generales (pasó de un 26, 15 a un 24,66 por ciento).

Tampoco fueron favorables para los socialistas los resultados de las urnas para los parlamentos autonómicos, pues de las 13 comunidades en disputa, el PSOE retrocedió en las que no gobernaba (Baleares y Cantabria), así como en aquellas en las que gobernaba en minoría (Navarra y Canarias). Perdió la mayoría absoluta en Castilla y León, Aragón, La Rioja, Asturias, Valencia y Madrid, y sólo permanecía hegemónico, conservando la mayoría absoluta, en Murcia, Extremadura y Castilla-La Mancha.

Los dos grandes partidos, sin embargo, descendieron notablemente en votos y escaños: el PSOE perdió casi un millón de votos respecto de 1983 y, en cuanto a número de escaños, pasó de 388 diputados autonómicos a 329, y Alianza Popular, por su parte, redujo su apoyo en más de medio millón de sufragios y en cuanto a escaños, pasó de 273 a 230, 43 diputados menos. Por regiones la pérdida aliancista más destacada fue la de Canarias (casi 190.000 votos), que fue trasvasada a fuerzas afines. Incluso en Castilla y León —símbolo del triunfo de AP— se perdieron más de cincuenta mil votos en relación a 1983.

Partiendo casi de la nada (nueve escaños) el CDS obtuvo en total 109 diputados autonómicos, resultado del más de millón y medio de votantes que se inclinaron por el centrismo de Suárez. Fue receptor de los votos moderados que le vinieron de su derecha e izquierda (AP y PSOE), y en Canarias y Navarra superó en apoyos a Alianza Popular, contando además con una posición muy reforzada en Castilla y León (19,5 por ciento de los votos) y en Madrid (16,7 por ciento).

Izquierda Unida mantuvo prácticamente sus posiciones pese a la ligera pérdida de escaños (de 26 a 24) aunque en términos absolutos tuvo más de treinta mil votos que en 1983.

Los partidos regionalistas no lograron en los comicios europeos escaño alguno, pero en las autonómicas, en cambio, se convirtieron en fuerzas decisorias en Canarias (AIC, con 11 diputados se erigió en la segunda fuerza política), en Aragón (el PAR con 13 escaños, segunda fuerza política) y en Navarra (UPN, con 14 diputados, era también la segunda fuerza). Unión Valenciana creció en la región mediterránea en menor medida, con seis escaños, y el PRC cántabro y el PRP riojano fueron organizaciones inanes en comparación con las antedichas o con los partidos nacionalistas. De todas maneras, este centrifuguismo político proliferaba en el centro-derecha en detrimento de las opciones estatales, mientras que en la izquierda no tenía éxito, aunque gozaba de estabilidad. En este sentido podía hablarse de la *regionalización de la derecha,* factor de fragmentación muy peligroso.

La verdadera sorpresa acerca de los efectos del desgaste socialista exteriorizado en las tres consultas la produjo el retroceso municipal. En apariencia, las elecciones supusieron una abultada merma para el PSOE, ya que de tener mayoría absoluta en 103 municipios pasaron a conservarla en 48, como trasunto de haber perdido 2.739 concejales. Pero esta bajamar no se tradujo, sin embargo, en pérdida de poder efectivo porque, como resultado de la política de alianzas, el PSOE conseguiría el gobierno de 27 ayuntamientos de ciudades de más de 50.000 habitantes y, en conjunto, 2.873 alcaldes —233 más que en 1983— a falta de la resolución de impugnaciones electorales en cerca de un centenar de pequeños municipios[30]. Es decir, aunque en precario el socialismo, con el concurso de Izquierda Unida, repitió el pacto de progreso de 1979 en gran medida, aparte de que la actitud del CDS de dar el poder —absteniéndose en las votaciones consistoriales— a la lista más votada sentó en la silla de alcalde a muchos socialistas.

El más perjudicado resultó ser AP aunque, al primer golpe de vista, no pareciera así, pues cedió casi un millón de votos en relación a 1983 y un total de 2.739 concejales. Las pérdidas estuvieron en poblaciones menores, pero también en las ciudades de más de 50.000 habitan-

---

[30] Datos tomados de la información que facilitó el PSOE el 7 de julio de 1987, a través de rueda de prensa de José María Benegas y, en este caso, tomados de *ABC* del día siguiente.

tes, en las que pasó de tener mayoría absoluta en cinco a tenerla sólo en una. No obstante, AP se mantuvo como la fuerza más votada en 14 ciudades de los 152 municipios más importantes en población, aunque resultó desalojado, sin concejal alguno, en 15 ayuntamientos (en trece más que en 1983).

El día 9 de noviembre se celebraron las elecciones municipales en 885 municipios de más de 250 habitantes y AP, con 5.884 votos, obtuvo 102 concejales de los 393 puestos en juego, frente a los 66 conseguidos por el PSOE, aparte de registrar un reparto muy disperso y complejo en estos comicios parciales, supletorios de los que no se celebraron en junio por diversas razones.

El índice de variación electoral municipal[31] registrado por comunidades autónomas en Alianza Popular, entre 1983 y 1987 fue el siguiente:

CCAA	Variación en %
ANDALUCÍA	+6,40
ARAGÓN	–9,8
ASTURIAS	–5,8
BALEARES	–1,4
CANARIAS	–13,2
CANTABRIA	–6,8
CASTILLA Y LEÓN	–10,6
CASTILLA-LA MANCHA	–5,2
CATALUÑA	–3,6
EXTREMADURA	–5,4
GALICIA	–0,8
MADRID	–3,8
MURCIA	–5,2
NAVARRA	–5,2
LA RIOJA	–8,0
C. VALENCIANA	–6,6
PAÍS VASCO	–2,4
CEUTA	–2,0
MELILLA	+9,8

En la rebatiña desatada contra la mayoría absoluta socialista tanto el CDS como los partidos regionalistas y los candidatos independientes fueron los que más ganancias obtuvieron. El CDS consiguió 634 alcaldías y fue la fuerza más votada —en un caso con mayoría absoluta— en dos municipios de entre los 152 más importantes, aunque en 35 de ellos no obtuvo representación alguna y en otros 32 no superó los dos concejales; pero, con todo, fue la llave de la mayoría absoluta en muchos de ellos dado su papel arbitral, como era el caso de Madrid. Pero el grupo más numeroso lo proporcionó el de independientes (más de 3,5 millones de votos), que fue el más votado en 14 grandes ciudades.

---

[31] Es recogido por Irene Delgado en *El comportamiento electoral municipal español 1979-1995,* pág. 241 (editado por el Centro de Investigaciones Sociológicas, Madrid 1997).

La fragmentación política pudo haber jugado como drenaje de poder del PSOE pero se impuso, con respecto a Izquierda Unida, a la vez que eso mismo rigió en el CDS, que predominase el gobierno de la lista más votada, resultando en conjunto dicha fórmula el factor de estabilidad. En este sentido, todos los esfuerzos desplegados por la dirección de AP de alcanzar un acuerdo global de gobierno con el CDS fracasaron, porque los centristas quisieron traslucir su equidistancia entre AP y el PSOE[32]. De resultas de ello los socialistas pudieron disimular su derrota entretanto los aliancistas no pudieron ocultar que perdían *suelo electoral.*

RESULTADOS DE LAS ELECCIONES AL PARLAMENTO EUROPEO[33]

Electores:	28.450.491		
Votantes:	19.426.580	(68,28%)	
Abstenciones:		(31,72%)	

Partido	Votos	Porcentaje	Escaños
PSOE	7.535.979	39,17%	28
Alianza Popular	4.753.868	24,71%	17
CDS	1.982.324	10,30%	7
Izquierda Unida	1.013.282	5,27%	3
CiU	853.644	4,48%	3
HB	361.595	1,88%	1
Europa de los Pueblos	326.946	1,70%	1

Los eurodiputados electos por Alianza Popular fueron: Manuel Fraga Iribarne, Fernando Suárez González, Luis Guillermo Perinat Elio, Miguel Arias Cañete, Pío Cabanillas Gallas, Antonio Navarro Velasco, José María Álvarez de Eulate Peñaranda, Domenec Romera Alcázar, José María Lafuente López, Carlos Robles Piquer, Arturo Juan Escuder Croft, Pedro Argüelles Salaverría, José Luis Valverde López, Ramón Díaz del Río Jáudenes, Salvador Garriga Pollero y Manuel García Amigo.

Aunque no se deban comparar las elecciones europeas, de distrito único, con las legislativas de un año antes, de circunscripción provincial, porque la proporcionalidad opera en uno y otro casos de forma diferente, lo cierto fue que sirvieron de cata sobre la opinión que se tenía de la política gubernamental tras un año de conflictos sociales, por el lado del socialismo, y sobre la recomposición del centro-derecha tras la dimisión de Fraga y el rebrote del suarismo centrista.

La participación en las elecciones europeas (un 68,28 por ciento) fue alta en relación a otras consultas españolas y *muy alta* en relación al nivel de compromiso de otros países

---

[32] Llevaron a cabo las conversaciones los secretarios generales de ambas formaciones: García Tizón, por AP, y José Ramón Caso, por el CDS.

[33] Datos tomados de la Junta Electoral Central.

europeos desde que, en 1984, se estableció la elección por sufragio directo del Parlamento Europeo. La media europea rozó el 60 por ciento pero, teniendo en cuenta que en Grecia, Luxemburgo y Bélgica el voto es obligatorio para estos comicios, el nivel español fue destacado, máxime cuando la campaña —los mensajes europeístas— fue soterrada por el debate nacional.

El castigo electoral que, en conjunto, recibió el partido socialista fue algo menor en la urna del Parlamento Europeo (7.535.979 sufragios, el 39,17 por ciento, casi 400.000 votos más que en los otros comicios) y los 28 escaños conseguidos suponían 6 menos que la representación anterior atribuida sin elección, sino por la aplicación proporcional a los escaños que tenían en las Cortes Generales. No obstante ello, la diferencia que obtuvo sobre su competidor inmediato, AP (17 escaños), era la más alta considerando los demás países que integraban el Parlamento de Estrasburgo.

Alianza Popular obtuvo en las elecciones europeas mayor voto que en las municipales (un 24,71 por ciento frente a un 20,33 por ciento), lo que podía interpretarse como el resultado de la intacta popularidad de Fraga, de mayor impulso electoral, que la de sus sucesores. No obstante, comparando los resultados europeos con los de las legislativas, AP perdió casi un millón de votos, lo que podía leerse que los herederos del villalbés no suponían ningún revulsivo de renovación. Fue el partido más votado en Baleares, Castilla y León, y Galicia. En las demás autonomías, es el segundo partido más votado, salvo en Canarias (por detrás del CDS), en Cataluña (tercera fuerza política) y en el País vasco (en sexta posición). En cuanto a Madrid, los resultados de las europeas fueron superiores a los de las autonómicas y municipales, lo cual es indicador de que la capital del reino ha sido siempre, con Lugo, el mejor feudo de Fraga.

Para el CDS el 10 de junio representó una indudable victoria en el Parlamento Europeo, adonde llevó con el 10,30 por ciento de los votos a siete eurodiputados, habiendo alcanzado el segundo puesto en Canarias y tercero en las demás comunidades salvo Navarra, Cataluña y País Vasco.

La fragmentación regionalista impidió que tuvieran representación los pequeños partidos de centro-derecha, lo que no ocurrió con las candidaturas nacionalistas *abertzales:* tanto Eusko Alkartasuna como Herri Batasuna consiguieron cada uno un escaño. Es de destacar, a este respecto, que la candidatura de HB fue apoyada por más de ciento cincuenta mil votos de fuera del País Vasco.

La extrema derecha y Ruiz Mateos, cuyo reclamo electoral se basaba en la reivindicación de justicia por la expropiación sufrida en su grupo empresarial *(Votar es juzgarme)* no consiguieron escaño, pero para el jerezano esta campaña fue un elocuente experimento para posteriores consultas, pues logró 116.761 votos.

Ni Santiago Carrillo, a través de la candidatura de Unidad Comunista (22.680 votos), ni Javier Rupérez, por el PDP (170.866 votos), consiguieron plaza en Estrasburgo como tampoco las otras 26 candidaturas localistas o utópicas.

RESULTADOS DE LAS ELECCIONES MUNICIPALES
(DATOS COMPARATIVOS ENTRE 1983 Y 1987)[34]

Elecciones Municipales	1987			1983		
	Censo: 28.442.348 Escrutado: 99,05% Participación: 19.770.277 (69,51%) Abstención: 8.672.071 (30,49%) Concejales: 57.945			Censo: 27.634.529 Participación: 18.702.506 (67,68%) Abstención: 8.932.020 (32,32%) Concejales: 68.942		
Partido	Votos	Porcentaje	Concejales	Votos	Porcentaje	Concejales
PSOE	7.115.694	37,16	**21.041**	7.883.502	43,01	**23.729**
AP	3.895.366	20,34	**13.656**	4.843.665	26,43	**21.076**
CDS	1.871.183	9,77	**5.080**	333.001	1,82	**658**
IU	1.335.411	6,97	**2.262**	1.499.907	8,18	**2.495**
OTROS	1.589.723	8,30	**7.083**	1.054.442	5,75	**8.650**
CiU	979.583	5,12	**3.702**	763.758	4,17	**3.279**
PNV	240.768	1,26	**767**	407.908	2,23	**1.322**
EA	207.136	1,08	**496**			
HB	238.632	1,25	**660**	158.163	0,86	**385**
PDP	148.289	0,77	**605**			
PA	221.934	1,16	**295**	110.780	0,60	**146**
ERC	73.787	0,39	**181**	85.198	0,46	**155**
EE	107.119	0,56	**157**	65.186	0,36	**121**
UM	31.845	0,11	**117**	37.956	0,21	**140**
PAR	124.887	0,65	**633**	105.956	0,58	**1.120**

El análisis efectuado sobre estas elecciones atiende, por lo que respecta a los datos brutos, al momento inmediato posterior a los comicios porque preténdese sólo contemplar el mapa político general, sin fijarse en la exactitud matemática harto difícil. Así, pues, con el anterior cuadro se aprecia la variación general de los principales partidos entre elecciones homogéneas (municipales de 1983 y de 1987).

De las capitales de provincia AP consiguió las siguientes alcaldías: Cuenca (con Andrés Moya López), León (con José Luis Díaz Villaring), Orense (con Jorge Bermejo), Palencia (con Antonio Encina Losada), Salamanca (con Fernando Fernández de Trocóniz), Santander (con Manuel Huerta Castillo), Soria (con Virgilio Velasco Bueno), Toledo (con José Manuel Molina) y Zamora (con Antolín Martín).

En Burgos (con José María Peña), Ciudad Real (con Lorenzo Selas) y en Pontevedra (con José Rivas) triunfaron candidaturas independientes aunque en las elecciones de 1983 comparecieron bajo el patrocinio de Coalición Popular. Esto mismo ocurrió en León, donde Juan Morano, independiente, encabezó la lista más votada pese a lo cual no gobernó —en medio de un gran escándalo— debido a la concertación para impedirlo de AP y el PSOE.

---

[34] Son datos de elaboración propia basados en las informaciones aportadas por los diarios madrileños *El País, ABC* y *Ya* dos días después de la votación.

De otra parte, dado que el marco municipal se caracteriza por su constante variación, es elocuente la falta de estabilidad como se demostró que por causa sobre todo de la *moción de censura,* después de las elecciones de junio de 1987, cambiaron de alcalde 124 ayuntamientos y, entre éstos, los de Madrid, Valencia, León, Las Palmas, Lleida, Tarragona, Palencia, Huelva, Segovia, Jaén y Ferrol[35].

ELECCIONES AUTONÓMICAS

Partido	1987 Nº de parlamentarios	1983 Nº de parlamentarios
PSOE	334	388
AP	221	273
CDS	109	9
IU PCE	26	27
PAR (ARAGÓN)	19	13
UM (MALLORCA)	6	4
AIC (CANARIAS)	10	
PRC (CANTABRIA)	5	2
UPN (NAVARRA)	14	13
HB (NAVARRA)	7	6
EA (NAVARRA)	4	
UV (VALENCIA)	6	
OTROS	22	24

ARAGÓN

Provincia	PSOE Votos	Esc.	PAR Votos	Esc.	AP Votos	Esc.	CDS Votos	Esc.	IU-PCE Votos	Esc.
Huesca	42.097	7	29.409	5	17.675	3	13.851	2	6.030	1
Teruel	30.507	7	15.101	3	23.246	5	8.668	1	2.454	
Zaragoza	155.556	13	135.412	11	58.16	5	42.887	3	22.868	1
TOTAL	228.170	27	179.922	19	99-082	13	65.406	6	31.352	2

El líder del Partido Aragonés Regionalista, Hipólito Gómez de las Roces, resultó investido en segunda votación, por mayoría simple, presidente del gobierno aragonés con el voto de los 19 diputados de su grupo, los 13 de Alianza Popular y la abstención de Centro Democrático y Social. El pacto suscrito con AP no implicaba un gobierno de coalición, que era monocolor, sino que tuvo otras contraprestaciones en ámbito municipal. La no entrada en el ejecutivo suscitó una crisis interna grave en AP, no resuelta hasta el verano.

---

[35] Los datos aportados han sido examinados por el autor sobre la base del informe facilitado por la Dirección General de Política Interior, puesto al día en marzo de 1988, y cabe acaso algún error que no cambia el sentido general de la crónica histórica.

Gómez de las Roces, asturiano, abogado del Estado y padre de cinco hijos había sido presidente de Diputación de Zaragoza de 1974 a 1977 y a la llegada de la democracia fundó el Partido Aragonés Regionalista, habiendo sido diputado nacional en cuatro legislaturas.

En beneficio del CDS y del PAR, que ambos subieron en representación, Alianza Popular tuvo un considerable desgaste traducido en la pérdida de cuatro escaños (2 en Huesca y 2 en Zaragoza) pero que no se tradujo en merma de influencia por ser el principal soporte parlamentario de la Diputación General de Aragón (ejecutivo regional).

Los candidatos electos de Alianza Popular eran por:

Huesca. Ricardo Oliván Gracia, Carlos Ángel Til Mata y César Villalón Rico.
Teruel. José Cosme Martínez Gómez, Mesías Antonio Gimeno Fuster, Manuel Enrique Conejero Benedicto, Fernando Joaquín Ibáñez Gimeno y Antonio Ramón Borraz Ariño.
Zaragoza. Ángel Cristóbal Montes, José Enrique Rodríguez Furriel, Antonio Miguel Tomé Sebastián, Manuel Nivela Vicente y Alfredo Sánchez Sánchez.

ASTURIAS

PSOE		AP		CDS		IU-PCE	
Votos	Esc.	Votos	Esc.	Votos	Esc.	Votos	Esc.
223.307	20	144.541	13	106.266	8	69.413	4

Aunque el PSOE ya no contaba con la mayoría absoluta, previa abstención de los diputados no socialistas Pedro de Silva renovó mandato en segunda votación y por mayoría simple. AP seguía siendo la segunda fuerza política en la región con una ligera merma de un diputado respecto de 1983; pérdida que se produjo en la circunscripción central (territorios urbanos y mineros)

Los candidatos electos de Alianza Popular fueron:

Isidro Fernández Rozada, Sergio Marqués Fernández, José Ramón García Cañal, José Emilio Betrón García, Antonio Landeta Álvarez Valdés, Isidro Manuel Martínez Oblanca, José Javier Suárez Álvarez-Amandi, Manuel Valdés Morán, Francisco Javier Fernández Casielles, Francisco Fernández Quintana, José Manuel Monteserín Álvarez-Linera, José Ramón Alfredo Pando Tuero y Ramón Sampedro Concha.

BALEARES

PSOE		AP		CDS		UM		PSM-EN		PSM-EU	
Votos	Esc.	Votos	Esc.	Votos	Esc.	Votos	Esc.	Votos	Esc.	Votos	Esc.
107.762	21	123.044	25	34.046	5	30.186	4	16.413	2	4.357	2

Con una subida de cuatro diputados (de 21 a 25) Alianza Popular ganó las elecciones y pudo gobernar, repitiendo mandato Gabriel Cañellas, con la ayuda de los 4 diputados de Unión Mallorquina, aliado permanente de los populares. El PSOE, sin embargo, no tuvo castigo y el CDS logró representación merced a la pérdida de partidos regionales de derecha y de izquierda; fenómeno contrario al ocurrido en estos comicios en el resto de España.

Gabriel Cañellas, abogado y economista, era de AP desde 1978 y, a través de una gestora, organizó el partido en la región balear a excepción de Ibiza. Con el hundimiento de UCD, en 1983 canalizó el voto de centro-derecha y ganó las elecciones autonómicas, siendo desde entonces un referente de eficacia.

Los candidatos electos de Alianza Popular fueron:

Gabriel Cañellas Fons, Gaspar Oliver Mut, Juan Verger Pocovi, José María González Ortes, Francisco Gilet Girart, Andrés Mesquida Galmes, Gabriel J. Godino Busquets, José María Lafuente López, Joaquín Ribas de Reyna, Miguel Capo Galmes, Andrés Riera Bennasar, Cosme Adrover Obrador, Antonio A. Salgado Gomila, Juan Huguet Rotger, Narciso Tuduri Mari, Manuel Jaén Palacios, Luis Coll Alles, Fernando Saura y Manuel, Antonio Mari Calbet, Bartolomé Planells Planells, Pedro Palau Torres, Pedro Guasch Guasch, Vicente Serra Ferrer, José Tur Serra y Antonio Mari Ferrer.

CANARIAS

Islas	PSOE		AP		CDS		ICU		AIC		AC-INC		AM		AHI	
	Votos	Esc.	Votos	Esc.	Votos	Esc.	Votos	Esc.	Votos	Esc.	Votos	Esc.	Votos	Esc.	Votos	Esc.
Gran Canaria	80.817	5	46.118	3	75.579	4	24.871	1			30.369	2			1.415	2
Lanzarote	8.726	4			8.103	3			2.567	1						
Fuerteventura	2.390	1			4.085	2			2.226	1			5.423	3		
El Hierro	952	1														
La Gomera	5.169	3			2.611	1										
La Palma	9.994	2	7.640	2	6.364	1	4.230	1	9.771	2						
Tenerife	77.701	5	18.168	1	33.141	2			115.008	7						
TOTAL	185.749	21	74.767	6	130.297	13	40.837	2	134.667	11	46.229	2	5.423	3	1.415	2

Sobre un parlamento de 70 escaños, los 11 diputados insularistas de Agrupaciones Independientes de Canarias (AIC) se hicieron cargo de la situación al concertar un pacto con el CDS (13 escaños) y AP (6 escaños) y de este modo desalojar del poder a la izquierda, que ejercía Jerónimo Saavedra, colocando de presidente del gobierno regional al centrista Fernando Fernández, neurólogo y profesor universitario.

Si fue grave el desgaste sufrido por el PSOE (la pérdida de 6 diputados respecto a 1983), el castigo que padeció AP (la pérdida de 11 diputados) tuvo categoría de desastre; desencadenante de un conflicto largo y profundo en el seno del partido aliancista.

Los candidatos electos de Alianza Popular fueron por:

La Palma. Pedro Acosta Lorenzo y Miguel Rafael Perdigón Cabrera.
Gran Canaria. Paulino Montesdeoca Sánchez, Francisco José Manrique de Lara y Llarena y José Miguel Suárez Gil.
Tenerife. Ángel Isidro Guimerá.

CANTABRIA

PSOE		AP		CDS		PRC	
Votos	Esc.	Votos	Esc.	Votos	Esc.	Votos	Esc.
87.82	13	122.882	18	19.579	3	38.202	5

El aumento del número de escaños del Parlamento regional, por reajuste de población (de 35 a 39), hizo que AP no lograra la mayoría absoluta pese a repetir el resultado de 1983. No obstante, Juan Hormaechea, hasta entonces popular alcalde de Santander, se aseguró con un pacto de los 5 diputados del Partido Regionalista Cántabro y fue elegido presidente del ejecutivo.

El Parlamento cántabro, pues, se distribuía así: 18 escaños para AP, 13 al PSOE (dos menos), 5 al Partido Regionalista de Cantabria y 3 al CDS, que estrenaba representación en la cámara. De los 4 diputados del PDP escindidos del Grupo Popular no repitió ninguno, lo cual demostró el escaso arrastre electoral democristiano, sobre todo porque AP repitió resultados.

Conseguida por pacto de gobierno la coalición AP-PRC el independiente Juan Hormaechea fue elegido Presidente de Cantabria por mayoría absoluta, en primera votación, desde julio de 1987, generando desde el principio discrepancias en torno a la formación del gobierno, al que quería incorporar profesionales independientes de la iniciativa privada. De prodecencia falangista, Hormaechea había regentado el ayuntamiento de Santander desde 1977, con un fuerte tirón popular que le proporcionaba mayorías absolutas.

Los candidatos electos de Alianza Popular fueron:

Juan Hormaechea Cazón, Roberto de Bedoya Arroyo, José Parra Belenguer, Vicente de la Hera Llorente, José Luis Vallines Díaz, Luis Alberto Rodríguez González, José Antonio Arce Bezanilla, Leandro Valle González-Torre, Manuel Gutiérrez Elorza, Julían Francisco Fernández-Cotero, Gonzalo Piñeiro García-Lago, Adolfo Pajares Compostizo, Daniel Callejones Prieto, Joaquín Fernández San Emeterio, Manuel Pardo Castillo, Carlos Manuel Sáiz Martínez, José María Alonso Blanco y María Gema Díez Villegas.

CASTILLA-LA MANCHA

Provincia	PSOE		AP		CDS	
	Votos	Esc.	Votos	Esc.	Votos	Esc.
Albacete	87.833	6	55.425	3	19.471	1
Ciudad Real	129.581	6	74.690	4	29.773	1
Cuenca	56.445	4	48.731	4		
Guadalajara	32.549	3	35.900	3	9.021	1
Toledo	128.713	6	105.232	4	29.132	1
TOTAL	435.121	25	319.978	18	98.539	4

El PSOE, de nuevo con José Bono, logró otra mayoría absoluta en estos comicios autonómicos con la obtención de 25 de los 47 escaños, por lo que el 2 de julio dicho líder socialista fue investido presidente del gobierno castellano-manchego.

El aumento del número de escaños (tres más que en la anterior legislatura, por reajuste poblacional) no influyó para detener el desgaste de AP, que pasó de 21 escaños en 1983 a 18, diferencia que nutrió la representación flamante del CDS además de atraer uno de los escaños aumentados en la cámara. Las pérdidas procedían, cada una con un escaño, de Albacete, Guadalajara y Toledo.

El PDP y el PL, sobre todo el primero, que tenían fiadas expectativas de conseguir algún escaño, resultaron extra-parlamentarios al igual que Izquierda Unida.

Los candidatos electos de Alianza Popular eran por:

Albacete. Gumersindo Navarro Alfaro, José Rieta Vizcaya y Adolfo Sánchez Teruel.
Ciudad Real. Francisco Cañizares de Lera, Luis Toledano Salvador, Esteban López Vega y Mauro V. García Gainza-Mendizábal.
Cuenca. Pedro Saugar Muñoz, José Madero Jarabo, Ángel Fernández García y Luis Lapeña López.
Guadalajara. Francisco Tomey Gómez, Antonio Manuel López Polo y José Díaz García.
Toledo. Arturo García-Tizón López, José Lara Alén, Jesús María Ruiz-Ayúcar Alonso y Jesús García Cobacho.

CASTILLA Y LEÓN

Provincia	PSOE		AP		CDS		PDP		OTROS	
	Votos	Esc.	Votos	Esc.	Votos	Esc.	Votos	Esc.	Votos	Esc.
Ávila	24.960	2	32.209	2	43.099	3				
Burgos	66.241	4	58.300	4	32.904	2			19.282	1
León	107.791	7	95.351	6	38.794	2				
Palencia	36.420	4	49.144	4	14.940	1				
Salamanca	72.968	4	73.385	4	45.258	3				
Segovia	23.165	2	19.418	2	19.532	2	15.310	1		
Soria	17.562	2	22.668	2	7.786	1				
Valladolid	97.169	6	87.315	5	54.276	3				
Zamora	42.193	4	55.698	4	21.664	1				
TOTAL	488.469	32	493.488	32	278.253	18	35.080	1	19.282	1

La investidura de José María Aznar como presidente de la Junta de Castilla y León el martes 21 de julio fue el símbolo por excelencia de los comicios autonómicos de 1987, en los que, tras la pérdida de la mayoría absoluta del PSOE en ciudades y comunidades, Alianza Popular ganaba terreño en cuotas de poder. Aunque el PSOE y AP habían quedado empatados a 32 escaños, se daba por seguro el triunfo de los conservadores, contando con la abstención de los dieciocho diputados del CDS, porque el procurador burgalés de Solución Independiente —entonces ya integrado el grupo popular— y el procurador segoviano del PDP (Rafael de las Heras) votaron a favor de Aznar. El resultado, pues, fue de 34 a favor de Aznar, 32 en contra y 18 abstenciones.

El segoviano de la Heras, único miembro del grupo mixto de las cortes castellanas, se sumó a apoyar a Aznar aunque antes había prometido no hacerlo, pero la intervención de la dirección nacional del PDP le convenció para que rectificara su actitud. Los centristas del CDS se abstuvieron, fieles al criterio de que gobernara quien tuviera mayor respaldo de votos, pero hubieran apoyado a Aznar en segunda vuelta ante el temor de que Aznar no consiguiera el resultado y, por consecuencia, se hubiera tenido que ir a otras elecciones en un plazo de dos meses.

Con independencia del triunfo de Aznar, es lo cierto que si el PSOE perdió con relación a 1983 un total de diez diputados, Alianza Popular perdió siete (1 en Salamanca, 1 en Ávila, 2 en Burgos, 2 en Segovia y 1 en Soria); pérdidas que nutrieron el resultado del CDS, auténtico árbitro de la estabilidad política regional.

Los candidatos electos de Alianza Popular fueron por:

Ávila. Vicente Bosque Hita y Félix San Segundo Nieto.
Burgos. José María Arribas Moral, Juan Carlos Elorza Guinea, María Pilar Urzay Urquiza y Carlos Jiménez Higueras.
León. Jaime Lobo Asenjo, Fernando Terrón López, Luis Fernando Hurtado Martínez, José Eguiagaray Martínez, Antonio Fernández Calvo y Alfredo Marcos Oteruelo.
Palencia. Jesús Mañueco Alonso, Francisco Jambrina Sastre, Narciso Coloma Barque y Carlos Rojo Martín.
Salamanca. Manuel Estella Hoyos, Joaquín Serrano Vilar, José Nieto Noya y Pedro Pérez Blanco.
Segovia. Pedro. A. Hernández Escorial.
Soria. Francisco de Miguel Huerta y Jesús Posada Moreno.
Valladolid. José María Aznar López, José Luis Saínz García, Miguel Ángel Cortés Martín, Francisco Javier León de la Riva y Tomás Burgos Gallego.

EXTREMADURA

Provincia	PSOE		AP		CDS		IU-PCE		EU	
	Votos	Esc.	Votos	Esc.	Votos	Esc.	Votos	Esc.	Votos	Esc.
Badajoz	186.753	19	85.550	9	47.502	5	25.183	2		
Cáceres	106.182	15	58.567	8	26.052	3			28.725	4
TOTAL	292.935	34	144.117	17	73.554	8	32.240	2	34.606	4

El PSOE, con Juan Carlos Rodríguez Ibarra, repitió mayoría absoluta al conseguir 34 de los 65 escaños del Parlamento extremeño, habiendo sufrido el exiguo desgaste de un diputado menos. Alianza Popular perdió 3 escaños (1 en Cáceres y 2 en Badajoz) y el CDS, con 8 diputados, tuvo un destacado resultado. Extremadura Unida redujo su participación en 2 escaños e Izquierda Unida mantuvo la representación que ya ostentaba en la anterior legislatura el Partido Comunista.

Los candidatos electos de Alianza Popular fueron por:

Cáceres.
Badajoz. Adolfo Díaz-Ambrona Bardají, Vicente Sánchez Cuadrado, Juan Ignacio Barrero Valverde, José Vázquez Alvarez, Isidoro Hernández-Sito García-Blanco, Jacinto Sánchez García, Fernando Palacio Alcántara, Manuel Jesús Morán Rosado y Antonio Miranda Trenado.

MADRID

PSOE		AP		CDS		IU-PCE	
Votos	Esc.	Votos	Esc.	Votos	Esc.	Votos	Esc.
932.878	40	762.102	32	403.440	17	181.512	7

La pérdida de la mayoría absoluta del PSOE, de un lado, y la derrota del conjunto de la izquierda (PSOE e Izquierda Unida), del otro, son las consecuencias más importantes de los resultados autonómicos en Madrid. Sin embargo, Joaquín Leguina fue investido presidente del gobierno madrileño el 20 de julio con 39 votos a favor de su grupo —uno llegó tarde—, las abstenciones del CDS (17) y de IU-PCE (7) y 29 votos en contra, pues tres aliancistas no asistieron.

AP había perdido con respecto a 1983 dos diputados, si bien el voto popular en los dos comicios había sido prácticamente igual. Lo sorprendente, sin embargo, fue la irrupción en el Parlamento regional del CDS, que de no tener representación pasó a tener 17 diputados, fundamentalmente trasvasados de la izquierda.

Los candidatos electos de Alianza Popular fueron:

Alberto Ruiz Gallardón Jiménez, Luis Eduardo Cortés Muñoz, Pedro Núñez Morgades, Alfredo Navarro Velasco, Gabriel Usera González, José López López, Bonifacio Santiago Prieto, Ángel Larroca de Dolarea, Cándida O´Shea Suárez-Inclán, Roberto Sanz Pinacho, Antonio Germán Beteta Barreda, Francisco Javier Rodríguez Rodríguez, Ismael Bardisa Jorda, José Martín Crespo Díaz, Eduardo Duque Fernández de Pinedo, María del Carmen Álvarez Arenas Cisne, José Luis Ortiz Estévez, María Rosa Vindel López, Nicolás Piñero Cuesta, Luis Manuel Partida Brunete, José María Federico Corral, Jesús Pedroche Nieto, Juan Van-Halen Acedo, María del Pilar Bidagor Altuna, Gustavo Severien Tigeras, Julio Pacheco Benito, Jesús Adriano Valverde Bocanegra, Ana Isabel Mariño Ortega, Juan Antonio Cánovas del Castillo Fraile, Juan Soler-Espiauba Gallo, José Luis Álvarez de Francisco y María Teresa de Lara Carbo.

MURCIA

PSOE		AP		CDS		IU-PCE	
Votos	Esc.	Votos	Esc.	Votos	Esc.	Votos	Esc.
221.377	25	159.566	16	60.419	3	37.757	1

Habiendo ganado el PSOE en las cinco circunscripciones de la comunidad, el cómputo general supuso una victoria por mayoría absoluta (25 escaños o el 43,74 por ciento); resultado que suponía una ligera pérdida (un escaño) respecto de las elecciones de 1983 en una asamblea ampliada con dos diputados más (45 ahora). Aunque en términos absolutos Alianza Popular bajó en votos, no ocurrió así en escaños (16), y la irrupción del CDS fue a costa del escaño perdido por los socialistas y las dos nuevas plazas del parlamento. Izquierda Unida, por su parte, repitió escaño.

Carlos Collado, cabecera de cartel de las elecciones en cuanto que era ya presidente del gobierno autonómico, fue investido para un nuevo mandato sin problema alguno y llevando en su equipo prácticamente a los mismos; línea de continuidad reflejada asimismo en el programa.

Los candidatos electos de Alianza Popular fueron:

Vicente Boceta Ostos, Ginés Navarro Martínez, Fulgencio Rosique Navarro, José Ramón Bustillo Navia-Osorio, Juan Cánovas Cuenca, Francisco Velasco Cano, Antonio Cerdá Cerdá, José María Pérez Mayo, José Fernández López, José Pablo Ruiz Abellán, José Juan Cano Vera, José Antonio Espallardo Jorquera, Ramón Carlos Ojeda Valcárcel, Gonzalo Blasco Rivera, Carlos Llamazares Romera y Vicente José Maeso Carbonell.

NAVARRA

PSOE		AP		CDS		UPN		HB		EA		UDF		EE	
Votos	Esc.	Votos	Esc.	Votos	Esc.	Votos	Esc.	Votos	Esc.	Votos	Esc.	Votos	Esc.	Votos	Esc.
78.33	15	11.903	2	20.978	4	69.311	14	38.111	7	19.821	4	17.648	3	9.614	1

Ante las múltiples posibilidades que cabía para formar gobierno más o menos estable, el CDS, que era la posible bisagra para un pacto cuatripartito de centro-derecha no nacionalista (AP-UPN-EDF-CDS), optó por la solución menos complicada: que el PSOE gobernara en minoría, y de ahí que Gabriel Urralburu repitiera mandato.

La dispersión del centro-derecha era fuente de su propia debilidad, inmersa en un parlamento foral muy fragmentado. AP, en este sentido, perdió seis escaños con relación a 1983, un auténtico descalabro. Los democristianos que se integraban en la coalición popular se presentaron en estos comicios.como Unión Demócrata Foral y consiguieron tres escaños.

Los candidatos electos de Alianza Popular fueron:

Miguel Urquía Braña y Juan Cruz Cruz.
Por el PDP, que se presentó como Unión Demócrata Foral, los candidatos electos fueron:
Jaime Ignacio del Burgo Tajadura, Calixto Ayesa Dianda y José Ignacio López Borderías.

LA RIOJA

PSOE		AP		CDS		PRP	
Votos	Esc.	Votos	Esc.	Votos	Esc.	Votos	Esc.
57.178	14	50.179	13	15.640	4	9.212	2

El diputado de Alianza Popular Joaquín Espert, con el voto de apoyo de los dos diputados del Partido Riojano Progresista y la abstención del CDS, fue elegido en segunda votación, el 26 de julio de 1987, Presidente de La Rioja, arrebatando el gobierno al PSOE, cuya candidatura la encabezaba Alicia Izaguirre. Como los socialistas reprocharan al CDS su postura de abstención, éstos alegaron que siguieron el principio de que gobernara la *mayoría minoritaria,* es decir la coalición AP-PRP, y no la lista más votada que hubiera sido la socialista.

El parlamento riojano surgido de las elecciones ofrecía una nueva distribución de fuerzas políticas tras perder el PSOE la mayoría absoluta (pasando de 18 a 14 escaños) que se correspondía con la irrupción del Centro Democrático Social (4 escaños). Alianza Popular seguía siendo la segunda fuerza política, aunque acusando un ligero retroceso (de 15 a 13 escaños), y el Partido Riojano Progresista se mantenía en el mismo nivel electoral (2 escaños). El gran perdedor fue, sin embargo, el Partido Demócrata Popular (PDP), pues sus dirigentes confiaban en mantener los 3 diputados regionales que se habían escindido de Coalición Popular, no obteniendo plaza ni el primero de la lista Domingo de Guzmán Álvarez Ruiz de Viñaspre.

Los candidatos electos de Alianza Popular fueron:

Joaquín Spert Pérez-Caballero, Jesús Zueco Ruiz, José Antonio González Garnica, Luis Ángel Alegre Galilea, Ángel López Martínez, Pedro Benito Urbina, María del Carmen de Miguel Cordón, Fausto Vadillo Arnáez, José Antonio Elguea Nalda, Carlos Benito Benito, Alberto Olarte Arce, Ricardo Achútegui Antoñanzas y Tomás Moreno Orio.

VALENCIA

Provincia	PSOE		AP		CDS		IU-UPV		UV	
	Votos	Esc.	Votos	Esc.	Votos	Esc.	Votos	Esc.	Votos	Esc.
Alicante	262.290	14	171.571	9	88.201	4	41.743	2		
Castellón	102.263	11	76.704	8	28.748	3	13.829	1		
Valencia	464.470	17	227.144	8	108.718	3	104.050	3	170.866	6
TOTAL	829.023	42	475.419	25	225.667	10	159.622	6	183.598	6

Habiendo perdido el PSOE la mayoría absoluta siguió gobernando en régimen de minoría con el apoyo externo de los 6 escaños de Izquierda Unida, que a tal fin fue investido presidente del ejecutivo valenciano Joan Lerma, mediante un pacto que aprobó expresamente la organización central socialista.

Alianza Popular perdió en la Comunidad Valenciana 7 diputados (4 en Valencia, 2 en Castellón y 1 en Alicante), que fueron trasvasados, junto a la pérdida del PSOE, a Unión Valenciana y al CDS.

Los candidatos electos de Alianza Popular fueron por:

Alicante. Rafael Maluenda Verdú, Carlos Rafael Alcalde Agesta, Joaquín Santo Matas, Manuel Lorente Belmonte, Guillermo Sirvent Sirvent, Enrique Ferrer Sempere, Jaime Botella Mayor, Francisco Magro Espí y Juan Salvador Gaya Sastre.

Castellón. Francisco Martínez Clausich, Daniel Ansuátegui Ramo, Enrique Gómez Guarner, Joaquín Farnós Gauchia, Vicente Marco Moreno, José Antonio Boix González, José Vives Borrás y Francisco Javier Perelló Oliver.

Valencia. María Rita Barberá Nolla, Manuel Giner Miralles, José Rafael García-Fúster y González-Alegre, Jorge Lampadero Lázaro, Salvador Sanchís Perales, Fernando José Martínez Roda, Carlos Albelda Climent y Enrique López Salva.

Moción de censura al gobierno de Albor en Galicia

¿Fue una calculada indiscreción de Romay declarar el 3 de agosto de 1987 que Manuel Fraga, recién elegido eurodiputado, sería dos años después el candidato de Alianza Popular a presidir la Xunta de Galicia?

¿Qué intención encerraba, si la afirmación no era a humo de pajas, un anuncio de lanzamiento electoral anticipado que implícitamente descalificaba a quien entonces era presidente de la Xunta, Fernández Albor, que por cierto aquel día estaba fuera de España?

El anuncio de Romay presuponía el verdadero retorno de Fraga —si es que se fue alguna vez— por el simple valor de que lo decía un vicepresidente nacional de AP, gallego cauto, que seguramente no hablaba al buen tun tun, y porque el concernido, desde su residencia veraniega de Perbes, no pudo negarlo sino consentir que "estaba disponible para (servir a) Galicia"[36].

Era un secreto a voces que Fraga no se había ido de la política, porque por otra parte no se había ido de los periódicos; era algo sospechado que su oculta ilusión consistía en terminar su vida política en Galicia (como Baviera era el término de su amigo Strauss), y era presumible pensar que a Hernández Mancha no le importunaba reducir a los confines gallegos a tan activo político.

La motivación profunda por la que Romay soltó tamaña indiscreción sólo pudo residir en detener la deserción de diputados populares hacia el *anunciado* partido de José Luis Barreiro (Unión Demócrata Galega), en cuyas filas ya militaban cinco huidos del Grupo Popular y varios alcaldes y concejales de Pontevedra que comparecieron electoralmente como *Independientes de Galicia*, con un proyecto de futuro de centro-derecha que cercenara la mayoría de Alianza Popular en la región. La prematura aparición de Fraga en la política gallega no era un amago estratégico, sino una amenaza real contra la fragmentación anunciada por el que fue su delfín gallego, toda vez que, contra la máxima evangélica de que *nadie es profeta en su tierra*, el villalbés ganaba siempre toda consulta electoral en su pueblo y desde 1981 en toda la comu-

---

[36] Al comienzo de la campaña electoral (19 de mayo de 1987, *El País*) le fue planteado a Fraga su candidatura a la Xunta, pero eludió el asunto sin demasiada contundencia: "puede ser que alguien algún día me lo pida, o que yo considere... Pero ahora no me planteo eso".

nidad. En la pasada triple elección de junio, la candidatura de AP al Parlamento Europeo encabezada por Fraga se despegó de las otras urnas de manera que si se extrapolasen los votos en las cuatro provincias gallegas para aplicarlos a la elección autonómica, obtendría una clara mayoría absoluta[37], sobre todo con un Parlamento de 75 escaños (cuatro más por reajuste proporcional de las provincias de La Coruña y Pontevedra).

Al margen de los perfiles anecdóticos, la noticia produjo en el patio político varios efectos —uno buscado y anteriormente dicho y otros no deseados— que condicionaron los acontecimientos posteriores.

Desde enero de 1987 el presidente de la Xunta, Fernández Albor, había recompuesto los apoyos de sus socios democristianos y liberales, de un lado, y del sector conservador de Coalición Galega, del otro. Aunque Barreiros militaba en la heterodoxia aliancista desde su fallido *golpe de mano* para desbancar a Albor, formalmente seguía en la disciplina y voto del Grupo Popular en el Parlamento. Todo su trabajo se orientaba, sin embargo, a preparar un nuevo partido político de centro-derecha (de concentración del nacionalismo galleguista moderado) y a esos fines algunos de sus hombres muñieron candidaturas a los ayuntamientos de Pontevedra[38].

Tras los comicios de junio, la nebulosa política típica de la tierra se trocó en dédalo de intrigas porque Barreiro pretendía atraer para sí al sector orensano de Coalición Galega, tratando de constituir un nuevo partido y para lo cual Antonio Sangiao y Emma González Bermejo siguieron los pasos de los otros tres tránsfugas (el mismo Barreiro, Suárez Vence y Garrido Valenzuela) para así, cumplido el número de cinco, constituirse en grupo parlamentario autónomo. A los disidentes se había unido también el senador José Antonio Rueda Crespo, constituyendo todos ellos la comisión gestora del nuevo partido proyectado. Luego, la pretensión de fundar Unión Demócrata Galega se fue al traste y los *barreristas* hubieron de incorporarse a Coalición Galega por contraprestación menos ambiciosa.

Desde que se conocieron las intenciones de Barreiro de abandonar el Grupo Popular, junto a cuatro diputados que seguían su suerte, el gobierno de Albor barruntó el propósito del disidente de tumbar al Gobierno mediante moción de censura, y por ello, ya en junio, al final del período de sesiones, la Xunta aprobó remitir a la Cámara un proyecto de ley que permitía al presidente convocar a elecciones anticipadas, lo que se reputó como un acto de oportunismo político pues se recordó que, en 1981, Fernández Albor se opuso a una iniciativa similar. El vicepresidente de la Xunta, Mariano Rajoy, argumentó claramente que la medida de remisión de dicho proyecto de ley respondía a que "algunas personas, que no pueden estar representados a título personal, no han respetado los resultados electorales". En cualquier caso, ante la negativa de la oposición, el propósito de anticipación electoral fue interpretado como estéril defensa ante la traición de los disidentes populares.

Ciertamente el lunes 3 de agosto, a poco de iniciar sus vacaciones veraniegas, Fraga se trasladó a Santiago y asistió a una reunión con varios *conselleiros* en orden a coordinar la actua-

[37] En las cuatro provincias gallegas la lista de AP al Parlamento Europeo fue la más votada y en Lugo y Orense con una clara mayoría absoluta.
[38] La fórmula electoral *Independientes de Galicia* estaba conectada a Barreiros y compareció en Pontevedra capital, donde ganó poniendo de alcalde a José Rivas Fontán, así como en Forcarey —pueblo natal de Barreiro—, en Mondáriz-Balneario y en Vilarca.

ción europea del nuevo eurodiputado con relación a Galicia. Por el hecho de que Albor se hallara ausente en Argentina, en viaje institucional, el coincidente anuncio de Romay de que Fraga sería el próximo candidato a la Xunta[39], en 1989, destapó la alarma entre la oposición que se dispuso a impedirlo no sólo rechazando el proyecto de ley sobre elecciones anticipadas, sino concertándose para derribar a Albor. Porque el anuncio oficioso sobre la vuelta de Fraga presuponía un tácito juicio de censura a Albor, por entenderse *provisional* su liderazgo al frente de la Xunta. Si el anuncio pretendía atemorizar a quienes barajaran engrosar el proyecto de Barreiro, quizás lo consiguió pero, sobre todo, a quien asustó fue al propio Albor incapaz de detener la situación de provisionalidad e interinidad abierta a su alrededor, pese a que se esforzó —al igual que su vicepresidente Rajoy— en declarar que hasta 1989, dos años más tarde, el partido no proclamaría candidato a la Xunta.

Antes de que se iniciara la tramitación del proyecto de ley que facultaba al presidente de la Xunta para disolver el parlamento regional, mediado septiembre (martes, 15), el Partido Socialista de Galicia presentó la moción de censura contra Fernández Albor y su gobierno, postulando como candidato alternativo a Fernando González Laxe[40]. La moción era respaldada por el Partido Nacionalista Gallego y por Coalición Galega (con 37 diputados en total), siendo lo paradójico —por lo inmoral— que cinco diputados que resultaron elegidos bajo las siglas de Coalición Popular se volvieron contra la fuerza que les presentó, en un ejercicio perverso del sentido representativo del voto.

El PSOE fue acusado de cometer una "inmoralidad política", lo cual podía ser objeto de venganza en otras instituciones gobernadas en precario por los socialistas, y el instigador de la moción, José Luis Barreiro, y sus cuatro parlamentarios acompañantes fueron señalados como autores de "traición" y "felonía". El Comité Ejecutivo Nacional de Alianza Popular se refirió en la misma línea de reproche y apeló a la sensatez de los partidos políticos en cuanto a respetar la voluntad de los electores.

Arturo García Tizón, secretario general de AP, fue el encargado de trascender el problema más allá del perímetro autonómico, y para tratar de impedir el cambio de gobierno de Albor se entrevistó con Alfonso Guerra, a quien se le atribuía el consentimiento de esta maniobra. El contragolpe, si prosperaba tamaña traición electoral, se anunció dispuesto a darlo donde más pudiera dolerle al PSOE: en el ayuntamiento de Madrid, ello siempre que en la iniciativa AP estuviera acompañada por el CDS, que en este asunto se inhibió. Lo que sí circuló como cierto es que Coalición Galega ofreció el apoyo a la Xunta a condición de que Fernández Albor fuera sustituido en la presidencia, lo que AP consideró un precio impagable.

El lunes 21 de septiembre comenzó el debate de la moción con el discurso programático de González Laxe, candidato alternativo al impugnado Fernández Albor, basado "en la identificación de nuestra tierra", según un programa de gobierno condicionado por los socios que apoyaban la moción.

---

[39] El anuncio concreto de Romay lo hizo el 4 de agosto, en el curso de una entrevista a TV de Galicia, con las siguientes palabras: "Los órganos regionales y nacionales de AP estaríamos felices con esta posibilidad (el encabezamiento de Fraga de la lista de AP)".

[40] La moción fue presentada el día 15 de septiembre y estaba firmada por los 22 diputados socialistas y aunque no era necesario el apoyo externo de otros grupos hasta el acto de debate y votación, señalado para el lunes 21, se conocía que Coalición Galega, con 10 diputados y de ellos 5 procedentes de AP, y el Partido Nacionalista Galego, con 5 diputados, apoyaban la impugnación mediante pacto secreto.

La segunda jornada de este proceso parlamentario transcurrió en un clima de crispación y, dadas ciertas anónimas amenazas por la imagen de *traidores* que ofrecían los miembros de Coalición Galega, hubo que darles protección policial. En nombre de la Xunta y de su presidente —silente una vez más en la defensa de sí mismo— Mariano Rajoy, vicepresidente, despachó la réplica con seriedad, aplomo y competencia, llegando a advertir a González Laxe que tuviera cuidado porque algún aliado del nuevo gobierno podía ponerlo en peligro de estabilidad. Fue más lejos Rajoy en su advertencia, pues aludió a que algún aliado pudiera *pudrir al Gobierno,* en alusión al probable vicepresidente del mismo, José Luis Barreiro.

Y es que ese mismo día en nombre de la Xunta se había presentado una denuncia contra Barreiro, en el juzgado número 3 de Santiago, en la que se demostraba con arreglo a un documento que se acompañaba que, en marzo de 1985, cuando el inculpado era todavía vicepresidente de la Xunta, se concedió la explotación de boletos a una empresa privada inexistente y con dos meses de antelación a que se promulgara la ley autorizante del juego en la comunidad autónoma. Según el *conselleiro* de la Presidencia, Ángel Villanueva Cendón, el documento fue descubierto ese mismo día, lo que a su juicio constituía "una extraña y lamentable coincidencia".

Por primera vez en la reciente historia democrática prosperaba una moción de censura contra un gobierno autonómico, en este caso por 40 votos a favor (37 del acuerdo tripartito, más 3 del Partido Socialista Galego-Esquerda Galega), 29 en contra y dos abstenciones (del presidente del Parlamento y de Beiras). El precedente histórico era válido por el hecho de que era una moción ilegítima al apoyarse, en parte, en votos de doble dirección, lo cual va contra la coherencia política premiando el transfuguismo. El tránsfuga principal de esta censura tan atípica, José Luis Barreiro, se comparó a Churchill al parafrasearle diciendo: "A veces es necesario cambiar de partido para no tener que cambiar de ideas".

La culminación del despropósito gallego alentó a la dirección aliancista central, en una alocada primera reacción, a poner mociones de censura con carácter de venganza en las instituciones a que hubiere lugar, pero al final prevaleció el argumento de pedir la celebración de nuevas elecciones en Galicia que repusieran el estado de opinión en la cabal distribución representativa.

En efecto, consumada la traición, José Luis Barreiro fue designado nuevamente, ahora con el PSOE, vicepresidente de la Xunta.

VII Congreso de Nuevas Generaciones: la apuesta liberal

La solución buscada para Nuevas Generaciones, tras la renovación habida en el más alto nivel dirigente del partido, fue la de cerrarla a inmisiones de fuera, blindarla como organización mercenaria de la presidencia y ejercer de laboratorio para la liberalización —dentro del concepto renovación que correspondía al eslogan *nuevos tiempos*— que se quería en la militancia. Para el triunfo de la candidatura de Hernández Mancha en el VIII Congreso extraordinario del partido, NNGG tuvo un papel decisivo por motivo de su propio peso (una quinta parte de la organización, con 54.000 afiliados) y debido a la aportación juvenil de imagen[41].

---

[41] Nuevas Generaciones era la primera organización juvenil española, con implantación en más de un millar de municipios y perfectamente conectada a las organizaciones internaciones de sus características que, además, estaba presente en la vida política con un eurodiputado, tres diputados nacionales, veinte diputados regionales y casi un millar de concejales.

La desaparición de Verstrynge de la escena política aliancista, de quien NNGG había sido tributaria desde su nacimiento, dejó en cierta orfandad a la organización juvenil, eficazmente dirigida por Gonzalo Robles Orozco. Por el hecho de ser éste diputado por Toledo desde junio de 1986, secundando a Arturo García Tizón, la alianza que se tejió en la batalla por la sucesión de Fraga le sirvió al líder castellano-manchego para equilibrar el mayor peso del poder andaluz. Y si García Tizón fue designado secretario general del partido, lo normal era —como así ocurrió— que la organización y el poder territorial recayeran en Robles Orozco, formando ambos un tándem potente. Robles Orozco, a dos de cumplir la edad máxima de 30 años, dejaba Nuevas Generaciones como una maquinaria engrasada para la movilización y la formación de jóvenes tras cumplir una dedicación de siete años (dos como secretario general y cinco como presidente) pese a los muchos anclajes ideológicos con el pasado de sus mayores con los que hubo de enfrentarse, muy difíciles de superar pese a la celeridad histórica y al inconformismo natural de la juventud.

Con vistas a operar la sustitución no sólo de Robles Orozco, sino de otros dirigentes juveniles llamados a desempeñar tareas de cuadros del partido en los distintos ámbitos, así como a proveer vacantes producidas como consecuencia de las elecciones autonómicas y municipales, se celebró el Madrid el VII Congreso Nacional de NNGG los días 18 y 19 de septiembre, en el hotel *Meliá Castilla,* bajo el lema congresual *Ideas en acción.*

El relevo en la presidencia de NNGG fue, por lo tanto, una sucesión natural y fiduciaria del poder central, recayendo la elección en Rafael Hernando Fraile, licenciado en Derecho de 26 años, de Guadalajara, provincia a la que representaba en las Cortes de Castilla-La Mancha. La lista encabezada por Hernando a la Comisión Permanente fue la única y, en paralelo a la organización nodriza, la elección al Comité Ejecutivo era en lista abierta. Obtuvo 274 votos a favor, 80 en blanco y 20 nulos. Esta significativa contestación procedió de Madrid, de seguidores de Íñigo Henríquez de Luna, que dominaban la representación de la capital (51 de los 52 compromisarios)[42].

La Comisión Permanente elegida estaba formada por:

Presidente: Rafael Hernando Fraile.
Vicepresidente 1.º: Ricardo Peydró Blázquez.
Vicepresidenta 2.º: Elena de Utrilla Palombi.
Vicepresidente 3.º: Alberto Fernández Díaz.
Vicepresidente 4.º: Felipe Afonso El Jaber.
Secretario general.º: Alejandro de Utrilla.
Coordinador de la Presidencia: Gustavo Severién Tigeras.
Coordinador para las Regiones: Jaime Bretón Besnier.
Vocales: Carmen Pedroche Gómez, María del Mar Ostiategui Gil, Carmen Sánchez Ramos, César Corredor Sáez y Federico Martínez Peral.

El congreso, aparte de renovar la dirección, acometió la reforma de Estatutos para acomodarlos a los del partido y, sin apenas debate, dio el visto bueno a la ponencia política que, aunque expuesta por Ricardo Peydró, habían redactado también Felipe Afonso y Manuel Morán.

---

[42] Esta numerosas delegación no sólo votó en blanco como signo de protesta, sino que difundió entre los delegados unos panfletos denigratorios contra Robles Orozco.

Como avanzada ideológica de AP, según el documento que rechazaba la etiqueta conservadora y enfatizaba el mensaje liberal y reformista (un liberalismo humanista), se pretendía movilizar a la sociedad y de ahí que el lema congresual fuera el de *Ideas en acción*. En este sentido el texto de la ponencia quería ser un revulsivo ideológico —"vanguardia ideológica", se decía— ante una nueva mayoría social. Dividida en tres partes: *La revolución tecnológica y la revolución de las ideas; Vieja y nueva política, y Respuesta para los nuevos tiempos,* la ponencia quería poner los cimientos para una nueva arquitectura del centro-derecha basada en el poder de la renovación. En línea con este planteamiento, los jóvenes de NNGG se quejaban del deficiente proceso de selección política que se da en España, donde se valoran poco las capacidades intelectuales y las trayectorias políticas, prefiriéndose al político astuto y maniobrero. En otro orden de consideraciones, los ponentes cifraban el futuro de la derecha liberal a la que aspiraban en que no fuera heredera de la derecha clásica, y decían: "La derecha liberal actual aparece purgada de oscurantismo, y no se parece a aquella vetusta derecha de *sotana y espadón*"[43].

Con idéntico planteamiento el secretario general de AP, Arturo García Tizón, quiso desprenderse de vínculos con el pasado y en esa idea intervino con gran eco en los medios de comunicación del día siguiente. "El centro-derecha —dijo el diputado toledano—nunca ganará en España unas elecciones sin los comportamientos son los de otra época pasada. Si se quiere ganar no puede ser el centro-derecha de los carismas, de los liderazgos o de los caudillajes, sino de gente dispuesta a darlos todo y a retirarse cuando tenga que retirarse".

III Congreso de la Asociación de Mujeres Conservadoras: el acantonamiento de Isabel Tocino

A raíz de la toma del poder por el equipo de Hernández Mancha se quiso, desde la oficina central del partido, sofocar las actuaciones que Isabel Tocino llevaba a cabo al frente de la Asociación Democrática Conservadora de mujeres (ADEC), toda vez que la diputada cántabra había sido uno de los puntales de la candidatura derrotada de Miguel Herrero en el VIII Congreso nacional de AP.

Desde el primer momento el nuevo equipo dirigente de la calle Génova, 13, se propuso sustituirla pero, ante el acantonamiento de Tocino, decretó cortar la ayuda económica que venía prestando a la organización femenina justificándolo en la precaria situación financiera por la que atravesaba el partido. Tal hostigamiento, toda vez que Tocino dominaba la organización que gracias a su impulso estaba bastante implantada, hubo de convertirse en colaboración escueta en razón, sobre todo, al posibilismo de aquella —en espera de tiempos mejores— y a la falta de una alternativa entre las demás féminas dirigentes. El nombre de Teresa Estevan sonó como una posible candidata para competir la posición a Tocino, máxime cuando accedió al escaño en el Congreso de los Diputados que dejó vacío Manuel Fraga, por haber sido éste elegido eurodiputado. Pero, lo cierto es que nadie en ADEC osó competir ante un grupo dirigente reforzado[44] y que, por si fuera poco, gozaba de las simpatías de Fraga.

---

[43] El principal redactor de la ponencia, Ricardo Peydró, publicó el día antes del congreso, viernes 18 de septiembre, un artículo en *ABC* titulado *Ideas en acción*, en el que glosaba el contenido de la ponencia, de forma más completa que las recensiones periodísticas de aquellos días.

[44] Isabel Tocino, con la inestimable colaboración de María Isabel Rubio, vicesecretaria de ADEC, hizo una labor silenciosa de atraerse a las posibles rivales y, en este sentido, se atrajo a Carmen Laguna, una dirigente que gozaba de prestigio, para llevarla en su candidatura de vicepresidenta.

De la lectura de los documentos internos de ADEC se trasluce cómo inicialmente hubo asperezas que, al final, se superaron porque ante los intentos dirigistas del partido, la organización femenina acentuó su independencia y manifestó su propósito, si se producían injerencias, de separarse de AP. El 31 de marzo, en la primera Junta Directiva Nacional de ADEC tras el triunfo de Hernández Mancha, Isabel Tocino invitó al secretario general del partido, Arturo García Tizón, para que definiera el grado de colaboración entre las dos entidades, que lo estableció pidiendo a las mujeres mayor contacto social para así elevar al partido las inquietudes de los ciudadanos. Prometió, por otra parte, no entrar en las decisiones internas y respetar a la actual directiva, y justificó que la retirada de ayuda económica del partido se debía al colapso económico de éste y que, una vez superada la crisis por aplicación del nuevo sistema de financiación a los partidos políticos, se replantearía la reanudación de las aportaciones económicas.

En la referida reunión Isabel Tocino reclamó mayor presencia de militantes de ADEC en las listas municipales y autonómicas, "no por ser mujeres sino por su valía y buena preparación", y asimismo explicó el programa de actividades que dentro de la triple campaña electoral desarrollarían en todas las provincias con vistas a dar a conocer el programa de la organización, seriamente discriminada por el Instituto de la Mujer y en general por la Administración del Estado en torno a la concesión de subvenciones para el mejor desarrollo de su labor formativa.

Sin cesar la intrigas y conspiraciones contra Tocino, el III Congreso nacional de ADEC fue convocado para celebrarse el domingo 25 de octubre, en Madrid, no teniendo otro principal objeto que el cumplimiento de las prescripciones estatutarias y, entre ellas, la renovación de la junta directiva. Antes de la reunión, Isabel Tocino denunció ante el presidente y secretario general del partido ciertas maniobras urdidas desde Génova, 13, que, a su entender, propiciaban la presentación de dos candidaturas frente a la suya, lo que provocó airadas reacciones pero, al mismo tiempo, logró que cesaran las maniobras desestabilizadoras.

El equipo de Tocino se negó, por otra parte, a introducir en los estatutos el sistema de listas abiertas y no dio a conocer la lista de la candidatura al comité ejecutivo hasta la víspera —pese a tenerlo todo pactado—, lo cual provocó desconcierto en un posible frente de oposición. La reforma de estatutos que defendió María Isabel Rubio en el congreso vino a fortificar todavía más los poderes presidencialista por lo que, a falta de referente opositor, Isabel Tocino logró afianzarse más de lo que ya estaba.

No exento de cierto culto a la personalidad[45], el informe de gestión que Isabel Tocino presentó al III Congreso da cuenta del desarrollo operado por la organización durante el bienio último, habiendo pasado de 1.500 fichas de asociadas a 6.000, repartidas por todas las provincias, con juntas directivas en las principales ciudades. Y en el programa que presentó como candidata para la continuidad en la presidencia, Isabel Tocino basó su futura actuación en promover a la mujer en el trabajo fuera del hogar, en igualdad de condiciones que el hombre, mediante la celebración de jornadas de estudio, y en una mayor integración cívica y política.

Con escasa contestación, salvo que se interprete como tal una escasa participación (200 papeletas menos que en la mejor votación matinal), Isabel Tocino y su lista fueron elegidas por

---

[45] Se ha tomado esta información de un folleto, sin pie de imprenta, que sólo reproduce intervenciones de Isabel Tocino (tres intervenciones orales) pese a ser un pro-memoria del III Congreso Nacional de ADEC. No da cuenta, por ejemplo, de la elección del comité ejecutivo ni de su composición nominal.

351 votos, con 28 en blanco y 10 nulos, a las cinco de la tarde. Le acompañaban en la lista al Comité ejecutivo, entre otras, Isabel Rubio, que era la nueva secretaria en sustitución de Pancha Navarrete, y además: María Dolores Alarcón, Pilar Arnalot, Carmen Laguna, Ángeles Ansón, Teófila Martínez, Pilar Moreno, Ángeles Peironcelly, Teresa del Río, Isabel Presedo, Begoña Urquijo, María Sobrino, Pilar Ayuso, Paula Ranilla, y Nelda Herrero.

La clausura del congreso tuvo realce público por la sencilla razón —ajena a la reunión— de que el presidente de AP, Hernández Mancha anunció de improviso, en presencia del mismo Fraga, que éste sería en 1989 el candidato aliancista a la presidencia de la Xunta de Galicia: "(...) Ese don Manuel que veis tan en forma —dijo Hernández Mancha— , dentro de bien poco tendrá que ayudarnos en Galicia..." Las mujeres presentes prorrumpieron en un largo aplauso al promotor de la asociación, su invitado especial.

Isabel Tocino, sin embargo, pronunció un discurso muy incisivo y crítico sobre el acoso de las libertades que se registraba en España y, partiendo de tal diagnóstico en torno al secuestro de la democracia, arremetió contra el socialismo partiendo de la experiencia del profesor Hayek, converso liberal que antes había sido socialista; proceso de transformación que lo cuenta en el libro *Camino de servidumbre.* Ante el juicio despectivo del término *conservador,* "cuando nos llamen *conservadoras,* respondamos que somos conservadoras del progreso y de las libertades, porque sabemos muy bien qué queremos conservar en el orden de los valores y en el orden de la democracia", dijo Tocino. Negó, por último, que ADEC fuese la *sección femenina* de partido alguno, porque era una asociación para promover a la mujer en las entidades sociales intermedias o sociedad civil.

El congreso de ADEC, en cualquier caso, sirvió para reforzar el papel ascendente, decidido y personal de Isabel Tocino como prototipo de un liderazgo femenino emergente en España, toda vez que el voto masivo de la mujer era un gigante dormido que sólo se trataba de despertar desde la izquierda. Entre los feminismos radicales, Tocino era, pues, una clara esperanza —y enérgica por mimesis a la Thatcher— entre los futuros gobernantes españoles.

El equipo de Hernández Mancha pretendió una nueva imagen, pese al error político de la moción de censura a Felipe González, que supusiera la ruptura generacional bajo el eslogan Nuevos tiempos. A tal efecto ficharon a Manuel Fraga para relanzar esa nueva etapa y, asimismo, para encabezar la lista de AP al Parlamento Europeo bajo el lema publicitario En Europa con Prestigio.

La posible vuelta a Galicia de Fraga en el verano de 1987, precipitó que se le arrebatase el poder a Fernández Albor, presidente de la Xunta, mediante una moción de censura. La mayoría que se formó para tal fin contaba con José Luis Barreiro y cuatro diputados más de AP tránsfugas. El mismo día que el Parlamento censuraba a Albor, en Santiago se presentaba una denuncia en el juzgado de guardia por prevaricación y cohecho contra Barreiro (22/9/87). En la foto, Presidente (Antolín Sánchez Presedo) y Vicepresidente (Barreiro) del gobierno tripartito que se formó.

El mayor triunfo de AP en las autonómicas de 1987 fue la conquista del gobierno de Castilla y León por José María Aznar. El día de la toma de posesión (28/7/87) Aznar estuvo acompañado por Hernández Mancha, Fraga, Herrero y otros dirigentes aliancistas.

Capítulo 25

MARCELINO OREJA PRECIPITÓ
EL RETORNO DE FRAGA

Dialéctica de vencedores y perseguidos

Apenas es perceptible el tránsito, tanto en la guerra como en la política, entre el papel de vencido y víctima (o perseguido). Y para evitar tal derivación la victoria ha de ejercerse con magnanimidad, única manera de diluir la díscola altivez del derrotado[1]. Pues bien, el arrollador triunfo de Hernández Mancha en el VIII Congreso del partido no se desplegó con magnanimidad por lo que esta virtuosa carencia estimuló la esperanza de los vencidos, guarecidos en los cuarteles de invierno a la espera de que el tiempo erosionara el poder del equipo autócrata.

No hizo falta a los vencidos desplegar un repertorio de actuaciones críticas, sino esperar; porque el mejor acecho consistía en contemplar —en posición estática— cómo a lo largo de 1987 el *manchismo* quemaba sus posibilidades de lo que fue un rapto de fortuna inicial, ante un público exigente que empezaba a comprender que el joven equipo de AP nunca derrotaría al socialismo. Al principio Miguel Herrero dudó si organizar la resistencia y, sólo como tentativa, celebró una reunión con sus seguidores políticos en la sede empresarial de la familia Rato, en la madrileña calle de Jorge Juan, para pulsar si existía cohesión para tal propósito. Hubo más —entre insinuaciones y velados propósitos— en aquel encuentro; se habló sobre la oportunidad de abandonar AP e ingresar en el CDS a la vista de la persecución que sobre todo en provincias sufrían los *herreristas*. Cierto día, sin embargo, Herrero optó por el honroso papel de derrotado pasivo, y a tal fin invitó a cenar en su casa a los componentes de su candidatura a los que, aparte de agradecerles la compañía política, les anunció la disolución del grupo, lo cual era coherente con lo que afirmaría en sus memorias:

> "Ante el nuevo presidente dejé muy claro que no quería responsabilidad alguna en la dirección del partido, y me mantuve firme en esta posición durante los meses siguientes, a la vez que me negué a encabezar una tendencia crítica por más que unos y otros quisieran empujarme a ello. Siempre pensé que para ser útil al partido en un futuro que me parecía inevitable, debía no comprometerme con los previsibles desaciertos de la dirección; pero no antagonizarla tampoco, ni ser cabeza de bandería alguna. Sólo así podría alguna vez unirlos a todos"[2].

A Miguel Herrero y a José María Aznar les ofreció el nuevo presidente de AP plaza en el Comité Ejecutivo, por cuenta de cuatro designaciones discrecionales que los Estatutos del partido le permitían nombrar. Pero si bien Aznar aceptó, Herrero rehusó la integración por enten-

---

[1] Es una máxima célebre de Churchill, que extrajo como moraleja de su extensa crónica de la Segunda Guerra Mundial, la de que el político debe aplicar *"En la Derrota, Altivez; en la Guerra, Resolución; en la Victoria, Magnanimidad, y en la Paz, Buena voluntad.*
[2] *Memorias de estío*, pág.361.

derla insincera, primeramente, después de la campaña emprendida contra los *herreristas*, y en segundo orden por estrategia. En su lugar, Federico Trillo fue el designado vocal de dicho órgano decisorio.

Las depuraciones y persecución de los *herreristas* se manifestaron inmediatamente después del triunfo de Mancha, tanto en la sede central[3] como en distintos órganos provinciales, todo lo cual alimentaba una tensión que se prolongó durante 1987. Porque la sede del Grupo Popular en el Congreso, en la calle Zorrilla, no dominada por los *manchistas,* fue el principal foco de conspiración contra el inseguro equipo dirigente de Génova 13, máxime desde el penoso debate de la moción de censura a partir del cual se vio que el líder popular andaluz nunca arrebataría el poder a Felipe González.

El Grupo Parlamentario Popular estaba presidido por José Manuel Romay Beccaría (hasta hacerse cargo en el otoño de la presidencia de la Diputación de La Coruña)[4] y tenía de portavoz a Juan Ramón Calero —con ambiciones exclusivas—, que estaba acompañado por los portavoces adjuntos Luis Ramallo y Manuel Renedo —único *manchista*—, estando de secretario del Grupo Francisco Álvarez Cascos. En suma, la dirección parlamentaria de AP sería el reducto fortificado de los perdedores del VIII Congreso. En este sentido Hernández Mancha ha confesado al autor que "fue un verdadero error de fondo no haber medido la capacidad de intriga de quienes yo consideraba mis amigos. Antonio Herrero, por ejemplo, utilizaba contra mí desde *Antena 3* a todos los disidentes, hasta el último concejal para difundir cualquier *chorrada*. La intoxicaciones informativas, pues, eran un arma desleal empleada sin escrúpulos, como cuando Encarnación Valenzuela decía para desacreditarme que se me aparecía Santa Teresa todas la noches... Llegué a la conclusión de que la prensa se movía sólo por dinero y nosotros no lo teníamos".

En el lado vencedor, por otra parte, no hubo cohesión plena, antes bien la pugna competitiva entre Alberto Ruiz Gallardón, vicepresidente, y García Tizón, secretario general, debilitó la estrategia renovadora que pretendían emprender.

García Tizón ha declarado que desde el primer momento la actitud protagonista de Alberto Ruiz Gallardón le quiso desestabilizar con vistas a lograr una mayor influencia cerca del presidente del partido. Y debió lograrla hasta que Ruiz Gallardón comenzó a distanciarse en 1988, cuando era más que rumor creciente la vuelta de Fraga. Todo un largo año en que García Tizón se replegó en la gestión burocrática del partido aplicando métodos severos con vista a ordenar las finanzas y, en definitiva, a lograr independencia. Su adusto talante y lo expeditivo de su método le valió una fama de duro e intransigente (*el duro Tizón,* se diría en la crónica política). Inicialmente él fue partidario de asumir la portavocía aliancista en el Congreso de los Diputados, consciente de que la confrontación grupo parlamentario-oficina del partido empobrecía la acción política dentro del mismo bando. Pero el temor a que Tizón acumulara mucho poder, hasta el punto de ensombrecer el de Mancha, dejó suelto —sin el debido control— el foco informativo que era la actividad en el Parlamento.

---

[3] Dos empleados de la oficina central, Antonio Gestoso y Francisco Yáñez, fueron despedidos y en sus escritos de defensa lo atribuyeron a acciones de represalia por ser *herreristas*. La Magistratura de Trabajo, tras un profuso escándalo en los medios de comunicación, sentenció la readmisión de los despedidos.

[4] En el mes de octubre fue designado presidente del Grupo Parlamentario Popular Arturo García Tizón en un intento de imponer mayor disciplina donde existía mayor contestación al liderazgo de Hernández Mancha, entre otras razones porque no era diputado.

La asesoría del Grupo Popular en la calle de Zorrilla, al mando de Federico Trillo, siguió siendo el cantón conspiratorio, como antes fuera cuartel general de la candidatura de Herrero. Y desde que se comprobó que Hernández Mancha carecía del empuje aglutinador de la derecha, desde varios puntos influyentes se comenzó a pensar en la ingeniería política que detuviera el progresivo desgaste de AP e hiciera frente a la vocación del PSOE de ser un partido-Estado, como el PRI mejicano, y a tal fin se pensó en el retorno de Fraga en cuanto promotor de una nueva fórmula de liderazgo (otra persona y otra estrategia) y de una refundación (bases ideológicas y de imagen nuevas para una militancia ampliada y más plural).

El modelo de *mayoría natural* fracasado consistía en la retórica de la unión de todo lo que no fuera socialista, con *ampliaciones de capital* de fuerzas y líderes nominales de perfil centrista y moderado. Pero el carácter dominante de AP y de Fraga teñían los ingredientes adicionales y, con ello, no se ensanchaba la base electoral más allá del 25 por 100. El equipo de Mancha, por consecuencia, no sólo era incapaz de romper las costuras del legado electoral que dejó Fraga, sino que lo menguaba por inoperancia e impericia.

"Allí no había idea de organización aunque existía el propósito de aprovechar el triunfo para renovar", ha declarado el entonces vicesecretario de organización de AP, Gonzalo Robles Orozco, quien añade que se despachaba por los pasillos, que no había reuniones concertadas con orden del día y sólo hasta las elecciones de mayo la maquinaria pudo comenzar a rodar. Luego, se quería preservar al líder dentro de su simpática indolencia —de universitario con flequillo volandero que se iba a jugar al billar hasta las tantas con menosprecio del despacho—, y el *entorno andaluz* se encargaba según Robles de decir "no toquéis a nuestro Antoñito, que sabe más que nadie, para que sea espontáneo...".

Sostiene Robles, sin embargo, que hasta las elecciones municipales de junio de 1977 pervivió el espíritu de renovación, con impulso propio considerable, pero a partir de entonces "comenzó una cadena imparable de desaciertos...".

Pese a todo lo dicho, la estructura política territorial se mantuvo hasta llegar a celebrarse 48 congresos provinciales con candidaturas *oficiales* que se impusieron sin apenas contestación. Del mismo modo, en el ámbito sectorial y bajo la dirección de la diputada Isabel Ugalde se montaron las comisiones asesoras, permitiendo la incorporación de hombres y mujeres con proyección futura, procedentes de la Universidad y de las profesiones liberales. Incorporaciones que no se correspondían con el signo de reconciliación de dirigentes apartados o dejados en la cuneta y que Abel Matutes y Fraga intentaban en vano reintegrar, aunque para el *manchismo* fuera un excedente molesto.

Las relaciones entre Hernández Mancha y José María Cuevas se debilitaron tanto hasta convertirse en antagónicas, y si bien la mala química pudiera ser una causa, las razones de fondo para ese deterioro hay que cifrarlas en la independencia económica que los partidos tuvieron desde agosto de 1987 al entrar en vigor la nueva ley de financiación. Mancha no se ha recatado en subrayar que existía una gran desproporción entre lo mucho que querían mandar los empresarios y el poco dinero que daban. "Nunca consideré que la CEOE fuera una variable importante y además yo sabía que Cuevas era un puñetero empleado de los empresarios sin serlo él mismo", añade el ex-presidente de AP[5].

---

[5] Testimonio directo de Mancha al autor.

La declaración de guerra tuvo su equivalencia con un documentado informe que elaboró Isabel Ugalde y que, de forma numerada, fue repartido entre quienes acudían a *maitines* con Hernández Mancha. El escrito recomendaba que el partido montara estructuras de asesoramiento propias, ajenas a la patronal, para así lograr una independencia de criterio que rompiera el parasitismo ideológico que padecía el partido. Tal documento fue a parar a Cuevas, según Gonzalo Robles porque se lo facilitó Ruiz Gallardón, y desde entonces las hostilidades subterráneas emergieron a la superficie[6].

La protesta de Aznar en el club Siglo XXI

Con Fraga en Europa (en el gris y aburrido itinerario Bruselas-Estrasburgo, ida y vuelta) el trío dirigente de Alianza Popular, Mancha-Tizón-Ruiz-Gallardón, se afanaba por fortificar su posición en una atmósfera de resignada mediocridad, sin capacidad de concebir un proyecto ilusionante para el reagrupamiento del centro-derecha conforme al mandato que habían recibido en el VIII Congreso. Desde el verano de 1987, en cambio, el joven presidente de la Junta de Castilla y León (la región más extensa de Europa) José María Aznar era un punto de referencia brillante en el opaco horizonte del centro-derecha. La eliminación del organigrama de dos consejeros y 64 delegados territoriales dependientes de la Junta de Gobierno, así como la efectista supresión de la tarjetas de crédito de los altos cargos, denotando austeridad por el ahorro en conjunto de unos mil millones de pesetas, trasladó a la opinión pública un deseo de ser más efectivo con menos gasto y, por lo tanto, se renunciaba al intervencionismo clásico de la derecha. Porque *el dinero público no es de quien lo administra, sino de quien lo paga.*

Aznar había sido el *teórico* secretario general del partido de la candidatura de Herrero derrotada en dicho congreso, que cogió la antorcha de esta opción crítica a la nueva administración de *Génova trece* y fue capaz de hacerse con una parcela de poder, todo un púlpito para quienes dentro y fuera de AP advertían que los nuevos directivos carecían de nervio para el liderazgo. Su misma ascensión a la presidencia de la Junta de Castilla y León, y eso que no contaba con la mayoría suficiente, fue un alarde de silenciosa eficacia al conseguir el voto favorable para su investidura del único procurador democristiano (el segoviano Rafael de las Heras)[7] y la abstención de los procuradores del CDS. En este sentido, su capacidad para cerrar pactos fue alabada en los cenáculos políticos y, externamente, por los medios de comunicación que ponderaron que la entonces incipiente organización de partidos regionalistas reunida en Pamplona en diciembre de 1987 prefiriese al dirigente castellano como interlocutor, antes que a Mancha, en el proyecto de vincularse con vistas a los comicios europeos venideros.

En cualquier caso, Aznar era observado con recelo por el coetáneo equipo dirigente de AP, que imponía la disciplina de manera severa y arbitraria a la facción herrerista que se le opuso

---

[6] El documento en cuestión estaba fechado en Madrid el 5 de enero de 1988 y, a través de 25 folios, se criticaba de forma demoledora la actuación de la patronal ("un auténtico gobierno en la sombra") alegando que "a lo largo de los últimos cinco años de gobierno socialista la CEOE ha ido prefigurando toda la política económica del Gobierno, que sólo se ha preocupado de disimularlo en áreas donde la confrontación de intereses era menor", presuponiendo ello que la central de los empresarios estaba en los brazos del PSOE. La publicación del documento, por medio de un artículo de Juan Altable en *Cambio 16* el 23 de mayo, provocó un escándalo periodístico que puso en conocimiento de la calle lo que ya era harto sabido en los cenáculos políticos. La reacción de Cuevas fue afirmar que los "dirigentes de AP estaban como cabras".
[7] Este apoyo lo negoció Miguel Herrero con Javier Rupérez y con Modesto Fraile, muy reacio a prestarlo, pero al final lo que se creyó que era abstención se convirtió en voto favorable.

un año antes en el congreso del partido y por lo cual Miguel Herrero no quiso integrarse en el Comité Ejecutivo.

Tampoco Aznar quiso asistir a las periódicas reuniones del Comité Ejecutivo, al que había sido adscrito nada más ser elegido presidente nacional Mancha, porque era la forma de protesta a las continuas injerencias de la oficina central del partido en su difícil y equilibrada política oficiada en Valladolid. En la Ley regional de sedes, por ejemplo, se le rebelaron los diputados de Burgos y León, si no alentados por Génova, 13, al menos consentidos disciplinariamente, lo cual generó la duda —durante unas jornadas de alta tensión— de si dimitía.

Desde Madrid, tanto más cuanto que cundía el rumor de la necesaria e inminente vuelta de Fraga con la que plantear una nueva sucesión que parase el proceso degradatorio del partido y, más aún, de todo el centro-derecha, cualquier gesto de Aznar —y de sus compañeros de candidatura herrerista— era interpretado como parte de una taimada estrategia crítica. Lo que no tenía visos de conspiración, ni en su génesis ni en su propósito, apareció como tal y a ello se vinculó la conferencia que Aznar dio en el club Siglo XXI, el lunes 29 de febrero de 1988, titulada *Una propuesta para el centro-derecha*, cuyo enunciado presagiaba un cambio de rumbo y velocidad a lo que apenas se movía.

Para desdorar el éxito de la disertación desde Génova, 13, se filtró a la prensa que la conferencia de Aznar había sido concebida y escrita por Pedro Arriola, desde una empresa de asesoramiento de imagen de la CEOE (la empresa *Gades)*, queriendo significar con ello que el joven político castellano era un patrocinado de Cuevas, quien para alejarse de esta impresión no acudió a la conferencia[8].

El club Siglo XXI era el foro político-cultural de la derecha que aquella tarde estaba lleno a rebosar, con la presencia de destacadas personalidades de la clase dirigente, por lo que tenía la cita de implícito morbo acerca de la confrontación intestina de AP. Se concitó de tal manera el fervor hacia el sobrio dirigente castellano que durante la cena-coloquio, que siguió al acto formal de la conferencia, el prestigioso periodista radiofónico Luis del Olmo no se recató en proclamar que apoyaría a Aznar hasta verlo en La Moncloa. "Acabamos de descubrir a un líder. Y en España no habrá democracia real ni alternativa al socialismo hasta que José María Aznar esté en la Moncloa", fueron las exactas palabras del comunicador leonés.

Durante su disertación Aznar admitió que AP no significaba una alternativa efectiva bien porque no era capaz de ello, bien porque no se lo había propuesto (por falta de ambición). Y se refirió a tres aspectos del problema: la descripción de la situación real, al proyecto de alternativa al PSOE y al marco estratégico "para ganar y no para sobrevivir". Según el conferenciante, el ciudadano tenía la impresión de que no había alternativa alguna con posibilidades reales de arrebatarle el poder al PSOE, a pesar de que las últimas encuestas indicaban que más del 40 por 100 de los españoles opinaba que la situación era mala, y más del 50 por ciento creía que el PSOE no poseía la más mínima ética. Ciertamente la población no quería

---

[8] La conferencia fue redactada por el mismo Aznar, aunque para ello le aportaron notas el mismo Arriola, Federico Trillo, Rodrigo Rato y otros. El tono y fondo de la conferencia fue ocultado hasta ser pronunciada como parte de la estratregia detonante que pretendía, de dar un grito de aviso en la sociedad, y para ello el discurso lo mecanografió el portavoz de la Junta de Castilla y León, Miguel Ángel Rodríguez. Más detalles sobre el particular lo dan Díaz Herrera y Durán en la biografía de Aznar (*La vida desconocida de un presidente*, Planeta, 1999, pág. 355 y ss.).

lo que tenía, pero no veía otra alternativa. Era un círculo vicioso, por lo que habría que hacer otro tipo de política.

Desde la renuncia de Fraga, según Aznar, no se había producido en el partido ningún cambio positivo. Exigió que se hiciera algo más que oír los consejos de Fraga, que se aplicaran, por ejemplo reintegrando a algunos políticos a los que se había marginado, porque Alianza Popular no se podía permitir el lujo de mantener a Herrero de Miñón en la situación en que se encontraba[9].

> "(…) Permítanme que les haga una pregunta tan difícil como comprometida, año y medio después de la dimisión de Fraga —dijo Aznar en uno de los pasajes—: ¿la situación es igual, mejor o peor? Porque a Fraga se le hizo culpable del fraccionamiento del centro-derecha, de la existencia de un techo electoral, de la dificultad para dialogar con las fuerzas afines y con los nacionalismos.
>
> Pues bien, ahora, ¿qué razones se dan?, ¿qué argumentos se exponen?, ¿qué progresos se muestran? Estamos donde estábamos y esta circunstancia debe movernos a la reflexión. Hemos formado un partido para *resistir sin ganar* o, por el contrario, estamos decididos a diseñar una *estrategia para ganar*".

Propuso la celebración de un congreso donde cancelar las cuestiones pendientes y formular una estrategia política y programática, superando esa actitud tan extendida de que no se podía hacer nada contra el PSOE. En tal concilio había que delimitar la política de pactos con otras fuerzas de centro y de derecha, flexibilizando el entramado ideológico del partido y dotándolo de una fuerte organización regional, capaz de colaborar con los partidos regionalistas más afines. Con todo ello, con la AP vanguardista que resultara en el congreso, se podía vencer al socialismo y recuperar la verdadera fuerza del sistema democrático, devolviendo el poder a la sociedad civil y eliminando la apatía de los ciudadanos hacia la política.

La intervención de Aznar sirvió de aldabonazo en la clase política porque cierto público oyó lo que deseaba oír y, acaso sin pretenderlo con tanto alcance, el dirigente castellano se erigió en el líder reformista en torno al cual se fueron agrupando los militantes que creían en otro modelo de partido, más dialogante y coherente, no creyendo que la resignación fuera un modo de perduración.

Fue brava la advertencia de Aznar, por otra parte, porque a los pocos días de la conferencia había anunciada (el 7 de marzo) una convención festiva —no de debate interno— con la que lanzar la imagen publicitaria de AP, en cuanto escenificación de algo que no contentaba a casi nadie. A partir de ahí, arreciaron las críticas al tiempo que en la organización central aumentó el mal humor y la obstinación, encerrada en un comportamiento de resistencia.

Terapia de grupo

Hernández Mancha localiza la semana larga que media entre la conferencia de Aznar en el club Siglo XXI y la Convención que celebró el partido (entre los días 29 de febrero y 7 de

---

[9] Miguel Herrero (*Memorias de estío*, pág. 362) comentaría después la paradoja de que Aznar utilizara entonces su marginación parlamentaria cuando, años después, fue paciente de un apartamiento similar por causa del denunciante. Y añade: *sic tempora mutantur*.

marzo) como un período de máxima presión a fin de limitar su poder o, si se terciaba, de cederlo a José María Aznar. Un almuerzo y una cena pudieron ser el medio discreto de la pacificación que se buscaba en el centro-derecha, pero hasta la publicidad de estos encuentros se utilizó como arma política de unos contra otros.

¿Pacificación? Habían conflictos ciertamente, pero su magnificación legitimaba también la presencia de los pacificadores. En este sentido, conforme arguyen algunos protagonistas de aquellos enfrentamientos, Fraga exacerbó su papel pacificador cuando ya tenía decidido regresar al frente de AP y nada mejor para ello que ejercer de *padre conciliador*. Dávila y Herrero son de esta opinión en el libro *De Fraga a Fraga,* al asegurar que el villalbés nunca se marchó del todo y que sus declaraciones a lo largo de 1988 ("hay heridas abiertas", "no hay estructura de partido", etc.) eran la coartada para ser llamado[10].

Al siguiente día de la conferencia de Aznar en Madrid, el martes primero de marzo de 1988, el empresario David Álvarez Merquínez organizó en su residencia de la Moraleja un almuerzo que inicialmente tenía la pretensión de estrechar las tirantes relaciones entre Hernández Mancha y José María Cuevas, presidente de la organización patronal[11]; almuerzo al que había sido invitado también José María Aznar, por ser amigo del anfitrión al tiempo que presidente del grupo empresarial *Eulen* y, más conocido, como el dueño de las bodegas *Vega Sicilia.* La noticia del encuentro fue difundida por la radio esa misma mañana pero la sorpresa, en opinión de Hernández Mancha es que se encontrara en el almuerzo Alberto Ruiz-Gallardón cuando Cuevas, en la preparación del encuentro, había vetado a García Tizón.

Al margen de lo anecdótico, Hernández Mancha ha subrayado al autor que el almuerzo tenía todos los visos de encuentro para presionarle y que cediera el poder a Aznar por dimisión o renuncia con la anuencia de la patronal, que oficiaba de padrino, y el beneplácito de Ruiz-Gallardón. Mancha no ve otro propósito que el ya dicho, una encerrona, para que en pos de ese alto objetivo los que fueran enemigos ya reconciliados Aznar y Cuevas, de una parte, y Aznar y Ruiz-Gallardón —irreconciliables competidores por el poder[12]— , por otra, se concertaran ahora en una reunión calculada y dictada a la prensa.

De forma velada se quiso transmitir en el mentado almuerzo que la estrategia del centro-derecha, a la vista de las elecciones autonómicas catalanas, pasaba por el diálogo y pacto —a ser posible— con Convergencia y Unión y con otras formaciones regionales, por la incorporación de personalidades y movimientos sociales conformando un nuevo liderazgo que fuera alternativa a Felipe González. Y era evidente que no se refería a Hernández Mancha.

---

[10] Dedúcese este comportamiento de la descripción que dichos periodistas hacen de Fraga, en sus actuaciones de entonces cabalmente corroboradas por las declaraciones en prensa, a lo largo del capítulo titulado *La larga mano de Fraga,* pág. 265 y ss.

[11] Véase la referencia que del almuerzo hace Graciano Palomo en *El vuelo del halcón,* pág. 260 y ss.

[12] En los testimonios de Mancha sobre este incidente (al autor o en los recogidos por otros como Graciano Palomo) siempre ha puesto de manifiesto que desde ese momento Ruiz Gallardón empezó a separarse de él para unirse a Aznar, con quien hasta entonces no cabía amistad de buena ley. Y para demostrarlo recuerda que un mes antes, con ocasión de organizarse un curso de verano en San Lorenzo de El Escorial, Ruiz-Gallardón se contrarió porque se había invitado también a José María Aznar e hizo lo posible por desmontarlo. Pablo Sebastián (*El Independiente,* 5 de marzo de 1988) publicó asimismo un largo artículo que por sí mismo el título era lo suficientemente expresivo: "Cuevas y Aznar acosan a Mancha".

El entonces presidente de AP ha confesado que su gran enfado era por la ceremonia, porque en realidad no necesitaba ir a la Moraleja para comer con Aznar o con Ruiz Gallardón, o con ambos a la vez. En cualquier caso, era una nueva escenificación de que había una crisis susceptible de pacificar, en la que lejos de ablandar al principal invitado se le exasperó.

Arturo García Tizón, en su testimonio acerca de las relaciones con Aznar, protesta de que se presentase al presidente del gobierno de Castilla y León como un oprimido o un perseguido. "Era una pose táctica —dice—, porque pretendía que cediésemos en todo debilitando el principio de autoridad". Así, sea por caso, en los congresos provinciales de la región al candidato de la dirección central siempre oponía una lista de la Junta. "En un bronco almuerzo entre los dos hubo que dejar las cosas claras, porque en realidad ¿quién era el perseguido?", alega García Tizón.

La cena habida el 2 de marzo de 1988 en el madrileño restaurante *La Gran Tasca,* por convocatoria de Manuel Fraga, contiene perfiles históricos porque quiso ser un acto de conciliación y acabó siendo una maniobra dilatoria para seguir a la gresca los dos bandos de AP. Por eso mismo la novelada versión que de la misma dio Graciano Palomo tuvo el ajustado título "La cena de la escisión"[13].

Los comensales que ocuparon una gran mesa en un reservado atendían a los bandos: *manchistas* (Hernández Mancha, García Tizón, Ruiz Gallardón, Arias Cañete, del Río y Gonzalo Robles) y *herreristas* (Herrero, Aznar y Ortí Bordás); ocupaba silla también Juan Ramón Calero, en tierra propia, y presidiendo el encuentro Manuel Fraga, que ejercía también de convocante sobre las órdenes del menú. Herrero, con esa sorna de niño empollón que le caracteriza, quiso apartar de su lado el chorizo de aperitivo que había sobre la mesa ("hay que evitar la asociación de ideas…", dijo) ante el cámara de TVE que grababa al grupo sabe Dios avisado por quién, tratándose de un encuentro presumiblemente reservado.

Como exordio Fraga expuso la situación de división que había en el partido desde el último congreso y que los medios de comunicación se encargaban todos los días de airear profusamente. Después descargó una crítica rotunda afirmando que algo más de un año desde su dimisión podía afirmarse que no se había mejorado ni en materia electoral ni en implantación. Con su autoridad moral de *fundador*–subrayó el villalbés— llamaba a todos a la concordia y a tal fin formuló varias recomendaciones: primero, que se incorporasen a la Comisión Permanente a los protagonistas contendientes que no pertenecían a ella; segundo, que se concediera una amnistía a los expedientados, y tercero, que la secretaría general, finanzas y organización territorial fueran cedidas a otras personas, participando así el poder al bando derrotado.

Haber consentido, con la plena aceptación de las propuestas, a la mediación de Fraga hubiera significado la claudicación, por lo que Hernández Mancha se opuso enérgica pero respetuosamente a las tres cláusulas de la paz. Respecto a la amnistía a los expedientados, el joven presidente de AP alegó que no cabía porque estaban desafiando constantemente a la dirección; no obstante prometió que se estudiarían con generosidad cada uno de los expedientes una vez terminara su actuación el comité de disciplina[14].

---

[13] Véase *El vuelo del halcón,* págs., 265 y ss.
[14] Entre otros, los casos de expedientes disciplinarios más destacados eran el de Pancha Navarrete de Navarra; varios militantes valencianos, entre ellos el *herrerista* Juan Carlos Gimeno, y pocos más.

En lo concerniente a integrar a dirigentes de la candidatura derrotada en la dirección del partido, Mancha recordó que estaban Aznar y Trillo en el Comité Ejecutivo por decisión suya y que, también dentro de su cupo se lo había ofrecido cinco veces a Herrero, que se negaba en redondo a aceptarlo. Por otra parte, dijo que en el Parlamento varios críticos como Ramallo ostentaban puestos relevantes dentro del Grupo Popular.

La petición de que cediera, abajo de la presidencia, los tres puestos claves de la organización a todas luces parecía humillante para quien había ganado un congreso con reglas democráticas. La negativa de Mancha, por lo tanto, tuvo el corolario de no querer ser un títere. Y José Ramón del Río —conforme aseguran los presentes— fue más severo que su jefe al señalar que, aunque fuera lo último que dijera en su vida política, Fraga no tenía derecho a quitarle autoridad moral a Mancha, por lo que la reunión le parecía una barbaridad.

El villalbés, no obstante, insistió en el planteamiento de que se hiciese un hueco a Herrero. Pero éste, empedernido coleccionista de sermones por tradición paterna, no se sabe con qué fundamento, aseguró no aspirar a nada con el actual equipo directivo de AP porque él, a título personal, era como el cocodrilo del *Libro de Job* que espera la ocasión sobreviviendo en aguas difíciles... hasta asestar el golpe definitivo[15]. Fraga, no poco contrariado con quien no se dejaba defender, le espetó que los cocodrilos viven en aguas cenagosas y a veces reciben un tiro y con su piel se hacen zapatos y bolsos de señora.

Aunque fueron incorporados a la Comisión permanente del partido José María Aznar, Juan Ramón Calero, Ortí Bordás, Fernando Suárez y Robles Piquer, según concesión estudiada porque ninguno era del equipo de Aznar ni de Herrero, a fin de no decirle a Fraga que no a todo[16], es lo cierto que aquella cena marcó el comienzo de la confrontación. Y si bien no falta quien interpreta la oportunidad de esta célebre cena provocada por Fraga a fin de no quedar sin sitio, sin protagonismo tras el alegato de Aznar en el club Siglo XXI, y aunque en verdad la pacificación era un buen motivo, la negativa del *manchismo* a cumplir tales sugerencias permitió que el villalbés abriera el período estratégico acerca de cuándo y cómo regresar. El retorno en todo caso se temió desde entonces violento.

La convención de AP del lunes 7 de marzo en el Palacio de Exposiciones y Congresos de Madrid, en medio de un alarde de comunicación mediático-publicitaria, tenía por cometido lanzar la imagen de Hernández Mancha al cumplirse el año de su elección, reparando los deterioros que las continuas crisis internas mellaban el liderazgo[17].

Esta reunión propagandística, pues, ante unos cinco mil devotos afiliados, la mayor parte de ellos cargos públicos, pudo verter al exterior la impresión de que la familia popular estaba

---

[15] Miguel Herrero publicó el 9 de marzo en el *ABC* un artículo en el que, no sin agradecer a Mancha el ofrecimiento de integración en la Comisión permanente de AP, decía que tenía dudas de la legalidad sobre dicha incorporación conforme a los estatutos del partido y, por razón de más enjundia, exponía que más que un problema de interpretación de un texto legal era un problema de conciliar dos concepciones diferentes del partido, puesta de manifiesto en el VIII Congreso.

[16] Era injustificable que los portavoces de los grupos parlamentarios en el Congreso, Senado y Parlamento Europeo no participasen de la Comisión permanente, órgano colegiado de dirección del partido, pese a que ninguno de ellos perteneciese al círculo estrecho del presidente.

[17] Lo más sorprendente de esta celebración fue lo que costó: 115 millones de pesetas, que se consumieron en una mañana, es decir, el importe total de una campaña autonómica en el País Vasco. Todavía un año después, en enero de 1989 (antes del IX Congreso) hubo que pagar a la Agencia *Lamda 20* más de trece millones de pesetas.

unida, pero en todo caso se trataba de una imagen efímera, ya que las espadas continuaban en alto pese a las invocaciones de Aznar ("Antonio Hernández Mancha es mi presidente") coreadas por los asistentes con el grito de "¡Unidad!". También un mensaje tan tranquilizador como convencional fue emitido por Fraga —que impidió ser postergado en el orden de oradores— del siguiente tenor: "Exigidnos que hagamos las cosas como familia bien avenida. Y esto sólo lo podremos hacer en torno a nuestro jefe, a nuestro presidente Hernández Mancha. Y quien no esté conforme, ¡afuera con él!".

El resultado poco convincente de la reunión caló en los asistentes, del mismo modo que en los medios de comunicación, que la tildaron no como un remedio de la enfermedad sino como una simple *terapia de grupo,* exteriorizada por dieciséis oradores que exaltaron con todo cinismo la concordia y unidad.

La tercera victoria de Pujol y la ruina de AP en Cataluña

Por tercera vez —las dos últimas con mayoría absoluta— Jordi Pujol ganó los comicios autonómicos del 29 de mayo de 1988 tal como habían previsto la mayoría de los sondeos de opinión, es decir, con un predominio nacionalista aplastante. Por el contrario, estas elecciones ejercieron para Alianza Popular la prueba del liderazgo insuficiente, ya que al disminuir sensiblemente el resultado con relación a 1984, se abrió el período de contestación al equipo de Mancha al tiempo que arreció la campaña sobre el regreso de Fraga al frente de AP.

Habían sido llamados a las urnas más 4.496.253 catalanes (casi ochenta mil electores más que en 1984) para elegir a los 135 diputados del *Parlament* en los 941 municipios, en unos comicios poco cruciales que contribuían a consolidar el espacio nacionalista en la sociedad catalana. La importancia de la convocatoria, por contra, radicaba en cómo serían los resultados del centro derecha no nacionalista: la clave del ingreso del CDS en el parlamento autonómico, con cuántos diputados y de dónde trasvasados, y el comportamiento de Alianza Popular en cuanto a si conservaba su *suelo electoral.*

Convergencia y Unión desde 1980 incrementaba su representación atrayendo votantes de la izquierda y de la derecha y, por consiguiente, acentuaba su hegemonía de manera que eso le daba mayor capacidad operativa en la política general española a través de la difusa —por poco definida— *cuestión catalana.* Porque Pujol, que se presentaba como el presidente de todos los catalanes, había puesto su objetivo en negociar con fortaleza un nuevo sistema de financiación para Cataluña y exigir una lectura menos restrictiva del Estatuto de Sau. Pujol era el *pal de paller* (la viga maestra del pajar) que jugaba con maestría el gradualismo de *hacer nación* grano a grano.

El pronóstico común de las encuestas de que CiU se alzaría con el triunfo, previsiblemente con mayoría absoluta, condicionó la estrategia durante la precampaña y campaña y concertó los objetivos de las otras 23 listas que peleaban las elecciones a impedir que Pujol tuviera más de la mitad de los escaños (más de 72 diputados).

De las 24 listas que concurrieron a los comicios sólo seis (CiU, PSC, IC, AP, CDS y ERC) tenían posibilidades de conseguir representación en grado desproporcionado pues sólo dos, los nacionalistas y los socialistas, se disputaban los grandes resultados, porque si hegemónica era CiU en el ámbito autonómico lo mismo le ocurría al PSOE en los ayuntamientos de las grandes ciudades. Entre los seis partidos citados, de otra parte, invirtieron oficialmente 1.288 millones de pesetas en gastos de campaña, importe del crédito aprobado al efecto por el Parlamento, si bien el coste real fue muy superior a juzgar cómo se negaban unos partidos a otros la veracidad de las respectivas previsiones presupuestarias. En este sentido aunque CiU definió su presupuesto dentro de la vaga previsión "entre 200 y 300 millones", el resto de los partidos le acusaron de haber gastado alrededor de 1.000, el triple de los permitido por la ley. Del mismo modo AP prefirió dejar en nebulosa su presupuesto, que oficialmente se cifró en 223 millones de pesetas.

La campaña tuvo carácter personalista basándose en el cabeza de lista de cada partido por Barcelona (Jordi Pujol, Raimon Obiols, Rafael Ribó, Jorge Fernández y Joan Hortalá) y, habida cuenta que los resultados eran previsibles, el tono dialéctico tuvo bajo relieve en medio de un ambiente apacible. El liderazgo indiscutible de Pujol motivó que estas elecciones, como las dos anteriores, tuviera los perfiles de un plebiscito sobre su forma de gobernar, llegándose a percibir la sutil identificación entre el nacionalismo moderado de CiU y Cataluña.

Dentro de esa campaña de baja intensidad se desplegaron las estrategias de persuasión electoral por parte de los partidos, con independencia de la publicidad institucional incitando a votar. Convergencia y Unión presentó como eslogan central el de *Todo por Cataluña (Tot per Catalunya)*[18], que recordaba la patriótica frase del portalón de los cuarteles dando continuidad argumental al de otras campañas *(Somos una nación, etc.)*, e introducía la imagen —en primer plano y muy rejuvenecido— de Jordi Pujol, *El President*. A diferencia de otros partidos CiU no adelantó la campaña y se atuvo, conforme marcaba la ley, a comenzarla el 12 de mayo, y como novedad más destacable en la estrategia de medios, figuró la de una legión de muchachas que circulaban en motocicleta por las ciudades mostrando sus piernas y los carteles electorales de la coalición nacionalista.

Bajo la fotografía de Raimon Obiols figuraba el eslogan del PSC-PSOE *El futuro de Cataluña (El futur de Catalunya)*, en una clara apuesta por exhibir la juventud del candidato socialista frente al casi sesentón Pujol. La cartelería era en blanco y negro, un tanto postmoderna, reclamando credibilidad. Pero lo más llamativo de la campaña socialista fue su agresividad contra el gobierno autonómico, publicitando los incumplimientos programáticos (sobre las comarcas, *no aparecen en el mapa*; sobre medio ambiente, *el que quiera peces que no vaya al río*; sobre prisiones, *el Gobierno tendría que ir a la cárcel*, etc.).

Concebida por la agencia *Slogan*, la campaña de Alianza Popular, igualmente basada en la efigie de Jorge Fernández, tenía por lema principal *Alianza es popular*. Y con el adjetivo *popular* se vistieron todas las promesas y mensajes de identificación *(la enseñanza es popular, la seguridad es popular...)*, pretendiendo llegar al segmento social castellano-hablante con ingresos mensuales inferiores a cien mil pesetas. El bajo nivel de conocimiento que se tenía de Jorge Fernández fue el motivo de que la precampaña se iniciara cinco meses antes mediante la emisión de programas de radio de quince minutos (14 en total), en los cuales los oyentes le preguntaban sobre diversas cuestiones. Esta siembra radiofónica tuvo continuidad en la campaña, amén de que se utilizasen los demás medios publicitarios y de propaganda.

---

[18] A diferencia de las anteriores, esta campaña no fue concebida por Joaquín Lorente (autor del *Fem y farem)*, sino por Luis Bassat, y el eslogan, aunque fue objeto de bromas, se ajustaba mucho a la personalidad de Pujol.

La Izquierda Catalana, con Ribó de primer candidato, empleó el eslogan *Con iniciativa se puede (Amb Iniciativa es pot),* destacando la idea creativa ——en imitación a la que hizo la ONCE con el *cuponazo*— de construir la "i" con cerca de un millar de personas colocadas en fila india. El CDS, por su parte, tuvo como principal mensaje *Da el salto (Fes el salt),* lo que provocó críticas porque dicha frase se asocia a la invitación de ser infiel con la esposa. La novedad más señalada de la campaña centrista fue la de realizar un *peinado* telefónico de unas 150.000 llamadas. Por último, ERC emitió un mensaje convencional y tópico *El mejor para Cataluña (El millor per Catalunya)* acompañado de la exclamación casi deportiva *Força Pesquera.*

Bajo la certera dirección de Miguel Roca, la campaña de CiU tomó la iniciativa para lograr la mayoría absoluta, secundando los pronósticos, y a este fin se presentó a Pujol como un estadista que debía contar con la mayoría suficiente para despegarse de Madrid, en orden a reivindicar más autogobierno. Todos los demás partidos, en consecuencia, se concentraron en atacar al favorito no para derrotarle sino para debilitarlo.

Con similar propósito AP hizo su campaña diferenciándose de CiU y atacando al PSC-PSOE, en cuanto adversario en todo el Estado. El peligro residía, no obstante, en la *afinidad* que podía ejercer el CDS sobre el voto españolista, restándole apoyos a AP. Con ese difícil equilibrio los aliancistas catalanes tuvieron autonomía en sus actuaciones, según subrayó Hernández Mancha: "Todo lo que concluya Jorge Fernández en Cataluña será vinculante para la dirección nacional de AP"[19]. El candidato aliancista podía ser un buen atractivo para el voto españolista, para los votos de la emigración, por el hecho mismo de llamarse Fernández Díaz y haber nacido en Valladolid. El escaso nivel de conocimiento que de él se tenía, a través de la campaña aumentó hasta situarse en algo más del 50 por 100.

La campañas aliancista, pues, fue moderadamente restringida a los líderes nacionales, aunque Hernández Mancha y el mismo Fraga acompañaron al candidato en alguno de los itinerarios, y ello porque no querían *quemarse* ante el irrefutable triunfo de Pujol. No obstante lo cual, la presencia de Mancha se tiñó de folclorista en Mataró, Hospitalet, Sabadell o Santa Coloma con actuaciones de artistas andaluces con vistas a lograr el *voto de zapatilla.*

De la misma manera que en la calle la campaña no ofreció aristas, la televisión fue asimismo una cancha electoral con escasa beligerancia. La información electoral, por lo general, estuvo contenida en los telediarios —diluida en sus contenidos de actualidad— y se atuvo a relatar las agendas de los partidos con representación parlamentaria según el criterio de proporcionalidad. Se celebraron dos debates: uno en TV-3 y otro en TV-2 (autonómica y estatal, respectivamente) conforme al formato de coloquio total y un moderador. En TV-3 (la televisión autonómica) se produjo el primer debate con los candidatos de los principales partidos con representación parlamentaria regional, o sea, con la exclusión de Antonio Fernández Teixidó, candidato del CDS[20]. La frialdad y el diálogo de sordos, con escasos choques, caracterizó esta puesta en escena demasiado formal. Pujol reivindicó para su gobierno el mérito de que Cataluña tenía más peso en el Estado, aunque Obiols, en réplica a tal aserto, afirmó que el peso era menor en el mundo financiero. Con todo, cada candidato expuso su programa y el de AP, Jorge Fernández, admitió como posible la reforma del Estatuto en 1993 a la vista del reajuste de soberanía que implicaría la entrada del Acta Única Europea.

---

[19] Véase crónica de Luisa Palma en *ABC* del 2 de abril de 1988.
[20] Fue excluido el CDS del primer debate porque se utilizó el criterio de que fuese con partidos que tuvieran

El segundo y último debate tuvo lugar en TV-2 (ámbito regional) y fue algo más vivo que el primero, aunque se caracterizó también por la atonía. Hubo dos breves polémicas provocadas por el candidato aliancista: sobre la acusación a la Generalitat de subvencionar a la organización terrorista y separatista *La Crida,* lo cual fue negado airadamente por Pujol, y sobre la desatención a los *botiguers* (pequeños comerciantes), en torno a lo cual, asimismo, Pujol rechazó esta crítica alegando que eran socialistas y populares los únicos que se oponían con recursos judiciales a la ley de comercio de la Generalitat. En cualquier caso, Pujol fue centro y referencia del debate, máxime cuando el candidato del CDS le reiteró profusamente el tratamiento de *President,* marcando gratuitamente la distante superioridad del adversario favorito.

La victoria aplastante de Convergencia y Unión, tras una jornada electoral tranquila sólo contrariada por el húmedo clima, sobrevino merced al castigo que sufrió el centro-derecha españolista, muchos de cuyos antiguos votantes hicieron posible la tercera mayoría absoluta de Pujol. El ejercicio de poder, en realidad, poco había desgastado al gobierno nacionalista aunque había perdido, con relación a 1984, más de cien mil votos. La coalición nacionalista se había alzado con la mayoría absoluta en 28 de las 41 comarcas, y en otras 13 estuvo muy próxima. Sólo fue superada por el socialismo en la comarca del Bajo Llobregat.

El desastre de Alianza Popular se concretó en la pérdida de tres de los siete escaños en Barcelona, en Tarragona perdió uno de los dos que tenía, en Lérida se mantenía con uno, y en Gerona seguía sin obtener representación. En resumen, los algo más de dos puntos porcentuales de pérdida sobre el censo (casi ochenta mil votos) le había supuesto una pérdida de casi la mitad de los escaños (cinco de once).

Y tanto en la sede central de Madrid como en el cuartel electoral de Barcelona los dirigentes aliancistas asumieron el fracaso. García Tizón, ante la deliberada ausencia de Hernández Mancha, explicó el mal resultado atribuyéndolo al voto útil en favor de CiU, a la fuerte abstención y —como paliativo máximo— a la fragmentación del centro-derecha. El candidato principal aliancista, Jorge Fernández, reconoció haber tenido un mal resultado y en el análisis de causas sólo se fijó en el trasvase de votos al partido de Suárez:

"Porque la confrontación política en Cataluña pasa por dos ejes: derecha-izquierda y autonomismo-nacionalismo, está claro que el CDS ha jugado en nuestro campo."

El CDS, sin embargo, no rentabilizó las expectativas que le daban las encuestas por lo que la obtención de tres escaños les pareció a sus líderes insuficiente. Dando por supuesto que la pérdida de apoyos aliancistas fue a parar al CDS, los efectos proporcionales de la ley electoral penalizó claramente la fragmentación.

Verdaderamente en Cataluña, como en otras comunidades, se produce un voto dual en el sentido de que muchos ciudadanos cambian su apoyo en las elecciones generales, y barren para casa dando su confianza al nacionalismo en comicios autonómicos. Y conforme subraya Josep Soler Llebaría es también muy importante considerar a CiU un partido de centro, sobre el que atrae mucho voto útil procedente de AP y del CDS[21].

representación en el Parlamento, pero los medios de comunicación criticaron dicha ausencia y, como consecuencia de ello, se corrigió la convocatoria de suerte que el segundo debate fue de seis.

[21] *Las elecciones autonómicas en España, 1980-1997* (Centro de Investigaciones Sociológicas, 1999, de varios autores), y en concreto las referidas a Cataluña, pág. 225 y ss.

El vencedor, Jordi Pujol, celebró su triunfo a medianoche del día de los comicios declarando que lo conseguido por CiU "no tenía precedente en Europa, al lograr la mayoría absoluta tras ocho años de gobierno, en la tercera elección, con seis partidos en liza y con un escrutinio proporcional". Un tanto quejoso, por lo demás, manifestó que las encuestas favorables produjeron exceso de confianza en un potencial electorado que no fue a votar.

Datos comparativos referidos a elecciones al Parlamento Catalán

Cataluña	1988 Censo electoral: 4.564.389 Participación: 2.709.685 Abstención: 40,63%			1984 Censo electoral: 4.521.300 Participación: 2.892.927 Abstención: 36,02%			1980 Censo electoral: 4.392.298 Participación: 2.726.706 Abstención: 37,92%		
Partidos	Votos	%	Esc.	Votos	%	Esc.	Votos	%	Esc.
CiU	1.232.514	45,48	69	1.347.037	46,56	72	754.788	27,68	43
PSC-PSOE	802.828	29,62	42	866.288	29,94	41	608.791	22,32	33
IC(1)	209.211	7,74	9	160.638	7,04	6	509.498	18,68	25
AP(2)	143.241	5,29	6	221.645	7,66	11			
ERC	111.647	4,12	6	126.964	4,39	5	241.663	8,86	14
CDS	103.351	3,81	3						
CC-UCD							287.616	10,5	18
PSA							72.101	2,64	2

(1) Los resultados de 1980 y 1984 corresponden al PSUC. (2) Los resultados de 1984 corresponden a Coalición Popular.

Votos y escaños obtenidos por cada candidatura y distrito

Provincia	CiU Votos Esc.	PSC-PSOE Votos Esc.	IC Votos Esc.	AP Votos Esc.	CDS Votos Esc.	ERC Votos Esc.
Barcelona	894.120 39	643.535 28	180-872 8	107.217 4	78.927 3	76.099 3
Gerona	135.146 11	56.765 5				13.175 1
Lérida	91.381 9	39.144 4		10.487 1		10.014 1
Tarragona	111.867 10	63.384 5	12.896 1	16.596 1		12.359 1

Los candidatos electos de Alianza Popular por provincias fueron por:

Barcelona. Jorge Fernández Díaz, Alejo Vidal-Quadras Roca, Manuel Fernando Bauza Gómez y María Dolores Monserrat Cullere.
Lérida. Víctor M. Colomé Farré.
Tarragona. José Curto Casado.

En estos terceros comicios autonómicos, según el análisis de los resultados, la abstención, con un 40,63 por 100, fue la más alta desde 1977 por lo que provocó la pérdida de votos en todos los partidos con relación a los resultados de 1984. No obstante este descenso de votación, CiU resultó vencedora en 887 de los 941 municipios catalanes, mientras que los socialistas sólo consiguieron constituirse en fuerza mayoritaria en 51 localidades. Alianza Popular únicamente se impuso como primera fuerza política en la aldea tarraconense de Prat del Comte.

Con relación a 1984 en Barcelona perdieron todos los partidos menos Izquierda Catalana (que ganó más de cuarenta mil sufragios y tres escaños) y, en especial, AP perdió sesenta mil votos que le costaron 3 escaños. El CDS recibió presumiblemente la pérdida aliancista y otros siete mil sufragios más (77.894 en total), conjunto que le proporcionó tres actas.

Otro castigo electoral significativo fue el sufrido por AP en Girona, con una pérdida de cinco mil votos en relación a 1984, lo que supuso que Jaime Veray perdiera el escaño. Igualmente en Tarragona la pérdida de casi diez mil votos supuso un escaño menos de los dos con que se contaba. La baja de más de cinco mil sufragios en Lleida, por lo demás, no afectó al único escaño que se tenía en la anterior legislatura.

Se busca un ganador

El descalabro aliancista en las elecciones catalanas desahució a Hernández Mancha como líder de la derecha y la toma de conciencia de ello fue adquiriendo cuerpo no sólo en la patronal, en guerra abierta con el joven político, sino en los sectores académicos, financieros, eclesiales y profesionales. El grado de malestar interno, por lo demás, trascendía como una pleamar de insatisfacción. De manera dispar, por unos y por otros, se daban tumbos en la búsqueda de la persona aglutinante del centro-derecha. En cambio, en el núcleo dirigente de AP se sabía que era imposible ganar las próximas elecciones generales y, ante tal verdad, la estrategia se volcó en el afianzamiento frente a opciones más competitivas basadas en el *quítate tú que me pongo yo*.

En dicho contexto cabía inscribir las indiscretas declaraciones que hizo Alfonso Osorio, presidente del Consejo Político de AP, a un grupo de periodistas —en un encuentro informal, *off the record*— en vísperas de las elecciones catalanas[22]. El abogado del Estado cántabro puso en duda que alguien que no fuera Adolfo Suárez y Felipe González pudiera ganar las elecciones. En concreto, de Mancha dijo que "le faltan diez años para poder aspirar a La Moncloa", abriendo de este modo la veda contra el extremeño en pleno proceso electoral; opinó también de Fraga (de "su afán de mandar por encima de todas las cosas cuando debería ser el Pablo Iglesias de la derecha española") reputando perniciosa su posible vuelta y dudando de que ganara por mayoría absoluta en Galicia, y de Mario Conde dijo que aunque tenía condiciones "le faltaba hoy por hoy ambición política".

Osorio había patrocinado en cierto modo la candidatura de Mancha —en un ejercicio menos de apoyo que *anti Herrero*— y, con ese pretendido oficio de tutela, el veterano dirigente condujo al joven dirigente aliancista a que conociera —sólo en la distancia— a Reagan, durante ese multitudinario desayuno que se celebra anualmente en Washington en acción de

---

[22] Los comentarios de Osorio lo hizo el 12 de mayo en el curso de un almuerzo, en tertulia, y aunque él reclamó discreción a una conversación informal, es lo cierto que le dieron trascendencia. La reacción del equipo dirigente de AP fue de silencio en un primer momento, a fin de no perjudicar la campaña aliancista en Cataluña, pero al día siguiente de los comicios se potenció el conflicto y se le exigieron responsabilidades.

gracias. Pese a todo Hernández Mancha exigió de Osorio una conducta congruente con la ofensa, diciendo airadamente que su renuncia sería un gesto honroso. Otros dirigentes se abalanzaron condenando las intempestivas declaraciones de Osorio y, al cabo de unos días, el responsable de estrategia política y de elaboración del programa se vio sumido en su propio error: hacer autocrítica en una actividad voluntarista, de pompas de jabón —en suma, la antiestrategia— y envió una carta de dimisión de sus cargos en el partido y que, por error, se creyó que comprendía también el acta de diputado. Con menosprecio Fraga quiso despedir a Osorio del Parlamento (lo que luego no se produjo) diciendo: "el escaño de Osorio fue el menos ejercido y su ausencia se notará poco"[23].

Mancha le aceptó a Osorio la renuncia en un gesto tardío de autoridad, a fin de reprimir la misma opinión, aunque impertinente, que otros muchos guardaban para sí y que nadie se atrevía a revelar. De cualquier manera el comité ejecutivo intercedió ante Mancha de que el correctivo disciplinario no fuera más allá, con vistas a que Osorio permaneciese en el Grupo Popular del Congreso y no se pasara al Grupo Mixto.

No obstante, aquello fue el precipitante de múltiples maniobras y conjeturas públicas en torno a cambiar de liderazgo a la espera del IX Congreso Nacional previsto que se celebrara, según establecían los estatutos, en enero de 1989.

El grado de implicación de Fraga en la política del partido era cada vez mayor y, aunque se negó a prestar su nombre a operación alguna para derribar a Hernández Mancha, nadie descartaba que al final daría el paso de reordenar, en un segundo y definitivo intento, la sucesión de AP pasando por su retorno.

En abril de 1988, con ocasión de ser elegido presidente de AP en Galicia, lo que convergía con ser el próximo candidato a presidir la Xunta, declaró que era "el último servicio que presto a mi partido". Pero muy pocos le creían, pues eran conscientes de que, llegado el caso, con un mal resultado en Cataluña, respondería a los ruegos y requerimientos *patrióticos* para que salvara su fundación partidista. Tres días antes del referido congreso regional Fraga declaró:

> "Yo sé que en mi partido hay personas que quieren que vuelva, que tienen un pastel del que me quieren hacer participar. Y aunque de todos es conocido que yo soy muy buen gastrónomo, no pienso ni probar bocado del pastel que sea"[24].

Realmente el fundador de AP seguía siendo el líder favorito del centro derecha y a su reconocimiento contribuyó la prueba efectuada en mayo por la revista *Época,* por medio de una encuesta entre sus lectores —de perfiles no socialistas, desde luego—. En favor de Fraga, 50.926 lectores remitieron el correspondiente cupón con su nombre, frente a 19.820 que apoyaron a Hernández Mancha, y eso que la administración manchista contribuyó en la remisión de votos.

---

[23] En realidad la carta que remitió Osorio al presidente de AP se refería a que ponía a disposición sus cargos en el partido, pero nunca el escaño de diputado. Y la crítica de Fraga hacía referencia al hecho conocido de que Osorio estaba entre la veintena de diputados que no asistían a las sesiones del Congreso; absentismo en el que también incurrían algunos mandos orgánicos del partido. Así, por ejemplo, el 24 de marzo de 1988 faltaron 32 diputados a una votación decisiva, por lo que fueron multados.

[24] Declaraciones a la revista *Tiempo* que fueron recogidas en un reportaje firmado por Encarnación Valenzuela, con el título *Fraga dice no a un complot contra Hernández Mancha,* 30 de mayo de 1988.

Pese a todo esto, con una distante vigilancia sobre el partido, Fraga acentuó su neutralidad, pero los medios de información impresos y la radio no dejaron de hacerse eco de complots e intrigas que socavaban la ya menguada autoridad de Mancha. Las procedentes de AP, con la firma del grupo crítico de Herrero, arreciaban porque el Duque de Suárez estaba al acecho y eran muchos los que le deseaban líder del centro-derecha, con capacidad de interlocución en los regionalismos y en Convergencia y Unión. Sin embargo, pese a esa amenaza latente, existía la tranquilidad de que el villalbés nunca pasaría por la cesión del liderazgo de AP al abulense. Antes, cualquier otra peregrina solución.

Porque el progresivo aislamiento que envolvía a Hernández Mancha se percibía fácilmente, hasta el punto que Suárez, potencial aliado de AP para plantear con éxito mociones de censura contra algunos ayuntamientos y gobiernos regionales (los de Madrid, como más atractivos), se quejaba de no saber quién fijaba la política de AP ni cuáles eran su contenido y finalidad. Nunca por entonces hablaron Mancha y Suárez y el contacto entre ambos se establecería a través de Mario Conde, en una relación triangular urgida por la irreprimible vocación política del banquero. Éste y el aliancista, por lo demás, se conocían de ser los dos abogados del Estado aunque el de Tuy era de varias promociones anteriores[25].

Con la mediación del banquero se pretendía desalojar a los socialistas del Ayuntamiento y de la Comunidad de Madrid, atribuyendo la presidencia de las dos entidades a Rodríguez Sahagún y a Ruiz Gallardón, respectivamente. El fracaso de la moción en el parlamento madrileño dio pie al vicepresidente de AP, inicialmente muy unido al equipo de Mancha, para dimitir en la cúpula partidista so pretexto de que no había sido informado previamente de los acuerdos con Mario Conde. "Se acogió a un motivo ruin —dice Hernández Mancha— cuando en realidad Ruiz Gallardón dimitió porque ya sabía que Fraga tenía forjada su decisión de volver"[26]. Ruiz-Gallardón, que controlaba el partido aliancista en Madrid a través de su *alter ego* Luis Eduardo Cortés, había disputado a todos ser el segundo en poder en AP, en abierta confrontación con García Tizón, y desde su preeminente vicepresidencia jugó a llevar de la mano a Mancha entre los poderes fácticos madrileños. Al final, la lealtad inequívoca quedó truncada en favor de la opción política personal.

Por otro lado, Hernández Mancha quería tomar la iniciativa sobre una falsa base de estabilidad y haciendo oídos sordos a la crisis enraizada en el partido se lanzó —en huida hacia adelante— a concertar un frente de centro-derecha para las elecciones al Parlamento Europeo de junio de 1989, para las cuales Marcelino Oreja se había manifestado disponible. Pretendía una lista unitaria que la formaran AP, CiU y el CDS, en base a un informe que al respecto preparó Fernando Suárez, y que negociaría el mismo candidato, a la sazón secretario general del Consejo de Europa. Esto vino a ser el anuncio de que Marcelino Oreja saltaba a la arena.

Ciertamente el grupo de críticos de AP a la espalda de Miguel Herrero, él en actitud silente y esperando otra oportunidad, tenía como *tapado* con ambición a José María Aznar. Habían

---

[25] El biógrafo de Adolfo Suárez, Carlos Abella (de Espasa, 1997, pág. 516) sostiene que Mario Conde, le propuso al líder del CDS conquistar la alcaldía de Madrid para su formación política en una recepción celebrada en el Palacio del Pardo. Fundamenta este encargo en el hecho de que Conde y Mancha eran abogados del Estado y que sentían admiración por Suárez.

[26] Los periodistas Dávila/Herrero (*De Fraga a Fraga*, pág. 291) basan la dimisión del joven dirigente aliancista en una decisión meditada con anterioridad a la presentación de la moción de censura a Leguina, es decir, la cifran en el conocimiento de que volvía Fraga.

perdido el VIII congreso pero no veían agotadas sus posibilidades. En este grupo se sabía de la incompatibilidad de Fraga con Herrero, por lo que creció la opinión de que Fraga volvería y replantearía su sucesión con alguno de los jóvenes formados a sus pechos —que garantizaban la reversibilidad del poder—, a sabiendas de que Abel Matutes, inspirador de confianza en el mundo financiero y en el mismo Fraga, preferiría renovar mandato de comisario en la Comisión Europea prevista para final de año. Recibió muchas presiones para que anunciara su ofrecimiento de candidato a presidente en el congreso, pero subrayando las expresiones "hoy por hoy", "en estos momentos", "por ahora", el ibicenco eludió comprometerse, si bien ese paso lo daría, según dijo, sólo en el caso de que el partido entrara en crisis profunda. Mientras tanto, Matutes actuó de conciliador cerca de Hernández Mancha y de los mismos críticos, con varios de los cuales celebró una cena muy mal vista por la dirección[27].

Con todo, ante el horizonte del congreso nacional ordinario de enero de 1989 las dos principales facciones se preparaban para una nueva confrontación. El enconamiento había ido demasiado lejos por lo que, en julio de 1988, no cabía una lista única por más que lo pidieran muchos notables del partido. Acerca de cualquier motivo surgía el conflicto, dada la desconfianza recíproca existente, de ahí que antes de las vacaciones de verano se entablase una nueva trifulca con motivo de los preparativos del noveno congreso.

En efecto, el 11 de julio Hernández Mancha presentó por sorpresa a la Junta Directiva Nacional la convocatoria del congreso (del 20 al 22 de enero de 1989), pero, al propio tiempo, ofreció diversas fórmulas de modificación estatutaria sobre las que discrepó rotundamente el grupo herrerista, que exteriorizó su reprobación no acudiendo a dicha reunión. Aznar lo explicó diciendo que la reforma que se ofrecía y el modo de obrar al respecto, sustrayendo la discusión de la convocatoria al Comité Ejecutivo, "no tenía precedentes en el partido". Los documentos objeto de discusión no fueron repartidos con anterioridad, por temor a que fuesen *quemados* con la previa publicación en la prensa, lo cual generó una agria discusión.

El equipo dirigente contaba con la iniciativa legal de cambiar las normas estatutarias para la gran reunión y, a su conveniencia, diseñó diversas modificaciones. Primeramente señaló el número máximo de delegados (compromisarios) en 1.300, de los cuales 325 eran miembros *natos* por el cargo que ocupan y 50 de libre designación del Comité Ejecutivo, a propuesta del presidente. De los restantes delegados, 731 serían elegidos en función de los votos obtenidos en cada provincia y 244 se distribuirían en relación con el porcentaje de afiliación también de cada provincia, que en cualquier caso tendría como mínimo seis compromisarios. Es decir, se gratificaba a la población militante sin tener en cuenta sus resultados electorales a Cortes y de esta manera, con la rebaja de medio millar de compromisarios, se beneficiaba el peso del *aparato* en conjunto. Primaba la idea, pues, de que suele ganar el congreso quien lo convoca.

Otra novedad prevista era que las ponencias de Estatutos y de Política las redactaría el Comité Ejecutivo, en vez de uno o varios ponentes, con vistas a tener un estrecho control sobre las mismas. Esto, asimismo, suscitó la radical discrepancia del sector crítico por considerarlo ile-

---

[27] Trece diputados, ninguno de ellos andaluz, así como Federico Trillo, acudieron a la cena con Abel Matutes, a fin de analizar la situación del partido en un intento de llegar a una candidatura unida, aunque ya se sabía que Hernández Mancha prefería presentarse a la reelección porque ya se conocía la carta confidencial remitida a los dirigentes territoriales del partido, la cual fue objeto de burla por parte de los comensales.

gal y torticero. Le reprocharon a Mancha igualmente que el reparto de ponencias era arbitrario en favor de sus leales.

En línea con ese mayor control a que aspiraba el equipo dirigente, se estudió que los portavoces parlamentarios fueran elegidos por el Comité Ejecutivo del partido, no por el grupo parlamentario, y que la condición de presidente regional del partido llevara aparejada la incompatibilidad con ser diputado nacional.

La oculta finalidad de las antedichas dos propuestas, a los ojos de cualquier avisado observador, era la de evitar la autonomía del grupo parlamentario, donde entonces se asentaban los críticos, y la de impedir que Fraga, recién elegido presidente de AP en Galicia, pudiera ser diputado y, por lo tanto, virtual aspirante a la presidencia del gobierno.

A las puertas del verano, en verdad la sede nacional del partido en la calle Génova era un horno de conspiraciones, de intrigas y de manipulaciones informativas que evidenciaban una crisis sin precedentes. El personalismo y la indisciplina minaban a la organización que, a juzgar por su comportamiento, no era capaz de hacerse con el control del partido español con más afiliados. El atosigamiento de los medios era tal que Hernández Mancha puso en práctica cartas confidenciales a los líderes territoriales, cuya circulación como *confidencial* le aseguraban una amplia difusión, que recordaban los viejos medios utilizados por los políticos en la clandestinidad.

En una de ellas, un texto anecdótico e impertinente —con mala prosa—, dada a conocer el 15 de julio[28], Hernández Mancha denunciaba la campaña mediática de que era víctima[29] y, en otro orden de consideraciones, negaba que Fraga fuese a volver y que Matutes, Aznar o Mario Conde estuviesen en operaciones alternativas a su liderazgo. Todo ello lo decía poniendo por delante su anuncio de optar a la reelección como presidente del partido en el noveno congreso nacional. Decía así, entre otras cosas:

> "(…) Ya sabes que yo me presento a la reelección en la completa seguridad de que esa continuidad es tan beneficiosa para AP como perjudicial sería repetir a los dos años el trauma que a todos nos supuso la decisión de don Manuel, nuestro fundador, de dar paso a otras personas en la dirección del partido."
>
> "(…) Aunque es ocioso reiterarlo, debes saber que don Manuel es un hombre de una sola palabra y me ha garantizado pública y privadamente su apoyo en todo momento y su voluntad de no retorno. Que Abel Matutes sigue colaborando estrechamente conmigo y con la dirección del partido y que sólo alguna persona oficiosamente que dice hablar en su nombre[30], pero cuya gestión está desautorizada de antemano por el propio Abel, puede haber generado los comentarios en cuestión".

---

[28] El *ABC* la transcribió íntegra mientras que otros periódicos publicaron resúmenes o breves alusiones.

[29] La carta en cuestión era ridícula, tanto más por ser quien era su firmante, puesto que, por ejemplo, se afirmaba que el periodista Diego Armario (que había participado con otros informadores en una rueda de prensa en TVE y que Mancha calificó como *una encerrona hostil)* se había afeitado la barba para no ser reconocido por los admiradores de Mancha y así evitar cualquier violencia. De igual modo sonaba ingenuo que Mario Conde le rogara librarle de una campaña de prensa contra él, siendo capaz, como todo el mundo sabía, de *dirigir* a ciertos periódicos.

[30] Se refiere sin duda al que había sido tesorero Ángel Sanchís, que a los dos meses del triunfo de Hernández Mancha, en cuya candidatura figuraba como responsable de finanzas, perdió la confianza del nuevo equipo y desde entonces se convirtió en un furibundo adversario. Durante la gestación de la candidatura de Mancha, Sanchís fue enlace de Abel Matutes y según parece lo siguió siendo año y medio después a juzgar por la carta de Mancha.

"Lo mismo cabe decir de José María Aznar, cuyo éxito en Castilla y León es tan patente como su voluntad de contribuir a la unidad del centro-derecha que todos defendemos, y su apoyo, crítico pero en todo caso constructivo y valioso, a la actual dirección".

"Y por último, Mario Conde, que personalmente me ruega manifieste que se considera víctima de una campaña en la que se le atribuye aspiraciones políticas y que os transmita su desmentido rotundo y además su indignación por lo que le significa como hombre de finanzas de Banca lo que de 'interinidad' pueda aparentar tal repertorio de propaganda anunciándolo como político..."

El estudio de un nuevo perfil ideológico de Alianza Popular alarmó a no pocos dirigentes, sobre todo a los críticos, en las puertas mismas del verano. Con la eufemística denominación de *homologación de los mensajes,* el andaluz Manuel Renedo fue el encargado de elaborar el documento (encargo que lo tuvo antes de su dimisión Alfonso Osorio) que permitiría la enajenación de AP a otras fuerzas afines españolas y europeas. Se pensaba —acaso acertadamente— que Hernández Mancha configuraba ante el próximo congreso nacional una refundación partidista con políticos apartados y otras personalidades en la que él fuera el centro, sin posibilidad de alternativa. El enquistamiento de liderazgo que ello representaba hizo sonar las alarmas.

La polémica convocatoria del congreso y, en particular la *domesticada* organización del mismo, suscitó críticas dentro y fuera del partido, ávidos como estaban algunos periodistas de airear la crisis que padecía AP. Tanto Aznar como Trillo protestaron sobre el modo de convocatoria y el encargo de ponencias: de un total de 15, sólo dos fueron asignadas al sector crítico (a Miguel Herrero, la de política exterior y defensa, y a José María Aznar, la de administraciones públicas).

Pero lo que provocó el mayor número de censuras fue el método que se quiso implantar para la elaboración y discusión de la ponencia de política (la ya comentada bajo la coordinación del diputado Manuel Renedo) y la de estatutos, método consistente en atribuir al Comité Ejecutivo el carácter de *ponente,* para debatirlas y aprobarlas durante los meses de octubre a diciembre en su seno, donde Hernández Mancha gozaba de una holgada mayoría. Federico Trillo, jefe de la asesoría del grupo parlamentario, y el mismo Aznar se opusieron a estos métodos para un congreso unilateral, sin resquicios para candidatura alternativa.

Trillo, en calidad de portavoz de los críticos, se opuso a que el Comité Ejecutivo pudiera retener para sí la elaboración de ponencias, por carecer de personalidad jurídica, y fue a más: "Para el próximo congreso se nos ofreció plena integración —dijo— y, sin embargo, se han repartido las ponencias entre los suyos y se ha limitado el número de compromisarios y se ha hecho una manipulación con ellos para que ratifiquen a los que mandan".

En definitiva, la pugna era por evitar una nueva confrontación y las argucias legales atribuidas a Ruiz Gallardón se encaminaban a disuadir a los críticos de presentar una candidatura propia.

En puertas de las vacaciones veraniegas en el Comité Ejecutivo se produjeron enfrentamientos dialécticos tales, a propósito de la crítica externa que formularon Aznar y Trillo, que en respuesta al reproche que sobre el particular hizo Hernández Mancha, aquéllos pusieron el cargo a disposición de la presidencia del partido. No les fue aceptada la dimisión, por supuesto, pero con la *filtración* de la noticia de este hecho se quiso delimitar en términos disciplinarios lo que respondía a una cuestión de fondo: qué modelo de derecha se quería y sobre qué base ideológica[31].

Podía colegirse, un año y medio después del acceso al poder de Hernández Mancha, que prevalecía el afán de permanencia aunque fuera con un electorado exiguo al intento serio de armar una alternativa potente al socialismo. Es decir, contaba antes la resignación que la superación.

El periódico *Diario 16* inició la temporada política con la publicación, el 25 de septiembre, de una encuesta realizada por la empresa IPC/Research ciertamente demoledora. El PSOE, pese a su desgaste y su política enfrentada a la clase trabajadora, contaba con un respaldo de intención del voto del 41 por 100. Por el contrario, Alianza Popular había perdido un tercio de su electorado, al tener el apoyo intencional del 15,5 por ciento. El proceso de desgaste, de deterioro por la crisis interna, amenazaba la extinción. Sin embargo, la situación desastrosa de AP no beneficiaba por trasvase al CDS de Suárez, que contaba sólo con una intención del 17 por ciento, aunque por ser la opinión electoral un proceso lento se podía esperar el rebasamiento en un futuro próximo. El debate presupuestario de ese otoño fue registrado como un diálogo PSOE-CDS, lo que remachaba la tendencia ya registrada en la paulatina evolución de la opinión.

Estos datos dispararon las alarmas, no silenciadas tampoco con un mentís que hizo público AP discrepando del instituto realizador de la encuesta "por haber falseado los resultados".

La Operación Marcelino Oreja

En opinión de Arturo García Tizón la figura política de Marcelino Oreja, en 1988 secretario general del Consejo de Europa, era similar a la perdiz blanca, modalidad rarísima, que todos los cazadores querían cobrar. Entre las escopetas al acecho estaba la de Fraga, quien, si la cazaba, la metía en el zurrón con las demás perdices rojas. Luego, desplumadas, todas las perdices parecían igual, sin distinción de plumaje y sabor[32].

Esa advertencia, mediando la metáfora perdicera, se la formuló el secretario general de AP, García Tizón, a quien parecía el comodín de toda nueva partida del centro-derecha, porque unos y otros convergían en él como única solución por tratarse de un político sin rechazos. La apuesta en el ex-ministro de Exteriores era también fuerte por parte de los sectores econó-

---

[31] Con motivo de participar Aznar el 8 de agosto en el curso de verano de San Lorenzo de El Escorial, organizado por la Universidad Complutense, la prensa publicó la noticia sobre la dimisión de una semana antes, lo que acaparó la atención en vez de su disertación. En efecto Aznar confirmó la noticia y habló de la posibilidad de que hubiese una candidatura de alternativa a Mancha. El presidente castellano-leonés, por lo demás, afirmó que el socialismo no se sabía lo que era porque, al menos en España, "ha renunciado a sus principios originales en función del pragmatismo y en su seno cabe todo".

[32] En realidad Marcelino Oreja estuvo siempre muy próximo a Alianza Popular aunque nunca formalizó su ingreso (la suscripción de ficha) y eso que en 1983, cuando se pasó al Grupo Popular como diputado presentado por UCD, se habló de que le habían instalado un despacho en Génova, 13. Al parecer la no suscripción de ficha con AP se debió a la frialdad con que fue recibido en el Grupo Popular, por lo que se planteó dejar la política y volver a la carrera diplomática, lo que hizo aceptando el puesto de cónsul en Lisboa. De aquí lo sacó el propio Felipe González, apenas se enteró de lo infraconsiderado que estaba el ex-ministro de Exteriores, y lo promocionó para su elección de secretario general del Consejo de Europa.

micos y, sobre todo, se sentía intensamente defendido por el *ABC*, entonces un auténtico púlpito político.

Las relaciones de amistad entre Oreja y Tizón venían de atrás, pero en 1988 fueron más frecuentes porque el toledano asumió los compromisos europeos en representación del partido y ello dio ocasión de conocerse mejor para impulsar una indefinida *reconversión* —o unificación— de AP y de otros minúsculos partidos y personalidades no militantes. Al primer contacto de esta etapa, con ocasión del congreso de la Internacional Democristiana, a Tizón le estimuló el imitar el proceso de renovación de Nueva Derecha de Grecia. Tizón justifica la iniciativa así: "Había que darle una salida al partido, pues de lo contrario retornaría Fraga, porque entonces sí sería imposible construir el Partido Popular teniendo como tenía él tantos rechazos dentro y fuera". Robles Orozco e Isabel Ugalde, ambos parlamentarios que acudían frecuentemente al Consejo de Europa, en Estrasburgo, cultivarían la nueva corriente política y cerca de Oreja serían embajadores gratos. Pero Orozco subraya que la solución Marcelino Oreja tenía poca ambición para una refundación global y seria porque el diplomático lo que quería era garantizar su salida del Consejo de Europa siendo candidato popular al Parlamento Europeo.

El equipo de Mancha desdeñaba a los democristianos del Partido Demócrata Popular de antes y después de Alzaga, y en ello operaba el resentimiento de no haber sido ayudado por ellos en la moción de censura. El menosprecio del dirigente aliancista es rotundo: "(...) Es gente que no tiene nuestro talante; puramente teórica, de pasillos, sin arraigo popular. Es más el poder que fingen tener que el que realmente ostentan; a mí siempre me pareció que era gente un poco despreciable"[33]. Tan descalificatoria opinión contra los democristianos *del interior,* permitía interpretar como solución valiosa la elección de Oreja, mediando el verano de 1988, como razonable para lograr el proyecto de un partido *reconvertido.*

Hernández Mancha ha revelado que, siguiendo las pautas de Fraga, durante la primera parte de su mandato se mantuvo fiel en orden a ser amigo del socialcristiano CSU de Strauss y en permanecer dentro del Grupo Conservador —con ingleses y daneses— en el Parlamento Europeo. Dos hechos contribuyeron a mudar de opinión: su asistencia al entierro de Strauss en Munich, donde comprobó que el CDU de Helmut Khol era el que podía robustecer su presencia en Europa, en vez de los bávaros reaccionarios, y el desplante que le dio Margaret Thatcher en Blackpool, pues después de invitarle al congreso del Partido Conservador se negó a recibirle, desplante que fue explotado en su contra por los medios españoles. El motivo arrancaba de un enfrentamiento que tuvieron los eurodiputados aliancistas con el *tory* Presidente del Parlamento Europeo, Henry Plumb[34]. En definitiva, el equipo de Mancha optó por la alianza continental y, en concreto, antes por Bonn que por Londres.

La familia demócrata cristiana del PDP, tras la derrota de las elecciones europeas, locales y autonómicas de junio de 1987, se sustentaba en las agrupaciones parlamentarias del Congreso y del Senado, así como en los 36 millones de pesetas mensuales que percibía del Estado por aplicación de la Ley de financiación de los partidos políticos. Por otra parte, el PDP seguía teniendo el cordón umbilical de la Fundación Adenauer y el reconocimiento de la internacional

---

[33] Testimonio de Hernández Mancha al autor.

[34] Al parecer, Hernández Mancha amenazó con no apoyar a Henry Plumb si el Reino Unido no prestaba mejores oídos a la posición española sobre Gibraltar. Enterada Thatcher *castigó* a Mancha, aunque era su invitado, a no recibirle.

democristiana, aunque el prestigio personal de Marcelino Oreja y de otros democristianos moderados[35] se contraponía en influencia al partido que, en gran parte de la opinión pública, tenía la imagen arruinada por causa de la traición a Fraga y a Coalición Popular. Esa bipolaridad democristiana no era manifiestamente hostil pero tampoco amistosa, y la disensión resultante era por causa de personas y de estrategias.

Los nuevos dirigentes del PDP, Javier Rupérez y Luis de Grandes, a comienzos de 1988 se plantearon romper con la vieja y oculta identidad del partido y, en su lugar, proclamar claramente la personalidad democristiana adoptando un profundo cambio de imagen que comprendía la nueva denominación *Partido de la Democracia Cristiana,* con un nuevo logotipo en el que desaparecía —quedaba *talado*— el viejo y verde abeto, todo ello según un nuevo aire europeo. Por eso, en la convención donde se procedió a este cambio de identidad —que servía también para evaluar efectivos militantes— se adoptó el lema *Como en Europa.* Durante este proceso de transformación (la refundación del PDP, la llamó alguno) De Grandes registró en el Ministerio del Interior no sólo el nombre *Democracia Cristiana,* sino que a través de testaferros inscribió también la denominación *Partido Popular,* que era la que se llevaba en Europa[36].

Lo sorprendente de esta transformación estratégica, no sólo de siglas, es que tuviera por causa "que la presentación como fuerza del centro no hubiera funcionado, que fuera una experiencia quemada"[37]. En verdad, *Democracia Cristiana* apelaba a unos dos millones de votantes que, según las encuestas, se confesaban democristianos; los mismos dictados sociológicos que les llevaron a cambiar el nombre. Sin embargo, la iniciativa de romper con la imagen de "ser los chicos que rompían coaliciones" les creó no pocos problemas internos entre quienes se oponían al cambio de orientación: Enrique Marfany y Pedro Costa. A éste se le abrió expediente por salir de la agrupación parlamentaria del PDP y pasar al grupo de Convergencia i Unió. Por otros motivos, habían abandonado también la organización Carlos Rosado, de Andalucía, y Carlos Gila, de Segovia, éste en un proceso disciplinario como consecuencia de enfrentarse a la dirección durante las elecciones municipales.

La convención, a la que asistieron cerca de trescientos militantes, así como democristianos *históricos* (Landelino Lavilla, Ruiz Giménez y José María Gil Robles hijo), aunque modesta en sus ambiciones fue, en cambio, el acto de agrupamiento de cara a pactos venideros y en ese contexto de ser la única sucursal del Partido Popular europeo, Rupérez, siempre hábil para barruntar el viento, les dijo a sus correligionarios: "(El cambio de nombre) significa al mismo tiempo final y principio. Porque aquí cerramos una etapa de dificultades y sinsabores, con la

---

[35] Alrededor de Marcelino Oreja formaban grupo Jaime Mayor, José Luis Álvarez, Gabriel Cañadas e Íñigo Méndez Vigo. También, en un segundo nivel, estaban los parlamentarios José Manuel García Margallo, Juan Carlos Guerra, así como la concejal Elena García Alcañiz y otros significados democristianos.

[36] En enero Luis de Grandes cedió la denominación *Partido Popular* a Marcelino Oreja, a fin de rebautizar la engrosada y abierta formación política de Fraga. Este hecho fue muy criticado por los diputados democristianos que no se pasaron al PP con Oreja y en concreto el parlamentario almeriense José Luis Pérez Dobón pidió la dimisión de Luis de Grandes. No obstante, en previsión de que De Grandes no cediera dicha denominación, ya Marcelino Oreja había constituido (en la notaría de José Luis Álvarez) tres partidos fantasmas cuya denominación llevaban las dos primeras palabras "Partido Popular" (democrático, español, etc.). La competitividad democristiana parecía reducirse a una disputa nominalista.

[37] Lo subraya en una crónica Anabel Díez, publicada por *El País* el 8 de febrero de 1988, quien también recoge que Javier Rupérez pretendía "Una oferta política con solvencia ideológica y de carácter nacional" no descartable para ofrecerse a otra fuerza nacional de cara a las elecciones legislativas.

certeza de que de nada tenemos que avergonzarnos. Esta convención es un hito en un camino que todos deberíamos seguir recorriendo juntos".

En definitiva, los democristianos del interior se sacudieron el estigma de *rompecoaliciones* y empezaron a merecer, en competencia con Marcelino Oreja, ser pieza clave para el reagrupamiento del centro-derecha, tal vez dando más valor a la salsa que al guiso. No obstante, a través de Thomas Jansen, secretario del Partido Popular Europeo, Rupérez se aseguró que no se admitiría a ningún grupo en dicho partido continental aparte de la Democracia Cristiana.

Los textos primeros de la Refundación

Entretanto un grupo de trabajo preparaba los primeros papeles de lo que se llamaba *reconversión o unificación*, documentos que se redactaban en Génova 13 con el máximo sigilo para someterlos a la consideración de Marcelino Oreja, la duda sobre si se presentaba a la reelección de secretario general del Consejo de Europa le reconcomía pese a ser la piedra clave de la arquitectura sillar que se proyectaba[38].

El verdadero motor de esta operación era, sin embargo, Arturo García Tizón, conforme reconoce Íñigo Méndez Vigo[39], y a él se debió la diligente actuación de presentar un proyecto concreto, más de logística que doctrinal, fruto de los anteriores trabajos llevados a cabo discretamente durante el verano, con vistas a hacer innecesario el retorno de Fraga —o a impedirlo—, aunque se corría el riesgo de que lo precipitara. Así ocurrió al final.

Durante el fin de semana del 12 de octubre, el matrimonio Hernández Mancha se encontró discretamente con el matrimonio Oreja Aguirre en París y, mientras ellas se iban de compras y a visitar la ciudad, ellos prosiguieron las negociaciones ("ya por entonces muy maduras", en palabras del interlocutor extremeño) que había iniciado García Tizón y que no tenían obstáculos que sortear. Ciertamente las dos partes tenían prisa, pero por motivaciones diferentes o, si tangenciales, con ópticas variables. Mientras que Oreja veía al CDS de Adolfo Suárez en vena ascendente, puesto que el Duque no quería ser partido bisagra, sino alternativa al PSOE, y en septiembre los centristas fueron acogidos con trompetería en la Internacional Liberal, al joven equipo dirigente de Alianza Popular le preocupaba seriamente que Fraga decidiese recuperar su viejo sillón de la calle Génova 13.

El documento sobre el que negociaron Hernández Mancha y Oreja concernía al diseño y composición de los órganos de la *unificación,* con expresión de las garantías necesarias y del método de pacto. Era, pues, un documento orgánico y de reparto de poder que posteriormente sería desarrollado en las cuatro partes en que se dividía: comisión de unificación (con su composición, funciones y objetivos), reparto de competencias reales entre el presi-

---

[38] El relato histórico que se presenta se ha preparado, a falta de otros testimonios, con las versiones facilitadas al autor por Hernández Mancha, García Tizón, Méndez Vigo, Gonzalo Robles y Federico Trillo. En términos generales no hay contradicciones, sino matices, y en todos ellos hay imprecisión en fechas y actuaciones.

[39] Méndez Vigo, letrado de las Cortes Generales, era entonces el director del gabinete técnico de Marcelino Oreja en Estrasburgo y, más que eso, era el factor de enlace para las relaciones políticas en España del secretario general del Consejo de Europa. Por parte de AP, Gonzalo Robles acudió varias veces a Estrasburgo y el último texto, del que aquí se entresaca lo esencial, se lo entregó en mano a Marcelino Oreja, que estaba acompañado de Méndez Vigo en el aeropuerto de la capital alsaciana.

dente y el secretario general, composición del comité ejecutivo y nombramiento de puestos y órganos claves. Pero por ninguna parte se estudió el proyecto político en profundidad, en contacto con la raíz ideológica en orden a pergeñar un modelo social distinto e ilusionante.

Era de todos conocido el afán de Marcelino Oreja por unificar el centro-derecha, lo cual se enervaba todavía más en elecciones generales, razón por la que promovía candidaturas comunes no nacionalistas en el País Vasco. La oferta del manchismo para que se pusiera al frente de esta operación le ilusionó, pero no por ello dejó de ver las serias dificultades que entrañaba llamar a todos y ponerlos bajo el mismo paraguas de Partido Popular; cambio de nombre que ocasionaría enfrentamientos. Méndez Vigo, interlocutor en este tráfico de contactos, ha resumido el interés del equipo dirigente de AP diciendo: "Tuve la sensación de que les interesaba quedarse ahí y mandar, pero había poco proyecto político".

Con todo, Oreja habló con unos y otros (con Matutes, Cabanillas, Fernando Suárez, Carlos Robles, etc.) de la necesidad de superar la división existente. Pero cuando llegó a oídos de Fraga el plan que se preparaba, el villalbés se cargó de razón y decidió regresar a la dirección del partido, interrumpiendo el proyecto del manchismo por entenderlo temerario y de almoneda. Se desconoce la causa concreta y el momento de esta determinación de Fraga, pero no hay duda que la provocó el documento a que se ha hecho referencia. Si hasta entonces se había resistido a tomar la iniciativa de su vuelta activa, el peligro que advirtió de que su obra la *entregaran* le azuzó sobremanera. Ya no necesitaba que le llamaran a voces ni era una premisa básica que el congreso del partido fuera de concertación, de candidatura pactada.

Sobre la Refundación existen muchos informes o aportaciones escritas que es imposible reproducir, ni siquiera sintetizar. Pero sobre esa pila de papeles hay que extraer, por su valor histórico, el primer memorándum que utilizaron Oreja y Mancha, a sabiendas que muchas de esas ideas fueron recogidas y mejoras en posteriores aportaciones, la mayor parte de las cuales obran en poder de Federico Trillo. Por consiguiente, nos centramos en el documento que han puesto a disposición del autor los interlocutores del primer contacto.

La primera parte del informe se refiere al análisis de situación y, en concreto, "a la falta de perspectiva de acuerdo entre las formaciones políticas de centro-derecha". Con vistas, pues, a "reorganizar, reordenar, refundar el espacio del centro-derecha" se adelanta un análisis sobre la desunión, limitaciones y rechazo y falta de credibilidad de Alianza Popular para, seguidamente, incidir en lo que representa la Refundación.

El proyecto de refundación consistía en las síntesis de los actuales partidos de ámbito nacional del centro-derecha español, con la incorporación de personas de relevancia política hoy no ubicadas en partido político alguno, en un único partido que se denominaría Partido Popular. En este punto cabe señalar la conveniencia de una amplia convocatoria a cuantas personas pudieran sentir deseos de participación en un proyecto de estas características.

Simultáneamente —proseguía el documento—, se establecerán los contactos necesarios con los partidos de centro-derecha de ámbito regional para arbitrar los nexos de unión necesarios y, en todo caso, asegurar una plataforma común, tanto para las elecciones europeas como para las próximas generales y municipales donde el concepto "popular" sea el común denominador de la misma.

La posibilidad que desde ese futuro Partido Popular se articule una plataforma con las características de Federación Popular debe ser inmediatamente contrastada con los partidos de ámbito regional del centro-derecha.

Con el acento puesto más en la *filosofía de la fusión* que en la de *absorción* se reproduce la letra y modo de operar del proyecto en gran parte abortado por la realidad, con la vuelta de Fraga quien en modo alguno deseó que la Refundación fuera una alianza de perdedores a costa del debilitamiento de Alianza Popular.

El 24 de octubre Fraga anunció su regreso

La pregunta "¿cuándo decidió volver Fraga?" ha suscitado versiones varias y las más de las veces con interpretaciones rayanas en el proceso de intenciones y, por lo tanto, poco históricas.

Cuando Fraga regresó en septiembre de las vacaciones estivales —y ya se sabe que el veraneo tenía siempre para él efectos de terapia política—, se situó en un despacho propio de la Fundación Cánovas, dejando libre el que deferentemente le prestaba el secretario general de la institución, Juan José Lucas.

Era una pieza modesta e inmediata al vestíbulo porque, habida cuenta de las numerosas personas que acudían a visitar a Fraga, aquel trasiego de gente podía perturbar el normal funcionamiento de la casa. Ese tráfico humano —como si de las peregrinaciones a *Lourdes* de la derecha se tratara— era sólo de los días que el eurodiputado estaba en Madrid, jornadas en las que preguntaba hasta la sasiedad a sus interlocutores acerca de la marcha del partido y de la solución previsible.

Ante la crisis de AP la interpretación de los visitantes variaba al juzgar los males atávicos de la derecha —montaraz, egoísta y cainita— y la mala gestión del manchismo, pero en cuanto a la solución, a la altura de septiembre, casi todos coincidían en afirmar que Fraga debía retomar el poder y ordenar la sucesión que antes no hizo. Incluso algunos que le achacaron en 1986 ser causante de las sucesivas derrotas frente al socialismo, ahora volvían grupas de aquella opinión, sin arrepentimiento, y le incitaban a que tomara el poder lo antes posible.

Para algunos autores, la vuelta de Fraga, a través de su candidatura en el IX Congreso de AP, estaba decidida con mucha antelación aunque él, astuto y oportunista, guardaba sus intenciones hasta el momento de hacerlo público. Estos autores[40], sin embargo, sí proporcionan un hecho contrastado que, por vía indirecta, probaba que Fraga sería candidato a dicho congreso y que él prefería una sola candidatura para evitar la confrontación.

Se trata de la reunión que José María Aznar, predispuesto a tomar la antorcha de Miguel Herrero y disputarle democráticamente la presidencia a Mancha, tuvo con algunos colaboradores y amigos durante el mes de septiembre[41], donde anunció que cesaba en su aspiración a ser alternativa congresual a Mancha y que atenuaba su campaña de promoción mediática de

---

[40] Carlos Dávila y Luis Herrero, entre otros, sostienen (*De Fraga a Fraga*, págs. 282 y ss.) que la determinación del retorno del villalbés venía preconcebida desde antes del verano, y acaso desde mucho antes, basando tal aserto en varios indicios y testimonios poco objetivos, dentro de la conjetura.

[41] El encuentro entre Fraga y Aznar se produjo el lunes 19 de septiembre y en ella si el villalbés no confirmó al

su imagen. Lo hizo público a la prensa y, con ello, dejaba expedito el camino a Fraga empeñado en que no hubiera enfrentamiento y división.

La declinación de Aznar como candidato frente a Mancha hubo de responder, seguramente, a que el castellano conociera —o intuyera— que Fraga regresaba para reordenar su sucesión. Es más, Aznar se vio con Fraga a la vuelta de ese verano y que en esta entrevista el villalbés dio a entender sus intenciones[42].

Pese a los muchos requerimientos que le dirigían en este sentido, el villalbés no había decidido a mediados de octubre su retorno, a lo que se resistía de manera expresa y de ahí que el papel de Aznar siguiera en alza. El hecho de que Fraga evacuase consultas sobre la compatibilidad de los puestos de presidente regional y nacional del partido, y la certeza de ello lo corroboran varios testimonios, era demostración de que pensaba ser un presidente nacional *transitorio* hasta reordenar la sucesión e irse a continuación a Galicia, porque pensar en la acaparación —en la caución— sería excesivo.

La vuelta de Fraga, agotados los intentos de integración entre manchistas y aznaristas, representó de alguna manera la Rendición de Breda (magistralmente dibujada la caricatura del cuadro velazqueño por Gallego y Rey) y el sometimiento de Hernández Mancha inicialmente resistente.

Realmente Aznar siempre fue visto por el equipo dirigente de la calle *Génova 13* con recelo y, en cuestiones de funcionamiento de partido, se le estorbaba y acosaba de manera que estuviese siempre en guardia, vigilante. Desde que pronunció la conferencia en el club Siglo XXI, constituyéndose Aznar en un referente de recambio del poder, se le ofreció la integración en el equipo de Mancha de cara al IX Congreso, a lo que no contestaba —dando largas o con el silencio—. Aquella actitud de hostigamiento se recrudeció, máxime cuando la CEOE vio en el castellano la solución del liderazgo. Ya no bastaba estorbarle, había que debilitarlo hasta que perdiese el poder en la Junta de Castilla y León y, luego, eliminar su influencia en el IX Congreso si por entonces ya no era el Presidente del gobierno castellano. Para Hernández Mancha "aunque Aznar es un valioso personaje, ya no es imprescindible", decía en el otoño de 1988, y ello porque ya existía un plan para apartarlo de la carrera haciéndole perder la confianza del grupo parlamentario de AP en las Cortes de Castilla y León. Lo ha precisado Aznar a Díaz Herrera/Durán con estas palabras[43]:

> "La dirección del partido decide que es preferible perder la única autonomía en que gobernamos a tener que soportarme. Siguiendo sus instrucciones, se transmite la consigna de que hay que dejarme colgado de la brocha, a merced del PSOE".

dirigente castellano que iba a retornar a la presidencia de AP, sí parece seguro que defendiese una candidatura única de integración entre los dos sectores enfrentados. En cualquier caso, en una reunión habida en Valladolid, en el despacho de presidente de la Junta, Aznar estudió con Trillo, Lucas, Rato y Posada, en presencia también de los Miguel Ángel Cortés y Rodríguez, su renuncia a ser candidato presidencial en el IX Congreso del partido. En cualquier caso, el 25 de septiembre Aznar declaró a la prensa que no sería candidato.

[42] Luis Herrero, *El poder popular* (Temas de Hoy, 1996, Madrid), pág. 45.

[43] *Aznar, la vida desconocida de un presidente,* pág. 376.

Con intención de concordia Fraga auspició que Federico Trillo, del lado de los críticos, y Arturo García Tizón (éste sustituido por Gonzalo Robles), por parte de la dirección de AP, hablaran para lograr una lista unitaria en el IX Congreso. El comisionado del fundador, con mandato concreto, quería el control de las áreas financiera y electoral, así como el apartamiento de algunos dirigentes manchistas, como por ejemplo del andaluz Francisco Rausell, quien acababa de afirmar a los medios que la vuelta de Fraga era una vuelta al pasado.

El manchismo sólo admitía la recuperación del propio Trillo y de Juan Manuel Fabra, atribuyéndoles las áreas de estudios y tesorería, respectivamente, y para el resto de los críticos, *la intemperie*. El papel que se encomendaría a Aznar se dejaba para el momento mismo del congreso. La dureza inconmovible de los manchistas hizo desistir a Trillo en la negociación no sin lamentar esa obstinación, que al final facilitó la decisión de Fraga de tomar las riendas.

Mientras tanto, ya sin sitio, Miguel Herrero aún intentó que se llegase a un acuerdo de constituir un grupo de líderes (un aristocrático colegio de pares) que asumieran conjuntamente la responsabilidad y las decisiones, y de este modo lograr un consenso de liderazgo en el venidero congreso. Fracasó, quizás porque Fraga ya había decidido volver.

En sus memorias Herrero asegura que en un almuerzo con el villalbés, en septiembre, le sondeó la opinión sobre su regreso, considerándolo inevitable[44]. Dice más: "(...) y me ofreció encabezar la lista al Parlamento Europeo en las elecciones que debía celebrarse pocos meses después". Asegura que prometió considerar la oferta, pese a la poca simpatía que le inspiraba la institución europea, y añade: "poco después me enteré por la prensa que, mucho antes, había comprometido para tal empeño a Marcelino Oreja".

Como táctica, al hacerse tanto de rogar, el retorno de Fraga se hizo una necesidad y los pocos atisbos de que ello fuera posible se tomaba como un claro indicio. Así, la pregunta que hizo en una reunión del comité regional de Galicia, sobre la compatibilidad entre las presidencias regional —que ya ostentaba— y la nacional, corrió de boca a oído y se interpretó como un inequívoco signo de que volvía. Del mismo modo, el viernes 14 de octubre en un hotel madrileño del barrio de Salamanca, donde presentaba una conferencia de Alberto Ruiz Gallardón, dijo ante los numerosos periodistas presentes que pedía al partido AP "unidad, entendimiento y responsabilidad... y llegaré hasta donde haga falta por conseguirlo". Los aplausos subrayaron este párrafo porque, conocida la resistencia de la dirección manchista por lograr una candidatura de unidad, la frase no encerraba enigma alguno. Fraga volvía aunque rodeándose de cierto gradualismo y ambigüedad gallegos.

En particular, los militantes aliancistas de Madrid vivían por estas fechas la crisis del manchismo con especial incidencia, puesto que habían recibido selectivamente una carta anónima en sus casas en la que se postulaba el regreso de Fraga y se criticaba duramente —al estilo de los libelos políticos— a la dirección manchista, de ahí la expectación suscitada ante la conferencia de Ruiz Gallardón en el hotel *Príncipe de Vergara;* acto al que mediante otra comunicación anónima se invitaba a sus destinatarios.

La misiva tuvo gran difusión en los medios de comunicación por cuanto que, aunque se escudaba en el anonimato, mostraba el humo del incendio oculto que abrasaba a AP y a sus

---

[44] Véase *Memorias de estío,* pág. 373.

dirigentes, que iba a más. De las averiguaciones que se hicieron para detectar al remitente de la carta, se estableció la hipótesis fiable, por parte de la gerencia de AP, de que procedía de un censo de afiliados no actualizado (de 1986) en poder del senador Juan de Arespacochaga, entonces suspendido de militancia por haber elogiado en unas declaraciones a la televisión chilena el referéndum convocado por Pinochet, consulta que abría la transición democrática en Chile[45].

El ex-alcalde de Madrid y ex coronel de Ingenieros, como muchos otros militares, era un devoto del ejército *a la turca* y, en ese contexto, no se privó de elogiar a la dictadura militar chilena, provocando un amplio revuelo en la opinión pública que aprovechó la dirección manchista de AP para condenarle por ser él un calificado fraguista y admirador de Miguel Herrero, situado consecuentemente entre los críticos a la actual dirección aliancista. Aunque desafortunadas las declaraciones, Mancha y García Tizón pusieron demasiado empeño en que Arespacochaga fuese expulsado del partido y con ello desacreditar a los fraguistas de viejo cuño. La sanción se quedó en una suspensión de militancia de tres meses, que el sancionado calificó en la radio como *una cerdada*[46].

En cualquier caso, una especie de respuesta a la antedicha carta era la cena de Fraga en Bruselas en compañía de Matutes, Suárez y Robles Piquer, donde el villalbés les anunció que tras pensarlo mucho estaba decidido a volver y asumir en el próximo congreso la presidencia del partido a ser posible mediante una lista de integración a fin de que no hubiese derrotados. Todos celebraron el anuncio como necesario y Fraga pidió discreción hasta hacerlo público pues quería antes ponerlo en conocimiento de Mancha. No fue guardada la reserva porque en Madrid, al día siguiente, comenzó a bullir el rumor en los dos campos y, por supuesto, algún columnista se anticipó —el caso de Federico Jiménez Losantos en *ABC*[47]— a comentar la vuelta de Fraga:

> "(...) la vuelta de Fraga no hace sino señalar una vez más el pecado capital de la derecha, que es no crear equipos bien preparados para la acción política. Ese pecado lo ha sido también de Fraga, que llenaba con su carisma el vacío ideológico y organizativo de su partido. Paradójicamente, cabe esperar que, si vuelve, lo haga para preparar, ahora sí, ordenada y eficazmente, trabajando a largo plazo su sucesión".

Desde Estrasburgo Fraga llamó por teléfono a Federico Trillo para citarlo en su casa de la Ciudad Universitaria el jueves 20, a las siete y media de la tarde, y le encareció que no comen-

---

[45] Las declaraciones las hizo el vicepresidente del Senado al periodista Guillermo Yunge, del canal estatal de televisión, y en ellas arremetía contra los partidos políticos con afirmaciones de este tenor: "(...) Lo digo claramente: los partidos quizá no sean la forma demócrata mejor para funcionar. Quizás sea la más fácil de instaurar, pero, efectivamente, no es una democracia pura y absolutamente perfecta. Un régimen que está basado en el referéndum popular tiene, para mí, la legitimación máxima, por encima de cualquier pensamiento partidista" (25 de septiembre, 21,30 horas de Chile).

[46] Esta declaración la hizo el senador Arespacochaga al periodista Antonio Herrero, en *El primero de la mañana* (Radio Antena-3) y respondía a la actuación de García Tizón por expulsarle, lo que no logró. Cuenta Arespacochaga en sus memorias (*Cartas a unos capitanes*, pág. 312) que en el seno del Comité de Disciplina que el también senador Enrique Prieto Carrasco se negó a votar la expulsión, requerido a ello por García Tizón, alegando: "¿Cómo quieres que vote una sanción a Arespacochaga por decir lo mismo que yo pienso". Dice asimismo el sancionado que recibió muestras de solidaridad personal de Alberto Ruiz-Gallardón y de Manuel Fraga, quien le dio ánimos aunque entendía la declaración "inoportuna". Cuando meses más tarde volvió a la presidencia de AP el villalbés indultó a Arespacochaga y a otros sancionados por la dirección manchista.

[47] Véase *ABC* del 18 de octubre de 1988, en la columna *Comentarios liberales*.

tara la cita con nadie. Cuando el joven letrado del Consejo de Estado llegó al domicilio del villalbés, lo abandonaba Juan Ramón Calero —"lo despachó rápidamente", dice Trillo— tras haberse presentado súbitamente para comentarle el informe que sobre el caso GAL le había proporcionado el juez Garzón al portavoz popular; una excusa con la que ir a verle. En verdad, parece que Matutes dio cuenta a su hombre en Madrid, Ángel Sanchís, de la decisión de Fraga de volver y éste le pasó esta información a Calero, con vivos deseos de autopostularse secretario general del viejo Mesías.

Trillo llevaba consigo un papel sobre el modo de operar —"Estrategia para un retorno", era su título— concretado en diez puntos que ordenaban la presencia de Fraga en el partido y el proceso de refundación, una vez constatado el fracaso de las negociaciones por la unidad. "Para mi sorpresa Fraga leyó el papel con mucha atención y me convocó para el lunes siguiente en la sede de la Fundación Cánovas —recuerda Federico Trillo al autor—. Mientras tanto, intentaría mediar por última vez con Hernández Mancha para lograr una candidatura de unidad, porque no quería apearlo de la presidencia".

Decidido Fraga a recobrar la dirección de AP, designó apoderado en Madrid (por ser eurodiputado estaba más tiempo en Bruselas) a Federico Trillo para organizar la rebelión contra los manchistas que se resistían a dejarlo y, asimismo, para aplicar en la práctica el abundante material teórico de la Refundación. En este sentido Trillo fue uno de los artífices más eficientes que, en el nuevo equipo, ocupó la dirección del gabinete de Fraga y no la secretaría general por la que luchó frente a Álvarez Cascos.

Fraga le había pedido a Mancha entrevistarse el lunes 24 en *Génova 13,* y el presidente de AP cometió la indelicadeza de contestarle a la cita por mediación de secretaria, no directamente, convocándole a las nueve de la mañana. La reacción del villalbés fue de irritación madrugadora: "Dígale que estaré allí a las ocho y treinta", declaró en términos ferroviarios.

Quiso el fundador aliancista, no obstante, que durante el fin de semana se agotaran las posibilidades de evitar la confrontación. Y para ello comisionó nuevamente a Federico Trillo y a Carlos Robles para que intentaran recomponer la negociación sobre la unidad. Trillo y Robles, por separado, se entrevistaron con Hernández Mancha el viernes 21. "Le dije —revela Trillo—, en una conversación muy dura, aunque Hernández Mancha me agradeció la sinceridad, que no estaba acabado como político pero sí como presidente, y que no podía oponerse a la unidad pretendida por el fundador del partido. Me dijo que no estaba dispuesto a chantaje alguno de nadie".

A lo largo del fin de semana, con la mediación de Manuel Renedo, Trillo quiso reanudar las negociaciones con García Tizón, pero el pesado silencio desembocó en el lunes 24 de octubre.

Desde las ocho de la mañana la sede central de AP registraba cierto nerviosismo activo, un poco tenso, a la espera de Fraga, como en tiempos recientes cuando todavía era *inquilino* de la planta séptima. Como les ocurre a muchos pícnicos, las primeras horas del día del villalbés estaban impregnadas de *hiperactivismo,* quizás flotando en la euforia, con propensión a lo ofensivo. Pues bien, ante Hernández Mancha, aquella mañana, Fraga quiso ser suave y de entrada le dedicó su último libro *(De Santiago a Filipinas, pasando por Europa)* allí mismo.

Con independencia de la escenificación que se prefiera para esta entrevista desigual —tanto en lo tocante a caracteres como a anatomías—, la verdad es que la conversación giró en torno al propósito de Hernández Mancha de presentarse en lista propia a por la presidencia de AP en el IX Congreso ("tengo que decirle, don Manuel, que me presento"). El planteamiento de Fraga, pues, de proponer una lista única consensuada se vino abajo. Al parecer, el villalbés le dijo a quien lo había considerado como a un hijo que su propuesta de unidad era para salvar al partido de la fractura, de la confrontación. "El partido está roto y me propongo unirlo", dijo Fraga. La réplica del extremeño fue desgarrada, superando el miedo-respeto que le imponía su interlocutor: "Peor me lo encontré yo". Los desmentidos de Fraga acortaron la conversación. El diálogo crucial estribó en el ofrecimiento que Fraga le hizo al instante:

—Te ofrezco que vengas en mi lista de vicepresidente.
—Don Manuel, eso sería un cachondeo.

El velado "no" de la repuesta de Hernández Mancha subrayó el final de la conversación.

Hernández Mancha ha declarado al autor que lo que más le decepcionó del comportamiento de Fraga, con la categoría de mendacidad, es que unos días antes, en respuesta a una llamada telefónica indagando si era cierto que se iba a presentar, le contestase: "mi querido amigo, son habladurías".

Apenas diez minutos de entrevista, por lo que antes de las nueve de la mañana Fraga ya estaba en su despacho de la Fundación Cánovas, a no más de trescientos metros de la sede aliancista. Muchos periodistas ya esperaban allí la rueda de prensa anunciada mientras que, con viva impaciencia, Fraga esperaba la llegada de Federico Trillo, cuyo plan de anuncio y de ejecución del retorno había confeccionado en diez puntos. Sólo rechazó Fraga el último punto, donde se le recomendaba que no fuese a Estrasburgo hasta el final de la operación. Basado en ese documento el villalbés anunció a la prensa su decisión de presentar su candidatura a la presidencia de Alianza Popular, contando para ello con el apoyo de Abel Matutes, Fernando Suárez, José María Aznar, Juan Ramón Calero y Alberto Ruiz Gallardón, "... en beneficio de una más ordenada sucesión", explicó de pasada.

El anuncio de Fraga fue acogido con indisimulada satisfacción por la CEOE, aunque José María Cuevas declinó comentar algo interno de un partido político. Los banqueros, sin embargo, le dieron una tibia bienvenida. Un portavoz de la banca, ante la pregunta de si le darían dinero a Fraga como en otros tiempos, fue terminante: "Si lo va a devolver, tendrá financiación, pero de otro modo, no"[48].

Porque, ciertamente, la situación había cambiado, desde los dos puntos de vista opuestos. Alianza Popular, desde un año atrás, percibía de las arcas del Estado más de 150 millones mensuales amén de subvenciones electorales, lo que le permitía amortizar la deuda histórica y sobrellevar sus obligaciones, aunque los viejos banqueros amigos (Garnica, Botín, etc.) ante quienes Fraga apelaba insistentemente, habían desaparecido. Los tiempos habían cambiado y, con el nuevo sistema de financiación, la política ya no se hacía en los consejos de administración y en la patronal, ello explica la osadía de Hernández Mancha de enfrentarse a los dirigentes de ese *poder fáctico*. Los partidos ya nos lo necesitaban con apremio.

---

[48] Véase *El País* del 25 de octubre de 1988.

En 1987 los ingresos ordinarios por subvención estatal ordinaria (cuota mensual y aprotación a Grupos Parlamentarios) y extraordinaria electoral, así como por captación propia y otras fuentes se elevó a más de 4.042 millones de pesetas, aunque 1.259 millones de pesetas eran anticipos y préstamos para desarrollar las campañas (europeas, locales y autonómicas del ejercicio). Los gastos, a su vez, ascendieron en el mismo período a más de 3.905 millones de pesetas, por lo que la diferencia más las deudas históricas representaban un pasivo de 1.574 millones, con una liquidez de algo más de 107 millones. En 1988, el total de los ingresos fue de más de 2.529 millones pesetas y el de gastos y amortizaciones casi 2.788 millones[49], por lo que el pasivo se había reducido a 1.039.405.639 pesetas aparte de tener en la caja casi diez millones. La tendencia, pues, posibilitaba la pronta amortización y un funcionamiento desahogado de cara al futuro.

Luis Valls Taberner, miembro del Opus Dei y presidente del Banco Popular Español, que había venido actuando como orientador para toda la banca en materia de *préstamos electorales*, fue el único de los banqueros que emitió una declaración clara y perversa con la que endosaba —procedimiento por otra parte muy bancario— la expulsión de Fraga de dos años antes a sus propios amigos, una especie de parricidio:

> "Me parece muy bien que Fraga vuelva a la arena política. Nunca debió irse tan temprano. Se fue porque le presionaron los suyos y puede regresar porque vuelven a ser los suyos los que le animan".

Hubo sumo cuidado, sin embargo, en subrayar el significado de la vuelta del viejo jabalí villalbés como algo honorable, de ahí su insistencia en alcanzar la concordia con el manchismo, en torno a rehacer un testamento ejecutado defectuosamente. Y desde los medios influyentes, principalmente la CEOE, se insistió que Fraga venía a ser algo parecido a Andreotti, el factótum del centro-derecha, que es el candidato eterno a la presidencia del Gobierno.

Sublevación general por el efecto dominó

La vuelta de Fraga planteaba perentoriamente la cuestión ¿para qué vuelve? No bastaba con llegar y reparar los desaciertos (merma de las expectativas electorales y desaliento en votantes y militantes de AP), sino que exigía otra cosa. La finalidad del retorno, pues, se asociaba a *refundar* y a *alejarse* de viejas ideas, hábitos, tópicos y personas. Consistía en crear un marco con sentido de futuro que agrupase a las fuerzas políticas de ámbito nacional y regional.

El discurso no resultaba fácil con una situación de prosperidad puesto que el Gobierno socialista, pese a los tres millones de parados bien absorbidos por el conjunto social, gozaba de la confianza y complacencia de las fuerzas económicas y financieras, suplantando su papel ideológico tradicional por el *socioliberal* o de *tercera vía,* que en nada se correspondía con la etiqueta de izquierda. Había realmente mucho descontento en un amplio segmento social como reveló el seguimiento masivo de la huelga general del 14 de diciembre, pero Alianza Popular

---

[49] Durante los meses de noviembre y diciembre de 1988 no fueron atendidas a su vencimiento amortizaciones por un importe superior a 31 millones de principal y 10 millones de intereses, y en cambio se amortizó anticipadamente un crédito de la Caja de Ahorros de Toledo, por importe de casi 29 millones, cuyo vencimiento era del 30 de abril de 1989.

era incapaz de capitalizarlo y encauzarlo, por ello las centrales sindicales fueron entonces la que ejercían verdaderamente de oposición al Ejecutivo. En esta lógica de desencanto social no había sitio para AP pese a disponer de un partido de masas, bien asentado en las instituciones nacionales y territoriales, aunque carecía de liderazgo. En cuanto partido bien organizado miraba hacia sí mismo, ensimismado en sus problemas, sin capacidad de trascender al interés general. La opción, por lo tanto, estribaba en ser y parecer *popular* previa renuncia a los lazos y notas conservadoras, en cuyo segmento las elecciones no daban para más.

Del examen de los muchos documentos privados que le llegaban a Fraga por aquellos días, aportando análisis y consejos, se desprende la línea común de abandonar el concepto *conservador* y acentuar, en su lugar, el *popular*. No consistía en la simple renovación del lenguaje, e incluso del estilo, sino que implicaba la adscripción al Partido Popular Europeo, de corte democristiano. De igual modo, consistía en olvidar los viejos rencores y, habiendo depuesto toda lucha, incorporar al proyecto a las personalidades provenientes de la extinta UCD, donde quiera que militaran. Y lo más dudoso para algunos, que la toma nuevamente del poder por Fraga fuera transitoria, de manera que el villalbés no fuera más el candidato a la Moncloa y sí a la presidencia de la Xunta de Galicia.

El mismo día 24 de octubre, por la tarde, tras el anuncio de que Fraga regresaba, los comités ejecutivos de Soria y de Málaga se sumaron a la decisión de apoyarle y, en las semanas sucesivas, el efecto dominó hizo que la adhesión fuera mayoritaria y, en diciembre, casi unánime. La inicial postura de Málaga, capitaneada por Ortiz de la Torre, rompió el reducto andaluz tan unido a Hernández Mancha y de este modo se debilitó la posición de resistencia. Federico Trillo, que inicialmente dirigió esta operación desde la sede del Grupo Popular en la calle de Zorrilla, hasta que se trasladó a la Fundación Cánovas, cuenta que se les exigía a los órganos provinciales (junta o comité ejecutivo) una certificación de la votación favorable o contraria al acuerdo y que salvo cuatro (Zaragoza, Salamanca, Burgos y Toledo) todas se manifestaron sin dilación por el retorno de Fraga.

En el orden de las anécdotas, según el testimonio de Trillo, la decisión que se adoptó en Córdoba coincidió con el congreso provincial al que concurrían enfrentadas dos candidaturas: la de Diego Jordano —inscrito en los *críticos*— y la del manchista Manuel Renedo, ambos abogados del Estado. Se presumía muy improbable que ganara Jordano frente a un hombre de la confianza de Hernández Mancha, pero el anuncio de la vuelta de Fraga invirtió las preferencias y Córdoba se sumó a las provincias sublevadas. En Galicia, por paradójico que resulte, las provincias de La Coruña y Pontevedra fueron de las últimas en sumarse a la adhesión y lo hicieron mediante la intervención directa de Fraga, que llamó a Mariano Rajoy, secretario general regional del partido, para conminarle a remitir el certificado del acuerdo sin pérdida de tiempo.

Con escasos medios, y un Fraga cosido a compromisos fuera de España, Trillo y, en menor medida Juan José Lucas desde Valladolid, coordinaron la operación, con la ayuda de la periodista Luisa Fernanda de Miguel y la secretaria del villalbés, María Antonia Ayala. Si la tarea fue árdua en el orden estratégico, no menos lo fue en materia orgánica y de incorporación de personalidades. A estos incipientes pasos, a medida que avanzaba el calendario, se sumarían otros esfuerzos en un comité de coordinación compuesto por veinte vocales.

El día 8 de noviembre, el martes en que fue elegido Presidente de EEUU George Busch, se reunieron en Londres, en el hotel Hyde Park, Fraga y Oreja y allí fue donde concertaron proseguir la refundación luego de averiguar el villalbés el alcance de los compromisos de su colega diplomático con Mancha. No desdeñó el fundador de AP, sin embargo, que fuera Marcelino Oreja quien contribuyera al reagrupamiento del centro-derecha participando como potencial sucesor suyo en el nuevo partido refundado, aunque era contrario a que ese virtual liderazgo naciera de una maniobra política sin someterse al veredicto de las urnas. Por lo demás, Oreja y Fraga eran diplomáticos con un tronco común de amistad: Castiella, y el villalbés estimaba los intentos del guipuzcoano de agrupar al centro-derecha en el País Vasco.

Pero lo de mayor valor para Fraga, aparte de los factores de confluencia ya dichos, era la capacidad de Oreja de homologar al partido renovado en el Partido Popular Europeo y en otros organismos internacionales de sintonía ideológica democristiana, donde los grupos españoles (la declinante Democracia Cristiana de Rupérez, el PNV y Unión Democrática de Cataluña) tenían cierta influencia para frenar al ex ministro franquista Fraga, que contaba entre sus recientes deméritos haber postulado la abstención en el referéndum de la OTAN.

La batalla la dio Oreja —y la ganó— defendiendo ante los alemanes, y en particular ante Kleps, el ingreso de los eurodiputados de AP, incluido él mismo Fraga, en el Grupo Popular Europeo siguiendo el rastro de la Nueva Democracia Griega, que tampoco tenía connotaciones democristianas. Por lo tanto, la incorporación de una quincena de eurodiputados en el Grupo Popular de Estrasburgo tenía mucho más valor que la enemiga de Jansen y otros radicales democristianos sin arrastre electoral. En conclusión, el Grupo Popular Europeo iniciaba, a su vez, un similar proceso de refundación en orden a apreciar su potencia en el Parlamento Europeo. En realidad, los partidos políticos sirven o nutren a los grupos parlamentarios, y no al revés, y esa estratagema de Oreja cuarteó el probable veto de Rupérez y Jansen[50].

El verdadero catalizador de la Refundación, retomando los intentos iniciales de García Tizón, fue Marcelino Oreja desde Bruselas, concertado con Matutes. Enterado Fraga de tales actuaciones, sería él quien tomaría el impulso de consuno con Marcelino. El abrazo que se dan los dos formando un puente, que salva la indecisa figura de Matutes, es todo un símbolo de la Refundación del partido de centro-derecha. A la concertación democristiana y reformista se sumarían en seguida los liberales merced a los buenos oficios de Cabanillas y de Segurado.

Lo que desató la ira de Fraga, mientras se encontraba de viaje en el extranjero, fue la publicación como anuncio de pago, un domingo de noviembre, de un manifiesto sobre la refundación, que encabezaba un logotipo de nuevo diseño con las siglas del Partido Popular. Se trataba de una proclama aceptable en su texto, pero con la aviesa intención de reafirmar el equipo de Mancha ante la opinión pública que la pretendida Refundación era propia, creada por el actual equipo. Con ello se le restaba causa justa al regreso de Fraga y acaso, por esta razón, se encoraginó exigiendo a sus colaboradores —a

---

[50] Estando ya de presidente del PP José María Aznar, Rupérez le presentó en Bruselas al presidente del Partido Popular Europeo y primer ministro belga, Martens, con notorio enfado de Marcelino Oreja.

los que despertó esa mañana por teléfono—, que pidieran la destitución de Hernández Mancha por gastar fondos del partido en beneficio propio. Trillo quedó encargado de llevar el tema del desapoderamiento financiero del equipo de Mancha, tratando de introducirlo en un punto del orden del día de la Junta Directiva próxima, lo cual era difícil sin el consentimiento de los interesados.

Desde que Fraga anunciara su retorno como candidato presidencial al IX Congreso, el equipo dirigente ganaba etapas sin reunir a los órganos colegiados de dirección y, al fondo de ello, proseguía la lucha por ganar adeptos y compromisarios en la sorda disputa que se libraba. La candidatura en ciernes de Fraga, aunque sobre el papel contaba con mayores apoyos numéricos que la oficial de Mancha, requería igualdad de oportunidades en cuanto al acceso a ficheros, locales donde poder hacer la campaña, servicio de prensa y comunicación, y una parte de los cincuenta millones del presupuesto congresual. Los manchistas, lejos de prestar tales ayudas, apuraban su papel de víctimas y con este espíritu cabe interpretar la reiterada afirmación de Hernández Mancha a los medios de comunicación: "Reclamo el derecho a perder en un congreso", siendo consciente de que lo que se quería evitar era la confrontación.

La Junta Directiva del 28 de noviembre se desarrollaba en términos más o menos normales, dentro del calendario preparatorio del congreso, cuando al final de la misma se quiso introducir, en los términos exigidos por Fraga, que nuevamente estaba de viaje en el extranjero, el cese y el desapoderamiento financiero del equipo manchista en un punto del orden del día nuevo. Se armó tal bronca, estando en minoría los manchistas, que existió el peligro de erigirse el máximo órgano entre congresos en *Junta rebelde,* con el inminente peligro de la escisión del partido, máxime cuando Hernández Mancha y sus colaboradores abandonaron la reunión.

La dirección del debate impugnatorio había estado a cargo de Federico Trillo y, según parece, la falta de habilidad al respecto fue ante Fraga utilizada en su contra por personas que recelaban de su papel preponderante para ser secretario general. Al final, luego de que en el debate jurídico se concluyó que no era posible la alteración del orden del día con un asunto de tanta enjundia, los ánimos se aplacaron tras diversos llamamientos a la sensatez. Una vez más los procedimientos intimidatorios habían fracasado, razón por la que desde distintos frentes se intensificaron las negociaciones. Pudo verse, sin embargo, que los apoyos del manchismo eran muy reducidos en comparación a los crecientes del sector crítico, en cuyo frente —la facción no oficial aunque mayoritaria— figuraba Fraga.

Como resaca del enfrentamiento habido el día 28 de noviembre, Mancha accedió a verse con Fraga, ya de vuelta de un viaje a Uruguay, para una aproximación de posiciones, sin negar que pudiera formarse una única candidatura. El paso de los días suavizó las posiciones y contribuyó a ello la postura de Marcelino Oreja. Pero, según el testimonio de Mancha al autor, lo que determinó su renuncia a presentarse frente a Fraga en el IX Congreso fue la huelga general del 14 de diciembre:

> "Me asustó la parálisis de España y quise evitar cualquier división, con un enfrentamiento interno, a la alternativa que representaban las fuerzas de la derecha. Desistí de comparecer y rompí filas entre mi gente permitiendo reciclarse, a fin de que no se formasen —lo contrario de lo que había pasado conmigo— enquistamientos de pequeñas camarillas".

A partir del 12 de diciembre el equipo que dirigía el regreso de Fraga, hasta entonces instalado provisional y estrechamente en la sede de la Fundación Cánovas, comenzó a ocupar en silencio diversos despachos de *Genova 13,* lo que para algunos medios de comunicación era un hecho simbólico. Igualmente dejaron de funcionar como centros logísticos de campaña en favor de Fraga las asesorías del Grupo Parlamentario Popular del Congreso, en la calle Zorrilla, y las de la Asamblea de Madrid, incorporada a última hora. Del mismo modo, la comisión preparatoria del congreso, compensada en sus atribuciones por partidarios de uno y otro bando, comenzó a trabajar dividiendo la tareas: Juan Manuel Fabra y Francisco Rausel se encargaron de las Finanzas (de la auditoría de cuentas); Jesús Posada y Luis Molina, de los ficheros de afiliados; Gustavo Severín y María Teresa Esteban, de la infraestructura, y Gil Lázaro y Martínez Villaseñor, de la comunicación.

Cuando se supo a finales de diciembre que Mancha se retiraba en favor de la existencia de una sola candidatura, el equipo de preparación del congreso presidido por Fernández Albor perdió su neutralidad al servicio de la Refundación.

Incorporaciones y vetos

El marco estratégico de la Refundación comprendía tres campos de actuación con desiguales resultados, aunque el conjunto deparó mayores efectos en la opinión pública que los merecidos, quizás porque primaba la sensación de unidad pacífica, de voluntad convergente del centro-derecha, a diferencia de las multiluchas suscitadas en la izquierda y de las que su mejor expresión era el divorcio contencioso entre los sindicatos y el Gobierno socialista como demostraba la huelga general del 14 de diciembre.

Dichos campos de actuación eran: el de la renovación interna, apertura a grupos políticos y a la sociedad y el de homologación internacional. Esto último seguía la partitura escrita por Marcelino Oreja al igual que el dirigente vasco se encargó de la mediación con los democristianos del interior.

Respecto de la incorporación de grupos políticos la Refundación supuso absorber facilmente al Partido Liberal de José Antonio Segurado, una vez que éste aseguró su estatus de vicepresidente en el partido renovado, y para lo cual el eurodiputado Pío Cabanillas fue un devoto impulsor. El reducido equipo de colaboradores de Segurado (Ramón Aguirre y Juan Carlos Vera, entre otros) tambien fueron integrados como personal técnico.

De los once parlamentarios liberales que se habían separado en 1987 del Grupo Popular para constituir Agrupación propia del Partido Liberal, dentro del Grupo Mixto del Congreso de los Diputados, se sumaron a la Refundación desde febrero de 1989 volviendo así al Grupo Popular matriz: José Antonio Segurado, José Manuel Botella Crespo, José Miguel Bravo de Laguna, Adolfo Careaga, Carlos Manglano (que se había ido con Verstrynge) y José Meliá. Juan Carlos Aparicio, en cambio, ya estaba en el Grupo Popular desde un año antes, aunque dejó el escaño durante el proceso de Refundación para integrarse en el gobierno castellano-leonés de José María Aznar.

Desde comienzos de 1988 Antonio Jiménez Blanco y Ana María Yábar estaban integrados en el CDS y, con ocasión de la Refundación, un tercer diputado, José María Pardo, les siguió yendo al Grupo del Duque de Suárez. El único diputado liberal que permaneció en el Grupo Mixto fue José Manuel Paredes.

En el Senado, los seis senadores de disciplina liberal pasaron sin estridencia alguna al Grupo Popular.

Desde el primer momento Marcelino Oreja contaba en su propósito refundador, tanto en la iniciales conversaciones con Mancha como después con Fraga, con un grupo de apoyo incondicional que formaban los amigos de siempre: Jaime Mayor, José Luis Álvarez, Gabriel Cañadas e Íñigo Méndez Vigo. Constituían, pues, un círculo estrecho de asesoramiento y de acción —para redactar papeles y trazar estrategias— que, a medida que cobraba seriedad el proyecto, se fue ensanchando.

Cuando Fraga dio el paso adelante y confirmó su voluntad de comparecer como candidato presidencial a ser posible en una candidatura única, pero ello no era seguro porque Mancha persistía en la confrontación, Oreja y su grupo no dudaron en la elección de bando pero sin desistir de ser mediadores para la integración, dentro y fuera del partido. Y con vistas a cumplir su cometido, teniendo por horizonte no sólo la cabecera de la candidatura al Parlamento Europeo, sino el ser el auténtico heredero de Fraga en el partido refundado, Oreja comenzó su papel muñidor para atraerse a diputados y otros dirigentes de la Democracia Cristiana presidida por Rupérez, quien con anterioridad había mantenido contactos con Arturo García Tizón e Isabel Ugalde en orden a ser ellos los protagonistas de la refundación sin Fraga.

De los 20 diputados de la Agrupación de la Democracia Cristiana, los primeros decididos a dar el paso siguiendo a Marcelino Oreja fueron Jesús Borque, García Margallo, Blas Camacho, Juan Carlos Guerra y Luis Ortiz, quienes presionaron a Rupérez para que disuelviera el conjunto y retornasen a los orígenes. Aquellos estaban enterados de la marcha de las negociaciones a la espera de formalizar el ingreso en el Grupo Popular, al iniciarse en febrero el período de sesiones, siendo un catalizador para los demás.

Sumido en un océano de dudas, Javier Rupérez fue convencido por Oreja para integrarse en el Partido Popular *in fieri,* pero existía el problema de que Fraga evaporase su manifiesta enemistad por aquél. En política, no pocas veces, la hostilidad arranca de algo más profundo que el comportamiento y, en este caso, los dos diplomáticos —uno manchego y otro gallego— abdicaban de su profesión derivando a la ofensiva con suma facilidad. Rupérez, por sí o a través de la democracia cristiana, había menospreciado los valores democráticos de Fraga y sus posibilidades electorales.

Una de las condiciones de Oreja para llevar adelante la Refundación era la de obviar los vetos y evitar las discriminaciones. Pero Fraga, según diversos testimonios, se había manifestado hasta entonces obstinado en impedir la entrada en el nuevo PP a Javier Rupérez, quien hasta muy poco antes arremetió contra el proyecto. Para eliminar ese veto y dar la aprobación a diversos nombres Oreja y Fraga se reunieron a cenar en el *Club 24* la noche del 3 de enero y sin necesidad de muchos argumentos el villalbés cedió en la incorporación de Rupérez y de otros muchos, pactando que la incorporación del inicialmente vetado fuera después del IX Congreso en un nivel digno[51]. Es lo cierto que Oreja no tuvo que emplearse a fondo para convencer a Fraga, sin duda, pero es auténtico también decir que de no haber declinado Fraga su veto el guipuzcoano se habría retirado de la Refundación.

---

[51] Dado que los nuevos Estatutos del Partido Popular permitían al Presidente designar dos vicepresidentes, además de los seis electos, una de estas plazas de libre designación fue reservada para Javier Rupérez por decisión del

Mientras Fraga y Oreja cenaban el núcleo duro de colaboradores democristianos esperaba en el despacho de Juan Carlos Guerra una señal en un sentido o en el contrario. Y para el caso de que el resultado de la reunión fuese el de impedir que Rupérez se incorporase al PP, existía preparada una declaración rupturista de Oreja en el sentido de rechazar las exclusiones personales, porque sólo un esfuerzo de convergencia —se alegaba— podía conducir a una nueva mayoría parlamentaria.

Salvado este obstáculo se convino la integración de los parlamentarios de la Agrupación de la Democracia Cristiana inmediatamente después del IX Congreso de Alianza Popular —rebautizado Partido Popular—, así como la disolución del partido antes de las elecciones al Parlamento Europeo. Para ello Rupérez hubo de soportar duras críticas por parte de algunos de sus correligionarios que no le siguieron en su decisión. En la tormentosa reunión del Comité Ejecutivo de la Democracia Cristiana del 23 de enero de 1989, de sus 21 componentes, 14 se sumaron a la integración de los diputados y senadores en los respectivos grupos parlamentarios del PP en el Congreso y en el Senado, dos se opusieron (Pilar Salarrullana y Manuel Núñez), uno se abstuvo (Félix Manuel Pérez Miyares) y cuatro rehusaron participar en el debate y su consiguiente votación (Modesto Fraile, Íñigo Cavero, Pérez Dobón y Joan Casals), abandonando la sala en los momentos cruciales porque —justificaron— integrar a los parlamentarios en el PP suponía una "disolución encubierta"[52]. Algunos dimitieron, como así hizo Modesto Fraile, y otros postularon continuar con la marca para de este modo cobrar las subvenciones estatales previstas en la Ley de financiación de partidos políticos.

Cuenta Blas Camacho[53], a la sazón diputado del PDP, que el 28 de diciembre celebró una reunión con varios amigos y llegaron a la conclusión de integrarse en AP y cambiarle el nombre. Llegado esto a oídos de Fraga le mandó el mensaje de que para proponer el cambio de nombre antes había que ser militante de AP, es decir, presentar la ficha de afiliación, cosa que hizo días después. Camacho consideró esta respuesta una muestra de afecto por parte de quien fue víctima de sus desafectos.

El argumento implícito en la pregunta: ¿dónde hay más democristianos en el PP de Oreja y Fraga o en el partido de la Democracia Cristiana?, era la clave del debate que se suscitó en la reunión del Consejo Político del 28 de febrero. Con notable oposición, sin embargo, dicho órgano máximo entre congresos aprobó la integración de la DC en el Partido Popular, antes de las elecciones europeas, según el siguiente resultado: 78 votos a favor, 30 en contra y 29 abstenciones. En una segunda votación (64 votos a favor, 34 en contra y 34 abstenciones) se acordó la disolución inmediata de las agrupaciones parlamentarias. A los efectos de que la incorporación de los diputados y senadores se hiciera en términos de respeto e igualdad, Federico Trillo y Luis de Grandes negociaron los detalles de la integración.

En cuanto al Senado, con la excepción de José María Herrero, el resto de los senadores democristianos contribuyeron a la integración en el seno del Partido Popular.

---

mismo Fraga unos meses después del IX Congreso, lo que demostraba la generosidad del villalbés, cualidad que ha sido reconocida por su antiguo adversario.

[52] Argumentaron los disidentes que el pase masivo de parlamentarios al Grupo Popular del Congreso y del Senado era una decisión que rebasaba las competencias jurídicas del órgano ejecutivo, pues se trataba de una decisión correspondiente al congreso del partido.

[53] *Homenaje Académico a Manuel Fraga,* de varios autores, págs. 137 y ss.

En realidad, había una corriente que no admitía en modo alguno ingresar "en el partido de Fraga" por lo cual, sin dar oídos a la promesa de que no existirían vetos, negociaron la incorporación en el CDS, como fue el caso de Modesto Fraile, Íñigo Cavero y Pérez Miyares. Otros tres, Joan Casals, Pérez Dobón y Pilar Salarrullana permanecieron en el Grupo Mixto.

La Refundación tenía también un capítulo para la incorporación de partidos regionales, pero en este punto los avances fueron mínimos y se optó por un proceso largo de integración. La pléyade de partidos regionalistas se había reunido antes de las elecciones europeas de 1987 en Pamplona y, a espaldas de los partidos estatales de centro-derecha, querían constituir un grupo de trabajo que concibiera una estategia común ante los comicios de ámbito superior al regional (generales y europeas). Habían rechazado la mediación de Rupérez —que el PDP fuera el vehículo electoral de los regionalismos— y de igual modo José María Llorens, el responsable *ad hoc* de Alianza Popular, no consiguió atraerlos. En la antedicha reunión los regionalistas rechazaron cualquier interlocución con los partidos estatales, aunque ponderaron una mejor disposición sobre José María Aznar si fuese nombrado portavoz de AP para una hipotética negociación. En cualquier caso, las elecciones europeas de 1987 supuso el fracaso absoluto, dada la falta de acuerdo de comparecencia conjunta, pese a la pretenciosa sentencia del valenciano González Lizondo: "Estamos gestando lo que quiso ser y que jamás pudo ser —porque no estaba hecho—, una operación Roca pero de manera diferente".

En lo tocante a incorporaciones individuales —de profesionales independientes— Fraga realizó una intensa agenda de conversaciones y resultado de esa acción proselitista fueron incorporados catedráticos ilustres como Gaspar Ariño, Alejandro Muñoz Alonso y Ramiro Ribera. Consideró no idóneas otras propuestas, como la de Antonio Fontán y Gustavo Villapalos, y a punto estuvo de introducir en política al psiquiatra y escritor Vallejo Nájera, así como a otras personas populares.

La estrategia de la Refundación comprendía asimismo la presencia en los medios de comunicación pero, por primera vez en mucho tiempo, se impuso la disciplina informativa en el bando de Fraga, de manera que nadie hacía declaraciones sin la previa autorización salvo que se arrostrara el riesgo de molestar al equipo que rodeaba al villalbés. Esa actitud no era guardada, en cambio, en el lado de Mancha, donde, a juzgar por lo visto en las hemerotecas, no hubo recato en comentar las actuaciones internas o reservadas. Sin embargo, la base militante observó en términos generales un respetuoso silencio. Cuando se llegó a la avenencia entre las dos facciones, los hechos noticiosos tenían un sesgo de optimismo y, si cabe, eufórico en algunos casos.

Por su condición de eurodiputado, Fraga tuvo que viajar constantemente a Bruselas y Estrasburgo, pero igualmente realizó varios viajes transcontinentales a Estados Unidos e Iberoamérica a lo largo del último trimestre de 1988. Por España, aprovechando sus salidas de fin de semana, viajó a Barcelona, Galicia, Asturias, Valladolid y Murcia, aprovechando estos cortos *saltos* para difundir los mensajes implícitos de la Refundación. En Valladolid, por ejemplo, el viernes 16 de diciembre tuvo lugar en el polideportivo de la ciudad un mitin multitudinario que subrayó, con un estilo americano, la predilección de Fraga sobre su anfitrión Aznar, dentro del proceso sucesario que se iba a reabrir en el IX Congreso.

Como muy bien saben los *fragólogos,* el villalbés no siempre dice las cosas enteras, sino que fracciona sus mensajes insinuando más que informando, aparte de que su manera de hablar *fagocitando sílabas* dificulta la compresión de un gallego fundamental. En este sentido cabe interpretar la frase que Fraga dijo a Aznar el 7 de enero de 1989 en Murcia y que recoge Graciano Palomo en la biografía del dirigente castellano: "En un aparte de dos minutos, Fraga musita quedamente al oído del discípulo: *Estaré un año; tenemos que ir organizándolo todo para que lo cojas tú*"[54].

La comparecencia en Madrid el 5 de enero de 1989 de Fraga, Mancha y Oreja, los tres principales artífices de la Refundación, ante los medios de comunicación para dar el mensaje de unidad y concordia fue, en realidad el primer acto de síntesis y de esperanza del centro derecha cuya continuación sería el IX Congreso de Alianza Popular.

IX Congreso de Alianza Popular (Partido Popular)

El dilema refundación o muerte era el fundamento de la convocatoria del IX Congreso Nacional de Alianza Popular, de carácter ordinario, que se celebró los días 20, 21 y 22 de enero de 1989. Se optó por la refundación, pilotada por Manuel Fraga, porque significaba agrupar y ensanchar al centro-derecha español no nacionalista con el propósito de abrir el concurso de un nuevo liderazgo mediante otro proceso sucesorio después del fracaso de Hernández Mancha. La gran novedad, sin embargo, estribaba en el cambio de nombre, adoptando el de Partido Popular con franquicia en Europa.

Muy pocas cosas se habían dejado a la improvisación, antes al contrario se llegó a la gran reunión popular con casi todo pactado y lo que no era susceptible de compromiso, había sido esta vez reflexionado por el impaciente Fraga.

Bajo el tópico lema publicitario *Avanzar en Libertad* se invitaba a recuperar el pulso social y a crear una alternativa real del partido que, con diez años de vida, había desempeñado un papel fundamental, y a tal fin se conducía la puesta en escena de una serie de actos de tanta proyección externa como interna que habían convocado a 2.800 compromisarios[55]: 329 de Andalucía, 267 de Castilla y León, 203 de Galicia, 203 de Madrid, 192 de Valencia, 167 de Castilla-La Mancha, 147 de Cataluña, 89 de Extremadura, 84 de Aragón, 73 de Canarias, 69 de Murcia, 66 del País Vasco, 56 de Asturias, 44 de Baleares, 40 de Cantabria, 31 de La Rioja, 30 de Navarra, 18 de Ceuta y 17 de Melilla, 375 de Nuevas generaciones, 300 natos, 50 de libre designación y 25 en representación de la emigración.

Haciendo extrapolaciones medias, cabe decir que una de cuatro compromisarios era mujer; la edad media del conjunto era de cuarenta años, católico y perteneciente a la clase media, con estudios superiores la mayoría de ellos. Alrededor de un 30 por ciento, por lo demás, eran personas que ocupaban altos cargos en la Administración del Estado.

Para entonces los compromisarios, pues, conocían las propuestas de las grandes decisiones que iban a adoptar y que no existían obstáculos importantes que salvar para lograr el reagru-

---

[54] *El vuelo del halcón*, pág. 278. No hay por qué negar la certeza del hecho, aunque acaso la expresión reproducida resulta castellana y muy poco gallega.

[55] Inicialmente eran 1.800 los compromisarios sobre una base de afiliados de 246.000, pero la Junta Directiva Nacional acordó aumentarlos a 2.881 (los mismos que en el congreso anterior), lo cual fue motivo de duras disputas cuando se preveía la presentación de dos candidaturas enfrentadas. Se apreciaba, por otra parte, el peso juvenil de

pamiento perseguido. No obstante antes de iniciar las sesiones Fraga emitió dos mensajes de consumo interno —la moneda de cambio de la pérdida del nombre "Partido Popular"—: que en la nueva Alianza Popular no iban a entrar traidores y que se administraría "un indulto razonable y flexible". A lo que se ve el perdón no concernía a los "traidores" y parecía referirse a media docena de democristianos que rompieron la coalición, porque incluso otro tipo de "traidores y felones" tal como él los calificó en su día, como Gabriel Camuñas y Carlos Manglano (seguidores de Jorge Verstrynge) fueron admitidos en el nuevo proyecto.

En la fase de preparación del congreso se produjo la pugna entre las *familias* para ocupar mayores presencias en el Comité Ejecutivo y sólo hasta última hora la lista de la dirección fue objeto de presiones porque se puso empeño en que todos integrasen la unidad. Pero el puesto que provocó una sorda confrontación o pugilato fue el de secretario general no entre los muchos postulados, sino entre los que tenían realmente posibilidades: Francisco Álvarez Cascos y Federico Trillo —uno ingeniero y el otro jurista—, ambos implicados en el retorno de Fraga y con posibilidades reales de acceder al puesto más *decisorio* del partido aunque la estructura de poder fuera presidencial y en algunos aspectos más colegial que antes. Juan José Lucas hubiera contado con posibilidades, pero en verdad no se le apreció interés por el puesto. Y el barcelonés Jorge Fernández era defendido para ese puesto por Abel Matutes, pero el veto de los manchistas pudo influir.

En términos de poder, cobraba el cargo una insospechada relevancia desde el momento que pendía una segunda sucesión en la presidencia y acaso por ello se agudizó la competitividad, ya que el secretario general era por esencia el más próximo colaborador del presidente aparte de gobernar la oficina central.

Álvarez Cascos fue desde el inicio el candidato preferido por el villalbés por dos suertes de razones: era aliancista de toda la vida (procedía de Reforma Democrática) y contaba con mejores intercesores ante Fraga —los amigos de siempre—: los llamados clanes asturiano y gallego. De entre ellos, el influjo del doctor oftalmólogo Luis Fernández Vega parece que fue decisivo, puesto que Fraga siempre prestó oídos a su amigo de lances pesqueros y de caza, en jornadas de descanso a las que muchas veces se sumó el ingeniero de Caminos, Canales y Puertos.

El sector gallego igualmente se volcó en apoyar a Álvarez Cascos, acaso porque le valoraron, pero no cabe desechar que porque le preferían antes que a Trillo, insigne miembro supernumerario del Opus Dei. Cabe añadir, de otra parte, que Álvarez Cascos durante el VIII Congreso, el del enfrentamiento Herrero y Mancha, supo mantener una neutralidad formal que le deparó entonces la mayor votación al Comité Ejecutivo. La capacidad de relación *interterritorial* conseguida durante años por el asturiano en el Senado con dirigentes regionales y de provincias fue además otro factor a tener en cuenta.

Empezando por José María Aznar, seguido de Juan José Lucas y detrás de ellos cuantos habían formado la candidatura de Miguel Herrero, apoyaron a Federico Trillo, que reunía cualidades específicas para el puesto pero, sobre todas las demás, porque había sido el principal muñidor y director del plan para la vuelta de Fraga. Un factor determinante a la hora de incli-

---

esta masa de delegados, puesto que la organización Nuevas Generaciones contaba con el 15 por ciento fijo (375 compromisarios), aparte de que entre los jóvenes había compromisarios natos. En suma, este segmento juvenil era una permanente fuente de renovación generacional.

narse Fraga por su amigo asturiano parece que residió en el ruego que le formularon los manchistas de que, para facilitar el entendimiento, designase secretario general a alguien que no hubiera participado en el sector crítico, como Trillo, en el hostigamiento a Hernández Mancha.

Los dos competidores, al final, subrayaron la designación del asturiano con una cena en el madrileño restaurante *El Diablo,* todo un símbolo, que si bien no supuso un compromiso de asociación y confianza puede asegurarse que representó el pacto de respeto recíproco. Para Aznar la designación de Cascos fue acogida con indisimulada contrariedad, y así cuando al término del congreso de la refundación un periodista le recordase que no era secretario general quien él deseaba, replicó de forma desabrida: "tampoco tiene uno el coche que quiere".

El diario católico *Ya,* a propósito de comentar las luces y sombras del congreso, entre otras valoraciones críticas provenientes del campo democristiano dedicó este desabrido párrafo al nuevo secretario general:

> "Es preocupante que Fraga reincida en su práctica de destinar a la secretaría general a personajes sin entidad política probada. Álvarez Cascos ha sido hasta el momento lo que los ingleses llaman un *back bencher,* un diputado del montón, caracterizado por sus encendidas proclamas de lealtad incondicional a Fraga".

Con posterioridad, al paso de los años, Fraga enumeró las razones que le llevaron a esa designación: "Talento, valor, era un hombre articulado. Tenía dotes de valor y de capacidad de expresión. También para la coordinación del partido, como se ha demostrado"[56].

Anécdota memorable de esta designación fue la de que alguien con mal estilo hizo correr el rumor de lo mujeriego que era Álvarez Cascos, en cuanto inconveniente para su designación. Y como alguien de *Antena 3 Radio* le plantease a Fraga esa afición del asturiano por las faldas, la respuesta fue: "Me preocuparía si le gustasen las piernas de un guardia civil".

La entrega de confianza de Fraga hacia su compañero de pesca fue acompañada de dos consejos, que Álvarez Cascos ha contado a los antedichos autores de su biografía:

> "El cargo de secretario general, y todos los que llevan el adjetivo general, son de los más jodidos, excepto uno: capitán general, porque ese manda un carajo. En los demás confluyen todas las responsabilidades, pero nunca tienen todo el poder. Y un consejo: preocúpate de que se hagan las cosas y no de quién las haga".

Habida cuenta de que Fraga se sabía candidato a la presidencia de la Xunta de Galicia tal como repetidamente se dijo, el puesto de vicepresidente podía haber indicado una preferencia sucesora en el partido y en la candidatura a presidente del Gobierno si fuera tal cargo unipersonal y no un *colectivo* de seis, ampliable a ocho conforme a las facultades que los nuevos estatutos conferían al presidente[57]. Ese *universo* de herederos, ordenados por

---

[56] Eduardo García/José Manuel Piñeiro, *Cascos: el poder de la sombra,* pág. 91.

[57] El artículo 27, 2 c de los estatutos reformados en el IX Congreso establecía la facultad presidencial de designar cinco vocales —además de los electos—, de los cuales dos podían tener el rango de vicepresidente. Humorísticamente a este cupo se le llamaba "los cinco de Ayete", en paralelismo a los 40 consejeros del Movimiento de libre designación por Franco y que nombró en el palacio donostiarra de Ayete.

alfabeto, lo formaban: José María Aznar, Miguel Herrero, Abel Matutes, Marcelino Oreja, Félix Pastor e Isabel Tocino.

Que duda cabe que en esta terraza vicepresidencial era importante quienes estaban: una gran dosis de juventud, una mujer, tres miembros del equipo derrotado de Herrero frente a Mancha (el mismo Herrero, Aznar y Tocino) frente a uno solo del otro bando (Matutes), tres que habían agotado sus oportunidades presidenciales (Pastor, Herrero y Matutes) y, por lo tanto, tres con perspectivas sucesorias reales. Pero no menos importante era interpretar las ausencias, quienes no estaban: ni Suárez ni Albor ni Osorio.

A los vicepresidentes, Fraga, les asignó especialidad —por delegación temporal o permanente—, para tenerles ocupados al margen de la tentación conspiratoria, y de este modo Marcelino Oreja fue el nuevo rostro de la comunicación al ser nombrado portavoz del Comité Ejecutivo y encargado de la política internacional, así como promotor del acercamiento de los partidos regionalistas en detrimento del área de Aznar, abocado solamente a la coordinación de la política autonómica en tanto que Herrero dirigía los asuntos parlamentarios. "Yo lo acepté el 24 de diciembre —dice Herrero sobre su designación en la lista de vicepresidente— a condición de intervenir en el debate del estado de la Nación que se anunciaba extremadamente importante, y coordinar nuestras relaciones con el

Arturo García Tizón, al igual que Gonzalo Robles Orozco y otros dirigentes de AP, una vez resignados a la vuelta de Fraga jugaron con eficacia y elegancia la entrega de la gestión económica y administrativa del partido. En la foto, el ex secretario general toledano explica ante los compromisarios del IX Congreso Nacional de AP (primero del Partido Popular) los estados de cuentas y los resultados desde la anterior reunión.

Gobierno"[58]. Añade que lo primero se cumplió porque lo ratificó el congreso, pero lo segundo, la coordinación con el Gobierno, fue impedido por el presidente renovado y sus peones.

La jornada inaugural del IX Congreso se dedicó a la rendición de cuentas y al informe de gestión, con intervenciones del equipo saliente, García Tizón y Hernández Mancha, quienes ofrecieron su lealtad a don Manuel ("fidelidad perruna, no; lealtad, sí") al tiempo que pidieron generosidad.

El primer gesto del presidente saliente, durante su digno discurso de despedida, fue el de llamar a Fraga a que ocupara el sitio presidencial que le correspondía y no, como uno más entre los compromisarios. Se abrazaron efusivamente y sin proporción, y en el gesto amistoso la cara de Fraga fue blanco de una contusión sangrienta por una cámara de televisión. "Creo haber estado a la altura de las circunstancias —dijo Hernández Mancha— incluso en las mayores adversidades. No siempre he tenido las asistencias necesarias. Hicimos lo que supimos o pudimos. Yo solo no podía sustituir a Fraga", son frases que resumían el sen-

---

[58] *Memorias de estío*, pág. 374.

tido de su intervención, la cual tuvo de remate la misma gracieta de un año antes: "Usted tranquilo, don Manuel".

El tema fuerte del congreso era el cambio de nombre, un asunto aparentemente banal y nominalista pero que, al adoptar la principal seña de identidad de la democracia cristiana con pérdida de la propia, se presentaba como fundamental. Para evitar cualquier sorpresa de resistencia el villalbés convocó en su despacho del palacio de Exposiciones y Congresos a los presidentes provinciales para encarecerles —en algún momento entre sollozos— que no se opusieran al cambio de nombre y que así lo transmitieran a los compromisarios. Porque muchos de ellos recelaban de que la refundación fuera a iniciar nuevo juego con baraja usada y dada por manos ajenas a la partida.

El mismo Fraga asistió a la comisión de Estatutos e intervino esgrimiendo razones —y la amenaza de dejarlo todo— si no se aprobaba el cambio de nombre, aunque "va a sangrar más de un corazón y el mío también". En la votación del pleno del congreso, después de pasar por una tibia resistencia en la comisión, fue aprobado el artículo primero y los subsiguientes donde figuraba la nueva marca con 491 votos a favor, 113 en contra y 64 abstenciones.

Como un compromisario más, Fraga actuó en la primera parte del IX Congreso votando las distintas propuestas sometidas a debate, en especial las relacionadas con los estatutos de la entidad refundada.

La reforma estatutaria acabó, además, con el sistema de listas abiertas para el Comité Ejecutivo vigente en dos congresos anteriores, a lo que se atribuía ser causa de disputas intestinas y de la formación de mayorías territoriales disgregadoras. Se volvió, pues, a un sistema presidencialista *monocrático* de lista cerrada de la cabeza a los pies sin posibilidad de matices electorales internos (mayoritario, a una sola vuelta). Igualmente desapareció el denominado Consejo Político, si bien se reconocía por primera vez —bajo regulación con criterios de dependencia— a los Grupos Institucionales en todos los ámbitos (nacional, regional, provincial y local), logrando con ello una pasarela entre el partido y sus representantes antes indefinida.

Por algunos se pretendió rebajar el poder y nivel de representación de Nuevas Generaciones y no sólo no prosperó tal intento, sino que se preservó la situación tradicional con una disposición adicional según la cual se expresaba el mantenimiento de "la actual regulación, así como el nivel de presencia en los órganos colegiados y en los procesos electorales...".

Una disposición general dentro de un título preliminar de los Estatutos del Partido Popular recogía la caracterización ideológica del partido —su nueva definición— en un sencillo y breve texto sobre el cumplimiento de los fines esenciales "dentro de la filosofía del humanismo cristiano". Tan parca fórmula era la síntesis de la ponencia política que, bajo la dirección del manchista abogado del Estado Manuel Renedo, era la clave de la nueva etapa del partido aliancista.

A lo largo de sus once años de vida Alianza Popular se había definido, siempre bajo el cimiento de lo popular e interclasista, con los conceptos "conservador, liberal, reformista y cristiano". En la evolución del partido, según el ponente, en 1977 ya se hablaba de *defender los principios del humanismo cristiano,* y en 1978 se volvió a subrayar *la idea de sociedad basa-*

da en el humanismo cristiano. Cuando apareció el concepto *mayoría natural,* desde 1979, se omitió aquel marchamo ideológico y en su lugar cobraron acento las expresiones *reformista y liberal conservadora,* sin dejar de perseguir la auto ubicación del centro político.

La alternativa al socialismo en los países de nuestro entorno se concretaba —sugería el ponente— en un abanico de fuerzas *liberales y conservadoras,* pero en Europa predominaba la adscripción ideológica cristiana con las siguientes líneas comunes:

> —Humanismo cristiano.
> —Pragmatismo frente a dogmatismo.
> —Reformismo.
> —Libertad de la persona.
> —Soberanía y pluralismo social.
> —Economía social de mercado.
> —Solidaridad con los más débiles.
> —Reducción del peso del Estado.
> —Idea de Nación y asunción del legado histórico.
> —Estado de la autonomías con valoración regional diversa.

La justificación refundadora se sintetizaba en un párrafo descriptivo de la ponencia, según el cual, dado que las ideas innovadoras sobre el Estado y la sociedad provienen del campo humanista y liberal, ello conllevaba:

"A la necesidad de convertir Alianza Popular en un partido de ancha base donde quepan y convivan cómodamente las ideas liberales, conservadoras y democristianas, no sólo porque resulte suicida insistir en su absurda fragmentación, sino porque, además, sus diversas tradiciones ideológicas se complementan y fecundan mutuamente y constituyen en su conjunto uno de los grandes polos o actitudes básicas con que se puede enfocar la realidad humana, política, económica, cultural o social: el centrado en la defensa de la persona, de su dignidad, responsabilidad y libertad, y de las instituciones que lo protegen, frente al estatismo dirigista e interventor, que implica al fin todo socialismo, por *reconvertido* que esté ideológicamente".

La lista única al Comité Ejecutivo, con Manuel Fraga a la cabeza, de un censo de 2.881 compromisarios votaron 2.442, siendo 2.131 a favor de la candidatura, 311 en contra y 40 votos nulos. En consecuencia, la oposición fue mínima (un 12 por ciento).

Con idénticos resultados, de otra parte, fueron elegidos también diez vocales de la Junta Directiva Nacional.

> **Presidente**: Manuel Fraga.
> **Vicepresidentes**: José María Aznar, Miguel Herrero, Abel Matutes, Marcelino Oreja, Félix Pastor e Isabel Tocino.
> **Secretario general**: Francisco Álvarez Cascos.
> **Secretarios generales adjuntos**: Federico Trillo (Coordinador y director del Gabinete del Presidente), Juan José Lucas (Organización) y Rodrigo Rato (Electoral).
> **Tesorero**: Rosendo Naseiro.
> **Presidente del Comité Electoral Nacional**: José Manuel Romay.
> **Presidente del Comité Nacional de Conflictos y Disciplina**: Alberto Ruiz-Gallardón.

Miembros natos: Joaquín Espert, presidente del gobierno autónomo de La Rioja.
Gabriel Cañellas, presidente del gobierno autónomo de Baleares.
Juan Ramón Calero, portavoz del Grupo Popular en el Congreso.
José Miguel Ortí Bordás, portavoz del Grupo Popular en el Senado.
Fernando Suárez, portavoz del Grupo Popular español en el Parlamento Europeo.
Rafael Hernando, presidente de Nuevas Generaciones.
Alejandro de Ulloa, secretario general de Nuevas Generaciones.
22 vocales electos:
José Luis Álvarez.
Miguel Arias Cañete.
José Luis Beotas.
Gabriel Cañadas.
Luis Eduardo Cortés.
Juan Tomás Esteo.
María Teresa Estevan.
Jorge Fernández Díaz.
Rodolfo Martín Villa.
José Manuel Molina.
Alejandro Muñoz Alonso.
José Manuel Otero Novás.
Loyola de Palacio.
Luis Guillermo Perinat.
Luis Ramallo.
Miguel Ramírez.
Manuel Renedo.
Ramiro Ribera.
Mariano Rajoy.
Ángel Sanchís.
Blas Rosales Enríquez.
Celia Villalobos.

Javier Arenas, abogado, nacido y criado políticamente en Sevilla, tiene tras de sí una larga trayectoria política. Inició sus pasos en el gabinete técnico de Clavero Arévalo y, posteriormente, en el Ayuntamiento de Sevilla. Por encargo de Manuel Fraga, el autor se trasladó a Sevilla para conocer, al comienzo de los ochenta, a ese joven democristiano y establecer pronóstico sobre su futuro político. El escrutinio tuvo éxito como demuestra que hoy sea Secretario General del PP.

La lista aprobada era la concreción de complejos equilibrios entre familias o sensibilidades diferentes, pero, en todo caso, era una relación que complacía personalmente a Fraga.

Marcelino Oreja, de su corriente democristiana, contaba con José Luis Álvarez, Gabriel Cañadas y, en todo caso, José Manuel Otero Novás, lo que significaba escasa influencia de cara al futuro. La incorporación de Martín Villa, aunque había estado recientemente vinculado a la democracia cristiana, podía entenderse con valor propio.

El Presidente saliente, Hernández Mancha, apenas pudo contar en el órgano ejecutivo con dos de sus ex colaboradores: Miguel Arias Cañete y Manuel Renedo; representación que consideraron los manchistas exigua y más de uno entendió que Fraga vulneraba el pacto a que llegó con su predecesor. No tuvieron acogida ni Gonzalo Robles ni Isabel Ugalde, pero tampoco otras personas menos comprometidas con el anterior equipo como Enrique Fernández Miranda.

Sin que apenas se notara, la presencia nutrida y polarizada en torno a Aznar era compacta e influyente porque, de entrada, dominaba la organización. No obsta ello para que Aznar declarara insistentemente a cuantos le oían —y varios periodistas así lo reflejaron en sus crónicas e informaciones— que el próximo candidato a presidente de Gobierno debía ser Fraga, acaso porque con tal propuesta se frenaban las pretensiones de Oreja en el caso de mejorar resultados en las elecciones europeas.

A última hora, porque Jorge Fernández persuadió a Fraga que le incluyese en el equipo a fin de que Cataluña no quedara marginada, no sólo se repescó al inspector de Trabajo barcelonés, sino que por paralelismo entró también el presidente regional de Madrid Luis Eduardo Cortés.

De las caras nuevas, aparte de las ya comentadas, José Beotas (abogado del Estado hermano del jefe de prensa de Fraga), Blas Rosales y Juan Tomás Esteo eran las más llamativas. El jetafeño Esteo era, por insistente presión de Félix Pastor, la individual representación del mundo sindical en la organización popular. Esta presencia obrera no sólo era un sarcasmo, sino que rompía el criterio de notabilidad.

De entre las mujeres, además de Isabel Tocino, lograron plaza tres dirigentes más (María Teresa Esteva, Loyola de Palacio y Celia Villalobos), representación que, pese a la valía desigual de las mismas, era para el conjunto reducida.

Significativo fue el capítulo de exclusiones, de las que cabe deducir que respondían a dar prueba de renovación, y que eran las de Fernández Albor, Robles Piquer, Arespacochaga y otros veteranos fraguistas.

Para la Junta Directiva Nacional también se votó una lista de diez vocales que fueron elegidos en el curso de la misma votación:

> José María Álvarez del Manzano.
> Ángel Mario Carreño.
> Fernando Díez Moreno.
> Emilio Fernández Sierra.
> Manuel Gaset Dorado.
> Álvaro Lapuerta.
> Pablo Paños Martí.
> Miguel Ángel Planas.
> Joaquín Sisó.
> Francisco Romeu.

Otro acuerdo del IX Congreso, aprobado por aclamación, se refería a la designación de Marcelino Oreja como primer candidato popular a las elecciones al Parlamento Europeo. La sucesión, pues, se hacía depender de los resultados que obtuviera en los comicios europeos. Que existía compromiso al respecto —tácito, desde luego— lo parece demostrar el hecho de que Oreja declarase en esos días que el examen a que se le sometía, el de contar con tirón electoral, consistía en igualar o superar el resultado electoral que obtuvo Fraga en 1987 para el parlamento de Estrasburgo.

Ciertamente Oreja había contribuido a crear el Partido Popular al comienzo de la Transición Política —de la mano de Pío Cabanillas— y ahora también. El primer intento se diluyó en UCD, el de ahora era más vigente por el arrastre mimético de Europa. Pero la trampa políticamente mortal para Oreja era la de poner en práctica *lo popular,* es decir, dejarse medir por los votos extraídos de los mercados, de las calles tan duramente pateadas por Fraga. Igualar o superar los resultados electorales del villalbés, por muy señalado que estuviera su techo, era a todas luces una temeridad porque el diplomático guipuzcoano no se adornaba de la cualidad de ser como los políticos *todoterreno* y darlo así a entender costaría mucho tiempo y esfuerzo.

Durante la primera reunión del Comité Ejecutivo celebrado al tiempo que el congreso se acordó el indulto a los expedientados durante el mandato de Mancha, incluido Juan de Arespacochaga, y la noticia de ello le fue comunicado al congreso.

La jornada de clausura no difirió de la puesta en escena, espectacular y sonora, de las ceremonias ya tópicas para este tipo de acontecimientos. La dilatada nómina de discursos se concentró en la idea de *unidad de acción* necesaria para ser alternativa real al socialismo, acaparando Fraga esta vez la atención como patriarca, magistrado o árbitro.

El nuevo secretario general, Francisco Álvarez Cascos, fue el primero en intervenir en la jornada de clausura del domingo 22 de enero, quien afirmó que "gracias a Fraga el partido recobraba la soberanía perdida el día que dimitió". Se mostró contemporizador con todos (dedicó un recuerdo al enfermo terminal José Antonio Trillo y elogió el sentido de la responsabilidad de Hernández Mancha) y prometió servir a la unidad del partido sin atender a intereses personales.

De los seis vicepresidentes nombrados sólo Félix Pastor no intervino en el pleno. Los demás, empezando por José María Aznar y terminando con Marcelino Oreja, agotaron sendos turnos. El líder castellano dijo que "a partir de ahora no se podrá decir que no hay alternativa de Gobierno a los socialistas, aunque no vale todo con tal de llegar antes".

Herrero en su intervención, anunciando la promesa que había recibido dio categoría de compromiso a que representaría al Grupo Popular en el debate sobre el estado de la Nación el 14 de febrero. No obstante dijo, con el *dandysmo* oratorio que le caracteriza muy bien acogido por cierto, que "la política nacional no se hace con cargos, sino con cargas e ideas".

El nuevo vicepresidente y comisario europeo Abel Matutes dijo de Fraga que era un *gigante de la política* y recordó que si en el parador de Sigüenza, hace seis años, ya propuso la unión de todos sin resultado positivo, se logra ahora esa unidad que en política "es el valor que cotiza más alto".

Oreja afirmó, por su parte, que la transición del centro-derecha se efectuaba en el congreso que se clausuraba porque antes, aunque la coincidencia en ideas y planteamientos era muy alta desde el principio, la diversidad de papeles generó sensibilidades políticas diferenciadas. Abogó, pues, porque el Partido Popular fuese la síntesis del moderno pensamiento liberal, de los valores tradicionales y del humanismo cristiano. Afirmó finalmente que el Partido Popular gobernaría España en los años noventa.

Isabel Tocino precedió en los discursos a Fraga y también en los entusiasmos de principio a final, a lo largo de un discurso de crítica y ataque a los socialistas, a quienes acusó de falta de ética, recordando el tráfico de influencias y la ostentación de que hacen gala.

Un discurso río, atropellado y repleto de ideas, sin atenerse ni al guión ni al texto escrito repartido a los periodistas con anterioridad, fue el discurso de Fraga, aclamado en todo momento porque se compenetró con su público. Advirtió inicialmente que al no ser personalmente competidor de nadie —con anterioridad había ratificado su compromiso exclusivo con Galicia— tenía la autoridad moral tanto para garantizar la generosidad como para imponer disciplina. Dio a entender, asimismo, que propiciaría los pactos políticos necesarios —las mociones de censura en cascada— que cambien el mapa político de España, porque "estamos dispuestos a estudiar en cada ayuntamiento, en cada diputación, en cada comunidad autónoma, a nivel nacional, cualquier otra recomposición del mapa político". Siguiendo la argumentación, criticó al PSOE que habiendo querido ser todo, "no es ni izquierda ni derecha, ni Estado ni sociedad, ni partido ni sindicato, ni chicha ni limoná".

Con los ojos hacia dentro, el concepto clave que utilizó Fraga fue el que sirvió de titulares para los medios de comunicación: el de gobernar el Partido Popular "con mano de acero en guante de raso" y que tampoco "habría caza de brujas", subrayando con ello los ejes de la refundación: generosidad y disciplina. En el orden de cuestiones abordadas, dedicó párrafos intencionados a diestro y siniestro como, al referirse a Nuevas Generaciones, rogó a los dirigentes jóvenes "que no sean un grupo de presión", recomendándoles que hicieran su propia refundación en un próximo congreso.

Aunque el villalbés se manifestó contrario al culto de su personalidad, habida cuenta de que su nuevo campo de actuación no sería en el futuro el ámbito nacional, no dejó de extrañar que en un acontecimiento en el que el coprotagonista era Oreja distinguiera en elogios a la vicepresidente Isabel Tocino, sin igualar otras menciones, diciendo de ella: "no es una vicepresidenta de cuota. Queremos las mejores cabezas y a ser posible, las más bellas". Para muchos, no fue un cumplido galante, sino de un indicio de inclinación sucesoria.

La clausura del IX Congreso Nacional del Partido Popular, en cualquier caso, reabrió la carrera de la sucesión.

La conferencia de José María Aznar el lunes
29 de febrero de 1988 fue un aldabonazo a
la conciencia del centro-derecha para superar la actitud estática de resistir sin ganar.

Luis de Grandes fue uno de los negociadores relevantes para que la familia democristiana participara en la refundación
del centro-derecha, aportando generosamente el nombre Partido Popular que
tenía registrado. En política se caracteri-
zaría por ser buen negociador, elegante de
maneras y realista, como corresponde al
amante de la naturaleza que él es.

Una de las mejores pruebas de que la Refundación
era efectiva lo constituyó el hecho de que Fraga y
Rupérez, hasta entonces irreconciliables rivales, se
avinieran a participar juntos en el nuevo partido,
eliminando los vetos que se tenían puestos (en la
foto, Rupérez se dirige a los jóvenes populares en
presencia de Fraga, Segurado y Robles Orozco).

Álvarez Cascos, que procedía de Reforma
Democrática, fue el más votado en el VIII Congreso
de AP porque se manifestó equidistante entre los dos
grupos contendientes. Durante el período de apartamiento de Fraga no dejó de verle y practicar la
pesca —y en su caso la caza— junto a estos afiliados y amigos asturianos, los doctores Vega, padre e
hijo, constituyendo el clan asturiano.

ÍNDICE ONOMÁSTICO

García Aunjo, Manuel, 285.
García Botín, Elena, 657.
García Cañán, Ramón, 298.
García Celso, 151.
García de Enterría, Eduardo, 116.
García de Pablos, Antonio, 567.
García Díez, Juan Antonio, 302.
García Enciso, Luis, 410.
García Escudero, José María, 780.
García Hernández, José, 159.
García Laguna, José, 380, 384.
García López Amor, Fernando, 686.
García Margallo, José Manuel, 313, 658.
García Moreno, Carmela, 341.
García Pelayo, Manuel, 228, 463, 464.
García Pita, 457.
García Pumariño, Emilio, 457.
García Sabell, 319.
García Salas, Samuel, 349.
García Tizón, Arturo, 244, 570, 651, 656, 384, 386, 696, 707, 727, 744, 756, 759, 765, 766, 768, 769, 772, 778, 781-786, 839, 840, 845, 849, 853, 854, 856, 860-862, 869, 875.
García Trevijano, 92.
García Valdecasas, Juanita, 152.
García, Celso, 562.
Garrido Falla, Fernando, 187.
Garrido Valenzuela, Fernando, 332, 589.
Garriga, Javier, 763.
Garrigues Walker, Antonio, 386, 403, 404, 406, 410, 439, 441, 454, 466, 467, 476, 489, 490, 563, 652, 653, 686.
Garrigues Walker, Joaquín, 79, 98, 149, 172, 277, 309, 356, 489, 562.
Garth, David, 247.
Gaspar, Joan, 53, 506.
Gasset Dorado, Manuel, 285, 437.
Gavilanes, Antonio, 45.
Gayoso, Jesús, 372.
General Coloma, 208.
Gestoso, Antonio, 371, 437, 438, 444, 453, 470.
Gias Jové, Joaquín, 159.
Gil Lázaro, 658.
Gil Robles, José María, 105, 130, 168, 175, 213, 379, 457, 556, 577, 674, 855.
Gila, Carlos, 409, 855.
Giménez Artigues, Fernando, 293.
Giménez, Gabriel, 688.

Girón de Velasco, José Antonio, 62, 105, 119.
Gómara, Javier, 405, 519.
Gómez de las Roces, Hipólito, 269, 519, 405.
Gómez Franqueira, Eulogio, 367, 435, 457, 578, 585, 586.
Gómez Llorente, 99, 438, 642.
Gómez Villalba, Arturo, 252, 464, 465.
González Álvarez, Ángel, 154.
González Álvarez, José Luis, 159.
González Bermello, Enma, 589.
González del Yerro, 346.
González Dopeso, José, 369.
González Estéfani, Javier, 400, 406, 409.
González Laxe, 588, 593.
González Mariñas, 588, 594, 720.
González Martín, José Antonio, 166, 228.
González Murcia, José María, 140.
González Páramo, José Manuel, 134, 204, 285, 384.
González Seara, Luis, 76, 102.
González, Felipe, 20, 64, 98-100, 132, 162, 185, 192, 193, 201, 210, 216, 235, 238, 239, 249, 251, 263, 264, 267, 269, 277, 303, 305-308, 310, 312, 320, 325, 327, 342, 343, 347, 349, 350, 372, 376, 391, 392, 393, 414, 416, 418, 420, 421, 422, 424, 425, 433, 436, 440-444, 450, 451, 452, 461, 472, 473, 475, 490, 491, 493, 494, 495, 497, 498, 523, 526, 530, 531, 538, 544-550, 551, 553, 555, 579, 580, 582, 585, 593, 600-610, 613, 626-640, 642, 647, 649, 650, 659, 660, 662, 664, 665, 667-670, 684-688, 691, 780-783, 786, 834, 839, 847.
Gonzalo, Manuel, 306.
Graíño, Amalio, 457.
Grandes, Luis de, 457, 459, 578, 657, 853, 870.
Griñón, Santiago de, 291.
Guasp, Jaime, 463.
Guerra Zunzunegui, Juan Carlos, 151, 152, 869, 870.
Guerra, Alfonso, 201, 211, 213, 214, 305, 306, 317, 342, 391, 401, 407, 411, 421, 428, 440, 441, 450, 451, 452, 463, 473, 492, 526, 533, 548, 571, 581, 583, 593, 594, 629, 639, 665, 666, 670, 685, 690, 720, 780, 785.
Guerrero Burgos, Antonio, 193.
Guerrero, Antonio, 612.
Guillamón, Francisco, 88.